编委会名单

北京都市型现代农业理论发展与实践创新

北京农学院 | 主编

人民出版社

本书共分为五个部分,理论篇、产业篇、体系篇、实践篇、展望篇。在理论篇中,比较系统地阐述了国内外都市型现代农业的发展历史、功能、特征、基本理论,特别是从经济学、管理学、社会学、生态学四大基础理论方面阐述了在都市型现代农业的理论运用,并在产业融合理论、都市农业文化理论方面有所创新和发展。在产业篇中,提出了会展农业、创意农业、品牌农业等具有北京特色的新型都市型现代农业新业态;在体系篇,全面提出了都市型现代农业的九大体系,特别是在评价体系指标方面,有其独到的设计;在实践篇中,提出了具有北京特色的沟域经济、酒庄经济等新的经济增长点;在展望篇中,提出了北京都市型现代农业今后发展要面向京津冀区域一体化,强化区域融合、互补、创新功能,进一步调整产业结构,发挥北京的籽种、科技、示范优势,进一步提升北京都市型现代农业的升级换代步伐。

本书对各地发展都市型现代农业具有重要参考价值。期待北京农学院专家学者在都市型现代农业理论和实践探索上不断取得新成绩。

中央财经领导小组办公室副主任
中央农村工作领导小组办公室副主任

韩俊

2015 年 7 月

Contents
目 录

第三篇　体系篇

第五篇　展望篇

第一篇

理论篇

第一章　绪　论

随着都市化社会形成、城市生态环境的恶化等，都市农业应运而生。都市农业是社会经济发展到较高水平时，在整个城市区域范围及环城市经济圈形成的依托并服务于城市、促进城乡和谐发展、功能多样、业态丰富、产业融合的农业综合体系，是城市经济和城市生态系统的重要组成部分，是现代农业在城市的表现形式。都市农业具有经济、社会、生态、文化等多功能性，对于转变农业发展方式、改变农业弱势地位、推进城乡一体化发展具有重要意义。

都市农业自第二次世界大战以后开始在西方国家萌芽，20世纪60年代在美国大规模兴起。都市农业是工业化和城市化高度发展之后的产物，它在农业的布局、形态和功能方面都表现出一些新的特征。都市农业是都市经济发展到较高水平时，随着农村与城市、农业与非农产业等的进一步融合，为适应都市城乡一体化建设需要，在都市区域内形成具有紧密依托并服务于都市的、生产力水平较高的现代农业生产体系。都市农业并不是某些农业技术设施的简单集合，而是一个复杂的综合系统，它既是融商品生产、建设、生物技术、休闲旅游、出口创汇等功能为一体的新型农业，又是市场化、集约化、科技化、产业化的农业。

第一节　都市型现代农业形成背景

伴随着工业化、城市化进程，经济社会发展水平提高，一方面城市的发展推动环城市的产品市场和要素市场形成，出现都市化社会；另一方面，城市的环境污染、交通拥挤等"城市病"日益凸显；直接带来城市居民从单一需求向多元需求、低级需求向高级需求的转变。都市型现代农业在这样的背景下产生、发展。

一、城市生态环境恶化

在任何一个国家，城市往往都是人口最密集的地区，由于城市生活空间过于狭窄，对人的身心健康会产生许多负面影响。尤其是城市的工业污染和由于人口过于密集而导致的生活污染加剧了都市生存环境的恶化，而且也严重威胁着城市郊区的生产和生活环境。为了避免城市的不良生存环境，人们开始把眼光转向农村，一些人移居郊区，另一些人则去城郊旅游观光，这就带动了城郊房地产业和旅游观光产业的兴起。城市环境污染的治理难度要远远大于郊区的环境污染治理难度，如城市密布的道路网络使汽车的尾气治理难度加大，人口的过于密集而加大了生活垃圾治理的难度等等。而郊区原本的污染程度就轻,治理起来也更容易。这样,郊区的环境明显优于城市,郊区对人们的吸引力越来越大,都市农业也随之发展起来。

二、环绕城市要素市场和产品市场形成

在大城市郊区环绕城市所产生的要素市场和产品市场为都市农业的发展提供了得天独厚的优势。这使得都市农业的发展具备了低成本的可能性,因为低成本运行的要素市场和产品市场是任何一个产业发展的基本条件。对农业发展来说,郊区优先具备了这样的条件,因此都市农业在郊区率先替代了传统农业。随着国民经济发展水平的提升,广大乡村的基础设施条件将会逐步完善,农村与城市之间的经济距离将会缩短,都市农业便会在更大的范围内替代传统农业。

三、都市化社会形成

据人口学家分析,目前全世界有接近一半的人口居住在城市,发达国家的城市人口占总人口的70%以上,发展中国家平均城市人口占总人口的比重为35%。我国目前城市人口占总人口的比重仅为30%左右,这一数字低于发展中国家的水平,这说明我国的城市化还将是一个艰难的过程。但我国大城市地区的城市化水平要高于一般地区。人口的都市化形成了都市化社会,这会降低农业作为基础产业的竞争力,并促使第二产业和第三产业迅速发展。但是,都市化社会的形成对农业的发展也有一定的好处。在我国随着都市化社会的形成,可以吸引农村人口流向城市,使愿意继续务农者有了扩大经营规模的可能性。同时,随着人口在城市的集聚,农产品消费市场扩大了,这有利于农产品价格的提高和农产品加工、运销业的发展。这一切最终都会促进都市农业的发展,因为都市农业可以通过自身的发展来满足城市人口日益增长的对优质、高档农副产品的物质需求,同时还可以满足他们回归自然、体验劳作、观光旅游、休闲娱乐的精神需求。

四、经济发展和国民收入水平提高

衣食住行是人类社会的基本需求,这些需求的内容、水平、档次都是随着经济发展和国民收入水平的提高而变化的。经济发展水平越高,人们对物质需求的水平和档次要求就越高,人们用于满足精神需求的支出份额就越大,这是人们消费发展的一般规律。都市农业正是适应这种消费需求的发展而产生的。都市农业首先适应了都市的需要,积极为都市服务,同时都市农业的发展又依赖于都市经济的发展和国民收入水平的提高。都市第二产业、第三产业的发展在一定程度上支持了农业的基础地位,使城乡产业关联互动,结果推动和发展了都市农业。

五、生态文明建设提出新要求

生态文明就是人与自然和谐共存,在改造自然的同时尊重自然,以达到人与自然统一的关系。生态文明是以尊重和维护自然为根本,以人与人、自然、社会和谐共存、全面协调、持续繁荣为目标,以建立可持续的经济发展模式、绿色合理的消费模式为宗旨,指引人们走上和谐发展的道路。

党的十八大明确指出,建设生态文明,是关系人民福祉、关乎民族未来的长远大计。面对资源约束趋紧、环境污染严重、生态系统退化的严峻形势,必须树立尊重自然、顺应自然、保护自然的生态文明理

念,把生态文明建设放在突出地位,融入经济建设、政治建设、文化建设、社会建设各方面和全过程,努力建设美丽中国,实现中华民族永续发展。

在我国,农业水平反映了民族的文明程度,现代农业的发展直接影响着生态文明的进程。农业作为全方位与自然融合的生命产业,在生态文明建设中具有特殊的地位。都市农业在工业化和城市化不断推进的背景下,通过不断引入各种先进技术和先进制度、优化配置各种先进生产要素,实现生态效益与经济效益的平衡。都市农业有条件、有能力在生态文明建设中发挥不可替代的积极贡献。

第二节　都市型现代农业概念与比较

都市农业,是在工业化和城市化快速发展过程中出现的,是城市化进程发展到一定阶段的必然产物,它适应了都市城乡一体化发展的要求,是在都市区域范围内形成的紧密依托于都市的现代农业生产体系。都市农业能促进城乡和谐发展,有利于拓展农业的多功能性,是城市经济和城市生态系统的重要组成部分,是现代农业在都市区域发展的特殊形式。

一、概念

（一）国际都市农业组织提出的都市农业的概念

国际都市农业组织、世界粮农组织和联合国计划开发署,曾对都市农业下过定义。其定义的主要内容是:都市农业是指位于城市内部和城市周边地区的农业,它是一种包括从生产(或养殖)、加工、运输、消费到为城市提供农产品和服务的完整经济过程,它与乡村农业的重要区别在于它是城市经济和城市生态系统中的组成部分。

（二）美国经济学家休马哈提出的都市农业的概念

人类是自然界中脆弱的一部分,都市农业将城市人同自然界连接起来,改善和提高其生存环境,生产粮食等农产品和工业原料,以满足市民生活的多种需要。

（三）日本地理经济学家青鹿四郎提出的都市农业的概念

都市农业作为学术名词最早见于青鹿四郎的《农业经济地理》,是指分布在都市工商业和住宅区等区域,或都市外围的特殊形态的农业,它依附于都市经济并直接受其影响,主要经营奶、鸡、鱼、菜、果等,其特点是集约化和专业化程度较高,同时还包括稻、麦、水产、畜牧等的复合经营,都市农业的覆盖范围一般是都市面积的2—3倍。

（四）农政经济学家桥本卓尔提出的都市农业的概念

都市农业是都市内及周边的农村受城市膨胀的影响,在农村城市化进程中受席卷而形成的一种新的农业形态。这一区域被都市包容、位于都市中,最容易受到城市扩张的影响,但又最直接地得益于城市完备的基础设施,是双重意义上最前线的农业。都市农业与城市建设发展占地和居民住宅建设占地同时并存,并混杂、镶嵌其中,若对其放任自流就有灭亡的危险,因此需要有计划地保护都市区内的农业。

（五）中国学者提出的都市农业的概念

我国都市型农业的理论探索已经走过了18年的发展历程,但在一些关键性问题上仍存在着一定的争议,关于都市农业概念性的提法很不规范,给政府决策部门工作造成混乱,也制约着各地都市型农业的进一步发展。为此,在2006年9月中国农学会都市型农业分会成立大会上,作为发起单位之一,北京农学院的都市农业研究人员根据近年来国内外相关研究对都市型农业的概念给予重新阐释并在全国都市农业学术会议上达成共识:

都市型农业是社会经济发展到较高水平时,在整个城市区域范围及环城市经济圈形成的依托并服务于城市、促进城乡和谐发展、功能多样、业态丰富、产业融合的农业综合体系,是城市经济和城市生态系统的重要组成部分,是现代农业在城市的表现形式。这个概念是站在社会经济全面、协调、可持续发展的高度上,借鉴国外经验,总结过去认知,广泛征求各位专家学者意见,经过反复研讨,汲取大家智慧凝练而成的。

二、内涵

一般认为,都市农业是靠近都市,以为都市居民提供优质农副产品和优美生态环境为主要目的的区域性农业。结合世界都市农业发展和我国都市农业的现状,其内涵可以概括为以下四个方面:一是都市农业存在于都市内部或外围周边;二是都市农业是城郊农业的高级阶段;三是都市农业是特殊形态的、集约化程度较高的农业形态,是现代农业的重要组成部分;四是都市农业在经济上依附于都市经济发展,是现代都市经济的重要组成部分。

都市农业的外延可以涉及观光农业(休闲农业、旅游农业)、工厂化农业(设施农业、精准农业)、农业高新科技园(农业高新技术开发区)等。总的来看,国内外都市农业的发展最初都是以“市民农园”为主要模式的。伴随着社会经济的快速发展,体验、观光、休闲功能的都市农业得以迅速发展,并通过发挥大中城市在资金、技术、市场、信息和人力资本方面的优势,而成为现代农业发展中的一种特殊模式。

都市农业区别于乡村农业的一个显著特征,就是它和城市经济与城市生态系统的关系十分紧密。都市农业和乡村农业的根本区别不在于其地理位置的差别,而在于其根植于城市内部并与城市系统相互作用的特殊属性。由于城乡条件的不同,以及都市农业和城市社会经济、城市生态系统之间彼此的相互作用,传统的乡村农业和都市农业在许多方面存在差异(详见表1-1)。

表1-1 传统的乡村农业与都市农业的对比

	传统的乡村农业	都市农业
农业类型	*传统的 *农场由互相依存的附属单位组成	*非常规的 *部分无土栽培(屋顶农业,液体栽培等) *生产单位更加专业和独立
生产目的	*农业是主要的谋生手段 *从事全职农业劳动	*农业经常被作为第二职业 *农业被作为兼职劳动
从业者类型	*具有较丰富的传统农业知识 *通常为“天生的农民”	*较多的掌握现代农业知识 *部分为“初学者”或新移民 *城市居民因需要或者通过选择(企业家)从事农业
生产的产品	*主要为初级农产品	*主要为鲜活产品(品质高、加工程度较高)

	传统的乡村农业	都市农业
播种时段	*季节性生产	*周年生产(轮作、人工灌溉、覆膜、温室等)
生产要素	*地价较低 *劳动力廉价 *水资源的价格较低 *利用高成本的化学肥料	*土地价格高(由于稀缺而导致) *劳动力成本较高 *水资源价格较高(因而回收利用废水) *利用低成本的有机废物作肥料
农民组织	*农民具有相同的社会背景,容易形成固定的组织	*农民分散、社会背景各异,难以形成固定的组织
社会联系	*社区性质 *大多数家庭从事农业生产 *社会背景相同,具备同质性 *人群相对稳定 *外来人员很少	*城市性质 *农民社区以外从事活动,务农家庭比例不稳定 *都市农民的社会文化背景各异 *人群不稳定 *外来人员较多
生态环境	*生态环境比较稳定 *土地、水资源几乎无污染	*生态环境比较脆弱 *土地,水资源极易被污染
产品营销	*市场距离远 *通过中介人或中介组织进行买卖 *产品只进行初加工	*靠近市场 *可直接与顾客进行交易 *产品进行深加工
土地保障性	*土地使用有保障	*土地使用无保障(土地使用存在竞争性)

三、农区型农业、城郊型农业与都市型现代农业的比较

农区型农业、城郊型农业与都市型现代农业有着明显的区别(详见表1-2)。

表1-2 农区型农业、城郊型农业与都市型现代农业的区别

	农区型农业	城郊型农业	都市型现代农业
城乡关系	联系少	城乡结合	城乡融合
空间地域	农村地区	城市郊区	城市的全部范围
经济结构	以第一产为主	以第一、第二产业为主	第一产业与第二、第三产业融合
农业功能	生产农产品功能	提供副食品功能	功能多元化
关注焦点	经济、社会效益	经济、社会效益	生态、经济、社会效益
本质特征	自养为主	服务城市	服务、依托城市
社会经济条件	较差	较好	很好
农业设施	较差	较好	很好
技术哲理	顺应自然	改造自然	人与自然的和谐发展
技术类型	生物技术	工业化技术	工业化技术、生物技术、信息技术
劳动生产率	较低	较高	很高
土地生产率	较低	较高	很高

城郊型农业成长于城市周边地区,是从一般农区中分化而来的,它是以生产本地城市所需要的鲜活农产品为主要目标的农业生产类型。都市农业成长于现代大都市及其城市化地区,由城郊型农业发展而成,以满足城市建设和人民生活的多种需求与生态环境优化为主要目标,是一种与城市融为一体的农业生产类型。城郊型农业与都市型现代农业的主要区别如下:

（一）生长的起点不同

城郊型农业的生长起点是农区型农业，而都市型现代农业的生长起点是城郊型农业。

（二）生成的区域不同

城郊型农业的生成区域主要是城市周边的农村地区，即城市的郊区。而都市型现代农业却生成于城市之中，以及周边的城市化地区。这就是说，城郊型农业在地域上，实际上是与城市分离的，而都市型现代农业在地域上与城市是融合的，并且成了城市的一个组成部分。

（三）功能不同

由于都市农业真正成了城市的一个组成部分，因而城市功能的多样化也就决定了都市型现代农业功能的多元化。在与城市化为一体和与城市利益相一致的情况下，这种功能的多元化又变现为与城市内在需求的一致性。而城郊型农业，由于在地域上与城市是分离的，因此，它以生产功能为主，再加上一部分生态功能。

（四）产品的上市形态不同

都市型现代农业的产品上市形态，从本质上说是现代产业型的、城市型的；而城郊型农业的产品上市形态，本质上属于农业型的，它并未真正摆脱传统农业产品的上市形态。

（五）产业布局不同

都市型现代农业呈块状或片状形态遍布于城市及城市化地区，而城郊型农业则是呈梯级环状形态分布于城市的郊区。

（六）与城市的融合度不同

都市型现代农业与城市真正融合成了一个有机整体，而城郊型农业与城市常常处于若即若离的状态，其只是保持着城市鲜活农产品生产基地的地位，但并没有与城市真正融为一体。

（七）产业融合度不同

由于都市型现代农业在本质上具有城市化的产业结构，这就为都市型现代农业与城市其他产业之间，架起了一座能够相互融合的桥梁。而城郊型农业，在本质上还是农区式的产业结构，因此，城郊型农业与城市其他产业之间的融通难度较大。

（八）集约化程度不同

由于都市型现代农业具有城市化的产业结构，以及与城市其他产业相融合的本质特征，因而都市型现代农业可以实现较高的集约化程度。而城郊型农业的集约化程度，在总体上要比都市型现代农业低得多。

（九）产业地位不同

由于都市型现代农业产业结构的城市化，产业链也相应地加宽、加长，产业集约化程度与城市其他产业可以接轨，因此有条件使都市型现代农业摆脱弱质产业地位。而城郊型农业不具备这样的条件和可能性，因而它无法摆脱作为弱质产业的地位。

第三节　都市型现代农业的功能与特征

从都市型现代农业发展的内容来看，都市型农业与传统的城郊农业相比，最明显的区别之一就是它的多功能性。都市型农业由于其特殊的地域特征和产业特征,承担着城市与农村、人与自然、社会与经济和谐发展的多重功能。都市型现代农业只有从单一的生产功能向多功能转变,才能真正体现其"服务城市,依托城市"的本质特征。

一、功能

(一)都市型现代农业具有生产功能

在现阶段,生产功能仍然是都市型现代农业的基本功能。都市型现代农业要为都市居民提供充足的名特优、鲜活嫩的农副产品,以满足不同层次的物质消费需求,同时也要保证生产者和经营者有较高的、稳定的收入。这就要求都市型现代农业生产不能简单地停留在初级农产品的生产阶段,而要通过农业产业化经营的发展模式,建立起农副产品产、加、销一体化的生产经营体系,特别是要对农产品进行深加工,产出高附加值的产品,从而提高都市型现代农业生产的经济效益。同时,都市型现代农业对于城市居民的物质需求不能仅仅从数量上满足,还要从质量和安全性上全面满足城市居民的需求。

(二)都市型现代农业具有调节城市环境的生态功能

生态功能是农业在都市地区不断被强化的重要功能。随着城市化范围逐步扩大,人们对环境质量的要求也在不断地提高。因此,借助于农业来调节环境、平衡生态是都市型现代农业重要的功能之一。都市型现代农业不仅要为人们提供鲜活的农副产品,还要为人们带来清新的空气、洁净的水质和优美的自然风光,成为城市的绿洲。

通过发展生态农业,创建生态园区、休闲农区、绿色屏障和有机食品生产基地,建立起人与自然、城市与郊区和谐相处的生态环境,可以使整个城市充满活力,也能满足都市人讲求生活质量、注重环境保护和回归自然的需求。

(三)都市型现代农业包含了以观光休闲为主的旅游功能

随着我国经济近年来的快速发展,旅游已逐渐成为人们生活方式的一部分。收入相对较高的城市人久居于高楼大厦之中,对乡村旅游市场的需求旺盛,发展潜力巨大。近几年来,人们的旅游观念和消费方式正在发生变化,在旅游活动中人们更加注重亲身的体验和参与,更加注重对环境的要求,这种需求为农村蓬勃发展的乡村旅游业提供了巨大的市场空间。

通过开发农业旅游产业,可以为都市居民和国内外游客提供清洁优美的乡村环境以及民俗旅游资源,还可以通过发展农耕体验、休闲采摘等旅游项目直接增加农民的收入。我国历史悠久、幅员辽阔,各地的乡村都有丰富的民风、民俗、民宅等乡村旅游资源。通过对这些资源的深入挖掘,不仅可以提高人们休闲生活的质量,也能直接提高乡村居民的经营收益。

(四)都市型现代农业具有出口创汇功能

依托于对外开放地区的市场优势,努力扩大出口创汇农业的生产规模,建设特色农产品生产基地,或利用外资实现产业化经营,大力发展出口创汇型农副产品的生产与加工,这正是都市型现代农业的优势所在。

尽管近年来世界经济不振促使贸易保护主义有所抬头,有关国家以食品安全为由制定更严格甚至苛刻的检验检疫标准,对我国的农产品出口产生了一定的影响。但长期以来我国的劳动密集型农产品一直具有比较优势,随着我国都市型现代农业的发展,我国农产品的技术优势必将显现。因此,改善投资环境,开拓国际市场,提升我国农业的创汇水平,是我国目前发展都市型现代农业的努力方向。

(五)都市型现代农业具有传承乡村农耕文化的功能

人具有亲近自然环境的本能,也具有寻根溯源的期望。比如,优美的自然环境可以抚慰人的心灵,回故乡寻根溯源可以了却人们长久的期盼。城市的繁华和经济发达在一定程度上割裂了人与乡土文化的天然联系。因此,通过发展都市型现代农业,提供给市民以更多的与农村、农耕、农民接触的机会,可以为他们了解自然、了解社会、了解农村传统文化创造条件。在乡村的农事体验园、农业科技园区、观赏采摘园中,市民通过亲身体验参与和感知农业和农村,这正是农业的多功能的良好体现。

都市型现代农业的社会学意义,在于它能带动乡村社区建设和改善农民的生活质量。发展都市型现代市农业的构想和规划对于加快乡村建设有着不可低估的作用。因为单纯以生产性功能为出发点来考虑农业的发展,往往容易片面追求产量,而忽视对自然环境和人文环境的保护;而从都市型现代农业的多种功能来综合考虑农业发展问题,就必然会重视乡村环境的改善对于吸引市民回归乡村的重要性。

(六)都市型现代农业可以增进农业科技的示范和辐射功能

大都市具有交通便利、信息畅通等优势,都市型现代农业凭借大都市在科技、资金、人才等方面的优势,在农业装备、农业高科技成果的应用和农业生产力水平等方面,都达到了较高的水平。我国的大部分都市地区都已率先基本实现农业现代化,有些地区甚至已经接近发达国家的水平。

通过都市型现代农业的发展,可以为我国广大的农区起到科技示范和科技辐射的作用。都市地区的农业科技优势,会随着都市型现代农业的发展传播开来,对全国农业的发展起到良好的科技示范作用。

(七)都市型现代农业具有公益功能

一是防震减灾功能。都市人口密集,建筑物多而高,在地震来临时波及面大,损失严重,但如果在都市区域及周边预留农地发展农业,则可以起到缓冲作用,削弱地震波的破坏,防止大规模灾害的发生,而且一旦发生灾害,农地也可用作暂时避难所。上海在内外环线间尽量保留些农田以防灾减损,起拦减雨水、减轻城市内涝的作用;在北京郊区正在兴起的"避灾农业"也正是为发挥都市型现代农业在这方面的功能,城市林业在防止沙尘灾害的影响方面也被证明是卓有成效的。

二是景观功能。城市发展不仅需要有强大的物质力量,也需要有错落有致的景观,调节居民心理,增加居民福利,都市型现代农业的活动可以为城市增加自然景观,缓和单一人工聚落景观对人心理的伤害,并创造城市新的旅游资源。

此外,都市型现代农业还有保护生物多样性,增加人类对自然的了解和利用等功能。都市型现代农业给人类提供了新的生存与发展的空间,它的功能在不断扩展和延伸,在不同国家有不同的对都市型现代农业功能的认识和利用,但其本质内容大多是一致的,即追求生态、经济与社会效益高度统一。

(八)都市型现代农业具有促进农业可持续发展的功能

都市型现代农业不是掠夺式的农业,而是一种综合兼顾产量、质量、效益和环境等因素的农业生产模式。都市型现代农业追求在不破坏环境和资源、不损害后代利益的前提下,实现当代人对农产品需求的目标。

农业的可持续性包括农业在社会、经济、生态环境三个方面的可持续性,其中社会与生态环境的可持续性,涉及后世子孙的利益。经济发展的伦理要求当代人的发展不应危及后世子孙的发展。因此,可持续发展的农业不应只注重经济效益,更应注重社会效益和环境效益。促进农业和农村经济的可持续发展同样是都市型现代农业发展的重要目标。

(九)都市型现代农业体现了一种大科学观

都市型现代农业是现代化农业在大中城市的表现形式,因此,它具有以下显著特征:

(1)都市型现代农业以生物技术、信息技术和现代工程技术为主导,是技术高度密集型的产业;

(2)都市型现代农业是面向全球经济的技农工贸一体化经营的企业生产模式;

(3)都市型现代农业是正在扩展中的多元化的和综合性的新型产业;

(4)都市型现代农业已由传统的农产品生产发展成为以物质产品生产为基础,快速向农产品加工、制药、生物化工、环保、观光休闲等领域拓展,传统的第一、第二、第三产业界限已趋向模糊;

(5)都市型现代农业是一种开源节资和可持续发展的绿色产业。

综上所述,都市型现代农业吸纳众多学科的成果,其生产方式、表现方式和最终成果真正体现了一种"大科学观",并有其深刻的内涵。

二、特 征

都市型现代农业是高层次、高科技、高品位的绿色产业;是完全依托于城市的社会经济和结构功能的生态系统;是按照市民的多种需求构建、培育的融生产、生活、生态、科学、教育、文化于一体的现代化农业体系;是种养销、农工贸、产研教一体化的工程体系;是城市复杂巨大的生态系统不可缺的组成部分。都市型现代农业在"城市与自然共存"、"绿色产业回归城市"、"城市和乡村融合"的呼唤中诞生的,因此具有鲜明的个性特征:

(一)空间布局

都市型现代农业是城区与周边间隙地带的农业,不同于城郊农业。在城市周边和城市内部间隙进行生态经济的规划设计、开发利用、生产经营,具圈层性和放射状相互交织的网络结构,使整个城市形成绿色生态结构。设计中要作为城市总体规划的一部分,对具体项目要进行自然生态景观、经济社会文化的全面充分论证,然后科学地进行定性、定量、定位。

(二)城乡融合

都市型现代农业在用地、生产、流通、消费、空间布局、结构安排、与其他产业的关系等方面服从城市的需要和总体规划设计,为城市的建设发展和提高城市生活质量服务。市民的需求体现了大都市对农业的依赖性,决定了都市型现代农业的发展必须充分体现与大都市相互作用、相互促进的城乡融合的一体化关系。

(三)多功能性

随着生活质量的提高,城市对都市型现代农业的需求不仅是新鲜、营养、多样化的食物供给,还有生态环境、科学实验、绿色文化、科普教育、休闲娱乐的多元化功能。都市型现代农业不仅要开发经济功能,还要进行生态、社会等功能的开发,进而实现全功能性的协调发展,这样才能使都市型现代农业全方位地服务市民,最优化地提高城市的生活质量和生态文化品位。

(四)高智能化

都市型现代农业是充分运用高新科技的绿色产业,要依靠大专院校、科研院所,发挥大城市的人才优势,应用现代高科技特别是生物工程和电子技术,从基础设施、生产、系列加工、流通、管理等方面,形成高科技、高品质、高附加值的精准农业体系。

（五）高度产业化、市场化

都市型现代农业具有高度的规模化、产业化、市场化,并形成产加销、产研教、农工贸的一体化。其模式因城市情况的不同而多种多样,有龙头企业型、专业市场型、社会化服务型、专业技术协会型、开发集团型、主导产业型等,投资类型也是多种多样。

（六）行政关系

都市型现代农业的行政关系直接隶属于城市,应纳入城市经济、社会总体发展的规划和设计中,得到相应的政策扶持和财政保障,是城市生态经济系统的重要组成和可持续发展的重要保障。

第四节　都市型现代农业发展的意义

改革开放以来,随着我国农业的发展和城市化进程的加速,以大城市为依托、为都市经济社会服务的都市型现代农业逐步形成,但我国都市型现代农业总体上处于城郊型农业阶段,其生产仍以满足基本的城市农副食品为主,而且这种状况在短期内不会有根本性的改变。不过这并不排除个别城市和个别地区发展都市型现代农业的现实性。事实上,一些比较发达的城市和地区,利用资本、技术和市场的优势,已经开始了发展都市型现代农业的实践探索。在一些经济比较发达的大城市圈内出现了高科技农业、休闲观光农业、花卉产业等农业生产形式。在苏南、广东等地,通过引进外资和技术,促进了精细化工厂式农业的发展,建成了大批创汇型、空运型的农副产品生产基地;在上海、山东等地,高技术化、规模化的蔬菜大棚得到了广泛发展。都市型现代农业的发展具有极为重要的战略意义。具体表现在:

一、有利于促进城乡一体化

都市型现代农业提高了农业市场化的程度,把传统的生产方式与现代的科学技术融合起来,加速了城市郊区农业现代化的进程,把农产品的生产、加工、运销联结起来,提高了城郊农业的综合效益,从而促进了城郊农业向社会化、专业化、现代化的转变。而且,通过把农业纳入城市社会、经济、文化、生态的整体发展规划,形成农业、农村和城市的有机协调发展与相互兼容,既保证了城市本身的可持续发展,又加强了城乡的融合。

二、改变传统的农业土地利用方式

都市型现代农业既重视发挥土地的生产性资源功能,又重视发挥由土地、农作物和自然环境共同形成的观光资源功能,同时还发挥土地作为农业休闲、体验农业劳作和度假的场地性资源功能。

三、有助于吸引投资者

都市型现代农业由于具有较高的比较利益和多种功能,从而具有投资主体多元化的特征,除农村居民外,城市居民和企业也可以将农业纳入其投资组合中。由于资源组合空间和规模的扩大,都市型现代农业逐步向资本化、技术化和企业化方向发展。在我国的一些大城市郊区,正是由于都市型现代农业的发展促进了农业应用科学技术的发展,遗传工程、自动控制、新材料等尖端科学技术正逐步在农业生产经营中得到广泛应用。

四、引导城市健康发展

都市型现代农业促进了郊区城镇化和城镇郊区化的互动发展。这种发展正在改变传统的农业人口向城市单向流动的格局,促进了城镇人口向郊区和农村流动、农村人口向城镇流动这一双向流动格局的形成。这一格局的形成,为缓解工业化和城市化的过度发展所带来的问题和弊端创造了条件。

五、拓宽城市投资领域与渠道

都市型现代农业作为一种资金、技术与劳动密集型相结合的产业,有助于城市企业下岗分流与再就业工程的实施。都市型现代农业改善了城市生态环境,有助于预防和缓解"城市病"的发生。

六、有利于改变农业弱势格局

传统观点认为,农业是一个社会效益大而经济效益低,易受自然和市场风险影响的弱势产业。都市型现代农业的发展,改变了农业的弱势格局,使农业处于一个较为有利的经营位置。这是因为都市型现代农业接近市场,经营都市型现代农业不仅可节省农产品上市费用,而且能比其他产地农业、大田农业更快、更直接地获取市场销售信息以及时调整生产结构。此外,都市型现代农业还具有可以满足饭店、宾馆等一些特殊的需求,享受大城市完备的基础设施带来的益处;贴近都市消费者,可以随时了解市民的消费潮流等有利条件。

七、是农村现代化有效途径

都市型现代农业是大中城市郊区农业实现农村现代化最有效的途径,也是有效缓解我国农业面临的三大难题——农民收入低、结构不合理和加入世界贸易组织后难以应对国际农业产品冲击等问题的最有效的措施。

八、有利于促进产业融合

都市型现代农业是把城区与郊区,农业和旅游,第一产业、第二产业和第三产业结合在一起的新型交叉产业,它主要是利用农业资源、农业景观吸引游客前来观光、品尝、体验、娱乐、购物等一种文化性强、大自然情趣很浓的新的农业生产方式,体现了"城郊合一""农游合一"的基本特点和发展方向。

九、有利于农民就业和市民休闲

都市型现代农业有比传统农业更长的产业链,不仅具有产品功能,更具有服务功能,这会带来更多的就业机会和更大的发展空间,有助于解决乡村劳动力过剩的问题;同时,城市的拥挤和娱乐场所的不足恰好可以通过观光休闲模式的都市型现代农业来弥补。因此,在我国发展都市型现代农业是城市周边地区的必然选择,而且能实现经济效益、生态效益和社会效益三统一。

第二章　都市型现代农业发展的基础理论

都市型现代农业是一个交叉学科,它的形成与发展需要以多个学科领域的知识为基础。本章主要介绍都市型现代农业的经济学、管理学、社会学、生态学基础理论。从经济学角度看,都市型现代农业的发展必须遵循产业结构理论、区位理论及产业融合理论等;从管理学角度看,都市型现代农业的发展要顺应需求层次理论、系统论等理论;从社会学角度看,都市型现代农业的发展必须要遵循消费行为理论、城乡一体化发展理论、民俗学理论等;从生态学角度看,都市农业的发展必须要以循环农业理论、景观美学理论、景观生态学理论、可持续发展理论为指导。

第一节　经济学理论

研究都市区域内农业经济的发展及其与整个都市经济系统如何协调的问题是农业经济学研究的一个新领域,有学者将这一新领域称之为都市农业经济学。在这一新领域,宏观农业经济学与微观农业经济学得以整合,可以说都市型现代农业是区域经济学与农业经济学、城市经济学共有的一个新的研究对象,是一个交叉领域。本节通过对与都市型现代农业相关的经济学理论进行综述,从经济学角度阐释都市型现代农业发展理论。

一、农产品需求理论

"生产决定消费,消费对生产又具有反作用"。在市场经济条件下,农产品的供应不仅是由土地生产力水平与性质决定的,随着现代科技日益发展,受消费市场需求的制约越来越大。长期以来,我们受恩格尔定律的困扰,认为:作为第一产业属性的农业,其产品主要是解决人们吃、穿问题的消费资料,最终多构成人们的生活必需品,它的需求特征是当人们的生活水平、收入水平达到一定程度后,在人们的收入水平进一步提高时,难以随着人们收入的增加而同步增加。也就是说农产品需求的收入弹性具有下降倾向,恩格尔系数(饮食食品开支占家庭总支出的比重)具有随收水平上升而下降的规律,这一规律就成为解释国民收入在产业间的相对比重发生变化的原因,因此普遍认为农业在国民收入中的份额随国民经济增长趋于减少,没有发展前途。

但是,深入考察恩格尔定律,思考人类需求的满足特点以及发展中国家人口的实际状况,可以发现:

第一,恩格尔定律中讲的食物消费支出的比例随收入增加而递减并不包含现代农业的全部产出。其实,农业产业化发展后所提供给消费者的已经不仅仅是传统意义上仅仅满足温饱的食物产品,花卉、水果、反季节蔬菜、天然保健食品、生态园艺产品、休闲产品以及很多我们现有技术条件下还未开发出来的大农业产品都是农业产品范畴。随着人们消费观念的提升以及人类科学技术的发展、对农业资源开发能力的增强,有形的和无形的农产品需求与开发永远没有止境,农业产品具有广阔的市场前景,农业产品的绝对值随农业生产结构的变化会趋于相对稳定,甚至上升。

第二,传统理论只将农业作为生产提供吃、穿等产品的产业,但是农业活动还可以为工业生产提供原料,还可以引致农业机械、农药、贮运、加工等行业的成长。随着人们消费结构的升级,对农产品的深加工要求进一步增加,会衍生出农业产前、产后各种产业,并增加农业产业链条上的环节,农业产品随产业链延伸是在不断增加的,农业产值与消费总额是不会萎缩的,由农业导致的初级消费、中间消费、最终消费会不断增加,整个经济体系,因这种不断扩张的消费需求会拉动投资需求增长,从而拉动国民经济增长。

第三,农业活动除提供物质消费品外,还能提供服务,满足人们情感享受、生活教育、体验旅游等服务的需要,这也应日益成为农业的一种重要产品,而服务业传统上是被归入第三产业的。由于随着人们收入水平的提高,对服务业的需求是不断上升的,第三产业在国民收入中的比重是不断上升的。20世纪70年代后,全球第三产业的劳动力和国民收入的相对比重都保持着向上的趋势,比重都在50%以上,出现了"经济服务化"的现象。根据发达国家经验,当人均年收入达到800—1000美元时居民服务消费就会得到重视,目前我国许多城市人均年收入已经达到1000美元以上,北京市已超过了7000美元,但服务消费才刚刚起步,市场空白点还很多,这说明,大城市农业服务性产业的发展空间非常广阔。

第四,农业活动还能提供社会效益巨大的公共产品。如新鲜空气、宜人景观、防震抗灾功能等。人类生产活动越复杂,经济越发展,对这些产品的需求也就会越多,政府要考虑用适当的方式为公民提供这类产品,满足人们对生活质量安全舒适的需求。

大城市和中心市区的存在,是由于它的空间集中形成有利于从事生产和消费活动。由于城市居民消费水平相对全国平均水平来说较高,城市的聚集效应也决定了城市产业活动应追求较高的平均收益率,有较高的利润回报,因此城市的生产活动要受生产者的利润率动机与消费者偏好双重制约,城市消费者对多种农业产品有现实及潜在的需求,城市农业就必须在围绕市场需求选择最大利润的方式进行生产,要满足城市居民对高质量、多样化的农产品需求。

二、农业多功能性理论

长期以来,世界农产品贸易一直是作为特例游离于世界贸易组织多边贸易体制的管理之外,原因之一就在于农业的多功能性对国家安全等方面的特殊重要性,有时使农业的多功能性成为各发达国家进行贸易保护的借口。

农业多功能概念的提出可追溯到20世纪80年代末和90年代初日本提出的"稻米文化"。日本学者提出,日本文化与水稻种植密切相关,国内许多节日和庆典都根据水稻的播种、移植和收获活动确定,因此保护了日本的水稻生产,就保护了日本的"稻米文化"。欧、日、韩等国特别强调农业的多功能性,强调农业对保护文化遗产、确保粮食安全、保持空间上的平衡、发展保护地面景观和环境具有不可替代的重要作用。1992年,联合国环境与发展大会通过《21世纪议程》,并将第14章第12计划(持续农业和乡村发展)定义为"基于农业多功能性考虑上的农业政策规划和综合计划"。1996年,世界粮食首脑会议通过的《罗马宣言和行动计划》提出"将考虑农业的多功能性特点在高潜力和低潜力地区实施……农业和乡村可持续发展政策"。1999年9月,在马斯特里赫召开的国际农业和土地多功能特性会议认为,所有的人类活动均具有多功能性,即除了履行其基本职能外,还可以满足社会的多种需要和价值。农业亦如此,其基本职能是为社会提供粮食和原料,只是农民谋生的基础,但在可持续发展范畴内,农业具有多重目标和功能,包括经济、环境、社会、文化等各个方面。对此,需要在充分考虑各区域和各国不同情况的基础上,制定一个系统的分析框架,来衡量相互联系的经济、环境、社会成本和效益,通过分析,促进对农业不同方面相互关系重新认识和思考,以制定相应政策,确保农业所涉及的各个方面协调和有机结合。

尽管对农业多功能性的概念还存在诸多争议,农业多功能性理论提出的背景是一些国家为了替其农业高保护政策寻求理论依据,但是也应该看到,加强对农业多功能性的研究,并用来指导经济政策的制定,是有助于实现经济体系的可持续发展的。

三、休闲经济理论

(一)休闲经济的内涵

1.休闲经济的形成

休闲经济是指建立在休闲的大众化基础之上,由休闲消费需求和休闲产品供给构筑的经济,是人类社会发展到大众普遍拥有大量的闲暇时间和剩余财富的时代而产生的经济现象。休闲经济一方面体现着人们在闲暇时间的休闲消费活动;另一方面,也体现着休闲产业对于休闲消费品的生产活动。它主要研究的是人在休闲行为中的投入与产出、休闲行业所创造的价值、休闲经济的运行规律、休闲行为和经济的变量关系等。休闲经济的兴起是人类社会发展的必然,也是人类社会文明进步的标志,它是人类社会经济的高级形态,从本质上讲休闲经济是人类改造自身获得全面发展的需求而引起的一种经济现象。

休闲经济的形成至少需要以下六个条件:(1)高度的物质文明。休闲经济是建立在物质文明基础之上的经济。伴随着生产力的发展,社会剩余产品不断增加,为人们休闲提供了物质基础。没有发达的第一、第二和第三产业,休闲经济不可能形成。(2)完善的休闲供给。改善休闲供给条件,提高休闲供给效率,在短期内可以扩大需求,使休闲经济进一步高涨。(3)充足的制度供给。(4)休闲时间的增加。休闲时间是实现休闲消费的前提条件。(5)大众休闲时代的来临。时至今日,休闲经济已经不是少数人组成的"有闲阶级"的经济,而是大众化的经济。而大众休闲时代的来临,正是休闲经济形成的社会基础。(6)现代休闲消费观念的确立。确立现代休闲消费观念,是休闲经济所必备的条件。现代休闲消费观念要求消费者树立休闲和工作同等重要的理念,变封闭式消费观念为开放式消费观念,释放休闲消费潜能。

2.休闲需求与休闲供给

(1)休闲需求

休闲需求是指当前休闲主体利用休闲对象的水平以及未来希望利用的数量,是个人的休闲活动以大众化的形式表现出来的。它不仅包括当前实际观察到的休闲活动,还包括未来的休闲行为需要。因此,休闲需求有一种行动趋向性,是反映潜在的行动倾向的概念,是进行休闲活动、利用休闲设施及空间的个人爱好或欲望倾向。

休闲需求的类型可分为三种：有效需求、延期需求和潜在需求。

有效需求是指实际参加或消费休闲服务的数量。有效需求取决于休闲时间、休闲者年龄、交通条件以及其他社会经济背景等因素。延期需求是指有参加休闲活动的能力，但由于缺乏休闲信息或休闲设施等原因而没有实现的需求。潜在需求是指由于自身社会、经济、环境等原因无法参加休闲活动，但希望未来能参加的需求。所有的人都有潜在的休闲需求，但它没有反映在现实的休闲利用中。

休闲需求的决定因素有收入水平、教育水平、职业、性别、年龄、家庭生命周期等，这些因素通过对休闲消费的心理和行为的影响而表现出来。

（2）休闲供给

休闲供给是指在休闲现象中，满足休闲利用者休闲需求的休闲资源、休闲产业等的总和，它往往也包括促进休闲活动的教育、项目等的开发和提供。

休闲供给的组成要素有直接满足休闲需求的主要供给要素和间接满足休闲需求的次要供给要素。主要供给要素指的是特定的休闲空间及主要设施本身，而次要供给要素指的是辅助人们顺利使用主要供给要素的补充型休闲空间及设施等。

休闲供给的决定因素包括如下几方面：

①休闲容量。指在不明显引起资源的生物性和物理性变化或者不严重影响休闲体验的前提下，休闲设施所能提供的休闲机会的数量。休闲容量是衡量休闲资源接待能力十分有用的工具。

②可进入性。休闲供给的物理因素包括可进入性，可进入性是增加休闲资源利用率的重要变量，也是休闲供给的首要考虑因素。

③资源管理。休闲资源管理是提高资源价值和供给质量的重要途径。资源的性质和类型对资源管理方式和内容有决定性影响。

④活动项目。休闲活动项目的类型主要有身体活动项目、知识性活动项目、艺术活动项目、社交活动项目、实习活动项目、特别项目等。

（3）休闲供求的影响因素

①政治因素。政治和政策会极大影响国民的休闲活动。大部分现代国家为了提高人们的福利，从政策上积极努力地保护休闲空间，缩短劳动时间、实行带薪休假制度等。各国的休闲政策有显著的差异，发达国家主要致力于提高低收入层的福利，其基本理念是认定休闲是基本需要，体现机会均等。而发展中国家的享受者主要是中、低收入层，主要通过政府来健全休闲以提高生产效率，普及休闲理念。

②经济因素。国家的整个经济状况在很大程度上影响人们休闲活动的数量、形式以及休闲意识。个人收入直接影响休闲支出的情况。如果经济发展增加家庭可支配收入，那么家庭消费能力也会提高。家庭可支配收入的增加自然会促进更高层次的文化生活的消费活动，而逐渐形成的新的休闲价值观也会进一步促进更加丰富多彩的文化休闲活动。

③社会文化因素。影响休闲的社会文化因素是指社会、文化环境整体。

社会环境是指人口统计因素，包括人口规模、出生率、死亡率、人口密度、人口分布、人口增减、人口流动、结婚及离婚率等。影响休闲的人口统计因素主要有人口的增减、因老龄人口的增加而引起的人口结构的变化、家庭结构的变化等。

文化环境包括个人意识、生活方式、价值观等。由于文化差异，不同群体具有不同的传统风俗、生活方式和价值观,其休闲空间、休闲设施及休闲形态、休闲内容也各不相同。

④技术因素。技术的发展直接或间接地影响休闲。快速和舒适的交通手段不仅提高休闲空间和设施的可进入性,还能实现休闲活动空间的扩大;发达的媒体及通讯提供快捷又丰富的休闲信息,从而影响休闲供求。此外,应用尖端技术开发的新的休闲设施诱发新的休闲活动形式,导致休闲供给的增加和多样化。

⑤生态因素。城市生活环境的破坏迫使城市人口进行野外娱乐和休闲旅游,而休闲空间和设施、生态系统的休闲容量超载,加速休闲资源的破坏和污染,最终导致环境破坏、休闲供需不均衡等问题。

(二)休闲经济理论在都市型现代农业中的应用

经济学产生于一种发展不平衡状态,这种不平衡状态来源于可使用资源的稀缺性与人们需求无限性之间的矛盾。休闲产业与所有的经济领域一样,都存在着资源稀缺性的问题。从微观经济学角度看,对于正常商品,当消费者收入增加时,会促使该商品消费需求的增加;社会的进步和科学技术的发展则会增加新的商品供给,同时降低现有产品的价格。由休闲经济理论可知,经济的发展和社会的进步是休闲经济产生及发展的前提条件。若把休闲产品及服务视为一种商品,当人们收入增加到一定程度时,会逐渐增加对休闲产品及服务的需求(当然,人们收入的增加是与闲暇时间的减少存在一定相关性的。但当经济发展到较高阶段时,人们将会以放弃部分收入为机会成本,去换取更多的闲暇时间,即可视为对休闲产品及服务的购买);而休闲条件的改善、技术的进步又为休闲服务的增加提供了可能。近年,随着我国经济的发展,越来越多的人选择外出旅游作为一种休闲方式,"假日经济"现象即为有力例证。

"假日经济"是休闲经济的特殊表现形式,是休闲产业的一个缩影。随着国民经济的发展,越来越多的人选择旅游作为一种休闲方式,这在客观上为都市型现代农业的发展提供了巨大的客源市场。农事活动、农村文化、农情民俗等都是都市型现代农业重要的资源,是提供休闲供给的前提条件。此外,同其他大多数经济活动一样,休闲产业的发展也会在一定程度上受到政府的干预。在我国部分大城市,都市型现代农业已成为繁荣农村经济的重要力量,各级政府部门也越来越重视都市型现代农业的发展,并在政策、资金、技术、信息等方面给予大力支持,为都市型现代农业的进一步发展创造了良好条件。

四、产业结构演进理论

(一)产业结构演进理论的提出

产业结构演进理论是英国著名经济学家克拉克提出来的,它认为随着经济的发展,第一产业的就业人口比重将不断下降,而第二产业、第三产业的就业人口比重将会增加。这一结论是他根据大量的统计资料进行时间系列分析而归纳出来的。

克拉克将生产结构的演进置于经济发展的运动之中来研究,结果他发现随着经济发展及国民收入水平的提高,劳动力首先由第一产业向第二产业移动,随着经济继续发展及国民收入水平进一步提高,劳动力又开始由第二产业向第三产业转移。为什么劳动力会呈现这种移动趋势呢?因为经济发展中各产业之间会出现收入的相对差异,人往高处走,水往低处流,人们总是向高收入的产业移动,这种劳动力结构的自然演变,就导致了产业结构随着时间的推移而逐渐演进的过程及其表现出来的规律性。

(二)产业结构演进理论的分析

克拉克的产业结构演进理论不仅可以从一个国家经济发展的时间序列分析中得到印证,而且还可以从处在不同发展阶段和不同发展水平的国家在同一时间上的横断面比较中得到类似的结论。也就是说，人均国民收入水平越高的国家，农业劳动力在全部劳动力中所占的比重相对越小，而第二产业和第三产业的劳动力所占的比重相对越大；反之，人均国民收入水平越低的国家，农业劳动力在全部劳动力中所占的比重相对越大，而第二产业和第三产业的劳动力所占的比重相对越小。

关于第一产业的国民收入和劳动力的相对比重下降的原因可以从以下两个方面进行分析。首先，第一产业以农业为主，而农产品主要是用来解决人们的吃、穿问题的消费资料，是人们的生活必需品。而生活必需品的需求特征是当人们的生活水平和收入达到一定程度的时候，人们收入水平的进一步提高就不能引起生活必需品需求量的同步增长。这也就是说，农产品需求的收入弹性会呈下降趋势，这一点可以由德国统计学家恩格尔提出的恩格尔法则给予证明。农业的低收入弹性使农产品在价格和获得附加价值上处于不利地位。这必然使农业所实现的国民收入的份额趋于减少，而使其他产业所实现的国民收入的份额趋于增加。其次，在第一产业和第二产业之间，也就是农业和工业之间，技术进步的可能性有很大的差别。由于农业具有自然再生产与经济再生产相互交织的特点，农业生产技术的进步比工业要困难得多，因此对农业的投资容易出现一个限度，这就是"报酬递减规律"在农业中的普遍存在。而工业的技术进步要比农业迅速的多，因此对工业的投资多数处于"报酬递增"状态，表现为随着工业投资的增加及产量的加大，单位成本下降的潜力很大。如果这一点进一步与农产品需求的低收入弹性及工业品需求的高收入弹性相联系，则必然表现为农业的国民收入比重下降而工业的国民收入比重上升。

关于第二产业和第三产业的国民收入相对比重上升的原因可以从以下两个方面分析。第一，不仅人们的消费结构的变化趋势使工业的收入弹性处于有利地位，而且国民收入的支出在工业上的增加也在不断扩大着工业的市场。因此，整个国民收入的支出结构的演变都在支持着工业的高收入弹性，这样工业所实现的国民收入在整个国民收入中的比重上升就顺理成章了。第二，工业部门是提高国民经济效益及增加国民收入的主要来源，但是当经济发展到一定水平时，由于工业部门资本有机构成的提高不断排斥着工业部门自身的劳动力，因此它不可能吸收新的劳动力。从发达国家的情况来看，从工业部门中排斥出的劳动力主要被第三产业吸收。第三产业所提供的"服务"产品有着很高的收入弹性，而且根据恩格尔法则，"服务"会随着收入的增加而同步地增加需求。这样看来，第三产业的国民收入的相对比重上升也是顺理成章的了。

通过对产业结构演进理论的分析，北京都市型现代农业的发展必然呈现以下趋势。第一，产业链条的延长，即成品农业的发展。因为京郊国民收入的提高仅仅依靠种植业和养殖业是不够的，农产品加工业的发展及以农产品为原料的工业品生产的发展会使京郊产业结构升级，并能提高京郊的国民经济效益。第二，农业生产过程的工业化。只有当农业生产能够克服自然再生产的固有限制时，才能克服"报酬递减规律"的限制，才能向工业那样使投资处于"报酬递增"阶段，使农业随着投资的加大而成本递减。要实现这一目标就要发展高科技农业、设施农业、工厂化农业和精准农业，即实现农业生产过程的可控制化和工业化。第三，服务产业在京郊的兴起。随着单纯农产品比较利益的降低，大量的农业劳动力必将从农业中游离出来，并由于服务业的兴起及其创造国民收入的水平高于农业的吸引力而转向服务业。这就是休闲农业、观光农业、体验农业、度假农业、疗养农业等都市农业发展模式兴起的原因。随着服务业在京郊的兴起，服务业吸纳劳动力的数量及其创造的国民收入将会有很大的提高。

五、产业融合理论

产业融合的概念最早可追溯到美国学者卢森伯格(Rosenbeg,1963)对于美国机械工具产业早期演变的研究当中,其后,各学者纷纷对产业融合的概念进行了进一步的阐释。在理解产业融合内涵时应把握以下5点:①技术进步、放松管制、管理创新是产业融合产生的基础条件。②产业融合不仅包括技术方面的融合,而且还涵盖了业务和市场方面的融合。③产业融合往往最容易发生在产业的边界交叉处。④产业融合改变了企业之间的竞争合作关系,提高了它们的运作效率,从而促进了整个产业市场的效率。⑤发生融合的产业相互之间具有一定程度的产业关联性或技术与产品的可替代性。

产业融合表现为产业之间的渗透发展,产业界限趋于模糊,新兴产业不断涌现。具体讲,产业融合的主要类型有四种:第一,高新产业向传统产业的技术渗透型融合。第二,产业之间的延伸型融合。第三,产业内部的重组型融合。第四,全新产业对传统旧产业的替代型融合。

产业融合的最大作用在于通过融合不仅能发挥原来各自的优势,而且重要的是突破了固定化边界的产业限制,打破了传统生产方式纵向一体化的市场结构,塑造出新型横向结构,产生边缘、交叉产业,促生新的产业领域,产生新的经济式样,形成新的经济增长点。同时,通过产业融合,还能拉长产业链条,聚集并能释放出原产业内部所具有的潜力,产生出 1+1>2 的效果。产业融合还能实现经营管理模式、运行机制的变革和创新,实现各市场要素的重新有效率的配置,使工业的手段、农业的资源、农村劳动力等各种要素更好地结合,实现经济的快速发展。

产业融合在都市农业领域日趋深入。随着都市型现代农业产业化的发展,以及人们需求层次的提升、科学技术的发展和生产力水平的提高,第一产业加快了同第二、第三产业的融合。都市型现代农业与加工业、高科技产业、旅游业以及服务业出现了加速融合的趋势,比如信息化农业,它是集知识、信息、智能、技术等生产经营诸要素为一体的开放型、高效化、高科技的新型农业。再比如生态型农业,是农业与高新技术产业的融合,这种融合打破了传统经济与现代经济、夕阳产业与朝阳产业之间不可逾越的分界和障碍,使传统农业实现质的飞跃。又比如观光型农业是农业与旅游业的融合,它把农业经济与旅游经济、科普教育工作结合起来,从而可以取得最大效益,实现可持续发展。此外,工厂化农业,综合性农业都是产业融合的结果。

六、农业布局的区位理论

(一)农业布局的区位理论的产生

农业布局的区位理论产生于19世纪30年代,当时德国农业经济与农业地理学家屠能在《孤立国》一书中首次提出了农业布局的区位理论。屠能将复杂的农村社会假设为一个简单的孤立国,并认为孤立国唯一的城市位于中央,它是唯一的工业品供应中心和农产品消费中心。孤立国与世隔绝,四周全是荒地,其内部各种土地的肥力和气候条件均等,农业生产者的经营能力和技术条件完全一致,而且市场价格、工资、利息等在孤立国中也是均等的。孤立国的交通工具为马车,运输费用与距离成正比。根据这一假设,农产品消费地距产地越远,运费越高。这种空间距离造成的价格差决定了农业的地域分布模式,造成了农业不同的经营组织状况,从而形成了以城市为中心向外呈同心圆状扩展的农业分布地带,这些地带带有明显的层次性。

（二）农业布局的区位理论分析

按照屠能的假设,空间距离造成了农产品价格的差异,也决定了农业的地域分布必然具有明显的层次性。

第一层接近市中心,用来生产含水量大、不易保存的农产品,这是集约度最高且没有荒地的高效益农业地带;第二层为林业地带,供应城市燃料所需的木材;第三层为轮作农业地带,供应城市粮食;第四层为轮作式农牧地带,且有一定的荒地;第五层为三圃式农业地带,有三分之一的土地为荒地;第六层也就是最外的一层为畜牧业地带。

这六个层次土地的单位面积产量和收益由中心向外围逐渐递减,农业的集约化水平也由内向外降低。农业布局的区位理论假设了多种相同条件,但结果仍是形成了多种相异的地带。事实上,各地区的农业生产条件不可能是相同的,而总是千差万别的,因此,各地区农业和农村经济的发展模式亦应是多种多样的。

从北京都市型现代农业的发展情况看,虽然不能照搬屠能农业布局理论的六个层次,但其对农业生产布局的层次性和地带性描述却值得北京在发展都市型现代农业时借鉴,而且京郊在发展农村经济过程中也确实体现出了层次性和地带性。京郊围绕城市中心已形成了三个农业地带,第一层为近郊平原地带,城乡交错,主要发展园田,是北京的蔬菜集中生产地区;第二层为远郊平原地带,通过田、林、路、渠的统一规划形成田间林网,是京郊的粮食和畜产品的主产区;第三层为远郊山区地带,主要通过发展水源涵养林、封山育林来保持水土,能起到调节城市气候和保护北京周边的生态环境的作用。同时,这一层也使北京林果产品的主产区。北京都市农业的地带化有助于稳定都市农业的食品生产基地功能和实现生产的区域规模化,也有助于实现都市农业的生态屏障功能,三个层次即为三个环境保护带,可以防风固沙、调节气候、保持水土及涵养水源,这对北京都市农业的可持续发展有很大的推动作用。

第二节　管理学理论

都市型现代农业是现代农业的一种表现方式。作为一种产业形态,都市农业及其相关的各种管理活动也要遵循一般管理学理论原则和方法。具体地,都市型现代农业管理学理论涉及都市型现代农业产业中的生产力、生产关系和上层建筑三个方面。生产力方面,主要研究如何合理配置产业组织中的人、财、物,使各生产要素充分发挥作用的问题;研究如何根据组织目标和社会需求,合理使用各种资源,以求得最佳经济效益与社会效益的问题。生产关系方面,主要研究如何处理组织内部人与人之间的相互关系问题;研究如何完善组织机构与各种管理体制的问题,从而最大限度地调动各方面的积极性和创造性,为实现组织目标服务。上层建筑方面,主要研究如何使组织内部环境与组织外部环境相适应的问题;研究如何使组织的意识形态(价值观、理念等)、规章制度与社会的政治、法律、道德等上层建筑保持一致的问题,从而维持正常的生产关系,促进生产力的发展。

一、需求层次理论

需要是个体对内外环境的客观需求的反映,表现为个体的主观状态和个性倾向性。一个人在出现生理或心理失衡时就会产生需要。这些需要有时表现得十分微弱,不足以激发一个人的行为。但有时,当这种失衡达到不予以满足就影响人的生命或生活时,就会演变成明显的需要倾向。因而可以说,人类的行为是为了满足这种需要而产生的。很多心理学家和社会学家对这种需要进行了研究,并得出各种各样的结论。其中最常用的是马斯洛的需要层次理论。

马斯洛理论的基本假设是:第一,人类的需要是按照一定层次排列的,由最低层次上升到最高层次;第二,如果某种需要得到满足,那么这种需要不能再诱发动机;第三,低层次需要得到满足以后就会上升到更高一层需要。

马斯洛主张人类的需要分五个层次或阶段,按重要性依次是生理需要、安全需要、社会需要、尊重需要和自我实现需要。根据该理论,生理需要是人类维持生命的需要,如饮食、衣服、居住等方面的需要。这些基本需要未得到满足之前,人们的大部分行为只停留在为满足生理需要的阶段,基本上不会受到其他层次需要的刺激。当生理需要得到一定程度的满足以后,人们会产生安全的需要,即保障人身安全的需要,如保险、医疗、保健以及防老、避免失业等需要。依此类推,生理需要和安全需要得到一定程度满足后,人们会产生社会需要,即爱和归属的需要。表现为生活在社会中的人,重视人与人之间的交往(友谊、忠诚),希望爱和被爱,希望归属一个集团或群体,互相关心、互相照顾等。在社会需要得到一定程度满足后,则会产生尊重需要,即自尊、名誉、地位和权力的需要。自我实现需要是尊重需要得到一定程度满足后出现的,主要表现为不断地自我发展、极大地发挥潜力、寻找自我、实现自我等。

根据马斯洛的需要层次理论,当物质生活水平提高,人们的衣、食、住等基本生理需要得以满足后,将倾向于追求高层次的精神生活,人类需求将由生存型逐步向发展型、享受型转变。都市型现代农业即是满足城市居民精神需求的一种典型产业。都市型现代农业体验者到野外呼吸新鲜空气、欣赏田园景观、参与农事体验,有利于调整身心,达到身体状态的稳定,满足身体需要;逃离熟悉、单调的都市生活,到农村享受乡野情趣,在"水泥森林"外开拓生活的第三空间,能够满足人们的好奇心和新鲜感,满足冒险需要和变化需要;亲朋好友利用节假日结伴而行,到郊外游玩,有助于建立新的社交范围,巩固原有的社交关系,满足归属需要和社会需要。

依据马斯洛所提出的金字塔需求理论,人在任何时候都有这五方面的需求欲望,但只有在前一级的欲望得到满足以后,后面的需求才会上升为现实需求。人类价值的存在就在于实现这些欲望,社会各项产业活动的开展也就在于有这一些欲望、需求的存在。农业活动在前工业化社会主要是满足人类衣、食、住的需要,但到工业化及后工业化时期,它还能在促进环境可持续发展、提供营养安全食品、满足人类互相交流、回归自然以及体验成功的喜悦等方面发挥巨大作用,人类的需求不断升级,消费结构不断变化,农业活动的空间也就永无止境,由此促进都市型现代农业由低层次不断向高层次拓展。

二、创新理论

创新就是利用已存在的自然资源创造新事物的一种手段。创新作为一种理论可追溯到1912年美国哈佛大学教授熊彼特的《经济发展概论》。J.熊彼特认为,创新包括五个方面的内容:引进一种新产品或提供一种产品的新质量;采用一种新技术、新的生产方法;开辟一个新市场;获得一种原材料新的供给来源;实行一种新的企业组织形式。熊彼特关于创新的基本观点中,最基础的一点即创新是生产过程中内生的。他认为经济生活中的创新和发展并非从外部强加而来的,而是从内部自行发生的变化。这实际上强调了创新中应用的本源驱动和核心地位。

随着科技进步、社会发展,对创新的认识也是在不断演进的。特别是知识社会的到来,对创新模式的变化进一步被研究、被认识。创新在研究领域产生,随后在经过一个时间过程后在应用领域得到接受和采纳,其中较为著名的是创新扩散模式。在创新扩散研究中,最有代表性的是罗杰斯的研究工作,他所提出的创新扩散理论从 20 世纪 60 年代起一直在领域内居于主导地位。罗杰斯认为创新扩散受创新本身特性、传播渠道、时间和社会系统的影响,并深入分析了影响创新采纳率和扩散网络形成的诸多因素。进入 21 世纪,信息技术推动下知识社会的形成及其对创新的影响进一步被认识,科学界进一步反思对技术创新的认识,创新被认为是各创新主体、创新要素交互复杂作用下的一种复杂涌现现象,是创新生态下技术进步与应用创新的创新双螺旋结构共同演进的产物,关注价值实现、关注用户参与的以人为本的创新模式也成为新世纪对创新重新认识的探索和实践。

都市型现代农业作为一种新型产业形态,也是顺应经济社会发展需要,各创新主体和创新要素相互作用而产生的。都市型现代农业的创新发展主要包括五个方面:都市型现代农业提供的新型产品,如休闲体验产品、生态景观产品等;都市型现代农业使用的新技术,如生物技术、3S 技术(遥感技术,地理信息系统,全球定位系统)等;都市型现代农业开拓新的目标市场,如大都市居民、青少年群体等;都市型现代农业生产使用新的生产要素,如网络信息、社会资本等;都市型现代农业产生新的组织形式,如休闲农庄、科技园区等。

三、系统管理理论

系统管理理论,即把一般系统理论应用到组织管理之中,运用系统研究的方法,兼收并蓄各学派的优点,融为一体,建立通用的模式,以寻求普遍适用的模式和原则;是运用一般系统论和控制论的理论和方法,考察组织结构和管理职能,以系统解决管理问题的理论体系。该理论主要应用系统理论的范畴、原理,全面分析和研究企业和其他组织的管理活动和管理过程,重视对组织结构和模式的分析,并建立起系统模型以便于分析。系统管理理论向社会提出了整体优化、合理组合、规划库存等管理新概念和新方法。

系统管理学说的基础是普通系统论。系统论的主要思想是:系统是由相互联系的要素构成的;系统的整体性;系统的层次性。系统管理理论要点主要是企业是由人、物资、机器和其他资源在一定的目标下组成的一体化系统,它的成长和发展同时受到这些组成要素的影响,在这些要素的相互关系中,人是主体,其他要素则是被动的。企业是一个由许多子系统组成的、开放的社会技术系统。企业是社会这个大系统中的一个子系统,它受到周围环境(顾客、竞争者、供货者、政府等)的影响,也同时影响环境。它只有在与环境的相互影响中才能达到动态平衡。

用系统论的观点来解释都市型现代农业,可以把都市型现代农业看作一个复合的系统。该系统又包括生产系统、生态系统等多个子系统,每个子系统又由若干个不同的要素组成。同时,在都市型现代农业大系统中,每个从事都市型现代农业活动的企业或组织则可以看作是系统中的单元。企业的生产活动要受到管理者、劳动者、资金、技术、信息等多个生产要素的影响和制约,同时还要受政府宏观政策、社会文化环境、都市消费市场等外界环境的影响。当然,都市型现代农业的各项生产活动也对外部环境产生一定的反作用力。

第三节　社会学理论

都市型现代农业不仅具有经济功能,而且具有社会功能和生态功能。都市型现代农业是一种与城市经济、文化、科学技术密切相关的农业现象,是都市经济发展到较高水平时,农村与城市,农业与非农业等进一步融合过程中的一种发达的现代农业。从城市角度看,都市型现代农业是城市可持续发展的必然选择,是现代都市建设的重要内容。因此,都市型现代农业发展必须要以社会学理论为基础。

一、消费行为理论

消费者行为是感情和认知、行为,以及人们与他们的生活进行交流的一种能动的交互作用。一般从经济学、心理学、社会学和人类学的视角对消费者行为进行研究。消费者购买行为是指消费者在一定的购买欲望的支配下,为了满足某种需求而购买商品的活动过程。研究消费者行为就是要掌握消费者如何做决定,把资源用于有关消费的事项上,了解他们购买什么、何时购买、何处购买、由谁购买、为何购买,这就是反映消费者购买规律的"5W"理论。

都市型现代农业消费实质上就是消费者对相关都市农业产品及服务的消费。都市型现代农业消费者行为是消费者为了满足各种需求,选择、咨询、决策、购买、享用和反馈都市型现代农业产品和服务的一系列行为过程总和。它是贯穿于整个消费过程的全部行为表现,是一个复杂过程,包括消费者收集有关都市农业产品和服务的信息而产生的购买动机(动机行为),并经过对信息的筛选比较做出购买决策(决策行为),进行消费活动及事后评价的全过程。

都市型现代农业消费者行为研究有如下五个基本假定前提:第一,都市型现代农业消费者的行为是有目的的。第二,都市型现代农业消费者具有选择的余地。各种信息和备选方案都经过细致的筛选过程。第三,都市型现代农业消费者行为是一个序列性的过程,购买行为只是这个过程中的一个中间环节。在购买之前和之后,都存在大量的影响消费者行为的因素。第四,对都市型现代农业消费者行为可以施加影响,但前提是已经了解了消费者的需要、欲望和问题。第五,都市型现代农业消费者也需要教育或引导。

都市型现代农业消费者购买决策过程的各个环节都受到多种因素的综合的、交叉的影响。这些因素包括:第一,背景因素,如文化、亚文化、社会阶层等。第二,人口统计因素,如年龄、性别、家庭及其生命周期、职业、收入、受教育程度等。第三,心理因素,如需要、动机、知觉、学习、信念与态度、个性等。第四,生活方式。第五,限制因素,如参照群体、产品价格等。

因此,在进行都市型现代农业营销时,要着重抓住消费体验者进行消费决策的几个关键环节进行分析,并对消费者的相关信息进行调研,如这些消费者的个人特征是什么? 他们进行消费体验的动机和目的是什么? 他们是通过哪些渠道获取的都市农业供给信息? 他们普遍的消费时间是什么时候? 用于消费的支出一般为多少? 等等。只有对相关市场信息进行深入的调查研究,才能更好地了解和把握消费者的心理,进而对其消费行为进行准确的预测,并以对都市型现代农业相关产品和服务市场的预测结果为依据,进行资源的配置,实现都市型现代农业产品及服务的有效供给。

二、城乡一体化发展理论

（一）理论的提出

恩格斯在分析社会发展情况时,提出了"城乡融合"的观点,他认为城市和乡村的对立是可以消灭的,而且消灭这种对立是工业生产本身的直接需要。正如消灭这种对立已成为农业生产和公用事业的需要一样,只有通过城市与乡村的融合,才能使城市和农村都获得更好的发展环境。这里的"城乡融合"就是指城乡一体化。

（二）理论分析

城乡一体化理论认为在人类社会发展的早期,城市脱离乡村而独立出来,但随着人类社会的进一步发展,城乡必将从分离发展到融合,并进一步实现城乡一体化,这是人类社会发展的必然规律。都市型现代农业发展是以城乡一体化理论为基础的,它改变了传统的城乡对立观点,追求城乡之间的有分工、多层次、一体化的新经济格局,并追求都市与乡村经济、社会、环境的协调统一。随着都市型现代农业的发展,必然会产生城乡经济融合、产业融合、劳动力融合,最终完成城乡一体化。

北京在发展都市型现代农业时,应从经济融合、产业融合、劳动力融合等几个方面着手,促进城乡一体化。首先从城乡经济融合的角度,促进城乡经济的互动互促;其次,在产业融合方面延长农业产业链,发展农产品加工业,推动成品农业的发展,并使农业向第三产业渗透,发展观光农业、休闲农业、体验农业,实现城乡产业全面融合;第三,促使劳动力在城乡之间良性流动,充分发挥人力资源优势,促进城乡一体化经济走向繁荣。另外,城乡一体化还有助于都市地区生态环境的改善,都市人口居住地向乡村的扩展能缓解城市人口过于密集的压力,这有助于改善都市生态环境,同时也能提高乡村土地的经济价值。都市绿化农业的发展一方面可以美化都市城市环境、改善生态状况,另一方面也可以提高农民的经济收入,促进都市型现代农业的效益提高。总之,城乡一体化会最终促进北京都市型现代农业的发展。

三、民俗学理论

民俗即民间风俗习惯,指一个国家或民族中广大民众在长期的历史生活过程中所创造、享用并传承的物质生活和精神生活文化。它反映了人们心灵、情感、精神、思想等内在素质,并体现在他们由这些素质外化出的各种行为习惯和语言方式上,其载体是不同民族、不同地域的人类自身。民俗还包括了人们根据世代传承的技艺所进行的生产活动及其物质产品。

民俗是民间文化中带有集体性、传承性和模式性的现象,形成于过去,影响表现到现实生活。从文化角度来说,民俗文化可以分为三个层面:物化民俗、制度民俗和精神民俗。物化民俗是指当地人们模式化了的物质产品创造方式,如饮食、服饰、住宅、特产和田园、牧场及生产交通工具等;制度民俗是当地社会组织体制和运作方式,对个人参与社会活动具有规范性意义,如节庆民俗、礼仪民俗及娱乐竞技等;精神民俗主要是当地集体性意识形态,如道德观、伦理观、宗教信仰等心理习惯和语言习惯、民间文学。

民俗文化是民众的生活文化,它与民众所处的特定的自然、人文环境紧密相关,它是都市农业发展的重要文化资源。一个国家或地区的民俗特点越鲜明、原始氛围越重、地方差异越大、生活气息越足,就越具有吸引力。我国传统社会是以农耕生产为主业的社会,因而围绕着农耕生活累积形成的民俗本身就具有一种大农业的特点。利用乡村特有的民俗风情,组织开展休闲、游憩、考古、体验等休闲活动是都市农业的重要方式。利用民俗文化打造都市型现代农业,不仅有利于宣传我国灿烂悠久的历史文化,而且也有利于提升都市型现代农业的品位。通过这种城乡间的人流互动和文化交流,有利于农村传统文化资源的传承与保护、有利于城乡文化的交流与传播,推动城乡一体化发展。

四、公民素质理论

加强公民意识培养是当前世界各国现代化进程中普遍关注的话题。许多国家在面向 21 世纪的教育计划中,都把公民教育列入重要的议事日程。在我国,公民素质是现代化建设必须正视的重要国情。公民素质的提高对于经济社会发展具有特殊意义和重要作用。公民作为和谐社会的基本单位,是构建和谐社会的主要力量。而公民能否发挥有效作用的关键在于公民是否具备适应构建和谐社会的素质,构建和谐社会需要独立、理性、能够将权利和责任统一的现代公民的出现。公民素质应包括主体意识、权利意识、责任意识、参与意识、守法意识和道德意识六个方面。

农民素质是我国农业现代化建设必然面临的问题。现代农业发展的基础是农民素质的提高,无论是现代物质条件、现代科学技术,还是现代产业结构的提升或现代经营形式,都不可能由传统农民和"老农民"完成。因此,现代农业的关键在于能否塑造出新型农民。

都市型现代农业是现代农业在大城市的一种表现方式。要实现都市型现代农业快速发展,必然相应地要求培育懂科学、会经营、善组织、有文化的新型农民。新型农民的素质是由一系列知识、能力、观念和道德品质构成的,要建设都市现代农业,现阶段特别强调农民的正确使用科技的能力、组织能力和文化素养。组织能力解决的是农业的集约化、产业化问题,是保护农民自身利益,促进农业健康发展的重要前提;文化素养是农业产业健康发展的内在保障,包括树立科学发展的理念(如生态农业问题),具有高度的社会责任感和良好的道德品质。农民素质的提高以及农民教育的发展要着眼于农村与农业制度创新。

五、产业文化理论

文化是指人类在社会历史发展过程中所创造的物质财富和精神财富的总和。产业文化是指存在于产业的物质器物、景观及非物质的价值观念、宗教、信仰、风俗、规范、语言与文字等。它除了包括产业生产所衍生的技术或经济活动外,还包括休闲娱乐、生活、教育、空间和生态、环境保护、习俗、传统技艺、特殊才能、教庆典、民间礼俗等多层面的价值和活动特性。产业文化受地方文化长时间的影响而成,不同产业、区域、民居和风俗等因素,均对形成地方特色的产业文化有所影响。

产业文化以产业为基础,展现出与之相关的物质、行为、制度、精神等方面的文化现象,对提升产业生命力具有重大作用。因此可将产业文化分为物质文化、行为文化、制度文化和精神文化四个组成部分。其中,产业的物质文化主要体现在饮食文化、产业空间、建筑风格和布局等方面;产业的行为文化包括生产方式、生活方式、商贸行为、行业分工等;产业的制度文化包括社会制度、经济制度和社会规范等;产业的精神文化则包括风俗节日、宗教信仰和历史轶事等。

中国的传统文化就是农耕文化,农耕经济是中国传统文化产生和发展的经济基础,它贯穿于中国传统文化发展的始终,对中国传统文化特征的形成产生过多方面的影响。农业文化是由农业生产实践活动所创造的、与农业生产活动直接相关的和对农业生产活动有直接影响的各种文化现象的总和。农业文化是中国传统文化的根柢。

都市型现代农业文化是指由都市型现代农业生产实践活动所创造的各种文化现象的总和。都市型现代农业文化是传统农耕文化与商业文明的交融。实质上,都市型现代农业在文化的本质上具备了城市化和工业化属性,它实现了乡村文化和城市文化的集合,也实现了农耕文明和商业文明的融合。相应地,都市型现代农业文化可分为智能型都市农业文化、物质型都市农业文化、规范型都市农业文化、精神型都市农业文化四个组成部分。智能型都市农业文化包括各种高新农业科技,如胚胎工程、籽种农业、生物制药、数字农业等;物质型都市农业文化包括各种有形都市农产品,如绿色天然食品、有机农产品、品牌农产品等;规范型都市农业文化包括各种与都市农业相关的社会制度、法律法规、规章标准等;精神型都市农业文化包括各种无形产品,如农事节日、传统节日习俗、神话传说、诗辞歌赋、民间谣谚等。

第四节　生态学理论

都市型现代农业是高层次、高科技、高品位的绿色产业;是完全依托于城市的社会经济和结构功能的生态系统;是按照市民的多种需求构建、培育的融生产、生活、生态、科学、教育、文化于一体的现代化农业体系;是城市复杂巨大的生态系统不可缺的组成部分。都市型现代农业发展必须要遵循生态学发展规律。

一、循环农业理论

以沼气为纽带的循环农业是一种经济效益、生态效益和社会效益并重的新型农业发展模式,是我国农业发展的必由之路。循环农业是以循环经济理论为指导,以经济效益为驱动力,以节约农业资源、保护生态环境为主要目的,通过农业生态系统的调控而实现其发展目标的,在既定的农业资源存量、环境容量等的综合约束下,应用产业经济学与农业生态学的原理,按照可持续发展农业的原则和农业发展方式转变的要求,实现物质的多级循环使用和产业活动对环境的有害因子的"零排放",真正实现经济效益、社会效益和生态效益协调统一的农业可持续发展模式。

循环经济是在全球人口剧增、资源短缺、环境污染和生态蜕变的严峻形势下,人类重新认识自然界、尊重客观规律、探索经济规律的产物。循环经济的核心理念是"物质循环利用、能量梯阶利用、减少环境污染"。循环经济是一种以资源的高效利用为核心,以减量化、再利用、资源化为原则(3R原则,3R,即 Reduce(减量化),Reuse(再利用),Recycle(再循环)),以低投入、低消耗、低排放和高效率为基本特征,符合可持续发展理念的经济发展模式。3R原则中减量化原则针对输入端,要求用较少的原料和能源投入来达到既定的生产目的或消费目的,进而达到从源头上节约资源和减少污染,再利用原则针对使用过程,尽可能多次使用物品,避免物品过早地成为垃圾;资源化原则针对输出端,把社会消费领域的废弃物进行回收利用和再资源化。在循环农业中,循环经济的"3R"原则得到充分的体现:循环农业要求尽量做到外界物质能量输入的减少,最大限度地利用已投入生产和消费系统的物质和能量,通过"资源—利用—资源"方式,提高经济运行的质量和效益,达到经济发展和资源、环境保护相协调,实现农业可持续发展战略目标。

二、景观美学理论

景观是具有多重价值的地理实体,通常它具有经济(区位、生产力)、生态与美学三方面的特性与价值。

景观美学是应用美学理论研究景观艺术的美学特征和规律的学科。景观美学涉及的范围甚广,除了对美学基本原理的运用,还包括民俗、艺术等方面的内容,它是生态美学和环境美学的具象化和人居化,是建筑美学的延伸和拓展。

景观美学的理论建构中应该始终体现功能性、艺术性和生态性相统一的原则。这既是从景观设计与规划艺术自身发展的特点和规律提出的要求,也适应了当今城市化进程中应该尊重自然、保护环境、走可持续发展之路的需要。此外,设计适度性原则、文化传承性原则、地域化原则等也均是在当代审美文化与和谐社会的城市文化建设实践的有机体中多层次、多方位、动态地提升景观美学的理论建构水平和现实审美价值的题中之意。

都市型现代农业的景观有其特殊的美学价值,有自然风景美(桑基鱼塘、牧歌草原、金色的麦浪、成片的橘园)、文化景观美(茶艺、竹艺、农村文化)、工程设施美(高科技连栋大棚、沟渠设施)、生态和谐美(人与自然的融合)等。从农村地理学角度看,农村景观景致是在农村地区具有一致的自然地理基础、利用程度和发展过程相似、形态结构及功能相似或共轭、各组成要素相互联系且协调统一的基础上存在的。它是指农村地域范围内不同土地单元镶嵌而成的嵌块体,包括农田、果园及人工林地、农场、牧场、水域和村庄等生态系统,以农业特征为主,是人类在自然景观的基础上建立起来的自然生态结构与人为特征的综合体。

景观美是景观师对生活(包括自然)的审美意识(思想感情、审美趣味、审美理想等)和优美的景观形式的有机统一,是自然美、艺术美和社会美的高度融合。景观美学原理对都市农业区的景观设计具有重要的指导作用,能够深化设计者对自然景观、人工景观和人文景观的感性认识和理性认知,并更好地把握大众审美心理。

三、景观生态学理论

景观生态学是在20世纪60年代的欧洲形成的,到20世纪80年代为北美所普遍接受。它是研究在一个相当大的区域内,由许多不同生态系统所组成的整体(即景观)的空间结构、相互作用、协调功能及动态变化的一门生态学新分支。景观生态学理论是结合生态学思想的景观规划把景观客体和人看作一个生态系统来设计,认为景观质量是由景观客体中相互依赖且呈动态和整体特征的各个部分所决定的。与传统生态学研究相比,景观生态学更加强调空间异质性、等级结构和尺度在研究生态学格局和过程中的重要性,以及人类活动对生态学系统的影响,尤其突出空间结构和生态过程在多个尺度上的相互作用。

每个生态系统即景观要素都由其中的植物、动物、生物量等组成并在景观中呈异质性分布。景观异质性的特点决定了没有任何景观可以在自然条件下达到同质性,也决定了景观的多样性。景观系统在结构和功能方面随时间推移而不停地发生变化,即景观变化。景观的变化是一个缓慢而长期的永恒的过程。影响景观变化的因素主要包括自然因素和人类行为因素。

景观生态学对时空尺度和人文因素的综合考虑使得它成为景观规划设计的中心理论。景观生态规划的主要特点体现在规划思想上的多角度、多层次的综合性、宏观性及开放性。景观生态规划原理是在对各种设计思想兼收并蓄基础上形成的,以地理学的格局研究与生态学的过程研究相结合作为原理的核心,吸收园林及建筑美学思想,综合考虑各种社会学、经济学、环境学、文化人类学等因素,并强调规划设计的动态调整。

农村景观与城市景观、自然景观有本质差异。它是自然与人为因子交互作用下的景观基本类型之一。农村景观是农村地区范围内,经济、人文、社会、自然等多种现象的综合表现。农村地区除聚落外,大部分的土地都作为作物栽植、水产养殖或放牧等用途,是由当地生产条件、居民生活方式、社会文化背景等因素交互作用而成的生态空间。从景观生态学的角度看,农村是一种人口相对聚居的、以耕种为主业的田园景观。在生态结构和特征方面,农村以幅员广大的农田,呈斑块状的村庄,呈廊道状的河流、农渠和道路的功能为主。

为了在生态环境可持续发展的基础上创造经济利益以达到生产发展的目的,都市型现代农业在进行景观规划和设计时,要根据景观生态学的原理和方法,合理地规划景观空间结构,使景观要素的数量及其空间分布合理化,使景观不仅具有一定的美学价值而且符合景观生态学原理。

四、田园城市理论

田园城市理论是 1898 年由英国社会活动家埃比尼泽·霍华德(Ebenezer Howard)在 1989 年发表的《明日———条通向真正改革的和平之路》一书中提出。该理论倡议建设一种兼具城市和乡村优点的田园城市,而若干个田园城市围绕中心城市,构成城市群,即社会城市。它反映了当时人们对理想城市的一种思考。该书自问世以来,受到广泛的关注,被学界奉为现代城市规划领域中的一部经典著作。田园城市理论至今仍对城市建设有很大的启发和指导意义。

田园城市理论并非凭空臆想,它有着时代社会背景以及深厚的思想渊源。

从 18 世纪后半期开始,英国和其他西方国家先后经历了工业革命。工业革命促进了城市化的进程,农村大量的劳动力涌入城市,出现了一系列的社会问题和环境问题:城市人口和用地急剧膨胀,城市原有的市政基础设施不堪重负;大量贫民窟产生,居民住宅需求问题日益突出;城市空气和水域受到污染,城市环境恶化;城市流行病肆虐。这时候人们渴望有一个健康、有序而美丽的城市,同时也认识到城市规划的必要性,于是对城市规划问题的研究显得日益急迫。正是在这样的时代背景,催生了田园城市理论。

霍华德设想的田园城市是一个占地 24 平方公里人口为 3.2 万人的城乡一体化的城市。城区平面呈圆形,中央是一个公园,由六条主干道路从中心向外辐射,把城区分为六个扇形地区。在其核心部位布置一些独立的公共建筑。在城市直径外的 1/3 处设一条环形的林荫大道,并以此形成补充性的城市公园,在此两侧均为居住用地。在居住建筑地区中,布置学校和教堂,在城区的最外围地区建设各类工厂、仓库和市场。当田园城市发展到一定的规模,则由若干个这样的田园城市围绕一个占地 48 平方公里、人口为 5.8 万人的中心城市形成社会城市。其中每个城市之间设置永久的隔离绿带,并通过放射交织的道路、环形的市际铁路、从中心城市向各田园城市放射的上面有道路的地下铁道和市际运河来相互联系。通过上述各种规划,将城市和乡村的各自特点吸取过来,取长补短,加以融合,形成一种具有新的特点的生活方式。所以说田园城市根本的目的就是建立一个这样的"城市——乡村磁铁"。

田园城市理论不仅仅只停留于城市规划，它更多涉及了社会改造的问题。霍华德对城市收入来源、土地的分配、城市财政的支出、田园城市的经营管理等都提出了具体的改革建议。

田园城市理论的影响广泛且深远。从城市运动到卫星城建设，到第二次世界大战后新城运动，直至20世纪80年代以后的"新城市主义"无不受到田园城市理论的影响。从广度上来讲，田园城市理论影响到了除英国之外的其他许多国家。美国在其影响下有过田园城市运动，在理念上把田园城市的基本原则与广泛意义上的区域规划结合了起来，并导致"邻里单元"与"瑞本模式"两个新概念的出现。在法国，在巴黎周围出现了类似的田园城市，之后又在巴黎四周建成了高密度住宅区作为卫星城。此外，在日本与澳大利亚，城市规划方面都可以看到田园城市理论的影响。

田园城市理论对于现如今的城市绿地系统规划的影响也是十分深远。霍华德在其理论中划出了大量农田和绿化用地，并出现了服务性绿地，例如中央公园以及林荫大道。同时，他提出用绿地来控制城市的无限制蔓延。田园城市理论使得城市绿地系统规划从局部的城市调整转向对整个城市结构的重新规划。

五、可持续发展理论

（一）可持续发展理论的提出

可持续发展理论的提出是人类社会发展观的重大突破。人类社会发展到今天，人们在享受农业文明和工业文明的同时，也为环境的破坏和资源的枯竭付出了沉重的代价。生态的失衡、资源的枯竭和自然灾害的频繁正威胁着人类的生存和发展。反思过去，人们意识到人类不能仅仅向自然界索取，而应追求自然环境、经济、社会的协调发展，人类必须解决人类自身无限发展的需求与自然资源的有限性这一基本矛盾。人们追求的可持续发展经济模式应该是经济发展的生态代价和社会成本最低的经济模式。

（二）农业的可持续发展

农业的可持续发展是在合理利用和维护资源与保护生态环境良性循环的同时实行农业的结构调整和技术革新，以生产丰足的食品和纤维，来满足当代人及其后代对农产品的永续需求，促进农业的合理发展。我国人口众多，多年来由于粮食需求的压力，使许多宜农或不宜农的土地都变成了农田，结果破坏了原有的生态环境，水土流失严重，恶化了农业的生存环境，背离了农业可持续发展的方向，破坏了后世子孙赖以生存的农业资源。现在，我国粮食供求已基本达到平衡，而且丰年粮食有余，农产品市场上的供需矛盾主要是结构性矛盾，而非总量上的矛盾。在这种情况下，实行退耕还林、还草，调整农业结构，发展可持续农业已经成为我国农业发展的必然选择。

农业是自然再生产与经济再生产的结合，农业再生产的可持续性具体表现为生态的可持续性、经济的可持续性和社会的可持续性三个方面。生态的可持续性主要是指合理利用资源并使其永续利用，同时注重防止环境退化。农业资源包括可再生资源和不可再生资源，可再生资源如光、热、水、生物等自然资源，这些资源可以年复一年的自然更新并被重复利用；不可再生资源如化肥、农药、土地、机械、电力等，这类资源会越用越少，并且无法再生。除了太阳能之外，大部分的可再生农业资源其再生能力也是有限的，如果使用得当则可以永续利用，如果使用不当或不重视保护则可能枯竭消失。经济可持续性是指经营农业的经济效益良好，其产品在市场上竞争能力也保持良好和稳定，这直接影响到生产能否维持和发展下去。在市场经济条件下,一种生产模式或某项技术措施能否推广和持久应用主要是看经济效益如何。社会可持续性是指农业生产与国民经济总体协调发展,农产品能满足不断发展变化的市场需求。同时,农业生产结构和布局合理,区域和地区经济发展平衡。总之,我国农业可持续发展应是以上三个方面的综合发展,不能偏废任何一个方面。

(三)都市型现代农业的可持续发展

大都市往往人口密集、交通拥挤、环境污染严重,通过发展都市型现代农业可以改善整个城市的生态环境,促进城郊产品型农业的发展和服务型农业的发展,从而推进都市经济整体发展。但是,在发展都市型现代农业的同时,必须重视可持续发展问题。可持续的都市农业是城市经济与周边农业的有机结合,这样的都市型现代农业不仅技术发展水平高、经济效益好,而且还能改善城市的生态环境、美化环境、装点城市。这样发展的结果是既能使农业永续地为人们提供优质农产品,又能使乡村环境优美并能长久地为人们提供旅游观光、休闲娱乐等服务。可持续发展的都市型现代农业应成为集生态、生产、服务等功能为一体的现代化城郊农业,既具有良好的生态效益又具有很高的经济效益,既有高科技含量和高投入又有由高质量的产品和服务而带来的高产出。

产品型都市农业有生态农业、设施农业和创汇农业三种形式。生态型农业是运用生态学原理和系统科学方法,把现代科学技术成果与传统农业技术的精华相结合而建立起来的具有生态合理性的现代农业体系,它既代表了我国现代农业发展的方向,又是全球可持续农业发展的一种具体形式。近年来我国的大城市开始了建设生态农业的实践,而且发展很迅速。设施农业是在一定的技术设施条件下,由人工控制环境条件、对农业进行科学管理的一种生产方式。设施农业开始于蔬菜的保护地栽培,目前已广泛应用于种植业、畜牧业和水产养殖业之中。其主要特点是对环境因素的控制能力强,能使生产不受地区和季节的限制,做到周年均衡生产。随着都市型现代农业的进一步推进,都市设施农业的发展将成为一种必然趋势,因为它改变了农业依赖于自然的固有特征,实现了农产品的工业化生产。创汇农业是一种以出口创汇为中心的外向型农业经营模式,大都市有资金、科技、信息等方面的优势,在提高农业的外向化程度和产品在国际市场上的竞争力方面有很大的优势,因此,都市农业应率先实现国际化经营,大力发展创汇农业。农业参与国际市场竞争更应注重无污染、无公害,以保证在生态上和经济上的可持续发展。

服务型都市农业包括绿化农业、旅游农业和休闲农业三种形式。绿化农业是改善城市生态环境、发挥都市的生态功能的重要手段。大都市多数都受到环境污染的影响,绿化农业可以提高城市的环境质量,美化和装点城市,同时还可以带动园林业、花卉业、旅游业和房地产业的发展。因此,绿化农业可以促进城市的生态功能和经济功能的可持续发展。旅游农业是将农业生产过程和农业景观与旅游观光结合在一起的都市农业发展模式。它利用农村景观和农业生产场所吸引游客前来观光、游览、品尝、体验,是一种全新的农业经营模式。都市郊区通过发展旅游农业一方面可以丰富人们的精神生活,另一方面也可以提高农村土地的利用率和收益率,同时还可以促进城乡之间的交流。休闲农业涵盖了现代休闲度假的全部功能,是都市农业可持续发展的又一模式。参与休闲农业消费的人可以参与农业生产和农村生活体验,还可以学习民俗技艺与民间传统文化。休闲农业的实质就是利用农业的自然属性和乡间的风土人情满足市民休闲度假等生活需要的农业经营模式。服务型都市农业由于其自身的服务性质和经营方式的特点,决定了他必须走可持续发展的道路。也只有走可持续发展的道路,服务型都市农业才可能长期吸引顾客,才可能赢得长期经济效益。

第三章　国外都市型现代农业发展

国外都市型现代农业发展较早,以日本、德国、荷兰等国为代表,国外都市型现代农业发展各具特色。在发展动因、功能定位、政策支持等方面存在差异,但也有其统一性。各国都市型现代农业发展表明:都市型现代农业是城乡和谐发展的重要内容,要根据地区和城市背景决定都市型现代农业发展途径,要进行现代化和专业化生产,促进农业物流发展,开拓农产品市场,并需要政策的支持和规范。

第一节　国外都市型现代农业发展状况

一、日本

一般认为,都市型现代农业概念最早起源于日本。早在 1930 年《大阪府农会报》上就介绍了北中通村(现泉佐野市)的"都市型现代农业"。1935 年,日本著名学者青鹿四郎在其《农业经济地理》一书中引用具体事例分析了"都市型现代农业"的涵义。20 世纪六七十年代是日本经济高速发展的时期,也是日本都市型现代农业发展最迅速的时期。

尽管日本是最早开始发展都市型现代农业的国家,但其产生并不是有计划地进行的,而是被动地产生和发展的。第二次世界大战以后,日本的城镇化发展速度非常迅速,许多农用地被规划为工业和城市建设用地。当时有部分农民反对将农用地变为建设用地,要求保留农用地,继续从事农业经营。农民的这一要求,引起了日本政府的重视,并使得农业在都市得以保留和发展。

(一)日本都市农业的分布范围

日本都市农业的空间范围一般是指都市半径 2—3 倍距离范围内的农业区域。在东京是以日本桥为中心,在大阪市是以心齐桥为中心,在名古屋市是以荣町十字路为中心,涵盖了其周边约 2—3 倍都市半径内的区域。在 20 世纪 60—70 年代,这三大都市圈不断扩张,导致都市内部及周边的农业用地大幅度减少,有些农用地最终被隔离成为城市中的孤岛。结果使许多农用地存留于高楼大厦之间,小块、分散的土地利用方式便成为日本都市农业的主要特征之一。

因此,日本的都市农业被称为是存在于都市中的农业,是农业在城市中的遗存,也被称为是保全型农业、再生型农业。日本的都市农业虽然面积小而分散,但借助于信息传递迅速、产品销售和生产资料运输等方面的便利,再加上经营者拥有的技术优势,因而它以强大的生命力生存于工业化的大都市之中,并成为现代都市中不可缺少的产业之一。

（二）日本都市农业的功能

1.提供都市居民所需的生鲜农产品

以东京都为例,有9000公顷农用地,相当于东京都总面积的4.1%,有农户15460户,其中专业农户占16.5%。这些农户承担着为东京都市内居民提供新鲜蔬菜等农产品的功能,但这种生产性功能有不断衰退的趋势。目前,东京都地区的蔬菜自给率已经降为7%。

2.城市绿地功能

在东京城区市内镶嵌在高楼大厦之间的农用地共有5114公顷,美化城市环境的绿地功能十分明显。据调查显示,邻近绿地的住宅估价较高,临近农用地的住宅因农用地有耕种活动因而估价更高。

3.防灾及作为灾害发生时的疏散空间

镶嵌在高楼大厦之间的农用地,除了具有绿地功能和观赏功能之外,当灾害来临时,还可以充当疏散场所。比如地震发生时,城市中的农用地就可以用作避难的空间场所。

4.为市民接触农业提供了场所

日本的市民农园、学童农园等数量较多,这为都市区的市民接触农业、了解农耕提供了最佳场所。

5.农业也是都市地区人口的就业形式之一

经营农业在都市地区也是令人羡慕的职业,从事农业也属于最佳职业之一,都市中的农业是最有趣和最有活力的产业之一。

6.农用地起到弥补都市空间设施单一化的效果

都市地区高楼林立、拥挤繁杂,城镇化发展加快了都市的喧嚣和拥挤,而在高楼大厦之间存在一部分农用地,可以起到舒缓都市空间设施过于单一化和过于拥挤的作用。

7.为城市增添独特的农业景观和生机与活力

在建设有"农"的都市理念中,农业作为重要角色给都市带来温馨与独特的魅力,被人们称为是都市的"后花园"。从现代化都市的建筑、文化、景观、公园绿地、街道树木、休闲生活广场和田园风光等多方面的需求来看,没有农业的都市就显得缺乏生机与活力。

（三）日本都市农业的基本特征

日本的都市农业主要集中在"三大都市圈"内,即东京圈、大阪圈和名古屋圈。东京圈是日本最早提出有计划地建设都市农业的地区,其都市农业发展也处于领先的地位。日本都市农业伴随着城市建设而产生,也伴随大城市地区经济的繁荣而成熟。日本的都市农业主要呈现以下特点:

1.都市农业呈片状与点状分布

从20世纪50年代开始,日本城市经济高速发展,城市人口增长迅速,城市中建设用地、工业用地、商住用地的需求不断增长,许多耕地被开发为非农业用地,但仍然由于人多地少而使城市周边的地价飞涨。

由于日本是土地私有制的国家,传统的土地拥有观念很强,土地作为稀缺资源既可增值又可保险,因而农民不愿意放弃土地。日本政府为了保护耕地也采取了一些较为有效的措施,所以至今在大都市内还是保留了不少耕地。这些耕地往往面积不大,在大城市内呈现点状分布。与点状分布的农用地并存的,是在城郊地带也有一些规模较大的成片农田。

2.以蔬果园艺产品生产为主的都市农业产业结构

日本都市农业呈点状和片状镶嵌在大城市之中,不仅起到了绿化环境、改善城市生态的作用,还为市民提供生活所需的优质蔬菜和水果等产品。在2000年,东京都有农田9000公顷,其中旱田占74.2%,主要生产蔬菜、花卉等园艺类农产品,果树林地占21.4%,水田占4.4%。

3.都市农业设施先进

日本农业在20世纪70年代就基本实现了农业机械化。在政府的财政支持下,都市农业生产开始向现代化和智能化的方向发展。政府提供的农林水产业补助金主要用于农业基础设施和经营设施建设等项目,具体用于项目补贴和农业贷款利息补贴,这对都市设施农业的发展起到了重要的促进作用。日本都市农业的园艺设施采用了先进的技术,实现了小型化、集约化经营,蔬菜与花卉生产的80%实现了现代化设施栽培,其商品率在90%以上。

4.都市农业的劳动力呈现兼业化、高龄化和女性化趋势

日本农民按照从事职业的情况被分为三种:第一种为专业农户,即全部家庭劳动力从事农业;第二种是以农业为主、兼作他业,称为第一种兼业农户;第三种是以他业为主、以农业为副业,称为第二种兼业农户。目前,农村中专业农户所占比重不到20%,第一种兼业农户占15%,第二种兼业农户则占65%以上。

自20世纪60年代以来,日本女性劳动力在农业劳动力中所占的比重不断增加,70年代为33%,80年代为43%,90年代高达61%,同时,农业劳动力也呈现出向高龄化发展的趋势。2005年统计,东京都农业骨干的年龄构成中60岁以上者达到63.1%,而1975年为33%。

(四)日本都市农业的经营类型

日本都市农业经过几十年的发展,已日臻完善。其经营类型主要有以下几种。

1.农业公园

农业公园是日本城郊出现的一种休闲型农业设施。由农业部门开发建设,主要资金来源于国家和地方财政。比如,大阪市城郊的农业公园内有各种农业生产分区,根据植物种类和生产方式而定,比如有葡萄园、梨园、玫瑰园等,可供市民采摘作物或观赏。在玫瑰园中,收集了国内外400多个玫瑰品种,颜色各异、花枝招展,令人赏心悦目。园内的热带植物温室,将各种高大新奇的植物品种展示出来,让人尽享自然之美。设施农业生产区向市民介绍农业生产技术的新发展。

大阪市城郊的农业公园内还建有民间艺术交流厅,所有艺术品的原料均来自于农产品,如干花、麦秸、树皮等,赋予农业生产浓重的文化色彩。此外,还有各种娱乐和餐饮设施。在经营方面,农业公园根据一年四季的生产变化推出各种主题公园活动,举办特色婚礼等,因而吸引了大量的市民参与其中。在管理方面,为保证投资的有效性,政府部门委派人员直接介入公园的日常管理。总之,日本的农业公园项目社会效益十分显著。

2.农业特区

农业特区是日本千叶县开辟的山地农业项目,其目的是利用山区农地开展农村和城市间的交流活动。千叶县南部山地较多,比如在鸭川市,大块平坦的农田面积为3000公顷,山地面积为1200公顷。随着农业生产机械化程度的提高,大块平坦的土地容易被农民的后代所继承,而小块的土地则往往遭遇弃耕。针对这种状况,地方农协开发了农业特区项目,即由农协出面以低价收购农民欲丢弃的土地,集中进行开发经营。

对这些土地的开发方式之一是建立学校的自然基地,使之成为城市中学校开展有关农业生产的实地教育基地,让学生亲自插秧、收割,体验农业生产;方式之二是将小块土地租给市民,供其业余时间前来劳作休闲,市民在周末和节假日来到自己承租的土地上劳动,比如种菜、种花、插秧等,其他时间可以委托农协代为管理。这种方式能让市民在紧张的工作之余,体验自然环境,使身心得到放松,并感受到农业生产带来的愉悦。

此外,农业特区还不定期地开展风筝节、插秧比赛、磨豆浆等活动,吸引广大市民积极参与。目前,千叶县的农业特区项目已经在全国范围内引起了很大的反响。

3.农业观光园

农业观光园是町村(相当于我国的街道、村委会)办的农户合作制项目,是由町村组织、农户参加建设的观光园。观光园以农田生产设施为主,配套建设小木屋、会议室、餐厅等,接待城市游客。观光园内建设各种小型农园,一般占地面积在1亩地以内。小型农园有两种出租方式,一种有配套住房,适合于距离较远的客人;另一种没有配套住房,适合于稍近一些易于往返的市民。

观光园项目在早期难以被农户所接受,但随着市场的不断扩大,越来越多的农户愿意参加进来。观光园主要由国家、地方政府和农户投资,预计用10年左右的时间就可收回投资。观光园定期在媒体上进行广告宣传,此外,还经常组织啤酒节、烤肉聚餐等活动。目前,农业观光园在日本已经被众多的市民所熟知和喜爱。

4.家庭农庄

农业公园、农业特区和农业观光园主要还是政府或农协组织开发的项目,而家庭农庄则完全是由农民或农场主从自身的农业资源中开发出来的另一类休闲农业。主要是农民将废弃或多余的农舍加以改造,并提供给都市休闲度假者前来住宿和休息。

另外,日本的都市农业还有银发族农园、农村留学等其他形式。

(五)日本的都市农业政策

在发展都市农业过程中,为了维护都市的秩序,推动都市农业建设与运作的规范化,日本制定了有关法律法规,对都市农业实行严格的管理。

在1969年实施《新都市计划法》时,日本将都市土地分为市街化区域和市街化调整区域,大量农用地被划入属于都市发展之列的市街化区域。1974年6月1日颁布实施的《生产绿地法》规定,市街化区域内500平方米以上规模的地块,经过勘察认为具备继续供农林渔业使用的农用地,可以列入生产绿地地区。1990年9月20日,政府颁布了《市民农园整备促进法》。1991年,政府为了增加都市住宅土地的供给,又对《生产绿地法》进行了再一次的修订。

目前,日本的都市农业主要向以下几个方向发展。第一是生产逐渐规模化。日本小规模的农业生产成本比美国大规模的农业生产成本高出几倍甚至几十倍。因此,日本政府采取相应措施(比如给予贷款及贴息),鼓励农户扩大农业生产规模。第二是农业结构逐步调整。逐渐淘汰效益低、成本高的农产品生产,大量生产绿色食品和保健食品。第三是生产手段向全自动化、设施化、智能化方向发展,尤其是蔬菜和水果的设施栽培,一年四季都可生产各种洁净的时令鲜果菜。

二、德国

德国的市民农园是都市农业最早的生产组织形式。市民农园起源于中世纪德国的 Klien Gorden。

那时德国人多在自家的大庭院里划出一小部分土地作为园艺用地,享受亲手栽培作物的乐趣。而德国都市农业的真正发端一般认为始于19世纪。19世纪初德国政府为每户市民提供了一小块荒丘,市民用作自家的"小菜园",实现蔬菜生产自给自足。19世纪后半叶,德国正式建立了"市民农园"体制,主要是从建立健康社会的理念出发,让住在狭窄公寓里的都市居民能够得到充足的营养。近年来建立市民农园的宗旨已经发生了很大的变化,转向为市民提供体验农家生活的机会,使久居都市的市民享受田园之乐。

德国都市农业以市民农园为代表。德国政府于1983年对《市民农园法》进行了修订,并规定了市民农园的五大功能:一是提供体验农耕之乐趣,二是提供健康且自给自足的食物,三是提供休闲娱乐及社交的场所,四是提供自然、绿化、优美的绿色环境,五是提供退休人员或老年人最佳消磨时间的地方。

市民农园的土地来源于两大部分,一部分是镇、县政府提供的公有土地,另一部分是居民提供的私有土地。每一个市民农园的规模约有2公顷。大约50户市民组成一个集团,共同承租市民农园,每个承租人租地100平方米。租赁者要与政府签订为期25—30年的使用合同,自行决定如何经营,种花、植草、种菜或是栽树、养鱼,政府都不加干涉,但其产品不能出售。如果承租人不想继续经营,可以中途退出或转让,市民农园管委会会选出新的承租人继续租赁,新承租人要承担原承租人合理的已投入的费用。目前,德国市民农园呈兴旺发展之势,承租者已超过80万人,其产品总产值占到全国农业总产值的三分之一。

除市民农园外,德国设有农产品购销合作社,以及奶制品、马铃薯、甜菜加工合作社等。在德国,几乎所有的农民都参加1—3个合作社。各种合作社在区域范围内成立联社,并设立全国机构。各种农民合作组织的最高联合机构是设在波恩的德国赖夫艾森合作联社,它代表农民在经济、法律、税收政策等方面的利益,负责咨询并设立合作组织基金,保持与政府及国内外农民合作组织的联系。正是这种合作社保障了分散的市民农园在产、供、销和技术方面紧密地联系在一起。

德国的都市农业属于生活社会功能型。除了市民农园和农产品购销合作社之外,还有休闲农庄。休闲农庄主要是吸引游客前往农庄休闲度假,与农庄主人一起生活、居住,游客可以尽情欣赏田园风光,体验农庄生活,并亲身参与农场生产活动,让市民享受耕种与体验田园生活以及接近大自然的乐趣。

三、法国

法国都市农业属于环保生态功能为主的都市农业,是以大田作物为主,采取较大规模的专业化农场生产,逐步减少小型农场。巴黎的都市农业对城市食品供应的功能并不明显,巴黎的各种食品供应,主要经过四通八达的高速公路网,由全国各地乃至欧洲其他国家完成。所以,巴黎的都市农业突破了自给自足的生产,而突出农业的生态功能,利用农业把高速公路、工厂等有污染的地区和居民分隔开来,营造宁静、清洁的生活环境。

法国是高度城市化的国家,但其农业又非常发达。法国农用地面积为59万公顷(占国土面积的49%),林地面积27.9万公顷(占国土面积的23%),非农业用地占27%。法国都市农业的组织形式以中小型家庭农场为主,在欧洲,法国是中小型农场最多的国家。

法国充分利用欧共体的农业结构调整政策,扶持和发展了各种农业协会组织,并鼓励农场间的土地合作,力图扩大土地作业规模。在农场面积较小的地区,为了解决土地过于分散的问题,提倡和鼓励农民集体生产,这样就出现了"农业土地组合"和"农业共同经营组合"等以土地合作为主的农村合作组织。到 20 世纪 80 年代中期,全国农业土地组合共有 2000 余个,农业共同经营组合达到 25000 多个。

虽然巴黎大区以种植业为主,但农业对城市食品供应的功能并不明显。除农牧业生产以外,农业对生态、景观、休闲和教育方面的功能则比较显著。政府利用农业限制城市进一步扩张;利用农业作为巴黎市与周边城市之间的绿色隔离带;利用农业把四通八达的高速公路、工厂等有污染的地区与居住区分隔开来,营造一种宁静、清洁的生活环境,并成为城市景观的组成部分;通过农用地种植新鲜的水果、蔬菜、花卉等产品,作为市民运动休闲的场所,以及作为青少年的教育基地。

巴黎市的面积与北京市比较接近,是高度城市化的地区,但仍有着非常发达的农业。巴黎的农业生产是以私人农场为主。其农业的特点是:粮食生产农场规模较大,一般都有上百公顷;生产鲜活农产品的农场规模较小,一般在 10 公顷以下;农场经营的经济效益较高。

除农牧业生产外,法国重视农业在生态、景观、休闲和教育方面功能的发挥。巴黎近郊区还设立了农业保护区,主要是保护环境、文化景观遗产,特别是要保护农田及村庄。并且规定:保护区农田不允许随意侵占;超出保护范围的土地使用必须高额纳税;种树不得侵占农田;保护区土地的买卖要由政府机构监督,不得自由交易;对农民出售的土地,政府有优先购买权。保护区的功能首先是保护,并在保护的基础上进行经济开发。

四、荷兰

荷兰是欧洲具有最发达都市农业的国家,其农业以国际化、专业化、优质化和高新技术为特征。其生产组织形式以家庭农场为主,家庭农场主要采取的是集约化设施农业。设施农业和"温室革命"与完善的社会服务网络相辅相成,使荷兰成为世界农业强国。

2001 年,荷兰全国的玻璃温室面积超过了 1.06 万公顷,占世界温室总面积的 1/4,主要种植鲜花和蔬菜。特别是在西部的威斯兰地区,温室集中连片,设施先进,以"玻璃城"驰名于世。温室配套设施齐全,配有以燃烧天然气为主的加温系统(同时配备供给 CO_2 的施肥系统)、通风系统、遮阳和保温幕、营养液循环灌溉系统和人工补光系统。

另外荷兰还通过合作组织发展规模经营。一方面是联合起来进行农产品生产、加工和销售;另一方面是利用农民的合作银行筹集资金,对农业投资。从规模上来看,20 世纪 70 年代以后,荷兰的农场数量减少了 1/4,同期玻璃温室的面积却增加了 91%。

农业的发展除了为荷兰人提供了优美的生活环境,而且还成为国家经济,特别是出口创汇的重要组成部分。2013 年,荷兰已成为世界第三大食品和农业产品出口国,仅次于美国和法国。其农产品的 75% 用于出口,每年给荷兰带来大约 390 亿欧元的收入。农业部门在国内生产总值中的贡献率约占到 12%,生产总值约达到 330 亿欧元。荷兰农业中观赏植物栽培占据着越来越重要的作用,销售额已达 45 亿欧元。首都阿姆斯特丹与周边几个城市共同发展现代设施园艺业,花卉占国际花卉市场总贸易量的 60% 以上。

多年来荷兰政府将农业定位为持续、独立和具有国际竞争力的行业,创造出了"三高一快"的奇迹,即土地生产率高,每公顷产出 2468 美元;土地创汇率高,每平方米农用地出口额 1.86 美元;人均创汇率高,为 14.06 万美元;出口增长快,1961—2000 年农产品净出口额增加了 45 倍。

荷兰都市农业是以创汇经济功能为主的都市农业。确切地说是以园艺业和畜牧业为主的出口型农业,蔬菜、花卉、猪肉、马铃薯、鸡蛋、奶酪等出口量均居世界第一位。荷兰重点发展具有设施园艺技术辐射、园艺产品集散、农业生态观光功能和地区专业分工的都市农业生产体系。

荷兰国内各地区的专业区域分工如下:北部是以奶牛饲养及奶制品加工为主的畜牧区,西部是以种植牧草为主的农牧混合区,南部是以蔬菜花卉为主的园艺区,东部是混合农业区。各地区农场根据区域分工进行专业化、集约化生产,每个农场平均只生产3—4个品种的农产品,由农业合作社提供完善的产销一体化服务。

荷兰发展都市农业的主要经验有以下四个方面:

1.大力调整农业结构,发展特色农业

20世纪初,荷兰对失去优势的粮食生产没有采取"保护"政策,而是开放粮食市场,不失时机地调整农业结构,利用廉价的进口粮食大力发展畜牧业,很快使畜牧业成为主导产业。20世纪70年代,畜牧业与种植业的产值之比曾达到2∶1。后来由于欧盟共同农业政策的配额制度和国内环境问题,荷兰畜牧业的发展受到限制,此后园艺业迅速发展。20世纪90以后,园艺业成为荷兰的主导农业产业。

2.依靠先进的科学技术,发展都市农业

荷兰在采用节约土地技术的基础上,向资本替代劳动和技术转变,运用现代的科学技术,实现了高投入、高产出和高效益。特别是在西部的威斯兰地区,温室集中连片,设施先进。温室配套设施齐全,配有以燃烧天然气为主的加温系统、CO_2施肥系统、通风系统、遮阳和保温幕、营养液循环灌溉系统和人工补光系统,全面实行了温、光、水、气的全自动控制。通过电脑采集环境变化数据,自动进行数据处理分析,农业生产实现了高度自动化。

3.通过建立合作组织,发展规模经营

荷兰的农业合作社办得很有特色,其作用体现在两个方面:一是合作社从事农产品生产、加工和销售;二是利用农民的合作银行筹集资金,不断对农业追加投资。荷兰在20世纪70年代以后,农场数量减少了1/4,同期玻璃温室的面积越来越大。同样,奶牛集约饲养规模也在扩大,产奶量也在不断提高,平均年产奶量1000万吨,并加工成乳制品、黄油、奶粉和食品加工业配料,其中一半以上销往国外。

4.大进大出,大力发展外向型农业

荷兰进口的农产品主要有两类:一是土地密集型产品,包括粮食、豆类、油料等,特别是发展畜牧业所需的大量饲料;二是进口本国不能生产或很少生产的产品,如热带水果、咖啡、可可、茶叶等。同时,荷兰发挥自身的优势,大力发展外向型的园艺业和奶牛业。荷兰的花卉、蔬菜、乳制品等的出口额均位居世界前列。

五、新加坡

新加坡是一个没有郊区的国家,自然资源十分贫乏,农产品不能自给,大量依靠进口,本地只生产少量的蔬菜、花卉、鸡蛋、水产品和牛奶。但新加坡也是一个国际性的都市化国家,享有"都市之国"及"世界花园城市"的美誉,其农业生产具有典型的都市农业特点。新加坡将都市农业发展与城市发展看作一个整体,认为工业现代化和城市现代化需要都市农业来提供良好的生态环境。

由于经营农业的自然资源贫乏,因此新加坡政府非常重视都市农业的发展。20世纪60年代以来,新加坡在工业经济高速发展的同时,在过去几乎没有农村的基础上,建立起了都市农业,并使其向高科技、高产值的方向发展。他们重点建设现代集约型农业科技园,最大限度地提高农业生产力,并使之成为"都市之园"。

新加坡的都市农业模式:一是现代化的农业科技园。其基本建设由国家投资,然后再通过招标的方式租给商人或公司,租期为 10 年,现有耕地约 1500 公顷,供 500 多个不同规模的农场经营。二是园林绿化。整个城市绿地多,花草多,公园多,街道宽敞,楼宇密度不大,园林艺术水平高,犹如将一个大都市建设在美丽的花园和花木的海洋之中。三是农业生物科技园。其农业生物科技园占地 10 公顷,拥有现代化的设备,主要从事农业技术(比如动植物基因研究、新品种选育等)研究与开发工作。四是海水养殖场。新加坡有海水养殖面积 45 公顷,主要发展海水养殖业。

六、韩国

韩国都市农业兴起于 20 世纪 70 年代后的"新农村运动",他们将发展都市农业与乡村建设结合在一起进行推进。当时,韩国政府实施了一系列乡村开发项目,以政府支援、农民自主和项目开发为基本方式,通过一系列项目开发和工程建设,增加了农民的收入,改善了农村的面貌。

20 世纪 90 年代,韩国政府认为已经完成了新农村运动初期的主要任务,于是便通过规划、协调、服务来推动新农村运动向深度和广度发展。在扩大非农收入、建设现代农渔村、扩大农村公路、鼓励经营农业、增加信用保证基金、搞活农用耕地交易、健全食品加工制度、建立健全农业支持机构方面推出了许多具体的政策和措施。

从 20 世纪 80 年起,韩国推行绿色观光概念。1983 年颁布了《农渔村收入来源促进法》,促进农户增加除农业以外的收入来源;1990 年颁布了《发展农渔村特别法》。这些都促进了农渔村观光休闲资源产业的开发和经营。

绿色观光农业的发展,为城市居民提供了利用业余时间在农村体验农林渔业的机会,加深了城镇居民对农林渔业的理解。此后,又逐步拓宽了地方政府实施农业政策的方案,并形成了以绿色观光为中心的都市农业发展格局。

绿色观光农业的发展对防止农村人口流失与减少农民转业产生了重要的作用,也为促进农村的发展提供了新的契机。同时,绿色观光农业作为自然导向型产业,其投资规模较小,但经营效益显著,它是一种时间消费型的休闲方式,具有很大的发展潜力。

七、古巴

古巴作为一个小国家,它拥有全球规模最大的生态农业,都市居民吃的蔬菜、餐桌上的米饭,75%来自方圆十公里内的农地,如今有机农业在全世界蔚为风潮,古巴农民早在 20 年前就不用农药化肥。古巴用多样化的耕作方式,为全世界提供另类的粮食新解。

古巴城市的中心地带大多分布着大片的旱地,比如在首都哈瓦那。从市政府街开始,沿街都有旱地分布,其面积占全市总面积的 12%,勤劳的古巴人民在这些旱地上种上了不使用农药的蔬菜和水果。出产的蔬菜和水果,可以满足哈瓦那全市 220 万居民对蔬菜和水果的消费需求。

古巴向都市农业的大转换,可以追溯到 1991 年苏联解体时。当时,古巴的食物和石油严重依赖苏联进口,苏联解体后,古巴立刻陷入食物和石油危机。因此,古巴政府推进一系列措施,如在全国实行免费出租土地政策,以推进农业发展,但由于缺乏肥料和农药,除了发展有机农业外,别无他法。为了提高生产效率,古巴也花了不少力气。另外,为了使每个人都可以及时开始农业生产,在城市街道的每个角落随处可见常驻的农业指导者,并开设了"咨询商店"。古巴政府确立"生态农业"政策后,各个大学开始进行天敌防治研究,还协助农民田间交流,分享保种、抓害虫心得。经过一连串农业改革,目前古巴的粮食自给率已经达到六成以上。

除了生态农业,古巴的城市中还随处可见一排排蔬菜、玉米、花卉,每块土地至少种了 20 个种类的蔬菜。古巴政府将都市周围五公里定为城市农业,十公里定为郊区农业,全面禁止农药化肥,都市居民可以到这里买菜,若有兴趣也可在自家门口种菜,食物里程超短,有些农民甚至会设置小型风力发电机、自制储水系统,实现自给自足的循环型农业。这种精细且多样化的种植,让古巴就算面临剧烈的气候变迁,作物也不至于全军覆没,保有一定的粮食自给率。这些都市的零碎土地,也成为许多妇女的经济来源,他们种植花卉到市场换取现金。作为全球唯一一个经历能源危机且成功转换农业政策的国家,古巴的生态农业值得借鉴。

八、美国

在美国,都市农业被称为都市区域内的农业,占美国总面积的 10%,其生产的农产品价值已占美国农产品总价值的 1/3 以上。美国都市农业的主要形式是耕种社区或称市民农园,这是采取一种农场与社区互助的组织形式,在农产品的生产与消费之间架起一座桥梁。这种市民农园在北美发展很快。1996 年总计达 600 个。参与市民农园的居民,与农园的农民或种植者共同分担生产成本、风险及盈利,农园尽最大努力为市民提供安全、新鲜、高品质且低于市场零售价的农产品,也为农园提供了固定的销售渠道,做到双方互利。美国学者认为,市民农园是一种创新与变革,加强了农民和消费者的关系,增加了区域食品供给,促进了当地农业经济发展。

美国都市农业的发展经验:

1.重视农业生物技术开发

21 世纪是生物技术大放光彩的时代,而农业将是生物技术获得广泛应用的一个重要领域。顺应时代发展需求,美国也从传统农业步入生物工程农业时代,其中生物育种、生物农药等技术成为这一时代的亮点。美国是最早发展农业生物技术的国家,农业生物技术的应用已进入产业化阶段,并已在农业生产的各个环节得到广泛应用。成熟、先进的农业生物技术为美国农业提供了良好的发展机遇。与此相应,近 20 年来,美国在开发农业生物技术方面的投入年均增长达 15.5%,美国政府专项拨款达 35 亿美元。同时,美国各级政府从各个方面加强了对农业生物技术的推广和高效服务,并积极与各种专业协会和决策咨询机构形成了民间农业社会化服务,引导农民使用生物技术。此外,还运用经济政策等杠杆,引导资金对农业生物技术及产业的投入。

2.及时向农民提供农业信息服务

现代信息技术的规范应用可以促进农业和农村经济结构调整,增强农业的市场竞争力,增加农民收入,加速农村现代化进程。而市场信息对于美国农业发展也起到了至关重要的推动作用。因为美国农业的商品率和出口比重较大,这使得其农业发展受到国内外市场的共同影响,而准确、及时、权威的市场信息则成为其长远发展的关键。美国市场信息来源是由农业部市场营销局与各地的农产品市场报价员联合提供。其中,农业部每个月都要对世界农产品的供求形势进行一次预测。农民在家中可借助互联网,获得关于产品价格波动、品种改良、动植物病虫害防治等方面的最新数据。

3.都市农业专业化程度高

都市农业生产专业化对于充分发挥各地区、各企业的优势,提高农业经济效益,提高农业机械化水平和农业科学技术水平,提高劳动者的素质等方面具有积极的作用。在家庭农场的组织形式下,美国积极发展都市农业。从20世纪50年代起,美国家庭农场形式由多种经营向专业化经营转变。2010年,美国棉花农场专业化的比例为76.9%,大田作物农场为81.1%,果树农场为96.3%,牛肉农场为87.9%,奶牛农场为84.2%。其中,各类水果尤其是苹果、柑橘、葡萄等大宗水果,都是由专业化农场或公司生产经营的。而有些农业公司也已经列入了美国前500强公司,其专业化程度较为明显。

4.农产品服务物流渠道组织健全

农产品服务物流渠道建设有利于农产品"货畅其流",减少农产品物流过程中不必要的损耗,降低农产品物流成本,提高农业生产的效益和竞争力。美国的农业社会化服务体系健全,主要的农业服务组织或合作社类型包括:各类大型生产资料公司,为农民提供信贷业务的银行和信用社,以及由农民自发组织的农业合作社、协会、农贸市场等。并且各个农业服务组织或合作社之间形成互助交叉的流通体系,比如,农场与公司联合、农场与协会联合、农场与合作社联合等模式,充分体现了农产品服务物流渠道组织健全的一面。

第二节 都市型现代农业国际比较

由于世界各国大中城市的发展布局各不相同,因而其都市农业的发展也有所差别。根据对地域范围的界定,都市农业可以分为两类:一是指大都市中城市区域内部的农业;二是指大都市中城市区域外围的农业。当然,随着城市化的逐步推进,城乡界限越来越模糊,都市农业的地域范围将呈动态变化趋势,其含义也将随之逐渐发生变化。

一、动因分析

都市农业在世界各国广泛存在,但因不同国家的政治制度、经济发展水平、自然历史条件差别很大,各国都市农业产生、形成的动因各异,其发展演变的历程也各不相同。

(一)缩小城乡差距、协调城乡发展

大多数发达国家都市农业的产生原因都包含了缩小城乡差距、协调城乡发展的需要。比如在20世纪50—70年代,日本、韩国等亚洲国家经济先后进入快速发展时期,在工业化前期,城市化的无序扩张使得农田大量被占用,由于缺乏相应的发展规划,市区内有很多零星的农业用地留存下来,农民顺势将这些农用地开办成农园,这就出现了都市农业的雏形。而后,随着城市化进程的进一步加快,带来了许多社会问题,比如生态环境恶化、自然景观破坏、生活空间缩减等,在农村则主要表现为乡村人口大量减少、生产生活基础薄弱等,结果是城乡居民收入差距拉大,地区发展趋向不平衡。与此同时,农业的多功

能性逐渐被认识,为了避免城市过于拥挤和农村衰退现象的继续,政府开始有意识地对部分都市农业给予扶持。

总之,都市农业已经成为这些国家促进城乡和谐、地区协调发展、多功能利用土地的重要手段。

(二)出于提升城郊农业的考虑

在我国各大中城市,都市农业是伴随着社会经济的快速发展而由传统的城郊型农业转变而来的。长期以来,我国城市的发展格局一般是以城区为中心呈带状或环状向外扩张的,城区内农业用地极少,农业生产多分布于城市郊区,属城郊型农业。进入 20 世纪 90 年代以来,社会经济的发展使得人们的消费需求逐渐升级,对城郊农业的发展也提出了新的要求。由于城郊农业功能亟待进一步转变和拓展,因此,各级政府纷纷提出了提升大城市农业发展的战略。传统的城郊型农业最佳的发展趋向就是向都市农业转变,因此,都市农业也就应运而生。

(三)出于提升农业竞争力的考虑

荷兰通过发展都市农业,极大地提升了其农业竞争力。以发展都市农业为目标,通过农业结构调整,发展出了特色农业,依靠先进的科学技术,发展出了世界上最先进的设施农业,借助于先进的管理理念,使农业合作社的经营效率不断提高。另外,为了克服资源的不足,荷兰的农业实行大进大出,不断提升其农业的国际竞争力,大力发展外向型农业。

(四)出于改善城市环境的考虑

新加坡基本上没有农业,但出于改善城市环境的目的,为了使人居环境更加良好,因而大力发展城市绿地和公园,以实现楼宇密度降低、城市环境优美。新加坡将都市农业发展与城市发展看作一个整体,认为工业现代化和城市现代化需要都市农业来提供良好的生态环境。

日本都市农业的城市绿地功能和防灾及作为灾害发生时的疏散空间的功能也很突出。在东京城区市内镶嵌在高楼大厦之间的农用地共有 5114 公顷,美化城市环境的绿地功能十分明显,同时也为市民接触农业提供了便利。另外,镶嵌在高楼大厦之间的农用地,除了具有绿地功能和观赏功能之外,当灾害来临时,还可以充当疏散场所。比如地震发生时,城市中的农用地就可以用作避难的空间场所。

二、功能分析

都市农业与乡村农业最大的区别就在于其显著的地域性特点。都市农业的发展与整个城市社会经济及生态系统紧密相连,这就决定了都市农业除具备最基本的生产功能之外,还具有生态、服务、社会等多种功能。由于不同国家和地区都市农业的发展动因、各地的资源禀赋不尽相同,因而各国都市农业的功能也各有侧重。

表 3-1　都市农业发展功能的国际比较

主要功能		国家或地区
经济功能	提高传统农业的生产效率	美国等
	提高农业资源的使用效率	日本、荷兰等
	提高城市贫民的家庭收入	坦桑尼亚达累斯萨拉姆、印度海得拉巴等

续表

主要功能		国家或地区
生态功能	改善自然生态环境	德国、法国、英国等
	处理城市废弃物	印度海得拉巴、塞内加尔达喀尔、中国北京等
	保持都市农用地的土壤肥力	加纳阿克拉、塞内加尔达喀尔等
社会功能	提供休闲场所,拓展生活空间	德国、中国台湾、日本、新加坡、中国北京等
	保障食物安全,供给农副产品	津巴布韦哈拉雷、乌干达坎帕拉、中国北京等
	增加就业机会,提高妇女参与度	印度海得拉巴、秘鲁等

（一）经济功能

生产功能是农业最基本的功能,在大多数国家,尤其是发展中国家和地区,以生产为主的经济功能仍是都市农业的主要功能,都市农业所具备的这种生产功能是对乡村农业一种必要的补充。据联合国开发计划署估计,目前世界上约15%的食物是由都市农业提供的。

1.提高传统农业的生产效率

都市农业因其距离城市较近,具有空间便利性,可以有效接受城市社会经济系统的辐射,农业生产在技术、资金、人才、信息、基础设施等各方面都可依托于城市丰富的资源优势,其生产效率一般比较高。

2.提高农业资源的使用效率

都市农业的发展受限于较为短缺的农业自然资源,只有致力于大幅度提高农业生产效率和资源使用效率,才能充分实现土地的经济价值,并保障其农产品的产出率,比如日本和荷兰的都市农业的发展就属于这种情况。

（二）生态功能

都市农业的生态功能是指农业生态系统对自然环境的调节以及对自然资源的保护等功能,它包括调节气候、固碳制氧、防风固沙、维护生物多样性、保护自然景观等多个方面。随着社会的发展,整个社会的经济增长方式必将由农业经济、工业经济逐步过渡到环境经济时代,生态系统对自然资源及环境的调节和保护作用将越来越显著。都市农业作为都市发展的重要支柱,因其能为城市增加绿地空间和保护环境,因而已被列为都市发展的重要课题之一。

1.改善自然生态环境

德国、法国等欧洲国家的都市农业是为了解决城市化、工业化快速发展而带来的资源紧张、生态恶化、景观破坏等环境问题而产生的,因此这些国家在发展都市农业的过程中往往更加重视自然环境的改善、农业资源的节约和生活质量的提高。如德国的市民农园、英国的森林城市,以及巴黎大区的农业,就特别强调农业调节城市气候、净化空气、营造自然景观等生态功能。此外,日本、韩国、新加坡等亚洲发达国家,以及我国北京等大城市的都市农业在强调生产的同时,也较为注重其生态功能。

2.处理城市废弃物

城市有机废水和废物的再利用是都市农业未来计划的重点发展内容。都市农业因其具有完善城市的养分循环、促进城市废弃物循环利用的功能,而成为解决这一难题的有效途径。当前,欧洲发达国家以及我国北京等地正在积极挖掘和利用都市农业对废弃物的这种循环利用功能。

（三）社会功能

都市农业的社会功能对于城市的可持续发展具有重要意义,包括为市民提供休闲场所、开展科普教育、增加就业机会、促进产业融合、缓解社会危机、协调城乡发展等多个方面。它的这种社会功能因发达国家和发展中国家的社会经济条件不同而表现各异。

1.提供休闲场所,拓展生活空间

在大部分欧美国家及亚洲一些发达国家,都市农业的产生起源于城市化和工业化引发的社会问题,因此,其社会功能主要体现在休闲教育的方面。如德国的市民农园、中国台湾的休闲渔业、日本的观光农园、新加坡的农业科技园等,不仅能够作为市民观光旅游的重要场所,还兼具农业耕作体验和休闲的功能,同时又可成为对广大青少年进行农业科普教育的基地,并充当市民放松身心的生活空间。这些功能都是都市农业所特有的。

2.保障农副产品供给,提供特色农产品

发展都市农业,可以更好地保障农副产品供给,并能提供一些特色农产品。比如为城市居民提供高质量、个性化的农产品等。在我国的北京,通过实行严格的标准化生产管理,都市农业能够提供更多的无公害、绿色、有机农产品,为市民健康提供了有力的保障;并且依靠较高的科技水平,提供唯一性的特色农产品,以满足不同层次消费者的需求。

3.增加就业机会,提高妇女的参与度

都市农业因其具有较高的产业融合度、较多的劳动密集型生产以及与市场联系的紧密性,这为劳动者提供了广泛的就业空间,这对于那些人多地少、劳动力大量过剩的国家和地区来说,是非常重要的。另外,都市农业还适合于兼业家庭,当男主人进入城市就业以后,女性可以在不影响家务劳动和照看孩子的前提下,从事都市农业生产活动,补充家庭收入。因此,都市农业能提高女性的参与度。

三、政策分析

（一）欧洲的都市农业发展政策分析

以欧洲国家为例,其都市农业发展政策大体上经历了三个阶段。

第一个阶段是食品政策时期,也可以称为食品农业时期,大体上是从20世纪50年代初期到70年代中后期。第二次世界大战后,欧洲城市化加速,西欧国家面临严重的食品供给匮乏状况。针对这种情况,西欧国家都把增加食品供给作为农业发展的首要目标,在提高农业产出量上下功夫。在这期间,荷兰开展了大规模的农业基础设施建设,包括土地整治、建设高标准农田、修建道路、保护水源和水质等,目的就是要提高土地产出率。经过持续多年的努力,欧洲国家在20世纪70年代初期就成功地解决了食品供给问题,而且农业现代化获得了很大的成功,农业生产力有了很大提高。但是与此同时,也开始出现农产品过剩和农民收入增长受到影响的问题,这些都需要采取新的政策措施加以解决。

第二个阶段是农业政策时期,也可以称为结构农业时期,大体上是从20世纪70年代后期到90年代初期。这一阶段的中心问题是调整农业结构,缓解农产品过剩的矛盾。由于农产品供大于求,因而市场价格下跌。欧洲多数国家对农业生产实行了限制与保护并举的政策,以调节供给与需求的关系。通过对实行休耕和限产计划的农户予以补贴以保证农户的收入。与此同时,欧洲各国通过实行统一的对外贸易措施,限制农产品进口,并以价格补贴等方式鼓励农产品出口。对于牛奶、小麦等欧盟严重过剩、而且国际市场滞销的农产品,则通过对外援助的方式来缓解供求矛盾。

第三个阶段是农村政策时期,也可称为环境农业时期,大体上是从 20 世纪 90 年代初期开始直到现在。与前两个阶段相比,这个阶段的农业发展目标发生了很大变化,发展农业不仅要从农民的角度考虑问题,而且要从整个社会的角度来考虑;不仅要提供农产品,而且要提供整洁的环境和城市人口的旅游、休闲场所;不仅要继续关注质量、效益,而且要把重点放在国土整治和环境保护方面。在这个阶段,关注农业发展的远不止是农业人口,社会上普遍关注农业发展,特别是从环境保护角度对农业发展提出了新的要求。

(二)日本和韩国的都市农业发展政策分析

日本政府采取了一系列激励和保护都市农业发展的措施,对初次从事都市农业的农户提供无息贷款、资助学习相关农业技术和经营方法等。日本振兴都市农业的主体是地方政府和各种团体、市民以及农民,比如大阪府制定的《都市禄震区制度》,横滨市制定的《晨案尊用地区》等。

日本在 1968 年制定了《都市规划法》,对都市土地,农业土地的利用进行了明确划分。之后又制定了《生产绿地法》和《食料、农业和农村基本法》,进一步强调了都市农业的重要性和必要性,并通过法律的形式对都市农业予以政策和资金支持。依据 1998 年的《农政改革大纲》及《农政改革程序》,都市农业要为都市居民提供新鲜的农产品,要利用学童农园、市民农园、观光农园进行亲农教育,体验农业,提供娱乐场所、绿色场所、避难场所等,需要满足都市居民的多方位的需要。

20 世纪 80 年代以来,韩国推行绿色观光概念。1983 年颁布《农渔村收入来源促进法》,以增加农村除农业以外的收入来源;1990 年的发展《农渔村特别法》和 1992 年农渔村观光休养资源开发产业促进观光农园的开发。在土地制度上,土地所有权和经营权的分离为都市农业分散生产、集中销售创造了有利条件。

(三)中国都市农业发展政策分析

我国最早将都市农业纳入城市发展规划的是一些经济发达的大城市如,北京、上海、深圳等。经过近 20 年的发展,都市农业现已成为我国各大城市发展的主题,呈现出良好的发展态势,其中尤以地处环渤海地区、长江三角洲、珠江三角洲地区的北京、上海、珠海和广州等地发展的最好,已取得显著成效。

上海市是我国第一个将都市农业列入"九五"及 2010 年国民经济发展规划的城市,"十五"期间把都市农业作为城乡一体化的重要内容,提出了把传统的郊区农业转变为都市农业,率先实现农业现代化的发展目标。上海的都市农业定位为:适应大都市的具体环境,以源头农业、创汇农业、生态农业、设施农业为基础,以现代农业科技武装的园艺化、设施化、工厂化生产为主要手段,包括农产品生产、加工、营销、服务相互配套的大农业系统。

2005 年 11 月,北京市出台《加快发展都市农业的指导意见》(以下称《意见》),明确提出北京农业将由城郊型农业向都市农业转变,不再只追求单一的生产功能,而是围绕市场需求,综合开发生活、生态和社会功能,首次对发展都市农业作出全面、系统部署。提出发展都市农业的总体目标就是要实现郊区农业单一功能向多功能转变;城郊型农业向都市型现代化农业转变;郊区农业由粗放型向集约型农业转变;从注重生产向注重市场领域转变。

在《意见》中,根据北京大都市及其延伸地带不同地域的资源状况和功能特点,北京都市农业总体发展布局概括为五个发展圈:即以景观农业和会展农业为主的城市农业发展圈,主要是四个城区和部分近郊区;以精品农业和休闲农业为主的近郊农业发展圈,主要是六环路以内的城近郊区;以规模化的产品农业和加工农业为主的远郊平原农业发展圈,主要是远郊平原及浅山区;以特色农业和生态农业为主的山区生态涵养发展圈,主要是北部、西部和西南部山区;以与外埠基地横向联系为主的合作农业发展圈。同时,编制了《关于北京市农业产业布局的指导意见》,北京市科学技术委员会出台了《北京都市农业技术支撑体系科技专项》,以保障都市农业的科学有序发展。

为规范休闲观光农业的发展,北京还出台了《北京市乡村民俗旅游户食品安全管理规定》(试行),《北京市郊区民俗旅游村评定标准》(试行),《北京市郊区民俗旅游接待户评定暂行办法》,《北京市郊区民俗旅游接待户评定标准》(试行)。

2000 年以来,武汉、郑州、杭州、无锡等大中城市制定了详细的都市农业发展规划,使都市农业的发展由理论走向规范发展。

纵观国内的都市农业的发展与支撑政策,主要包含了如下内容:一是提高都市农业投入政策,主要是优先支持都市农业发展的重点基本建设项目;二是支持都市农业持续性发展的经济政策,主要是运用投资、信贷、税收等经济杠杆来优先支持一部分重点工程的建设;三是保持都市生态平衡的环境政策,用经济和行政以至法律手段来保护生态环境,保障食物安全和人类健康,促进环境和经济的协调发展;四是都市农业区域内农业从业人员技能培训政策,使农业劳动者很快地掌握科学技术和劳动技能,通过培训有知识、懂技术、善经营的人才,使自然资源、都市经济资源优势变成资本优势。

第三节　国外都市型现代农业发展借鉴

都市农业已成为世界各国在不同农业基础和社会发展背景下,为实现城乡社会和谐发展的一种最普遍响应。我国正处于城市化快速发展阶段和社会主义新农村建设的起步时期,因此,国际都市农业发展可为我国提供重要的参考经验。

一、促进城乡和谐发展

都市农业的发展背景、所处的地域环境、所采取的组织形式和预期的效果是内在的统一体。从世界都市农业发展历程看,都市农业可以在城市与乡村(农业)协调的背景下实施,如美国;也可以是以工业化为代表的高速城市化发展之后的一种反思和觉醒,如欧洲大部分国家;还可以是加速发展乡村、缩小城乡差距的一种努力,如日本和韩国;亦可以是应对社会危机和保障城市的一种有效途径,如拉美和非洲。

我国目前正处于城市的高速发展时期。城乡差距扩大,农业传统遗失,农村劳动力区域间和产业间的双重转移,以及城市居民绿色资源贫瘠、城市贫民增多等问题随着这一进程的增速而凸显。从我国社会发展的总体特征来看,市场化和城市化结合的力量倾向于复制美国,所暴露出的城市社会问题更像早期的欧洲社会;农业发展所处的社会背景非常复杂,既有英国在城市发展时期的农业衰退,也有日本在城市发展时期的城乡差距扩大和传统农业社区保留等。城市和农业发展问题的错综复杂需要我们有个切实可行的途径,前瞻性地解决当前和未来的发展问题。

无论城市和乡村处于何种背景,都市农业为各国都提供了一条城市和乡村和谐发展的道路,发达国家的经验更是表明都市农业的发展实现了农业和农村在城市社会中的价值。当然,复杂的城市和农村发展环境决定了我国将不可避免地经历从传统农业向都市农业的一次跳跃。在这期间,我们既有对发达国家经验的吸收,也在一定程度上表现出发展中国家在食品安全和就业等方面的焦虑。从我国现实的国情来看,平衡农业和城市用地关系、保护城市发展环境、缩小城乡差距、加快农业市场化进程、提供农村剩余劳动力区域间和产业间转移应该是都市农业实施的主要议题;而与城市经济相结合的产出城市化,与农业传统相结合的产品传统化,与国际发展背景相结合的过程国际化,与地域特特点相结合的资源地域化将会使我国都市农业的发展多姿多彩。

二、组织形式多样化

不同的发展背景下,都市农业的组织形式和生产特点会有很大的差别。如美国地多人少,城市和农村一直在高水平上发展,因此采取了现代化的、规模化的农场发展方式。而在欧洲,早期的工业革命留下了很多的社会问题,土地资源稀缺,因此中小型农场和家庭农场是主要的组织形式,在家庭分散经营的过程中,协会组织在加工和经营方面发挥了重要作用。

所以在平原粮食产区和离城市较偏远地区,有条件发展规模化的农业生产;在土地较少、气候等自然因素较复杂的地区,采取农业土地组合、农业共同经营组合等以土地合作为主的农村合作组织;而在大城市地区,由于城市不断扩张,农田分散化,因此适宜发展中小型规模经营。无论采取哪种形式,农业协会和合作组织均是整合地方资源的一种有效组织形式,如日本和德国。在农业生产时,要选择地方有代表性的农业产品形成拳头优势,如荷兰、新加坡等。事实上,我国一些大城市地区,伴随着农业和工业、第三产业的结合,都市农业已经开始普遍采取企业化的组织形式。企业和协会合作组织有利于解决目前我国农民对市场信息失灵的问题。只有建立起通向市场的桥梁,才能改进产业结构,提高农民收益。

三、现代化与专业化生产

专业化生产曾是城市经济发展中的重要策略。随着都市农业与城市经济系统的不断融合,农业产品生产和服务业需要专门化和专业化。不少国家在这一方面取得了经验,如美国,虽然农场规模大,但每个农场几乎只生产一种产品。而荷兰的都市农业由于(土地)资源有限,只能大力发展花卉业和奶业等,而进口茶叶和咖啡等,但这丝毫不影响其农业出口大国的地位。

世界发达国家的农业已走上现代化,这不仅表现为采用先进的技术增加农产品产值,更深层的意义是农业发展已走向了企业化的道路。所以发展现代都市农业,需要建立现代企业制度,规范和完善农业生产和服务体系。只有这样,才能快速有效地把都市农业融入到城市经济体系之中去。

现代专业化生产还需综合考虑资源利用和环境保护问题。采用农业科技手段,实施节水技术,改善土壤质量,才能创造出高效、优质、清洁和环保的都市农业来。都市农业也才会有生命力。

四、发展农业物流

从各国都市农业发展中可以看出,发达国家普遍重视农业物流的发展,如美国、荷兰和日本。完善的物流体系建立不仅可以依托已有的城市发展水平,如美国;也可以通过农业协会,如荷兰和日本,提高运输效率,降低管理和运营成本。

农业物流可以说是我国农业走向市场最为欠缺的一环。发展农业物流,可以提高农民进入产业链的机会,降低交易成本。国外实践表明,只有让农民(不仅仅是农产品)进入产业链的各环节,才能使农民从农产品深加工和贸易(甚至涉外贸易)中分得利益。

农业物流为农产品开拓了市场。借助城市发展起来的快速道路体系,农业物流可以大大缩短产品的运输时间,延伸农产品、特别是保险品的可达性和科技性。在配合其他技术手段,如冷冻技术等,农产品的市场范围有可能服务整个区域或更大的地区。

发展农业物流要注意以下几方面:一是建立城市服务于农业的软硬环境,如连接城乡道路体系和网络系统;二是借助农业协会组织,把物流系统伸进乡村,将分散经营的农业生产联系起来;三是发展农产品加工配送中心,提升产销地农副产品批发市场;四是开发先进的采摘、运输、储存技术,减少农业物流中的损失。目前我国的农产品在物流过程中的损失率在25%—30%左右,而发达国家则控制在5%以下,美国仅为1%—2%。

五、政策支持与规范

作为新的农业方式,特别是要改变农业和农村的落后局面,都市农业的发展需要政策的规范和大力支持。这样有利于避免非洲等国家在发展过程中造成的环境污染,粮食品质地下降等问题。

从日本和韩国等国家的经验来看,在土地制度上,土地所有权和经营权的分离为都市农业分散生产、集中销售创造了有利条件。都市农业发展需要对土地进行经营,而土地经营的实质不是土地所有制问题,而是经营形式问题。另外,都市农业的指导政策要符合城市的总体规划,城市规划要对都市农业的空间布局和土地利用加以关注。由于都市农业对城乡经济的连接性和多功能性,乡村农业发展可以围绕都市农业来展开。

农业科技进步是现代农业发展的最根本的动力,因此农业研发是都市农业发展重要的一环。不过,对于农业发展来讲,更重要的是使都市农业科技手段与本国农业资源相匹配,并且能推广普及。世界上许多发达国家每年用于农业科研的经费支持力度,一般为本国农业GDP的2%,而用于农业科技推广经费的支持力度为农业科研经费的3倍。从这一点来说,政府需要建立农业科技推广和普及体系,提高现有农业科技的使用效率。

另外,国家和地区还要采取多元化的投资政策。借助都市农业的发展,改善农村生产、生活环境,产生吸引投资的能力。使都市农业成为乡村建设中的助推器。

总之,各国都市农业发展表明,都市农业具有地域性、阶段性、易推广和多功能性。都市农业的发展必定会为我国建设社会主义新农村和构建新型城乡社会提供新的途径。

第四章　我国都市型现代农业发展

我国都市型现代农业的发展实践始于 20 世纪 90 年代初期,上海、深圳、北京等地开展得比较早,随后以天津、广州、武汉、珠海、西安的都市农业发展为代表,我国都市农业快速发展,并呈现出产业特征、地域特征、文化特征、阶段特征,产生了生态型、设施型、科技型、休闲观光型、出口创汇型五种类型的发展模式,并朝着市场营销、连锁经营、多功能性、智能信息化、国际化经营等趋势发展。

第一节　我国都市型现代农业发展概况

目前,我国都市型现代农业有了一定的发展,但地区之间的发展极不平衡。城市化水平较高的地区,都市型现代农业的发展就越快,其发展水平也就越高。早在 1994 年,上海提出了建立与国际大都市相适应的,具世界一流水平的都市型现代农业的构想,并率先将发展都市型现代农业列入其"九五"规划和 2010 年《国民经济发展规划纲要》。在 1995 年,上海和日本大阪又开展了都市型现代农业国际合作研究,并于 1996 年在上海召开了"上海市—大阪都市型现代农业国际研讨会"。1998 年,北京市也首次召开了全国"都市型现代农业发展研讨会"。此后,全国各地对发展都市型现代农业的认识都有所加深,都市型现代农业的发展实践也逐步展开。

一、上海

上海发展都市型现代农业有着独特的优越条件,依托着国际化大都市,庞大的人口总量和发达的经济社会水平提供了巨大市场容量,强大的现代化物质技术装备为都市型现代农业的发展提供了良好的物质保证。再加上四通八达的交通和先进的通讯网络,以及水、电、煤等基础设施,还有市场和信息的优势,这些都为都市型现代农业的发展奠定了良好的基础。

经过十几年的发展,上海已经形成了以蔬菜种植、生猪饲养、奶牛养殖、乡村休闲等为特色的都市型现代农业。上海都市型现代农业的发展呈现出以下特征。

第一是土地资源利用率高、集约化经营程度高,而农田面积却呈不断缩减的趋势。与日本的都市型现代农业零星插花型布局相反,上海的都市型现代农业主要集中分布在市郊。作为农业经营中最重要的资源,耕地得到了充分利用,耕地利用集约化程度很高。在一般情况下,上海的粮田是 1 年 3 熟,蔬菜的复种次数都在 4 次以上,立体化栽培十分普遍。上海地处长江三角洲地区,雨量充沛、水网密布。随着都市型现代农业的发展,对水面的利用也越来越充分,已从野生捕捞转向水产养殖,这使水域的生产力大大提高了。农业生产有很强的地域性,但都市型现代农业要兼顾农产品特性、运输条件等因素。因此,上海近郊和远郊的土地利用各不相同。按照距离市区的远近,呈现出不同的分布特点:近郊是鲜奶、花卉等不易长途运输的鲜活农产品,以及与奶牛饲养相配套的青饲料生产基地;远郊以生产蔬菜和粮食为主,养鱼塘也比较集中。

第二是农业内部生产条件优越,外部发展环境宽松。上海都市型现代农业的装备已经实现现代化,单位面积的资本投入量大,技术先进,生产条件优越。上海市的机耕地面积已经占到耕地面积的90%以上,高出全国平均水平30个百分点,每公顷耕地排灌用电量为698千瓦/小时,每亩使用的农机动力为全国平均水平的2倍。另外,先进的天气预报技术配合防洪挡潮工程、农田排灌工程等设施,使上海抗御自然灾害的能力大大增强。上海都市型现代农业利用外资的环境得天独厚。上海地区经济实力雄厚,政府对农业生产基础设施的投入力度大,市政府连续多年坚持对生猪、蛋鸡、奶牛等给予生产补贴,并坚持对规模饲养场的电费优惠政策。

第三是农业生产经营方式逐步市场化、专业化、社会化,劳动生产效率较高。在市场需求和经济效益的拉动下,发展都市型现代农业的各项资源受价值规律的作用会向获利多的行业重新配置,这就必须增加经济附加值高的农产品的比重,使农业产业结构进一步优化。现代农艺栽培技术和农业机械的推广使得上海的都市型现代农业开始向着工厂化生产的方向发展。

第四是农业劳动力总数减少,并呈现出老龄化、女性化、兼业化的趋势。在城市化进程的推动下,都市地区全职从事农业劳动的人数不断减少,特别是年轻男劳动力的数量锐减,这导致农村劳动力的严重老龄化、女性化和兼业化。现在上海市从事农业的劳动力主要由两部分人组成:一是当地的老人和妇女,二是外来打工者。劳动力锐减的另一个后果,就是农业劳动力的兼业化程度不断提高。农业劳动力大量转向非农兼业,这说明农民的经济生活已经不再仅仅局限于占有和经营一小块土地,而更主要的是从事其他行业。

上海充分拓展都市型现代农业的产业功能和外延性经济功能,通过市场的引导,形成了能够获取较高经济效益的经营机制。在这一过程中,上海市重点发展三大板块,使上海的都市型现代农业真正走上可持续发展的良性循环轨道。

1.以农产品供应链为纽带的农业产业板块

上海都市型现代农业充分利用了都市的产业发展优势,建立了以农产品供应链为特征的新型农业产业体系,构建成农产品一体化板块,即在原有的产业基础上,对产业进行整合、重组,扩大农业产业的经营范围,提高了农业产业的综合竞争能力,推动了新型农业产业的产生和发展,使农业走上了企业化经营的道路。

2.以生态、观光、休闲为系列的农业生态旅游板块

上海作为一个世界级的大都市,都市型现代农业必须与上海的城市地位相符,在建设中当然不能缺少都市型现代农业的生态旅游休闲项目。上海市吸取了全国各地发展生态旅游休闲农业的成功经验,并结合自身的实际情况,采取系列化板块集成的方式开发生态旅游休闲项目,组成了回归自然生态系列、怀旧休闲系列等主题。在此基础上,还将住宿、交通、乡土特产以及旅游工艺品生产等项目进行了系统集成,形成了一个农业生态旅游休闲产业系列。

3.以技术推广、信息服务、教育、培训为体系的农业服务板块

上海由于特定的区位和经济社会条件,在经济活动中已经出现商务成本高、基础产业竞争能力弱化的趋势。针对这种情况,上海通过先行一步的农业技术进步,将上海农业逐步改造成科技先导型农业,将成本的竞争转换为科技的竞争。一是形成了"内向型"科技先导农业,利用上海是"长三角"对外开放窗口的有利条件,将上海的农业资源作为吸纳、传播、扩散现代农业科技的有效载体,开展以高、新、特为标志的农业技术贸易。二是培育技术示范、教育与辐射基地。利用上海在农业科技、人才、设施等方面的优势和丰富的教育、会展资源,将农业高新技术成果的展示、农业技术贸易的发展与农业职业培训教育有机结合起来,形成了一种与上海国际大都市相匹配的农业科教产业,成为上海科教兴市的组成部分之一。三是发展农业技术产品基地。与农业生产相关的产前、产中和产后涉及一系列产业和经营,上海结合都市型现代农业建设,发展科技含量较高的农业生产资料产业,比如优质专用复合肥、有机肥料、生物农药、饲料添加剂、生物制剂、食品添加剂以及与都市型现代农业配套的设备、设施等,最终形成了与都市型现代农业发展相配套的农业技术产品基地。

二、天津

天津发展沿海都市型现代农业的条件独特而优越,主要表现在城市规模日益扩大、农村城镇化水平逐年提高、建制镇占乡镇总数比例已达42.4%、农村道路和通讯等基础设施比较完善等方面。另外,天津的农业产业化水平、农业科技水平也都在不断地提高,观光农业已有一定的基础。由于历史的原因,天津市民长期受到城市文化娱乐设施狭小、休闲旅游景点缺乏的困扰,因此对农业观光休闲的需求迫切。随着市民收入水平的不断提高,天津的体验观光农业必将迎来更为广阔的市场空间。

实现由传统的城郊型农业向都市型现代农业的战略转变,是天津农业和农村发展进入新阶段的客观要求,也是建设现代化港口城市和北方重要经济中心的必然选择。具体来说:一是要适应大市场、大流通的格局,改变以满足天津市农副产品自给性需求为主的传统城郊型农业发展思路,提升农业产业的层次和竞争力,拓展都市型现代农业的发展空间;二是主动参与农业的国际竞争,对传统城郊型农业进行根本的改造,按国际化要求发展外向型农业;三是建设现代化港口大城市,实现都市型现代农业的可持续发展,不断提高城市生态环境的质量;四是建设北方重要的经济中心,调整农业经营的内容、方式及产业结构,挖掘农业的多功能性,实现农业的高效化经营。

1.天津沿海都市型现代农业发展的主要功能

(1)提高经济功能

进一步改造和提高农业的经济功能,重点突出农业的经营效益和增加农民收入,使天津市农业的产业结构、经济效益、农民收入水平上升到新的层次。

(2)港口都市带动功能

依据港口城市的优势,以建设现代化港口城市和北方重要经济中心为战略定位,大力提高港口的带动功能,形成北方农业科技龙头、产业化龙头、和市场龙头,进而形成都市型现代农业的科技中心、产业化中心、国际商贸中心和信息中心。

(3)都市文化功能

拓展延伸农业文化功能,并使之成为都市文化的重要组成部分。文化功能的拓展要按照经济功能文化化、文化功能经济化及产业化经营的原则,着力发展乡村休闲文化、饮食文化、民俗文化、环境文化、海洋文化等,以满足都市居民的文化需求。

（4）体验、观光、休闲功能

天津沿海都市型现代农业发展应纳入天津市都市生态环境发展总体规划之中,要以能供给都市持久、高质量的生态景观为发展目标,并使都市型现代农业成为都市生态景观的组成部分,以及满足都市居民体验、休闲、旅游观光的需求。

（5）城乡一体化的社会功能

都市型现代农业发展于城乡一体化的前沿阵地和优先发展区域,它通过农业、农村与都市在经济、产业、科技、文化、生活等多方面的融合,来实现全方位的城乡一体化,逐步弱化城乡差别,并确保农业在都市圈经济发展中的基础地位,这将有利于实现城乡一体化的社会经济发展战略目标。

2.天津都市型现代农业发展的主要模式

根据国内外都市型现代农业发展的经验和天津市的资源条件,在人多地少、城市化不断发展的过程中,天津沿海都市型现代农业的发展模式从总体上看是以经济功能的改造为主、逐步拓展其他功能,最终形成经济功能、体验观光休闲功能、文化功能、环境功能等多种功能并举的发展模式。目前主要的发展模式有以下几种。

（1）海洋资源综合开发模式

在滨海经济带,围绕丰富的海洋资源,通过综合规划,全面开发海产品生产、海洋旅游休闲、海洋文化及港口贸易等产业,形成具有天津特色的滨海都市型现代农业。

（2）以乡村自然景观旅游带动农业功能拓展的模式

把天津蓟县山区、静海的团泊洼水库、滨海的芦苇荡、杨柳青的森林公园等自然景观旅游资源开发,与当地的农业生产经营以及体验、观光、休闲等功能有地地机结合起来,形成以自然景观旅游带动农业功能的拓展的发展模式。

（3）农耕文化体验、乡野休闲模式

在环城经济带,重点发展市民农园、学童农园、银发族农园、采摘农园等,在山区开发农户小院度假游等形式,为都市居民体验农业以及休闲娱乐提供场所。

（4）乡村文化景观开发带动模式

围绕天津农村的人文历史景观,开发乡村旅游景点(比如杨柳青),再配合农业观光旅游的拓展,丰富旅游观光的内容,并以此来带动都市型现代农业的发展。

（5）现代农业展示、观光模式

天津市建有市级和区县级20多个现代化农业示范园区,各地区还建有规模化、专业化的农产品商品生产基地,这些均可作为现代农业观光旅游的资源基础。如果再配合以有组织的宣传和引导,就会成为天津新的观光景点,既可以使市民、中小学生在领略田园风光、回归自然的同时,了解现代农业文明,也可以更好地实现城乡之间的沟通和交流。

（6）绿化产业模式

绿化产业的发展是天津沿海都市型现代农业发展的重要产业,它为旅游观光农业提供了良好的生态环境基础。其中的某些绿化产业基地本身就具有很大的观光旅游价值。比如,中北镇的花卉产业基地、花卉市场以及其他地区的各种苗圃等,都可常年开放供游人观光。

（7）农业高新技术产业化带动模式

通过农业高新技术产业化发展，形成农业高新技术生产资料产业，带动传统农业改造和农业产业结构的战略性调整，提升产业结构的层次，提高天津农业及周边农业的经济功能和市场竞争力。

（8）国际市场导向模式

根据国际市场对农产品需求的变化趋势，通过发展无公害农产品、有机食品、食品加工业以及名特优新产品，提高本市农产品的国际竞争力，推动天津农业向都市型现代农业迈进。

三、广州

广州市地处广东省中南部，位于珠江流域下游，属于南亚热带海洋性季风气候区，热量充足，雨量充沛，从事农业生产的气候条件非常优越。广州地区有低山、丘陵、平原、滩涂、台地等多种地形地貌，平原广阔、土地肥沃，再加上地处南方丰水区，水土资源和农业耕作的自然条件很好，作物生产和水产养殖业都比较发达，农业生产的效率很高。

广州农业发展速度快，农民增收幅度大，农业增加值增长幅度位居全国前列，农民人均收入居于全国十大城市之首。之所以有这样的优势，其原因不是粮食种植面积大、也不是粮食产量高，而是农业结构调整得好，走出了一条都市型现代农业的发展之路。

广州发展都市型现代农业，首先是把粮食作物种植面积降下来，积极发展经济作物和养殖业。另外，当地的菜场、水果基地、花卉交易场地等环境优美、品种鲜丽，这些就可以直接兴办成旅游景点，吸引游客娱乐休闲，既充分利用了山水城市的优势，又发展起了现代休闲旅游农业。

近几年来，一种新的农业经营模式——"庄园经济"，在国家"三高农业"政策的激励下在广东兴起，各种农庄、果庄不断涌现。"庄园经济"依靠土地的规模经营，通过开发商、投资者、经营者以及农民形成紧密的经济利益共同体，融资渠道多样化，使普通农村居民投资的可能性增大。"庄园经济"已经成为广州都市型现代农业发展的新亮点。广州"庄园经济"的类型主要有以下几种。

（1）观光农园

观光农园主要以生产、生态功能为主，同时提供农业观光服务。它是为了保证某些生态环境要求严格的农业项目的发展而产生的。主要形式有森林公园、设施农业基地等。

（2）体验农园

体验农园主要以休闲功能为主，旅游者可参与农业劳务活动或租赁耕种一些土地，种植某种农作物，体验农民的生活。比如市民农园、农户乐园等都属于这一类。

（3）科教农园

科教农园能体现科技交流和教育功能，主要以农业技术学习和青少年教育为主。主要形式有农业技术园、高科技农艺观光园、少年农庄、青少年农科基地等。

（4）产品农园

产品农园是以某种农业资源产品生产为主，突出产品特色的农园。游客在其中可以采摘、品尝、购买农产品。主要形式有各种花卉园、果园、园艺园等。

（5）庄园农园

庄园农园是综合了生产、观光、休闲、体验、教育等多种功能的农园，以开发商集中开发经营管理为主。其最大的特点是可以实行社会多渠道、小规模融资,将旅游者纳入旅游投资开发和管理的责任范围。游客可以购买庄园内的果林或园地,这样既能稳定客源,又能吸引投资。

四、深圳

深圳市土地总面积为 2020 平方公里,全市可建设用地 931 平方公里,占土地总面积 46.1%。随着深圳市工业化和城市化的快速发展,土地利用已从农村形态转为大城市郊区形态。

深圳农业主要分布在宝安、龙岗两区,以"三高"农业和创汇农业为主,主要是为深圳、香港市场提供农副产品以及鲜活产品。蔬菜、畜牧、水果、水产是深圳都市型现代农业的四大支柱。

深圳市体验观光休闲农业的主要项目有:西部田园风光、"青青世界"生态旅游景点、深圳中心公园、公明镇大型荔枝园和花卉基地、光明农场。

此外,南山区西丽镇的荔枝园、龙岗南澳渔港和海鲜市场、旭联养殖基地、东冲水产基地、坝光生态走廊和深圳东部海洋高新技术产业园区等,也都是具有特色的都市休闲农业项目。

深圳市都市型现代农业的另一特色是具备发达的农产品市场。经过 20 多年的发展,深圳农产品市场已经进入快速扩张阶段,农产品批发和零售市场遍布市区。全市每年农产品市场交易额接近 300 亿元,并以规模大、影响远、分布广、品种全、功能宽和上游产业完善等特点享誉全国。

深圳已经成为我国最大的农产品集散中心和转口贸易基地,不仅满足深圳市民对农产品的需求,还向整个华南地区和珠江三角洲辐射,部分农产品还外销到美国、澳大利亚、加拿大、南非、日本、韩国、港澳台地区和东南亚及西欧各国。据统计,近几年每年农产品出口交易额逾 10 亿元。

在全球气候变化、环境污染加剧、人口急剧膨胀、农村城市化进程加快等大背景下,深圳都市型现代农业发展也面临着几个突出的问题。

(1)农业用地面积逐年减少

自从建立经济特区以来,深圳农业用地逐年减少,至今这一势头仍然没有得到有效地遏止。如果不对农业用地加以有效的保护,深圳农业的前景不容乐观。只有保障一定规模的农业用地,才能发挥都市型现代农业的经济效益、生态效益和社会效益。

(2)高素质农业人才缺乏

深圳市有文化的农业青年劳动力不断减少,农业劳动力呈现出年龄老化的现象。

(3)农业环境污染比较严重

由于过去不适当或过量地使用杀虫剂、氮肥、含重金属离子的未熟化有机粪肥等,积年累月通过渗漏或地表径流进饮用水源和农用水源,造成了有害物质污染水源和农田。集约化的畜禽养殖和水产养殖会产生大量的粪渣、废水和污泥,如不加处理就排放到环境中,势必会使致病微生物滋生,并导致生态环境恶化。

五、珠海

1.珠海都市型现代农业的发展类型

(1)观光农园

在 20 世纪 90 年代初,农民将自己成熟期的果园、菜园、花圃等开放,供游客观景赏花摘果,以促销产品的方式逐渐发展而来的。至今已经产生了大量的民俗村、乡情园、杨桃园、荔枝园、兰花园、柑桔园、甘蔗林、香蕉林等。观光农园的主要作物有柑桔、杨桃、草莓、荔枝、龙眼、番石榴、甘蔗、茶叶及各种花卉等。近年来，珠海市农科中心无土栽培基地举办的"甜瓜采摘月"、"龙眼、荔枝游赏团"等活动，吸引了大量的港澳游客，赢得了较好的社会效益和经济效益。

（2）休闲农场

这是一种综合性的休闲农业区，游客不仅可观光、采果、体验农作，也可以了解农民生活、享受乡土情趣，而且还可以住宿和度假。比如，农垦系统国营农场逐步对外开放的橡胶园、胡椒园、海产养殖等都属于这一类休闲农场。休闲农场适宜在山区发展，可以利用山区丰富的农业资源，依托周边的名胜古迹与自然景观，建设为综合性的观光、体验、游乐、度假区。

（3）市民农园

这是由农民提供土地，让市民参与耕种的园地，有自助菜园地，也有休闲休憩农园，还有田园体验农园。农民将农田划分成若干小区，分块出租给个人、家庭或团体，每块地面积为10—1000平方米不等，由农民直接将土地分块出租给市民，租金约为10元/平方米/月。

（4）教育农园

这是面向城市大中小学生等特定对象，让他们亲近自然、体验农事的园地。比如，"青少年农庄"就分为饲养乐园、绿色营地、童话作坊、时尚大棚、垂钓池塘等小区，让孩子们在娱乐中长知识，在动手中长能力。

（5）农业公园

农业公园把农产品生产场所和消费场所以及观光游乐场所结合在一起，以公园的形式向游人开放。比如，湾仔镇建设的一座花卉公园，就把赏花、养花、咨询花卉知识以及购买等结合在一起，兼具观赏、休闲、教育、购物等多种功能，对市民有很大的吸引力。

（6）森林公园

珠海市区的板樟山、凤凰山、斗门的黄扬山、东区的一些岛屿等，均已被建设成为独具特色的森林公园。

（7）民俗观光园

民俗观光园是选择具有地方或民族特色的村庄，稍加装修之后，提供农舍给游人居住，或开办乡村旅店之类的游憩场所，让游客充分享受相间的乡土风情和浓重的泥土气息，以及别具一格的民间文化和地方习俗。珠海市还推出了双休日"住农户房、吃农户饭、干农户活、享农户乐"的系列活动，受到城市居民的广泛欢迎。

（8）居民庄园

居民庄园被珠海城市规划总体定位为成功人士选择的最佳居住地，在那里建设的一些独具特色的居民庄园，已经成为都市富有阶层的抢手货。

2.珠海都市型现代农业发展中的一些问题

（1）亟待确立法规和推出扶植策

由于缺乏必要法规规范和扶植政策，都市型现代农业项目呈现一哄而上的态势。一些经营者过于偏重观光游乐开发，结果使园区内农业项目和内容偏少。

（2）科学规划和设计有待加强

都市型现代农业涵盖的范围广、类型多，但目前还缺乏科学的规划和设计，也没有形成完整的体系。有些市民农园明显缺乏规划设计，停车场、洗手间、工具房、休息室及其他必要的公共设施过于简陋，结果招致游客怨言较多。

（3）项目经营者的素质有待提高

目前的都市型现代农业项目多以乡村自主开发为主，经营者素质普遍不高，管理亦不够规范。从经营的效果来看，农园的规模明显过小，水果的成熟期也过于集中，这都影响了游客的游览兴致。另外，农业观光园往往是平时游客少而节假日游客过多，这又给观光园的管理带来了一些困难。

（4）某些项目比较粗糙，缺乏文化和教育内涵

由于发展较快，因而鱼龙混杂，致使某些项目比较粗糙，缺乏文化和教育内涵。甚至有些城市郊区景观稍好的地段，简单的设立起围墙就开始收费，这都对都市型现代农业的发展十分不利。另外，对市民也需要进行公德教育，一些游客对农业缺乏了解，乱摘乱采，践踏和毁坏农田和作物，结果给观光园造成很大的损失。

六、南京

改革开放以来，工业和服务业的发展支撑了南京经济的持续高速增长。伴随工业发展、收入增长、人口集聚、城市扩张，城市的生态环境问题日渐突出，密集的建筑群、忙碌的工作、拥挤的交通、稀少的绿地等，使市民的生活空间显得十分狭小。有资料显示，由于环境拥挤，七成的南京人患有"城市拥挤综合症"。城市居民对食品消费多样化的需求以及对优美、清新环境的需求越来越强烈，这就促使人们把目光投向城市郊区的农村和农业。

市民对食品安全的关注，刺激了绿色食品生产基地、无公害食品生产基地、设施农业等的发展。走出拥挤的城市、回归自然的心理需求，又促进了休闲农业、休闲渔业、观光旅游农业等的发展。南京的农业虽然地处郊区，但从其提供的产品和服务来看，已经与传统的"城郊型农业"有了很大的区别。南京的农业已经发展成为一种能够承载多种功能的新型农业，即"都市型现代农业"。

近年来，南京市在"城乡一体、科教兴农、外向带动、多元发展"战略的指导下，都市型现代农业呈现出了良好的发展势头。具体表现在以下四个方面：①确立了农业主导产业，不断优化农业结构，重点发展花卉苗木、经济林果、特种水产、蔬菜等适合市场需求的高效农产品，大力压缩粮食面积；②依靠科技进步，促进农业产业升级，建立了多个省级和市级农业科技园区；③围绕市场需求，推进农业产业化经营，已建立一批初具规模的农业产业化龙头企业；④农村基础设施建设得到改善，已经形成了城乡一体的大交通框架。

七、武汉

武汉市在2000年就把新世纪农业发展定位于建设都市型现代农业。这为武汉农业实现转型升级明确了思路、指明了新方向。2003年，武汉市又提出了"肉、菜、奶、禽、鱼、游"的发展都市型现代农业6字方针。计划通过5—10年的努力，在区域布局上建设近、中、远三大圈层；在功能开发上构造生产、生活、生态的三维空间；在产品形态上塑造"一、二、三"的三大产业结构。最终形成以近郊为主的绿色园

艺观赏基地,以中郊为主的种养加多种经营集约化生产基地,以远郊为主的名特优新特色农业和森林自然生态休闲旅游基地,充分体现特大城市、中心城市、沿江城市的特点。

武汉发展都市型现代农业的思路概括起来讲,就是要适应武汉现代化、国际性大城市发展的需要,以服务城市、实现农业现代化为目标,立足区域资源优势,以市场为导向,依靠高新技术对农业的推动力,同时实行农业产业化经营,大力发展设施农业、生态农业、加工农业、旅游休闲农业和创汇农业。另外,还要完善农产品市场体系和农业社会化服务体系,实现农业资源的合理配置,促使都市型现代农业全面、快速、健康和可持续的发展。

1.武汉都市型现代农业发展的功能拓展模式

武汉都市型现代农业是有主有辅的多功能、立体、全面的发展模式。

第一种模式是高科技生产和加工基地农业。它运用现代的高科技装备,以市场需求为导向,生产优质绿色农产品,建设农产品加工基地,以满足城市居民对安全、可口、健康的食品消费需求。

第二种是观光休闲农业。以休闲度假为主的休闲农业是都市型现代农业中旅游农业的一个重要组成部分。农业观光旅游能使参与者更加珍惜农村的自然文化资源,激发城市居民热爱劳动、热爱生活、热爱自然的兴趣。尤其是能够满足市民周末休闲旅游等消费需要,观光休闲农业已经成为武汉市民假日黄金周之外的旅游休闲主要场所。另外,花卉产业、绿化产业亦是城市周边发展观光休闲农业的较好场所。

第三种是科教基地型农业。武汉是科技院校的集中地,具有较强的科技力量和较高科研水平。利用科技、资金、人才、管理等优势,培育新品种、开发新技术等来带动周边农村和农业发展,可以起到农业科技示范和推广的作用。在市郊建立起融教育、娱乐、生产于一体的农业公园,也能满足市民学农、爱农和了解农业的需求。

2.武汉都市型现代农业的主要内容

(1)设施农业

设施农业是在农业领域广泛采用现代科学技术、现代工业技术和现代科学管理方法来装备和管理农业,实现栽培和饲养设施化。要通过大力发展大棚生产、温室生产、无土栽培、网箱养殖、大棚养殖等设施农业,彻底改变武汉的农业生产方式和生产手段,实现工厂化生产、产业化经营、企业化管理,加快建设都市型现代农业的步伐。

(2)生态农业

要按照经济与自然环境相互协调发展原则,着手整治由于农村工业化、农村城市化带来的土壤、水源、空气和环境污染等问题,大力发展林业、花卉、苗木、草皮等产业,在促使农业自身具有洁、净、美、绿的同时,也为绿化、美化、净化城市提供产品和服务。

(3)加工农业

要进一步加大农业开放和招商引资的力度,充分利用外来资本、民营资本和工商资本,大力发展农产品加工业,加强农产品加工园区建设,以创品牌、扩规模、增效益为目标,促进农产品的加工、转化和增值,改变农产品经营效益偏低的现状,发挥加工企业在农业产业化经营中的龙头和带动作用。

(4)旅游休闲农业

要充分发挥武汉市山林多、湖泊多、水面多、名胜古迹多的资源优势,利用好城区的公园、广场和江滩,适应城市居民向往悠闲、宁静的环境和希望回归自然、体验农趣和旅游休闲的需要,发展乡村旅游度假村、兴办农家乐,大力发展各种具有乡土特色的旅游休闲农业。

（5）创汇农业

要不断扩展农产品对外贸易,提高农业的开放度,要利用国内、国际两个市场,加强与国际经济的联系,扩大在国际市场上具有比较优势和竞争力的农副产品生产规模和农产品加工制成品的生产规模,充分利用武汉市的区位和交通优势出口品农产品,促进武汉的都市型现代农业面向国际市场健康发展。

八、西安

西安古称长安,位于关中盆地中部偏南,北临渭河,是我国七大古都之一。全市人口600多万人,是一个以军工、电子、纺织、旅游为特色的城市。在农业生产方面,主要生产小麦、玉米、蔬菜、水果等农产品。在陕西的杨凌设有国家农业高新技术产业示范区,这为西安发展都市型现代农业提供了很大的便利。

西安市很早就开始了都市型现代农业的发展,并在周边县区设立了农业生产基地,逐步推进农业的规模化经营。西安市的都市型现代农业发展已经形成了多个特色经营区。其特色经营区分为三种类型:一是特色产业区,例如临潼石榴生产区、草莓生产区等;二是工厂化农业区,比如杨凌、蓝田、草滩的示范园,主要生产花卉、蔬菜和种苗;三是休闲度假区,以东晋桃园为代表的休闲度假村,设有观光、餐饮、休闲等内容。

1.特色产业区

特色产业区以当地的特色资源作为都市型现代农业的发展主题。比如,临潼县距西安仅30公里,是被誉为"世界第八奇迹——秦始皇兵马俑"的所在地,也是陕西著名的风景旅游区。为配合休闲旅游业的发展,当地在农业发展上抓住了特色农产品石榴和草莓的生产,已建成5000多亩的石榴园和万亩草莓园。当地的农民不仅直接增加了收入,而且也为游客提供了一处独特的休闲旅游景观。

2.工厂化农业区

用高科技建成现代化农业示范园,游客通过游览不但能学习到最新知识和技术,而且也能体验到现代农业的神奇和魅力。例如,陕西杨凌农业科技扶贫示范园就是典型代表。农业科技扶贫示范园的建设按照面向市场、发挥优势、产业示范、服务"三农"的原则,为农业产业结构调整探索出了新模式,已经成为农业高新技术的推广和示范样板。

陕西杨凌农业科技扶贫示范园是农业科技成果转化与试验示范的基地,又是农业科技培训的基地,同时,还具有旅游观光的功能。园区占地13.47公顷,项目建设内容分为三个部分,一是设施农业,包括全自控温室大棚2座、人工控制温室大棚2座、双拱日光温室7座,并配有种苗组织培养及初加工车间;二是露地优质苗木繁育区,占地6公顷,主要用以种植和展示优质苗木和花卉;三是科研培训楼,内设客房、会议室、教室、展销厅以及餐饮用房等。园区建立后,已成功用无土栽培的方式生产出樱桃番茄、荷兰黄瓜、彩色辣椒、生菜等产品,并种植出郁金香、风信子、唐菖蒲、百合等花卉。陕西杨凌农业科技扶贫示范园每年接待游客约为七八万人。

3.休闲度假区

休闲度假区是利用环境优美的田园建成的度假区,已经成为城市居民亲近自然、休憩旅游的场所。

建在西安现代农业开发区内的东晋桃园就是一处典型的休闲度假区。该园区占地近千亩,建有田间农业展示区和娱乐区。环境布置上建有中式和欧式别墅等景观,园内有小桥流水、白墙灰瓦的农舍,有反映我国农业文化的转轮式水车、水磨,有桃花、垂柳和红灯笼,还有餐饮厅、娱乐室、运动场、宾馆等服务设施,每年都吸引大批游客前来度假休闲。

九、台湾

台湾的都市型现代农业发展效法于德国,因而与德国极为相似,主要是以市民农园为主。台湾都市型现代农业兴起于20世纪80年代。当时岛内农业人口老龄化、农地荒废等问题日益严重,于是由台湾的"农委会"派出专家和学者考察德国、日本已经实施的"银发族农园"、"市民农园"、"民宿农庄"、"农业公园"、"农村留学"等农业经营设施。这些考察者提出了借鉴他国经验、发展都市型现代农业的政策建议。

此后,在1981年台湾开始推广观光农园建设。在1989年,为改善农村生产结构,提高农民的收入,充分利用农村的自然景观和人文资源,又开始通过挖掘农业生产与乡村文化的特色来发展休闲农业。在1994年,又制定了"发展都市型现代农业先驱计划",积极引导各地兴办示范性的市民农园。

1.台湾都市型现代农业发展模式

台湾的都市型现代农业从发展历程来看经历过三种模式:①观光农园,就是开放成熟的果园、菜园、花圃等,让游客采果、拔菜、赏花,享受田园乐趣;②市民农园,就是由农民提供农地,让市民参加耕作,承租人或体验、或品尝、或游赏、或教育、或休闲,皆依兴趣而自由选择;③休闲农场,这是一种综合性的休闲农业区,不仅可以观光、采果、体验农作、了解农民生活、享受乡土情趣,而且还可住宿、度假、游乐。

另外,台湾的都市型现代农业发展模式还有假日花市、农业公园、教育农园、银发族农园、森林旅游区、屋顶农业等等。

2.台湾都市型现代农业发展特点

台湾的都市型现代农业经过20多年的发展,已经取得了明显的成效,目前已进入了普及阶段,其主要特征表现为:①都市型现代农业分布广、类型多、规模大;②都市型现代农业的管理已初步走向规范化、制度化,特别是观光农园的管理体制已基本健全;③赋予都市型现代农业以文化内涵,提升了都市型现代农业的层次和水平;④强化了文化教育功能,如进行亲子教育等,使都市型现代农业摆脱了单纯的经济功能;⑤把都市型现代农业与开发具有民族特色的旅游业结合起来,对促进少数民族地区的经济发展起到了积极作用。

3.台湾都市型现代农业的作用

(1)为社会大众提供了休闲空间、丰富了旅游的内容

都市型现代农业的发展为社会大众提供了有益身心健康、陶冶情操的新的活动空间,也丰富了旅游的内容。台湾都市人口剧增,这使得都市居住空间与休闲活动场所相对不足,而工业化的结果,又造成人们工作与生活的紧张、繁忙、单调和乏味,因而社会大众渴望有较多的休闲旅游场所。利用都市化地区的农业资源与农村空间,发展都市型现代农业,为都市居民提供了新的休闲和观光场所,这有利于城市居民放松身心和消除紧迫感。

(2)扩大了农业的经营范围、增加了农民的收入

都市型现代农业的发展,扩大了农业的经营范围和经营规模,改善了农业的产业结构,增加了农民

的实际收益。都市型现代农业将农业由第一产业转向第三产业,使农田既是生产的园地,又成为休闲游憩的场所。发展都市型现代农业,把农产品直接销售给消费者,解决了部分农产品的运销问题,也避免了运销商的中间盘剥,增加了农户的直接收益。同时,农民也可从提供休闲游憩服务中获取合理的报酬,增加收入。

(3)开辟了保护农村自然和文化资源的新途径

都市型现代农业为合理地开发利用与保护农村自然、文化资源提供了新的途径。农村绿满大地、山青水秀、景色天成,农林牧渔生产除了提供采摘、销售、观赏、垂钓、游乐等活动以外,部分耕作或制造过程也可以让旅游者参与、体验和观赏。而且农村还有丰富的乡土文物、民俗古迹、童玩技艺等多种有形或无形的文化资源,可供市民观赏和体验。因此,合理地开发这些自然景观资源、田园文化资源,发展具有高度观赏性、乡土性、寻根性、娱乐性的都市型现代农业,恰好为农业与农村资源的高效利用找到了一条良好的出路。

(4)促进了农村社会的发展

在都市型现代农业发展的同时,也促进了农村社会的发展。都市型现代农业的发展,使人们逐步认识到农业产业、农村自然景观与文化的珍贵,从而激发起他们热爱农村、维持农业与乡土文化的动力。同时,由于城乡居民的交流与沟通,提升了农民的生活品质,缩小了城乡差别,进而促进了农村社会的发展。

第二节　都市型现代农业主要类型与发展趋势

一、主要类型

(一)生态型都市现代农业

生态型都市型现代农业是指运用生态学原理和系统科学的方法,通过合理耕作、种养结合来调节和控制农业生态系统,建立起具有生态功能良性循环的一种现代化的农业发展模式。包括:(1)有机农业。即不用人工合成的肥料、农药、生长调节剂、除草剂和家畜饲料添加剂等的一种自然农业生产体系,为城市提供纯天然、无污染的有机食品。(2)环保农业,又称循环农业。这是一种新兴的农业生产模式,该模式严格控制化肥、农药的使用,充分利用太阳能、生物固氮和其他生物技术实现农业经济和环境的协调发展。(3)绿化农业。都市型现代农业的一个很重要的功能就是要起到绿化城市的作用,即建设"田园"城市。(4)健康型农业。这是指农业生产的产品有利于人们身心健康,生产的环境有益于人们健康长寿的新兴产业。

(二)设施型都市现代农业

设施型都市型现代农业是指利用先进的工程技术设施,改变农业自然环境,建设人工生产环境,获得最适宜植物生长的环境条件,以增加作物的产量、改良作物的品质、延长生长季节、提高作物对光能利用的现代农业,生产出无污染、安全、优质、富营养的绿色农产品。

（三）观光休闲型都市现代农业

观光休闲型都市型现代农业是以农业生产活动为基础,农业和旅游业相结合的一种新型产业。观光休闲型都市型现代农业是利用农业资源、农业景观、农业生产活动,为游客提供观光、休闲、旅游的一种参与性、趣味性和文化性很强的农业。观光休闲农业是集田园风光和高科技农艺于一体,建立观光农园、观光果园、观光菜园、观光花园、水面垂钓园、郊野森林公园、野生动物园、药用植物园、休闲农庄、休闲农场、生态农业园、体验农业园、高科技农业园等多种模式。

（四）高科技型都市现代农业

高科技型都市型现代农业是指在现代工业和现代科学技术基础上的现代农业,将现代科学的成果广泛应用于农业生产。高科技农业包括:精准农业、数字农业、智能化农业、三维农业等多种形式。精准农业是建立在电脑、全球卫星定位系统和遥感遥测等高新技术基础上的现代高精技术农业系统工程,包括精准播种、施肥、灌溉、估产、作业等项技术。数字农业是指在地学空间和信息技术支撑下的集约化和信息化的农业技术,是以大田耕作为基础,从耕作、播种、灌溉、施肥、中耕、田间管理、植物保护、产量预测到收获、保存、管理的全过程实现数字化、网络化和智能化。智能化农业是指利用智能化农业信息技术来指导农业生产的一种农业系统模式。三维农业是指三维网络结构农业,一是生物生产结构,二是资源开发结构,三是经济增值运转结构。

（五）加工创汇型都市现代农业

加工型都市型现代农业是指对所生产出的农产品进行再加工,以提高其附加值的一种高效农业。创汇农业又称外向型农业,是以创汇为目的新型农业,是以国际市场为着眼点,要求农产品质量高、时效性强、包装加工要好,生产、运输、销售要求系列配套。

二、发展趋势

（一）市场营销观念趋势

都市型现代农业的未来发展将会借鉴工业制成品的成功经验,更多采用市场营销观念。从市场营销角度来看,市场营销强调4P组合,即产品、价格、促销、渠道四要素的组合:首先从产品看,产品分为核心产品、形式产品和延伸产品,而当前大农业和郊区农业只做到核心产品层次,所以亟需提高农产品的外延价值,采取品牌经营策略,通过树立品牌等策略实施差异化战略,从而提高该产品的需求弹性和收入弹性,这就是都市型现代农业需要做到的。其次从价格看,因为农产品的无差异性和生产者众多性等原因,农民在农产品的价格制定过程中处于被动的、不利的地位,都市型现代农业的一个很重要的目标就是要实现农产品差异化,解决农民在农产品价格制定中的被动地位,当然前提是亟需培养一批拥有自主知识产权的农产品品种。再次从促销看,都市型现代农业未来将借鉴工业品的促销方法。最后从渠道来看,由于农产品具有易腐性,只适合短渠道,因此,未来都市型现代农业的销售渠道应大力发展农产品的第三方物流、实施农产品拍卖制度、发展完善农产品期货市场和建设农产品超市以减少中间环节。

（二）连锁经营趋势

都市型现代农业是一种资本密集型产业,它能吸引大量的非农资本进入该领域,这些资本进入后必然会采用其他产业的经营模式,使用专业化经营模式,树立品牌然后采取国内连锁的经营模式,或者直接加盟国外知名的都市型现代农业品牌,这是我国都市型现代农业发展的方向之一。

（三）国际化经营趋势

随着经济全球化发展和国际化大都市的建设,都市型现代农业将纳入国际经济轨道。为此,都市型现代农业将充分利用对外开放的优势,建立以农副产品出口创汇为中心的、较高层次的农业生产体系,从而提高都市型现代农业的外向化程度。

（四）智能信息化趋势

都市型现代农业将是一种利用农业专家系统和互联网为代表的电子商务系统来指导农业生产和农产品销售的一种知识型、信息型农业。它是拥有一批高层次、多方面的农业专家,利用现代农业科学技术和计算机手段,对农业生产、科技、经济信息等进行加工处理,提出解决农业生产问题最佳方案,帮助农业生产者、管理者进行决策,提高科学管理水平和农民的文化素质,促进现代农业发展。同时,都市型现代农业需要广泛地利用农业科技信息、商贸信息、市场销售信息、农资市场信息、农产品价格信息、气象预报信息等信息源,通过计算机处理和农业咨询业,为都市型现代农业生产和销售提供服务。

（五）多功能性凸显趋势

近年来都市型现代农业根据现代城市发展的要求,进一步突破生产保障型的城郊农业模式,向多功能的现代都市型现代农业模式发展。比如生态农场、绿色食品基地、观光休闲农业园、文化教育农业园、加工创汇农业园等,体现了都市型现代农业向多元化功能发展趋势。

第五章 北京都市型现代农业发展

北京都市型现代农业是按照首都的发展定位与需求,运用现代化手段,建设融生产性、生活性、生态性于一体的,以高端、高效、高辐射为主要标志,以基础完善、科技领先、产业高端、服务完备、装备现代、人才一流为主要标准的现代化农业系统。从 20 世纪 90 年代中期起,北京都市型现代农业在理论研究和实践探索中都取得了明显的成绩。北京通过建立健全都市型现代农业推进机制、都市型现代农业政策支持体系、都市型现代农业社会化服务体系三大体系,重点实施"221 行动计划"、都市型现代农业走廊建设、设施农业建设、市型现代农业基础设施建设、菜篮子工程建设等工程;开发生产功能,推进都市农业全面发展;开发生态功能,推进都市农业持续发展;开发生活功能,推进都市农业创意发展;开发示范功能,推进都市农业深化发展。

第一节 北京都市型现代农业发展历程

新中国成立以来,北京农业紧密围绕城市建设发展和居民生活需要,不断调整农业结构,转变农业发展方式,增强农业生产和服务能力,为首都城市发展作出重要贡献。总体上看,北京农业发展经历了三个阶段。

一、第一阶段(新中国成立初期至 1994 年)

第一阶段(新中国成立初期至 1994 年):以产量为中心,着力保障城市农产品供应需求。

新中国成立后,为解决温饱问题,产量最大化成为北京农业发展的主要目标。北京将农业发展的重点放在农田建设上,通过兴修水利、平整山地、建设农业基础设施等一系列措施,努力加强农业生产,提高农产品产量。1953 年春,北京市提出"郊区农业为首都服务"的基本方针,要求大力发展粮食、蔬菜、水果以及肉、蛋、奶等副食品的生产,满足城市供应需求。

1983 年 7 月,在对《北京城市建设总体规划方案》的批复中,中共中央书记处和国务院也明确指出"农业的发展,应以面向首都市场、适应首都需要为基本方针",并提出要促进农村多种经营和商品经济的迅速发展,努力提高蔬菜、肉、蛋、奶的产品产量。

几十年间,北京市大力开展农业基础设施建设,农业生产能力不断提高,农产品产量和供应能力大幅提升。粮食、蔬菜、棉花、油料作物等主要农作物的产量逐年增加,由 1949 年的 54.9 万吨增长到 1983 年的 402.9 万吨,提高了 6 倍多。从 70 年代中期开始北京市肉、蛋、奶等副食品的产量也开始增加。

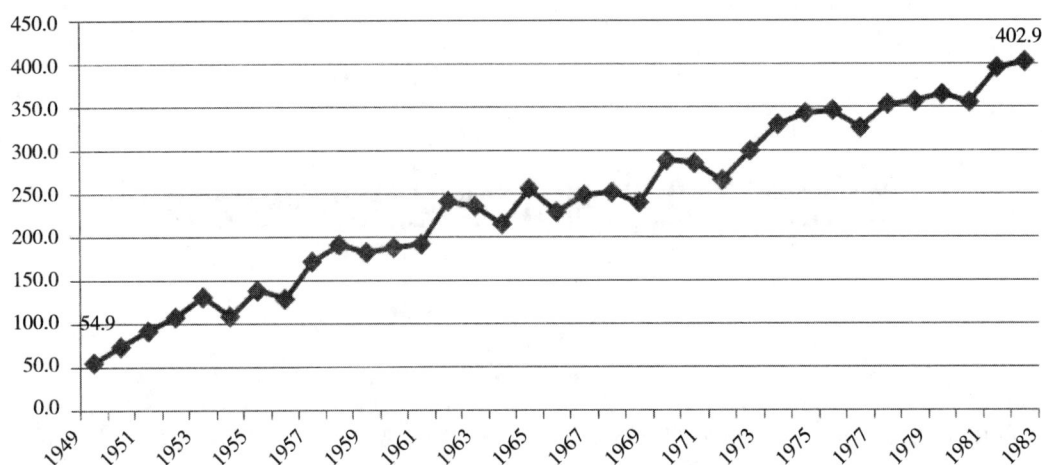

图 5-1　1949—1983 年北京主要农作物产量（万吨）

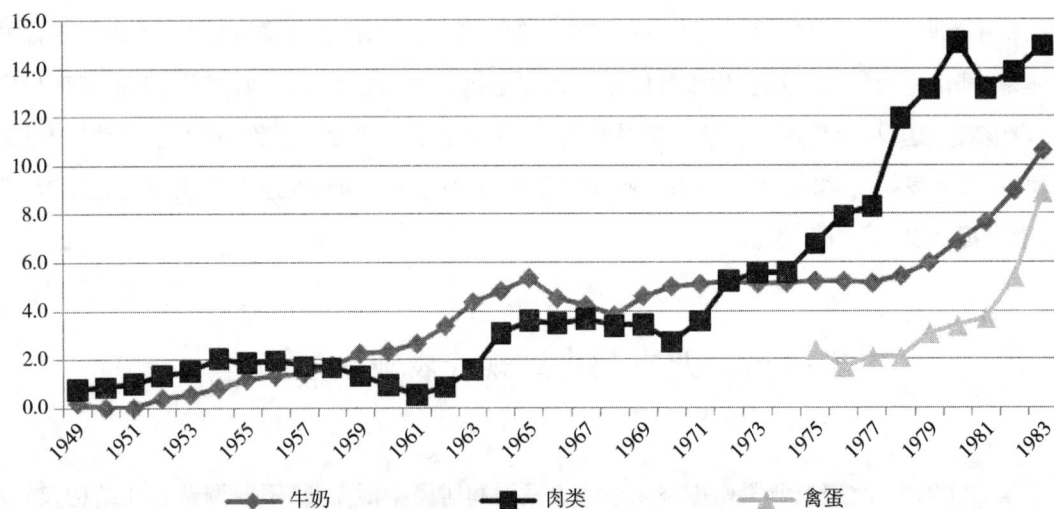

图 5-2　1949—1983 年北京肉、蛋、奶产量（万吨）

这一阶段，北京农业主要承担生产功能，为首都农产品供应提供保障。农业对城市经济发展也作出重要贡献。新中国成立以来，农业在城市经济中始终占有一定比重，尤其在初期，农业占 GDP 的比重高达 20%左右。此后，农业在城市经济中的比重不断下降，1994 年，农业占 GDP 的比重下降到 5.9%。

二、第二阶段（1995—2002 年）

第二阶段（1995—2002 年）：调结构，提质量，为城市提供高品质农产品供应。1992 年朝阳率先在全国开始做都市农业朝莱农业园正式提出。

90 年代起，中国农业发展开始进入新的发展阶段——农业的高产、优质、高效阶段。进入 90 年代中后期，随着生活水平的不断提高，人们对农产品的消费需求也发生重大变化，由吃得饱转为消费的多样化、合理化和科学化。

1994 年，根据中央和北京市提出的发展"高产、优质、高效"农业的方针，北京开始推进农业结构调整，向提高农产品质量、丰富农产品品种、努力为城市提供高品质的农产品供应方向发展。

1997 年，北京市提出大力发展设施、籽种、精品、加工、创汇、观光农业等"六种农业"，展开了对农业

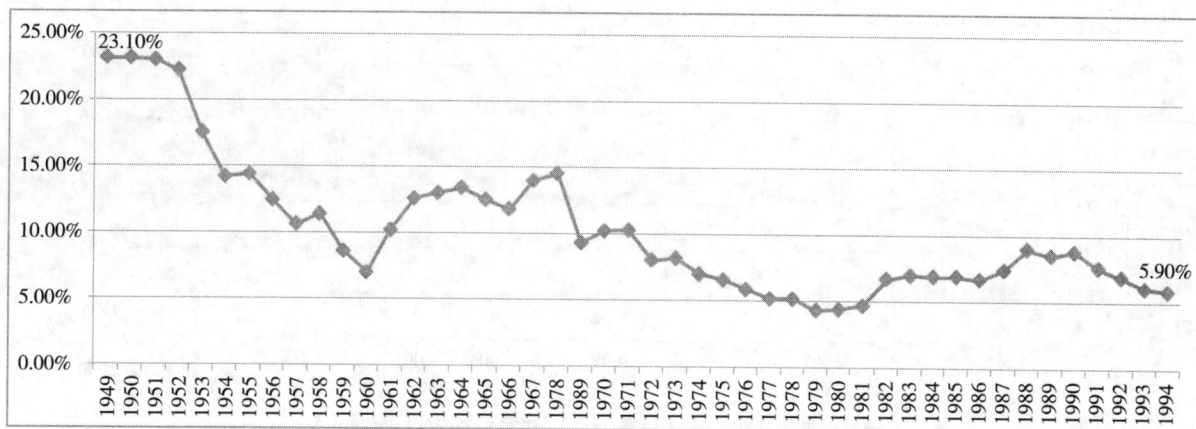

图 5-3　1949—1994 年北京农业占 GDP 比重

结构的新一轮战略性大调整。1998 年北京提出从种养比例、粮经比例两个方面加大调整力度,形成粮经饲三元结构,推动农业结构调整进入了更深层次。

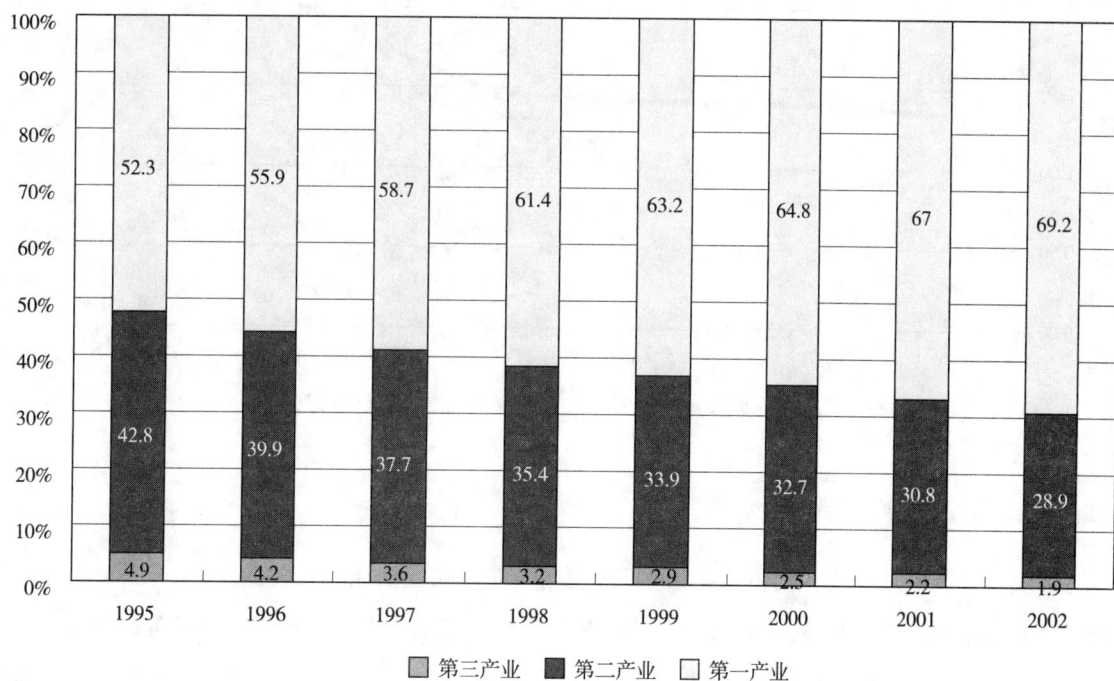

图 5-4　1995—2002 年北京三次产业构成

　　这一阶段,北京产业结构发生重大变化,农业占 GDP 的比重不断下降。1995 年,农业占比为 4.9%,开始低于 5%,到 2002 年进一步下降到 1.9%。北京农业发展质量和效益稳步提高,农业的社会劳动生产率由 1995 年 10223 元/人增加到 2002 年的 12104 元/人;农业的单位面积产值增长近 1 倍,由 1.33 亿元/万公顷增加到 2.51 亿元/万公顷。

　　此时,北京的农产品供应更多地依靠外地调入,大量外地农产品进入北京市场,北京农业内部结构发生重大变化,向更加注重高效益、高质量农产品的方向发展。其中,粮食播种面积和产量大幅下降,产量由 259.8 万吨下降到 82.3 万吨;蔬菜播种面积和产量增加,产量由 397.3 万吨增加到 507.4 万吨;干鲜果品、牛奶、肉类等等农产品产量大幅增加,农产品种类极大丰富。

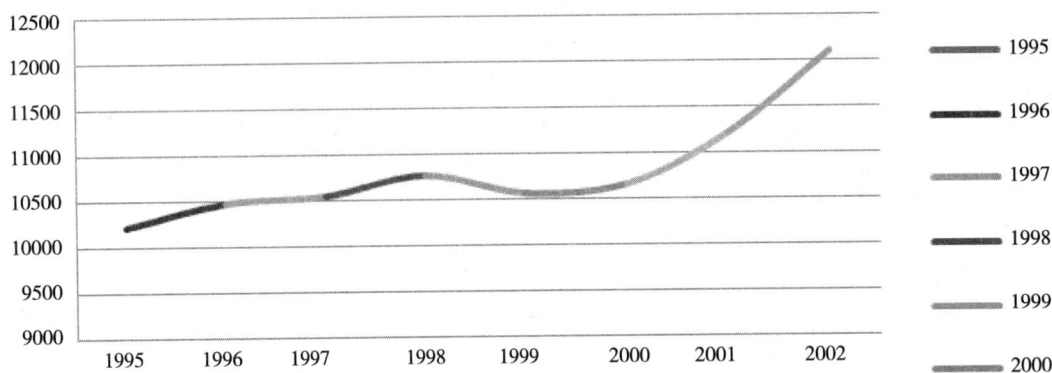

图 5-5 1995—2002 年北京第一产业社会劳动生产率（元/人）

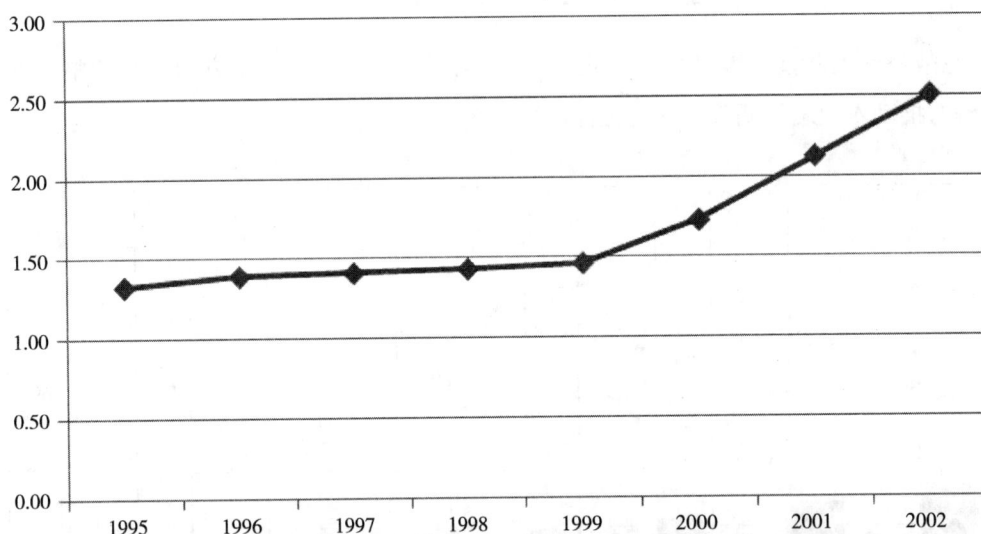

图 5-6 1995—2002 年北京第一产业单位面积产值（亿元/万公顷）

三、第三阶段（2003 年以后）

第三阶段（2003 年以后）：大力发展都市型现代农业，促进农业功能多元化。

2000 年以来，随着城区不断扩展、人口持续增长和生活质量日益提高，城市发展对首都农业提出了新要求。2003 年北京市政府组织开展了大范围的"北京农业 221 行动计划"调研活动，即摸清市场需求和农业资源两张底牌，搞好科技和资金两个支撑，在摸清两张底牌、抓好两个支撑的基础上搭建一个农业信息平台。2004 年 3 月，北京市出台《关于实施"221 行动计划"推进北京农业现代化的意见》，决定在全市全面实施"221 行动计划"，大力推进农业现代化的进程。意见指出，实施"221 行动计划"是全面贯彻落实党的十六大和十六届三中全会精神的需要，是增加郊区农民收入的需要，是开发郊区农业新功能的需要。"221 行动计划"中的两张底牌、两个支撑和一个平台有着紧密的内在逻辑关系，它们既有相互独立的内容，又是互为依托、互动发展的完整体系，是一个科学的现代农业发展的有机整体。其中，市场需求是"221 行动计划"的主导，农业资源现状是"221 行动计划"的产业基础，建立科技支撑，实施科技带动战略是实施"221 行动计划"的强劲动力，建立资本支撑，实施资本跟进战略是实施"221 行动计划"的有力保障，农业信息平台是实施"221 行动计划"的现代化快速信息通道。实施"221 行动计划"，

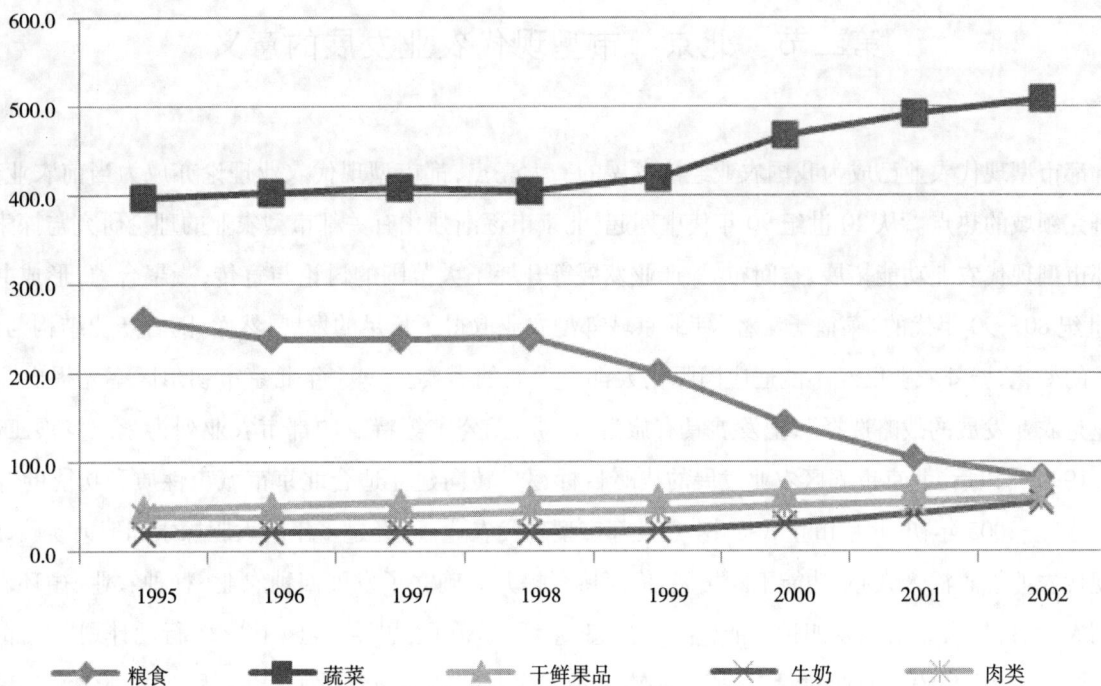

图 5-7 1995—2002 年北京主要农业产品产量（万吨）

加快北京农业现代化的发展目标是：①开发新功能。基本形成集农业经济功能、社会功能、生态功能于一体的、协调发展的都市型农业格局。②推动优化升级。③提升产业化水平。④提升农业标准化水平。⑤增强市场竞争能力。⑥提高农业经济效益。通过"221 行动计划"的实施，保持农业增加值每年以不低于 3% 的速度保持增长，对农民增收发挥积极作用。⑦大幅提高科技含量。⑧提高农业信息化水平。⑨建立健全农业社会化服务和保障体系。实施"221 行动计划"的工作重点是：开发郊区农业新功能，大力发展都市型农业；打造品牌，提高质量，发展唯一性特色农产品；整体规划，合理布局，大力发展优势主导产业；优化配置，高效利用，构建科学的水资源利用和保护体系；培育载体，扶持主体，通过延长农业产业链大力发展农业产业化经营；加快科技创新和资源整合，打造北京现代农业发展的科技支撑体系；加快现代农业信息化体系建设；加快建立现代农业生产的社会化服务和保护体系。

在"221 行动计划"基础上，2005 年，北京市出台了《关于加快发展都市型现代农业的指导意见》（京政农发〔2005〕66 号），明确将农业发展定位为"都市型现代农业"，标志着北京农业全面走向都市型现代农业。2007 年，北京市发布了《关于北京市农业产业布局的指导意见》（京政农发〔2007〕25 号），明确了构建生态粮经种植、高效设施蔬菜、有机特色果品、健康畜禽养殖、特色名品花卉、生态垂钓观赏渔业和旅游农业、籽种农业、加工农业等九大优势主导产业的发展目标。

经过多年的探索和努力实践，目前，都市型现代农业理念深入人心，功能不断拓展，价值持续提升。围绕都市型现代农业发展，北京确立了发展籽种农业、循环农业、休闲农业、科技农业"四种农业"，实施了"221 行动计划"、"种业之都建设工程"等重大工程，大力发展会展农业，初步形成了具有首都特色的都市型现代农业产业体系。按照都市型现代农业发展思路，北京有机循环农业、高效设施农业、高端籽种农业快速发展并日益壮大，生态景观农业、创意休闲农业特色突出，逐步成为提高地区综合生产能力的新的增长点。

第二节　北京都市型现代农业发展的意义

都市型现代农业已成为我国农业经济发展的一大亮点,都市型现代农业理论亦成为当前农业现代化研究领域的热点。从20世纪90年代中期起,北京市逐渐强化有关都市型农业的理论研究与探索,围绕都市型现代农业功能拓展、空间布局、产业发展等开展了大范围的讨论与宣传,凝聚合力,形成共识。20世纪80—90年代的"菜篮子工程"使北京城郊型农业取得了长足的发展,然而,随着产业结构与市场需求的变化,城郊农业已经不能适应国际化大都市发展的需要。1994年北京市朝阳区率先提出"都市农业是农业发展的战略选择",把发展具有旅游、观赏、无公害等特点的都市农业列为紧急发展工程之首。1996年以后,北京市郊区农业发展的战略目标逐步转向建立适合北京市城市性质和功能的"都市化农业"。2005年初,北京市正式提出"建设都市型现代农业"。经过多年的大胆探索和努力实践,都市型现代农业理念深入人心,功能不断拓展,价值持续提升。确立了发展四种农业(籽种农业、循环农业、休闲农业、科技农业),开发四种功能(生产、生态、生活、示范)的思路,实施了"221行动计划"、"都市型现代农业走廊"、"设施农业建设工程"、"都市型现代农业基础设施建设工程"、"种业之都建设工程"等重大工程,创建了"部门联动、政策集成、资金聚焦、资源整合"的工作机制,对都市型现代农业进行了卓有成效的实践探索,初步形成了具有首都特色的都市型现代农业产业体系,引领着全国各大城市都市农业的发展。

一、拓展了北京农业发展空间

根据先进国家和地区的发展经验,当农业产值在国内生产总值中所占比重下降到5%—10%时,发达地区对待农业的观念会发生根本性转变,突破了克拉克"三次产业"划分的界限,由传统的生产型农业向一体化农业转变,第一、第二、第三产业逐步融和,共同构成了现代农业产业系统。构成现代农业生产体系的主要前提之一则是农业多功能性的拓展。

都市型现代农业是都市经济的重要组成部分,都市型现代农业的功能比城郊型农业的功能更为丰富,内涵更加深广。都市型现代农业的功能只有从单一的生产功能向多功能转变,才能真正体现都市型现代农业"服务城市,依托城市"的本质特征,并实现都市型现代农业的建设目标,即在整个都市区域范围内率先基本实现农业现代化。北京市根据自身特点,确定了开发农业生产、生态、生活、示范四种功能的战略重点。

生产功能是首要和基本功能。可为首都居民提供充分的名特优、鲜活嫩的农副产品,满足不同层次的物质消费需求,同时保证生产者和经营者有较高的稳定的收入。北京的都市型现代农业生产不能停留在初级农产品的生产上,应通过农业产业化的发展,建立农副产品的生产、深度加工和市场销售的生产经营体系,对农产品进行精深加工,促进高附加值商品生产的发展,不断提高农业生产效益。不仅满足于数量,更要注重质量与安全。

生态功能是农业在北京郊区被强化的重要的功能。随着城市化地区逐渐扩大,对环境质量的要求也在不断提高,借助农业调节环境、平衡生态是都市型现代农业重要的功能之一。通过发展生态农业,创建一批生态园林区、绿色屏障和绿色食品生产基地，建立人与自然、城市与郊区和谐的生态环境，使整个城市充满生机和活力，满足都市人们价值观念更新、讲求生活质量、注重环境意识和回归自然的需求。都市型现代农业不仅要为人们提高鲜活嫩的农副产品，而且还要为人们带来清新的空气、洁净的水质和优美的自然风光，成为城市的绿洲。

生活功能是通过开发农业旅游产业，为首都市民和国内外游客提供清洁优美的休闲、采摘、游览场所，提高人们休闲生活的质量；展示郊区浓郁的农业文化，提高休闲生活的意境和档次，提高农业效益。

北京具有交通便利、信息畅通等显著优势，北京的都市型现代农业依托首都的科技、资金、人才等优势，在农业设备装备、农业高科技的应用开发和农业生产力水平等方面，将率先实现农业现代化，接近或达到国际先进水平，同时为推动全国农业现代化提供经验，起到辐射与示范作用。

二、体现了北京农业的多元价值

北京农业是典型的多功能性的都市型现代农业，是多元价值的产业。传统的农业价值衡量体系仅反映了农业价值体系中的一部分，而都市型现代农业在生态环境、社会与文化方面的价值由于其外部性与公共物品特性被纳入价值体系，成为衡量农业价值的手段，也重构了北京农业多功能性的价值体系。北京都市型现代农业的功能当前主要体现在生产、生态、生活、示范及社会功能等方面，由其决定的多元价值体系也包含对应的六个价值组成要素：

一是食品安全保障。食品安全保障功能有利于城市的社会安定团结、经济稳定发展等。在当今经济全球化趋势下，食品安全问题越来越国际化、经济化、区域化。北京都市型现代农业生产在很大程度上保障了城市的基本需求，决定了城市的食物安全状况。

二是经济价值。北京农业的经济价值主要体现在：为城市提供多样化的农产品与原料，通过出口农产品换取外汇，使经济结构多元化；活跃地方经济、农民补贴替代等。

三是生态服务价值。隐性价值显性化是北京都市型现代农业发展的重要标志。北京农业的生态服务价值主要指对水资源的涵养和土壤的保护、蓄水防洪、净化水质和空气质量、防止噪音和臭味、植物和土壤有效固碳、有利于地域能源和资源的有效循环利用、保护生物多样性等方面，以及基于农业自然景观在城镇化过程中越来越显示出其在休闲、旅游、文化和教育等方面的价值。

四是社会价值。北京农业的社会价值主要包括：增加高龄人群及女性的就业机会，保持了郊区农村社会的多样性、稳定性和永续性，提供了有利于社会交流和身心健康的休闲空间。北京农业在保障农村就业和确保农民生计、促进城乡平衡发展和提供就业缓冲方面作用显著，极大地发挥了都市型现代农业的社会福利保障功能。

五是政治价值。北京农业的政治价值主要表现在保持社会稳定的作用上。"无农不稳，无商不活"，充分说明了农业在政治稳定上的作用。北京农业不仅是当前农村人口的保险阀，也关系到城市人口的切身利益。

六是文化价值。首都特色的根基源于首都的农业文化，北京农业的文化价值主要体现在传承地方传统文化与民间文艺、丰富艺术题材、活跃城乡生活、保留首都悠久历史等方面，是城市和谐生活的重要基础。

三、一二三产融合发展丰富了北京农业内涵

都市型现代农业是一种全新的农业发展模式，是一种城乡融合，由一产不断向第二、第三产业渗透的复合型产业。都市型现代农业不再局限于是初级产品形式的物质生产，而是向第二、第三产业延展并融合。在物质生产领域，将初级产品生产延伸到加工、制造；在流通领域，扩展到营销、配送，直至上餐桌；在精神领域，为居民提供教育、文化、体验、休闲等身心健康的服务。

在产业融合理论的指导下，北京市通过建设优质标准化生产基地，稳步发展设施农业、健康养殖业、规模生态粮经作物生产，在此基础上大力发展籽种、花卉、果品等高端高效产业，着力培育休闲农业、会展农业、创意农业等现代农业服务业，积极推动区县特色产业发展，深化农业区域合作，扩大农业对外开放程度。

根据产业发展特点，北京形成了具有首都特色的都市型现代农业五圈布局：由城区和部分城近郊区组成的城市发展圈，重点发展以城市绿地、园林景观、楼宇居室美化及农产品展示交易等为主要内容的景观农业和会展农业；由六环路以内城乡结合地区组成的近郊农业发展圈，重点发展园区农业、体验农业、科普农业和精品农业；由远郊平原地区及浅山区组成的平原农业发展圈，重点发展规模化、专业化、区域化、标准化的大宗农产品生产和加工农业；由北部、西部和西南部山区组成的山区生态涵养发展圈，加强生态工程建设，重点发展以唯一性特色农产品培育、山区民俗旅游、生态旅游等为主要内容的特色农业、生态农业和休闲农业；将北京周边津、冀部分地区纳入环京外埠合作农业发展圈，本着优势互补和区域合作的原则，加强合作，重点抓好安全生产基地建设以及生态保护屏障建设。

四、确定了首都农业新的定位

随着都市型现代农业实践得不断丰富，对首都"三农"的认识也不断深化。在中国特色世界城市与"人文北京、科技北京、绿色北京"建设，以及率先形成城乡一体化经济社会发展新格局目标提出的背景下，北京的"三农"应找准自身定位：郊区农村是首都的重要组成部分，是北京新的战略发展空间；首都的农民是拥有集体资产的北京市民，是推动郊区发展的主力军；首都的农业是都市型现代农业，是一二三产相互融合的，充分体现人文、科技、绿色特征的低碳产业。这个定位在理论层面上对"三农"问题的再认识，对"三农"价值的重新估量。

这一深刻的认识，打开了更为广阔的政策空间，为北京"三农"更大的发展变化提供了理论依据。落实对首都"三农"的重新定位，就要从发展布局、政策倾斜上大力支持郊区农村加快发展，积极发挥农民主体作用，以多功能视角认识首都农业，突出科技支撑和生态要求。

第三节　北京都市型现代农业产业发展

发展都市型现代农业，必须发挥首都科技、人才、信息、市场和资本方面的优势，整合资源，扬长避短，走可持续发展的道路。发展都市型现代农业，关键是要着力开发农业的多种功能，向农业的广度和深度拓展，促进农业结构不断优化升级，实现质量和效益的提高和统一。近年来，在党中央、国务院大政

方针的指引下,北京市委、市政府各级农业部门对北京市都市型现代农业进行了一系列的政策方针的实践与探索。

一、生产型产业全面发展

生产功能是农业的基本功能,是都市型现代农业的产业基础。开发生产功能的核心是提高经济效益、目的是促进农民增收,突破口是发展高效农业。

（一）经济持续增长,结构不断优化

2003 年以来,北京都市型现代农业稳步发展,规模不断扩大,农业产值逐年增加。2013 年,第一产业实现增加值 161.8 亿元,较 2005 年增长 65.6%;全市农林牧渔业实现总产值 421.8 亿元,较 2005 年增长 76.3%;农民人均纯收入达 18337 元,较 2005 年增长 133.3%,连续第五年超过城镇居民增速。

主要农产品生产稳定,精品农业比重显著上升。2012 年,全市粮食和蔬菜播种面积分别为 19.4 万公顷和 6.4 万公顷,产量分别为 113.8 万吨和 280 万吨;干鲜果品、牛奶、肉类、禽蛋产量等主要农产品的产量保持稳定。养殖业布局和结构更加合理,畜禽良种、水产种苗比重显著上升,产业化水平进一步提高。

（二）发展高效农业,强化市场保障

以增强市场保障能力,满足首都产品需求为根本出发点,北京大力发展高端农业产业。以名、特、优、新农产品为重点,不断拓展农业功能,创新产业发展形态,培育了一批满足多层次和个性化需求的新型高效农业产业形态。

设施农业发展迅速。2008 年,北京市出台了《关于促进设施农业发展的意见》（京政发〔2008〕30号）,促进了设施农业的持续发展。2009 年,设施农业播种面积 54 万亩,蔬菜占设施农业播种面积的80%,初步形成了"两区、两带、多群落"的新格局,以大兴、房山、顺义、通州和平谷为主的设施农业生产基地有力保障了首都"菜篮子"市场供应。

畜牧业结构持续优化。畜牧业逐步退出五环,基本形成了以标准化规模饲养为主的"三带多品群"格局,产业化水平显著提高,在农业产值中的比重保持在 50% 左右,平均自给率保持在 40% 以上。商品畜禽生产比重下降,种畜禽生产比重上升,尤其是顺义种猪比重已经占到全国的 4%,在全国市场形成一定的控制力和话语权,有力支撑了北京市"种业之都"的建设。

花卉产业效益突出。以举办第七届中国花卉博览会为契机,花卉产业得到了快速发展,花卉产业规模发展迅速,布局趋于合理,品牌效应明显。种植面积达到了 6.7 万亩,产值达 12.3 亿元。顺义区国际鲜花港、延庆县花卉生产基地的发展,成为北京市花卉产业发展的重要支撑。

林果产业不断更新。林果产业生产效率和经济效益显著提升,规模化区域逐渐扩大,区域化特色逐步形成。形成了门头沟樱桃、昌平草莓、平谷大桃等多果齐放的局面。北京市果品产业技术体系全面升级工作已经开展,对不断提高果品效益、促进农民增收发挥出积极作用。

（三）发展籽种农业,占位科技高端

明确北京"种业之都"定位。发展籽种农业,打造"种业之都",是北京开发农业生产功能的首要内容。北京是全国种业的科技创新中心、企业聚集中心和交易交流中心。依托首都科技资源优势,北京种业快速发展,成为都市型现代农业的重点产业。2012 年北京种业生产性收入达 16.09 亿元,比 2005 年增长 1.7 倍;全市种业销售额达 102.77 亿元,较 2005 年增长 133%。北京种业在国内外的影响力和竞争力显著提升。北京是全国种业的科技创新中心,技术研发水平全国领先。北京市拥有种业研发机构80 多家,北京市每年引育农作物新品种数量约占全国 20%,保存国家级种质资源达到 39 万份,列世界第二位;北京是全国种业的企业聚集中心,总部经济效应逐步显现。是国内种业企业聚集密度最大的地区,全市籽种经营企业 1361 家,其中部级发证企业 28 家,占全国的 11%;北京是全国种业的交易交流中心,服务能力显著提升。2008 年,北京种业销售额达到 46.85 亿元,进出口种子贸易额占全国贸易额的35% 以上,占全球贸易额的 2% 左右;北京搭建了种业发展综合服务平台,辐射、带动效应显著增强。初步搭建了“10+1+5”农作物品种试验展示网络框架,成为全国种业的创新孵化和展示基地。北京市已拥有“中蔬”、“京研”、“一特”、“奥瑞金”等一批在国内外具有较大影响力的种业品牌。确立种业“一、二、三、四”空间结构。北京籽种农业已经初步形成了“一个核心、两大区域、三类基地、四级网络”的空间结构。

北京市籽种农业正沿着“高端化、精品化、特色化、集群化、国际化、总部化”的方向,从产业巩固发展阶段向产业优化提升阶段迈进,从传统的随机、模糊、粗放的育、繁、推理念逐步向精确育种、精益生产和精准推广的新型理念转变,从科研育种模式主导逐步转向商业育种模式与科研育种模式有机结合。

(四)发展加工农业,延伸产业链条。

北京市农产品加工业按照“安全、卫生、方便、营养”的要求,积极发展特色突出、优势明显、科技附加值高、市场前景好的产品,重点发展奶制品加工、屠宰及肉类加工、果蔬加工、休闲食品加工、豆制品加工、饲料加工、粮食加工、饮料制造、中药及保健品业等农产品加工业,成为北京都市型现代农业发展的航母。

农产品加工企业规模化发展,整体盈利能力显著提升。2010 年末,北京市农产品加工企业 1853家,其中规模以上农产品加工企业 493 家,规模以上农产品加工企业总产值达 618 亿元,实现总利润24.0 亿元。

农产品加工业集聚形态基本形成,集群效应日益凸显。目前,京郊已建立 15 个基础设施完备、优惠政策多、一条龙服务到位的农产品加工示范基地,42 个重点小城镇已成为农产品加工业的重要聚集区,有效促进了农业现代化与工业化和城镇化同步发展。

农产品加工业知名品牌众多,品牌影响力逐步提高。“十一五”期间,北京市大力发展唯一性特色农产品,都市型现代农业品牌品牌影响力不断提高,形成了一批具有总部经济特征的企业。截止 2010年底,北京市农产品共有中国驰名商标 27 个,北京市著名商标 112 个。

农产品加工业科技含量提高,产业发展内在动力增强,通过科研联合攻关,逐步完善了北京市农产品加工业的科技创新、管理创新与服务创新机制,大力促进原始创新、集成创新和引进消化吸收再创新,增强了农产品加工业发展的内在动力。

原料基地建设卓有成效,带动与惠农效益持续提高。北京市依托辐射带动能力强的在京农产品加工龙头企业,建立各类种养殖原料生产基地 81 万亩,辐射面积 600 多万亩,带动北京本地农户 55 万户,农民直接年增收 36 亿元。首都加工农业突破北京发展空间限制,在外埠省区建立原料与生产基地,为首都企业对外辐射、占领外埠市场、提升国内和国际影响力奠定基础。

（五）发展合作农业，应对市场风险。

实施区域合作战略，加强对外辐射。突破首都发展空间限制，发挥首都产业转移优势，本着优势互补、区域合作、互惠互利的原则，积极发展北京与外埠省区农业合作，充分利用外埠土地、劳力和政策优势，建立标准化、专业化、规模化的原料生产基地与加工基地，拓展北京农业发展空间，成为北京农业发展共识，北京市以河北承德为突破口，形成了京承合作农业模式，加快了承德农业跨越式发展，一是借助招商引资项目，农业投资增加，承德农业标准化基地已迅速发展；二是促进承德产业结构升级，产业化经营水平实现突破，带动畜牧业迅速成为承德第一大主导产业，承德农业产业化经营率提高23%；三是解决承德资金、技术和市场三大难题，带动农民增收，2003年大规模合作开展多年，承德农民年人均纯收入增长158%；促进了北京农业产业结构升级，加快都市型现代农业建设，有利于降低企业成本和完善产业链；有利于北京农业生态涵养和产业结构升级。

依托农民专业化合作社，增强农业生产组织性。2010年《北京市实施〈中华人民共和国农民专业合作社法〉办法》的正式实施，为指导和促进北京市合作社发展提供了法治保障，标志着北京市合作社进入了快速发展阶段。目前，北京农民专业化合作社对从事一产农户的覆盖率已经达到70%，农民专业化合作社的数量和质量显著提高，合作社不断做大做强，逐步发展规范，竞争能力不断提高。经过长期的实践，农民专业化合作社已经成为广大农户联合与合作的重要载体，成为增加农民收入的重要平台，成为解决"三农"问题、推动新农村建设、构建和谐社会的重要抓手。

二、生态型产业持续发展

在资源有限的情况下，实现可持续发展，是北京市面临的最直接挑战。农业所具有的生态功能是实现首都可持续发展的坚实基础，据测算，北京市农林水的生态服务价值约为1万亿元，与全市GDP总额大体相当，农业以其显著的生态服务功能，支撑着北京的全面发展，都市型现代农业对北京建设世界城市不可获取，对建设宜居城市不可或缺，对提高居民的幸福指数不可获取。

（一）发展循环农业，促进节能减排。

北京大力开发农业的生态功能，通过猪—沼—果蔬、鸡—沼—发电、林下经济、生态农场等循环经济模式，实现了农业资源的减量化、再利用、再循环。推广农业节水灌溉等技术，节水灌溉率达到90%，农业用水比2005年下降了1.2亿立方米。大力发展循环农业，支撑首都节能减排的努力，强化了首都宜居城市的生态基础。

围绕畜禽粪便资源化利用问题，北京德青源农业科技股份有限公司发展蛋鸡养殖，不但利用沼气友好地处理了鸡粪，解决了污染问题，还利用沼气发电，产生了绿色能源，成功破解了畜禽粪便资源化利用难题，有效解决了养殖业发展的瓶颈问题。实现了循环发展、可持续发展。

围绕着"生态、环保、可持续"的经营理念，北京蟹岛集团以生态农业为轴心，将种植业、养殖业、水产业、微生物工程、再生能源、水资源利用、有机农业技术开发、农产品加工、销售、餐饮住宿、旅游会议等产业构建成为相互依存、相互转化、互为资源的闭循环系统，通过资源协调整合，实现了作物、动物、微生物之间的生态平衡，建立起一个完善的循环经济产业模式，成为环保、高效、和谐的经济生态园区，"让成功始于双手，让绿色成为永恒"，成为企业发展循环农业的核心经营理念。

（二）发展景观农业，强化生态服务。

景观农业是构建世界城市生态基础设施的重要产业，是首都"第一张名片"的重要组成部分。北京市景观农业重点把绿色隔离带和生态走廊纳入城市绿色空间建设体系，按照追求景观效果，突出节点项目，打造高标准、高质量的农田生态景观，并结合不同生态圈特色，打造优势产业引领示范，突出区域特色的建设目标，取得了明显的成效，生态服务功能持续提升，城市环境明显美化，世界城市的生态基础不断巩固，景观农业成为美化乡村、丰富产业、富裕农民的重要产业。

例如，京承高速都市型现代农业走廊工程，以道路林业绿化为抓手，构建景观生态防护体系，建设京承高速公路沿线绿化走廊 68 公里，实现道路绿化 18.9 万亩，裸露耕地和废弃地的综合治理绿化美化 8773 亩，景观美学和生态功能日渐显现；京承高速都市型现代农业走廊沿线以籽种农业、设施农业、观光农业和科技农业为重点，不断充实产业内涵，发展了以朝阳区全美樱桃园、朝来乐采摘园，昌平区温榆河湿地观景园、土沟设施采摘园，顺义区承奥源农业生态园、北植花卉苗木生产基地，怀柔区花园村四季花卉产业园、三山设施产业带和密云县团结新品种及景观种植示范区、新兴村设施园艺休闲采摘园、平头下屯标准化粮精田园景观示范区等 11 个景观农业产业节点，景观农业对农民增收产生了重要的支撑作用。

三、生活型产业创意发展

（一）发展休闲农业，提高城乡居民幸福指数。

休闲农业是居民的幸福空间。在北京市全面建设社会主义新农村，实现城乡一体化的战略发展阶段，休闲农业已经成为北京统筹城乡经济发展、转变农村经济发展方式、优化农村产业结构、提高农业经营效益、促进农村剩余劳动力转移，增加农民收入和实现城乡一体化的重要战略措施和有效途径。发展休闲农业，既满足市场消费需求，又实现农民增收愿望。经过长期发展，北京市休闲农业已经形成了农家乐、休闲农庄、农业科技园、观光采摘园、农业观光园、民俗村等多种类型，休闲农业已进入规范和提高的发展阶段。

近年来，以休闲农庄、农业科技园、观光采摘园、民俗村等为依托，北京休闲农业快速发展。2012 年，全市农业观光园实现收入 26.9 亿元，较 2005 年增长 241.4%；接待游客 1939.9 万人次，较 2005 年增长 117%。民俗旅游实现收入 9.1 亿元，较 2005 年增长 189.8%；接待游客 1695.8 万人次，较 2005 年增长 123%。

针对山区发展，2007 年北京市提出了"着力加快沟域经济发展、促进山区经济繁荣"的战略要求。至 2008 年年底，北京市完成了 62 个山区乡镇 164 条沟域的资源摸底，对具备一定发展条件的沟域开展了初步发展规划设计。沟域经济的发展，提高了山区农民的收入水平。2000 年以来，山区农民人均纯收入年均增长速度，高于京郊平均水平；提高了山区生态环境质量。到 2009 年末，林木绿化率达到 71.4%，森林覆盖率达到 51.8%，山区小流域出水水质全部达到地表水Ⅲ类以上标准，有 6 个山区县被评为国家生态示范区（县），有 32 个山区乡镇为"国家级生态乡镇"；提高了城市居民的幸福指数。丰富多彩的沟域成为市民放松身心的理想场所，2009 年，山区民俗旅游村共接待游客 2353 万人次，占 10 个远郊区县旅游人数的 78.7%。沟域经济已经形成了文化创意先导、特色产业主导、龙头景区带动、自然风光旅游、民俗文化展示等模式，成为全市山区经济发展的典范。2010 年初，北京市选择了房山区南窖沟域等七条沟域,面向国内外的一流规划设计团队,公开征集高水平的沟域经济规划方案,对提高沟域经济规划建设发展的水平奠定了坚实基础。

(二)发展创意农业,提升产业内涵。

以创意为理念,以观光农业为切入点的创意农业,成为北京市新农村建设和都市型现代农业发展的一条新途径,彰显出巨大的发展潜力和活力。近年来,北京郊区农民在农业生产实践中,在"农"字上下工夫,在"特"字上做文章,将传统的农产品赋予了新的功能,通过包装创意、栽培创意、用途创意、亲情创意等手段,为农产品注入文化元素,完成了农产品的工艺化过程,使普通农产品演变成商品、纪念品,甚至成为了艺术品,农产品附加值大幅提高。创意农产品已经成为北京都市型现代农业的亮丽名片。"创意一小步,市场拓千里",据统计,2010年,北京市拥有创意农产品30余种类型、初具规模的创意农业园达113个、有一定影响力的创意农业节庆活动60多个,全市创意农业年产值已达22.26亿元。发展创意产业将不断开拓北京都市型现代农业新的消费空间,推动都市型现代农业发展方式转变。

位于密云县古北口镇汤河村的"紫海香堤艺术庄园",以高端需求为导向,依托城市资源注入,充实文化内涵,延伸产业链条,丰富体验内涵,以创意为切入点,打造"长城脚下的普罗旺斯",形成了集养生、度假、休闲、体验、艺术创作、婚纱摄影、影视拍摄为一体的具有差异化和唯一性的都市型现代农业观光旅游区。

位于密云县巨各庄镇的张裕爱斐堡国际酒庄,以葡萄酒文化创意为主题,深度开发高端休闲旅游产业,是集都市型农业、环保型工业、旅游度假、会议培训等于一体的综合性高端创意项目。依托密云生态环境和区位优势,承载张裕百年历史文化,将酿酒、旅游、休闲以及葡萄酒知识培训功能融为一体,首创了酒庄"四位一体"的新经营模式,促进了区域经济发展、壮大了地方主导产业、推进了农业深加工产业结构调整,实现了农业、工业、旅游业的联动发展,带动农业增效和农民就业增收。

四、示范功能型产业深化发展

北京有优越的区位条件和丰富的农业科技资源,在全国现代农业发展中起示范带动作用,这是北京的功能定位所致,是首都农业的责任。

(一)发展会展农业,强化辐射功能。

依托优越的区位、科技、资源条件,发挥产品展销、信息交流、资源汇集、文化展示等功能,定位国际性的农业展示窗口,北京的会展农业经历了从少到多、从小到大的发展历程,规模逐步扩大,场馆建设逐渐专业化,形成了以农产品和农业生产资料贸易展销、农业科学技术交流和农业会展节庆为主的会展农业体系,会展农业内容已经涉及农产品、籽种、农产品加工、花卉园艺、农业生产资料、农业高新技术以及农业经济等多个方面。在都市型现代农业开拓市场、扩大贸易、促进发展以及丰富人们的生活上所起到了重要作用,成为北京都市型现代农业发展的新亮点。

2009年,第七届中国花卉博览会在北京市顺义区隆重召开,为北京花卉产业发展提供了广阔的平台。吸引了全国及27个国家和地区共1300多家知名花卉企业积极踊跃参展,彰显各地花卉园艺高新科技成果。以筹办花博会为契机,有效提升了北京花卉文化和花卉产业的发展水平,为建设"人文北京、科技北京、绿色北京"注入了新的动力;切实加快了首都都市型现代农业调整步伐,为促进城乡一体化发展做出了积极贡献。花博会主场馆也已经成为北京市农业会展的重要场所。作为第七届中国花卉博览会第二功能组团,北京国际鲜花港是北京市规划的唯一的专业花卉产业园区和北京市花卉产业发展的窗口,已成为"国家现代农业科技城"中"一城多园"的先行试点和"国家级农业科技园区",鲜花港以现代服务业为引领,实现高端产业聚集,推进园区超高速、跨越式发展。

2012 年,第七届世界草莓大会在北京昌平区召开,2014 年第七十五届世界种子大会在北京丰台召开,两次国际农业会展的举办为北京市会展农业带动都市型现代农业全面发展提供重要的机遇。

(二)发展科技农业,增强发展动力。

北京持续发挥首都科技优势,加大科技成果转化与应用力度,发展高端高效农业产业,农业科技进步贡献率不断提升。一是应用现代科技,提高农业发展科技含量。近几年,北京围绕新品种、新技术和新装备的应用,加快精准农业的推广和普及,最大程度地节约资源,提供满足市场需求的高品质农产品。二是建设科技园区,加强科技示范。北京市积极发展体现先进技术与经营理念的农业科技园,一批带有前瞻性、示范性的农业科技产业园应运而生。如小汤山农业园、顺义"三高"、朝阳"蟹岛"、世界花卉大观园、锦绣大地等,在生产高品质农产品的同时,成为现代农业的示范窗口。2010 年,科技部与北京市共建国家现代农业科技城启动,为北京科技农业发展注入新的活力,为北京市科技农业发展提出了更高的要求。即将启动建设的北京市门头沟区"中芬生态谷"项目是北京市沟域经济发展的又一探索,将采用世界先进的生态发展理念,建设北京未来生态产业的载体与孵化器,为首都建设低碳城市和绿色北京做出更大贡献。

农业信息化服务体系。以"221"信息平台和"12316"三农呼叫中心"一网一线"建设为核心,统筹农村数字家园、文化服务站点、爱农信息驿站、"12396"、"96221221"等三农信息服务站点的服务资源,进一步整合现有涉农信息的服务方式、服务内容和服务渠道,使信息在郊区农业生产和农民生活中的作用和影响显著提高。

数字精准农业快速发展。例如,北京金福艺农农业科技发展有限公司利用高端、精品、数字化的理念,针对京郊农业生产资源非常短缺,土地资源和水资源匮乏的实际,2008 年创建了全国首家数字化精准农业示范基地,充分利用北京作为首都具有独特的技术优势,发展数字虚拟观光农业系统,依靠信息技术、生物工程技术、自动监控等一系列高新技术的成功运用,实现了农业生产数字化,建成了数字化程度很高的精准集约型农业,带动了北京数字化精准农业的发展,也为都市型现代农业注入了生机与活力。

第四节　北京都市型现代农业发展体制

一、建立健全推进机制

自 2006 年起,市委市政府各部门积极将职能向农村延伸,创建了"部门联动、政策集成、资金聚焦、资源整合"的工作机制,基本形成了横向联动、纵向互动、合力推进的工作格局,建立起高效运行机制,搭建工作平台,明确部门职责,加强协调配合,形成政策合力,通过选项聚焦,将分散的资金集成使用,努力实现资源整合、成果共享,形成共同推进都市型现代农业发展的工作格局。

二、完善政策支持机制

根据北京市的特点,市委、市政府确立了发展都市型现代农业的方向,围绕都市型现代农业发展的重点,加大政府财政资金对农业的投入,研究制定促进农业综合生产能力提高、鼓励特色唯一性农产品培育、农业产业化经营、农产品安全体系建设、农业科技创新与应用、农业生态建设等系列政策,实施了粮食直补、良种补贴、奶牛补贴、种猪补贴、农资综合补贴、农机具购置补贴等强农惠农政策,在全国率先建立起农田生态补偿制度;先后制定出台了《关于加快发展都市型现代农业的指导意见》、《关于发展都市型现代农业的政策意见》、《关于促进设施农业发展的意见》、《关于全面推进都市型现代农业服务体系建设的意见》等政策,制定并实施了《北京市都市型现代农业产业布局规划》、《北京市种业发展规划》、《北京都市型现代农业基础建设及综合开发规划》等规划。通过重点项目来整合、调动各部门力量,集成资金,形成合力。建立都市型现代农业产前、产中、产后服务的政策保障体系。

三、构建社会服务机制

围绕都市型现代农业生产的特点,构建了农业技术推广、动植物疫病防控、农产品质量安全、农业信息化、农资、农机、农业用水、农产品流通、农村金融九大服务体系等九大服务体系,形成了与都市型现代农业结构相适应、功能相匹配的覆盖全程、综合配套、便捷高效的农业综合服务体系;健全农业专业人才队伍体系,加快新型农民培养;深入推进"绿剑护农"行动,强化农业法制建设,健全农业执法队伍;制定北京市农业行政执法装备标准,提升执法装备水平;建设北京市农业执法监管信息系统,提高农业执法科技水平。最终实现都市型现代农业服务主体多元化、服务内容高端化、服务方式多样化、服务途径规划化、服务需求个性化、服务手段信息化、服务格局一体化,综合服务效能达到国内领先水平。

四、实施工程建设机制

(一)"221"行动计划

从2003年开始,北京市为加快都市型现代农业的发展,实施了"221行动计划",即摸清市场需求和农业资源两张底牌,搞好科技和资金两个支撑,在此基础上搭建一个农业信息平台。平台共整合了市级15家共建共享单位,农业资源数据66大类238项,涵盖了土壤、气象、水、地貌等自然资源条件和人口、劳动力、经济发展状况等社会经济条件。整合13个区县的农业资源和生产状况数据共39大类252项,涵盖了种植业、养殖业、林业、相关第二和第三产业。平台已建成了包含资源底牌、市场底牌、科技支撑、资金支撑四大模块的,主要为相关部门管理者,同时为生产者服务的平台体系结构,形成138个专题,240个信息图层,以及100多个非图形数据层,研发了可查询、可分析、可决策的功能430个。

(二)都市型现代农业走廊建设

为进一步优化区域布局、调整产业结构,逐步形成布局合理、功能突出、特色鲜明、类型各异的都市型现代农业发展集群。北京市按照实现前瞻性规划、高水平设计、高质量建设、高效率管理,因地制宜、突出特色、循环发展的要求,加快发展都市型现代农业的景观功能,北京市提出以京承高速路农业走廊为重点,全面推动都市型现代农业走廊建设。都市型现代农业走廊的建设有效推进了农业景观的绿化美化,裸露农田得到了有效治理,土地和环境整治成效明显,京承路两侧农田基本实现了四季无裸露。农业产业基础得到加强,沿线建设了设施农业、观光园区等产业发展和环境美化节点工程。京承高速都市型现代农业走廊建设也带动了北京市各区县也因地制宜地进行了农业走廊建设,大兴区刘礼路、通州区张凤路、房山区107国道、平谷区新平蓟路(绿谷乡村风情大道)、延庆县110国道等5条都市型现代农业走廊也初具规模。

(三)设施农业建设

北京市把设施农业作为推进北京市都市型现代农业建设的重要切入点,以市场需求为导向,以"两区两带多群落"为重点,结合"菜篮子"工程建设,发挥政策引导作用,强化生产标准,优化设施结构,完善配套技术,提高装备水平,充分挖潜,扩大规模,积极引导设施农业加快发展,增强抵御自然和市场风险的能力,促进农业生产稳定发展、效益稳步提高。通过实施"百村万户—户—棚援助型设施农业推进工程",每年确定100个有发展设施农业积极性和资源条件的村,市级安排专项资金帮助农户发展设施生产;通过实施"两区两带规模化设施农业推进工程",市级财政资金重点扶持建设一定规模的设施农业产业区、产业带。通过实施"多群落特色产业推进工程","以点带面"创新设施农业发展的模式。通过实施"基础设施配套建设工程",完善提升设施农业园区水、电、路等基础设施建设。通过实施"配套服务体系推进工程",建设产前、产中、产后配套服务体系。截至2009年底,全市设施农业总面积达28.5万亩,全市设施蔬菜总收入已占蔬菜总收入的48%。

(四)都市型现代农业基础设施建设

在建设都市型现代农业的探索实践中,农业基础建设得到了一定程度的加强,以农田水利改善工程、农田培肥工程、田园清洁循环工程、农田景观建设工程为主要内容,农业基础建设规划启动实施,取得了一系列阶段性成果,为都市型现代农业的进一步发展奠定了基础。农业用水量逐年下降,农业节水工作成效显著;耕地肥力质量有所提升,土肥检测体系日臻完善;土地整理复垦、农业综合开发稳步实施,农业的生态景观价值备受关注,隐性价值开始显现;继续保持粮食作物生产全过程机械化;落实农机补贴政策,设施、植保和畜牧生产农机装备水平稳步提高;以农业信息技术为支撑,农业智能装备在高效农业中得到广泛应用。

(五)菜篮子工程建设

鲜活安全农产品的稳定供应是首都市民安居乐业的基础,为解决老百姓"买菜难"问题。北京市统筹抓好蔬菜和肉蛋奶等"菜篮子"产品的生产供应,发展生态粮经产业、高效设施农业、健康养殖业,满足市民对"菜篮子"产品日益提高的要求,保障重要时节的农产品应急供应能力。稳步发展设施农业。按照"规模化、集约化、智能化、工厂化"的要求,稳步发展设施农业,强化生产标准,提高装备水平,完善配套服务体系,积极引导设施农业加快发展,增强抵御自然灾害和市场风险的能力,稳步提高设施农业效益,建成一批区域化、规模化、标准化设施农业生产基地。科学发展健康养殖业。以提升核心竞争和服务能力、市场控制力为目标,构建结构合理、品质优良、效益突出、环境友好的都市型现代畜牧业产业体系。保持适度养殖规模,加大规模化养殖场治理力度,加快发展绿色养殖,形成了以畜禽和水产良种产业为重点的现代健康养殖业。建设优质标准化生产基地。重点围绕绿色蔬菜、优质果品、健康养殖业,在京郊以及外埠不同产品优势产区,突破资源和地域限制,建设了一批设施化、集约化、智能化的产品生产基地,有力保障了首都安全农产品的有效供给。

第二篇

产业篇

第六章　生态农业

由于农业在首都发展中的战略地位和社会效益、生态效益,即它的生态功能和社会功能,相对于京外农业具有不可替代性,尽管它在首都经济数量上的份额很低,却仍然处于基础产业地位。本章介绍了生态农业的内涵和特征,论述了北京发展生态农业的重要意义,介绍了北京生态农业发展的典型模式,并提出北京生态农业发展中存在的问题以及加快生态农业发展的对策措施。

第一节　生态农业的概念、内涵与特征

一、概念

广义的生态农业可以追溯到相对于"石油农业"的原始农业,其概念的产生已有近百年。1924 年,德国农学家鲁道夫·斯蒂纳(Rudolf Steiner)在他主讲的"生物动力农业"课程中最先提出"生态农业"的概念。20 世纪 30 年代和 40 年代,生态农业在瑞士、英国和日本得到发展。20 世纪 60 年代,欧洲的许多农场转向生态耕作。狭义的"生态农业"一词最初由美国土壤学家 W.Albrecht 于 1970 年提出。1981 年英国农学家 M.Worthington 将生态农业定义为"生态上能自我维持,低输入,经济上有生命力,在环境、伦理和审美方面可接受的小型农业",其中心思想是把农业建立在生态学的基础上。从 20 世纪90 年代开始,生态农业在欧洲得到国家的补贴支持,世界各国生态农业有了较大发展。

我国农业经过近 30 年的结构调整与环境资源建设,基本形成了适应国内对农牧产品需求的农业结构。但农业生产仍面临着诸多问题。如农产品的成本高;化肥、农药的大量使用;土壤中有毒和有害物质含量超标;以水源、地力为核心的资源环境长期超载使用等。致使农业的可持续性受到威胁,农业环境资源短缺与农业系统内资源闲置浪费并存。加入 WTO 后的我国农业,农牧产品逐渐走向国际市场,但因品质质量不合格屡屡遭遇梗阻。在完全融入国际市场的今天,我国农业如何发挥自己具有数千年历史的传统农业优势,克服现代农业的弊端,建设一个具有中国特色的可持续农业,是摆在我们面前的重要问题。

我国学术界对农业发展道路的讨论开始于 20 世纪 70 年代末 80 年代初。1980 年,全国农业生态经济学术讨论会在银川召开。在会上我国第一次使用了"生态农业"一词。时任国家环保局局长曲格平指出:中国的生态农业建设不仅要发展农业,还要以全面提高乡村环境质量为目标。此后,各种关于生态农业的研究成果相继发表,这些研究推动和促进了生态农业建设全面展开。

"生态农业"自 1970 年首次提出以来,各国学者对狭义生态农业做出多种不同的解释。国内学者关于生态农业的含义的阐述也有多种。

我国著名农业经济管理和生态学家叶谦吉先生在其专著《生态农业·农业的未来》中对生态农业概念作了概括:"生态农业就是从系统的思想出发,按照生态学原理、经济学原理、生态经济学原理,运用现代科学技术成果和现代管理手段以及传统的农业的有效经验建立起来,以期获得较高的经济效益、生态效益和社会效益的现代化的农业发展模式。简单地说,就是遵循生态经济学规律进行经营和管理的集约化农业体系。"

我国著名生态学家、环境学家和生物学家马世骏教授在其专著《中国的农业生态工程》中指出:"生态农业是生态工程在农业上的应用,它运用生态系统的生物共生和物质循环再生原理,结合系统工程方法和近代科技成就,根据当地自然资源,合理组合农、林、牧、渔、加工等比例,实现经济效益、生态效益和社会效益三结合的农业生产体系。"

中国国家环境监测总站将生态农业概括为:"生态农业是按照生态学和生态经济学原理,应用系统工程方法,把传统农业技术和现代农业技术相结合,充分利用当地自然和社会资源优势,因地制宜地规划和组织实施的综合农业生产体系。它以发展农业为出发点,按照整体、协调的原则,实行农林水、牧副渔统筹规划,协调发展,并使各业互相支持,相得益彰,促进农业生态系统物质、能量的多层次利用和良性循环,实现经济、生态和社会效益的统一。"

二、内涵

生态农业建设的内涵是极其丰富的,第一,生态农业是协调我国人口、资源和环境关系,解决需求与经济发展之间矛盾的有效途径,是我国发展农业和农村经济的指导原则;第二,生态农业是对农业和农村发展做整体和长远考虑的一项系统工程;第三,生态农业是一套按照生态农业工程原理组装起来的、促进生态与经济良性循环的实用技术体系。

综合各种观点,生态农业内涵主要包括以下几个方面:一是在现代食物观念引导下,确保国家食物安全和人民健康;二是进一步依靠科技进步,以继承中国传统农业技术精华和吸收现代高新科技相结合;三是以科技和劳动力密集相结合为主,逐步发展成技术、资金密集型的农业现代化生产体系;四是注重保护资源和农村生态环境;五是重视提高农民素质和普及科技成果应用;六是切实保证农民收入持续稳定增长;七是发展多种经营模式、多种生产类型、多层次的农业经济结构,有利引导集约化生产和农村适度规模经营;八是优化农业和农村经济结构,促进农牧渔、种养加、贸工农有机结合,把农业和农村发展联系在一起,推动农业向产业化、社会化、商品化和生态化方向发展。

三、特征

生态农业建设较以往的农业系统有以下的优势:一是通过建立合乎生态原则的生产系统,达到对能源、资源和劳动力的有效运用,解决粮食供应,为农民提供就业机会,从而发展高效农业;二是通过建立更全面的土地利用和规划系统,使发展的程度和速度不至于超越资源的承载能力,自然资源不会消耗过量,保护环境不致退化,确保农业发展的可持续;三是农民收入增加,生活环境得到改善,达到协调发展农村经济的目的。因为生态农业建设具备这些优点,所以成了现今中国农业发展的重要方向。

我国作为发展中国家,20 世纪 80 年代初就提出了自己的可持续农业发展模式,即生态农业发展模式。我国的生态农业是继传统农业、"石油农业"之后,一种人与自然协调发展的新型农业模式,它既吸收了我国传统农业和现代农业的精华,也不拒绝化肥、农药的适度投入,它合理利用和保护自然资源,使生态系统保持适度的物质循环强度和能流通量,实现高产出、高效益、少污染。它强调经济效益、生态效益、社会效益的综合协同提高,使农业生产与资源的永续利用和环境的有效保护紧密结合起来,从而使我国的农业、农村纳入持续、稳定、协调发展的轨道。我国的生态农业是遵循自然规律和经济规律,以生态学和生态经济学原理为指导,以生态、经济、社会三大效益为目标,以大农业为出发点,运用系统工程方法和现代科学技术建立的具有生态与经济良性循环、持续发展的多层次、多结构、多功能的综合农业生产体系。其主要特征有:

(一)综合性。生态农业强调发挥农业生态系统的整体功能,以大农业为出发点,按"整体、协调、循环、再生"的原则,全面规划,调整和优化农业结构,使农、林、牧、副、渔各业综合发展,并使各业之间互相支持,相得益彰,提高综合生产能力。

(二)多样性。生态农业针对我国地域辽阔,各地自然条件、资源基础、经济与社会发展水平差异较大的情况,充分吸收我国传统农业精华,结合现代科学技术,以多种生态模式、生态工程和丰富多彩的技术类型装备农业生产,使各区域都能扬长避短,充分发挥地区优势,各产业都根据社会需要与当地实际协调发展。

(三)高效性。生态农业通过物质循环和能量多层次综合利用和系列化深加工,实现经济增值,实行废弃物的资源化利用,降低农业成本,提高效益,为农村大量剩余劳动力创造农业内部的就业机会,保护农民从事农业的积极性。

(四)持续性。发展生态农业能够保护和改善生态环境,防治污染,维护生态平衡,提高农产品的安全性,变农业和农村经济的常规发展为持续发展,把环境建设同经济发展紧密结合起来,在最大限度地满足人们对农产品日益增长的需求的同时,提高生态系统的稳定性和持续性,增强农业发展后劲。

第二节　北京生态农业发展的意义及现状

新农村建设以来,北京市以建设"绿色北京"为契机,以生态农业和可持续发展为主线,围绕保护农业资源和生态环境,组装生态技术,开展生态农业示范,实施了新农村"三起来"(土地流转起来、资产经营起来、农民组织起来)、都市型现代农业综合开发、北运河综合治理等一系列民生工程,有效整合与开发利用农业资源,取得了较大的成效。

一、现状

(一)生态体系的建设

目前,北京市已建成了 4 个生态农业示范县、数十个生态农业示范园区、上百个生态农业示范村、几万个生态农业示范户。大兴区、密云县、平谷区和怀柔区的生态农业示范县建设基本实现了经济、生态、社会效益"三个"统一,提高了生态农业建设档次和品位。生态农业示范村通过组装不同生态措施形成各具特色的生态模式,逐步达到村容整洁、环境优美、经济状况良好的建设目标。生态农业园区的建设结合区域特色,因地制宜,对当地农业生产起到了良好的示范带动作用。能源生态示范户建设辐射带动了广大农村,改善了农村用能结构,农民生活水平得到提高。

(二)农业清洁生产

一是有效治理农业扬尘。积极开展京津风沙源工程建设,通过采取生物覆盖、秸秆覆盖和林间覆盖等技术措施,京郊冬春季农田覆盖率提高到90%以上,基本杜绝了冬春季农业扬尘。积极推广留茬免耕、土壤深松等措施,使我市率先全面实现保护性耕作,近6年来保持在总播种面积的90%以上。

二是加大治理农业面源污染力度。通过开展北运河流域水系农业面源污染防治,累计实施科学测土施肥100万亩,推广有机肥、配方肥等5万余吨,减少化肥用量25%以上;重点在蔬菜种植基地推广生物、物理防治和科学施药技术20余项,减少化学农药25%以上。

三是科学利用畜禽粪污。在805家规模化养殖场实施粪污治理与资源化利用工程,年可利用粪便资源量400余万吨,占全市总量的80%以上;2012年化学需氧量、氨氮分别比2010年底水平降低12%、10%,使我市成为全国第一个完成"十二五"农业水污染物减排目标的省(市)。

四是加大渔业增殖放流力度。持续开展增殖放流工作,基本覆盖宜增水域(符合增殖放流条件的自然水体);发挥拒马河、怀沙、怀九河自然保护区生态功能,有效保护水生野生物种。

五是推进农业节能减排。不断加大节能型农机具补贴力度,累计更新节能农机具2万余台,全市农机柴油消耗量由2006年的10.57万吨下降到2012年的5.11万吨。

(三)农业废弃物利用与农村可再生能源

北京市秸秆焚烧现象基本杜绝,连续14年实现禁烧。通过秸秆还田、秸秆青贮、秸秆成型燃料等利用方式,推广玉米、小麦秸秆氨化、青贮、微贮等加工贮存技术和山区果树残枝生物质气化技术,使全市农作物秸秆综合利用率达到87%。通过大力推行"亮起来"、"暖起来"和"循环起来"的"三起来"工程,将农业生产废弃物资源化、能源化,构建了多样的生产生活一体化的循环模式,使农民生活能源消费中可再生能源达到10%左右。大力发展农村可再生能源利用工程。累计建设"两气"集中供气工程270余处,节能卫生吊炕40万铺,太阳能公共浴室1137座等,形成年节约与开发标准煤56万吨的能力,减排二氧化碳150万吨,减排二氧化硫、氮氧化物及可吸入颗粒物2万吨。

(四)农业投入品使用

北京市严格按照有关规定,重点加大对农药、兽药、渔药、肥料、饲料和饲料添加剂等农业投入品的监管。健全农业投入品的市场准入制度,严格农业投入品的生产、经营许可和备案登记。加强对农业投入品市场的监督管理,农业主管部门要会同质监、工商等部门,深入开展农资打假"绿剑护农"行动,严厉打击制售假冒伪劣农业投入品的行为。截至2010年底,北京市无公害农产品生产企业达到881家,产品1868个,产地认定面积66.01万亩,实物产量达144.6万吨,无公害农产品占全市同类产品总量的25%;有效使用绿色食品标志的企业总数48家、产品总数215个、实物总量136.2万吨;据不完全统计共有276家企业的2216个产品获得了转换期有机食品证书或有机食品证书,保护京郊农业生产面积18.85万亩,实物产量18.45万吨。

二、意义

"建设生态文明"这一重大命题的提出,标志着我国在认识社会经济发展与自然资源和环境关系方面实现了重大飞跃,具有划时代的意义。生态文明的提出,为北京生态农业的发展提供了新的机遇,生态农业建设对推进绿色北京和和谐宜居城市建设具有重要意义。

（一）生态农业是首都生态文明建设的重要组成部分

党的十七大报告中首次提出"建设生态文明",党的十八大报告中进一步提出"大力推进生态文明建设";党的十八届三中全会强调,必须建立系统完整的生态文明制度体系,用制度保护生态环境。北京市第十一次党代会指出,要大力加强生态文明建设,加强生态资源规划,建立生态价值服务体系,加强绿色生态环境建设。生态农业是生态文明建设中的重要组成部分,是建设"宜居城市""绿色北京"和"中国特色世界城市"的重要保障,是缓解北京资源环境压力、促进城市可持续发展的有效途径之一。

（二）生态农业是都市型现代农业的发展趋势

生态农业、循环农业、低碳农业、有机农业等体现生态循环经济理念的新兴农业形态正在全球逐步兴起,成为引领世界农业发展的新趋势。发展生态农业,是顺应世界绿色经济发展的新趋势,转变农业发展方式的新途径,推进生态文明建设的新要求。随着资源和环境压力的进一步加大,北京市都市型现代农业的进一步发展,需要更加节约有限的水土资源和依靠生态友好型的生产方式。保障农产品有效供给、实现农业可持续发展,更加有赖于有限资源的节约、高效、循环利用,更加有赖于生态环境的保护和改善。

（三）生态农业是转变农业发展方式的必由之路

在资源环境约束、消费需求升级、市场竞争加剧的多重因素影响下,必须着力转变农业发展方式,推进农业转型升级。加快转变农业发展方式已成我市未来发展都市型现代农业、保护和改善农业生态环境的重要着力点。发展生态农业,走资源节约、生态保护的发展路子,既有利于实现农业节能减排,减轻对环境的不良影响,又有利于改善农产品品质,提升产业发展水平,更好地将生态环境优势转化为产业和经济发展优势,满足城乡居民对农业产品、生态和文化的需求。

第三节　北京生态农业发展的典型模式

北京经过多年的实践探索,形成了多种生态农业发展的模式,为北京今后发展以及周边地区生态农业发展提供借鉴。

一、减源增汇模式

（一）化学产品减量、替代模式

北京现代都市农业是一种高度集约化生产方式,化肥、农药、农用薄膜的大量投入和使用,对农业的增产作用显著,但潜在的负面作用也不可忽视。因此,低碳农业必须实施危险品的减量、替代模式,如逐步用有机肥替代化肥,用生物农药、生物治虫替代化学农药,用可降解农膜替代不可降解农膜等。通过化学品的减量、替代,其减源成效是非常显著的,少施1吨氮肥,能够减少6—8吨的二氧化碳当量的生产排放,0.08—0.1吨的运输排放和5—6吨的农田排放,合计为11—14吨温室气体。

（二）"三节"模式

北京农业用地极度有限，人均水资源占有量只有 300 立方米，能源 98% 靠外部输入，因此，必须发展"节水、节能、节地"的"三节"模式。节水，具体包括发展砼防渗渠道和管道输水，推广粮食和经济作物的节水灌溉技术，建立雨水搜集系统；节能，通过推广节能技术，充分利用可再生能源，从耕作制度、农业机械、养殖及龙头企业等方面减少能源消耗；节地，通过发展设施农业，立体种植养殖，充分利用土地资源。

（三）"三品"模式

"三品"指无公害农产品、绿色食品、有机食品。通过少用或者不用化学、农药，实现农业的减源增汇是可行的。根据丹麦农业部门的长期监测，有机食品因为减少化肥、农药的投入，其单位产品的碳排放往往不到常规生产的 1/3—1/2 左右，以小麦为例，丹麦常规小麦温室气体排放为 710kg/t 作物籽粒，而有机小麦仅为 280kg/t，后者仅为前者的 39%。目前我国有机食品仅占食品总量的 0.08%，有着巨大的市场，而有机食品价格是常规的 4—5 倍，经济利益巨大。北京应该充分利用其地域优势、资金优势、信息优势、市场优势和技术优势，坚持推进"三品"基地建设，实现经济、社会和生态效应的同步发展。

（四）种养废弃物资源化模式

种植、养殖是北京农业的主体部分，产生的秸秆、畜禽粪便等废弃物是低碳农业的宝贵资源，可以通过多种措施实现废弃物资源化，如秸秆还田培肥地力、秸秆氨化后喂畜、利用畜禽粪便生产沼气、微生物有机肥等等。任何一项废弃物资源化真正实施，都会对生态、生产和人类生活产生重大影响。20 世纪90 年代一项比较研究发现，美国农业土地每年净增 7200 万吨碳，而中国农业土地每年丢失 7300 万吨碳，美国的农田是净碳汇，而中国则是净碳源，其主要原因就是美国秸秆还田率为 90%，而中国仅为15%，可见废弃物资源化减源增汇巨大效果。

（五）农林牧渔结合循环模式

"十二五"期间，必须依托北京大力推行生态湿地建设，实现农林牧渔结合，发展循环农业模式，循环农业可以充分利用土地、阳光、空气、水，延长循环链条，通过物质循环高效利用实现减排增汇。传统种植业中的稻—鸭模式、稻—鱼模式；渔业中的菱蟹共生、藕鳖共生模式；北方常见的果—草模式、林—草—鸭模式，都是减排增汇、增产增收的典型。有实验表明，果—草模式可以使土壤固碳速率达到714.52 千克碳/公顷/年，可见循环模式固碳巨大潜力。

（六）清洁能源模式

利用北京农业、农村丰富的可再生资源发展清洁能源，包括生物质和秸秆气化、沼气，太阳能利用等。北京地区可再生资源丰富，以太阳能为例，按照光照强度，北京属于二类地区，使用 1 平方米太阳能热水器就可节约 1.5 吨标煤。"十一五"期间，北京实施的"亮起来、暖起来、循环起来"的"三起来"工程累积节约标煤 44 万吨/年，减源增汇近 130 万吨二氧化碳当量/年。清洁能源模式是发展可再生能源的有效方式，"十二五"期间需要总结经验教训，解决各种技术问题，加强后续跟踪服务，进一步推广清洁能源模式。

二、低碳循环模式

（一）沟域生态产业模式

"沟域经济"是北京近年来探索的山区发展模式，该模式以山区自然沟域为单元，集生态治理、新农村建设、种植养殖业、民俗旅游业、观光农业发展为一体的山区区域经济发展新模式。在怀柔的雁栖不夜谷、夜渤海,密云的云蒙风情大道,门头沟的妙峰山玫瑰谷等都取得良好成果,但沟域经济形式多样,必须探讨不同形式的固碳机理、效果,发掘其最大潜力从而为低碳农业做出贡献。

（二）设施农业减源增汇模式

设施农业是北京"十二五"重点推广的一种主要模式,2009 年底,北京设施农业总面积达 27.19 万亩,其中蔬菜栽培达到 84.5%,2013 年底到达到 38 万亩。设施农业主要是对光热水资源的高效利用,提高生产效率实现减源增汇,设施农业的设计、水热资源的利用都会对碳源与汇产生影响。据专家测算,结构良好的高效节能型日光温室较大型连栋玻璃温室,平均每年每公顷可省用煤 150—180 吨。因此,在设施农业领域推行温室气体减排和适应气候变化措施,发展低碳生产技术,对提高农业应对气候变化能力和减排增汇具有重要意义。

（三）碳汇渔业模式

碳汇渔业就是指通过渔业生产活动促进水生生物吸收水体中的 CO_2,并通过收获把这些碳移出水体的过程和机制,也被称为"可移出的碳汇"。这个过程和机制,实际上提高了水体吸收大气二氧化碳的能力。专家测算,每生产 1500 吨鱼类产品固氮 40 吨,减少了水体氮素进入空气形成温室气体的潜在威胁。北京拥有密云水库和官厅水库两大淡水湖,流经市域的河流有永定河、潮白河、北运河、拒马河和沟河,"十二五"期间应继续扩大增殖放流,加强其固碳增汇机理的探讨。

（四）农业景观生态模式

按照北京农业的圈层结构,六环以内的中心城市花园农业圈、近郊景观绿化农业圈已经放弃了粮经作物的种植,以具有观赏、休闲、科普价值和生态服务价值的观赏植物、花卉、种苗等的种植为主,远郊平原低碳生态圈则发展农田森林、粮草轮作等多种具有农田景观模式的景观农业,其固碳机理和潜力不同于传统的粮食生产。美国研究发现,玉米—大豆—小麦轮作系统由传统耕作转为免耕,基本上可以抵消由于化肥、农药、灌溉、机械等投入造成的温室气体排放,而种植花卉、杨树等景观作物则能实现大量固碳。随着种植结构的调整,必须加强对景观农业固碳潜力的研究。

三、综合模式

（一）低碳生态农村模式

近年来,北京农村大力发展"一区一业"、"一村一品",实施"村落经济"等多模式,因此,可以以村落为单元,开展集生产和生活一体化的物质循环、能量梯级利用建设,突出强调节能建筑、沼气能源、水循环利用,通过技术集成,实现以村落为主体的农业农村一体化低碳生态模式,如平谷西柏店采取做饭能源用沼气、路灯用太阳能、取暖采取集中用节能煤供暖模式。"十二五"期间,以区域为单位建立示范点,不断总结经验,进行推广。

（二）农业企业循环模式

随着生产发展,种植业、养殖业和加工业的产业化、规模化,北京已经形成众多具有较大规模的农业企业,企业循环模式包括企业自身的小循环和企业间的"中循环"。企业"小循环"可以在"公司+农户"、"公司+协会+农户"的基础上继续发展,构建企业自身循环,实现农业企业的"减排",也可以与其他企业联系,通过技术集成,构建类似丹麦的卡伦堡模式,形成企业间循环。

（三）区域循环农业模式

在一个区域内,构建不同规模的种植业、养殖业、加工业、流通业之间的产业大循环,通过第一、二、三产业的耦合,实现区域产业循环模式,包括涉农企业的生态工业园建设等等,这就是区域农业"大循环"。"十一五"期间,北京密云、大兴、房山都已形成不同规模、不同产业的区域循环农业模式,"十二五"应加大力度、扩大规模,加强技术集成,完善配套服务,形成具有辐射带动作用的区域循环农业模式,最终形成类似于日本、德国的社会循环模式。

第四节　北京生态农业发展中存在的问题

总体来看,长期以来北京遵循"减量化、再循环、再利用"(Reduse、Reuse、Recycle)的"3R"原则发展农业生产,在种植、养殖、农机等各方面都取得长足发展,实现了生态、经济和社会效益的同步发展,充分显示了农业在减排方面的巨大潜力。但总体上看,北京生态循环农业发展仍然处于起步阶段,还存在着一系列的问题,主要表现在以下几个方面:

一、农业面源污染仍需加大治理力度

根据北京市农业局2005—2008年组织下属相关单位开展"控制农业面源污染"相关基础调查显示,北京的农业面源污染情况不容乐观。据调查统计,在农药方面,我国平均施用量比发达国家高2—4倍,北京用量又是全国平均用量的1.5—2倍,设施蔬菜每年施药最多达70次以上,年施农药3—5千克/亩,最多达10千克/亩以上。在农药用量高居不下的同时,还存在利用率低的弊端,由于长期使用20世纪60—70年代喷雾器,农药利用率只有5%—25%,比发达国家低30%—50%。此外,长期以来,农业生产垃圾如食用菌生产后形成的废料、果蔬生产所遗留的植株残体、农产品交易市场垃圾等多随地露天堆放或随意倾倒,风吹雨淋或高温日晒常造成病虫来回传播,不但加重病虫,增加用药,腐烂产生的许多污水还严重影响环境。

二、农业生态服务功能亟待开发

2012年北京市统计局、国家统计局北京调查总队、北京市园林绿化局对北京农业生态价值再次测算,结果表明,北京都市型现代农业生态服务价值正在不断提升。在2010年北京都市型现代农业生态服务价值构成中,直接经济价值为348.83亿元,占总价值的4%;间接经济价值为1002.75亿元,占总价值的11.45%。包括气候调节价值、水源涵养价值、环境净化价值、生物多样性价值等数值在内的生态与环境价值达到7402.05亿元,占总价值的84.55%。但是,长期以来,农业生产的生态服务功能往往以一种廉价的甚至是免费的公共资源让社会全体成员拥有,其生态功能价值没有得到应有的经济回报,以至于人们对农业生态服务忽视而减少对其投入。随着北京社会经济的快速发展、城市化的推进以及人民生活水平的不断提高,人们逐步意识到农业的生态功效,但总体上农业生态功效没有完全发掘出来,亟待通过发展低碳、循环农业提高北京农业的生态服务价值。

三、对生态农业缺乏系统研究

生态农业作为应对气候变化的战略举措之一,受到全社会关注,但目前而言,感性多于理性、宣传多于实干。由于生态农业和循环农业研究尚不深入,而发展低碳、循环农业又涉及各部门、各领域,谁都可管,谁都不好管,以至于难以确定具体主管部门,导致生态农业的具体规划和实施都难以落实到实际操作层面。事实上,从技术层面看,要实现农业减排增汇,使农业的生态价值和碳汇效应得到应有的经济回报,一方面必须加强生态农业技术研究和推广,另一方面必须建立系统科学的数据库和评价体系,建立相应的碳汇交易平台。但目前政府部门条块分割、研究推广各自为政的现状,使得包括农业部门在内的任何单一部门都无法独自规划、推广落实,更无法建立科学的测算、统计、评估体系。要发展生态农业,必须对包括政府、科研、企业在内的现有社会资源进行组合,从理论指导、战略谋划、规划设计、技术支持、政策保障、法规制定等方面建立综合保障体系。

第五节 北京生态农业持续发展的对策

从北京的实际情况来看,要想发展生态农业,必须从以下几个方面入手。

一、更新农业发展观念

邓小平同志曾经明确的指出:若农业在国民经济的发展中出了问题,就会导致多少年缓不过来的情况,整个经济与社会发展的全局就会因此导致严重的负面影响。因而应站在战略高度的层面对待农业方面的可持续性发展的问题。而农业的持续发展与农业发展观念有着密不可分的联系,只有先进的农业发展观念,才能成为传统农业向现代农业转变的指导理念。这就需要我们转变已有的农业发展靠天吃饭等消极思想;同时还应在农业经济的发展过程中,把传统农业、常规农业以及持续农业三者进行有效的结合,三者有机渗透,理论和技术协调一致,不同种类的农业模式应相互融合,相互促进。在传统农业的发展观念向生态农业发展观念进行转变的过程中,应确保农业经济发展中在生态效益、经济效益以及社会效益方面的不断提升,并且有效地提高资源利用率与农业生产率,即应坚持持续性发展的理念。在常规农业发展中克服其所具有的弊端,确保土地等自然资源的优化配置,进而促使农业生产系统能够处于健康良好的循环状态,保证其有持久性利用的能力,实现农业持续性发展的目的。

二、完善农业政策、法规体系

农业在市场经济条件下面临较大的风险。只有理顺政策环境,建立规范人的社会经济行为的法律约束机制,才能有利于农业的可持续发展。国家为了保护农业,于20世纪80年代,制定了包括农业保护政策以及农业投资政策在内的各种政策,同时还包括《水土保持法》《森林法》以及《草原法》等相关的法律法规等等,虽然这些政策法规在农业生产的改善和保护上起到了一定的作用,但尚不能满足农业持续发展的要求,只有进一步制定和完善相关的农业政策体系,如促进农业全面发展的政策、农产品消费政策以及农业环境资源保持与利用政策等,才能满足农业持续发展这一要求。还应以法规的形式将有关的农业政策固定下来,如制定《农业经济保护法》、《农业环境保护法》、《基本农田保护法》、《农业投资法》等,并对有关法规的实施细则设置严格的定量指标,这样才能达到避免因地方保护主义和近期利益影响所带来的政策执行软弱无力的弊端,才能使农业政策执行过程中的随意状况从根本上得到改善。与此同时,通过加强法律制裁力度、从严从重的执行法律等手段来使人民的法律意识觉醒,约束不当的行为,从而在完善的政策法规的保护之下建立生态农业,并使其发展。

三、合理开发利用资源

搞好农业资源的合理开发利用是建设生态农业的重要内容。一是通过减少化肥、农药的施用量,增加有机肥的用量,使土壤的养分提高,由片面的无机农业向有机农业为主、有机与无机相结合的农业转变;二是要增加对土地的投入,鼓励农民对土地进行集约化经营;三是要实行如轮作、间作、套种、休耕等科学的耕作制度,使耕地总量动态平衡通过这样用地与养地相结合的方式实现。通过承包、租赁、拍卖等形式,鼓励对荒山、荒滩、荒水等的开发,进而达到对农业后备资源的开发利用。在对四荒的开发过程中,应该坚持宜粮则粮,宜果则果,宜林则林,宜牧则牧的因地制宜的原则。在开发过程中,当前与长远、经济效益与可持续发展的关系应当处理好,不但要注重经济效益,同时也要注重生态效益与社会效益。在对四荒进行开发的时候,区县、乡、镇应该制定相应的政策,对其开发行为进行规范,以促进良好机制的形成。对于开发非耕地资源的应予以鼓励,如农作物秸杆综合利用、动物皮毛加工利用等对农副产品的循环利用的发展应予以支持,使其附加值和效益得以提高。

四、加强环境治理

在生态农业的发展过程中为了有效控制环境污染,则应坚决执行《农业环境保护条例》中的规定。一票否决所有在开发实施过程中带来新的污染源的新项目,依照法律规定老污染企业应进行综合治理。在生态农业的发展过程中应贯彻执行谁污染谁治理的原则,以经济杠杆原理为基础有效地对污染进行处理。应把乡镇企业环境污染治理作为生态农业发展的必要工作,同时还应有效的遏制环境污染从城市扩散到农村。为了使化学物质在农业生态中造成的污染降低到最小,我们在农业生产中应该科学合理的使用化肥、农药以及农膜等化学物质。建立完善的农业生产环境监测体系,应做好农业生产监视性监测、农业生产研究性监测以及农业生产污染事故监测方面的工作。目前我国已经实现了乔灌草合理搭配、点线面协调、带网片结合的模式,具有多类功能和用途的森林生态网络,渔林业两大体系框架已经初步建立,明显改善了重点地区的生态环境,增强了其可持续发展的能力。通过封山育林、修建塘坝以及修建水库等方式做好小流域的水土流失治理,有效的遏制水土流失带来的环境破坏。

五、解决好小生产与大市场的矛盾

在生态农业的发展过程中,通过集约化经营的方式解决好小生产和大市场之间的矛盾。集约化的生产经营指的是在有限的空间上投入较多的资金、劳动力以及技术,在此基础上进行立体生态农业模式的经营,进而促进农业经济能够实现全方位的发展。在对农业生产经营层次深化的前提下,还应延长生产经营的关联度,通过集约化的方式在农业生产中实施种、养以及加工紧密结合的方式,强调农、工、商的规模化经营,处理好小生产和大市场之间的矛盾。在生态农业的发展过程中应建立主体意识、开放意识、风险意识、竞争意识以及开拓意识等等。并在此基础上，逐步树立和强化与市场经济相适应的意识。在解决小生产与大市场之间的矛盾上，应坚持规模化经营和农业专业化的发展途径，深化经济体制改革促进农业生产规模化经营与专业化的发展。我国在农村所实施的两田制以及土地股份合作制的方式促进了我国农村土地市场的发育与完善，为有效的解决小生产和大市场之间的矛盾奠定了体制上的基础，能够促进生态农业发展多要素的优化配置，促进规模化经营和专业化生产的发展，进而提高生态农业生产要素利用率以及农业生产经济效益的提高。从农民组织的层面解决小生产和大市场之间的矛盾，建立健全多类型的农民组织，进而提高农民组织的专业化程度。生态农业在市场经济的背景下，除了需要宏观调控以外，还需要农民自身自我保护与组织化程度的提升，这些都应该进行有效的解决。从现有的情况来看，主要是建立和完善自下而上的产、供、销集中的综合性组织，并建立和完善专业性组织的农民协会，进而实现生态农业组织网络系统的建立，使农民整体在生态农业的前提下能够有效的参与到市场竞争中去。与此同时，考虑到大市场的发展与建设等诸多方面，应完善农村市场体系，搞好生态农业发展的组织和管理，建立健全农村市场的运行机制，创造一个良好的条件使农民更好地进入市场。

六、提高生态农业发展的科技含量

在发展生态农业的过程中，各级党委和政府应将科技领域的研究开发、推广应用作为重点，对农业科技教育的投入也要相应地加大。对于农业技术的研究开发主要包括对化肥、农药、农膜新品种、新剂型及其高效利用技术的研究开发；对生态农业类型的多层综合利用资源的成套技术的研究开发；对多种类型的间、套、复种耕作技术和多熟制种植技术，能量多层次利用等技术的研究开发；对各种优良品种的繁育技术的研究开发，如量高、质优以及适应性广等等；对各种病、虫、鼠害，旱、涝、风、冻等自然灾害的防治技术的研究开发；对先进的喷灌、滴灌、管理灌溉等农业节水技术的研究开发等等。此外，还应集中力量支持对生物工程研究等农业基础科学研究。

要加强农业科技的推广应用。进行农业科技研究的目的是为了对农业科技实现推广与应用。《农业科技推广法》在各级政府都应该被贯彻落实，且应该重点建立、健全、完善农村的科技推广体制，各级政府均设立相应的推广机制，如县（市、区）有农技推广中心、乡（镇）有农技推广站、村有农技推广小组，组有农技推广员，且设立科技示范户，通过其典型的示范作用使新型的农业科学技术能够被科学合理地推广。农业科技的广泛应用与推广与教育投入的增加有着密切的联系。各级政府应从自身区域的实际情况出发，制定相应的科技教育措施，如提高农技推广员的工资待遇以及培训结构等方式促使农业科技推广工作的发展。农业科技水平的提高，包括农业科技的推广与教育和培训的实施有着密切的联系，应在提高农民科技意识与市场经济意识的基础上，加强对农民的教育培训工作，切实提高农民的技能。因为农业自身的特点，政府投入仍是主渠道，在此基础上应该积极开拓集体、个人、外资等投入渠道，并要逐步明确稳定的投入比例。根据有关部门的科学测算，农业基本建设投资比重、农用工业基本建设投资比重、农业科研投资比重都应该有所提升，农业基本建设投资比重应由目前占国民经济基本建设总投资的 4% 提高到 15% 左右；农用工业基本建设投资比重应由目前不足 1% 提高到 4% 左右；农业科研投资比重应由目前占农业总产值 0.2% 提高到 1% 左右。这样，在相对稳定、相对充实的投入环境下，农业的巨大的社会、经济和生态效益才能得以发挥。

第七章　科技农业

科技农业以现代科学技术发展为基础,以现代农业科学技术为手段,以追求经济效益、社会效益和生态效益最大化为目标的科技农业,具有系统性、多样性、高效性、持续性等特点。北京具有极大的农业智力资源、技术资源、信息资源等优势。已经形成了自身特色的科技农业创新体系,农业科技资源整合力度较强、科技农业创新投入大。同时也面临着巨大的国际挑战和自身发展的内部制约,需要不断探索新途径实现科技农业的发展。

第一节　科技农业内涵及特征

科技农业是以现代科学技术发展为基础,以现代农业科学技术为手段,以追求经济效益、社会效益和生态效益最大化为目标,通过农业科技产业化,不断提高科学技术在农业增长中的贡献份额,使农业科技不断地向传统农业的产前、产中、产后渗透,农业产业链条不断延伸,由此而形成的新农业科技产业。科技农业具有系统性、多样性、高效性、持续性等特点。

一、发展我国科技农业的必要性

世界农业科技革命和现代农业发展迫切要求发展科技农业。世界农业科技革命发展迅速,我国农业面临着一场新的科技革命的挑战。随着计算机和信息技术的发展,生物科学和生物技术取的突破,新材料、航空与航天、自动控制等现代技术的兴起和发展,生物技术、信息技术等高新技术成果向农业领域迅速渗透和转移,形成以生物技术、信息技术为重点的农业高技术产业。在以生物技术和信息技术为主导的农业技术变革的带动下,不仅使现代农业得到高速的发展,而且还使农业成为生物技术最有应用价值前景的产业。经济的竞争实质就是科学技术的竞争。经济发展中缺乏科技创新、科技进步就会落后,失去国际竞争力。在20世纪50—70年代,美国、日本及欧洲的主要经济发达国家,科技进步对经济的贡献率一般在41%—75%之间。随着科学技术的发展,目前一些经济发达国家的经济增长约60%—80%是依靠科技创新、科技进步取得的。而我国目前的经济增长还没有完全转变到依靠科技技术上来,科技进步对经济发展的贡献率不高。我国科技进步对经济增长的贡献远远低于发达国家。具体在农业方面,我国科学技术对农业的贡献率也只有45%—60%左右,而发达国家一般为70%,有的甚至高达80%,不能适应当前世界农业科技革命的需要。同时,近一个时期以来,我国农业发展速度出现逐渐下降,农业增长的成本不断上升,农民对农业的前景感到担忧,投资农业的信心不足等一系列问题给我国农业发展提出了严重的挑战。面对新的问题和新的挑战,要适应世界农业科技发展的需要,解决我国目前农业发展中面临的现实矛盾,我们必须要深刻认识启动农业科技革命、振兴农业之路。这既是解决我国目前农业问题,保持农业持续发展的必然选择,也是提高农业科技活动效益,增强科技创新能力的需要。

二、科技农业的内涵

科技农业是指农业生产水平发展到一定阶段后,随着科学技术对农业生产贡献的不断提高,以信息技术、生物技术为代表的高新技术在农业领域得到广泛应用,并促进相关学科对农业支撑作用不断提升,而形成的以科技应用为特征的具有重要示范引领功能的农业。

农业发展必须走科技之路,科技支持农业要靠两个实现机制:一是转换传统农业,发展现代农业;二是发展科技农业,优化农村产业结构。所谓科技农业是指以现代科学技术发展为基础,以现代农业科学技术为手段,以追求经济效益、社会效益和生态效益最大化为目标,通过农业科技产业化,不断提高科学技术在农业增长中的贡献份额,使农业科技不断地向传统农业的产前、产中、产后渗透,农业产业链条不断延伸,形成新的农业科技产业。其本质是运用生态经济学原理,以绿色技术进步为基础,充分应用高科技手段,集节约能源、保护与改善农业生态环境、发展农业经济于一体,倡导绿色消费生活方式的可持续农业发展的模式。曾有学者对我国科技农业是否具有发展潜力进行过评估,认为我国目前无论是从现有设施的完善情况还是从技术配套方面均具备了发展科技农业的潜力,并且未来的农业一定会向着科技农业的方向发展。

科技农业包括:绿色动植物农业、白色农业、蓝色农业、黑色农业、菌类农业、设施农业、园艺农业、观光农业、环保农业、信息农业等。科技农业应是一种生态、技术农业,是一种基于空间信息管理和综合分析的现代农业管理方法和农业操作技术体系。它要求农业发展要遵循生态规律,合理利用农业资源与科学技术,在物质和能量不断循环利用的基础上发展农业。同时,科技农业要求利用各种先进技术手段控制污染,保护环境,使人与自然和谐发展,进而实现农业生产过程中无污染、无公害、无损害于子孙后代的"三无标准",达到有利于人类、生态和自然平衡,实现资源永续利用和生产与消费的可持续发展。

科技农业研究从具体形态来说,涉及无公害农产品,绿色食品和有机食品。国外推行的有机农业、自然食品、生态食品等也均属此范畴,只是说法不同而已,目的与结果是一致的。科技农业的范畴从社会化再生产的角度来说,包括产前研究范畴、产中研究范畴和产后研究范畴,以及这些研究范畴中的管理与服务等内容。科技农业的研究内容应重点体现科技农业发展模式与科技技术创新。科技农业作为一种先进的、代表生产力要求的、符合农业发展方向的生产模式,其基本要求应是"优质、高产、高效、生态、安全"。从农产品生产和生态经济学的角度对农业生产模式进行考察,即从协调农业生产(指农产品产量多寡)、生态(指生态环境和资源的保护与利用)和经济(指农业综合经济效益的高低)的关系充分体现农业机制的本质特征的角度看,可以把农业生产模式归纳为五种基本类型,即生产主导型、生态主导型、生产经济协调型、生态生产协调型、生态生产经济协调型。而生态生产经济协调型农业生产模式的代表就是科技农业。

绿色技术创新也是科技农业范畴研究的重要内容之一,科学技术是推动农业发展的强大动力。从传统农业向高品位、高质量、优品种和无毒、无害、无污染的"现代农业"的飞跃,技术创新起着举足轻重的作用,农业生产效率和农业产出的提高,在很大程度上得益于新的农业科学技术不断被发明创造并被广泛使用。绿色技术创新是指符合可持续发展需要的一种技术创新。它建立在绿色技术发明基础之上,主要包括组合型技术创新和发明技术创新。不仅追求技术创新的工具效率,而且还把农业技术创新活动自觉地融入自然生态循环的系统中,既可以改善生态环境、提高人类生活质量的社会效益,又可以获得潜在利润的经济效益;既是一项使绿色技术成果商品化的经济活动,又是使绿色技术成果公益化的社会活动。它不同于一般的技术创新,其主要特点表现为:以可持续发展为根本目标;既追求生态效益,又追求经济效益、社会效益;创新主体的多元化;绿色技术创新成果扩散应该是低成本化和公益化。从绿色农业理论体系的研究来看,绿色农业技术创新关键是要围绕生态建设和农村经济协调发展的双赢技术来展开。具体地说,一是创新农业生态资源适度开发与节约技术体系;二是创新土壤退化治理技术体系;三是创新农业生态经济一体化产业集成体系。

科技农业,还应以防范和化解农业风险为目标,大力推动农业科技进步,有针对性地发展农业高新技术。科技农业的受益人不仅仅是消费者,还应是广大农民。通过发展科技农业,既保证农业安全,又使农业符合市场经济运行规律,促进农业由弱质产业向高效益产业的转变,实现农业的可持续发展。科技农业追求的目标是:在保证粮食安全的前提下,提高农业综合素质和国际竞争力,而不追求每项农产品生产的供求平衡和世界领先地位。按照我国《农业科技发展纲要》的要求,在今后的一段时间内发展科技农业的基本思路是:推进新的农业科技革命,实现农业技术的历史性跨越,加速农业由主要注重数量向更加注重质量效益的转变;由为农业生产服务为主,向为生产、加工与生态协调发展服务转变;由以资源开发技术为主,向资源开发技术和市场开发技术相结合转变;由主要面向国内市场,向面向国内、国际两个市场转变,加速实现农业现代化。

三、科技农业的特征

(一)系统性。科技农业强调发挥农业生态系统的整体功能,充分应用绿色高科技手段,集节约能源、保护与改善农业生态环境、发展农业经济于一体,全面规划、调整和优化农业结构,使其综合发展,并使农、林、牧、副、渔各业之间互相支持,相得益彰,提高综合生产能力。

(二)多样性。科技农业针对我国地域辽阔,各地自然条件、资源基础、经济与社会发展水平差异较大的情况,充分吸收我国传统农业精华,结合现代科学技术,以多种生态模式、生态工程和丰富多彩的技术类型装备农业生产,使各区域都能扬长避短,充分发挥地区优势,合理利用各地资源与技术,发挥科技农业的最大效用。

(三)高效性。科技农业通过物质循环和能量多层次综合利用和系列化深加工,实现农业经济价值增值,实行废弃物资源化利用,降低农业成本,提高效益,为农村大量剩余劳动力创造农业内部就业机会,保护农民从事农业生产的积极性。

(四)持续性。发展科技农业能够保护和改善生态环境,防治污染,维护生态平衡,提高农产品的安全性,变农业和农村经济的常规发展为持续发展,把环境建设同经济发展紧密结合起来,在最大限度地满足人们对农产品日益增长的需求的同时,提高生态系统的稳定性和持续性,增强农业发展后劲。

第二节 北京科技农业现状及优势条件

北京农业科技资源丰富,属农业知识和技术密集区,有极大的农业智力资源、技术资源、信息资源等优势。具有自身特色的科技农业创新体系、农业科技资源整合力度较强、科技农业创新投入大,但科技农业产出能力还有待提高。

一、现状

北京作为全国政治、文化和科技中心,集聚了众农业高校和农业科研机构,属农业知识和技术密集区,农业科技资源极为丰富。目前,北京已经基本形成了农业科研院所、涉农企业和农业高校并立,各类农业科研机构竞相支撑发展科技农业发展态势。

在第二次全国科学研究与试验发展资源清查中,北京市主要数据公报结果表明,经过"十五"、"十一五"时期的不懈努力,北京市农业科技研发队伍不断壮大,研发投入达到新的水平,农业科技创新能力不断提高。

清查数据显示,2009 年全市 R&D 总经费 668.6 亿元,是 2000 年的 4.3 倍,年平均增长 17.6%。R&D 经费与当年国内生产总值(GDP)之比为 5.5%,比 2000 年提高了 0.57 个百分点。按国民经济行业分,第一产业 R&D 经费 0.5 亿元,占 0.1%;按社会经济目标分,基础设施以及城市和农村规划项目26 亿元,占 5.9%。2009 年北京市 R&D 经费支出分别为 364 亿元,和 68.6 亿元,占全部行业的比重分别是 54.4%和 10.3%。从 R&D 项目(课题)服务的社会经济目标来看,排在前列的依然是工商业发展、社会发展和社会服务、非定向研究和基础设施以及城市和农村规划项目。2009 年全市各类研究开发机构 2026 个,其中农业科学领域 70 个,占 3.5%。全市研究机构 R&D 经费中,农、林、牧、渔业 14.8 亿元,占 4.6%;2009 年全市研究机构共开展 R&D 项目研究 1.9 万项,其中,农业科学项目 8.2 亿元,占 4.5%。

2010 年 8 月,北京市政府还与科技部签订了《科技部—北京市人民政府共建国家现代农业科技城协议》,此举标志着国家现代农业科技城项目正式启动,国家现代农业科技城是要通过 5—10 年时间,在北京打造全国农业科技创新中心和现代农业产业链创业服务中心,为全国现代农业发展提供技术引领和服务支撑,引进国内外企业、科研院所和高校在科技城建立总部研发机构,打造总部企业密集的产业经济中心,带动区域经济增长。

国家现代农业科技城昌平园和国家现代农业科技城顺义园,都是根据各自的区域资源特色进行建设,并且通过招商引资进行配套开发,昌平园目前已基本形成了"七区一园"的发展格局,即林木种苗区、精准农业区、水产养殖区、农产品加工区、果品采摘区、休闲度假区、园林园艺区和籽种农业园;而顺义园国际鲜花港自建成以来,已逐步成为北京市花卉的生产、研发、展示和交易中心以及花卉的休闲观光和文化交流中心,并带动了顺义区的花卉产业持续发展,形成以花卉产业为抓手,推动了其他产业的发展。

2010 年,围绕国家现代农业科技城建设,北京市科委启动了"农业智能装备系统化集成研究与产业化"重大项目,支持了11项农科城产业促进项目,科技经费共计5400万元,今后还逐步加大农业科技方面投入,实施"首都现代农业育种服务平台建设""农业物联网关键技术集成与应用示范""花卉服务产业科技促进工程""首都增彩延绿科技示范工程""农业先导技术科技示范基地建设"等重大项目,支持国家现代农业科技城建设,促进农业科技创新发展。

北京都市型现代农业已经形成七大优势产业、五大优势区域发展。优良种业、鲜活产品配送业、农产品加工业、农业观光业、生态经济产业、农业信息产业和农业科技服务业构成了北京现代农业的基本框架。形成了朝海丰昌现代农业展示孵化区、平密怀延生态农业出口加工区、大通房顺品牌农业加工配送区、房门昌延人文景观农业旅游观光区、平密怀自然景观农业休闲体验区的五大有比较优势的功能区域。原来的"供保型"农业已经逐步转变成为市场型、效益型、生态型农业。农业产业化经营体系初步形成,农产品基地建设进展较快,区域化布局基本形成。如平谷大桃基地、昌平密云苹果基地、顺义商品猪基地等,培育了一大批龙头企业。

二、优势条件

北京是全国最重要的科学技术产业发源地,北京的农业科技资源具有极大的智力资源、技术资源、信息资源等优势。"十五"以来,北京农业科技有了长足的进步,为保障农产品的有效供给,为农业产业化的发展和支柱产业的形成,为郊区经济综合实力的增强,提供了强有力的技术支撑。

(一)机构优势。北京地区的科研机构包括中央、国务院各部委所属在京的科研机构及市属科研机构、区(县)、工矿企业自办的科研机构、高等院校及民办科研机构等。

(二)人才优势。北京农业科技人力资源在全国处于相当充裕的水平。

(三)学科领域优势。北京市有一批国家级和市级科技创新平台,形成了一批优势学科领域。因此,北京在科技人才资源、科技资金资源、科技信息资源、科技成果资源、农业仪器设备资源等方面具有领先于全国的显著优势,形成了一批在全国领先的农业科研与现代农业技术的优势领域。

(四)资金优势。北京的科技投入具有相当优势,北京市农业科技经费占农业总产值的比例达到1.7%,农业科技人员人均经费在全国也居较高水平。

(五)成果优势。每年北京市都有大量的科技成果产生,成为农业科技转化的重要源泉。这些农业科技成果主要分为三类:第一类是由市科研委组织的科技进步奖;第二类是由市农委组织的农业推广奖;第三类是专利、新产品证书、基因释放权、软件登记权等软成果。

(六)政策优势。北京市委市政府历来重视农业的发展,在正确的农业功能定位的基础上,出台了一系列惠农政策,如加大对郊区的投入力度、在全国率先实行生态补偿机制、建立农村居民最低生活保障标准调整机制等,为北京农业的发展创造了良好的政策环境。

三、发展特征

(一)科技农业创新体系初步形成

1.涉农龙头企业在技术创新中的主体地位得到加强

龙头企业是区域技术创新体系的执行机构之一,是科技创新的主体。只有企业的技术创新能力得到提升,才能保证区域科技创新的活力。近年来,北京各郊区(县)启动实施龙头企业扶持和引导技术创新的势头明显,龙头企业规模增加。

到2012年底,目前北京市共有农业产业化龙头企业368家,其中销售收入亿元以上的龙头企业有73家;市级及以上农业产业化重点龙头企业有122家,其中国家级重点龙头企业有38家。固定资产总值达到181亿元,年销售收入418.5亿元,净利润31.5亿元,创汇2.1亿元,上缴税金32.7亿元。龙头企业的净利润从2000年的9亿元增加到目前的31.5亿元,增长2.5倍。上缴税金从2000年的3.7亿元提高到2012年的32.7亿元,增长7.8倍。农业龙头企业一头连接着市场,一头连接着基地,有力地带动农民转移非农就业和增加收入。龙头企业将丰富的农产品资源和劳动力资源两个优势加以整合,拓展农村产业和区域经济的发展空间,为农业科技创新提供重要的科技和产业支撑。

2.高校、科研院所等科研机构基本设立

北京是全国政治、文化和科技中心,集聚了农业科研机构和多所农业高校,属农业知识和技术密集区,农业科技资源丰富。目前,北京已经基本形成了农业科研院所和农业高校并立,各类农业科研机构竞相发展的农业科技创新态势,截止目前,北京地区现有国家级和市级农业科技创新机构44家,其中,中央在京农业科技创新机构25家,北京市农业科技创新机构19家,全市有4所农林高等院校。全国农林科研机构科技竞争力排序前20名中,有13家在北京。

3.科技中介取得了一定的发展

科技中介机构是指为科技创新主体提供专业化的技术扩散、信息交流、成果转化、科技评价、技术服务、资源配置、决策和管理咨询等服务的中介机构。科技中介机构主要包括各级生产力促进中心、工程技术研究中心、科技企业孵化器、专利事务所、高新技术产权交易所、项目评价咨询机构等。科技中介服务机构通过为不同市场主体提供互相沟通的渠道、资源整合的平台,能够有效减少科技成果转化成本,降低技术转移风险,加速科技成果产业化、商品化进程,最终全面提升区域科技创新能力。据不完全统计,北京科技中介机构达到2000多家,已取得了一定的发展。

(二)农业科技资源整合力度较强

北京市为提升首都农业科技的创新能力,提高农业综合生产能力,实现农民增收和农业可持续发展,截止目前,已建立了8支“现代农业产业技术体系北京市创新团队”。以推动首都都市型现代农业发展为核心,在不打破现有管理体制的前提下,优化整合现有在京科研力量和科技资源,围绕市场需求,以产品为单元,以产业为主线,建设从产地到餐桌、从生产到消费、从研发到市场各个环节紧密衔接、环环相扣、服务“人文北京、科技北京、绿色北京”的现代农业产业技术体系,更好地发挥科技对首都都市型现代农业的支撑作用,实现农业科技创新能力的提升,为促进农业持续发展、农民持续增收的长效机制,提升首都农业整体竞争能力做出贡献。

为了实现农业科技推广工作顺利进行,解决“最后一公里”问题,北京各郊区推进“科技助农”工程,是培养新型农民和科技成果转化应用的新举措。通过搭建“院区、校区合作+市级技术推广部门+区镇农技推广部门+村级科技示范户”的“金字塔”式农业科技推广新体系,整合各级资源,为各郊区县的农业科技进步、农业产业增效及农民持续增收方面发挥积极的作用。

(三)科技农业创新投入不断加强

北京在农业科技创新人、财、物的科技投入具有相当优势。北京市农业科技经费占农业总产值的比例达到1.7%,农业科技人员人均经费在全国也居较高水平。据不完全统计,北京市市属农业科技人员总人数达到 5554 人,其中市级农业科技人员人数为 595 人,县级 2848 人,乡级 2111 人,占一产从业人员总数的 3.4%。县乡两级农业科技人员中本科以上学历的平均人数为总人数的 17.6%。并且据不完全统计,北京 10 个郊区(县)共设置爱农信息驿站、远程教育站点、田间学校、数字家园和农业科技推广站等公益性农业科技机构 1334 个(见表 7-1),这些机构设置以综合性农业服务为主,其经费主要是设置机构的政府部门承担,个别机构采取自收自支。

表 7-1 北京 10 个郊区(县)农业科技机构数量分布表

调查项目	顺义	通州	大兴	房山	门头沟	昌平	怀柔	平谷	密云	延庆
爱农信息驿站(个)	29	40	16	21	3	18	9	4	4	8
远程教育站点(个)	25	112	20	32	25	14	2	4	22	32
田间学校(个)	71	56	111	110	—	61	20	24	69	78
数字家园(个)	48	47	49	46	23	30	38	30	32	37
农业科技推广站(个)	3	5	18	8	1	5	1	26	4	3

数据来源:北京城乡经济信息中心。

除以上的投入外,北京市政府依据北京农村科技资源和新农村建设的实际情况,建立了"乡土化、市场化、信息化、社会化"四位一体的科技惠农发展机制,推行了科技特派员制度,创新性的开展农村科技工作,实施了"农村科技协调员"行动。北京大约有一万名科技协调员走上了特派岗位,这些农村科技协调员采集农村信息、调研农民需求、解决农业难题、推广市场资源,打开了首都农业科技推广的新局面。目前,北京 10 个郊区(县)共有农业科技协调员工作站 244 个,农业科技协调员 1588 人。在过去几年,北京市实施"科技入户"工程,逐步形成了一批实践经验丰富、带动能力较强的科技示范户,截止到 2010 年底,北京 10 个郊区(县)共有科技示范户 10937 户。科技示范户可以说是发源于基层的"农村科技协调员",他们同样发挥着采集农村信息、调研农民需求、解决农业难题和推广市场资源的作用,并利用自身贴近农民的优势,发挥着重要的示范带动作用(见表 7-2)。

表 7-2 北京 10 个郊区(县)农业科技协调员与科技示范户数量分布表

调查项目	顺义	通州	大兴	房山	门头沟	昌平	怀柔	平谷	密云	延庆
科技协调员(人)	264	141	171	178	201	123	188	77	149	96
协调员工作站(个)	13	19	20	50	9	18	25	20	48	22
科技示范户(户)	1951	2250	1716	3792	24	66	17	442	223	456

数据来源:北京城乡经济信息中心。

由于首都科技资源优势和高端消费市场,促进了北京农业科技园区的快速发展。截止目前,北京 10 个郊区(县)共有农业科技示范园 288 个,观光农业基地 36 个(见表 7-3)。其中,顺义"三高"农业科技示范园区、小汤山现代农业综合园区等科技园区,具有高新技术示范、精品农产品生产、种苗繁育、技术培训和观光休闲等多种功能,在促进农业生产方式由传统型向现代集约型转化方面发挥着重要作用。

表7-3 北京10个郊区(县)农业科技示范园数量分布表

调查项目	顺义	通州	大兴	房山	门头沟	昌平	怀柔	平谷	密云	延庆
农业科技示范园(个)	33	25	163	6	31	4	14	—	2	10
观光农业基地(个)	4	3	4	4	6	6	3	1	2	3

数据来源:北京城乡经济信息中心。

从以上的数据和分析可以看出,北京郊区(县)农业科技创新投入不断增强,这为北京郊区(县)农业科技创新能力的发展奠定坚实的基础,为实现北京都市型现代农业的快速发展做出贡献。

表7-4 北京10个郊区(县)地区生产总值数量分布表

调查项目/区县名称	顺义	通州	大兴	房山	门头沟	昌平	怀柔	平谷	密云	延庆
2010(亿元)	22.2	14.8	17.6	14.5	1.4	5.6	6.8	12.7	16.4	8.6
2009(亿元)	21.4	14.1	17.4	13.8	1.3	5.0	6.5	11.2	15.3	8.4
增长速度(%)	4.1	4.5	1.1	4.6	11.7	11.7	4.0	13.0	7.6	2.4

数据来源:北京区域统计年鉴2011。

第三节 北京科技农业发展模式

吸取石油农业的教训,科技农业的发展不能再走"先污染,后治理"的错误道路,要在能够保持石油农业高生产率的同时,运用现代化的科学生产技术,使科技农业成为与社会经济、自然环境相互协调的一种发展模式。

在发展过程中,我们要开放思路,清楚认识到科技农业既要做到提高农业生产效率,还要提高农民的收入,充分开发农业的四大功能:第一是发展农业生产功能,发展籽种农业。籽种农业是农业科学技术在农业产前阶段的应用,是将农业科技成果直接转化为现实生产力的最佳载体。第二是发展农业生态功能,发展循环农业。使种养有机结合、资源得以循环利用。循环农业是农业科技同第一和第三产业的有机结合。第三是发展农业生活功能,发展休闲农业。让广大市民参与到农业活动中,在体验农业快乐的同时,创造出一个大的市场,有了一个消费大市场,农民才有增加收入的可能。第四是发展农业示范功能,发展绿色农业。北京作为首都,其农业还应具有示范功能,在推动全国农业实现现代化的进程中发挥应有的示范作用和带头作用。

北京市科技农业的发展模式大致可以有以下几种:

一、科技创新模式

这种模式主要是为了发挥科技农业的生产功能,也是其他一切功能得以实现的前提。政府每年保证一定的科研经费用于育种研究,不断进行科技创新与技术实验,将各类技术广泛应用于种子改良、土地改造、环境监测等一些和农业种植息息相关的部门。彻底打破我国传统的农业生产方式,使科技在农业上得以应用。

二、生态循环模式

生态循环模式是一种基于物质循环链条产生的模式,它是应用生态系统的物质循环原理,把物质生产、资源及其废弃物综合利用、生态设计和可持续消费等融为一体,使农业生产的各个环节和谐地纳入到自然生态系统的物质循环过程中,实现"资源—产品—再生资源—再生产品"的物质反复循环流动链条,达到污染低排放或零排放的一种农业生产经营模式。

如今,合理、有效的利用资源是广为重视的。科技农业必须注重农业从生产到消费的整个过程中可以循环利用的资源。通过农业技术创新和组织方式变革,调整和优化农业生态系统内部结构及产业结构,提高农业系统物质能量的各级循环利用,最大程度地利用农业资源,利用生产中每一个物质环节,倡导绿色生产和节约消费,严格控制外部有害物质的投入和农业废弃物的产生,最大限度地减轻环境污染和生态破坏。

三、观光休闲模式

观光休闲模式指以生态农业为基础,利用区域内特有的自然和特色农业优势,经过科学规划和建设,集采摘、赏花、垂钓、餐饮、狩猎、健身、宠物乐园等设施与活动于一体,形成具有生产、观光、休闲度假、娱乐乃至承办会议等综合功能的一种新型农业生产经营模式。该模式的优势是利用自然资源条件优势,实现农业发展与休闲娱乐的有机结合,提高农业经济效益,是集农业观光旅游和特色农业、新技术推广为一体的农业模式。

四、绿色有机模式

绿色农业是根据我国国情,在借鉴了传统农业、现代农业、有机农业、自然农业、生态农业、可持续农业等成功经验的基础上,以维护和建设优良生态环境的产地为基础,以生产安全、优质的产品和保障人体健康为核心,以稳产、高产、高效,改善整体农业生态环境为目标,达到人与自然协调,实现生态环境效益、经济效益和社会效益相互促进的农、林、牧、渔、工(加工)综合发展的,施行标准化生产的新型农业生产模式。绿色农业产业化的实质是绿色农业作为一项产业逐步实现商品化、市场化和社会化。它是我国农业由传统的生产部门转变为现代产业的一个历史演进的过程,是在家庭经营基础上和市场经济条件下现代农业的一种生产经营方式。

五、种养联动模式

该模式是一种种养结合的发展模式,以种带养或以养带种。如依托于北京金利园养殖有限公司,在房山区良乡镇下禅坊等村建设种养联动设施生产基地,集鸭苗孵化,种、肉鸭养殖和蔬菜、水果、花卉种植于一体,并建有机肥加工厂一座,将肉鸭粪便加工成有机肥,施于种植园区作物,提高生物能的利用率和农业废弃物的增值率,形成种养联动良性循环。目前,北京市房山区通过这种"以点带线、以线带面"促进设施农业规模发展,到目前全区累计发展设施农业面积达到1333.3公顷,其中蔬菜面积920公顷,果树、花卉面积60公顷,养殖业面积355公顷。

第四节 北京科技农业发展制约因素分析

北京科技农业面临着核心技术占比不高、籽种产业实力较弱、农业资源环境约束和生态压力加大、农产品技术性贸易壁垒巨大等方面的挑战。同时也存在着农民文化素质偏低、科技农业经费支出结构不合理、农业耕地面积逐渐减少、研究推广应用三者脱节等发展瓶颈。

一、挑战

进入 21 世纪以来,世界科技发展进入创新集聚爆发和新兴产业加速成长时期。各国正重新审视经济发展和产业转型,赋予新兴产业引领新一轮科技革命、摆脱经济危机束缚的历史使命,战略性新兴产业成为投资重点。北京作为科技农业发展发展的先锋,要抢抓机遇,迎接挑战,努力掌握科技农业发展主动权,引领我国乃至国际农业科技发展方向,推动我国实现传统农业向现代农业重大转型。同国际先进的科技农业相比,北京科技农业面临诸多挑战。

(一)核心技术占比不高

北京科技农业在发展过程取得了重大成就,形成了自身的科技优势。但是,在农业核心技术方面还存在诸多不足:一是有资源无基因。北京的种质资源相对较丰富,但是拥有自主知识产权的基因并不多,具有重要应用价值的基因大部分掌握在国外跨国公司手上。二是有科技成果无知识产权:由于存在科研创新性不足的问题,许多农业科研成果达不到国家依法确认知识产权的条件,因而相关科研人员也没有申请知识产权保护的动力;同时也存在农业科技人员的知识产权意识淡薄问题,对科技成果实行发明权、专利权保护的较少,因而从总体上看,具有自主知识产权的成果相对较少。三是有专利无应用。许多技术成果自研发出来便束之高阁,有一些已取得专利权的成果被实际应用的也很少,科技没有转化为实际生产力,造成科技成果的闲置。四是有产业无产权。北京的畜牧产业和蔬菜产业发展较为成熟,但是 50% 以上的生猪良种、90% 以上的高端蔬菜品种依赖进口;每年使用农药 90% 以上的知识产权是国外的。同时,在农业科技在农业信息技术和新材料技术方面相对落后,农业投入品对外依赖度较高,大型机械和自动化信息的管理技术发展滞后,缺少具有重大自主知识产权的核心技术已成为制约科技农业进一步发展的瓶颈。

(二)籽种产业实力较弱

当前,国际跨国公司已在生物技术的一些重要领域如生物育种、转基因新品种开发、生物制药等占据了领先地位,并逐步加大对中国农业渗透,增加了北京科技农业产业风险。农作物种业领域形势尤为紧迫。北京聚集有一批种子企业,但规模小、研发能力弱,商业化种业科研体制机制尚未建立。据北京市种子管理站统计,2013 年北京持证种子企业有 291 家,其中区县发证企业 153 家,占区县发证企业的 76%。育繁加销一体化的大型企业几乎没有,多数企业没有品种研发部门,没有一家企业市场份额达到市场总量的 5%。加入世贸组织后,种业成为中国受外资挑战最为严重的产业之一。据资料显示,除大宗粮棉油等主要农作物育种外,50% 以上的生猪、蛋肉鸡、奶牛良种以及 90% 以上的高端蔬菜花卉品种依赖进口。当前,跨国公司凭借领先的技术、雄厚的资本和强大的市场营销能力,已全面布局进军中国农作物种业市场,并从园艺作物向大宗粮食作物拓展,孟山都、杜邦先锋、益海嘉里、先正达等跨国公司均已在中国建立独资和合资的育种企业,用多种方式获取科研成果和种质资源,选育适合中国市场的作物品种,市场占有率逐步扩大,如先锋公司的玉米品种"先玉335"已经成为东北地区市场占有率最高的品种。在向种业渗透的同时,外资也加速进入中国粮油等农产品加工营销领域。丰益国际以及ADM、邦基、嘉吉、路易达孚世界五大粮商均已进入中国市场,并通过企业并购等方式快速扩张。据资料显示,中国约2/3的大中型油脂企业和4/5的大豆压榨能力已被外资所控制,外资在相应的原料进口、产品加工、市场供应等方面都掌握了主导权,另外在生猪、肉鸡加工、乳业等行业,外资也已占据了相当的份额。如这一势头继续发展,势必对北京乃至全国的种子产业、粮油等农产品加工产业安全形成巨大威胁,对北京相关企业发展造成严重挤压。

(三)农业资源环境约束和生态压力加大

随着北京人口的增长,加之气候变化的加剧,北京积极发展低碳经济,转变农业发展方式、发展低碳农业也成为科技农业发展的焦点。农业是一个巨大的碳汇系统,具有改善生态环境的作用。一些国家主张通过向高耗能产业收取碳税补贴农业等措施支持农业,促使农业生产方式向高效、节能、少排、低污、碳汇转型。北京农业发展转型也面临着巨大生态压力:一是在农产品需求压力下不得不高强度利用耕地,过度使用化肥、农药等高碳型生产资料现象仍然存在;二是农业生产方式相对落后,在节水、节能、立体种植和高效健康养殖等技术发展方面还相当落后,农业机械化、农业废弃物处理的水平不高,资源利用率较低,土地产出率还有很大的潜力,农业碳减排任务十分繁重。

(四)农产品技术性贸易壁垒高筑

当前,国际农产品贸易的高保护和高扭曲依然存在,我国农产品出口频繁遭遇国外以质量、卫生检疫和技术标准为由的技术性贸易壁垒,一些国家又进而催生出以碳排放等为由的环境壁垒,使我国出口受到很大制约。水果、蔬菜、肉类、水产品等具有比较优势的农产品成为国外技术性贸易壁垒的主要目标。由于具有广泛性、复杂性、隐蔽性、灵活性等特点,技术性贸易壁垒已替代传统非关税壁垒成为国际贸易中最主要的贸易障碍。长期以来,由于对农产品技术标准、质量标准、检测检疫等技术性问题重视和研究不够,起步较晚,技术标准还不完善,尚未建立起自己的有效技术壁垒,却受制于国外各种技术壁垒,在国际贸易中处于非常不利的地位。我国农产品出口受限主要来自美、欧、日等发达国家(地区),其中受技术性贸易壁垒影响是一个重要因素。

二、发展瓶颈

(一)农民文化素质偏低

区别于传统农业的靠天吃饭,科技农业的核心在于将先进的科技应用于农业生产中,提高生产效率和土地使用率,实现农产品质量、数量上的全面提高。因而科技的推广对于大力推进科技农业起着至关重要的作用,而由于我国农业的耕作方法一直都停留在较原始的状态,农民文化素质低,认识不到科学生产的重要性,思想具有局限性,在先进实用技术的推广应用上接受较慢,阻碍农业劳动生产率的提高和农业科技的推广。

(二)科技农业经费支出结构不合理

虽然北京在科技农业研发方面的支出越来越多,不过应该注意的是,高科技意味着高成本,新科技意味着高风险,很多农民也希望使用各类技术成果,但是却没有足够的资金购买各种设备、设施、生产技术,所以,不论是在政策上还是资金上,国家应该出台适当的扶持计划,不但要鼓励农民使用技术,更应该帮助他们得到技术。

(三)农业耕地面积逐渐减少

"退耕还林"再加上住房用地不断增加,北京市的农业用地已越来越少。北京市第二次全国农业普查数据显示,与1996年的第一次农业普查数据相比,到2006年全市耕地就减少了167万亩,减幅32.4%,平均每年减少16.7万亩;牧草地和渔业养殖用地分别减少了19万亩和3.2万亩,减幅分别是50.8%和72.2%;水田大量萎缩,仅有3万亩,较第一次全国农业普查时减少了93.5%;水浇地则减少了42.0%,旱地减少了38.4%。

在农村土地资源减少的同时,北京市积极采取措施增加农业用地。在增加的农业用地中,林地增加最多,为88.1万亩;其次是园地,增加34.9万亩;其他各类农业用地增加100.8万亩。增加的农业用地与减少的农业用地相抵消,农业用地总面积为1579.6万亩,与第一次农业普查时相比减少了66.2万亩。可见,农业用地有所增加但总体上仍处于减少状态,而对农产品的需求并未减少,相比之下,采用高效率的生产方式,提高土地的利用率就成为缓解农业用地不断减少的最优选择。

(四)研究、推广、应用三者脱节

农民是新的科研成果的受益者和实践者,可他们和技术推广部门没有利益关系和制约关系,想推广的不一定想用,想用的又没人推广;推广部门和研究部门也没有制约关系,科研部门没有推广渠道,推广部门没有经费下乡,研究、推广、应用三者脱节,使得很多先进的技术不能及时得以应用。所以,这一问题十分严重地影响了科技农业的全面发展,阻碍并推迟了各项技术的应用。

第五节　北京科技农业发展思路、途径与重点

科技农业与传统农业的最根本的区别就在于科技农业的高效率,实现科技农业,首先就是走农业科技产业化之路。北京农业就要通过鼓励自主创新、支持企业技术开发、加强科企联合、提高农民科技素质、构建技术标准等途径促进科技农业发展。

一、基本思路

科技农业把科技融入农业的各个环节和领域,特别是科技与农业产业化经营的结合结束了农业仅仅提供初级产品的历史,使农业在家庭承包经营的基础上实现社会化、专业化和一体化,从而促进资源的合理搭配,提高农业生产力水平。实践表明,农业生产力的变革和飞跃,有赖于农业科技的发展与提高农业科技创新与进步,已经成为增强农业综合生产能力,提高农村经济整体素质和效益的决定性因素。科学技术是提高现代农业效率的最根本的动力,科技农业与传统农业的最根本的区别就在于科技农业的高效率和传统农业的低效率。

实现科技农业,首先就是走农业科技产业化之路。所谓农业科技产业化是指将先进的农业科学技术转化为具有一定技术特征的物质生产部门,形成新兴产业的过程。农业科技产业化的内涵就是科研

生产一体化、规模化、现代化。农业科技产业化的基本特征是科技成果资本化、生产要素市场化、产品生产规模化和单位管理企业化。农业科技产业化的实质是科技成果资本化。科技成果资本化是指科技成果拥有者,一般是科研单位,以科技成果作为资本投入企业,与企业其他资本共同经营、共担风险、共享利益,形成新的经济实体的过程。实施农业科技产业化的目的就是通过完善产业化配套条件,有目的的将农业科技成果进行组合,扩大生产规模,使之尽快转化为现实的生产力,并达到规范的物化和商品化,提高农产品技术含量,满足市场需求,创造更大的经济效益,促进农业和农村经济的可持续发展。

科技农业是现代农业发展的必然趋势。农业科技产业化是科技农业本质的必然表现,也是现代农业发展的迫切要求。农业科技产业化是科技农业的基础,科技农业发展离不开农业科技产业化。农业科技产业化对科技农业发展的推动作用,不是单一因素的单一作用所至,而是将不同单项技术加以综合应用,产生巨大的综合效应。农业科技对农业发展具有无限的创造力,它可以提高物资投资的资源配置效益,扩大种植区域和改善生长条件,提高品种生产性能,开辟农业新领域,提高农业的综合效益。

农业科技产业化是现代农业发展的必然结果,也是科学技术用于农业的一种最有效、最直接的表现方式。由于科学技术的推动和促进,农业高新技术产业才能得到了全面的发展。如果只有农业技术的研制,没有技术的推广和应用,就会出现潜在的生产力与现实的生产力相脱节,出现农业发展中在技术供需环节上的隔离。另外,农业结构能否得到有效的调整,农民的收入能否持续稳步增长,也取决于科技农业的发展,在于农业科技产业化即农业科技成果的转化推广率和科技对农业贡献率的高低。

二、发展途径

(一)鼓励自主创新,提高农业科技核心竞争力

在科技研究开发整体上采取强有力的措施,从根本上提高农业科技的核心竞争力。一是要大力加强农业基础研究,推动优势科研领域取得新突破,培育新的科研增长点,全面提高原始创新能力,力争在基本理论、前沿技术、重大知识产权成果创新等方面取得新的突破,为跻身世界农业科技先进行列奠定坚实基础。二是要加快推进农业生产关键技术和共性技术研究,着力突破农业发展的技术瓶颈,为培育现代农业产业体系提供科技支撑,积极抢占现代农业高技术领域的制高点,力求在农业科技国际竞争中掌握主动权。三是要大力发展农业战略性新兴产业,认真分析把握中国农业比较优势,着眼国民经济长远需求,扶持发展一批农业战略性新兴产业,如生物育种、生物肥料、生物农兽药、智能农业机械等,确保在未来中国农业生产主战场占据产业主体地位。

(二)支持企业技术开发,促进企业成为技术创新主体

产业化、企业化是现代农业的重要经营形式。企业特别是大型农业企业是农业技术的重要载体,提高农业科技国际竞争力的重要方面就是要强化企业在农业技术创新中的主体地位。现阶段中国农业企业总体实力不强,培育新型农业企业成为当前促进农业发展方式转变的重要举措之一。一是要推动企业兼并重组,做强做大一批种业企业。国家已经明确了构建以产业为主导、企业为主体、基地为依托、产学研相结合、育繁推一体化的现代农作物种业体系的总方针,要支持大型企业通过并购、参股等方式进入农作物种业,鼓励种子企业间的兼并重组,尤其是鼓励大型优势种子企业整合农作物种业资源,优化资源配置,培育具有较强国际竞争力的农业企业。二是要加大企业技术创新投入,提高农业企业的核心竞争力。采取积极有效政策,引导带动企业和社会资金投向农业科技领域,鼓励企业增加技术研发投

入,提升自身研发能力,企业要发挥技术创新的主体作用必须首先成为技术创新投入的主体。三是要完善农业公共科研成果共享机制,充分利用公益性研究成果,为农业企业发展提供科技支撑。通过坚持不懈的努力,真正发挥企业在农业技术开发、农业科技成果转化与应用等方面的主导作用。

（三）加强科企联合,探索组建大型农业科技研发联合体

在目前中国科技竞争力和农业企业实力与发达国家及大跨国公司之间存在巨大差距的情况下,加强各创新主体的联合协作,推进科研院所、高等院校与农业企业的联合,形成新的科企结合的竞争主体或战略联盟,是迅速提高整体竞争力的最有效、最切实可行的途径。要采取有力的政策措施,鼓励探索组建不拘一格多种形式的产业技术创新战略联盟,大力推动科企合作组建新的科技型企业,努力促进科企合作开发新品种、新技术,创造条件鼓励科研单位进入企业成为企业科技主体,总之要充分发挥科研单位、高等院校和农业企业的各自优势,形成具有中国特色的农业科技大型企业集团,实现产学研、产加销、育繁推的结合和一体化经营。要建立有利于科研人员在企业和科研机构之间流动的政策机制,鼓励科研机构的研发人员为企业技术创新、为科研与生产结合做出更多贡献。要突破资金瓶颈,为农业企业上市营造条件,鼓励农业科技型企业上市,充分利用资本市场资金,争取形成政、资、产、学、研、用等多元化的资金投入格局。

（四）加强农民的科学文化与环境保护教育,提高农民科技素质

努力提高农民的科学文化素质,逐步提高农民的环保意识,形成相应的行为规范。强化对农业生产者的宣传教育,提高环保意识,继续搞好对广大农民的宣传培训。通过科普和大众媒体,加强教育和培训,提高全民对农业立体污染的认识和自觉参与防治污染的意识,鼓励农民采取环境保护技术,在适当的时候制定相应的法规,以实现减少污染和促进农业、农村可持续发展战略实施。加强观念引导,政府应在加强绿色农业区域生产总体规划、引导农民在正确决策上多下工夫,让农民深刻意识到发展绿色无公害农业生产的迫切性。将政府的宏观引导与农民的微观决策有机地结合起来,为农民发展生产、增加收入提供必要条件。要切实加大环保投资,确保农产品生产基地保持良好的生态环境。

（五）构建技术标准,加快与国际检验检测水平接轨

深入了解和研究国外农产品贸易相关标准与技术,尽快构建和完善北京市级甚至国家的农产品贸易技术检验检测标准体系。强化政府责任,明确企业义务,发挥科研机构和检测机构作用,加强政府与企业配合,统一步调,共同应对国际农产品贸易技术壁垒,维护农业发展利益。大力加强农产品质量安全体系建设,加快制定完善农产品贸易的技术标准,建立与国际接轨的检验体系和认证体系,提高应对技术性贸易壁垒的能力,构筑中国自己必要的、合理的贸易技术保护。依托科技力量打造农产品优势品牌,促进农产品贸易走品牌之路。加强对发达国家和中国主要贸易伙伴的与贸易有关的农产品技术标准、技术政策、相关法规的研究,密切关注全球技术性贸易措施变化的新动向,使农产品生产适应国际标准,有力应对技术性贸易措施变化,避免陷入技术壁垒的陷阱。

（六）发展低碳绿色科技农业,确保农业可持续发展

适应气候变化、能源安全和低碳经济发展新趋势,大力发展高效、低耗、低排、碳汇新农业,提高土地产出率、资源利用率和劳动生产率,确保农业可持续发展。大力加强生物技术等新技术的研究和应用,加快高产优质专用、抗虫抗病抗逆的动植物新品种,以及名特优经济作物新品种培育;加大良种良法结合、农艺农机结合,开发装备高性能、自动化、智能化的农业机械,发展现代化设施农业,不断提高光、温、

水、土等资源的利用率和效率,大幅度提高单位土地面积的产出率,实现农业的高效、低耗。大力研究开发动物健康养殖技术和模式,提高饲料报酬率,提高单位动物产品产出率。大力研究开发农业废弃物利用技术,研究农业生产低排放、趋零排放循环模式,从根本上实现农业对环境的少排、减排、减负。通过努力,力争在农业可持续发展的技术和产业上增强中国的发言权和主动性。

（七）加强制度创新,为科技农业发展创造良好的政策环境

国家有关部门应大力推进制度创新,完善有利于科技农业发展的政策和法律体系,增加农业的财政投入,推动农村金融市场化改革,建立科技农业推进组织,加强农业基础设施建设和农业环境管理,为科技农业提供一个良好的发展环境。同时,应大力推进农村社会化服务体系建设,与国家层面的循环经济立法相呼应,建立我国科技农业发展的法律保障体系,制定相应的政策保障体系与扶持措施。要尽快启动科技农业促进的前期工作,从税收、金融保障、财政补偿等方面制定科技农业发展的优惠政策,提出切实有效措施推动农村基础设施建设。尽快制订并颁布农业清洁生产管理办法,制订乡村环境清洁标准和农业清洁生产标准,把发展科技农业、建设节约型农村社会依法纳入规范化、制度化管理的轨道。

三、重点领域

科技农业的发展要始终坚持以科技服务产业发展为根本方向,将科技成果尽快转化为现实生产力。通过科技进步推动农业综合生产能力不断提高,并增强农业抗风险能力、国际竞争能力、可持续发展能力,实现农业增产增收、提质增收、节本增效。将科技创新作为拉动和引领现代农业产业发展的新引擎,加快转变农业发展方式,走科技驱动型、内涵型的产业发展道路,加快培育具有自主知识产权的农业重大技术成果,带动传统农业产业升级,培育和发展具有竞争优势的新兴产业,拓展农业资源的应用领域,培育农业产业发展新的增长点,实现都市型现代农业跨越式发展的战略。重点发展以下几个最具有成长性的农业新兴产业领域:

（一）现代生物种业

科技兴农,良种先行。优良品种是发展现代农业产业的物质基础和技术载体,科技创新带来品种的每次更新换代均极大地促进了农业生产的发展。可以说没有现代种业就没有现代农业,现代种业不仅是专业化、规模化、集约化、可控性强的产业,还是技术密集、科技含量高、附加值高、竞争激烈的战略性产业,种业创新已成为农业创新的前沿阵地,现代种业迫切需要做大做强。

发展现代生物种业,要坚持政府引导与市场导向相结合,强化产学研结合,以农作物、养殖畜禽和林果花草三个领域为重点,抓好以下几方面工作:一是开展动植物重要性状遗传基础研究和种质资源创新,加快动植物重大品种创制和育种技术研究。二是突破和提升动植物制繁种关键技术,建立高效育繁种体系和良种生产综合技术标准。三是研发种子(苗)生产加工和质量控制技术,建立动植物良种质量控制体系。四是建设与开发种业信息服务系统,形成科技成果公共管理服务平台,搭建专业化的种业交易平台,推动成果商品化、股权化和高效转化推广。

（二）现代装备业

现代装备业是现代农业的标志。北京都市型现代农业发展现代农业的一项重要任务,就是以科技创新为引擎推进农业装备现代化。发展现代装备业可以推动农业的标准化作业、专业化生产、产业化经营,在提高土地生产率的基础上着力提高农业劳动生产率,从而提高农业综合生产能力,是促进传统农

业向现代农业转变的关键要素。北京未来农业装备业市场发展前景广阔。但总体上,北京农业装备产业与发达国家(地区)相比有较大的差距,主要表现在产业分散、规模小、产品门类少、品种结构不合理等。北京农业设备主要集中在田间作业方面,产品以中低端为主,自主高端产品匮乏,整体技术水平不高。最核心的问题是缺少原创和核心技术。长期以来,基本上走的是技术引进、跟踪模仿的路子,自主创新投入少,核心部件、重要产品和工艺技术几乎全部依靠引进。发达国家(地区)凭借领先技术形成大型农机市场垄断局面。因此,北京的农业装备产业发展面临拓展领域、增加品种、完善功能、提升水平等多重挑战,要围绕产业技术创新链,重点做好:一是开展先进适用、安全可靠、节能降耗减排、生产急需的农业机械研发,重点发展大型化、多功能高效、智能化、自动化农业装备。二是开发从种子生产、耕整种植、田间管理、收获加工、秸秆利用的全程作业技术装备,优化农机装备结构。三是加快农机化新技术、新成果的中试和熟化,实现农业装备的数字设计和集成精工制造,增强中国农机装备行业竞争力。四是研发和建设连栋智能温室、日光温室、钢架大棚、"田头冷柜"等设施,提升设施农业装备和技术水平,提高农产品均衡供应能力。五是改善农机化技术推广、农机安全监理、农机试验鉴定等公共服务机构条件,完善农业、气象等方面的航空站和作业起降点基础设施,扶持农机服务组织发展。

（三）绿色投入品产业

绿色投入品是指利用现代生物等技术,从植物源或微生物源类物质通过生物、化学等手段获得的生物农药、生物肥料、生物饲料、动物疫苗及动植物生长调节剂等产品,是不含对人类和环境有害物质的绿色农业生产资料。其使用范围广,覆盖面积大,涉及种植业、养殖业、水产业,存在于农产品生产产前、产中、产后的各个环节,影响和制约农产品加工业、食品业、相关制造业发展以及食物营养、生态环境等方面,在现代农业发展中具有重要的地位,是 21 世纪最活跃、最具发展前景的农业生物产业之一。北京近年来在绿色投入品研发及产业化方面取得了长足进步,比如在生物农药方面,已相继开发出了若干种具有自主知识产权和中国特色的生物农药品种。未来对农产品以及农业投入品的需求巨大。北京的绿色投入品产业要紧紧围绕中国农业发展对现代农业生产要素的需求,按照高产、优质、高效、生态、安全的要求,推进绿色投入品产业发展,重点做好:一是突破技术瓶颈,创制高效生物肥料、生物农药、新型动物疫苗、疫病诊断试剂和新型饲用替代抗生素等技术产品,保证使用效果达到或优于传统投入品的水平。二是突破成本瓶颈,提高生产关键技术和工艺水平,扩大生产规模,通过不断降低生产成本扩大产品市场份额,使广大农民愿意用、用得起。三是突破产业发展瓶颈,国家要出台鼓励使用生物农药、高效低毒低残留农药和有机肥料等绿色投入品的政策,并制定相应的奖励措施,组建大型企业,鼓励产品研发,发挥规模效应,从而推动产业发展。

（四）生物能源产业

随着社会发展和科学技术进步,生物能源产业在新背景下拓展成为现代农业的一个新领域。生物能源产业主要是利用农业废弃物生产能源与生物基产品,通过有效利用使废弃物资源化,提供绿色可再生能源和其他产品,同时减少环境污染。生物能源产业涉及面广,涵盖了生物质热化学转化、生化转化、生物转化、催化合成等主要方向,涉及生物燃气、生物液体燃料、生物质发电、生物基产品等多种产品。生物能源产业已成为循环农业发展的主要途径,是科技农业发展的必然趋势。因此,迫切需要发展新能源产业,其中生物能源的开发利用将是重要。中国人口多,可作为生物能源的粮食、油料资源很少,但可作为生物能源的生物质资源有着巨大的潜力,北京发展生物能源产业,要加强科技攻关,重点做好:一是加快开发和突破非粮作物、农业废弃物利用等技术的瓶颈,重点研发气化发电技术、生物质液化技术、纤维素制乙醇技术等核心技术及配套设备,有效推动边际性土地种植能源植物和建设生物转化工厂。二是开展体现技术特色、区域特色和产品特色的技术与产业示范,构建不同原材料加工转化技术体系,形成相应的技术标准。三是继续实施农村沼气工程,重点发展大中型沼气工程,提升技术水平和能源利用配套体系,完善沼气技术服务;加强生物柴油加工技术研究,建立原料循环利用体系。四是树立绿色理念,构建合理、健全的生物能源发展组织管理运行体系。

（五）农产品加工与现代物流业

农产品加工业与现代物流业是关系国计民生、保障国家食品安全、承载国民营养健康、推动现代农业发展的重要基础性产业,是涉及面广、关联度高、吸纳就业能力强的新兴产业。在科技进步的推动下,农产品加工业已成为现代农业快速发展的重要领域之一。农产品加工业是农业结构战略性调整的风向标和提升农业整体经济效益的关键环节,将成为以工促农、城乡协调发展的战略突破口。未来农产品加工业和现代物流业具有巨大的发展潜力和广阔的市场前景。

发展农产品加工业和现代物流业,要以市场需求为导向,以提高技术创新能力为核心,引领技术进步和产业升级,重点做好:一是研究开发产地农产品加工和贮藏保鲜新技术、新工艺、新材料和新设施,提高产地初加工和保鲜与物流技术水平。二是将先进高效分离技术、高效提取技术、超微粉碎技术、真空冷冻干燥技术、非热杀菌技术、微胶囊技术和生物工程技术等广泛应用于农产品加工业,开发高值化加工和副产物综合利用技术及其配套设施。三是采用高新技术生产新型功能食品和开发新资源食品,构建营养健康食品加工技术体系。四是研究农产品质量保持与提升技术、农产品清洁加工技术、农产品加工质量安全风险分析技术、农产品加工污染物溯源技术和风险评估等,提高农产品加工质量水平和安全保障能力。五是研究开发高性能冷却冷冻设备、温控设施、农产品预冷设施、冷链运输工具等冷链物流装备以及监控追溯系统,研究制定和实施农产品冷链物流操作规范和技术标准,推广应用条形码、无线射频识别、全球导航卫星系统、传感器技术、移动物流信息技术、电子标签技术等。

第八章　创意农业

创意农业是世界经济步入知识经济时代,随着新的消费需求升级逐渐在实践中发展起来的新型农业发展模式。北京市的创意农业是文化创意产业与农业相融合的新型业态,以农业为创意对象,其所提供的产品和服务凝聚着三产产品的特性和人的创造力,也是农业多功能性的具体体现。创意农业产品、创意农业园区、创意节庆活动、创意融合产业、创意农食文化等创意农业类型都极大地满足了人们精神和文化需求,有利于提高市民的幸福指数,提高农民增收致富的能力,促进城乡的和谐发展,创意农业是北京都市型现代农业发展的重要方向,也将成为推动北京都市型现代农业发展的强劲动力。

第一节　创意农业内涵与特征

综观国内外农业发展,不难发现一些经济相对发达城市的农村经济是农业经济、工业经济以及知识经济等各种经济形态的交错与混合,例如出现了"新田园经济"、"绿色农业"、"生态农业"、"休闲农业"、"精致农业"、"品牌农业"、"新产业复合体"等,其发展理念已与传统性的生产为主的农业有了根本性区别。创意农业就是在世界经济步入知识经济时代,随着新的消费需求升级逐渐在实践中发展起来的新型农业发展模式。

一、内涵

1988 年,我国创意产业特别工作小组对创意产业作出了界定:"是源于个体创意、技巧及才华,通过知识产权的开发与运用,具有创造财富和就业潜力的产业"。创意农业源于 20 世纪 90 年代后期,最先在英国、澳大利亚等国家和地区形成并扩展开来,创意农业是创意产业的一个重要组分,创意农业是以附加值文化为理论核心,利用世界农业高新技术着力发展城乡农业产业,大力培育农产品附加值文化来创造财富、增加就业的经济活动,由此可以看出:创意农业可以改善农村的生活方式和生态环境,不断发展农村的生产力,提高农民的就业,实现农村经济社会全面发展。

创意农业以农业为主要创意对象,富含创意。创意农业的文化附加值高,通过对文化的理解和挖掘,将农产品与文化产品结合起来,给人们物质和精神上的双重享受,将会提高农产品的附加值。由于创意农产品迎合了人们精神上的需求,因此具有第三产业的特性,超出了农产品本身的作用。

（一）农业与文化创意产业的融合产物

党的十七大报告中首次提出要解放文化生产力以及提高文化软实力的战略,创意农业是提升农业软实力,加快转变农业发展方式,建设社会主义新农村的创新道路,创意农业利用农村的生产、生活、生态资源,将创意、构思、科技融入农产品,设计出具有独特创意的农产品或者活动,以提升现代农业的价值与产值,不仅满足了人们对农产品的需求,也满足了人们对精神文化的需求。创意农业往往是以市场为导向的,将农业资源与文化创意资源合理配置,实现一种新型的农业经营模式。此类创意农业的历史十分久远,如麦秸画在隋朝时期就是盛行的宫廷工艺品。如今,麦秸画已经成为不少地区的地方特色旅游商品,带动了地区经济的发展。这些麦秸工艺画一般需经过十几道工序的技术处理,作品内容可包括人物、动物、花卉、亭台楼阁、风景古迹等。由于这一画种古朴典雅,传神多姿,具有很高的观赏价值,同时具有一定的纪念意义,可以装饰宾馆、饭店、家庭住宅,可以提高环境品位,成为馈赠亲友的珍品。

(二)创意农业是农业与文化创意产业相融合的新型业态

文化创意产业是经济全球化背景下产生的以创造力为核心的新兴产业,主张用文化因素,通过技术、创意和产业化的模式来进行经营活动,国家《"十一五"时期文化发展规则纲要》明确提出发展文化创业产业,发展创意农业即把文化创意产业应用于农业,跳出了原有的生产、加工和销售的农业发展模式,涵盖了更多的层次,包括核心产业、支持产业、配套产业和衍生产业,将农业生产活动扩展为创意农业的采摘、观赏、休闲等活动,扩展农业的生产、生态、旅游、文化、教育等综合功能,成为第一、第二、第三产业相融合的新型业态,形成农业产业链和产业集群,促进现代农业整体的发展,形成新的发展模式,新型农业业态可以实现传统业态与新型业态的有机结合,引领更多的消费潮流。

(三)以农业为主要创意对象

创意农业的主要对象为农业,农业的劳动对象是有生命的动植物本身,创业农业就是要把个人的创造力、技能和天分应用到农业的劳动对象中去,是一种创造潜在财富和就业机会的活动。特色农产品和园区都是创意农业的对象,因此要积极推进创意农业园区的建设,创意农产品的开发,依托不同地区农业资源的优势,努力培育出有地区特色的农产品和创意农业合作项目。如长在田间可供使用的小型果树和蔬菜,可以做成盆果,盆菜,既可以满足人们食用,也可供人们欣赏。

(四)创意农业产品凝聚着人的创造力

创意农业是创业产业的重要分支,智力密集是创意产业的特征,只要来源于个人的创造力和水平,还有知识产权的开发等活动,创意是人本价值导向的创新,后现代经济的第一位特点就是定制,创意性的产品独立于购买者对产品质量评估之外,因此在技术水平条件差异不大,农产品大都同质的条件下,想要提高产品的附加值,创意做的贡献远超过其他因素。创业农业不断发展了农村社会生产力,推动了农村经济社会全面发展。上海世博会期间,上海周边郊区的创意农业发展较快,世博会的主题之一是"城市与乡村互动",据相关专家分析,上海世博会期间有10%的参会者选择去上海郊游,与此同时,上海周边各地借用世博机遇,加快转变农业发展方向,发展世博观光农业园和世博农家,大力发展服务业,带动当地创业农业的发展。

(五)文化是创意农业的重点

中国有着绝对悠久的历史,是文化底蕴深厚的多民族农业大国,地理环境和气候具备多样性的特点,因此结合地方特色和民族特色的文化创业农业是最适宜的发展模式,开发节日和庆典活动,文化搭台,经济唱戏,通过节庆活动吸引更多的消费者,带动本地的旅游农业高潮,促进农产品的销售,南京农业嘉年华就是成功的案例之一。

（六）创意农业产品具有第三产业产品的特性

创意农业是农业、技术、智慧与艺术相互融合形成的一种满足特定市场需求的产业,创意农业直接面对消费者,不仅为消费者提供了具有第一产品特性的农产品,还提供了文化艺术活动、农业技术和农耕活动,以供满足人们充分享受农业价值的创新成果,满足消费者对创意体验的需求,这都超出了农业的范畴,具备了第三产业产品的特性。

二、特征

北京创意农业的内涵可以概括为:从创意产业中延伸出来,以"三个北京"理念为指引,以北京近郊、远郊和山区为地理范围,将地理范围内的自然景观、人文历史以及各类资源为发展基础,运用创新创意、科学技术等手段,通过对环境资源、景观、高新技术、产业等元素的统一整合,建成极具创意、生态涵养、形式多样、产业融合、特色鲜明的创意农业产品、项目或创意农业聚集区,以达到促进北京城乡一体化建设、农民增收致富和满足人们精神文化需求的一种经济形态。北京创意农业既是现代农业发展的新模式,也是北京都市型现代农业的重要体现。根据北京创意农业丰富的内涵,其具有如下特征:

（一）北京创意农业具有较强的时代性、创造性

2008 年北京奥运会结束后,北京市提出了"人文北京、科技北京、绿色北京"的战略目标,以"三个北京"的思想统领今后北京的经济文化生活。北京创意农业的发展适应了"三个北京"理念,其在建设、市场、服务和组织等环节深入贯彻并注入文化创意、科学技术以及生态绿色理念,赋予北京都市型现代农业更加深刻的内涵、更加光明的前景,紧跟潮流;另外,创意农业形成规模发展有利于使农民的身份转变为农业从业者,有利于推动北京城乡一体化的建设,具有较强的时代性和创造性。

（二）北京创意农业具有较强的融合性、辐射力

随着时间的发展以及理念的不断更新,通过技术、经济和文化等要素的相互交融、相互作用来实现创意的情况愈发的普遍,因此北京创意农业所生产的特色农产品应该是新理念和新技术的物化形式,是不同知识、不同学科、不同技术和不同产业间交叉、辐射和融合的产物。与此同时,北京创意农业应具有强大的辐射力,也能够带动相关产业的发展,其对于其他相关产业的渗透和辐射也很强,最终形成产业群,提升农村区域的整体价值。因此,北京创意农业具有较强的融合性、渗透性。

（三）北京创意农业具有较高文化品位和附加值

北京创意农业作为创意产业的重要内涵,是以创意文化为核心,是创意理念在农业中的物化表现,同样具有创意产业的相关特性。另外,对于创意农产品而言,其价值既包括产品本身的价值,更重要的是由创意所衍生出的附加价值。通过创意,赋予北京农业和农村发展新的理念和内涵,使消费者由原来仅仅对于农产品的消费转为对于农村文化的高附加值消费。

（四）北京创意农业具有一定发展规模

在未来北京创意农业的发展过程中,需要产品和服务的生产和消费的结合以及地理区位上的集聚,促进北京创意农业集群化发展。零星的小规模发展无法适应消费者对于产品多元化、多样化的追求。因此,北京创意农业必须有一定的产业规模和扩大再生产的能力。只有自身规模、效益的发展,形成规模经济,才可能实现农民就近就业,从而提高农民经营性收入。

综上所述,北京创意农业是文化创意产业与农业相融合的新型业态,以农业为创意对象,其所提供的产品和服务凝聚着三产产品的特性和人的创造力,同时是北京农业发展到特定阶段的农业多功能性的具体体现。创意农业是现代都市社会一种新的生活方式,为人们带来了新的体验。北京创意农业的未来要求其向多元化方向发展,这不仅是文化创意产业的内在要求,同时也彰显了创意经济的多维度性,显示出创意经济巨大的包容性和发展潜力,表明创意农业应越来越适应人们的多样化需求,以北京创意农业为代表的创意产业多元化的经营活动为现代生活注入了新的血液。

第二节 北京创意农业发展现状

近年来,北京农业有效地利用自然、文化、科技等资源,将传统农业向融生产、生活、生态为一体的现代农业逐步推进,有效地增加了三农和现代社会的接触关系,扩大了接触面,有利于城乡文化、人才、资金等要素和农村的有机融合,有力地带动了农村城市化和城乡一体化的发展。2010年8月,习近平同志在北京调研时指出,要努力将北京打造成国际活动聚集之都、世界高端企业总部聚集之都、世界高端人才聚集之都、中国特色社会主义先进文化之都、和谐宜居之都。十七届六中全会旗帜鲜明地提出了"建设社会主义文化强国"的目标。近年来,第7届世界草莓大会,第18届国际食用菌大会,第75届世界种子大会和第11届世界葡萄大会等纷纷落户北京,北京基本上每月均有各种形式的农业类节庆活动,带动了北京农业的发展。

一、新增长点

创意农业已成为拉动"三农"经济快速发展的新的增长点,为提升农业软实力、促进城乡互融互动、增加农民收入提供了新的引擎。

创意农业已成为北京统筹城乡发展、富裕农民的选择,北京也成为中国创意农业榜样城市。据统计,北京市目前拥有创意农产品30余种类型、郊区创意农产品达200多种,产值1013万元;初具规模的创意农业园达113个(其中农业主题公园50多个),年接待游客505.6万人次,收入达6.16亿元;具有一定影响力的创意农业节庆活动60多个,2009年,北京市创意农业实现产值22亿元。据估计到2015年,北京文化创意产业实现增加值3000—4000亿元人民币,年均增长15%—20%,占全市GDP比重将达到20%左右,届时北京创意农业产值也将突破百亿元。

二、新格局

自2004年北京市提出要大力发展文化创意产业和都市型现代农业以来,北京郊区以创意为理念,以农业资源为基础,以科技为手段,以市场为导向,以人才为支撑,以观光农业为切入点,创造出了具有文化附加值、生态附加值、科技附加值和服务附加值较高的,满足人们精神和文化需求的创意农业产品、创意农业园、创意节庆活动、创意融合产业、创意农食文化等类型,在实践中发展成了"紫海香堤艺术庄园""植物迷宫""公园式农业"等七种典型模式。

（一）创意农业的主要类型

1.农业产品创意

通过包装创意、制作创意、栽培创意、用途创意、亲情创意等手段,充分利用农业副产品和废弃物,改变了农产品传统的食用功能和传统用途,让其成为商品、纪念品或工艺品,并提升其附加值。常见的创意产品如下:

（1）盆栽果菜

随着人们生活水平的不断提高,部分消费者对蔬菜表现出求新、求特的需要,一些新型的种植方式逐渐被人们接受。许多市民希望种植一些既能观赏又能食用的蔬菜,到过年过节还可作为礼品送给亲朋好友。目前,彩色甜椒、矮生番茄、樱桃番茄、硬果番茄、观赏茄子、小型辣椒、袖珍西瓜及各种南瓜、甜瓜、西葫芦、黄秋葵和香艳茄等观果类蔬菜;叶甜菜、各种生菜、紫背天葵、紫苏、紫落葵和花叶羽衣甘蓝等彩色蔬菜;生菜、香芹、藤三七、地肤、京水菜、珍珠菜、羽衣甘蓝、罗勒、叶用枸杞、韭菜及菜用黄麻等绿叶保健蔬菜;茴香、樱桃萝卜、水果茎蓝、芜菁、微型萝卜与胡萝卜等根茎类蔬菜均成为消费者喜欢的品种。它们的蔓藤、叶片美观,开花、结果期长,美丽与美食兼具,主人既可享受养花的乐趣,又可得到收获的快乐。

（2）各种农产品手工艺品

如以食用的豆子、菜籽、草籽、秋收之后有大量的玉米皮和麦秸,新鲜花草、树叶、树根、果核等经过加工后,就地取材,用创作粘贴画,让其成为一幅画或一个工艺品;还有用核桃壳、杏核、桃核等做雕刻工艺品;用鸟蛋或禽蛋壳做工艺品;草编制成鞋、手提袋、动物、宠物篮、杂物篮等各种旅游纪念品和工艺品。

（3）异形果、晒字果

即在瓜果成熟时通过去掉套袋,晒上诸如"与祖国同庆"、"为祖国祝福"、"幸福美满"、"吉祥如意"、"生日快乐""福"、"寿"等文字或图案等各种祝福文字或精美图案,使之成为一种精美的艺术品。或利用农业与高科技结合,打造农产品的新奇与极端的特质,如玻璃西瓜。

2.农业主题园区创意

主要指的是利用其原有农林牧渔等农业资源,重点结合不同季节和不同类型的产品,提供休闲度假的参与性以及农业产业的大地景观性,提升其科学性,产品多元性。其主题园可以进一步壮大花卉苗木产业,引进各种四季花卉,建立花卉观赏园;在大力发展农业产业化的同时,把农业建设、科学管理、农艺展示、农产品加工及旅游者的广泛参与融为一体,建立如苹果园、杏园、枣园、梨园、渔业休闲体验园等农业观光、教育、采摘园。如北京"南瓜主题公园"总占地面积3200亩,是目前京东最大的农业观光南瓜园,种植的南瓜品种超过了300种,一年四季都可以游览。游客不仅可以在主题公园中品尝到南瓜宴,购买到南瓜籽油、南瓜籽提取物等特色南瓜商品,还可以观赏造型各异、颜色丰富的南瓜。

3.人文活动创意

可通过在农业活动过程中,加入人文因素,增加游客对农业活动的参与性。具体形式如北京密云县著名的旅游小镇古北水镇以发展旅游度假酒店,保存有精美的民国风格的山地合院建筑,给乡村旅游或农业发展注入文化价值,打造具有特色的环境。

4.自然生态创意

主要通过充分利用现有周边山和水资源,通过环境修复等工程,营造一个融合水、植物、动物于一体的自然生态和谐环境。如北京昌平沙河和温榆河岸边上的湿地,正是通过环境的修复,让其重现了古诗中"数丛沙草群殴散,万顷江田一鹭飞"的美丽景象。具体实施时还可利用原峡谷开展一些如野外拓展训练或增设观景长廊、平台等,让游客在享受清新空气和优美生态环境的同时,能实现利用山体等设施。营造人与自然和谐共存的家园,使之成为最美的环境靓点或观光、休闲于一体的目的。

5.农业节庆创意

即通过涉农会议、农产品展览、展销、采摘节庆、民俗饮食文化等活动,将农林渔牧生产、农业经营活动与旅游度假相结合,在提供民众休闲的同时,达到延长农业产业链,带动农村运输、餐饮、住宿、商业及其他服务业发展的目的。据不完全统计,北京郊区一年大小农业节庆有近百个,如结合当地特色农产品采摘的大兴西瓜节、结合传统民俗文化的怀柔汤河川满族民俗风情节、结合当地特色景观的怀柔慕田峪长城国际文化节等等。节庆活动不仅丰富了人民群众的生活,并且增进了市民对农业和农业文化的了解,展示了中国传统文化。

6.农食文化创意

通过开发具有地方特色的农食文化,让游客在大饱眼福的同时,也大快朵颐。如北京怀柔区自2006年以来,琉璃庙镇已成功举办了五届"敛巧饭"民俗风情活动,2010年有近万余游人前来参加此活动,盛况空前,逐步形成了"上山赏美景,下山品巧饭"的旅游模式。"敛巧饭"节以"敛巧饭"民俗活动为主,围绕正月十五"元宵节"和正月十六"敛巧饭"活动,以杨树底下村为核心区域,举办为期4天的节庆活动。2008年6月,敛巧饭民俗活动成功入选国家级非物质文化遗产名录。

(二)创意农业的典型模式

1.紫海香堤艺术庄园文化农业创意模式

集养生、度假、休闲、体验、艺术创作、婚纱摄影、影视拍摄,打造现代都市型农业、情景式休闲度假与文化创意产业"三位一体"文化旅游模式。

2.植物迷宫等景观农业创意模式

位于昌平区的"京承碧园",利用4个温室设计了春意盎然踏青园、姹紫嫣红瓜果园、金秋十月赏菊园、寒冬保健菜园4个景观园和1个蔬菜迷宫。

3.波龙堡酒庄等产业融合创意模式

波龙堡葡萄酒庄、张裕爱斐堡国际酒庄、通州桑瑞生态园等是其代表,集一产种植(或养殖)、二产加工、三产旅游(或餐饮)为一体。

4.平谷桃产业链条开发创意模式

平谷区依托桃种植、桃加工、桃文化,从桃树开花到结果,贯穿了桃产业发展的整个链条,成为独特的"平谷鲜桃"区域农业品牌。

5.百里山水画廊空间集群发展创意模式

延庆千家店的百里山水画廊、怀柔的凤山百果园区和雁栖不夜谷等,是以沟域或交通廊道为单元,建成内容多样、形式不同、产业融合、特色鲜明的具有一定规模的创意产业集群。

6.大兴农业区域品牌开发模式

大兴西瓜、怀柔板栗、平谷大桃等农产品品牌集合了多种品牌创意,提升了区域农业的整体形象。

7.公园式农业主题创意发展模式

通州的南瓜主题公园、昌平的香味葡萄园、怀柔的城市农业公园等在农业生产中融入城市公园的元素,使农业具有旅游观光、科技示范、休闲购物、怡情益智等多种功能。

三、新推力

北京作为全国最大、最密集的消费市场之一,具有消费群体规模大、消费层次多、消费需求变化快、消费质量高等特点,市民多元化的消费市场需求,为北京创意农业发展提供了广阔的市场空间。同时,北京集聚了大量的科技、金融和人才等各种社会资源,资金和社会投入充足,具备了创意农业发展的资源优势。北京作为历史文化名城,具有丰富的旅游资源和文化资源,为创意农业发展提供了丰富的文化背景和创意源泉。北京市着力于深度开发农业新功能,基本构建了适应市场需要的都市型现代农业格局。北京的都市型现代农业,是与首都功能定位相契合,以市场需求为导向,以现代物质装备和科学技术为支撑,融生产、生活、生态、示范等多种功能于一体的现代化大农业系统。发展都市型现代农业,必须发挥首都科技、人才、信息、市场和资金方面的优势,整合资源,扬长避短,走可持续发展的道路。而创意农业通过对特色资源的创新开发,不仅可以带动郊区特色产业的形成,还可以让消费者更深层地了解农业的人文、科技内涵,带动创意农产品的消费。创意农业是北京都市型现代农业发展的重要方向,同时也成为了推动北京都市型现代农业发展的强劲动力。

四、新产品

唯一性旅游资源是客流量的保障,打造唯一性旅游资源离不开创意,成功的创意关键是和谐。目前北京比较有代表性的具备个性化需求的唯一性产品是位于北京密云县古北口镇汤河村的紫海香堤艺术庄园。

庄园主要种植了薰衣草、紫苏、马鞭草、洋甘菊等200余种世界珍贵香草品种,是北京市规模最大、品种最全的香草种植园,是一个集养生、度假、休闲、体验、艺术创作、婚纱摄影、影视拍摄为一体的综合性都市型现代农业观光旅游区,也是集现代都市型农业、情景式休闲度假与文化创意产业三位一体的文化旅游模式。香草园以创意为切入点,以爱情为主题,浪漫为形式,通过对香草文化的包装和利用,极力塑造普罗旺斯式的浪漫氛围,打造"长城脚下的普罗旺斯",创造了创意农业产业发展的一个新模式。异国风情的引进实现了差异化,创造出北京一项新的具有唯一性的都市型现代农业资源,开发出都市型现代农业的浪漫、时尚元素。

法国普罗旺斯的香草象征无限浪漫,中国长城象征坚贞永恒,二者是两国的标志性资源,文化底蕴深厚,用统一的爱情主题将其有机融合在一起,创意出了观赏性强的唯一性旅游资源——长城脚下的普罗旺斯。在法国只有香草而没有长城,以前在中国只有长城而没有香草。但现在在密云的香草园则既有长城又有香草,将香草的浪漫与长城的永恒完美地结合在一起。因此,这一营销创意,激起了中外游客来此旅游的欲望,是能满足个性化需求的唯一性产品的典型代表。

五、新生活

(一)创意农业有利于提高市民的幸福指数

随着北京经济的迅速发展,城镇居民收入不断增加,同时北京也是中高层收入群体、高级知识分子,文化娱乐领域人士相对较为集中的地区,他们对生活水平和消费层次的要求日益提高,高压快节奏的城市生活让远离自然的城市居民的消费观念和对产品的需求也发生了变化,休闲娱乐的时间变得越来越宝贵,对闲暇时间活动质量的要求也越来越高。人们对消费产品的追求从物质层面逐渐升级到精神层面,对消费产品的需求也从过去简单的生活所需转变为充满创意的、富有文化内涵和新体验的产品,因此,过去传统的农业产品已无法满足人们日益多样化的实际需求。北京郊区以创意为理念,以农业资源为基础,以科技为手段,以市场为导向,以人才为支撑,以观光农业为切入点,创造出了具有文化附加值、生态附加值、科技附加值和服务附加值较高的,满足人们精神和文化需求的创意农业产品、创意农业园、创意节庆活动、创意融合产业、创意农食文化等类型,极大满足了城市居民的消费需求,提高了市民的幸福指数。

(二)创意农业有利于提高农民增收致富的能力

创意农业首先强调发展农业,通过科技手段生产出创新的农副产品,然后形成一个产业体系,发展旅游业、饮食业等第三产业,再将文化融合到产业里形成品牌,延伸到其他产业里,带动整个农村产业群的协调发展,使相关产业链条延长,扩大各个环节的增值空间,这就需要大量的从业人员。北京发展创意农业可有效解决远郊区县农村剩余劳动力就业问题,促进农民增收。通过培训,一部分农民还可进入到管理岗位,进一步提高收入。

据不完全统计,北京目前有创意农产品 30 余种,年产值 1013 万元;有一定规模的创意农业园 113 个(其中农业主题公园 50 多个),年接待游客 505.6 万人次,收入达 6.16 亿元。

(三)创意农业有利于促进城乡和谐发展

城乡关系是社会发展系统中最重要的一对关系,构建和谐社会的首要前提是平等和谐的城乡关系。而当前我国城乡发展还处于失衡的状态。促进城乡和谐发展很重要的一点,就是要强化城乡三产之间的内在联系,以现代工业理念提升农业产业化水平,以创意农业的发展促进第二、第三产业的升级,以现代服务业的发展推动三产融合,形成三产相互促进、联动发展的格局。创意农业是三产的高度融合,既满足了城市居民精神层面的需求,提高了闲暇时间的质量,也提高了农民收入。同时创意农业还让游客的休闲旅游活动和农业生产及农户的日常生活融为一体,突出休闲性,增强参与性。对促进城乡和谐发展,具有十分重要的意义。

第三节　北京创意农业发展模式

自 2004 年北京市提出要大力发展文化创意产业和都市型现代农业以来,北京郊区以创意为理念,以农业资源为基础,以科技为手段,以市场为导向,以人才为支撑,以观光农业为切入点,逐渐形成了特色产业发展模式、低碳生态强化模式、民俗文化植入模式、产品加工创意模式、资源转化为资本模式、全景产业价值体系模式、市场消费拓展模式和空间集聚发展模式八种创意农业模式,新型的创意农业模式以农业为基础,融入其他产业创意的元素和理念,满足了北京居民对更高层次创意农业旅游产品的需求,产生了更大效益,这也是北京创意农业发展的主要方向。

一、特色产业发展

在人们传统观念中,狭义的农业产业形态是农业物质生产的基本存在形态,也就是传统的农林牧副渔各业生产存在方式。显然,北京发展创意农业,不能离开北京农业而发展,农业是北京创意农业发展的基础,创意农业首先应对传统农业进行创意,旨在对传统优势农业更好地保留和提升。北京传统优势农业,是维护农业生态平衡、城乡生态平衡、环境生态平衡的重要基础,是丰富和繁荣北京大都市经济,确保城乡农产品供应平衡的重要依托,也是保持城乡社会稳定和谐的重要条件。因此,北京创意农业的特色产业创意的多样化,不能脱离北京农业而独立存在。与此同时,北京依托丰富的产品、景观等资源,具备发展特色产业创意的基础和条件。首先应是北京农业内部的特色创意。对于北京农业产业内部来说,通过新的理念和科技手段,挖掘北京农业自身新的亮点。这在国内外都有可以借鉴的方式方法,例如在法国大巴黎郊区,农业布局多样化、色块化,极大地美化了大巴黎郊区空间,每年吸引无数游客,这是一种耕种模式和布局形态的创意。近年在上海奉贤区庄行镇,人们利用稻田养鱼,实现了稻鱼共生,既增加了效益,又极具观赏性,这是农业内部的一种特色创意;在广东四会下布联营畜牧场,人们实施"养猪—沼气—种植—水产"的生态养殖模式,使 408 亩场区一片绿色,山坡上枝叶繁茂的果树,脚下大面积的稻田、鱼塘、菜园,形成了和谐的创意农业,这是一种循环农业创意。

除去北京农业自身,能产生更大效益的是以农业为基础,融入其他特色产业创意的元素和理念,这也是北京创意农业发展的主要方向,主要是如何通过设计创新特色产业,带动促进农业与旅游业的巧妙融合。例如,千家店"百里山水画廊"、门头沟的樱桃沟、怀柔雁栖不夜谷和密云紫海香堤等特色产业创意发展模式,是以空间范围内的农业作物或者农业布局为基础,通过科技、创意布局和产业融合等手段,发展内容多样、形式不同、特色鲜明且具有一定规模的特色产业创意模式。萨伊定律说道,供给创造自身需求,伴随着这种农业与旅游业的产业融合催生了许多新景点、新产品和新服务,产品的最终需求会随着产业融合而得到提升,满足了北京居民对更高层次特色产业创意农业旅游产品的需求。

在现行的创意产业中,比较成功的模式就是动漫创意产业主题园,即动漫产业与主题园企业的融合。在北京市旅游景区中,主题公园及器械游乐类旅游资源占到总量的 48%,所占比例之大在全国都是少见的,但与之相比的是这其中以农业为主题的却是少之又少。另外,目前具有娱乐功能的主题公园占全部总量的 37%,显示出北京建设主题公园的强烈意愿,旨在把主题公园的功能定位在观光、休闲和娱乐上。北京农业领域有很多特色产品和业态有待开发,将其与主题园概念相融合,发展特色产业创意模式的潜力巨大。以昌平区特色水果苹果为例进行简单的规划设想:园区内包括各种游乐场所需要的设施,无论大到大型游乐器械,小到一个零售厅,甚至是垃圾筒,都要围绕着苹果的外形来造型(包括卡通人物等),进而突出苹果主题的特色;另外,具体可以涵盖以苹果为主题的游乐园、苹果工艺品展览、苹果汁喷泉、苹果荧幕电影动画、苹果编织、苹果壁画、苹果雕塑、苹果采摘园、苹果 DIY 休闲园等;在苹果主题乐园内还可以穿插有关苹果文化流动讲解和表演,并配以主题音乐;还要利用先进的科学技术,例如全方位的水景特技,主题音乐的彩铃下载等,做到使游客亲身参与互动,这些鲜活的表演和主题区特色鲜明的苹果文化景观、文化图腾、文化符号相互映衬,无论从视觉还是听觉上,都为游客呈现的是丰富饱满的娱乐文化体验。另外,整个游乐场还应该聚合多种品牌,连接包括旅游在内的多种业态,比如园林、建筑、影视等多种产业综合体,通过完整的产业链和稳固的供应链,让整个游乐场所渗透出的农业文化在社会效益、经济效益和环境效益等方面,发挥多方面的都市创意农业带动作用。总体来说,以此为创意的主题游乐场是以丰富多彩的娱乐项目为主,集休闲、采摘旅游观光等功能于一身的大型"时尚创意农业"主题游乐场。同时通过上述产业和新型业态的发展,还可以带动例如咨询、策划、管理等产业的发展,充分发挥创意农业的带动辐射作用。

创意农业企业或者项目和主题公园企业通过各自产业价值链上的价值活动、技术手段和创新理念,突破传统产业边界,渗透或延伸至彼此的传统产业活动领域,优化融合成北京创意农业线性价值链,实现北京创意农业的发展。

二、低碳生态强化

北京创意农业应该是一种生态经济形态,而且是生态经济在北京都市型现代农业发展中所呈现出的一种独具特色的新形态。北京创意农业强化以自然、经济、社会共同发展的多元目标取代单一的经济目标,在发展经济的同时注重生态保护以及人的发展,提升人居幸福指数。从创意农业的生态涵养角度来看,减少化肥农药的使用,在提高能源利用效率的前提下,坚持节能的发展战略是落实低碳经济的举措。北京山区面积广阔,林木覆盖率水平也很高。2013 年,北京市完成了平原造林 35 万亩,山区造林10 万亩,新增城市绿地 1000 公顷。2014 年森林覆盖率从 38.6% 提高到 40%,北京市森林资源碳汇潜力巨大。除此之外,通过深入开发风能、太阳能、水能、地热能和生物质能等可再生能源,减少高排放能源在农村能源消费结构中的比重。北京创意农业离不开新能源的开发和利用,例如昌平小汤山的温泉度假村,就是利用地热资源进行的创意农业开发。

包括山区在内,北京郊区以创意为理念、以生态涵养为前提、以农业资源为基础、以科技为手段、以市场为导向、以人才为支撑,积极开发创意农业项目取得了积极成果。以生态环境建设为重点,配套发展环境友好型生态产业,为市民提供休闲、度假、体验胜地,发展绿色生态休闲服务业,如延庆张山营镇、昌平长陵镇等发展休闲体验、有机特色餐饮、采摘园、农业公园;密云古北口利用 900 亩林地资源,在果树下套种香草,使尚未开发的自然资源得到更充分利用,不仅提高了农民的经济效益,同时增加了旅游观光的新亮点,培育出了一条旅游观光和生态农业有机结合的新产业;十三陵开发森林沐浴 SPA 和山野瑜伽,在原始次生林之中选择合适区域,开发形成天然森林浴场等等;与此同时,在上文中提到的北京全球征集规划方案的七条沟域中,位于昌平的高口和妙甸都是主打生态创意,其中,投资 10 亿欧元、涵盖门头沟区 4 个镇、面积达到 100 平方公里的"中芬生态谷"的合作建设,标志着国际社会对于低碳生态的创意农业发展模式在北京山区的认可。结合沙河和温榆河岸边上分布的湿地和"数丛沙草群殴散,万顷江田一鹭飞"的美景,营造人与自然和谐共存的家园,使之成为最美的环境靓点;通过对温榆河的初步治理和改造,结合地形地势,形成游船观光,在两岸遍种四季花卉、植物,打造北京周边最大的花湖景观;在温榆河环境优美的区域,以亲水为主要特征,结合水上观景长廊和平台的搭建,建设小型酒吧、娱乐场所和服务设施,打造一流的酒吧文化吸引游客;利用昌平辖区内的一些群山山体,建设能鸟瞰全区美景的健身步道和观景平台,让游客游离于"山区氧舱",并提供"会当凌绝顶"的绝佳位置。

北京创意农业发展实际上是以生态环境保护为基础的先进的生态经济理论的应用,将绿色生态创意作为北京创意农业发展的模式之一,既符合时代发展的要求,也是创意农业自身特点和发展要求所决定的。建立人与自然和谐共处的生态农业,实现生态效益、社会效益、经济效益高度统一的可持续发展是北京创意农业对绿色生态的一种诠释。

三、民俗文化植入

传统意义上的民俗文化有着丰富的内涵,包括民俗风情、生产方式、居住样式、节庆典礼、宗教信仰、传统服饰、民间艺术、工艺特产、音乐歌舞等,但是北京作为国际大都市,同样充斥着不同国家、不同地区的民俗传统文化,彼此相互融合,相互影响,无疑为北京创意农业民俗文化创意模式的发展提供丰富的要素资源。

北京创意农业在进行民俗文化创意模式的开发时,同样要注意几点原则:首先是经济效益的原则。经济效益是民俗文化创意模式开发要考虑的首要问题,在市场经济的大环境下,民俗文化创意模式能否实现自身可持续发展,在某种程度上取决于其自身能否实现赢利。同时,民俗文化创意模式的开发可以带动相应周边地区的经济发展,如基础设施建设、就业以及第三产业各行业的发展;第二,深刻考虑到社会效益的原则。深度开发积极向上的民俗文化,在注重民俗文化与当代时尚文化、元素结合的同时带来经济效益,使社会各界充分发挥主观能动性去更深入地了解和认识民俗文化,这样一来,无论对于传统民俗文化的保护,还是民俗文化与时尚文化因素的融合创新,都有积极的意义,另外,北京游客通过与民俗文化资源的深度接触,在参与体验式的民俗文化旅游中加深对民俗民风的理解,使其参与到保护民俗文化的行列中来,有助于北京地区民俗文化的历史传承;最后,要兼顾生态资源保护。北京具有比较丰富的民俗文化旅游资源,民俗文化创意模式作为北京创意农业发展模式之一,同样具备北京创意农业的特点,应该在适度开发的基础上注重对民俗文化资源和生态环境的保护,注重北京民俗文化创意模式市场的可持续发展。

经过一段时间的建设和发展,依托北京自然、历史、文化资源开发民俗文化创意模式,北京打造创意农业民俗文化经济新的增长点。例如怀柔九渡河沟域挖掘内在外在潜质资源,构建五色文化、发展五色经济、打造五彩九渡河,努力提升九渡河品牌竞争力。金色的板栗,银色的怀九河,青色的古长城,红色的庙上、红庙,绿色的生态环境,相互凝结、和谐共生,构成了九渡河特有的"五色文化",成为九渡河镇丰富的资源、深厚的人文、悠久的历史和优良环境的凝结。另外,依托传统民居、宗教寺庙、革命遗址等人文景观,重点发展民俗文化旅游和红色旅游,例如密云司马台古长城等。当然,北京具有民俗文化开发潜力的农产品和地区还很多,昌平区的一些自然、历史和文化资源为例,昌平区"一花三果"产业发展势头迅猛,其中"三果"之一就包括柿子,九里山和凤山山麓一带都是昌平柿子主产区,而且在昌平东北部,自然旅游资源颇多。围绕昌平区特产品柿子和历史文化资源进行民俗文化创意农业的开发,构建"柿子梅林"观赏区。从西游记等根据古典名著影视资料中,我们看到很多云雾缭绕的天宫仙境镜头,因此在进行民俗文化创意开发时,也可以借鉴,将仙境带到游客和消费者身边,让消费者在北京创意农业中体验可以触摸到的古典文化。具体说来,在观赏园区中,在林间的甬道中制造喷雾的效果,让人们感觉如同身处仙境,营造柿子泥雕塑、柿子浆喷泉等景区;另外,将柿子配合上白色雪花片装饰品,给人以"杨梅挂树"的美感,这样一来就可以在春夏给人以"冬雪裹杨梅"的艺术感,使人陶醉其中;另外,在柿林中建造木屋式旅舍,让消费者居住在仙境一般。同时,可以在旅社周围增加"姜太公"垂钓区,在宛如仙境的柿林垂钓,可以体验不同的氛围。另外,还可以借鉴傣族的泼水节,并围绕柿子设计一些娱乐项目,例如打柿子、泼柿子汁等。

四、产品艺术加工

我国农产品加工业既面临新的发展机遇，也面临前所未有的挑战，因此，深加工是农产品发展的必然趋势，通过创意构思，赋予农产品更多的创意和文化内涵，提高单位农产品的附加值，进而提高整个农产品加工的竞争力。例如，每个 2.5 元的椰子鲜果通过加工椰子糖以后，附加值可以提高 6 至 10 倍以上；还有 100 元每个的方形西瓜、1000 元一个的 128 公斤重的南瓜；种植香水百合鲜花每亩效益达 10 万元。因此，从战略高度认识创意农产品深加工的重要性与紧迫性，全面构建创意农产品加工业的持久竞争优势，构建北京创意农业产品加工创意模式，进一步加快农产品的开发和利用，赋予高附加值，发挥北京特色农产品的传统优势、区域优势，从农产品深加工上增加农民收入，改善农村条件，从农产品深加工角度强化北京创意农业在未来都市型现代农业发展中的重要形式和地位。

北京创意农业旨在使农产品满足多样化的消费需求，普通农产品通过独到的加工手段，注入创新元素就会使其身价倍增。北京农林科学院农业科技信息研究所的数据显示，目前北京共有特色农产品 52 种，包括已成规模的平谷大桃、门头沟京白梨、昌平苹果、房山磨盘柿、怀柔栗子、密云水库鱼、延庆葡萄等具有地方特色的干鲜果品，数量的优势为北京创意农业产品加工提供广阔的空间。据不完全统计，北京目前有创意农产品 30 余种，年产值 1013 万元。从种类和数量来看，农产品创意占主导地位，约占创意总数的 50%。具体来看，北京农产品加工创意分为以下几种类型：(1)资源利用。将农业或生活的资源，通过创意思维，制作成实用品或工艺品。如门头沟麦秸画、蝶翅画，大兴的蛋壳画，平谷桃木工艺品，通州区的熏蚊草等。(2)深度加工。通过对农产品用途的深度挖掘，延伸农产品的功能链，赋予其新的创意。如延庆豆塑画、豆腐火盆锅盛宴，延庆张山营葡萄酒加工，门头沟玫瑰谷玫瑰油精炼，房山浦哇食用菌深加工等。其中，养蜂是延庆县大庄科乡的主要产业，全乡 18 万亩山场，花期 3 季，有 180 户养蜂户，遍布全乡 29 个行政村中的 26 个，每年产原浆蜂蜜 300 余吨。为进一步增加蜂蜜的技术含量和产品附加值，走出直接销售初级产品的局限，蜂农们集资成立了北京莲花山蜂产品合作社，大力发展蜂蜜深加工产业，延伸蜂蜜的用途。(3)文化嫁接。如大兴的"金猪西瓜"、"水晶西瓜"。另外，怀柔区北房镇围里村，为韭菜注入了传统文化元素，其貌不扬的韭菜也被赋予了更多的创意构思。根色为紫、白、黄等色的韭菜被栽植在花盆中，成长过程中，一棵棵韭菜从根部到尖部，形成了颜色渐变的非凡效果。在种植过程中，原先用来种植的普通塑料容器换成了精美的彩绘瓷盆，并用五彩线缠绕，为这种创意的"五彩韭菜"取"五彩五福、长久发财"的美好寓意。从经济效益来看，这种"五彩韭菜"一盆可以卖到 168 元。

在产品加工创意模式中，本文仍以昌平区相关名优农产品为例加以简要说明。主要以文化嫁接类型为例，在昌平区"一花三果"产业中，"一花"就是指百合花，三果是指"苹果、柿子和草莓"。

无论是国内还是国际上，人们对于百合的赞美是从不吝啬的。我国诗人陆游就写过"芳兰移取遍中林，余地何妨种玉簪，更乞两丛香百合，老翁七十尚童心"的名句，所描绘的就是百合花。圣经中有过"百合花赛过所罗门的荣华"的记载，12 世纪的智利和法国还把百合花作为国徽的图案等等。可见通过文化嫁接的方式，让人们对于百合的国内国外文化所吸引，更能为大众所接受。自古以来，百合被人们更为熟知的是其"百年好合"寓意，因此在百合文化观光休闲园区规划中，主要为情侣和中老年人设计。简单来说，以参观、景观设计为主，可以具体包括百合园林，百合乐园，专为情侣们提供的百合长廊，其中可以提供百合的相关食品,例如包括相思玉米百合饼、丰收百合卷以及百合西米露在内的"百合宴"等,关于爱情的特色百合饰品、百合插花,另外还有与百合相关的 DIY 产品作为爱情信物,对于情侣来讲更加具有意义;另外,通过引进世界百合的种类和观赏百合品种,在整个休闲区内营造百合铺园、百合海等景区。为追求浪漫的情侣或者夫妇在百合花丛中建设百合亭,为拍摄婚纱照的情侣以及新婚的夫妇举行喜宴提供天然的场所。通过将富有爱情寓意的百合花的文化元素具象化、扩大化,创造出比销售初级百合花更多的价值和经济效益。

五、资源转化资本

一是以创意产业的手法将资源转化为推动农村发展的资本。二是以创意产业的思维整合各类社会文化资源为农业生产服务,提升农产品的附加值。

(一)创意产业的手法将资源转化为推动农村发展的资本

创意思想的先驱是著名德国经济史及经济思想家熊彼特,早在 1912 年,他就明确指出,现代经济发展的根本动力不是资本和劳动力,而是创新,而创新的关键就是知识和信息的生产、传播、使用。1986年,著名经济学家罗默也曾撰文指出,新创意会衍生出无穷的新产品、市场和财富创造的新机会,所以新创意才是推动一国经济成长的原动力。通过知识产权的生成和利用,使这些活动发挥创造经济效益和就业的成效。世界上经济发达的国家和地区均十分关注创意产业的发展。据统计,目前全世界创意产业每天创造的产值高达 220 亿美元,并正以年均 5% 左右的速度递增,在创意产业先发国家,增长速度更快,如美国达到 14%、英国达到 12%。以创意产业为核心推动力的新经济已占据美国 GDP 的 70%,加拿大 GDP 的 60%。

创意产业部门最大限度地发挥了新经济的优势和特点,日益呈现出融入三产这一特点,反映了创意产业居于价值链高端的地位,并且享有在生产各个环节中分配利润的特权。创意农业就是要将科技、文化和艺术等资源因素融入到传统农业中,从而进行创新,将资源转化为推动农村发展的资本,从而提高农业产品的附加值,进一步拓展农业功能、整合资源,将传统农业发展为融生产、生态、生活、文化资源、科技、市场等为一体的综合性现代农业。

(二)创意产业提升农产品的附加值

实现传统文化资源向文化资本的转化。其首要的也是基础性的工作,就是发现和概括传统文化资源的资本价值,并作出科学分析和合理选择。核心运用知识和技术产生出新的价值,是创意灵感在农业中的物化表现,它是文化与技术相互交融、集成创新的产物。呈现出智能化、特色化、个性化、艺术化的特点,创意产品的价值并非局限于产品本身的价值,还在于它们所衍生的附加价值。通过创意,不断创造出农业和农村的新观念、新技术和其他新的创造性内容,其典型特性是生产者在田间的生产文化成为广大消费者的消费文化。创意农业的核心生产要素是信息知识特别是文化和技术等无形资产。传统农业的产出依赖于对自然资源的消耗,而发展创意农业主要消耗人的智慧。创意农业不仅能够提高农业综合效益,直接增加农民收入,而且能够拓展农民就业空间实现多环节增收:有利于全面提高产品性能、劳动生产率和资源利用率,为社会提供智能化、特色化、个性化、艺术化的创意产品和服务,科技和文化知识附加值比例明显高于普通农产品和服务。

六、全景产业价值

通过农业知识产权（商标、专利、品牌等）的反复交易，形成不同层次的产业体系，带动相关产业和整个区域的发展。

（一）新型涉农专利产业化模式探索

由于专利技术不同于其他成熟的技术，其从一项技术到成熟产品有一个相当长的过程，因而不能以专利权人将技术转让出去就认为是专利产业化的终止，相反，这才是专利技术进行产业化新的开始，而且需要双方共同努力、联合开发专利技术产品过程的开始。促进农业专利产业化的中介服务机构为中心和纽带，将农业专利权人与买受人（意向买受人）联结在一起，在实现技术和资本对接以后，双方能够为取得更大的经济效益而进行深入合作，如技术指导，联合攻关等过程。这个过程主要包括四个方面的内容：其一，由中介服务机构将农业专利权人和买受人（意向买受人）联结在一起；其二，农业专利权人和买受人（意向买受人）双方就农业专利的转让形式和转让价格进行谈判和磋商；其三，达成转让或者许可使用协议，买受人（合法使用者）与专利权人共同进行专利技术产品开发；最后，农业专利技术产品成熟，适合市场化的条件，达到农业专利产业化的目的。

（二）植物新品种产业化新型模式

植物新品种权利人享有以下权利：(1)生产权。品种权人有权禁止他人未经其许可，为商业目的生产该授权品种的繁殖材料；(2)销售权。品种权人有权禁止他人未经其许可，为商业目的销售该授权品种的繁殖材料；(3)使用权。品种的繁殖材料除了具有自身繁殖的功能以外，还具有与其他品种的繁殖材料相结合而生产另外一品种的繁殖材料的功能，按照《植物新品种保护条例》规定，品种权人有权禁止他人未经其许可，为商业目的将该授权品种的繁殖材料重复使用于生产另一品种的繁殖材料；(4)转让权。品种权人拥有对新育品种的植物新品种申请权和已获品种权的处分权。权利人可以转让申请权或者品种权，相关当事人之间应该订立书面合同，并由审批机关进行登记和公告

取得品种权的育种人（单位或者个人），无论从资本方面，还是从社交关系网方面，局限性都比较大，因而要实现植物新品种的产业化，可能需要的时间成本比较长、物质成本比较高，反而成功的几率却不大。在这种情况下，就亟须一种能够相对扩大"品种权人"与"投资人"社交关系的组织形式，或机构来促进植物新品种产业化，而且可以降低交易成本和风险。就是品种权人可以通过促进植物新品种转化的中介服务机构，在市场上帮助其寻找有合作意向的买受人，通过买受人的资本和市场运作能力将新品种进行推广和普及，实现新品种产业化的目的；或者是项目投资人手里拿着资本找不到合适的项目，委托中介服务机构寻觅合适的新品种产业化投资项目，中介服务机构可以将手中具有好的投资回报的项目推荐给项目投资人，从而使得包括中介服务机构在内的三方获得收益。在以中介服务机构为中心的新型植物新品种产业化模式中，中介服务机构根据不同的实际情况，可以有不同的操作方式或获利方式：其一，是在中介服务机构牵线搭桥之后，品种权人与意向买受人进行洽谈，达成合作意向，直接支付给中介服务机构相关的服务费用，实现品种权和资本的对接；其二，是以中介服务机构为中心，品种权人和买受人三方合作进行产业化的开发方式，进而实现对新品种的产业化，在这种情形下，中介服务机构就需要承担一定的责任，同样，这种方式也是对"三方"都比较负责的形式。无论是采取"现有模式"，还是"市场导向型"这种新型模式来实现对植物新品种进行产业化，由于植物新品种自身的特点和弱点，

加上其直接使用者(农民)的素质和意识所限,都需要政府有关部门普及、宣传相关的法律和法规,为植物新品种的产业化提供一个安全的外部环境,促进植物新品种的产业化。

（三）涉农商标产业化新型模式

涉农商标不像涉农专利技术那样,在进行技术对接以后,还有一个较长的产品开发过程,其可以直接被买受人使用,以促进涉农商标产业化的中介服务机构为中心和纽带,将涉农商标权人和买受人(意向买受人)联结在一起,经过双方的谈判,从而达到涉农商标产业化的目的。这个过程主要包括三个方面的内容:其一,由中介服务机构将涉农商标权人和买受人(意向买受人)联结在一起;其二,涉农商标权人和买受人(意向买受人)双方就涉农商标的转让形式和价格进行谈判和磋商;最后,达成转让或者许可使用协议,买受人(合法使用者)将涉农商标进行产业化使用。

（四）新型地理标志产业化模式分析

自 2008 年以来,我国地理标志的注册和初步审查量得到快速提高,是过去 14 年的 1.56 倍。虽然地理标志的数量不多,截至 2009 年底,我国已申请和初步审定的地理标志有 771 件,这些申请的产品大多已经初具产业化规模,对已获得地理标志的商品的使用需要进一步规范,更好地促进农村经济发展、农民增收。

由于地理标志申请人的特殊性,所以地理标志的管理也应该是专业协会或者其他申请的组织和单位,因而对于地理标志的产业化,应该发挥其申请组织的功能和作用,采取"协会(组织)+农户+地理标志"的产业化模式,使分散的农户形成集体优势,使知识产权在农村经济发展中起到同样作用,使农民从中得到实实在在的好处。同时,由于农业的弱质性及地理标志的特殊性,容易产生对地理标志的侵权,所以应该加大政府相关部门的监督作用和执法,加强对地理标志的保护。

七、市场消费拓展

通过城市消费市场的培育和乡村自然环境、生活文化与历史脉络的综合塑造,在创意农业的市场和生产两者之间实现有效对接,使得创意农业的新业态、新商品和新价值能够直接转化为市场效益。

创意农业是在社会发展到一定阶段,随着国家的经济发展水平、科技发展水平、大众文化水平不断提高,人们的需求逐渐出现分层,消费呈现多样化的趋势下产生的。创意农业在现代农业产业发展过程中最为有力的发力点,就是市场细分、市场再定位、消费方式创新和产业运行方式的创新。在消费者生存需求满足的条件下,生活需求成为了其另一个所需。根据消费者的需求特征,创意农业的功能由物质层面向精神文化层面转移。对创意农业产品和服务精准定位,以消费反馈引导创意农业思维的更新,将创意农业产品和服务与消费者的消费升级保持一致,消费状况指导创意农业活动,为创意农业主体的创意和产销方式提供决策性信息。

（一）个性化

传统农产品都是为满足人民大众的基本生活需要,而生活必需品以外的传统农业,其形式往往比较简单,处理农业空间的灵活性不够,也很少考虑农产品的延伸价值。如以往的农业旅游等形式只能"印迹"在消费者计划中,往往体验过一次就失去原有的新鲜感,多为单一消费和一次性消费。创意农业强调用文化元素提升农业产业附加值,通过创意的投入使农产品具有市场吸引力和竞争力,创造出新价值和新市场空间的手段,从而实现农产品和产业的增值。创意农业的核心要素源于"创意",亮点在于个性化的设计,赋予创意农业美学价值和文化内涵,使创意农业有噱头呈现给消费者。生活中创意无处不在,创意农业中以创意理念打开市场大门,与传统农业相比,创意农业更注重产品的意识形态和新思想的投入,依赖于文化的存在和社会属性。创意农业的个性化多表现为对农产品的艺术化创造和创意农业活动的特色化设计过程,创意农业的艺术性,迎合了娱乐时代的公众心理,使农产品在相当长一段时间内,将是"看的比吃的贵"。

（二）服务化

传统农业时代,农业以"为胃服务"的功能存在,当人们转向视觉、嗅觉、味觉、听觉的多方面需求时,不仅第三产业可以提供这种多元化的服务,创意农业同样可以转向"为舌服务",以美味、美艳、美形给消费者带来五官享受。城市消费者需求升级,使创意农业在中国逐渐兴起。在高压力、高封闭、高节奏的城市生活中,城市居民对新鲜感和"返璞归真"的需求越来越强烈。当下各种采摘园、创意农业旅游等形式十分火热,要达到使消费者重复消费,竞争的重点不仅在农产品质量本身,更多的筹码就是服务。人们的生活需求已从简单的物质需求到精神需求,而今随着文化教育水平的提高这种需求过渡为更高一层的文化服务需求。创意农业的服务重心正是倾向于对大众文化服务需求的满足,它将单纯的农业生产与农耕文化结合起来,将农产品与文化开发结合起来,使农产品和农业生产过程赋予文化内涵和价值。

（三）符号化

创意农业的价值主要有两种来源,一部分源于创意性,另一部分源于创意农业的符号化。符号化的价值体现在产品的差异性所带来的不同体验,当相似产业之间的消费品和消费形式趋于相似的生产和特征时,产品的符号化特征就需要表现出其特有的差异性,这样产品才能在市场上获得额外的隐性收益。符号消费并不神秘,人们在符号的解码中获得丰富的乐趣,满足生理和心理的需求。创意农业直接面对的消费者,追求的不再是物质需求,更多的是一种精神和文化需求,这种需求是抽象化的。将创意农业置于市场之中,它是一种体验经济,是以商品为道具,以消费者为中心,创造能够使消费者参与、值得消费者回味的活动。创意农业的符号化特性表现为地位象征、文化体验和创意享受等。

（四）参与性

体验经济时代的到来其实是产品经济时代和服务经济时代相结合的产物,它是两种经济形态的有机融合。从消费者角度看,体验是消费者为了满足追求个性和实现自我的需要而花费的一定时间、费用和精力所享受的经历和感受。创意农业离不开土地和农村,其营销方式不再是单一地使农产品产销国内外,同时强调把消费者引进来,偏重于农村创意文化生活的新体验。以创意农业旅游为主的诸多创意农业项目,就是引导消费者走进郊区、乡村,以纯朴的自然元素和创意设计给消费者与城市快节奏生活相反的休闲与体验。体验经济活动的优劣以消费者的自身感受作为衡量标准,人与人之间的体验从本质上来说是不同的,以体验使得消费者达到自我满足和自我实现,是创意农业设计所要表达的较高境界。创意农业需要一种双赢的模式,只有消费者参与到创意农业中来,分享到其中的乐趣与美,创意农业的价值才能更大力度地展现,创意农业主体与消费者之间互动的关系才能保持良好持续发展。

（五）季节性

农产品具有明显的季节性特征,近几年来,创意农业利用各季节作物的不同,"采摘热"和创意农业观光产业在全国各地铺展开来。据报道,黑龙江双鸭山农场,种植特色果蔬600平方千米,2010年春天通过参观、旅游方式,接待周边地区游客近 3000 人,为农场增收近 500 万元。季节性在给创意农业带来发展新思维的同时,其给农产品带来的淡旺季也使创意农业受到了一定限制,给创意农业与其他产业的整合增加一定难度,对创意农业企业合理化管理经营带来了很大挑战。高技术的储藏手段、多元素的综合创意,合理根据季节交替发挥农产品季节性的优势,是创意农业面向消费者推广和迎合消费者消费心理变化的赢利点。

八、空间资源集聚

创意农业的发展在空间上通常采取集聚发展的模式,表现形式是创意农业园区和创意农业集聚带。

（一）创意农业园区

创意农业园是以创意为主线,对农业要素进行集成创新而形成的区域,是一种推动创意农业发展的整合组织模式。

创意农业园区首先要通过制定科学合理的规划,统筹区域农业园区的建设,按照地区资源特点、文化特色和产业基础等条件,树立不同的特色品牌,实行差异化发展,可以有效地避免园区建设的泛滥化和同质化。其次,科学合理的规划是建立在对园区区位、资源、文化、产业、市场等基础条件分析的基础上的,保障了园区规划的可行性与可操作性。最后,通过规划可以有效地解决园区定位模糊、用地布局混乱、基础设施条件差、文化品位低等问题,可以科学指导园的建设,促进园区健康有序地发展。同时,园区的规划解决了园区的经营方针、组织运营模式问题,对园区的运营效益作出评估,降低了园区建设的风险性,能够促进园区建设的顺利开展。

（二）创意农业聚集带

创意农业聚集带的规划设计归根结底是乡村文化景观元素的时空布局,从文化旅游开发的角度,资源与市场被放置在时空体系中重新评价。在质的方面,应该寻求时空的异化;在量的方面,则寻求时空的强化;在形的方面,寻求时空的聚化。旅游资源是对处于不同时空中的游客具有吸引力的事物,不仅仅包括景点,也包括这一时空中的人们、活动、事件,整体而言,就是"环境"。因而旅游资源的本质是时空的异化,是游客和旅游地的分隔。对于城市而言,乡村是不同的时空,这表现在空间区位不同、地域文化不同和生活节奏不同。以上时空特性是乡村旅游资源分析的出发点。

总体来说,北京创意农业的八种发展模式,内涵丰富、形式多样,相互之间并不是绝对的孤立关系,而是相互影响、相互补充、相互作用、相互渗透,共同成为北京创意农业发展的引擎。

第四节　北京发展创意农业的对策

创意农业已成为拉动"三农"经济快速发展的新的增长点,为提升农业软实力、促进城乡互融互动、增加农民收入提供了新的引擎。为进一步推动北京市创意农业的发展,政府需注重构建北京创意农业的金融体系;增强品牌意识,构建北京创意农业品牌;扩大经营规模,构建北京创意农业聚集区;开发北京郊区特色资源潜力,注重农业多功能性开发;打造北京创意农业品牌,开拓消费市场;提高北京创意农产品的技术含量和附加值;加大对北京创意农业的宣传力度。

一、打造产业聚集

创意产业在世界上多是以创意产业聚集区方式存在和发展的,主要原因在于文化创意产业聚集区所形成的规模效应可以减轻园区内企业间的成本,在增强区域和行业的整体竞争力起着积极的影响。自 2006 年起,北京市政府就将文化创意产业作为北京市"十一五"期间重点发展的主导产业,并确立建立包括全国文艺演出中心、全国出版发行和版权贸易中心、全国影视节目制作和交易中心、全国动漫和互联网游戏研发制作中心、全国文化会展中心、全国古玩艺术品交易中心在内的六大创意产业中心。2014 年,北京文化创意产业初步核算实现增加值 2794.3 亿元,占全市 GDP 的比重提高到 13.1%,创历史新高。截至 2014 年底,本市文化及相关产业企业已达 17.1 万户,同比增长 15.8%;注册资本 4338.5 亿元,同比增长 39.4%。规模以上法人单位实现收入 11029 亿元,同比增长 9.5%;文创从业人员 109.7 万人,同比增长 2.2%。在整体经济发展进入新常态,增速换挡的形势下,本市文化创意产业逆势上扬,表现出较强的抗衰性。在文化创意产业九大类别中,文化科技类业态持续发力。其中,信息传输、软件和信息技术服务业(该行业共 17 个小类,14 个属于文化创意产业)实现增加值增长 11.7%,高出全市 GDP 增速 4.4 个百分点,对增加值占比突破 13% 起到关键作用。此外,新兴业态增长迅速,也是增加值取得突破的又一重要因素。2014 年,全市动漫游戏业实现产值同比增长 69%,占全国动漫游戏业产值的近 1/3。无论从实现营业收入、上缴利税以及带动就业等不同角度,创意产业聚集区都起着重要作用。

创意农业作为北京创意产业的重要延伸和内涵,通过构建创意农业聚集区形成规模效应,促进全国第七大创意产业中心——全国创意农业产业中心建设是具有现实意义的。北京创意农业聚集区的竞争优势是指一系列在一定的地理空间范围内,基于北京创意农业聚集区内的包括自然条件、人力资源、民俗文化、特色产品产业等要素禀赋的在特定地理区位集中,从而在服务成本、劳动力成本、交易成本、信息成本等方面获得的成本优势以及由此产生的经济规模聚集效应。北京创意农业还具备形成规模经营,构建聚集区的条件:从制度环境的角度来看,北京创意农业的发展得到了北京市政府的支持,政策连续性和稳定性在形成北京创意农业聚集区建设和发展过程中十分重要,这在一定程度上对吸引社会投资、提供优质高效的公共服务和吸引创新创意人才都具有积极作用;从市场环境的角度来看,北京创意农业聚集区所在地具备与产品相关的要素供给市场、产品和服务销售市场;从创新环境的角度来看,北京集合着各个领域的创新创意人才,且具备很强的流动性和快速的知识融合和扩散,这样的环境有助于北京创意农业聚集区内的企业能相互孵化、促进和融合,加快新创意项目的开发。

二、注重功能开发

各类地方文化资源是发展创意农业的重要组成部分,将农业与农村的自然资源相结合,开发创意农产品。北京郊区目前已形成大兴古桑园、大兴玻璃西瓜和彩色紫薯、怀柔桥梓农业公园、门头沟樱桃园、和平谷桃木工艺品等具有特色的创意农产品。北京创意农业高质量发展生态农业,突出生态文明的功能。

三、提高产品价值

加大北京创意农业的科研投入,提高北京创意农产品的科技含量,从而提高创意农产品的质量水平,提高农产品的附加值,增强北京创意农产品的竞争力。

四、创建个性品牌

推进现代农业建设是中国经济和社会特别是农业、农村发展到关键阶段进行的一项重大战略步骤。北京创意农业作为发展现代农业的新兴业态,其产业增长能力主要取决于在各种发展路径中进行有效选择的能力。其中,构建北京创意品牌农业,实施北京创意品牌农业发展战略,立足北京资源优势,围绕北京巨大的市场需求,大力培育和保护创意农业品牌,对于农民增收以及北京创意农业的长期可持续发展都具有重要意义。

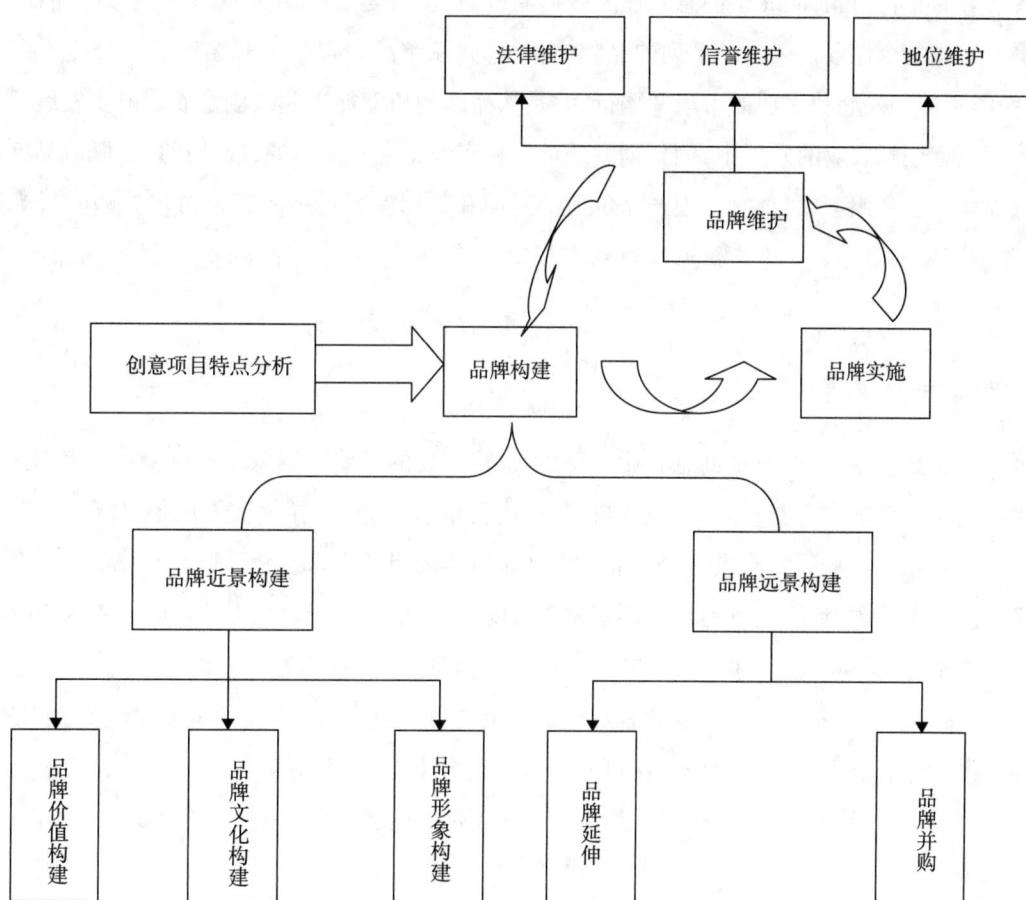

图 8-1 北京创意农业品牌构建体系

目前,北京主导农产品已获注册商标的数量为 50 个,涉及大兴西瓜、平谷大桃、大兴采育镇张各庄村的宜生源酱菜、平谷区南独乐河镇北寨村的红杏等,都是比较著名的商标,另外,门头沟妙峰山镇樱桃沟村的樱桃还成为北京市唯一性特色农产品。北京创意农业的经营必然要以市场为导向,随着北京居民生活水平的提高,农产品生产不再是北京农业必须的目的,同时丰富的休闲旅游、生态旅游等创意农业的产品项目的丰富,决定了消费者在购买农产品时必然进行比较和选择。这样一来,站在消费者的角度上,构建北京创意品牌农业,在对于北京创意农业中的创意项目和创意产品的品质和特点的区别上,可以在一定程度上节省消费者的时间成本和机会成本;而站在北京创意农业生产者的角度上,创意品牌农业的构建有助于提高其项目和产品的核心竞争力,具备一定的排他性。

因此,对于北京创意农业的品牌构建来说,要结合自身产品和项目的特点出发,进行品牌构建、品牌实施和品牌维护的良性循环之中。具体来说,首先是品牌构建,在这一环节不仅仅要考虑品牌的近期效益,远景构建同样十分重要。在近景构建中,主要包括北京创意农业品牌的价值构建、文化构建和形象构建。波特在品牌竞争优势中曾提到,品牌的资产主要体现在品牌的核心价值上。品牌价值的构建不仅在于创意农业品牌形成与未来发展过程中蕴涵的沉淀成本,而且在于它是否能为北京创意农业主体带来相比传统农业更高的溢价和想象空间,是否能满足消费者的情感需求和功能效用;而品牌文化的构建,主要是指通过赋予北京创意农业品牌丰富的文化内涵,使消费者对品牌在精神上形成高度的认可,无论是民俗传统文化,还是现代精神文明,在北京创意农业中都得到了很好的融合和体现,可以说其自身就具备很好的文化内涵;而北京创意农业品牌形象构建,主要是通过对创意服务、创意产品的功能性和营销手段进行的个性宣传以及一系列的品牌维护行为,赋予品牌很高的知名度和美誉度。在远景构建中,品牌的延伸和发展壮大后的市场并购行为,是从品牌的角度促进北京创意农业自身发展壮大的重要手段。在北京创意农业的发展中,创新创意的迸发和实现是永不停步的,因此通过将既成品牌延伸到新的创意农业产品和服务项目中,实现产品价值的延伸和长远发展;另外,通过市场并购的行为做大做强,减少同类资源的竞争,将自身资源推高到市场垄断的层面,获取更高的垄断利润,从而增加农民收入。

五、挖掘市场潜力

发展生态旅游业、绿色产业是创意农业的特色,也是市场的需要。创意农业也要在北京山区县着力打造一批特色生态沟或生态谷,加快升级乡村旅游,进行市场细分,差异化发展民俗、休闲、科普等乡村旅游业。对创意农业市场研究将重点分析北京山区旅游业的市场需求、市场细分及目标市场,并提出市场营销策略。目前已经拥有了一批诸如怀柔的"不夜谷",密云的"云蒙风情大道"、门头沟的"玫瑰谷"、延庆的"百里山水画廊"等有一定影响力和知名度的景点,但总体处于旅游市场的低端,主要体现在其产品价格低廉、质量不高。并且旅游者对旅游的定位也普遍是中低档旅游产品,为修正旅游者心目中的低端产品印象,同时完善旅游自身的市场线,有必要向上扩展产品线,推出高档旅游产品。同时要对老产品进行重新包装、完善和优化,要尽快更新传统产品,对传统线路不断增加新的内容,在观光产品中应重点开发具有一定参与性,并有深刻文化内涵的旅游产品。

六、强化金融支持

文化创意产业大多是以知识产权为基础的中小企业居多,盈利模式相对不固定,固定资产少,缺乏规范的行业标准和公约,缺少完善的信用评级体系和针对其创意项目和经营内容而设立的专业评估公司,缺乏有实力的担保机构和具备很高价值的品牌,加上无形资产的不确定性,企业的这些自身特点难以给正规金融机构为主的授信主体足够的赢利前景和预期。

北京创意农业作为北京文化创意产业在农业领域中的重要延伸,同时也是北京都市型现代农业建设中产生的新型业态,其蕴藏的政策风险极小,同时又具备很高的附加值和市场空间,理应得到政府和银行等金融机构信贷的大力支持,但是目前并没有针对北京创意农业的金融支持体系。因此,构建合理的北京创意农业金融体系,为其发展提供强有力的信贷支持,拓宽其融资渠道和空间具有重要的意义。

北京创意农业金融体系应该是一个集合市政府、包括银行在内的正规金融机构、民间投资者、产业投资基金和资本市场的相互影响、相互作用的系统,最终形成以政府财政投资为导向、以金融机构融资为主体,兼有北京创意农业投资基金、民间投资和资本市场融资为补充的多渠道、多维度的融资手段,从根本上消除北京创意农业企业和项目做大做强的障碍。

北京创意农业尚是一个新兴业态,在其发展初期,政府提供必要的资金扶持起着不可替代的推动作用,可以更好地推动北京创意农业又好又快发展。首先,北京市政府除了每年对新农村建设、都市型现代农业的建设投入之外,还要从财政预算中安排一定额度作为专项资金,直接投入北京创意农业的发展,资助那些由于风险和资金原因而无法实现创意计划的企业和个人。另外,政府投资还会对民间投资产生比较大的拉动作用,在金融危机爆发初期,我国投资4万亿拉动内需,造成2009年前三季度全社会投资增长33.4%,增幅比2008年同期提高6.4个百分点。尽管一些研究表明,北京地区政府投资对民间投资的拉动影响十分有限,政府投资与民间投资相关性较弱,但是事实上,政府投资对民间投资的"拉动效应"取决于政府投资的领域。众所周知,民间资本具有逐利天性,追求投资的高收益、高回报,而北京创意农业作为以高附加值为特征之一的新型业态,具备较高的投资回报率和收益预期,政府投资会带动更多的民间资本涌入到北京创意农业实体经济中。第三,建立北京创意农业投资基金,主要采用政府引导、企业和民间参与的方式,由金融机构进行专业运作,吸引企业、个人和地方私募股权投资机构资金加入,对北京创意农业企业或者项目进行股权投资,引进战略投资者,促进创意成果向市场转化。第四,北京政府通过完善政策法规,鼓励北京创意农业企业上市融资,支持规模较大、赢利模式相对稳定的大型创意农业企业在创业板上市融资,充分利用资本市场的融资功能,为北京创意农业提供强大的资本市场支持。最后,针对北京创意农业企业缺乏有形资产抵押物的实际,银行信贷部门应创新信用制度,设立具有专业资质的北京创意农业评估机构,对其提供的无形资产质押物进行评估,担保机构根据

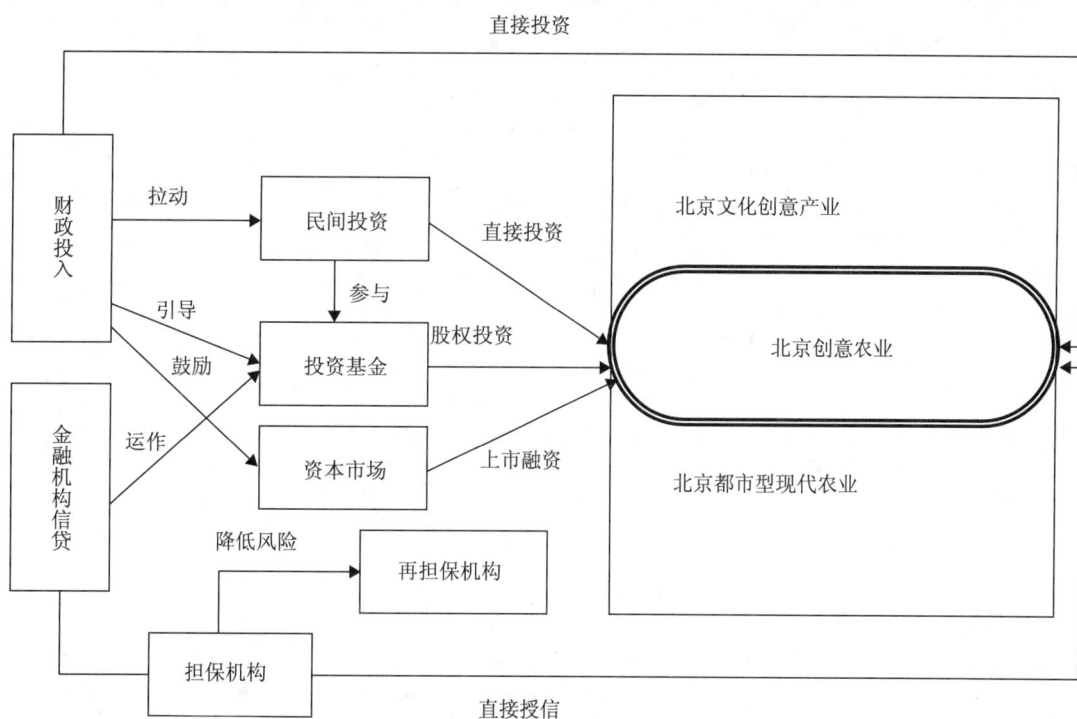

图8-2　北京创意农业金融体系构建

评估结果提供担保,同时设立再担保机构,为担保机构降低市场风险,使银行等金融机构根据无形资产价值和担保机构的担保进行直接授信。

最终,形成财政投入为导向,社会投入为主体,金融资本为依托的多元化创意农业投入体制,形成多种经济成分共同支撑北京创意农业发展的新格局。

七、加大宣传力度

北京创意农业有力地推动了都市型现代农业的发展,应该加大度创意农业的宣传力度,让广大市民和农民认识了解创意农业,并且参与到发展创意农业的事业中,例如建立"北京创意农业网"等网站,让大家通过网络理解创意农业。借助政府对北京创意农业的宣传,引领创意农业健康发展。同时开展一些发展创意农业的活动,吸引社会大众的关注,并给予北京创意农业更多的建议。

第九章　品牌农业

加入 WTO 意味着我国真正步入了经济全球化大潮中,意味着企业处于一个更加开放、竞争更加激烈的市场环境中。在开放和竞争的市场中,品牌可谓是市场的灵魂。每一个企业,甚至每一个国家都只能通过自己的品牌步入市场和占领市场,从而确立其在市场竞争和世界经济中的地位。我国是一个农业大国,但不是农业强国,其原因就在于我国缺少富有市场竞争力的农产品品牌。面对全球经济一体化条件下的开放市场,中国只有发展品牌农业,才能巩固我国在世界经济中农业大国的地位,并使我国由农业大国走向农业强国。

第一节　品牌农业概述

随着各国的经济联系更加紧密,经济全球化的进程加快,使得全球化的竞争更加激烈。经济的快速发展也使得人们的收入水平不断提高,生活品质不断得到质的改善。因此,对于健康、有机、生态、特色的农产品的需求量日益增加。现代农业的发展紧密结合消费者的需求以及偏好,充分迎合现代消费者的消费理念,努力在农产品的质量、口味、包装等特色方面进行创新,从而挖掘和提高农产品本身、农产品的生产以及经营环节的附加值,进而提高获利能力。都市型现代农业必须实施品牌化战略,通过整合企业组织的各项资源,以强化差异性,强化消费者对品牌的认知,来寻求竞争优势和超额利润。

品牌是一种社会经济现象,在商周时期,品牌现象就在我国出现,这一时期是我国品牌的萌芽期;到春秋战国时期,商品逐渐从农业中分离出来,商人在自己的经营场所用招牌、幌子等招揽顾客,品牌传播方式转变为规范的文字标注方式,这是我国品牌发展的第一次历史性飞跃;到唐朝随着商业贸易的繁荣发展,明确的品牌意识得以确立;到宋朝,造纸术印刷术的广泛应用,品牌广告日益繁荣多样,丰富多彩;清政府于 1904 年发布了《商标注册试办章程》,我国的品牌管理开始走向系统化、规范化和法制化。从世界范围来讲,现代品牌是伴随资本主义制度的确立在 19 世纪出现的一种新生事物,1857 年,法国制定了世界上最早的商标法,到 19 世纪末,商标注册制度已经在世界范围内推广。

国内外理论界与实业界对品牌的概念从多种角度进行了界定,目前依然没有形成统一的品牌定义,对品牌内涵的解说和阐释众说纷纭,出现了符号说、关系说、资源或价值说、媒介说、生态说、综合说等多种定义方法,不同的定义既表明了不同的观点,也显示了品牌内涵的日益发展。《兰登书屋英语词典》中关于品牌的定义普遍被大家接受,品牌是指:"一个词、名称或符号等,尤其指制造商或商人为了在同类产品中区别出自己产品的特色而合法注册的商标,通常十分明显的展示于商品或广告中。"

上述定义仅仅停留在对品牌的认知上,认为品牌是一种产品、服务和商标,这种对品牌物质形态的认知显然没有深入理解品牌的内涵,只有成分挖掘品牌的内涵才能更好地使品牌得到发展。品牌的内涵主要包括品牌的实力内涵和品牌的价值内涵。

1.品牌的实力内涵。品牌不只是名称、商标,而是融入了顾客的情感和体验,表现和依托了一种理念,所以应该从品牌的关联性和品牌的反响来衡量一个品牌,这比单纯的品牌认知更具价值。然而,品牌的关联性和品牌的反响,关键是搭建和顾客沟通的桥梁。

2.品牌的价值内涵。品牌的价值内涵主要由品牌对商品的价值、品牌的核心价值以及品牌咒语来体现。品牌对商品的价值主要是强调商品的质量。品牌创建的基础就是生产"非同质商品",实力强大的品牌,需要有坚实的品质和服务,尤其是在品牌创立初期,最好的品牌建设最初绝不是专注于建立好品牌本身,而是致力于优良的、有利润的产品和服务,以及支持性组织。切勿盲目的扩大品牌影响力而忽视了商品和服务的品质建设;品牌的核心价值要求每个品牌的核心都具有给予它力量的物质,品牌核心价值是品牌生长的灵魂,要发展品牌就必须先了解它的核心。比如星巴克的核心价值在于:"不只是在生产一杯伟大的咖啡,而是在提供一次伟大的咖啡体验。";品牌咒语可以理解为俘获品牌定位的真实精神,其目的是确保公司内所有员工及外部的营销伙伴都能理解品牌的本质对顾客的影响,这样员工与合作伙伴才能相应的调整自己的行为。比如耐克咒语"真正的运动品质":强调保持真实度,也指完整性、纯粹性、前沿与中心地位。

发展品牌农业是中国农业产业化和现代化的重要环节。

1.发展品牌农业能够带动农业标准制定与实施,提高农产品质量安全。品牌农业以其优质的产品质量、规范的生产流程赢得良好的口碑和市场拥护度,是对目前良莠不齐、为人诟病的农产品质量体系标准化规范化改善的一个有利推动。如厦门银祥集团在无公害养殖基地建设基础上,创立了"统一原料供应、统一良种繁育、统一技术标准、统一饲养管理、统一卫生防疫、统一产品回收"的银祥模式,成为福建省乃至全国"放心肉"的著名品牌。

2.发展品牌农业能够推进农业产业化进程,加速现代农业发展大力发展品牌农业。通过开发具有比较优势和较强竞争力的品牌农产品,既可以帮助农民解决与市场的衔接问题,实现农民增收,又能够带动生产、加工、销售、服务等相关产业发展,实现农工贸一体化、产加销一条龙,延伸产业链条,从而推动农业产业化发展进程,加速我国现代农业发展。

3.发展品牌农业可以增强农业市场化程度,提升农业国际竞争力。全球化的加速对农业发展提出了更高、更严的要求,农产品市场竞争进入品牌营销阶段。依托品牌来提升农业市场竞争力成为农业不可逆转的发展趋势。只有建立健全名牌农产品的培育、保护和发展机制,创建出一大批"立足国内,竞争国际"、"既有高品质又有高附加值"的名牌农产品,中国农业才能拥有较强的国际竞争力,才能在风云变幻的市场经济中立稳脚跟。

4.发展品牌农业能够带动农业生态环境保护,实现农业可持续发展。实施品牌农业将使得农业生产经营者更加关注农产品的质量与环境安全性,并促使他们有效地管理和保护农业资源,建立农业资源的生态经济运行系统,采用环保技术,以解决由于大量使用化肥和农药所引起的环境污染等问题,实现农业可持续发展。

一、品牌农业的概念及内涵

品牌农业是指经营者通过取得相关质量认证,取得相应的商标权,通过提高市场认知度,并且在社会上获得了良好口碑的农业类产品,从而获取较高经济效益的农业。农产品品牌是现代农业产业化经营的标志,也是农产品进入市场的客观要求,农产品竞争同工业产品一样需要有品牌。在农产品市场竞争日益加剧的情况下,具有较高附加值的农产品市场对产品差异化的要求越来越高,农产品生产主体实施品牌化经营战略就成为赢得竞争新优势的重要手段。

品牌农业的内涵是指以商品生产为前提,以国内外市场为导向,以生产单位为主体,使生产、科研、流通、服务等各个环节有机联系在一起,建立在现代科学技术体系上,并在市场上享有较高知名度的高品位的经营性农业。

二、品牌农业的特征

(一)对自然条件的依附性

农业品牌对环境的依附性主要来自于农产品对自然条件的依附性。农产品的生长需要特定的水质、土壤、气候等自然条件,这些因素都与农产品的生长、品质具有较强的制约作用,因此,农产品对气候、环境等自然地理条件具有很强的依附性,"橘生淮北则为枳"就很好地体现了这一规律。平谷大桃、山东大葱、河北鸭梨、西湖龙井、武夷大红袍等著名的农业品牌的成功塑造都得益于适宜的自然条件因素。但是,随着现代农业科技的发展,农产品的生长对自然条件的依附性逐渐减弱,比如,对于特定的农产品要想在非原生地仍然达到原生地生长的效果,可以通过改造农产品的基因或者通过模拟特定农产品的生长环境达到相同的效果。

(二)农产品的实用价值和文化价值的统一性

无论是农产品还是观光农业,其所在区域的社会、经济、政治条件以及人文地理状况等对品牌农业的成长具有不可忽视的影响。随着生活品质的改善,人们不再满足于物质生活,而是希望在物质生活得到满足的同时可以丰富自己的精神生活。因此成功的品牌农业应该是将产品的实用价值和文化价值进行完美地融合,保证消费者在消费实用价值的同时,能够享受到融合在品牌之中的文化性、精神性、情感性,同时得到审美享受、精神愉悦和情感的慰藉。

(三)农产品品质的主导性

质量是品质的基础,是维持品牌农产品信誉、巩固市场的"命根子"。为保证品牌、农业对农产品高品质的要求,必须重视对农业生产过程活动的全程质量控制,这就要求在组织生产过程中,土壤、水、空气、种籽、化肥、农药、劳动力等生产带来必须符合相应的行为规范。

(四)对市场环境的适应性

品牌农业是由传统农业过渡到现代农业的产物,传统农业向现代农业的转变体现在由自给自足和计划性的农业向以市场需求为导向的高度商品化的农业的转变。发展品牌农业一方面要关注消费者不断变化的需求,并激发其潜在需求;另一方面要时刻关注区域农业间、农业产业内部企业间、企业内部各部门间的关系,处理好合作与竞争的关系。品牌农业要想在市场环境中生存下来,必须控制成本,并且尽可能多的盈利,这就要求企业进行规模性经营以及采取多样性的发展模式。生产经营的规模性是要求其农业企业要具备相当大的规模,根据农业区域内自然资源形成一定规模的优势农产品产区。同时,跨地区、跨行业、跨所有制组建企业集团。充分发挥规模优势,节约成本。品牌农业在发展的过程中应以科学技术为支撑,不断进行农业生产经营的新技术、新产品的开发与创新。

(五)消费安全的保障性

品牌是产品质量和特色的标志,是经营业主与消费者之间的一种无形契约。品牌农产品有利于有关部门对农产品进行检验,当出现食品安全问题时及时有效的对食品问题进行溯源,而不至于对整个行业造成不良影响。因此,在当前消费者对农产品消费需求追求绿色、环保、无污染、益健康等越来越明显的情况下,品牌农产品必将成为人们放心消费的首选。可以说品牌是经营者对消费者的一种承诺,是对消费安全性的一种保障。

第二节　北京品牌农业发展现状

进入 21 世纪以来,北京郊区各级认真贯彻北京市委、市政府关于发展都市型现代农业的方针,落实"221 行动计划",积极实施农产品品牌战略,推进农村产业品牌化,涌现出一批品牌产品、品牌农业、品牌产业。在郊区不少地方,实现了"注册一件商标、带动一项产业、搞活一地经济、富裕一方农民"。本节分析了北京市品牌农业的发展现状,并提出目前存在的问题。

一、优势

(一)北京具有坚实的经济基础

进入 21 世纪以来,北京市农业产业化发展速度较快,从 2000 年起农业产业化组织数量便以年均 28.6% 的速度递增。农业产业化组织的快速发展,一方面,表现为龙头企业总数增加,生产规模不断扩大,带动效应不断显现,科技创新能力逐渐增强,正在成为推动北京郊区经济发展和农民增收的重要力量;另一方面,以培育有竞争优势和带动能力的农民专业合作经济组织和农产品行业协会为重点,以提高农民的组织化程度为基础,紧密结合农业结构调整,培育了一批规模较大、带动能力较强、运作较规范的专业合作经济组织,并已成为北京市农业产业化经营的重要载体。

在北京,农民合作组织覆盖范围很广,它把分散的小规模农户直接组织起来以"集团军"的形式共同进入社会化大市场,有利于促进农业的市场结构由过度竞争向垄断竞争的转变,它是提高农业的市场集中度,进而矫正农业弱质特性的根本途径。农民合作组织的兴起对促进农村发展和吸纳农业剩余劳动力发挥了不可估量的作用,把原来分散的生产组织及聚到一起,有效地降低了农业经营的成本并保证了品牌农业的质量。

北京作为全国最大、最密集的消费市场之一,具有消费群体规模大、消费层次多、消费需求变化快、消费质量高等特点,首都巨大的消费市场为品牌农业的发展提供了良好的机遇。

(二)北京具有科技资源优势

品牌农业的发展离不开科技资源,科技为现代农业的发展提供了强有力的支撑。北京市作为全国政治、经济、文化和科技中心,聚集有多所农业高校和农业科研机构,包括中央、国务院各部委所属在京的科研机构及市属科研机构、区（县）、工矿企业自办的科研机构、高等院校及民办科研机构等,是农业知识密集区,智力密集区,有着极为丰富的农业科技资源。这些宝贵的科技资源是构建北京农业技术创新、知识创新体系的基础,是进行新的农业科技革命的有利条件。

目前,形成了一些农业科研和现代农业技术的优势领域。农业科技在一些领域居世界先进水平,已经形成一定的科技优势,例如:作物种质资源与作物遗传育种,植物病虫害综合防治,生态农业技术,农田灌溉技术,畜禽养殖及疾病防治等。就全国而言,除水产养殖、热带作物等受区域分布影响较大的领域外,我国农业科技优势领域一般是由北京农业科技部门主导的。

（三）北京农产品流通便利

便利的交通、发达的物流能够促进品牌的传播,有利于品牌农业的发展。北京是全国物流的中心,在现有流通渠道中,以新发地为代表的大型销地农产品批发市场为核心枢纽的流通渠道约承担着北京农产品 70% 的市场销售量。以家乐福、物美等为代表的“农超对接”流通渠道约承担着 20% 的市场销售量。另外,农校对接(生产地与高校对接)、农宅对接(生产基地与社区对接)、农机对接(生产基地与大型机关、国有企业、事业单位对接)、农餐对接(生产基地与大型饭店、商务酒店对接)等其他流通渠道约承担着 10% 的销售量。北京着眼于首都市民农产品安全、稳定供应的社会公益性职能,抓住农产品批发市场和大型连锁超市等关键环节,不断创新多种农产品流通模式。

从农产品的特性出发,首先,农产品具有生鲜等特性,从生产到零售的物流运输过程中要有冷链设施对其进行覆盖,以此保证相关农产品物理特性和化学特性的合格率,保障农产品到达消费者餐桌的食品安全。其次,流通环节相应的关口要对农副产品化肥、农药等残留的合格率进行严格的检疫检测,以此保证农副产品的食品质量安全。高效的物流系统能够更好的保证农产品的特性以及质量安全,而品牌农业对农产品的特性以及食品的安全性更高。

二、成效

（一）品牌农业发展规模不断壮大

积极创建北京市著名商标农产品、中国名牌农产品。“十一五”期间,北京市大力发展唯一性特色农产品,打造都市型现代农业品牌,对获得北京市著名商标与中国驰名商标的企业给予政策支持与奖励,企业品牌影响力不断提高。截至 2010 年底,北京市农产品共有中国驰名商标 27 个,北京市著名商标 112 个。华都肉鸡、鹏程肉食、三元牛奶、汇源果汁、牵手果汁、燕京啤酒、牛栏山二锅头等品牌的知名度不断上升,品牌价值超过 1000 亿元。计划到 2015 年底中国驰名商标的农产品总数增加 10 个,北京市著名商标增加 30 个。

北京市加快推进食用农产品“三品”认证工作,大力发展无公害农产品、绿色食品和有机食品。从中国农业信息网上查询到,截至 2013 年底,有 275 件农产品获得了无公害农产品证书,北京市共有 51 个企业、283 个产品获得绿色食品证书;同时,北京市农业局依法加强对无公害企业(基地)的日常监管,加大检测与田间督导力度,纠正不规范生产行为,北京市食用农产品生产环节质量安全保障能力进一步增强。

表 9-1　北京市绿色食品认证企业及产品

企业名称	产品名称
北京德青源农业科技股份有限公司	生态鲜鸡蛋;金牌初产鲜鸡蛋;金牌宝宝鲜鸡蛋
北京市长水园艺农场	草莓
北京龙徽酿酒有限公司	龙徽干红葡萄酒;赤霞珠干红葡萄酒;怀徕珍藏干红葡萄酒;夏多内干白葡萄酒等
北京凯达恒业农业技术开发有限公司	红小豆;黄豆
北京东升方圆农业种植开发有限公司	菜心;菠菜;芥兰;西兰花;荷兰豆;甜豆;韭菜;生菜;奶白菜;油菜等
北京燕京啤酒股份有限公司	11 度清爽啤酒;10 度清爽型啤酒;10 度本生啤酒;11 度纯生啤酒等
北京二商希杰食品有限责任公司	绿色豆浆;绿色北豆腐;韧豆腐
北京高高科技开发中心	平谷鲜桃
北京古船米业有限公司	古船大米(精制米);古船长粒香大米
北京红星股份有限公司	38 度红星御酒;38 度精品红星二锅头酒
北京留民营家禽养殖场	鲜鸡蛋
北京豆豆厨食品有限公司	黄豆浆(微甜);嫩豆腐;内酯豆腐;绿色北豆腐;鸡蛋豆腐;木棉豆腐等
北京市翠微山天然矿泉水公司	天然矿泉水
北京绿奥蔬菜合作社	甜椒;茄子;番茄;黄瓜
北京庞各庄乐平农产品产销有限公司	大兴精品西瓜;乐苹西瓜(袖珍);乐苹甜瓜(精品)
北京中海万悦饮料销售中心	天然矿泉水
北京绿色田野食品有限公司	番茄;架豆(豇豆);西葫芦;生菜;油菜;茼蒿;芹菜
北京大地之春果品经销中心	红富士(苹果)
北京大唐庄园饮品有限公司	饮用天然矿泉水
华夏五千年(北京)葡萄酒股份有限公司	霞多丽干白葡萄酒;雷司令干白葡萄酒;赤霞珠干红葡萄酒;橡木桶干红葡萄酒
北京天翼生物工程有限公司	木酢草莓
北京御食园食品股份有限公司	鲜食大枣;小甘薯
北京御景园草莓种植基地	草莓
北京海华文景农业科技有限公司	黄瓜;番茄;青椒;茄子;豆角;樱桃;葡萄
北京格乐昭霞蔬菜种植专业合作社	番茄;黄瓜;青椒
北京奥仪凯源蔬菜种植专业合作社	黄瓜;番茄;青椒;辣椒;豆角;草莓
北京元丰泰农业种植专业合作社	青椒;西葫芦;茄子;生菜;芹菜;黄瓜;番茄
北京祥和源农业科技发展有限公司	青椒;番茄;黄瓜;茄子;西葫芦;油菜;萝卜;葡萄;油桃
北京古北口镇龙洋蔬菜种植专业合作社	青椒;尖椒
北京云科利民蔬菜种植专业合作社	黄瓜;番茄;青椒;尖椒;芹菜
北京太师庄种植专业合作社	水果黄瓜;番茄;辣椒;袖珍菇(鲜)
北京林鑫生苑农产品产销专业合作社	黄瓜;尖椒;番茄;西葫芦;菜豆;茄子;生菜;香菇(鲜)
北京荆栗园蔬菜专业合作社	西葫芦;番茄;黄瓜;架豆;青椒;油菜;茼蒿;生菜;紫背天葵;番杏;芦笋
北京全聚德仿膳食品有限责任公司	咸鸭蛋(熟)
北京泰华芦村种植专业合作社	番茄;茄子;辣椒;草莓;黄瓜
绿源永乐(北京)农业科技发展有限公司	杏鲍菇(鲜)
北京德青源农业科技股份有限公司	玉米
北京市南口农场	富士苹果;草莓

企业名称	产品名称
北京艾莱发喜食品有限公司	纯正牛奶冰淇淋(山核桃口味);纯正牛奶冰淇淋(香草口味)等
北京三元食品股份有限公司	纯牛奶;脱脂鲜牛奶;鲜牛奶;特品纯牛奶;铁锌牛奶;高钙牛奶等
北京绿荷牛业有限责任公司	生鲜牛乳
北京密之山水果菜有限公司	苦瓜;大葱;茄子;架豆王;扁豆;豇豆;尖椒;樱桃番茄;西红柿;黄瓜等
中盐北京市盐业公司	绿色碘盐;绿色碘盐;雪花盐;绿色碘盐(不含抗拮剂);绿色低钠碘盐
北京鲜活到家农业技术有限公司	圣女果;番茄
北京金潍多科技有限公司	草莓
蜀海(北京)投资有限公司	菠菜;芫荽;茼蒿;叶用莴苣;油荬菜;细香葱;番茄;黄瓜;小白菜;香芹菜
绿纯(北京)生物科技发展中心	洋槐蜂蜜;荆花蜂蜜;野酸枣蜂蜜
北京法城蜜蜂养殖专业合作社	荆条蜜
北京京纯养蜂专业合作社	荆花蜜
北京奥金达蜂产品专业合作社	荆花蜂蜜
北京百花蜂业科技发展股份公司	荆花蜂蜜

资料来源:中国农业信息网。

积极争取列入地理标志保护的农产品产品。据全国第三次(2013年)地理标志调查报告,北京地区17种地理标志产品,分别为牛栏山二锅头系列白酒、北京醇系列白酒、通州腐乳、房山磨盘柿、大兴西瓜、平谷大桃、昌平苹果、昌平草莓、燕山板栗、门头沟京白梨、门头沟京西白蜜、密云甘栗、怀柔板栗、延庆国光苹果、张家湾葡萄(其中农产品地理标志11种),产值为47.44亿元,地理标志的数量和产值分居全国第26、28位,单个地标产值为2.79亿元,低于全国平均水平(4.16亿元)。初步形成了政府主导、协会带头、企业和农户共同参与,研、产、销和农业观光旅游为一体的地理标志产业。

(二)品牌农业经济效益与社会效益日渐显现

实施品牌农业发展战略是政府、企业、农户联合起来的经济行为,一方面,它能够以市场为导向充分发挥产品的优势和产业的优势,打造农业名牌产品;另一方面,在国家产业政策不断完善,宏观调控能力不断增强的条件下,有效地避免了农业的重复建设,从而真正提高对多层面需求的有效供给。通过进行规模化的经营来化解市场风险和农业投资的风险,进而提高了农业经济的整体效益。实施品牌农业战略,对政府而言,增加了政府的财政收入;对企业而言,可以保证原料稳定、可靠的供应,降低了规模经营的成本,提高农业的竞争力,使得企业的经济效益相对提高;对农民而言,不仅可以将农产品卖出去,有效地解决"卖难"的问题,而且与以往相比,降低了农户销售农产品的难度,并且更加稳定,也有效地增加了农户的收入。

(三)品牌标准化水平得到提升,质量是发展农业品牌的核心

提高农产品质量必须要抓好农业质量标准体系、农产品质量监督检测体系和农业标准化技术推广这三大体系建设,北京市在创建品牌农业的过程中严格做到农产品的质量要符合标准,农产品的加工生产要遵守规程,生产的农产品要有自己的标志,市场要有监测体系。

同时,生产者的标准化生产意识显著提高,在实际生产和管理中严格按照相关标准进行,无论是基地农业生产环境、生产投入,还是产品的质量都做到严格的标准化。积极采用国际标准和国内同行领先水平的标准,广泛引进、推广国际通用的危害分析与关键点控制技术(HACCP)和良好农业规范(GAP),

鼓励企业进行 ISO14000(环境质量认证)以及相关出口国家和地区需要的体系认证。

（四）涉农企业规模化发展,盈利能力显著提升

品牌农业的发展需要以企业为依托,以企业为载体来带动品牌的发展。2010 年,北京三元集团、北京华都集团和北京大发禽畜产品经营部完成战略大重组,成立"北京首都农业集团有限公司",实现规模化、集团化发展,更好的促进品牌农业的发展、壮大。2012 年 3 月 6 日,国务院出台了《关于支持农业产业化龙头企业发展的意见》的文件,强调"扶持农业产业化就是扶持农业,扶持龙头企业就是扶持农民"。近年来,北京市不断采取有力措施,加快农业产业化发展,壮大龙头企业。截至 2012 年底,北京全市农业产业化经营组织已达到 6042 个,带动全国生产基地面积 1202.2 万亩。市级龙头企业 142 家,其中国家级龙头企业 38 家,企业固定资产总额 907 亿元,销售收入 3405 亿元,带动本市农户 45.2 万户。龙头企业在提升农产品安全水平、首都应急保障能力、提升北京农业的核心竞争力、有效带动农户增收致富、增强企业盈利能力、推进北京市农业现代化进程中发挥了重要作用。

（五）科技含量提高,品牌农业发展内在动力增强

科技是农产品的灵魂,在品牌农业的发展中不断注入新的科技要素才能使一个品牌更好地适应日新月异的市场,使品牌具有生命力。北京市逐步完善了品牌农业的科技创新、管理创新与服务创新机制,大力促进原始创新、集成创新和引进消化吸收再创新,增强了品牌农业发展的内在动力。科技在促进品牌农业向前发展的时候,品牌农业的发展又对科技提出了更多、更高的要求,所以说,品牌农业的发展也在促进科技的不断创新。

三、存在问题

（一）自然资源的相对短缺

农业对自然资源有很强的依附性,品牌农业的发展自然也与自然资源的丰裕程度息息相关。北京作为我国的首都,属于人口密集型的大城市,所以用来发展农业的资源(如水、土地等)相对紧缺。水、土地等自然资源的相对短缺是北京市品牌农业发展的主要制约因素。以水资源为例,北京市近 20 年年均可利用水资源总量为 21 亿立方米,常住人口占有量不足 100 立方米,这就导致除密云县少数区域外,绝大多数区县都必须控制用水量较大的饮料加工等行业的发展。

（二）内部结构不合理影响品牌发展

"十二五"以来北京市的农业企业发展较快,但整体上仍然表现出企业规模偏小、竞争力较低、内部结构不合理,这对品牌农业的发展造成一定的制约。一方面,企业规模偏小、竞争力低下表现为,农业企业以中小型企业为主,作坊式生产企业大量存在,龙头企业数量偏少。农产品加工产品主要集中在价值链的低端,市场影响力很小、整个产业没有形成良好的商业模式或完整的产业链,所以无法进入良性发展轨道,发展速度缓慢。另一方面,内部结构不合理,进一步发展受限。从产业基础来看,北京市农产加工业仍然以初加工为主,技术密集的精深加工很少,这一状况无疑会制约产业结构进一步优化。

（三）发展品牌农业的意识淡薄

传统的营销观念是"酒香不怕巷子深",但随着市场环境的改变,经济日益繁荣,竞争更加激烈,这一营销观念不再成立,而是"酒香也怕巷子深",这意味着,要想在市场中打造自己的品牌更加需要注重营销方法、营销手段等。一般来说,农民的市场观念和品牌意识比较薄弱,大多数农民长期依循传统的

产销模式,直接出售初级产品,很少注意农产品的形象。而在发达国家,农产品或由农业合作组织或由企业集团实行直销或连锁经营,如美国加利福尼亚州、亚利桑那州有60%以上果农加入新奇士橙协会,协会与果农成为利益共同体,年销售收入达到200多亿美元。北京、甘肃、吉林、上海、天津和西藏6个省市区没有进入全国100大地理标志(按照产值排列)。

（四）品牌建设缺乏规划

目前存在着对品牌农业的认识混乱,重评定轻培育的问题较为突出,评选目录随意性大,名牌评选泛滥成灾。同时品牌塑造之后缺乏后期推介,营销运作差,导致品牌知名度不高,竞争力不强。在农产品品牌建设中,部门分割、各自为政的现象还比较普遍,捍卫品牌、打击冒牌还未真正形成合力,促进农产品品牌建设的舆论环境还不浓厚。

（五）品牌背后的科技含量低

北京现有农产品品牌大多集中于初级农产品领域,精加工、深加工农产品品牌少,品牌价值没有得到充分挖掘,制约了从品牌经营中获得更大的经济效益,也间接导致了对品牌农业投入的不足。从品牌本身看,存在着单体规模小,产量低,带动能力弱,对地方经济和农民增收的影响还不够大。

（六）品牌共享性差

从全局看,对农产品品牌建设缺乏总体的规划,单打独斗的现象比较明显。从一个区县看,每一个产业都以企业、农民专业合作社的名义注册了多个商标,形成了多个品牌。这不仅造成品牌宣传与市场开拓的成本较高,不利于培育区域性、群体性品牌,而且还会形成恶性竞争、相互拆台。

（七）农业品牌的管理机制不完善

首先,我国的农产品质量认证及检测体系尚不健全,阻碍了农产品品牌化战略的实施;其次,农业社会化体系不健全,制约农业品牌的培育和成长;再次,对农业品牌保护中的监管缺位,使得对农业品牌的各种侵权行为层出不穷;最后,执法主体未能形成合力,无法有效保护农业品牌。

第三节　北京品牌农业发展对策

一、挖掘特色文化区域,赋予北京品牌农业深刻的文化内涵

品牌的内涵在于文化,文化赋予了品牌农业独特的灵魂和气质。因此,打造品牌农业的核心竞争力,赋予其深刻的文化内涵,则显得尤为重要。爨底下民俗村,位于北京西部的门头沟区斋堂镇,据北京城90公里,该村始建于中国明朝永乐年间,是至今保存最为完整的明清古民居群,距今已有500年的历史。爨底下村的发展历史是中国农村小社会的典型。古村那清新自然的田园环境充满了人与自然的高度和谐,那充满往来商旅交际和村民间祥和的环境氛围、丰富多彩的民俗、民间文化,以及那小而精的社会体系等中国农村村落小社会的写照。爨底下村的历史具有"活化石"般的价值。古村依山而建,在以龙头沟为中心的南北中轴线控制下,将76套精巧玲珑的四合院民居,随山势高低变化,呈扇形向下延展,以放射形态,灵活布局在有限的地基上。村落整体布置严谨和谐,变化有序,俯瞰全貌形似"元宝"。当地居民生活多为半农半牧,生活饮食中保留传统因素较多,肉食的使用量明显高于城市居民,现多牧

养山羊为主,这些与他们生活的地理环境有着密切的关联。目前爨底下已经成为享誉北京甚至在全国旅游业也享有盛名的成功品牌农业的范例。可见,这种悠久的文化为品牌农业挖掘文化内涵创造了条件,在打造品牌农业、提高品牌农业竞争力和影响力过程中,应充分利用北京市的文化优势,为品牌农业赋予更独特的文化内涵。

二、找准目标市场,打造特色品牌

品牌成功须以广阔的市场接纳为前提,因此目标市场的选择成为关键的第一步。在挖掘目标市场时,应该注意发展农产品的深加工、精加工,延伸农业价值链,扩大高附加值农产品的开发与生产,以为农产品品牌走向世界打下良好基础。同时,立足于农产品的"自然"差异化,加上个性化的品牌设计与管理,营造出富有特色的强市场竞争力农业品牌。

三、完善农业标准,夯实品牌基础

应大力实施农业标准化,夯实农业品牌化基础。相关的工作包括以提高农产品质量安全水平为出发点,制定和完善各类农业标准;推进农业标准化生产,重点加强生产过程的 GAP 认证、基地、无公害农产品和产品绿色标志认证;加快农产品国际化认证步伐,积极支持龙头企业率先执行 ISO9000、14000 和 HACCP 等国际质量认证体系;确保优质、高效、安全、生态名牌农产品培育。

在农业品牌培育打造中,北京郊区从企业管理、生产环境、产品生产加工、包装、接待服务等多方面实行规范化管理,用产品质量来提升品牌,赢得了消费者的认可。如平谷区积极推进农产品认证,目前全区建成农业标准化生产基地 78 个,总面积 10000 公顷;建成无公害生产基地 82 个,其中果品类 13333.3 公顷、蔬菜类 3533.3 公顷、禽畜类 125 万头(只);取得有机食品基地认证 161 个,认证生产面积 4000 公顷,占全市有机认证总量的 40%,部分果品、蔬菜、粮食等安全优质农产品已进入国际市场;国家级大桃标准化生产示范区建设也走在全国前列。房山区高度重视农业标准化生产基地的建设,目前该区拥有张坊磨盘柿、琉璃河兴华绿源等 4 家国家级标准化基地,中原肉联厂、窦店清真肉联厂等 20 多家农业龙头企业取得了 ISO9000、ISO14000 认证;昊天园鸡蛋、北京琉璃河宏利鸭肉养殖合作社鸭肉等 32 家企业、52 个产品获得无公害农产品认证;窦店富恒、新湖苑、圣莲山、百草畔、十渡等 20 余个农业旅游品牌;凯达红小豆,大石窝南河蔬菜、波龙堡葡萄酒等产品获得了有机食品认证;"房山磨盘柿"获得国家质检总局核发的地理标志保护。

四、提升科技含量,扩大经营规模

农产品的优质来源于技术。而较低的产品质量与科技含量则是我国农产品品牌化的一大制约。同时,传统的小规模生产经营方式又限制了我国农业专业化、规模化、科技化的发展。因此应坚持推进农业产业化,形成规模经济效益,加大农业科技投入,大力发展无公害产品、绿色食品和有机农产品,为创立农产品品牌打下良好的产品品质基础和富有市场竞争力的价格基础。从品牌产品的品种引进、科学管理、加工包装,到运输、销售等各个环节,都离不开技术的引进应用。如朝来农艺园引进了荷兰智能连栋温室,生产中的灌溉、施肥采用计算机程序管理,同时引进物理、生物防治技术,从而实现高产优质高效。大兴区通过与中国农科院、北京市农林科学院等合作,解决了蔬菜、西瓜、果品、甘薯等四大种植主导产业生产的关键技术,提升了产品品质,更好地满足了消费者的需求,也使"大兴农业"品牌保持了良好的美誉度。

五、扶持龙头企业,提倡专业协作

龙头企业、农业专业合作组织和农业行业协会是农业品牌经营的主体和核心。应积极培育、扶持有较强开发加工能力和市场拓展能力的龙头企业,要围绕势主导产业,建立农民专业合作经济组织,引导企业与农户之间建立更加稳定的产销合同和服务契约,实现小生产与大市场的有效对接。

六、强化营销力度,提高市场影响

在市场方面,建立有特点的品牌产品产地市场,集中销售当地的名优农产品,同时建立稳定的销售渠道,开拓新的业务关系,促进农产品的大流通。在营销方面,将品牌与产品的包装、标签和必要的视觉形象相结合,提高其品牌形象,运用多种促销推介手段,扩大市场影响面,提高公众对名牌优秀企业形象的认知度和美誉度,并与客户建立良好和稳固的关系。

七、作好品牌规划,加大政府支持

过去在计划经济下,由于农产品短缺,供不应求,生产什么、生产多少,都能卖得出去。消费者在购买农产品时,根本不看牌子,也不强调包装。现在的形势不同了,我国的农产品由长期短缺转变为总量基本平衡、丰年有余,不少品种供大于求;消费者不仅关心农产品的质量,而且关注农产品的文化内涵,追求精神享受。人们购买农产品,不仅要看它的产地、品质、营养,而且要看它的品牌。基于这种认识,郊区不少区县把品牌建设作为农业走向市场的基础性工作来抓,并制定了相应的支持鼓励政策。

如平谷区政府 2006 年出台了《关于知名商标和品牌产品的奖励办法》,对获得"驰名商标""中国名牌产品"的企业奖励 60 万元,对持有"北京著名商标"、"北京名牌产品"、"国家免检产品"荣誉称号的企业,对持有"证明商标"、"集体商标"的企业各奖励 30 万元,并成立了以工商、质监、农委、经委、财政等部门为成员的品牌争创领导小组。

政府应大力支持以品牌生产为龙头的农业企业化组织建设及行业协会作用发挥;完善农业生产经营的市场体系、产品质量标准及其检测体系和监督体系,加强农产品品牌的产权保护,推动并保护名牌农产品发展;根据比较优势原则,加快我国农业结构调整;在充分利用 WTO 规则中的"绿箱"政策前提下,加大政府对农业的公共投入,全面改善农产品生产经营环境;关注国际农产品市场动态,进行科学预测与信息通报;使用农产品贸易协议等多种手段为我国农产品打入国际市场,创立世界级品牌创造良好条件。

第四节　北京品牌农业发展的模式

品牌建设是提高产品市场竞争力、做大做强产业的重要手段。根据实际情况做好品牌升级的模式选择,既是农产品品牌建设需要解决好的现实课题,也是推进农业产业化的现实途径。据北京市农村工作委员会统计(2013 年),北京 13 个区县拥有农业品牌近 238 个品牌。北京品牌农业的发展模式主要有以下几种。

一、区域品牌发展模式

区域品牌的概念是指在某行政区域或经济区域范围内形成的具有较高市场占有率和影响力和相当规模及较强生产能力的产品。区域性和品牌效应是区域品牌的两个重要特性。区域性是指区域品牌通常被界定在一个行政区域或经济区域范围之内,区域特色十分明显。品牌效应则是指一个地区的品牌所代表的产业集群、产品的形象,在区域经济发展过程中起到关键的作用。区域内的特色产业和特色产品与本地区的特色产业密切相关,同时,区域内的自然环境、经济环境、历史文化环境等都可能是影响区域品牌创建的重要因素。

农产品品牌可以识别不同的农产品,农产品品牌的建立是以其品质为基础,并赋予不同的农产品相关的品牌名称、包装、象征、记号或者设计组合,通过这些增强农产品品牌的识别性,帮助消费者识别不同的品牌的农产品,提升其品牌溢价。农产品区域品牌战略的实施,有利于提升我国农产品综合市场竞争力,促进我国农业现代化发展。

案例一:怀柔板栗

怀柔区处在燕山山脉,从地理位置、海拔高度、降水量、温度、土质等条件上都十分适合板栗生长。怀柔板栗主产区域土质为花岗岩、片麻岩等分化形成微酸性土壤,土壤 PH 值为 6—6.8,正适合板栗的生长需要,而且这种土壤含有大量的硅酸,栗果吸收硅酸后,内皮蜡质含量增加,炒熟后内果皮易剥落,怀柔板栗的这一特点是国内其他地区板栗种群所不能比拟的。

怀柔板栗颗粒玲珑,顶部饱满,外皮棕褐色,微泛油光。剥开内皮呈金黄色,肉质细腻,有股淡淡的清香,此为正宗的怀柔板栗。生食板栗放入口中,味甘甜,多汁水。炒熟后味道更浓。独特的地理、土壤和气候条件,造就了怀柔板栗的特点:它以果形玲珑、色泽美观、肉质细腻、果味甘甜、营养丰富、易剥内皮、糯性强、便于贮存等特点驰名中外。

据调查,怀柔板栗主产区的土壤有机质含量高,土壤中富含锰、硼等板栗生长所必需的微量元素,因此怀柔板栗为栗中珍品。这也是怀柔板栗过去曾为贡栗的原因。2013 年,怀柔区将加快文化科技高端产业新区建设,不断开创繁荣和谐新怀柔建设的新局面,尽快成为带动北部生态涵养发展区科学发展的核心动力,并不断推动北京市乃至全国区域农产品的建设和发展。

案例二:"大兴农业"

大兴区是首都重要的农副食品生产供应基地、高新技术产业基地、人口疏散基地和绿甜旅游基地,是享誉国内外的"西瓜之乡"。在发展现代都市型农业的过程中,大兴区一直非常重视农产品商标的注册。但一些地方和企业对农业品牌的概念理解偏颇,对农业品牌缺乏系统的认识,大多仅停留在较初级的商标注册和商标保护层面,致使绝大多数商标缺乏地域特点和个性诉求,在很大程度上导致了"一种特色产品,多个注册商标"的分散局面和恶意竞争局面,从而在一定程度上导致了重复性竞争或者准入标准不健全,甚至出现了良莠不齐、假冒泛滥的现象,在一定程度上也影响了消费者的信心。

为了解决农产品品牌多而杂、产销环节标准不统一导致的农产品市场竞争力分散,规模效应得不到体现,地区特色被削弱,形不成整体优势的问题,大兴区政府积极创立具有区域特点与产品形象融合的

"大兴农业"品牌,创造性地将区域经济的整合与农业产品品质的提升工作融为一体。

大兴区整体设计并申请注册了大兴农业区域品牌,同时推出了"大兴西瓜"、"大兴梨"、"大兴甘薯"产业系列品牌,其中"大兴西瓜"获得国家地理标志产品保护。二是积极搭建"大兴农业"展示平台。先后组织农业企业及农民专业合作组织参加了意大利切塞纳国际果蔬博览会、中国国际农产品交易会、京台科技论坛等活动,在本区积极组织开展西瓜节、春华秋实等农业展览展销活动,提高本地农产品的市场占有率。三是扩展品牌市场。圣泽林梨专业合作社与华糖洋华堂商业有限公司达成合作协议,在华堂超市长期销售"大兴梨",并开发上海、浙江、黑龙江等省市的中高端市场。

二、企业品牌发展模式

企业品牌是指以企业名称为品牌名称的品牌。它传达的是企业的经营理念、企业文化、企业价值观念及对消费者的态度等,能有效突破地域之间的壁垒,进行跨地区的经营活动,并且为各个差异性很大的楼盘之间提供了一个统一的形象,统一的承诺,使不同的产品之间形成关联,统合了产品品牌的资源。企业品牌的内涵至少应包含商品品牌和服务品牌,并在两者基础上衍生出企业品牌。

案例一:北京锦绣大地农业股份有限公司

北京锦绣大地农业股份有限公司于1998年2月成立,公司的发展方向是以科学发展观、可持续发展理论为指导思想,以现代企业制度为基础,市场为动力,高新技术为支撑,标准为保证,资本为纽带,科学管理为核心建设科、工、贸一体化的现代农业产业集团。

为了向高效益、生态化、产业化发展,北京锦绣大地农业股份有限公司将现代科学技术运用到农牧业领域,以生物技术、信息技术、农业工程、植物生理、动物营养等五大专业领域为技术支撑,形成畜牧业、种植业、观光农业三大支柱产业。锦绣大地农业观光园区有网球场、游泳池、垂钓园等娱乐场所;有组培、育田、水培蔬菜、驯养等车间;有太空香菇生产、现代蔬菜生产工厂;有桃园、葡萄园等果园;有蔬菜配送、胚胎、生物制药、信息等中心;还有珍禽养殖场、农业演示厅、绿谷计划实验基地等,融娱乐、观光、农业、科技于一体。

北京市锦绣大地农业观光园区,为人们展示了21世纪现代农业的风采。对外开放的主要有组培室、水培蔬菜工厂、种畜饲养场和农贸市场。北京锦绣大地农业观光园区位于海淀区四季青乡廖公庄,占地120公顷,是以"高科技、高起点、高效益"为宗旨,用现代科技手段进行农牧生产,形成以现代种植业、现代养殖业、现代观光农业为三大支柱的集规模化、产业化、商品化为一体的现代化农业生产基地,是"国家科技部工厂化农业示范基地"、"中国农学会农业产业示范基地"和"北京市特色农业智力示范基地"。

案例二:德青源公司

德青源公司是具有国际先进水平的生态农业企业,注册资本金4.2386亿人民币。德青源创建了可持续发展的生态农业模式。

德青源结束了中国鸡蛋几千年"三无"产品(无标准、无生产日期,无品牌)的历史,推动并参与制定了中国第一部鸡蛋标准,开创了中国鸡蛋品牌之先河。根据AC尼尔森2009年9月市场研究结果,德青源生态鸡蛋目前在北京品牌鸡蛋市场占有率高达68%,是消费者信赖的鸡蛋品牌。

德青源(北京)生态农场位于北京松山国家自然保护区,拥有192万只蛋鸡,是亚洲单体规模较大的蛋鸡养殖场。德青源(北京)生态园是国家高新技术产业化现代农业示范基地,也是全国农业标准化示范区。

2009年11月,国家科技部基于对德青源在中国蛋品行业的科研实力和技术成果的认可,决定在德青源研发中心基础上组建国家蛋品工程技术研究中心。德青源将作为蛋品行业的"国家队"承担蛋品安全生产与加工技术的工程化与产业化责任,成为中国蛋品行业标准的制定者,引领中国蛋品产业方向,推动中国蛋品技术创新。

2009年4月9日,德青源沼气发电项目一次并网发电成功,标志着德青源循环经济和可持续发展模式进入一个崭新的阶段。为此,联合国开发计划署(UNDP)和全球环境基金(GEF)联合授予德青源沼气发电项目为"全球大型沼气发电技术示范工程"。德青源循环经济模式是中国节能减排、发展低碳经济的重要代表,成为全球低碳经济典范。

德青源全球先进的生态农业模式,实现了生态养殖、食品加工、清洁能源、有机肥料、订单农业、生态种植的循环。德青源本着"取之自然,回报社会"的原则,通过沼气发电、污水处理、太阳能利用等生态科技,实现了资源的最大化应用和保护,促进了人与自然的和谐统一。

三、产品品牌发展模式

产品品牌是一种识别标志、一种精神象征、一种价值理念,是品质优异的核心体现。培育和创造品牌的过程也是不断创新的过程,自身有了创新的力量,才能在激烈的竞争中立于不败之地,继而巩固原有品牌资产,多层次、多角度、多领域地参与竞争。产品品牌是对产品而言,包含两个层次的含义:一是指产品的名称、术语、标记、符号、设计等方面的组合体;二是代表有关产品的一系列附加值,包含功能和心理两方面的利益点,如:产品所能代表的效用、功能、品位、形式、价格、便利、服务等。

案例:"京一"核桃

作为北京土特产的门头沟核桃,已有1200年的悠久历史。门头沟271个村庄中,就有268个村庄栽有核桃树。这里生产的核桃皮薄、仁满、个大,含有丰富的营养成分。凭借着门头沟人的努力,核桃的品种也逐渐丰富,如"光皮核桃","露仁核桃","纸皮核桃","穗状核桃"等,品种多样。目前,门头沟区已成为我国重要的核桃出口基地之一。

北京大山鑫港技术开发有限责任公司于1998年创建,公司主导是高新农业技术开发,以农副产品深加工为配套,集开发、生产、销售于一体的集体企业。经过多年潜心经营,"京一"有机核桃油连续4届获得世界农业博览会"畅销产品"的荣誉称号,京一有机核桃油、京一有机纸皮核桃在国际农产品交易会上获得两项金奖,并通过了国家有机产品认证。使"京一"品牌插上了腾飞的双翅。"京一"核桃资源圃现在已经成为华北地区品种最全、规模最大的核桃资源圃,各种核桃苗品种已达100多个,占地近百亩。为门头沟区核桃产业的发展打下了坚实的基础。

公司主营业务以核桃油和核桃工艺品加工为主,还有杂粮、柴鸡蛋、蜂蜜、野生蘑菇、木耳、大山枣等特色农产品,产品覆盖国内十几个省市、自治区,设立了几十家专卖店、店中店、商场专柜及多家代理机构;核桃生产基地已达到500多亩,年生产能力100多万斤;凭借着良好的地理优势,管理严谨的团队和专业的技术素养,着力打造"京一"品牌有机核桃油及优质农产品。

2014年"京西核桃"是第一个向北京市工商局申请地理标志的,"大山"公司极其重视品牌建设,对

"京一"产品进行了专利商标的申请。2007 年,"大山"成功注册"京一"商标,成为门头沟区第一个核桃商标。商标注册后,核桃种植面积和产量均以年均 40%左右的速度增长。全区核桃新增种植面积达 1.4 万亩,纸皮核桃产量 1000 吨以上。在品牌效应的影响下,"京一"核桃价格已由 2001 年每斤 3 元涨至目前每斤 20 多元以上,每亩核桃园产值万元以上,社员人均纯收入增加 2000 余元。2009 年,重新设计了公司的"京一"商标,使其更加美观,简洁。充分挖掘核桃产业,打造文玩核桃,并成功申请文玩核桃专利。2013 年核桃收购价格持续走低的情况下,公司严格按照协议保护价格每斤 1.6 元进行收购,保护了广大果农的收益,解除了社员的后顾之忧。带动门头沟地区其他合作社共同发展,代销其产品,起到了龙头企业的作用。大山鑫港合作社 2014 年已拥有社员农户 214 户,带动种植户 1000 余户,使门头沟区的核桃种植业得到了极大的发展,增加了农户的收入,带动社员增收 60%,"京一"核桃带动"大山"发展,"大山"又带动了门头沟农业的发展。

现在大山集团以利润最大化为目的,带动门头沟其他合作社共同发展,实现利润最大化,满足消费者需求,实现共赢的局面。共同为门头沟精品农业的美好未来和门头沟区经济的飞速发展做出新的贡献。2014 年在门头沟电视台的广告已正式播出;组织社会捐款;与高校合作开创北京农学院研究生实习基地等,从 2010 年开始每年举办核桃节,2014 年 9 月,第四届核桃节的举办,得到了企业的高度重视。

第十章 设施农业

设施农业作为都市型现代农业发展的一种重要形式,通过汇集土地、资金、技术和劳动力等要素,形成了以资金密集、技术密集、劳动力密集为主要特征的集约高效型农业,能够有效促进农业综合生产能力的增强和农业产业结构的调整。近年来,北京设施农业面积逐年扩大,区域化布局、专业化生产、特色化种植的整体格局初步形成,已成为北京市都市型现代农业的主要产业形态之一。本章介绍了设施农业的内涵及类型,分析了北京市设施农业发展的现状、问题及挑战,提出了北京市设施农业发展的策略。

第一节 设施农业的概念与类型

一、概念

设施农业是指在农业生产上通过采用现代农业工程技术,在一定程度上摆脱作物对自然环境的依赖,用改变自然环境的办法,获得作物最适宜的温度、湿度、光照、水肥等生长条件,从而进行有效生产的农业。设施农业需要机械、电子、化工、塑料、生物、水利、环保等多部门的配合与协作攻关,是农业现代化的重要组成部分。设施农业既包括种植业设施,也包括养殖业设施。种植业设施包括温室、塑料大棚。养殖业设施包括规模化生产的畜牧养殖场和渔业工厂化养殖车间。它具有高投入、高技术含量和高效益等特点,其经济效益要远远高于传统农业。

设施农业作为都市现代农业的一种重要发展形式,通过汇集土地、资金、技术和劳动力等要素,形成了以资金密集、技术密集和劳动力密集为主要特征的集约高效性产业。不仅成为吸纳农民就业的重要载体和农民增收致富的重要途径,而且还可以有效地促进农业综合生产能力的增强和农业产业结构的调整,是社会主义新农村建设的产业支撑。

二、类型

广义的设施农业是涵盖设施栽培和设施养殖两个方面的大农业的概念。从狭义上讲,设施农业是主要包括连栋温室(玻璃、PC 板以及塑料)、日光温室、塑料大棚和小拱棚(遮阳棚)4 类不同的技术层次的设施种植业。目前,中国发展和应用较多的主要是塑料大棚、日光温室及连栋温室,也有少量先进工程技术的智能温室。其中,日光温室是中国的独创,由于其能充分利用太阳光热资源、节约燃煤及减少环境污染,已在中国北纬 40°以上的高寒地区广泛应用。

1.联栋温室

属于现代化大型温室,具有自动化、智能化、机械化程度高的特点。温室内部具备保温、光照、通风和喷灌设施,可进行立体种植。其优点在于采光时间长,使用寿命长,稳定性好,自动化程度高;主要制约因素是建造成本过高,一次性投资大,对技术和管理水平要求高。

2.日光温室

是我国独有的设施农业,采用较简易的设施,充分利用太阳能,在寒冷地区依靠日光的自然温热和夜间的保温设备来维持室内温度。日光温室保温好、投资低、节约能源,非常适合我国经济欠发达农村使用。其优点在于采光性和保温性能好、造价适中、节能效果明显,适合小型机械作业;主要制约因素是环境的调控能力和抗御自然灾害的能力较差。日光温室以太阳能为主要光、热能源。南侧前屋面白天采集、透入日光能源,夜间用覆盖物保温;北侧后屋面为保温屋面;北墙及东、西山墙为保温蓄能围护墙体,特殊情况可以补温。

京郊的日光温室按其所用材料、结构或功效的差异,主要有砖钢结构日光温室、土钢或土竹结构日光温室、四位一体日光温室、新型复合材料温室4个类型。

3.塑料大棚

是我国北方地区传统的温室,能充分利用太阳能,通过卷膜调节棚内的温度和湿度。其优点在于通风透光效果好,使用年限较长,建造容易,使用方便,投资较少;主要制约因素是棚内立柱过多,不宜进行机械化操作,防灾能力弱,不能用于越冬生产。塑料大棚主要有两种类型,一种是钢架大棚,无立柱,小型拖拉机可以进棚作业,每栋造价1—2万元,使用寿命15年以上。另一种是竹木大棚,用竹片或竹竿做骨架,每个骨架需要3个水泥柱或木桩做支柱,造价7000元左右,使用寿命4—5年。大棚的造价低于日光温室,又有春提前、秋延后的功能。顺义、大兴两区大棚数量为京郊之首,是栽培西甜瓜的主要设施。

4.小拱棚(遮阳棚)

是用竹木做骨架,以塑料薄膜和稻草等其他材料简单搭盖。其优点在于制作简单,投资少,作业方便,管理方便;主要制约因素是不宜使用各种装备设施的应用,劳动强度大,抗灾能力差,增产效果不显著。改良阳畦是介于日光温室和大棚之间的一种设施,东西北三面以土垒墙,后墙高不超过1.7米,用竹片做拱,以木桩或水泥杆为柱,用于早春冷凉叶类菜的栽培。改良阳畦工作环境恶劣,不能直立劳作,劳动强度很大,因此继续新建的较少。在京郊小拱棚也有一定的数量用于栽培西瓜、甜瓜。据农民反映,小拱棚的采收期比大棚晚,错开了外地瓜的供应期,价格不低于大棚瓜,具有较强的竞争力。

5.温室保温覆盖物

主要有草帘、棉毡保温被和自防水保温被3种类型。目前京郊90%以上的日光温室使用草帘作保温覆盖物。草帘的优点是价格低。缺点是沉重、卷放费工费力、不便使用机械卷帘,容易被雨雪浸湿而使保温性能下降,对薄膜污染严重而降低室内采光性能。使用寿命一般为2年。棉毡保温被价格比草帘高,虽然表面采用了防水材料,但缝制针眼儿处仍会渗水(一旦水渗入毡层,很难出来,保温性能大大下降,重量大幅增加,易造成机械卷铺机构损坏);使用寿命3—4年。自防水保温被在京郊很少使用,主要原因是价格高。自防水保温被的主料具有质轻、柔软、保温、自防水、耐化学腐蚀和耐老化的特性,不仅保温性持久,且防水性好,雨、雪天气不影响卷放,容易保存,使用寿命6—8年。

三、特征

(一)生产非时令产品

栽培农作物于特定的农业保护设施(如大棚、温室、中小拱棚)内,栽培环境受到了有效地控制,使太阳辐射能和其他农业资源的利用效率得到提高,作物对生长发育的环境条件的需求得到充分满足,实现了作物不适季节非时令栽培,进一步提高了农业生态系统的生产力。以此种方式生产的作物产品能够提前或延后上市,提高淡季供给量,使淡旺季矛盾得到缓解,对改进和提高供给水平,实现均衡周年供给有举足轻重的作用。设施农业因产品高产、优质、淡季上市而获得了显著的经济效益。

(二)高投高效

与传统农业生产相比,设施农业具有高投高效的特征。我国以主导产业为核心,以农业生产为本,通过对设施装备水平的提高和农业基础建设的加强,使生态养殖、设施栽培、产加销一体化、立体种养等高效设施农业模式的推广速度得到史无前例的提高,推动由传统农业向现代农业转型升级的进程。例如,多种园艺作物大面积利用地膜覆盖栽培技术,虽然地膜投资增加了,但农作物单位面积产量得到了大幅度的提高。

(三)高科技、强抗力

设施农业是农业高新技术应用的有利条件。它拥有高度密集的知识与技术。设施农业生产应用了现代生物技术、现代工程技术、通信技术、信息技术和管理技术,是涵盖了机械、建筑、材料、自动控制、通信、环境、栽培、经营与管理等学科领域的系统工程。

(四)实现多样化

改革开放以来,设施农业突破了生产范围。人民生活水平的不断提高,设施农业生产的内容在花卉、蔬菜生产范围之外增加了观赏植物,如食用菌以及水果(甜瓜、西瓜、葡萄、草莓)等,药用植物栽培、果树育苗、林业苗木、水稻育苗等;设施渔业、设施养殖也应运而生。总而言之,设施农业已经向林、果、种植业、畜牧和水产业领域拓展。不同地区根据不同的自然条件和不同的市场需求,利用各具特色的设施,构建了多样化的设施农业生产方式。对设施栽培而言,可以按栽培条件或生产作用的不同分为很多类:无土栽培、传统的地面栽培和抗热栽培、抗低温栽培、无公害栽培、软化栽培。夏季进行抗高温栽培中利用通风和冷水喷雾相结合或采用工程技术(水帘加排风扇)等进行降温,还可以采用遮阳降温设施,如不织布、遮阳网、苇帘等达到降温目的。在抗低温栽培中常用综合增温保温技术,如大棚、温室、中小棚等,寒冷季节后栽培、早熟栽培、越冬栽培、假植栽培(贮藏)和促成栽培。无公害栽培利用温室、塑料拱棚等进行无土栽培,生产有害物质残留量低、无污染、无公害的设施产品。软化栽培利用软化方式和设施使已形成的根、鳞茎、种子或植株创造条件,为其创造遮光的生长条件,生产出软化产品,如韭黄、青韭、青蒜、黄葱、蒜黄、豌豆苗、豆芽菜等。设施农业通过多种多样的栽培方式解决了蔬菜的周年均衡供应方面的问题。

(五)生产技术标准化精准循环

与传统农业生产技术相比,对设施农业的要求更复杂和更严格。设施农业的生产季节一般不适宜作物的生长发育,虽然农业设施能抵御外界不良环境,但外界自然条件变化仍会影响设施内的小气候,显而易见,设施农业存在着昼夜温差大,光照强度低,空气相对湿度高,温度分布不均匀,不通风时二氧化碳浓度偏低,气体运动缓慢,土传病害加剧,多年连作,土壤盐渍化(因大量使用化肥)等问题。所以,在充分了解熟悉不同设施类型的性能和各种作物对环境条件要求的基础上,不同地区在不同季节合理选择作物品种、种类和安排茬口。并且根据设施内的环境条件变化的特点在管理技术上利用综合配套的管理措施,为作物生长发育营造一个适宜的条件(在光照、温度、湿度、营养、土壤水分、气体等方面),以便获得高生产。

（六）多种多样的生产类型

在我国,各个地区有不同社会经济条件和不同自然条件(地区的地形、纬度、土壤、气候、水利等),因此设施农业生产规格和类型也存在地域性差异,设施农业类型多种多样。如华北地区、南方及东北地区根据各自的自然条件,因地制宜地分别形成了以塑料拱棚和日光温室,塑料小、中、大棚,日光温室和加温温室为主体的设施农业生产类型。具体说,日光温室有保温性、蓄热性和采光性能好的优点,造价适中、取材方便,便于机械作业,有明显的节能效果,对小型机械作业较为适合。其缺点是抗御自然灾害的能力和环境的调控能力相对较差,主要种瓜果、蔬菜等。而农户易于接受塑料大棚,按其不同的内部结构用料,可分为全竹结构、竹木结构、钢竹棍合结构、钢管装配结构、钢管(焊接)结构以及水泥结构等。总之,相对于日光温室而言,塑料大棚造价比较低,具有良好的通风透光效果,而且便于安装拆卸,寿命较长,主要用于果蔬瓜类的种植和栽培。其缺点是防灾能力较弱,而且由于棚内立柱过多随意机械化操作不方便,一般不用于越冬生产。小拱棚(遮阳棚)则具有投资少,制作简单,作业方便,便于管理的特点。其缺点是抗灾能力差,劳动强度大,装备设施的应用不方便,没有显著的增产效果。主要用于种植瓜果、蔬菜和食用菌等。

（七）生产管理专业化

随着改革开放,我国设施农业得到空前发展,其面积以惊人的速度不断扩大,很多地区以专业化、规模化、产业化的发展趋势形成了集中发展形式的生产基地。河北、山东、辽宁、甘肃、河南等地,进行专门种植、育苗、养殖等的专业化生产,使生产者钻研业务和生产的积极性得到充分调动,使得生产管理水平、设备设施的利用率得到大幅度提高,提高了经济效益。

（八）生态功能、科教功能、示范功能突出

设施农业实现资源保护与开发的和谐统一。基于日益紧缺的耕地资源,通过保护农业资源与高效设施农业基地生产的有机结合,以及现有生态资源的充分利用和保护,坚持在保护中进行开发、在开发中实现保护、开发与保护并重的原则,使高效生态种养业得到了发展,形成了独具特色、资源共享的高效设施农业产业集群,并使之得到了可持续健康发展。达到了农业资源保护与开发的和谐统一的目标。

以现代农业规模化示范区、生态农业示范园区和珍珠特色产业基地作为载体,通过现代农业科技成果的展现,使农业科教功能得到突出,使现代农业设施水平和科技含量得到提升,形成了现代精品农业科技示范,它集生产、加工、销售、科研、教育等于一体,让高效设施农业产业链不断得到延伸,并使高效设施农业科技水平得到空前提升,推进了农业发展方式的转变进程。

随着高效规模化基地的辐射、示范、带动作用的充分发挥,大幅度加快了农业"四新"技术的推广、培训、普及和农业科技入户的工作的进程,高效设施农业人才高地的构筑为实现农民增收农业增效提供了强有力的保障。

第二节　北京设施农业发展现状

设施农业作为都市型现代农业发展的一种重要形式,通过汇集土地、资金、技术和劳动力等要素,形成了以资金密集、技术密集、劳动力密集为主要特征的集约高效性农业,能够有效促进农业综合生产能力的增强和农业产业结构的调整。近年来,北京设施农业面积逐年扩大,区域化布局、专业化生产、特色化种植的整体格局初步形成,已成为北京市都市型现代农业的主要产业形态之一。

一、规模

北京设施农业的发展起步较早,20 世纪 80 年代初京郊就开始发展设施农业,主要以加温温室为主,生产成本比较高。早期的设施主要以加温温室为主,一栋加温温室 1 年要消耗掉 1—2 吨煤,生产成本比较高。20 世纪 90 年代,陆续从东北、山东等地引入了不同类型的日光温室,在京相关科研院所也在此基础上自行研制了符合本地区发展的日光温室。经过十几年的发展,日光温室已成为目前京郊设施农业生产的主要形式。截至 2010 年,全市设施农业占地面积达到 1.78 万公顷,实现收入 21.1 亿元。其中:蔬菜占地面积 1.12 万公顷,实现收入 14.1 亿元;花卉占地面积 533.3 公顷,实现收入 2.4 亿元;瓜果类占地面积 5 267 公顷,实现收入 3.5 亿元;水果占地面积 333.3 公顷,实现收入 0.6 亿元。

在设施农业发展过程中,各区县根据本地区的产业优势,因地制宜,逐渐发展和形成了具有本地特色的设施农业类型,如大兴区、顺义区以西瓜甜瓜和蔬菜为主,平谷区以大桃和蔬菜为主,房山区以食用菌和蔬菜为主,昌平区以草莓采摘和观光休闲为主的设施农业等。随着都市型现代农业的发展,京郊设施农业的面积逐年增加,在京郊农业中所占的比重也在逐渐增大,设施农业已经成为北京发展都市型现代农业不可缺少的一种产业形态。

目前,北京已初步在大兴、通州、顺义、昌平和房山等区县形成了 7 带 40 群的设施农业布局。为了进一步加大设施农业开发力度,增加农民收入,围绕设施农业发展的产前、产中、产后各环节,北京市级支农资金参照相应标准,对不同类型的温室予以扶持,重点扶持新品种推广、节水型设施建设、园区基础设施、产后分级、初加工、产品营销等环节的建设。

随着都市型现代农业的发展,设施农业在北京农业中所占的比重也在逐渐增大,设施农业已经成为北京发展都市型现代农业不可缺少的一种产业形态。

二、种植结构

北京市设施农业生产品种也在不断更新,由设施蔬菜生产为主不断向园艺花卉、果品等生产领域扩展。设施农业的主导产业设施蔬菜的主要生产品种已经由传统的 30 多个扩展到现在的 200 多个,设施农业生产品种构成多样化发展的态势逐渐显现。北京市设施农业内部种植结构有四种形式:蔬菜种植、花卉种植、瓜类种植、果类种植。大棚种植中,蔬菜种植面积最大,产量最高。其次是瓜类,第三是花卉,第四是果类。中小棚种植中,蔬菜种植面积最大,产量最高。其次是瓜类。

三、特色

北京各区县根据本地区的产业优势,因地制宜,逐渐发展和形成了具有本地特色的设施农业类型,如大兴区、顺义区以西瓜甜瓜和蔬菜为主,平谷区以大桃和蔬菜为主,房山区以食用菌和蔬菜为主,昌平区以草莓采摘和观光休闲为主的设施农业等。北京市设施农业分布在14个区县的174个乡镇的4587个地块中。其中大兴、顺义、通州、房山和平谷五区设施农业总面积占北京市设施农业总面积的87.3%,大兴区0.46万 hm² 的设施面积为全市最大,占到北京市设施总面积的42.5%。这说明北京市设施农业发展规模化区域逐渐形成。如今,设施蔬菜、花卉、果树已作为北京市设施农业生产的主体,其生产效益已开始凸显。统计数据显示,2013年北京设施花卉每公顷效益可达39.5万元,设施果品每公顷效益可达28.8万元,温室蔬菜每公顷效益可达9.8万元,大棚蔬菜每公顷效益可达7.8万元。

四、制约因素

近几年,北京设施农业发展水平较高,总体向高效、环保、高档化发展,科学技术不断更新与提高,丰富产品品种,生产面积和产量大幅度上升。当前,虽然北京设施农业发展有一定的基础,但从北京农产品市场交易情况来看,存在一些比较突出的实际问题。

（一）科研投入资金不足

近10年来北京设施农业虽高速发展,但由于缺乏科研资金的注入,导致各方面技术跟不上,例如环境控制技术、无公害蔬菜栽培技术以及病虫害防治技术等方面相对于发达国家都很落后。大型设施农业近几年开始由政府投资,企业缺乏向设施农业投入的内在动力,导致后续配套不完善,最终形成许多设施闲置现象,2008年通州、门头沟、密云共有22.7hm²新建设施未利用,全市平均闲置率在20%左右。

（二）产业化发育程度低

近几年北京设施农业产业化虽初具规模,但还面临着很多挑战与竞争。例如:生产布局较集中;产品质量安全仍存在隐患;籽种产业发展不完善;生产体系建设还需进一步发展;贸工农一体化,产供销一条龙等服务还应进一步加强;专业合作社组织的作用还需进一步发挥;缺乏统一的品牌、统一的质量、统一的价格。

（三）配套设施建设不完善

随着主体设施建设的不断完善,配套设施的发展也应与主体发展相适应。在2009年对13个区县,370户农户及49个企业的调查得出,13个区县平均配套设施不完善率达到20.5%,其中大兴区和顺义区都超过了40%。其中在供电设施,水网的建设,道路的规划及产前、产后配套设施都有一定的缺陷,这对种子育苗及产地预冷、初加工及保鲜贮藏农产品都有一定程度的影响。

（四）缺乏技术人员,严把管理模式关困难

管理模式不科学、权责利划分不清的项目是不能开展的,缺乏技术人员的指导则导致设施的功能不能被完全利用。设施农业是一个总体协调发展的运行模式,首先要制定规章制度,严格项目开展的审批程序。其次在市场营销方面,多以经济合作社为载体,统一商标、包装和销售渠道,要不断拓展销售空间。经验管理及农户的技术水平的不同,常常会导致其效益的差别。对于农业生产技术过关的农户,近两年日光温室的平均效益能达到1000—1333元/hm²;但通过企业经营农业生产,其经营理念及效益也会大大不同,朝阳区及海淀区新建设施企业经营基本是采摘设施农业、休闲农业、体验农业及产品直销进超市等,效益相对高很多。

（五）销售渠道不够畅通

真正负责农户产品销售的合作组织并不多,多数农户靠自己摸索经验寻找市场,订单生产的比例很小,具有很大的盲目性和设施效益的不确定性。

（六）部分日光温室建筑结构存在问题

①基础不扎实。不少干打垒日光温室筑墙时只是取用表土,就地夯实,再层层往上夯土筑成,不做基础,若遇暴雨或积水浸泡,有可能墙塌室毁。②不留熟土。干打垒型和堆土型温室筑墙时为了方便省事,大量使用"熟土",温室内剩下"生土",影响作物生长。③墙体保温层反置。这种做法大大降低了墙体的蓄热功能,相同的投入,蓄热效果相差很大。④墙体坚固性差。在雨水冲刷或浸泡的情况下,容易发生坍塌。⑤墙体高度不当。墙体太矮,不利于农户劳作,同时还降低了温室的蓄热能力;墙体太高,不利于保温。⑥后屋面简陋、仰角不合理。⑦钢骨架设计不合理;竹木骨架承载能力差、不便于人工作业、无法实施机械化耕作;无机复合材料骨架强度低;镀锌钢管桁架焊接后未作防腐处理。⑧忽视防寒沟的作用。⑨设施的机械化配备水平低,只有卷帘机和微耕机被少量应用;政府补贴的耕作机械投入量小;植保机械性能落后,跑冒滴漏现象严重。

另外,北京设施农业发展主要以分散农户经营为主,产业化程度不高。技术服务体系不健全,新技术、新成果的到位率、入户率低。设施农业在环境控制、栽培管理技术、生物技术、人工智能技术、网络信息技术等方面,与发达国家的设施农业先进水平相比较,还有不小的差距。

第三节　北京设施农业发展对策

一、加强协调服务,主打特色产业

总体把握现阶段北京市设施农业的建设情况,尽量分层次、分规模、分水平进行科学规划;多方获取市场信息,根据市场需求调整各区生产结构,将宏观政策与微观指导结合起来,分门别类地指导生产、管理、销售等各个环节。各区要采取相应的工作措施,在土地调整、资金支持、设施建设、生产管理、人才引进、技术培训、信息服务、市场建设等方面进一步做好规划组织、协调和服务工作。设施农业是一项高投入的产业,也是一项受自然灾害影响较大的产业。如遇风、雪等自然灾害,应采取有效的防范措施,切实加强风险防范,把损失降到最低程度。同时,应建立风险补偿机制,要尽早开办设施农业保险,鼓励业主积极投保,降低设施农业风险,促进设施农业持续、快速、健康发展。北京的设施农业要有自身特色,京郊发挥自身的科技优势:远郊可以大力选用新品种,努力向种植特种蔬菜、特种花果等精品农业发展;近郊则要发挥地理优势,将农业种植、养殖与旅游观光结合起来形成集农业生产、旅游、观光和休闲为一体的农业观光园、生态科技园区。

二、增强农业基础设施配套能力、加大配套机械的扶持力度

加强北京市农业基础设施建设,解决水、电、路、通讯等实际问题;研发和使用性价比高的环境控制

设备、温室灌溉和施肥设备、种植养殖设备等相关设备,开发和引进抗病性强、产量高、品质好的温室专用作物新品种及特色品种,提高温室、大棚等主体硬件的质量。针对不同的作物品种研究制定种植、养殖与病虫害防治的技术规范,制定农产品质量与检测技术标准等,提高整个系统工程的配套能力。

同时要加大设施农业配套机械的扶持力度。一是加大对农民购置农机具的补贴力度。京郊农民多数是一户承包 2 个温室,也有一户承包 4—5 个温室的。一年数茬,没有农闲,十分劳苦。仅靠栽培技术的改进来提高产量和品质,达到增加收入的目的是十分缓慢而且有限的。若想尽快增加收入,多承包几个温室是一条捷径,这是农民抢着要微耕机的原因之一。然而农机与种子、肥料不同,种子、肥料是当年的生产投入,当年就能回本,农机一次性投资大,是固定资产,农民要考虑几年才能收回投资。政府给予补贴,减少了农民的投入,购机积极性就高。卷帘机的使用也存在这种情况,只要超过 2000 元农民就无法承受。二是扶持农机推广工作的力度加大。目前,设施配套机械的应用只能说是刚刚起步,机具种类少,应用数量小,政府应支持农机推广部门对设施配套机械进行试验、选型、示范等前期基础性工作。三是增加新机具研发的扶持力度。研究用物理方法的土壤处理设备;目前设施栽培中,同一作物长期连作的现象十分普遍,导致土壤病虫害较多。用化学的方法对土壤消毒会产生污染,应研究用物理方法的土壤处理设备;温室现在还没有耕深能达到 30 厘米的耕作机具;在设施食用菌生产中,还缺少通风降温设备;目前农民应对下雪的办法,只能靠揭帘化雪,损失室温,没有除雪机械。上述课题都需要投入较多的人力、资金去研究、开发全新的机械设备。

三、加强农民技术培训,提高社会化服务水平

农民文化水平较低,接受能力较差,人员更替快是不利条件。但也有很多有利条件,如基层有一大批专业技术人员、农民渴望知识等。解决这一问题的关键是要探求适应不同人群的培训方法和技术。向农民传授知识,在生产实际中给予指导,实行科技入户。政府应该制定政策,鼓励各级科技单位的专家、大专院校的老师、在校研究生或高年级学生与村结对子,定期或利用业余时间到田间地头进行技术指导。开展多种形式的技术培训设施农业的技术培训内容至少有 3 大类,即农建工程技术、设施栽培技术和管理营销技术,其中农建工程技术从未组织过培训。对于农建工程技术而言,基层管理人员和园艺技术人员至少应掌握评判设施好坏的标准、科学的选型方法和设施的建设规范。工程监理人员要能看懂设施施工图纸,掌握与此相关的国家标准、地方标准。农民群众应知道设施使用的一般常识,学会日常维护操作等等。这些知识都需要通过技术培训来解决。设施栽培技术包括的内容较多、更新较快,其难点是面广,涉及每一个从事这一工作的农民。

设施农业有其技术性和装备专业化性,为了增加设施农业增值效果,必须发展设施农业的专业化和产业化经营,延长设施农业的产业链条,配套各类物资供应的专业化经营,提高设施农业增值能力,吸纳更多的农村剩余劳动力投入到设施农业经营队伍中去,增加收入。同时,建立设施农业技术服务体系,使设施农业健康发展。充分利用北京市强大的传播体系,如多种农业信息网络、各种视听媒体、各类农产品展销会等多种形式展出、推荐,不断提高优质农产品的知名度。鼓励和支持一部分农民由生产领域向流通领域转移,着力培育农产品经纪人、贮藏保鲜大户、营销大户,壮大农产品营销贩运队伍。大力支持各类农民合作组织、中介组织参与到设施农业产品的流通中来,提高农民发展设施农业的市场化和组织化程度。同时,在设施农业建设相对集中的地方,积极建设大中型批发市场,为农产品交易流通创造

良好环境。

四、规范日光温室的建造，推广应用新技术

目前京郊的在用、在建设施主要是由园艺技术人员，通过自学、参观借鉴外埠经验，结合当地具体条件指导建成的，很少由专门研究温室工程的技术人员设计指导。其主要部件不是专业生产厂家的定型产品，大多由各镇村的能工巧匠制作。这些温室建成后也没有经权威机关的检测、鉴定。为了保证今后我市农业设施建设的科学性和合理性，保证工程质量，应建立设计审查、施工质量监督和工程验收制度。其中设计是基础，新建设施的设计必须要经过专业部门审核，把好第一道关。其次要不折不扣地按照设计图施工，整个施工过程都要有专人检查指导，及时发现问题，及时纠正。最后，验收作为温室建设是否合格、是否给予资金补贴的依据。对有共性缺陷的设施局部改造给予扶持，由于设计欠妥，有一部分在用的温室和近期建造的砖钢结构型温室无后屋面板，此缺陷严重影响了温室的保温性能。这些温室成群连片、造价不低，只要稍加改造，就能显著提高温室的使用性能，投入也不是很大。类似这样的改造项目，应给予适当扶持，将比新建更见效。

在日光温室建造中，对新型墙体材料替代黏土实心砖问题，政府不仅要投入资金，支持科研机关尽快提出适用技术成果，更要提高到政治高度给予关注，加强对农民的宣传教育，要将目前已研究成功的新技术列入重点示范推广计划，使之在示范中更加成熟。一旦新技术在生产实践中考核过关，禁止使用黏土实心砖就应作为验收日光温室的主要条件。

第四节　北京设施农业发展趋势

近年来，随着农业环境工程技术的突破，集成了现代生物技术和工程技术的设施农业，其内涵越来越丰富，技术含量越来越高，朝着自动化、智能化和网络化方向发展。具体地说，北京市设施农业的发展呈现以下显著的趋势。

一、标准化

根据当地的自然条件、农业资源情况、气候和栽培特点等因素，设计适合当地条件，能充分利用太阳辐射的标准型设施、装置及构件，实现了农业设施的系列化和标准化。与此同时，为了节省材料、降低成本，提高采光率、栽培效益及经济效益，北京市的生产型温室不断向大型化方向发展。此外，连栋温室得到普遍推广，温室的室高在4.5米以上。温室空间扩大后，可进行立体栽培，便于机械化作业。

二、机械化

设施内生产管理的机械化是设施农业的重要方面。北京市已经在设施农业中广泛使用小型、轻便、多功能、高性能的设施园艺耕作机械、播种育苗装置、灌溉施肥装置以及自动嫁接装置等，普遍实现了播种、育苗、定植、管理、收获、包装、运输等作业的机械化。

三、智能化

设施农业的核心是对设施内环境能够有效地调控,营造适于生物生长发育及农产品储藏保鲜的最佳环境条件。目前,无线传感器网络技术、现代通信技术、智能控制技术、计算机视觉技术和空间技术等不断应用于设施农业领域,这些技术的有机整合,使得设施环境监控系统朝着自动化、智能化和网络化方向发展。设施管理水平不断提高。

四、产业化

设施农业生产完全走专业化、产业化、国际化发展道路。这主要体现在:①温室围绕市场需要生产,温室产品的商品化率非常高。②采用规范有序的市场经营模式,以市场为导向和生产的拉力源,形成完整的体系。③种苗专用,栽培产品多样化与特色化。④设施农业生产迈入国际化的市场体系。⑤形成健全的市场销售体系。

五、节能化

由于能源危机,导致设施农业能源成本不断增加,产品的生产成本提高,经济效益下降,削弱了与露地生产的竞争力。因此,北京市发展设施农业的重心开始向节能方向转移,主要途径是:发展风能、太阳能、地热资源及工业余热利用技术;改善温室结构与覆盖材料、小气候控制等提高能源利用效率的措施;针对大型温室夏季室温过高的问题,对其结构形式进行了一系列分析研究,已开发通风换气效率高的温室,并获得推广应用。

第十一章　籽种农业

籽种是农业的命脉,籽种产业是现代农业的核心。"十一五"时期,北京在全国率先确立大力发展都市型现代农业的发展战略,并将籽种产业作为首都农业发展的首选,当作重中之重来抓。本章分析了北京市籽种农业发展的现状、国外籽种农业的发展与经验借鉴、籽种农业发展面临的挑战,提出了籽种农业发展的自导思想、基本原则、主要目标、战略布局和保障措施。

第一节　籽种农业发展现状

籽种产业具有高附加值、高科技含量以及低污染、低能耗的特点,具有高端、高效、高辐射的特征。籽种是农业的命脉,籽种产业是现代农业的核心。"十一五"时期,北京在全国率先确立大力发展都市型现代农业的发展战略,并将籽种产业作为首都农业发展的首选,当作重中之重来抓。因此,大力发展籽种产业是北京现代农业的龙头,可以带动生态农业、休闲农业、科技农业等其他相关产业的发展。发展籽种业是北京农业的必由之路,是立足北京,走向世界,参与国际竞争的必然选择。

一、国外籽种农业发展

籽种是农业最基本的生产资料,是粮食增产诸要素中最重要、最活跃的因素。大量事实证明,不论国内还是国外,不论过去还是将来,良种在农业生产中的巨大作用是其它任何因素都无可取代的。据测算,籽种在粮食增产中的科技贡献率占35%—40%,因此,籽种产业是提高农业综合生产能力、增加农民收入、确保粮食安全的基础型、战略性产业。籽种产业直接关系着一个国家的农业发展水平。现代生物技术的引入使籽种产业跨入全新时代,育种的效率、多样性和准确性大幅提升,不断推动着现代农业的快速发展。

粮食是关系到国家安全的战略性资源,籽种是粮食安全的关键,籽种产业是农业的核心基础产业,是国家粮食安全的生命线。我国籽种市场开放后,由于国内上万家籽种企业规模普遍较小,难以形成具有国际竞争力的籽种企业。跨国公司的大量涌入严重挤压了国内籽种企业的生存空间,同时加紧在我国进行研发布局,对我国的种质资源和籽种产业安全构成了威胁。

为保障基本粮食供应,各国一直都很重视籽种产业,特别是控制种质这一重要战略资源。一批跨国公司通过大投入获得的良种控制了相当大的市场份额。美国先锋籽种公司和孟山都籽种公司的市场份额占到美国市场2/3;欧洲玉米籽种市场的80%由6大籽种公司占有。我国农业生物技术的研究和应用同样受到了政府高度重视。2008年7月,我国转基因生物新品种培育的重大科技专项启动,重点集中在水稻、小麦、玉米、棉花和大豆5种主要农作物以及猪、牛、羊3种家畜。一批具有自主知识产权的生物科技成果开始涌现。

（一）美国籽种产业发展现状

1.美国籽种产业的飞速发展

20世纪20年代以前,美国的籽种产业发展水平较低,然而当时的杂交玉米培育项目为农民们提供了相对优质的籽种。杂交玉米产量高、成熟期较一致而且抗倒伏,因而受到农民青睐。到20世纪60年代,美国杂交玉米的种植面积占到了总面积的95%,玉米籽种产业在当时也稳步建立起来。

过去的25年里,美国农业产量不断增长,这要归功于籽种产业的发展。通过对商业籽种潜心的研发和关注,美国的粮食产量增幅巨大,其中玉米产量增长了6倍,棉花产量增长了4倍,大豆产量增长了3倍多,小麦产量增长超过2.5倍。

籽种规模和产值发展迅速。尽管过去20年里美国籽种进出口量都有较大的增加,但进口增长率却超过了出口。1985年,美国籽种进口总额为8700万美元,到1996年增长为3.14亿美元,主要涉及的作物是蔬菜、玉米和草料,这些进口籽种最大的供应国是:加拿大（28%）、智利（18%）、荷兰（9%）。1997年,面向大田作物的籽种使用量为650万吨,主要包括小麦、大豆和玉米。美国籽种产业出口值从1982年的3.05亿美元提高到了1996年6.98亿美元,增加了一倍多。

2.美国籽种产业发展与基因改造

美国用于籽种基因改造的投入不断加大。在过去这些年的粮食增长比例中,超过一半的增长来源是育种者对品种进行的基因改造。美国农民对籽种支出从1960年的5亿美元,增长到了1997年的近70亿美元。到1997年,美国的商业籽种规模就已达到57亿美元,居世界第一,籽种的商品率超过90%。目前,美国籽种产业在基因改造方面突出性进展的是抗除草剂、抗虫害和农艺性状,其他性状研究处于发展阶段。目前,美国农业部动植物健康检验中心通过了1256份农作物抗病毒实地检测申请、712份抗真菌检测申请、1292份改善农艺特征的申请以及2687份提高产品质量并增加农作物维他命含量的申请,这些籽种领域的研究活动将为改善作物基因铺平道路。

基因改造大豆、棉花和玉米等具有抗除草剂（HT）、抗虫害的特性。在商业推广后经过短短11年就走向了主导地位。由于HT作物能抵抗药效较强的除草剂,农民可以放心地使用各种除草剂有效控制杂草。在美国,HT大豆的种植面积扩展迅速,远远产过了其他类型转基因大豆,2006年占到了全部大豆种植面积的89%。HT棉花排名第二,占到了总种植量的65%。

尽管转基因作物被迅速接受推广,籽种技术仍面临着许多亟待解决的问题,其中一个就是籽种价格较高增加了农民对其优良特性的预期。调查表明,农民们之所以采用转基因作物并愿意为其支付不断增加的保险费,最重要的原因是这些作物能够增加产量,其次是节约管理时间,并使生产变得简单方便,另外的原因就是这些作物可以减少农药成本以及保护环境。

3.种业发展的因素

促使美国籽种产业蓬勃发展最重要的原因很可能是1970年通过的《植物品种保护法》。这项法律赋予作物新品种开发人员（如籽种公司）销售新品种的专营权,也在某种程度上刺激了籽种公司开展籽种培育项目。以大豆为例,不足20年的时间里,私有部门培育的新品种逐渐被接受并取代公共部门培育的品种。

1998 年以来,美国每年有 1000 个左右的转基因品种获得许可,充分说明这类产品的受欢迎程度。除了玉米和大豆品种,美国的籽种公司还在土豆、西红柿、小麦以及其他作物领域开展转基因研究与开发。

除了通过技术改良推动籽种产业的发展,众多相关机构的努力也加速了优质籽种的生产。这些机构对籽种的培育地、种植地等各方面都很关注,并致力于产品的销售以及制定一套统一的法律来规范籽种买卖行为,其中包括美国籽种行业协会、美国籽种分析专家联合会、美国籽种监管协会、美国籽种认证机构联合会等。

4.美国籽种法规与管理体系

美国籽种法规体系主要由《联邦种子法》、各州籽种法、与籽种相关的《知识产权保护法》以及保护籽种产业免受害虫和杂草影响的法规等组成。《联邦种子法》是最基本的籽种法律。这些法规都十分强调商品籽种标签的真实性。州籽种法还对商品籽种规定了最低质量标准。美国的籽种管理体系主要在国家和州两级。在国家级,农业部设有籽种管理机构,负责联邦籽种法的贯彻实施。此外还设有国家籽种监测中心(检验机构)和官方籽种认证机构等,负责籽种质量监督检验和认证。在州一级,农业厅设有相应的籽种管理机构,负责联邦籽种法和州籽种法的贯彻实施与管理。设有官方籽种检验机构,如ICIA 就是伊利诺伊斯州农业厅指定的籽种检验机构。国家或州的籽种检查员被授权对市场销售的籽种进行抽样供官方检测,如发现籽种质量与标签不符,有权要求停止销售。联邦和州籽种法均规定法院是籽种法实施的仲裁机构,消费者受到损失应当通过民事法庭裁决。

5.美国孟山都籽种公司

美国孟山都籽种公司(Monsanto)是世界领先的农业生物技术公司,全球第一大籽种公司,旗下拥有全球最大的蔬菜水果和棉花籽种公司。孟山都致力于创新科技并应用于种植业,通过研发先进的生物技术造福于农民、环境和消费者。孟山都公司的产品不仅包括大规模作物,如玉米、棉花和油料籽(大豆和蓖麻),也包括蔬菜类的小规模作物。同时,公司通过基因技术帮助农民保护庄稼,提高产量,降低田间成本。除了籽种和生物技术,孟山都还生产多种除草剂。其业务分为两部分:籽种和基因研究(籽种和生物技术业务,生物技术、育种与基因研究的基因技术平台)、农业生产力(植保产品、草坪和园艺家用除草剂和畜牧业产品)。目前,公司通过两种方式满足客户需求。一种方式是通过提高育种技术,提高产量;另外一种方式是在籽种中嵌入一种或多种基因,以一种全新的方式来抵抗病虫害及杂草。

(二)德国籽种产业发展现状

1.德国籽种产业相关法规

德国的农业有一套较完善的法律法规,一般农产品种植必须遵循的法律法规就有 8 个,即《籽种法》《物种保护法》《肥料使用法》《自然资源保护法》《土地资源保护法》《植物保护法》《垃圾处理法》和《水资源管理条例》。对于有机农业,除上述法规外,德国根据欧盟规定分别于 1991 年和 1994 年公布了种植业和养殖业的生态农业管理规定。2002 年德国公布了有机农业法案,对有机农业制定了更严格的标准和规定。

2.籽种产业与绿色基因工程

德国农业政策中非常注重传统农作物籽种保护,并大力在农业种植中推广。尽管德国允许进口大量转基因食品,但是在德国允许种植的转基因植物只有一种 MON810 玉米。至 2006 年全球种植转基因植物的面积占 6%,大约为 1.02 亿公顷。2007 年德国的转基因种植地也只有 2700 公顷,占总种植面积 0.1%。

2009 年 4 月 14 日,德国联邦粮食、农业和消费者保护部部长艾格纳宣布立即禁止转基因玉米的种植。部长指出,这只是一个个案,并不是限制绿色基因工程的原则决定。德国各科学组织明确表示应就安全问题和潜在风险开展无偏见的调查。之前开展的相关研究从未得出过需要抛弃或是远离转基因技术的可靠结论;另有观点认为:全面否定绿色基因工程只会持续性地损及德国境内的研究。在气候变化的大背景下,借助基于分子生物学知识的基因工程方法,在农业生产上开发高价值、环保并且产量更高的经济作物,具有无比的潜力。

除了政策法规的约束之外,地区的农业状况也是原因之一。德国转基因种植主要分布在东德地区,如勃兰登堡州、萨克森州和梅克伦堡—前波莫瑞州,那里单块大面积土地更多。德国环境自然保护协会(BUND)的摩尔顿豪尔说:"只有种植面积大的地区使用价格昂贵的转基因籽种才划算。"对害虫抵抗能力强的转基因种植可以减少大量工作,降低收成差的危险性。这对小面积种植来说意义不大。

3.德国籽种公司

德国的籽种企业实行国际化经营和资本运作,随着籽种的科技含量不断提高,其市场竞争力不断增强。

KWS 种业集团,是世界第八大籽种公司。公司拥有 2000 多名职工(总部有 800 人),在世界各地设有子公司、分公司和合资公司,年销售额达 5.6 亿欧元(2007/2008 年度)。基本特征是经营商品籽种,以玉米籽种为主,但实行多元化经营。在农业及食品工业方面 KWS 集团与 50 多个国家和地区均有业务往来,优质多样的产品使其在国际市场上占据领先地位。

(三)法国籽种产业发展现状

1.籽种产业发展概况

法国作为一个世界农业大国,籽种产业是国家经济构成的一个重要组成部分。据法国国家籽种行业联合会(GNIS)2007 年的统计数据显示,法国该年籽种行业总产值为 20 亿欧元,其中出口额就达 6.5 亿欧元,法国已经成为欧洲第一大籽种生产国,籽种的出口量也位列世界第三。作为农业与畜牧业发展大国,法国凭借其多样性的土壤结构与气候环境,长期以来坚持不懈地发展本国的籽种产业,全国仅用于籽种生产的土地就达 31 万公顷,约占全国农业用地的 5%。

2.籽种产业管理体制

法国能有如此发达的籽种产业,除了政府所给予的具有积极性的战略导向外,还应归功于其私营化为主体的产业结构。法国的籽种产业按市场操作流程可分为新品种的开发与认证、籽种生产、籽种的分销以及籽种的使用四大板块。行业成员多为中小型私营企业,相关企业数量已超过 4 万个,其中选种公司 74 个,籽种生产公司 232 个,剩余的为各级分销商。籽种企业按品种可分为甜菜、谷物和豆类、油菜、饲料类植物、亚麻与大麻、油料作物、蔬菜、土豆、向日葵 9 类。

私营化为主体的产业结构给法国的种业注入了活力,但同时对行业的管理也提出了挑战。为此,法国制定了一套严格的公共监管体系。该体系主要由以下三个机构组成:

①选种技术常备委员会(CTPS)

作为国家农业管理机构与私营籽种企业间的纽带,CTPS 主要负责向行业成员传达国家各项政策法规,并负责制定农作物新品种进行官方录入时所需满足的技术条文,它同样也参与有关籽种生产技术条文的制定。

②籽种控制与研究小组(GREVES)

GREVES 同时隶属于法国农业部及法国国家农业科学院,它主要负责协助 CTPS 对申请录入国家籽种官方目录的品种进行技术分析与专业认证,也可以说是法国籽种产业中最具官方代表性的实验室。

③籽种控制与认证公共服务处(SOC)

SOC 是法国国家籽种行业联合会(GNIS)下属的一个部门,它的主要任务是监督国家有关籽种开发与生产中各项技术条例的执行情况,对新品种的认证过程进行监控,以确保国家籽种产业的良性发展。为了配合上述监管体系,法国还专门制定了一个籽种认证体系,其中包括:

品种认证:主要涉及籽种的鉴别。

技术认证:为了确保籽种的纯度与遗传特性。

健康认证:对籽种种植与实验室培育进行监察。

3.法国跨国籽种企业

籽种市场已呈现出国际化的趋势。通过长期的发展,法国很多家族式和地区化的籽种企业都走上了国际化的道路。在全球较为重要的 20 个籽种企业中,大型的跨国集团占大多数,排名前六位的分别是:Hi-Bred International(隶属于法国 DuPont de Nemours 集团,年营业额 21.64 亿欧元)

Monsanto(美国公司,隶属于法玛西亚集团,年营业额 19.36 亿欧元)

Syngenta AG(瑞士公司,年营业额 10.68 亿欧元)

Limagrain(法国集团,年营业额 8.73 亿欧元)

Seminis(美国公司,年营业额 4.79 亿欧元)

Advanta(英国阿斯利康集团分公司,年营业额 4.21 亿欧元)

除了在前六甲中占有两席外,在世界前二十名中还有三家法国企业,它们分别是 RAGT 基因公司、Euralis 籽种公司、Union In Vivo 公司。

(四)国外种业发展经验借鉴

在育种研发上,国外种业注重将种质资源保护与创新利用相结合,同时借助高强度的育种投入树立和巩固竞争地位。国外种业非常重视种质资源的挖掘和创新利用,并将其作为新品种选育的重要基础。另外,国外大型跨国种子公司一般将其销售收入的 10% 左右用于研究和新品种开发领域。2006—2007年,世界前 5 强种业公司研发投入达到 14.7 亿美元,为 1996 年的 3.6 倍,占同期销售总额的 12.8%。高强度的研发投入使国外大型跨国种子公司始终处于科技创新前沿,并保持了在全球市场竞争中的绝对优势地位。

在组织模式上,国外种业注重充分发挥企业的主体作用,并借助商业育种与科研育种的有机结合,推动产业的整体发展。在欧美等发达国家,往往由种业企业在育种、推广、销售等环节扮演主要角色。尤其育种环节,国外一般以大型种业企业自建的商业化种子研究和开发机构为主导,国有高等院校和科研院所等科教机构作为基础和支撑,且所有研发活动均具有商业色彩,受市场机制的调节和指导,有效地解决了科研与市场脱节问题,同时也构建了商业育种与科研育种协同互促的良好机制。

在体制机制上,国外种业注重充分发挥市场机制作用,兼并和重组行为频繁,呈现规模化、集团化的显著特征。美国等发达国家种子市场属于完全放开、自由贸易的市场,市场经济规律和市场机制成为种子管理体制确立和运作的基础,政府在知识产权保护、鼓励诚实经营、种子质量监督等方面拥有健全的法律和法规体系,实施依法管理和监督。在市场机制的作用下,国外种业企业的兼并和重组行为频繁,行业的集中度不断提高,种子行业正逐步形成寡头垄断的格局。

二、北京籽种农业发展

(一)发展历程

新中国成立以来,北京种业主要经历了以下四个发展阶段:

事业恢复阶段(20世纪50年代初到70年代末):种植种业实行"四自一辅"的工作方针,即主要依靠自繁、自选、自留、自用,辅之以必要调剂;自繁自养、发展耕牛为后来畜禽种业发展奠定了基础;水产种业实现了四大家鱼苗种的规模化生产;林果种业以国有和集体苗圃育苗为主,花卉育种研发整体发展水平较低。

产业起步阶段(20世纪70年代末到90年代初):种植种业转向"四化一供"阶段,产业发展逐渐从"事业阶段"向"产业阶段"过渡;畜禽种业的市场优势开始形成;水产苗种产业初步形成;林果花卉种业出现了以产业形式发展的雏形。

产业快速发展阶段(20世纪90年代初至21世纪初):种植种业开始实施"种子工程",《中华人民共和国种子法》、《北京市实施<中华人民共和国种子法>办法》相继颁布实施,种业步入产业化、法制化发展轨道;畜禽种业进入以服务科技型绿色牧业、休闲牧业、精品畜牧业为主要目标的快速发展阶段;水产苗种整体优势稳步上升,水产名优品种占总产量比重提高幅度接近40%;林果苗木育苗规模达到空前的水平,苗圃面积从10万亩发展到37万亩。"863"计划列入花卉育种内容,花卉种业的研发水平和成果转化水平得到极大提升。

产业巩固提升阶段(21世纪初至今):"九五"末期,北京市提出大力发展包括籽种农业在内的"六种农业"。2007年,北京市确立了开发四种功能、发展四种农业的总体思路,并将发展籽种农业作为开发农业生产功能的首要内容。北京市初步形成了种业的"三个中心、一个平台"发展格局,在国内外的影响力和竞争力显著提升。

(二)发展现状

北京已初步形成全国种业的科技创新中心,技术研发水平全国领先。北京市拥有种业研发机构80多家,专业育种者1000多人。北京地区保存的国家级种质资源达到39万份,列世界第二位。北京市育种、检测等技术均处于国内领先水平。每年引育农作物新品种数量约占全国20%,祖代蛋种鸡全国市场占有率20%、良种奶牛冻精40%、祖代肉种鸡50%、虹鳟鱼苗种40%、鲟鱼苗种50%;林果花卉育种研发科研网络初步建成。

北京已成为种业企业的聚集中心,总部经济效应逐步显现。北京是国内种业企业聚集密度最大的地区,全市籽种经营企业1361家,其中部级发证企业28家,占全国的11%,市级发证企业64家,区县级发证企业233家,零售商1036家;注册资本3000万以上,育繁销一体化企业11家,占全国的12%;注册资本1000万以上、具备种子进出口权的企业11家,占全国的10%;外商投资企业8家,占全国的24%;全国种业前10强中北京市有4家,有20家在北京设立了办事处和分支机构,全球10强种业巨头有8

家在首都建立研发或分支机构。

北京已初步成为全国种业的交易交流中心,服务能力显著提升。2008 年,北京种业销售额达到 46.85 亿元,其中种植种业销售额超过 27 亿元,占北京市场份额的 57.6%,占全国市场份额的 10% 左右,占全球市场份额的 1% 左右。畜禽种业销售额达到 16 亿元,占北京市场份额的 34.2%,水产种业销售额为 1.25 亿元,占北京市场份额的 2.7%,林果花卉种业为 2.6 亿元,占北京市场份额的 5.5%。北京进出口种子贸易额已达 6000 万美元左右,占全国贸易额的 35% 以上,占全球贸易额的 2% 左右。北京种畜禽交易活跃,每年从北京口岸种畜禽进出口额近 1 亿美元,北京的种畜禽产品销往全国 28 个省市。北京种子大会已成功举办 17 届,是全国种子交易会之首,2009 年成交额达 5 亿元人民币。2014 年世界种子大会成功落户北京,首都种业迎来前所未有的发展契机。

北京搭建了种业发展服务平台,辐射、带动效应显著增强。初步搭建了"10+1+5"农作物品种试验展示网络框架,即 10 个区县级基地、1 个市级基地、5 个创新孵化和展示基地,构建了北京林木种苗网、花卉网、果树网等网络平台,每年有几千个国内外品种在京郊进行试验示范,吸引了来自国内外数百个科研、企业与生产单位数千人参观、考察和观摩,已成为国内外品种展示的舞台、企业竞争的擂台、广大农民选种的看台。北京市已拥有一批在国内外具有较大影响力的种业品牌,如"中蔬"、"京研"、"一特"、"奥瑞金"、"中育"、"华都"、"顺鑫"、"金星鸭业"等,北京逐步成为国内外种业发展的重要核心。

(三)发展趋向研判

北京种业的未来发展趋势是:沿着"高端化、精品化、特色化、集群化、国际化、总部化"的总体方向,逐步从产业巩固发展阶段向产业优化提升阶段演化,从传统的随机、模糊、粗放的育、繁、推理念逐步向精确育种、精益生产和精准推广的新型理念转变,从科研育种模式主导逐步转向商业育种模式与科研育种模式有机结合。

首先,生物育种与传统育种技术紧密结合。常规育种与生物技术相结合成为作物种质创新和新品种选育的新方向,为此,北京籽种产业发展需要加强传统育种技术的信息化、设施化和工程化建设,创新作物育种的核心技术体系。

其次,良种创制技术与种子加工装备协同创新。种子创制与加工具有广阔的市场空间。北京籽种产业要实现由种子人工晾晒到标准化、精细化和精益化的转变,解决自主研发的种子成活率低、制种用工多和产量相对较少的问题。

最后,智能化、信息化和网络化技术系统开发。推动育种信息化是企业共同的追求,实现种业产业链的全程追溯和智能数字化联通,加强企业、用户、基地之间的信息交流,实现"育种—生产—经营—物流—售后服务"的信息网络一体化,全面提升种业全产业链的数字化控制水平。

(四)国内种业发展经验借鉴

市场化运作。遵循市场经济规律,高度重视发挥市场在资源配置中的基础性作用,通过市场化运作实现资源的合理配置和产业效率的提升,促进了种业的快速发展。

企业化主体。变革了计划经济体制下政府部门为主导的运营模式,确立了企业在种业发展中的主体地位,极大地增强了企业自主性,调动了积极性,壮大了我国种业的整体实力。

多元化产权。逐步形成了国有、民间、外资三大资本既相互竞争又相互促进、共同发展的种业混合所有制结构,为我国种业可持续发展增强了活力,提供了强大动力。

第二节 北京籽种产业发展分析

一、优势

(一)自然条件

北京是全国政治、经济和文化中心,区位优势和比较优势显著,具有明显的门户作用和辐射带动作用。通州、房山、顺义、大兴等郊区适宜小麦种子生产,同时也适合豆类、杂粮以及甘薯、蔬菜等籽种生产。怀柔、密云等北部山区县及延庆盆地粮果区对玉米杂交种生产非常有利,是国家玉米杂交种生产基地,多年来一直有玉米杂交制种生产。延庆县夏季冷凉,昼夜温差较大,蚜虫危害较轻,病毒病发病较轻,非常适于马铃薯种薯生产。

(二)人力资源

北京聚集了全国实力最强的籽种产业科研、教学、育种机构,有一定育种规模的大专院校和企业80多家,从事育种的专业人员有1000多人,专家300多人。北京拥有农业科研人员2万多人,仅中央在京科研院所和高等院校的农业科研人员就有1.5万多名。此外,北京还拥有7000多名以乡土化、市场化、信息化、社会化为特征的,来自农民、植根农民、服务农民的农村科技协调员。

(三)种质资源

北京是我国种质资源保存、研究集中地。国家级农作物种质资源长期库、中期库和蔬菜种质资源中期库均建在北京,在北京可以进行育种开发利用的种质资源有40万份左右,居全国首位。北京平均每年还从国外引进种质资源约1905份,向国外提供约1930份。

(四)信息资源

北京是国家权威信息发布地,农业部和国家其他部委的官方数据大都从北京发布。农业部以及中国种子协会、中国种子贸易协会等机构均在北京,为籽种企业、科研育种单位提供政策、品种、生产、供求、价格等信息。北京拥有行业门户网站3家(中国种子网、中国种业信息网、北京种业信息网),这些网站信息量大、影响力强。北京还是新品种对外展示的窗口,充分显示了首都作为信息交流中心的地位和对全国的辐射作用。

(五)种子质量

多年以来,北京的品种选育水平一直在全国处于领先地位,形成了玉米、小麦、大豆、马铃薯、瓜菜、果树等多种作物名牌品种系列,并已在全国推广普及。北京蔬菜研究中心和中国农科院蔬菜花卉所育成的甘蓝、大白菜、番茄、甜(辣)椒、黄瓜、西甜瓜、萝卜、菠菜、绿菜花等主要蔬菜系列优良品种已成为全国各主要蔬菜产区的主要栽培品种。

(六)科技研发

北京在某些籽种产业领域居世界先进水平,形成了一定的科技优势。科技投入具有相当优势,北京的科技示范研发基地覆盖1.33万公顷,农业科技成果平均推广率达到77.59%,高于全国平均水平

（61.98%），成果自给率达 62.6%。北京已经有 52 个基因系列取得了自主知识产权，全国推广的品种中约 20%是北京育种单位育成的（含中央单位）。

北京率先建立农业生物技术孵化器，并于 2005 年在全国率先建立了开放性的农业育种基础研究创新平台，平台集合了国内外 56 个单位，聚集了包括 7 位院士在内的国内外 450 名高水平专家，共同对重大基础理论和关键技术进行攻关。

在新技术应用方面，北京也走在全国前列。中关村地区拥有全球最为密集的农业生物技术研究资源，在杂交育种技术、基因技术等领域均取得了重大突破。

二、劣势

（一）籽种生产面积下滑、籽种生产成本高

近年来，京郊的农业生产面积明显减少，北京籽种生产面积也逐渐下降。种子田小而散，专业化、规模化程度低使籽种生产难以实现产业化经营。北京地价较高，可安排制种的土地相对较少；农民进行籽种生产缺乏有效的组织等原因使北京籽种生产、经营成本较高，收益较低，使得企业不愿意在京郊安排生产，在京经营玉米、蔬菜等作物杂交种的籽种企业多在外埠建立种子生产基地。种子经营利润较低，制约了北京籽种生产的发展和农民增收。

（二）种业发展规模小、带动能力弱

优势籽种生产经营缺少龙头企业带动，难以形成产业优势。企业数量多、规模小，主体地位不突出，难以实现专业化、规模化、产业化。在北京 329 家持证企业中，注册资本 3000 万元以上的仅有 28 家，大多数企业尚处在产业重构期，规模较小、产业竞争力弱、聚集度不高，与国际跨国种业公司仍有较大差距，带动地区经济发展和农民收入增长能力较弱。

（三）产业基础设施薄弱

取消种子部门统一供种限制后，国营良种场和种子基地不一定有委托生产任务，使得原有的籽种生产设施，如排灌设备、水渠年久失修；又由于多年来地下水位不断下降，原有水井报废，使得籽种生产水利条件较差。多年来基地基础建设没有投入或投入较少，地力下降明显，使京郊籽种生产基地的生产条件差、生产能力低。种子生产、加工、仓贮、检验设施较落后，抵御自然灾害的能力较弱。

（四）企业还未成为籽种技术创新主体

籽种企业自主创新主体地位还没有真正体现，支撑和引领作用不突出、不明显。现行科研机构的育种组织方式及激励机制还滞留在国有科研体系内，企业技术创新能力不够。这在一定程度上影响了整个行业健康发展且造成了市场的不平等竞争，同时企业作为市场主体，由于缺乏创新能力和具有自主知识产权的新品种，难以做大做强。

（五）籽种产业链条分割

当前籽种产业领域产学研结合主要有三种形式：企业委托科研机构研发、科研机构向企业转让品种权、共同申报承担各类科研项目。这三种形式都存在组织形式松散、合作过程缺乏利益和信用保障机制等问题，难以形成研发牵动产业、产业构建市场、市场引导研发的良性循环。北京种业产业化经营企业都是依靠自身积累方式发展，缺乏科研单位与生产经营企业之间的并购和资产重组。由于产业链条分割，产业化经营企业科研、生产、营销环节发展极不均衡。

（六）籽种产业发展环境不理想

北京籽种市场存在不正当竞争现象，品种表现日趋同质化和操作模式的一致化，市场秩序陷入混乱，供大于求、品种杂乱、品种管理情况复杂、产品大量积压、种质保存管理投入不足等情况大量存在。国家粮补政策带来市场价格走低，企业生产成本压缩和产品质量下降。政府对籽种管理机构和籽种经营机构的监管和服务不到位。对于品种侵权行为权利人举证难，行政诉讼程序复杂、诉讼费用高、时间长。品种权人的合法权益得不到很好保护，严重影响了籽种产业后续产业的发展，阻碍科技创新，最终影响籽种产业竞争力的提高。

三、机遇

（一）国家重点发展籽种产业

2011 年 4 月 19 日，国务院发布《国务院关于加快推进现代农作物种业发展的意见》，提出农作物种业是国家战略性、基础性核心产业，是促进农业长期稳定发展、保障国家粮食安全的根本。这为籽种产业发展带来了历史性机遇。国家将在法律、政策、资金等方面给予重点扶持，这给北京籽种产业的发展带来了发展契机。

（二）北京具备良好的籽种产业发展基础

北京作为全国籽种产业科研育种中心、交易中心和信息中心，在全国具有不可替代的地位，具备了超常规跨越式发展的基础和条件。北京籽种产业是全国籽种产业发展的排头兵和引领者。通过集成利用北京优势资源、提高产业集群效应和网络增值效应不断完善产业链条，对于促进首都籽种产业跨越式发展，强化对全国籽种产业的引领作用，做大做强民族籽种产业具有重要意义。

（三）北京提出要建立"种业之都"

在《北京市"十二五"时期都市型现代农业发展规划》中明确提出要把北京建成"种业之都"，籽种产业销售额要从 2009 年的 50 亿元提高到 2015 年的 80 亿元，增幅达到 60%，居各农业子产业之首。北京将投入 45 亿元资金用于"种业之都"建设工程，主要用于"种质资源创新引进与保护利用、优良新品种选育、种业园区和新品种展示基地建设、良种繁育加工基地建设、种业服务平台建设"，为北京籽种产业发展提供资金保障。

（四）北京正成为跨国公司籽种产业转移的主要目的地

国际籽种产业十分重视我国良种的巨大市场潜力，国外大的籽种企业纷纷进入我国。北京具备了籽种产业研发的基本条件。全球 10 大籽种公司已有 8 家在京成立分公司或设立办事处并在近几年有迅速扩大的趋势。抓住这一机遇，北京有可能建设成为国际籽种公司研发总部的聚集地。

（五）北京建设"世界城市"促进首都籽种产业国际化

籽种产业是世界各国争夺的基础性、战略性产业。我国已步入世界大国行列，北京已进入建设世界城市新阶段，这对进一步发展北京籽种产业及其创新提升，吸引国际籽种企业集聚、链接全球籽种产业市场的能力，加快首都籽种产业国际化进程，提升首都籽种产业国际竞争力、影响力和控制力具有重要作用。

四、挑战

（一）当前籽种产业已进入到卖方市场

当前国内籽种产业已进入到卖方市场。市场是有限的，行业之争、行业之乱、市场竞争将愈演愈烈，而其背后隐藏的是市场的转型和籽种产业发展的危机。

（二）跨国籽种公司的进入及其本土化

入世贸组织后贸易保护壁垒减少，跨国籽种公司进入中国市场并推行本土化。他们生产成本低、生物技术先进、经济实力雄厚、管理机制灵活、营销策略丰富，成为北京籽种产业市场最有力的挑战者。国际大型跨国籽种集团竞争趋向规模化、集团化、国际化，它们在资源、资金、管理、技术、人才等多方面都占有绝对的优势。中国籽种产业面临的不仅是单个的世界级顶尖跨国种业公司，而且是一个庞大而有效的国际化产业链条。这将对国有籽种企业、民营籽种企业构成巨大挑战，对北京籽种产业形成沉重打击。

（三）研发资金投入不足的困境

北京农业种质创新资金投入不足已成为良种产业化持续发展的障碍。在北京农业创新体系中，优异基因的挖掘已成为重中之重，然而在新基因的发掘与利用方面的投入却很少，难以满足深入研究的需要。与发达国家相比，北京基础设施及装备仍有很大差距，难以跟上或满足现代科技发展的需要，资源分散、社会化程度低，数字化、网络化建设还不完备，尚未形成良好的科研条件等。

（四）育种人力资源流失的危机

跨国籽种公司在进入中国之前已经物色了一批硕士、博士研究生，雇用他们从事市场观察，布置试验，并采取"高薪挖墙脚"的办法从中国产区选聘通晓本地种业的科技人员。中国育种体制改革动作缓慢，知识产权得不到应有的保护，挫伤了育种人员的积极性。跨国籽种公司创造良好的研究条件和舒适的生活环境，吸引了相当一部分育种家，与此相随的是育种资源的流失。

（五）国际籽种产业竞争日益加剧、国内籽种企业难以应对

虽然北京籽种科技在全国具有突出的优势，代表中国籽种产业的科技水平，但是与国际先进水平相比还有相当大的差距。北京企业的研发实力相对较弱，在激烈的市场角逐中难以参与竞争。跨国籽种业巨头控制着大部分的新品种权，拥有高价值的无形资产，具有控制籽种产业链条的源头优势。而我国籽种产业市场化进程起步相对较晚，处于初级阶段的中国籽种产业参与国际竞争的能力还很弱，除水稻等个别作物外大部分作物的种子科技含量相对较低，种子附加值较小，距国际籽种产业的主导发展方向还有较长距离。

第三节　北京籽种农业的目标定位

一、发展定位

根本目标是将北京打造成种业之都，逐步形成两个中心：

第一，采取部门联动、政策集成、资金聚焦方式，充分转化北京种业的优势资源，通过引进吸收、自主创新提升种业的科研育种、成果转化水平，将北京建设成为引领种业发展、展示我国种业科研实力的中国种业科技创新中心。

第二，充分发挥世界城市、国际化大都市的优势，通过优化北京种业发展环境，大力发展种业会展经济、总部经济,促进国际交流,将北京建设成为服务国内外种业企业、科教机构及各类社会服务机构的全球种业交易交流服务中心。

（一）中国种业科技创新中心

充分发挥北京的科技优势,整合、挖掘种业创新资源,建设具有国内领先水平的种业创新体系,占领中国种业创新制高点,使北京成为全国种业核心技术和优势品种的重要发源地。在品种创新上,努力获取具有自主知识产权的显著功能基因5个左右,选育推出玉米、小麦、大豆、马铃薯、蔬菜等作物高产、优质、多抗、广适、市场价值大的系列农作物新品种50个以上,培育符合市场需求的畜禽良种专门化配套品系3个、水产种苗品系2个,培育、推荐园林绿化种苗优新品种和优良种质20个,推出具有自主知识产权的林果新品种2—5个;在技术创新上,通过鼓励引进应用单倍体、转基因、分子辅助等高新育种技术,实现从传统常规育种向现代化生物精确育种转变;在体制创新上,在继续坚持市场运作、企业主体、多元化产权基础上,积极探索市场化育种模式,逐步从科研机构育种向科研机构与企业育种相结合转变,努力形成以企业商业化育种为主的育种体系。

（二）全球种业交易交流服务中心

发展种业总部经济,打造种业发展的创新和服务平台,吸引国内外大型种业企业在北京设立总部和研发中心。在全国10强中,北京种子企业从现在的4家增加到6家,2家以上进入国际种业企业前列;发展种业会展经济,加大种子交易市场和会展平台建设,促进种业信息、科技交流及贸易。积极筹备并成功举办2014年北京世界种子大会,努力办成一届"综合性、高水平、有特色"的"种业奥林匹克盛会"。

二、战略选择

"十二五"期间,北京市种业发展整体处于向新型种业体系转型过渡期。转型过渡期的籽种产业发展体现在三个方面的转变:一是以研发机构为主导的科研育种体系向以企业为主导的商业育种体系转变;二是市场竞争将由同质化、恶性竞争向以"育繁推一体化"大型种业集团为龙头的差异化合作竞争转变;三是种业产业体系由重视生产向全产业链建设转变。

过渡期北京种业要实现健康发展,需要在科研机制体制、技术创新主体等方面寻求突破,特别是要通过构建新型种业体系实现全产业链良性发展、增值发展。结合北京农科城良种创制与种业交易中心建设实际,加强政府引导和机制创新,调动科研机构、企业等各方积极性,科学布局,从"良种创制、成果托管、技术交易、良种产业化"四大环节进行改革创新,探索建设新型种业体系,作为推动北京种业持续高效发展的战略路径。

（一）加强良种创制。紧抓事业单位改革和科技计划管理体制改革的机遇,落实国家种业发展战略,推动种业项目立项方式的改革,建立政府支持、科教机构为研发主体、企业作为应用推广主体的良种研发创制模式,促进良种研发效率的提高和科研的转变。以首都育种创新平台和北京种业创新联盟为基础,推进种质资源库建设和共享。加强基础性、公益性研究与商业化育种要素的有机衔接和相互促进,实现"育繁推一体化"的全产业链创新。探索科技创新要素向企业转移配置的激励机制,建立多元化、社会化种业科研投入机制,激发科研人员的创造力和积极性。

（二）开展成果托管。建立项目验收登记和成果制度,将成果进行收集、登记、整理和托管,并向社会公开信息。逐步建立政府助推、合同约定、市场化运作的成果托管机制。托管的成果包括技术、基因、优异资源、育种材料、新品种和新组合等。成立成果评估专家委员会,构建种业成果评估专家信息库。针对成果特性,开展成果评估。建立知识产权管理和保护制度,实行基础性、应用性和商业性成果的分类管理,明晰知识产权等成果的产权主体和归属权,提高科技成果利用效率,切实保障科研单位和科研人员利益。

(三)推动技术交易。依托北京农科城搭建专业化的种业技术产权交易平台。以企业为主体、科教机构参与,探索商业化经营运行模式,推动种业科技成果(种质资源、新品种、新技术、知识产权等)的展示交易一体化,探索建立种业科技成果的第三方评价机制、公平交易机制和收益分配等机制,促进市场逆向引导的科技成果转化与产业化。构建资本投资种业的融资信息中心,引导基金、贴息、入股等多种方式的社会资金投入,推动成果多渠道交易,加速品种和技术的产业化。

(四)促进良种产业化。以"一城两区百园"农业科技产业化体系为依托,构建高通量的种业成果转化平台,加速科技成果的集成转化和应用。建设现代化种子生产基地,加快新品种培育和良种生产,促进良种繁育体系建设,支撑籽种产业高端发展。以信息服务和金融服务为手段,构建新型种业科技服务体系,支撑种业科技推广和全产业链创新创业。创建种业科技创新基金,探索建立商业化育种、股权激励和基金收益反哺科研等机制,促进种业产业持续快速发展。

(五)稳步构建新型种业体系。基于我国种业科研和产业发展现实,新型种业体系建设应依据不同发展阶段和不同产业环节,制定不同的工作重点。目前,要充分发挥高校、科研院所的科研优势,稳定支持基础性、公益性、前沿性研究,同时积极提升企业的自主研发能力,逐步培育企业成为种业创新主体。推动金融资本、社会资本与种业产业融合,实现由政府推动向企业主导、科研院所参与的商业化育种模式过渡转变,逐步建立育繁推一体化的新型种业体系。

第四节　北京籽种农业发展布局

按照"一个核心、两大区域、三级网络、五类基地"的空间结构对北京种业进行总体布局。

一、一个核心

主要包括首都功能核心区和城市功能拓展区,主要集中在海淀区,该区域具有科技、人才聚集的科技研发优势和企业总部聚集优势,形成了北京种业科技创新和发展中心。

二、两大区域

打造丰台会展功能区、顺义物流功能区,加快与外埠的种业技术、资金、信息等资源交流,彰显首都作为全国种业种子贸易和信息交流中心的地位,辐射带动全国种业发展。

三、三级网络

依托由 10 个区县级优势作物品种试验展示基地、1 个国家级和市级综合品种试验展示中心、6 个创新孵化展示基地(包括中国农科院、北京市农林科学院、中国农业大学、北京农学院、北京顺义农业生物技术孵化器、中国种子集团昌平未来科技城)形成的"10+1+6"农作物品种展示基地网络,以及由北方国家级林木种苗示范基地和北京黄垡国家彩叶树种良种基地为核心组成的林木良种基地网络,搭建国家级和市级、区县级、科教机构和企业级三级展示网络,以昌平区为重点(聚集了 1 个国家级和市级、5个科研单位和企业基地),为育种单位、种业企业搭建创新孵化和展示平台。

四、五类基地

根据资源禀赋、产业基础、交通区位等条件,结合种植、畜禽、水产、林果花卉四大种业发展目标,开发种业生产功能,促进都市型现代农业发展。

(一)种植种业生产基地。在通州、大兴、房山和顺义、平谷等东部和南部平原区县建设优质小麦种子产业带;在怀柔、密云、延庆等北部生态涵养发展区建设杂交玉米制种产业带;在房山、通州、顺义、大兴、平谷等城市发展新区建设环形食用菌菌种产业带;在顺义、密云、昌平、延庆、平谷等北部山前区县建设瓜菜(草莓)种苗产业带;在延庆盆地建设马铃薯脱毒种薯产业带。

(二)畜禽种业生产基地。在顺义、房山、大兴等区域,建设种猪产业带;在大兴、通州、房山、延庆、密云、怀柔、顺义、平谷等城市发展新区和生态涵养发展区建设奶牛产业带;以生态涵养发展区为重点,建设由房山到平谷的环京西北肉种禽产业带;在延庆、密云、房山、怀柔、大兴、平谷、通州等区县建设蛋种鸡产业带。

(三)水产种业生产基地。以通州、朝阳等区县为重点,打造京东观赏鱼种苗产业带;以怀柔、延庆、平谷等北部生态涵养发展区为重点,打造京北鲟鱼、虹鳟鱼等名优鱼种苗产业带;以房山为重点,发展京南鲟鱼种苗产业带;以昌平区为重点,利用地热资源,发展北部近郊区县罗非鱼种苗产业带。

(四)林果花卉种业生产基地。重点在生态涵养区建设完善林木良种基地建设,打造观花观叶植物、彩叶树种、生物质能源树种、造型树种、乡土树种、大规格园林绿化苗木等特色林木种苗示范基地;按照"八大优势树种"产业带布局建设相应种苗繁育基地,即在门头沟、延庆、昌平、密云、平谷等京西北山前暖区,建设苹果种苗产业带;以平谷为主,包括大兴、昌平、房山、通州,建设桃、梨、葡萄、观赏苹果等种苗产业带。从通州南部到大兴西部,打造东南部平原设施精品盆花种苗生产示范带,从延庆东部到昌平西部,打造北部山区切花百合、彩色马蹄莲、高档切花种球生产示范带;在丰台、海淀、昌平、通州、顺义、延庆、大兴等区县,建立花坛花卉、乡土花卉、切花百合、月季、高档盆花、菊花、彩色马蹄莲、红掌和火鹤等种苗种球生产示范基地。

(五)外埠制种基地。按照减少成本、增加收益的基本原则,适度发展种业的外埠制种基地,包括在甘肃地区的玉米、蔬菜制种基地,在河北等省的华北玉米、棉花制种基地带,在江苏、安徽、福建等省的华东水稻制种基地带,在海南、广西的华南水稻、玉米和四川、云南的水稻、蔬菜制种基地带。

第五节　北京籽种产业发展对策

一、打造龙头企业

要做强籽种产业就要扩大经营规模,使籽种企业由分散的小规模生产经营向专业化的大中型企业

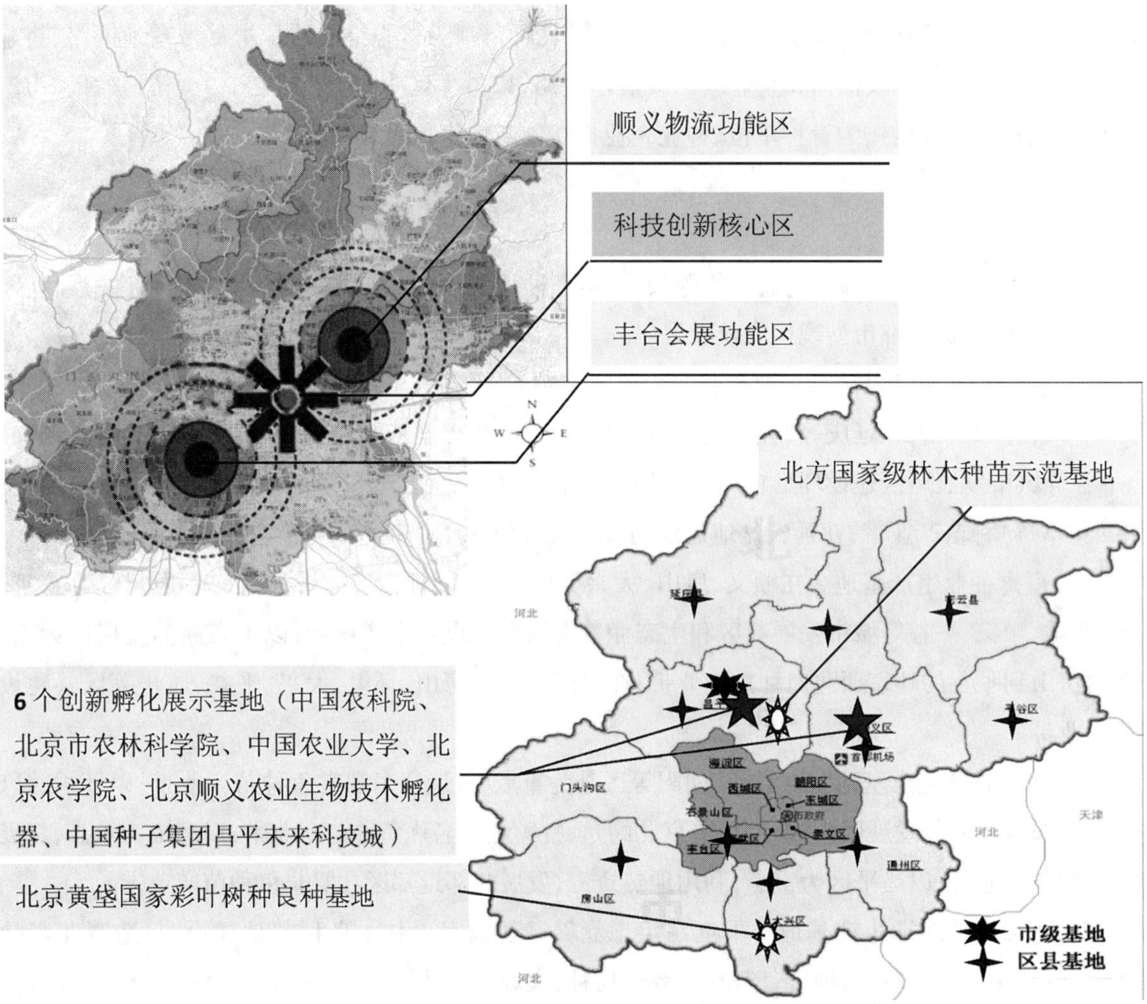
顺义物流功能区
科技创新核心区
丰台会展功能区
北方国家级林木种苗示范基地
6个创新孵化展示基地（中国农科院、北京市农林科学院、中国农业大学、北京农学院、北京顺义农业生物技术孵化器、中国种子集团昌平未来科技城）
北京黄垡国家彩叶树种良种基地
市级基地
区县基地
河北
天津

图 11-1　北京种业“一个核心，两大区域、三大网络”示意图

或企业集团转变。在企业注册资金、固定资产、研发能力和技术水平等方面提高市场准入门槛。通过市场机制优化和调整企业布局，推动籽种企业兼并重组，支持大型企业通过并购、参股等方式进入籽种产业。

目前，我国农业龙头企业大多属于成长型企业，综合实力还不强，企业从事初加工的多，从事深加工的少。例如，这几年北京市农业龙头企业农产品附加值还偏低，原产值为 1 元的农产品原料，通过企业加工后，加工品的平均产值为 1.8 元，而东南沿海地区的平均产值为 2—3 元，发达国家的平均产值则为 5—6 元。因此，要做大做强籽种企业，打造籽种龙头企业，培育一批能走向世界、参与国际竞争的大型籽种企业或集团。

目前北京的“中蔬”、“京研”、“奥瑞金”、“德农”、“一特”、“搏发”等几大品牌与国际知名的籽种品牌如“孟山都”、“先正达”、“圣尼斯”等在知名度和综合实力上还有相当大的差距。北京籽种企业要树立品牌创造意识，尽快融合国际大公司的垄断经营、抢占市场的观念、手段；要以品牌为核心组织资源，实现品牌的升值效应；要树立良好的企业形象，拓宽服务领域，拓展国内国际两个市场，向多元化、集团化、国际化发展。

二、推动技术创新

加大科研育种投入，研究培育新品种。要加快运用基因工程、细胞工程、染色体工程、激光技术和核技术等，加快育种速度，提高育种水平。要开展育种理论方法和技术、分子生物技术、品种检测技术、种子生产加工和检验技术等基础性、前沿性和应用技术性研究以及常规作物育种和无性繁殖材料选育等公益性研究。要完善公共研究成果共享机制，为籽种企业提供科技支撑。要加大对生物育种产业的扶持力度，增强籽种产业竞争力。

建立多元化高效率的农业科技创新与转化服务体系，提升农业科技含量，构建适应自主创新需要的都市农业科研体系和技术推广体系。要建立农业科技成果转化奖励制度，扩大科技合作与交流，充分利用国内外优质科技资源，为北京农业科技创新能力的持续提升提供保障。要进一步深化政产学研合作机制，鼓励企业技术创新，建立以公司为主体的技术创新机制。要面对来自跨国籽种产业的竞争，积极利用国外籽种产业进行本土化的有利时机，通过科技创新逐步缩小与国外籽种产业的差距。

三、培养种业人才

加大籽种产业基础设施投入，加强育种创新、品种测试和试验、种子检验检测等基础设施建设。鼓励"育繁推一体化"种子企业建设商业化育种基地，购置先进的种子生产、加工、包装、检验和仓储、运输设备，改善工程化研究、品种试验和应用推广条件。

加强高等院校农作物籽种产业相关学科、重点实验室、工程研究中心以及实习基地建设。建立教学、科研与实践相结合的有效机制，提升籽种产业人才培养质量。充分利用首都高等院校教学资源，加大籽种产业人才继续教育和培训力度，为籽种产业发展提供人才和科技支撑。通过出国进修学习、国内培养等多种途径培养籽种产业高新技术领域的学术带头人，加强对企业高级管理人员及籽种产业各个领域的管理和技术人员的培训，使北京的籽种产业人才能够适应籽种产业国际化发展的要求。

四、延长产业链条

企业是农业生物技术产业研发的主体，因此应充分利用企业对新品种需求的内驱力，发挥企业的优势并在科研立项、投资和技术援助等方面给予大力支持，努力营造企业办科研的良好环境和氛围。

按需组织良种生产、加工，把籽种产业链各环节衔接起来。打破单位、部门、所有制界限，走联合道路。按照扬长避短、优势互补的原则，进行人才、资金重组，引进和消化吸收国际上先进的经营管理经验。搭建一个籽种产业促进平台，为企业、高等院校、科研院所之间相互交流提供条件，形成知识链、技术链、产业链的连接，协调产业发展上游、中游和下游比例关系。由科研、生产、经营相互脱节向育、繁、推销一体化转变，最终建立适应市场经济体制的现代化籽种产业体系。

五、改善产业环境

对籽种产业在项目、税收、土地、人才等方面提供政策支持。放宽金融信贷支持，减免相关费用，适当放宽绿色通道，优先供应建设用地，加大财政支持力度。实施籽种企业税收优惠政策，对符合条件的"育繁推一体化"籽种企业的种子生产经营所得免征企业所得税。对企业兼并重组涉及的资产评估增值、债务重组收益、土地房屋权属转移等给予税收优惠。完善种子生产收储政策,加强推广和售后服务的力度。推行鼓励籽种企业及研发机构开展开放式技术创新的政策以及种子示范基地建设的政策,吸引企业落户北京的招商引资政策、鼓励跨地区与跨国籽种企业合作,优先支持籽种产业高成长企业发展,设立籽种产业发展专项资金等政策。

改善籽种产业环境,尽可能为北京籽种企业的发展壮大创造良好的环境,并提供优质服务。逐步建立以企业为主体的商业化育种新机制,积极推进构建一批籽种产业技术创新战略联盟。进一步优化投资创业环境,建立起公平、公正的市场竞争环境和完整规范的市场新秩序。

总之,北京应抓住机遇,结合北京都市型现代农业发展的特点,通过引进优质资源学习国际籽种产业先进管理经验和科学技术。实施管理思路与政策上的创新,充分发挥北京籽种产业科技与资源优势,开展籽种科技创新,带动北京籽种产业本身的发展,为新农村建设提供产业支撑。

第十二章 加工农业

北京的农产品加工业是三次产业融合的载体,是都市型现代农业的支柱产业,是保障城市菜篮子供应的基础性产业,是推动农业结构战略性调整、促进农民就业增收、提升农业效益、保证首都市场供应、满足社会消费需求、保障农产品质量安全的重要保证。本章分析了北京市农产品加工业的发展背景和形势,提出了加工农业发展的定位、目标、主要任务、区域布局、重点产业和重点工程。

第一节 加工农业概述

一、概念

加工农业,是指生产符合加工需要的农产品和发展农产品加工业的总称。就是把农产品生产与加工连成一体,以出售农产品加工制成品为主要目的的农业。加工农业的实质就是产、加、销一体化,其基本内涵:一是加工农业的产品主要是以商品的形态出现,为全社会服务;二是加工农业的产品都是经过加工的农产品;三是加工以后的农产品制成品是社会最终消费品;四是农产品除物理、化学加工外,也包括包装性加工;五是发展加工农业的目的是为了提高农产品的附加值,取得最大利润。可见,加工农业实质上是以市场需求为导向,以农产品加工为核心,以最大经济效益为目的,集农业生产、加工、销售为一体的综合农业。

二、特征

第一,加工农业是商品农业。加工农业是市场经济在农业领域发展到一定阶段的必然结果,是现代市场经济条件下农业生产的基本形式。它以市场经济为背景,以市场需求为导向,其产品以商品为主要形态,以满足社会最终消费和取得利润最大化为目的,是典型的商品农业或市场农业。

第二,加工农业是质量农业。质量是加工农业的灵魂。发展加工农业,一方面要求农业生产采用优良品种,提高农产品质量,为加工企业提供优质、专用、多样的原料;另一方面通过加工企业对农产品的一系列深加工、精加工,提高加工产品的品质,增强市场竞争力。因此,加工农业以质量为核心,以加工带生产,以质量促效益,从而有利于实现从数量农业向质量农业的发展飞跃。同时,在现代市场经济条件下,农产品竞争力的高低是以高品质的名牌为前提,而良好的品牌形象要以高质量为基础。

第三,加工农业是效益农业。发展加工农业,向前要求农业生产者根据加工企业的要求去组织生产,这有利于提高生产效益,使农户达到增产增收的目的;向后通过对农产品进行一系列的深加工、精加工,大大提高了农产品的附加值。通过企业与农户之间利益联结机制,农户因此能分享到农产品加工和流通过程中的增值利润。更重要的是通过加工农业的不断发展,极大地延伸了农业产业链条,扩展了农业发展空间,使农业摆脱了仅仅提供原料和初级加工品的地位,形成了"从田头到餐桌"的完整产业,增加了农民的就业机会和收入,有效地提高了农业的整体效益,这正是当今发达国家农业发展的优势所在。

第四,加工农业是"订单农业"。以销定产是工业生产的惯例,在市场经济条件下同样适用于农业领域。发展加工农业,一方面要求加工企业全面推行合同制,以销定产,通过广泛利用购销合同确保农产品加工制成品的销路;另一方面,要求加工企业与农产品生产者(或农户)之间是基于合同购销上的一种互利合作关系,建立以合同为主体的利益联结机制,确保稳定的原料来源。从这个意义上讲,加工农业就是"订单农业"。

三、基本条件

加工农业是市场经济在农业领域发展的必然结果,其基本要求是农业生产专业化、集约化,加工技术科学化,产品销售网络化以及产、加、销一体化。从理论上讲,发展加工农业至少需要五方面的条件:一是富有活力的较发达的农产品加工体系,这是发展加工农业的关键性的工业条件;二是有一定规模的专业化程度较高的农产品生产基地,这是发展加工农业的基础;三是城乡居民消费以农产品制成品为主,是发展加工农业的市场条件;四是现代科学技术在农业生产和加工领域的广泛运用,是发展加工农业的科技支撑;五是灵敏、快捷、准确的农业信息服务网络,是发展加工农业的重要条件。

农产品加工是农业产业化的重要环节,是提高农产品加工转化率,实现加工增值的关键所在,对于加快我国现代农业发展,促进农民持续快速增收具有十分重要的作用。国家及地方政府已经充分认识到加快农产品加工业发展的重要性和紧迫性,采取了一系列积极的措施推动农产品加工业的发展,以此达到农业增效、农民增收的目的。

生产决定消费,消费又反作用于生产,这是马克思主义经济学的基本原理。在生产力发展水平低下,人类还没有解决温饱以前,农业的主要任务是维持人类最基本的生存需要,这时消费的农产品是初级产品。随着农业生产力发展水平的提高,一旦温饱问题解决和进入小康水平以后,农业生产的主要任务是满足人们生产和生活的需要。由于人们生活水平的不断提高,对农产品的需求日趋多样化和高档化,农产品消费主要是加工后的制成品。可见:温饱农业中消费以农业初级产品为主;小康农业中消费以农产品加工品为主。

根据有关资料,现代西方发达国家90%的农产品都是加工制成品,非农业人口基本上是加工成品消费。据统计,现在我国发达地区城市居民的农产品成品消费占农产品消费总额的60%左右,农村居民的农产品成品消费占农产品消费总额的20%左右。由此可见,随着城乡居民生活水平的不断提高,农产品加工成品消费已是必然趋势。

同时,我国发展加工农业的条件也已基本上成熟:①我国农民的温饱问题已基本解决,正处于向小康水平迈进的阶段,不少农村已达到小康水平,为发展加工农业提供了前提条件;②随着农业生产的不断发展和商品率的不断提高,优质粮、棉、水果、牲畜、名贵水产品等在农产品中所占比重逐年提高,有的地方已占到50%以上,这为发展加工农业提供了原料来源;③乡镇企业的蓬勃发展为农产品加工提供了良好的工业条件;④当前城乡居民的消费倾向明显偏向农产品加工制成品,这是加工农业的市场所在;④近年来,全国各地农村都掀起了农业产业化经营的高潮,这为加工农业的发展提供了良好的经营环境。这些足以说明,我国发展加工农业的机遇已经到来,必须抓住这个机遇。

四、战略意义

"首都的农业是都市型现代农业,是第一、第二、第三产业相互融合的,充分体现人文、科技、绿色特征的低碳产业。"北京的农产品加工业是三次产业融合的载体,是都市型现代农业的支柱产业,是保障城市菜篮子供应的基础性产业,是推动农业结构战略性调整、促进农民就业增收、提升农业效益、保证首都市场供应、满足社会消费需求、保障农产品质量安全的重要保证。

加工农业是以农产品加工为核心的农业生产、加工、销售体系,其发展必然引起农村经济的深刻变革,并导致农业工业化,因此,发展加工农业具有极其重要的战略意义。

第一,发展加工农业有利于提高农产品附加值,增加农民收入。美国经济学家曾以生产衬衣为例说明生产经营各阶段的增值情况,价值2美元的棉花,到最后衬衣的出售,价值增加到65美元,成品价值是初级产品的几十倍。长期以来,我国农业以出售初级产品为主,价格低廉,其结果形成工农产品价格剪刀差,农业积累缓慢,农民收入低下。发展加工农业,农产品经过加上以后,其价值一般都可提高50%以上,最高可达到10倍以上,这不仅大大提高了农产品附加值,并使这些附加值留在农业内部,增加农业积累,而且农民通过直接或间接参与农产品加工,亦能分享到农产品加工以后所增加的价值,从而增加农民的收入。

第二,发展加工农业有利于推动农业科技进步和发展高产、优质、高效农业。在社会主义市场经济条件下,发展加工农业,通过采用新技术、新工艺,开发技术含量高、市场潜力大、创汇多、附加值大的拳头产品,能获得巨大的经济效益。在这种巨大利益的驱动下,农民便会积极学习农业科技知识,增加科技投入,根据市场需求发展高产、优质、高效的农产品,并根据加工成品的技术要求,学习各种有关的科学技术。

第三,发展加工农业有利于促进农业与工业关联,推进农业工业化和农村城市化的进程。加工农业的核心是农产品加工,通过加工把农产品改变成了工业成品,农业在很大程度上演变发展为农产品加工业,也就是农业工业化。同时,随着农产品加工业的不断发展,必然带动对农业生产的机械装备的需求,这就有利于促进农业与工业的关联,加速实现农业机械化和用工业式的劳动取代传统的农业体力劳动。农业工业化的发展又将会推动农村城市化的形成。因为农业工业化的过程就是把农产品加工业逐步集中发展的过程,从而带动其他产业农村居民的集中,不断增大规模,最终形成城镇和城市。

农产品加工业是国民经济的基础性、战略性支柱产业之一,是农业结构战略性调整的风向标和建设现代农业的重要环节,是促进农民就业增收和满足城乡居民生活需求的重要保证。当前消费拉动为我国农产品加工业持续增长提供了强大的动力,政策推动为农产品加工业发展创造了良好的环境,现代农业带动为农产品加工业奠定了坚实基础,新科技驱动为提升农产品加工技术装备水平提供了重要的条件。2010年我国规模以上农产品加工业产值突破10万亿元,企业从业人员达2500多万人,其中吸纳农村劳动力1500万人以上,农民直接增收2800亿元;农产品加工业产值与农业产值之比由"十五"末的1.1∶1提高到1.6∶1左右,食品工业比重从"十五"末的40%提高到47%,初步形成了东北和长江流域水稻加工、黄淮海优质专用小麦加工、东北玉米和大豆加工、长江流域优质油菜籽加工、中原地区牛羊肉加工、西北和环渤海苹果加工、沿海优质水产品加工等产业聚集区；以农业部认定的200多家农产品加工技术研发中心为依托，初步构建起国家农产品加工技术研发体系框架，突破了一批共性关键技术，推广了一批先进适用技术；按照公司加农户、龙头带基地等多种形式，建设了一批规模化、标准化、专业化农产品生产基地，辐射带动1亿多农户。农业部9月16日发布的消息称，预计"十二五"期间我国农产品加工业总体可以保持年均13%以上的增长速度，到2015年规模以上农产品加工业总产值将在现在的基础上实现翻一番，农产品加工业与农业产值比将超过2∶1。

当前全球范围内农产品加工业发展迅速，呈现了企业发展规模化、全球化，加工技术逐步高新化，在能源领域发展超常化，发展方式逐步实现可持续化，质量控制推行标准化等明显的趋势性特征。目前，中粮农业产业基金作为全国首只农业产业基金入驻CBD，初期规模为15—20亿元，预计在5年内基金总规模将达到60亿元，成为国内规模最大的农业产业基金。

农产品加工业势在必行，专业合作社应以更加长远的、发展的眼光制定经营策略。更多的商业资本可以关注农业产业、进入农产品加工领域、造福农产品生产者。

第二节　北京加工农业发展现状、潜力及趋势

一、现状

（一）企业规模化发展趋势明显。截至2010年末，北京市共有农产品加工企业1853家，规模以上农产品加工企业493家，在规模以上农产品加工企业中，农副食品加工和食品制造企业占主导地位，农副食品加工企业216家，食品制造企业211家，饮料制造业66家。2010年大中型农产品加工企业共有80家，比"十五"末增加31%。北京三元集团、华都集团和大发畜产三家国有企业顺利完成战略大重组，成立"北京首都农业集团有限公司"，打造现代农业产业集团。涉农企业上市培育工作有序推进，截止2010年底，北京共有10家农产品加工业上市公司。

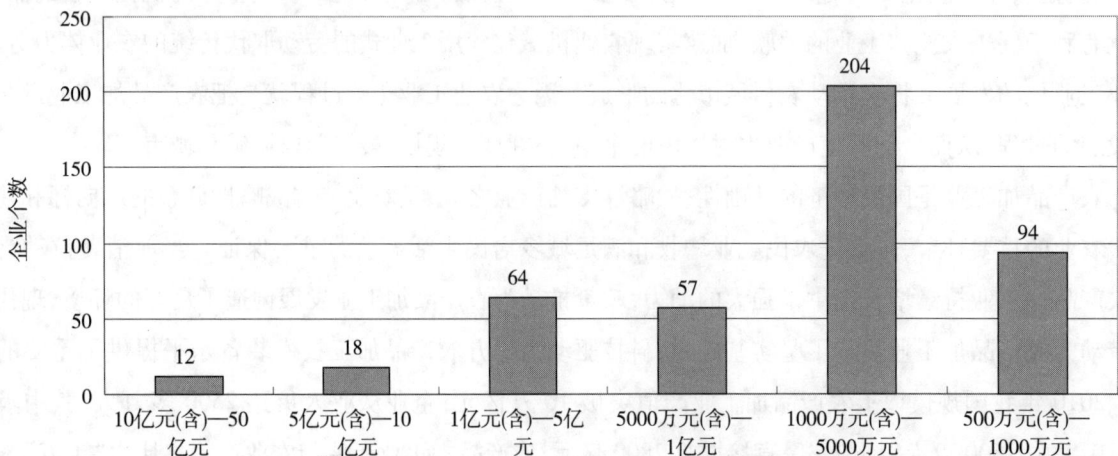

图12-1　2010年北京规模以上农产品加工业企业产值分布

（二）企业盈利能力显著提升。北京市农产品加工业克服了金融危机的负面影响，不断开拓新市场，开发新产品，整体盈利水平明显提高。2010年规模以上农产品加工企业资产总计711.3亿元，比"十五"末增长77.3%；规模以上农产品加工业的整体经济效益较好，总产值达到618亿元，比"十五"末增长64.8%，农产品加工总产值与农业总产值之比接近2：1，达到发达国家的水平(2.0—4.0：1)。出口销售收入22亿元；实现总利润24亿元，上缴税金总计42.8亿元，行业的销售利润率达到4.6%。

（三）产业集聚发展态势基本形成。"十一五"期间，各郊区县充分发挥劳动力和土地成本优势，不断加大交通等基础设施建设力度，显著改善农产品加工业发展外部环境，大大加快农产品加工企业的园区化布局，通过提供用地、税收等方面的诸多优惠政策不断引领加工企业进入园区，集聚发展。目前在京郊已经建立起15个基础设施完备、优惠政策多、一条龙服务到位，以食品生产为主的农产品加工示范基地。

（四）品牌影响力逐步提高。"十一五"期间，北京市大力发展唯一性特色农产品，打造都市型现代农业品牌，对达到北京市著名商标与中国驰名商标的企业给予政策支持与奖励，企业品牌影响力不断提高，形成了一批具有总部经济特征的企业。截止2010年底，中国驰名商标已达27个，北京市著名商标已达112个。华都肉鸡、鹏程肉食、三元牛奶、汇源果汁、牵手果汁、燕京啤酒、牛栏山二锅头等品牌的知名度不断上升，品牌价值超过1000亿元。

（五）原料基地建设卓有成效。郊区农产品加工业的发展，延伸了农业产业链条，提高了农产品附加值，加快了郊区传统农业向现代农业的转变过程。"十一五"期间，郊区规模以上农产品加工企业年均带动各类种植基地面积达140万亩，占农作物耕地面积的40%。此外，农产品加工企业突破北京郊区面积较小的制约，在河北、山东、内蒙古、山西等区域建立生产基地，立足首都，以北京为中心谋求在全国各地加速发展。

（六）辐射带动能力显著增强。经过多年培育与发展，北京市形成了以央企与市属龙头企业为代表、辐射带动能力强的农产品加工企业。"十一五"期间，全市初步建立了畜禽、奶业、蔬菜、果品、花卉、牧草、中药材等16个种养殖原料生产基地，原料基地总面积达到81万亩，农产品加工企业吸纳劳动力12万人，辐射面积600多万亩，带动北京本地农户55万户、异地农户125万户。通过大力发展订单农业，发展"公司+合作组织+农户"、"基地+农户+市场"等多种形式，有效链接各个环节，带动产业基地发展、技术服务推广和农户进入市场，密切企业与农户的依存关系，减轻农民的市场风险，推进农业产业化的发展。

表12-1　2010年与"十五"末北京农产品加工业主要指标对比

序号	指标	单位	2005年	2010年	±%
1	规模以上企业数量	家	495	493	-0.4
2	大中型企业数量	家	61	80	31.6
3	上市企业数量	家	7	10	42.9
4	规模以上企业总资产	亿元	401	711	77.3
5	规模以上企业从业人数	万人	9.9	10.7	8.1
6	规模以上企业产值	亿元	375	618	64.8
7	规模以上企业出口销售收入	亿元	20.1	27.3	35.8
8	规模以上企业利润总额	亿元	14.4	24.0	66.7

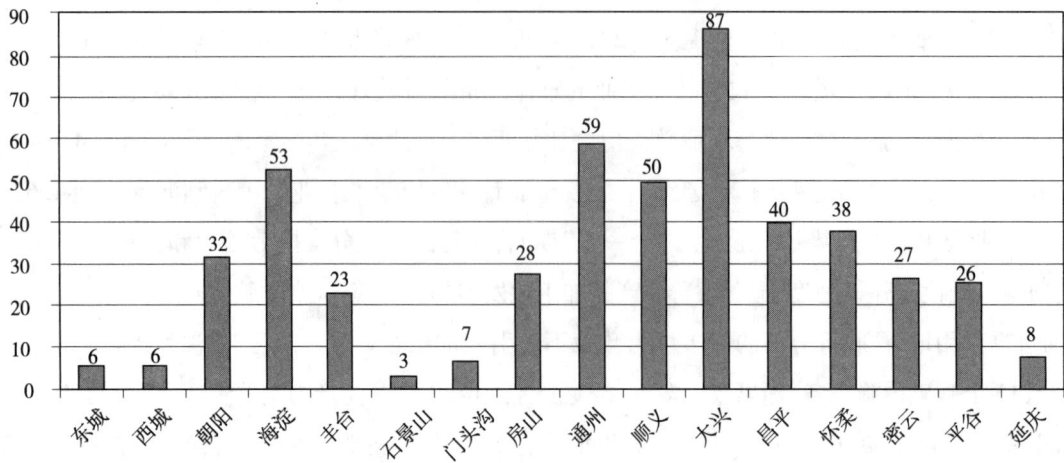

图 12-2　2010 年北京规模以上农产品加工业企业数量区县分布

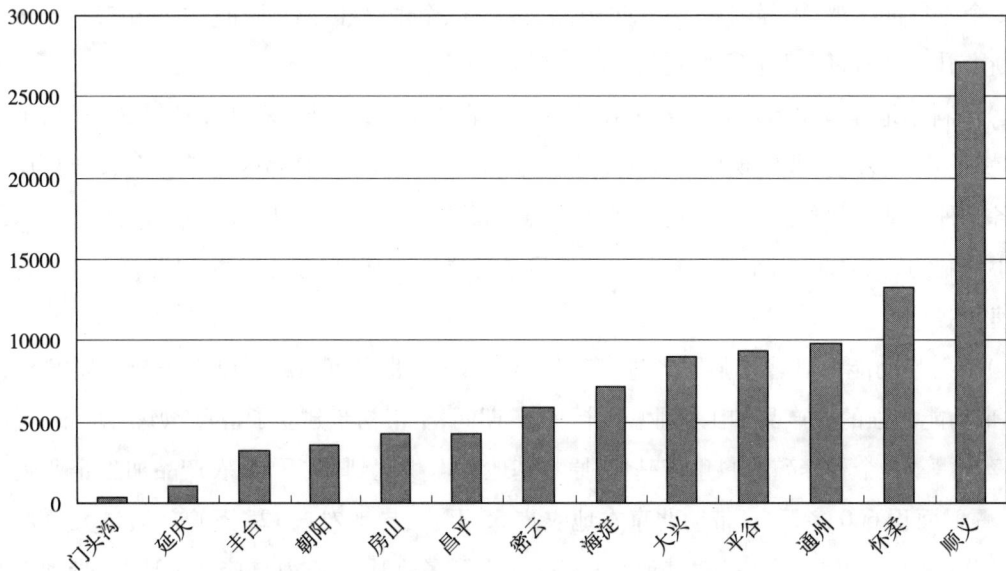

图 12-3　2010 年北京规模以上农产品加工业企业从业人数

二、发展潜力

（一）政策导向优势。北京市近几年陆续制定出台了一系列关于农产品加工业发展的扶持政策，各区县根据自身特点也制定了专门的扶持引导农产品加工业发展的政策措施，为北京农产品加工业发展创造了良好的产业政策环境，形成了对多种形式资金介入有效的鼓励机制，能够对外资形成有效吸引。

（二）企业总部云集。北京市已经吸引和培育了一大批农产品加工知名的企业和名牌产品，众多农产品加工业把总部设立在北京，首都的区位优势吸引各地农产品龙头加工企业来京落户。以全国农产品加工示范企业为重点，集中展示全国农产品加工业的发展水平及名品、精品、新品，促进交流、促进合作、共同发展，促进农产品加工业的市场化、集群化、国际化。

（三）产业集聚优势。北京郊区县根据各自的功能定位，从自身的资源条件和比较优势出发，以开发区和工业区为依托，大力发展有优势的劳动密集型工业、为市区配套的工业，并积极吸引市区转移出来的加工业,取得了明显成效,日益凸显的产业集聚经济,成为北京市农产品加工业发展的有利条件。

(四)首都市场巨大。北京是个特大型城市,每年消费总额达5000多亿元,其中食品消费1200多亿元,众多农业加工企业的产品可以着力在北京市场打造成知名品牌,以满足北京巨大的消费市场。2009年北京城市居民人均可支配收入达到26738元,恩格尔系数降到33.2%左右。北京还具有消费群体规模大、消费结构层次多、消费需求变化快、消费质量高、消费点多、消费多元化等特点。

(五)科技创新推动。北京丰富的科教资源为农产品加工企业加速产业技术更新、新产品开发、提高运行效益创造良好条件,通过科企合作有效地推动农产品加工业的快速发展。

三、发展趋势

近年来,全球主要农产品和食品总产量保持连续增长的趋势,发达国家农产品加工业依旧保持领先地位,具有精深加工及综合利用水平高,产、加、销一体化、产品质量标准体系完善等特点。当前,农产品加工业已成为国民经济中最具成长活力的产业之一,其发展趋势表现为:

(一)企业发展规模化。规模化和集团化是目前农产品加工业发展的重要支撑,农产品加工业要积极培育骨干企业,整合资源,形成更为明显的规模优势。同时,要切实加强对量大面广的小型企业指导和服务,引导其升级上档,鼓励其与大中型企业协作,发展配套产品,走专业化发展之路,使大、中、小企业各展所长,相互促进,协调发展。

(二)市场营销品牌化。品牌是农产品加工企业参与市场竞争的基石。要增强名牌意识和精品意识,把实施名牌战略作为农产品加工业发展的重要举措。鼓励和引导企业不断创品牌,出精品,保名牌。

(三)生产过程标准化。农产品加工业的迅速发展要求逐步在管理、技术、生产层面和产前、产中、产后环节建立起比较完善的标准化和质量追溯制度,使主要产业和产品都能按照国家标准、行业标准和企业标准组织生产经营。

(四)产品结构多样化。农业加工产品消费市场的多元分化要求产品结构整体向多样化方向发展,企业竞争发展只有不断调整产品结构,打破单一产品经营的模式,才能实现市场风险转移分化,保持企业的稳定和持续发展。

(五)研制开发系列化。研制开发系列化是现代企业内部管理机制的重要方面,产品的系列化改进制度是提高效益的重要法宝,农产品加工企业必须在继承产品原有特征的基础上,纵向延伸、横向拓展产品系列,实现综合效益的最大化。

(六)经营组织一体化。以市场为导向,以加工企业和基地为依托,以广大农户为基础,以科技服务为手段,协调加工企业与农户之间的关系,以优势互补降低农户和加工企业的市场风险,以经营组织的一体化培育农工商、产供销融为一体的农产品生产系统,提高绿色食品企业和农户的综合效益。

第三节　北京加工农业发展思路

一、指导思想

按照建设中国特色世界城市与"人文北京、科技北京、绿色北京"的总体要求,围绕率先形成城乡一体化经济社会发展新格局的战略部署,以科学发展观为指导,以转变经济增长方式为主线,以保障首都农产品市场供应和质量安全为前提,以高端、高效、高辐射为产业发展目标,发挥首都优势,科学规划,合理布局,逐步实现由初级加工向精深加工、由数量增长向质量提高、由松散格局向集群化发展转变,提升资本化、园区化、规模化、国际化水平,逐步建立起符合首都市场需求特点的农产品加工业体系。

二、基本原则

(一)坚持富裕农民原则。把促进农业发展、农村繁荣、农民富裕作为农产品加工业发展的出发点和落脚点。通过农产品加工业的带动,建设专业化、标准化、规模化原料基地,形成加工企业与农户风险共担、利益均沾的利益连接机制,使农民分享到加工环节利益。

(二)坚持转变发展方式原则。按照低碳、绿色的方向,积极发展环境友好型和资源节约型农产品加工业。必须服从保护生态环境的要求,重视清洁生产,加强资源的深度开发和循环利用,节能降耗,减少环境污染,从而实现可持续发展。

(三)坚持市场导向原则。充分发挥市场对资源配置的主导作用,通过优化资源配置,提高行业的整体效益;通过研究、开发一批名牌产品,提高市场占有率;通过培育一批农产品加工优势企业和主导产业,提高国际竞争能力。

(四)坚持科技创新原则。有效整合首都科技资源,推进原始创新、集成创新和引进、消化、吸收再创新,提高农产品生产、加工的科技含量和质量。打造一批农产品加工科技创新基地和研发中心,全面提高自主创新能力,在关键技术领域实现重点突破,在加工工艺和装备方面实现重点提升。

(五)坚持质量安全原则。支持建立和完善农产品加工标准体系和全程质量控制体系。严格按照标准进行规范操作,严格控制各个可能危害质量安全的关键环节,带动农产品加工质量安全水平的提高。

三、发展目标

"十二五"期间,北京市农产品加工业要加快转变发展方式,加大产业调整与布局优化力度,提升供应保障能力,提高质量安全水平,力争实现年均增长 11% 的发展速度,2015 年农产品加工业产值突破 1千亿元,基本建成带动有力、产业聚集、效益突出、全国领先、具有一定国际影响力的农产品加工业集聚区与示范区。

企业规模与效益明显扩大。到 2015 年,年销售收入超过 100 亿元的农加工企业达到 4 家,培育一批年销售收入超过 50 亿元的大型农产品加工企业,培育一大批亿元产值企业;做大做强一批农产品加工示范企业和国际竞争力强的出口企业;加强上市培育工作,推动符合条件的企业上市融资,培育上市企业 20 家,打造北京都市农业上市板块。

农产品加工水平大幅提高。到 2015 年,主要农产品加工转化率(初加工以上)达到 60% 以上,精深加工比重明显增加,农产品加工副产物综合利用率明显提高,加工增值率达到 120% 以上。基本形成与国际接轨的农产品加工标准体系和全程质量控制体系,农产品加工业标准化水平全面提高,80% 以上的规模农产品加工企业通过 ISO、HACCP 体系认证。

产品质量和品牌效应明显提升。积极培育高端、优质、安全的农产品加工制品,提高高端产品比例,明显提升企业信誉;到"十二五"末,新增中国驰名商标 10 个(总数达到 37 个),北京市著名商标 30 个(总数达到 142 个),形成一批在国内外市场具有较高占有率的名牌产品。

技术与装备水平要有较大提升。研制一批具有独立自主知识产权的农产品加工关键技术,开发一批先进的农产品加工重大装备。到 2015 年,农产品加工新技术得到推广和较广泛应用,总体技术与装备水平达到发达国家水平,部分领域达到国际先进水平。

带动作用明显提高。优化农产品加工基地布局,建设一批产业聚集、辐射带动能力强的农产品加工示范基地和创业基地,鼓励企业在外埠投资建设加工原料生产基地;提升龙头企业带动能力,年带动农民 70 万户。农户来自企业的工资性收入年均增长不低于 8%。发展一批以合作社为母体的社办企业。

四、主要任务

(一)做大做强领军企业,推进企业规模化。培育壮大一批起点高、规模大、市场竞争力强、辐射带动面广的大型龙头企业。在以果品加工、肉蛋奶制品加工、蔬菜加工和饲料加工等行业为重点的精深加工和综合利用领域,继续开展市级农业产业化重点龙头企业认定工作。发挥首都信息、技术、服务等资源优势,吸引国内外知名农产品加工企业总部在本市聚集,开展多种方式的合资与合作。支持龙头企业积极开拓国内外市场,由区域型企业发展为全国性企业直至跨国集团。鼓励龙头企业适应市场需求,打破区域、部门、所有制界限,推动同类品牌整合,形成一批规模大、市场占有率高、在国内外具有较高知名度的品牌。

(二)做好企业上市工作,推进运营资本化。进一步推动农业加工企业上市工作,大力培育上市企业后备资源,加大对上市重点培育企业的政策支持。建立企业上市资源库、中介机构数据库、投资机构数据库;鼓励和引导证券公司、会计师事务所、律师事务所等上市培育中介机构为上市企业提供良好服务;引导和支持银行对上市培育企业提供金融服务;支持设立小额贷款公司对上市培育企业提供小额信贷服务;支持和鼓励担保机构为上市培育企业提供担保服务;鼓励和引导创业投资机构、股权投资机构推动北京市企业发展等。

(三)加快农产品加工聚集区建设,推进布局园区化。进一步优化农产品加工基地的扶持政策和投资环境,健全管理制度和服务手段。积极建设和完善现有国家级农产品加工示范基地和创业基地,吸引农产品加工企业聚集基地创业和发展,培育经济效益明显、上下游产业互联、专业分工明晰、产加销及服务性企业相对集中的农产品加工产业集群,形成一批具有总部经济特征的龙头企业,鼓励总部在京、基地在外的运营模式。通过实现企业和产业聚集,提高农产品加工基地的整体水平和质量效益,推动区域农产品加工业结构优化升级,加快形成具有区域特色的主导产业,带动农民就业增收,促进区域经济发展。

(四)扩大对外开放程度,推进产业国际化。拓展农产品加工业对外经济合作的广度和深度,推动企业"走出去",提升利用外资的质量和水平。以提高农业国际竞争力为中心,突出扩大农产品出口和农业利用外资两大重点,培育一批国际农产品知名品牌,壮大一批外向型农业龙头企业,努力在农产品出口、农业利用外资、农业企业境外发展、农业科技国际交流与合作及自主创新等方面实现新突破。支持农产品加工企业开拓国际市场,对企业参加境外展览的费用给予支持,为企业提供便捷、高效、个性化的海关监管服务,按照现行农产品出口退税政策,加快出口退税行政审批速度。

五、重点布局

依据《北京市城市总体规划（2004—2020年）》和《北京市农业产业布局指导意见》，围绕发展目标及主要任务，结合北京市的空间形态和不同区域的资源禀赋、交通区位、产业基础和发展前景，按照"三区两环一带"的空间结构对北京农产品加工业进行布局，形成"三区统筹发展、两环拓展提升、一带特色添彩"的空间发展格局。

（一）三区

三区包括中部农产品精深加工区、南部蔬菜（食用菌）加工区和北部干鲜果品加工区。在产业类型和加工深度上，三区差异明显、各具特色，在产品结构和企业构成上，三区均具有满足市场高端需求的优质加工产品、在北京和国内外具有一定知名度的名优品牌，形成"南菜、北果、中精深、多品群"的空间格局，有效促进三区优势互补、统筹发展。

1.中部农产品精深加工区

主要包括以东城、西城、朝阳、丰台、海淀、昌平、顺义、通州、大兴、房山为主的六环以里及沿线区域。重点发展粮油加工、饲料加工、果蔬饮料、酿酒、熟肉制品、高档排酸冷却肉、分割肉和乳品加工，积极发展体现高端高效高价值的鲜切花加工、生物产品加工等新兴产业，形成北京农产品精深加工先进技术与优秀品牌的展示窗口。

2.南部蔬菜（食用菌）加工区

主要包括大兴、通州和房山平原区域。依托设施农业和食用菌生产基地，重点发展脱水蔬菜加工、速冻蔬菜加工、蔬菜分级包装和净菜鲜活配送、食用菌分级包装和罐头加工，加快形成蔬菜（食用菌）初、精加工与物流配送基地，提高蔬菜产品品级和商品化率。

3.北部干鲜果品加工区

主要包括平谷、密云、怀柔、延庆、门头沟、昌平北部和顺义东北部区域。以干鲜果品加工为重点，着力发展水果分级包装与贮藏保鲜、特色果品饮料加工、高档葡萄酒酿制（依托酒庄），以及板栗、核桃、杏仁等特色休闲和保健食品加工，加快形成水果贮藏保鲜基地、高档葡萄酒酿制基地和休闲保健果品加工基地，提高果品附加值和商品化率。

（二）两环

两环包括技术密集型农产品加工环和菜篮子产品加工保障环。在功能结构上，技术密集型农产品加工环以科技创新和成果示范为主，菜篮子产品加工保障环以保障城市农产品供应和带动农民就业增收为主。随着城市化进程加快和水平提高，两环将呈现空间动态拓展和发展水平提升的趋势。

1.技术密集型农产品加工环

主要包括六环以内区域。依托首都科研院校密集，研发力量雄厚优势，培育和引进技术含量较高的各类农产品加工企业，通过不断引导，推进农产品加工业向生物工程方向发展，高新技术向园区聚集，辐射能力与示范作用不断增强，形成具有首都乃至全国影响力的农产品加工业发展示范聚集区。

2.菜篮子产品加工保障环

包括在顺义、通州、大兴以及昌平、门头沟和房山的部分平原地区。依托农产品加工业发展基础，加大农产品加工业对"菜篮子"工程的保障力度。一是以蔬菜加工为重点，培育以生鲜蔬菜为重点的菜篮子供应基地和菜篮子产品加工重点企业;二是以肉类、饮料加工为重点,着力发展肉类加工、高档熟肉制品深加工、高档排酸冷却肉、分割肉、乳品加工、净菜鲜活配送、饮料加工、酿酒和饲料加工等,发展名优产品加工展示园区,建设集名优农产品加工、配送、展示、仓储、物流、出口于一体的北京农产品加工展示园区,建成北京农产品加工业展示窗口。通过发展菜篮子产品加工保障环,带动郊区农民就地就业增收。

(三)一带

即特色农产品加工产业带,包括房山、门头沟、昌平、延庆、怀柔、密云、平谷等山区县。立足山区资源优势,大力发展以山区有机干果、特色杂粮为重点的果品与杂粮加工业;发挥生态涵养区生态优势,以农产品加工园区为依托,发展以果品、饮料生产为主的精深果蔬加工业。

第四节 北京加工农业重点产业和特点工程

一、重点产业

(一)粮油加工业

粮食加工:重点开发传统米面主食品工业化生产技术和副产物综合利用技术,提升发展以古船、大磨房为主的面粉加工,大力发展即食米面食品、冷冻米面主食、速食米面制品、杂粮等主食系列产品,积极发展米面休闲食品、以谷物及其加工副产物为主要原料的食醋、酱油等调味品,着力打造北京市主食厨房;支持发展小麦、玉米等籽种加工(烘干、包衣和包装),开展农作物种质资源的引进、分类、鉴定和基因分析、保存、更新等环节的技术、方法、标准的研究与制定,以及种质资源创新、利用研究,提高籽种质量和市场竞争力。重点打造以通州、顺义为主的面粉加工及米面制品加工基地,以大兴、昌平、平谷为主的休闲方便食品加工基地;以南部平原为主的优质小麦制种及加工基地和以北部山区为主的杂交玉米制种及加工基地。

油料加工:重点开发节能环保的油脂加工新技术和新工艺,大力发展大豆油、菜籽油等食用油加工,巩固发展豆腐、腐乳等豆制品加工,积极开发油料蛋白、生物活性等高附加值产品,促进油料作物转化增值、深度开发和高效利用。重点打造以中粮集团为领军企业,以北京为技术创新与经营运作总部,辐射江苏、山东、广东、天津、湖北等加工基地的食用油加工网络;依托王致和、白玉等豆制品加工企业,打造海淀、朝阳等豆制品加工基地。

(二)果蔬加工业

果蔬汁加工:重点开发原料预处理、高效榨汁、非热力杀菌和浓缩汁冷冻贮藏等技术,引进和选育以桃、梨等温带水果和胡萝卜、芹菜、西红柿等露地蔬菜为主,适合果蔬汁加工的等专用品种,大力发展 NFC 果蔬汁、果蔬浓缩汁、复合汁和果蔬汁主剂,以外地果汁为原料的果汁灌装,满足国内外消费者对营养、方便、安全果蔬汁消费的需求。依托汇源、牵手等知名品牌,重点打造顺义果蔬汁生产和灌装聚集区。

果蔬罐头加工:重点开发果蔬去皮技术、电脑程序控制自动杀菌技术和综合利用技术,研发连续化、机械化、智能化的加工装备和易开罐、软包装、半刚性包装等新型包装容器和材料,选育适合罐头加工的桃、梨、蔬菜等专用品种,着力发展轻糖型、混合型等新型果蔬罐头产品,满足国内外消费者对方便、安全罐头食品的需求。重点打造平谷、顺义、房山、大兴、通州等果蔬罐头加工基地,形成环绕北京东北、东南和西南的果蔬罐头加工带。

脱水/速冻果蔬加工:重点开发冷冻和真空微波等干燥技术和先进、高效、节能的脱水设备,选育适合脱水果蔬加工的苹果、胡萝卜、白菜等专用品种,开发新型脱水果蔬产品。重点开发微波、远红外等快速冻结和解冻新技术,选育适合速冻果蔬加工的甜玉米、磨盘柿、草莓等专用品种,开发速冻果蔬新产品。重点打造平谷、顺义、房山、大兴、通州等脱水/速冻果蔬加工聚集区。

果蔬物流:依托大型农产品批发市场和物流企业,重点推广应用果蔬贮藏保鲜新技术和物流配送装备,健全果蔬冷链物流系统,建设北京名果采后商品化处理及交易配送中心,打造集生产管理平台、物流平台、交易平台、资金结算平台和信息平台于一体的综合平台,实现从果园到销售终端的全过程、全方位可溯源的数字化管理。

(三)畜禽加工业

肉制品加工:以生猪和肉禽为主,加强冷却分割肉、发酵肉制品、功能性肉制品和烤鸭、酱卤制品等传统肉制品的精深加工与物流配送技术研究与开发,丰富肉制品品种,提高肉品加工能力;加强对畜禽血液、骨组织、畜禽脏器、皮毛绒等的综合利用,生产肠衣等附加值高的产品;研制开发具有自主知识产权的肉品加工先进设备,重点开发自动化智能分级生产设备、自动化肉品加工生产设备、自动化在线或定位检测设备等,提高肉品加工关键设备的自给率;开展研究微生物预报预测技术、溯源技术,建立完善的肉制品加工全程质量控制体系,保障肉类食品安全。依托顺鑫、鹏程等龙头企业,重点打造顺义、平谷、房山为主的生猪养殖和加工基地,形成一条贯穿东西的生猪养殖和加工产业带;依托华都、大发正大等龙头企业,重点打造平谷、密云、怀柔、延庆门头沟、房山为主的肉禽养殖和加工基地,形成一条环绕北京东北、西北和西南的肉禽养殖和加工产业带。

乳制品加工:以生鲜乳制品为主,加强原料奶营养与加工特性研究,建立优质奶源基地;加强干酪、益生菌发酵产品、强化婴儿乳粉、免疫活性肽等新型乳制品加工技术研究与开发,优化北京市乳制品的产品结构;研究并建立菌种资源库,选育出风味独特、性能优良、便于商品化的优良菌种,生产国际先进水平的商品化直投式发酵剂;研究现代乳品质量及安全检验技术,开发质量检验设备,建立乳品加工标准体系和全程质量控制体系,提升乳制品市场占有率和国际竞争力。依托覆盖顺义、通州、大兴到房山的京南奶牛产业带和覆盖延庆、密云、怀柔的京北奶牛产业带,打造首农集团(三元食品)主导、多点布局的乳制品加工基地。

蛋制品加工:重点进行消毒包装洁蛋、液态蛋、高特性专用蛋粉等新型蛋制品生产关键技术和设备的研究开发;对溶菌酶、特异性抗体因子、清壳素、生物活性钙素、硫酸软骨素等蛋及蛋壳内活性成分的提取及应用进行研究开发,提高蛋品及副产物附加值;对松花皮蛋、咸蛋和糟蛋等中式传统蛋制品现代化生产技术进行研究,提升传统蛋制品的生产技术水平;加强蛋品加工国产化设备的研究与推广;建立禽蛋加工生产操作规程与全程质量控制体系,对蛋禽饲料、蛋禽养殖生产的各个环节进行规范和控制,确保禽蛋原料质量与安全。重点打造覆盖房山、延庆、怀柔、密云的京北蛋禽养殖与蛋制品加工产业带,贯穿大兴、平谷、通州的蛋禽养殖与蛋制品加工产业带。

(四)饲料加工业

加强饲料行政许可管理,严格饲料市场准入,加强饲料质量监督管理,确保饲料质量安全。强化饲料安全监管,加强监督检查,确保质量安全。督促企业加强产品质量的监管,严格执行质量管理规范,对有条件的企业帮助建立 HACCP、ISO9000、ISO4000 等系列产品质量安全管理体系,不断完善企业产品质量控制体系,提高饲料生产企业管理水平。以研究开发蛋白质饲料、农副产品饲料生产及高效利用技术为重点,开发非粮食饲料;广泛应用生物、精细化工等技术,加速研制并推广安全、高效、无污染的饲料添加剂,逐步替代允许使用的药物饲料添加剂;大力推动优质环保型饲料、专用饲料和安全饲料科学配方技术的研究开发。积极研究开发大型饲料加工设备及成套技术。加快饲料工业信息化建设步伐。建立饲料企业产品质量安全控制体系,帮助企业在内部建立饲料产品质量安全控制体系,对 50 家大型饲料品控室基础设备进行改造,针对瘦肉精、三聚氰胺等违禁添加物质的检测,为企业配备酶标仪、PCR 仪、电泳仪、凝胶成像系统和液质联用仪等大型检化验设备,提高企业实验室的快速定性检测能力和水平。

（五）饮料加工业

饮料加工:重点发展果蔬汁饮料、植物蛋白饮料以及各种富含微量元素的保健性饮料,稳定发展适合市场特点的矿泉水、纯净水、碳酸饮料,积极发展时尚运动型饮料,利用丰富的药材资源开发各种保健饮料,改进口味风格和包装技术,开发新产品,打造全国性的知名饮料牌。重点打造顺义果蔬汁饮料和碳酸饮料生产聚集区,门头沟、延庆、怀柔、密云矿泉水生产基地(带)。

白/啤酒加工:重点发展市场销售体系健全、经营管理规范的品牌白酒。继续做强做大红星、牛栏山、燕京等酒类品牌,扩大市场竞争优势,形成稳定的经济增长点。坚持多品种方向,突出不同酒类的产品个性,全面提高产品质量;应用现代生物工程技术和科学手段,进一步改造传统固态白酒生产技术,推进传统固态法白酒的高档精品化。实现白酒产业的机械化、自动化生产和现代生物工程技术在传统白酒生产中的应用。利用郊区中草药生产优势,开发营养型、滋补型低度酒。重点打造顺义、怀柔为主的白/啤酒加工聚集区。

葡萄酒加工:选育适宜本地生产的酿酒葡萄品种,建设原料种植基地,引进和开发高档葡萄酒酿制工艺和技术,重点发展适宜高端人群和商务团体消费的有机、高档、窖藏葡萄酒,做精做强京郊酒庄经济,打造国际知名酒庄品牌,大幅提高葡萄酒价值。重点在密云、房山、延庆、通州等地,打造集葡萄种植、葡萄酒酿造、文化鉴赏、交易展示、餐饮娱乐、旅游观光、科研教育为一体的葡萄酒产业带。

（六）特色产品加工业

食用菌加工:加强食用菌加工和保鲜技术研究,重点发展鲜食食用菌冷藏保鲜、食用菌罐头、食用菌调味品、冻干食用菌和菌类保健食品,丰富食用菌加工产品品种,提高产品质量和档次,增加食用菌产品附加值;大力开展食用菌药用成分提取与利用研究,延长产业链,提高食用菌生产的综合效益。重点打造以通州、房山、平谷为主的食用菌生产和加工聚集区。

蜂产品加工:加强蜂产品功能因子研究,主要进行功能因子的提取、合成、分析、检测、功能评价、分离重组等,拓展蜂产品的开发深度和范围,重点发展蜂蜜、蜂王浆、蜂花粉、蜂胶等深加工蜂产品,持续扩大有机蜂产品、保健蜂产品和出口蜂产品比例,提高蜂产品附加值和市场竞争力。依托北部山区养蜂基地和百花、颐寿园等北京知名蜂产品品牌,重点打造散布于北京山区、多点布局的蜂产品养殖和加工基地。

花卉加工:引进和选育适宜本地种植的茶菊、玫瑰、万寿菊以及适宜加工干燥花的花卉优良品种,重点发展茶菊、玫瑰精油、万寿菊食用色素、干燥花等花卉精深加工产品;引进和选育百合、火鹤等花卉优新品种,大力推进优质鲜切花的标准化生产,扩大出口型花卉生产规模,做大做强各类高端精品花卉,建设切花、饮用、食用、化工等不同用途的花卉生产基地及展示基地。重点打造平原地区设施生产高档盆（切）花及种苗产业带和山区露地生产花卉种球及花坛花卉产业带。

药材加工：重点发展以本地黄芩、西洋参、玫瑰花、板蓝根等道地中药材为主、以外购中药材为辅的中药材饮片、饮剂初加工；引进与示范推广观光生态中药材品种，开发药浴、药膳等健康产业。依托北部山区药材种植区和南部房山药材种植区，重点打造京西、京东两大药材加工产业集群。

二、重点工程

（一）农产品加工企业上市培育工程

加大对农产品加工上市资源企业的政策支持，对农产品加工企业成功上市融资给予支持奖励；加大农业投资基金支持力度，帮助具备上市潜力的大型龙头企业重组改制、发行债券；制定主板和创业板上市的农产品加工资源企业认定标准，鼓励和支持农产品加工企业利用资本市场直接融资；开展企业上市培训，按照上市培育重点企业的实际需求，针对性地举办学习、培训、考察、座谈等活动，引导企业有步骤、分重点地推进上市工作。

（二）农产品加工企业品牌建设工程

有针对性地培育农加工产品驰（著）名商标和老字号企业，根据企业在国内同行业中的排名及产品在北京和全国市场的占有率，推进北京自主品牌建设。采取针对性方式，支持企业做强做大，实施滚动推进，培育国际品牌。积极协调北京名牌产品进入中国驰名商标和北京市著名商标评审目录，为企业提供多层次、全方位服务。充分发挥新闻媒介和中介机构的舆论宣传和市场推广作用，采用多种形式提高企业社会认知度，扩大品牌影响力。给予新增国家驰名商标、北京市著名商标予以奖励。

（三）农产品加工业聚集区建设工程

积极建设和完善现有15家国家级农产品加工示范基地和13家国家级农产品加工创业基地，结合北京42个中心小城镇建设，引导农产品加工业向农民就业基地和示范、创业基地聚集，促进加工业园区化、集聚化、产业化发展。加大农产品加工示范基地和创业基地服务平台建设，改善软硬件环境，创新运行机制。大力培育和发展农产品加工总部经济。对在京新注册设立或新迁入京的地区总部（注册资本超过1亿元）给予重点支持。支持聚集区重点龙头企业开展跨区域、跨行业、跨所有制的联合与合作；支持聚集区成长型龙头企业完善法人治理结构，强化现代企业管理制度，健全市场营销网络，推动企业上规模、上水平、创品牌，提高市场竞争力。

（四）农产品加工合作组织培育工程

培育以合作组织为母体的中小型农产品加工企业。一方面，培育合作组织建设专业化的物流、营销、贸易服务机构，保证在生产顺利进行的同时，增强营销能力和市场开拓能力；另一方面，鼓励合作组织发展中小型农产品加工企业，通过规范的企业化运营，与农民签订供销合同，为农民提供技术、种苗及其他生产资料等方式，建立起稳定的产业化经营组织。支持农民专业合作组织创新机制，改善储藏、保鲜、烘干、清选分级、包装等设施设备条件，减少农产品产后损失，提升入市品级。

（五）农产品加工技术创新工程

充分利用首都科技资源优势，有效整合高等院校、科研院所、农产品加工企业和机械装备制造企业的科研力量，建立农产品加工业科技创新与成果转化机制。鼓励企业增加科研投入，加快人才队伍建设,组建以企业为主体、科研院所和高等院校为支撑的农产品加工技术研发中心,开发具有自主知识产权的科技成果。完善全市农产品加工业技术研发体系建设,围绕产地初加工、综合利用、节能减排、质量安全、新产品开发等重点,开展联合攻关和国外先进技术的引进消化吸收再创新。按规划、有重点加强农产品加工关键技术、新工艺、新装备的科技创新,推广和转化一批成熟、先进、适用的农产品加工技术,提高农产品加工业的综合效益。积极搭建平台,组织开展对接活动,实现各类研发机构、技术服务机构与企业之间,领军企业与中小企业之间,以及企业与农民和装也合作组织之间的"零距离"对接,提高行业整体技术水平。

（六）农产品加工质量安全保障工程

完善农产品加工制品质量安全标准和生产技术规范,加强从原料生产到加工全过程的标准化管理和质量控制,提高农产品加工质量安全水平。在农产品加工企业推行有机产品、食品安全管理体系、危害分析与关键控制点、良好生产操作规范和质量管理体系认证工作,进一步加强对已通过认证企业的后续监管。发挥现有各级各类质量安全检测中心作用,拓展检测范围,开发检测新技术,建立健全农产品加工质量安全检验检测体系,全面提高农产品加工业检验检测能力。建立健全风险监测、生产许可、监督抽查、产品召回、应急处理等监管制度,加强对农产品加工全过程的质量监督管理。

（七）农产品加工创业服务工程

加强对进入农产品加工创业基地、新办中小型农产品加工企业创业的扶持和服务。以返乡创业农民、复转军人、回乡青年学生等为主要对象,开展政策咨询、技术服务、人才培训等多种形式的农产品加工创业培训和辅导。通过完善和改扩建农产品加工信息网,构建市、区县、乡镇三级农产品加工信息网络,进一步加快农产品加工企业自身的信息体系建设,为企业提供创业信息服务。发动社会力量为创业企业提供问题诊断、技术咨询和管理服务。建立创业企业信用档案,开展信用的征集、登记、评估、发布和诚信活动,规范创业企业行为。

第五节　北京加工农业发展保障措施

一、切实加强组织领导

各级政府及其有关部门要进一步提高认识,统一思想,切实加强领导,加大工作力度。市农业产业化办公室要积极协调市农业产业化领导小组各成员单位及市规划、国土资源、国有资产监督管理、金融等部门,研究制定发展农产品加工业的政策措施,在产业政策、立项、资金、规划、用地等方面予以支持,规范市场行为,全力做好服务,形成各级齐抓共管、共同支持农产品加工业发展的良好氛围。区县政府要健全相应组织机构,制定发展规划,切实履行职责。各级政府和有关部门要把进一步加快发展农产品加工业,推进农业产业化经营纳入责任目标考核体系,对指标进行分解量化,明确责任,分工到位。要加大督查考核力度,建立和完善激励机制,每年对全市农业产业化工作进行一次全面的评比考核,总结交流推进农业产业化建设,加快发展农产品加工业的好做法、好经验,对有突出贡献的龙头企业的创办人、农业产业化经营的组织者及科技人员,纳入本市有突出贡献农村实用人才表彰奖励评选范围,按照本市表彰奖励的有关规定予以表彰奖励。

二、加大财税金融支持

各级财政部门要加大对农产品加工业的支持力度。市农委、市财政局、市经济信息化委等部门共同安排专项资金用于扶持农产品加工业发展。对带动区域主导产业发展、促进农业结构调整和农民就业增收作用突出的项目,采取以奖代补的形式给予奖励;对获得中国驰名商标、北京市著名商标、绿色食品认证、有机食品认证的农产品加工企业进行奖励;对国家级农产品加工示范基地和创业基地建设以补助、贴息等方式给予扶持。完善"农贷、农保、农投、农担、农信、农基、涉农企业上市培育、涉农要素市场建设、农村金融综合改革试验区建设"等农村金融服务体系,实施金融支农"双百"行动计划,积极向农业产业化重点龙头企业、农产品加工企业、农产品加工基地建设倾斜;政策性银行和商业性金融机构要加大对农产品加工企业信贷支持力度,增加支持农产品加工业发展的中长期贷款;鼓励和引导社会资本、外国资本等投资农产品加工业,建立多元化投融资体系;切实加强政府、企业、银行与担保、再保险机构多方合作,建立政企银联动协调机制,筛选一批财务状况优良、经营稳健、发展前景良好的企业发行集合票据,解决企业融资等困难。

三、加强服务平台建设

积极为农产品加工企业发展搭建全方位的综合服务平台,做好创业辅导、行业监测、网络建设、人才培养、技术支持、信用管理、对外交流、法律咨询等各项服务。一是加大对农产品加工项目的审批服务力度,对立项、建设等涉及审批事项,充分利用并联审批工作机制,加快审批服务;二是帮助农产品加工企业稳定就业,完善就业帮扶政策,对企业吸纳就业人员、开展职业技能培训等予以支持,鼓励区县、乡镇依托农产品资源和市场资源孵化中小型加工企业,建设农产品加工创业辅导基地;三是加快农产品加工信息体系建设,建立健全对农产品加工业重点区域、重点品种、重点环节的监测制度,建立信息发布平台,做好信息的收集、整理、分析和及时发布,为企业发展提供宏观参考信息;四是鼓励成立农产品加工行业协会,发挥其在政府、市场、企业、农民之间以及生产、加工、流通等环节之间的桥梁纽带作用,积极开展技术推广、培训、管理、信息等服务。

四、加大科技创新扶持

制定相关政策,引导和扶持首都科技资源、人才资源和智力资源与农产品加工企业对接,为农产品加工业发展提供科技服务,加速科技成果转化,加大对农产品加工业的科技支撑。加强高效、节能、安全和提质的新型技术与装备的推广应用,加快产业技术升级。以提升中小型企业技术为核心,搭建技术对接和推广平台,广泛开展先进适用技术、装备的推介活动。调动各方面研发力量,以农产品精深加工、质量安全、综合利用和节能减排为重点,优先安排农产品加工各领域急需引进、攻关、推广的技术项目。对具备条件的农产品加工企业申请国家及市级重大科技专项,给予重点支持;对企业技术研发和技术改造项目,优先列入科技发展相关政策扶持范围。

第十三章 休闲农业

休闲农业是以农业为基础,以农民、合作组织、企业等为主体,依托农村生态环境、田园景观、农业生产设施、农耕与民俗文化、农家生活等丰富资源,通过科学规划、合理定位、功能整合等进行产业开发,为社会提供休闲、观光、度假、体验、娱乐、健身及教育、展示等多种服务的新型农业产业形态。休闲农业以促进农民就业增收和社会主义新农村建设为目标,融合农村第一、第二、第三产业,紧密连接农业、农产品加工业和农村服务业,是发展农村经济的强劲增长点。发展休闲农业已成为促进农民就业增收、推进农村产业结构调整、推动现代农业和社会主义新农村建设、促进城乡统筹发展、转变农业农村经济增长方式的重要途径。

第一节 休闲农业概念、内涵及现状

休闲农业是在农业、农村基础上发展起来的融农业生产与休闲观光于一体的新兴产业。它以农业、农村为载体,运用生态学、民俗学、环境美学的原理与方法,合理开发利用农业与农村的旅游资源,将农业生产经营活动、农村生活和休闲观光活动有机地结合起来。休闲农业作为一种新型产业的历史较短,一般认为:"休闲农业"这一词汇确定于20世纪80年代末期,休闲农业开始以休闲农业、旅游农业等形式在我国农村蓬勃发展。

一、概念

由于休闲农业是农业与旅游业边缘交叉的新型产业,并且最初是以小规模的休闲果园的形式出现,因而,与其相关的名词比较多,有称为休闲农业、旅游农业的;其他相关的名词有休闲观光农业、观赏农业、观尝农业、体验农业、旅游生态农业、田园农业、饭店农业、农村旅游、乡村旅游等十余种。

休闲农业的概念是研究与发展的基础,由于研究角度不同,专家学者的论述也有所差异。

托斯卡拉(Tuscany)旅游局认为,休闲农业是农场多种经营的一种形式,特色在于农场主积极地为旅游者提供膳宿等旅游服务。发展休闲农业的初衷是保护农地及农村生活免受城市化的吞噬。

Deborah et al.(2005)这样定义休闲农业:"休闲农业是一项参观农业耕作、栽培、园艺或农业经营的活动,其目的是娱乐、教育或亲自体验农业劳动。"该定义是从消费者和需求的角度来定义。

Sonnino(2005)则从生产者和供给角度进行定义:"休闲农业是指农业经营者和他们的家人提供的一种接待活动,这种活动必须和农业活动相联系。"

Pearce(1990)认为,休闲农场(farm tourism)是农民以所有者的身份积极与小型旅游企业合作的一种经营形式。

L.A.Dernoi(1983)认为,休闲农场在欧洲由来已久,近年来其作为旅游资源和农村社区利润来源的重要性日益显现。休闲农场是基于农场的生产、接待、娱乐设施而开展休闲或度假活动,旅游者可以在农场里尽情享受农村生活。

我国台湾农业主管机构1989年在其发布实施的《休闲农业辅导管理办法》中,明确地将休闲农业定义为:指利用田园景观、自然生态及环境资源,结合农林渔牧生产、农业经营活动、农村文化及农家生活,提供国民休闲,增进国民对农业及农村之体验为目的的农业经营。

卢云亭(1995)认为:"休闲农业乃是满足人们精神和物质享受而开辟的可吸引游客前来观、尝、娱、劳、购的农业。同时休闲农业是文化性很强和自然意趣很浓的旅游与农业之间的一种交叉性产业,是农业实现高效的一种非传统途径,它体现了农游合一的基本特点和发展方向。"

冀献民(2007)认为,休闲农业是利用农业自然环境、田园景观、农业生产、农业经营、农业设施、农耕文化,农村建设,农民风情等"三农"资源,通过科学规划和开发设计,为游客提供休闲、观光、度假、体验、娱乐、健身、购物等多项需求的旅游经营活动。

郭焕成、任国柱(2010)认为,休闲农业也称观光农业、旅游农业,是以农业资源、田园景观、农业生产、农耕文化、农业设施、农业科技、农业生态、农家生活和农村风情风貌为资源条件,为城市游客提供休闲、观光、体验、教育、娱乐等多种服务的农业经营活动。从农村产业层面来看,休闲农业是农业和旅游业相结合,第一产业(农业)和第三产业(旅游及服务业)相结合的新型产业,也是具有生产、生活、生态"三生"一体多功能的现代农业。

总之,虽然休闲农业概念的表述不一样,但都认为:休闲农业是以充分开发具有旅游价值的农业资源和农产品为前提,把农业生产、科技应用、艺术加工和游客参与融为一体的农业旅游活动,是一种集生产、生活、生态"三生"一体的产业,其目的是结合休闲,盘活农村资源、促进农业转型、增加农村就业、增进农家收益、繁荣乡村经济。

综合国内外学者对休闲农业概念的理解,结合《全国休闲农业发展"十二五"规划》对休闲农业的解释,可以这样认为:

休闲农业是以农业生产、农村风貌、农民生活、自然资源和乡土文化资源为吸引物,提供休闲观光、农事体验、产品购买、科普教育、文化品味、养生度假等服务的产业形态。

休闲农业是以市场经济为主导,以现代科学为支撑,以金融资本为基础,通过合理规划、设计、施工,建立具有农业生产、生态、生活于一体的农业区域,在实现高科技、高效益、集约化、市场化的现代经营活动的同时,达到美化景观、保护环境、提供休闲旅游并可持续发展的新型农业产业,是农业的重要组成部分。

休闲农业并不包括以名胜古迹为主的旅游业。休闲农业是以农业活动为基础,农业和旅游业相结合的一种新型的交叉性产业。休闲农业实现了农业生产方式、经营方式以及人们消费方式的创新,是世界农业未来发展的一种新思路、新模式,也是我国现代农业中一项具有发展前途的特色产业。

休闲农业以充分开发具有休闲、旅游价值的农业资源和农业产品为前提,以规划、设计、修建农业景观与设施为手段,以输出休闲、观光、采摘、购物、品尝、农事活动体验等旅游功能为目的,既不同于单纯的农业,也不同于单纯的旅游业,具有集旅游休闲、农业高效生产、优化生态环境、生活体验和提升社会文化功能于一体的显著特点。

休闲农业一方面以农业生产为依托,使旅游业获得更大的发展空间,丰富了传统的旅游业的内容;另一方面,休闲农业以旅游经营为手段,使农业取得更高的经济效益,实现农业功能的多元化。它赋予了农业、旅游业新的文化内涵,既符合现代生态旅游的主题,又适应现代农业发展的新方向,突出了农业和生态环境对于城市及社会发展的重要性,是农业发展和农村建设的重要手段。

二、内涵

休闲农业作为一种新兴的休闲产业形式,已风靡全国各地。休闲农业是以农业为载体,兼具农业生产和休闲活动功能的新型产业。

1.农业和休闲业的产业兼容。在经济门类中,农业属于第一产业,旅游业属于第三产业,有着各自的研究领域与经营范围。随着休闲农业的出现与发展,二者在项目设置、设施装备以及环境条件、经营管理等方面,都呈现产业兼容、互促发展现象,并以此而区别于一般的乡村农业。

2.田园风光和风景点的呼应。一般农业所特有的田园风光虽然有其自然、开阔、壮观的特色,但毕竟较为粗犷和单一。休闲农业充分发挥一般农业田园风光的优势,因地制宜地加以艺术化改造,如绿化美化,地形改造,并适当设置雅致、简朴、自然的景点和实用、配套的设施,使田园风光得到点缀而增辉,旅游功能也因此而强化。

3.生产功能和休闲功能的耦合。农业的主要功能是向社会提供物质产品,以满足人们物质生活的需要;旅游业的主要功能是向社会提供文化产品,以满足人们精神生活的需要。休闲农业则是两种功能的耦合,既具有生产功能,又具有旅游功能,即在向社会提供物质产品的同时,以其特有的田园风光、民俗风情,让人们感受返璞归真、回归自然的乐趣,并达到体验生活、增长见识和怡情益智、陶冶情操的效果。

4.生产活动和休闲活动的统一。农业是以种养业为主的物质生产活动,旅游业是以休闲、观光为主的精神文化活动。这两种活动过程,在过去一般都是分别在不同的场所展开的。休闲农业则是同时在同一场所使两种过程协调一致。

5.物质价值和文化价值的互补。农业追求的是物质生产价值,旅游业追求的是精神文化价值,两者的效益是通过各自的价值得到体现的。但在一般的农业和旅游业的项目中,具有物质生产价值的,未必同时具有精神文化价值;具有精神文化价值的,也未必同时具有物质生产价值。因为生产性和可观赏性并不完全一致。所以,在许多情况下,是难于两者兼备,往往为了这种价值而不得不牺牲另一种价值。休闲农业则可以实现两种价值的互补,即休闲农业一方面以其可观赏性和可参与性使农业的附加值得到提高;另一方面又以其生产性和文化性使旅游业价值获得支撑和延伸。

三、现状

我国休闲农业兴起于改革开放以后,起步虽晚,但发展很快。开始是以休闲为主的郊游性农业与农村旅游,20世纪90年代以后,开始发展农业与休闲相结合的休闲农业旅游。进入21世纪,休闲农业有了较快发展。从总体上看,我国休闲农业经历了以农业休闲旅游为主要形式的早期兴起阶段、以休闲为主的休闲农业园为主要形式的快速阶段,现在已快速步入以规范化发展、标准化建设为前提,融休闲、观光、娱乐、度假、体验、学习、健康等功能于一体的规范提升阶段。

1.早期兴起阶段(1980—1990年)。该阶段处于改革开放初期,靠近城市和景区的少数农村根据当地特有的旅游资源,自发地开展了形式多样的农业休闲旅游,举办荔枝节、桃花节、西瓜节等农业节庆活动,吸引城市游客前来休闲、采摘,增加农民收入。如北京大兴县举办西瓜节、广东深圳市举办了荔枝节活动,吸引城里人前来休闲采摘,并借此举办招商引资洽谈会,收到了良好效果。河北涞水县野三坡景区依托当地特有的自然资源,针对京、津地区游客市场推出"观农家景、吃农家饭、住农家屋"等项旅游活动,有力地带动了当地农民脱贫致富。

2.快速发展阶段(1990—2000年)。该阶段正处在我国由计划经济向市场经济转变的时期,随着我国城市化发展和居民收入的提高,消费结构开始改变,在解决温饱之后,城市居民有了休闲、观光、旅游的新要求。在这一时期,休闲农业在我国大中城市也迅速兴起。据不完全统计,1996—1997年投资在1亿元以上的休闲农业项目有7个以上。1998年国家旅游局以"华夏城乡游"作为主题旅游年,使"吃农家饭、住农家屋、做农家活、看农家景"成了农村一景。广大农民也表现出极大的热情,主动向有关部门进行咨询,开办家庭休闲农业项目。

同时,农村产业结构需要优化调整,农民扩大就业,农民增收提上日程。在这样背景下,靠近大中城市郊区的一些农村和农户利用当地特有农业资源环境和特色农产品,开办了休闲为主的观光农业园,开展采摘、钓鱼、种菜、野餐等多种旅游活动。如北京锦绣大地农业科技观光园、上海孙桥现代农业科技观光园、河北北戴河集发生态农业观光园、江苏苏州西山现代农业示范园、四川成都郫县农家乐等。这些观光农业园区,吸引了大批城市居民前来休闲旅游,体验农业生产和农家生活,欣赏和感悟大自然,深受市民的受欢迎。

3.规范提升阶段(2001年至今)。进入21世纪以来,休闲农业进一步迅猛发展,休闲农业不仅列入地方发展规划,也列入国家发展规划,休闲农业规范提升阶段随之到来。

在地方层面,相继有《贵州省旅游村寨定点管理暂行办法》(2002年)、《成都市农家乐旅游服务质量等级评定实施细则》(2004年)、《北京市休闲农业示范园评定标准》(2004年)、《绍兴县农庄等级评定实施细则》(2006年)、《湖南省休闲农业庄园星级评定办法》(2007年)等标准、办法出台。

在国家层面,2006年3月,国家颁布的《"十一五"国民经济和社会发展规划纲要》第五章"增加农民收入"中,第一次提出"发展休闲观光农业",这是我国休闲农业规范发展的重要标志。

2007年中央1号文件指出:"农业不仅具有食品保障功能,而且具有原料供给、就业增收、生态保护、休闲观光、文化传承等功能。建设现代农业,必须注重开发农业的多种功能,向农业的广度和深度进军。"

《国务院关于加快发展旅游业的意见》(国发〔2009〕41号)提出,要"开展各具特色的农业休闲和体验性旅游活动,规范发展农家乐、休闲农庄等旅游产品"。

2010年中央1号文件提出要"积极发展休闲农业"。这些都为休闲农业特色、规范化发展指明了方向。

2010年6月,中国旅游协会休闲农业与乡村旅游分会推出"全国星级休闲农业与乡村旅游企业(园区)示范创建行动",这是农业部和国家旅游局签署的共同推进休闲农业与乡村旅游产业发展协议的一项重要内容,重点建立"农旅结合、以农促旅、以旅强农"的推进机制,推动典型示范工程、服务体系建设工程、标准统计体系建设工程、人员培训和宣传推介等五大工程建设,通过示范县和星级企业创建、精品推介、开展全国欢乐乡村游、举办高层论坛和乡村旅游节等系列措施,有效推动休闲农业与乡村旅游产业持续健康发展。

2010 年 7 月,农业部、国家旅游局组织的全国休闲农业与乡村旅游示范县和全国休闲农业示范点创建活动在全国全面展开。全国休闲农业与乡村旅游示范县基本条件与标准主要包括以下内容:规划编制、扶持政策、工作体系、行业管理、基础条件、产业优势、发展成效等。全国休闲农业示范点基本条件与标准主要有示范带动、经营管理、服务功能、基础设施、从业人员素质、发展成长性等。

第二节　休闲农业功能与特征

一、功能

休闲农业立足于农业与农村,既具有与农业相同的功能,如满足自给自足、提供就业机会与增加收入等,又有在社会发展、现代城市消费的带动下,使农业未充分发挥的功能得以拓展表现出来。总体来看,休闲农业具有经济、社会和生态三大功能。经济功能实质上是农业的产业功能,社会功能与生态功能由农业提供的难以替代的公共产品。

（一）休闲农业的经济功能

主要是指提供优质、卫生、无公害的鲜活产品以满足都市消费需求,通过提供新鲜、卫生、安全的蔬菜、花卉、果品,实现农副产品出口创汇,提高农产品的经济效益,实现农业增产增值,优化产业结构,增加就业机会,提高农民收入,使休闲农业通过适应现代消费来创造城乡经济新的增长点。

经济功能主要表现在以下几方面:

1.为市场生产和提供更多的名特优、鲜活嫩的农副产品以满足不同层次的物质消费需要。休闲农业的发展就是要以农业生产为本,以种养产业为核心,重视现有设施栽培、生态养殖、立体种养、种养加工一体化和有机农业等高效生态农业模式的功能拓展,通过农业基础设施、基本装备等与休闲观光功能的结合,推进传统农业的升华和农业现代化建设,积极引进适合休闲农业发展的特种蔬菜品种和水果、花卉及其他观赏植物,重视引进先进的农业种植模式和栽培技术,提高科技含量。

2.产业集聚功能。产业集聚作为一种新的产业空间组织形式,不仅存在于工业领域,而且在农业领域同样存在。产业集聚是具有共同社会背景的人们和企业在一定自然地域上形成的社会地域生产综合体。休闲农业产业集聚可以实现小农经济与规模经济的结合,通过区域公共资源共享、产业联动、降低交易成本、品牌创新等方式,实现规模经济发展。

休闲农业以农业为基础,围绕农业、农村的发展,推进农、游复合经营,促进第一、第二、第三产业融合协调发展,实现农业与农村长期稳定增收,是具有规模集聚效应的综合性产业。

休闲农业是一种综合性很强的产业,休闲农业将旅游景点、农业产业基地、农村民俗文化紧密结合,构建起农、游产业发展特色村、产业带,延长了休闲农业产业链、就业链和价值链,促进了农业的专业化、标准化、规模化和市场化,辐射和带动贮藏、加工、包装、运输、餐饮、娱乐、商业贸易等相关产业的发展。

（二）休闲农业的社会功能

主要是指休闲农业为城市居民提供了接触自然、体验农业以及休闲、观光的场所与机会，有利于增强现代农业的文化内涵与教育功能，扩大休闲农业的示范与辐射作用，从而改善城乡关系，促进城市与人类的可持续发展，达到改善和提高整个社会的福利水平的目的。

社会功能主要表现在以下几方面：

1.就业增收功能。受人均耕地少、劳动集约化程度相对较高等因素的影响，在今后相当长的时期内，我国农村仍将是广大农村劳动力的主要就业场所。由于农业容纳隐性失业的能力很大，大量兼业型农户的存在可以缓冲由非农产业发展的波动引发的就业问题。休闲农业起着社会劳动力蓄水池和稳定减震器的作用，通过开发利用农业多种资源，发展休闲农业及相关产业，挖掘农业生产多领域、多环节的发展潜力，对促进社会的稳定发展、增加城乡居民就业渠道、增加农民收入和全面协调发展都有着重要作用。

休闲农业除直接促进农业发展之外，还可以带动交通、运输、餐饮、邮电、商业以及纪念品生产等相关行业的发展，从而达到带动农村经济振兴、扩大农村剩余劳动力就业和增加农民收入的目的。休闲农业扩大了农业经营范围和经营规模，改善了农业生产结构，增加了农民收入。休闲农业区将农产品直接销售给消费者，解决了部分农产品运销层次多的问题，降低了运销成本，增加了农民收入。

2.休闲观光功能。休闲观光功能是指农业能够为社会、公众提供接触自然、体验农作物生长以及休闲、观光与游憩的场所和机会，并有利于增强现代农业文化内涵的功能。在现代社会，旅游已逐渐成为人们生活方式的一部分。收入相对较高的城市人久居高楼大厦之中，对农业与乡村旅游市场的需求旺盛。随着社会经济的发展，人们的旅游观念和消费方式正在发生变化，在旅游活动中人们更加注重亲身的体验和参与，更加注重对环境的要求，到秀美田园和清新自然环境中陶冶情操、修身养性的愿望越来越强，走进自然、亲近自然、享受自然的人越来越多。这种需求为休闲农业提供了巨大的市场空间。

通过发展休闲农业，可以为都市居民和国内外游客提供清洁优美的乡村环境以及民俗旅游资源，提供休闲活动空间，增加减轻工作及生活压力的新渠道，达到舒畅身心、强健体魄的目的。可以通过发展农耕体验、休闲采摘等旅游项目，让游客体验农耕和丰收的喜悦、采摘和垂钓的乐趣、品尝无公害食品的快乐，在参观游览体验中得到回归自然的放松，达到休闲放松的目的。可以通过先进的现代科技的宣传、推广，向人们展示现代农业的风采，体验现代农业的乐趣。依托自然优美的乡野风景、舒适怡人的清新气候、环境生态的绿色空间，让游客回归自然，尽享生态自然之美、农家风情之乐。以绿色、生态、自然的农业产业带为载体，为游客提供休闲赏景、采摘游玩等项目，让游客领略到大自然情趣，凭借富有特色的地域特色和独特资源优势为人们提供垂钓、捕捞、加工等休闲项目，让游客品尝原汁原味的农家菜，体验淳厚的农家风情。

我国历史悠久、幅员辽阔，各地的乡村都有丰富的民风、民俗、民宅等乡村旅游资源。通过对这些资源的深入挖掘，可以提高人们休闲生活的质量，提高乡村居民的经营收益。

3.文化传承功能。农耕文化是凝聚着几千年人类智慧的文化遗产，经过市场运作可带来巨大的经济效益。

农业与农村是传统农耕文化的主要载体，乡野大地在生产棉、麻、粮、豆的同时衍生了田园风光，农家的饮食起居演绎着农耕文化。人具有亲近自然环境的本能，也具有寻根溯源的期望。优美的自然环境可以抚慰人的心灵，回故乡寻根溯源可以了却人们长久的期盼。城市的繁华和经济发达在一定程度上割裂了人与乡土文化的天然联系。因此,通过发展休闲农业,向市民提供与农村、农耕、农民接触的机会,为人们了解自然、了解社会、了解农村传统文化创造条件。通过人们亲自体验农业活动,能够加深对农业中特有的风俗、文明的理解,使农业文明得以传承和发展,促进城乡文化交流,培养人们对大自然及科学的热爱之情,在回归自然中获得一种全新的生活乐趣,这正是农业的多功能的良好体现。

以休闲农业为载体,可使农村特有的生活文化、产业文化及许多民俗文化等得以发展和继承,并创造出具有特殊风格的农村文化。由于传统农耕文明文化和休闲娱乐思想以及民俗习惯的凝聚力和我国文化的延续性,使得我国传统的民间娱乐活动具备很强的历史延续性和文化展示性。传统文化融入新农村建设,赋予了新的含义,使得农业农村优秀文化得到传承和发展。

4.示范辐射功能。休闲农业,尤其是科技园区型农业作为一种特殊形态的新兴产业,大都处在物质资源丰富、城市人口资源众多、国际国内交往频繁、辐射功能强的大城市周边,凭借大城市雄厚的经济实力、科技基础和人才优势,农业科技园区在农业设施装备、农业高科技开发应用、农业生产力水平等方面,将率先接近或达到国际先进水平,为推进全国实现农业现代化提供经验,起到示范辐射作用,因而具有显著的示范、展示、辐射与带动作用。

在此基础上,发展休闲农业有利于缩小城乡差别,促进农村经济社会的协调发展,推进新农村建设,增加农民与城市居民之间的交流与沟通,提高农民的素质和生活品质,为促进农村社会的进步和城乡的共同繁荣与发展起到引领作用。

5.教育功能。主要体现在休闲农业利用农园中所栽植的作物、饲养的动物以及特色植物、热带植物、水耕设施、栽培、传统农具等向人们提供知识服务,使得人们更好地认识农业,了解农村动植物生长,体验农村生活,认识农村文化及生态环境。在农业科技示范、生态农业示范中,教育参与者珍惜自然生态资源、自然文化资源,激起人们热爱劳动、热爱生活、热爱大自然的兴趣,增加人们保护自然、保护文化遗产、保护环境的自觉性。

休闲农业按照多功能的思想建立农、林、牧、渔、土地综合利用的新的农业模式,强化生产过程的生态性、科学性,通过开发具有观赏价值的作物品种与园地,向游客展示农业最新成果。如引进优质蔬菜、绿色食品、高产瓜果、观赏花卉,组建多姿多趣的农业休闲园、农业教育园、农俗园等。一方面使对农业陌生的城市游客了解农业生产,熟悉农耕文化、农村习俗;另一方面,也可以使游客进一步融入大自然,从而树立起爱护大自然、爱护生态环境的环保意识。同时,新型的农业休闲园、教育园为科研、教学单位提供科研实验基地以及国际合作研究基地,既有利于及时、准确地把握科技动态和成果的直接转化、运用与推广,又培养了本地人才。此外,休闲农业园区还可面向社会各阶层,开展不同层次、不同形式的农业教育、生态教育、农业史教育以及精神文明教育等。

6.养生功能。休闲农业向人们提供了一个洁净、清新、舒适、健康的休闲活动场所,有益于缓解人们的工作与生活压力,陶冶人们的性情,起到舒畅身心的作用。休闲农业向人们提供了一个自然的绿色生态环境,可以调理人们的身体,促进身体健康。人们可以呼吸新鲜空气,享受绿色与天然食品。休闲农业为人们提供了良好的旅游和体育运动环境,提高了人们的健康水平。通过休闲农业,使人们达到了养身、养心、养眼的目的。

7.媒介功能。休闲农业可以成为农业经济与农村社会事业发展的窗口,它有利于扩大发展农业与农村的社会影响,增强政府和社会对农业与农村的关注,带动其他产业发展。

8.融资功能。休闲农业作为一种新兴产业,产生了显著的经济与社会效益,在发展过程中吸引社会与企业资金注入,同时带来先进的管理理念与方式,促进了休闲农业快速发展与升级换代。

(三)休闲农业的生态功能

主要是指发挥农业洁、净、美、绿的特色,营造优美宜人的生态景观,改善自然环境,维护生态平衡,提高生活环境质量,充当都市的绿化隔离带,防治城市环境污染以保持清新、宁静的生活环境,并有利于防止城市过度扩张的功能。在发展中坚持开发与保护并重,合理开发、利用资源,使生态、生产和市场相融合,使自然景观、人文景观与农业园林景观得以和谐统一,生态环境保持良好状态。

生态功能主要表现在以下几个方面:

1.保护生态功能。休闲农业通过在农村利用优良的自然与生态资源建设休闲景点,建立起人与自然、城市与农村高度统一和谐的生态环境,以葱绿的农田、茂密的山林、净化的水质和空气为休闲农业发展前提,为城乡居民创造一个优美的居游环境,减轻了"水泥丛林"和"柏油沙漠"对城市人带来的烦躁与不安,起到"城市之肺"的作用,成为"城市氧吧",为城市吸尘、降温、净气,提高了市民的生活质量。同时休闲农业依据市场规律,倡导自然形态的农、林、牧、副、渔综合发展,多种作物实行轮作,符合循环型经济发展规律。

2.景观审美功能。农业景观是人类所创造的面积最大的一种生态文化景观,在当代,农业景观的审美价值已经和它的实用价值取得了几乎同等的地位。休闲农业景观的审美价值是多方面的:一方面为形式美,不同地域的农业景观形成了不同的地域文化色彩,并且产生了各异的美学体验。休闲农业景观最直接的审美感受应该由它的形式美表现出来,不同种类的农田在不同的季节里形成的色彩、肌理、线条、尺度等,其形式美感,在不经意间变得明显起来。一些农业景观,特别是山地、丘陵的梯田农业景观,放眼看去层次丰富,是人与自然结合的精妙之作,成为休闲农业的主要背景与内容。农业景观的形式美,震撼着每一个能够见到并欣赏它的人。另一方面为表现美。休闲农业的形式美表现了农业景观最直接的审美感受,而表现美则赋予了其功能性、生产性和可持续性。对农业景观的审美体验,在很大程度上基于农业用地的生产性。具有生产能力,是这种土地利用能够使人产生美感的前提。它给人类提供了衣食之源,作为产出性的土地养育了它的创造和使用者,使人们对它产生深厚的感情甚至依恋。农业景观审美价值的本质是通过获取食物而产生的。它的富饶、肥沃带来的可以获得食物的信息是这种生产性审美价值最本源的部分。基于农业的生产性和可持续性共同铸成的特色和氛围,则形成了农业景观的地方个性和地理个性。休闲农业的景观应体现形式美与表现美和谐统一,成为生产、生活、生态三者有机的结合体。休闲农业景观的形式美与表现美的和谐统一应是新农村建设的审美重点。

3.保护农业生物多样性。生物多样性是指一定空间范围内各种有机体(植物、动物、微生物)的总合。农业生物多样性有4个层次,即作物品种遗传多样性(种内多样性)、物种多样性(包括半家化栽培种、栽培种和受到管理的野生种)、农业生态系统多样性和农地景观多样性。迄今的研究结果表明,人工生态系统中生物多样性在一定范围内与系统生产力呈正相关,"共生"是在资源有限的条件下谋求发展的最佳途径。

高产、稳产、可持续发展是农业生态系统追求的终极目标。依据经济学外部价格内化原则,任何事物的市场价格都应该包括现在和未来对环境造成的污染,使环境遭受破坏和对社会产生其他有害影响而产生的损失。休闲农业的可持续性依赖于生物多样性共同和协调发展,在一定程度上避免了对休闲农业的基础——农业、农村破坏性建设。

休闲农业的发展,开发利用并保存了具重要价值的植物种类,形成了具有多物种、多品种的特殊人工生态系统,发挥了农业生物多样性的生态服务功能。通过发展休闲农业,农业生产方式的多样性、农民生活方式多样性、农民传统文化多样性得以保留,发挥了农业生物多样性的社会服务功能。农业生物多样性也为休闲农业的多元化、优质化、个性化发展奠定了基础,增强了人类对自然的了解和利用。

总之,休闲农业给人类提供了新的生存与发展空间,它的功能还在不断扩展和延伸,在不同国家、不同的地区、不同的阶段,人们对休闲农业的功能有不同的认识和利用,但其本质内容大多是一致的,即追求生态、经济与社会效益高度统一。

二、特征

美国著名经济学家西奥多·W.舒尔茨(Thodore W.Schults)认为:发展中国家的经济发展有赖于农业的迅速稳定增长,而传统的农业不具备这种迅速稳定增长的能力,最有效的出路就在于将传统农业改造成现代农业。从休闲农业的内涵来看,休闲农业是农业与农村资源综合开发、农业功能的延伸与拓展,使第一产业、第二产业以及第三产业相融合的新型产业,也是现代农业的重要组成部分。因此休闲农业具有以下显著特征:

1.自然性

休闲农业的资源主要来自于田园景观、自然生态及环境资源,而非人工建造的景观,是保持原有的农业生产特性,结合农业的自然资源及农村人文资源所进行的休闲观光活动,是人类融入富有多样化动植物资源的自然环境的最佳方式,人们可以通过休闲农业满足亲近自然、回归自然的需求。

2.休闲性

休闲是人类生活的需要。随着城市化、市场化进程加快,人们处于紧张、快节奏及拥挤、嘈杂、污染的城市生活中,身心交瘁,需要休息、恢复和调适。休闲农业的目的是提供国民休闲,增进城乡之间的交流互动,让游客在休闲的同时参与认识农业和农村,体验农村生活。"久在樊笼里,复得返自然","采菊东篱下,悠然见南山"。农村新鲜的空气,淳朴的民风,优美的自然环境和传统的农家生活是发展休闲观光农业的优势,向往农村生活、回归自然的社会需求在逐步地扩大。休闲农业与传统农业不同,它生产和营销的不仅是有形的农副产品,还包括农村的自然生态、宜人的环境和农耕文化。游客在休闲过程中,能够融入自然,体验农村生活,欣赏农村景色,放松精神,愉悦身心。休闲性特点体现在其提供的特殊"产品"上,它满足消费者追求快乐、惬意、安逸以及修养身心、接触自然的休闲需求,使其得到体质、智力的恢复和提高。

3.体验性

休闲农业是一种体验活动,重在亲身感受。既是旅游休闲活动,又在旅游的过程中参加农业生产,亲历农村的生活方式。休闲农业通过参与、模仿、习作、体验等方式使休闲消费者有成就感、满足感、自豪感。在农业实践中学习农业生产技能,在农业生产习作中体验农业生产的乐趣、增长农业知识,是休闲农业的主要特征。

4.乡土性

休闲农业是以传统农业为基础发展起来的新产业,它离不开土地,离不开乡村,离不开"乡味"、"土气"。风格各异的风土人情、乡风民俗体现了休闲农业的独特性。我国几千年的耕耘孕育了博大精深的农耕文化。休闲农业根植于深厚的乡土文化基础上,农村各种民俗节庆、工艺美术、民间建筑、民间文艺、婚俗禁忌、趣事传说等赋予其浓厚的乡土文化特色。农家生活、耕作方式、传统习俗、地方手工艺品、名特优农产品,一些乡村甚至还保留着原生态、古老的风貌,这些都为发展具有乡土特色的休闲农业奠定了基础。

5.地域性

农业是生物性产业,不同区域的自然、经济和社会发展条件差异很大,休闲农业具有很强的地域性特点。南方与北方、山区与平原、发达地区与欠发达地区,其种养业发展不同,形成的农业景观和乡土文化也不同。同时各地还结合新农村建设与"一村一品"发展,以及农业发展布局优化的需要,进一步形成具有地域性特色的休闲农业。

6.季节性

与一般休闲旅游相比,休闲农业具有自身的季节性特点。一方面由于旅游休闲消费者的休闲特性,也表现出休闲观光活动的淡旺季等特点。而另一方面,农业的季节性特点决定了其一年四季景观、休闲观光内容不同,春耕、夏耘、秋收、冬藏,四季农事劳动各有特点。同时,由于农业科技进步,通过设施农业,农作物生长期可以提前或延长,消费者可以参与反季节的农事活动,如冬天可在温室大棚采摘有机种植果实等。

7.生产性

休闲农业是一种综合了农业和旅游业的新型产业经营模式。在充分挖掘农业休闲资源和开发农业多功能的同时,不削弱农业的生产功能,并在开发农村资源的过程中使得原本不具备生产条件的荒山、野岭、河道及旧有村庄等资源转化为生产性资源,扩大了农业的生产范畴;为开发农业的多功能性,丰富农业休闲的内容,通过引进新的动植物品种,使得农业生产多样化,优化了农业生产结构,开拓了农业、休闲业与土地、村庄等综合利用的新模式;休闲农业的自然、绿色、环保等要求将限制休闲农业的生产对自然与环境产生破坏,实现农业与农村的可持续发展。因此,休闲农业可以发挥农业的综合效应,提高农业的生产效能。

8.产业性

休闲农业具有劳动密集性高、关联带动性强、就业门槛低、就业方式灵活等特点。这些特点使休闲农业具备了产业化发展的条件。据测算,休闲农业每增加1个直接从业人员,可间接增加5个就业岗位。通过发展休闲农业可以形成以休闲旅游业为中心的产业链,推动农村产业分工。由休闲农业延伸开的产业链包括旅店经营、餐饮业经营、种养殖业、农副产品加工业、运输业、建筑业和文化产业等。在发展休闲农业的过程中,围绕农业休闲这个龙头可开展多项产业活动:①发展第三产业,解决旅游者的"食、住、行、游、购、娱"六大需求,兴建旅游设施、商业设施、文化娱乐设施,促进了产业化实施;②发展第一产业,兴建农副产品基地、农业休闲基地,带动农业产业化发展;③发展第二产业,开发各种休闲食品、饮料、纪念品等,对当地土特产进行深加工、精加工,力求上规模、上档次,丰富农业产业化内容;④发挥旅游的牵线搭桥作用,让旅游市场带动信息、资金、技术等生产要素市场,促进资金、技术、人才的引进,加速农业产业化进程。

休闲农业作为一种超越工业化路径,直接进入第一、第二、第三产业的新的产业形态,已成为其产业化发展的重要途径。

休闲农业产业化发展促进了新型的产业集群的形成。休闲农业以乡村生活的体验为主,由此便可以形成与工业产业集群相同布局的服务性产业集群,这符合乡村休闲产业集群化发展的基本条件。一个乡村相当于一个企业,若干乡村相连,就形成一个企业群体,在这一群体之中,都开展乡村旅游,就形成了乡村旅游的产业集群。将乡村旅游发展提升到产业集群化高度,可使乡村旅游发展跃上一个新台阶。

休闲农业丰富了农业产业化经营的形式,强化了农业与旅游业的内在联系,是第一产业与第三产业的良好结合方式,是推动传统农业产业化向现代农业产业化发展的一条新途径,有利于形成"一业带百业,一业举而百业兴"的联动效应,推动农村第二、第三产业的发展,带动产业结构的调整。休闲农业产业化发展为农民创造了增加收入的机会,缩小了城乡差别,促进了城乡关系的融合和社会的稳定,顺应了建设城乡一体化的趋势和构建和谐社会的要求。

9.市场性

休闲是人们在闲暇时间的自由活动,休闲方式、内容、地点等的选择完全依据消费者的主观意愿,因此休闲的消费是市场性行为。休闲农业作为休闲需求的供给方,以农业、农村为载体,为休闲消费者提供观赏、品尝、娱乐、购物、体验、休养等休闲服务,其目标市场是远离农业、农村,向往农村文化、回归自然的城市居民。因此,必须以市场需求为导向,研究城市居民的休闲需求的共性与个性特征,有针对性地开发休闲农业项目,从深度和广度两个维度扩大休闲农业的市场。

第三节 北京休闲农业资源开发与空间布局

一、资源开发

休闲农业资源是指能够对人们产生吸引力,并满足休闲需求的农业景观、动植物、农业生态环境、农业生产活动、民俗、口头传说、民间艺术、科普教育等资源,融观赏、考察、学习、参与、娱乐、购物、度假等多种功能于一体,能提供满足人们回归田园并与之和谐共存的自然环境和人文环境。

休闲农业资源是吸引有闲人士休闲的自然因素和社会因素的总和。具体地说,休闲农业资源包括三个方面,即自然资源、农业文化资源和农业景观资源。自然资源包括大自然中典型的、具有吸引功能的自然资源,如地质地貌、水域风光、生物资源和气象资源等。农业文化资源则是人们在长期的农业生产活动中形成的文化资源,如民族文化、岁时节日、民俗文化、作物文化、民间歌舞、农事诗歌等;农业景观资源则是存在于乡村,并具有审美价值的景观,如田园景观、乡村聚落景观、民俗文化景观等。休闲农业自然资源一般是天然的,以大自然的美吸引人们,给人们以美的享受。农业文化资源和景观资源则是从古到今人类开发创造出来的,是人类活动与大自然协调共处的宝贵文化遗产。

北京市是我国北方休闲农业发展最早的中心城市之一,休闲农业发轫于20世纪80年代末。当时昌平县十三陵旅游区率先建立休闲采摘果园,游客购票入园,自由摘桃品尝,并可免费带走少量自采果实,深受市民欢迎。1988年大兴县举办首届西瓜节,开展瓜乡一日游,通过选瓜、品瓜、评瓜活动,满足了游客参与性,瓜农也获得可观的经济收入。20世纪90年代初郊区渔场开辟了钓鱼区,森林公园对外开放,村庄整修闲置农舍,市民游客涉足郊区农村休闲旅游。

1995年,世界妇女大会在京召开,催生京郊民俗主题旅游项目的大规模开发建设。在韩村河、留民营、爨底下、大营等地的民俗旅游专业村,吃农家饭、品尝特色美食、住农家院、鉴赏古建民居、体验传统生活习俗、采摘果品菜蔬、垂钓、射猎、购买土特产等丰富的民俗旅游活动成为市民的消费时尚,民俗旅游接待户的经济收入也显著增加。1998年北京市政府编制《北京市休闲农业发展总体规划》,休闲农业发展受到政府关注。

2003年经历"非典"疫情考验后,自然、生态、健康、休闲的旅游理念深入人心,郊区休闲农业旅游活动出现井喷行情。平谷县红杏采摘节,每村每天旅游车接待量达一千多辆;昌平、延庆县民俗旅游村周末游,需要提前一周预订才能成行。

为加强对休闲农业的规范管理,2003年北京市农委、旅游局制定《民俗旅游村和民俗旅游接待户评定标准》及《评定暂行办法》,评定出首批35个市级民俗旅游村和若干民俗旅游接待户。2004年成立全国第一家北京休闲观光农业行业协会,制定《市级休闲农业示范园标准》,开展首批农业示范园评定工作,并建立北京乡村旅游网。2004年编制完成《2005—2010年北京市乡村旅游发展规划》,休闲农业发展步入政府主导的规范化渠道。

目前北京休闲农业发展以农业科技和农耕文化为重点,把农业种植、农艺景观、新农村建设和观光、休闲、度假、娱乐融为一体,主要形成农业休闲观光、民俗文化休闲、休闲度假、观光采摘等类型。

在北京市全面建设社会主义新农村,实现城乡一体化的战略发展阶段,休闲农业已经成为北京统筹城乡经济发展、转变农村经济发展方式、优化农村产业结构、提高农业经营效益、促进农村剩余劳动力转移,增加农民收入和实现城乡一体化的重要战略措施和有效途径。

到"十一五"末,北京市休闲农业初具规模,已进入规范和提升发展阶段。2009年度北京市休闲农业与农村旅游业升级深入推进,增长态势继续保持,新型业态初显端倪,成为市场需求大、农民增收见效快的重要产业。截至2014年底,全市共有8863户民俗旅游农户,从业人员18705人,接待1695.8万人次,乡村民俗旅游总收入11.3亿元。全市有观光农业园1301个。2014年观光农业园总收入24.9亿元,休闲农业与乡村旅游已成为郊区农民就业增收的重要来源。

目前,北京市休闲农业的发展正经历从农民自发发展向各级政府规划引导转变,从简单的"吃农家饭、住农家院、摘农家果"向回归自然、认识农业、怡情生活等方向转变,从最初的景区周边和个别城市郊区向更多的适宜发展区域转变,由一家一户一园的分散状态向园区和集群发展转变,从以农户经营为主向农民合作组织经营、社会资本共同投资经营发展转变。

二、空间布局

北京市有13个有农业生产的区县,由于各区县资源禀赋和区位条件的不同,各区县在发展农业优势产业的选择也有区别。根据目前最新的划分标准,北京市分为首都功能核心区、城市功能拓展区、城市发展新区和生态涵养发展区四个区域。各区域均发展休闲农业,但又由于各个区域的区位条件、自然禀赋等条件的不同,各区域在发展休闲农业时的侧重点和农业园区数量也不相同。其中平谷的观光园数量最多有234家,丰台最少,仅有十家。

1.城市功能拓展区

城市功能拓展区包括朝阳、海淀、丰台、石景山四个区,这四个区和其他区县相比交通比较方便,像丰台区自古被称为"陆上码头",是北京地区以及北京与其他外省市联系的交通枢纽和物流中心。这些区域和城市中的消费群体更接近,发展农业时充分考虑到了这点,主要以发展园艺农业和种植高档次果菜为主;着重发展以观赏游览、体验农作为主的休闲农业。如朝阳区的蟹岛度假村、朝来农艺园;海淀区的"桃花节"、苏家坨镇、温泉、四季青等乡沿山一线的樱桃观光园;丰台区的花乡草桥村的世界花卉大观园、卢沟桥乡张仪村观光采摘园。石景山区的衙门口休闲绿洲、黑石头休闲观光农业和刘娘府的神农庄园等。2011年城市功能拓展区休闲农业总收入增速为20.6%,和北京市2011年休闲观光农业总收入增速基本持平。

2.城市发展新区

城市发展新区包括大兴、通州、顺义、昌平、房山五个区,这些区域虽然离市区有一定的距离,但随着现在城市化进程的加快,轨道交通的不断建设发展,使得这些地区离市区的"距离"越来越近,交通方面,同时也吸引了大量人口来此定居。这五个区域区农业资源丰富,景观特征明显,是北京粮、菜及畜禽水产品的主要生产基地,也形成了颇有规模的休闲农业。如大兴区举办盛夏西瓜节、梨园采摘等,让观光游客找到回归大自然的感觉;通州区的葡萄大观园、食用菌科技园、番茄联合国等一些主题;顺义区观光园重点开发了潮白河沿岸地区,像国际高尔夫球场、奥林匹克水上特色娱乐场、顺鑫绿色度假村、汉石桥湿地、沙滩浴场、乔波滑雪馆等项目;昌平区小汤山地区利用当地的温泉资源,兴建了多个温泉度假场所,提供休闲娱乐项目。房山区的周口店北京人遗址科普区、石花洞溶洞群观光区、十渡岩溶峡谷综合旅游区、百花山—白草畔生态旅游区、上方山—云居寺宗教文化旅游区、圣莲山观光体验区。除此之外还有一些生态公园和体验馆,如半壁店森林公园、北京骑士园等。2011年城市发展新区休闲农业总收入增速为16.5%,低于北京市2011年休闲农业总收入增速4.4个百分点。其中通州区2011年休闲农业总体收入不错,增速为34.4%,位居全市第三。但顺义区在2011年休闲农业总收入不增反减,和2010年相比,降低了2.4%,城市发展新区的休闲农业总收入低于全市平均水平。

3.生态涵养发展区

生态涵养发展区包括门头沟、延庆、怀柔、密云、平谷五个山区县。这里自然景观优美,森林资源丰富,均具有各具特色的旅游资源,建设成为了具有不同功能的游憩地。如门头沟的潭柘寺、戒台寺、妙峰山等旅游景点,同时,门头沟区是北京市唯一性农产品门头沟薄皮核桃、东山京白梨、樱桃沟樱桃的原产地,也是特色产品陇驾庄盖柿、龙泉务香白杏、柏峪扁杏、火村红杏、田庄香椿、涧沟玫瑰的主产区域;怀柔县的休闲农业则是与当地自然景观结合,如鹿鸣乐园、云蒙山森林公园、慕田峪长城林区、红螺寺大型牡丹园等,都极有特色。密云县则利用当地特色的瀑布、奇石、湖潭等,发展以山水为主题的休闲农业;平谷的桃花节、金海湖风景区、三羊古火山旅游区等。2011年生态涵养区休闲农业总收入增速为24.9%,高于北京市2011年休闲农业总收入增速3个百分点。其中门头沟区增速最大,为62.3%,远高于北京市平均水平,位居全市第一。

第四节　北京市休闲农业主要业态

北京是中国最早发展休闲农业与乡村旅游的城市。目前,北京休闲农业业态不断更新、休闲内容不断充实、产业功能不断拓展,呈现出经营园区化、布局集群化和主体多元化的发展态势,形成了乡村民俗旅游户(农家乐)、休闲农庄、农业科技园、观光采摘园、农业观光园、乡村民俗旅游村(民俗村)等6种主要业态。

一、农家乐

农家乐指农民利用自家庭院、自己生产的农产品及周围的田园风光、自然景点,吸引休闲者前来进行吃、住、玩、游、娱、购等休闲活动。主要类型有:1.农业休闲农家乐。利用农业生产及农家生活等,吸引休闲者前来休闲和体验。2.民居型农家乐。利用当地古村落和民居住宅吸引休闲者。3.民俗文化农家乐。利用当地民俗文化吸引休闲者前来休闲。4.休闲娱乐农家乐。以优美的环境、齐全的设施、舒适的服务,为休闲者提供吃、住、玩等服务。5.食宿接待农家乐。以舒适、卫生、安全的居住环境和可口的特色饮食吸引休闲者。6.农事参与农家乐。以农业生产活动和农业工艺技术,吸引休闲者前来休闲。7.健身养生农家乐。借助农村良好的生态环境,优美的自然景观,农家自产的农产品,吸引游客前来居住,达到使游客放松身心、怡情山水的目的。

农家乐在北京得到快速发展,已成为广大农民增收的新亮点和城市居民休闲的新选择。截至2014年年底,全市共有8363户民俗旅游农户,从业人员18705人,接待人次1695.8万人次,乡村民俗旅游总收入9.1亿元,并仍在快速增长。实践证明,"农家乐"是我国农业进一步提质增效的重要手段,是我国农民继土地承包户的又一重大机遇,是实现城乡和谐发展的重要途径。农家乐由于其独特的发展方式与经营理念,被誉为中国21世纪的新兴朝阳产业。

二、休闲农庄

20世纪80年代后期,一些经济发达的城市周边兴起一批初具规模的休闲农庄,及至20世纪90年代后,在一些大城市及旅游景区边缘建设起相当数量风格各异以乡村风景、农事体验、民俗节庆文化等为旅游吸引物的休闲农庄。休闲农庄是指以山林、草场、田园、湖泊、溪流、水库等自然景观资源为依托,以农、林、牧、渔等农业生产、加工、经营为基础,以乡土文化、农作生产、农村生活为支撑,经过科学规划,集生产、加工、经营、观光、娱乐、运动、住宿、餐饮、购物、怡情、养生等生产服务功能于一体的农业企业形态。其经营者大多是城乡投资者、农户、农村集体组织或某些投资机构。

当前,北京休闲农庄处在快速发展阶段,类型多种多样,有田园牧歌型、郊野度假型、观光休闲型、特色餐饮型、商务会馆型、农事体验型、观光采摘型和生产观光型等。休闲农庄的主要表现方式有:休闲度假村、文化旅游度假村、休闲农庄、市民农园、乡村酒店、休闲山庄等。

三、农业科技园

农业科技园是在具有一定科技优势、产业优势、经济优势的城郊和农村,划出一定区域,由政府、企业等投资兴建,以企业化方式进行运作,以市场为导向、以科技为支撑,集农业、林业、水利、设施等高新技术为一体,以国内外市场为导向,以调整农业产业结构、增加农民收入为主要目标,引进国内外高新技术及各种设施,对现代农业新技术、新品种和新设施进行生产、试验和示范,对农业新产品、新技术集中投入、集中开发,追求合理的投入、科学化的管理与最佳的产出,取得较高的经济效益,形成农业高新技术的开发、中试、生产基地,并以此推动农业综合开发和现代农业发展的新型模式。农业科技园是现代农业高新技术组装集成的载体,是连接市场和农户的纽带,是现代农业科技辐射的源头,是人才培养和技术培训的基地,具有农业科技创新、科技成果孵化、现代农业示范、科技培训、科普教育、旅游观光等综合功能。

农业科技园作为市场经济孕育发展过程中产生的一种促进科技与农业生产相结合的综合体,其实质在于实现农业科技成果商品化和产业化,是借鉴科技园区发展的经验、模式和方法,集中对农业技术进行开发、示范。

据中国旅游协会休闲农业与乡村旅游分会不完全统计,截至 2010 年 3 月,全国共有农业科技园3685 个。

四、观光采摘园

观光采摘园是指以园艺资源为基础,以提高经济效益为目的,拓展农业多功能性,将果树产业与景观、文化、科技等要素结合,提供特色的农业服务,满足消费市场多样化需求的现代农业产业形态。观光采摘园的内涵包括以下几方面:第一,以园艺资源为基础,突出农业特性;第二,与休闲观光相结合,强调一产与三产融合;第三,结合一定的主题景观,与文化相结合;第四,强调农业多功能性,强调社会、经济、生态、文化协调可持续发展。主要类型有:一是以生产农作物、园艺作物、花卉、茶等为主营项目,让游人参与生产、管理及收获等活动,并可欣赏、品尝、购买的农园;如观光果园、观光菜园、观光花园(圃)、观光茶园等;二是把农业生产、农产品销售、旅游、休闲娱乐结合起来的农业园;三是既兼顾农业生产、农业科普教育,又兼顾观光和游览的农园等。

根据近年来对北京市有一定基础和规模的观光农业园的调查分析(不包括一般小型采摘园),北京郊区共有各类观光休闲农业园 285 个,其中观光采摘为主的农业园共计 260 个,占全市观光休闲农业园的 91.2%;

五、农业观光园

20 世纪末,随着农业结构的调整和农业高新技术的应用,各地、市、城郊及乡镇结合自己的农业特点、自然资源和文化遗产相继建成了具有一定规模和一定面积的高新农业科技示范园区。这些园区内,主要栽植果树优良品种、稀有蔬菜和新潮花木,在绿化设计和道路规划方面遵照了园林的规划原则与要求,有的还设立了一些园林艺术小品和其他娱乐服务设施。整个园子除生产农副产品之外,还可供人们参观游览,这就是农业观光园的雏形。所谓农业观光园是指以农业资源为核心依托,以旅游功能为核心展示,借助科技、相关辅助设施等进行创新性的规划、设计,从而形成的集聚科技示范、旅游观光、科普教育以及休闲娱乐功能为一体的综合型园区。

2014 年,北京市有农业观光园 1301 个,比上年增长 2 个,区县间分布不均,丰台区、怀柔区较多,约占全年的 35%。远郊区县约占全市的 63%。主要分布在现有著名景区、景点的边缘附近,进入景区公路边缘及主干公路两侧,呈带状分布。

六、民俗村

我国独有的民俗文化已是全国以及全世界人们想了解和体验的文化焦点。民俗村是一种非常契合此种需求的地方。民俗村可以是有具体形态的物质实体,如地域建筑,地域景观;也可以是非物质形态的文化因素,如民俗风情、历史文化等。因此,可以认为,民俗村是以一个聚落为单位,有一定地方或民族民俗文化特色、自然景观或人文景观环境,有一定文化欣赏价值,并能提供旅游者吃、住、游、娱的休闲、观光场所。

当前我国民俗村在经营与发展中形成了许多特色:1.形成了以地域文化、国际文化、沟域文化、建筑文化、民族文化、养生文化、休闲文化、果品文化、餐饮文化等为特色的民俗村。如北京延庆县的百里山水画廊、北京怀柔区的国际文化村,四川蒲江县的白马村。2.形成了特色的民俗体验活动,成为休闲农业发展的新卖点。如安徽宁国的"市民农园",不同民族婚嫁习俗活动,浙江奉化大堰镇西畈村的水稻收割节等。3.形成了不同季节的果品采摘品种。如南京市江心洲的葡萄采摘,山东德州夏津县的桑葚,北京昌平区兴寿镇的草莓采摘等。4.形成了众多的特色民俗餐饮和纪念品。民俗餐饮是我国民族在长期历史发展过程中逐渐形成和传承的一种饮食习惯和文化传统,反映了人们饮食活动过程中关于饮食品质、审美体验、情感活动、社会功能等诸多方面的独特文化意蕴。各地的民俗餐饮和纪念品在休闲农业发展中起到了强烈的吸引游客的作用。

近年来,伴随着农村产业结构调整和京郊旅游业的发展,北京民俗休闲旅游业发展很快。为了促进民俗旅游健康发展,北京市农委会同市旅游局制定了"北京市民俗旅将接待户评定标准"和"北京市民俗旅游接待户评定暂行办法",并评定了第一批市级民俗村35个。

第五节　北京休闲农业标准化

一、基本概念

休闲农业标准化是指运用"统一、简化、协调、优选"的标准化原则,对休闲农业的产前、产中、产后全过程,通过制定标准、实施标准和实施管理,促进休闲农业规范化、标准化发展,确保休闲农业产业的质量和安全,规范休闲农业市场秩序,指导生产,引导消费,从而取得良好的经济、社会和生态效益,以达到提高休闲农业服务水平和竞争力为目的一系列活动过程。

二、发展现状

休闲农业标准化已经成为北京都市农业标准化的重要组成部分。北京市围绕都市农业多功能性与三次产业融合,拓展标准化领域,从单纯注重农业生产向农业服务延伸,做好休闲农业标准化的发展与试点工作,形成生产、生态、生活功能相结合的农业标准化建设新模式,发挥标准化的平台效应,推进了的休闲农业规范发展。

1.标准制定

2006—2009 年,北京市集中制定了休闲农业发展的一批标准,重点关注北京的观光农业、农家乐和民俗村的发展与评价。2009 年,北京市发布了《乡村旅游特色业态标准及评定》系列标准,涉及休闲农业的多种业态,为北京乡村旅游的特色化发展奠定了基础,也为系统地建设休闲农业标准化体系创造了条件。

2.标准试点与推广

2010年,北京市启动了休闲农业标准化试点工作,研究探索休闲农业标准化体系需求和农业服务标准化工作方法,为建设旅游观光、采摘休闲农业标准体系,拓展农业标准化基地(示范区)建设内容奠定基础。目前,北京市已建成的49个国家级农业标准化示范区项目中就有42%从事观光采摘旅游,市级标准化基地中有21%从事观光采摘旅游。

3.标准化需求

北京市休闲农业标准化具有较大的发展空间。突出表现为缺乏完整的休闲农业评定标准体系,造成了规划和建设标准缺乏,服务、管理与评价标准缺位,影响了休闲农业从业主体对整个行业或业态发展趋势的把握和判断,不利于休闲农业的规范发展。2009年1月13日北京市质量监督局《关于印发〈北京市重点发展的技术标准领域和重点标准方向〉的通知》将观光休闲农业作为都市型现代农业的重要组成部分,列入了北京市重点发展的技术标准领域和重点标准方向。

三、标准体系构建

按照前瞻性、协调性、统一性、兼容性和高效性的原则,在全国休闲农业标准体系的基础上,构建了北京市休闲农业的标准体系(图13-1)。

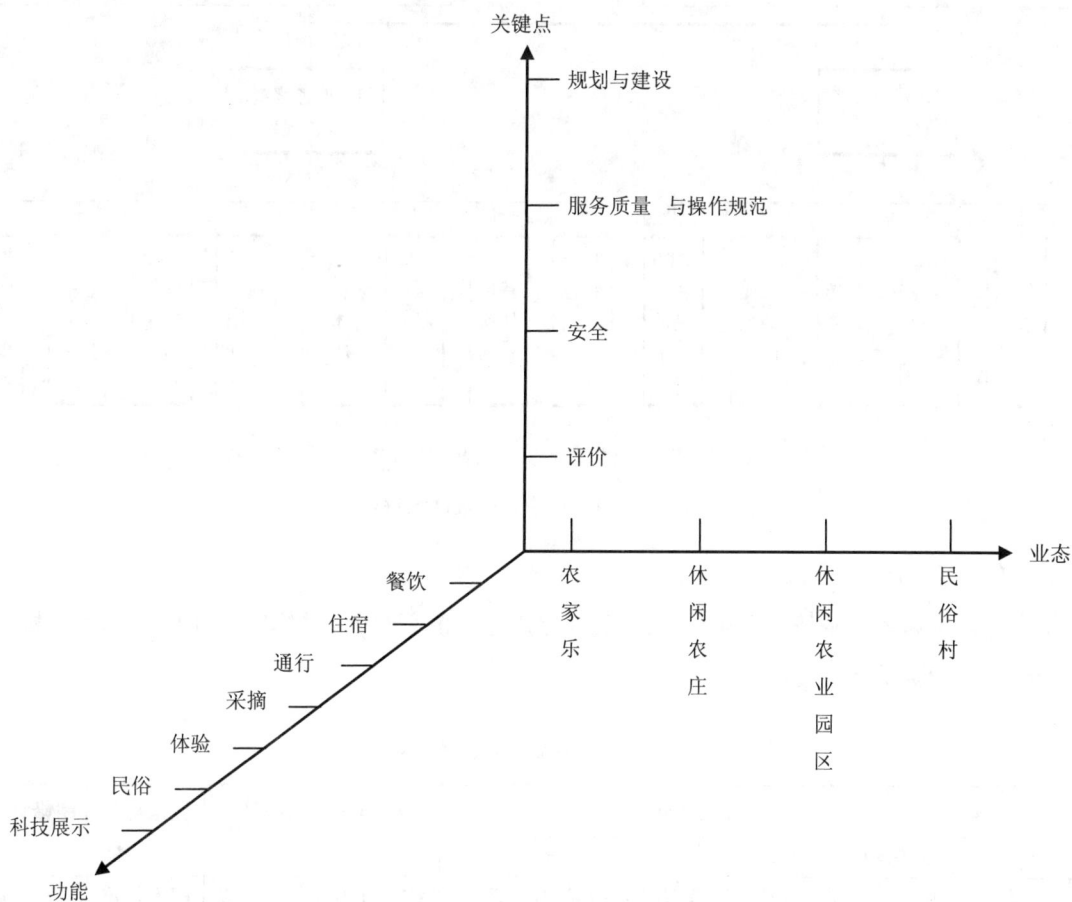

图13-1 北京市休闲农业的标准体系

1.休闲农业标准体系要素

北京休闲农业标准体系涉及 6 种业态、7 个主要功能和相关关键点(图 13-1)。其中业态是根据经营方式归纳得出的北京休闲农业的 6 种主要形态;功能是各种业态向城乡居民提供休闲服务的具体内容,是休闲农业需要进行规范的重点服务领域;关键点是影响休闲农业发展的关键环节,包括建设、服务、安全、评价等重要方面。

2.休闲农业标准体系框架

休闲农业的专用标准包括建设与评价标准、服务规范与操作规程。建设与评价标准主要关注休闲农业各个业态的规划、建设与评价标准,服务规范与操作规程主要关注休闲农业各种业态规范服务的需求。

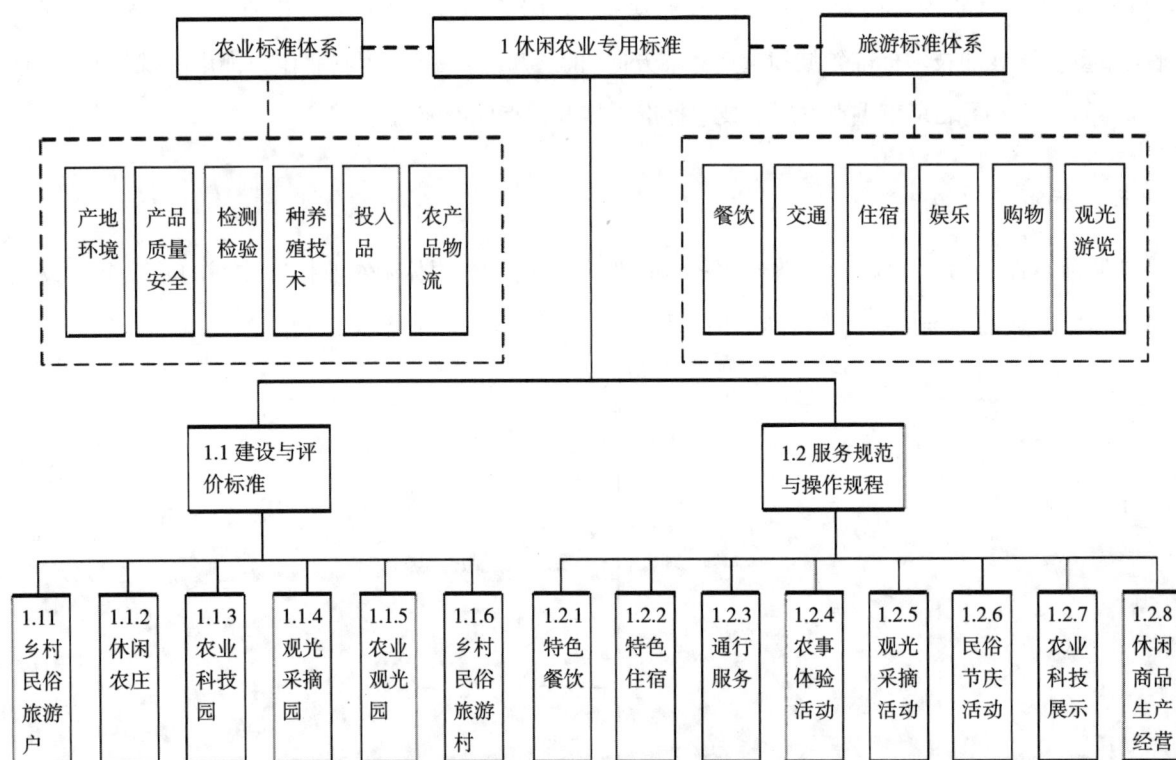

虚线表示农业和旅游业的相关标准,实线表示休闲农业专用标准体系

图 13-2　北京休闲农业标准体系框架

3.休闲农业各层次标准明细表

休闲农业标准体系按照基础标准、通用标准和专用标准的划分,依照休闲农业标准体系结构图,可以制定的休闲农业标准层次表,见表 13-1。

表 13-1　休闲农业标准层次表

代码	序号	标准名称	标准代号或编号	标准层级	制修订状态
1.1		术语和标志			
	1	标志用公共信息图形符号 第 1 部分:通用符号	GB/T10001.1—2006	国家标准	已实施

代码	序号	标准名称	标准代号或编号	标准层级	制修订状态
	2	标志用公共信息图形符号 第 2 部分:旅游设施与服务符号	GB/T10001.2—2006	国家标准	已实施
	3	地理信息技术基本术语	GB/T 17694—1999	国家标准	已实施
	4	公共场所卫生监测技术规范	GB/T 17220—1998	国家标准	已实施
	5	公共场所卫生综合评价方法	WS/T 199—2001	行业标准	已实施
	6	外语地名汉字译写导则	GB/T 17693—2003	国家标准	已实施
	7	印刷品用公共信息图形标志	GB/T 17695—2006	国家标准	已实施
	8	休闲农业术语		行业标准	拟制定
	9	休闲农业园区标识设计设置规范		行业标准	待立项
1.2		其他标准			
	1	旅游规划通则	GB/T18971—2003	国家标准	已实施
	2	旅游资源分类、调查与评价	GB/T18972—2003	国家标准	已实施
	3	旅游厕所质量等级的划分与评定	GB/T 18973—2003	国家标准	已实施
	4	游乐园(场)安全和服务质量	GB/T 16767—1997	国家标准	已实施
	5	休闲农业安全事故报告制度		国家标准	待立项
	6	休闲农业资源分类标准		行业标准	待立项
2.1		基础设施与设备			
2.1.1		建设标准			
	1	休闲农业规划标准		国家标准	待立项
	2	休闲农业项目建设环境保护		国家标准	待立项
2.1.2		交通设施			
	1	休闲农业生态停车场建设规范		行业标准	待立项
	2	休闲农业观光车设施与服务规范		行业标准	待立项
	3	休闲农业人力观光车服务规范		行业标准	待立项
	4	休闲农业畜力观光车服务规范		行业标准	待立项
2.1.3		环卫设施			
	1	休闲农业环卫设施配置规范		行业标准	待立项
	2	休闲农业厕所建设规范		行业标准	待立项
2.1.4		消防设施			
	1	休闲农业消防设施配置规范		行业标准	待立项
2.2		环境			
2.2.1		水质			
	1	生活饮用水标准	GB 5749—2006	国家标准	已实施
	2	地面水环境质量标准	GB 3838—2002	国家标准	已实施
2.2.2		大气			
	1	空气质量标准	GB 3095—1996	国家标准	已实施
	2	大气污染物综合排放标准	GB 16297—1996	国家标准	已实施
2.2.3		噪声			
	1	噪声质量标准	GB 3096—2008	国家标准	已实施
2.2.4		绿化美化			
	1	休闲农业园区绿化标准		国家标准	待立项
2.2.5		废弃物处理			

代码	序号	标准名称	标准代号或编号	标准层级	制修订状态
	1	休闲农业垃圾处理规范		行业标准	待立项
	2	饮食业油烟排放标准	GB 18483—2001	国家标准	已实施
	3	污水排放标准	GB 8978—1996	国家标准	已实施
2.3		安全			
2.3.1		消防安全			
	1	休闲农业消防安全应急处置规范		行业标准	待立项
2.3.2		医疗救助			
	1	休闲农业应急医疗救助服务规范		行业标准	待立项
2.3.3		突发自然灾害			
	1	休闲农业突发自然灾害应急处置规范		行业标准	待立项
2.3.4		食品安全			
	1	食品卫生标准	GB 14934—1994	国家标准	已实施
2.4		信息			
2.4.1		电子商务			
	1	休闲农业电子商务技术规范		国家标准	待立项
2.4.2		咨询与讲解			
	1	休闲农业咨询中心设施与服务规范		国家标准	待立项
	2	休闲农业解说员服务规范		国家标准	待立项
3.1		建设与评价			
3.1.1		农家乐			
	1	农家乐接待户建设规范		行业标准	待立项
3.1.2		休闲农庄			
	1	休闲农庄建设规范		行业标准	待立项
3.1.3		休闲农业园区			
	1	休闲农业科技示范园建设规范		行业标准	待立项
	2	农业观光园建设规范		行业标准	待立项
3.1.4		民俗村			
	1	民俗村建设规范		行业标准	待立项
3.2		服务规范与操作规程			
3.2.1		特色餐饮			
	1	休闲农业餐饮服务标准		行业标准	待立项
3.2.2		特色住宿			
	1	休闲农业客房服务标准		行业标准	待立项
	2	农家乐住宿服务质量评定标准		行业标准	待立项
3.2.3		交通服务			
	1	休闲农业场站交通导引服务规范		行业标准	待立项
3.2.4		农事体验活动			
	1	经营性农事体验活动安全导引服务规范		行业标准	待立项
3.2.5		观光采摘活动			
	1	休闲农业采摘园建设规范		行业标准	待立项
3.2.6		民俗节庆活动			
	1	休闲农业演艺场所服务规范		行业标准	待立项

代码	序号	标准名称	标准代号或编号	标准层级	制修订状态
3.2.7		农业科技展示			
	1	休闲农业科技示范服务规范		行业标准	待立项
3.2.8		休闲商品生产经营			
	1	休闲农业特色纪念品经营规范		行业标准	待立项
	2	休闲农业购物场所设施与服务规范		国家标准	待立项
3.3		示范创建			
3.3.1		示范村			
	1	全国休闲农业示范村创建规范		行业标准	待立项
3.3.2		示范点			
	1	全国休闲农业示范点创建规范		行业标准	待立项
	2	休闲农业星级示范企业(园区)认定标准		行业标准	待立项
3.3.3		示范县			
	1	全国休闲农业示范县创建规范		行业标准	待立项

休闲农业标准的制定是一个循序渐进的过程,尤其是休闲农业作为一种新型产业,国内外尚未有更多的经验可以借鉴。所以,待立项的标准将随着产业的发展、行业的进步而不断完善和产生。

4.各类标准统计表

在标准明细表的基础上,经过统计得到各类标准的统计表。北京休闲农业该标准体系共包括各类标准59项,其中已有标准23项,需要制定的标准为36项。

第六节　北京休闲农业发展趋势

一、开发模式产业化

随着城乡居民收入水平的不断提高,消费水平必将随之提升。未来休闲农业的消费结构无疑会更加丰富。因此,休闲农业必须以科技为依托,形成以现代加工业为主体,集农业生产、加工、销售于一体的企业联合集团和龙头产业,才可以拥有更加旺盛的生命力和更加广阔的市场。目前各地休闲农业正在朝着产业化的方向发展,行业集中度逐步提高,集团化趋势日渐凸现。大规模的企业或企业集团的出现,反映了休闲农业产业化、规模化和集团化的发展趋势。

二、产品生产特色化

地方性和乡村性是休闲农业的吸引力所在,特色是否鲜明关系到休闲农业能否吸引游客。如何深入挖掘地方潜能、突出当地特色是休闲农业可持续发展的关键。当前,休闲农业经营雷同化、低度化倾向严重,休闲方式单调,缺乏精神需求和氛围,容易让消费者产生疲劳,难以持续经营。今后休闲农业发展要从质量上下工夫,深入挖掘乡村旅游资源和环境的文化内涵,避免在大范围内出现同质化倾向,并向更高层次推进产业发展,才能够使休闲农业具有很强的竞争力和旺盛的生命力。

三、建设环境生态化

良好的自然生态环境是一切旅游开发的根本,休闲农业更是依托于自然。所以,休闲农业的可持续发展必须生态化,要坚持"保护第一,开发第二"的原则。休闲农业项目的开发应与城市郊区和乡村良好的生态环境相协调,从城乡统筹和区域统筹的高度出发,避免破坏整体氛围和美感。

四、收入渠道多元化

如果经营者的收入来源渠道单一,必然产生旺季时车水马龙、淡季时门庭冷落的局面,不仅影响经营者的经济效益,而且会导致恶性竞争,导致休闲农业项目开发的短期行为。未来休闲农业的可持续发展,必须要以多种经营开辟多条收入渠道,如通过"农家乐"季节性特色项目、旅游服务、生产旅游纪念品、直销农副产品、花卉苗木经营等方式来扩大旅游收入来源,这样,有利于农村经济、农业经济与旅游经济的协调发展,减轻农村经济因旅游和农业生产的季节性而产生的过大波动。

五、形象提升品牌化

休闲农业做大做强,必须突破急功近利和"小而全"的经营模式。未来有资源特色、有经营实力的休闲农业企业或个体经营将依靠品牌延续、扩大经营,并将围绕知名品牌的特许经营形式形成连锁经营格局。各级政府应进一步运用行政手段,整合优势资源,搭建发展平台,将休闲农业作为一个区域品牌进行包装和市场化运作,不断提高休闲农业的知名度和美誉度,打造一批有影响的休闲农业知名品牌和节庆活动,提升产业影响力,引领休闲消费热点的形成,提高北京市休闲农业发展水平和经济社会效益。

六、经营管理科学化

科学论证与合理规划是实现可持续休闲农业的必要条件。对于休闲农业项目的经营者而言,在项目开发过程中要科学化,抉择之前一定要在对当地旅游资源、客源市场、地理位置等进行充分有效地评估、定位和市场研究分析之后再确定是否能够开发、如何开发,并在日常经营中不断提高管理和经营水平,提高服务意识,多在经营手段和活动内容上下工夫。对于政府而言,在规划的过程中更要注重科学化,以点带面,因地制宜,扬长避短,逐步推开。同时,要加大投入,改善软、硬环境,鼓励休闲农业向高品位、高档次发展,并建立休闲农业项目的评价体系。

七、休闲市场国际化

当前,国内休闲农业的游客主要集中于邻近城市,由于大多数园区不具备一定的规模档次和品牌感召力,难以招徕、接待国际游客。事实上,境外游客对我国农村的山水风光、文物古迹和民俗风情非常感兴趣,很多国际旅游者都有强烈的与当地人交往、了解当地农村的文化和生活方式的意愿。而休闲农业作为一种特殊的乡村旅游产品恰好符合境外旅游者这一需求愿望,尤其是景区型和民俗特色鲜明的休闲农业项目最具潜力。因此,休闲农业也应该朝着开拓国际市场的方向发展。

第十四章　会展农业

"会展农业"是都市型现代农业的一种创新形式,是现代农业发展的高端形态。近年来,以农业会议、农业展览会、农业博览会、农业展销会以及农业节庆等多种形式展现的会展农业在北京蓬勃发展,起到了较好的高端引领作用,有利于推动农村产业战略调整,提升农业的科技创新,提高北京农业的世界影响力。未来北京市会展农业的发展将依据全市"一平台·一嘉年华·四主体·六支柱·十二培育带"的纵向布局和区县的"板块·节庆·展示产业带"的横向布局予以规划,凸显国际化和品牌化,聚力多种农业形态活力,实现多产业融合,推动区域经济发展,辐射带动全国农业的发展。

第一节　会展农业概述

一、概念与内涵

"会展农业"是都市型现代农业的一种创新形式,它以拓展农业多功能为导向,以农事、农俗、农产品为载体,以会议、展览、展销、节庆等活动为表征,以科技、通信、交通设施等为支撑,是融合了旅游、文化、餐饮、服务、物流等多种业态的都市型现代农业高端形态。会展农业是在产业经济学、会展经济学和体验经济学等理论基础上,在北京建设世界城市、打造会展之都和发展都市型农业的实践基础上提出的崭新概念(如图14-1)。它是会展业和农业及相关产业发展到一定阶段的必然产物,是会展业与都市型现代农业及相关产业的有机结合。作为一种创新型产业形态,它既能带来可观的经济效益,又能带来广泛的社会效益和生态效益。

二、构成要素

从图14-1来看,会展农业的构成要素主要包括其主体、客体、平台和支持体系四方面。

一是会展农业的主体,即政府、行业协会、办展和参展企业、生产龙头企业和农户。

二是会展农业的客体,即农业优势产业和特色农产品、农业生产资料和技术、农业信息和人才。

三是会展农业的平台,包括两个层次:首先,本体层次,即农业会议、农业展览会、农业博览会、农业展销会、农业交易会、农业洽谈会,以及与农业有关的节庆活动、体育赛事和奖励旅游等;其次,衍生体层次,即休闲农业、设施农业、创意农业、循环农业和沟域经济等多种农业形态,这一层次是随着都市型现代农业的不断发展而派生出来的,是会展农业本体层次的有机扩展和补充。

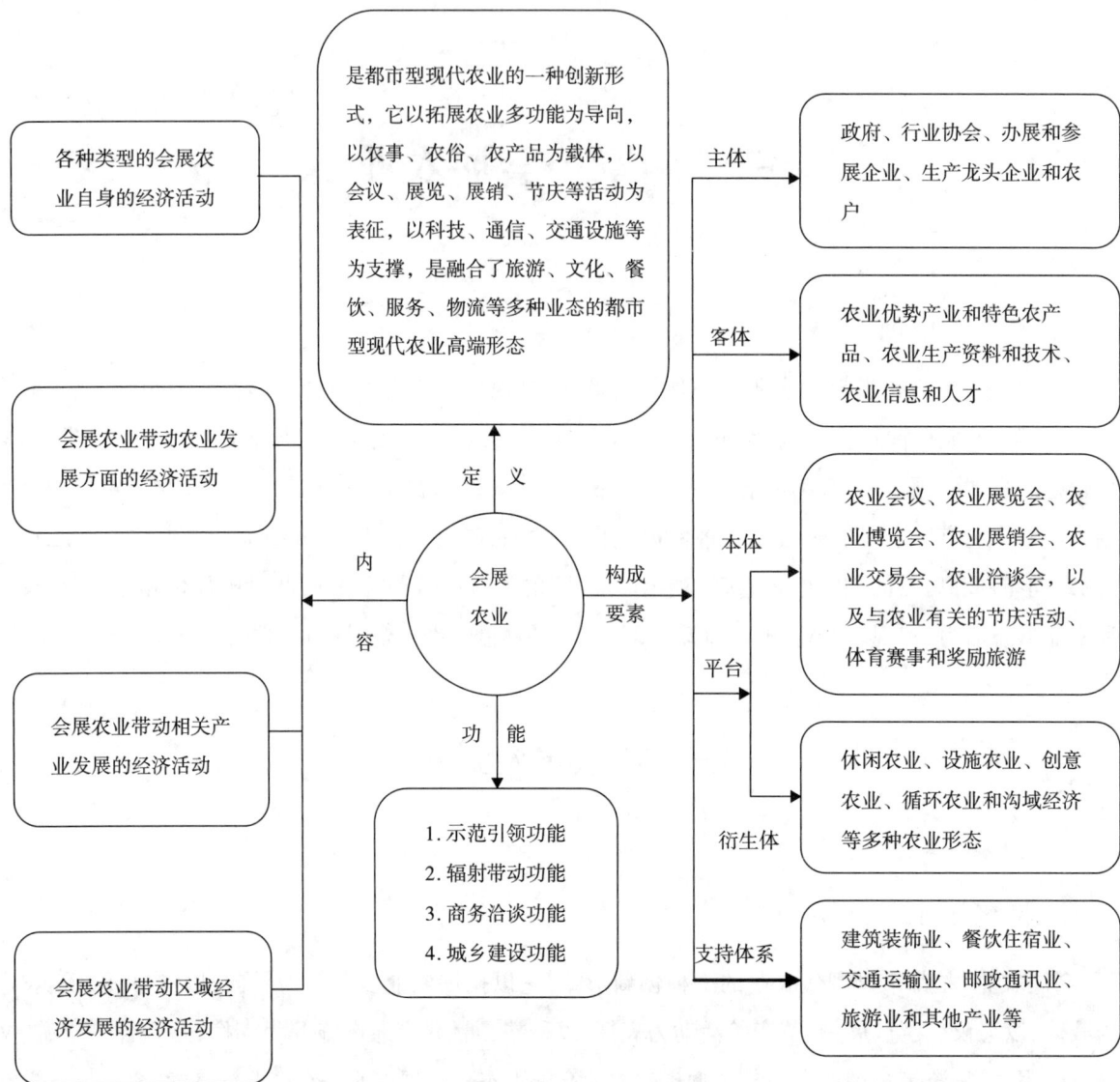

图 14-1　会展农业诠释图

四是会展农业的支持体系,包括为会展农业的发展提供支持的建筑装饰业、餐饮住宿业、交通运输业、邮政通讯业、旅游业和其他产业等。

三、内容

从图 14-1 来看,会展农业的内容主要体现于四方面:

第一,各种类型的会展农业自身的经济活动,即会展组织者、会展参加者、会展服务商等为了会展农业的举办产生的各种经济关系,包括参与主体之间的费用支付、各类会展企业的工资、利润和税收等。

第二,各种类型的会展农业在带动农业发展方面的经济活动。"会展搭台,经贸唱戏"是世界各地常用的形式。通过举办各种类型的会展农业,能够增加商贸机会,提高农民和农资企业的收入;能够高效快捷地传递农业信息,增加地区招商引资的机会;能够调节市场供求和资源优化配置,推动农业市场化的发展;能够促进农业产业化和国际化的发展,提升农业现代化水平。

第三,会展农业带动相关产业发展的经济活动。会展农业在促进农业发展的同时,还能带动旅游、餐饮、物流等产业的发展,从而形成一个相互促进、良性互动的经济发展格局。

第四,会展农业带动区域经济发展的经济活动。会展农业的发展,一方面,能有效促进区域资源的优化配置,推进区域产业结构优化升级,进而推进区域经济发展;另一方面,可以进一步增强区域作为贸易中心、服务中心、信息中心、金融中心、科技中心等诸方面的功能,进而从整体上完善区域功能,提升整个区域的吸纳和辐射能力。

四、功能

会展农业的发展,首先能够集中展览示范农业新技术、新品种和新产品,有效展示农业发展成果,具有示范引领功能;其次会展农业能够带动旅游朝阳产业的蓬勃发展,提高农业的生活与生态价值,具有辐射带动作用;再次会展农业能够帮助企业扩大商务交流,具有商务洽谈功能;最后通过会展农业的发展,能够改善区域经济发展的总体布局,促进城乡基础设施的建设。

(一)示范引领功能

会展农业使人们聚焦农业,欣赏农业,提升农业的高价值和深内涵。通过展览示范农业新技术、新品种和新产品,不仅可以树立农业企业形象、推广农业企业产品,更可以展示农业发展成果、弘扬农业文化艺术、导航农业发展趋向。

(二)辐射带动功能

据专家估算,会展农业具有1∶10的带动效应,它不仅能够带动旅游朝阳产业的蓬勃发展,提高农业的生活与生态价值,更能形成一种良性循环,实现第一、第二、第三次产业的有机融合,实现产业与产值的高附加与高产出。

(三)商务洽谈功能

作为商贸活动的一个重要平台,会展农业能够帮助企业扩大商务交流,开阔视野拓展商机;能够促使企业直接面对客户,畅通渠道开拓市场;能够促进企业直接订货,节省成本提高时效。

(四)城乡建设功能

会展农业是一项系统工程,通过会展农业的发展,能够改善区域经济发展的总体布局,促进城乡基础设施的建设,推动自然资源和环境资源的合理利用,带动城乡经济的发展。

第二节　北京会展农业作用

北京作为国际化的大都市,在世界经济全球化的今天,其迈向世界城市的步伐逐步加快。打造会展之都,有利于提高北京在世界城市体系中的地位和作用;会展农业是都市型现代农业的一种创新,是现代农业发展的高端形态,有利于推动都市型现代农业的新发展;会展农业有利于提高北京都市型现代农业生产的组织化程度,通过现代农业科技城等产业集群形式,实现千家万户的小农生产与千变万化的大市场的有效对接,进而促进农民增收,提升农业的科技水平,提高北京农业的世界影响力。

一、加快国际化大都市建设

北京作为国际化的大都市,在世界经济全球化的今天,其迈向世界城市的步伐逐步加快。"十一五"期间,北京市委市政府提出要"以建设世界城市为努力目标,不断提高北京在世界城市体系中的地位和作用",以及"到2010年,将北京建成亚洲主要会展城市之一"。同时,2010年8月,习近平同志在北京调研时进一步要求,要努力将北京打造成"五都"。经过这几年的发展,北京会展设施不断完善,会议展览活动显著增加,会展经济规模不断扩大,国际会展之都的雏形已初步形成。2010年在国际大会及会议协会(ICCA)公布的国际会议目的地城市最新排名中,北京是中国唯一入选前10名的城市,并有21个大型国际展览通过国际展览联盟认证。另一方面,随着都市型现代农业的发展,作为其新型实现形式的会展农业在北京同步应运而生,伴随着2012年第7届世界草莓大会和第18届国际食用菌大会,以及2014年第75届世界种子大会和第11届世界葡萄大会等在北京各区县的落户,北京成为国外农业进入中国橱窗的地位逐步稳定。会展农业如何有效有序发展已被提上北京建设和发展的重要日程。

二、创新都市型现代农业业态

从实际发展来看,会展农业符合都市型现代农业的发展方向,是都市型现代农业的一种创新,是现代农业发展的高端形态。就北京农业而言,其外埠采购特征突出,产业融合趋向明显,生态高端需求强劲,是典型的都市型现代农业。随着城市功能的不断拓展,北京农业的生产方式更加园艺化、设施化、基地化,农业的生产、生活、生态功能日益凸显,特别是大量农产品依靠外埠采购,为会展农业的发展带来巨大契机。近年来,以农业会议、农业展览会、农业博览会、农业展销会以及农业节庆等多种形式展现的会展农业在北京蓬勃发展,起到了较好的高端引领作用。"十二五"时期,作为一种新型产业业态的会展农业如何整合资源、探寻路径、健康发展,已成为新时期都市型现代化农业发展进程中的重要课题。

三、推动产业结构调整

通过会展农业的发展,可以提升现代农业的产业化水平,国际上一般认为,会展业的产业带动效应为1:9,具体到会展农业而言,凭借其较高的产业关联度和较大的乘数效应,将产生显著的产业促进作用。它不仅有利于促进如制造业、建筑业以及与会展有关的新技术、新材料和新产品的研发等第二产业的发展,而且也有利于带动如物流业、交通运输业、乡村旅游业、餐饮业、旅店业、通信业、金融保险业、广告业、印刷业等第三产业的发展。以北京会展农业带动京郊乡村旅游为例,2009年,顺义区仅花博会接待观众180万人次,同比增长37.5%,实现旅游收入15.86亿元,同比增长24.8%;2011年仅上半年,大兴区在"桑葚节、西瓜节、梨花节"三节带动下接待人次达到49.4万人次,比上年同期增加4.7万人,同比增长10.6%,108个观光园总收入实现3009.2万元,比上年同期增加158.7万元,同比增长5.6%。这充分发挥了会展农业经济拉动、产业融合和结构升级的功效。

四、促进农业科技创新

2012年,中央一号文件明确提出"实现农业持续稳定发展、长期确保农产品有效供给,根本出路在科技"。在会展农业的发展过程中,一方面能够集中地展现出农业方面的最新科技成果,促进生产者、消费者、科研人员和管理人员的良好互动交流,推进科技创新;另一方面,通过现代农业科技城等产业集群形式,能够较好地起到引领示范和带动作用。如正在北京建设的国家农业现代科技城,不仅包括"农业科技网络服务中心"、"农业科技金融服务中心"、"农业科技创新产业促进中心"、"良种创制与种业交易中心"和"农业科技国际合作交流中心"五个中心,而且还将建设若干特色园区,以打造国家层面的高端农业服务平台,实现"以现代服务业引领现代农业、以要素聚集武装现代农业、以信息化融合提升现代农业、以产业链创业促进现代农业",这对于推进北京乃至全国的农业科技创新将起到良好的示范和带动作用。

五、带动农民增收致富

"小农户与大市场"的矛盾一直是我国农业发展过程中的现实性瓶颈之一。实践证明,通过会展农业的发展,以一批龙头企业的带动、一片示范基地的建立、一带农业长廊的打造等多种集成形式,可以突破传统农业发展在资源和市场的双重约束下产业的结构性矛盾和农民增收的困难,能有效提高北京都市型现代农业生产的组织化程度,实现千家万户的小农生产与千变万化的大市场的有效对接,进而促进农民增收。如北京市通州区以2012年世界食用菌大会为契机,全区建立食用菌科技示范户100个,带动该地区的食用菌产业发展。又如北京市昌平区以2012年世界草莓大会为契机,大力发展草莓产业,草莓产值从2008年的2000多万元迅速增长到2011年的1.8亿元,2012年突破2.5亿元,带动全区3500多户农民增收致富。

六、提升国际影响力

在建设世界城市和打造国际会展之都的目标之下,北京会展农业的发展不仅定位于推动国内农业发展的层次上,而且着眼于与国际农业发展的潮流接轨。通过北京这一会展农业橱窗的建设,展示国内外现代农业发展的精彩成果,汇集国内外现代农业技术的动态前沿,有利于让世界了解中国农业,让中国了解世界农业,同时导航国际农业发展趋势,提升北京农业的世界影响力。据统计,2012年,北京将共举办涉农会展70个,其中国际性的53个,所占比重为75.71%。以第7届世界草莓大会为例,本次大会是首次在亚洲国家举办,广泛邀请了美国、西班牙、加拿大等全球66个国家和地区的1000多名代表参加学术研讨,以及200余家国内外企业参展,汇聚全球顶级草莓专家,涵盖所有草莓主产国家和地区。此外,在这次大会上,北京小汤山现代农业科技园大棚种植的甲壳素草莓还获得金奖,这亦是北京草莓首次获得世界级大奖。北京农业通过昌平草莓这张靓丽名片又向世界迈进了一大步。

第三节　北京会展农业模式

经过几年的发展,北京会展设施不断完善,会议展览活动显著增加,会展经济规模不断扩大,国际会展之都的雏形已初步形成,并探索出了四种发展模式:一是通过产学研相结合,利用学术会议平台建立的学术会议拓展型发展模式;二是通过农业展览会、农业博览会、农业展销会、农业交易会或农业洽谈会等多种展会形式开展的展会主导型发展模式;三是利用自然生态、田园景观、环境资源和农事、农俗,通过果蔬采摘节庆、休闲娱乐节庆以及民俗文化节庆等,将农林渔牧生产、农业经营活动与旅游度假相结合的节庆驱动型发展模式;四是依托休闲农业、设施农业、创意农业、循环农业和沟域经济等多种农业形态,通过龙头企业的带动、示范基地的建立、农业长廊的打造和试点活动的展开等集成辐射型发展模式。

一、学术会议拓展型

从表14-1可以看出,目前北京已形成的学术会议拓展型发展模式是指在申请到由国际园艺科学学会和国际蘑菇科学学会等国际学术型组织主办的相关学术会议的举办权的基础上,将这些国际知名会议拓展为展会,并以此为契机,进行新的产业规划和布局,发展特色农产品,扩大农业影响力,促进经济发展。其典型代表主要包括密云板栗会展农业、昌平草莓会展农业、通州食用菌会展农业以及延庆葡萄会展农业等。这一类型是北京地区特有的,是亮点,是一种创新,它通过产学研相结合,利用学术会议平台,通过"无中生有"以实现"四两拨千斤"的功效,即兴业富民,发展产业,培养消费者,富裕农民。

表14-1 北京学术会议拓展型会展农业主办及申办概况一览表

特色产品	举办时间	举办地点	学术会议		拓展型大会		
			名称	主办方	名称	主办方	承办方
板栗	2008年9月24日—28日	密云	第4届国际板栗学术会	国际园艺科学学会(ISHS)	2008年中国密云国际板栗文化节	中国园艺学会、中国林业产业协会、北京市农村工作委员会、北京市园林绿化局、密云县人民政府、北京农学院、国家林业局林产工业规划设计院	密云县农村工作委员会、密云县林业局
草莓	2012年2月18日—22日	昌平	第7届世界草莓大会	国际园艺科学学会(ISHS)	2012年第7届世界草莓大会	国际园艺学会、农业部、北京市人民政府、中国工程院、中国园艺学会	北京市昌平区人民政府、北京市农林科学院、中国工程院农业学部、中国园艺学会草莓分会
食用菌	2012年8月26日—30日	通州	第18届国际食用菌大会	国际蘑菇科学学会(ISMS)	2012年第18届国际食用菌大会	中国农业科学院、中国食用菌协会、中国食品土畜进出口商会	中国农业科学院农业资源与农业区划研究所、北京市通州区政府
葡萄	2014年7月28日至8月8日	延庆	第11届世界葡萄大会	国际园艺科学学会(ISHS)	2014年第11届世界葡萄大会	国际园艺学会中国农业部、中国科学院、北京市人民政府	中科院植物研究所、北京市园林绿化局、北京市延庆县人民政府

资料来源:根据北京市农委相关资料整理。

由于该发展模式所借助的学术性会议这一平台具有一定非盈利性的特点,因此该模式在发展初期,需要政府对申请和筹办会议的整个过程给予政策与资金方面的大力支持。这种发展模式主要适用于具有一定产业发展基础且当地政府支持力度较大的区域。

二、展会主导型

展会主导型发展模式主要指通过农业展览会、农业博览会、农业展销会、农业交易会或农业洽谈会等多种展会形式,促进商务洽谈,带动商品交易,树立农业形象,示范最新技术,优化产业布局,进而促进都市型现代农业和地区发展。此类模式的展会,每年数量比较多,展会类别覆盖面比较广,举办时间和地点相对比较固定,其中尤以在丰台举办的北京种子大会、在顺义举办的中国花卉博览会和在全国农业展览馆举办的中国国际农产品交易会为典型代表。

该类发展模式主要适用于具有一定规模的场馆基础设施,且区位优势明显、交通较便利的区域。

三、节庆驱动型

节庆驱动型发展模式主要指的是利用自然生态、田园景观、环境资源和农事、农俗等,通过果蔬采摘节庆、休闲娱乐节庆以及民俗文化节庆等,将农林渔牧生产、农业经营活动与旅游度假相结合,在提供民众休闲的同时,达到延长农业产业链,带动农村运输、餐饮、住宿、商业及其他服务业发展的目的。如平谷区依托拥有十多年历史的"平谷国际桃花节",打造以音乐展示、音乐制造、音乐演艺、音乐观光等为主体的"中国乐谷";大兴区通过举办西瓜节,促进了乡村旅游的发展;房山区在近年"十一"黄金周期间推出张坊金秋采摘节、上方山红叶节等十几项金秋采摘活动,驱动了当地经济提升;怀柔区琉璃庙镇以杨树底下村为核心区域,围绕正月十五"元宵节"和正月十六"敛巧饭"活动,举办为期4天的节庆活动,并于2008年6月成功入选国家级非物质文化遗产名录等。

该发展模式主要适用于拥有一定自然风光,果园基础设施较好或民俗文化、旅游具有一定基础的区域。

四、集成辐射型

依据会展农业构成要素中其平台的衍生体层次,集成辐射型发展模式主要指的是依托休闲农业、设施农业、创意农业、循环农业和沟域经济等多种农业形态,通过以一批龙头企业的带动、一片示范基地的建立、一带农业长廊的打造和一批试点活动的展开等多种集成形式,示范、推广和普及现代农业科学技术和现代农业先进理念,充分发挥会展农业的高端引领功能,带动和辐射其他区域和地区农业的发展。如正在北京建立和发展的国家农业现代科技城、全国农产品加工示范企业、全国农村科普示范基地、国家级农业标准化示范区、沟域经济以及"农民学艺活动"等,通过这些龙头形式带动、辐射整个北京及全国其他地区农业的发展。

该模式主要适用于具有良好的现代农业科技资源,农业发展较快,整体经济水平相对较高的区域。

第四节　北京会展农业的发展思路

按照《北京市"十二五"时期会展业发展规划》以及首都城市的"四区功能定位"和都市型现代农业的"五圈布局"规定,北京市政府在发展会展农业中坚持高端、融合、开放、惠民和可持续原则,以推动都市型现代农业与会展业的有机融合,总体实现北京会展农业的高端化、规模化、品牌化和国际化为总体思路,实现"一平台·一嘉年华·四主体·六支柱·十二培育带"的纵向布局和各区县"板块·节庆·展示产业带"的横向布局充分整合各类会展资源,大力提升会展农业规模,努力把会展农业打造成为北京都市型现代农业的主导产业。

一、指导思想

以科学发展观为指导,紧紧围绕建设"中国特色世界城市"和实施"人文北京、科技北京、绿色北京"

战略,遵循《北京市国民经济和社会发展第十二个五年规划纲要》、《北京市城市总体规划(2004—2020年)》、《北京市十一个新城区规划(2005—2020年)》和《北京市"十二五"时期会展业发展规划》以及首都城市的"四区功能定位"和都市型现代农业的"五圈布局",坚持政府推动、市场主导,本着"稳步推进、规范发展、部门合力、产业融合"的思路,不断创新农业运行机制,加快转变农业发展方式,充分整合各类会展资源,大力提升会展农业规模,努力把会展农业打造成为北京都市型现代农业的主导产业。

二、基本原则

(一)高端原则

按照高端、高效、高辐射的要求,合理布局和规划,推动会展农业高层次、高质量和高价值发展,以充分发挥其资源整合、经济辐射、产业联动和就业带动等方面的促进作用,促使传统农业向现代农业优化升级,实现经济、社会和生态效应有机融合。

(二)融合原则

科学谋划会展农业产业布局,通过布局调整促进会展农业要素跨城乡、跨区域流动及资源合理配置使用,积极推动城乡、区域经济互动,充分融合籽种农业、休闲农业、循环农业、设施农业和沟域经济等多种农业形态,有效推动会展农业与旅游业、餐饮业和加工业等相互融合,大力拓展农业的生产、观赏、休闲和展示等多种功能。

(三)开放原则

着眼于世界农业未来发展趋势,实现会展农业的资源开放和市场开放,在积极培育和发展具有本地域优势的特色主导会展农业的同时,广泛吸引国内外高端涉农会展入驻北京,借鉴国际经验,创新发展模式,加快北京会展农业的国际化发展。

(四)惠民原则

在布局规划中,将农业生产、农业经营与乡村旅游等统筹考虑,改善和提升周边环境,带动农村运输、餐饮、住宿、商业发展,满足人们休闲旅游需求,增加农民收入,提升城乡居民幸福指数,提高会展农业水平。

(五)可持续原则

会展农业产业的规模结构和布局,要充分依据城市发展总体规划、产业发展规划和土地利用规划,落实严格的耕地保护制度,坚持依法、科学布局。要按照科学发展观的要求,大力发展资源节约型和环境友好型的循环经济,在深度开发会展农业综合功能的同时,切实做好会展农业资源尤其是会展场馆设施的可持续利用,实现会展农业的良性发展。

三、总体思路

通过"十二五"期间的努力,将北京建设成为具有国际影响力的"会展农业高地",指引北京都市型现代农业发展方向,转变北京农业发展方式,提升北京农业科技自主创新能力,促进国际农业高端技术合作交流,提高北京农业综合效益,带动农民增收致富,推动都市型现代农业与会展业的有机融合,总体实现北京会展农业的高端化、规模化、品牌化和国际化。

四、发展布局

在上述指导思想、基本原则和总体思路的基础上,依据会展农业的内涵及相关理论,根据北京现有会展农业资源和区县会展农业产业发展评价的实际情况,借鉴国外世界城市会展农业发展的先进经验,按照全市"一平台·一嘉年华·四主体·六支柱·十二培育带"的纵向布局和区县的"板块·节庆·展示产业带"的横向布局予以规划。

(一)北京市"一平台·一嘉年华·四主体·六支柱·十二培育带"的纵向布局

结合北京都市型现代农业产业发展布局和前述对北京会展农业产业发展的阶段评价,以产业集聚和业态创新发展为目标,打造北京"一平台·一嘉年华·四主体·六支柱·十二培育带"的纵深会展农业发展布局。

1.一平台:会展农业政策支撑平台

会展农业政策支撑平台主要以培育、发展和推进会展农业为目标,实现首都会展农业所需的人、财、物的协调和集聚,为打造"会展农业高地"提供政策支持。其内容主要包括:建立北京会展农业专门组织领导机构;制定北京会展农业发展规划;筹建会展农业发展专项财政资金;制定会展农业展示基地、设施场馆建设及土地使用等政策;组建会展农业产业专业人才培训体系等。

2.一嘉年华:北京会展农业国际嘉年华活动周

指以北京都市型农业为基础,由政府搭建平台,在嘉年华周内集中展示北京都市型现代农业成果并宣传世界各地名、特、优农产品,同时结合一些传统农业节庆和习俗,通过多种文化娱乐形式,力求打造一个突出农业主题,实现农业的展、娱、演、商、学、研全方位扩展,体现农业的生产、生态、休闲、教育、示范等多功能于一体,每年定期举办的活动形式。

3.四主体:政府、协会、企业和农户

会展农业的主体主要包括政府、行业协会、办展和参展企业及生产龙头企业、农户。这四类主体是会展农业健康持续发展的组织、管理和运营保证。在会展农业发展的培育期,将由政府起主导作用,在会展农业进入发展阶段特别是成熟阶段后,将逐步转向由行业协会等中间组织主导,带动企业和农户积极参与,政府的功能则将转变成服务和引导,从而最终将会展农业推向市场化运作的方向。

4.六支柱:六大会展农业产业

北京会展农业在"十一五"期间得到了蓬勃发展,目前已形成草莓、籽种、食用菌、花卉、西瓜和葡萄六大支柱会展农业。它们已进入会展农业的成熟阶段,并将成为北京"十二五"期间会展农业发展的重要抓手(见图14-2)。

(1)草莓会展业:以昌平草莓产业和世界草莓大会会展设施为基地,辐射门头沟、平谷的草莓会展产业带。

(2)籽种会展业:以丰台、顺义籽种产业和世界种子大会会展设施与国际种业交流中心为展示基地,辐射朝阳、海淀的籽种会展产业带。

(3)食用菌会展业:以通州食用菌产业和世界食用菌大会会展设施为基地,辐射房山、海淀的食用菌会展产业带。

(4)花卉会展业:以顺义花卉产业为核心,以第7届中国花卉博览会会展设施、北京国际鲜花港为基地,以中关村科技园区为中心的花卉高科技科研区为支撑,辐射大兴区苗圃等为主的中高档盆花、切花生产区,通州区宋庄等为主的花坛花卉和花灌木生产区、丰台区花乡等为主的高档盆花和花坛花卉生产区,顺义、朝阳等区县为主的观光花卉生产区、海淀区等为主的园林绿化苗木和花卉生产区、延庆、怀柔和密云等区县为主的花卉种球生产及盆花生产区的花卉会展产业带。

(5)西瓜会展业:以大兴西瓜产业为核心,以中国西瓜博物馆等场馆设施为基地,辐射通州和顺义等区县的西瓜会展产业带。

(6)葡萄会展业:以延庆葡萄产业为核心,以世界葡萄大会会展设施为基地,辐射大兴、通州、密云和顺义的葡萄会展产业带。

5.十二培育带:十二会展农业产业培育带(见图14-3)

图 14-2　六大会展农业产业

(1)苹果会展产业培育带:以昌平为中心,辐射门头沟、延庆、密云、平谷,打造京西北山前暖区苹果会展产业培育带。

(2)虹鳟鱼会展产业培育带:以怀柔养殖示范基地和展示功能区为基础,整合周边会展场馆资源,辐射带动密云、延庆、平谷、房山和门头沟,打造山区鲑鳟鱼、鲟鱼、虹鳟鱼等渔业会展培育带。

(3)大桃会展产业培育带:以平谷为核心,辐射大兴、昌平、房山、通州,打造平原、丘陵大桃会展产业培育带。

(4)蜜蜂会展产业培育带:以密云为核心,辐射昌平、延庆,打造蜂业会展培育带。

(5)樱桃会展产业培育带:以通州和门头沟为核心,辐射昌平、海淀等区县,打造樱桃会展产业培育带。

(6)西洋参会展产业培育带:以怀柔为核心,打造西洋参会展产业培育带。

(7)梨会展产业培育带:以大兴为核心,辐射顺义、房山、通州,打造"三河"沙地梨会展产业培育带。

(8)板栗会展产业培育带:以怀柔、密云为主,辐射昌平、延庆、平谷,打造百里燕山板栗会展产业培育带。

图 14-3　十二大会展农业产业培育带

(9)核桃会展产业培育带:以平谷为核心,辐射门头沟、房山,打造浅山沟谷核桃会展产业培育带。

(10)柿子会展产业培育带:以房山为核心,辐射昌平、平谷,打造丘陵黄土区柿子会展产业培育带。

(11)甘薯会展产业培育带:以大兴为核心,辐射延庆,打造甘薯会展产业培育带。

(12)大枣会展产业培育带:以丰台为核心,辐射怀柔,打造大枣会展产业培育带。

总之,以上"一平台·一嘉年华·四主体·六支柱·十二培育带"的会展农业布局将依托北京农业特色,整合资源优势,通过大力引进和举办品牌农业展会和知名涉农国际会议等,使会展农业在北京以"一城多片"之态势实现区域布局和时间布局上的完美结合。

(二)各区县"板块·节庆·展示产业带"的横向布局

各区县会展农业的具体布局,将以各区县的特色农产品或特色农业为主线,从"板块·节庆·展示产业带"的架构来规划(详见表14-2)。

表 14-2　北京会展农业各区县规划一览表

区县	特色农产品、	规划格局	内涵
怀柔	虹鳟鱼、板栗、大枣、鸡和西洋参等	"一个板块,三大节庆,五大展示产业带"	怀柔雁栖湖产业聚集板块; 满族风情节、虹鳟鱼美食节、板栗采摘节; 渔业、板栗、大枣、鸡和西洋参五大特色农产品展示产业带

区县	特色农产品、	规划格局	内涵
密云	渔业、板栗、和蜂业等	"一个板块,三大节庆,三大展示产业带"。	密云龙湾水乡产业聚集板块; 鱼王美食节、农耕文化节和板栗采摘节; 渔业、板栗、和蜂业三大特色农产品展示产业带
顺义	鲜花、生猪、乡村文化等	"一个板块,三节一展一会,三大展示产业带"	潮白河产业聚集板块; 郁金香节、月季节、菊花节、迎春年宵花展和花博会; 京国际鲜花港花卉展示产业带、顺鑫生猪养殖、加工及配送展示产业带、乡村文化艺术体验带
平谷	桃、蛋种鸡、沟域经济等	"一个板块,四大节庆,两大产业展示带"	"穿越平谷生态走廊"板块; 国际桃花节、国际养生旅游文化节,金秋采摘观光节和国际冰雪节; 万亩桃园展示产业带、蛋种鸡繁育展示产业带、十八弯沟域经济展示产业带
通州	樱桃、梨、食用菌等	"一个板块,两节一会,四大展示产业带"	京东运河湿地板块; 通州樱桃文化节、宋庄梨文化节和第18届食用菌大会; 西集镇樱桃种植及采摘展示产业带、宋庄梨园采摘及艺术文化展示产业带、食用菌生产及展示产业带、国际种业科技园展示带
延庆	杏、豆腐、葡萄、沟域经济、创意农业、有机农业、生态农业等	"一个板块,四节一会,五大展示产业带"	城北中央温泉会展商务区板块; "妫水风情·十里花乡"旅游观光节、杏花节、金秋旅游节暨葡萄文化节、乡村旅游节暨柳沟豆腐文化节、2014年第11届世界葡萄大会; 北山葡萄酒庄展示产业带、百里山水画廊创意农业展示产业带、四季花海沟域经济展示产业带、有机农业发展展示产业带、野鸭湖湿地生态农业展示产业带
昌平	苹果、香椿、草莓等	"一个板块,两节一会,三大展示产业带"	小汤山会展商务区板块; 苹果文化节、香椿采摘节和2012年第7届世界草莓大会; 现代农业园区展示产业带、特色林果种植观光展示产业带、草莓种植及观光展示产业带
门头沟	红富士苹果、京白梨、蜜蜂、沟域经济等	"一个板块,四大节庆,两大展示产业带"	永定河绿色生态发展板块; 雁翅镇红富士苹果采摘文化节、军庄镇"京白梨"采摘节、斋堂镇法城村蜜蜂节和灵水举人文化节; 沟域经济发展展示产业带、特色农产品种植及观光展示产业带
丰台	大枣、籽种、花卉等	"一个板块,两节一会,四大展示产业带"	河西生态休闲会务聚集板块; 长辛店镇大枣采摘节、青龙湖龙舟赛和2014年世界种子大会; 庄户籽种展示基地、丰台花乡千亩高端花卉展示产业带、农业观光采摘及示范园展示带、新发地农产品现代贸易与物流科技园展示带
房山	磨盘柿、梨、沟域经济、葡萄酒庄等	"一个板块,三大节庆,三大展示产业带"	良乡会务休闲聚集板块; 张坊镇金秋采摘节、琉璃河镇梨花文化节和长阳音乐节; 山区沟域经济发展展示产业带、浅山区高端国际葡萄酒城展示产业带、平原区采摘及休闲农业展示产业带
大兴	葡萄、梨、西瓜、桑葚、民俗村等	"一个板块,五大节庆,两大展示产业带"	庞各庄精品及会务休闲聚集板块; 采育葡萄文化节、春华秋实、梨花节、西瓜节、安定桑葚文化节; 特色农产品观光示范展示产业带、农业文化展示产业带
海淀	小西瓜、樱桃、鲜杏、京西稻、循环经济、生态农业等	"一个板块,三节一季,三大展示产业带"	南部高端商务服务产业聚集板块; 小西瓜节、樱桃节、鲜杏节以及插秧季; 京西稻标准化示范展示产业带、西马坊区域循环经济展示产业带、西北部高端休闲生态农业展示产业带
朝阳	精品农业、循环经济、特种养殖等	"一个板块,三大节庆,五大展示产业带"	奥体商务会展功能区板块; 蟹岛螃蟹节、农耕节和国际啤酒节; 蟹岛循环经济展示产业带、京承高速都市型现代农业走廊展示产业带、特种养殖展示产业带、精品蔬菜加工配送展示产业带、京津冀一体协作轴展示产业带

1.密云县

密云县有"八山一水一分田"的称誉。北京城市总体规划将密云县确定为"首都生态涵养发展区、北京东部发展带上的重要节点,北京重要的水源保护地,国际交往的重要组成部分",今后要不断引导其"旅游度假和会议培训等功能"。会展农业在密云的发展,将伴随密云在"十二五"期间打造四个休闲度假区、九个特色镇和"两区、两带、一基地"的县区布局的基础上,以申办 2015 年国际养蜂大会为契机,形成"一个板块,三大节庆,三大展示产业带"(详见图 14-4)。

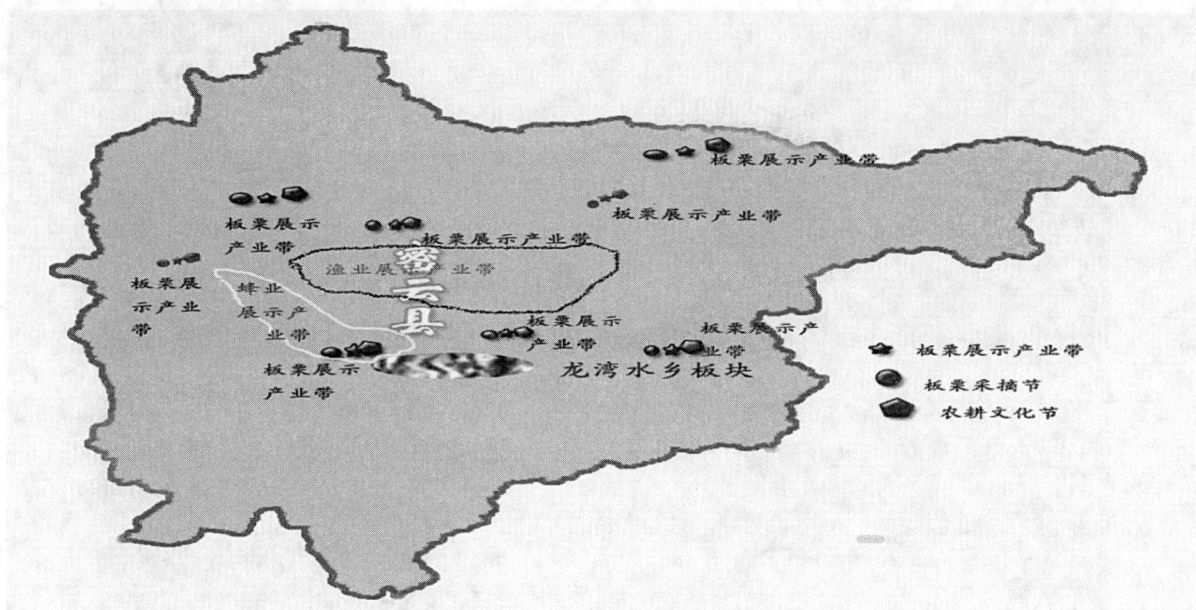

图 14-4　密云县会展农业发展规划

(1)"一个板块",即发展密云龙湾水乡产业聚集板块,依托龙湾水乡国际休闲旅游度假区项目,重点开发高端定制会议、企业年会等会议市场,打造以低碳、绿色、环保为主题,会议与观光、娱乐、度假、康疗、运动休闲等多业态融合发展的会议度假板块。

(2)"三大节庆",即鱼王美食节、农耕文化节和板栗采摘节。

(3)"三大展示产业带",即形成渔业、板栗和蜂业三大特色农产品展示产业带。

2.怀柔区

根据《北京城市总体规划(2004 年—2020 年)》的总体发展战略,地处首都生态涵养发展区的怀柔区承担着北京市生态涵养和促进城乡化发展的战略任务,据此,怀柔区的发展定位为"首都生态涵养发展区、都市型产业基地、生态宜居城市、会展交流中心、旅游休闲胜地、东部发展带重要节点和国际交往中心重要组成部分"。会展农业在怀柔的发展,将以产业融合为发展主线,以农业公园、都市型现代农业走廊和沟域经济发展为平台,以平原区、浅山区和深山区为发展区域,以鱼、板栗、大枣、鸡和西洋参等特色农产品为主导,形成"一个板块,三大节庆,五大展示产业带"的基本格局(详见图 14-5)。

3.顺义区

顺义区具有"绿色国际港"之称。依据《北京城市总体规划(2004—2020 年)》,顺义新城的特色定位为"滨水、生态、国际、活力、宜居"。会展农业在顺义的发展,将在各主导产业区的基础上,重点依托新国展、潮白河商务度假带、北京国际鲜花港、北京顺鑫农业股份有限公司(以下简称顺鑫农业)和沟域

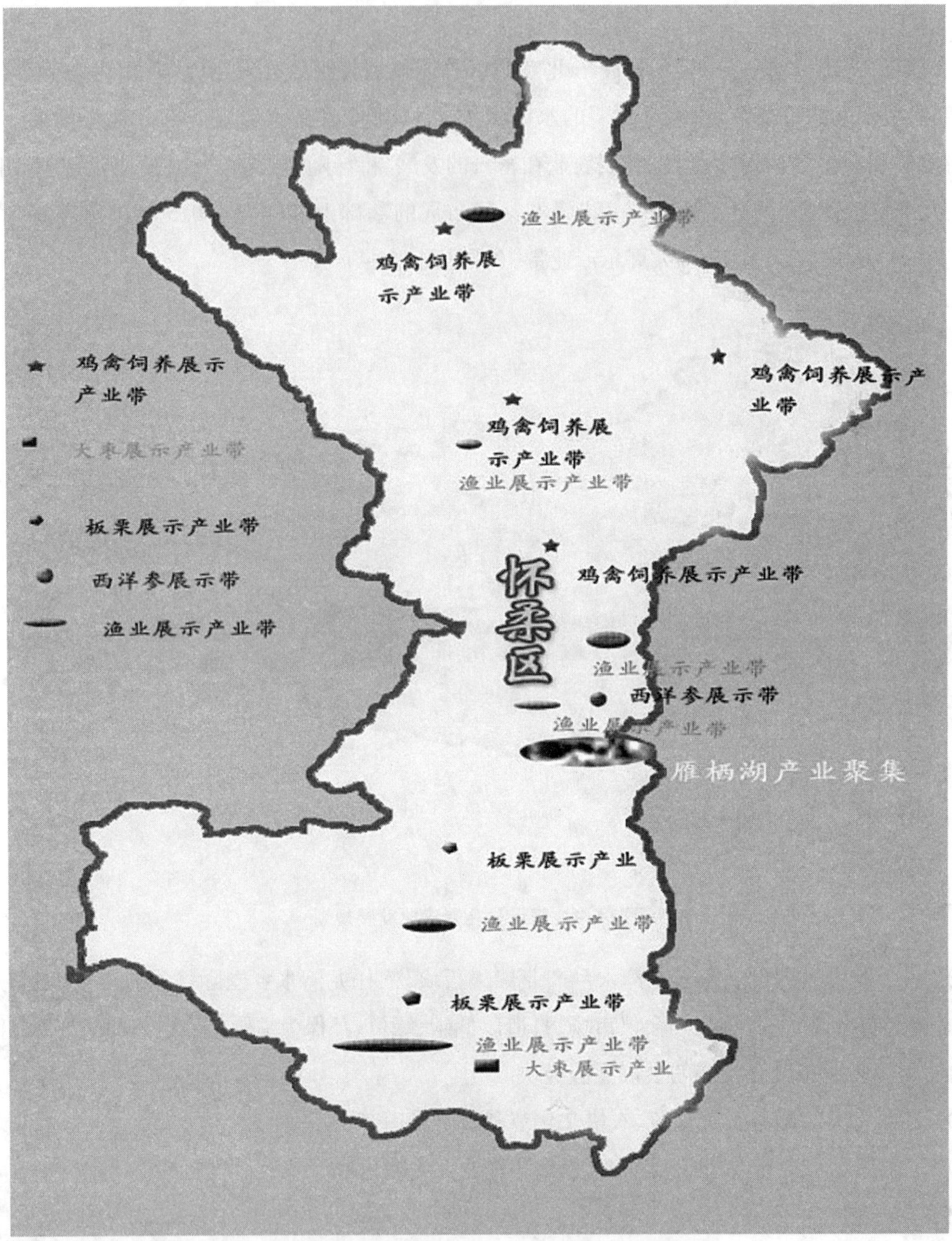

图 14-5　怀柔会展农业发展规划图

经济区形成"一个板块，三节一展一会，三大展示产业带"（详见图 14-6）。

（1）"一个板块"，即发展潮白河产业聚集板块，依托潮白河商务度假带，吸引颁奖会议、企业会议、经济论坛等商务会议，同时将其打造成为集体育健身、休闲娱乐、避暑、度假、会议等功能于一体的会展休闲旅游度假区。

（2）"三节一展一会"，即在北京国际鲜花港每年举办郁金香节、月季节、菊花节、迎春年宵花展和每三年举办一次自主品牌的花博会；按照高端化、规模化、品牌化和国际化思路，融合多产业发展，将顺义的服装节、樱桃采摘等与之融为一体，并加强国际合作。

（3）"三大展示产业带"，即形成北京国际鲜花港花卉展示产业带、顺鑫生猪养殖、加工及配送展示

图 14-6 顺义会展农业发展

产业带、乡村文化艺术体验带。

4.平谷区

依据《北京城市总体规划(2004—2020 年)》,平谷是"北京东部发展带的重要节点,是京津发展走廊上的重要通道之一",今后要着力引导其发展"物流、休闲度假等功能"。会展农业在平谷的发展,将在平谷的"1 区 3 化 5 谷"的基本定位基础上,主要依托正在打造的"穿越平谷生态走廊"而形成的一带一园七区,构造"一个板块,四大节庆,三大产业展示带"(详见图 14-7 和图 14-8)。

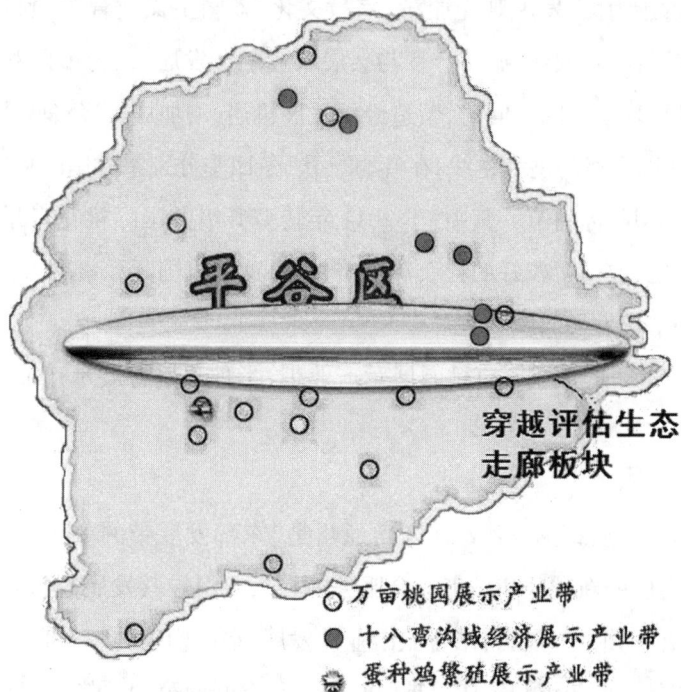

图 14-7 平谷会展农业发展规划图

图14-8 穿越平谷生态走廊示意图

（1）"一个板块"，即发展"穿越平谷生态走廊"板块，以平昌公路为轴，发展运动休闲、野外宿营、自驾车游项目等；以林地、果园为幅，发展观光休闲、果品采摘、农业知识普及等项目；以绿脉（河涌）为经，结合水系，深入乡村，发展民俗餐饮、水上运动等项目；以绿基（绿块）为点，发展野外宿营、休闲观光、乡村体验等项目；以历史古迹为面，发展观光旅游、宗教文化、爱国主义教育等项目。提供游憩、运动、健身、休闲、交流环境空间；将种养农业、旅游产业与会展农业融合发展，在为市民和游客提供一个理想的绿色游憩空间和休闲胜地环境空间的同时，营造经济发展机遇，增加居民经济收入，提高产业附加值。

（2）"四大节庆"，即以平谷的桃为主线，在春、夏、秋、冬四季分别举办国际桃花节、国际养生旅游文化节，金秋采摘观光节和国际冰雪节。其中，于2011年转型升级的国际桃花音乐节有力地打造了平谷产业聚集区和文化休闲区，取得了较好的社会和经济效益，这种将国际元素融入到传统节庆的模式将成为今后北京会展农业中节庆发展的新趋势。

（3）"三大展示产业带"，即形成万亩桃园展示产业带、蛋种鸡繁育展示产业带、十八弯沟域经济展示产业带。

5.通州区

依据《北京城市总体规划（2004—2020年）》，通州是"东部发展带的重要节点，北京重点发展的新城之一，也是北京未来发展的新城区和城市综合服务中心"，要引导其发展"会展、文化、行政办公、商务金融功能"。会展农业在通州的发展，将结合旅游业的发展，在已构建的"一带一心四区"旅游空间总体布局上，依托京东运河湿地、西集镇和宋庄等地，以2012年召开的第18届食用菌大会为契机，着力打造"一个板块，两节一会，四大展示产业带"。

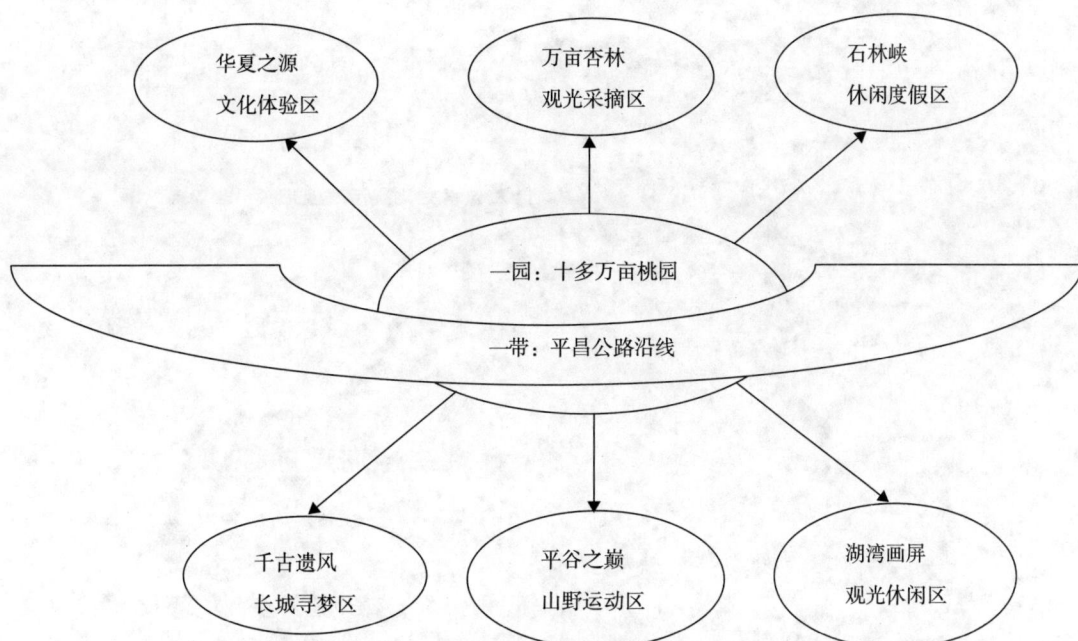

图 14-9 环"穿越平谷生态走廊"所形成的一带一园七区

（1）"一个板块"，即发展京东运河湿地板块，该板块涵盖西集全镇镇域范围，包括京郊西集万亩樱桃园、运河人家温泉度假村和乡村营地、滨河绿廊的相关基础工程建设和景观改造、刘绍棠纪念馆及乡土文学茶社、运河之子文化长廊、企业农庄、垂钓基地、家庭农庄等。应充分运用三面环水，森林植被和农业种植资源丰富等资源优势，将京东运河湿地板块打造为集文化、休闲、采摘、农园为一体的国家森林公园模式的会展农业板块。

（2）"两节一会"，即通州樱桃文化节、宋庄梨文化节和第18届食用菌大会。

（3）"四大展示产业带"，即西集镇樱桃果蔬采摘及设施农业展示产业带、宋庄梨园种植及采摘展示产业带、食用菌生产及展示产业带、国际种业科技园展示带。

6.延庆县

依据《北京城市总体规划（2004—2020年）》，延庆县是"国际交往中心的重要组成部分，联系西北地区的交通枢纽，国际化旅游休闲区"，要引导其发展"旅游、休闲度假、物流等功能"。目前，延庆已成为全国5个"标准旅游示范县"之一。2010年和2011年，延庆县又分别提出要建设"绿色北京示范区"，以及要打造"县景合一"的国际旅游休闲名区的发展目标。会展农业在延庆的发展，将以举办2014年第11届世界葡萄大会为契机，以《延庆新城规划（2005—2020年）》提出的构筑"一轴、一川、一环、一山"的产业发展格局为基础，构建"一个板块，四大节庆，五大展示产业带"。

（1）"一个板块"，即城北中央温泉会展商务区板块，以新城02、03街区为主，利用周边已有的远洋国际酒店、金隅温泉度假村、江水泉公园、国际会展中心等多个配套服务项目，引入高端社会资本，高水平开发度假、休闲、会展、养生等项目，建设以温泉为特色的城北中央温泉会展商务区板块。

（2）"四节一会"，"四节"即"妫水风情·十里花乡"旅游观光节、杏花节、金秋旅游节暨葡萄文化节、乡村旅游节暨柳沟豆腐文化节。将节庆与地方特色农产品相结合，与采摘、观光、体验相融合，充实会展农业的形式与内容。

图 14-10 通州会展农业发展规划图

"一会"即 2014 年第 11 届世界葡萄大会,这是一场全球葡萄界级别最高、参会国家最广泛的盛会,通过筹备此次大会,延庆将构造"一带、一园、一场、四中心"的葡萄规模产业带,应以此为契机,挖掘和积累北京发展会展农业的有效方式和创新经验。

(3)"五大展示产业带",即北山葡萄酒庄展示产业带、百里山水画廊创意农业展示产业带、四季花海沟域经济展示产业带、有机农业发展展示产业带、野鸭湖湿地生态农业展示产业带。

7.昌平区

依据《北京城市总体规划(2004—2020 年)》,昌平是"重要的高新技术研发产业基地",要引导其发展"高新技术研发与生产、旅游服务、教育等功能"。会展农业在昌平的发展,将以举办 2012 年第 7 届世界草莓大会为契机,以《昌平新城规划(2005—2020 年)》提出的构筑"两轴一带"产业发展格局为基础,构建"一个板块,两节一会,三大展示产业带"(如图 14-12 所示)。

(1)"一个板块",即小汤山会展商务区板块,依托九华、龙脉、花水湾、御汤泉等温泉度假酒店群,完善提升会展及配套服务设施,深度开发政府、企事业、社团等会议市场及小型专业展会市场,打造温泉主题、特色鲜明的会议与康疗养生基地。

(2)"两节一会",即苹果文化节、香椿采摘节和 2012 年第 7 届世界草莓大会。其中,苹果文化节和香椿采摘节分别以崔村镇和流村镇为辐射极,通过节庆的平台,融入产业发展论坛、国际长跑大会等多

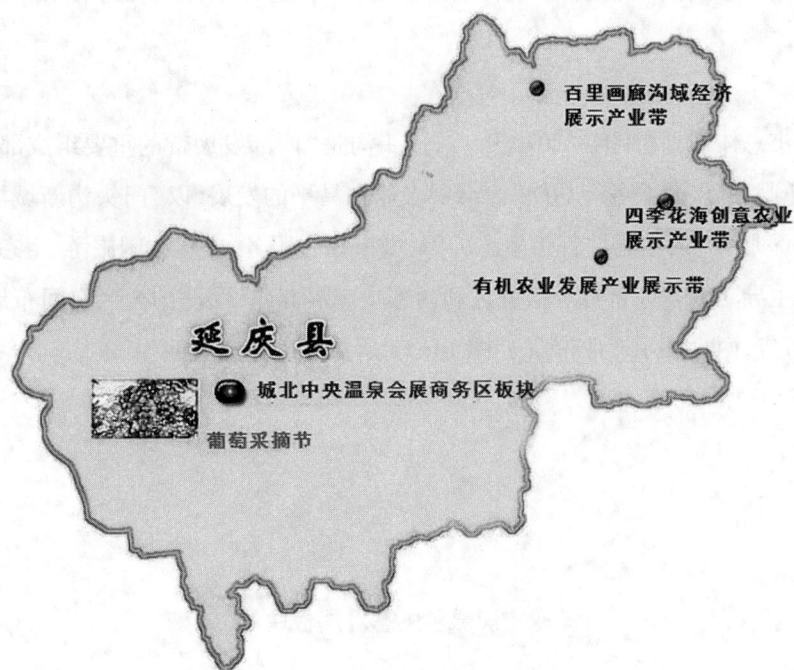

图 14-11　延庆会展农业发展规划图

图 14-12　昌平会展农业发展规划图

种形式,提升昌平特殊果蔬的品牌价值,提高经济效益和社会效益,推进都市型现代农业的发展。

2012 年第 7 届世界草莓大会:以国际草莓学术研讨会为起点,以举办第 7 届世界草莓大会为契机,继续打造昌平乃至中国草莓品牌,提升北京及中国草莓科技含量,促进草莓产业的发展。

（3）"三大展示产业带"，即现代农业园区展示产业带、特色林果种植观光展示产业带、草莓种植及观光展示产业带。

8.门头沟区

根据《北京城市总体规划（2004—2020年）》，门头沟是"西部发展带的重要组成部分。要引导其发展"文化娱乐、商业服务、旅游服务等功能"。会展农业在昌平的发展，以《门头沟新城规划（2005—2020年）》提出的"生态·服务"的主题，"都市生态屏障、城市综合服务、文化休闲旅游、生态经济发展和宜居城市建设"的区域主导功能，"东部综合服务区和西部生态涵养建设区"的全区空间布局的基础上，构筑"一个板块，四大节庆，两大展示产业带"（如图14-13所示）。

图14-13 门头沟会展农业发展规划图

（1）"一个板块"，即永定河绿色生态发展板块，重点优化门头沟新城段15公里两侧的产业空间布局，打造永定滨水商务区、门城生态商务区、龙泉休闲商务区和三家店旅游文化休闲区，重点发展旅游文化、休闲娱乐、商务金融、文化创意、会展培训等多融合产业。

（2）"四大节庆"，即雁翅镇红富士苹果采摘文化节、军庄镇"京白梨"采摘节、斋堂镇法城村蜜蜂节和灵水举人文化节。将当地特色农产品与特色民风民俗融入节事活动，拓展会展农业的外延，带动当地经济发展的同时辐射周边村镇，促进会展农业的发展。

（3）"两大展示产业带"，即沟域经济发展展示产业带、特色农产品种植及观光展示产业带。

9.丰台区

根据《北京城市总体规划（2004—2020年）》，丰台区的定位是"国际国内知名企业代表处聚集地，北京南部物流基地和知名的重要旅游地区"。会展农业在丰台的发展，将在丰台区已提出构建"两带四区"的基础上,构建"一个板块,两节一会,四大展示产业带"(如图 14-14 所示)。

图 14-14　丰台会展农业发展规划图

(1)"一个板块",即河西生态休闲会务聚集板块,依托山地、生态、温泉、农业和度假村等特色资源,以南宫旅游景区、北宫国家森林公园、鹰山森林公园、千灵山风景区以及南宫泉怡园度假村和长辛店御景山庄民俗村等为主体,构造生态休闲会务聚集板块。

(2)"两节一会",即长辛店镇大枣采摘节、青龙湖龙舟赛和 2014 年世界种子大会。

(3)"四大展示产业带",即庄户籽种展示基地、丰台花乡千亩高端花卉展示产业带、农业观光采摘及示范园展示带、新发地农产品现代贸易与物流科技园展示带。

10.房山区

根据《北京城市总体规划(2004—2020 年)》,房山区的定位是"北京面向区域发展的重要节点,引导发展现代制造业、新材料产业,以及物流、旅游服务、教育等功能"。会展农业在房山的发展,将在进一步贯彻落实房山区"三化两区"的总体战略和围绕"两轴三带五园区"产业空间布局的基础上,构建"一个板块,三大节庆,三大展示产业带"(如图 14-15 所示)。

(1)"一个板块",即良乡会务休闲聚集板块。在良乡高教园区建设区级会议展览中心,在青龙湖、长沟、韩村河、十渡等沿山城镇结合旅游、度假和培训功能安排小型会议中心。

(2)"三大节庆",即张坊镇金秋采摘节、琉璃河镇梨花文化节和长阳音乐节。张坊镇是北京市唯一的磨盘柿专业镇,是北京市郊区磨盘柿主产区之一;琉璃河镇林果资源丰富,其中梨树种植达 19000 亩,占房山区梨树总面积的 51%,出产的京白梨等备受广大消费者的青睐,其中早酥梨远销俄罗斯、新加坡等地。以这两个镇的特色农产品为媒的金秋采摘节和梨花文化节,今后可与长阳音乐节进行深层次整合,将文化音乐元素引入其中,提高办节质量,提升带动效应。

(3)"三大展示产业带",即山区沟域经济发展展示产业带、浅山区高端国际葡萄酒城展示产业带、

图 14-15　房山会展农业发展规划图

平原区采摘及休闲农业展示产业带。

11.大兴区

根据《北京城市总体规划（2004—2020 年）》，大兴区的定位是"北京未来面向区域发展的重要节点，在北京发展中具有重要的战略地位。引导发展生物医药等现代制造业，以及商业物流、文化教育等功能"。会展农业在大兴的发展，将在大兴"十二五"规划提出的"一区六园"的产业空间布局的基础上，构建"一个板块，五大节庆，两大展示产业带"（如图 14-16 所示）。

图 14-16　大兴会展农业发展规划图

（1）"一个板块"，即庞各庄精品及会务休闲聚集板块。依托永定河绿色生态发展带，在庞各庄西甜瓜等特色农业基础上发展体育休闲、会议度假、都市工业设计和新材料等新兴产业。同时，大力推进北京国际体育休闲及会展中心建设,并进一步保护和提升北京大兴西瓜节品牌优势,打造集精品农业基地、景点旅游景观、休闲购物度假、现代农业休闲和商务会议于一体的庞各庄名品及会务休闲聚集板块。

(2)"五大节庆",即以该区各镇特色农产品为媒而举办的采育葡萄文化节、春华秋实、梨花节、西瓜节、安定桑葚文化节。今后,这五大节庆应进一步从时间延续化、区域规划化、内容多样化、元素多元化等方面整合资源,提升质量,形成特色品牌节庆。

(3)"两大展示产业带",即特色农产品观光示范展示产业带、农业文化展示产业带。

12.海淀区

根据《北京城市总体规划(2004—2020年)》,海淀区的定位是"国家高新技术产业基地之一,国际知名的高等教育和科研机构聚集区,国内知名的旅游、文化、体育活动区"。会展农业在海淀的发展,将在海淀"十二五"规划的基础上,构建"一个板块,三节一季,三大展示产业带"(如图14-17所示)。

图14-17 海淀会展农业发展规划图

(1)"一个板块",即南部高端商务服务产业聚集板块,应加快提升公主坟、甘家口等商业区品质,积极培育玉渊潭现代生态型商务服务区和五棵松文化休闲集聚区,支持国际会议展示中心等重点项目建设,吸引一批世界一流的商业消费、文化消费品牌,同时加快建设西山文化创意大道,大力发展精品演艺、艺术品创作展示交易、酒店会展等产业,建设文化内涵深、科技水平高、创意思维新的南部高端商务服务产业聚集板块。

(2)"三节一季",即以上庄特色农产品为媒举办的小西瓜节、樱桃节、鲜杏节以及融入历史民俗文化的插秧季。今后,这些节事活动要进一步整合资源,提升质量,形成特色品牌节庆。

(3)"三大展示产业带",即京西稻标准化示范展示产业带、西马坊区域循环经济展示产业带、西北部高端休闲生态农业展示产业带。

13.朝阳区

根据《北京城市总体规划(2004—2020年)》,朝阳区的定位是"国际交往的重要窗口,中国与世界经济联系的重要节点,对外服务业发达地区,现代体育文化中心和高新技术产业基地"。会展农业在朝阳的发展,将在朝阳"十二五"规划提出的建立"北部都市型现代农业示范区、东部旅游度假休闲区、南部优质农产品物流和特色养殖区"的基础上,构建"一个板块,三大节庆,五大展示产业带"(如图14-18所示)。

图14-18 朝阳会展农业发展规划图

(1)"一个板块",即三环国际商务产业聚集板块。以中国国际展览中心和全国农业展览馆为基础,整合展览场馆及周边的商务酒店资源,重点发展会展和商务等。其中,沿东三环中路重点发展传媒商务,促进信息传媒产业沿京通快速路、朝阳路、朝阳北路及广渠路向东延展;沿东三环南路重点发展商务办公,将商务氛围向南部地区延展,以实现中小型展览、会议、商务并举发展。

(2)"三大节庆",即蟹岛螃蟹节、农耕节和国际啤酒节。今后,这些节庆要进一步充实内容,提升质量,形成特色品牌节庆,尤其是国际啤酒节,应在如何化解正宗化与本土化的冲突、广泛性与安全性的冲突、预期性与现实性的冲突、长效性和短期性的冲突方面积极探索。

(3)"五大展示产业带",即蟹岛循环经济展示产业带、京承高速都市型现代农业走廊展示产业带、精品蔬菜加工配送展示产业带、特种养殖展示产业带。

第十五章 景观农业

景观农业是景观生态学与农学结合而形成的一个新分支,也是北京都市型现代农业推进过程中新近出现的一个领域,是对农业生产、生态和生活功能更深层次的拓展,是农业生产性与审美性结合、科技与生态平衡融合、观赏性与参与性结合的一种新型农业形态。景观农业的发展将为沟域经济提供新的理念、新的思路和新的模式;发展景观农业对于落实山区生态涵养区功能定位,有效提升山区经济发展,对于市民生活幸福指数的提高,以及农民的增收致富有着重要的推动作用。

第一节 景观农业概念、特征与功能

一、概念

景观农业是依据景观生态学原理,通过改善农业基础条件、科学规划农作物种植、实施要素景观设计,形成集经济效益、生态效益、可观赏性于一体的绿色生态农业。它以大地上的植物、水体、道路、建筑等物质要素为载体,以形式美、自然美、艺术美为表现特征,以反映人与自然最原始和传统的和谐关系为内涵,是兼具经济价值、生态价值和美学价值的农业产业形态。景观农业以产业为躯,以文化为魂,以景色为推动,以生态为前提。景观农业的本质是农业生态系统与自然生态系统在一定自然景观上的有机结合。

我国农业生产的多样性、不同地域的独特性和乡土文化的多重性交相辉映,形成了众多农耕特色与自然山水、乡村风貌融为一体的农事景观。作为中国美丽乡村的重要内容和美丽中国的重要组成,这些农事景观已日渐成为休闲农业和乡村旅游的重要载体,成为城乡居民体验耕作乐趣,缅怀田园生活、品味农业情调的重要场所,成为提高农业综合效益、带动农民增收的重要途径。

景观农业建设与发展是"培育知名品牌、丰富发展类型、提高农业效益"的重要途径。景观农业类型丰富,并有众多的环境优美、场面宏大、景色迷人、特色明显、公众喜爱的农业景观,如油菜花、桃花、梨花、向日葵、梯田、茶园、稻田、渔作和畜牧转场等,这些农业景观与形态极大地丰富了都市型现代农业类型,培育了一批农业知名品牌,提高农业的综合效益和知名度。

二、特征

景观农业具有以下特点:

（1）农业文化的外溢化。农业是人类劳动的产物、智慧的结晶，蕴含着厚重的农业文化。但一般都表现得比较隐约，对那些走马观花的人来说是难以感受到的。景观农业的突出特征就是运用来自农作物的美学特征来表达其观赏价值。昌平区小汤山镇土沟村的四季蔬菜观光主题园的景观就是有春意盎然踏青园、姹紫嫣红瓜果园、金秋十月赏菊园和寒冬保健菜园4个温室组成的景观。他们各具特色造艺，组园后尽显蔬菜文化丰富多彩，招引游客熙来攘往，好不热闹。

（2）"三福"开泰，增值空间大。景观农业的三个价值取向，真正实现了"口福"、"眼福"、"鼻福"的优化统一，使农业的增值空间大大开拓，甚至可以说进入几何级数提升。

（3）观赏余兴长。农业本身节令性很强，客观存在"过时不候"的时效性。而其景观的文化余韵则可久久地留在人们的记忆中，而记忆是事物传承的翻版。君不见凡景观品位高的观光农业园吸引游客往返的几率就高，经营就红火。

（4）前瞻性强。景观农业的灵性在于景，游客赏景的观念是与时俱进的，亦必企盼农业景观的品位不断提升，展现新意。这就客观地要求着景观农业不断地创意、创新，不能总停留在一个水平上。因此，创新是景观农业可持续发展的动力所在。

三、功能

景观农业立足于农业与农村，既具有与农业相同的功能，如满足自给自足、提供就业机会与增加收入等，又可在社会发展、现代城市消费的带动下，使农业未充分发挥的功能得以拓展表现出来。从总体来看，景观农业具有经济、社会和生态三大功能，经济功能实质上是农业的产业功能，社会功能与生态功能，是农业提供的难以替代的公共产品。

（一）生产功能

景观农业的发展就是要以农业生产为本，以种养产业为核心，重视现有设施栽培、生态养殖、立体种养、种养加工一体化和有机农业等高效生态农业模式的功能拓展，通过农业基础设施、基本装备等与景观功能的结合，推进传统农业的升华和农业现代化建设，积极引进适合景观农业发展的特种蔬菜品种，水果、花卉和其他观赏植物，重视引进先进的农业种植模式和栽培技术，提高科技含量。

（二）产业集聚功能

产业集聚是具有共同社会背景的人们和企业在一定自然地域上形成的社会地域生产综合体。景观农业将旅游景点、农业产业基地、农村民俗文化紧密结合，构建起农、游产业发展特色村、产业带，延长了景观农业产业链、就业链和价值链，促进了农业的专业化、标准化、规模化和市场化，辐射和带动贮藏、加工、包装、运输、餐饮、娱乐、商业贸易等相关产业的发展。

（三）景观审美功能

景观农业审美价值是多方面的：一方面为形式美，不同地域的农业景观形成了不同的地域文化色彩，并且产生了各异的美学体验。景观农业的形式美表现在不同种类的农田在不同的季节里形成的色彩、肌理、线条、尺度等等。另一方面为表现美，景观农业的形式美表现了农业景观最直接的审美感受，而表现美则赋予了其功能性、生产性和可持续性。景观农业的景观应体现形式美与表现美和谐统一，成为生产、生活、生态三者有机的结合体。

（四）教育功能

景观农业按照多功能的思想建立和发展农林牧渔土地综合利用的新的农业模式,强化生产过程的生态性、科学性,通过开发具有观赏价值的作物品种与园地,向游客展示农业最新成果。如引进优质蔬菜、绿色食品、高产瓜果、观赏花卉,组建多姿多趣的农业景观园、农业教育园、农俗园等。可面向社会各阶层,开展不同层次、不同形式的农业教育、生态教育、农业史教育以及精神文明教育等。

（五）生态保育功能

景观农业的发展,开发利用并保存了具有重要价值的植物种类,形成了具有多物种、多品种的特殊人工生态系统,发挥了农业生物多样性的生态服务功能。通过发展景观农业,农业生产方式的多样性、农民生活方式多样性、农民传统文化多样性得以保留,发挥了农业生物多样性的社会服务功能。农业生物多样性也为景观农业的多元化、优质化、个性化发展奠定了基础,增强了人类对自然的了解和利用。

总之,景观农业给人类提供了新的生存与发展的空间,它的功能还在不断扩展和延伸,在不同国家、不同的地区、不同的阶段,人们对景观农业的功能有不同的认识和利用,但其本质内容大多是一致的,即追求生态、经济与社会效益高度统一。

第二节　景观农业发展基本原则

理想的景观农业具有经济价值、生态价值、美学价值、观赏价值、体验价值、教育价值和保健价值等,所以发展景观农业应遵循以下发展原则。

一、生产高效

以保护现有耕地和提升农业综合生产力为首要目的,充分考虑北京市农业生产用地的实际情况及现有产业结构布局和农业景观特征分区。一方面,重视北京市农业生产在新时期、新形势下农业生产功能定位的转移,充分发挥经营主体的能动性,开展形式多样、内容丰富的创意农业生产、休闲旅游农业和沟域经济及特色农业项目的发展;另一方面,景观农业建设要结合不同农业生产模式的特点,因地制宜、发挥优势,综合发展,使得整个农业景观维持较高的农业生产力,景观农业格局和景观农业工程建设模式能确保容纳更大物质和能量流动,保障生物量和生产力,以促进农业资源的可持续利用和农业生产的健康持续发展。

二、生态优良

景观农业建设与北京市各区县功能定位、产业布局调整和生态环境修复并重。景观农业建设能够有效利用现有环境条件,增加农业系统中物种、群落、生态系统和景观等各层次的多样性、空间异质性,从景观生态的格局和过程角度全面维护和改善生态环境,加强北京市农田的生态屏障功能,构筑北京市城区外围广阔的绿色开发空间。在保证生产、景观和生态功能等前提下,对植物配置模式进行合理安排,同时对植被建设模式进行生态化引导。合理的景观农业格局有利于生态环境改善、区域生态安全、农业资源的高效利用和实现农业的可持续发展。

三、景观优美

保护并发挥自然资源和历史文化资源优势,强化生态基础建设和生产环境建设。注重景观农业工程的视觉美学价值和休闲观光需求,构建山、水、田、林、路和村庄多位一体的景观发展格局,注重植被群落季相、色彩的搭配以及丛植、孤植、列植等多种栽培方式的合理运用,善于运用乡土植物、石材、篱笆等乡土材料开展造景创意,并体现亲近自然理念,构造城乡协调发展的都市农业景观模式,为首都休闲观光农业的发展拓展广阔的景观空间,提供绿色基础支撑。

四、区域和谐

景观农业工程建设要求符合区域功能定位,景观工程能够不断增强区域内辐射能力,产生示范和联动效应,不仅能够促进生产发展、提高收入,而且带动旅游、食宿等服务行业发展,有效促进区域社会发展。针对不同的分区提出相应的生态措施,强化对生态功能空间的控制与保护,加强景观农业建设地区资源的集约化与有效利用,农业景观工程建设要有利于科技成果的转化与应用,有利于农业产业结构的调整,有利于增加当地农民的就业机会,提高当地农民收入,有利于实现都市农业的多种功能和作用,全面推进区域产业调整与升级,保护乡村景观与文化,统筹协调景观生态建设与都市农业发展的关系。

第三节　北京景观农业类型

一、农田

规模农田景观建设工程根据农业生产和景观功能要求,按照北京市景观农业区域与功能定位,综合考虑景观农业要素作用、空间结构关系和生产景观功能,适当扩大农地的经营规模,构建具有区域化特色的规模化粮经产业。综合运用多种耕作栽培模式,构建生长良好、丰富多样、景观优美的规模景观农业,重视播种、施肥和耕作管理质量,确保施肥和灌溉的空间均匀性,形成周年覆盖无裸露、无撂荒、无闲置、开阔的田园式景观。

规模农田景观以人为主体,在不破坏生态平衡的前提下,以方便生产、提高农作物产量为主要目标。田成方、林成网、路相通、渠相连各要素组合井然有序,脉络清晰,标志鲜明,给人以活动的便利和视觉的快感。

规模农田景观的总体景致是:农田道路平坦、通畅,农田成方平整,农田林网无残缺、无断带,道路两边、林网下层适宜绿化,形成优美景观田;大田作物成方连片、种满种严,不留地头、边角,管理精致,青一色、黄一遍,风起浪涌,碧波万顷。

这种模式较为突出的是千亩葵海:千家店镇引进向日葵新品种,大面积推广向日葵种植,打造"千亩葵海"大地景观,成为千家店镇"百里山水画廊"的一大亮点。向日葵种植面积达到2000亩,种植户达646户,每亩向日葵种植可产瓜子250斤,每斤售价4元,实现收入1000元,加之每亩政府补贴350元,每亩可实现收入1350元。另外向游客出售鲜葵花盘5元一个,增加了一定收入。同时大面积向日葵种植还可吸引游客观光,推动当地旅游产业的发展。百亩茶园,结合退耕还林资源优势,发展林下经济,累计种植黄芩1.2万亩,每年出产黄芩药材130万斤,销售收入455万元,同时开发旅游产品,发展黄芩茶加工产业,打造黄芩茶特色保健饮品。全镇每年因生产黄芩茶收购黄芩叶10万斤,每斤收购价格10元,实现农民增收100万元。黄芩茶具有良好的保健作用,长期饮用对人体有益,借此打造长寿岭养生文化民俗特色,促进民俗旅游的发展。

二、果园

果园景观建设以生态学为指导,园林植物与果树及整个乡村环境景观相结合,形成一个完善的、多功能的、自然质朴的游赏空间。由于园林植物形态各异,颜色多种多样,而且展叶开花不同,可以利用果树和园林植物组成春花秋实的绚丽多彩的画面。从景观特征来看,果园极其周边的环境品质提升的同时,形成了粗放、宽广的以大自然环境为主体的景观,满足人们娱乐、休闲的需求。

果园景观的总体景致是:果园内及四周道路平整、干净,果树成行成形,园内立体种植,树下四季覆盖、三季有色;有花可赏,有果可采,有景可观,有味可闻。

平谷是中国著名的大桃之乡,22万亩大桃堪称世界最大的桃园、中国最大的桃乡、首都最大的果区。以花为媒,营销平谷,北京平谷国际桃花节已经成功连续举办13届,成为京津地区著名的春季旅游活动,实现了经济效益和社会效益的双丰收。

闻名全国的平谷区桃花海主景区位于大华山镇小峪子村南,占地面积达2万余亩,是京郊发展大桃产业最早、面积最大、品种最多的生态桃基地。每年的四月中旬,这里满山遍野盛开的桃花,如云如霞如海如潮,吸引了大量游客置身于桃花海中游览,极具观赏价值。

三、梯田

梯田是在坡地上分段沿等高线建造的阶梯式农田。是治理坡耕地水土流失的有效措施,蓄水、保土、增产作用十分显著。梯田的通风透光条件较好,有利于作物生长和营养物质的积累。按田面坡度不同而有水平梯田、坡式梯田、复式梯田等。梯田的宽度根据地面坡度大小、土层厚薄、耕作方式、劳力多少和经济条件而定,和灌排系统、交通道路统一规划。修筑梯田时宜保留表土,梯田修成后,配合深翻、增施有机肥料、种植适当的先锋作物等农业耕作措施,以加速土壤熟化,提高土壤肥力。

梯田景观是景观农业重要的表现方式,并有极强的视觉冲击力,是表现农业之美和农业文化的主要载体。有学者将梯田与长城媲美,认为它们同是人造奇迹,不同的是:长城是古代皇帝强迫人民修筑的,梯田则完全自发修筑,经过千年形成规模,一切顺其自然。

北京的梯田资源主要保持在房山、怀柔、延庆、平谷一带,近几十年来,在现代农业的冲击下,这些梯田景观已有相当的破损,但仍具有回复自然状态、再现景观之美、产业之美的基础与空间。

四、设施农业

设施农业景观以现代温室为载体,按照景观规划设计和旅游规划原理,运用现代高新农业科学技术将自然景观要素、人文景观要素和景观工程要素进行合理融合和布局,使之成为具有完整景观体系和旅游功能的新型农业景观形态。

设施农业景观的总体景致是：特色鲜明、层次分明、模式多样、技术先进、景色秀美、环境舒适。

这种模式的典型是天润草莓园，位于北京市昌平区兴寿镇，占地 1000 亩左右，其中，日光温室、塑料大棚等园艺设施近 280 亩，山地近 800 亩。为了统一布局，在温室之间的大路上方搭设竹架，种植葡萄、金瓜、葫芦、蛇瓜等多种特色藤蔓作物，形成林荫景观道，既可观赏又可采摘。温室内应用立体栽培、盆栽、槽式栽培等多种栽培方式，带给游客不同的采摘体验。在节假日采摘高峰，园内日均接待量达到 2000 人次，按人均消费 50 元保守估计，日销售额可达 10 万元，带来了巨大的收益。

除上述类型之外，北京还有诸如薰衣草、向日葵、林业景观等景观农业类型。

第四节　国外景观农业发展启示

在一些欧盟国家，农田以其巨大的延伸面积，成为了景观的主导类型。国际上对于景观农业发展政策的研究众多，美国、欧盟、日本、韩国等多个国家在这方面的工作已经有较为深入的研究，凸显农业政策的重要地位。北京市在发展景观农业的同时要借鉴国外相关经验与做法。

一、欧盟景观农业建设政策

（一）生物多样性和景观保护

1992 年欧盟开始实施《保护欧洲的自然遗产：走向欧洲生态网络》计划，到 1996 年又建立起了《泛欧生物多样性保护和景观多样性战略》，进一步明确了建立跨欧洲的生态网络。生态网络建设和生物多样性保护已成为欧盟乡村复兴的重要任务，包括修复大型自然保护区，政府购买农民耕地和牧草地用于生态廊道的生态桥和隧道的建设；通过政府给予农民补贴，提高农地自然和半自然生境比例，建立高自然价值农田和牧草地，实施土地管理。

不同尺度的生态景观建设应尽可能实现生境网络化，但在不同尺度上需要考虑的景观和生物不同，建设内容也不同。在大尺度上，应重点构建完整的生态网络；在中尺度上，重点建设绿色基础设施，提升自然和半自然生境比例和质量、景观生态功能的连接度；在小尺度上，应重点提高自然和半自然生境质量和多样性，开展生物生境修复，提高景观美学价值和生态服务功能。

（二）共同农业政策

共同农业政策（Common Agricultural Policy，CAP）是欧盟最重要的农业政策，它以价格支持政策为核心，由一整套规则和机制所组成，在市场和生产经济上对其成员各国进行着统一的约束。CAP 的多种鼓励和补贴措施都间接地影响着欧盟的农业土地利用和乡村景观。

欧盟的景观农业政策是为了让农民们采用更加环境友好的作业方式，以取得良好的环境效益，维护景观的质量并促进其健康发展。欧盟的景观农业政策由许多部分组成，包括一系列的利诱、规定、支持措施等，这些组成部分可以灵活运用，共同包含在一个计划当中，也可以单独使用。

在所有的景观农业政策中，欧盟运用最多的手段就是经济手段。经济手段通过改善景观和环境质量方式的行为来影响农民可选措施的成本和收益。这些手段包括有货币转移，如补贴、收费或者税收，或者是新市场的开发，出于环境保护目的的交易权或者交易许可证。

（三）欧洲景观公约

2000 年欧盟起草了《欧洲景观公约》，到 2009 年已有 30 个国家签署了公约。公约的目的是加强对景观的保护、管理和规划，把景观规划与土地利用结合起来，组织和促进欧洲各国之间在景观问题上的合作。《欧洲景观公约》认识到"所有景观都应被看作是有价值的"，景观是"个体和社会健康发展以及提高生活质量的关键要素"，强调在法律上承认景观的价值，制定景观保护、管理法规，确定公众参与机制。认识、维护、顺应、延续和提升这种地域景观特征已成为乡村复兴的重要内容。景观保护是指防止或治理对自然与文化景观的破坏所造成的景观结构与功能上的损失，包括生态系统与视觉景观两方面的保护。它还鼓励将所有有关文化、经济和社会政策与景观管理政策整合。在《欧洲景观公约》框架下，欧洲成员国先后开展了景观分类和特征评价、景观规划和监测研究、乡村参与式景观维护和管理。

二、美国的农田景观政策

1985 年美国提出的保护储备计划（CRP）是农业环境政策的一项重要实践，可以说是美国第一个农业环境休养制度，其成本和覆盖区域对美国其他的农业景观政策影响巨大。1996—2002 年间实施《1996 年联邦农业完善与修改法》，这一时期，美国农业部将促进对自然资源的明智管理作为农业政策目标之一，主要内容是：在保持一个优质环境和雄厚自然资源基础的同时，促进食物和纤维产品的可持续生产；促进对公共用地的可持续管理，保护和恢复关键林地、草场、荒地、水生生态系统。2002 年之后的美国农业政策，是在《2002 年农场安全与农村投资法案》之下实施的。环境保护政策在这一阶段得到了加强，环境保护投资较 1996 年增加了 80%。

美国的农业政策对景观、环境的关注程度也是逐渐增强的。需要指出的是，美国致力于通过休耕计划保护农业生态，促进农业生态系统的可持续发展。休耕是美国农业环境政策的重要内容，对美国乡村景观有着不可忽略的影响。

此外，为了指导农民进行农田景观建设和生态保护措施，美国农业部专门在其网站上提供了各个州制定的相关措施列表，供公众查询和了解。

三、日本的景观农业政策

第二次世界大战以来，日本比较重要的农业政策改革有序，分别是 1945 年的农地改革，1961 年的《农业基本法》和 1999 年的《食品·农业·农村基本法》。这三次改革对现代日本农业的影响深远，从某种程度上可以说，是他们塑造了现代日本农业的基本模式。

其中，《食品·农业·农村基本法》基本内容包括确保食品的稳定供给、努力提高粮食和食品的自给率；充分发挥农业和农村所具有的多方面功能，使其重要地位得到应有评价；强调农业的可持续发展，为农业多功能的发挥创造条件；振兴农村，促进不同地区及城乡的协调发展。在此之前，日本的农业政策中并没有出现有关农业环境的相关政策。此外，新法还提出保护农业的可持续发展。从 20 世纪 80 年代至今，日本颁布了多部与农业、乡村景观相关的法律，尤其是 2004 年日本颁布了《景观法》，不仅规定景观是"国民共同的财富"，还规定了国民享有"景观权"。这些都对日本农田景观的建设具有重要的推动作用。

综合欧盟、美国和日本的农业景观政策，可以看出，即使是发达国家，他们对于农田景观的认识也是在逐渐发展变化的,都是从不了解到了解,再到重视,花大力气进行整治和建设,希望能通过采取一系列的措施来改善农田景观,充分发挥农业的多功能的属性。除了宏观政策的制定,一些技术导则和标准也是必不可少的,这些用来指导地方政府和农民进行农田景观实践的规定,总是在大众能够获取途径上予以公布,使得他们的政策不仅十分透明,也起到了对公众教育的作用,还有些国家通过立法来对农田景观的建设进行支持,同时,也必须编写通俗易懂的指导手册和教材,帮助公众理解,在这个过程中,必要的资金投入也是其中的重要组成部分。

四、对北京市发展景观农业的启示与建议

（一）要制定京郊景观农业建设相关条例,提供保障

进入新世纪,生态景观建设成为各国可持续发展的重要内容,是改变生活方式和提高生活质量的基础。各国纷纷颁布有关景观的法律、法规,如欧盟于 2000 年颁布《欧洲景观公约》,2004 年日本参议院全体议员通过了《景观法》。针对国内农村农业景观建设千篇一律的情况,国内专家已呼吁制定《景观法》。作为率先发展都市型现代农业,引领休闲经济发展的北京市,制定北京市郊区景观农业建设的相关条例是非常有必要的。

（二）要进一步提高认识,完善机制

与传统农业相比,景观农业既是景观与农田的生产实践的融合,又是科学知识与市场经营的叠加;既是传统文化与现代文化的渗透,也是农耕文明与都市文明的交叉。因此,北京开展景观农业建设,应首要提高政府工作人员和公众的认识,使公众认识到生态和景观的价值,要把景观农业的发展纳入主管部门的视野和工作领域,加强组织领导,有专人负责。同时,注意探索北京景观农业发展的管理和组织形式,做好景观农业发展的各项工作,切实促进北京景观农业的发展。

（三）要编制景观农业发展规划,加强统筹

根据北京城市功能定位及各区县的功能划分,围绕北京都市型现代农业发展战略以及北京市乡村旅游和休闲农业发展规划要求,结合北京新农村的建设,组织市有关部门,联合编制北京景观农业的发展规划,以规划引领和带动景观农业项目的建设向规模化、产业化、特色化、系列化、常态化、制度化、标准化、生态化的方向发展。

（四）要建立起多元投资机制,加大扶持

目前,景观农业的生态服务价值已被政府和社会各界所认同。北京农民在从事农事活动的同时,不但建设了无与伦比的农田景观,也为市民和城市创造了无形的生态服务价值,为首都生态、宜居城市建设做出了巨大的贡献。对于北京市农田景观建设除了给予一定的生态补偿外,给予美化补贴,也将大大促进景观农业建设的发展。所以,在景观农业的建设中,要建立以财政投入为导向、社会投入为主体、金融资本为依托的多元化景观农业投入机制,形成多种经济成分共同发展的景观农业产业格局。

（五）要开展相关理论的研究和实践探索,提供支撑

北京市在建设都市型现代农业的探索实践中,农田的生态景观价值得到了各方面的认可,农田生态景观建设取得了阶段性成果,为都市农业的进一步发展奠定了基础。但农田生态景观仍然存在诸多问题,如农田地头草荒、粮田景观单一等问题严重影响了农田景观的整齐度、美观度和丰富度。因此,鼓励在京有关院校、科研院所、机构、事业单位,开展景观农业的理论和农田生态景观植物建设模式和配套技

术研究,为景观农业的发展提供理论指导和技术支撑。

(六)要健全农村土地流转机制,扩大规模

在坚持和稳定联产承包责任制的基础上,必须真正建立健全农村土地使用权流转机制。根据"三权分离"的基本政策和"条件、自愿、有偿、有序"的原则,规范土地流转的操作程序,大力培育土地流转的中介组织,准确定位乡村组织在推进土地流转中的角色,采取转包、转让、入股、合作、租赁、互换等多种形式,优化资源配置,发展适度规模经营。

(七)要加快景观农业社会化服务体系建设,综合发展

社会化服务体系是景观农业产业化的一个重要载体。大力发展农村社会化服务体系,充分调动各方面的积极性,农村社会化服务体系的发展,有赖于政府、企业、专业协会和个人等方面的共同努力,政府部门应鼓励企业、个体工商户、专业协会积极开展农业社会化服务,支持他们在农产品保鲜、销售、技术服务、信息服务等方面开展业务,还要大力支持现代化经济组织的发展,通过信息指导、市场开拓、产品推销等工作,加强景观农业产业化组织程度。

(八)要培养景观农业人才,提供智力支持

景观农业是集成多学科、多领域知识的结晶。它涉及农学、生物学、美学、艺术科学,以至创造学及诗文、设计、工程等诸多知识与技术。实践也表明,知多、识广,方可集思广益,浮想翩翩,应对自如。因此,农机推广部门可以定期举办培训班、论坛、讲座等,也可以定期组织到市内外农田景观建设好的地方学习取经,从而培养景观农业人才。

第三篇

体系篇

第十六章　北京都市型现代农业政策支撑体系

都市型现代农业的发展，离不开政府的政策扶持。随着国家惠农政策的不断完善，北京市也制定了完善的产业政策、经营管理政策、生态补偿性政策和城乡统筹发展的政策等多项扶持性政策，为都市型现代农业的发展提供了有利的政策支撑体系。

第一节　产业发展政策

北京市为推动都市型现代农业的产业化发展体系，根据国家的惠农补贴政策，从保障粮食供给的角度，提出粮食直补和农资综合补贴政策；从推动现代畜牧业发展的角度，提出了畜禽的两种补贴政策；为建立都市型现代农业的人才支撑体系，加强对农技员队伍的建设；为扩大农产品的市场化，推进农产品市场的销售渠道建设；除此之外，政府还注重对北京市优势主导产业和优势特色产品发展的政策支持。

一、优势主导产业扶持

（一）政策扶持重点和条件

重点为区域优势特色产业、优势种业和设施农业三个方面。

1.区域优势特色产业

市场定位准：立足首都市场，面向国内外两个市场需求，基地产品质量要通过农业部无公害农产品质量标准以上认证，产品能适应中高层次、多元化的市场需求，能较大比例进入国内中高端市场或国际市场。带动能力强：能够带动农业产业结构调整，能较大幅度的促进农民增收。具有较强的影响力和示范作用，能产生良好经济效益，能代表都市型农业发展趋势的已成形产业或具有较大发展潜力的新兴产业。资源禀赋优：通过摸查农业发展资源底牌，以发挥区位比较优势，选择最佳区域和最优模式，使产业发展的资源要素潜力得到有效运用。集约程度高：种植业能集中连片，形成产业群、产业带；养殖业能够布局科学，产业的集约化、标准化水平比较高。生产基础实：科研、生产、人才、技术、市场等方面基础条件较好，有带动能力强的农业产业化龙头企业，具备创建农产品知名品牌的基础。

2.优势种业

将研发、经营、引进、推广的品种与主导产业培育紧密结合，对促进北京农业结构调整、产业布局优化、农户增收致富贡献较大。在国内外市场具有较好市场前景、较大市场潜力、较大市场竞争力的种养业籽种产业。在本地发展具有较好的资源优势，优新品种在北京的推广覆盖面广，能辐射带动京郊、全国农业产业发展的种养业籽种产业。

3.设施农业

在区县有鼓励新建设施农业发展政策意见的前提下,要求新建设施集中连片,单位区域规模面积在50亩以上,区县全年新增设施总面积在5000亩以上。以企业和农户为投资和生产经营主体,符合农民意愿,具有较好的经营机制。配备较完善的社会化服务或具有龙头企业带动基地生产。符合发展区域发展的规划,具有一定的设施农业发展的基础,技术、基础条件、营销能力相对较好。

(二)扶持的环节和内容

1.区域优势特色产业

对各区县进行生产资源和市场底牌调研,确定培育主导产业所需费用予以一定比例的补助;按照产业发展水平,以区县为单位给予产业发展专项资金;专项资金用于鼓励区县按照产业整体发展思路,在基础设施配备、品种优化、品质提升、品牌培育、产品营销推介等方面开展产业培育工作。

2.优势种业

对与主导产业培育相关的优势种业发展予以扶持,鼓励单位引进、培育、推广、驯化各类名、特、优、新、稀品种,促进有较好市场效益的种、养业种业的发展。扶持资金按良种推广的面积和价值,经认定后,给予一定的数额奖励。对于适于北京发展的优势种业,可以采取政府购买服务的方式,向郊区推广。

3.设施农业

选择区县有相关扶持政策的予以重点扶持,市级支农资金注入区县扶持资金。重点扶持设施农业发展中的主体建设、新技术应用、品种引进、生产模式优化、标准化的实施、产后分级、初加工、储藏等环节。与设施农业发展配套的基础设施建设、科技实用技术的推广分别由其他部门按项目类别给予扶持。

二、优质及唯一性特色产品扶持

(一)政策扶持重点和条件

1.农业"三品"建设

农业"三品"是指通过国家和北京市有资质的认证机构认定的无公害农产品、绿色农产品和有机农产品。经营主体明确,企业以市场为导向,重视市场开发与技术改进结合,产品附加值高,市场前景良好,经营机制良好。品牌优势明显,市场份额较大。企业产品应具有较大的竞争优势,市场定位准确,在同行业内有较高的市场份额,有一定的知名度。产业基础良好,发展潜力巨大。产业有龙头企业带动,基地规模化,生产标准化,产品品牌化。

2.唯一性特色农产品

唯一性特色农产品是指具有独特品质特性或某些特性优于同类产品的名特优新农产品。唯一特色农产品主要具有四个"特":一是区域"特",二是产品"特",三是市场"特",四是创意"特"。要充分利用首都自然资源和市场优势,瞄准中高端消费市场,着力培育一批唯一性特色农产品,开发创意农产品,满足多层次个性化消费需求,并进一步加快实施农产品品牌战略,可增加农产品附加值,促进产业结构的调整,促进农民增收。具有较强地域性生产特征,挖掘资源潜力培育出的特色农产品。具有较强的品质特性,能满足名、特、优、新、稀等特征的唯一性特色农产品。能满足市场需要,市场效益较高,竞争力较强的名特优新农产品或加工品。在农产品的生产、加工、营销等环节进行创意,提升了附加值的创意农产品。

（二）扶持环节和内容

1.对申报国家无公害农产品认证的单位,重点做好服务,提供生产指导,协助开展产地认证和产品认证申报工作。

2.对获得绿色食品认证的单位,按其认证费用的50%给予奖励。

3.对获得有机食品认证的单位,按其认证费用的100%给予奖励。

4.对获得唯一性特色农产品认评的单位,给予专项奖励。对培育创意农产品的工作予以专项奖励。

三、粮食直补和农资综合补贴

为贯彻落实中央有关精神,保护农民种粮积极性,提高粮食综合生产能力,结合北京都市型现代农业发展实际,提出2013年粮食直补和农资综合补贴政策意见:

（一）政策扶持重点和条件

1.统筹考虑柴油、化肥等农业生产资料价格变动对农民种粮的增支影响,由政府对种粮农民给予适当补助,以有效保护农民种粮收益,调动农民种粮积极性,促进粮食增产。

2.种粮农资按大类划分,主要包括化肥、柴油、种子、农机、农药、农膜等。选择化肥、柴油两大类农资品种作为测算种粮农资增支、安排补贴规模的依据,主要有以下考虑:一是化肥、柴油增支占农资增支的大头,一般占70%多,对种粮农民收支影响大,且全国种粮农民普遍使用,易监测、好算账;二是农药、农膜支出占种粮农资成本的比例小,对农民种粮影响不大,而且品种多、差价大,价格、用量等均难以监测核实;三是国家已安排良种补贴和农机具购置补贴等专项补贴,种子和农机不宜再重复补贴。

（二）扶持的环节和内容

1.补贴原则

（1）坚持普惠农民原则。粮食生产补贴政策是国家的一项重要的强农富农惠农政策,是市委、市政府促进农业发展的重要手段,要以促进农业增效和农民增收为宗旨,以提高种粮农民积极性为目标,加强补贴力度,确保种粮农民受益。

（2）坚持公开透明原则。粮食生产补贴工作要实现全程公开、透明,严格工作程序,确保政策执行程序规范,补贴资金按时、足额发放到农户手中。

（3）坚持只增不减原则。适应农业进入高投入、高成本、高风险发展时期的客观要求,加大粮食生产政策性补贴力度,完善种粮成本受益联动机制,农资综合补贴标准按照化肥、柴油等农资价格上涨变动进行动态调整,只增不减。

2.补贴范围

对本市郊区在确权耕地内种植小麦、玉米的种粮农户（含国有农场种粮职工）,实行粮食直补和农资综合补贴。

3.补贴标准

（1）粮食直补。小麦为70元/亩,玉米为32元/亩。

（2）农资综合补贴。小麦为60元/亩、玉米为55元/亩;

中央调整农资综合补贴政策,将随时上调补贴标准。

4.工作要求

（1）及时兑付。2015年，北京市各郊区县应于5月20日和8月15日前分别将小麦、玉米的粮食直补和农资综合补贴数据上报市农业局，6月20日和9月15日前完成相应的补贴资金兑付工作。

（2）规范程序。粮食直补和农资综合补贴坚持全程透明、公开，严格"农户自愿申请、村委会公示确认、镇乡政府审核、区县政府批准、市农业局备案"的工作程序。粮食直补工作必须严格按照《北京市粮食直补和农资综合补贴操作程序》的要求执行，不得减免环节、违规操作。

（3）明确责任。区县各级政府相关部门要严格按照《北京市粮食直补和农资综合补贴操作程序》确定的职责分工，加强对粮食直补和农资综合补贴政策的宣传力度，严格把关，禁止集体代领、严禁虚报冒领，对出现的问题要采取措施及时处理。

市农委、市财政局和市农业局组织有关部门，不定期对区县粮食直补和农资综合补贴工作落实情况进行督查，指导区县加强政策宣传、规范管理、完善档案，做好补贴政策指导工作。

四、畜禽良种补贴

良种是现代畜牧业发展的重要物质基础，畜禽良种补贴是党中央、国务院为加强"三农"工作，扶持畜牧业发展的一项重大支农惠农政策。畜牧良种补贴项目工作从2005年开始试点，补贴资金不断增加，补贴畜种不断增多，补贴规模不断扩大。项目资金从最初的1500万元增加到2010年的9.9亿元，累计投入近30亿元；补贴畜种从奶牛扩大到生猪、肉牛、绵羊；补贴范围从试点的15个县扩增到对奶牛的全面覆盖和其他畜种的600多个县。

（一）政策扶持重点和条件

1.奶牛良种繁育补贴政策

奶牛良种补贴的对象是项目区使用良种精液开展奶牛人工授精的奶牛养殖者。享受补贴的奶牛品种包括荷斯坦牛、娟姗牛、乳用西门塔尔牛、奶水牛、褐牛、牦牛和三河牛等品种。

2.生猪良种补贴政策

补贴对象是项目区使用生猪良种精液开展母猪人工授精的养殖户（场），包括散养户和规模养殖大户（场）。

3.肉牛良种补贴和绵羊良种补贴

补贴对象为项目区内使用良种精液开展人工授精的肉牛养殖场（小区、户）及项目县内存栏绵羊50只以上的养殖户。

（二）扶持的环节和内容

1.2005年中央1号文件提出实施奶牛良种繁育补贴项目，并首先在黑龙江、内蒙古、河北和山西4省区15个项目县开展试点，补贴荷斯坦牛67.5万头，项目资金1500万元；补贴标准为每剂冻精补贴10元，每头能繁母牛按两剂标准实施补贴；补贴对象是奶牛养殖场、养殖小区和养殖户。在试点的基础上，财政部和农业部于2006年和2007年实施了奶牛良种补贴项目，每年财政补贴资金1亿元。2007年9月，国务院发布了《关于促进奶业持续健康发展的意见》，2008年，奶牛良种补贴项目实施范围扩大，补贴资金增加到2.4亿元。补贴对象是奶牛养殖场、养殖小区和养殖户。补贴标准是，荷斯坦奶牛每剂冻精补贴15元，每头能繁母牛按两剂标准实施补贴；奶用水牛、牦牛、褐牛和乳用西门塔尔牛每剂冻精补贴 10 元,每头能繁母牛按照两剂的标准实施补贴,并且实行良种冻精费与配料服务费两费分离制度。2009 年中央财政奶牛良种补贴资金增加至 2.6 亿元;补贴规模由 4 个试点省区覆盖至全国;补贴品种由荷斯坦牛延伸至奶水牛、褐牛、牦牛、乳用西门塔尔牛和三河牛,其中荷斯坦牛从 2008 年起在全国范围内实施良种冻精补贴,补贴标准为荷斯坦牛冻精每剂补贴 15 元,其他品种牛每剂冻精补贴 10 元,每头能繁母牛按两剂标准实施补贴。

2.2007 年 7 月 30 日,国务院下发了《关于促进生猪生产发展稳定市场供应的意见》(国发[2007]22 号),明确提出要采取综合有效的政策措施,促进生猪生产。其中第一条是建立能繁母猪补贴制度:国家按每头 50 元的补贴标准,对饲养能繁母猪的养殖户(场)给予补贴。第三条是完善生猪良种繁育体系:国家对重点原良种猪场、扩繁场、省级生猪改良繁育中心给予适当支持,在生猪主产区推广良种猪人工授精技术,促进生猪品种改良,对购买良种猪精液给予补助。补贴标准按每头能繁母猪年繁殖两胎,每胎配种使用 2 份精液,每份精液 10 元测算,每头能繁母猪年补贴 40 元。补贴方式为中央财政按照补贴标准将补贴资金拨付省级财政部门,省级财政部门将补贴资金拨付县级财政部门后,由县级财政部门按照每胎配种使用精液不多于 2 份精液,每份精液不高于 10 元,与良种猪精液供应单位(包括种公猪站、种猪场等生产良种猪精液的组织和单位)结算补贴资金,供精单位再按照补贴后的优惠价格向养殖者提供精液。

3.根据 2009 年中央一号文件的要求和适应畜牧业发展对品种改良的需要,中央财政除继续落实生猪良种补贴和奶牛良种补贴政策外,对肉牛、绵羊等品种也实施良种补贴。其中肉用能繁母牛 200 万头,主要在河南、四川、吉林、山东、内蒙古、新疆、甘肃、云南、辽宁、宁夏等 10 个肉牛主产省(区)开展补贴试点;绵羊种公羊 7.5 万只,主要在内蒙古、新疆、青海、河北、甘肃、黑龙江、吉林、宁夏、西藏等 9 个绵羊主产省(区)及新疆生产建设兵团开展补贴试点。补贴对象为项目区内使用良种精液开展人工授精的肉牛养殖场(小区、户)及项目县内存栏绵羊 50 只以上的养殖户。补贴标准肉牛良种补贴按照每头能繁肉牛每年使用两剂冻精,每剂补贴 5 元,绵羊种公羊补贴 800 元/只.年。

五、农技员队伍建设扶持

(一)政策扶持重点和条件

1.村级全科农技员受所在村党支部和村委会领导,依托村级农业综合服务站,重点做好以下工作:

(1)负责本村农业产前、产中、产后技术指导,与上级农技部门专家联系,解决农户生产中出现的难点问题。

(2)负责将农户的技术需求上报乡镇农技部门,将上级农技部门或专家团队下达的各类信息在本村传播。

2.服务标准

(1)对本村从事种养业生产的农户到户率达到 100%,并建立台账。

(2)解决农民实际问题的有效率达到 80% 以上。

(3)服务农民满意率 80% 以上。

3.担任村级全科农技员须具备以下条件

(1)常住本市农村,身体健康,热爱农村农业工作,责任心、服务意识、科技意识、创新意识及组织协调能力较强,有较好的群众基础和影响力。

(2)具有高中以上文化水平,丰富的农业生产实践经验,较高的农业生产技能,较强的带动和辐射能力。具备农业生产、经营特殊技能的人员可适当放宽。

(3)优先在本村推荐选聘。

(4)各级培养的农民田间学校农民辅导员和优秀学员、设施农业骨干农民、林果乡土专家,在同等条件下优先选聘。

(5)已取得国家农业职业资格证书的人员可优先选聘。

(二)扶持的环节和内容

1.实施联合培养

按照总体规划、统一标准、分级实施的工作思路,由市农业局联合各远郊区县农业主管部门,结合各地产业实际和培训需求,定期开展各类培训。确保村级全科农技员每年参加不少于50学时的应时应季专业技术培训和参与式推广方法培训。市级农技推广部门、农业科研院所和高校分工协作,采取轮训等方式开展相关技能提升培训。参加培训情况计入培训手册。

2.提供定向指导

各远郊区县要积极发动区域内农业技术人员,以产品为核心、以产业为主线组建技术推广服务团队,并与市级推广部门、科研院所和高校建立的区域农业科技综合服务试验站进行对接,为村级全科农技员配备相应的技术指导员,提供定向指导与服务。明确技术指导员的服务区域、服务对象、服务内容和工作指标。

3.建立经费保障机制

村级全科农技员人员补贴标准为平均每月1500元,分为基本补贴1000元(含人身意外伤害险)和绩效补贴500元两部分。基本补贴由区县财政负担,绩效补贴由市级财政负担。具体发放方式由区县农业主管部门商财政部门确定。

六、市场开拓扶持

(一)政策扶持重点和条件

重点是高端市场需求摸查及营销渠道构建、农产品出口创汇、品牌培育、营销推介、新产品开发等。

1.高端市场摸查及营销渠道构建。按照"221"行动计划,针对高端市场需求,进一步进行市场细分,开展针对性更强的摸查,并积极推进营销渠道构建,为农业生产提供有效的市场引导服务。

2.农产品出口创汇。要求具备较强的农户带动能力,能直接组织郊区农产品出口,抢占国际市场,发展创汇农业,企业年直接出口额在500万美元以上。

3.农产品品牌培育。围绕开展相关资质认证、品牌塑造、品牌宣传、品牌内涵延伸等提升农产品品牌附加值,所开展的注册品牌、培育精品、打造名品进行的品牌培育工作。

4.农产品营销推介。围绕农产品市场渠道摸查、建设和拓展,农产品营销模式的探索和发展所开展的相关农产品营销推介工作。要求是开展省市级营销推介活动或国外推介营销活动,营销推介的产值在500万元以上。

5.新产品开发。围绕国际国内市场需求,利用郊区农产品资源,自主创新,开发满足不同消费层次的需要的新产品,提升农产品附加值的相关新产品开发工作。

(二)扶持环节和内容

1.高端市场摸查及营销渠道构建。重点扶持围绕高端市场需求,进行细分市场的调查、高端营销渠道的构建、营销模式的实践等活动,对取得的成果,可以通过政府购买服务的形式,为农户生产提供引导服务。

2.出口创汇:对带动农户能力强,出口创汇效益好,直接出口的企业或单位,按照海关统计出口单计算年实际出口量予以一定比例的直接奖励。

3.品牌培育:获得各类认证的单位按相关政策对认证予以补贴;对获得中国驰名商标的农产品、农产品加工品予以 50 万元的奖励,对获得北京市著名商标的农产品予以 10 万元的奖励。

4.营销推介:对营销信息的摸查、渠道构建予以奖励性补贴;对开设优势特色农产品专柜、专店的按其投入比例给予专项扶持;对优质特色农产品的市场营销、市场推介等活动给予专项奖励。

5.新产品开发:对开发适销对路的农产品予以专项奖励。

第二节　经营管理政策

发展农业产业化经营是都市型现代农业发展的客观要求。结合北京实际,重点以提升农产品营销能力为核心,扶持农民专业合作组织、加工龙头企业和农产品标准化生产基地三个方面。

一、农民合作组织扶持

(一)政策扶持重点和条件

1.围绕本区域主导产业而发展起来的专业经济合作组织或协会,具有较强的科技示范性和辐射带动农户能力,能有效为农户提供产前、产中和产后服务,能够满足农民生产、产业发展和市场的需要。

2.具有完善的组织章程和规范的管理制度,实现利益共享、风险共担。坚持"民办、民管、民受益"的原则,产权明晰,运行机制比较合理。

3.具有与所带动会员生产规模相适应的技术培训场所、农产品初加工、分级包装和运销设施设备等公共服务设施。

(二)扶持的环节和内容

1.围绕主导产业和特色产品建立,选择带动农户能力强、发展规模大、利益联结紧密、服务能力强的农民专业合作组织,列入市级直接扶持范围。由市相关部门围绕帮助他们提升和巩固带动能力、整合能力和服务能力所需投入的相关环节予以重点扶持。

2.对未为列入市级扶持的农民专业合作组织,在区县有扶持合作组织专项政策前提下,市支农资金以区县为单位给予一定的专项扶持,由区县参照市级扶持的标准要求,由区县政府相关部门自行掌握来扶持本区县级农民专业合作组织发展。深入开展示范社建设行动。按照法律法规规定制定农民专业合作社辅导员操作规程,指导农民专业合作社建立健全内部管理制度,提高管理规范化水平。引导农民专业合作社建立健全生产记录制度,加强农产品质量安全管理,提高生产标准化水平。支持农民专业合作社开展无公害、绿色、有机等"三品"和地理标志认证工作,发展优势产业和特色产品,提高经营品牌化水平。开展农民专业合作社示范社认定工作,对服务能力强、民主管理好的合作社给予补助,扶持引导农民专业合作社规范快速发展,增强合作社带动能力。

3.扶持资金重点支持农民专业合作组织建设营销体系,兴办仓储设施和加工企业、产品包装、购置农产品运销设备;开展信息、技术、培训、质量标准与认证、品牌创建等。全面推进"农超对接"。认真总结试点经验,加强部门沟通协调,全面推广"农超对接"营销模式,发展现代流通方式,减少流通环节,降低流通成本。引导农民专业合作社与超市、学校实行产销对接,加大扶持力度,扩大扶持范围。开展"社企对接"试点,支持农民专业合作社产品直供农业产业化龙头企业,引导龙头企业通过农民专业合作社建设标准化生产基地,提升产加销一体化发展水平。采取多种形式举办合作社产品展示展销活动,帮助合作社拓宽营销渠道,扩大社会影响,提升产品知名度。

二、加工龙头企业扶持

(一)政策扶持重点和条件

1.辐射带动农户的作用明显,与农户利益联系紧密。龙头企业与农民之间形成紧密的利益联结机制,能够通过订立合同、入股及其他合作方式收购基地农户产品,能有效带动农民增收、带动农民就业和带动农业产业结构调整,能带领农户有效规避市场风险、自然风险和疫情风险。

2.龙头企业产品市场竞争力强,经营相对稳定,有较好的市场信誉,产品的质量好,附加值高,有一定的品牌优势,参与市场竞争的能力较强。

3.龙头企业加工增值率高,龙头企业能依托较强的技术优势,对农产品的加工增值优势明显,新产品开发能力强,获得相关资质证明较好的企业享有优先权。

有的龙头企业虽然目前的规模不是很大,但具备下列条件的,也可纳入重点龙头企业加以扶持:

1.有较强的科技创新能力和可持续发展能力。所开发和生产的产品属高新技术产品或绿色食品,能有力地促进和带动相关新产业形成。或是科技部认定的科技示范企业。

2.主营产品优势明显,出口创汇潜力大或进口替代能力强,能形成带动面较大的特色产业。

(二)扶持的环节和内容

1.对龙头企业进行企业基础设施建设、设施设备更新改造、扩大加工生产规模、技术革新以及品种的改良更新、推广应用予以扶持。

2.对龙头企业与农户建立利益联结机制的环节予以扶持,鼓励企业带动农户新建生产基地、扩大基地规模、提高基地产品质量水平和生产管理水平。强化农业产业化利益联结机制建设。鼓励龙头企业发展订单农业,采取保护价收购等方式,与农户形成稳定的购销关系。引导龙头企业通过开展定向投入、定向服务、定向收购等方式,为农户提供技术、信息、农资和购销等多种服务。继续开展"龙头企业+合作社+农户"试点,创新农业产业化经营组织模式。支持农民以资金、技术等要素入股,实行多种形式的联合与合作,与龙头企业形成互利共赢的利益共同体,让农民分享农业产业化发展成果。

3.优先享受银农合作政策,运用银农合作资金帮助企业获得金融机构支持,解决企业生产经营过程中的资金困难。国有商业银行要把扶持农业产业化经营作为信贷支农的重点,在资金安排上给予倾斜。对重点龙头企业,要依据企业正常生产周期和贷款用途合理确定贷款期限,并按中国人民银行规定的利率执行,原则上不上浮。对于重点龙头企业用于基地建设和技术改造项目的贷款,农业主管部门可以向商业银行推荐,商业银行按照信贷原则和相关程序,予以优先安排。为了解决以粮食、棉花等大宗农产品为原料的大型加工企业收购原料所需资金量大、占用时间长的问题,商业银行可以根据重点龙头企业与基地农户签订的合同,核定所需收购资金,根据授信授权原则,给予信贷支持。对资信好的龙头企业可以核定一定的授信额度,用于收购同基地农户签订合同的农产品。

4.为了提升农产品加工水平,采取资金跟进措施,公共资金按企业对农产品加工环节新投入资金3%的比例配套扶持。评选为市级龙头企业的按市相关部门支持市级龙头企业发展的有关政策进行扶持。

5.鼓励重点龙头企业发挥比较优势参与国际竞争(项目),提高产品竞争能力。对开拓国外市场、扩大农产品出口的重点龙头企业,应予以积极支持。按照中央外贸发展基金的有关规定,对符合中央外贸发展金使用方向和使用条件的农产品及其加工品出口项目融资予以贴息。参照国际通行的做法,继续加大对重点龙头企业出口创汇的支持。加大对农产品出口的金融支持力度。国有商业银行对农产品出口所需流动资金贷款原则优先安排,重点支持。对资信好的农产品出口企业核定一定的授信额度,用于对外出具投标、履约和预付金保函。简化行政审批手续,放宽审批条件,支持重点龙头企业扩大出口。适当降低重点龙头企业成立进出口公司的资格,并适当放宽其经营范围。鼓励中外合资农产品流通企业利用其销售网络,推动我国农产品进入国外的销售网点和分拨中心。

6.鼓励重点龙头企业多渠道筹集资金。积极借鉴国内外投融资经验,利用资产重组、控股、参股、兼并、租赁等多种方式扩大企业规模,增强企业实力。符合条件的重点龙头企业,实行规范的公司制后,可申请发行股票和上市。已经上市的重点龙头企业,应利用好农业类上市公司在配股方面的倾斜政策。应创造条件,鼓励重点龙头企业利用外资开展合资、合作,积极探索建立重点龙头企业为主体的农业产业化发展投资基金。

三、标准化生产基地扶持

(一)政策扶持重点和条件

1.与主导产业培育相结合、基地产品经济效益好、对从业农户收入贡献高的规模化生产基地。

2.要求生产者标准化生产意识强,严格按照相关标准进行实际生产和管理,基地农业生产环境、生产投入品、产品质量都有标可依、有标必依,与奥运食品行动计划挂钩的生产基地予以优先考虑。

3.基地生产的产品有品牌,有龙头企业或合作组织辐射带动;有较好的生产条件、技术基础,生产管理过程有相应管理档案。

4.基地的生产水平、技术水平、管理水平、效益水平能对周边农户生产起到较好的示范带动作用。

(二)扶持的环节和内容

市里相关部门安排专项资金对市级农业标准化基地予以重点扶持;对未列入市级农业标准化基地,区县又有标准化基地建设政策意见的,市级安排资金注入扶持其建设工作;对与奥运食品基地紧密挂钩的标准化基地,予以专项扶持。

1.鼓励生产经营单位收集和制定相关的生产技术标准、工作标准和管理标准。

2.扶持基地按相关标准要求进行基础设施建设,包括土壤改良、土地平整、水利设施配套、养殖小区围栏建设、机械化管理、道路平整、环境绿化等。

3.鼓励基地开展标准宣传和人员培训工作。

第三节　生态补偿政策

为推动都市型现代农业的可持续发展,北京市加强对节约型循环型农业建设和观光休闲农业的政策扶持力度,扶持农业发展所需资源的循环利用,以节水、节药、节电、节地、节肥为主要内容的"五节"型农业相关配套技术的推广应用和实施;农业观光园依托市场优势,进一步拓展了农业发展空间,不断满足了市民多样化、个性化消费需求,增进了城乡融合,实现城乡互动,集农业生产、旅游、观光和休闲为一体,在实现农业经济效益的同时推动了农村生态环境的改善。

一、节约循环型农业补偿

(一)政策扶持重点和条件

资源环境友好型农业是指运用现代科技手段,在确保农业生产活动具有较高的经济效益的同时,通过积极推行减量化、资源化、无害化,主要是推行节水灌溉,科学配方肥料、生物物理防治,畜禽粪污治理等措施开发符合循环经济要求的农业生产模式,转变农业增长方式,提升其生产活动对资源和环境发展的正面作用,拓展农业发展空间,促进农业可持续发展、宜居城市建设,为首都经济社会可持续发展奠定良好的基础。

1.具有明显保育环境、涵养生态功能作用的项目。

2.能够体现农业生产同其他相关行业良性互动发展的项目。

3.具有环境友好、资源节约、可持续型农业项目,有良好生态效益、经济效益和社会效益的项目。

4.适合北京实际资源禀赋,有一定推广价值和意义,并且有一定发展基础的典型项目。

(二)扶持的环节和内容

1.扶持能降低农业面源污染、提高农业生态环境质量的生物、物理方面的成熟技术的普及,有利于提高土壤地力,提高农产品品质农业投入品的技术应用和产品使用。

2.扶持农业发展所需资源的循环利用,以节水、节药、节电、节地、节肥为主要内容的"五节"型农业相关配套技术的推广应用和实施。

3.对能源综合利用的立体生态模式及配套技术、生态种植模式及配套技术、畜牧业生产中粪污无害化模式及配套技术、种养一体化模式及配套技术所需的设施予以扶持。

二、农业观光休闲补偿

(一)政策扶持重点和条件

农业生活功能开发是指围绕农业为消费者提供生活所需的精神消费品这一功能,通过农业与三产对接,形成产业互动,所进行的产业功能开发活动。目前,与市民旅游观光相结合建立起来的,集农业生产、旅游、观光和休闲为一体的农业观光园,已成为彰显农业生活功能的重要载体。农业观光园依托市场优势,进一步拓展了农业发展空间,不断满足了市民多样化、个性化消费需求,增进了城乡融合,实现城乡互动,使郊区农业由一产向第二、第三产业领域延伸,进一步提高了农业经济效益。

1.具有一定的基础,生产基础好,经营机制好,获得相关部门认定或具有较大发展潜力,示范、拉动作用明显的农业观光园。

2.经营活动有特色,年接待人数1万人次以上,与农户增收联系紧密、市场前景好的农业观光园。

3.提供的观光产品丰富多彩,具有一定的科普性和教育性,具有一定特色的园区;具有便利的交通条件,较为完善的观光设施,实行统一、有效管理的园区;对当地农业结构调整、农民就业等具有一定辐射带动作用,社会效益较好的园区。

(二)扶持的环节和内容

1.鼓励园区进行规划设计、总体包装、提升接待能力和接待水平的措施予以扶持。

2.公共资金搭建宣传推介平台,组织园区开展不定期宣传推介活动,扩大影响力。

3.对园区提高从业农户业务素质进行的知识培训、专业技能培训、服务技能培育予以扶持。

4.对园区进行的生产、基础设施、科技推广等项目,符合相关部门扶持要求的择优扶持。

第四节　城乡一体化政策

2012年11月,党的十八大报告提出,推动城乡发展一体化,解决好农业农村农民问题是全党工作重中之重,城乡发展一体化是解决"三农"问题的根本途径。城乡一体化建设既要解决农民工的户籍问题、新生代农民工问题、社保问题及其他新出现的问题,又要通过财税、用工、体制等各项改革,重点解决城镇的承载力与产业支撑问题。北京市推进城乡发展一体化以推进"六个一体化"为重点,以创新体制机制为动力,加大城乡统筹力度,增强农村发展活力,逐步缩小城乡差距,促进城镇化和新农村建设协调推进,积极探索城乡发展一体化有效路径,积极促进先进生产要素向农村流动,引导建设资金更多向农村投入,引导基础设施加快向农村延伸,引导基本公共服务全面向农村覆盖。

一、土地流转

(一)政策扶持重点和条件

2013年中央一号文件提出在坚持依法自愿有偿原则的前提下,引导农村土地承包经营权有序流转,鼓励和支持承包土地向专业大户、家庭农场、农民合作社流转,发展多种形式的适度规模经营。

1.稳定和完善农村土地承包关系。各区(县)要认真对照相关法律法规和政策,依法保障农民对承包土地的占有、使用、收益等权利。依法应确权的土地都要纳入确权范围并确权到户。确权确地的,要全部发放土地承包经营权证书,严格做到承包地块、面积、合同和证书"四到户";确权确利的,要签订确利合同并将土地确权证书发放到户;确权确股的,要将土地确权证书发放到户。

2.农村土地流转不得改变土地的性质和用途。农村土地流转不得改变土地集体所有性质、不得改变土地用途、不得损害农民土地承包权益。要妥善处理好近期利益与长远利益的关系,严格遵守农地农用原则,严禁从事非农建设,严禁破坏耕作层,有效防止破坏耕地等侵害农民长远利益的行为发生。

3.合理确定农村土地流转期限。农村土地流转期限应当尊重流转双方的意愿,根据流转土地的使用情况由双方协商确定,但不得超过原承包合同的剩余期限。原则上,对流转后用于普通农作物种植等投入较小的土地,流转期限不宜过长;对流转后用于发展林果业和设施农业等投入较大的土地,流转期限可以适当延长。采取出租方式流转的,租赁合同期限要遵照《合同法》的规定,不得超过20年。租赁期间届满,当事人可以续订租赁合同,但约定的租赁期限自续订之日起仍不得超过20年。

4.必须保障农村土地流转收益。土地流转双方应根据土地质量、产出水平和物价变动等因素,合理确定流转价格。流转期限超过5年的,应当建立价格调整机制,明确约定调整时限和幅度,分时段确定流转价格。流转双方应对各种政策性补贴、流转期满后地上物权属及补偿办法、土地征占应得补偿的归属等作出明确约定。确权确地到户后流转的,流转收益归承包农户所有;确权确利和确权确股流转给村集体,由村集体统一经营或流转给其他经营主体的,土地收益要单独建账、单独核算、专户储存,并严格履行民主程序,合理分配土地收益,确保及时、足额兑现到农户。

5.依法规范农村土地流转行为。承包方采取转包、出租等方式流转,应当及时报发包方备案;采取转让方式流转,应当经发包方同意,受让方要与发包方重新签订承包合同,及时办理土地承包经营权属变更手续;采取互换方式流转,双方当事人应到村集体经济组织办理承包合同、土地承包经营权证书变更及备案手续。承包方自愿委托他人(包括各类组织和个人)流转其承包土地的,应当由承包方出具《北京市农村土地承包经营权流转合同(示范文本)》中统一制定的书面委托书。没有承包方的书面委托,任何组织和个人无权以任何方式决定流转农户的承包土地。

6.健全完善农村土地流转程序。农村土地流转,在同等条件下,本集体经济组织成员享有优先权。土地流转受让方以转包、出租方式取得的土地进行再流转的,应当经原承包方书面同意,并办理流转备案手续。企业或个人等经营者与村集体签订非家庭承包或流转合同的,未经集体经济组织同意,不得私自进行流转;如需进行流转,土地经营者应当向集体经济组织提出书面申请。集体经济组织流转确权确利和确权确股土地的,须经集体经济组织成员大会或成员代表大会民主讨论决定并进行公示。流转给本集体经济组织以外的单位或者个人的,经民主决策后报乡(镇)人民政府批准。

7.全面推行农村土地流转合同管理制度。除代耕期不足1年不需签订书面流转合同外,所有农村土地流转都必须依法签订书面合同。过去没有签订合同的,相关当事人要按全市统一规范的合同文本进行补签;已经签订流转合同双方无异议的,维持原合同不变。流转合同的签订要在乡(镇)农村合作经济经营管理机构和村集体经济组织的监督下,由流转双方在村集体经济组织集中完成,特殊情况下可在其他地点完成,但要做到合同的签订、备案在同一地点一次完成。农村土地承包经营权流转合同一式四份,流转双方各执一份;发包方和乡(镇)农村合作经济经营管理机构各备案一份。

(二)扶持的环节和内容

建立政策扶持机制,推进农村土地承包经营权向重点产业和龙头企业方向流转

1.加大财政扶持力度。区级、乡镇级财政每年要在支农资金中安排一定额度,用于鼓励农村承包土地流转,壮大规模经营主体,培育重点产业和发展龙头企业。要通过建立财政扶持机制,推动财政支农资金向优势区域和主导产业整合,集中打造优势产业,提高资金使用效率。

2.强化金融信贷支持。金融部门应加强对规模经营主体的支持和服务,要把参与土地流转,实行规模经营的龙头企业、种植大户、农民专业合作社和农业企业纳入服务范围。

3.加大农业招商引资力度。对依托农业企业和合作社组织,符合农业产业发展方向和产业扶持政策的土地流转,且流转规模在100亩以上,流转期限10年以上,亩年度流转费1000元以上,安排一定比例本集体经济组织成员就业,属于本年度形成的项目的,年底经考评择优给予每亩100元的一次性奖励。奖励的对象为在土地流转中成绩突出的乡镇政府或村集体经济组织。

4.实现土地流转后进行农业结构调整的。优先享受区、镇政府制定的农业扶持政策。流转出土地的农民优先享受区、镇再就业培训、优先安排就业岗位。

5.建立监督管理机制,推进农村承包土地规范有序流转

(1)进一步充实农村承包土地合同专管员队伍,区、镇、村三级设立专(兼)职合同管理员,按各自的工作职责,指导土地流转工作。

(2)规范土地承包经营权流转程序。严格农村土地流转租赁行为的民主程序和行政报批程序,其中:属于家庭承包农户个人对外流转的,必须依法经过本集体经济组织(发包方)同意后方可进行流转,属于村集体经济组织对外进行流转的,必须依法经所在乡镇政府审核批准后方可流转,并依法签订土地流转合同;凡流转面积在100亩以上的,乡镇经管站必须按时上报区经管站备案。

(3)切实加强土地流转收益分配的管理。各乡镇、村要切实加强对土地流转收益的管理,进一步健全和完善农村土地流转收益的民主理财的制度、财务公开制度、向村民报告制度和审计制度等,任何组织和个人不得擅自截留、扣缴土地流转收益,依法保护农民利益。

(4)严格控制土地流转的经营内容。农村承包土地接转方要在区、镇、村土地流转发展规划指导下确定流转土地的生产经营内容。接转方要依法保护承包土地,依法经营流转土地。各乡镇、村要及时监控流转土地的经营情况,不准改变流转土地的农业用途。

6.建立调处、仲裁机制,保证农村承包土地流转双方的合法权益

(1)认真做好农村土地承包纠纷和土地承包经营权流转纠纷的调处工作。乡镇、村要建立两级土地承包及流转纠纷的调处组织,村级建立土地承包纠纷调解小组;乡镇建立由农业、经管、信访等部门参加的土地承包纠纷调解委员会,切实承担起调解农村承包土地纠纷的责任,努力把矛盾化解在基层。区有关部门要加强对土地承包及流转纠纷的调查研究,掌握动态,做好指导和管理工作,依法保证农村承包土地流转双方的合法权益。

(2)开展农村土地承包纠纷仲裁工作。根据《北京市农业承包合同纠纷仲裁办法》,充实调整我区农业承包合同仲裁委员会,条件具备后适时筹建农业承包合同仲裁庭,开展土地承包纠纷仲裁工作。

(3)加强对农村土地承包及流转纠纷调处的组织领导工作。各乡镇要充分认识土地流转工作的复杂性和重要性,一把手要亲自抓,主管领导要具体负责,形成部门联动机制,增强服务意识和责任意识,依法解决农村土地承包及流转工作中出现的各种问题和矛盾,维护农村社会稳定。

二、休闲农业示范镇创建

(一)政策扶持重点和条件

1.促进休闲农业与乡村旅游上档次、上规模、上水平为目标,以实现集群化、规模化、产业化发展为方向,以提高经济、社会、生态效益为核心,对休闲农业与乡村旅游重点地区,加强规划引导,加大投入力度,完善基础设施,创新开发模式,破除发展瓶颈,推进规范性建设,达到"引进增量、盘活存量、提升质

量、增加效益"，切实使休闲农业与乡村旅游成为镇域主导产业，带动农民就业增收，同时为其他地区休闲农业与乡村旅游发展树立样板，发挥示范引领作用。

2.具备基本条件

（1）主导产业突出。休闲农业与乡村旅游成为乡镇的主导产业，休闲农业与乡村旅游收入在乡镇农村经济总收入中占有较大比重。休闲农业与乡村旅游规模较大，在全市范围内有一定知名度的休闲农业与乡村旅游点达到5个以上。产业开发呈规模化、集群化发展态势，或环绕著名景区、景点，或沿交通干道，或依托主要沟域，形成规模较大、成带连片的集聚区。农业生产、农产品加工等相关行业的发展，能够为休闲农业与乡村旅游服务，形成产业链。

（2）基础条件完备。乡镇域范围内，具有良好的基础设施条件和完善的接待服务能力。乡镇的对外交通条件较好，游客可进入性强。饮水安全，节水灌溉、小流域治理等达到本区县领先水平。电力、通讯等基础设施可满足游客的需要。标识与指示牌系统清晰，具有统一的风格和外部形象。乡村景观良好。住宿、餐饮、娱乐、卫生等设施要达到相应的建设规范和公共安全卫生标准，生产、生活垃圾和污水实行无害化处理。旅游要素齐备，功能完善，游客在乡镇域范围内可以方便地实现吃住行游娱购等。旅游环境好，林木覆盖率高，森林资源保护良好。

（3）行业管理规范。乡镇党委政府有领导主抓休闲农业与乡村旅游，政府有专门科室和人员为休闲农业与乡村旅游发展服务，工作体系健全。结合当地实际，研究制订了促进休闲农业与乡村旅游发展的政策措施。加强服务平台建设，已成立休闲农业与乡村旅游行业协会等行业自律组织。建立了统一的管理制度和行业标准，对农业观光采摘园、休闲农庄、民俗旅游村等实行标准化管理，近三年内无重大安全生产和食品质量安全事故发生。

（4）市场认知度高。休闲农业与乡村旅游的特色明显，在本区县乃至北京地区，具有较高的知名度，游客较多，市场竞争力强。通过市场化运作，在乡镇域范围内建立起资源整合机制，使农业观光园、民俗旅游村、休闲农庄与景区、景点之间形成良性互动关系。龙头企业投资大，市场带动能力强。通过一定时间的培育，逐步形成品牌。

（5）发展成效明显。休闲农业与乡村旅游主要经济指标在全市处于领先水平，年接待游客50万人次以上，游客的满意度较高。

（二）扶持的环节和内容

1.创建原则

（1）以农为本，突出特色。示范乡镇创建要坚持以农业为基础，按照生产、生活、生态相统一，农村第一、第二、第三产业相融合的要求，围绕农业生产过程、农民劳动生活和农村风情风貌，结合本乡镇实际，分类规划，合理布局，突出特色，有序发展。

（2）产业主导，注重实效。示范乡镇创建要围绕把休闲农业与乡村旅游培育成镇域主导产业这个中心来进行，使之成为乡镇可持续发展的内在动力和拉动区域发展的增长极。创建工作要务实创新、注重实效，着力推进休闲农业与乡村旅游发展方式的转变和农民致富增收。

（3）统筹推进，分步实施。要结合当地实际，科学制定休闲农业与乡村旅游发展规划，合理确定建设目标，分步实施推进。同时，要找准发展的薄弱环节，积极引导资金、技术、人才、管理等要素向重点地区、薄弱环节集聚，切实抓出成效。

（4）政府引导，多方参与。建立政府引导、农民主体、多元（企业、合作社、科研推广机构等）参与的推进格局。同时，通过机制创新，引导社会资本参与休闲农业与乡村旅游项目的开发建设。

2.目标任务

从2012年开始，用3年时间，培育20个左右的休闲农业与乡村旅游示范乡镇，使之成为探索资源整合机制、创新开发模式、集中展示郊区休闲农业与乡村旅游发展水平、发挥辐射引领作用的样板和基地。

3.认定

对公示通过的单位，由市农委、市旅游委、市水务局、市园林绿化局、市农业局发文确认，并颁发"北京市休闲农业与乡村旅游示范乡镇"牌匾。

4.鼓励政策措施

对于获得"北京市休闲农业与乡村旅游示范乡镇"称号的，在媒体上进行集中宣传推介；市农委、市旅游委、市水务局、市园林绿化局、市农业局在安排有关政策性项目时，对示范创建乡镇进行倾斜。

三、农村社会保障

（一）政策扶持重点和条件

1.新型农村社会养老保险

从2008年1月1日起北京市全面实施《北京市新型农村社会养老保险试行办法》（京政发〔2007〕34号）。新型农村社会养老保险制度实行个人账户和基础养老金相结合的制度模式，采取个人缴费、集体补助、财政补贴相结合的筹资方式。新型农村社会养老保险制度由本市各级人民政府负责组织实施，新型农村社会养老保险基金实行区（县）级统筹。

适用范围：具有北京市农业户籍，男年满16周岁未满60周岁、女年满16周岁未满55周岁可参加新型农村社会养老保险。

2.新型农村合作医疗

由政府组织、引导、支持，农民自愿参加，个人、集体和政府多方筹资，以大病统筹为主的农民医疗互助共济制度。通过中央财政补助、地方财政补助、集体扶持和农民个人缴费等渠道筹集资金，主要对农民住院及大病医疗费用给予补偿。

适用人群：本市行政区域内具有农业户口的农村居民、中学毕业由农业户口转为城镇户口尚未参加工作的居民，以及父母为农业户口而本人为城镇户口的新生儿童，均可参加。

3.农村五保的供养

供养对象：具有本市农业户口的老年、残疾或者未满16周岁的居民，无劳动能力、无生活来源又无法定赡养、抚养、扶养义务人，或者其法定赡养、抚养、扶养义务人无赡养、抚养、扶养能力的，享受农村五保供养待遇。

（二）扶持的环节和内容

1.新型农村社会养老保险办理程序

新参保人员：持本人户口本、身份证和应缴纳的保险费到村委会办理参保手续。

区县农保经办机构对参保人员的相关资料审核无误后，为新参保人员制发《农村社会养老保险缴费证》，10个工作日内将《农村社会养老保险缴费证》发放乡镇社保所，由乡镇社保所在10个工作日内发放到参保人员手中。

续缴保险费的人员:持本人《农村社会养老保险缴费证》和应缴纳的保险费到村委会办理续缴手续。续缴保险费的人员可在缴费的次月持《农村社会养老保险缴费证》,到乡镇社保所登录该次缴费记录。

村委会负责收缴新型农村社会养老保险费,填写缴费明细表并为参保人员开具收款凭证,将收缴的保险费及相关材料及时上交乡镇社会保障事务所。

2.新型农村合作医疗的补贴政策

(1)统一筹资水平:2013年全市统一人均筹资标准由不低于每人每年640元提高到不低于每人每年680元,其中个人筹资不低于每人每年100元,财政补助标准不低于每人每年580元,提高40元。

(2)实行分类补助:依照区县功能定位,对生态涵养发展区参合农民年人均增加补助45元(含昌平区、房山区);对城市发展新区参合农民年人均增加补助35元;对城市功能拓展区参合农民年人均增加补助10元(丰台区增加补助15元);各区、县政府按年人均增加100元筹齐不足部分;鼓励、调动村集体经济和农民个人增加筹资比例。

(3)设定结算周期:参加新型农村合作医疗人员补偿结算周期为当年1月1日至12月31日。

(4)扩大受益范围:在原有一次补偿基础上,建立村级基本用药、基本统筹和二次补偿新型农村合作医疗制度框架,实现新型农村合作医疗制度补偿模式由以大病统筹为主向住院和门诊统筹兼顾转变。2008年起,在足额提取风险金后按每年每人再提取50元作为二次补偿资金;积极推行村级基本用药制度,合理确定其资金数额;其余部分为基本统筹资金。

(5)规范资金管理:统一参照城镇职工(居民)基本医疗保障范围,确定新型农村合作医疗的补偿项目,制定补偿方案。进一步规范、完善财政补助资金拨付办法,保证各级财政补助资金和各方筹集资金及时、足额拨付到新型农村合作医疗专用账户,实行封闭式运行管理,确保资金安全。进一步简化资金业务流程,实行即时结算,方便农民报销。

3.农村五保的供养政策

(1)供养内容

供给粮油、副食品和生活用燃料;供给服装、被褥等生活用品和零用钱;提供符合基本居住条件的住房;提供疾病治疗,对生活不能自理的给予照料;办理丧葬事宜;农村五保供养对象未满16周岁或者已满16周岁仍在接受义务教育的,应当保障他们依法接受义务教育所需费用。农村五保供养对象的疾病治疗,应当与当地农村合作医疗和农村医疗救助制度相衔接。

(2)供养资金

农村五保供养资金,在地方人民政府财政预算中安排。有农村集体经营等收入的地方,可以从农村集体经营等收入中安排资金,用于补助和改善农村五保供养对象的生活。农村五保供养对象将承包土地交由他人代耕的,其收益归该农村五保供养对象所有。具体办法由省、自治区、直辖市人民政府规定。

中央财政对财政困难地区的农村五保供养,在资金上给予适当补助。

(3)"霞光计划"

为贯彻落实《农村五保供养工作条例》、《中华人民共和国国民经济与社会发展第十一个五年规划纲要》和《民政事业发展第十一个五年规划》关于加强农村五保供养服务设施建设的要求,解决各地农村五保供养设施滞后的问题,民政部决定,在"十一五"时期,利用发行福利彩票筹集的彩票公益金,开展"农村五保供养服务设施建设霞光计划"(以下简称霞光计划)。主要内容为,自2006—2010年,从中央到地方,各级民政部门要从本级留用的彩票公益金中,划拨一部分资金资助农村五保供养服务设施建设,同时积极争取地方政府加大投入,总投入力争达到50亿元左右。其中,部本级每年安排资金不少于1亿元。

（4）供养方式

农村五保供养对象可以在当地的农村五保供养服务机构集中供养,也可以在家分散供养。农村五保供养对象可以自行选择供养形式。

敬老院是农村集体福利事业单位。敬老院以乡镇办为主,五保对象较多的村也可以兴办。提倡企业、事业单位、社会团体、个人兴办和资助敬老院。敬老院所需经费实行乡镇统筹,并通过发展院办经济和社会捐赠逐步改善供养人员的生活条件。村办敬老院所需经费由村公益金解决。敬老院以供养五保对象为主。在没有光荣院的地方可优先接收孤老优抚对象入院供养。有条件的敬老院可以向社会开放,吸收社会老人自费代养。精神病患者、传染病人不得接收入院。

（5）供养标准

农村五保供养标准不得低于当地村民的平均生活水平,并根据当地村民平均生活水平的提高适时调整。农村五保供养标准,可以由省、自治区、直辖市人民政府制定,在本行政区域内公布执行,也可以由设区的市级或者县级人民政府制定,报所在的省、自治区、直辖市人民政府备案后公布执行。

（6）服务机构

五保供养服务机构作为主要服务农村五保供养对象的公益性非营利组织,适应社会主义市场经济体制的要求,应当具有法人资格,依法承担独立的法律责任。县、乡人民政府利用国有资产举办的五保供养服务机构,应当根据我国事业单位登记管理的有关规定,办理事业单位法人登记;其他社会组织和个人利用非国有资产举办的五保供养服务机构,应当根据我国民办非企业单位登记管理的有关规定,办理民办非企业单位法人登记。

四、农业保险

（一）扶持重点和条件

1.目前农业保险补贴的标的品种

自2007年国家开展农业保险保费补贴试点以来,农业保险的投入不断加大、品种不断增加、范围不断扩大,为有效化解农业灾害风险发挥了积极作用。至今,农业保险保费补贴品种包括玉米、水稻、小麦、棉花等大宗农作物,大豆、花生、油菜等油料作物,能繁母猪、奶牛、等重要畜产品,以及马铃薯、青稞、藏羚羊、牦牛、天然橡胶、森林等。一些地方还以发展当地特色经济为重点,积极开展蔬菜、糖料、渔业等特色作物类保险;以发展现代农业为重点,积极开展农机保险;以服务"三农"为重点,积极开展农房、小额保险等涉农保险业务。这些新的品种补贴,受到当地农民普遍欢迎。

2.获得赔偿的情况

对于种植业:补贴险种的保险责任为因人力无法抗拒的自然灾害,包括暴雨、洪水(政府行蓄洪除外)、内涝、风灾、雹灾、冻灾、旱灾、病虫草鼠害等对投保农作物造成的损失。

对于养殖业:补贴险种的保险责任为重大病害、自然灾害和意外事故所导致的投保个体直接死亡。重大病害包括:

（1）能繁母猪：猪丹毒、猪肺疫、猪水泡病、猪链球菌、猪乙型脑炎、附红细胞体病、伪狂犬病、猪细小病毒、猪传染性萎缩性鼻炎、猪支原体肺炎、旋毛虫病、猪囊尾蚴病、猪副伤寒、猪圆环病毒病、猪传染性胃肠炎、猪魏氏梭菌病、口蹄疫、猪瘟、高致病性蓝耳病及其强制免疫副反应；

（2）奶牛：口蹄疫、布鲁氏菌病、牛结核病、牛焦虫病、炭疽、伪狂犬病、副结核病、牛传染性鼻气管炎、牛出血性败血病、日本血吸虫病。

自然灾害包括：暴雨、洪水（政府行蓄洪除外）、风灾、雷击、地震、冰雹、冻灾。

意外事故包括：泥石流、山体滑坡、火灾、爆炸、建筑物倒塌、空中运行物体坠落。

（二）扶持的环节和内容

1.补贴险种按"低保障、广覆盖"来确定保障水平，以保障农户灾后恢复生产为出发点。保险金额原则上为保险标的生长期内所发生的直接物化成本（以国家权威部门公开的数据为标准），包括种子成本、化肥成本、农药成本、灌溉成本、机耕成本和地膜成本。

根据本地农户的支付能力，补贴地区可以适当提高或降低保障水平。有条件的地方，可参照保险标的的平均年产量确定保险金额，对于高于直接物化成本的保障部分，可由地方财政部门提供一定比例的保费补贴。

2.投保农户根据应该承担的比例缴纳保费。

对于种植业品种：对于补贴险种，在补贴地区省级财政部门补贴25%的保费后，财政部再补贴35%的保费。其余保费由农户承担，或者由农户与龙头企业、地方财政部门等共同承担，具体比例由补贴地区自主确定。

对于养殖业品种：对于补贴险种，在补贴地区（新疆生产建设兵团以及中央直属垦区除外）地方财政部门补贴30%的保费后，财政部再补贴一定比例的保费。具体保费补贴标准为：

（1）能繁母猪保险，财政部补贴50%的保费。

（2）奶牛保险，财政部补贴30%的保费。对于新疆生产建设兵团以及中央直属垦区，财政部为能繁母猪保险补贴80%的保费，为奶牛保险补贴60%的保费。

其余保费由农户承担，或者由农户与养殖企业、地方财政部门等共同承担，具体比例由补贴地区自主确定。

3.完善农业保险市场结构

（1）营造规范有序平等竞争的市场环境。为充分发挥市场配置资源的基础性作用，结合本市都市型现代农业发展实际，建立强化服务、开展适度竞争的保险市场成为本市政策性农业保险发展的内在要求。各区县应根据农业保险规模，至少选择两家保险公司参与本区域政策性农业保险经营，营造规范有序、公平、公正的农业保险市场环境。各参保公司必须提高服务意识和合作意识，不断提高服务水平，不得以不正常手段垄断市场，开展不正当竞争。

（2）建立网络健全反应快速的应急机制。各参保公司要针对极端气候和可能出现的各类灾害及公司农业保险发展规模，加强网络和队伍建设，健全组织架构，配齐农险相关人员，加强应急反应能力，确保出灾出险能够立即行动，规范理赔程序，缩短理赔时间，确保农民利益。

4.完善农业风险管理体系

（1）建立保险与防灾减损相结合的风险管理机制。在大力拓展保险市场的同时，要加强风险防控工作,将风险管理环节前移至灾害预防,保险公司应列支一定比例的经费用于防灾减损工作,减少灾害损失的发生。

(2)区县应确保保费补贴资金充足、到位。为确保政策性农业保险政策惠及更多农户,区县应确保保费补贴资金充足,确保"愿保尽保"。保费补贴资金的划拨,应按照有关规定及时划转到保险公司。

(3)鼓励区县与保险公司合作开发区域特色险种。本市都市型现代农业具有明显的区域特色,在市级统一发布统颁条款的同时,鼓励各区县结合自身产业发展实际和农民的风险防范需求,按照《北京市政策性农业保险补贴资金管理办法》(京财农〔2011〕2375号)的相关规定,开发具有地方特色的政策性农业保险险种。鼓励区县和保险公司合作开发现有统颁条款规定险种的附加险,以便多渠道提高保险保障水平。

(4)鼓励经营规模较大、收益较高的农业经营主体投保商业性农业保险。在政策性保险体系的整体框架下,为满足不同层次的风险保障需求,结合产业发展实际和农业经营主体的经济承受能力,鼓励经济效益好、市场前景广阔的农业经营主体投保商业性农业保险。

(5)鼓励保险公司开发适合农村经济社会特点的商业保险。为满足京郊农民多样化的风险保障需求,鼓励保险公司依托政策性农业保险网络,开发适合农村经济社会特点的财产险和人身险等商业保险业务,进一步完善"三农"风险管理体系。

5.完善保险工作考核体系

(1)建立商业保险参保公司政策性农业保险业务绩效考核机制。为提高政策性农业保险服务水平和财政资金使用效率,建立针对参保公司的政策性农业保险业务绩效考核机制,绩效考核结果与《北京市政策性农业保险补贴资金管理办法》(京财农〔2011〕2375号)中规定的保费收入10%的公司经营费用补贴挂钩,具体考核办法另行发布。

(2)建立区县政策性农业保险考核机制。为推动区县农业保险工作,研究制订区县农业保险工作考核办法,对区县农业保险实际覆盖率、农户持续参保率、保费增长率等主要指标进行考核。

6.完善保险服务体系

(1)大力推进农业保险服务体系建设。支持各保险公司根据自身特点,在法律法规和保险行业监管政策架构下,建立适合农村农业特点的经营网络,逐步将保险服务延伸到农民个人,以便解决保险服务"最后一公里"的问题。在提高保险服务覆盖面的同时,推动"保险示范村"建设。各区县农业保险管理、协调部门应协助保险公司加快推动网络建设。

(2)做好政策的宣传解读工作。充分利用网络、电视、报纸、手机、宣传刊物等信息传播载体,借助集市、会场等信息传播场所,通过组织宣传、典型事例、示范引导等方式加强农业保险政策宣传,让更多农户深刻了解到农险政策的实惠,享受政策实惠。加深农民对政策性农业保险的熟悉和了解,培育农民的现代风险防范意识,提高农户参保的主动性、积极性和连续性。

五、农村劳动力转移扶持

(一)扶持重点和条件

具有北京市农业户口,男16—59周岁、女16—49周岁,具有劳动能力,已经就业或目前无业正在寻找工作的人员。

（二）扶持的环节和内容

农村劳动力持《转移就业证》可在各级公共职业介绍机构享受免费政策咨询、职业指导和职业介绍服务，并按规定享受职业技能培训补贴、岗位补贴、小额担保贷款等市、区县、乡镇转移就业优惠政策。

1.北京市劳动保障行政部门负责全市农村劳动力转移就业管理工作，制订全市农村劳动力转移就业政策，并对执行情况进行监督、检查。区县劳动保障行政部门负责本地区农村劳动力转移就业的管理工作，主要包括：贯彻北京市农村劳动力转移就业的政策措施；制订本地区转移就业政策；监督、检查转移就业管理制度的执行；指导各类就业服务机构开展转移就业服务等。乡镇社会保障事务所主要负责为本地区农村劳动力办理求职登记和转移就业登记手续；开展档案管理、统计分析等基础管理工作；为农村劳动力提供就业服务；指导村级就业服务组织实施动态管理和服务；落实市、区县、乡镇政府的政策措施等。村级就业服务组织主要负责本行政村农村劳动力的就业动态跟踪管理；协助乡镇社会保障事务所为农村劳动力办理求职登记、转移就业登记手续；组织提供就业服务等工作。

2.区县、乡镇公共职业介绍机构要进一步完善职业介绍服务功能，创新服务手段，建立健全用人单位空岗服务制度，加强与村级就业服务组织的求职、招聘信息沟通交流，不断满足农村劳动力的转移就业需求。

3.区县、乡镇公共职业介绍机构、村级就业服务组织要加强职业指导工作。将职业指导贯穿于职业介绍的全过程，通过动态跟踪管理服务，及时掌握农村劳动力的实际情况，通过多种形式的职业指导，帮助他们调整就业习惯、转变就业观念、制定就业计划，选择职业培训方向。

4.各区县劳动保障部门要结合农村劳动力的职业素质状况、就业意向及用人单位的岗位需求情况，积极组织和开展有针对性、实用性的创业培训、职业技能培训和考核鉴定工作。对非职业技术等级考核合格者核发《北京市技能培训结业证书》，对创业培训合格者核发《北京市创业培训合格证书》，对符合技术等级鉴定要求的，可按有关规定申报技术等级鉴定，合格者可获得相应的《职业资格证书》。

5.区县、乡镇公共职业介绍机构、村级就业服务组织要加强职业技能培训信息的收集、整理和发布，为农村劳动力提供及时的咨询和指导服务。同时，向职业培训机构传递培训生源信息。对培训合格的农村劳动力积极推荐就业。乡镇社会保障事务所应指导村级就业服务组织根据求职登记农村劳动力的就业状态实行分类管理服务。其中：

（1）对无业求职人员应重点跟踪其求职状态，随时掌握就业服务需求，提供岗位、培训信息，开展职业指导、职业介绍和职业技能培训等就业服务。

（2）对转移就业人员应督促并协助其尽快办理转移就业登记手续，掌握就业动态，加强劳动保障政策宣传和咨询服务，帮助解决遇到的实际问题。

（3）对阶段性务农人员，在不影响其从事第一产业生产经营活动的前提下，根据本人要求提供相应的就业服务。

六、大学生村官选聘

（一）政策扶持重点和条件

2005年6月，中共中央办公厅、国务院办公厅下发《关于引导和鼓励高校毕业生面向基层就业的意见》，北京市委、市政府高度重视，认真研究贯彻落实措施，提出以选聘高校毕业生担任村党支部书记助理、村委会主任助理为主要形式,确保3年之内实现"村村有大学生"、力争一村两名大学生的目标。为保证选聘大学生"村官"的工作顺利开展,市委组织部、市教育工委、市农村工委、市人事局等九部门联合制定《关于引导和鼓励高校毕业生到农村基层就业创业实现村村有大学生目标的实施方案》,在全市建立了引导和鼓励高校毕业生到农村基层就业工作联席会制度,并在市人事局设立联席会办公室,专门负责选聘大学生"村官"的具体工作。

北京市努力建立引导和鼓励高校毕业生到农村基层就业的良性机制。从政策制定到方案实施,从试点先行到分步推进,从岗前培训到后续管理,进行了周密设计,并在实践中不断完善。鼓励高校毕业生到农村基层就业,并按照国家和北京市有关政策,为其缴纳各类社会保险;非北京生源的北京高校毕业生,聘用后连续两年考核合格者,经有关部门批准,可转为北京市户口;在校期间已通过北京市国家公务员公共科目笔试的,笔试合格证书有效期可延长至3年合同期满后的6个月,合同到期如用人单位需要,经面试合格,可优先录用为北京市国家公务员;被国家机关、事业单位录用聘用的,在"村官"岗位上工作的年限记入工龄;工作满两年经考核合格报考研究生的,入学考试总分加10分,并在同等条件下优先录取,3年合同期满并作出突出贡献的,可推荐免试入学,等等。这些规定,充分体现了鼓励高校毕业生到农村基层就业的政策导向,极大调动了北京高校毕业生以及京外院校北京生源毕业生报名投身京郊新农村建设的积极性。

(二)扶持的环节和内容

1.拓宽大学生"村官"未来之路。面对各地引导和鼓励高校毕业生到农村基层就业的热潮,有人担忧:几年后,当这些在农村基层就业的大学生合同期满,他们新的就业问题如何解决? 如果出现大规模的"返城潮"怎么办? 对此,北京市在制度安排上已经有了明确的对策,提前设计了4条通道:可根据工作需要和本人意愿续签合同;可进入人才市场自主择业;可报考研究生给予加分奖励;可应聘国家机关和事业单位,按照有关规定确定相应职务,享受相应待遇,或按同类人员的标准确定工资待遇,表现优秀的,可列为副处级后备干部。

2.保证大学生"村官"常量不变。我们预测,随着大学生"村官"合同陆续到期,将会有人离开"村官"的岗位,寻求新的发展,这是正常现象。应如何妥善应对这种现象? 北京市的基本思路是:2009年以后,每年减多少,就补多少,使大学生"村官"总量大体不变,使每村两名大学生的目标在实现后保持动态性稳定。作为北京市引导和鼓励大学生到基层就业的示范工程和社会主义新农村建设的人才支持工程,北京市将把选聘大学生"村官"的工作坚持不懈地抓下去,抓到底,务求实效。

3.建立"四位一体"运行机制。引导和鼓励高校毕业生到农村基层就业,"引得来"是前提,"留得住"是基础,"用得好"是关键。北京市在选聘大学生"村官"工作中,除在政策上增强"引得来"的吸引力外,特别注意在"留得住"上动脑子,在"用得好"上下工夫。北京市印发了全市统一的《聘用高校毕业生担任京郊村党支部书记助理、村委会主任助理劳动合同书(示范文本)》,用合同形式明确规定了双方的权利和义务;出台了《北京市到京郊农村担任村党支部书记助理、村委会主任助理的高校毕业生工资发放和社会保险缴纳管理办法》,保证大学生"村官"工资待遇和参加社会保险得到切实落实。与此同时,涉及选聘大学生"村官"工作的各有关区县及一些乡镇,也分别制定了岗前培训、岗位职责、管理办法、考核细则等相关制度,激励大学生"村官"在本职岗位上有所作为,争做贡献。多数村和乡镇买电脑、装电话、配自行车,为大学生"村官"尽可能创造好的工作和生活条件。许多乡镇实行"一带一"制度,为每个大学生"村官"指定一名干部负责专门指导,促使他们更好更快地成长。北京市计划制定和发布全市统一的大学生"村官"岗位责任制,规定大学生"村官"能干什么,需干什么,该干什么,进一步规范大学生"村官"的职务行为。目前,北京市选聘大学生"村官"的工作整体上发展健康,运行良好。我们设想,通过建立培养、选拔、使用、管理"四位一体"的人才资源开发机制,促进大学生"村官"成长,使他们在新农村建设中建功立业,在本职岗位上得到锻炼,为今后的事业发展打下良好的基础。

第十七章 北京都市型现代农业科技支撑体系

都市型现代农业科技支撑体系是增强现代农业可持续发展的根本动，是解决"三农"问题的有效途径，是提高农业国际竞争力的根本手段，农业科技创新、农业科技推广和农业科技应用是都市型现代农业科技支撑体系三个重要部分。建立和完善都市型现代农业科技支撑体系将会有力推进都市型现代农业的发展。

第一节 科技支撑体系的内涵与意义

都市型现代农业科技支撑体系是以农业科技创新为前提，将科研成果进行农业科技推广，以达到农业科技应用的目的，建设都市型现代农业科技支撑体系意义重大。

一、内涵

所谓都市型现代农业科技支撑体系是指以农业科技创新为前提，将科研成果进行农业科技推广，以达到农业科技应用的目的，核心是用科技为都市型现代农业服务。具体地讲，都市型现代农业科技支撑体系，是围绕产业发展要求，以农产品为单位，产业为主线建立的农业科技体系。在确定优先发展的都市型特色农业领域以及相关特色农产品的基础上，根据特色农业和市场需求及大众农产品的需要确定农业科技创新的任务，进而确定各种特色农产品的具体研发体系、推广体系的应用体系，探索农业科技创新的实现途径，实施相关的制度保障。

都市型现代农业科技支撑体系是实现都市型现代农业可持续发展的根本保证，是都市型现代农业科技创新的根本动力。与传统的农业科技支撑体系相比，都市型现代农业科技支撑体系更加完善，内容更加丰富，重点更加突出，尤其在服务对象、服务方式、服务内容等方面都与传统农业科技支撑体系有着很大的区别。

在服务对象方面，都市型现代农业科技支撑体系侧重为循环农业、生态农业、创汇农业、观光农业、特色农业等新型农业生产模式以及农产品的园区化、规模化和产业化生产提供技术支撑。

在服务内容方面，强调新品种、新技术的开发与应用以及农业的生产效益、生态效益、社会效益的同步提升。

在服务方式方面，强调"产学研"结合、技术创新联盟等新型技术创新模式，农业科技示范、风险示范、科技特派等新型农业科技推广模式以及新型农业科技投融资平台、新型农业中介组织等农业科技服务方式的建设和应用。

二、意义

从古至今,农业的发展没有脱离科技进步。科学技术的进步提高了生产力,促进了农业文明的发展。随着都市型现代农业的提出与发展,科学技术显示出巨大的作用,逐步认识到依靠科技发展都市型现代农业的优越性,看到科技进步对于都市型现代农业建设进程快慢和竞争力强弱的决定性作用。在这种情况下,增强农业科技自主创新能力,提高农业科技成果转化应用水平,充分发挥农业科技在现代农业中的支撑作用,构建都市型现代农业科技支撑体系,具有十分重要的现实意义。

(一)构建都市型现代农业科技支撑体系是增强现代农业可持续发展的根本动力

当今,农业与可持续发展的关系越发紧密。无疑,都市型现代农业必须建立在可持续发展的基础之上。可持续农业是都市型农业发展的主要模式,联合国粮农组织(FAO)理事会指出:"所谓可持续农业是指一种不造成环境退化、技术上适当、经济上可行、社会上能接受的农业。"(1988)构建都市型现代农业科技支撑体系,有利于可持续农业的发展,有利于发展过程中各种矛盾的解决。

1.有利于缓解城市及周边人口持续增长与耕地急剧缩减的矛盾。一方面,未来几十年我国人口增长与农产品供给不足的矛盾会依然存在。由于人口基数太大,我国每年最低净增人口1300万左右,每年至少需要增加260万吨粮食。另一方面,在人口增长的同时,人们赖以生存和发展的最基本的物质基础—耕地,却在不断减少,尤其是城市周边的耕地。我国耕地面积仅有1.3亿公顷,占国土面积的13.8%,人均耕地为0.103公顷,仅为世界平均水平的四分之一,再加上近年来土地流转所带来的耕地用途的变更。显然,这一矛盾在都市型现代农业发展中更显突出。要从根本上解决这一方面增而另一方面减的矛盾,就必须依靠科技的力量,实践也证明了这一点,依靠科技使都市型现代农业实现了动植物的良种化,开发和使用了许多生态农药,推广了温室大棚等新的耕作方式,提高了农产品的产量和效益,逐步满足了大都市对农产品数量和质量的要求。

2.有利于缓解都市型现代农业发展与水资源短缺的矛盾。水是生命的源泉,农业的命脉。我国水资源总量居世界第六位,如果按耕地持有水量计算,则低于世界平均水平30%左右。按人口计算,位置更是靠后,人均占有量居世界第八十八位,是世界人均水平的十分之一。因此,发展都市型现代农业必须切实采取有力措施,全面推进节水工程,促进农业经济的可持续发展。解决这一问题,关键在于农业科技的使用。运用农业科技建立节水型的农业,采用多种渠道的灌溉技术,如喷灌、滴灌、管道等,提高水资源的利用率。同时充分发挥都市型现代籽种农业优势,推广节水抗旱型号品种,有效解决水资源短缺问题。

3.有利于缓解都市型现代农业发展与环境污染的矛盾。保护生态环境是都市型现代农业建设的重要内容。传统农业发展过程中,人们为了尽快摆脱贫困,往往采用掠夺式的资源开发,加剧了生态恶化,出现了许多亟待解决的环境问题。如今,人们越来越认识到环境资源的优劣对于都市型现代农业发展的制约,因此采用现代科学技术,改造传统农业,改善生态环境,不仅在保持原有发展规模的同时取得了最大的投资效益,还在保护有限资源和生态环境的目标下,促使城郊农村走上了生产发展、生活富裕、生态良好的发展道路。

（二）构建都市型现代农业科技支撑体系是解决"三农"问题的有效途径

发展都市型现代农业区域与城市地区相比仍存在诸多问题,城乡差距仍然存在。促进农业多功能拓展和农民增收,推动农村社区发展,提高农业综合生产能力,是一个当前急需解决的问题。依靠科技进步是促进"三农"经济发展的关键,构建都市型现代农业科技支撑体系是解决"三农"问题的有效途径。

1.有利于提高都市型现代农业的综合生产能力。都市型现代农业的快速发展,很大程度上取决于科技进步。如果科技对农业发展的支持力度不够,那么农业的综合生产能力就会不高,农业发展与科学技术之间存在着积极互动的关系,需要充分利用这种关系,提高科技对农业的贡献率。科技是一种特殊的要素,通过不断的改进和创新,可以产生巨大的经济潜力,解决都市型现代农业发展中的制约问题。

2.有利于改善农村社区的基本生活条件。与城市相比,农村社区的基础设施建设相对薄弱。科技可以解决农村交通、水利设施,乃至住房建设等方面问题,缩小城乡之间的差距。

3.有利于增加农民收入,提高农民的文化素质。农民收入增长缓慢不仅制约着农民生活水平的提高,而且制约着城乡统筹发展的速度。要想增加农民收入,就必须提升农民的基本素质,运用科学技术培养新型农民,所以农民收入问题也同样离不开科技的支持和引领作用。农民只有掌握了必要的农业科技知识,并学会合理地加以应用,就能做到收入稳定并持续增长。

（三）构建都市型现代农业科技支撑体系是提高农业国际竞争力的根本手段

尽管我国的都市型现代农业建设已取得初步成效,但总体来说都市型现代农业的产业体系未能形成,与西方发达国家相比还存在较大差距,使得农产品缺少国际竞争力,产生的经济效益较低。要想改变这一局面,增强农业在国际上的竞争力,发展农业科技,构建现代农业科技支撑体系不失为一个根本手段。

1.有利于提高土地生产率。目前在都市型现代农业发展过程中投入使用的耕地面积逐年在较少,出现了逐步缩减的趋势,需要善于利用农业科技知识,特别是通过高新技术的运用,发展成各具特色的农业产业,甚至还可以开发人类未曾有过的农业产业。有了农业科技的充分利用,土地的使用和生产范围可以由传统的耕地资源向整个更广阔的资源开发,前途将不可限量。

2.有利于提高劳动生产率。在都市型现代农业发展过程中,需要加大力度改变粗放型的经济增长方式,变粗放为集约型的经济增长方式,这是我国农业劳动生产率低下的主要路径。通过集约型的经济增长方式获取经济的高速增长,依靠农业科技可以推动农业的各种生产要素的进步,不仅可以提高农业劳动者的素质,还可以影响农业劳动的手段,特别是对劳动工具的改良完善,甚至还可以细化农业分工,使劳动对象进一步专业化。总之,由传统农业向现代农业转变,由粗放型向集约型转变,都必须依靠农业科技的发展。

可见,建立完善的都市型现代农业科技支撑体系是依靠科学促进都市型现代农业和农村发展最普遍、最有效的措施之一。

第二节　科技支撑体系构成

都市型现代农业科技支撑体系是由农业科技创新体系、农业科技成果转化与推广体系、农业科技中介服务体系、农业科技管理体系、农业科技保障体系构成,服务于都市型现代农业,为都市型现代农业提供科技支撑,引领都市型现代农业发展的科技支撑体系。其中农业科技创新、农业科技推广和农业科技应用是都市型现代农业科技支撑体系三个重要部分。

一、科技创新

都市型现代农业科技创新是构建都市型现代农业科技支撑体系的前提和基础,为农业推广和应用提供最新的研究成果。都市型现代农业科技创新是以农业科研为基础,以都市型现代农业产业发展为前提,以农产品为单元,以提高科技创新能力和效率为核心,在尊重农业科技工作的基本规律的基础上,通过重大科技项目的带动,集合多方力量,如农业科研机构、农业大学、实验基地等,最终形成满足广大农民需要的,具有实用性的农业科研成果。农业科技创新的关键在于通过农业科技的研发,充分调动众多科技创新主体的积极性,整合农业科技创新资源,研究开发出具有国际竞争力、符合都市型现代农业需求的科技创新成果,为提高都市型现代农业的产出水平和质量提供坚实基础,包括农业科技原始创新、集成创新和引进吸收消化再创新三个层面。

北京集聚了农业科研机构和多所农业高校,属农业知识和技术密集区,农业科技资源丰富。已经基本形成了农业科研院所和农业高校并立,各类农业科研机构竞相发展的农业科技创新态势,截止2013年,北京地区现有国家级和市级农业科技创新机构44家,其中,中央在京农业科技创新机构25家,北京市农业科技创新机构19家,全市有4所农林高等院校。全国农林科研机构科技竞争力排序前20名中,有13家在北京。

二、科技推广

推广是农业科技支撑体系发展的中间环节,是促进农业科技成果转化的重要载体。农业技术推广是指通过试验、示范、培训、指导以及咨询服务等,把农业技术普及应用于农业产前、产中、产后全过程的活动(《中华人民共和国农业技术推广法》,2012年)。都市型现代农业科技推广是农业推广过程中包括推广主体、推广模式、推广内容、推广方法等多种因素,构成的一个相互联系的农业科技推广有机整体。具体来说指建立起以政府农业科技推广机构为主导,农村经济合作组织为基础,农业科研院所和涉农企业联合参与,分工协作,充满活力的多元化基层农业科技推广组织。在推广中强调内容的广泛性、实用性以及方式方法的多样性、可接受性,以达到完成推广活动公益性职能与经营性服务相结合的总体要求。农业科技推广体系是农业科技推广一系列活动和过程的具体实现形式的整体体系,在我国,都市型现代农业科技推广体系和已有的推广体系一样,主要包括公益性的农业科技推广体系、经营性的农业科技推广体系和专业性的农民专业化合作服务体系。

北京市的都市型现代农业推广机构在不断的调整过程中基本形成了市、县(区)、乡(镇)三级比较完整的组织体系。按行业形成了种植业、畜牧兽医、水产、农机、林业、水利等六大农业技术推广体系。北京的都市型现代农业科技推广模式主要有科技协调员模式、科技套餐配送模式、科技联盟模式、农民田间学校模式和农业推广教授模式等。为了实现农业科技推广工作顺利进行,解决"最后一公里"问题,北京各郊区推进"科技助农"工程,是培养新型农民和科技成果转化应用的新举措。通过搭建"院区、校区合作+市级技术推广部门+区镇农技推广部门+村级科技示范户"的"金字塔"式农业科技推广新体系,整合各级资源,为各郊区县的农业科技进步、农业产业增效及农民持续增收方面发挥积极的作用。

科技中介机构是指为科技创新主体提供专业化的技术扩散、信息交流、成果转化、科技评价、技术服务、资源配置、决策和管理咨询等服务的中介机构。科技中介机构主要包括各级生产力促进中心、工程技术研究中心、科技企业孵化器、专利事务所、高新技术产权交易所、项目评价咨询机构等。科技中介服务机构通过为不同市场主体提供互相沟通的渠道、资源整合的平台,能够有效减少科技成果转化成本,降低技术转移风险,加速科技成果产业化、商品化进程,最终全面提升区域科技创新能力。据不完全统计,2013 年北京科技中介机构达到 2000 多家,已取得了一定的发展。

三、科技应用

都市型现代农业科技应用是衡量农业科技转化和应用效率的最终体现,其发展的关键在于应用者即广大农村劳动者素质及能力的提高,以达到对农业科技准确掌握并合理利用的程度。因此,都市型现代农业科技应用主要是以建立健全农民科技培训体系为中心,加强培训基础设施建设,充分发挥各级培训学校和社会各方力量的联结作用,利用现场授课、网络教学等多种方式,实施农民培训工程,从而推动都市型现代农业科技应用者的技能鉴定,不断探索和完善现代农业科技应用。

北京市依据北京农村科技资源和新农村建设的实际情况,建立了"乡土化、市场化、信息化、社会化"四位一体的科技惠农发展机制,推行了科技特派员制度,创新性的开展农村科技工作,实施了"农村科技协调员"行动。北京大约有一万名科技协调员走上了特派岗位,这些农村科技协调员采集农村信息、调研农民需求、解决农业难题、推广市场资源,打开了首都农业科技推广的新局面。北京郊区(县)共有农业科技协调员工作站 244 个,农业科技协调员 1588 人。在过去几年,北京市实施"科技入户"工程,逐步形成了一批实践经验丰富、带动能力较强的科技示范户,截至 2010 年底,北京 10 个郊区(县)共有科技示范户 10937 户。科技示范户可以说是发源于基层的"农村科技协调员",他们同样发挥着采集农村信息、调研农民需求、解决农业难题和推广市场资源的作用,并利用自身贴近农民的优势,发挥着重要的示范带动作用。

都市型现代农业科技创新、科技推广、科技应用构成了现代农业科技支撑体系的主要骨架,三大部分通过一定的关系构成了链条式的结构。首先,创新作为科技的供应方,处于链条的起始阶段,为接下来的推广及应用提供必要的科研成果,促使后面的活动能够顺利进行。其次。推广作为科技的中介方,处于链条的中间阶段。在接收到最新的农业科研成果后,进行推广宣传,目的使农业科技应用者能够了解掌握。最后,应用作为科技的需求方,处于链条的最末端,通过推广人员的推广,接收到创新出来的科研成果,并加以运用到实际的农业生产中。总之,都市型现代农业科技创新、推广及应用是按先后顺序以供应方、中介方、需求方三方联合的关系来进行现代农业科技支撑体系的构建的,构建出的都市型现代农业科技支撑体系随着社会经济的不断进步,在都市型现代农业发展中发挥着越来越重要的作用。

第三节 科技支撑体系发展思路与对策

科技体系是发展都市型现代农业的重要支撑,建立和完善都市型现代农业科技支撑体系要有符合新形势发展的先进理念和思路,以农业产业技术创新联盟为载体,健全完善都市型农业科技创新体,以农业科技风险示范工程为平台,构建农业科技试验、示范、传播体,以农村科技特派行动为抓手,构建新型农村技术服务推广体,以建设都市型现代农业产业园区为突破,建立特色的都市型现代科技创新模式。

一、基本思路

(一)建立和完善都市型现代农业科技投入体系

都市型现代农业科技投入体系是农业科技支撑体系的重要组成部分,是实现科技创新的基础。作为都市型现代农业科技进步的重要保障,农业科研支出在很大程度上决定了农业科研水平的高低。在投入方式上,除对农业采用直接拨款外,政府部门还应将贷款贴息、财政补贴、创业投资基金风险补偿、信用担保等方式灵活运用,有效发挥政府投入的放大效应。同时,根据研究开发项目的特点,来确定不同的财政资助方式,建立风险共担机制,最大限度地发挥政府资金的引导作用。在投入领域方面,农业科技资金应重点投入应用研究中的共性技术关键技术的研发、都市型现代农业产业园区建设、农业科技成果转化平台建设、创新环境建设、科技基础设施建设等具有公共性特点的科技领域,从而提高资金的使用效率。此外,政府应加强农业科技资金监管,使资金发挥更大效益。具体而言,应建立和完善政府农业科技投入的预算管理,提高对科技经费投入管理的公开性、透明度和公正性;大力发展和完善有关都市型现代农业科技投入的绩效评估方法和规范的公共选择程序;完善监督体系和问责制度;强化科技投入成果的资源共享。

(二)建立农业创新企业培育体系

高校、科研院所应联合企业开展技术研究、技术标准制定、市场信息调研以及制定科技发展战略规划,并积极提供科技中介服务。同时,可通过组建联合实验室或开展合作研究计划的方式与农业企业建立密切的交流与合作关系。政府应积极搭建产学研交流平台,鼓励产学研之间人员与信息的相互流动;在科技投入方面,鼓励由有实力的农业企业牵头,联合科研机构共同承担国家重大科研项目;对联合组建的重点实验室、技术研发中心等给予一定的财政支持,从而降低技术风险和市场风险。

(三)建立都市型现代农业科技成果转化体系

1.大力发展科技中介服务机构。加大对各种政策性中介服务机构的建设力度,搭建技术孵化、转移、交易平台,促进农业科技资源的整合,提高农业科技成果转化率。鼓励高校、研院所建立营利性或非营利性科技中介服务机构,并给予相应的政策支持,使得各类中介服务机构都有明确的职责和定位,形成较好的发展环境。鼓励创办专业化科技服务机构,支持引进国内外著名的科技服务机构,重点培育一批技术转移、科技成果交易、技术评估、风险投资等科技中介服务机构。

2.注重开展高校、科研机构与农业企业的合作研究。为了使高校和科研机构的科研活动能够更好地适应农业企业发展的需要,使科研成果迅速转化,政府应鼓励高校、科研机构与农业企业加强合作。加大对产学研共同参与联合研究与开发计划的科技投入,对一些重大的科技项目,规定必须产学研合作才能申请基金资助。同时,通过制定产业"技术路线图",明确产学研联盟的目标,指导产学研联盟的建立。

3.加快发展风险投资市场。据统计,美国有90%以上的高新技术企业在发展过程中得到过风险投资的帮助,美国风险投资的资金规模约600亿美元,每年为1万项以上的科技成果转化项目提供资金支持。美国硅谷的成功和高新技术产业的迅速发展正是得益于领先的风险投资市场。

二、主要对策

制定或实施都市型现代农业发展战略,必须加快调整农业科技的方针、方向、工作内容和战略重点,增强农业科技创新能力、支撑能力和可持续发展能力,构建新型的都市型现代农业科技支撑体系,实现农业科技支撑体系的跨越式发展。

(一)以农业产业技术创新联盟为载体,健全完善都市型农业科技创新体系

农业产业技术创新联盟是两个或者两个以上的农业组织基于技术创新活动所建立的一种合作关系。农业产业技术创新联盟可以有效降低农业科技创新成本,提高科技创新成功率,是都市型现代农业科技创新体系的重要载体。因此,构建都市型现代农业科技创新体系应重点建立"科技研发—成果转化—占有市场"的创新机制,组建由从事农业科技创新的企业、高校、科研院所组成的农业产业技术创新联盟。

具体做好以下五个方面:一是广泛征求各方意见,定期通报"创新联盟"构建工作进展情况,对"创新联盟"构建工作进行充分论证。二是建立健全相关的规章制度,完善评审专家培训制度,定期对评审专家进行相关专业知识培训,确保评审质量。三是选择农业特色优势产业率先示范。根据本地农业发展的资源特色优势,建立"特色农产品种养殖技术深加工产业技术创新联盟"引导创新要素向优势产业集聚,推动农业结构优化升级,提升农业核心竞争力。四是以农业企业技术需求为导向,确定项目计划。创新联盟项目会员企业首先提出技术需求,然后由专家组成进行筛选,高校、科研院所提出技术支持方案,经项目遴选、可行性论证后确定项目计划。政府通过政策引导和提供部分研究经费等方式,予以适度支持。五是严格监管。科技主管部门定期对"创新联盟"运行工作进行考评,尤其对纳入科技计划年度支持重点的"创新联盟"项目进行严格监管,力求从根本上解决产学研脱节的问题。

(二)以农业科技风险示范工程为平台,构建农业科技试验、示范、传播体系

实施农业科技风险示范工程的主要目的是将农业科技风险示范园办成农业科技成果转化的示范基地、农民群众学习观摩的样板基地、农业院校学生和乡村技术员培训实习基地、经济效益和生态效益并举的现代农业基地和开放式科技成果展示大厅,最终建成都市型现代农业科技孵化基地。农业科技风险示范工程可以有效,规避农民生产、经营风险。因此,必须将实施农业科技风险示范工程作为构建都市型现代农业科技支撑体系的重要任务,通过创建农业科技风险示范园、风险示范基地乃至风险示范联合体,创新农业科技的引领和服务形式,提升区域农业科技的总体竞争和服务能力。

(三)以农村科技特派行动为抓手,构建新型农村技术服务推广体系

我们应充分借鉴相关经验,以农村科技特派行动为抓手,全力构建新型农村技术服务推广体系。例如,法国作为全球第二大农产品进出口大国,其农业科研机构不仅开展应用课题研究,还组织农业技术咨询、成果展览活动以及举办农业知识培训班。他们的另一项重要任务是在乡村建立农业科学知识普及推广站,在全体农业劳动者中进行科普教育和农业技术培训。通过农村科技特派行动,以农户需求为目标,推行菜单服务方式,实施科技人员直接联系、科技成果直接推广、生产技术直接指导订单服务。围绕产业发展,集中推进涉农重大项目建设,建立"一个基地一支队伍、一个项目一名人员,跟踪企业、联

系村社、全程服务"的重大项目推进机制。积极推行技术承包合同制度,鼓励科技人员下乡,与农户签订技术承包合同,增产增效的部分由农户和科技人员共同享受。

针对原有的传统农技推广体系"网破、线断、人散",成果推广转化能力薄弱等突出问题,以农村科技特派行动为抓手,全力构建新型农村技术服务推广体系。重点做好以下三个方面工作:一是加强组织领导,创建工作机制。成立了农村科技特派工作领导小组,统一领导农村科技特派创新工作,检查、协调农村科技特派工作的组织落实情况。二是制订实施方案,构建长效管理机制。制定农村科技特派行动实施方案,明确科技特派工作的指导思想、工作目标和主要任务,规范选派程序、选派对象、服务内容及服务领域,制定保障措施,安排专项工作经费,建立督促检查和考核激励机制,形成上下联动的领导体制和工作管理机制。三是坚持双向选择,严格选派程序。坚持"双方自愿、双向选择"的原则,组织有关部门共同开展调查研究,有针对性地征求各企业、专业村、专业户、示范园区对技术和人才需求的意见.

(四)以建设都市型现代农业产业园区为突破,建立特色的都市型现代科技创新模式

1.发展高科技农业产业园区,促进农业产业园区产业升级。严格要求入园企业是创新型企业,入园的项目属于农业高新技术项目。同时,加强产业内的关联度,加大产业间的协作力度,以关联项目形成产业链,以产业链优化提升产业园区,以产业园区构建产业集群。结合国家级和省级农业产业化基地建设,科学规划,使得不同层级的农业产业园区形成合理的产业梯度转移,有利于各地区分工协作、发挥各自优势。引进知名企业,带动更多企业入驻园区。围绕龙头企业,形成优势农业产业集群。

2.打造特色农业产业园区,做大做强主导产业。在深入分析资源禀赋、产业优势、科技资源等方面基础上,确定发展都市型现代农业的重点领域,打造特色农业产业园区,形成园区的主导产业。另外,在相同的农业产业领域,各产业园区要根据自有优势,有重点地发展产业链。

3.优化园区环境,营造创新氛围。健全园区发展激励机制,建立一套科学的评价体系,提高政务办事效率,重点解决企业用地、融资、信息等难点问题。政府机关、宣传和执法等部门都要以发展为己任,为经济发展创造宽松的环境,为产业园区的建设和发展保驾护航。建立完善的中介服务体系,推进孵化体系建设,为孵化企业提供资金支持。加强科技信息共享、科技决策咨询服务、科技金融服务等科技基础条件平台建设,加强园区生活配套设施建设,营造共享、宜居的园区环境。

第十八章　北京都市型现代农业人才支撑体系

人才是都市农业发展的现代生产要素之一,适应都市型现代农业的发展,必须构建完善的都市型现代农业人才支撑。针对都市型现代农业人才发展现状,重点培养都市型农业生产科技人才、都市型农业经济管理人才、都市型农村规划设计人才、都市型农业信息技术人才、都市型农村生态能源人才、都市型农村基层管理人才六类人才;加快培养模式创新和高校教育内容改革,并积极培育现代新型农民,加强职业教育。

第一节　人才需求概述

近年来,北京都市型现代农业人才队伍建设已取得明显成效,但与大都市发展的需要还存在一定差距,人才总量不足,结构不合理,整体素质不高,人员不稳定,难以满足市场需求;人才结构性短缺现象突出,农林系统人才少,尤其是高技能的专业型农业人才、高水平的复合型农业人才极为短缺。涉农人才严重供不应求,制约了都市型现代农业发展的步伐。

一、人才现状

（一）农村人力资源整体文化素质偏低

农民素质应该是指农民在参加经济社会活动中所表现的和潜在的身心健康水平、科学文化水平和思想道德水平等多方面的综合状态。农民素质特别是农村劳动力素质是农村社会生产力的诸要素中的最重要的要素,是农村经济社会发展水平的决定性因素。北京农村的农民年龄普遍偏大,农村人力资源整体文化素质偏低。农民文化素质是农民自身全面素质形成的基础,也是不断提高农民生产技能素质和思想道德素质的基本前提。近年来随着社会和经济的发展,农村教育也有了一定的发展,但农村劳动力整体文化素质偏低的状况还没有根本改变。郊区居民家庭劳动力中,56.4%只有初中文化,而具有高中以上文化程度者仅占34.89%,不识字或识字很少的还占1.5个百分点;受过各种专业培训的转移劳动力不足40%的总体状况,无论是与发达国家和地区相比较,还是与郊区经济的发展要求相匹配,都还存在着很大的差距。

（二）农村人力资源结构不合理

根据受教育年限和文化程度,可将人力资源分为普通人力资源(初中及以下学历)、技能型人力资源(高中、中专学历)和创新型人力资源(大专及以上学历)3种类型。总体上看,农村人力资源结构正在朝良性方向发展,但发展进程缓慢,农村人力资源结构仍很不合理,主要表现在:一是普通人力资源比重过大,1999—2010年北京农村劳动力大部分属于普通人力资源,各年均占75%以上,这表明北京郊区农村受教育水平较低的劳动力过多。二是技能型人力资源短缺。在发达国家,技能型人力资源承担着农业科技推广的任务。近年来北京郊区农村技能型人力资源短缺,所占比重为10%左右。三是创新型人力资源极其短缺。据统计,北京农村创新型人力资源占总数不足2%,这反映了北京农村高层次人才的匮乏程度。

(三)农村人才存量不足

农村人才的存量是影响到农业持续发展的关键性要素。目前在本市郊区,每万名农村从业人员中只拥有农村人才1430人,人才的从业密度为14.3%,与全市人才的整体水平(每万名从业人员中拥有人才2800人,人才密度为28%)相比,差距显著。目前的农村人才主要有两方面的不足:一是受教育程度普遍不高,具有大学本科以上学历的人才仅占16.8%,而高中以下学历的占51.3%,农民型文化特征明显,使他们在接受新观念、新知识、新技能方面受到一定约束,难以承接首都城市产业向郊区转移和延伸的要求。二是传统产业人才仍占主导,新兴产业人才严重紧缺。近年来,随着北京城市产业的梯度外移,其经济社会发展的重心逐步转向郊区,郊区紧缺人才问题日益凸显。按照郊区发展的总体目标,对郊区人才的结构、层次和类型都提出了前所未有的新要求。而这些新增的急需人才,又大多是目前郊区新兴产业、行业中的空白点。如各类都市型农业人才、生态农业和旅游人才、法律公证人才、小城镇规划建设人才和管理人才、社区管理人才、各类新型工业制造业人才、高新技术人才、各类国际化复合型人才以及在素质上适应市场经济和国际竞争的各类人才,都十分稀缺。现有人才难以承担郊区人口、产业分布重心由传统的一产向第二、第三产业转移的重任,这种情况已成为制约郊区经济发展的瓶颈。

(四)农业科技园区经营管理人才短缺

大多数农业科技园区在建设过程中,对高新技术人才的培养和引进环节相当薄弱。仅就市级科技园区而言,科技人员所占比例最高的为44.4%,有8个园区,其科技人员的比例不足20%。除少数民营农业科技园区外,多数园区没有充分利用好在京的科技和人才优势。致使其产品的科技含量较低,附加值不高,在激烈的市场竞争中难免处于劣势。

作为北京都市型农业现代化的重要载体和主要形式的农业科技园区,本应有较高的科技含量,但主要受从业人员素质所限,在产业选择上,种植、养殖类占到76.5%,综合型园区占22.3%,加工型园区仅占1.2%。鉴于资金投入、土地成本、资源优势和技术、人才状况各异,不同的园区在产业选择上理应有所区别,但从总体看,多数园区在产业选择上却存在着许多的重复,特色不明显。除畜牧业均集中在远郊区县外,近郊和部分远郊区的园区,其主导产业是瓜果、花卉和特菜。主导产业的科技含量不高;没有形成规模;没有凸显出不同区位、不同性质园区的特色。农业科技园区的建设和发展还在初级阶段徘徊。

(五)高校人才培养与社会需求相脱节

目前,我国高等学校人才培养模式与社会职业需求在很多方面都不相匹配,高等学校人才培养模式较为单一,存在较严重的重理论轻实践、重科研轻技能的问题,农村发展急需的实用型、技能型人才的培养严重不足。近年来,不少高校已开始瞄准市场变化,根据社会需求调整专业设置。但是,人们所关注的"需求"往往没有农村的需求。许多高校不了解农村产业结构、劳动力结构及就业市场的变化,不了解农村实用人才应有的知识和技能结构,很少考虑从农村的实际需要设置专业、培养人才,毕业生无法满足用人单位"复合型、应用型"高级人才的需要,造成人才"用不上"的情形。

二、建设成效

2003年全国人才工作会议以来,北京市把加强农村实用人才队伍建设作为发展都市型现代农业、推进社会主义新农村建设的重要抓手,作为巩固党在农村的执政基础、加强党的执政能力建设和先进性建设的重要途径,摆在突出位置,列入议事日程,采取多种方式,狠抓工作落实,取得了积极成效。

一是队伍规模稳步壮大。目前北京农村实用人才队伍已基本形成五个"方面军",即生产型人才、经营型人才、技能带动型人才、科技服务型人才、社会服务型人才。适应各区县农业产业结构调整和现代农业发展的新形势,一些具有地方特色的农村实用人才新类型不断涌现。

二是队伍结构明显优化。随着农业农村经济持续健康发展,农村实用人才在市场经济大潮中历练成长,增长才干,一大批复合型人才涌现出来,增强了农村实用人才队伍服务农业农村经济发展的能力;随着进城务工农民渐次返乡,创业型农村实用人才日益增多,为农业农村经济发展注入了新的活力;随着城市人才到农村基层就业,进一步优化了农村实用人才队伍结构。有关部门开展的"科技特派员"、"农业专家大院"、"科技文化卫生三下乡"、科技专家服务"三农"等活动,不仅开辟了高级人才直接为"三农"服务的新途径,也为农村实用人才成长提供了有力的智力支持。

三是农村实用人才对农业农村经济发展的支撑作用明显增强。近年来,农村种植养殖大户、农民专业合作社负责人、农村经纪人数量均呈现大幅度增长,在农业适用技术引进、推广、应用中发挥了带头和示范作用。从事非农产业经营的农村实用人才,不仅丰富了当地的经济类型,提升了产业高度,促进了当地经济的发展,还为农村提供了大量就业机会,为当地农民增加收入作出了重要贡献。近年来,北京都市型现代农业快速发展,农业农村经济发展保持良好的发展势头,这些都与广大农村实用人才的辛勤奉献息息相关。

三、制约因素

近年来,然而,随着社会的发展,首都农村经济进入新的历史阶段,都市型现代农业人才队伍建设与大都市发展的需要还存在一定差距,人才总量不足,结构不合理,整体素质不高,人员不够稳定,难以满足市场需求,在一定程度上制约了北京都市型现代农业的进一步发展。

当前,北京都市型现代农业人才队伍建设主要存在如下问题:

(一)专业技术人员方面

1.农业科研人员结构不尽合理

北京地区从事农业科学研究的人员有近2万人,北京市属各机构仅有4000余人。从现状看,科技人员呈倒金字塔分布,60%以上人员分布在市属科研院所和高等院校,郊区县不足1500人,乡镇以下(含)则为零。高学历和高职称的技术人员多集中在市级单位,从市级到乡镇,农技人员文化素质和技术能力下降明显。基层技术人员科技文化素质较低,这种科研队伍结构不利于农业技术的创新发展。

2.农业技术推广人员严重不足

经过多年的发展,北京市已基本形成了由市、区(县)、乡(镇)三级农技推广机构组成的京郊农技推广体系。市级共有农业技术推广和部分涉及农业技术推广的单位 14 个,区县设立以行业中心牵头的农技推广有关单位(部门)123 个,乡镇有农业技术推广机构 307 个,其中综合农业服务中心 180 个、畜牧兽医机构 100 个,农机管理服务站 12 个、种植业推广机构 14 个、其他机构 1 个。

北京郊区农业技术推广队伍同发达国家相比,无论在数量上,还是在质量上,都还存在着较大差距。目前,北京市农业技术推广人员仅为 7247 人,有近 50% 的人员为市县级机构的人员。且从市级到乡镇级,农业技术推广机构技术人员所占比重逐渐减低(见表 18-1)。乡镇一级除去管理人员和后勤人员,真正的科技人员为 2221 人,平均到每个村仅为 0.56 人。美国、日本等发达国家每万农村人口中有 40 多名农业技术推广人员,北京郊区每万农村人口平均仅有 7 名农业技术推广人员,尚有明显的差距。要达到发达国家的标准,京郊农村应有 12328 名农业技术推广人员,目前缺口达 1 万多人;即使达到此标准的一半,缺口也有 4000 人之多;如果按每村应有 1 个农业技术推广人员测算,缺口也有近 2000 人。

表 18-1 北京各级农业技术推广机构技术人员比重对比表

	市级	区(县)级	乡(镇)级
种植业	68.1%	72.5%	57.8%
畜牧业	84.4%	70.1%	64.5%
农机业	66.7%	41.3%	—
水产业	54.9%	49.6%	—
合计	72.3%	66.3%	61.5%

此外,农业技术推广人员整体知识水平低,高学历和高职称人员少,基层人员缺乏知识更新和进修深造机会,专业知识老化,也是阻碍农业技术转化应用的重要因素。京郊农业技术推广人员中,研究生以上学历的仅占 1.2%,大学学历占 20.3%,大专占 33.5%,中专及以下占 45%。高级职称仅占 7.8%,中级职称占 26.5%,初级及以下占 65.7%。全市农业技术人员中,约有 50.6% 的技术人员接受过专业技术培训,其中,市级技术人员中有 90.5% 接受过专业技术培训;区县级技术人员中有 54.8% 接受过专业技术培训;乡镇级技术人员有 31.4% 接受过专业技术培训。

美国的州一级农技推广人员全部具有博士学位,县级推广人员 25% 具有博士学位,硕士学位占 70% 左右;日本的农技推广人员全部为受过正规本科教育的人员。与发达国家相比,北京郊区农业技术推广人员的学历水平是相当低的。

京郊农业技术推广队伍还存在专业结构不合理的现象。农业技术推广人员的 80% 集中在种养业的产中阶段,而产前科技支撑、产后加工、保鲜等领域专业人员较少,难以适应京郊都市型现代农业发展和新农村建设的需要。

3.农业科技管理人员尚待加强

北京市、区(县)、乡(镇)三级农业科技管理人员共有 1359 人,未能满足发展的需要。管理人员素质不高,工作关系尚未完全理顺,未能充分发挥每一个农业科技人员的积极性,阻碍了农业科技的加快发展。

(二)农村实用人才方面

虽然近年来,北京郊区农民的现代化素养不断提高,但从目前发展现状看,农民的综合素质低,缺乏就业的基本技能,极大地影响了农民的增收致富。

目前在京郊农村,实用型人才队伍已成为北京都市型现代农业人才队伍建设的软肋。

1.实用人才总量不足,高素质人才尤为短缺

全市都市型现代农业实用人才不足万人,仅占乡村劳动力的6‰左右,初中以下学历占近60%,郊区农民无职业技能证书的占80%,与建设新农村所需的人才数量和素质差距较大。

都市型现代农业人才不仅数量有限,而且大多数都市型现代农业人才没有受过系统全面的普通教育和技能教育,主要靠生产实践中积累经验和自我学习,逐渐成长为"土专家",在接受新的思想、新的观念的主动性方面略显欠缺,知识技能更新速度跟不上经济发展速度。

2.人才产业分布结构不合理,新兴产业人才缺乏

都市型现代农业人才在三次产业的分布比例为76.5%∶7.7%∶15.8%,人才结构与经济发展结构很不适应。

调研资料显示,在拥有农业科技培训证书方面,拥有"绿色证书"的农民占全部被调查农民的3.3%;拥有"青年农民跨世纪培训"证书的占2.7%;拥有短期培训证书的占31.5%。在拥有非农技能培训证书方面,拥有驾驶执照占30%;拥有电工证书的占6.3%;拥有电气焊职业资格证书的占3.6%;拥有钳工证书的占1.8%;拥有司炉工证书的占0.6%;拥有烹饪证书的占2.7%;拥有电脑网络证书的占1.6%;拥有市场营销证书的占0.8%;拥有其他证书的占9.8%。实用人才仍以传统产业为主,市场营销、技术推广、旅游管理与开发等新农村建设所亟需的新兴产业人才较为短缺。

3.都市型现代农业人才队伍呈现老龄化的趋势

据统计,北京都市型现代农业人才队伍平均年龄为44.6岁,40岁以上的中老年人才占70%。

4.管理滞后,人才资源不足和浪费现象并存

都市型现代农业人才社会认可度低,带动和示范作用发挥不足,激励机制不健全,这些问题在一定程度上阻碍了农业产业化经营水平的提高,制约了郊区农村劳动力转移的步伐,影响了郊区农民的增收致富。

(三)农村基层干部方面

1.文化水平有待提升

目前郊区农村基层干部中,具有高中及中专以上学历的有6752人,占总数的53.4%,大专及上上学历的干部不足30%。虽然和前几年相比,村委会的文化结构明显得到优化,但仍有待于进一步提升。

2.年龄结构亟待改善

农村基层干部队伍年龄结构不尽合理、年龄结构偏大。最新数据表明,截止2007年8月上旬,全市共有3847个村完成换届选举工作,12641名村委会成员的平均年龄为45.4岁,仍显偏大。

3.能力素质存在不足

京郊农村基层干部存在着思想保守、观念陈旧的现象,缺乏市场经济意识,带领农民发展经济、增收致富的本领不高,驾驭市场经济的能力不强,不能为群众提供迫切需要的信息、技术、项目、市场和销售等方面的服务;工作作风不民主,工作方法简单粗暴;不善于做群众工作,缺乏教育引导农民的自觉性与措施办法;不善于协调关系,化解新时期农村矛盾的能力较弱,难以适应农村工作中出现的新情况、新矛盾;服务农民的意识不强,不能真心实意地为农民排忧解难等现象仍然存在。

第二节　人才需求特征与类型

一、特征

北京都市型现代农业人才结构性短缺表现突出,农业人才明显不足。当前,北京都市型现代农业人才主要集中在教育、卫生等系统,农林系统人才少,尤其是高技能的专业型农业人才、高水平的复合型农业人才极为短缺。怀柔区"十二五"人才资源发展计划中,提出强化经济社会发展的人才保障和智力支持,建设产业人才汇聚、人才环境优越、人才效益显著的京郊人才强区。到"十二五"末,人才资源总量达到10.5万人,人力资本投资占地方财政支出的比例达到20.8%,每万劳动力中研发人员达到172人/年。密云县在其发展计划中提出,在今后的农业和农村发展中,重点抓好支柱产业、主导产业急需人才的引进工作,强化专业技能人才、经济管理人才、科技创新人才、农村实用人才等队伍建设,努力培养和造就一批结构优化、素质优良的人才队伍。健全人才激励机制,完善人才市场服务体系,形成人才聚集效应。农业人才严重供不应求,制约了首都新农村建设的步伐。

随着北京都市型现代农业的快速发展,预计未来用人需求将会持续增长,且需求的增幅会进一步提高。北京郊区都市型现代农业建设对涉农毕业生的需求总量会进一步增加。

二、类型

当前北京都市型现代农业亟需如下几种农业人才:都市型现代农业生产科技人才、都市型农业经济管理人才、都市型农村规划设计人才、都市型农业信息技术人才、都市型农村生态能源人才、都市型农村基层管理人才。

1.都市型现代农业生产科技人才

生产发展是都市型现代农业的首要任务,大力发展都市型现代农业也是北京郊区新农村建设的重要手段和实现途径。都市型现代农业是业态丰富、产业融合的农业综合体系,它包括产品型都市农业、服务型都市农业和体验型都市农业等多种类型。从发展趋势看,都市型农业的产中环节将逐步弱化,产后环节将逐步加强;农业的生产功能逐渐弱化,生态涵养、生活休闲、科技展示等功能将显著增强;大宗农产品的生产将逐步减少,名特优新、唯一性农产品等符合中、高端市场消费需求的产品将占据市场的主导地位。

从生产发展对农业科技人才需求的角度看,《北京种植业2006—2020年发展构想及科技需求》提出重点项目包括发展特色籽种产业、发展农产品出口创汇业、发展农业观光休闲产业、发展有机绿色食品产业、现代高效节水旱作技术及产品、现代生物灾害防治技术、现代农产品加工技术、现代农业信息技术、现代农业面源污染控制技术、农业生态环境工程技术。

《规划》还提出,未来蔬菜加工和观光休闲产值要占全市蔬菜总产值的30%以上;要积极引进优良薯类、豆类、花生、谷子等杂粮新品种,着重培育大兴10万亩甘薯产业,房山10万亩豆类产业,密云县和怀柔区的20万亩花生产业,粮食籽种面积达到10万亩。从农业技术需求角度看,产前主要解决出口专用品种的难题;强化产中保证体系,解决出口产品重量、形状、规格、颜色、质量等控制技术难题;优化产后供给体系,解决出口蔬菜、瓜果、粮油产品采后(加工)检疫、保鲜、分级、包装、储藏、运输,货架期等处理技术难题。以上这些技术措施的落实,需要大量农业科技人才。

又如北京市花卉产业市场前景十分看好,全市从事花卉产业的人员总数约20000人,其中生产领域总人数为11150人,规模较大。然而,从业人员中中专以上学历的仅为1427人,占总人数的12.8%;大学以上学历的仅为320人,占花卉生产从业人员的2.9%。从业人员素质低,掌握科技知识和应用新技术的能力不强,难以胜任花卉行业这样技术含量较高的工作,影响产品质量和市场竞争力。

从从业农民对农业科技人才的需求角度看,在京郊从业农民中,希望今后从事种植业的占21.4%;养殖业的占10%;农产品加工的占14.0%;制造业占3.3%;建筑业7.4%;商业占13.5%;旅游10.4%;交通运输业6.7%;餐饮服务业5.7%;希望从事其他行业的农民占7.9%。大多数农民的择业范围仍为农业或与农业相关的加工服务业。

在全部被调查农民中,有36%的人认为由于缺乏农业生产技能影响了家庭的生产经营。

在希望接受技术培训的农民中,有23.6%的农民选择希望接受农产品加工业方面的技术培训;选择商业营销的占11.8%;服务业占16.4%;信息技术占5.7%。

可见,北京郊区都市型现代农业的发展亟需大量的农业专业科技人才。

2.都市型农业经济管理人才

随着大都市经济的快速发展,都市型现代农业的领域不断延展,不再局限在第一产业、不仅仅是初级产品形式的物质生产,而是向第二、第三产业延展并融合。在物质生产领域,要将初级产品生产延伸到加工、制造,直至上餐桌;在流通领域,要扩展到营销、配送;在精神领域,要为居民提供教育、文化、体验、休闲等维护身心健康的服务。

都市型农业的产业特性主要体现在几个方面:在产品生产上,注重质量安全;在市场导向上,定位于中高端市场;在营销理念上,重视品牌建设;在产业链条上,强化产后经济;在经营机制上,以企业化运作为主;在组织方式上,追求高组织化程度;在服务体系上,强调物流配送。随着都市型农业内涵的丰富和功能的拓展,超市农业、循环农业、科技农业、景观农业、会展农业、创意农业等新的都市型农业业态不断涌现,创新了都市型农业发展模式。

都市型现代农业产业的融合和业态的丰富对生产的市场化、农民的组织化、管理的现代化、知识的产权化等都提出了更高的要求。农村市场体系的建立与完善要求从业人员具备市场营销、金融、贸易、物流管理等方面的知识;农民组织化程度的提高要求相关人员具备管理学、法学、社会学等方面的知识;农业企业规模的不断扩大要求管理者具备财务管理、人力资源管理、企业管理等方面的知识,北京郊区新农村建设对既有农村背景、又有科学知识,懂技术、懂管理、能推广、善营销、善组织的复合型、创业型人才需求将日益加大。

3.都市型农村规划设计人才

规划先行是发展北京都市型现代农业的重要原则。从当前北京郊区发展来看,都市型现代农业缺乏长远发展规划与村庄功能定位研究,村庄建设与农业发展泛化,个性化建设与内涵式发展明显不足,发展模式单一。要建设具有首都特色的都市型现代农业,必须要对农村发展进行合理有序的规划,高水平地科学谋划农村发展的主导产业、生态环境、基础设施建设等布局和实现途径。具体地说,包括都市农业产业发展规划、都市郊区生态景观规划、区域村镇建设规划、生态环境建设规划、都市型农业企业策划,等等。

当前,城市设计人才很多,而农村规划设计人才相对还很少。因此,要加快培养农村经济管理、农业生态学、景观学、农学、园林设计等多学科人才,以满足新农村建设对农村规划设计人才的需求。

4.都市型农业信息技术人才

北京都市型现代农业对农业信息化的需求包括农业宏观调控、管理决策信息化与公益性信息化服务体系建设;面向"三农"的信息服务体系;IT提升与改造传统农业;减小农村"数字鸿沟",解决农村信息服务最后"一公里"等问题。发展重点是建设数字化农业宏观决策体系;数字化农业生产管理技术体系;数字化绿色农产品供应链体系;数字农业信息服务体系。这些都需要掌握农业信息技术的人才,尤其是着重培养既有信息知识,又懂农业技术的"双料"人才。

国家农业信息化工程技术研究中心研究人员从不同角度对北京农业信息技术发展现状进行了分析和评价,评价内容包括作物模拟、精准农业、数字林业、虚拟农业等多方面。分析结果表明,目前北京农业信息技术发展的基础设施水平较高,研发人员也基本能够满足行业发展的需要,但农业信息技术的研发水平和应用水平却较为落后(见表18-2)。这就从另外的角度反映出对农业信息技术研发人员和推广应用人员的强烈需求。

表18-2　北京农业信息技术发展现状分析图

评价内容	研发水平					应用水平					研发人员			基础设施				
	国际领先	国际水平	稍微落后	比较落后	显著落后	强	较强	一般	较弱	弱	基本满足	短缺	严重短缺	好	较好	一般	较差	差
信息集成				○						○			○		○			
专家系统	○					○					○				○			
作物模拟			○					○			○				○			
智能控制			○					○			○				○			
精准农业			○						○		○				○			
数字林业			○					○			○				○			
监测预警				○				○			○				○			
虚拟农业			○							○	○						○	
管理决策				○				○			○				○			
实用软件			○					○				○				○		
网格技术			○					○				○			○			

5.都市型农村生态能源人才

《北京城市总体规划(2004—2020年)》将北京的城市发展目标定位于"国家首都、国际城市、文化名城、宜居城市"。"宜居城市"既包含优美、整洁、和谐的自然和生态环境,也包含安全、便利、舒适的社会和人文环境,北京郊区生态环境和人居环境建设任务繁重。山区作为首都的生态涵养区,发展都市型现代农业时要积极鼓励开展人工种草、植树、哺育幼林和封山育林,改善山区自然植被,进一步提高山区生态林保护物种、涵养水源、防风固沙、调节温湿、改良土壤、固碳制氧、消除污染和杀菌净气等生态功能,加快实施山区森林植被建设与恢复、流域综合治理、水源地保护等生态建设工程。为把北京建设成为山川秀美、空气清新、环境优美、生态良好、人与自然和谐、经济社会全面协调、可持续发展的生态城市创造条件。同时,对农田逐步实行园艺化管理,减少裸露农田和扬尘;对不适宜种植农作物的荒滩、荒地进行绿化美化规划;加快规模畜禽场粪污治理,提高养殖业排泄物污染治理水平,实行清洁生产。

另外,由于北京市水、土等自然资源严重短缺,都市型现代农业必须要转变传统的经济增长方式,打破能源和资源制约瓶颈,提高资源利用效率。要大力发展循环经济,鼓励发展种养一体、农牧结合的生态型生产方式;鼓励加工生产和科学使用有机肥,逐步替代化肥,减少农业面源污染;保护生物多样性,鼓励动植物病虫害生物防治;运用循环经济理念,发展低消耗、低排放、高效率的农业循环经济产业,促进再生资源和非再生资源的循环利用。要重点支持节水型技术、生物有机肥、生物农药、生物能源、工厂化设施的研发应用;重点支持加强农村垃圾、污水、改厕等先进实用技术与管理措施的研究和推广工作,推广新材料、新技术,建设节能型农民住宅。

通过农村能源生态建设,引导农民转变传统落后的生产生活方式,解决农村脏、乱、差问题,改善农民生活条件和居住环境,这些都需要具有农业生态和能源方面知识的技术人才,来引导和带领广大农民完成。

6.都市型农村基层管理人才

农村基层管理干部是新农村建设的有生力量。当前,北京郊区农村基层管理人员文化素质不高、年龄老化问题严重。要改善这一状况,必须要努力吸收高等院校毕业生进入农村基层工作,为农村基层管理输入新鲜血液。高校毕业生文化知识和专业技术水平较高,具有新的发展思路和经营理念,进入村级领导班子当村官,有利于改变农村传统的用人机制,可以有效解决村级干部年龄老化、知识弱化等问题,提高农村基层干部队伍的执政能力,有利于把先进的科学文化知识、先进的思想观念和现代生活方式带到农村,有利于活跃农村文化生活,加速农村生产力的发展。

高校毕业生通过在农村创办致富项目,能够让农民用新观念务农、新技术种田、新产业致富,实现共同致富。高校毕业生通过全新的视角审视村情、民情,用自己的知识和智慧调整产业结构,能够科学谋划经济发展。此外,高校毕业生还能够利用自身的外界关系,给农村带来更多的科技、信息、项目和资金,从多层面促进社会主义新农村建设。

然而,据国家统计局北京调查总队 2006 年年底对北京市高校已就业、未就业的毕业生和即将毕业的在校生的就业现状所做的调查,六成高校毕业生即便毕业时在北京市区找不到工作也不愿意到基层、偏远地区去就业。高校毕业生到农村基层就业意愿不强,农村基层管理干部储备不足,从长远看,将对北京郊区新农村建设产生较大的阻碍作用。

7.新型农民

新型农民的培养是都市型现代农业人才体系的核心和重点。农民是发展都市型现代农业的主体,发展都市型现代农业,急需培养造就千千万万高素质的新型农民。只有不断提高农民的综合素质,才能全方位拓展增收渠道,提高经营现代农业的水平,加快农村富余劳动力转移,促进农民增收致富;才能增强农民的发展意识、效率意识、竞争意识,村村谋发展、户户思创业,进而形成良好的道德规范和社会风尚,建设都市型社会主义新农村。

可发挥农业高等教育的优势,联合培养本土农村大学生,使之逐步成为掌握现代农业技术、带领农民致富的领头人,成为致力于首都新农村建设的农村实用技术人才,而且是"飞不走、留得住、用得上"的"金凤凰"。

第三节 都市型现代农业人才培养模式

一、发挥高校优势,夯实北京都市型现代农业建设人才基础

发展都市型现代农业、建设新农村、构建和谐社会首善之区,科技、教育是根本。农业的现代化发展,必然对农业的人才和智力支撑产生强烈的需求,需要教育提供更加优质高效的人才支持、科技支撑和社会服务。高等农业院校应充分发挥高等院校人才培养、科研成果转化和新技术推广的优势。以北京农学学院为例:北京农学院立足北京谋发展,积极探索实践、改革创新,不断发展壮大,完善人才培养模式,不断提升在首都区域经济发展中的地位与作用,逐步形成了服务北京郊区现代化,发展都市型高等农业教育,培养应用型、复合型人才的办学特色,为北京的经济建设与社会发展做出了重要贡献。

(一)发挥学科专业优势,培养复合型人才

北京农学院是建校 50 年的北京市市属高等农林本科院校。根据北京市城市发展定位和都市型现代农业的推进,学校整合资源,建立了面向新农村建设和郊区经济发展的植物科学学科群、畜牧兽医学科群、经管法文学科群、生物技术与食品工程学科群、城镇规划与环境建设五个学科群,学科间相互融合,突出以农科为主,在教学与科学研究中注重农工、农理、农文、农法学科间相互渗透结合,密切结合北京郊区发展,全方位研究都市农业与新农村建设,为首都都市型现代农业发展和新农村建设服务。

学校坚持与时俱进和改革创新,面向北京郊区"三农"发展问题,形成了食品安全、生态环境建设、都市型现代农业(村)发展三大研究方向。在长期的办学实践和为郊区发展服务中,学校已经形成在全国独树一帜的都市型高等农业教育教学体系,学科与专业方向更加凝练。与新农村建设和都市农业相关的 8 个专业开始招收硕士研究生,着重培养具有创新精神和实践能力的高级技术人才、经营人才和管理人才,为实现首都的农村城市化、农业现代化和农民知识化提供有效的人才与智力支持。

(二)改革教学实践内容,培养应用型人才

学校根据北京新农村建设和都市型现代农业人才的培养目标,以及社会对人才"知识、能力、素质"结构的整体要求,重新修订了人才培养方案,构建都市型高等农业教育"平台+模块"的人才培养模式。《都市型现代农业概论》、《北京新农村建设概论》等课程已被列入到学校第一教学平台,第二、第三教学平台的教学内容也正在向都市农业方向转变。如植物科学系农学专业,结合本专业的特点,在第二、第三教学平台增设了都市型农业评价案例分析、都市农业发展规划、新农村建设规划、农业项目策划、休闲农业规划与管理、都市农业文化与产业等与都市型现代农业和新农村建设密切相关的若干课程,通过改革教学内容,提升传统专业。农学专业还顺应首都农业发展趋势新增了都市农业方向,该专业方向重点培养学生都市型现代农业发展和新农村建设方面的基本思路和基本技能,造就能在现代农林管理、都市农业规划、农业项目管理、高科技现代农业园区、农业文化产业等领域和部门,从事都市农业发展规划、高科技园区规划与管理、休闲观光农业项目策划、技术经济管理等工作的复合型、应用型专业人才。此外,园林系林学专业也正在进行都市林业方向的改革与调整。

（三）开展科教兴农，服务京郊"三农"

服务京郊，服务"三农"，是学校的立校之本；把论文写在京郊大地上，是师生不懈的追求。北京农学院建校 50 年以来，已为北京地区和部分省（市）培养各类人才 3 万多人，大部分已成为基层生产、科研、管理的骨干，不少人走上了各级领导岗位，为促进社会进步和农业现代化做出了积极贡献。"十五"期间，学校推广高新技术成果 120 项，在京郊的农业推广效益达到 12 亿元，获得国家级、省部级、市级科技兴农奖项共 34 项次。为京郊培训农民、干部 10 万余人，培养技术骨干 3000 余人，覆盖郊区 80% 的乡镇。学校连续 3 年获全国"科教兴村试点工程先进集体"。2003 年获"全国农业科普示范先进集体"称号。2005 年获"全国社会实践先进单位"称号。

（四）培养大学生村官，服务农村基层

北京农学院注重着力培养学生服务农村的"三农"意识，鼓励和引导毕业生到基层就业，做好农村基层干部的储备工作。近两年来，北京农学院应届毕业生立志当"村官"的比例高达 40%。截至目前，学校共有 300 多人前往远郊区县的基层就业。其中，有 138 名毕业生成为北京郊区县的大学生"村官"助理，22 名毕业生走上了支教之路，193 名毕业生选择去远郊区县的基层单位就业。

为提高学生服务基层、服务新农村建设的能力，学校紧抓实践教育，不断提高学生的专业技能和技巧。坚持社会实践与专业学习相结合，与择业就业相结合，与服务农村相结合，让学生在实践中增长才干，在实践中了解农村，增强服务农村的责任感。

为引导毕业生基层就业，学校建立了一帮一教育模式，即每一个教师党支部联系一个学生党支部，每一个学生党员联系一个宿舍，潜移默化地对在校学生进行理想信念教育。同时，学校制定了《关于鼓励毕业生到基层就业的奖励办法》，通过制度推进，鼓励大学生去基层就业。整合优秀学生党员干部、优秀毕业生校友等资源，举办优秀校友、优秀"村官"事迹报告会，利用他们的影响力，培养大学生的学农、爱农意识，带动更多毕业生积极报名到基层就业，服务京郊大地。

为支持首批到延庆县康庄镇试点的大学生"村官"工作，北京农学院专门成立了由院长王有年任组长、由多位知名教授组成的"村官"专家顾问团，以提供智力支持等方式帮助大学生"村官"创业。"村官"借助自身的知识优势、借助学校科技资源，有的为所在农村设计了规划图，解决了村民法律纠纷，建立了图书室，有的引进红小豆，试种七彩薯，指导农民进行病虫害防治等，取得了当地农民的信任与支持，受到了当地领导的充分肯定，已有多名"村官"被选为村支委。

2007 年，北京新农村建设研究基地落户北京农学院，为学校进一步发挥优势、服务京郊新农村建设提供了强有力的支撑。今后，学校要继续立足北京、融入郊区，培养具有创新精神和实践能力、应用型和复合型的技术、管理和创业人才，把学校建设成为北京社会主义新农村建设的人才培养基地。培养首都新农村建设急需的都市型科学研究人才、都市型技术推广人才、都市型生产技术人才、都市型经营管理人才，造就一批扎根于农村基层的都市型农业人才，形成以农村基层干部为主导，以农业科技人才为骨干，以有文化、懂技术、会经营的新型农民为主体的全方位、多层次、多类型的农村人才队伍，为实现首都农业现代化和建设社会主义新农村服务。

二、校外人才培养与都市型现代农业基地建设有机结合

构建了以农业部都市农业重点实验室、北京新农村建设研究基地、北京农业应用新技术实验室为科

技支撑,以北京市校外人才培养基地为实践教学依托,着力提高学生综合分析解决问题能力。学校与延庆县四海镇、平谷区大华山镇、门头沟区龙泉镇、延庆县康庄镇、昌平区兴寿镇等建立了长期稳定的人才培养基地,教师指导学生深入实习基地,将理论所学与生产实践紧密结合,在解决京郊都市农业发展与农村发展实际问题过程中,提高了学生的综合素质和实践能力。通过深入实际的调查研究和教学实践,学生们不但学到了大量生动、丰富的知识,体验了新农村建设的苦与乐,而且在实践中锻炼了自己,为将来服务新农村奠定了基础。师生深入农村开展各种服务活动受到京郊农民群众的欢迎和肯定。

三、人才培养模式

《北京市人民政府关于全面推进都市型现代农业服务体系建设的意见》对北京市都市型现代农业人才培养的创新发展提出了具体要求。

首先,树立科学的办学理念。涉农高等教育的办学理念:(1)要不断增强国际意识、创新意识和素质意识,推进北京农业国际化、科技化、市场化、法治化的发展进程;(2)要以培养基础扎实、知识面宽、能力强、素质高,能主动适应农业和农村现代化建设需求,具有宽厚、复合、开放、创新特征的高级农业科学技术创新人才为培养目标;(3)要通过多学科交叉、渗透、融合和集成,逐步形成为北京都市型现代农业发展、服务全国,走向世界提供现代农业创新技术,研究和开发成果的重要基地;(4)要注重德、智、体、美全面发展,知识、能力、素质协调发展,创新精神和实践能力重点发展等三个发展作为素质培养要求;(5)要实现由专才转向通才、由教学转向教育、由传授转向学习,由培养技术应用性人才转向科技研究开发性人才等四个转变为教育模式;(6)要探索改革院校管理体制,院校需权力下放、重心下移,以二级学院为实体是高等学校比较科学、务实可行的管理体制,有助于实现办学要求。

其次,构建创新的培养模式。涉农高等教育要改变人才培养与现实要求脱节的状况,对农业创新人才的培养模式和教育内容需要改革与创新:(1)要高起点、厚基础、严要求、重实践、求创新地培养高质量农科创新人才,为农业和农村现代化建设作贡献;(2)要扩大研究生教育,提高办学层次,可以设立农科类本硕连读和本硕博连读多样化的培养模式,注意吸收非农科专业本科毕业生攻读农科硕士学位、非农科硕士生攻读农科博士学位,加强国际交流,探索与国际合作培养高层次农科创新人才的培养体系;(3)要加强学生思想政治工作的针对性和实效性,增加学生为实现农业和农村现代化的历史和社会责任感,增强学生学农、毕业后务农的根本动力;(4)要优化课程结构,更新教学内容,改革教学方法,构建新型农科课程教学体系,培养学生的科学精神和终身学习的观念;(5)要充分利用各种条件,进行有效的产学研结合、校企合作办学,开设各类选修课,增设各种辅修专业或第二学位课程,充分发挥学生的个性、特长和潜能;(6)要全面推进素质教育,全面提高教育质量,使学生成为理想远大、勇于创新,德才兼备,全面发展的新型农业人才。

再次,营造新世纪的校园文化。涉农教育院校不少在综合性大学或理工科大学环境中作为二级学院办学,可以农科的求真务实精神、理科的科学求道精神、工科的学以致用精神、医科的救死扶伤精神、文科的人文关怀和社会批判精神互通和互补,营造新世纪校园文化,为培养新世纪农业创新人才发挥积极作用。

完善农业人才市场建设从优化农业人才发展环境考虑,需要构建农业人才优化配置的人才市场平台。从立足北京、服务全国、走向世界的需要出发,建立农业人才供需的动态信息系统及网络平台,发布农业人才紧缺与过剩的农业人才就业指导目录,推进农业人才配置的国际化、信息化和高效化。在北京建立市、区(县)、镇(乡)三级网络农业人才市场体系,进而延伸到北京、全国和世界范围,实现农业人才优化配置的网络化,参与国内外农业人才市场的竞争,为优秀农业人才充分发挥作用。

创造有利于国内外高层次农业人才施展才能的创业环境建立以农业龙头企业为主体,涉农科研推广单位、涉农高等教育院校参与三结合的创业基地,以政府为主导,政策倾斜,加大市级财政支持力度,建立人才培训基金、转行培训基金和政府补偿机制解决农业紧缺人才,并运用多元投资机制,建立农业人才发展基金,农业创业投资基金,农业风险投资公司等给以支持和扶持,为高层次农业人才早出成果和推广应用创造条件,推进都市型现代农业发展,率先实现农业现代化作出贡献。

第四节 职业教育

一、职业教育的概念

根据《中华人民共和国职业教育法》的有关规定,职业教育是指使受教育者获得从事某种职业所需要的职业知识、职业技能和职业道德,成为社会生产、建设、管理、服务第一线所需要的应用型技术技能人才的教育。职业教育包括职业学校教育和职业培训。职业学校教育分为初等、中等和高等三个层次。

二、职业教育与都市型现代农业的互动关系

职业教育和都市型农业在提高劳动者素质、促进劳动就业乃至推进首都农业现代化进程中分别发挥着不同的作用和功能。职业教育与都市型农业的互动关系主要指职业教育与都市型农业两者相互影响、相互作用的理论、方式、机制及劳动力资源供需协调等。

(一)职业教育对都市型农业发展的影响与作用

1.都市型农业的一个最基本的特征是农业现代化

农业现代化的基本保障是科技和高素质的劳动生产力,即农业的改革与发展乃至向现代化进发,是建立在科学技术水平的进步和劳动者素质的提高的基础之上的。毋庸置疑,科学技术的进步和劳动者素质的提高,主要需通过教育尤其是职业教育的实施来完成。实践证明,无论哪个国家,哪个地方,哪个行业,只要有技术应用型、技能型人才的需求,就必需发展职业教育;无论谁,只要想成为技术型、技能型人才,就必需接受职业教育。多年来职业教育培养了数以百万计的有技术、懂经营、善管理的城乡劳动者,为全面推进农村城镇化、工业化建设和农村人力资源开发以及农业产业结构调整的进程,提供了重要的智力支撑,这是不争的事实。

2.职业教育是解决"三农人才"问题的有效途径

当代世界经济发展的现实表明,经济竞争实质上就是人才的竞争、智力的竞争,它虽取决于对高级专门人才的培养,但更重要的是取决于对整个一代劳动力进行高标准的教育与培训。

一个国家要实现现代化,它们的多数人必须改变生活方式。在我国,农民构成了人口的最基本部分,只有影响了广大的农民,发展规划才能实现。因此,农民问题始终是关系到改革开放和现代化建设

全局的大问题,农业的发展和农民素质的提高是亟待解决的焦点问题。

"三农"现代化是整个现代化的重要组成部分。"三农"现代化包括诸多方面的内容,其中实现农民的现代化尤为重要;三农问题错综复杂,其中农民问题是核心。职业教育是提高农民素质的主要渠道。尽快缩小城乡差别,发展都市型农业,实现农业现代化,职业教育是重要手段之一。要从根本上解决"三农"问题,让留在农村的农民掌握先进适用的农业技术,养成现代文明的生产生活方式,使其生产条件改变、生活环境改善、增产、增收;让走出农村的农民具备一定的务工技能,适应城市和工业现代文明,使其顺利完成转居转岗,成为现代化建设的主体;迅速提高农业人口的综合素质,把沉重的农村人口负担转化成人力资本,唯一有效的途径就是在巩固"两基"普及成果和攻坚的前提下实施职业教育。

(二)都市型农业发展对职业教育的影响与作用

1.都市型农业的推进是拉动职业教育发展的原动力

推进都市型农业,需要迅速提高农业劳动力科学文化素质,促进农业科技成果的有效转化和农业劳动技术手段的提升,以获得较高的农业生产效率。在可以双向选择的劳动力市场上,劳动者知识和技能水平的高低决定了其竞争能力的大小,就业机会的多寡,从而促成劳动者之间知识技能的竞争。这种竞争反映到教育市场上形成对教育需求的竞争,教育需求市场上的竞争又会促进教育机构间的竞争。教育需求者间的竞争,可以提高受教育者的质量和适应能力,而教育机构间的竞争,可以提高办学效率,降低单位成本,实现投入产出最优化。教育供给者只有根据需求者的要求设置专业、课程,确定教育内容和招生对象等,才能取得社会的广泛支持,取得生存和发展的条件。任何教育的发展,都是基于社会对教育产出的强大需求。因此可以说,北京都市型农业对教育特别是对职业教育的强大需求,是拉动职业教育发展的原动力。

2.都市型农业的推进为职业教育的发展提供源源不断的生源

在都市型农业的推进中,无论是满足现代农业生产的需要,还是满足农村富余劳动力转移的需要,均可以极大地激发社会成员参与职业教育的积极性,这就可以给职业教育带来源源不断的生源,同时还可使职业教育得到社会的认同进而提高职业教育的社会地位,使职业教育造福于人民和社会。

3.都市型农业的推进为职业教育的改革提供了鲜活的依据

职业教育是教育与经济的重要结合部。与其他教育相比,职业教育与经济的联系最为紧密,因此它的发展受社会经济发展的影响也最为明显。社会的经济结构影响着职业教育的结构和发展,经济发展的水平既能制约也能推动职业教育的发展。其中,产业结构和就业结构的变化影响着职业教育的专业设置和课程结构,国民经济及其各产业部门的先进技术、中间技术和落后技术的构成情况暨技术结构的状态制约着职业教育的层次结构。都市型农业是现代农业,它的功能和特点决定了对其的劳动力配置肯定有别于传统农业。在都市型农业发展中,新的技术手段、经营方式、工作方法层出不穷。在此过程中,传统的农民正在向现代农民工人转变,这就为职业教育培养目标的确定;职业学校学制的改革、专业与课程的设置;教学内容、教育方式、教学方法及教材的选择等提供了鲜活的依据,有利于加强职业教育与社会经济的联系,推进职业教育的全面改革与质量的提高,进而开辟新时期、新阶段职业教育实践"教育为社会主义现代化建设服务"、"为人民服务"的新思路。

三、都市型现代农业职业教育存在的主要问题

除国家和地方政府在政策法规、有关制度层面以及各级管理层面等存在问题外,针对服务于"三

农"及北京都市型农业,我们认为目前北京职业教育存在的主要问题是:

(一)观念落后,对"农"字的理解狭窄

首都经济格局正在进行重大调整,如今的郊区,其经济和社会的发展已不是一个"农"字可以代之了。与之不相匹配的是北京职业教育尤其是郊区职业教育对"农"字的理解仍很狭窄地局限在传统农业上,还在犹犹豫豫,迟迟迈不出改革和发展的步子,办学定位不准、办学思想不正确。如:片面追求学历教育、忽视职业培训的开展;片面重视理论教学,忽视各种职业技能的训练;专业设置追求时髦,脱离郊区产业结构调整实际;课程体系和教学内容陈旧等。这些都违背了职业教育为"三农"服务的方向,难以实现职业教育为"三农"服务的目标,导致其长期徘徊在服务定位和维持生存的两难之中,举步维艰,发展更难。

(二)职业教育的培养目标和专业结构没有明确地与都市型农业的产业结构对接

目前郊区职业学校教育主要分为高等和中等两个层次。高等层次的农业院校因数量有限,对开发京郊人力资源的支持微乎其微。北京农业职业学院虽力保农校特色,毕竟势单力薄。而本应是郊区职业学校教育主力的职业高中,为农服务的意识却非常淡薄。郊区各职业高中基本上没有完成招生计划,不少学校缺口还很大。因生源短缺,学校生存危机时刻存在。都市型农业的实施、城乡一体化的全力推进,使郊区农业发生了巨大的变化。可以说,这些变化为各级各类教育的发展带来了难得的机遇和广阔的空间,而我们的郊区职业高中却没有及时抓住这个机遇。绝大多数学校在设置培养目标和专业时,观念陈旧,定位有误,基本上是比着市区学校追着"热门"专业跑,没有体现出郊区职业学校教育主动为农服务、为区域经济服务的办学特色,更没有抓住在北京城乡一体化进程中,郊区经济结构和产业结构迅速调整急需大量、各类人才这一生长点。尤其是在对农类专业的改造上,较多的郊区职业学校缺乏积极主动性,农类专业实际上已经濒临绝境。更为可悲的是不少郊区职业高中的培养目标是帮助农家子弟跳出农门! 毕业生只有极少部分留在当地,返乡当农民的更是凤毛麟角。郊区职业高中教育办学定位不明确、提供的人才供需错位的问题不是几个学校的个体行为,而是具有普遍性的问题。显然,北京职业教育的专业结构还没有及时、快速地适应北京都市型农业产业调整和优化升级的需要,动态的专业结构调整机制尚未形成,职业教育专业结构调整滞后于郊区产业结构调整。

(三)专业设置论证不充分,政府部门对专业设置的统筹和指导力度不够

近些年,由于农业类专业招生不景气,绝大多数郊区职业学校的专业设置已向工科、网络通讯、电子电器、金融财会、汽车驾驶维修等比较热门的专业转向,甚至有些原全国重点农业职业学校不但专业设置全部离农,就连校名也摘掉了原审报重点时学校名称中的"农业"二字。客观上说,专业转向在总体上是可行的,但是在新专业的设置过程中,不少学校比较随意,缺乏充分的论证和必要的准备,既不考虑学校自身条件,也没能针对郊区经济发展的实际需求,盲目追风,致使一些新开专业从起点开始,就在低标准上运转。同时,政府部门对学校专业设置的统筹和指导力度不够,致使职业学校的专业设置虽门类繁多,交叉重叠现象比比皆是,但唯独缺乏农村职教特色。毕业生素质不高、办学脱离经济社会发展实际、为"三农"服务的能力差等。

(四)职业学校教育办学体制和学籍管理制度不灵活,自我限制了发展的空间

职业学校教育在办学体制和学籍管理制度上,基本上是照搬传统的学历教育的模式和方法:实行单一的学历教育,采用统一的学年制,固定时间入学,固定时间毕业。面对郊区经济快速发展对各级各类

人才的迫切需求,仍然四平八稳地恪守着僵硬的学制和不变的学籍管理制度,郊区发展需求迫切的短期培训非常薄弱,一直没有发展起来。对郊区农民对学习层次的需求情况进行过抽样调查,结果显示:47.7%的农民对实用技术需求强烈,而对中专和大专学历教育的需求分别只占14.04%和14.39%。这表明,职业学校单一的学制不能满足农民的学习需求,接受学历教育还不是目前郊区农民的第一需求。

职业学校办学体制和学籍管理制度与郊区的变化和农民的需求不适应;办学规模和培养速度与人才的大量需求不适应;在升学热不断飚生的大环境中,重学历教育、重升学率,忽视开展各种农业技术、技能、应用技术的教育与培训,没有体现出郊区职业教育的特色等。造成了郊区职业学校招生难与农民求学难并存、大量的职业教育资源闲置甚至浪费与郊区经济发展人才匮乏的矛盾。使得众多的求学者不但接受学历教育与非学历教育不好权衡、做工和学习更是难以兼顾。挫伤了农民主动接受教育和培训的积极性,限制了郊区职业学校教育的发展空间。

（五）对职业资格证书教育不够注重

传统的农村教育思想、务农不需要任何资质的思想根深蒂固。在郊区职业学校的教学体系中,对职业资格证书的相关教育淡漠、学校不注重争取设立职业资格鉴定机构的工作、很少组织学生参加职业资格证书考核,致使多数学生毕业时手中仅有一纸学历毕业文凭。在我国逐步加大就业准入制度的推行力度,部分职业（工种）实行资格准入的情况下,大大降低了学生的就业率;直接影响到郊区富余劳动力的转移。

四、加强农业职业教育服务都市型现代农业的保障措施

（一）政府和社会要充分重视农业职业教育在都市农业建设中的作用

农业职业学校数量的不断减少,生源数量逐年递减,办学条件的捉襟见肘,综合竞争实力的持续下降等等问题,都是农业职业学校发展中亟待解决的问题。政府是推动职业教育发展的责任主体,对于农业职业教育这样的弱质行业的弱质教育,政府要进一步加大支持和帮扶的力度,发挥在都市农业中的作用。一是在发展都市农业的资源配置上,发挥出职业教育的人力资源、教学资源和设施资源作用,如武汉市在农业培训方面,将全市农口系统的专业技术培训和新型农民培训都归并到武汉农业培训学院,从而使教育资源发挥了较好的作用;二是在都市农业的项目建设和开发上,综合考虑农业职业教育的需要,如共同建设农业实训基地,实现资源共享,人员互动,设施对接,有效提升产教一体化水平;三是在校企合作的办学过程中,加强协调,促使校企合作朝更紧密型的方向迈进;四是在制定都市农业发展规划中,考虑农业职业教育的发展规划,增加农业职业教育与都市农业的协同性。

（二）完善管理体制机制,加强对农业职业教育的指导

根据我国的国情、农业行业的特点以及农村、农民的现实情况和农业与农村经济的发展需要,农业职业教育要发展,离不开教育和农业行政部门等的宏观指导和大力扶持。因此,应统一各级政府、教育、农业等行政部门领导的思想,提高认识,发挥各自优势,协调配合、共同加强新时期农业职业教育工作的组织和宏观指导,研究、拟定农业职业教育中长期规划,组织和指导开展农业职业教育培训工作,全面推进农业职业教育的重大问题进行研究。近几年,一些地方在政府的指导下,相继组建了农业职业教育集团,或农业职教园区,将区域内农业职业教育学校、农业科研机构、农业事业单位和农业生产企业等部门的资源进行整合,打造农业职业教育的核心竞争力,是农业职业学校管理体制上的新的尝试。

（三）加大对农业职业教育的投入，切实改善学校办学条件

根据联合国教科文组织统计，同层次教育中，职业教育所需经费是普通教育的153%。农业职业学校除按标准（人头费）拨款外，其他专项经费很少，学校正常运转主要靠学杂费收入，学校的发展主要靠信贷资金，导致农业职业学校建设严重滞后。要完善职业教育公共财政投入政策和技能人才培养成本分担机制，健全政府投入为主、多方投入为辅的职业教育经费保障机制。要列出专项经费用于农业职业学校的基础设施建设和师资队伍建设，以使学校教育的设备和技术水平能够达到现代都市农业的前沿，成为现代化的农业职业学校。

（四）加强政府统筹安排，解决学校发展过程中的实际困难

一是要统筹规划。发展农业职业教育需要政府从经济和社会发展的全局出发，统筹规划，促进职业教育适应经济建设和劳动力市场的需求。根据经济发展趋势、就业需求预测和农业职业教育发展情况，制定各地区职业教育发展规划，并纳入当地经济和社会发展总体规划。二是要统筹政策。农业职业教育的发展涉及诸多方面，首先是招生问题。职业学校在招生工作中的无序竞争、地方保护，不仅影响了职业教育的形象，造成了优质教育资源的浪费，还影响了农业职业教育的质量和人才的培养，政府要在农村职业教育的招生工作中做好引导工作。严格实施就业准入制度和特殊专业（工种）持证上岗制度，引导农民接受职业教育。在农业职业教育领域，采取一些特殊的优惠政策等等。三是要统筹资源。实行多元办学是市场经济条件下职业教育发展的重要特点，需要通过政府强有力的统筹，打破部门界限整合教育资源，防止低水平重复办学和教育资源的浪费。打破部门和职业学校类型的界限，整合和有效利用现有各种职业教育资源。就农业系统内部而言，也有个资源整合的问题。

（五）理顺各级农业职业教育关系，发挥服务都市农业的综合实力

在我国农业职业教育的发展过程中，各个层次、各个部门和系统的农业职业教育形式多样却缺乏统一管理，此消彼长缺少宏观调控，需要政府综合部门加以协调、统筹：直接面向农民的实用技术培训、绿色证书培训、实用人才培训等职业培训覆盖了广大农村，尽管这些初级农业职业教育总体效果是好的，但缺乏统筹、重复培训，费用巨大；全日制中等农业职业教育曾经为农村和农业培养了数以千万计的专业技术人才和管理骨干，但自20世纪90年代以来，生源大幅萎缩、学校纷纷转行，仅剩的不多的学校目前还在为生存打拼，处境尴尬；成人中等农业职业学校，以农业广播电视学校为代表，其利用远程教育手段对农民实施终身教育有过辉煌的历史，但办学基础条件、师资力量等先天不足，在后来的教育改革和资源整合中逐渐被边缘化了；农业高等职业教育大多是由农业中专升格、合并而成，多处于起步阶段，需要花大力气抓好专业建设、师资队伍建设和实验实训条件建设。

第十九章　北京都市型现代农业法律保障体系

都市型现代农业的发展需要法律的保障。都市型现代农业是为居民提供优质农产品的农业,它高度重视农产品安全。都市型现代农业是可持续发展的农业,在保护环境方面具有积极作用。都市型现代农业是围绕中心城市发展起来的农业,对土地利用提出了更高的要求。本章将重点阐述对都市型现代农业发展具有重要保障作用的农产品安全法律制度、环境保护法律制度、土地利用法律制度。

第一节　农产品质量安全法律制度

农产品是指来源于农业的初级产品,即在农业活动中获得的植物、动物、微生物及其产品。农产品质量安全是指农产品质量符合保障人的健康、安全的要求,《农产品质量安全法》是我国目前规制农产品质量安全最主要的法律。农产品是人类食物的来源,食用农产品要从田间最终走向餐桌,农产品质量安全是确保食品安全的首要环节,事关人类的生存和发展。都市型现代农业是以大城市为中心发展起来的农业模式,为城乡居民提供安全的农产品是发展都市型现代农业的题中应有之义。

一、质量安全管理

县级以上人民政府农业行政主管部门负责农产品质量安全的监督管理工作;县级以上人民政府有关部门按照职责分工,负责农产品质量安全的有关工作。县级以上人民政府应当将农产品质量安全管理工作纳入本级国民经济和社会发展规划,并安排农产品质量安全经费,用于开展农产品质量安全工作。县级以上地方人民政府统一领导、协调本行政区域内的农产品质量安全工作,并采取措施,建立健全农产品质量安全服务体系,提高农产品质量安全水平。

国务院农业行政主管部门应当设立由有关方面专家组成的农产品质量安全风险评估专家委员会,对可能影响农产品质量安全的潜在危害进行风险分析和评估。国务院农业行政主管部门应当根据农产品质量安全风险评估结果采取相应的管理措施,并将农产品质量安全风险评估结果及时通报国务院有关部门。国务院农业行政主管部门和省、自治区、直辖市人民政府农业行政主管部门应当按照职责权限,发布有关农产品质量安全状况信息。

国家引导、推广农产品标准化生产,鼓励和支持生产优质农产品,禁止生产、销售不符合国家规定的农产品质量安全标准的农产品。国家支持农产品质量安全科学技术研究,推行科学的质量安全管理方法,推广先进安全的生产技术。

二、产地

农产品质量安全与农产品的产地密切相关,对农产品生产环境的污染和破坏会直接导致农产品不符合健康安全的质量标准。因此,法律禁止在有毒有害物质超过规定标准的区域生产、捕捞、采集食用农产品和建立农产品生产基地。禁止违反法律、法规的规定向农产品产地排放或者倾倒废水、废气、固体废物或者其他有毒有害物质。农业生产用水和用作肥料的固体废物,应当符合国家规定的标准。农产品生产者应当合理使用化肥、农药、兽药、农用薄膜等化工产品,防止对农产品产地造成污染。

三、生产

农产品生产是农产品生产者在一定的生产条件下有意识的行为,在农产品生产环节采取有力措施可以有效保障农产品的质量安全。

农产品生产企业和农民专业合作经济组织应当建立农产品生产记录,如实记载下列事项:使用农业投入品的名称、来源、用法、用量和使用、停用的日期;动物疫病、植物病虫草害的发生和防治情况;收获、屠宰或者捕捞的日期。农产品生产记录应当保存2年。禁止伪造农产品生产记录。国家鼓励其他农产品生产者建立农产品生产记录。

农产品生产企业和农民专业合作经济组织,应当自行或者委托检测机构对农产品质量安全状况进行检测;经检测不符合农产品质量安全标准的农产品,不得销售。

农民专业合作经济组织和农产品行业协会对其成员应当及时提供生产技术服务,建立农产品质量安全管理制度,健全农产品质量安全控制体系,加强自律管理。

四、包装和标识

包装是农产品质量的有效保障手段,标识是农产品质量的表现方法,二者也是农产品质量安全法律制度的重要组成部分。

农产品生产企业、农民专业合作经济组织以及从事农产品收购的单位或者个人销售的农产品,按照规定应当包装或者附加标识的,须经包装或者附加标识后方可销售。包装物或者标识上应当按照规定标明产品的品名、产地、生产者、生产日期、保质期、产品质量等级等内容;使用添加剂的,还应当按照规定标明添加剂的名称。

销售的农产品必须符合农产品质量安全标准,生产者可以申请使用无公害农产品标志。农产品质量符合国家规定的有关优质农产品标准的,生产者可以申请使用相应的农产品质量标志。

五、质量监督检查

有关主管部门对农产品质量的监督检查可以发现农产品质量问题,查处违法行为,震慑违法行为人。

(一)不得销售的农产品

1.含有国家禁止使用的农药、兽药或者其他化学物质的。

2.农药、兽药等化学物质残留或者含有的重金属等有毒有害物质不符合农产品质量安全标准的。

3.含有的致病性寄生虫、微生物或者生物毒素不符合农产品质量安全标准的。

4.使用的保鲜剂、防腐剂、添加剂等材料不符合国家有关强制性的技术规范的。

5.其他不符合农产品质量安全标准的。

（二）质量安全监测

国家建立农产品质量安全监测制度。县级以上人民政府农业行政主管部门应当按照保障农产品质量安全的要求,制定并组织实施农产品质量安全监测计划,对生产中或者市场上销售的农产品进行监督抽查。监督抽查结果由国务院农业行政主管部门或者省、自治区、直辖市人民政府农业行政主管部门按照权限予以公布。监督抽查检测应当委托符合条件的农产品质量安全检测机构进行,不得向被抽查人收取费用,抽取的样品不得超过国务院农业行政主管部门规定的数量。上级农业行政主管部门监督抽查的农产品,下级农业行政主管部门不得另行重复抽查。

农产品批发市场应当设立或者委托农产品质量安全检测机构,对进场销售的农产品质量安全状况进行抽查检测;发现不符合农产品质量安全标准的,应当要求销售者立即停止销售,并向农业行政主管部门报告。农产品销售企业对其销售的农产品,应当建立健全进货检查验收制度;经查验不符合农产品质量安全标准的,不得销售。

（三）社会监督及事故处理

国家鼓励单位和个人对农产品质量安全进行社会监督。任何单位和个人都有权对违法行为进行检举、揭发和控告。有关部门收到相关的检举、揭发和控告后,应当及时处理。

发生农产品质量安全事故时,有关单位和个人应当采取控制措施,及时向所在地乡级人民政府和县级人民政府农业行政主管部门报告;收到报告的机关应当及时处理并报上一级人民政府和有关部门。发生重大农产品质量安全事故时,农业行政主管部门应当及时通报同级食品药品监督管理部门。

第二节　环境保护法律制度

我国《环境保护法》规定,环境是指影响人类生存和发展的各种天然的和经过人工改造的自然因素的总体,包括大气、水、海洋、土地、矿藏、森林、草原、野生动物、自然遗迹、人文遗迹、自然保护区、风景名胜区、城市和乡村等。创造有利于经济社会可持续发展的良好环境,不仅有利于都市型现代农业的发展,也是对发展都市型现代农业的客观要求。都市型现代农业围绕中心城市发展,需要有效解决环境污染和重要资源保护问题。

一、污染防治

（一）水污染防治

水污染是导致水资源短缺的一个重要原因。水污染防治应当坚持预防为主、防治结合、综合治理的原则,优先保护饮用水水源,严格控制工业污染、城镇生活污染,防治农业面源污染,积极推进生态治理工程建设,预防、控制和减少水环境污染和生态破坏。我国《水污染防治法》具体规定了水污染防治法律制度。

1.水污染物排放要求

国家对重点水污染物排放实施总量控制制度。省、自治区、直辖市人民政府应当按照国务院的规定削减和控制本行政区域的重点水污染物排放总量,并将重点水污染物排放总量控制指标分解落实到市、县人民政府。市、县人民政府根据本行政区域重点水污染物排放总量控制指标的要求,将重点水污染物排放总量控制指标分解落实到排污单位。省、自治区、直辖市人民政府可以根据本行政区域水环境质量状况和水污染防治工作的需要,确定本行政区域实施总量削减和控制的重点水污染物。对超过重点水污染物排放总量控制指标的地区,有关人民政府环境保护主管部门应当暂停审批新增重点水污染物排放总量的建设项目的环境影响评价文件。

2.排污许可

排污许可是污染物排放监管的重要手段。国家实行排污许可制度,直接或者间接向水体排放工业废水和医疗污水以及其他按照规定应当取得排污许可证方可排放的废水、污水的企业事业单位,应当取得排污许可证。禁止企业事业单位无排污许可证或者违反排污许可证的规定向水体排放上述废水、污水。同时,禁止私设暗管或者采取其他规避监管的方式排放水污染物。

3.饮用水水源保护

饮用水水源保护区分为一级保护区和二级保护区,必要时可以在饮用水水源保护区外围划定一定的区域作为准保护区。在饮用水水源一级保护区内,禁止新建、改建、扩建与供水设施和保护水源无关的建设项目,已建成的与供水设施和保护水源无关的建设项目,由县级以上人民政府责令拆除或者关闭;禁止从事网箱养殖、旅游、游泳、垂钓或者其他可能污染饮用水水体的活动。在饮用水水源二级保护区内,禁止新建、改建、扩建排放污染物的建设项目,已建成的排放污染物的建设项目,由县级以上人民政府责令拆除或者关闭;从事网箱养殖、旅游等活动的,应当按照规定采取措施,防止污染饮用水水体。禁止在饮用水水源准保护区内新建、扩建对水体污染严重的建设项目;改建建设项目,不得增加排污量。在饮用水准保护区内,县级以上地方人民政府应当根据实际需要,采取工程措施或者建造湿地、水源涵养林等生态保护措施,防止水污染物直接排入饮用水水体,确保饮用水安全。

4.农业和农村水污染防治

加强管理使用、运输、存贮农药和处置过期失效农药,防止造成水污染。畜禽养殖场、养殖小区应当保证其畜禽粪便、废水的综合利用或者无害化处理设施正常运转,保证污水达标排放。从事水产养殖应当科学确定养殖密度,合理投饵和使用药物。利用工业废水和城镇污水进行灌溉,应当防止污染土壤、地下水和农产品。

(二)固体废物污染环境防治

生产、生活中产生的固态废弃物质极易对环境造成污染。我国《固体废物污染防治法》是防治固体废物污染环境的基本法律依据。

1.原则要求

产生固体废物的单位和个人,应当采取措施,防止或者减少固体废物对环境的污染。收集、贮存、运输、利用、处置固体废物的单位和个人,必须采取防扬散、防流失、防渗漏或者其他防止污染环境的措施;不得擅自倾倒、堆放、丢弃、遗撒固体废物。禁止任何单位或者个人向江河、湖泊、运河、渠道、水库及其最高水位线以下的滩地和岸坡等法律、法规规定禁止倾倒、堆放废弃物的地点倾倒、堆放固体废物。

2.农膜和养殖废物的污染防治

国家鼓励科研、生产单位研究、生产易回收利用、易处置或者在环境中可降解的薄膜覆盖物和商品包装物。使用农用薄膜的单位和个人,应当采取回收利用等措施,防止或者减少农用薄膜对环境的污染。

从事畜禽规模养殖应当按照国家有关规定收集、贮存、利用或者处置养殖过程中产生的畜禽粪便,防止污染环境。禁止在人口集中地区、机场周围、交通干线附近以及当地人民政府划定的区域露天焚烧秸秆。

二、资源保护

(一)森林资源保护

森林资源,包括森林、林木、林地以及依托森林、林木、林地生存的野生动物、植物和微生物。森林是陆地生态环境系统的主体,是经济社会可持续发展的战略性资源。随着经济社会的快速发展,森林资源保护与经济社会发展的矛盾日益突出。《森林法》是保护森林资源的主要法律依据。

1.规划和经营

各级人民政府应当制定林业长远规划。国有林业企业事业单位和自然保护区,应当根据林业长远规划,编制森林经营方案,报上级主管部门批准后实行。林业主管部门应当指导农村集体经济组织和国有的农场、牧场、工矿企业等单位编制森林经营方案。

制定林业长远规划应当遵循下列原则:保护生态环境和促进经济的可持续发展;以现有的森林资源为基础;与土地利用总体规划、水土保持规划、城市规划、村庄和集镇规划相协调。林业长远规划应当包括下列内容:林业发展目标;林种比例;林地保护利用规划;植树造林规划。

2.政府职责

地方各级人民政府应当组织有关部门建立护林组织,负责护林工作;根据实际需要在大面积林区增加护林设施,加强森林保护;督促有林的和林区的基层单位,订立护林公约,组织群众护林,划定护林责任区,配备专职或者兼职护林员。

国务院林业主管部门和省、自治区、直辖市人民政府,应当在不同自然地带的典型森林生态地区、珍贵动物和植物生长繁殖的林区、天然热带雨林区和具有特殊保护价值的其他天然林区,划定自然保护区,加强保护管理。对自然保护区以外的珍贵树木和林区内具有特殊价值的植物资源,应当认真保护;未经省、自治区、直辖市林业主管部门批准,不得采伐和采集。

县级以上人民政府林业主管部门应当根据森林病虫害测报中心和测报点对测报对象的调查和监测情况,定期发布长期、中期、短期森林病虫害预报,并及时提出防治方案。森林经营者应当选用良种,营造混交林,实行科学育林,提高防御森林病虫害的能力。发生森林病虫害时,有关部门、森林经营者应当采取综合防治措施,及时进行除治。发生严重森林病虫害时,当地人民政府应当采取紧急除治措施,防止蔓延、消除隐患。

3.植树造林

植树造林、保护森林是每个公民应尽的义务,也是增加森林面积,有效保护和改善环境的活动。各级人民政府应当制定植树造林规划,因地制宜地确定本地区提高森林覆盖率的奋斗目标。各级人民政府应当组织各行各业和城乡居民完成植树造林规划确定的任务。宜林荒山荒地,属于国家所有的,由林业主管部门和其他主管部门组织造林;属于集体所有的,由集体经济组织组织造林。铁路公路两旁、江河两侧、湖泊水库周围,由各有关主管单位因地制宜地组织造林;工矿区,机关、学校用地,部队营区以及农场、牧场、渔场经营地区,由各该单位负责造林。国家所有和集体所有的宜林荒山荒地可以由集体或者个人承包造林。

4.森林采伐

为了使森林资源的消耗不至于超过其生长能力,就必须控制林木的采伐量。国家根据用材林的消耗量低于生长量的原则,严格控制森林年采伐量。国家制定统一的年度木材生产计划,年度木材生产计划不得超过批准的年采伐限额。

采伐林木必须申请采伐许可证,按许可证的规定进行采伐;农村居民采伐自留地和房前屋后个人所有的零星林木除外。农村集体经济组织采伐林木,由县级林业主管部门依照有关规定审核发放采伐许可证。农村居民采伐自留山和个人承包集体的林木,由县级林业主管部门或者其委托的乡、镇人民政府依照有关规定审核发放采伐许可证。采伐以生产竹材为主要目的的竹林,适用以上各款规定。审核发放采伐许可证的部门,不得超过批准的年采伐限额发放采伐许可证。要完善采伐许可证的核发程序,严格按照法定标准审核申请人的资质,确保发证程序依法进行。

(二)水资源保护

与水资源保护有关的是地表水和地下水。水资源与人们的生产、生活息息相关,是基础性的自然资源和战略性的经济资源,是支撑经济社会可持续发展的基本要素。《水法》是水资源保护的主要法律依据。

1.规划

水资源规划从宏观范畴解决水资源的开发利用与保护,确保水资源的可持续利用,是实施水资源保护的前提与依据。国家制定全国水资源战略规划。开发、利用、节约、保护水资源和防治水害,应当按照流域、区域统一制定规划。流域规划包括流域综合规划和流域专业规划;区域规划包括区域综合规划和区域专业规划。综合规划是指根据经济社会发展需要和水资源开发利用现状编制的开发、利用、节约、保护水资源和防治水害的总体部署。专业规划是指防洪、治涝、灌溉、航运、供水、水力发电、竹木流放、渔业、水资源保护、水土保持、防沙治沙、节约用水等规划。流域范围内的区域规划应当服从流域规划,专业规划应当服从综合规划。流域综合规划和区域综合规划以及与土地利用关系密切的专业规划,应当与国民经济和社会发展规划以及土地利用总体规划、城市总体规划和环境保护规划相协调,兼顾各地区、各行业的需要。

建设水工程,必须符合流域综合规划。在国家确定的重要江河、湖泊和跨省、自治区、直辖市的江河、湖泊上建设水工程,其工程可行性研究报告报请批准前,有关流域管理机构应当对水工程的建设是否符合流域综合规划进行审查并签署意见;在其他江河、湖泊上建设水工程,其工程可行性研究报告报请批准前,县级以上地方人民政府水行政主管部门应当按照管理权限对水工程的建设是否符合流域综合规划进行审查并签署意见。

2.开发利用

开发、利用水资源,应当坚持兴利与除害相结合,兼顾上下游、左右岸和有关地区之间的利益,充分发挥水资源的综合效益,并服从防洪的总体安排。开发、利用水资源,应当首先满足城乡居民生活用水,并兼顾农业、工业、生态环境用水以及航运等需要。在干旱和半干旱地区开发、利用水资源,应当充分考虑生态环境用水需要。

地方各级人民政府应当结合本地区水资源的实际情况,按照地表水与地下水统一调度开发、开源与节流相结合、节流优先和污水处理再利用的原则,合理组织开发、综合利用水资源。国民经济和社会发展规划以及城市总体规划的编制、重大建设项目的布局,应当与当地水资源条件和防洪要求相适应,并进行科学论证;在水资源不足的地区,应当对城市规模和建设耗水量大的工业、农业和服务业项目加以限制。

国家鼓励开发、利用水能资源。在水能丰富的河流,应当有计划地进行多目标梯级开发。建设水力发电站,应当保护生态环境,兼顾防洪、供水、灌溉、航运、竹木流放和渔业等方面的需要。国家鼓励开发、利用水运资源。在水生生物洄游通道、通航或者竹木流放的河流上修建永久性拦河闸坝,建设单位应当同时修建过鱼、过船、过木设施,或者经国务院授权的部门批准采取其他补救措施,并妥善安排施工和蓄水期间的水生生物保护、航运和竹木流放,所需费用由建设单位承担。在不通航的河流或者人工水道上修建闸坝后可以通航的,闸坝建设单位应当同时修建过船设施或者预留过船设施位置。

3.保障措施

国家建立饮用水水源保护区制度。省、自治区、直辖市人民政府应当划定饮用水水源保护区,并采取措施,防止水源枯竭和水体污染,保证城乡居民饮用水安全。禁止在饮用水水源保护区内设置排污口。在江河、湖泊新建、改建或者扩大排污口,应当经过有管辖权的水行政主管部门或者流域管理机构同意,由环境保护行政主管部门负责对该建设项目的环境影响报告书进行审批。

在地下水超采地区,县级以上地方人民政府应当采取措施,严格控制开采地下水。在地下水严重超采地区,经省、自治区、直辖市人民政府批准,可以划定地下水禁止开采或者限制开采区。在沿海地区开采地下水,应当经过科学论证,并采取措施,防止地面沉降和海水入侵。

禁止在江河、湖泊、水库、运河、渠道内弃置、堆放阻碍行洪的物体和种植阻碍行洪的林木及高秆作物。禁止在河道管理范围内建设妨碍行洪的建筑物、构筑物以及从事影响河势稳定、危害河岸堤防安全和其他妨碍河道行洪的活动。在河道管理范围内建设桥梁、码头和其他拦河、跨河、临河建筑物、构筑物,铺设跨河管道、电缆,应当符合国家规定的防洪标准和其他有关的技术要求,工程建设方案应当依照防洪法的有关规定报经有关水行政主管部门审查同意。因建设工程设施,需要扩建、改建、拆除或者损坏原有水工程设施的,建设单位应当负担扩建、改建的费用和损失补偿。但是,原有工程设施属于违法工程的除外。

国家实行河道采砂许可制度。河道采砂许可制度实施办法,由国务院规定。在河道管理范围内采砂,影响河势稳定或者危及堤防安全的,有关县级以上人民政府水行政主管部门应当划定禁采区和规定禁采期,并予以公告。禁止围湖造地。已经围垦的,应当按照国家规定的防洪标准有计划地退地还湖。禁止围垦河道。确需围垦的,应当经过科学论证,经省、自治区、直辖市人民政府水行政主管部门或者国务院水行政主管部门同意后,报本级人民政府批准。

国家对水工程实施保护。国家所有的水工程应当按照国务院的规定划定工程管理和保护范围。国务院水行政主管部门或者流域管理机构管理的水工程,由主管部门或者流域管理机构商有关省、自治区、直辖市人民政府划定工程管理和保护范围。其他水工程,应当按照省、自治区、直辖市人民政府的规定,划定工程保护范围和保护职责。在水工程保护范围内,禁止从事影响水工程运行和危害水工程安全的爆破、打井、采石、取土等活动。

4.节约用水

国家对用水实行总量控制和定额管理相结合的制度。省、自治区、直辖市人民政府有关行业主管部门应当制订本行政区域内行业用水定额,报同级水行政主管部门和质量监督检验行政主管部门审核同意后,由省、自治区、直辖市人民政府公布,并报国务院水行政主管部门和国务院质量监督检验行政主管部门备案。县级以上地方人民政府发展计划主管部门会同同级水行政主管部门,根据用水定额、经济技术条件以及水量分配方案确定的可供本行政区域使用的水量,制定年度用水计划,对本行政区域内的年度用水实行总量控制。

直接从江河、湖泊或者地下取用水资源的单位和个人,应当按照国家取水许可制度和水资源有偿使用制度的规定,向水行政主管部门或者流域管理机构申请领取取水许可证,并缴纳水资源费,取得取水权。但是,家庭生活和零星散养、圈养畜禽饮用等少量取水的除外。用水应当计量,并按照批准的用水计划用水。用水实行计量收费和超定额累进加价制度。使用水工程供应的水,应当按照国家规定向供水单位缴纳水费。供水价格应当按照补偿成本、合理收益、优质优价、公平负担的原则确定。

各级人民政府应当推行节水灌溉方式和节水技术,对农业蓄水、输水工程采取必要的防渗漏措施,提高农业用水效率。

第三节　土地利用法律制度

十分珍惜、合理利用土地和切实保护耕地是我国的基本国策。国家编制土地利用总体规划,规定土地用途,将土地分为农用地、建设用地和未利用地。国家严格限制农用地转为建设用地,控制建设用地总量,对耕地实行特殊保护。发展都市型现代农业应当合理利用土地,本章将重点阐述土地利用总体规划、耕地保护、土地承包和建设用地等方面的制度。

一、土地利用总体规划

《土地管理法》第三章和《土地管理法实施条例》第三章规定了土地利用总体规划。土地利用总体规划是指导土地管理的纲领性文件,是落实土地宏观调控和土地用途管制、规划城乡建设的重要依据。

（一）编制依据

编制土地利用总体规划的依据是国民经济和社会发展规划、国土整治和资源环境保护的要求、土地供给能力以及各项建设对土地的需求。

下级土地利用总体规划应当依据上一级土地利用总体规划编制。地方各级人民政府编制的土地利用总体规划中的建设用地总量不得超过上一级土地利用总体规划确定的控制指标,耕地保有量不得低于上一级土地利用总体规划确定的控制指标。省、自治区、直辖市人民政府编制的土地利用总体规划,应当确保本行政区域内耕地总量不减少。

国家建立土地调查制度。土地调查是指国家有关部门对土地条件、土地权属、土地利用等情况进行的调查。县级以上人民政府土地行政主管部门会同同级有关部门进行土地调查。土地所有者或者使用者应当配合调查,并提供有关资料。县级以上人民政府土地行政主管部门会同同级有关部门根据土地调查成果、规划土地用途和国家制定的统一标准,评定土地等级。

国家建立土地统计制度。土地统计是指在土地调查的基础上,对调查数据进行的综合和分类。县级以上人民政府土地行政主管部门和同级统计部门共同制定统计调查方案,依法进行土地统计,定期发布土地统计资料。土地所有者或者使用者应当提供有关资料,不得虚报、瞒报、拒报、迟报。土地行政主管部门和统计部门共同发布的土地面积统计资料是各级人民政府编制土地利用总体规划的依据。

（二）编制原则

1.严格保护基本农田,控制非农业建设占用农用地。

2.提高土地利用率。

3.统筹安排各类、各区域用地。

4.保护和改善生态环境,保障土地的可持续利用。

5.占用耕地与开发复垦耕地相平衡。

（三）审批和修改

1.审批

土地利用总体规划实行分级审批。省、自治区、直辖市的土地利用总体规划,报国务院批准。省、自治区人民政府所在地的市、人口在100万以上的城市以及国务院指定的城市的土地利用总体规划,经省、自治区人民政府审查同意后,报国务院批准。其他土地利用总体规划,逐级上报省、自治区、直辖市人民政府批准,其中,乡(镇)土地利用总体规划可以由省级人民政府授权的设区的市、自治州人民政府批准。土地利用总体规划一经批准,必须严格执行。

2.修改

经批准的土地利用总体规划的修改,须经原批准机关批准。未经批准,不得改变土地利用总体规划确定的土地用途。

经国务院批准的大型能源、交通、水利等基础设施建设用地,需要改变土地利用总体规划的,根据国务院的批准文件修改土地利用总体规划。

经省、自治区、直辖市人民政府批准的能源、交通、水利等基础设施建设用地,需要改变土地利用总体规划的,属于省级人民政府土地利用总体规划批准权限内的,根据省级人民政府的批准文件修改土地利用总体规划。

（四）指导作用

城市总体规划、村庄和集镇规划,应当与土地利用总体规划相衔接,城市总体规划、村庄和集镇规划中建设用地规模不得超过土地利用总体规划确定的城市和村庄、集镇建设用地规模。在城市规划区内、村庄和集镇规划区内,城市和村庄、集镇建设用地应当符合城市规划、村庄和集镇规划。

江河、湖泊综合治理和开发利用规划,应当与土地利用总体规划相衔接。在江河、湖泊、水库的管理和保护范围以及蓄洪滞洪区内,土地利用应当符合江河、湖泊综合治理和开发利用规划,符合河道、湖泊行洪、蓄洪和输水的要求。

各级人民政府土地利用年度计划,根据国民经济和社会发展计划、国家产业政策、土地利用总体规划以及建设用地和土地利用的实际状况编制。土地利用年度计划的编制审批程序与土地利用总体规划的编制审批程序相同,一经审批下达,必须严格执行。

二、耕地保护

《土地管理法》第四章和《土地管理法实施条例》第四章规定了耕地保护法律制度。耕地事关国计民生,因此国家严格保护耕地,控制耕地转为非耕地。

(一)耕地占用补偿

非农业建设经批准占用耕地的,按照"占多少,垦多少"的原则,由占用耕地的单位负责开垦与所占用耕地的数量和质量相当的耕地。没有条件开垦或者开垦的耕地不符合要求的,应当按照省、自治区、直辖市的规定缴纳耕地开垦费,专款用于开垦新的耕地。省、自治区、直辖市人民政府应当制定开垦耕地计划,监督占用耕地的单位按照计划开垦耕地或者按照计划组织开垦耕地,并进行验收。

县级以上地方人民政府可以要求占用耕地的单位将所占用耕地耕作层的土壤用于新开垦耕地、劣质地或者其他耕地的土壤改良。

省、自治区、直辖市人民政府应当严格执行土地利用总体规划和土地利用年度计划,采取措施,确保本行政区域内耕地总量不减少。耕地总量减少的,由国务院责令在规定期限内组织开垦与所减少耕地的数量与质量相当的耕地,并由国务院土地行政主管部门会同农业行政主管部门验收。个别省、直辖市确因土地后备资源匮乏,新增建设用地后,新开垦耕地的数量不足以补偿所占用耕地的数量的,必须报经国务院批准减免本行政区域内开垦耕地的数量,进行易地开垦。

(二)基本农田保护

根据土地利用总体规划划入基本农田保护区的耕地要严格管理。下列耕地划入基本农田范围:经国务院有关主管部门或者县级以上地方人民政府批准确定的粮、棉、油生产基地内的耕地;有良好的水利与水土保持设施的耕地,正在实施改造计划以及可以改造的中、低产田;蔬菜生产基地;农业科研、教学试验田;国务院规定应当划入基本农田保护区的其他耕地。

各省、自治区、直辖市划定的基本农田应当占本行政区域内耕地的80%。基本农田保护区以乡(镇)为单位进行划区定界,由县级人民政府土地行政主管部门会同同级农业行政主管部门组织实施。

(三)耕地使用

非农业建设必须节约使用土地,可以利用荒地的,不得占用耕地;可以利用劣地的,不得占用好地。禁止占用耕地建窑、建坟或者擅自在耕地上建房、挖砂、采石、采矿、取土等。禁止占用基本农田发展林果业和挖塘养鱼。

禁止任何单位和个人闲置、荒芜耕地。已经办理审批手续的非农业建设占用耕地,1年内不用而又可以耕种并收获的,应当由原耕种该幅耕地的集体或者个人恢复耕种,也可以由用地单位组织耕种。1年以上未动工建设的,应当按照省、自治区、直辖市的规定缴纳闲置费。连续2年未使用的,经原批准机关批准,由县级以上人民政府无偿收回用地单位的土地使用权。该幅土地原为农民集体所有的,应当交由原农村集体经济组织恢复耕种。承包经营耕地的单位或者个人连续2年弃耕抛荒的,原发包单位应当终止承包合同,收回发包的耕地。

（四）土地开发

1.开发未利用地

国家鼓励单位和个人按照土地利用总体规划，在保护和改善生态环境、防止水土流失和土地荒漠化的前提下，开发未利用的土地。适宜开发为农用地的，应当优先开发成农用地。国家依法保护开发者的合法权益。

开垦未利用的土地，必须经过科学论证和评估，在土地利用总体规划划定的可开垦的区域内，经依法批准后进行。禁止毁坏森林、草原开垦耕地，禁止围湖造田和侵占江河滩地。根据土地利用总体规划，对破坏生态环境开垦、围垦的土地，有计划有步骤地退耕还林、还牧、还湖。

开发未确定使用权的国有荒山、荒地、荒滩从事种植业、林业、畜牧业、渔业生产的，经县级以上人民政府依法批准，可以确定给开发单位或者个人长期使用。

2.土地整理

县、乡（镇）人民政府应当组织农村集体经济组织，按照土地利用总体规划，对田、水、路、林、村综合整治，提高耕地质量，增加有效耕地面积，改善农业生产条件和生态环境。地方各级人民政府应当采取措施，改造中、低产田，整治闲散地和废弃地。

3.土地复垦

因挖损、塌陷、压占等造成土地破坏，用地单位和个人应当按照国家有关规定负责复垦。没有条件复垦或者复垦不符合要求的，应当缴纳土地复垦费，专项用于土地复垦。复垦的土地应当优先用于农业。

三、农村土地承包

（一）原则规定

农村土地承包是指农村集体经济组织成员、农村集体经济组织之外的组织或者个人，依法取得农民集体所有或国家所有由农民集体使用的耕地、林地、草地以及其他用于农业的土地的使用权，从事农业生产的制度。《土地承包法》和《承包经营权流转管理办法》等详细规定了农村土地承包制度。

适用于农村土地承包的土地从所有权角度可以分为两类，一类是农民集体所有的耕地、林地、草地以及其他用于农业的土地。第二类是国家所有由农民集体使用的耕地、林地、草地以及其他用于农业的土地。

农村土地承包采取农村集体经济组织内部的家庭承包方式，不宜采取家庭承包方式的荒山、荒沟、荒丘、荒滩等农村土地，可以采取招标、拍卖、公开协商等方式承包。

国家依法保护农村土地承包关系的长期稳定。农村土地承包后，土地的所有权性质不变，承包地不得买卖。农村土地承包应当遵守法律、法规，保护土地资源的合理开发和可持续利用。未经依法批准不得将承包地用于非农建设。

国家保护集体土地所有者的合法权益，保护承包方的土地承包经营权，任何组织和个人不得侵犯。国家保护承包方依法、自愿、有偿地进行土地承包经营权流转。

（二）家庭承包

农村土地家庭承包是指农村集体经济组织内部以家庭为单位依法承包本集体经济组织所有或国家

所有由本集体经济组织使用的耕地、林地、草地以及其他用于农业的土地的制度。

农村土地承包一般采用家庭承包方式。家庭承包中耕地的承包期为30年,草地的承包期为30—50年,林地的承包期为30—70年。通过家庭承包取得的土地承包经营权可以依法采取转包、出租、互换、转让或者其他方式流转。

1.发包方、承包方的权利和义务

(1)发包方的权利和义务

农村土地承包的发包方是提供土地使用权的村民组织。农民集体所有的土地依法属于村农民集体所有的,由村集体经济组织或者村民委员会作为发包方。分别属于村内两个以上农村集体经济组织的农民集体所有的,由村内各该农村集体经济组织或者村民小组作为发包方。国家所有依法由农民集体使用的农村土地,由使用该土地的农村集体经济组织、村民委员会或者村民小组作为发包方。

发包方享有以下权利:①发包本集体所有的或者国家所有依法由本集体使用的农村土地;②监督承包方依照承包合同约定的用途合理利用和保护土地;③制止承包方损害承包地和农业资源的行为;④法律、行政法规规定的其他权利。

发包方承担以下义务:①维护承包方的土地承包经营权,不得非法变更、解除承包合同;②尊重承包方的生产经营自主权,不得干涉承包方依法进行正常的生产经营活动;③依照承包合同约定为承包方提供生产、技术、信息等服务;④执行县、乡(镇)土地利用总体规划,组织本集体经济组织内的农业基础设施建设;⑤法律、行政法规规定的其他义务。

(2)承包方的权利和义务

家庭承包的承包方是本集体经济组织的农户。承包方享有以下权利:①依法享有承包地使用、收益和土地承包经营权流转的权利,有权自主组织生产经营和处置产品;②承包地被依法征用、占用的,有权依法获得相应的补偿;③法律、行政法规规定的其他权利。

承包方承担以下义务:①维持土地的农业用途,不得用于非农建设;②依法保护和合理利用土地,不得给土地造成永久性损害;③法律、行政法规规定的其他义务。

2.原则

(1)按照规定统一组织承包时,本集体经济组织成员依法平等地行使承包土地的权利,也可以自愿放弃承包土地的权利。

(2)家庭承包要民主协商,做到公平合理。

(3)承包方案应当依法经本集体经济组织成员的村民会议2/3以上成员或者2/3以上村民代表的同意。

(4)承包的程序要合法,以保证承包结果的公正性。

3.程序

(1)本集体经济组织成员的村民会议选举产生承包工作小组。

(2)承包工作小组依照法律、法规的规定拟订并公布承包方案。

(3)依法召开本集体经济组织成员的村民会议,讨论通过承包方案。

(4)公开组织实施承包方案。

(5)发包方与承包方签订承包合同。

4.合同

以家庭承包发方式承包农村土地,发包方应当与承包方签订书面承包合同。承包合同自成立之日起生效。承包方自承包合同生效时取得土地承包经营权。承包合同生效后,发包方不得因承办人或者负责人的变动而变更或者解除,也不得因集体经济组织的分立或者合并而变更或者解除。国家机关及其工作人员也不得利用职权干涉农村土地承包或者变更、解除承包合同。

5.保护

(1)土地收回

承包期内发包方不得收回承包地。承包期内,承包方全家迁入小城镇落户的,应当按照承包方的意愿,保留其土地承包经营权或者允许其依法进行土地承包经营权流转。

在特定情况下法律允许发包方收回承包地。承包期内,承包方全家迁入设区的市,转为非农业户口的,应当将承包的耕地和草地交回发包方。承包方不交回的,发包方可以收回承包的耕地和草地。

承包期内,承包方交回承包地或者发包方依法收回承包地时,承包方对其在承包地上投入而提高土地生产能力的,有权获得相应的补偿。

(2)土地调整

承包地的调整是指改变承包方承包地的位置和面积等。承包期内,发包方不得调整承包地。承包期内,因自然灾害严重毁损承包地等特殊情形对个别农户之间承包的耕地和草地需要适当调整的,必须经本集体经济组织成员的村民会议2/3以上成员或者2/3以上村民代表的同意,并报乡(镇)人民政府和县级人民政府农业等行政主管部门批准。承包合同中约定不得调整的,按照其约定不得调整承包地。

集体经济组织依法预留的机动地、通过依法开垦等方式增加的土地和承包方依法自愿交回的土地应当用于调整承包土地或者承包给新增人口。

(3)土地自愿交回

承包期内,承包方可以自愿将承包地交回发包方。承包方自愿交回承包地的,应当提前半年以书面形式通知发包方。承包方在承包期内交回承包地的,在承包期内不得再要求承包土地。

(4)对妇女的保护

承包期内,妇女结婚,在新居住地未取得承包地的,发包方不得收回其原承包地。妇女离婚或者丧偶,仍在原居住地生活或者不在原居住地生活但在新居住地未取得承包地的,发包方不得收回其原承包地。

(5)承包继承

土地、草地等的承包人死亡的,承包人应得的承包收益,依照《继承法》的规定继承。林地承包的承包人死亡,其继承人可以在承包期内继续承包。

(三)其他承包方式

农村土地的其他承包方式是指对不宜采取家庭承包方式的荒山、荒沟、荒丘、荒滩等农村土地,通过招标、拍卖、公开协商等方式进行承包。招标是指由发包方向公众发出招标公告,有意承包的人可以填写并提交标书,发包方在诸多投标人中选择条件最优的人订立承包合同。拍卖是指由有意承包的人举牌公开竞价,将土地承包给出价最高的人。公开协商是指以公开讨价还价的方式确定承包价格的承包方式。

1.承包方

本集体经济组织成员可以通过招标、拍卖、公开协商等方式承包荒山、荒沟、荒丘、荒滩。以其他方式承包农村土地,在同等条件下本集体经济组织成员享有优先承包权。

本集体经济组织以外的单位和个人也可以通过招标、拍卖、公开协商等方式承包荒山、荒沟、荒丘、荒滩。发包方将农村土地发包给本集体经济组织以外的单位或者个人承包,应当事先经本集体经济组织成员的村民会议2/3以上成员或者2/3以上村民代表的同意,并报乡(镇)人民政府批准。此外,还应当对承包方的资信情况和经营能力进行审查后,再签订承包合同。

2.承包内容

以其他方式承包农村土地的,应当签订承包合同。当事人的权利和义务、承包期限等,由双方协商确定。以招标、拍卖方式承包的,承包费通过公开竞标、竞价确定。以公开协商等方式承包的,承包费由双方议定。

3.股份经营

荒山、荒沟、荒丘、荒滩等可以直接通过招标、拍卖、公开协商等方式实行承包经营,也可以将土地承包经营权折股分给本集体经济组织成员后,再实行承包经营或者股份合作经营。

4.承包继承

土地承包经营权通过招标、拍卖、公开协商等方式取得的,该承包人死亡,其应得的承包收益,依照《继承法》的规定继承。在承包期内,其继承人可以继续承包。

(四)流转

土地承包经营权流转,是在坚持家庭承包经营和土地承包长期稳定的前提下,允许农户将其土地承包经营权依法进行转包、出租、互换、转让等。通过招标、拍卖、公开协商等方式承包农村土地,经依法登记取得土地承包经营权证或者林权证等证书的,其土地承包经营权可以依法流转。

1.原则

国家鼓励农村土地经营权的合法有序流转,土地经营权的流转必须遵循以下原则:

(1)平等协商、自愿、有偿,任何组织和个人不得强迫或者阻碍承包方进行土地承包经营权流转。

(2)不得改变土地所有权的性质和土地的农业用途。

(3)流转的期限不得超过承包期的剩余期限。

(4)受让方须有农业经营能力。

(5)在同等条件下,本集体经济组织成员享有优先权。

2.当事人

土地的承包方有权依法自主决定承包土地是否流转、流转的对象和方式。任何单位和个人不得强迫或者阻碍承包方依法流转其承包土地。农村土地承包经营权流转收益归承包方所有,任何组织和个人不得侵占、截留、扣缴。

承包方自愿委托发包方或中介组织流转其承包土地的,应当由承包方出具土地流转委托书。委托书应当载明委托的事项、权限和期限等,并有委托人的签名或盖章。没有承包方的书面委托,任何组织和个人无权以任何方式决定流转农户的承包土地。

承包方与受让方达成流转意向后,以转包、出租、互换或者其他方式流转的,承包方应当及时向发包方备案。以转让方式流转的,应当事先向发包方提出转让申请。

受让方在流转期间因投入而提高土地生产能力的,土地流转合同到期或者未到期由承包方依法收回承包土地时,受让方有权获得相应的补偿。具体补偿办法可以在土地流转合同中约定或双方通过协商解决。

3.方式

(1)转包。转包是指承包方将部分或全部土地承包经营权在一定期限转给其他主体从事农业生产经营。转包后原土地承包关系不变,原承包方继续履行原土地承包合同规定的权利和义务,接受转包的一方按转包时约定的条件对转包方负责。

(2)出租。出租是指承包方在承包期内,将土地承包经营权出租给第三人,收取租金,第三人依据出租合同享有土地承包经营权益。出租后,承包方与发包方依据承包合同确立的权利、义务关系不变。

(3)互换。互换是指同一集体经济组织的承包方之间自愿将土地承包经营权进行交换。土地承包经营权互换后双方对互换土地原享有的承包权利和承担的义务也相应互换,当事人可以要求办理农村土地承包经营权证变更登记手续。

(4)转让。转让是指承包方在承包期内,将土地承包经营权交给第三人。土地承包经营权一经转让,承包方与发包方之间依据承包合同确立的权利、义务即行终止。受让土地承包经营权的第三人向发包方履行承包合同规定的义务,并享有合同规定的权利。承包方采取转让方式流转农村土地承包经营权的,经发包方同意后,当事人可以要求及时办理农村土地承包经营权证变更、注销或重发手续。

(5)入股。入股是指在将承包经营权折价入股,发展股份合作生产经营,土地经营所获得的利润,按入股的土地承包经营权份额分配。但股份合作解散时入股土地承包经营权应当退回原承包农户。

4.合同

承包方流转农村土地承包经营权,应当与受让方在协商一致的基础上签订书面流转合同。农村土地承包经营权流转合同一式4份,流转双方各执1份,发包方和乡(镇)人民政府农村土地承包管理部门各备案1份。承包方将土地交由他人代耕不超过1年的,可以不签订书面合同。

5.管理

发包方对承包方提出的转包、出租、互换或者其他方式流转承包土地的要求,应当及时办理备案,并报告乡(镇)人民政府农村土地承包管理部门。承包方转让承包土地,发包方同意转让的,应当及时向乡(镇)人民政府农村土地承包管理部门报告,并配合办理有关变更手续。发包方不同意转让的,应当于7日内向承包方书面说明理由。

乡(镇)人民政府农村土地承包管理部门应当建立农村土地承包经营权流转情况登记册,及时准确记载农村土地承包经营权流转情况。以转包、出租或者其他方式流转承包土地的,应当及时办理相关登记。以转让、互换方式流转承包土地的,应当及时办理有关承包合同和土地承包经营权证变更等手续。

乡(镇)人民政府农村土地承包管理部门应当对农村土地承包经营权流转合同及有关文件、文本、资料等进行归档并妥善保管。

四、建设用地

《土地管理法》第五章和《土地管理法实施条例》第五章规定了建设用地法律制度。任何单位和个人进行建设,需要使用土地的,必须依法申请使用国有土地。依法申请使用的国有土地包括国家所有的土地和国家征收的原属于农民集体所有的土地。

(一)土地征收

土地征收是指国家为了社会公共利益的需要,按照法律规定的批准权限和程序批准,并给农民集体和个人补偿后,将农民集体所有土地转变为国家所有。

建设占用土地,涉及农用地转为建设用地的,应当办理农用地转用审批手续。国家征收土地的,依照法定程序批准后,由县级以上地方人民政府予以公告并组织实施。被征收土地的所有权人、使用权人应当在公告规定期限内,持土地权属证书到当地人民政府土地行政主管部门办理征地补偿登记。

征收土地的,按照被征收土地的原用途给予补偿。征收耕地的补偿费用包括土地补偿费、安置补助费以及地上附着物和青苗的补偿费。征收耕地的土地补偿费,为该耕地被征收前3年平均年产值的6—10倍。征收耕地的安置补助费,按照需要安置的农业人口数计算。需要安置的农业人口数,按照被征收的耕地数量除以征地前被征收单位平均每人占有耕地的数量计算。每一个需要安置的农业人口的安置补助费标准,为该耕地被征收前3年平均年产值的4—6倍。但是,每公顷被征收耕地的安置补助费,最高不得超过被征收前3年平均年产值的15倍。

征收其他土地的土地补偿费和安置补助费标准,由省、自治区、直辖市参照征收耕地的土地补偿费和安置补助费的标准规定。被征收土地上的附着物和青苗的补偿标准,由省、自治区、直辖市规定。征收城市郊区的菜地,用地单位应当按照国家有关规定缴纳新菜地开发建设基金。

支付的土地补偿费和安置补助费,尚不能使需要安置的农民保持原有生活水平的,经省、自治区、直辖市人民政府批准,可以增加安置补助费。但是,土地补偿费和安置补助费的总和不得超过土地被征收前3年平均年产值的30倍。国务院根据社会、经济发展水平,在特殊情况下,可以提高征收耕地的土地补偿费和安置补助费的标准。

征地补偿安置方案确定后,有关地方人民政府应当公告,并听取被征地的农村集体经济组织和农民的意见。被征地的农村集体经济组织应当将征收土地的补偿费用的收支状况向本集体经济组织的成员公布,接受监督。禁止侵占、挪用被征收土地单位的征地补偿费用和其他有关费用。

(二)农村建设用地

1.批准

乡镇企业、乡(镇)村公共设施、公益事业、农村村民住宅等乡(镇)村建设,应当按照村庄和集镇规划,合理布局,综合开发,配套建设。在土地利用总体规划确定的城市和村庄、集镇建设用地规模范围内,为实施该规划而将农用地转为建设用地的,按土地利用年度计划分批次由原批准土地利用总体规划的机关批准。在已批准的农用地转用范围内,具体建设项目用地可以由市、县人民政府批准。其他建设项目占用土地,涉及农用地转为建设用地的,由省、自治区、直辖市人民政府批准。

2.乡镇企业用地

农村集体经济组织使用乡(镇)土地利用总体规划确定的建设用地兴办企业或者与其他单位、个人以土地使用权入股、联营等形式共同举办企业的,应当持有关批准文件,向县级以上地方人民政府土地行政主管部门提出申请,按照省、自治区、直辖市规定的批准权限,由县级以上地方人民政府批准。兴办企业的建设用地,必须严格控制。省、自治区、直辖市可以按照乡镇企业的不同行业和经营规模,分别规定用地标准。

3.乡(镇)村公共设施、公益事业建设用地

乡(镇)村公共设施、公益事业建设,需要使用土地的,经乡(镇)人民政府审核,向县级以上地方人民政府土地行政主管部门提出申请,按照省、自治区、直辖市规定的批准权限,由县级以上地方人民政府批准。

4.村民宅基地

农村村民一户只能拥有一处宅基地,其宅基地的面积不得超过省、自治区、直辖市规定的标准。农村村民建住宅,应当符合乡(镇)土地利用总体规划,并尽量使用原有的宅基地和村内空闲地。农村村民住宅用地,经乡(镇)人民政府审核,由县级人民政府批准。农村村民出卖、出租住房后,再申请宅基地的,不予批准。

5.禁止性规定

农民集体所有的土地的使用权不得出让、转让或者出租用于非农业建设。但是,符合土地利用总体规划并依法取得建设用地的企业,因破产、兼并等情形致使土地使用权依法发生转移的除外。在土地利用总体规划制定前已建的不符合土地利用总体规划确定的用途的建筑物、构筑物,不得重建、扩建。

6.收回

有下列情形之一的,农村集体经济组织报经原批准用地的人民政府批准,可以收回土地使用权:为乡(镇)村公共设施和公益事业建设,需要使用土地的;不按照批准的用途使用土地的;因撤销、迁移等原因而停止使用土地的。收回农民集体所有的土地的,对土地使用权人应当给予适当补偿。

第二十章　都市型现代农业知识普及与技术推广体系

在知识经济发展的新时期,知识化农民是农村发展的基础,也是我国农村现代化建设的必然选择。关注农民的知识与技术需求,缩小知识需求与知识服务之间的误差已经逐渐成为我国农业知识服务普及和技术推广体系所要解决的首要问题。根据目前我国农业发展现状,现代农业知识服务内容正逐渐从农业信息向农业知识技术转变,针对农民农业知识的需求变化、农业知识需求的特点,对农业知识进行分类,知识服务理论相结合,尤其是探索一套适合北京地区京郊以农业知识为服务主体的农业知识普及和技术推广体系模式将具有积极的现实意义。

第一节　知识普及与技术推广体系的概述

基层农技知识普及和推广体系是农业社会化服务体系的主导力量,是国家对农业支持保护体系的重要组成部分,是新时期进行农业和农村经济战略性结构调整的重要依靠力量。

一、国外概况

根据联合国粮农组织对全球 113 个国家中 200 多个国家级农业推广机构的调查发现,1910 年以前,全世界仅建立了 14 个国家级推广机构,占当时国家数的 7%,且主要是英、美和一些欧洲发达国家;至第二次世界大战以前,全世界共建立国家级推广机构 48 个,占当时国家数的 20% 左右,主要在一些中等发达程度的国家;二次大战以后,已建的推广组织发挥了巨大的作用,大多数发展中国家在部分发达国家的援助下,试图通过农业推广解决粮食的短缺问题,纷纷开始建立推广组织。二次世界大战以后世界上约建立了 150 个国家级推广组织(约 80%)。

根据联合国粮农组织的调查,目前全世界约有农业推广人员 542 万。其中:非洲 59 余万人,亚太地区 39 余万人,欧洲 15 余万人,拉丁美洲 33 余万人,北美 15 余万人,远东地区 3 余万人。目前世界各国的农业推广体系大致可分为四大类:

1.以政府农业部门为基础的农业推广体系。此类推广体系隶属政府农业部门的直接领导,农业部下属的推广局和推广站(中心),负责组织、管理和实施全国的农业推广工作。目前世界多数国家的推广体系属于此类。

2.以大学为基础的农业推广体系。此类推广体系的典型代表是美国,其特点是农业教育、科研、推广三位一体;在联邦农业部和各州立大学的共同领导下,在各州立大学农学院建立农业推广站(中心),

大学农学院的推广部门负责组织、管理和实施基层的推广工作。

3.企业附属性的农业推广体系。此类推广体系是商品生产组织开发机构所附属的推广体系及私人企业为推销产品所组建的产品推销网络。如马来西亚的橡胶生产和咖啡生产组织等都建有自己独立的推广体系。英国、法国等的一些农药、化肥、种子生产企业为推销产品而成立的推销部。

4.非政府性质的民间推广体系。这类推广体系是指一些农业协会、宗教组织及在欧洲一些国家的青年组织和妇女组织,经常从事社会经济、家政、实用农业技术、健康、保健知识等方面的推广工作。

在以上四类推广体系中,以农业部为基础的农业推广体系占全球推广体系总数的81%,以大学为基础的农业推广体系占1%,企业附属性的农业推广体系占9%,非政府的民间推广体系约占9%。

二、国内沿革

在我国,伴随着农耕文明的进步,农业推广活动也随之发展变化。从公元前100年,汉武帝任命赵过为"搜粟都尉",改革和推广农业新技术,到公元1715年,清康熙皇帝任命李煦进行双季稻种植试验与推广,近2000年的漫长封建社会过程中,丰衣足食、国富民安始终是帝王和平民百姓的理想追求,农业推广为实现这一理想起到了重大作用。

我国沦为半封建半殖民地国家之后,清朝末年洋务运动和维新派开始向欧、美、日等发达国家学习,开始创建农事实验农场和推广组织。到1907年,清政府正式颁布推广农林简章23条,规定奖励垦荒、设立农事学堂、农事实验场、农村讲习所等,西方的农业推广理念开始引入我国。

中华民国时期,相继制定和颁布了一些有关农业推广的政策法规,建立各级农业推广机构。但由于战争的影响,推广体制混乱,推广人员少、素质差、经费短缺,推广工作成效不大。当时的一些学者效仿西方编写农业推广书籍,如1935年金陵大学农学院章之汶、李醒愚合著了《农业推广》,同年孙希复编写了《农业推广方法》。

1949年新中国成立后,我国农村生产关系发生了重大变化,农民生产积极性高涨,给推广事业带来生机,农业科技推广在组织形式和推广成效上都有了长足发展。在理论研究上真正形成一门学科并进行深入系统的研究是在党的十四大之后。我国确立了社会主义市场经济体制,一些在计划经济体制下形成的农业技术推广模式、服务理念、服务方式都不适应市场经济条件下农民对农业推广服务的需要,特别是我国实施"科教兴国"战略后,迫使人们不得不重新审视农业推广的客观规律,也促使学者们开始从行为学、传播学、心理学、社会学等理论角度研究农业推广问题,并在国外已有农业推广理论的基础上,开始创立具有中国特色的农业推广学。

三、现实意义

我国农业推广和农业科技的进步,不仅满足了国民经济发展对农产品的需求,还对消除贫困做出了积极贡献。新中国成立初期到1978年,虽然经济保持了一定的发展,但由于人口的迅速增加,加上长期实行平均主义分配方式,1978年全国农村的绝对贫困人口仍还约有2.5亿人,约占全部人口的四分之一。改革开放后,国家以提高贫困人员文化素质和致富能力为重点,采取农业知识普及和科技扶贫,效果十分明显。到2007年末,农村绝对贫困人口减少为1479万人,贫困发生率降至1.6%。联合国和世界银行认为,中国政府科技扶贫工作是非常有效的,是发展中国家的典范,对世界消除贫困做出了积极贡献。

新中国成立以来,特别是三十多年的改革实践证明,基层农业技术推广,不仅直接提高生产效果,而且对生产者综合素质的提高也产生了深远的影响,为加快发展中国特色的现代农业提供了智力支持和人才基础。

党的十七届三中全会《关于推进农村改革发展若干重大问题的决定》对我国农业和农村经济发展进行了科学分析和判断,明确了一系列的战略发展目标:现代农业建设取得显著进展,农业综合生产能力明显提高,可持续发展能力不断增强等,其中对加快农业科技创新,深化科技体制改革,加强对公益性农业科研机构和推广机构的支持,稳定和壮大农业科技人才队伍,加强农业技术推广普及,开展农民技术培训,以及加快农业科技成果转化,促进产学研、农科教结合,支持高等学校、科研院所同农民专业合作社、龙头企业、农户开展多种形式技术合作等政策作了进一步明确,为农业知识普及和技术推广体系的改革创新指明了方向。

按照《国务院关于深化改革加强基层农业技术推广体系建设的意见》的要求,知识普及和技术推广作为实施科教兴农战略的重要载体,已经形成上下贯通、遍布城乡的有机网络,集中了大批优秀农业推广人才,掌握着较为先进的技术,履行着农业自然灾害防控、农民培训教育、技术推广等重要职能,成为农业科技成果转化为现实生产力的主力军,成为推动农业科技进步的重要依靠和建设现代农业的重要支撑,为保障国家粮食安全、促进农业稳定发展和农民持续增收做出了重大贡献。

我国农业和农村经济的发展已进入新阶段,加快农业科技进步和推进新的农业科技革命,完善农业知识普及和技术推广体系将对推进当前农业和农村经济持续发展,具有重要的理论意义和应用价值。

四、发展方向

"十一五"期间是北京都市型现代农业稳步发展的阶段,在"221行动计划"的指引下,农业知识普及和技术推广体系充分发挥科技对农业的支撑作用,农业的可持续能力逐步增强。实施了35个重大农业科技项目,示范推广了设施育苗、环境友好栽培、健康养殖、病虫害综合控制、农业机械化作业等一批先进适用的技术,一批重点项目获得国家级、省部级奖励,不断推动北京农业向高端、高效、高辐射方向发展。

农业科技推广的机制不断创新。围绕食用菌、西甜瓜、生猪、奶牛、鲟鱼、家禽等主导产业和特色产业,组织实施科技入户,促进了新品种与新技术的推广与应用。以叶果类蔬菜、家禽、生猪、观赏鱼、粮食等产业为重点,到2014年建立了10个现代农业产业技术体系北京市创新团队;开办农民田间学校627所,启动"林果乡土专家行动计划"。累计培养学员2万余人,乡土专家480名,带动农民达5万户。农民的综合素质、技术创新与应用能力,农业的辐射带动能力和增收致富能力都有显著提高。

农业科技示范作用日益明显。建设各具特色的市级农业科技园区25个。小汤山现代农业科技示范园升级为国家级农业科技园区,锦绣大地农业技术园、顺义三高农业示范区等7个园区成为科技部挂牌重点园区。"十一五"期间,北京市陆续创办480多个高效农业园,极大地发挥了都市型现代农业的示范功能。

农业信息化步伐加快。以"两张底牌(资源底牌、市场底牌)+两个支撑(科技支撑、资金支撑)"为主要内容,初步搭建起"221信息平台";开通了"尚农网",面向政府、企业、合作组织、农民和市民提供查询、分析、决策和交易服务；开通了"12396"北京新农村科技服务热线和"12316"农业服务热线，农村基层各类信息服务站点已达 10680 个，郊区信息化水平得到了显著提升。

"十二五"期间是都市型现代农业全面深入发展的重要时期。"十二五"北京都市型现代农业科技发展目标为农业科技水平与社会化服务能力显著增强，农业科技贡献率达到 68%；建立完善的农业信息化服务体系；全市农业社会化服务与管理能力显著增强，村镇农业社会化服务覆盖度达到 95%。

"首都的农业是都市型现代农业，是第一、第二、第三产业相互融合、充分体现人文、科技和绿色特征的低碳产业"，充分发挥首都高端科技、人才、资金等资源优势，以国家农业科技城建设、科普惠农兴村计划等为契机，显著提升农业科技创新能力、新型产业培育能力、农村科普能力、社会化服务能力，在农业知识普及和技术推广要素配置方式、组织服务体系、农业保护支持体系等方面进行探索和创新，提升都市型现代农业和科技农业的核心竞争力。

第二节　知识普及与技术推广体系建设原则、运行机制

遵循体系建设原则，建立稳定的知识普及与农技推广运行机制体系，是农业和农村工作的组织基础，是农村改革、发展和稳定的客观要求。

实践表明，依托长期稳定健全的农技推广机构和队伍，农业各项工作才能得到长足发展，才能更好地将农业新技术传授给农民，才能更快地实现农业科技成果的转化，从而有效地促进农民增收和农村稳定。

一、体系建设的原则

（一）坚持与社会主义市场经济市场相适应的原则

在农业技术推广体系与科普知识普及建设和创新上，逐步将推广与科学普及工作的重点从增加产量向以经济效益、社会效益和生态效益为中心转移，并逐步发展到把农村、农业、农民生产的发展与生活的改善作为农业推广和知识普及的总目标；推广工作和知识普及的内容由产中服务向产前、产后服务纵深拓宽，并逐步向咨询服务为主发展，其中包括经济、市场、管理、信贷、家政、法律、文化等农民所需要的生产、生活领域知识服务。推广服务的对象不再局限为农民，而应当拓展为全体农村居民的推广策略。

（二）坚持局部创新与国家推广体系相适应的原则

《国务院关于深化改革加强基层农业技术推广体系建设的意见》明确指出，农业知识普及与技术推广体系要强化公益性职能、放活经营性服务，合理布局国家基层农业技术推广机构，有效发挥其主导和带动作用，充分调动社会力量参与知识普及与农业技术推广活动，为农业和农村经济全面发展提供有效服务和技术支撑。坚持局部创新和国家知识普及与推广体系相适应，进而促使体系理顺体制，创新机制，增强能力，服务到位，农民满意。

（三）坚持稳定、灵活、高效相结合的原则

坚持稳定、灵活、高效兼顾的原则。通过建立完善的制度，使各农业主管部门和科技部门在财政重

大支农项目和农业建设项目安排上向知识普及与农业技术推广体系倾斜。根据新阶段农业发展特点、农民需求变化和农业技术推广规律,积极推进知识普及与农业技术推广体系创新,提高农业技术的到位率。立足当地农业生产需求,遴选主导品种和主推技术,组装集成配套技术,搞好技术培训。让县级农业技术推广机构、区域站和重点乡镇站等更多的农业技术推广机构参与实施重大农业项目,改善推广条件,锻炼推广队伍,培养科技推广人才,增强科技推广能力。

(四)从"以政府为主体"逐步向"多元化服务组织"过渡的原则

构建多元化知识普及与农业技术推广体系,大力发展各类社会化农业技术服务组织,目前农业主管部门和科技部门应重视培育多元化农业技术推广主体,引导和规范涉农企业、农业产业化经营组织、农民合作经济组织、专业协会、技术团体等,开展技术承包、技术转让、技术培训、技物结合、技术咨询等服务。将农资供应、动物疾病诊疗、农产品加工及营销等服务,从基层公益性农业技术推广机构中分离出来,实行市场化运作。对核心技术、利润高且市场需求量大的技术产品,逐步做到由农民合作组织性质的农业技术经营服务组织推广普及。

二、管理运行机制

都市型现代农业知识普及与农业技术推广体系由政府农业技术推广机构、农业科研单位、农业院校、企业、涉农科学技术学会、农村专业技术协会等众多组织组成。在市场经济体制下,如何使得这些组织在推广实践中相互促进、相互融和、取长补短,从而使各个组织结构和功能得到完善以及优化其运行机制就成为必须探讨的问题。

(一)分类推广管理机制

分类推广管理机制是指按农业知识和农业技术的不同分类,由不同的农业知识普及和技术推广组织来进行,最大限度地发挥相应组织的作用,并能显著提高知识普及和技术推广的效率。按照知识普及和技术分类的原则,由不同组织进行知识普及和技术推广,如涉农企业根据市场农产品供求状况来确定知识普及和推广计划,既确保农产品的质量以及供求平衡,增加收益,又减少了农业知识普及和技术采用的盲目性,有效避免市场风险,增加企业和农户收入。

(二)运行动力机制

目前,北京都市型现代农业正处于由传统的生产方式向现代生产方式的转变期,农业生产从以满足自身消费为目标正在转向以市场为导向的商品生产,农户作为农业生产的主体,地位得到进一步加强,然而却忽视了农业知识普及与技术推广体系动力机制的发育和培养,仍然以行政助推为主。

按系统观点可将农业知识普及与技术推广体系分为科研系统、推广系统、高校系统、农户系统及其他社会组织。农业技术推广体系的正常运转是这五个系统相互作用、相互促进、相互制约、协调同步发展的结果。

构建以农户系统为主导的农业知识普及与推广动力机制,充分尊重农民的价值观、知识、劳动以及农民在推广活动中的权利,发挥农户的利益在农业知识普及与技术推广活动的优先地位,充分调动农户参与的积极性;推广活动侧重于增加农户系统的运行效率;建立有效的双向沟通机制,赋予农户在农业农业知识普及技术推广活动中的最终决策权,使农业知识普及和推广活动成为知识普及、推广人员和农民相互学习的过程,农业知识普及和推广活动的重点是向农户提供咨询、培训和技术信息服务,将现代科学知识融入推广活动中,最终达到使农民理解、接受和自觉运用农业新技术。

（三）竞争机制

目前,多元化的农业知识普及和技术推广组织必然存在着合作与竞争,如以农村专业技术协会为主体的农业知识普及和推广组织、以农业企业为主体的农业知识普及和推广组织、以农业院校为主体的农业知识普及和推广组织、以科研单位为主体的农业知识普及和推广组织等。为了使各个农业知识普及和技术推广组织的整体运行得以优化,创造一个良好的竞争环境,形成公平合理的竞争机制,使各个主体相互推动、相互作用,从而使农业技术高速、高效地传输到生产领域,最大限度地发挥农业技术的增产增效作用。

竞争机制的引入不仅体现在各农业知识普及和推广组织之间,还应在各组织内部发挥作用。通过在农业知识普及和推广组织内部的竞争机制,强化推广主体的自身素质,提高推广工作效率,使农业知识普及和推广组织不断壮大和发展。

（四）协调机制

农业知识普及和技术推广体系是一个复杂的社会系统,要使其正常运转,系统各要素之间以及系统与环境之间必须经常保持协调,如国家、农业知识普及和推广组织与农户三者之间的利益协调,农业技术推广政策、科技与物资投入的协调,知识普及、农业推广、科研与农业教育之间的协调,各农业知识普及和推广组织之间的协调等。

在新型农业知识普及和农业技术推广体系内,表现出推广过程主体的多元化,而不同的主体又有着不同的行为准则。因此,协调各主体行为,促进各主体积极发挥主观能动性和协调作用,共同推进农业农业知识普及和技术推广进程就显得特别重要。采取一定的措施协调农业知识普及和农业技术推广中各行为主体,以促进各主体行为的协同作用。

1.把握政策调控。政府通过制定技术政策、法规制度和农业技术发展规划来指导和规范各主体行为,促进多元化的农业知识普及和农业技术推广系统的协调发展,逐步实现农业知识普及和农业技术推广管理的法制化和科学化。

2.利用项目诱导。通过政府的农业知识普及和农业技术推广项目的形式协同各主体行为,推行严格的项目管理,通过各种形式,加强彼此间的合作,使相关主体相互协同配合去完成技术推广任务,以争取更多的政府资助项目。

3.坚持分工协作。政府可通过行政和经济手段,对各类型的主体进行指导性分工,发挥不同主体的技术推广作用。

4.尊重市场机制。利用市场的技术需求与供给关系,促进各主体之间的竞争与合作,形成农业技术推广中的主体多样化新格局。

三、北京地区都市型现代农业知识普及与技术推广模式

都市型现代农业知识普与农业技术推广模式是在特定条件下农业推广主体、客体、机制的存在方式和运转过程的综合表现,具体表现为北京地区农业知识普及和农业推广目标、对象、内容、策略、方法、组织结构及其运行机制的总和。（见图20-1）

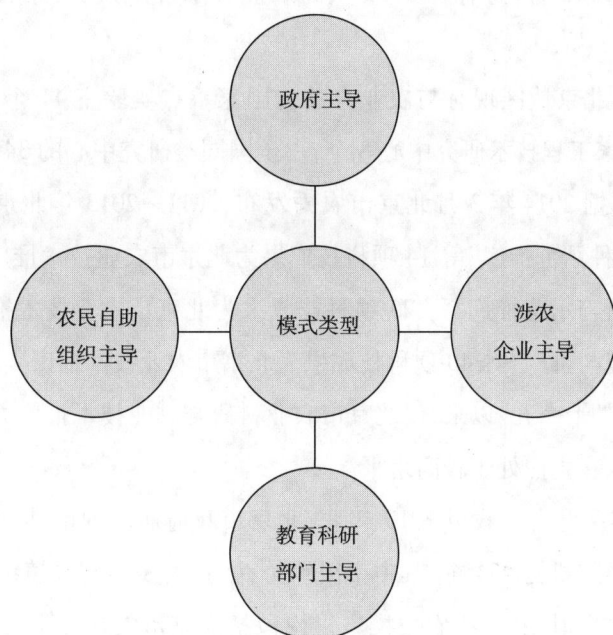

图 20-1　模式类型图

第三节　知识普及与技术推广体系的建立

培养掌握和运用现代科技的新型农民是推进社会主义新农村建设的必要条件。只有农民主体的现代化、知识化,才能使农业科技成果真正转化为现实生产力,促进传统农业向现代农业转变,促进新农村建设持续推进。随着农业科技进步发展,农民科技素质的提高已经成为现代农业发展的迫切要求,因此构建农民知识体系至关重要。

一、北京农业科技资源

（一）北京地区有大量的农业科技机构

1.研究和推广机构齐全。北京地区共有与农业相关的省级以上（含）科研机构 29 家。包括以下两部分:一是中国农业科学院、中国林业科学院、中国水产科学院、中国农业机械化科学研究院、中国科学院的相关研究机构、中国农业大学、北京林业大学等中央在京科研院所和高等院校;二是北京市农林科学院、北京市水产科学研究所、北京市水利科学研究所、北京市农业机械化研究所、北京市水利调度自动化研究所、北京农学院、北京市农业职业学院等市属科研机构和高等院校。北京地区农业技术推广机构实力也十分雄厚,市属各部门,如农业局、林业局、水利局、气象局、园林局、乡镇企业局等内设的研究部门,以及北京市水产总公司、北京市农工商总公司、北京市农机总公司内设的研究部门等市级农业技术推广机构 13 家,县级农业技术推广机构 110 家。

2.农业科技人才众多。北京地区有农业科研人员 2 万多名,其中:中央在京科研院所和高等院校的农业科研人员就有 15000 多名,北京市地方农业科研院所约有研究人员 3000 名,郊区区县所属的科研单位的科研人员约有 2000 名,另有近 8000 人的农业技术推广人员(不含中央在京机构的推广人员)。

3.科研基础设施完备。北京地区现有与农业有关的国家重点实验室 11 个,占全国同类实验室的68.7%,有与农业有关的国家工程技术研究中心 8 个,占全国同类研究中心的 34.8%。

4.农业科研成果丰厚。据 2014 年 3 月北京市农委发布,2011—2013 年北京市农业推广奖共计 79 项。授予"京科 968 玉米品种示范推广"等 14 项科技成果为北京市农业技术推广奖一等奖,授予"京郊玉米高产创建技术集成创新与示范推广"等 25 项科技成果为北京市农业技术推广奖二等奖,授予"食用菌周年高效栽培技术示范与推广"等 40 项科技成果为北京市农业技术推广奖三等奖。

5.农业科技经费充足。"十一五"以来,仅北京市农业科研与农业技术推广方面的经费年均就有 10 亿多元,并呈逐年增长趋势,在国内处于较高水平。

6.政府农业科技推广体系健全。截至 2010 年底,北京市政府所属的市、区(县)、乡(镇)三级公益性农业科技推广体系拥有推广机构 454 个,其中市级 5 个,区县级 88 个,乡镇级 361 个,在数量上平均每个乡镇拥有 2 家推广机构。其中,市级农技推广机构包括北京市农业技术推广站、北京市植物保护站、北京市种子管理站、北京市畜牧兽医总站和北京市农业机械试验鉴定推广站;88 个区(县)级机构从行业上划分,种植、农机和畜牧水产各占 58.4%、14.6% 和 27.0%;其中种植业机构依照职能还可划分为综合、植保、种子管理、能源环保等 4 类,各占种植业机构总数的 38.4%、25.0%、21.2% 和 15.4%;361 个乡(镇)级机构以综合性农业(发展或科技)服务中心和畜牧兽医站为主,各占总数的 45.7% 和 35.7%,此外部分地区还设有专业机构,占总数的 6.1%。

(二)北京地区有大量农业科技人员

1.从事农业科学研究的人员,任务是提供有效的农业科技成果,满足京郊乡村对农业科技成果的需求。就从事农业科学研究的人员来说,北京地区有近 2 万人,北京市属各机构也有 5000 多人,仅从数量上讲已达到发达国家的水平,应能满足北京市未来农业发展目标的需要,然而对其素质的进一步提高将会对促进北京地区农业科技发展起到巨大的作用。

2.农业技术推广人员,任务是推广农业科技成果,解决农业产前、产中、产后出现的各种技术问题。只有通过推广应用,农民认识、掌握农业技术,并在实际生产和经营上被采用,才能产生效益,为农民带来切实的利益。资料显示,美、日等发达国家每万农村人口中有 40 多名农技推广人员,要达到这个标准,京郊农村应有 308.2×40=12328 名农业技术推广人员,而目前在乡镇以下的农业技术推广人员则仅为 2221 人,缺口达 1 万多人。

3.农民是科技成果转让的主体,农民自身的素质高低特别是科学文化水平的高低和采用科学技术意识的强弱程度,是影响农业科技成果应用的直接因素。

资料显示,京郊农民人均受教育年限为 10.9 年,基本处于初中毕业水平。从总体来看,目前京郊农民素质相对来说还是比较低的,采用科学技术积极性不高,是农业科技成果的应用和转化的障碍因素。

4.从事农业科技管理人员 任务是整合各种农业科技情况,使其发挥最大的效益。就农业科技管理人员来说,市、区(县)、乡(镇)三级共有 1359 人,这批人员从数量上来讲已经足够,但更重要的提高其素质,发挥其积极性,至关重要。

二、农民学习农业新技术的主要渠道

(一)通过官方农业知识普及和技术推广部门获取

通过农口、科技口、科协、妇联等举办各种培训班、田间学校、综合实验站、各类讲座、现场指导、交流等途径,成为目前获取的主渠道。

(二)通过人际传播

邻里之间的传播一直以来就是农民获取新技术信息的传统渠道,在实际调查过程中,虽然有许多农民会更早的从农业技术推广部门获取技术信息,但他们相信眼见为实,对于这些技术采用"先观望后向邻里咨询"获得。

(三)通过企业和农民合作组织

各类农民自助组织和涉农企业也逐渐成为部分农民获取农业技术信息的重要载体,其作用也将会越来越明显,然而涉农企业和各类农民自主组织技术的辐射范围较小,因此带有地域性的特点。

(四)通过大众媒体、新媒体

通过广播、电视和网络媒体等设施来了解有关农业信息和农业知识的农民朋友越来越多。随着农村信息化建设稳步向前发展,更多的农民学习通过这些平台获取相关技术信息。

三、知识普及与技术推广的主要内容

"十二五"农业知识和技术应从单纯为农业生产服务为主,转向为生产、加工与生态协调发展服务;从以资源开发技术为主,转向资源开发与市场开拓技术并重;从面向北京和国内市场提供技术产品,转为面向国内、国际两大市场提供技术产品。因此,北京地区农民的农业知识普及应从以下方面开展。

(一)政策保障知识

农业政策法规对农业发展具有指导作用,农业保障体系是农业生产的保护伞,这些规划、战略和政策直接影响农业知识服务工作的开展,农民已经越发重视如何及时、有效的获取和理解农业政策信息,服务人员与机构虽然不能制定政策与法律,但可以而且应当很好地了解和掌握政策和法律,在政策和法律规定范围内开展工作。农民对于国家和地方出台的农业政策法规显得尤为关注。目前,有一部分农民已经能够运用计算机等高端信息设备通过网络获取各类农业信息,但是对于类似农业政策信息这种政策性较强的信息的理解能力还存在一定的困难,这就需要一些专业人士能够对政府颁布的农业政策进行一种贴近农民理解程度的解读。根据《中国农村信息化发展报告2009》对中国农村信息需求进行的调查报告显示,农民关注的涉及农业的政策信息侧重农产品价格政策的制定、土地使用、化肥和种子以及农业税收和财政政策、农业补贴、政府政务公开等农业信息,其中对与种产品价格有关的政策信息的需求量最大。由此可以看出,农民对于这类信息关注度很高,自然对与之有关的政策解读以及相关的价格预测和辅助决策类农业知识更为关注。

(二)市场行情知识

市场行情知识包括关于解决农产品及其加工品、农业生产资料和其他生活必需品买卖问题的相关知识。市场行情的波动时刻影响着农民的收入,进而影响农民的经济水平。对市场行情知识不够敏感,必然导致对农产品市场的盲目投资。合理把握农业市场行情是农民增收的先决条件。在此基础上,对市场行情的有效分析和合理的预测能够帮助农民理性的投资,这样农民才能够在农业生产中获得所期望的收入。

（三）实用技术知识

实用技术知识是目前农民需求量最大,需求程度最迫切的农业信息。农民对实用技术知识的需求程度直接关系到当地农业发展的好坏。2012年,中央一号文件主题定为"加快推进农业科技创新,持续增强农产品供给保障能力",并提出了一系列促进农业科技创新的新政策、新举措。提出在加强工作力度,持续稳定农业发展的同时,依靠科技创新驱动,引领支撑现代农业建设的方针。要求明确农业科技创新方向,突出农业科技创新重点。着力突破农业技术瓶颈,在良种培育、节本降耗、节水灌溉、农机装备、新型肥药、疫病防控、加工储运、循环农业、海洋农业等方面取得一批重大实用技术成果。

（四）农资供应知识

农民获取农资供应知识是农业稳定发展的保证。农资供应知识主要包括农业生产资料供求及其技术使用方面的信息。农民获取更多的农资方面的知识,就能够更好地利用农资已达到农业增产、农民增收的目的。农业的根本出路在科技,我国农村自改革开放以来之所以能够取得举世瞩目的成就,这与农业科技所发挥的关键作用有着密不可分的关系。因此在2012年国家大力提倡农业科技创新的环境下,农民需要更多的关注相关的农业新技术,如新型复合肥料,新型农业设备等,同时更多的关注如何能够运用和发挥新技术所带来的优越性。

（五）优良品种开发及高新技术知识

优良品种开发及高新技术知识是农民知识需求的一个重要因素。农民对于优良品种、高新技术的需要最为迫切。目前我国农业科技仍然存在三个方面的不足:创新成果供给不足,农机推广服务不足和农业人才总量不足。农业科技总体水平还不高,跟踪式、模仿式甚至重复性研究还较多,针对这种情况,国家对于农业制定出科技创新的方针政策,与此同时,农民也需要对新品种、新技术加以充分合理的运用,才能够使农业发展上升到新的台阶。

四、构建都市型现代农业知识普及与推广体系

农业劳动力主要由农民构成,农民是农业技术最直接的应用者,目前,北京农业劳动力中,既有具备新技术新技能的先进农民,也有不掌握先进农业技术的传统农民。农民是农业科研成果的运用者,建立完善的农民知识体系,能够推动农民更好地学习和应用成果,有利于培训更多更高质量的现代化农民。

调查显示,北京地区农民普遍认为要实现家庭致富,首要的是要掌握科技知识。其次是资金、信息。对于科技知识,农民更希望以非学历培训的形式进行,希望参加国家和北京地区开展的培训工程。

（一）加大职业技能培训,提高科学技术水平

随着农业信息化的不断推进,越来越多的农民意识到农业信息和农业知识的重要性。开展农民职业技能培训尤为重要。

新农村建设时期,政府应充分发挥自己的职能,着重为新兴农民的职业技能的培育服务。从十一五期间,北京地区利用农民文化学校、农广校、职业中学、农校等多种形式积极开展农村适用技术培训,使绝大多数的农村劳动力熟练掌握主要农业适用技术的基本技能,

通过农民职业技能培训,将提高农业科技普及率,培养造就一大批懂技术、善经营、会管理的新型农

民,真正发挥在农业科技发展中的示范带动作用。

此外,农民要想解决农村生活、农业发展、收入问题,不仅要掌握农业特定领域知识,而且对信息技术、通讯技术等其他学科领域也要有所了解,突破农民的知识单一化结构的瓶颈。因此,无论农民还需要广泛的接触和了解与农业相关的领域知识,通过所掌握的农业知识以及其他与农业有关的知识通过亲自实践来形成自身农业知识结构,提高自己的知识水平。

(二)开展多形式的现代农业知识传播

面向农民的农业知识服务包括图书馆、农业科研机构和农业院校三类知识服务机构,所提供的知识服务一般更具有针对性,服务的方式更接近传授知识而非传递信息。

1.图书馆的农业知识服务模式。图书馆是最为典型的知识中心,在网络技术不断发展的今天,其服务模式也正在从传统的阵地式服务向多元化服务模式方向发展,知识服务的内容以及为农民提供的知识产品也更加多样化。随着信息技术的不断发展,农业知识的不断创新,农业知识服务以及知识产品在农业信息服务中的比重也在不断增加。我国开展信息化建设以来,网络技术的不断成熟,信息共享机制、数字图书馆、网络数据库等建设逐渐增多,目前已形成相当规模,信息资源在很大程度上形成网络共享,农村信息基础设施的建设也在稳步前进,知识内容也不再局限于单一的文字形式出现,知识载体也更加丰富多样化,这就使农民足不出户的获取知识成为可能,并逐渐形成农民获取知识的主要途径。

图书馆能够向农民提供包括书籍查询、图书预订、新书推荐等一系列的到馆服务项目,使农民可以借阅到自己所需要的图书,此外,农民可以通过图书馆搭建的网络平台浏览自己所需的农业知识。这些数据资源的建设也为农民的知识检索提供了更加方便快捷的途径。

2.农业科研机构知识服务模式。通过专业人员对农业领域现状的信息分析整理,针对农民现存的相关农业疑难问题进行研究并最终给出解决方案。农业科研机构直属于政府部门,负责农业重大基础与应用基础、应用研究和高新技术研究的任务,着力解决农业及农村经济发展中基础性、方向性、全局性、关键性科技问题。因此,农业科研机构在直接的面向农民提供知识服务时,知识内容更具专业性,知识产品的附加值更高。

科研机构的服务模式所包含的服务方式包括科技培训、试点合作和科技下乡等方式。科研机构面向农民的知识服务模式强调知识的普及推广,服务的目的在于解决农民现有的问题,知识内容涉及农业行业、土壤气候等环境、种子培育、农作物栽培、牲畜繁育、农田灌溉以及防治病虫害等多方面、全方位农业技术知识。此外,面对这些高附加值知识产品,如何能够让农民吸收并掌握运用农业高新技术也是科研机构进行知识服务的目的。科研机构指派专家负责下乡对农民所需的知识进行传授,通过农民和专家面对面的交流,使农民能够更加深刻的了解农业技术;采用"以农带农"的方式,即先对一些文化水平较高、学习能力较快的农民进行科技培训,当这些农民掌握了农业技术之后,再根据自身的理解和体会,以农民之间比较通俗易懂的方式进行传授。另外,农业科研机构经常下乡走访,实地调研,根据实际情况与农民合作形成农业生产试点区。农民在这种合作中能够全面、真实、准确的学会并掌握农业知识,同时可以解决农业生产过程中遇到的实际问题,对农业知识的理解也更加深刻。

3.农业院校知识服务模式。农业院校作为人才培养和知识传授的组织,在解决农民知识需求问题的过程中也扮演着重要角色。

农业院校面向农民的知识服务所包含的服务性质和科研性质介于图书馆与科研机构之间。教育机构更关注自身学科与农业相结合产生的复合型农业领域学科所发挥的作用。教育机构提供的服务内容不仅包括农技本身,同时还涉及农业与经济、电子信息、法律、环境等多学科交叉衍生的新型农业知识。这种服务模式使得农民可以充分的学习和了解到与农业有关的各个方面交叉领域学科知识,为农民在农业生产过程中所遇到的问题提供更多切实可行的解决方案。

(三)开展多形式、多内容的知识培训服务

知识服务的核心在于能够根据用户的知识需求制定有针对性的个性化服务,要想为用户提供个性化解决方案的基本条件在于以用户知识需求为导向。

根据农民的文化素质现状,层次、类型、季节、场地制定不同的知识培训服务模式。使培训内容"因地制宜、图文并茂、简明易懂、便于操作、注重实效"。培训方式采用文字教材、影像教材和教学挂图、计算机网络信息相结合;单项技术教材小册子和综合教材相结合。

经过大量的实践证明,在经历了函授教育,广播电视教育后,计算机网络教育和多媒体技术已经广泛被大家所接受。目前在新农村建设时期新型农民的培育过程中,计算机网络教育与多媒体技术远程教育和函授、广播电视教育结合使用的方式已成为最方便、最有效、最有发展的提高农民素质的途径。

(四)鼓励大学生回乡创业

大学生是我国社会重要的一个高素质群体,受过基础教育和专业教育,不仅具有专业知识,还具备综合人文素质,有文化的同时还有较强的实践能力。

近几年,大学生就业难,尤其是农村大学生就业更难,鼓励大学生回乡创业,通过大学生这一高素质群体的转移,为农村带来新鲜气息。事实证明,如"大学生志愿服务西部计划",鼓励、支持和选派高等学校优秀毕业生充实到农村管理、技术、生产第一线,扩大农村高素质群体。通过高素质群体由城市向农村的"迁移"来影响、示范、带动农村的生产、生活方式,促使农村形成"学科学、学技术、做现代农民、建文明家园"的良好氛围。

(五)培养农民的企业家精神

新农村建设要求的新型农民是会经营的农民,经营管理知识是从事经营活动的基础。依托国家的扶持及相关政策,加强对农民进行社会主义市场经济理论培训,使农民以企业家的身份去学习市场经济的一般规律,以经济效益最大化为目标,按照市场的需求合理配置各自拥有的农业资源,开展农业生产。

在新农村建设的新时期,应该给农民灌输一种企业家的精神,大胆组织生产,学习市场营销的基本原理和基本知识,从而造就一批进行农业规模化、现代化和专业化生产经营的农场主和农民企业家,加速农业向市场经济转变,提高农民的积极性,真正成为会经营、懂管理的现代农民。

第二十一章 北京都市型现代农业食品安全体系

农业食品安全(food safety)是指农产品无毒、无害,符合应当有的营养要求,对人体健康不造成任何急性、亚急性或者慢性危害。都市型现代农业食品安全体系是由一个大都市为确保城市农产品产前环境质量、生产过程、产后加工、运输以及农产品出口贸易等的安全,在组织、法律、政策、财政和技术等各方面采取相应措施而建立的一整套保障体系。

随着都市人民生活水平的不断提高及中国加入世界贸易组织后食品流通领域面临的新情况,营养与安全日益成为都市人们选择食品的主要因素,而且食品安全已经成为关系都市民生与社会稳定的重大问题。因此,建立健全及完善都市型现代农业食品安全体系是保障都市消费者安全和提升我国都市型现代农业竞争力的重要举措和关键支撑。

第一节 食品安全概述

食品安全内涵的定义广泛,其包含了对食品安全的理解及不同领域对食品安全的影响等层面。

一、概念

人们对食品安全的认识首先是从食品供给数量的安全开始的。1974 年联合国粮农组织(FAO)初次从数量的角度对食品安全(food security)做了定义,即任何人在任何情况下维持生命健康所必需的足够食物。受当时粮食供给严重短缺的影响,我国学者将此概念翻译为"粮食安全"。随着粮食产量的逐年增加,全球食品数量安全问题从总体上基本得以解决,食品供给结构发生了很大改变,食品供给状况也发生了很大改善,如果还采用当时的翻译概念,对正确理解食品安全的内涵就带来了显而易见的局限性。当食品供给数量能满足社会公众需求时,对食品安全内涵的认识和理解应该从数量安全逐渐转向质量安全。

1984 年,世界卫生组织在题为《食品安全在卫生和发展中的作用》的文件中,将"食品卫生"等同于"食品安全",将其定义为:"生产、加工、储存、分配和制作食品过程中确保食品安全可靠,有益于健康并且适合人消费的种种必要条件和措施。"1996 年世界卫生组织(WHO)在其发布的《加强国家级食品安全计划指南》中把食品安全解释为"对食品按其原定用途进行制作、食用时不会使消费者健康受到损害的一种担保"。将食品安全定义为食品及食品相关产品不存在对人体健康造成现实或潜在的侵害的一种状态,也指为确保此种状态所采取的各种管理方法和措施。食品安全要求食品对人体健康造成急性或慢性损害的所有危险都不存在,是一个绝对概念。2006 年颁布的《国家重大食品安全事件应急预案》中"食品安全"是指食品中不应包含有可能损害或威胁人体健康的有毒、有害物质或不安全因素,不可导致消费者急性、慢性中毒或感染疾病,不能产生危及消费者及其后代健康的隐患。

食物安全的概念是一个动态发展的过程,它随着一个国家的经济发展水平而不断丰富和完善。这一概念包含三个层次的内容:①从数量上要求食物的供需平衡,满足食物数量安全;②从质量上要求食物的营养结构合理,优质卫生健康,满足食物质量要求;③从发展的角度,要求食物的获取要注重生态环境的良好保护和资源利用的可持续性,即确保食物来源的可持续性。食品安全的不同层次之间相互依托,动态联系。同一时期的不同国家或同一国家的不同历史发展阶段,由于自然条件、经济条件,以及农业发展所面临主要矛盾的差异,食品安全系统的风险因素和风险程度不尽相同,导致不同国家及一个国家的不同发展阶段对食品安全的目标和内容存在不同侧重。当一个国家的食品短缺和营养不良达到了一定的水平,食品数量安全就成为该国的首要问题;当一个国家的食品污染或者营养失衡到了一定的程度,食品质量安全和食品可持续安全就成了突出问题。

二、内涵

(一)食品安全内涵

人们通常从食品的数量安全、质量安全及可持续安全对食品安全进行宏观评价,而这三方面的综合评估在一定程度上也反映了一个国家的发展水平及人民的生活质量。

食品数量安全,亦称食品安全保障,是指一个单位范畴(国家、地区或家庭)能够生产或提供维持其基本生存所必需的膳食需要,从数量上反映居民的食品消费需求能力。它以发展生产、保障供给为特征。食品数量安全问题在任何时候都是世界各国,特别是发展中国家需要解决的首要问题,是满足人类生存的基本要求。作为食品安全的前提。只有食品数量得到保证时,其国家、地区、家庭居民才可能实现食品安全。因此食品数量安全是食品安全的必要条件,是食品安全的基础。一个国家或地区只有实现了食品数量安全,才有可能保证食品的质量安全和可持续安全。随着科学技术的发展,全球食品数量安全问题从总体上基本得以解决,食品供给已不再是主要矛盾,但环境恶劣地区的居民仍然存在不同程度的食品数量安全问题。

食品质量安全,是指一个单位范畴(国家、地区或家庭)从生产或提供的食品中获得营养充足、卫生安全的食品消费以满足其正常生理需要,即维持生存生长或保证从疾病、体力劳动等各种活动引起的疲乏中恢复正常的能力。食品质量安全状态就是一个国家或地区的食品中各种危害物对消费者健康的影响程度。以确保食品卫生、营养结构合理为特征。食品质量安全是人类维持健康生活的权利。食品质量安全是食品安全的最终奋斗目标。没有质量安全作为保证,单纯的数量供给保障是无效的,更谈不上食品的可持续性安全。食品质量安全的实现意味着食品数量安全效果能够实现。反之,食品数量安全的实现并不反映食品质量安全的实现。因此食品质量安全是食品安全的充分条件。食品质量安全的实现是从整体上实现食品安全的要素。当前,发达国家相关专家,以食品中主要污染物及其本身的毒性对人暴露的可能性、危险性及健康危害角度进行统计、分析与判断,并在此基础上对污染物危险性,即食品质量安全状况进行了科学评价。同时,这些专家从分析结果中意识到不平衡的膳食结构与某些慢性疾病的发病有着密切关系。如癌症总死亡数的 35% 可能归因于营养不平衡。

食品可持续安全是指一个国家或地区,在充分合理利用和保护自然资源的基础上,采用成熟的技术和管理方式以确保在任何时候都能持续、稳定地获得食品,使食品供给既能满足现代人类的需要,又能满足人类后代的需要。即在不损害自然的生产能力、生物系统的完整性或环境质量的情况下,达到所有人能随时获得保持生命健康所需要的食品。可以说食品可持续安全是一种食品稳定供给与有效需求在时间维度上的动态平衡。即在时间维度上,随着人口数量的增长、人们消费需求的变化,食品生产与供给在总量、结构、品质等方面能够得到保障。从这方面看,它是食品数量安全在时间维度上的延伸,食品安全的可持续性是食品安全的状态表现和约束条件,以合理利用食品资源、保证食品生产的可持续发展为特征,综合反映一个国家或地区保障食品安全的持久能力。食品可持续安全是食品安全的一个重要组成部分。将食品可持续安全作为重点提出,是与现实的历史背景相符合的,是现实的需要。

（二）食品安全内涵涉及的领域范畴

人们对食品安全的关注因领域、所处位置及观察角度的不同而各有侧重。随着食品安全问题日益受到社会各界的关注,造成其所跻身的范畴也正日趋广泛涉,所涉及的领域正在日趋扩大。至今,食品安全问题对科学技术、社会道德、政治法律、经济发展等多个领域范畴均有所涉及。从发展的角度来看,科学技术领域范畴:食品安全性的界定、控制和衡量需要应用科学的方法和先进的技术手段。具体来讲,在食品安全的研究和管理控制过程中需要借助物理、化学、生物和医学等多学科的知识作为其科学研究和管理控制的基础和后盾;需要引入各种技术手段对可能引起食品质量安全问题的因素和环节进行检测和监测,需要科学标准体系和认证体系对食品安全性和等级进行衡量。此外,伴随着生物技术的快速发展,转基因食品的安全性问题也值得关注。所有这些都必须依托科学技术的发展,因此,把握食品安全内涵必须首先从科学技术的层面入手。

国内外学者及科研机构从科学技术角度出发对食品安全问题进行了大量研究,与食品安全管理相关的应用性研究成果得到广泛推广,如食品安全标准、可追溯系统、HACCP 以及 GAP 体系等。早在1973 年,美国就率先将之前一直用于航天食品质量安全控制的 HACCP 技术控制理念应用于低酸罐头以防止微生物的污染,1997 年 6 月,CAC 大会通过了《HACCP 应用系统及其应用准则》。迄今,HACCP已成为世界公认的可以有效保证食品质量安全的管理系统。Eurep-GAP（Good Agricultural Practices）农产品标准及认证体系是 1997 年由欧洲零售商协会 Eurep（以欧洲大型超市为会员的行业协会）自发组织并制定的农产品标准。随后,疯牛病的发生又使欧盟开始研究可追溯信息系统（Traceability System）。在食品安全控制和监管中的应用,国内学者也较早地对食品供应链中实施可追溯系统的可行性开展研究,认为可追溯系统是一种基于风险管理的食品安全保障体系。我国对 HACCP 系统的研究始于 20 世纪 90 年代初,早期学者对 HACCP 系统在我国应用的可行性进行了分析,此后,研究范围逐渐扩大至该系统在肉制品、水产品等食品出口加工企业,生猪屠宰、饲料、餐饮等行业食品安全管理中的应用。

社会道德领域范畴:一般情况下经济行为的参与主体是以实现自身利益最大化而非整个社会的利益最大化为客观目标,因此,经济行为的价值效应具有局限性、短期性和低价值层次等特点。食品安全的公共产品特性和其社会利益最大化的管理目标,决定了研究人员不能仅从经济学的角度开展研究,要意识到食品安全所具有的社会属性和道德内涵更具有研究的价值和现实意义。随着食品供应链的日益延伸、贸易范围的日益扩大以及涉及的利益相关主体日益增多,食品安全已经演化成了一个社会问题,关系到整个社会的公共安全和稳定。食品质量安全水平的提高和管理的改善,对整个社会来说具有明显的正外部性,能够显著提高全社会的公共利益。

此外,食品安全也关系到道德和责任的问题,这不仅包括生产者诚信经营提供安全食品的责任,也包括政府公平公正监管的责任,同时包括消费者在内的社会公众的舆论监督责任。

个人利益最大化驱使不良食品生产者和经营者罔顾公共利益和道德规范,生产不符合卫生和质量安全标准的食品,这些有毒有害食品及假冒伪劣产品通过各种渠道流入消费市场,对整个社会的影响是全方位的,不仅会影响居民对政府监管有效性的质疑,也会产生源自人内心的道德和责任危机。食品安全问题呼吁企业道德,大多数情况下,食品安全是要靠伦理道德来约束的。关于食品安全社会性的早期研究成果有 Katherine Clancy 编著的《在市场的消费需求中:与食品安全、质量以及人类健康相关的公共政策》,书中针对消费者对公共食品政策的反应进行了深入研究。解决食品安全问题需要"法德并济",在强化法律规范的基础上加强伦理道德体系建设,具体包括制定食品伦理道德规范、强化道德规范教育和舆论宣传、建立企业信用系统等方法。

政治法律领域范畴:随着世界联系的愈加紧密,一系列食品安全事件的发生已不再是局部性的偶然事件,而是世界范围需要共同面对的政治问题。食品安全的政治性不少于科学性,对于食品加工企业来说,他们会从自身利益出发寻求试图影响政策的决策,想尽办法游说政策的制定者,使其制定食品安全政策时也充分考虑企业的利益。这样,面对生产者、销售者、消费者等代表不同利益的参与主体时,如何制定食品安全政策,划分食品安全风险责任,就成为食品安全问题政治视角所要解决的问题。政府规制的目的在于提高公共利益,那么,政府如何实现食品安全的规制和管理。道德是非强制性的约束方式,单纯依靠道德的感化和劝诫显然缺乏行为规范的威慑力,此时就需要法律为政治提供权力运行的规则和依据,法律是规制的表现形式,由市场失灵所导致的政府干预大多是以法律规制的形式出现,并依靠国家强制力来保证实施的。

就食品安全而言,自 20 世纪 80 年代以来,很多国家及国际组织开始逐步以食品安全的综合立法替代卫生、质量、营养等要素立法。例如,1990 年英国颁布的《食品安全法》、2000 年欧盟发表的《食品安全白皮书》、2003 年日本制定的《食品安全基本法》以及 2009 年中国颁布的《食品安全法》等,都反映了时代发展的要求。

经济学领域范畴:食品是人类生产生活的必需品,从经济学角度来看,食品安全问题具有公共物品、外部性和信息不对称等市场失灵特征,仅仅依靠市场机制难以解决食品安全问题。同时,经济的全球化也带动了国际间食品贸易的不断发展,出口食品由于卫生和质量安全问题被进口国扣留或退货会使出口国蒙受巨大的经济损失。国际上对食品安全的经济学研究兴起于 20 世纪 70 年代,美国学者 Antle 运用经济学分析工具对食品安全和食品安全政策进行了深入研究,认为市场机制下食品安全管理政策能否有效发挥作用关键取决于合适的信息制度,具体包括企业的声誉形成机制、产品质量认证体系、标签管理、法律和规制的制定、标准体系及消费者教育,Antle 对实施食品安全规制的收益和成本也做了定性分析。

国内的研究主要始于本世纪初,苏祝成从经济学角度分析,我国出口农产品农残超标的根本原因在于农残质量信息获取的成本性和风险成本外部性。王秀清和孙云峰从信息不对称和市场失灵的角度分析了食品市场中的质量信号问题,提出应从食品产业链整体出发成立一个涉及农业和食品部门的全国统一机构,促进食品质量信号的有效传递,确保食品质量安全。周应恒和霍丽玥认为食品质量安全问题是伴随食品经济体系的复杂化(主要表现为现代食品供给和消费方式的复杂化)而产生的,政府的公共管理目标应是食品风险最小化,通过维护市场公正以及提供相关信息改变消费者支付意愿,是发挥市场机制解决问题的有效手段。

第二节　北京都市型农业食品安全体系的要素及建设内容

一、体系构建

在食品安全体系中,互相联系互相制约的各个组成部分构成了有机整体,这个体系具有整体性、相关性、目的性和环境的适应性等特征。食品安全体系是要素的集合体,其功能是由体系内部要素的有机联系和结构所决定的。国际上农产品安全体系的建设经验,如美国的"食品安全战略计划",日本的"食物链全程管理体系",欧盟的"从农庄到餐桌的安全战略"等,都给我国农产品安全体系的构建提供了有益的帮助。

结合食品安全的内涵与北京国际化大都市的特点,便可构建出都市型现代农业的食品安全建设体系内容框架。基于我国的国情和农产品安全体系的建设现状,我国的都市型农产品安全体系包括以下两个部分:标准体系和保障体系两大部分(相互关系见图21-1)。

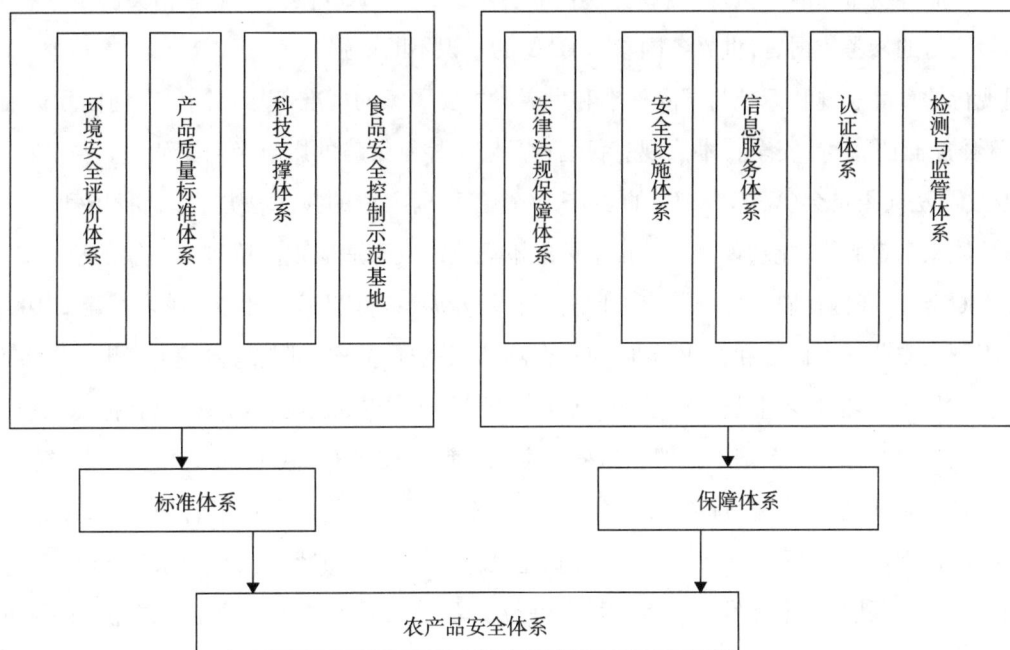

图 21-1　都市型现供农业农产品安全体系组成

(一)标准体系建设

标准化是人们通过长期生产实践,逐渐摸索和创立起来的一门科学,也是一门重要的应用技术。标准化是组织现代化生产的重要手段,是发展市场经济的技术基础,是科学管理的重要组成部分。标准化水平反映着一个国家的生产技术水平和管理水平。并且,标准化对于推动技术进步、规范市场秩序、提高产业和产品竞争力、促进国际贸易等诸多方面发挥了重要的作用。食品标准是判断食品质量的重要依据之一,是食品安全、生产、贮存的依据,它的水平不仅关系我国食品在国际市场的竞争力,而且直接关系到人们的身体健康。基于此一系列覆盖食品产前及生产、销售全过程的标准体系被建立用于保障食品的质量安全。

环境安全评价体系:

环境污染造成的食品安全问题,主要针对于动植物生产过程。在这一过程中,污染物通过呼吸、吸收、饮水等渠道进入并在动植物体内积累,导致农产品、渔牧产品以及其他食品的污染,从而影响食品安全性。环境污染物主要来自于大气、水体、土壤及放射性物质。只有通过加强"从农田到餐桌"全过程的食品安全管理,才能保证食品的质量。根据国际国内标准进行农产品安全生产加工的环境安全评价体系的建设,是保证农产品安全体系建设不可或缺的重要组成部分。在我国不管是低级别的无公害农产品市场准入,还是级别较高的绿色农产品及有机食品,都必须先进行环境认证。一般根据 GAP 和 HACCP 实施情况,对照标准,按照农产品或食品生产加工中存在的污染因素,建立环境安全评价体系,确定危险性程度,实行定量考核,动态管理,以保证农产品生产加工环境的安全。

产品质量标准体系:

农产品质量标准体系的建设问题一直以来持续受到国际社会的高度重视,众多官方和非官方的组织针对该领域开展相关工作,并且制定了配套性、系统性、先进性、实用性均较强的质量标准。联合国粮农组织(FAO)和世界卫生组织(WHO)联合成立的国际食品法典委员会(CAC)专门协调和制定有关农产品及加工产品等质量标准。值得注意的是,世界贸易组织(WTO)在其卫生等相关协定中将 CAC 标准作为国际贸易的参考依据后,世界各国参与 CAC 的意识不断增强。

我国现行的食品法规和标准与国际标准和世界各主要国家的标准不尽相同。在向国际标准靠拢的原则下,必须加强国际食品安全技术法规对我国食品安全控制策略的影响及对策研究,寻求既符合世界贸易组织/食品法典委员会(WTO/CAC)的要求,又符合我国国情的技术法规,弥补我国和发达国家相比相关标准体系制定起步较晚、现有产品技术标准不规范以及不适应现阶段国情发展的缺陷。

通过不断努力,我国在农业标准制定上取得了长足发展,各行业标准日趋完善。截至 2010 年底,农业部已组织制定农业国家标准和行业标准 4800 余项,有关农产品安全限量标准和检测方法 1800 多项,形成贯通农产品产地环境、农业投入、生产规范、产品质量、安全限量、检测方法、包装标识、储存运输在内的农产品质量安全标准体系基本框架。另据国家卫生计生委公布,截至 2013 年,我国已建立完善食品安全标准管理制度,公布实施食品安全国家标准、地方标准和企业标准备案管理办法;组建了食品安全国家标准审评委员会,该委员会涵盖了医学、农业、食品、营养等领域的权威专家共 350 多人,负责标准审查;制定公布了乳品安全标准、真菌毒素、农兽药残留、食品添加剂和营养强化剂使用、预包装食品标签和营养标签通则等 303 部食品安全国家标准,覆盖了 6000 余项食品安全指标。然而这些标准远远不能满足产品质量监控和提高产品质量与安全的需要。故加强标准体系的建设是加快农业标准化进程、完善和加强我国农产品安全生产体系建设的重要内容。

科技支撑体系:

科技支撑体系是一个由科技资源投入,经过科技组织运作,形成符合经济和社会发展需要的科技产品的有机系统。食品科技支撑体系建设,应根据实施"从农田到餐桌"全程控制的要求,积极追踪国际先进的食品安全科技发展动态,针对影响我国食品安全的主要因素确定关键技术领域,逐步深入地开展食品安全基础研究,优先发展食源性危害危险性评估技术,进一步发展更加可靠、快速、便携、精确的食品安全检测技术,加快发展食品中主要污染物残留控制技术,发展食品生产、加工、储藏、包装与运输过程中安全性控制关键技术。

另一方面,由于农产品安全生产、加工、销售等各个环节科技支撑体系是影响农产品卫生质量及安全的主要因素。故而在国际贸易中通过借助技术标准、技术法规很容易达到使所实施的技术壁垒具有名义上的合理性,提法上的巧妙性,形式上的合法性,手段上的隐蔽性这些特点,从而使得出口国望之兴叹。而造成上述影响农产品安全生产技术体系建设的因素,恰恰是受到科技"瓶颈"的制约。我国农产品安全体系建设,首要是解决技术体系建设中科技"瓶颈"问题的制约。只有通过制定适合于我国农产品企业实际情况的 HACCP 规范,才能提高相应企业的水平和保证产品的安全性及质量;只有采用危险性分析技术才能制定我国进出口农产品监督管理的科学方案。因此,瞄准和跟踪世界先进技术水平,研究制定当前我国农产品或食品安全生产、销售,特别是检测、危险性评估以及控制关键技术等诸环节的科学化技术体系和规范,尽快建立起适应全面建设小康社会需要的食品安全科技支撑体系是重中之重。

食品安全控制示范基地建设:

针对我国城镇化速度的加快,都市农业的特点不断显现的现状,有选择地在一些大中城市,建立农产品安全控制示范基地,全面开展农产品安全生产过程控制、检测和监管等方面的工作,考察农产品安全控制工作的综合效果,为制定和修订相关的国家标准奠定坚实的基础,也为科学监管提供方法和依据,这使得建立我国农产品安全监测体系及从农田到餐桌的控制体系的示范基地显得尤其重要,并将成为农产品安全体系建设不可或缺的重要组成部分。

(二)保障体系建设

法律法规保障体系建设:

许多国家都通过立法来加强对现代食品或食用农产品的监督管理,法律法规是农产品安全体系建设必不可少的重要内容。美国、英国、法国、德国、荷兰、日本等国都颁布了食品卫生法或食品安全法。通过长期以来联邦政府和地方政府负责食品安全部门构成的一套综合有效的安全保障体系,对食品从生产到销售的各个环节实行严格的监管,以及商家对自身产品质量和信誉的重视。使得美国人一直以来对自己国家生产的食品有充足信心。英国于 1995 年制定食品法,欧洲其他国家多在 20 世纪 50—60 年代制定了食品法。日本《食品卫生法》规定,食品、食品添加剂、器具以及容器包装,按政令规定的职权划分,分别接受厚生省大臣、都道府县知事,或者厚生省大臣指定的人员检查。

我国作为发展中国家,经济发展水平比较低,人们的温饱是首要问题,建国初期政府主要致力于解决粮食的数量安全,对食品的卫生并没有重视。最初颁布的《食品卫生管理试行条例》,标志着我国食品安全监管的开始,但是其仅仅是规定了一些食品的卫生和质量标准。随着中国粮食数量的不断增加,食品质量安全受到重视。从 1978 年开始,人大先后制定了《食品卫生法》、《农产品质量法》、《产品质量法》、《渔业法》等近 20 部食品安全监管法律;国务院和国务院的卫生、质检、农业、工商等行政管理部门颁布的《国务院关于加强食品等产品安全监督管理的特别规定》、《兽药管理条例》、《生猪屠宰管理条例》、《新资源食品卫生管理办法》、《转基因食品卫生管理办法》、《食品广告管理办法》等近 150 部相关部门规章和近 500 多个食品安全卫生标准,并且配合《刑法》、《消费者权益保护法》、《进出口商品检验法》等相关法律进行补充。为我国食品安全监管提供了强有力的法律保障。在规章制度和法律法规的不断完善过程中,一系列重大食品安全事件的发生,如 2003 年安徽阜阳的"阜阳劣质奶粉事件"、"苏丹红事件"、"二恶英事件"等,直接促使 2009 年 3 月我国《食品安全法》的颁布,从而对现有食品安全监管体系进行完善。

从 2009 年《食品安全法》颁布开始,各个部门规章、地方性法规和食品安全标准陆续出现,我国现有食品安全的法律体系主要由三部分构成:

1.食品安全相关的法律法规法律法规主要包括:《食品安全法》、《中华人民共和国标准化法》、《产品质量法》、《农产品质量法》、《计量法》、《消费者权益保护法》、《进出口商品检验法》、《进出境动植物检疫法》、《农业法》、《渔业法》和《海洋环境保护法》等近 20 部与食品安全相关的法律。

2.有关食品安全方面的管理条例国务院颁布的行政法规包括:《国务院关于加强食品等安全监督管理的特别规定》、《认证认可条例》、《工业产品生产许可证管理条例》、《进出口商品检验法实施条例》、《兽药管理条例》、《饲料和饲料添加剂管理条例》、《农业转基因生物安全管理条例》、《生猪屠宰管理条例》等近 40 部。

3.有关食品安全的部门规章主要有农业、卫生、质检、工商等部门制定的《无公害农产品管理办法》、《食品生产加工企业质量安全监督管理实施细则(试行)》、《食品添加剂卫生管理办法》、《流通领域食品安全管理办法》、《农产品包装盒标识管理办法》、《转基因食品卫生管理办法》、《食品标签标注规定》等等。

我国食品安全监管法律体系已建立并不断完善,但是食品安全问题依然是层出不穷,所以我国食品安全监管制度仍需要不断完善,以适应全球食品安全的变化。

安全设施体系建设:

为建立完善有效的食品安全体系,要按照保障食品或食用农产品安全要求,抓紧编制、实施"菜篮子"产品物流配送中心、批发市场、零售市场的发展规划和布局方案。同时,加强食品或食用农产品安全流通基础设施建设,实现市场管理电子化,强化服务功能,逐步完善"菜篮子"产品分拣、加工、包装、贮藏、保鲜、检测等相关设施建设,加快"菜篮子"产品物流体系建设,农产品批发市场安全质量检测机构的建设等。此外,要加大对生鲜食品加工企业的技术改造,加快冷链系统建设,全面推行机械化、自动化生产加工,引导和促进有条件的生鲜食品加工企业向精深加工方向发展。值得注意的是,安全设施体系建设既是保障体系建设的重要组成部分,也是标准体系建设的重要内容,因为各种设施的安全使用及规格标准也是农产品产前、产中和产后安全的一个重要方面。

信息服务体系建设:

农产品安全问题贯穿于农产品生产的原料采集、加工、包装、储藏、运输、食用等各个环节,每一个环节都可能存在安全隐患,因此必须充分利用现代技术和管理手段加强信息服务体系建设。通过"菜篮子"产品质量卫生安全管理,实行全过程质量跟踪;同时,要抓紧建立和完善覆盖面宽、时效性强的"菜篮子"产品供求、交易、价格等信息的收集、整理、发布制度和监测抽检预警网络系统,搞好"菜篮子"产品供求、卫生质量预测、预报和预警工作。政府部门也应积极建立农产品出口信息服务体系,组织力量搜集并发布农产品出口主要数据及主要市场情况,为出口企业提供国际农产品生产、需求动态和市场信息。

我国建立的食品安全信息公布机关分为三类，第一个是国务院卫生行政部门，主要负责公布国家食品安全总体情况、食品安全风险评估信息和食品安全风险警示信息、重大食品安全事故及其处理信息，以及其他重要的食品安全信息和国务院确定的需要统一公布的信息。第二个是省、自治区、直辖市人民政府卫生行政部门，主要负责统一公布影响只在特定区域的食品安全风险评估信息和食品安全风险警示信息，以及重大食品安全事故及其处理信息。第三个是农业行政、质量监督、工商行政管理和食品药品监督管理部门，按照各自的职责、规定的程序和形式公布本部门的食品安全日常监督管理信息，同时，县级以上卫生行政、农业行政、质量监督、工商行政管理和食品药品监督管理部门获知需要统一公布的信息，应当向上级主管部门报告，由上级主管部门立即报告国务院卫生行政部门，必要时，可以直接向国务院卫生行政部门报告。统一信息发布主体和发布渠道，根据生产者、消费者、科研机构人员等不同信息获取者的需求，对食品安全信息进行分类发布，提供公众反馈信息的途径，增强政府、企业与消费者之间的信息沟通，搭建通畅的信息桥梁。

认证体系建设：

认证是保证产品、服务、管理体系符合技术法规和标准要求的合格评定活动。农产品质量认证始于20世纪初美国开展的农作物种子认证，并以有机食品认证为代表。到20世纪中叶，随着食品生产传统方式的逐步退出和工业化比重的增加，国际贸易的日益发展，食品安全风险程度的增加，许多国家引入"农田到餐桌"的过程管理理念，把农产品认证作为确保农产品质量安全和同时能降低政府管理成本的有效政策措施。农产品质量安全认证既是国际通行的标准实施监督方式，也是一种质量监督的有效方法；是国际通行的对产品、管理体系进行评价的有效方法，已成为世界各国政府用于调控和管理经济的重要手段。

基于上述，发达国家都纷纷制定了各自的认证体系，出现了HACCP（食品安全管理体系）、GMP（良好生产规范）、欧洲EurepGAP、澳大利亚SQF、加拿大On-Farm等体系认证以及日本JAS认证、韩国环境农产品认证、法国农产品标识制度、英国的小红拖拉机标志认证等多种农产品认证形式。农产品生产加工企业要通过三项认证，才能取得国际消费者的信任：管理上要通过ISO22000认证，安全卫生要通过HACCP认证，而环保上要通过ISO14000认证。ISO22000采用了ISO9000标准体系结构，融合了危害分析与关键控制点的原则。ISO22000标准是描述食品安全管理体系要求的使用指导标准，成为我国食品行业能否应对世界挑战拿到国际市场"通行证"的关键。

检测与监管体系建设：

随着我国经济的发展和对外贸易的增加，我国必须在食用农产品安全性和质量方面在尽可能短的时间内与国际接轨。而要解决我国的这些问题，只有提高食源性疾病的病原体检测技术才能开展食源性疾病的监测和溯源；只有掌握了必要的化学污染物的分析方法才能摸清家底，从而采取相应的对策。在建立具有我国自主知识产权的快速检测系统，通过科学的检测技术摸清农产品污染情况的基础上，必须建立完善的检测体系，比如各地应按要求建立行业性社会中介检验检测机构，积极推广速测技术在"菜篮子"产品生产基地、批发市场、零售市场的应用，指导生产经营企业开展自检工作，接受没有自检能力的生产经营者的委托检验，从而为农产品安全体系的建设提供保障。

我国已经初步建立了农产品质量安全监管体系。国家一级政府农产品质量安全监管工作主要由食品与药品监督管理局、国家卫生计生委、农业部、国家质检总局和商务部共同负责，向国务院汇报工作，并且自成体系,在省、市、县一级都分别设有相应的延伸机构,每个机构有自己具体管理范围。食品药品监督管理局主要负责食品、保健品、化妆品安全管理的综合监督、组织协调和依法组织开展对重大事故查处,负责保健品的审批。国家卫生计生委主要负责拟定食品安全监管的法律法规,做好食品安全风险监测和评估。农业部主管种植养殖过程的安全,负责农田和屠宰场的监控以及相关法规的起草和实施工作,负责动植物产品中使用的农业化学物质等农业投入品的审查、批准和控制工作,负责境内动植物及其产品的检验检疫工作。国家质检总局主要负责农产品生产加工和出口领域内的安全控制工作,负责农产品质量安全的抽查、监管,并从企业保证农产品安全的必备条件抓起,采取生产许可、出厂强制检验等监管措施对农产品加工业进行监管,建立相关的认证认可和产品标识制度。工商部门组织实施流通环节食品安全监督检查、质量监测及相关市场准入制度;承担流通环节食品安全重大突发事件应对处置和重大食品安全案件查处工作。体系内的各部门采用分段监管的模式,各自监管职责范围内的有关农产品质量安全的相关事宜。这样,才能确保农产品安全标准化、生产过程控制等措施的有效实施。

二、建设内容

作为首都北京围绕推进"人文北京、科技北京、绿色北京"战略和建设中国特色世界城市的目标,以保障民生为主线,坚持"以市场换安全、以安全拓市场"的理念,以市场准入制度为切入点,以科学防控食品安全输入型风险和系统性风险为重点,强化企业主体责任,为进一步完善现代化的食品安全保障体系,全面提高首都食品安全水平,创造安全放心的食品消费环境。为统筹规划和组织食品安全工作,制定了"十二五"食品安全行动计划。除了全面推动食品产业升级、构建信用体系等共性工作外,北京对食品安全支撑体系建设内容重点如下:

(一)构建稳定的食品供应基地,严格首都食品市场准入

1.加强本市重点食用农产品生产基地建设。

2.与外埠产地建立紧密的区域合作关系,稳步提高重点食用农产品的自给率和控制力。北京作为特大城市,85%以上的食品靠外埠供应,食品生产经营的外部环境和供应渠道复杂,输入型风险对食品安全的影响长期存在。加强与外埠主要供应地的产销、购销合作,在产区建设稳定的生产基地、代收代储基地,鼓励引导食用农产品龙头企业在外埠设立基地,形成稳定可靠的货源,保障进京农产品供应和质量安全。

3.严格首都食品市场的准入。严格食品经营主体的准入资格,对食品经营场所、卫生标准和经营者法律法规、食品安全知识培训提出明确要求。与外埠产地政府共同构建食品安全防控体系,逐步形成食品"产地要准出、销地要准入、产品有标识、质量可溯源、风险可控制"的全程监控链条。

4.推动食品市场升级改造,全面提升规范化管理水平。整体规划、统筹建设食品市场,将重点市场的改造和建设作为城市基础设施予以保障。完善市场基础设施以及冷藏保鲜、检验检测等配套设施,促进入市农产品质量等级化、包装规格化。

(二)强化政府监管,完善执法体系,实现全程监控

除了完善监管网络和责任体系,强化统一、权威、高效的食品安全综合协调机制,完善应急处置体系,强化行政执法体系的构建,实施全程监控外,完善法规标准体系是北京市政府的重点工作之一。一是完善法规体系。根据食品安全监管形势的需要推动《北京市食品安全条例》等地方法规的制定、修

订,形成与《中华人民共和国食品安全法》、《中华人民共和国农产品质量安全法》等法律法规相配套、符合首都实际的法律法规体系,为食品安全工作提供有力的法制保障。二是完善标准体系。积极引进适用的国际先进标准,加强食品市场准入、农产品质量安全、食品物流和餐饮业规范等食品安全地方标准的制定、修订和整理。鼓励食品生产经营单位制定实施严于国家标准的产品和技术标准。归集国内外食品安全相关标准,建立并开放食品安全标准数据库。

(三)完善现代化的物流配送体系

一是推进农业投入品连锁经营和物流配送体系建设。二是建设符合首都市民消费需求、布局合理、辐射城乡的食品物流配送网络。加强对蔬菜等重点食用农产品配送和销售终端的规划、建设和管理。三是提升物流配送基础设施水平。鼓励食品生产经营单位采用信息化、自动化、标准化手段改进和提升物流管理水平。加快推进食用农产品冷链物流的发展,在北京食用农产品重点集散地和交通枢纽地区建设中继性冷藏物流中心,与城区"菜篮子"产品销售网络的冷藏体系相对接。四是积极推进产销对接,提升食品流通效率。培育由农业产业化龙头企业和大型物流配送企业、产销合作联合社、农村经纪人构成的农产品流通服务主体。完善鲜活农产品进京"绿色通道"网络。积极引导食品连锁超市、餐饮企业、学校等集体用餐单位与农产品基地对接。推行直销配送、连锁经营、电子商务等现代流通方式。建立完善大宗食用农产品和重点食品流通监测信息网络。

(四)构建信用体系

构建统一的食品安全信用信息平台,推进诚信激励和失信惩戒机制建设。依托首都食品安全监控系统和北京市企业信用信息系统构建49个部门联网的食品信用信息平台,统一归集、公布食品生产经营者的身份信息、提示信息、警示信息、良好信息等信用记录并作永久保存。对所有食品生产经营者建立食品安全信用档案,实行分类分级管理。充分发挥食品行业协会的作用,加强行业自律,广泛开展宣传教育和质量承诺活动,促进食品生产经营者落实主体责任,完善内部管理制度,提升从业人员业务素质和职业道德水平,树立诚实守信的行业风气。

(五)完善科技支撑体系,加强能力建设

1.完善检测体系。全市设立3000个风险监测点。制定并实施市、区县两级食品安全统一监测计划,年监测抽检样本10万个以上。建设全市统一的食品安全检测数据平台,以风险监测和评估的结果确定食品安全监管重点,提高食品安全工作的针对性和前瞻性。

2.以现代物联网技术为支持,建立食品安全追溯体系。建立统一的追溯信息平台,实现生产记录可存储、流向可跟踪、伪劣食品可召回、储运信息可查询。利用物联网信息记录、识别、追踪和数据交换技术,实现婴幼儿配方乳粉、原料乳粉和畜禽、水产品等高风险食品从养殖、收购、加工、储运到销售的全程追溯。通过标签、条码和电子台账实现酒类、桶装水等重点预包装食品流通和溯源管理。此外,建立京内外重点食品供应基地溯源系统也是重点之一。

3.整合检测资源,强化实验室能力建设。充分发挥首都科技资源和社会存量检测资源优势,推动检测资源的整合利用。

4.完善风险评估机制。制定实施食品安全风险监测、评估和预警办法。建立风险监测数据平台、危害分析预测模型和评价指数,根据风险评估结果对食品安全实施分级分类监管。

5.加强食用农产品生产领域重大科技攻关和成果的转化应用。重点支持畜禽健康养殖、果蔬病虫害综合防治、重大动植物疫病防控、农产品质量安全检测、产地环境污染控制与修复治理等关键技术项目,取得一批拥有自主知识产权的重大科研成果。加强高效现代农业技术的创新,推广高产、优质、高效、生态、安全的种植养殖模式。研发并推广使用高效、低毒、低残留农业投入品。加快食用农产品产后处理、保鲜、包装、储运、加工等技术创新与应用。

6.加强食品质量安全检测评估技术的研究与转化应用。重点开展食品添加剂、食品接触材料和食品中非食用物质检测技术研究。密切跟踪国际前沿检测评估技术进展,开展创新及技术转化应用研究,合力解决食品安全领域的重大关键技术问题。

7.加强应急控制技术的研发与应用。加强对可能引发重大食品安全事件的生物、化学、放射性类和其他未知毒物的危险源辨识、危险性鉴别、危险性分析、风险评估技术和灾害事故控制技术的研发与应用。加强对相关疫苗及免疫佐剂、抗毒素与药物的研发。

北京市政府一直将食品安全工作列入为民办实事工程。建成较为完备的安全食品供给体系和现代化的食品安全保障体系,食品安全法规标准进一步完善,监管组织网络和责任体系进一步健全,重大突发事件得到有效控制,违法犯罪行为得到坚决查处,监督执法水平和技术保障能力明显提高,全社会食品安全和预防风险意识显著增强,形成政府、企业、行业组织、消费者和媒体共同参与的监管工作格局,使食品安全总体保障水平进一步提高,一直是政府不懈的目标。北京的食品安全支撑体系正是都市型农业食品安全保障体系的典范。

第三节　食品安全体系完善途径

健全、完善的食品安全体系是食品安全的重要保障,而在大力发展都市型现代农业的前提下,也必须以科学技术为基础,秉承科学监管理念,认真总结国内外食品安全体系的发展规律,积极探索适合我国现阶段国情的食品安全理论体系,努力完善并实践更加科学的食品安全体系。加大食品安全管理监督工作,健全食品安全体系,把建立健全完善的食品安全体系作为我国食品安全发展的中心工作。我国食品安全体系的完善可以从以下几方面进行。

一、强化信用管理

（一）加强立法

世界各国食品安全立法大致分为两类,一类是在一些综合性法律中通过对农产品及食品、农业投入品、包装和标签的调整从而直接或间接地涉及对食品安全的调整;另一类就是在单一性法律中专门就某一种类或某一环节的食品质量安全问题做出规定。各项立法互相配合而又各有侧重,形成比较严密的食品安全管理法规体系。

我国《食品安全法》实施以后,首先,需要整合现有法律法规,将现有各个部门的法律法规进行分类形成体系,比如将分散的食品安全标准统一起来形成食品安全标准体系等。其次,将基本法作为各个法律法规设立的刚性要求,使各个法律法规与基本法之间相互衔接、配套使用,确保各环节间不会出现缺失或者矛盾,使相关各法律体系与基本法之间得以妥善衔接。最后,解决具体监管制度的不完善或者缺失问题,以法律体系基本原则为指导,建立并完善各种具体监管制度。在以上建议下,做到从食品源头的风险控制、生产加工的质量要求、销售的信息发布、食品安全事件的解决和食品安全事件的奖惩一系列的全过程监管,使各个主体监管有法可依,食品安全监管有具体制度支持,建立围绕食品安全基本法建立起来的系统性、多层次、结构严谨并且操纵性强的食品安全监管法律体系。

（二）严格执法

在英国、美国、加拿大等国,食品安全的违法者不仅要承担对受害者的民事赔偿责任,而且还要受到行政乃至刑事制裁。通过这些严厉措施,确保有关法规、标准得到严格遵守。由于我国的监督体系不健全,执法力度更显薄弱。要整合现有执法力量,强化各相关行政执法部门之间的协调配合,明确各部门责任,处理好多头执法问题。不仅重视食品安全立法和标准建设,还必须重视法律法规和标准的可执行性,要依法加强权力监督,坚决破除地方保护主义和部分地区出现的制售假冒伪劣食品或"杀鸡取卵"式发展经济的"短视"行为,实施对食品安全的有效保护。

针对我国食品药品安全监管体系漏洞,2013年3月,国家成立正部级的国家食品药品安全监督管理总局。2013年3月22日,食品药品监督管理局的官网也同步进行了更名,一律改成国家食品药品监督管理总局(China Food and Drug Administration)。食品药品监督管理总局新设三司,实现了食品安全无缝监管。具体监管方面,主要负责制定食品行政许可的实施办法并监督实施,建立食品安全隐患排查治理机制,制定全国食品安全检查年度计划,重大整顿治理方案并组织落实,负责建立食品安全信息统一巩固制度,公布重大食品安全信息。未来还将参与制定食品安全风险监测计划、食品安全标准,根据食品安全风险监测计划开展食品安全风险监测工作。

（三）强化信用管理

信用体系建设是食品安全的基础性、全局性工作。世界上很多国家都建立了食品安全信用档案,对食品安全情况进行跟踪监测,逐步形成优胜劣汰的机制。国外食品安全信用体系建设还体现在建立严格的食品质量安全承诺和召回制度上:在美国,如果食品安全无法达到承诺要求,生产厂商有义务将其召回。

我国食品市场秩序依然处于混乱的局面,混乱的市场状况无法得到彻底的扭转,制假、售假等违法行为十分严重,特别是重大的食品安全事故时有发生,其中重要原因就是食品生产经营企业信用的严重缺失。食品安全信用体系建设还存在着缺乏统一规划指导、发展建设无序、资源开放不够、宣传教育有待加强等问题。这些问题的存在,严重影响了我国食品安全信用体系的建设和食品安全水平的进一步提高。

为了标本兼治,国内明确立法,严格规定生产经营者的质量责任,并建立和推行分类认证注册制度,合格品供应商制度,分类建立风险评估和预警机制,建立全国联网的生产经营者质量和诚信体系;建立食品安全信用体系的评价办法。根据食品企业安全信用的实际情况,严格控制市场准入制度,对所有相关食品企业备案,每种流入市场的食品,都要通过食品安全检查部门的严格审核,让一切有可能危及人类健康的食品都在可控制范围之内;建立质量安全保证的信用档案,让诚信伴随每个公民终身,把食品的安全生产当做最神圣的职业,用负责的心态参与我国的食品生产建设。企业要做的就是制订生产经营档案,包括生产工艺、管理流程等,做成企业生产示范文本,通过这个文本,把企业的食品安全信用体系主要环节规范起来。

二、完善质量标准

美国、日本等发达国家均十分重视标准的研究与制定工作,把基于健康保护为目的的食品安全标准作为标准化战略的重点领域。这些标准既包括对掺杂、掺假食品的一般禁令,也包括对食品中不同化学残留容许量的限制。既包括对产品本身的标准规定,也包括对加工操作规程标准的规定,具有很强的可操作性和检验性。我国正在积极引导企业制定完善的行业标准,借鉴国外先进的经验,从当前国家发展的实际情况,建立适合我国发展的配套的标准体系。

2013年3月17日,国家人口和计划生育委员会和卫生部正式合并为国家卫生和计划生育委员会。根据《食品安全法》及其实施条例规定和《食品安全国家标准"十二五"规划》要求,国家卫生和计划生育委员会制订公布了《食品标准清理工作方案》,成立食品标准清理领导小组和专家组,对现行食用农产品质量安全标准、食品卫生标准、食品质量标准和有关食品的行业标准中强制执行的标准进行清理。国家卫生计生委办公厅于2013年9月27日下发了关于征求《食品产品标准清理建议》(征求意见稿),征求工业和信息化部、农业部、商务部、工商总局、质检总局、食品药品监管总局(国务院食品安全办)办公厅,粮食局、标准委、认监委办公室等各部委的意见,专家组已经对食品产品标准进行清理,形成了清理建议。

国家卫生计生委发布食品安全国家标准《食品生产通用卫生规范》(GB14881—2013)。该标准规定了食品生产的最基本条件和卫生要求。食品生产者应该严格执行本标准,进一步提高自身食品安全管理水平,确保食品安全。为推进本标准的执行,国家卫生计生委将组织开展宣传培训工作,组织编写标准问答材料,并根据标准实施情况,不断完善各类食品生产、经营的卫生规范标准。使农产品安全进入市场,切实保障广大消费者利益。

三、建立检测体系

发达国家高度重视食品检验检测工作,投入巨资研制大型精密检测仪器,开发关键检测技术和快速检测方法,机构组织严密,手段先进。在农药残留检测方面,美国FDA的多残留方法可检测360多种农药,德国可检测325种农药,加拿大可检测251种农药。在环境污染物检测方面,发达国家拥有针对二恶英及其类似物的超痕量检测技术及对"瘦肉精"、激素、氯丙醇的痕量检测技术和大型精密仪器。

我国检验检测体系相对比较落后,有待进一步完善。我国政府应加大投入,改善检测设备,积极引进和研制先进的检测设备,努力缩小与发达国家在检验检疫硬件方面的差距。要尽快建立独立的、公正的、权威的食品安全公共实验室,为食品安全管理提供科学的、严谨的技术支撑。要提高食品安全领域的科技水平,重点从关键检测技术、危险性评估技术、关键控制技术和食品安全标准等方面组织科技攻关研究,全面提高食品质量检测技术和能力。不管是源头管理、市场准入,还是产品抽检,或是进出口把关等都应建立相应的检测手段,配备相应的检测设备。当前食品质量检测指标的限量值正逐步降低,这就要求在检测时需要更精密的仪器,同时也对检测技术及手段提出了更高的要求。为满足新的食品安全检测需要,质检机构应相应更新硬件设备,购进精度更高的仪器设备,采取先进的检测手段。同时,国家财政针对食品安全检测技术改进、研发的预算拨款应相应增加,为我国食品安全检测技术提供经济上的支持。

在改善检验检测体系的同时,还要加强监督检查。这是食品安全监管的最主要和最常用的手段,目的在于确保有关法令、标准得到严格遵守。一方面从监管入手,切实完善我国食品安全支撑体系,构建真正有效监管我国食品安全的新的管理体制;另一方面从监管部门和具体的负责人入手,实行问责制,对社会危害较大的食品安全事件的第一责任人及时追究刑事责任。针对我国结构特征,不仅要做好对大城市的食品安全监管,更要注重农村食品安全体系的建设,建立统一的食品生产市场准入制度,所有食品必须经过国家质监部门检测,获得许可才可以上市销售。另外质检部门应当不定期或者是定期对所有食品进行抽检,不断了解食品安全状况,并及时发布信息,让公众对食品的安全不再困惑。只有不断创新食品安全监管的方法,逐步完善综合监督的有效机制,我国的食品安全才会在可控制范围之内。

2013 年 3 月 10 日,国务院机构的改革和职能转变方案中指出,将国务院食品安全委员会办公室与现由卫生部管理的国家食品药品监督管理局合并,并吸纳散落在农业、质检、工商、商务、卫生等部门的食品药品安全监管职能,成立正部级的国家食品药品安全监督管理总局,下设 19 部门,其中 4 部门与食品安全监督检查密切相关。其中稽查司的主要职责是制定食品的稽查制度并组织实施,组织查处重大违法行为。建立问题产品召回和处置制度并监督实施。应急管理司的主要职责是进行食品安全事故应急体系建设,组织和指导食品安全事故应急处置和调查处理工作,监督事故查处落实情况。食品安全监管一司的主要职责是掌握分析生产、加工环节食品安全形势、存在问题并提出完善制度机制和改进工作的建议,督促下级行政机关严格依法实施行政许可、履行监督管理责任,及时发现、纠正违法和不当行为。食品安全监管二司的主要职责是分析流通和餐饮消费环节食品安全形势、存在问题并提出完善制度机制和改进工作的建议。督促下级行政机关开展流通和餐饮消费环节食品安全日常监督管理、履行监督管理责任,及时发现、纠正违法和不当行为。

四、健全信息服务

我国食品安全信息公布机关分为三类,分别是国务院卫生行政部门;省、自治区、直辖市人民政府卫生行政部门及农业行政、质量监督、工商行政管理和食品药品监督管理部门。他们根据各自的职责按照规定的程序和形式公布食品安全信息。为了增强政府、企业与消费者之间的信息沟通,搭建更为通畅的信息桥梁,切实保证食品安全,建议信息服务体系的建设重点从以下两方面进行。

（一）完善溯源和食品召回制度

我国相关法律法规提出建立食品溯源的要求,也制定了一些相关的标准和指南,如《国务院关于加强食品等产品安全监督管理的特别规定》、《奥运食品安全行动纲要》、《畜禽标识和养殖档案管理办法》等,但还缺少完整的与追溯体系相配套的法规和标准体系。在实施方面没有大面积的普及,而只有北京、天津、上海等地区对部分食品建立了追溯体系,随着食品安全形势的复杂,应该大力加强食品安全追溯体系建设。

产品生产商、进口商、经销商在得知其生产、进口、经销的产品存在可能危及人身健康、财产安全的缺陷时,应依法向政府部门报告,并告知消费者,从市场消费者手中无偿收回有问题的产品,通过予以修理、更换、赔偿等积极有效的措施的实施,来消除缺陷产品的危害风险,提高企业信誉。这种挽救措施的方法即为召回制度,从食品召回制度的设计初衷与实践效果分析,该制度具有预防性、无偿性、大众性、实体法与程序法兼容性等特征。与食品召回相关的制度主要包括两方面,一是保证召回顺利实施的制度,二是减少企业财务风险的制度。要认定某种食品为不安全食品,需要确立食品安全标准体系,建立健全食品安全风险监测体系,建立食品安全风险评估制度。为确保所有已发现的和潜在的不安全食品被尽快召回,对食品从原料生产到最后制成成品再到销售保持一个完整的记录是非常必要的,为此,应当建立完备的食品溯源管理制度。

(二)加强行业协会、消费者协会等社会中间组织的作用

食品行业协会和合作社组织可以运用专业知识制定行业规范,建立多环节的质量标准体系,通过提供多种信息服务,实现各会员间的信息共享。对于其他社会组织或消费者个体而言,他们积极提供自己掌握的信息无疑对改善整体食品安全治理绩效具有重要意义。而消费者协会则更直接地与食品消费者联系,更贴近生活,更能由点带面地将食品安全信息传递。社会中间组织不是强制性组织,但它扎根于行业内部,与食品供给者、消费者联系密切,从而大幅度降低交易的信息不对称。加强与社会中间组织的沟通,引导其在食品安全信息交流中发挥作用。

五、建立风险评估

风险评估就是通过现有的资料包括毒理学数据、污染残留数据、统计手段、暴露量及相关参数的评估等系统的、科学的步骤,对食品中生物、化学或物理因素对人体健康产生的不良后果进行识别、确认和量定,决定某种食品有害物质的风险。如我国起动的食物中毒菌沙门氏菌和大肠杆菌 O157:H7 的定量危险性评估,旨在通过食物中毒暴发的调查和运用数学模型,估算引起食源性疾病的最低活菌摄入量或造成 50% 食用者发病的活菌量。

美国等发达国家非常重视食品安全的风险评估,美国于 2003 年,由卫生部、农业部、环保署成立了一个跨机构的食品安全风险评估联盟(RAC)。RAC 通过确定风险评估的优先领域,提供实施风险评估的技术指导活动,促进管理机构提高食品安全风险管理水平,并为各机构提供一个得以共享风险评估方法、数据、研究成果、法规、政策、进展等信息,交换相关策略与观点的平台。

2011 年 10 月 13 日,经中央机构编制委员会办公室批准、我国成立了采用理事会决策监督管理模式的公共卫生事业单位——国家食品安全风险评估中心。作为负责食品安全风险评估的国家级技术机构,中心紧密围绕"为保障食品安全和公众健康提供食品安全风险管理技术支撑"的宗旨,承担着"从农田到餐桌"全过程食品安全风险管理的技术支撑任务,既服务于政府的风险管理,又服务于公众的科普宣教,还服务于行业的创新发展。其中主要职责是①开展食品安全风险评估基础性工作,具体承担食品安全风险评估相关科学数据、技术信息、检验结果的收集、处理、分析等任务,向国家食品安全风险评估专家委员会提交风险评估分析结果,经其确认后由国家卫生计生委负责依法统一向社会发布;②研究分析食品安全风险趋势和规律,向有关部门提出风险预警建议;③开展食品安全知识的宣传普及工作,做好与媒体和公众的沟通交流;④开展食品安全风险监测、评估和预警相关科学研究工作,组织开展全国食品安全风险监测、评估和预警相关培训工作;⑤与中国疾病预防控制中心建立工作机制,对食品安全事故应急反应提供技术指导;⑥承担国家食品安全风险评估专家委员会秘书处、食品安全国家标准审评委员会秘书处的日常工作。

2013 年 3 月 17 日,我国的"国家人口和计划生育委员会"和"卫生部"正式合并为"国家卫生和计划生育委员会"。除了直属机构国家食品安全风险评估中心,其内设机构食品安全标准与监测评估司的工作也涉及食品安全风险评估,其主要职责包括:组织开展食品安全风险监测、评估,依法制定并公布食品安全标准,负责食品、食品添加剂及相关产品新原料、新品种的安全性审查。

六、完善应急体系

为了加快食品安全应急机制的建设,充分发挥其作用,最大限度地降低危害,必须健全和完善食品安全事故监测、预警、报告、处理、责任追究等一系列制度,成立政府牵头、多部门组成的快速反应、高度协调的组织,更新和发展其配套装备和技术。加强应急指挥决策体系、应急监测、报告和预警体系、应急检测技术支撑系统、应急队伍和物资保障体系,以及培训演练基地、现场处置能力建设,提升政府应急处置能力。全面加大食品安全重大事故的督查督办力度,健全食品安全事故查处机制,建立食品安全重大事故回访督查制度和食品安全重大事故责任追究制度,逐步完善国家食品安全监察专员制度。

(一)建立食品安全应急反应网络平台

逐步建立食品安全突发事件和重大事故应急反应联动网络平台,加强应急指挥决策体系建设,强化和提高我国对食品安全问题的监测点部署,建立和设置覆盖全国及各省、市、区、县、乡级的科学、合理、有效的食品安全问题监测和快速反应网络系统和机构。

(二)建立食品安全突发事件应急快速反应处理体系

建立餐饮业食物中毒举报投诉系统和餐饮业食物中毒快速反应处理系统,提高食物中毒处理和溯源能力。借鉴发达国家的 Food Net 和 Pause Net 食品安全问题快速反应保障系统,建立中国食品污染物监测与食源性疾病发生预警系统和快速警报系统,使我国对可能发生的食品卫生问题具有紧急反应能力和采取有效应对措施的能力。

建立食品生产加工、流通环节突发事件应急快速反应处理体系,提高实验室检测水平,制定出科学、合理的全国食品污染物中、长期监测计划,制定出全国和各省、市、地区的食品污染物监测数据库软件并建立数据库,并实行强制性的逐级快速上报制度,确保迅速、高效的处理食品生产加工、流通环节可能发生的食品安全事件。

七、扩大社会监督

(一)构建食品安全教育培训体系。制定食品安全宣传教育培训纲要。有关部门、行业组织和食品生产经营单位应建立培训制度,坚持"先培训、后上岗",定期开展食品安全培训。加强对食品安全监管人员及食品生产经营单位相关人员的法规和医护人员食源性疾病诊疗技术培训。

(二)加大食品安全宣传力度。继续深入推进食品安全进社区、村镇、学校、工地、军营等活动。在报刊、广播、电视等媒体和互联网开设食品安全专栏、专版、专题等,广泛宣传食品安全法规和食品安全措施、成效,做到食品安全专题报道经常化,增强社会公众的消费信心。通过对全社会广泛开展宣传、教育、培训,首都市民食品安全基本知识的知晓率达到80%以上。

(三)完善社会监督和举报奖励机制。修订食品安全违法案件线索举报奖励办法,提升举报奖励的覆盖面。鼓励基层组织、行业协会、媒体、食品生产经营者、监督员、信息员、志愿者和消费者提供食品安全隐患和违法线索,动员社会各方参与食品安全工作。

随着经济水平的提高,人们对食品安全意识的增强,对价格接受水平的提高,这都将推动农产品与食品安全水平的提高。北京及全国农村目前多为老人在种地,他们接受知识慢,不易进行科技推广,这也将影响食品安全水平。因此随着经济水平的提高,劳动力组成的改善均可有效推动食品安全水平的提高。顺向推动,逆向监管,提升农业生产水平,如合作社、基地的组织化、规模化生产等都是完善都市型食品安全体系与提高食品安全水平的有效措施。

第四节　食品企业安全管理与认证体系

食品生产经营者作为保证食品安全的第一责任人,在经营中应当依照法律、法规和食品安全标准从事生产经营活动,对社会和公众负责,保证食品安全,接受社会监督,承担社会责任。同时,食品生产经营企业应当建立健全本单位的食品安全管理制度,加强对职工食品安全的培训,配备专职或者兼职食品安全管理人员,做好对所生产经营的食品经营的检验工作,依法从事食品经营活动。随着消费者对食品安全要求的不断提高,都市型现代农业企业建立食品安全管理体系是不可或缺的环节。

一、管理体系

食品企业安全管理体系的建设内容包括 GMP、SSOP、HACCP、ISO9000 体系认证、ISO22000 等。随着建设内容的日益完善和自我更新,已基本形成与我国食品企业实际情况及特点相符的质量管理体系,使我国的食品企业逐渐转型为独具中国特色的现代化的食品加工企业。

(一)GMP。良好生产规范(GMP)是食品生产全过程中保证食品具有高度安全卫生性的良好生产管理系统。它运用物理、化学、生物、微生物、毒理等学科的基础知识来解决食品生产加工全过程中有关安全卫生和营养问题,从而保证食品的安全卫生质量。GMP 基本内容就是食品从原料到成品全部过程中各环节的卫生条件和操作规程。CAC 推荐的 GMP 主要有其制定的《食品卫生通则》,虽然其本身没有法律法规的强制性,但它是世界各国政府制定本国食品 GMP 法规的主要依据。GMP 要求食品生产企业应具备良好的生产设备,合理的生产过程,完善的质量管理和严格的检测系统,确保最终产品的质量(包括食品安全卫生)符合法规要求。

GMP 是对食品生产过程中的各个环节、各个方面实行严格监控而提出的具体要求和采取的必要的良好的质量监控措施,从而形成并完善质量保证体系。GMP 是将保证食品质量的重点放在成品出厂前的整个生产过程的各个环节上,而不仅仅是着眼于最终产品上,其目的是全过程监控,从根本上保证食品质量。

(二)SSOP。SSOP 即卫生标准操作规范,是 GMP 中最关键的,在食品生产中实现 GMP 全面目标的操作规范,它描述了一套特殊的与食品卫生处理和加工厂环境清洁程度有关的目标,及所从事的满足这些目标的活动。

SSOP 包括八个方面的卫生条款。美国 FDA 海产品 HACCP 法规中提出的卫生监控范围八项规定为:①水和冰的安全性;②食品接触的表面—清洁;③防止交叉污染;④洗手、手的消毒和卫生设施;⑤防止污染物造成的污染;⑥有害化合物的适当处理、贮存和使用;⑦雇员的健康状况;⑧害虫的控制及去除。这八个方面已经被国家认证认可监督管理委员会所接受。

(三)HACCP。HACCP 是危害分析与关键控制点(Hazard Analysis and Critical Control Point)的英文缩写,是生产(加工)安全食品的一种控制手段;对原料、关键生产工序及影响产品安全的人为因素进行分析,确定加工过程中的关键环节,建立、完善监控程序和监控标准,采取规范的纠正措施,是鉴别、评价和控制对食品安全至关重要的危害的一种体系。

HACCP 体系是一种建立在良好操作规范(GMP)和卫生标准操作规程(SSOP)基础之上的控制危害的预防性体系,它的主要控制目标是食品的安全性,在保证产品从投料开始至成品的全过程中具有重要的意义和作用。HACCP 体系建立是以预防为主的食品安全控制体系,可最大限度地消除、减少食源性疾病;它能够及时识别出所有可能发生的危害(包括生物、化学和物理的危害),并在科学的基础上建立预防性措施。HACCP 体系是保证生产安全食品最有效、最经济的方法,因为其目标直接指向生产过程中的有关食品卫生和安全问题的关键环节,因此能降低质量管理成本,减少终产品的不合格率,提高产品质量,延长产品货架期,而且极大地减少了因产品缺陷带给消费者的风险。

食品卫生法典委员会(CCFH)和美国微生物标准咨询委员会(NACMCF)推荐采用以下 12 个步骤来实施 HACCP,见表 21-1。

表 21-1　CCFH 和 NACMCF 采用的 HACCP 内容

序号	主要内容
1	成立 HACCP 小组
2	描述产品
3	确定产品预期用途及消费对象
4	绘制生产工艺流程图
5	现场验证生产工艺流程图
6	危害分析及确定控制措施(原理一)
7	确定关键控制点(原理二)
8	确定关键控制限值(原理三)
9	关键控制点的监控制度(原理四)
10	建立纠偏措施(原理五)
11	建立审核程序(原理六)
12	建立记录和文件管理系统(原理七)

成立 HACCP 小组。HACCP 计划在拟定时,需要事先搜集资料,了解分析国内外先进的控制办法。HACCP 小组应由具有不同专业知识背景的人员组成,必须熟悉产品的生产情况,有对不安全因素及其危害分析的知识和能力,能够提出防止危害的方法技术,并采取切实可行的监控措施。

描述产品。对产品及其特性,规格与安全性进行全面描述,内容应包括产品具体成分,物理或化学特性、包装、安全信息、加工方法、贮存方法和食用方法等。

确定产品预期用途及消费对象。实施 HACCP 计划的食品应确定其最终消费者。食品的使用说明书对适合何类人群消费、食用目的、如何食用等内容要有明示。

绘制生产工艺流程图。工艺流程图要包括从始至终整个 HACCP 计划的范围。流程图应包括各环节操作步骤,不可含糊不清,在制作流程图和进行系统规划的时候,应有现场工作人员参加,为潜在污染的确定提出控制措施,并提供便利条件。

现场验证生产工艺流程图。HACCP 小组成员在整个生产过程中以"边走边谈"的方式,对生产工艺流程图进行确认。如果有误,应加以修改调整。如改变操作控制条件、调整配方、改进设备等,应对偏离的地方加以纠正,以确保流程图的准确性、适用性和完整性。工艺流程图是危害分析的基础,不经过现场验证,很难确定其的准确性和科学性。

危害分析及确定控制措施(原理一)。危害分析是 HACCP 最重要的一环。按食品生产的流程图,HACCP 小组要列出各工艺步骤可能会发生的所有危害及其控制措施,除生物性、化学性和物理性的危害外,还应包括有些可能发生的如突然停电而延迟加工,半成品临时储存等危害。在生产过程中,危害可能是来自于原辅料、加工工艺、设备、包装贮运、人为等各方面。在危害中尤其是不能允许致病菌的存在或增殖及不可接受的毒素和化学物质的产生。因而要对可能出现危害、危害类型、危害程度进行定性与定量危害分析评估。对食品生产过程中每一个危害都要有对应的有效预防措施。

确定关键控制点(原理二)。用关键控制点去控制减少影响食品安全危害因素是实施 HACCP 的最终目标。一种危害可能需几个关键点去控制,决定关键点是否可以控制主要是看防止、排除或减少到消费者能否接受的水平。关键控制点的数量取决于产品工艺的复杂性和性质范围。HACCP 执行人员常采用判断树来认定关键控制点,即对工艺流程图中确定的各控制点,使用判断树按次序回答每一个问题,再进行审定。

确定关键控制限值(原理三)。关键控制限值是指保证食品安全的允许限值。关键控制限值决定了产品的安全与不安全、质量好与坏的区别。关键限值的确定,可参考有关法规、标准、文献、实验结果,如果一时找不到适合的限值,实际中应选用一个保守的参数值。

关键控制点的监控制度(原理四)。建立临近程序,目的是跟踪加工过程,识别可能出现的偏差,提出加工控制的书面文件,以便根据监控结果进行加工调整和保持控制,确保所有 CCP 都在规定的条件下运行。监控有现场监控和非现场监控两种形式。监控可以是连续的,也可以是非连续的,即在线监控和离线监控。最佳的方法是连续的在线监控,非连续监控是点控制,样品及测定点应有代表性。

建立纠偏措施(原理五)。纠偏措施是针对关键控制点控制限值所出现的偏差而采取的行动。纠偏行动要解决两类问题。一类是制定使工艺重新处于控制之中的措施;一类是拟定好关键控制点失控时的处理办法。对每次所施行的纠偏行为都要记入 HACCP 记录档案,并应明确产生的原因及责任所在。

建立审核程序(原理六)。审核的目的是确认制定的 HACCP 方案的准确性,通过审核得到的信息可以用来改进 HACCP 体系,了解实施的 HACCP 系统是否处于准确的工作状态中,能否做到确保食品安全,验证所应用的 HACCP 操作程序,是否还适合对过程中危害控制,是否正常、充分和有效,验证所拟定的监控措施和纠偏措施是否仍然适用。审核时要复查整个 HACCP 计划及其记录档案。验证方法要求:供货方提供原辅料、半成品合格证证明;检测仪器标准、进行校正、审查记录;复查 HACCP 计划制定及其记录和有关文件;审查 HACCP 体系内容及工作记录;复查偏差情况和产品处理情况;检验关键控制点记录及其控制是否正常;对中间产品和最终产品进行微生物检验;评价所制订的目标限值和容差,不合格产品淘汰记录;调查市场供应中与产品有关的意想不到的卫生和腐败问题;复查已知的、假想的消费者对产品的使用情况及反应记录。

建立记录和文件管理系统(原理七)。记录是采取措施的书面证据,没有记录等于什么都没有做。因此,认真及时、精确的记录及资料保存是不可缺少的。HACCP 程序应文件化,文件和记录的保存应合乎操作规范。保存的文件有:说明 HACCP 系统的各种措施(手段);用于危害分析采用的数据;与产品安全有关的所做出的决定;监控方法及记录;由操作者签名和审核者签名的监控记录;偏差与纠偏记录;审定报告等及 HACCP 计划表;危害分析工作表;HACCP 执行小组会上报告及总结等。各项记录在归档前要经严格审核,CCP 监控记录、限值偏差与纠正记录、验证记录、卫生管理记录等所有记录内容,要在规定的时间内及时由工厂管理代表审核,如通过审核,审核员要在记录上签字并写上当时时间。所有的 HACCP 记录归档后妥善保管,如美国对海产品的规定是生产之日起至少要保存 1 年,冷冻与耐保藏产品要保存 2 年。

在完成整个 HACCP 计划后,要尽快以草案形式成文,并在 HACCP 小组成员中传阅修改,或寄给有关专家征求意见,吸纳对草案有益的修改意见并编入草案中,经 HACCP 小组成员审核修改后成为最终版本,上报有关部门审批,在企业质量管理中应用。

(四)ISO9000 ISO9000 是将全面满足顾客需要作为宗旨,并规定了买卖双方的权利和义务。ISO9000 标准十分强调企业必须建立和完善质量体系,它把对全过程控制的思想作为其基本思想,它是由一些既有区别、又相互联系在一起的系列标准组成的立体的网络,形成了一个包括实施指南、标准要求和审核监督等多方面的完整的体系。其核心是 ISO9001—9003 质量保证系列标准。当要证实企业设计、生产合格产品的过程控制能力时,选择和使用"ISO9001——设计、开发、生产、安装和服务的质量保证模式";当需要证实企业具备生产合格产品的过程控制能力时,选择和使用"ISO9002——生产、安装和服务的质量保证模式";当仅要求企业保证最终检验和试验符合规定要求时,应选择"ISO9003——最终检验和试验的质量保证模式"。现代质量管理思想所强调的"从事后检验到事先预防,以预防为主"在 ISO9000 中也得到很好的体现。ISO9000 标准的许多条款都是从预防角度来做的规定,例如要求进行质量策划,包括制订质量计划、配备必要的设备和检测手段、确定和准备质量记录等。ISO9000 的核心思想之一是持续地进行质量改进,将质量改进作为完善质量体系的动力。成功实施 ISO9000 标准,需要建立并有效运行质量管理和质量保证体系,企业高层领导应对企业的质量问题承担主要责任。

(五)ISO22000 ISO22000 采用了 ISO9000 标准体系结构,在食品危害风险识别、确认以及系统管理方面,参照了食品法典委员会颁布的《食品卫生通则》中有关 HACCP 体系和应用指南部分。ISO22000 的使用范围覆盖了食品链全过程,即原辅料种植、养殖、初级加工、生产制造、运输,一直到消费者使用,其中也包括餐饮。因此 ISO22000 标准是一个适用于整个食品链工业的食品安全管理体系框架。它将食品安全管理体系从侧重对 HACCP 七项原理、GMP(良好生产规范)、SSOP(卫生标准规范)等技术方面的要求,扩展到整个食品链,并作为一个体系对食品安全进行管理,增加了运用的灵活性。同时,ISO22000 标准的条款编排形式与 ISO9001:2000 一样,它可以与企业其他管理体系如质量管理体系和环境管理体系相结合,更有助于企业建立整合的管理体系。

二、认证体系

(一)GMP、SSOP 与 HACCP 之间的关系

如图 21-2 所示,GMP、SSOP 与 HACCP 的关系,实际上是一个三角关系,整个三角形代表一个食品安全控制体系的主要组成部分。从中可以看出,即 GMP 是整个食品安全控制体系的基础,SSOP 计划是根据 GMP 中有关卫生方面的要求制定的卫生控制程序,是执行 HACCP 计划的前提计划之一;HACCP 计划则是控制食品安全的关键程序。这里需要强调的是,任何一个食品企业都必须首选遵守 GMP 法规、然后建立并有效实施 SSOP 计划和其他前提计划。GMP 与 SSOP 是互相依赖的,只强调满足卫生方面的 SSOP 及其对应的 GMP 条款而不遵守 GMP 其他条款也是错误的。新出现的食品风险分析(Risk

Analysis)体系也许是 HACCP 之后的更完善的质量保证方法,但是为全球的食品业接受应用尚需时日。

（二）HACCP 与 ISO9000 族标准的区别

ISO9000 与 HACCP 都是一种预防性的质量保证体系。ISO9000 适用于各种产业而 HACCP 只应用于食品行业,强调保证食品的安全、卫生。有人认为,以食品工业而言,若将两种制度结合（ISO9000/HACCP）,亦即以 ISO9000 质量保证系统为通则,以 HACCP 规范为导则之模式结合,并不会出现矛盾或冲突的现象而有相辅相成之功效,一个工厂若能同时实施 HACCP 及 ISO9000 质量保证制度,则其产品不但能满足顾客需求,同时更进一步确保了消费者的安全。因此有的国外专家戏称之为 HACCP9000。

企业获得 ISO9000 证书会有利于加快 HACCP 认证步伐,但不能代替危害分析也不能代替 HACCP 计划,意即 ISO9000 不能代替 HACCP 担负的解决产品安全的任务,欧盟则要求把水产品运往欧盟的加工商须执行 HACCP 的要求。HACCP 与 GMP、SSOP、ISO9000 的关系如图 21-2 所示。

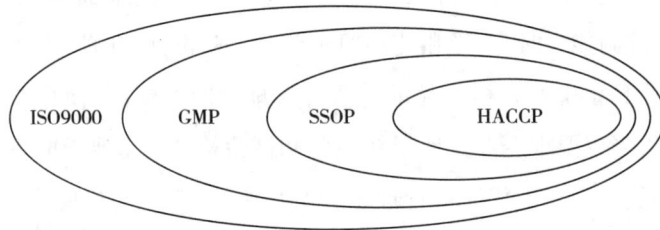

图 21-2　HACCP 与 GMP、SSOP、ISO9000 的关系

（三）HACCP 体系与 ISO22000 食品安全管理体系的关系

HACCP 不是依赖对最终产品的检测来确保食品的安全,而是将食品安全建立在对加工过程的控制上,以防止食品产品中的可知危害或将其减少到一个可接受的程度。

ISO22000 标准是一个适用于整个食品链工业的食品安全管理体系框架。它将食品安全管理体系从侧重对 HACCP 七项原理、GMP（良好生产规范）、SSOP（卫生标准规范）等技术方面的要求,扩展到整个食品链,并作为一个体系对食品安全进行管理,增加了运用的灵活性。同时,ISO22000 标准的条款编排形式与 ISO9001:2000 一样,它可以与企业其他管理体系如质量管理体系和环境管理体系相结合,更有助于企业建立整合的管理体系。

ISO22000 标准和 HACCP 体系都是一种风险管理工具,能使实施者合理地识别将要发生的危害,并制定一套全面有效的计划,来防止和控制危害的发生（ISO22000 标准和 HACCP 体系内容对比见表 21-2）。

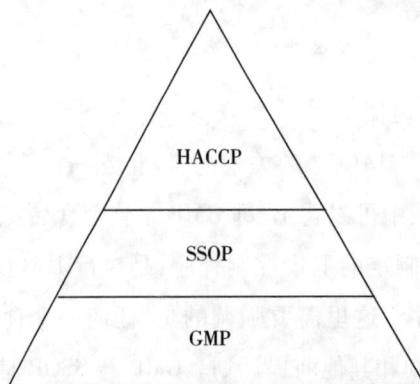

图 21-3　GMP、SSOP 与 HACCP 的关系

表 21-2　ISO22000 与 HACCP 内容对比

	HACCP	ISO22000
1	HACCP 小组组成	食品安全小组长
2	产品描述	产品特性
3	识别预期用途	预期用途
4	确立流程图	流程图
5	现有控制措施	加工步骤和控制措施的描述
6	现场确认流程图	现场确认流程图
7 原则	1.实施危害控制	可接受水平的描述和危害评价危害评估
	2.确定 CCPs	关键控制点的确定
	3.建立 CL 值	确定 CCPs 的 CL 值
	4.建立监控体系	关键控制点建立监控体系
	5.建立纠偏措施	验证的策划
	6.建立验证程序	FSM 体系的建立和验证
	7.建立文件和记录保持程序	文件要求
	8.前提要求	设计必备方案

ISO22000 是对 HACCP 体系从几个方面予以了强化,不仅包含了 HACCP 体系的全部内容,并融入到企业的整个管理活动中,体系完整,逻辑性强,属食品企业安全保证体系。ISO22000 是为食物链上的任何组织设计的,生产商、供应商、加工商、分销商、零售商和食品服务的组织都可以使用。通过 ISO22000 的施行,一方面可以有效保障消费者的健康,促进国际食品贸易,使企业在产品市场准入审批和产品出口卫生注册时减少重复检查,降低企业成本;另一方面有利于提高食品企业的食品安全管理水平,保证产品质量,提高市场竞争力。使食品企业能够有针对性的采取控制措施,避免控制失误,保证产品质量,建立和维护企业市场信誉并增强竞争力。

第二十二章　北京都市型现代农业文化创新体系

当今世界,文化在综合国力竞争中的地位和作用越来越突出。加强文化软实力建设,已经被提升到国家发展战略的高度。党的十八大报告明确指出:"文化是民族的血脉,是人民的精神家园。""文化实力和竞争力是国家富强、民族振兴的重要标志。""我们一定要坚持社会主义先进文化前进方向,树立高度的文化自觉和文化自信,向着建设社会主义文化强国宏伟目标阔步前进。"对一个都市而言,都市农业文化是一个都市的血脉和灵魂。都市农业文化可以创造生产力、提高竞争力、增强吸引力、形成凝聚力。本章在论述都市型现代农业文化内涵、发展模式、发展管理和功能作用的基础上,提出创新北京都市型现代农业文化体系的途径及政策建议,使都市型现代农业文化获得可持续发展。

第一节　都市型现代农业文化概述

20 世纪 90 年代传入我国的都市型现代农业文化是一种崭新的文化形态。它兼有传统农耕文化的特质和西方商业文明的特质,是对传统农耕文化的传承和发展,是城市文化和乡村文化的结合。

一、背景

(一)都市型现代农业文化的产生

都市型农业文化是伴随着都市农业的产生而产生的。早在 20 世纪二三十年代,农业已经与城市发展相关,如当时出现在德国居民花园、阳台和街头空隙地的市民农业等。1930 年日本就出现了"都市农业"的提法。都市农业作为一种农业现象于 20 世纪七八十年代以后风靡全球。快速发展的城市化以及几千万甚至近亿人口集中的大都市圈的形成,使城市和毗邻的农村农业在布局、形态、功能诸方面发生了巨大的变化。一种独特的农业形态——都市农业从此在全世界范围得到了快速的发展。20 世纪五、六十年代,"都市农业"成为被全世界广泛接受的科学概念,到 20 世纪 90 年代"都市农业"在全世界范围引起了人们的广泛重视。1991 年联合国发展计划署成立了都市农业顾问委员会,次年成立了都市农业支持组织(SGUA)。

我国在 20 世纪 80 年代中期提出城郊型农业文化的概念。随着农产品市场供求关系出现根本性变化的条件下,20 世纪 90 年代初提出发展现代都市型农业文化问题。都市型现代农业文化在东部地区,特别是长江三角洲、珠江三角洲、环渤海湾等发达地区发展较早。1994 年,上海市提出建立具有世界一流水平的现代化都市农业的构想,成为我国第一个将发展都市农业列入国民经济发展纲要的城市。北京市明确提出要以现代农业文化作为"都市经济"的增长点,强化其食品供应、生态屏障、休闲观光和科技示范功能,2003 年明确提出城乡统筹、建设现农业的新举措。深圳市以发展现代都市型农业文化作为特区再创辉煌的重要战略选择。其他沿海地区的大中城市和中、西部地区的省会城市,发挥城市资源、技术、市场、信息和人力资本集中的优势,借助高新技术应用,发展现代高效农业文化,为建设现代都市型农业文化奠定了良好基础。

自 2006 年中央农村工作会议明确提出生产发展是新农村建设的主要目标,而发展生产的方向是建设现代农业以后,建设都市型现代农业成为我国广大城市农业发展的战略目标。北京、上海和广州等大都市经过多年实践已经初步构建了区域都市型现代农业的基本框架。目前,我国都市农业正在逐渐由点向面发展,越来越多的地区农业发展由传统的郊区农业向都市型现代农业演变,由单一功能向多功能转化。

（二）中国传统文化影响

传统文化是从历史上沿传下来的民族文化。中国传统文化,是指以汉族为主体、多民族共同组成的中华民族在漫长的历史发展过程中创造的特殊文化体系。

中国传统文化有如下一些特点:第一,它是世界上最早产生的四大文明之一,是唯一延续到现代而没有中断的文化系统。第二,中国传统文化是在东亚大陆上形成和发展起来的,形成具有极强的内聚力的内向文化的心理结构和传统价值观念。第三,由于亚细亚的生产方式和各民族的早期融合,华夏文化的产生源远流长。它在先秦时期定型,繁荣和成熟于封建社会,后又经过佛学的输入和近代西学东渐,有过一定程度的更新和丰富,融汇了世界上各种文化的因子,但在本质上,仍然是具有中华民族特色和封建主义时代特点的文化体系。

从内容的角度看,中国传统文化又有以下一些特点:(1)在中国历史上起了特殊作用的儒家文化构成了中国传统文化的最重要部分。此外,还包含我国各个少数民族的文化、道家文化和佛教文化。(2)中国传统文化本质上是封建文化或农业文化。中国传统文化的形成、繁荣和发展,是同封建制度的建立、巩固和发展相一致的。(3)中国传统文化是建立在宗法制度基础上的血缘文化。家国同构,宗法一体,神权、王权、父权合一,是中国封建制度的基石和主要特色。传统文化最基本的功能是维持和强化作为宗法制度基础的血缘关系,实质上是一种血缘文化。(4)中国传统文化以人生为基本主题,是一种修养文化。中国传统文化重视人,儒家以天、地、人为"三才",道家以道、天、地、人为"四大",深信人是万物之灵长。但是,对人的重视被淹没在封建伦理纲常之中,因而向内求诸人格的完美而不是向外求知于外物,构成了它的基本内容。"修身齐家治国平天下",既是人生的主要目标,也是传统文化的宗旨之所在。

传统文化体现一个国家的民族文化,其精髓是民族精神。中华民族的民族精神主要是:第一,坚忍不拔、自强不息的主体精神;第二,崇尚和谐统一的价值取向;第三,重义轻利、顾全大局的行为规范。这些方面集中体现了传统文化的基本精神及其对中华民族的塑造与建构。

文化是一条记忆的长河,是各时代人们智慧的集合体,因此文化本身具有传递性。正如费孝通所说的那样:"文化本来就是传统,不论哪一个社会,绝不会没有传统的。"主要来自农耕文化的农业文化从广义理解指在农业生产实践活动中所创造出来的、与农业有关的物质文化和精神文化的总和。农业文化博大精深,包括世代相袭的农业劳动工具与劳动方式、农村民俗、乡土习俗、农事节庆、以"天人合一"

为价值理念的农本观念等,在都市型现代农业文化发展中仍旧有其积极的意义。当我们面临着由工业化进程所带来的资源短缺、环境污染和破坏等问题时,应该转变我们的发展观念,先从我国传统农业文化中寻求人与自然的和谐相处之道,从根本上解决发展中的问题。日本京都大学饭沼二郎教授在《恢复传统经营方式重建日本现代农业》一文中断言:"否定传统农业的现代化,将会导致农业的衰退;只有尊重农业传统搞现代化,才会使农业迅速发展。"因此,正确认识并挖掘利用传统农业文化的价值与功能是都市型现代农业文化发展的重要基础。

同时,应当客观地看到,传统文化对中华民族的影响和作用并不都是积极的。传统文化的弱点,也给中华民族、中国历史的发展带来了不少消极作用。所谓"国民劣根性",就是传统文化的产物。可见,无论是传统文化本身还是它的社会历史意义,都具有两重性。只有在分析批判的基础上,吸收传统文化的精华,剔除其糟粕,才能使中国传统文化重新充满生机和活力。

（三）文化现代化要求

现代化是同中世纪相比而言在现世纪所发生的社会和人的根本性变化。就其最一般的含义而言,现代化是指人类社会在现代所发生的巨大变迁。它首先表现为从农业社会向工业社会过渡的过程,而在当代则泛指落后和不发达国家赶超先进国家、发达国家的过程。

现代化作为一个包括经济、政治、思想、生活方式、人的现代化等的综合社会概念,其中无疑包括传统文化的现代化。建立符合中国特色社会主义要求的先进文化与和谐文化对都市型现代农业文化的发展提出要求。其前提是必须确立正确的世界观、方法论与价值观。第一,必须以马克思主义为指导,以社会主义核心价值体系为根本。马克思主义是现代文化的杰出代表,又是当代中国社会主义现代化建设的指导思想。只有用马克思主义的立场、观点和方法,正确分析传统文化的优劣,正确处理民族文化与外来文化、传统文化与现代文化的关系,才能真正振兴和重建中国文化。第二,必须科学地对待中国传统文化,特别是传统农业文化。近代中国历史证明,以封建文化和农业文化为核心的中国传统文化,曾经严重地阻碍中国社会的进步,但是,如果根据文化虚无主义认为,中国要实现现代化,就必须抛弃中国的传统文化,从根本上接受西方的价值观、人生观和整个文化模式,走"全盘西化"的道路。这一观点是形而上学的,同时也是违背历史事实的。第三,必须正确对待外来文化。在当今世界上,实现现代化不可避免地要以经济上发达国家作为参照和借鉴,吸收它们的先进经验。现代化绝不是重复和模仿西方发达国家走过的道路。只有在同外来文化的相互交流中,只有立足于社会主义现代化建设的具体实践,认真研究和解决社会主义现代化建设中遇到的新情况、新问题,才能找到传统文化的弱点和不足,借鉴和吸收外来文化的优点和长处,才能创造出符合中国特色社会主义要求的先进文化和和谐文化。

二、概念

据不完全统计,从不同角度对"文化"所下的定义已有200多个。《辞海》给文化下的定义是:文化"从广义的角度来说,指人类社会历史实践过程中所创造的物质财富和精神财富的总和"。美国文化学家克罗伯和克拉克洪的《文化·概念和定义的批评考察》,对西方自1871年至1951年期间关于文化的160多种定义做了清理与评析,并在此基础上给文化下了一个综合的定义:文化由外显的和内隐的行为模式构成,这种行为模式通过象征符号而获致和传递。文化代表了人类群体的显著成就,包括他们在人造器物上的体现;文化的核心部分是传统观念,尤其是它们所带来的价值观;文化体系一方面可以看作是活动的产物,另一方面则是进一步活动的决定因素。这一文化的综合定义受到普遍的认同。恩格斯在《劳动在从猿到人转变过程中的作用》中指出,文化作为意识形态,借助于意识和语言而存在,文化是人类特有的现象和符号系统,起源于人类劳动。我们认为,恩格斯给文化下的定义最为科学。文化是人化,是人类所创造的"人工世界"及其人化形式的这一部分。

到目前为止,人们一般在"广义"和"狭义"两个意义上使用文化概念。广义的文化即"人化",它映现的是历史发展过程中人类的物质和精神力量所达到的程度和方式。狭义的文化特指人类社会历史生活中精神创造活动及其结果,即以社会意识形态为主要内容的观念体系,是政治思想、道德、艺术、宗教、哲学等意识形态所构成的领域。

这里我们从广义的"大文化"概念,认同农业是一种文化的理解,并从"自然的人化"的视角来探析都市型现代农业这一独特的文化形态。实质上,农业和文化有着不可分割的必然联系。中国的传统文化是农耕文化,它是建立在传统的农耕经济基础之上的。中国传统文化带有多方面的农耕文化的特征。"在中国占主导地位的传统文化,无论是物质的还是精神的,都是建立在农业生产的基础上的,它们形成于农业区,也随着农业区的扩大而传播。"在拉丁文中,文化 Culture 含有耕种、居住的意义。与拉丁文同属印欧语系的英文、法文,也用 Culture 来表示栽培、种植之意,并由此引申为对人的性情的陶冶、品德的教养,与中国古代"文化"一词的"文治教养"内涵比较接近。这种用法今天仍然在农业(agriculture)和园艺(horticulture)两个词中保留着。英文"农业"一词 Agriculture,就是由前缀 Agri 和 Culture(文化)合成而来的,充分地表达了农业与文化之间不可分割的联系。

我们认为,以马克思主义为指导,吸收中外学者对都市农业文化的研究成果,我们可以这样表述都市农业文化的定义:都市农业文化是都市人在改造自然、社会和人的思维的对象性活动中所展现出来的体现都市人的本质、力量、尺度的方面及其成果。

三、实质

马克思主义主张把都市型现代农业文化的实质与人的发展作统一的理解。都市型现代农业文化的实质即人化,是人类在改造自然、社会和人本身的历史发展过程中,赋予物质产品、精神产品和人的行为方式以人化形式的特殊活动,是指都市人所创造的"人工世界"及其人化形式的这一部分。虽然,都市型现代农业文化包括物质产品和精神产品自身,但是无论哪一民族的都市型现代农业文化,它更主要展现的是都市人的智力、能力、品格以及需要、趣味和爱好,是都市人的尺度和都市人的发展的程度。

从"都市型现代农业文化"与"都市型农业"的各自的地位和作用上看,一方面,都市型现代农业是都市型现代农业文化的"乳娘"。都市型现代农业文化是人为的,也是为人的。"人为"的都市型现代农业文化必须源于都市型农业,"为人"的都市型现代农业文化必须更好地造福都市型农业。没有都市型现代农业的哺乳,都市型现代农业文化的创新和发展难免营养不良,乃至枯萎败亡。另一方面,开发和善用都市型现代农业文化特质,必然带来无穷的都市型农业产业的经济效益。没有都市型现代农业文化的参与,都市型农业只是一种种农产品,市场交易也只能是初级交易。有了都市型现代农业文化的参与,才能形成完整的都市型农业的经济贸易,才能提升和发展都市型农业。

第二节 都市型现代农业文化体发展要素

从都市型现代农业文化的基础理论可以看出,都市型现代农业文化是一个有机的系统,它由外向内包括物态文化、行为文化和心态文化诸层次。

一、类型

都市型现代农业文化分为都市型现代农业物质文化、都市型现代农业行为文化、都市型现代农业精神文化几个类型。

都市型现代农业物质文化是人们改造自然界以满足人类物质需要为主的那部分文化产物,具有双重的性质。一方面,物质文化的组成部分保留了自然物的特性,受制于有关的自然规律;另一方面,这些组成部分又被包括在社会系统之中,又受制于有关的社会规律。因此,都市型现代农业物质文化是穿着物的外衣的文化,是人在创造物质财富中使自己的知识、经验、理想等等客体化的过程。都市型现代农业物质文化随着生产力的时代性的转变,还不断地改变着人类生存的自然界的文化景观。如农艺景观和工艺景观。目前,都市型现代农业物质文化类型主要有生态农业文化、设施农业文化、观光休闲农业文化、高科技农业文化、加工创汇农业文化。

都市型现代农业行为文化是人类处理个体与他人、个体与群体之间关系的文化产物,包括个人对社会事务的参与方式、人们的行为方式,以及作为行为方式的固定化、程式化的社会经济制度、政治法律制度,等等。在都市型现代农业行为文化中,保存和复制着一个都市的民族风貌,实行着一种特殊的社会机制,即在相互交往中实现着人的社会化。都市型现代农业行为文化主要由都市型现代农业的功能体现。都市型现代农业的功能,因各地社会经济情况不同,所显示的重点亦不相同。但总体上看,都市型农业具有生产功能、环保功能、休闲功能、研发扩散功能、社会公益性服务功能。

都市型现代农业精神文化是从事都市型现代农业人们的文化心态及其在观念形态上的对象化,包括他们的文化心理和社会意识诸形式。社会意识通过理论化、系统化的形式,即政治法律思想、道德、艺术、宗教、科学、哲学等表现出来,它形成都市型现代农业精神文化中最有理论色彩的部分,体现他们对世界、社会以及人自身的基本观点,反映他们对外部世界认识和改造的广度和深度。文化心态是历史形成的民族情感、意志、风俗习惯、道德风尚、审美情趣等等所规范的社会的某种意向、时尚和趣味,即一个都市的价值观念、价值取向和心态结构。文化心态结构是都市型现代农业文化的深层结构,是在历史发展中积淀下来的隐性文化结构。相比于文化心态的深层结构,可以把都市型现代农业物质文化称为显性结构。不同文化形态之间的差异,主要是由该文化的文化心理层所规定的。在这一意义上说,文化心理及其所具有的价值观念是该文化的核心。

二、模式

（一）都市型现代观光旅游农业文化

都市型现代观光旅游农业文化是指都市型现代观光旅游农业的"文化特质",即都市型现代观光旅游农业的"人化形式"。它是以农业生产活动为基础,农业和旅游业相结合的一种新型产业文化。观光旅游农业文化是利用农业资源、农业景观、农业生产活动,为游客提供观光、休闲、旅游的一种参与性、趣味性和文化性很强的农业文化。观光旅游农业文化概念是由日本、美国、荷兰、新加坡等国家最早提出的。这些国家设计和开发了一些观光旅游农业游览园区和基地项目,主要面向城市市民、学生和其他游客开放。20世纪80年代后期,我国观光旅游农业文化发展迅速,成为新型的旅游休闲方式,集田园风光和高科技农艺于一体,建立观光农园、观光果园、观光菜园、观光花园、水面垂钓园、郊野森林公园、野生动物园、药用植物园、休闲农庄、休闲农场、生态农业园、体验农业园、高科技农业园等多种模式。观光旅游农业文化是广大农村一种新兴的特色文化产业,它具有以旅游带农业,以农业促旅游,农业和旅游业互补利用的特点,是调整农业结构,扩大就业,实现农业增效,农民增收的一种重要途径。发展好观光旅游农业文化必须坚持:因地制宜,突出特色;旅游业与农业相结合;充分考虑区位和客源市场;搞好农村基础设施建设;加强农业部门和旅游部门的合作;加强管理,提高素质;加大宣传力度,提高知名度。

(二)都市型现代生态农业文化

党的十七大报告第一次提出"建设生态文明"。标志着我们党发展理念的升华,对发展与环境关系认识的飞跃,具有划时代的意义。

生态农业文化包括:1.有机农业文化。即不用人工合成的肥料、农药、生长调节剂、除草剂和家畜饲料添加剂等的一种自然农业生产体系,为城市提供纯天然、无污染的有机食品,满足人们的需要。2.环保农业文化,又称循环农业文化。它是一种新兴的农业生产模式,运用生态经济的观点和环境保护的观点指导农业生产,严格控制化肥、农药的使用,充分利用太阳能、生物固氮和其他生物技术实现农业经济和环境的协调发展。3.绿色农业文化。它是指以水、土为中心,以太阳光为直接能源,利用绿色植物,通过光合作用生产人类食物、动物饲料的一种新型农业文化。4.健康型农业文化。它是指农业生产的产品有利于人们身心健康,生产的环境有益于人们健康长寿的新兴产业。

从世界视角看,农业领域进入了生态农业文化时代。在严重的生态、环境挑战面前,当务之急是避免重蹈发达国家"先污染、后治理"的覆辙,跳出"怪圈",加紧建设生态文化和生态农业文化,走生态文明的道路。这样才能体现人类生存和发展追求的目标,代表时代前进的方向,反映都市型现代农业强大生命力。

(三)都市型现代加工创汇农业文化

都市型现代加工创汇农业文化是指都市型现代加工创汇农业的"文化特质",包括都市型现代加工农业文化和都市型现代创汇农业文化。

都市型现代加工农业文化指对大田作物、果木和畜产品等农业原材料进行再加工形成产品中的"人化形式"这一部分。它包括农产品粗、精、深等不同形式的加工理念,使花色、形态、味道等方面不断改进与提高,涉及食品、饲料、皮革、毛纺、医药、化工和纸等诸多工业行业。都市型现代加工农业文化的主要功能是通过对农产品深层次加工增值,满足都市人们对日用品、工业品和增加收入的需求。

都市型现代创汇农业文化是以出口优质农副产品为主,通过满足国际市场需求换取外汇的一种农业行为文化。"创汇"是使农副产品出口的外汇净收入多于外汇支出。

我国创汇农业文化的发展刚刚起步,并且主要集中于东部农业较为发达的区域。创汇农业文化是多学科、多技术综合应用的系统工程。在农产品出口种类上,不应片面理解创汇农业文化就是发展种养业产品的出口,而应当把乡镇企业产品、农业手工艺品、文化创意产业等列入农业贸易之列,制定总体发展规划。

都市型现代加工农业文化是都市型现代农业发展的必然趋势,有利于提高农产品附加值,增加农民收入。京郊都市型现代创汇农业文化能够大大提高自身经济实力、加快农业现代化进程,促进农业经济增长方式的根本转变,对我国广大农村地区发展具有重要的示范作用。

(四)都市型现代设施农业文化

都市型现代设施农业文化是指都市型现代设施农业的"文化特质",即都市型现代设施农业的"人化形式"的那一部分。都市型现代设施农业文化利用先进的工程技术设施,利用营养液、传送带、流水线、组织培养等现代技术,改变农业自然环境,建设人工生产环境,获得最适宜植物生长的环境条件,以增加作物的产量、改良作物的品质、延长生长季节、提高作物对光能的利用,可日日播种、天天收获、缩短生长周期,生产出无污染、安全、优质、富营养的绿色农产品。同时,都市型现代设施农业文化主要在塑料温棚、节能日光温室、大型现代化温室三个层次上,建设调温通风设备、营养液配置设备、工厂化播种育苗成套设备、土壤消毒设备,实现专用农机具等设备的产业化,并在建设集约化设施农业技术和设备示范工程上,从品种选择、栽培管理到采收、加工、包装等全部采用计算机控制技术。因此,都市型现代设施农业文化从根本上克服了自然经济农业文化的弱质性,较大地提高了水土资源利用率,大大提高了生产效益。

都市型现代设施农业文化的结构和规模虽不尽相同,但都市型现代设施农业文化的主要类型可归纳为日光温室、大棚、改良阳畦、小拱棚四大类型。(1)日光温室。京郊的日光温室按其所用材料、结构或功效的差异,主要有砖钢结构日光温室、土钢或土竹结构日光温室、新型复合材料日光温室、四位一体日光温室。(2)大棚,塑料大棚主要有两种:钢架大棚和竹木大棚。(3)改良阳畦,是介于日光温室和大棚之间的一种设施。(4)小拱棚,主要分布在大兴区,用于栽培西瓜、甜瓜。

(五)都市型现代农业文化创意产业

目前,国内外对于文化创意产业的界定尚有争议。本书所界定的文化创意产业的内涵和外延是从哲学的视角做出的,并试图寻找与相关学科交叉的最佳结合点。

"创意"(Creative)意为"有创造力的、创造性的、产生的、引起的"等,包含了人类生活的物质的、精神的全部具有创造性的行为和意识。"创意"的特征表现为:"高文化"和"高科技"相结合、"以人为本"、抽象性、"改变发展方式"等。文化创意产业是一种附加价值高、资源节约型、环境友好型的新型产业。它实现了由有限的自然资源破坏性使用向开发附加价值高的智能资源的转变。

文化是创意的灵魂,创意是文化传承的动力之源。文化创意产业是文化创意的表现形式和最高成果。文化创意产业既有产业的属性,也有文化的属性。产业是以利润最大化为目标,以经济效益为最终目的;文化则有一定的社会价值,甚至是意识形态价值,是以社会效益为根本所在。因此,文化创意产业是集经济效益和社会效益于一身的新型产业,附着于产业而又具有很强的附加价值和渗透性的产业。

世界各国对于文化创意新经济的战略定位和发展视角不尽相同,各国根据本国条件和历史,纷纷确立发展重点。例如:英国、新西兰、新加坡等国家把文化创意新经济定位为创意产业,美国、加拿大、澳大利亚等国家把文化创意新经济定位于版权产业,法国、德国倾向于把文化创意新经济定位为文化产业,而日本、韩国把文化创意新经济定位在内容产业。中国把文化创意新经济产业定名为文化创意产业。

国家统计局界定的文化创意产业主要包括文化艺术、新闻出版、广播电影电视、软件和网络及计算机服务、广告、会展、艺术品交易、设计服务、旅游和休闲娱乐、其他辅助服务。

近年来,我国文化创意产业也有很大发展。上海、深圳、杭州、北京等城市积极推动文化创意产业的发展,正在建立一批具有开创意义的文化创意产业基地。

(六)都市型沟域文化

"沟域文化"是"沟域经济"的"人化"部分,包括沟域物质文化、沟域行为文化和沟域精神文化。"沟域文化"按照主导产业的不同,可分为特色种养殖模式、绿色生态农业模式、乡村休闲旅游模式与农业文化创意产业模式;按照依托方式的不同,可分为自然资源利用模式、科技依托模式、文化开发模式与资本注入模式。北京"沟域文化"以山区沟域为单元,以其范围内的自然景观、文化历史遗迹和产业资源为基础,以都市型现代农业为基本产业,以特色生态、休闲、旅游为主导,以市场为导向,坚持文化创意同优势资源、科技、金融资本相结合,在开发164条沟域的基础上已建设成功25条各具特色的使农户广泛受益的有竞争力和可持续的"沟域文化"精品。

"沟域文化"的特点表现为:(1)人化性。"沟域文化"是人们在活动过程中,通过社会历史形成的人的智力、能力、品格等而赋予物的那种特殊的人的结构。"沟域文化"的文化产品、活动方式和文化观念是构成"沟域文化"系统的三个基本要素。(2)生态性。实现"生态文明"是开发"沟域文化"的基本目标,也是"沟域文化"的重要功能。(3)科技性。北京"沟域文化"的开发充分利用了首都科学技术力量集中的优势,实现了创新和突破。(4)生活性。"沟域文化"的生活功能是指围绕山区特点,通过农业与三产对接、产业互动的产业功能开发活动,为消费者提供生活所需的物质和精神消费品这一功能。(5)开放性。突破行政区划的约束,在更大的区域内进行资源配置,获取竞争优势。

开发"沟域文化"对于转变经济发展方式,建设生态文化,产业融合与互动发展,建设城乡一体化都具有重要意义。

(七)高科技现代农业文化

高科技现代农业是农业先进技术、尖端技术,以农业科学最新成就为基础,处于当代农业科学前沿的、建立在综合科学研究基础上的技术,是农业领域中高层次的、核心的、前沿的技术。高科技农业文化包括:精准农业文化,数字农业文化,智能化农业文化,三维农业文化,等等。精准农业文化是建立在电脑、全球卫星定位系统和遥感遥测等高新技术基础上的现代高精技术农业系统工程,包括精准播种、施肥、灌溉、估产、作业等项技术。数字农业文化是指在地学空间和信息技术支撑下的集约化和信息化的农业技术,是以大田耕作为基础,从耕作、播种、灌溉、施肥、中耕、田间管理、植物保护、产量预测到收获、保存、管理的全过程实现数字化、网络化和智能化。智能化农业文化是指利用智能化农业信息技术来指导农业生产的一种农业系统模式,是以农业专家系统为代表,向农民提供各种农业问题决策咨询服务和实用软件系统。三维农业文化是指三维网络结构的农业文化,即生物生产结构、资源开发结构、经济增值运转结构。高科技现代农业涵盖农业生物技术、设施农业技术、农业信息技术、核农业技术或农业辐射技术、多色农业技术、配套集成化的农业技术群等,以及与之相关的技术咨询服务、专家系统和软科学技术。

高科技现代农业企业尊重知识,勇于创新,绿色环保、共建和谐,服务三农,以创新型模式,自主技术和品牌担当社会责任。在文化理念上坚持"科技先导、服务至上、合作共赢"的经营理念并建立了适合企业发展的人才梯队和具有一定市场竞争力的激励机制,实施"先人一步"的开发战略,自主创新与合作开发相结合,并做到"实施一代,开发一代,研究一代",创新型开发项目和改进型开发项目。

三、管理

都市型现代农业文化的特点与有"文化意义"的都市型现代农业体系的特点是一致的。因此,以下都市型现代农业的这些特点就是都市型现代农业文化的内涵,是都市型现代农业文化发展管理的目标。

(一)城乡一体。都市型农业的发展与大都市的经济、社会、文化发展是相互交融,相互依托,相互促进的。都市型农业的产业结构布局、农业生产体系组成及其产业链中的环节都能主动服从和服务于大都市发展的需要,并在服务城市的同时,不断提升农业自身的产业层次,改善农业生产条件,提高农村生活水平,逐步缩小乃至消灭城乡差别,实现城乡一体和协调发展。

(二)多功能。都市型农业不仅具有作为一个产业所具备的经济功能,为城市提供农副产品,同时还有为城市居民提供旅游、休闲、观光、娱乐的服务;为其他地区输出先进农业科技、管理和人才的辐射功能;为城市改善空气、水源、景观等生态质量的生态功能;凭借现代工业文明和高新技术及聚集的科技人才,创造新的农产品加工成品、新的农业生产模式和形态乃至新的物种的功能;依托先进的农产品加工业和开放型农业而出口创汇的创汇功能。都市农业呈现出功能的多样性。

(三)技术密集。都市型农业是技术密集型农业。由于都市型农业近距城市腹地及周边,可以及早而广泛有效地利用大都市提供的科技成果及现代化设备,大力发展设施农业、工程农业、生物农业、加工农业、生态农业、园艺农业以及休闲观光和体验农业,在生产过程中较多较早地渗透高科技和新技术,产品技术含量高,呈现技术密集型。

(四)可持续发展。都市型农业是一种可持续发展的农业。其生产发展不仅要在经济方面,而且要在生态、资源利用、社会进步等方面都能实现可持续发展。都市型现代农业既重视提高农业经济效益,增加农民收入,也重视农业生产与生态的良性互动,强调合理利用、永续利用,千方百计保护和改善自然资源,千方百计保护和创造有益于人类生存的生态和生活环境。

(五)人文特色。文化是一座城市的灵魂。一座城市的文化,是一种独特的精神气质,代表着城市的独特竞争力,决定着整个城市在全国乃至世界城市体系中的地位。城市不仅要有硬件设施等反映城市面貌的"形",而且要有反映城市文化底蕴的"魂"。是在迈向现代化的进程中,新型城镇化是一种必然选择。随着新型城镇化战略的实施,各地的城市化规模快速扩大。面对城市建设的新高潮,城市建设从追求 GDP 到追求绿色 GDP,从打造"经济名片"到打造"文化名片",要把突出城市的文化个性和特色作为重要任务,确立城市文化品牌,对城市文化建设进行综合设计,进一步挖掘地域文化的独有内涵,维护好历史传承,留住城市的"文化命脉"。

(六)人的全面发展。都市型现代农业文化应该是生动活泼的、充盈着创造性的文化,是有利于社会进步和人的全面发展的文化。人民群众是历史的创造者,要倡导理解人、尊重人、爱护人。都市型现代农业文化把人放在首要地位,旨在促进人的全面发展。马克思主义所追求的"人的全面发展",既是人的个性、能力和知识的协调发展,也是人的自然素质、社会素质和精神素质的共同提高,同时还是人的政治权利、经济权利和其他社会权利充分实现。都市型现代农业文化是民主的文化,它要求坚持以人为本的执政理念,发展社会主义民主政治,尊重社会成员的主体地位,完善利益表达机制,协调各社会阶层的利益;都市型现代农业文化是宽容的文化,要求引导人们用正确的立场、观点和方法去观察社会,培养人们用宽容的态度看待和处理各种问题,避免思想认识上的片面性和极端化,求同存异,共同发展;都市型现代农业文化是进步的文化,既满足人们日益增长的物质文化需要,把人们的切身利益实现好、维护好、发展好,又要提高人们的智能、技能、潜能,使人们始终保持健康积极、乐观向上的精神状态,促进人的各种潜能得到全面而合理的发挥。

(七)以社会主义核心价值体系为根本。一个社会的核心价值体系,反映社会意识的本质,决定社会意识的性质,涵盖社会发展的指导思想、价值取向,影响人们的思想观念、思维方式、行为规范,是引领社会前进的精神旗帜。社会主义核心价值体系是社会主义制度的内在精神和生命之魂,它决定着社会主义的发展模式、制度体制和目标任务,在所有社会主义价值目标中处于统摄和支配地位。都市型现代农业文化必须有社会主义核心价值体系的引领和主导。

第三节　都市型现代农业文化体系功能

都市型现代农业文化不断为都市型现代农业发展和创新提供有力的智力支持、精神动力和思想保证。都市型现代农业文化不断为都市型现代农业的发展和创新注入强大动力和智力支持。

一、信息功能

2007 年"中央一号文件"提出,"农业不仅具有食品保障功能,而且具有原料供给、就业增收、生态保护、观光旅游、文化传承功能"。都市型现代农业文化是都市型农业的"社会遗传密码",实施着传递社会经验从而维持都市农业历史连续性的功能。人类社会优越于动物界的根本之点,在于实现了由生物遗传机制向社会遗传机制的飞跃。动物也有信息交流,蜜蜂可以用舞蹈的姿势和速度向其他蜜蜂指明方向和食物所在,鸟儿会用歌唱招呼同伴,海豚会发出吹笛一样的声波传送情况和命令,鲸每年都会改变自己唱歌的格调。但是,它们的信息交流都为生物遗传所决定,仅仅局限在第一信号系统的范围内。人则与动物不同,具有文化的武装,能够通过社会遗传而进化,因为文化具有人们社会约定的符号系统的功能,能起到固定、表达、储存、传递和加工社会信息的作用。都市型现代农业文化不仅充当都市型农业历史经验的记事本和储藏室,而且可以对它们进行复制和交流,使社会信息的传递突破时间和空间的限制,越出个人直接经验的范围,把都市型农业的过去、现在和将来,把直接的经验和间接的经验都联结在一起。都市型现代农业文化的这一信息功能,使都市型农业经验一代又一代地传递,从而使都市型农业历史的发展呈现出连续性的特点,把都市农业和人本身按一定的方式不断地创造出来。

二、教育功能

都市型现代农业文化通过知识体系、行为方式等规范人的行为,使人有效地适应社会环境和人际关系,成为社会的人。社会的生产发展和都市型现代农业文化发展培育造就每一代人,使每一代人继承着人类历史的一切成果。每一代人在继承历史的基础上,又以自己的实践和认识创造和丰富着都市型农业文化的新的形式,推动着人类社会和人本身由低级向高级、由片面向全面发展。正因为这样,都市型现代农业文化成为衡量社会和人的发展程度的重要标准。在理解都市型现代农业文化的教化培育功能时,必须区别都市型农业文化与非都市型农业文化的不同教化培育功能。非都市型农业文化实施着不同于都市型农业文化的行为规范,体现出与都市型农业文化或多或少背离的倾向。都市型农业文化与非都市型农业文化在大多数情况下可以协调并存,但有时二者会发生矛盾和冲突。这些矛盾和冲突推动都市型现代农业文化体系的发展和创新。

在中华文明的历史进程中,农业文化背景下形成的"礼治"是维系社会秩序的重要力量。费孝通曾指出乡土社会实质上是"礼治"的社会。礼是从长辈教化中养成个人的敬畏之感,并不靠外在的权力来推行。礼治社会的基础是长幼原则,即孝道伦理。从"礼治"文化衍生出的孝文化是中华传统文化的重要组成部分。在以孝文化为核心的传统伦理道德和礼教习俗的教化下,演变成尊老传统,实现老有所养,老有所依,老有所乐,也是今天构建社会主义和谐社会的内在要求之一。

三、动力功能

都市型农业文化活动模式使得人创造出改造外部世界的手段,并通过对外部世界的改造来满足自己的需要。例如:以"由文明创造的生产工具"和"现代高科技"为中介,就形成不同的活动模式和都市型农业发展程度。在都市型农业历史发展中,都市型农业文化特别是它的活动模式的每一次重大更新或优化,都在改变都市人满足需要的手段的同时,带来新的更高级的需要;这种新的更高级的需要,又促使人们创造新的满足需要的手段。都市型农业就是在基本需要(初级需要)——都市型农业文化活动模式——新的高级需要——新的都市型农业文化活动模式的不断循环中进步和发展的。没有都市型现代农业文化,就不可能产生都市人的高级需要,也不可能有新的更高级的都市人与自然的中介形式以及新的活动模式的产生,不会有立足于高科学发展基础上的都市型现代农业文化产业和都市型现代农业文化创意产业的产生,就失去了人类社会进化和发展的动力。

都市型现代农业丰富多彩的文化消费刺激了人们的消费需求生活水平的提高,增强了人们的消费需求,基本上进入了物质消费与精神消费并重阶段,也使都市型现代农业的文化功能由隐性演变成显性。都市型现代农业文化体系所涵盖的清新空气、开阔视野、优美环境、淳朴民风、绿色食品及有益身心的体力劳动的理念,吸引人们特别是城市居民享受到都市所没有的农业文化消费。不仅扩展了人们的消费领域,还引领着一种健康的生活方式,刺激农业资源的充分发挥,从而有利于缩小城乡差距,促进经济发展和生态环境建设,稳定社会,同时促进精神文明建设。

四、认知功能

从都市型农业文化的角度看认识,认识总是反映各都市心态结构的认识。而各都市的自我认识,总是各都市之间都市型农业文化交往的产物,只有在与其他各种都市型农业文化形态的比较中,才深刻地唤醒都市的自我意识。马克思指出:"人同自身的关系只有通过他同他人的关系,才成为对他说来是对象性的、现实的关系。"一个都市的自我认识,也只有在以其他都市作参照系的情况下,才能充分地意识到。一个都市的自我认识历经三个阶段,即由物质都市型农业文化到行为都市型农业文化,再到以精神心态为核心的精神都市型农业文化。只是在经历了都市之间的各种冲突,包括物质都市型农业文化、制度都市型农业文化和精神都市型农业文化的激烈冲突后,一个都市才获得较全面的自我认识的升华。

五、传承功能

传统是指由历史沿传下来的、体现人的共同体特殊本质的基本价值观念体系。它渗透在一定民族或区域的思想、道德、风俗、心态、审美、情趣、制度、行为方式、思维方式以及语言文字之中。传统是人们在漫长的历史活动中逐渐形成并积淀下来的东西,它具有相对的稳定性,深深地影响着现在和未来。不同的民族,不同的农业文化背景,有不同的传统;同一民族在不同的时代,对传统的理解也不一样。对传统的解释与认同,总是同人们对历史的具体把握和所处时代的特点相联系的。传统农业文化是从历史上沿传下来的民族农业文化。相对于外来农业文化来说,传统农业文化是指母农业文化或本土农业文化,即民族农业文化;相对于现代都市农业文化来说,传统农业文化是指历史上流传的农业文化。中国传统农业文化,作为以汉族为主体、多民族共同组成的中华民族在漫长的历史发展过程中创造的特殊农业文化体系,是唯一延续到现代而没有中断的农业文化系统,具有极强内聚力的内向的心理结构,具有中华民族特色和封建主义时代特点,是建立在宗法制度基础上的血缘农业文化,是以人生为基本主题的一种修养农业文化。传统农业文化的精华塑造了我们的民族精神,如坚韧不拔、自强不息的主体精神;崇尚和谐统一的价值取向;重义轻利、顾全大局的行为规范,等等。传统农业文化的弱点造就了我们的"国民劣根性",如传统农业文化对血缘关系的推崇,逆来顺受,轻视个性,忽视人的物质需求,等等。都市农业文化在分析批判传统农业文化的基础上,吸收其精华,剔除其糟粕,使中国都市型现代农业文化充满生机和活力。

第四节　都市型现代农业文化体系发展对策

我国文化发展面临着崭新的历史使命和重大的历史机遇,我们应当更自觉地深入进行文化发展与改革的生动实践,以理论和实践的双重创新推动中华民族和中华文明的伟大复兴。

一、发展路径

都市农业文化推动都市农业的发展和创新,一般是通过以下三方面的途径实现的。

（一）提供强有力的智力支持,形成创造力

都市型现代农业文化能培养都市农业所需要的各方面的人才,提高劳动者的科学文化素质,开发人的智力资源,使蕴藏在人民群众中无穷无尽的创造力迸发出来。如果我们忽视都市型农业文化建设,到处是文盲、科盲,就不可能有物质文明的高度发展和社会物质财富的巨大增长,就谈不上实现社会主义现代化。加强都市型现代农业文化建设,一方面在都市型农业的发展和创新中把教育作为具有先导性和全局性的事业,摆在优先发展的战略地位,全面推进素质教育,以造就数以亿计的高素质劳动者、数以万计的专门人才和一大批拔尖创新人才,为都市型现代农业提供强有力的智力支持。同时,用都市型现代农业文化的"雨露甘泉"催生新时期的知识化农民,使广大农民群众从体力型向技能型、创业型转变,从习惯于小生产方式向发展集约型现代化大农业转变,从固守田园靠天吃饭向积极创业转变,真正成为新农村建设的主体。另一方面,通过制定科学技术长远发展规划,改造和提升传统产业的技术水平,提高劳动生产率,改变经济增长的方式。同时,高度重视弘扬科学精神,普及科学知识,树立科学观念,倡导科学方法,以此提高人民群众的科学素质,在全社会形成崇尚科学、鼓励创新、反对迷信和伪科学的良好氛围,开发蕴藏在人民群众中无穷无尽的创造潜能。

(二)提供精神动力,形成凝聚力

一个国家、一个民族要兴旺发达,自立于世界民族之林,必须有强大的民族凝聚力和精神动力。都市型现代农业文化建设的一项重要历史使命是弘扬民族精神与增强民族凝聚力,为都市型农业的发展和创新提供精神动力。我们党80多年来战胜各种艰难困苦的一个重要法宝,就是革命战争年代的那么一股劲、那么一种革命热情、那么一种拼命精神,特别是坚定的理想与信念。这种坚定的理想与信念具有强大的吸引力,它把全国各族人民紧紧团结在党的周围,形成了万众一心的凝聚力。改革开放以来的实践也充分证明,体现中华民族凝聚力的爱国主义、集体主义、社会主义的主旋律越鲜明、越有力,我们的思想就越统一,人民就越团结,社会就越稳定,改革就越顺利,经济建设的持续发展就越有保证。在现阶段,我们要顺利推进都市农业的发展和创新,就必须结合新的实践和时代的要求,坚持中国先进文化的前进方向,大力发展都市型现代农业文化,建设社会主义精神文明,把亿万人民紧紧吸引在中国特色社会主义的伟大旗帜下,把全国各族人民的意志和力量凝聚起来,把精神和士气振奋起来,形成万众一心的凝聚力。

(三)提供有力的思想保证,增强向心力

都市型现代农业文化是坚持中国先进文化前进方向的都市农业文化,是使社会主义社会和谐的都市农业文化,是以社会主义核心价值体系为根本的都市农业文化。都市型现代农业文化是一个都市的根、一个都市的魂,其力量深深熔铸在都市人的生命力、创造力和凝聚力之中,影响着都市人的发展道路和前进方向。都市型现代农业文化坚持马克思列宁主义、毛泽东思想、邓小平理论和"三个代表"重要思想在意识形态领域的指导地位,坚持以科学发展观为统领,坚持为人民服务、为社会主义服务的方向,能够从思想上保证都市农业文化建设沿着社会主义的方向前进。我们如果不重视都市农业文化建设,不加强对落后文化的改造和对腐朽文化的抵制,听任封建主义残余思想侵蚀,听任资本主义腐朽思想泛滥,人们就有可能陷入思想混乱和精神危机之中,都市型现代农业也就不可能沿着中国特色社会主义的道路健康发展。当前我国正处在一个"黄金发展期"和"矛盾凸显期"相互交织的关键阶段,必须用社会主义核心价值体系引领和整合多样化的思想意识和社会思潮,使先进文化得到发展,健康文化得到支持,落后文化得到改造,腐朽文化得到抵制,实现都市型现代农业文化自身的和谐。在化解诸多社会矛盾的过程中,要通过建设社会主义核心价值体系,凝聚人心、激发活力;要充分发挥优秀精神产品对人们思想的引领和启迪作用,对人们精神的抚慰和激励作用,对社会矛盾的疏导和缓解作用。都市型现代农业文化如水,是柔性的力量,滋润万物而又悄然无声,在潜移默化、润物无声中发挥着不可替代的重要作用。

二、北京都市型现代农业文化体系发展政策建议

(一)指导思想上提高认识,强化北京都市型现代农业文化的功能和价值

尽管农业具有经济功能、生态功能、社会功能和文化功能等多种功能,但是大多数人对农业的认识还停留在提供农产品这一单一经济功能上,对农业的文化功能了解并不多。学者高春凤和朱启臻通过

北京和山东地区 346 人就农业功能认知进行访谈,调查结果显示只有 5.5% 的被访者认识到了农业的文化功能。而都市型现代农业文化体系的发展是基于对农业文化功能的充分认识及利用上才能形成和发展起来的,个体或任何群体对农业文化功能认识的缺乏一方面使都市型现代农业文化体系难以建立,另一方面,使得都市型现代农业文化体系即使建立了也难以吸引公众的参与,进而难以获得进一步的发展。

以科学发展观为统领,按照建设人文北京、科技北京、绿色北京、宜居北京的发展目标,充分认识都市型农业的生态、景观、文化、生活、休闲、教育、展示等多种功能。其中,文化是一个地域最具旅游价值的资源。北京曾为辽、金、元、明、清 5 朝帝都,有 3000 多年的建城史,形成特有的文化特征。过去限于经济、社会发展水平低下,农业文化的功能呈隐性功能,没有被认知。2010 年,我国人均 GDP 已突破 4000 美元,北京超过 10000 美元;温饱阶段已成为历史,大多数地区已进入小康社会,经济发达地区则迈向富裕阶段。随着工业化程度的提高,人们生活水平不断提高,人们不再满足单纯的物质消费,对农业文化消费的需求越来越强烈。城市生活的人们更加向往农村的清新空气、优美风光、安宁环境、淳朴民风、绿色食品和有益身心的体力劳动。农业文化消费成为人们追求的一种健康的生活方式。都市型农业文化功能由隐性演变成显性,并且,随着我国经济的发展与和谐社会的构建,这种显性的都市农业文化功能将越来越强大。北京作为全国农业现代化的领跑者,要有前瞻性和超前意识,率先大力培育都市型现代农业的文化功能。既丰富城市居民的生活内容,扩展居民消费领域,又能充分发挥我国多样化的农业自然资源和丰富的劳动力潜力,有利于缩小城乡差距,意义重大。

(二)从城乡一体化视角出发,统筹规划北京都市农业文化的发展

北京"十二五"规划明确提出"率先形成城乡经济社会一体化发展新格局"的目标,这要求都市型现代农业的发展要从北京发展的整体战略上统筹规划,也为北京都市型现代农业文化发展提出了更加明确的目标。围绕首都城市的"四区功能定位"、都市型现代农业的"五圈布局",根据北京城市地域和空间特点,按照因地制宜原则,积极引导城市农业健康发展。结合新农村建设,都市型现代农业的发展,至 2020 年时,北京农业综合生产能力和可持续发展能力将显著增强,全面实现现代化,基本具备都市型现代农业的主要特征。农业结构科学、合理,在布局上,实现了自然资源和社会资源的优化配置,生产、生态、生活、社会、服务五大功能齐全、强大。以科技密集的种业,知识、文化密集的农业旅游业,信息技术密集的设施农业,实施清洁生产的畜禽养殖业为主构成了北京都市型现代农业的支柱产业。北京的种业、农产品加工与制造业和农民教育培训,与周边农业在市场、生产上合理分工,互补;相互促进,达到共赢,有力地辐射、带动环渤海经济区乃至全国的农业发展,实现区域农业一体化。人与自然和谐的文化理念深入贯彻,全面实施清洁生产、循环经济,实现资源低耗、高效、集约,形成恬静、幽雅、莺歌燕舞的优美乡村田园景观。深入开发农业文化的多功能性,农业旅游、休闲、娱乐项目丰富多彩。

通过创意农业的发展,提高农业的文化附加值、科技附加值、绿色附加值、服务附加值、加工附加值,增强农业效益。彻底打破城乡二元结构,使城乡更加融合,大幅提高农民的体质、素养,使越来越多的农民享有与城市居民相同的权益与福利。实现城乡统筹、协调发展,构成和谐社会。

(三)加强北京都市型现代农业特色文化的挖掘,强化都市型现代农业文化品牌建设

北京农业文化资源深厚,农业物质、精神消费市场广阔,因此突出特色资源,形成创意性的都市型农业文化品牌是农业发展方向。品牌是企业整合各类资源的综合反映,是企业独一无二的优势,也是在国

际市场竞争中企业的根本出路。文化品牌经营是都市型现代农业文化提升核心竞争力的外在表现。文化品牌战略就是要是通过品牌实力的积累，塑造良好的品牌形象，从而确立顾客忠诚度，形成品牌优势，通过品牌优势的维持和强化，最终实现创立名牌与发展名牌企业。例如，目前，北京的观光休闲农业还停留在采摘与"吃农家饭、睡农家炕"的形式上，对农业文化的挖掘与体现还不够深入。急功近利的短视行为，要有长远的发展规划，注重文化品质，建立卓越的信誉，关注市场需求，提供一流的文化服务，在竞争中要学会观念取代产品参与竞争。

（四）市政府加大对都市型现代农业文化发展和创新的支持力度

首先制定发展都市型现代农业文化发展的优惠政策，从财政上予以激励，保证资金。其次，加强农业企业与高校、科研机构的联盟，提高企业的技术开发和技术创新能力，强化文化功能，增强竞争力。加快建设国家农业创新体系，走产学研相结合的道路。再次，将横向的第一、第二、第三产业融合和纵向的产业链建设相结合，发展集农业与旅游业相结合，集经济效益与社会效益相结合，集生产、市场、流通、消费（包括物质消费和文化消费）相结合的都市型现代农业产业体系，在农业经济和文化相得益彰中，促进都市型现代农业文化的有力发展。

（五）加速培养北京都市型现代农业文化建设的专门人才，同时继续有效提升京郊农民的文化素质

依托文化底蕴的都市型现代农业较之传统农业在科技含量上有了大幅地提高，这就势必对农业人员提出更高的要求，需要懂科学、有技术、善经营的新一代农民。发展农民教育、开展农民培训、提高农民素质是建设现代农业发展的重要举措。各地区依据产业和科技发展的实际需要，组织农民学习现代农业生产理念，通过科技下乡、科技人户、项目示范以及远程教育等形式，加强农民科技培训，通过网络让农民了解国外的农业经营模式，增加农户关于旅游业以及北京农业文化方面的知识，培养适应都市型农业文化发展要求的新型农民，为都市型现代农业文化发展提供强大的人才支撑。

三、都市型现代农业文化体系可持续发展

（一）都市型现代农业文化可持续发展涵义

1981年，美国农业科学家莱斯特·布朗系统地阐述"可持续发展观"，奠定了可持续发展的理论基础。《我们共同的未来》定义可持续发展为："既满足当代人的需求，又不对后代人满足其自身需求的能力构成危害的发展"，即人类要发展，要通过发展来满足人类的物质和精神需求，但发展过程中不能损害自然界支持当代人和后代人的生存能力，而且绝不包含侵犯国家主权的含义。

可持续农业是可持续发展思想在农业领域的具体体现。这一概念最早产生于20世纪80年代末期，1987年7月，世界环境与发展委员会在挪威提出"2000年粮食：转向可持续农业的全球政策"，1989年联合国粮农组织（FAO）通过了有关可持续农业发展的正式决议，1991年在荷兰召开的国际农业与环境会议上，国际粮农组织（FAO）把农业可持续发展确定为"采取某种使用和维护自然资源的方式，实行技术变革和体制改革，以确保当代人类及其后代对农产品的需求得到满足，这种可持续的农业能永续利用土地、水和动植物的遗传资源，是一种环境永不退化、技术上应用恰当、经济上能维持下去、社会能够接受的农业。"此后，可持续农业思想的影响日益深入和广泛，受到了世界各国政府的高度重视和积极响应。1996年，联合国粮农组织在罗马世界粮食首脑会议上，提出了发展中国家可持续农业的技术和

要点。1994 年,我国政府批准颁布《中国 21 世纪议程》对中国农业可持续发展进一步明确为:保持农业生产率稳定增长,提高食物生产和保障食物安全,发展农村经济,增加农民收入,改变农村贫困落后状况,保护和改善农业生态环境,合理、永续地利用自然资源,特别是生物资源和可再生资源,以满足逐年增长的国民经济发展和人民生活的需要。从农业资源角度来理解,农业可持续发展就是充分开发、合理利用一切农业资源(包括农业自然资源和农业社会资源),合理地协调农业资源承载力和经济发展的关系,提高资源转化率,使农业资源在时间和空间上优化配置达到农业资源永续利用,使农产品能够不断满足当代人和后代人的需求。

都市型现代农业文化可持续发展是可持续农业思想在文化领域的具体体现。强调在生态环境、经济及社会的发展中要主张人与自然、人与社会、人与人之间的和谐,把发展农业生产和建设生态环境、和谐社会结合起来,创造优美的农村景观,在生态文明意义上实现资源循环、再生、增值;它不仅重视环境保护,生态平衡,也强调生产和经济的稳步发展,强调对农业资源、乡村空间和农村人文资源的优化组合,从而实现资源的永续利用和生产的良性循环,以及人类自身的和谐发展。

(二)都市型现代农业文化可持续发展的主要特征

都市型现代农业文化的可持续发展要求树立和落实科学发展观、实现人与自然和谐、发展与环境双赢的理念。生态农业文化正是人与自然和谐、发展与环境双赢、经济社会发展成果人人共享、公众幸福指数升高的文化。其主要特征如下:

1.发展的整体性。现代生态文化,则既保持了工业文化的优点、长处,又克服了它的弱点、短处。生态文化理念所强调的是,坚持以大自然生态圈整体运行规律的宏观视角,全面审视人类社会的发展问题。即人类的一切活动都必须放在自然界的大格局中考量,按自然生态规律行事。强调发展必须坚持"自然生态优先原则",即"索取适度、回报相当",而不可"急功近利"、"竭泽而渔",与自然规律、生态法则撞车。

2.调控的综合性。现代生态文化科学集生态学、经济学、社会学和其他自然、人文学科融为一体的边缘学科。这种联结和组合,追求生态系统、经济系统和社会发展内在规律的有机统一,综合研究、分析、解决传统工业文化向现代生态文化和生态农业文化转变中的重大问题。这种立足于大自然与人类发展全局的综合性研究,能够准确观察、判断总体结构及其运行状况,提出恰当的调整优化对策。例如:长期以来,推进工业化就没有跳出的"先污染、后治理"的怪圈,在爱尔兰、瑞士、加拿大、澳大利亚及北欧一些国家的新型工业化中被打破,其经济实现了高度现代化,生态、人居环境又一直良好。在我国威海、珠海、厦门、廊坊、三亚等一批城市,改革开放以来,其经济发展速度都高于全国平均水平,但生态质量也一直良好,做到了"生态立市、环境优先、发展与环境双赢"。

3.物质的循环性。能量转化、物质循环、信息传递,是全球所有生态系统最基本的功能和构成要素。实践证明,发展循环型生态经济和清洁生产,使经济活动变成为"资源—产品—废弃物—再生资源—无废弃物"的反馈或循环过程,是生态文化理念的重要体现,也是有效消除传统工业化"资源—产品—废弃物"这种简单直线生产方式弊病的有效举措。循环型生态经济既可以大幅度提高经济增长质量、效益,培育新的经济增长点,又能从根本上节能降耗减排,做到"资源消耗最小化、环境损害最低化、经济效益最大化"。这种生产方式,工业可行,农业可行,环保、商贸、服务业等也都是可行的。

4.发展的知识性。生态农业文化时代的经济发展,则主要靠智力开发、科学知识和技术进步。知识经济时代科学技术真正变为"第一生产力",人才资源成为"第一资源",并转化为人力资本。人才、智力在生产力构成中的重要性在不断升级:在农业经济时代是"加数效应",在工业经济时代是"倍数效应",在生态文化时代是"指数效应"。科学研究表明:随着科学技术向生产力的转化,体能、技能、智能对社会财富的贡献分别为1∶10∶100,即一个仅具有体能而无技能、智能者,与一个既有体能又有技能者对社会的贡献率的差距为10倍;与一个体能、技能、智能兼备者相比,对社会的贡献率则是100倍的差距。据世界银行测算,投资于物质资本,其回报率为110%;投资于金融资本,其回报率为120%;投资于人才开发,其回报率为1500%。目前世界发达国家的知识经济在国民经济中所占的比重已经超过50%。可见,由工业文化向生态文化和生态农业文化转变,不仅是理念转换和更新,更是现代知识、技术和智力资本的转换。

（三）实现都市型现代农业文化可持续发展需要解决的几个重要问题

1.思想观念问题。思想是行动先导,"观念决定成败"。尽管我国的生态文化建设有了可喜的进展,但是相当多的人,包括某些领导者和公职人员的思想观念仍然停留在传统工业文化时代。重经济轻环境、重速度轻效益、重局部轻整体、重当前轻长远、重利益轻民生等非理性的发展观、政绩观、价值观仍旧存在。只有破除因循传统工业文化的旧观念、旧思路、旧办法,对生态文化建设和生态农业文化建设的认识产生飞跃,坚持和落实科学发展观,以生态文化和生态农业文化理念指导发展,才能使生态文化建设和生态农业文化建设真正变成各级各行各业和全民族的自觉行动,大步跨入生态文化和生态农业文化新时代。

2.提高全民族生态道德文化素质的问题。我国环境恶化迟迟不能根本好转,这与人们的生态道德文化缺失有直接的关系。近些年来,我国城乡人民的生态意识、环保观念日益增强,但是,生态道德文化尚未普遍植根于人民大众。据《中国青年报》(2006年11月13日)报道:某省环保局日前公布的一项问卷调查显示,在接受调查的人群中,93.31%的群众认为,环境保护应与经济建设同步发展,然而却有高达91.95%的市长(厅局长)认为加大环保力度会影响经济增长。生态道德文化缺失还表现在消费领域追求奢华、过度消费、甚至挥霍浪费等方面。事实说明,在广大人民群众、尤其是在公职人员中间,强化生态道德文化教育亟为迫切。建设生态文化和生态农业文化,不仅需要法律的约束,更需要道德的感悟。应当通过生态道德文化建设,提高全社会的生态道德文化水准。为此,必须在广大城乡居民中广泛深入持久地开展生态道德文化宣传教育,普及生态道德文化知识;特别要重视提高各级领导干部的生态道德文化水准;大力推进生态文化企业建设;加强生态道德立法,规范人们的生态道德行为;转变消费观念,倡导适合国情的合理适度消费;还要实行村居民生态自治,充分发挥民间环保组织的作用,并把生态道德文化教育与生态文化和生态农业文化建设密切结合起来,以达到相互促进之效。

3.经济发展方式问题。党的十七大强调指出,要转变经济发展方式。应当说,我国的经济发展基本上沿用了传统工业文化的方式,在经济持续高速增长的二十几年间,西方工业化初期出现的环境污染、生态退化,以及种种社会、民生问题便集中显现出来。实践证明,由工业文化向生态文化和生态农业文化转变,关键在于转变经济发展方式。从我国现实情况出发,当前最紧要的是调整优化产业结构,做到强化第一产业,加快发展第三产业,适当调控第二产业(重化工),改变"二产比重高、三产比例低、一产发展滞后"的不协调现状;实现由主要靠物质投入向主要靠知识、智力开发和技术进步加快发展的转变;调整优化经济区域布局,按照不同生态功能区确立发展方向、重点;坚持经济、社会、环境、资源、民生统筹兼顾,全面协调发展。

4.偿还生态欠债问题。长期以来,环境保护投入不足,欠债过多,留下了巨额生态赤字。中国生态赤字有多少? 据世界自然基金会《2006 年地球生态报告》称:2006 年中国人均生态足迹量(自然资源消耗量)为 1. 6 地球公顷,生态赤字为 0. 8 地球公顷,比世界平均指数高近一倍。生态赤字带来的后果,就是气候变暖、环境恶化、灾害加重、发展不可持续。要根本扭转上述种种恶化趋势,实现人与自然和谐,建设生态文化就必须偿还生态欠债,做到"多还旧债,不欠新债"。偿还生态欠债,必须全国上下、社会各界和全体公民共同行动。虽然政府、企业、社会、个人所承担的责任、义务大小各有不同,但是为偿还生态欠债做出贡献,则是不可推卸的。

5.改革完善政绩考评标准问题。实行以 GDP 为经济社会发展的主要考核标准和办法,对促进经济快速发展起到了重要作用。但是,这种不顾及资源、环境成本的政绩考评标准和制度,也助长了种种非理性的发展理念和行为。例如,"以 GDP 论英雄",盲目追求、互相攀比经济增长速度,"拼资源、拼环境,追求高速发展",等等。这同科学发展观和生态文化、生态农业文化的要求是相矛盾的。解决发展理念和指导思想问题,关键在于改革、完善经济核算和政绩评价制度体系。近些年来,国家有关部门设计、试行的"绿色 GDP"为主要内容的新的核算评价体系,把资源、环境、民生等纳入了核算考核内容,有效弥补了原有单纯以 GDP 作为考评主要标准的缺陷。目前,全国已有若干省(区、市)试行,效果非常好,使各级干部由原来主要关心经济增长速度变为全面关心经济、资源、环境、气候、社会、民生的协调持续发展。

6.加强领导问题。建设生态文化和生态农业文化是一场深刻的革命,也是一项宏大的系统工程,牵动改革、发展全局。目前在不少人有认识误区,认为生态文化和生态农业文化只是一项具体任务,还没有把生态文化和生态农业文化建设提到时代的高度,作为人类社会发展的一次伟大的革命性转折来看待。这说明,要把生态文化和生态农业文化建设全面推开,卓见成效,必须加强党和政府的领导。应当作为一项战略性任务,列入重要议事日程,由主要领导同志亲自抓,定期检查,总结经验,具体指导。这是有决定意义的环节,也是有待突破的环节。

第二十三章　北京都市型现代农业社会化服务体系

内容提要:农业社会化服务体系建设是发展现代农业的必然要求,也是推进都市型现代农业快速发展的重要举措。北京市要率先基本实现农业现代化、全面建成小康社会,必须要大力培育都市型现代农业社会化服务体系,加快郊区农村改革与发展步伐。本章对都市型现代农业社会化服务体系的内涵与意义进行了阐述,对国内外农业社会化服务体系建设经验进行了总结,分析了当前北京都市型现代农业社会化服务体系的主要模式和内容,并提出了完善北京都市型现代农业社会化服务体系的重要途径。

第一节　社会化服务体系概述

随着我国城镇化的发展进程,建设现代化的特色都市,不仅要求大力发展都市的特色产业,还要求建立起都市型现代农业特色产业,充分发挥农业基础性、融合性、创意性服务功能,为都市提供生态宜居环境,保障城市的服务需求。都市型现代农业社会化服务体系作为强化农业基础地位、支撑产业提质增效的有效载体,是防控重大动植物疫病、保障农产品质量安全的公共平台,是承载农业多功能服务价值、培育新兴生产性服务业的有力抓手,是满足城乡居民多元需求、促进新农村和谐发展和农民增收的必然选择,在都市型现代农业发展中发挥着越来越重要的作用。只有构建适应都市型现代农业发展要求,与都市型现代农业结构相匹配、功能相协调、体制机制相适应的新型服务体系,才能持续稳定地推进都市型现代农业发展。

一、背景

城乡经济社会一体化的加速发展和农村生产经营主体的变化,对我国建设新型农业社会化服务体系提出越来越迫切的要求。当前,全国经济社会发展形势良好,集中力量统筹城乡建设,集中资源聚焦"三农"发展,全面推进城乡一体化,是各级政府的重要工作内容和全社会的共同行动。近几年来,都市高端农产品市场需求旺盛,城乡居民消费结构升级,城市服务性消费快速增长,为大力发展加工农业、休闲旅游农业、会展农业、文化创意农业等新兴业态提供了广阔空间。党中央和各地市委、市政府出台的一系列强农惠农政策,大大调动了各类服务主体发展现代农业、培育新型农民和建设新农村的积极性,各级公共服务机构服务效能不断提高,各类农民专业合作经济组织迅猛发展,农业龙头企业带动能力不断提高,为推动农业服务体系的进一步发展奠定了良好基础。

从 20 世纪 50 年代开始,我国就相继建立了农业、林业、水利、气象等科教与农业技术推广机构,以及供销合作社、农村信用合作社等商业、金融组织。几十年来,这些机构为我国农业生产的发展做出了重要贡献,积累了丰富经验,并形成了具有一定规模的国家农业服务网络。改革开放以后,我国经过多年的建设,已初步建成了以各级农业服务机构为主体,以农科教培训中心为基地,多种形式共同发展的农业社会化服务体系,在农业新技术新品种的引进示范推广、农民科技培训、农产品质量监管及农业信息、流通服务等方面发挥了重要作用,为增加农民收入、推进产业化经营和农业的市场化、现代化进程做出了积极的贡献。据统计,截止 2008 年年底,全国县乡两级有种植业、畜牧兽医、水产、农机化、经营管理推广机构 15.1 万个;乡镇水利站 3.6 万个;乡级林业工作站 3 万个;农民专业合作经济组织和农村专业技术协会 18 万个;农业产业化组织 15 万个,其中农业产业化龙头企业 7 万多个;以及数百万个科技示范户或示范场。全国初步形成了从中央到省、地、县、乡、村多层次、多功能的农业社会化服务体系。

"十二五"时期,是我国向城镇化迈进的重要时期。农业技术推广、重大动植物疫病防控、农产品质量安全监管等公共服务目标的实现,迫切需要各级政府和农业公共服务组织强化对农业公共服务的履职能力,确保公共服务履职到位,满足公共卫生安全、生态宜居环境建设和广大农民公共服务诉求;生产关键季节的机耕、播种、排灌、植保、收割、加工、贮运和生产资料供应,迫切需要从由个体农民"主办"向社会化、专业化服务组织"代办"或"帮办"转变,以解决分散生产经营方式下办不了、办不好、办起来不合算的问题;优势主导产业要提质增效,迫切需要多元化服务主体注入更多的现代科技、信息、技术、金融等服务"因子",创建农业高端产品品牌和服务品牌;转变农业发展方式、满足个性化高端需求,迫切需要培育一批有战略眼光、意识开放、掌握国际国内最新技术,管理经验突出的复合型农业领军人才和新型农民。

从全国范围来看,有一些地方的都市型农业社会化服务体系具有比较鲜明的都市农业特征和首都特色。虽然经过多年发展建立了自己独有的农业基本服务体系,但服务供给仍有缺位,服务环节仍有短板,服务网络有待完善,服务能力有待提升,服务模式有待丰富。都市农业社会化服务体系发展策略的建设目标在于具有本地特色的组织保障有力、覆盖全程、科技持续创新、社会全面参与、健康稳定发展、持续稳定增收的农业服务体系,重点建设设立农业科技推广员岗位,拓展农产品现代流通服务,做大做强农资、农机现代化标准化服务站,打造现代化农业信息平台,健全农村金融保险服务,支持农民专业合作组织提高自我服务能力,鼓励农业产业化龙头企业开展形式多样的产前、产中和产后服务,培养基层专业技术人员和农村乡土人才。

新形势下加快都市农业社会化服务体系建设,必须立足于充分发挥各地城乡经济社会综合优势,按照都市农业发展的规律,系统科学规划、明确定位目标、集成各方合力,才能抓住历史机遇,促进体系长效运营,支撑农业在国际国内市场竞争中处于优势地位,并进一步促进我国都市农业社会化服务体系健康有序地发展。

二、内涵

目前,学界都市型现代农业社会化服务体系是一个由专业经济部门、农村合作经济组织和社会其他服务实体组成的综合服务系统,主要包括政府的公共服务体系、农民的合作服务体系和公司的经营性服务体系所构成的内容有一定的共识。

在各地党委、各级政府的重视支持和全社会的共同努力下,我国以公益性服务为主体,以经营性服务为补充,以农技推广、农经管理、农机服务、农资供给、农产品流通等为重点的农业社会化服务体系不断完善,在促进传统农业向都市型现代农业转变过程中发挥了重要作用。

（一）多位一体的格局基本形成

全国已初步形成了以家庭承包经营为基础、以政府公共服务机构为主导、多元化市场主体广泛参与的都市农业社会化服务体系。

一是公益性服务体系初步形成。逐步建立了从中央到乡镇五级政府公益性服务组织。目前,全国种植业、畜牧兽医、渔业、农机、经营管理等系统共有县乡两级公益监管服务机构14万多个,人员约83万人。

二是经营性服务体系初具规模。随着农业产业化的深入发展,在生产加工、市场流通等领域涌现了大批农产品加工、购销和农业生产资料供应的农业企业,农户产前生产资料供应和产后销售服务体系进一步健全。截至目前,全国各类农业产业化组织超过25.5万个,其中龙头企业9.9万家,中介组织14.1万个,专业市场1.5万个。各类产业化组织带动农户1.07亿户,产业化组织从业人数5000多万人。初步建立了经营规模不断扩大、专业分工逐步完善、区域布局比较合理、运行机制趋于规范的农产品流通服务体系。目前,全国已建成农业部定点市场776家、批发市场约4500家,大中城市消费的鲜活农产品有70%通过批发市场提供。农资供销服务体系建设不断创新,流通渠道实现了多样化,基本形成了由供销社农资公司、农资生产企业、农业"三站"、种子公司、个体工商户等多种市场主体共同参与农资经营的格局。

三是合作性服务组织快速发展。作为农村基本经营制度"统"的层次的重要承担者,农村社区集体经济合作组织充分发挥农村土地集体所有制优势,加强集体"三资"管理和民主管理、推进产权制度改革,实现集体资产保值增值,着力增强统一服务功能,特别是在水利设施建设、农田灌溉、道路交通等公益事业方面。截至2010年年底,全国近60万个村统一管理经营的集体经济账面资产共有1.85万亿元,村均311万元。农民专业合作社呈现快速发展态势,截至2011年末,全国依法在工商行政管理部门登记的农民专业合作社超过50万家,实有入社农户3000多万户,在农业技术推广、生产资料供应、标准化生产、农产品营销等服务方面发挥着越来越重要的作用。

（二）多元化服务格局基本形成

一是公益服务与经营服务相结合。政府农业技术推广、农村经营管理、农产品质量安全监管、动植物疫病防控等公共监管服务机构,与农民专业合作社、产业化龙头企业、专业服务公司、农村经纪人等,发挥各自优势,强化有机结合,通过技物结合等方式为农户提供多种形式的便利化服务,服务领域更广,服务内容更新,服务机制更活,在一定程度上减弱了公益性农业服务组织覆盖不足、服务缺位的影响。

二是专项服务与综合服务相结合。适应农户需求,社会化服务组织不但提供农资、施肥、植保、机耕、机收、加工运输、农产品销售等专项服务,还提供技术、信息、金融、保险、经纪等综合性服务,且越来越多的从简单专项服务转向内容全面、形式多样的综合服务。三是常规推进与改革探索相结合。各地农业部门按照中央要求,组织开展农民专业合作社信用合作试点,探索农村金融体制创新路径,其形式主要有:一是赊销回购补偿,即先垫付资金向成员赊销农业生产资料,再通过购销成员的农产品收回垫付的赊销款,提供资金信用服务;二是调剂购销账款,即将销售给合作社的农产品结余账款留存在合作社,有偿或无偿支持缺钱的成员购买生产资料、发展专业生产。

三是开展信贷担保,即按照农村合作银行授信总额的一定比例交纳互助担保基金,使互助组织获得一定标准的授信额度和优惠利率。其服务范围包括内部成员之间和专业合作社之间的信用合作。

"十一五"以来,党中央、国务院高度重视农业保险的发展,出台了一系列支持政策措施,农业保险发展取得了巨大的成就。农业保险保费收入从 2006 年的 8 亿元增加到 2010 年的 136 亿元,年均增长率达 378%。五年间共为 41362 万户农户提供了 11279 亿元的风险保障。中央财政从 2007 年起开始为投保农民提供保费补贴,补贴资金从 20.5 亿元提高到 2010 年的 80 亿元,种植业保费补贴比例从 25% 提高到 2008 年的 35%,2009 年中西部地区进一步提高到 40%,其他品种给予 30%—50% 不等的补贴。地方各级财政均给予一定比例的保费补贴。在 2010 年的保费收入中,各级财政的补贴比例占 75% 以上。2007 年中央财政将小麦、水稻、玉米、棉花、大豆、能繁母猪等确定为保费补贴品种,随后陆续增加了森林、奶牛、育肥猪、马铃薯、青稞、牦牛、藏系羊、天然橡胶保险等补贴试点,到 2010 年补贴险种达 14 种。各地结合地方财力和经济发展实际,自主选择了促进地方特色农业发展的农作物或养殖品种保险予以支持。例如,四川省开展了烟叶保险,浙江省开展了露地西瓜保险,上海市开展了蔬菜大棚保险,北京市开展了西甜瓜保险,东北地区开展了甜菜保险等。

全国有 2 家综合性公司和 5 家专业性公司经营农业保险(包括一家外资公司),保费收入占全国农险保费收入的 97% 以上,是农业保险主要的承保主体。农业系统充分发挥专业优势,积极支持、配合农业保险宣传、组织农民投保,参与查勘定损、做好防灾防疫工作。林业部门将森林保险作为推进集体林权制度改革的重要改革配套措施。保险经办机构依托地方农经管理、科技推广、畜牧兽医、林业管理等公共服务机构,利用其人员和技术优势,建立合作机制,开展农业保险,取得了初步的成效。

(三)多形式的服务机制格局基本形成

各类社会化服务组织根据农民需要,结合各地实际不断探索创新服务机制。农业龙头企业采用合同制服务,提供种子、化肥等农资或提供技术培训辅导,签订收购产品协议;种养大户采取示范辐射式服务,积极为周边普通农户提供技术、信息等指导和种子种苗、机耕机收等服务。创新开展"农超对接"产销衔接服务,在农业龙头企业和农民专业合作社之间开展"原料对接",在出口农产品企业和农民专业合作社中实行"基地对接",在批发市场、学校和农业生产单位中进行"产销对接",较好地拓展了农产品销售服务。

三、意义

从国内外经验看,通过都市农业的社会化服务,满足了农、林、牧、渔等产业发展中产前、产中、产后过程的各类需求,提高了农民的组织化程度,促进了传统农业向现代农业的转变。其主要意义体现在:

(一)构建和发展都市农业社会化服务体系是对农村基本经营制度的完善

20 世纪 80 年代初,我国农村普遍推行了以家庭承包为基础、统分结合的双层经营体制,家庭分散经营切实保障了农民的生产经营自主权、收益权,极大地解放了农村劳动生产力,调动了广大农民群众的生产积极性,促进了农业生产特别是粮食生产的发展,较好地解决了农民的温饱问题。但在"统"的方面做得相对不足,随着农村经济形势的快速发展,这一经营制度也暴露出了一些弱点,"小生产"与"大市场"脱节的问题尤为突出,农业生产队统一服务的功能明显滞后,而发展农业社会化服务体系能够较好地解决一家一户办不了、办不好或办起来不经济的事,强化了集体的功能,真正实现有统有分、统分结合,有利于稳定家庭承包经营这一农村基本经营制度。

（二）都市农业社会化服务体系有助于减小农民承受的自然风险和市场风险

我国农户生产经营规模小,生产标准化水平低,产品交易成本高,抵御自然风险和市场风险的能力较弱,小规模生产与大市场的矛盾相当突出,不少农民在严重的自然灾害和市场的迅速变动中往往容易遭受很大损失。解决这一问题,根本出路在于建立都市农业社会化服务体系,为农民提供全方位的生产经营服务。只有这样,才能把千家万户的分散生产经营变为千家万户相互联结、共同行动的合作生产、联合经营,实现小规模经营与大市场的有效对接,大幅度降低市场风险和自然风险。

（三）构建和发展都市农业社会化服务体系是建设社会主义新农村的重要内容

党的十六大以来,中央解决"三农"问题的思路发生了重大变化,与国家经济社会发展的大背景相一致,现代农业的发展也进入了一个更高和更新的阶段,这就是都市农业阶段。党的十六届五中全会还提出了社会主义新农村建设的历史任务,十届全国人大四次会议通过的《中华人民共和国国民经济和社会发展第十一个五年规划纲要》在对"建设社会主义新农村"进行规划时,把发展现代农业放在首要位置。而发展现代农业必须要都市农业社会化服务体系来提供强有力的支撑。在都市郊区,只有不断提高农业现代化水平,才能为其他目标的实现提供坚实的物质基础。大都市郊区的农业现代化水平一向比较高,只有充分利用原有的基础,发挥各地区知识和技术密集的得天独厚的优势,才能完成社会主义新农村建设的历史任务。

（四）构建和发展都市农业社会化服务体系是农民增收的重要途径

资料表明,都市郊区主要农产品的生产成本大大高于周边地区,这就决定了对于常规农产品而言,都市郊区农业基本没有竞争力,更谈不上和国外农产品竞争。但都市郊区农业有自己的优势,这就是科技优势、人才优势、市场优势,只有充分利用这些优势,发展高端农产品,建立和发展都市农业社会化服务体系,满足大都市市场的需求,才是都市郊区农业发展的唯一出路,从而大幅度提高农民收入。

第二节　社会化服务体系建设经验借鉴

为尽快推动我国农业向现代化农业转变,尽快推进农业社会化服务体系的形成,不仅要在实践中探索,而且还要借鉴、吸取国内外的先进经验。欧美日等发达国家的农业生产技术、农业劳动生产率居于世界前列,在很大程度上得益于健全的社会化服务体系。虽然各国国情及我国各地农业社会化服务体系不同,但是其成功的案例可供我们学习和参考。

一、国外

（一）各国农业社会化服务体系建设情况

1. 美国

美国的农业,不论是在本国国民经济中还是在世界经济中,都具有重要的地位和影响。农业社会化服务体系在美国农业发展中起了极大的作用。美国的农业社会化服务构成了政府、合作社和私人公司三个层次的网络体系,即公共农业服务系统、合作社农业服务系统、私人农业服务系统,三者之间相辅相成,相互协调,优势互补,自我发展。

政府的公共政策对农业的发展以及合作事业的发展,具有举足轻重的影响。美国政府对农业社会化服务的支持主要通过农业教育、农业科研和农业推广三个方面进行,其中包括两套体系,一是农业部农业研究局、合作推广局等联邦农业服务机构;二是各州赠地大学农学院及其附属机构农业试验站和合作推广站组成的农学院综合体,由此而形成公共性质的农业服务系统。

美国的农业社会化服务体系中,私人公司扮演着十分重要的角色,为农业提供系统的购销、加工以及产中服务。尤其值得重视的是,为农业提供服务的私人公司,不仅在农业生产的组织、协调中发挥着重要的作用,而且及时客观地反映市场运行状况,成为调节农业产品结构和组织生产的指示器。美国农业社会化服务体系中的私人服务系统包揽了产前、产后和产中的绝大部分,甚至还提供某些教育、科研和推广方面的服务。

在美国的农业社会化服务体系中,合作系统是一支十分重要的力量。为农民提供销售、购买、信贷、运输、仓储、灌溉、人工授精乃至电力、电话等方面服务。19 世纪 50 年代以后,随农业商品化程度的提高和业务规模的扩大,还成立了一批讲价合作社,代表社员进行农产品销售方面的谈判工作。经过二百多年的发展,美国的农业合作社形成一个庞大复杂的系统。农场主们出于不同经营的需要往往同时参加几个合作社,据统计平均每个农场主参加 2.6 个合作社。

2.德国

德国的农业社会化服务体系在于农业专业合作社组织的网络发展,尤其是健全的农村金融服务体系。农业生产面临的一个主要问题是农业资本积累不足,农业生产资料的购买以及农产品的加工和销售都需要资金支持,而农户很难通过正常渠道获得信贷支持。

德国的农业社会化服务体系成功地解决了这一农业经济发展具有共性的难题。为解决农户的资金困难,德国建立起独具特色的农村信用合作服务体系,这是一个具有三级层次结构的分权型组织。基础合作银行及其分支机构构成了该体系坚实的基础层,其第二层级由一个区域性中心银行和一个区域性银行业务中心组成,该层级的作用主要是保持基层合作银行的资产流动性平衡,体系的顶端则是德国中央合作银行,基层性合作银行和区域性合作银行都是其股东。基层性合作银行和商品供销合作社最接近农村和农民,直接为农民服务。经过长期的发展、调整和整合,德国已形成多层级、网络型、分权式的农业社会化金融合作服务联盟体系。

3.荷兰

荷兰农业社会化服务围绕着花卉主导产业而建立和完善,农业社会化服务体系的完善又得益于政府的高度支持。荷兰政府将农业定位为持续、独立、具有国际竞争力的行业。为实现这一目标,荷兰政府对涉及农业产业的各个环节实现过程管理,而非目标管理,在过程管理的过程中,每一环节制订严格的标准,从而保证了农产品品质稳定性。在荷兰花卉产业中,形成了完整的花卉供应链。在此供应链中,除注重生产研究、注重花卉的研究和开发之外,更重要的是无论从上游环节还是下游环节,都建立起完善的服务体系。

在下游环节的批发销售领域,荷兰农产品企业在销售中别有特点,荷兰拍卖市场全球知名,通过拍卖市场可以有效地解决销售者和购买者之间的信息不对称,从而有利于荷兰花卉市场的拓展。拍卖会还有其他职能,包括对农产品分类、分级、质量和包装实行标准化管理,还包括提供储存设施和冷库设备服务。在具备完备的拍卖设施和先进存储设施之外,拍卖市场还会进行有效的市场调研、市场分析和销售管理、海内外销售推广等等。

4.丹麦

丹麦的农业社会化服务体系与其他国家相比,政府在其中起到明显的作用,与合作社、私人机构的合作也尤为密切。被称为"丹麦模式"的农业技术咨询体系在丹麦的农业发展汇总发挥了重要作用。

丹麦的农业技术研究主要由政府主导,政府投入占到全部农业技术研究经费的90%以上。丹麦技术科学院是政府的综合性科研机构,下设33个研究所和协会。丹麦的食品、农业和渔业部是国家的农业主管部门,主管农业应用研究和试验,农业研究的公共资金占农业部预算的比例高达65%。丹麦农业部和教育部集中了农业科研的主要力量,有6个直属的技术研究所,全国从事农业科研的专业技术人员达万人以上。丹麦皇家兽医与农业大学除了基础教育外,还从事大量的农业研究工作,其研究经费约占学校预算的25%。

此外,丹麦还建立了完整的农业教育体系和农业推广服务体系。

5.日本

日本是一个国土狭小而且多山的国家,农业经营规模较小,但是却实现了农业的高度现代化。日本农业取得如此大的成就,一方面得益于日本政府对农业实行了一系列的保护政策,另一方面二战后,在政府的大力倡导和支持下,日本农村建立了以"农业协同组合"为代表的一批农业经济组织,广泛活跃于农村生产和流通领域,发挥着多方面的不可替代的重要作用。

日本农协是在《农地法》、《农业协同组合法》、《农村渔业资金融通法》等法律的基础上建立的。农协实行自下而上、层层建立的原则,根据行政分町、村、都、道、府,县和中央三级,农协机构设置也相应分为基层农协、农联联合会和农协中央会三级,覆盖了全国农村和农业各个领域,成为集农业、农村、农户三类组织为一体的综合社区组织。日本99%以上的农户都参加了农协组合。

与其他国家的农业合作社相比,日本农协最大的特点是具有半官半民的性质。在政府的扶持下,农协在日本农业和农村中始终居于举足轻重的地位,各项事业活动均离不开各级农协组织的参与,其政治影响力巨大,经济辐射力遍及农村各个角落。农协不仅从事农业的产、购、销、信贷、保险事业,还组织其成员和辖地居民进行农业技术指导、医疗卫生保健和文体活动等。此外,农协还从事共同设施利用、信息服务设施、经营委托、土地改良等其他事业,并且协助政府加强对农民、农村各项工作的指导和管理。农协在推动日本农业经济发展和农村社会进步中发挥了极其重要的作用。

(二)国外发达国家农业服务社会化模式

1."政府+农户"服务模式

通过对国外发达国家现代农业发展模式的研究,不难发现各国政府对农业服务社会化的发展都给予了一定的支持,主要有以下几方面的特点:

(1)政府提供科技服务

政府部门在各国的农业科技服务中,一直以来都是以一支主导力量存在。政府部门不论是在农业知识普及、农业科学研究,还是农业技术推广中,都发挥着不可估量的作用。农业发展比较快的美国建立了以推广局、州立农学院和县推广站三个部门为主的"三位一体"的综合性推广体系,这种体系的实质是以各州高等院校的农学院为主,集农业知识普及、农业科学研究、农业技术推广为目的的主流渠道农业部合作推广局的主要职责就是专门组织和指导农业技术推广的工作。法国政府建立了全国性和地方性的形式多样的科研机构和推广组织为农业发展提供更便捷的服务,并且利用媒体宣传对农业技术进行群众性的推广服务。

(2)政府提供资金融通支持服务

各国政府部门对农业提供的资金支持服务主要表现在政府部门对农业生产直接进行资金投入或资助、补贴以及政府部门对农业提供的信贷服务两个方面。法国政府通常以免税或津贴的财政手段对农民采购生产资料,尤其是购买有助于提高生产效率的农机设备给予资金援助;以津贴和贷款等金融手段,对农民进行农村基本建设的建设与改造给予资助,这种财政手段极大地缓解了农民在扩大生产中遇到的资金缺口;在北欧等国家,由政府出头为合作社或私人银行对农民发放的农业贷款提供信誉担保;澳大利亚政府则通过各种补贴鼓励农场的发展,所有的农业发达国家几乎都是由政府或是政府支持的信贷机构向农民提供低息的信贷服务和信贷保证服务;每年美国政府都通过信贷公司下属的农民家庭管理局以及其他农业信贷部门发放大量农业贷款。

(3)政府提供农业基础设施建设服务

由于各国政府对农业生产和流通基础设施给予了高度关注,因此农产品在生产、深加工、运输和销售条件方面有了良好的保障。英国政府于 1957 年颁布的农业法规定凡修建农业基础设施的费用由国家财政承担其总额的三分之一。并且在 1973 年又对此法案作了进一步的规定,在更大程度上对农业的发展进行了财政补贴。英国政府还规定,地方政府筹资兴建水利基础设施,国家可根据地方财政状况给予一定的补贴。此外,对于农场修建的排水、供水设施,政府也可给予程度不同的补贴。同时,改法案对农田基本建设的补贴也作了解释,其补贴比例高达 90%,扩大畜牧业生产和开荒围垦,政府给予补贴 50%。

(4)为农户提供产前供应和产后销售服务

政府成立了主要用于为农户提供生产资料供应的服务组织。概括起来,可分为三种:其一是重视对先进的农业机器设备的研究并及时推广。其二是为农户提供高效、低毒、环保、绿色的农药与化肥。其三是根据地理条件注重培育、养殖适合其生存环境的农作物。

2.“公司+农户”服务模式

美国的农业社会化服务体系主要是以大宗农产品为基础建立的。并且随着美国农业的发展,逐渐围绕大宗农产品形成了三大跨国农业公司,即 ADM、邦吉、嘉吉。它们的主要特点有:

(1)有较高的农业专业化

美国的农业生产由三个层次构成:农场经营的专业化、生产地区的专业化以及生产工艺的专业化。美国的农业生产专业化经营程度不断提高,继而其产业链条得到不断延伸,从而出现了以专门经营从生产到产品深加工、销售的大型农产品生产经营公司。“公司+农户”不仅在横向上联合,而且在纵向上也高度联合。如农业食品集团通过与农户的种植合同和相关的贸易公司的垂直一体化两种方式实现农户、贸易公司的经济效益。通过种植合同,农户的产前采购与产后的销售全由契约公司负责;相关的贸易公司使加工企业将其业务扩展至原材料生产,运输公司亦可将其业务扩展至加工领域。通过这两种方式,实现了高度的全方位的市场化运作,使得最初的农产品可以实现商品化的最大限度。

(2)实现农业生产市场化运作

为了降低农业生产过程中的不确定性因素和减少风险性,美国在农业生产的整个过程即产前、产中、产后均有专业化的市场主体参与完成。在农业生产过程为农户提供相应的技术指导服务,为农户提供在生产过程中所需的各种资源,并为农产品的深加工提供技术扶持直到最终进入市场,无论农产品的专业化生产,还是农业的产业化,以及农产品的市场化,三大农业跨国公司的运作模式渗透到农业生产的方方面面,保证农业生产全方位、全程实现完整且成熟的市场化运作体系。

3."合作社+农户"服务模式

在国外的农业社会化服务体系中,合作系统是一支十分重要的力量,为农民提供购买、销售、运输、仓储、信贷、灌溉、电力、电话等方面服务。

日本农协系统的主要内容:指导,指导社员制定农业生产经营计划,发展低成本规模化农业经营;销售,销售渠道一般经过生产者—基层农协—批发市场—零售店—消费者的过程;供应,采购生活用品和农业生产资料,供应给各个社员的事业,信贷,经营范围是储蓄存款和贷款,还包括票据清算、保证社员债务和国内汇兑等;保险,农协主要办理以个人保险为主的保险事业和财产保险;公共设施,建设各个社员无法单独建设所需的公共生产和生活文化设施,并将这些公共设施提供给社员有偿使用,收入通过某些途径返还给社员;医疗,建设医疗卫生设施、派出农村医生等开展治疗和预防保健服务,达到保护社员身体健康的目的。

与其他国家农业社会化服务体系相比,日本的农协具有一个最大的特点,即政府对它的形成和运行都施加了比较强烈的干预和保护,它执行着政府的某些职能。

二、国内

(一)国内农业社会化服务体系建设情况

1.农民专业合作组织

农民专业合作经济组织服务分为产前、产中、产后服务链。产前服务指在农户从事种养活动前,为期提供优良品种及相关化肥、农药、饲料等生产性专用资料的供给服务;产中服务指为农户提供在其种植或饲养过程中所需的管理技术等配套活动;产后服务是指对农户提供农畜产品的采摘、屠宰、包装、储藏、运输、收购与销售及加工等服务。综合性服务即贯穿农户种养活动整个链条的多环节服务。提供综合性服务的农民专业合作经济组织逐渐成为我国农民专业合作经济组织的主要类型。

2.农业产业化龙头企业

随着我国市场经济体制改革的深入发展,如何把我国的传统农业纳入市场经济的轨道,实现我国广大小农和大市场的有效对接,农业产业化无疑是针对这一问题提出来的重大举措。农业产业化龙头企业作为农业产业化经营的组织者、劳动者、市场开拓者和营运中心,以其依托性、带动性的功能在一定程度上推进了农业产业化的发展,并且在农产品的生产、加工、流通和农业服务上与农民有机结合,创新出了很多有效的利益联结模式,从而在农业社会化服务体系中巩固了自己不可或缺的独特地位。农业产业化龙头企业对农民进行产前、产中和产后的社会化服务的内容包括提供技术服务、信息服务和资金服务。新时期龙头企业再提供农业社会化服务时,比较重视信息和技术方面的服务。

3.县级农业技术推广体系建设

我国农业技术推广组织是按照行政体系建立的,从农业部到各省、市、县、乡、村、村民小组分别建立了国家农业技术推广总站、省农业推广中心、市农业技术推广中心、县农业技术推广中心、乡农业技术推广站、村科技组和科技示范户,然后把农业技术推广到农户中。县级农业推广部门是农业技术的供给者,同时又是需求和供给的联结者。

目前我国在县级农业技术推广中不同专业分属不同的部门领导,降低了农业技术推广的效率。由于工作环境不好和待遇不高,农业技术推广部门很难吸引、留住高学历、高层次人才,导致农业技术推广队伍不稳定,到岗率低。基层农业技术推广机构缺乏既懂农业技术理论、又会技术操作实践的技术人才,农业技术推广队伍总体尚有待提高。农业技术推广投资的体制为地方负责技术推广人员的工资与基本事业费,技术推广项目专项经费绝大多数来自省级与中央的投资。由于很多县级财政较为困难,往往会截留农业技术推广项目经费,使农业技术推广项目经费不能最终用到技术推广上来。

4.乡镇农业技术服务机构

在行政体制改革后,大部分乡镇的农技机构逐渐演变为乡镇政府的行政职能部门。由于农技推广的直接效益不明显,乡镇政府的积极性不高,农技机构工作人员的大量工作时间和精力被乡镇的非业务性事务所占用,农技机构的服务功能大大弱化,即使是上级业务部门安排的农业技术推广任务,也经常流于形式,落不到实处。而县级业务部门只能对乡镇农技机构进行业务指导,丧失了有效的管理和约束,行政隶属关系和业务指导关系不统一,无法很好地监督和激励乡镇推广机构完成推广任务,制约了农机推广功能的发挥。因此,作为我国农业社会化服务体系重要组成部分的乡镇农业技术推广体系在管理体制、人员管理机制、服务功能以及经费来源方面存在很多问题亟待解决。

5.村级集体经济组织

村级集体经济组织是农业社会化服务体系建设的重要组织基础,但是,当前我国农村地区,集体经济大多比较薄弱,村级债务问题突出,村级集体经济组织很难有效承担起为农业生产提供必要服务的职能。

当前,村级集体经济组织为农户提供的社会化服务普遍较少,服务内容以综合性项目为主,包括技术服务、信息服务、资金服务等。同时,主要以产前和产中服务为主,农业产后服务相对薄弱。服务大多是自发性的,收费性服务项目少。虽然当前大部分村干部比较重视农业社会化服务,但是真正有计划为农户提供更多社会化服务的村庄并不多。主要原因是村级集体经济组织的经济实力薄弱,无力向农民提供高水平的农业社会化服务。

(二)我国农业服务社会化模式类型

与国外农业服务社会化模式有相同之处,在我国,农村也建立了由气象、农业、水利、林业、金融、科研部门等相关部门联合而成的各种农业服务组织,如农业科学技术研究院、农村信用合作社、农业技术推广部门、种子站等部门,出现了以纵向领导为主的农业服务社会化服务规模,形成了多个部门、方式灵活、形式多样的全社会农业服务社会化模式。目前我国农业服务社会化形式有以下几种:

1."政府+农户"服务模式

政府涉农部门的农业服务是主要分为两个部分,而最基本的就是国家在县级政府与乡镇政府所设置的相应的事业部门,如农业局、农业水利局、农业技术推广站、种子站、质检局、卫生防疫站、畜牧局、植保站等均是政府所设置的部门直接为农户提供各种服务的职能组织,而这些职能组织同时也是国家进行农业生产服务的基本依托。其服务的对象主体是农民,对农户提供服务虽然偶尔会向农民收取象征性的服务费用,但是以无偿为主,是社会化的服务性质。

2."公司+农户"服务模式

"公司+农户"这种服务模式就是以市场为导向,公司牵头,以发展规模经济为主,为社会化服务为载体,为广大农户提供服务,以与农户签订经济合同的方式将公司与农户的利益结合起来。"公司+农户"这种服务模式相对"政府+农户"而言,灵活性较大,其方式也多种多样,具体可分为"流通企业+农户"、"加工企业十农户"、"公司+农户"、"专业协会(研究会、学会)+农户"等几种。

3."合作经济组织+农户"服务模式

"合作经济组织+农户"模式主要面向小规模农户,由各类农业合作经济服务组织与小规模农户的自愿合作。各类农业合作经济服务组织也就是各类农业合作社、协会等,代表农户的利益,以服务于农户为立足点。其服务内容以生产要素的供应、生产过程中的技术指导以及农产品的加工、包装、销售为主。这种服务模式充分体现了合作、专业性的特点:以为农户提供各种服务为组织宗旨,遵循合作社特有的原则来保证合作组织的运作,根据服务内容象征性地收取服务费用,非以盈利为目的;同时,其服务的对象多数是经济作物与养殖业,由经营同类产品的农户组织,有相近的技术经验,利于交流,相互扶持。随着市场经济的深入发展、向现代农业转变速度的加快,其发展前景较为广阔,逐渐受到广大农户的青睐,将成为农业服务社会化的主要形式。

4."社区集体经济组织+农户"服务模式

社区集体经济组织顾名思义是以固定地域内农户组织而成的一种农业服务社会化经济组织,聚集了社会上各个职能部门、合作部门和基层政权组织的各项交叉功能,这种组织功能在农业服务中的双重经营体制中发挥了举足轻重的作用。它承担着基层组织内的某些行政管理职能,如管理职能、生产职能、服务职能、协调职能、组织职能以及受政府所委托的部分职能。而其服务职能主要是产中服务,如播种、植保、施肥、抗旱等,而产前服务以农业基本水利建设为主,产后服务以加工、包装、运输、销售为主。这些服务主要是基层集体经济组织面向社区内的农户所进行的基本服务。这种服务模式是在社区内较为普遍的一种服务方式,农户土地规模小的情况下较适用。

第三节 北京社会化服务体系内容、模式与特征

农业社会化服务包括物资供应、生产服务、技术服务、信息服务、金融服务、保险服务,以及农产品的运输、加工、贮藏、销售等各个方面。因此,农业社会化服务体系是由农业科技服务、农业信息服务、农产品流通服务、农村金融服务等多个子系统组成的相互作用、相互融合的关系体系。它包括服务的主体、服务的受体、服务的中介和服务的方式等基本要素。只有当这些基本要素有机结合、相互促进时,农业社会化服务体系才能凸显整体效应,才能有效发挥其作用与功能。

一、主要内容

根据北京市农业对社会化服务体系的发展要求,按照服务内容进行划分,北京市农业社会化服务体系主要形成了九个方面的服务内容,九个方面的服务内容构成了农业社会化服务九大体系。

（一）农业技术推广服务体系

农业技术推广服务体系，是农业科技成果推广的桥梁，是农业实用技术推广的纽带。主要服务内容包括：新品种、新技术引进、试验、示范推广；公共性农情监测、预报和处置；农业投入品及农产品生产过程中的质量安全检测、监测和强制性检验；面源污染防治、生态保护与修复；农业公共信息和培训教育等八项。它是整个社会化服务体系建设的基础和重中之重。

（二）动植物疫病防控服务体系

主要服务内容包括：动物疫病和重大有害生物的预测、预报、监控；动植物新发和突发疫情的应对、封锁、控制；人畜共患病和重大动植物疫病的防控；农药、兽药质量的监控和质量检测监督；植物检疫隔离等。它是维护首都社会稳定，保障公共卫生安全的基础支撑。

（三）农产品质量监管服务体系

主要服务内容包括：农产品质量安全生产技术服务、农产品质量安全检测服务和农产品质量安全监管服务等。它是保证人民群众的健康和生命安全，落实党和国家政策，维护政府形象和公众利益，推进社会主义新农村建设，构建和谐社会的服务平台。

（四）农业信息化服务体系

主要服务内容包括：农业信息化基础设施建设；信息资源开发；农产品市场信息系统建设；信息化科学管理决策服务支持；农业信息化高新技术应用等。它是加快现代化农业的必然选择和衡量农业发展水平的重要标志，也是发挥首都农业高端、高效、高辐射特点的引擎和孵化器。

（五）农资服务体系

主要服务内容包括：农业投入品的生产、经营服务；农资市场建设；农资技术服务；建立农资诚信制度等。它是农业生产链条中的重要环节，在农业生产中起前置性基础作用。

（六）农机服务体系

主要服务内容包括：农机具的作业服务、维修服务、机具经销服务和农机供油站点服务等。它是推动农业规模化、现代化和促进农业土地承包经营权流转的服务载体。

（七）农业用水服务体系

主要服务内容包括：水利基础设施养护；水务设施运行管理与监督指导；水利工程建设与管理；基层水务队伍培训等。它是加强农村以节水为中心的水利基本建设，保证农业水资源可持续高效利用的基础平台。

（八）农产品流通服务体系

主要服务内容包括：批发市场、农贸市场、农产品配送中心、物流中心等建设；农产品流通信息网络建设；流通主体产销对接；市场营销促销宣传等。它是促进农产品商品化，提高农产品附加值，增加农民收入的关键领域，也是北京市社会化服务体系比较薄弱的环节。

（九）农村金融服务体系

主要支农服务内容包括：农村信贷、农业保险、农业投资、农业担保、农村信用、农业基金等。它是各级政府扶持农业的重要形式之一，是发展现代农村经济的核心。

二、建设模式

随着都市农业的快速发展，经过近年的实践探索，北京郊区目前涌现出各种模式新颖、效益突出、带动力强、群众满意的农业社会化服务体系创新模式,这些模式在服务方式、服务内容、运行机制上具有鲜明的都市农业特色。

(一)乡镇农业综合服务中心模式

乡镇农业综合服务中心模式是指由政府出资兴办、以乡镇为节点、以广大农户为服务对象,开展生产技术指导、农产品加工与销售、资金融通、农资租赁、灾情预报、农业保险、农业经纪、农产品检验检测等多层次、综合性的服务方式。该模式的主要特点是政府主体、公益性强、服务多样、专业性强。

乡镇农业综合服务中心是一种新兴的农业社会化服务模式,它对于北京都市农业发展有着相当的必要性。随着都市农业快速发展,京郊农户对农业社会化服务的需求将逐渐呈现综合化趋势。乡镇作为农村基层组织,在农业社会化服务过程中起着重要的联结作用。它能够在降低农业生产的自然风险、市场风险的同时,使农民从复杂的农业产、供、销管理系统中解脱出来,安心于专业化生产管理,分享第二、第三产业的附加成果,极大地体现了现代农业的社会化分工。

北京市大兴区安定镇农业科技综合服务中心是该种综合性服务中心的典型代表。其突出特点是以信息服务带动科技服务和销售服务。该中心通过建立电子触摸屏、数字农园、科普游戏、大屏幕双向视频诊断系统、网络视频、电话语音系统、移动农网短信等多种信息服务方式,为农民提供种植、养殖综合信息服务。在此基础上,通过开办电脑培训班、科技下乡等方式,为农民提供科技服务和农民所需要的农资和农产品销售服务。

(二)政府购买服务模式

政府购买服务模式是指将原来由政府(市、区县)直接举办的,为社会发展和人民日常生活提供服务的事项(如农业科技服务)交给有资质的社会组织(或个人)来完成,并根据社会组织(或个人)提供服务的数量和质量,按照一定的标准进行评估后支付服务费用,是一种新型政府提供公共服务方式。这里主要指政府购买农业公共服务模式。该模式的主要特点是政府承担、购买服务、定项委托、合同管理、评估兑现。

政府购买服务是公共管理改革的重点,是一种具有生命力的创新方式,在世界各国均有众多成熟的经验。随着现代公共政府建设的不断推进,公共服务已成为政府生命力的重要体现,公共服务供给也成为评判政府执政能力的重要内容。农业生产具有一定的外部性特征,某些农业服务具有公共物品或准公共物品的特性。北京都市农业发展最主要的优势之一就是具有较强的科技、信息、资金支撑,因此,政府购买农业公共服务是北京都市农业社会化服务的一种重要模式。它可以有多种不同的服务方式,如农民田间学校、科技服务港、远程信息服务、农村科技协调员,等等。

(三)金融合作扶持模式

金融合作扶持模式是指农业与金融业之间进行行业联合的一种独特的农业服务模式,是融集社会资金的一种有效途径。它一般由政府和金融机构采取合作的方式,通过搭建由农业贷款、农村信用建设、政策性农业保险及农业担保等构成的农村金融服务平台,为广大农户提供小额贷款、农业保险、信用等级评定等各种金融服务,从而为农业和农村快速发展提供强有力的资金支撑。该模式的主要特点是财政支农、银农合作、政策扶持、资金带动。

农村金融是现代农村经济的核心,发展都市农业更离不开农村金融的有效支持。近年,北京市不断创新农村金融体制,已初步建立起商业性金融、合作性金融、政策性金融相结合,资本充足、功能健全、服务完善、运行安全的多元化农村金融服务体系,引导大量金融资金和社会资金投向农业及农村二、三产业,对于推进京郊农业结构调整,解决主导产业发展资金瓶颈问题具有十分重要的现实意义。北京农村金融合作扶持形式多样,主要有银农合作、政策性农业保险等。

（四）院区联动模式

院区联动模式是指以科研院所、大专院校为服务主体,以农户为客体,以技术服务为主要内容的一种农业社会化服务模式,它以科技支撑农业、农业展示科技的方式实现科研院校的技术优势与郊区县的农业生产优势间的互补,实现了产、学、研、推相结合,达到院区互促互利双赢的目的。该模式的主要特点是科技支撑、项目切入、优势互补、互惠互利。

近年来,北京农学院、北京市农林科学院、北京农业职业技术学院等北京市属科研院所与大兴、昌平、顺义、平谷、门头沟等区县广泛开展院区合作,推出了农村实用人才培养"1+1+X"培训工程、院区科技合作、大学教师到乡镇挂职等多种服务项目,取得了良好的服务效果。

（五）农村乡土能人带动模式

农村乡土能人带动模式是以科技示范户等为核心,以培训农村实用技术等为手段,连接周边农户形成技术、信息传播网络,使农业科技信息传递、成果转化、项目落实到村、到户,从而带动周边农户增收致富的"能人型经济"。该模式的主要特点是科技示范、能人带动、贴近农户、素质提升。它对于有效解决科技入户"最后一公里"问题具有非常重要的意义。

北京市大兴区、房山区、密云县等郊区县近年通过建立农村实用人才培训基地、经纪人学校等各种形式,培育了一批"有文化、懂技术、会经营"的学习型农民,培养了一批优秀科技示范户。这些乡土能人积极与农业科技部门及农业专家取得联系,参加农业科技活动,了解农业新信息、学习农业新技术、示范农业新品种,并带领周边农民学科技、用科技,体现了农村科技示范户强大的影响力。

（六）专业合作组织带动模式

专业合作组织带动模式是指以专业性合作经济组织（含农民专业技术协会）、合作社等为主体,通过合作制或股份合作制等利益联结机制,带动农户从事专业生产,将生产、加工、销售等农业生产的全过程有机结合,实施一体化经营的服务模式。该模式的主要特点是组织带动、利益协作、一体化服务、管理规范。

近年,随着都市农业的快速发展,京郊分散农户的合作意愿大大增强,各类农民专业合作社迅速发展起来,呈现出覆盖范围广、合作方式多样、服务内容扩展、组织运行规范的新特点,尤其是服务内容由以销售服务为主向科技培训、农业保险、项目实施、信息服务等方面延伸,极大地带动了农民增收致富。

农民专业合作组织对内提供各种便民利民的服务,降低农民生产成本,促进了农业现代化;对外积极参与市场竞争,有效克服"小规模、分散化"家庭经营的弊端,解决"小生产、大市场"的矛盾,增强农民市场竞争能力,提高农户抗风险能力,实现了农民利益最大化。与其他服务组织不同的是,规范化合作社按照会员农户销售数量进行二次返利,增加了农民的效益,增强了与农户关系的紧密度。随着规模的不断扩大和建设的逐渐规范,专业合作组织将成为社会化服务的主体之一。

（七）龙头企业带动模式

龙头企业带动模式是指以农业企业为龙头,通过合同契约、股份合作制等多种利益联结机制,带动农户从事专业生产,集"研发、培训、管理、加工、销售"于一体,为农户提供技术、信息、资金等服务的模式,包括国有企业、股份制企业、民营企业等不同类型。该模式的主要特点是市场运作、企业带动、社会参与、农民受益。

农业产业化龙头企业是新型农业社会化服务体系中的"骨干",在农业社会化服务体系中具有不可或缺的重要地位。特别是农业科技型龙头企业因其本身掌握一定的技术和研发能力、市场开拓能力和生产加工能力,能够有效地将原来部分由农业技术机构承担的产前、产中技物结合的推广活动以及产后的加工、运销等经营性服务职能分离出来,减少交易成本,更多地让利于农民,并有利于农业生产标准化、专业化水平的提高。

(八)专业市场带动模式

专业市场带动模式是指以农产品专业批发市场为纽带,带动地方主导产业,并通过合同契约与农民、农民大户及协会会员构筑较稳定的经济关系,连接广大农户,实施产销一条龙经营的服务模式。该模式的主要特点是市场带动、契约经营、产销对接、服务农民。

专业市场带动的服务模式本身不具备很强的技术实力,但其核心是专业大市场,因此具有相当强的市场凝聚力,可以发挥市场在价格形成、信息交换、物流集中等方面的功能,从而取得规模经济效应。

农超对接也是涉农企业为农业生产提供社会化服务的典型模式。近期,66家京郊农业产销合作组织和农产品加工企业与北京农产品中央批发市场管理委员会联手成立了北京农产品流通协会,为农产品生产企业与销售商搭建都市农业服务平台,并为进一步创新农产品流通模式,促进农超对接打下良好基础。

北京都市农业社会化服务体系各种创新模式的基本特点和适应性可见表23-1。

表23-1 北京都市农业社会化服务体系创新模式

模式名称	基本特点	服务主体	服务内容	典型案例
乡镇服务中心模式	政府主体、公益性强、服务多样、专业性强	乡镇等政府机构	以农业信息、农业科技和农产品流通为主	大兴安定镇
政府购买服务模式	政府承担、定项委托、合同管理、评估兑现	社会组织或个人	以农业科技和农业信息为主	通州村级技术员
金融合作扶持模式	财政支农、银农合作、政策扶持、资金带动	金融组织和政府机构	以农村金融服务为主	昌平银农合作、凤凰乡村游
院区联动模式	科技支撑、项目切入、优势互补、互惠互利	科研院所和大专院校	以农业科技为主	大兴院区科技合作、延庆"1+1+X"工程
农村乡土能人带动模式	科技示范、能人带动、贴近农户、素质提升	农村乡土人才	以农业科技为主	房山种粮大户
专业合作组织带动模式	组织带动、利益协作、一体化服务、管理规范	农业专业合作组织或合作社	以农产品流通为主、兼顾农业科技和信息	昌平兴寿麦庄草莓种植专业合作社
龙头企业带动模式	市场运作、企业带动、社会参与、农民受益	农业龙头企业	以农业科技、农业信息、农产品流通为主、兼顾金融服务	三元集团、百年栗园
专业市场带动模式	市场带动、契约经营、产销对接、服务农民	农产品专业市场	以农产品流通为主	顺鑫石门农副产品批发市场、农超对接

北京都市农业社会化服务体系创新模式是随着北京郊区经济发展和社会进步逐渐形成和发展起来的,它具有历史性、动态性、选择性、差异性的特点。北京都市农业服务体系的各种模式产生背景、组织

方式、服务主体、服务内容等各不相同,其运行所需外部环境千差万别,服务手段各有迥异,功能定位各有侧重,因此,在构建北京都市农业服务体系的过程中,应在尊重经济和社会发展客观规律的基础上,突破原有的体制制约,遵循各不同地区、不同时段的社会经济发展水平,进行科学、合理的布局与规划。

三、重要特征

(一)服务主体多元化

都市农业的发展,对社会化服务的需求十分广泛。农民需求调查发现,任何单一的服务主体都不可能满足现代农业发展的多样化需求,服务主体的多元化发展态势日益明显。它既包括传统服务主体在新时期的改革与再造,又包括新兴服务主体的大量涌现。农技推广站、农村信用社、供销社、水管站、林业站等服务主体成立较早,具有政府主导和计划经济的特性,在市场经济条件下,需要不断创新体制机制,实现改革与再造。农民专业合作组织、农民专业协会、农村金融机构、龙头企业、高等院校、科研机构、农民经纪人、批发市场等新兴服务主体发展很快,其地位和作用正在农业服务体系中发挥越来越重要的作用,也已经得到了部分农民的认可。

(二)服务方式多样化

农民生产方式的多样化决定了农业社会化服务方式的多样化。服务方式的多样化表现在三个方面:单向服务与双向服务相结合、被动服务与参与服务相并重、"走进去"服务与"请出来"服务相补充。

在过去相当长的时期里,各种服务主体掌握着服务的内容、服务的质量、服务的效率、服务的意愿、服务的偏好,习惯于自上而下地将服务内容输送到农民的手里和田间地头,将农民当作被动的服务受体,这种单向度的服务流向容易造成服务的供过于求、供不应求和供求脱节。新的服务发展趋势使农民的自下而上服务更加凸显,传统的单向灌输式服务将向双向互动式服务发展。上下互动式服务有三种基本方式:一是农民将自身的实际需求自下而上地反馈给有关服务主体,促进供需信息与意愿的沟通,避免供需脱节;二是农民主动向各类服务主体寻求服务需求,变你给我服务为我要你服务;三是将农民"请出来"培养的方式,即将农民请出原住地来到相关部门进行技术培训,请农民到外地参观考察先进技术和经验,请农民参加有关博览会、展销会活动等。这样有利于拓展农民的视野,新型农民,产生"先请出来一人,再回去带动一片"的"扩散效应"。其中,前两种方式以农民田间学校为突出代表,调查显示,农民田间学校成为当前最主要的农民培训方式。第三种方式以大兴区为代表。2008年,大兴区选派30名农民科技示范户代表赴全国著名的蔬菜基地山东寿光进行了考察研修,并取得良好效果。

(三)服务需求个性化

服务供体的多元性、服务受体的差异性与服务媒体的复杂性,使传统的批量式的一般化的服务模式逐渐被个性化的服务模式所取代。都市农业的多功能形态需要个性化的服务。无论是籽种农业、观光休闲农业、生态农业、循环农业、科技农业、设施农业还是观光休闲农业、会展农业、创意农业、旅游农业等多种形态,个性化服务要求特征都十分突出。特别是观光休闲农业、创意农业等,是新型农民以文化激活农业的最新成果,其对相关文化科技方面的个性化服务需求日益增大。另外,由于不同群体农民间收入差距较大,使个性化服务更加鲜明,其需求千差万别,各不相同。农民收入的不断增加日益需要现代化的服务手段。

（四）服务手段信息化

日新月异的现代科技,为农业社会化服务提供了便捷高效的现代化手段。各种新兴技术开始快速应用到现代农业服务体系之中。特别是现代信息技术在农业社会化服务中的应用推广十分迅速。计算机、互联网、电话手机、人工智能、3S技术（地理信息系统 GIS、全球定位系统 GPS、遥感技术 RS）等在现代信息技术已经得到广泛应用。通过运用现代科技手段,可以指导和帮助农民根据土壤和农作物情况进行科学播种、施肥、用药。通过信息网络平台,可以帮助农民了解和发布信息,进行网上交易。随着农村电视、电话、电脑的普及,农民将获得前所未有的高效服务。

（五）服务环节全程化

随着都市农业的发展,综合型的农业社会化服务迅速发展,主要体现在对农业、农村和农民的全覆盖服务,对农业产前、产中、产后各环节的全过程服务。对农业、农村和农民的全覆盖服务,意味着哪里有农业、农村和农民,哪里就有社会化服务。无论近郊、远郊,山区、平原,现代社会化服务之网将覆盖所有农业、农村和农民。据调查估算,目前京郊大约有 30%的农民基本没有享受到社会化服务,这种一部分地区和一部分人享受服务而另一部分地区和一部分人则没有享受服务或享有的服务严重不均衡的状况将将得到根本改观。另外,传统的服务体系侧重于产中农技推广服务,而明显忽视产前特别是产后的服务。因此,对农业、农村和农民的全覆盖服务,既是在物理意义上的全部区域、全部目标群体的覆盖,也是在服务内容上的全面覆盖。对农业产前、产中、产后的全过程服务,就是要为农业的产供销提供一条龙式的服务,这将改变传统的服务环节割裂现象。

（六）服务格局一体化

服务格局的一体化主要体现在农业生产与服务的一体化,教育、科研、推广一体化,各类服务供体互相协作的一体化,城乡服务的一体化等方面。农业生产与服务的一体化是农业生产本身与产前、产中、产后服务形成农工商综合体,实现农工商一体化发展。农工商一体化发展将农业生产视为整个经济系统中的一个环节予以统筹安排,把农业生产者和服务者结成风险共担、利益共沾的协调发展的经济利益共同体;教育、科研、推广一体化,其特点是农业科研院所将成为农业社会化服务体系的重要主体,并将充分发挥其人才与科研的优势,加快科研成果的转换应用,加大对农民的专业技能培训,最后形成农业教育、科研与推广的一体化运作;各类服务供体互相协作的一体化就是各类服务供体不再各自为战,互不联系,而是在服务农业、服务农民这一共同方向的基础上,加强沟通与协作,打破部门、地区、经济性质的界限,形成一体化的服务网络,发挥社会化服务体系的整体优势,实现信息共用、资源共享、责任共担、发展共赢;城乡服务的一体化是城乡发展、构建城乡经济社会发展一体化新格局的必然要求与重要组成部分。北京在率先形成城乡经济社会以发展一体化新格局中,必然打破传统的城乡分割的社会化服务体系,加快社会化服务体系的城乡一体化进程。

第四节　完善社会化服务体系的主要途径

建立和发展农业社会化服务体系,是克服农户分散经营局限性的重要措施,是农业专业化、产业化的必然选择,是建立现代农业制度的基础,也是全面深化农业和农村改革的重要课题。农业生产具有较强的外部性,完善农业社会化服务体系,必须要充分发挥政府职能,同时更好地发挥市场在资源配置中的决定性作用。

一、优化外部环境

农业社会化服务体系是联系政府、市场、农户的中介,政府可以通过提供社会化服务来引导生产经营,体现鼓励或限制的政策导向,进而协调农产品供求关系,使农户的微观经济活动符合宏观经济发展的要求,促进政府职能转变。转变政府职能,政府工作重点要转移到行政管理、发展公益事业和强化服务上来。为此,要加强市场体系建设,要在农村土地市场、资金市场、技术市场上促进生产要素的合理流动和组合;要加强农村交通事业、通讯事业、市场信息网络建设;要建立健全农业社会化服务体系的法律体系,明确农业社会化服务的目标、方向和原则,明确农业社会化服务组织的性质、地位、权利和义务等;要提供必要的农技推广、农资和农产品质量检测、病虫害预测预报等设施条件。

进一步强化政府的协调功能农业社会化服务体系的建立和发展,政府行为是重要因素之一。各级政府要立足本地实际,搞好土地资源的合理流转和配置。进一步调整和优化农业结构,组织协调各涉农部门充分发挥部门职能,制定相关助农惠农政策,扶持种植、养殖、加工、流通大户、龙头企业及示范园区建设,增加农业基础设施的投入。加大各种组织的监管力度,为社会化服务体系建设营造良好的社会环境。

二、改革管理体制

由于农业产业的弱质性,农业生产比较效益低,决定了农业社会化服务难以普遍实行有偿服务的现实,部分农业社会化服务只能是成本服务甚至是亏损服务。因此,农业社会化服务不能完全市场化,而必须依靠政府财政支持,实行公益服务。财政补助金是体现政府支持农业发展的重要方面,是保证服务组织正常运转的必不可少的经费来源。凡是由政府倡导、服务组织具体实施的项目与事业,都应由财政给予相应的补助金。财政要充分利用绿箱政策,调整支农资金投入结构,加大对农业社会化服务体系的支持力度,如对农业科学研究、病虫害防治、培训服务、推广和咨询服务、检验服务、营销和促销服务、基础设施服务的支持等进行的支出。只有随着城市化进程的快速推进、规模农场的出现及农业经营者收入的不断提高,农业社会化服务才能过渡到市场服务为主。

要按照实现城乡基本公共服务均等化的目标,加快推进体制机制创新,大力发展农村公共事业,不断提高农村基本公共服务水平,促进农村社会全面进步。进一步确立区(县)、镇(乡)两级农业服务机构的公益性农业服务职能,构建县级机构的公益型服务模式。公共服务机构要加强领导,促进部门协调沟通,以利于公共服务机构公益性服务职能的构建,保障财政上有专项的财政资金,促使重大的公益性的农业服务、农技人员培训有各级财政专项资金支持。要推进服务机制的创新,增加农业服务的活力,在总结各地经验的基础上,扩大成熟模式的推广工作。通过对公共服务机构的改革和服务机制的创新,使公共服务机构的服务能力与其履行的依托职能相匹配,通过承担其公益性的农业社会化服务项目,满足农民的服务需求,促使农业效率的提高。

三、壮大集体经济

村级服务机构在发挥农业社会化服务功能上处于特殊地位,起着直接作用。村级农业社会化服务直接与农户见面,也是各层次农业社会化服务的基础。其功能是通过参与其他基层服务组织服务,将村级及其以下基层服务主体联系起来,把乡级及乡以上层次的服务引入到每一个农户中,起着内联农户外联经济技术部门和其他各种服务组织的纽带作用。

因此,要发展壮大村级服务组织,壮大其提供农业社会化服务的能力。要大力发展村级集体经济,不断壮大村级集体经济组织服务实力;切实加强农村基层组织建设,强化农业社会化服务体系建设的组织保障;明确村级集体经济组织功能定位,完善村集体服务功能;强化政府对村级集体经济组织的扶持力度;逐步推进村级服务站点建设,根据农民的需要,可以考虑设立若干农业服务小组或服务站,为农户提供产供销一体化服务。或通过一体化产业集团的综合服务功能,扩大和延伸农村产业的开发,把原来仅停留在初级农产品生产上的生产系统改造为集种植、加工、销售为一体的综合生产系统,从而使农村产业开发达到区域化布局、一体化生产、社会化服务和企业化管理的较理想状态。

四、培育合作组织

单一服务主体能力有限、覆盖面窄,无法承担农业社会化服务的众多内容。而多元化的组织形式可以发挥各主体的优势,及时满足农民的各类服务需求,解决农业社会化服务体系头重脚轻、在乡村出现断层的问题。同时,采用多元化的组织形式时切一刀切,各地要因地制宜,采取适合的形式,如国家、集体型的服务组织、公司+协会+农户型、协会+政府部门型、协会+事业单位型、事业单位+公司+农户型、服务组织+农户型、农户+农户型和能人+农户型,等等。

各级政府要大力引导和支持龙头企业、专业大户、集体经济组织、基层技术服务部门和农村能人等创办农民专业合作组织。要采取多种措施,扶持农民专业合作组织的发展,完善运行机制,提高服务能力,进一步加强合作组织在农业社会化服务中的基础地位。建议在区(县)级以上财政部门设立扶持农民合作经济组织的专项资金;国家政策性金融机构和商业性金融机构应当采取多种形式,为农民合作经济组织提供多渠道的资金支持和金融服务;县乡政府机构要为农民合作经济组织提供信息和培训等方面的服务。要不断完善农民专业合作经济组织内部的运行机制,按照《中华人民共和国农民专业合作社法》的要求完善内部治理结构。要在分配机制上对合作组织领导人给予适当激励,保证组织的顺利发展;利益分配机制需要规范化,要实现从当下的按股权分红逐步向按交易额分红的过渡。要按照《合作社法》的要求,建立健全合作组织的民主决策制度。

五、提高企业能力

农业产业化龙头企业作为农业产业化经营的组织者、劳动者、市场开拓者和营运中心,以其依托性、带动性的功能在一定程度上推进了农业产业化的发展,并且在农产品的生产、加工、流通和农业服务上与农民有机结合,创造出了很多有效的利益联结模式,从而在农业社会化服务体系中巩固了自己不可或缺的独特地位。因此,要提高农业龙头企业的服务能力,完善企业与农民的利益联结机制,进一步加强龙头企业在农业社会化服务中的骨干作用。

农业产业化龙头企业对农民进行产前、产中和产后社会化服务的内容主要包括提供技术服务、信息服务和资金服务三个方面。龙头企业应该树立服务意识,对整个产业链条上的每一个环节进行指导和监控,并投入高水平的社会化服务资源;政府机构应明确扶持方向,落实相关政策;信贷部门要向农业产业化龙头企业进行相应的政策倾斜,在信贷规模和利率等方面要给予优惠和扶持;不断完善龙头企业和农民的利益联结机制,建立企业与农户成为责、权、利相一致的共同体。

六、构建流通体系

推进现代物流向农村延伸与加强农产品市场体系建设是新型农业社会化服务体系建设重要组织部分。积极探索建立现代农业物流体系,增强产业化经营中产供销各个环节的有效链接,加快发展农产品连锁、配送经营。支持超市进农村,农资进超市,实现连锁经营,物流统一配送。通过在农村发展连锁超市,可加快农产品进城与工业品下乡的双向流通,实现工农的有效对接。连锁超市在农村的发展,使农村也能享受到城市商业的服务,同时激活农村消费市场潜力,促进农村经济繁荣。

应下工夫培育市场主体,大力加强市场体系建设。要培育和发展带动能力强、辐射范围广的流通型大型企业集团等各类流通组织。通过流通型市场主体开辟农产品销售渠道,促进农产品流通。要建立健全市场网络。在建好农贸市场的基础上,兴建一批农产品专业批发市场,加快农产品电子商务网络建设。优化农产品批发市场布局,改造升级农产品批发市场;为农产品批发市场建设创造宽松的政策环境,帮助批发市场装备现代信息系统,建立质量检验室和开展拍卖、连锁经营等。

七、强化风险防范

完善农村金融服务体系是新型农业社会化服务体系建设不可或缺的重要内容。而农村金融制度改革一直是整个农村改革的"软肋",农村资金大量外流,农户和农村企业缺乏足够的金融资源。经验证明,实现农业和农村经济结构战略性调整所需的资金投入需要政策性金融的扶持与推动。其支农手段包括以优惠方式向农业项目提供的中长期贷款,包括农业科研、病虫害控制、技术推广、基础设施、粮食安全储备、农业结构调整、环境保护、绿色农业、扶贫、西部开发等,政策性金融属于财政手段的延伸,是财政和金融的有机结合。应允许新设机构进入农村金融市场,建立有效地为"三农"提供服务的金融体系。

同时,建设现代农业风险防范体系也是农业社会化服务的重要组成部分。要依据国务院颁布的《关于保险业改革发展的若干意见》要求,逐步建立政策性农业保险与财政补助相结合的农业风险防范与救助机制,探索中央和地方财政对农户投保给予补贴的方式、品种和比例。对保险公司经营的政策性农业保险适当给予经营管理费补贴。要探索以农业产业化为纽带、以龙头企业和农民专业合作组织为依托的农业保险发展模式,加大中央和地方财政对农业保险的补贴。

改革农村信用社的服务机制和服务方式,提高其资金供给能力和服务能力。农村信用社的改革包括多方面内容,要以小额信贷为主,推进金融产品创新;推进抵押品替代机制创新,比如商业信用、信贷保险等,使农户和小企业摆脱"抵押品不足"困境;发挥农民专业合作组织的作用,增加对农户的信贷供给;大力推进农村信用体系建设,继续推进信用社体制机制改革;对于真正贷给农民和农民专业合作组织的信贷资金,国家在政策上要给予减税或免税优惠,以此鼓励农村信用社为三农服务。

八、健全运行机制

农业社会化服务组织只有办成与农民利益共享、风险共担的实体,才能实现农业社会化服务体系运行的优质高效。如通过股份制等市场化手段鼓励农技推广机构人员创办示范基地园区、展示名优产品、高效生产模式,使农技推广服务与农业结构调整、农业产业化经营有机结合起来,使农业科技示范场成为农业新技术的试验示范基地、优良种苗繁育基地、实用技术培训基地,才能实现农技推广机构与农民的双赢。

为此,一方面,要在服务组织内部实行独立核算,加强财务管理,采取市场化的激励手段,降低服务成本,提高服务质量;要通过制定市场指导价等措施规范会员的市场行为,采取与政府对话、代表农户与企业谈判等多种有效方式,维护会员的合法权益;要按照民主管理、民主监督的要求,建立健全内部监督机构和重大事项议事决事制度,接受会员的监督。另一方面,要根据需求提供服务,加强服务意识,增加服务项目,拓展服务功能,提高服务质量。通过提供优质高效、多样化、多层次的社会化服务,实现农业生产的增产增收,最终使得增加社会化服务的投资能从农业生产收益中得到相应甚至超额的回报。服务主体要根据保本微利、尽量低廉的原则,制订合理的服务收费标准,使服务对象有能力消费社会化服务,同时在市场机制引导下产生对社会化服务的内在需求。

第二十四章　北京都市型现代农业标准体系

现代农业的发展离不开农业标准化。农业标准化不仅是发展农业产业化的需要,也是农业现代化的一个重要特征,代表着现代农业的发展方向,在农业与农村经济建设中有着重要的地位,发挥着重要的作用。北京都市型现代农业正处于快速发展的阶段,需要建立、健全与之相适应的农业标准体系。北京都市型现代农业标准体系的建设,有助于保障农产品质量安全,提升农产品价值,提高农民收入,有助于加快北京农业现代化进程,促进北京都市型现代农业的可持续发展。北京市应结合都市型现代农业产业融合化、特色化、多功能性和国际化的特点,建立具有北京特色的农业标准体系,在促进北京农业发展的同时,最终实现经济、社会、生态效益的最大化。

第一节　都市型现代农业标准概述

农业标准化不仅涉及种植业,还涉及林业、畜牧业、渔业以及农林牧渔服务业等产业;不仅关系到农业的产中,而且还关系到产前和产后等环节;不仅牵涉到农业部门,还牵涉到质检、工商、卫生、法制、环保、科研与教育等部门。可以说,农业标准化是一项极其复杂的系统工程,迫切需要各方面的协调推进。都市型现代农业是都市及其周边地区农业发展的特殊形式。都市型现代农业的标准及标准体系与现代农业标准及体系具有密切的关系,对促进北京都市型现代农业发展具有重要的意义。

一、基本概念

(一)农业标准

"标准"的概念是工业革命后发展成型的,近百年来,国际组织,各国标准化机构和标准研究人员对其概念及内容给予了诸多解释。1996年,我国颁布的GB/T3935.1—1996《标准化和有关领域的通用术语第1部分基本术语》指出,标准是指为了在一定范围内获得最佳秩序,经协商一致,制定并由公认机构批准,共同使用的和重复使用的一种规范性(文本或实物)。标准以科学、技术、经验等的综合成果为基础,以促进最佳社会效益为目的,须经协商一致制定并经一个公认的机构批准。

农业标准是在农业范围内所形成的符合标准概念要求的规范(文件或实物)。农业标准以科学、技术和经验的综合成果为基础,并以促进最大社会效益为目的。

由于农业标准经过多年的发展,尤其是入世以后国家有关部门(国标委、农业部、质量技术监督局等)和各级地方政府的高度重视,将农业标准化工作作为一项始终伴随农业经济发展的长期任务来抓,使农业标准门类越来越齐全,内容越来越丰富,涉及农业生产、加工、卫生、贮藏和运输的各个方面。农业标准总体有3大类,一是农业技术标准,即对农业标准化领域中需要协调统一的技术事项制定的标准(如生产技术规程等);二是农业管理标准,即对农业标准化领域中需要协调统一的管理事项制定的标准(如安全生产管理标准等);三是农业工作标准,即对农业标准化领域内需要协调统一的工作事项制定的标准(如管理人员岗位工作标准等)。农业标准化已经基本涉及了所有的农业生产资料,即土地、生产工具、农业投入品和劳动力,并都制定了具体规范。由此可见,农业生产的每个环节基本都有标准,如果在实际生产中都能自觉地付诸实施,不言而喻就等于为发展生态农业产业创造了必备条件,反而言之,大力实施农业标准化,就能从根本上促进生态农业产业的快速发展。

(二)农业标准化

标准化是指为在一定范围内获得最佳秩序,对实际的或潜在的问题制定共同使用和重复使用的标准的过程。农业标准化是指以农业为对象的标准化活动。具体来说,是指为了有关各方面的利益,对农业经济、技术、科学、管理活动中需要统一、协调的各类对象,制订并实施标准,使之实现必要而合理的统一的活动。其目的是将农业的科技成果和多年的生产实践相结合,制订成"文字简明、通俗易懂、逻辑严谨、便于操作"的技术标准和管理标准向农民推广,最终生产出质优、量多的农产品供应市场,不但能使农民增收,同时还能很好地保护生态环境。其内涵就是指农业生产经营活动要以市场为导向,建立健全规范化的工艺流程和衡量标准。

可以看出,标准是标准化活动的成果,标准化的目的是通过制定和实施标准获得体现,所以制定标准、组织实施标准、对标准的实施情况进行监督检查就构成了标准化工作的主要内容。

(三)标准体系

标准体系是指一定范围内的农业标准按其内在联系形成的科学的有机整体。组成标准体系的基本单元是标准,这些标准可以是国家标准、行业标准、企业标准中的任意一级的标准,也可以是各级标准中的一部分标准。

所谓"一定范围"就是指某一个标准体系所包括的基本组成单元的范围,可以是全国的、部门或专业的、企业的标准化系统的范围,因此,与实现某种产品的标准化目的有关的标准,可以形成该种产品的标准体系;与实现某个行业的标准化目的有关的标准,可以形成该行业的标准体系。

所谓"内在联系",既表现在不同标准间的相互联系、相互制约的关系,也体现在标准的层次关系,即标准的形成或制定由底层向高层的共性关系和上层标准对下层标准的指导,贯彻的制约关系。因此,标准体系中标准间的层次关系不是互不关联、简单分级,而是有机的内在联系。

标准体系实质上就是标准系统,它具有一般系统固有的特性。标准系统是科学有机整体,标准系统理论依据是系统效应原理。根据系统效应原理,标准系统是一个不可分割的有机整体。从标准系统的整体来看,系统效应既与组成该系统的各个标准以及它们的结构有关,而不是各个标准个体效应的简单集合。每个标准的个体效应受系统的影响和制约。科学的、结构合理的标准系统是在标准之间、标准与整体之间互相联系、互相制约、互相作用产生的相互效应,比各个标准效应的简单集合要大得多,这就是系统效应。标准体系定义中的"有机整体"的涵义,就是强调了建立标准体系必须依据系统效应原理,在确定标准系统合理结构!、处理系统内要素之间复杂的协同作用的关系时,要力求最大系统效应。

农业标准体系是由农业领域产前、产中、产后过程中的若干标准及其子体系按内在联系构成的相互关联、相互依存的有机系统,是对农业体制与政策、农业与农村经济结构、农业科技水平、农业资源条件、农产品供求、农业生产的社会化、专业化和现代化程度以及农业经济效益等方面的综合反映,具有典型的目的性、协调性、层次性、配套性、连续性和开放性等工程化的基本特征。农业标准体系及其标准体系表的形成,给农业标准体系的发展描绘出一个整体蓝图,能够把握农业标准发展在国际上的水平状况,进而指导农业标准制定和修订计划的编制,健全现有标准。

二、发展趋势

农业的发展到一定程度必然要求农业走向国际化、产业化、市场化的发展之路,农业的国际化、产业化、市场化需要农业标准化,也可以讲农业标准化是现代农业发展的必然趋势,是提高农产品质量的必然要求,是实现农产品安全和人民健康的基本保证,是获得国内外农产品市场竞争优势的前提条件,是增加农民收入的重要途径,代表了现代农业的发展方向。世界上越来越多的国家尤其是发达国家非常重视农业标准化建设,按照标准生产和经营已成为人们的自觉行动。随着我国农业经济和农产品对外贸易的发展,实行农业标准化的紧迫性逐渐凸现,推广农业标准化是现代农业发展的必然选择。

（一）农业标准国际化

农业国际标准化活动的基本内容是制定和发布农业国际标准。农业国际标准是世界各国特别是农业发达国家科学技术和生产实践活动的结晶,是农业技术交流和国际贸易中交货与仲裁的依据,具有技术价值、经济效果、贸易依据和法规属性四个基本功能。加入 WTO 之后,中国全面融入世界经济,中国农业生产部门和企业的生产必须按照世界需求,参照或采用农业国际标准来配置资源,按照市场经济的规则进行农业生产,加工、物流和营销管理。农业标准国际化的特征主要表现在,农业国际标准制定、修订的速度在加快,农业国际标准的重点领域从生产型标准向贸易型或市场型标准过渡,农业国际标准的应用更加广泛,涉及的领域越来越广。

（二）农业标准产业化

我国农业从传统农业向现代农业过度,产业化是必由之路,而产业化的发展必须要有标准化作为支撑。农业产业化经营是世界农业的大势所趋,是生产方式的编个过程,除了要求企业化组织、特色化布局、多产业组合、标准化生产、系列化加工、专业化物流、社会化服务之外,产品的规格化、标准化是其重要的特征和基础。以农业标准化推进农业产业化,以标准规范农业、发展企业、武装产品、消除壁垒,实行农业"走出去"战略和农产品品牌化经营,广泛参与全球竞争,才能真正形成中国农产品的比较优势,才能有效推进农业产业化进程。

（三）绿色农业标准化

发展绿色农业标准化,有利于促进农产品结构的调整的农业产业链结构的调整,从而达到农业产业结构调整的目的。从农产品的角度来讲,实现绿色农业的标准化生产,能够提高标准化的绿色农产品在所有农产品中的比重,提高农产品的整体水平;从农业产业链的角度来讲,标准化生产可以整合资源、整合产业链,实现农业生产的产业化和标准化,提高农业生产效率。同时,发展绿色农业的标准化生产,能够为农业生产经营者的生产、加工等活动提供统一的产品标准,保证农产品的品质,确保农产品符合卫生标准,达到国家食品要求,从而保证食品安全。此外,发展绿色农业的标准化生产,有利于实现真正实现我国农产品的绿色、无公害生产,能够使我国突破贸易绿色贸易壁垒,提高我国农产品的竞争力。

三、建设意义

（一）保证农产品质量安全，增加农产品的价值，提高农民收入

农业标准体系的建立，可以保证产品质量，维护消费者利益，保障身体健康和生命安全。大量环保标准、卫生标准和安全标准制定发布后，用法律形式强制执行，对保障人民的身体健康和生命安全具有很大作用。根据实际情况不断地修订、完善和细化农业全程标准化生产标准，可以形成了一个完整的农业标准体系，有效地改善农业生产条件与农业生态环境，极大地提高农产品的质量。农业标准体系的建立，可以最大限度地增加农产品的价值，建立适合一二三产相融合的标准体系，可以实现农产品在各个环节的反复增值，实现产品价值最大化。通过不断提高农产品质量标准、环境标准和严格检测程序，提高其在国际市场上的竞争力，有利于发展出口创汇型农副产品的生产加工，可以扩大出口创汇农业的生产规模，促进农产品的出口，增加出口创汇收入。农产品的质量提高，价值增加，都会使农民的收入增加，取得良好的经济效益。

（二）农业标准体系的建立，可以促进农业现代化发展

北京致力于推进农业标准化，并把它作为农业科技发展的重要组成部分将其迅速转化为生产力，在推进农业现代化发展中发挥了十分重要的作用。标准化是科研、生产、使用三者之间的桥梁。一项科研成果，一旦纳入相应标准，就能迅速得到推广和应用。北京农业科技的发展，在人才、经济、机构方面具有绝对优势，农业标准体系的建立可使新技术和新科研成果得到快速的推广应用，从而促进现代农业科学技术进步。标准的严格制定与应用，可以加速北京传统农业向高精化、智能化、信息化、专业化为特征的现代农业方向发展，促进农业资源的有效利用，实现农业生产效率的提高。农业标准化是建设现代农业的重要内容，既是农业现代化的一个重要标志，也是支撑农业现代化建设的一项基础工程。农业标准化代表着现代农业发展的方向，推进农业标准化是建设现代农业的现实选择。

（三）农业标准体系的建立，有利于农业的可持续发展

农业标准体系的建立可以有效保护生态环境，引导和促进农业的可持续发展。北京人口众多、自然资源相对短缺，农业标准化对农业生产资料、生产环境做出具体的规定和标准，对农药残留量、病虫害、疫情、大气污染等进行监控，可以减少农业生产污染，使生产环境得到不断改善，保护农业资源，实现农业资源的可持续利用。农业标准体系的建立，使农业的生产技术和生产管理实现标准化，可以挖掘耕地资源潜力，使中低产田得到改造，可以使有机农业、生态农业、节水农业、高效农业等有利于农业可持续发展的农业生产方式的迅速推广，保证农业的可持续发展。农业标准体系的建立，可以调整种养结构，减少破坏生态的大牲畜饲养数量，将资金转向禽类饲养，推广农牧结合、立体种养等，减少对农业资源破坏，可以提高北京的环境质量，实现农业的可持续发展。

第二节　标准体系建设现状

北京都市型现代农业是第一、第二、第三产业相互融合的产业，具有生产、生态、生活、示范等多种功能，都市型现代农业与北京"国家首都、世界城市、文化名城、宜居城市"的城市总体定位相协调，是北京

农业发展的必然选择。都市型现代农业是大都市现代农业发展的高级阶段,因此需要围绕其产业融合、功能多样、业态丰富的特点,建立健全与北京都市型现代农业相适应的农业标准体系,为其发展提供有效支撑。

一、成绩

近年来,北京市委、市政府对农业标准化工作非常重视,加大了农业标准化工作的推进力度,成立了由市农委和市质量技术监督局牵头,市农业局、市林业局、市财政局等参加的领导机构,得到市发改委、市工商局、市科委等相关部门的支持和配合,农业标准化工作取得了明显成效。

(一)农业标准体系初步建立,为农业生产提供有力支撑。

北京围绕粮经、蔬菜、果品、畜禽、水产、花卉、林木、蜂产品等8大类145种主导特色农产品,已基本建立起以农业国家标准为龙头、农业行业标准为主体、地方农业标准为基础、企业标准为补充的农产品质量标准体系框架,全过程、多层级的都市型现代农业标准体系初步形成,涵盖了各类标准共1635项,其中制修订农业地方标准累计349项,涉及种子、产地环境、种养殖生产技术规程(规范)、农产品质量安全、防疫检疫及处置、调查与检测方法、农业设施、农机作业、初加工、观光建设等方面。各区县围绕当地主导特色农产品制定农业生产技术标准规范108项。北京农业标准体系的建立,为农业生产经营和管理提供可以操作的标准,为农产品的消费安全提供保障,为提升农产品的质量提供保证,最终提升农产品的竞争力,增加农民的收益,同时首都的生态环境也得到改善。

(二)农业标准化生产整体推进,农产品质量安全水平大幅度。

建设国家级农业标准化示范区79个,1995—2008年建设五批国家级农业标准化示范区49个,产品覆盖了蔬菜、果品、粮经作物、林木花卉、畜禽蛋乳、水产品、蜂产品、等种养业,示范区覆盖面积达8.93万公顷,直接带动示范户14万余户,累计增加产值20多亿元。第六批在建示范区30个。建设市级农业标准化示范基地1020个,涵盖了粮经、蔬菜、果品、畜禽、水产、花卉苗木等各种类型,市级标准化基地覆盖面积达4.6万公顷。积极开展农产品质量安全监测,保证市民吃上放心农产品。2002—2009年共抽查蔬菜、水果产品8201件,蔬菜、水果中农药残留及有害金属抽查合格率逐年提高,2009年,抽查391家标准化基地共计1018个样品,蔬菜合格率98.84%,水果100%。

(三)围绕农业的多功能拓展标准化工作,服务新农村建设。

在生态功能方面制定了设施农业节水灌溉工程技术规程和节水灌溉工程施工质量验收规范,生态清洁小流域技术规范,水土保持林、水源保护林建设技术规程,山区生态公益林抚育技术规程等地方标准。在生活功能方面制定了观光果园建设规范、乡村民俗旅游村等级划分与评定和乡村民俗旅游户等级划分与评定等地方标准。不断拓展标准化工作领域,探索农业与服务业相结合的标准化工作,建立了"国际驿站"、"采摘篱园"、"乡村酒店"、"养生山吧"、"休闲农庄"、"生态渔家"、"山水人家"、"民族风苑"等八种新业态模式,制定了《北京市乡村旅游特色业态标准及评定》,对发展乡村经济、促进农民增收致富、加快社会主义新农村建设具有积极作用。

二、经验

通过推行农业标准化,实现了从传统农业向现代农业转变,推动了农业结构调整的延续和深化,实现了农业产业升级,带动了农业优势主导产业的发展;提高了农业生产的组织化程度,促进了农业产业化发展;促进了农业科技成果的推广应用,提高了农业生产科技水平;促进了标准化技术与管理等无形资产的累积,凸显出从输出实物产品向输出技术、管理、标准迈进的超一流企业;提高了农产品质量安全水平,提升了农产品的市场竞争力;促进了第一产业与第二、第三产业的相互融合和渗透,促进农业新功能开发;促进了农业增效、农民增收;改善了生态环境,有利于农业的可持续发展;为社会主义新农村建设做出了积极的贡献。

(一)提高认识是前提

近年来,标准化逐渐得到了全社会的重视,农业标准化的重要作用得到越来越广泛的认同,党中央国务院对农业标准化工作做出重要指示,特别是胡锦涛总书记强调,各级党委和政府要增强责任感,切实把实施农业标准化和保障食品安全作为一件大事,纳入经济社会发展总体规划,列入重要议事日程。北京市采取街头宣传、现场会、经验交流、培训、媒体网络、宣传牌和橱窗等多种方式宣传普及农业标准化知识,北京市农业主管部门把实施农业标准化作为深化农业结构调整、实现产业升级、走向国际化的战略之举,生产者、经营者把标准化作为提高农产品质量安全和竞争力的重要手段,农业标准化工作得以较大发展。

(二)领导重视是关键

近年来,市委、市政府高度重视农业标准化工作,"发展现代都市型农业、推进农业标准化生产和标准化示范基地建设"等内容写入了近几年的市政府工作报告中。北京市建立了由主管农业的副市长任组长的农业标准化工作联席会议制度,各区县也都成立了由主管副区、县长任组长的农业标准化工作领导小组,政府统一领导,各部门分工负责,落实责任。2003年国务院办公厅下发了《国务院办公厅关于进一步做好农业标准化工作的通知》(国办发[2003]97号文件),时任北京市市长的王岐山专门批示:"农业标准化工作十分重要,应走在前列,请按通知要求,结合实际拟定实施的规划和方案。"2005年市政府办公厅印发了《关于进一步做好本市农业标准化工作的通知》。2002—2006年连续五年市政府把建设百家农业标准化生产示范基地列入每年市政府确定的"为民办实事"任务。今年,郭金龙市长在北京市标准化现场会上强调,所有行业、地方政府要认真研究当前发展时期的标准,要研究在社会服务管理中应有规范的标准,应该拿到议事日程。领导重视有力地促进了工作的开展。

(三)协调配合是保障

农业标准化工作是一项系统工程,涉及农业、林业、质监、发改委、科委、财政、工商、商务等多个部门,只有发挥各部门优势,特别是农业主管部门发挥主体作用,建立市农业标准化工作领导机制和实施推动机制,将农业标准化工作扎扎实实地开展下去,才能让标准化在农业经济建设和管理中发挥更大的作用。北京市各有关部门加强协调,明确职责,密切配合,政策集成、资金集成、科研集成,保障了工作的顺利进行。如市农委重点负责农业标准化有关政策,市质量技术监督局重点负责建立标准体系,监督标准的实施,市农业局、林业局重点负责标准实施推广。标准化示范项目的申报、部署、检查指导、考核验收、总结表彰等各阶段都召开专题会议研究部署,联合检查,形成了良好的农业标准化工作机制。

(四)政策规划是导向

农业标准化的工作方针是:"政府政策推动,市场消费引导、企业示范带动、农民积极参与。"政府部门是推动和支持者,政府的政策导向、资金支持和表彰奖励能极大地调动企业、农民专业合作组织、协会开展标准化建设的积极性。几年来北京市财政投入直接用于农业标准化建设的资金达两千万元,各区县政府也加大了投入,每年还对评为优秀的农业标准化基地给予奖励,极大地调动了标准化建设的积极性。农业标准化工作是一项长期性工作,不可能一蹴而就,需要有政策和规划加以导向,把农业标准化工作纳入各级政府的议事日程,纳入当地农业发展规划。去年北京市开展了标准化发展规划编制研究工作,旨在消除规划短期和滞后的问题。

(五)队伍建设是支撑

2003年成立了北京市农业标准化技术委员会,形成一支集成主管部门、科研单位、大专院校、技术机构、协学会等各方权威专家的农业标准化专业技术队伍。建立了农业标准化专家库,形成一支由农、林、牧、渔等各专业领域组成的专家队伍。开展农业标准化师资培训,形成一支由管理人员和技术推广人员组成的农业标准化师资队伍,培育了一批既懂标准化专业知识,又懂农业生产技术的农业标准化工作队伍,提高了工作管理水平。队伍建设为农业标准化的宣传培训、指导服务、审查评价等工作提供了专业技术支持与保障。

(六)紧贴中心求发展

只有紧贴政府中心工作,才能充分发挥标准化作用。2002年以来,农业标准化工作以食品安全这一重点、热点为切入点,在保障农产品安全、提高农产品质量方面发挥了重要作用。近两年北京市明确了都市型现代农业的发展目标,打破传统农业单纯生产的内涵,向生态、生活(观光采摘、休闲体验、文化教育)等多功能延伸。北京市已建成的49项国家级农业标准化示范区项目中就有42%从事观光采摘旅游,市级标准化基地中有21%从事观光采摘旅游。北京市农业标准化工作也转向,从种养业标准化向加工、服务等标准化领域拓展,适合都市型农业的发展方向。

(七)试点示范是抓手

推行标准化管理理念,是对传统农业粗放式管理观念的一种变革,要坚持科学发展观,不断学习借鉴国际通行的标准化管理方法、其他行业、地区的标准化经验,结合农业实际,通过试点、示范,加以探索、实践、总结和推广,这是推行农业标准化工作的有力抓手。在农业标准化基地建设中,借鉴工业标准化管理模式,开展农业企业标准体系建设试点,在此基础上总结制定《农业企业标准体系》地方标准,为农业标准化基地建立健全标准体系提供规范化的、系统的指导。今年,北京市又启动了休闲农业标准化试点工作,研究探索休闲农业标准化体系需求和农业服务标准化工作方法,为下一步建设旅游观光、采摘休闲农业标准体系,拓展农业标准化基地(示范区)建设内容奠定基础。

(八)信息平台优服务

2005年,北京市农业地方标准在北京市质量监督局网站上全文免费上网公开。2007年,北京市农业局建成"首都标准网",建设了农业标准化信息服务平台,包括农业标准体系目录查询和标准文本浏览,同时开通了农业标准化新闻动态、标准化基地风采、工作交流、农业标准化培训等专栏。平台向农业主管部门、国家级农业标准化示范区承担单位免费开放,为管理部门、技术推广、生产单位及广大农民提供便捷、准确、及时、权威的标准信息服务,有力地支持了农业标准化工作中标准查询、文本浏览、研究分析等工作。同时,也成为农业标准化示范区(基地)的宣传和成果展示平台。

北京市的农业标准化工作还存在着一些问题,还不能满足北京都市型现代农业发展的需要。一是农业标准化工作与北京市农业发展规划还未形成有机的结合,缺乏长远规划和发展后劲。二是农业标准化工作机制和队伍建设面临调整,不利于工作的持续有效开展。三是全社会特别是各级管理部门干部和广大农民对农业标准化的认识还有待提高,标准化知识仍需宣传普及。三是标准化基地重建设,轻管理,缺乏稳定的管理办法和监管机制,难以持续巩固和提高。四是农业标准化工作经费还未列入正常渠道,投入不足,在一定程度上制约了农业标准化工作的广泛、深入开展。五是标准覆盖还有空白,尚需补充完善适合北京市都市型农业多功能要求的农业标准体系。

三、问题

(一)农业标准体系涵盖范围较小

都市型现代农业的产业链已经从第一产业延伸到第二、第三产业,具有生产、生态、生活、示范、文化、教育等多种功能。北京的农业标准体系的内容包括产地环境、生产加工过程、产品质量安全等,虽然北京农业标准体系已经使北京地区主要农产品、农业投入品基本实现了"有标可依",但农业标准却主要集中于农产品的产前、产中的产品质量环节,针对农产品后期的储存、运输、销售环节,及涉农服务业的标准较少。北京农业标准体系未能完全涵盖北京都市型现代农业整个产业链的全部过程,北京要全面推进农业标准化,必须扩大农业标准体系的涵盖范围。

(二)行业标准与国际标准存在差距

都市型现代农业是科技型农业,现代农业科技已经成为其发展的主要动力之一。都市型现代农业是开放性农业,不仅要面对国内市场,也要面对国际市场的需求与挑战。现代农业科技的发展、国内国际市场需求的变化,都要求农业标准的制定要有先进的国际水准,落后的标准在很大程度上会限制都市型现代农业的迅速发展。北京农业标准偏重国内市场,技术内容简单或技术内容陈旧,大部分技术指标普遍低于国际先进水平,农业标准采标率很低,不能与国际标准形成良好对接。以蔬菜为例,北京的蔬菜目前尚没有采用国际食品法典委员会(CAC)标准,采用ISO标准的比例也较低。北京农业标准化体系,应该加快建立科学的超前标准体系,采用先进的国际标准,以促进都市型现代农业的发展。

第三节 标准体系建设内容

农业标准化工作在北京市发展都市型现代农业方面占有重要的地位。北京特色的农业标准体系的建立,可以提高农产品质量,提升农产品的市场竞争力,增加农民收入;可以提升农业生产的科技含量,推动农业结构调整的延续和深化,促进一产与第二、第三产业的产业相互融合和渗透,实现从传统农业向现代农业的转变;可以改善生态环境,实现农业的可持续发展,为全面建设小康社会、建设社会主义新农村、构建和谐社会做出积极的贡献。

一、建设原则

基于目前农业标准存在的问题和国家、农业部对农业标准体系进行的结构性调整工作,结合北京市都市型现代农业经济的发展方向,提出北京市农业标准体系建设原则:

（一）协调统一、系统配套

统一化是农业标准化中内容最广泛、开展最普遍的最基本的形式和方法之一。农业标准化对象同时也是统一化的对象。从本质上说，农业标准化是人们有意识地努力使各种弄个也标准化对象得以统一的过程。北京都市型现代农业标准化应系统配套、结构合理、层次分明，各级标准之间尽量协调统一，基本覆盖北京市主导农产品和特色农产品，能够指导北京市农业标准化生产与服务供给。

（二）分类科学、方便适用

农业标准化对象的多样化是一种客观存在。随着都市型现代农业的发展，产业形态不断更新，产业发在载体层出不穷，求新、求奇、求便利、求环保等多种价值和追求导向使都市型现代农业呈现出多样化的发展态势。开展农业的标准化必须要从缤纷多彩的农业现象中通过科学的分类，形成都市型现代农业发展的标准体系，使之系统化。因此，开展都市型现代农业标准体系的建设，必须按照农业生产的产前、产中、产后全过程进行标准归类，便于标准的分类查询、使用和数据分析。

（三）重点突出、持续发展

尽管农业标准化具有综合化的特征，要求将标准化对象所设计的全部因素综合考虑进来，进行系统处理，以确保标准化对象达到最优水平。但是，农业标准化也必须结合一定时期的发展趋势，适应社会经济发展需求，突出重点，开展相关标准的制定与推广工作。对北京市而言，以北京市主导农产品和特色农产品为重点，随着农业生产发展不断的健全完善，完善与之相关联的配套标准，实现动态维护，具有持续发展性。

（四）动态追踪，超前引领

伴随着社会的发展，对农业及其产品和服务的要求随之变化，因此农业标准化的对象也在逐步发生变化，这就要求农业标准化随之而变。因此都市型现代农业标准化建设必须密切追踪社会需求的变化，及时对标准体系进行调整和完善。同时，由于标准制定、修订的周期长，因此必须在体系制定初期就深刻研究标准化对象未来发展的趋势，做出超前性的预判，实现对都市型现代农业标准化进程的科学引领。

二、构成要素

北京都市型现代农业标准化的过程涉及农业的各种要素和环节，必须实施全面统筹，系统分析都市型现代农业标准化的各个环节，有利于明确标准化发展的方向。

（一）资源条件

资源条件是都市型现代农业发展的基础，也是功能拓展的前提。都市型现代农业标准化必须对发展的资源条件进行评价，主要评价都市型现代农业建设和发展所需的资源及其开发利用状况。包括资源禀赋与利用状况，景区可达性等。

（二）规划布局

规划布局是实现都市型现代农业发展高位引领的重要基础。都市型现代农业的产业化发展需要对发展载体进行科学的设计，合理的布局。规划布局主要评价都市型现代农业园区的规划和建设。包括园区面积、农业用地比重，功能分区与空间配置等。

（三）环境建设

环境条件是都市型现代农业实现价值的基础条件。都市型现代农业标准化重视以环境特色强化产业特色,形成环境与产业的互补,促进产业效益的实现。环境建设主要评价都市型现代农业发展的内外环境状况。包括园区周边环境质量、园区内部景观协调性。

（四）设施设备

主要对都市型现代农业发展的硬件条件进行规范。要求都市型现代农业发展必须要有与其定位相符合的基础设施设备与服务设施设备。包括生产、交通与道路、餐饮住宿、会议接待、旅游导引等方面的设施与设备。

（五）产品要求

主要规范都市型现代农业提供的产品。重点评价都市型现代农业产品与服务的种类、数量、质量、安全。包括农产品认证比重,食品卫生状况、服务产品的多样性与安全性等。

（六）产品实现

重点关注都市型现代农业产品的实现过程,强调用标准化来规范生产和服务的全过程,实现过程控制,提高产品生产的规范性与服务的规范性,确保产品质量与规范服务。包括生产技术规范与规程、服务操作规范等。

（七）组织管理

在规范运营和管理的层面上,制定相关的标准,促进都市型现代农业管理的规范化和运行的制度化。包括园区管理体系、运行机制与应急处置能力等。

（八）科技应用

都市型现代农业的发展你离不开现代农业科技成果的应用。都市型现代农业标准化要充分考虑科技应用的作用,对科技应用的成效与内容进行评价。主要评价都市型现代农业科技应用的成效。包括信息化水平、新品种、新技术与新能源等的应用。

（九）品牌建设

品牌建设是都市型现代农业发展的重要环节。都市型现代农业的评价标准中要把品牌建设的成果纳入进来。重点评价都市型现代农业园区的品牌发展状况,包括园区品牌创建与文化特色等。

（十）综合效益

都市型现代农业的标准化,尤其是评价标准,要充分考虑到综合效益,包括经济效益、社会效益和生态效益。包括年净利润、示范带动面积、吸纳农民就业人数、年接待游客量、获奖与授牌情况、媒体关注度、废弃资源循环利用率与植被覆盖率等。

三、体系构建

农业标准化是一项长期性复杂性的系统工程,是一个阶梯状上升的发展过程,是与科学技术的发展和人们经验的累积同步前进的,不可能一蹴而就,随着科学技术的发展与进步,人们认识水平的提高和经验的不断累积,要求相关标准跟进要有紧密性。北京农业发展到都市型现代农业阶段,改变了人们对农业的传统认识,对农业标准体系建设提出了新的要求。根据北京都市型现代农业发展的现状,北京农业标准体系的建设应该围绕北京农业产业融合化、特色化、多功能性、国际化的特点来开展,建立具有北京都市型现代农业特色的农业标准体系。

（一）产业融合化要求农业标准体系建设扩大涵盖范围

1.农业标准化范畴

波兰的约·沃吉次基最早提出的标准化三维空间概念,认为标准化范畴由对象或领域、内容、级别三维空间组合而成。根据此理论,构建农业标准化范畴三维空间如图24-1。X轴代表农业标准化的对象或领域,涉及的行业主要为种植业、林业、畜牧业、渔业、农用微生物业等领域。Y轴代表农业标准化的内容,主要包括术语、符号、代号;方法、要求;品种、规格;质量、等级;试验、检验;包装、储存、运输、使用等。Z轴代表农业标准化的级别,分为国际级、区域级、国家级、行业级、地方级、企业级。农业标准化范畴是一个不断扩展和充实的空间。随着农业产业链的延伸与融合,农业科学技术的快速发展,农业经济贸易的日益国际化,农业标准化范畴的空间越来越大,农业标准化的作用也越来越重要。

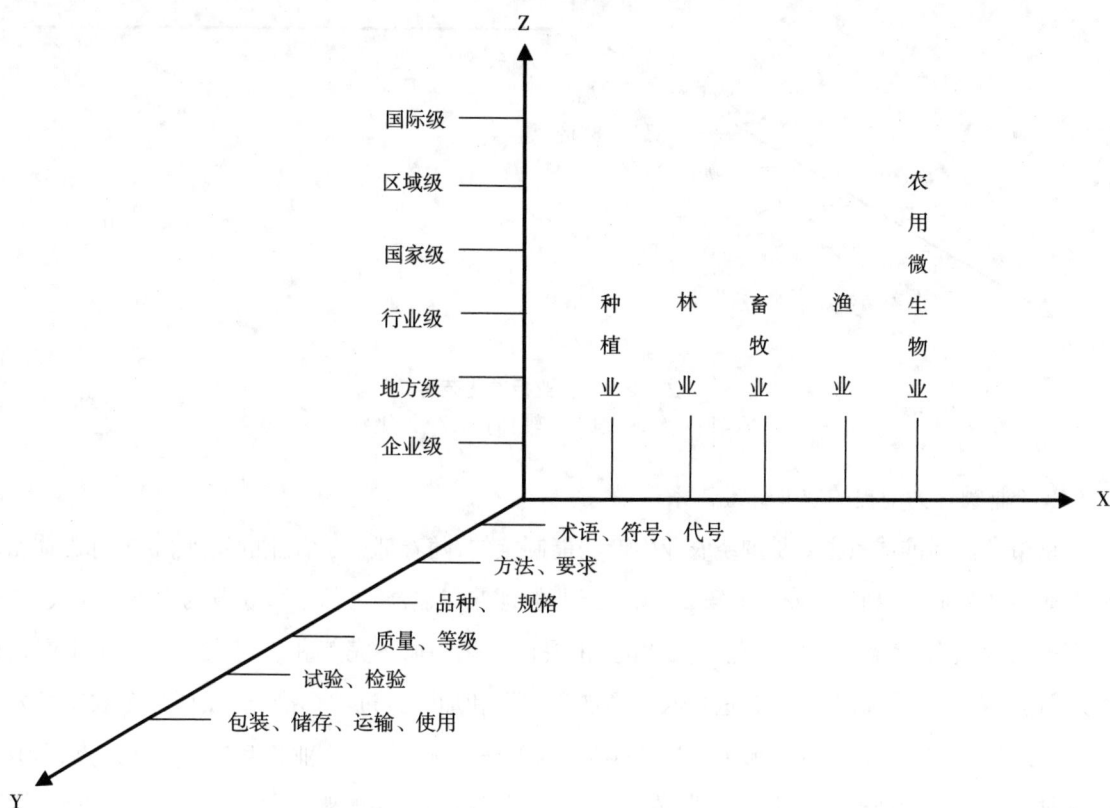

图24-1 农业标准化范畴
（X轴:对象或领域;Y轴:内容;Z轴:级别）

2.都市型现代农业标准化范畴

都市型现代农业是随着经济、社会的发展而出现的一种综合的农业体系,是现代农业在大城市的表现形式。都市型现代农业的出现,使农业标准化范畴延伸。构建都市型现代农业标准化范畴三维空间如图24-2。与传统农业标准化范畴相比,X轴对象或领域扩大,从第一产业扩展到第二、第三产业;Y轴内容更加充实,增加了环境、服务、管理、过程的标准。都市型现代农业使第一、第二、第三产业相互融合,延长了农业的产业链,所以要求都市型现代农业标准体系的建设要考虑到生产环境标准、服务质量标准、管理规程标准、过程方法标准等多个方面;要求农业标准化体系建设要从产业融合的经济效益、提升农业的服务能力的角度,来推进标准的制定和完善工作。

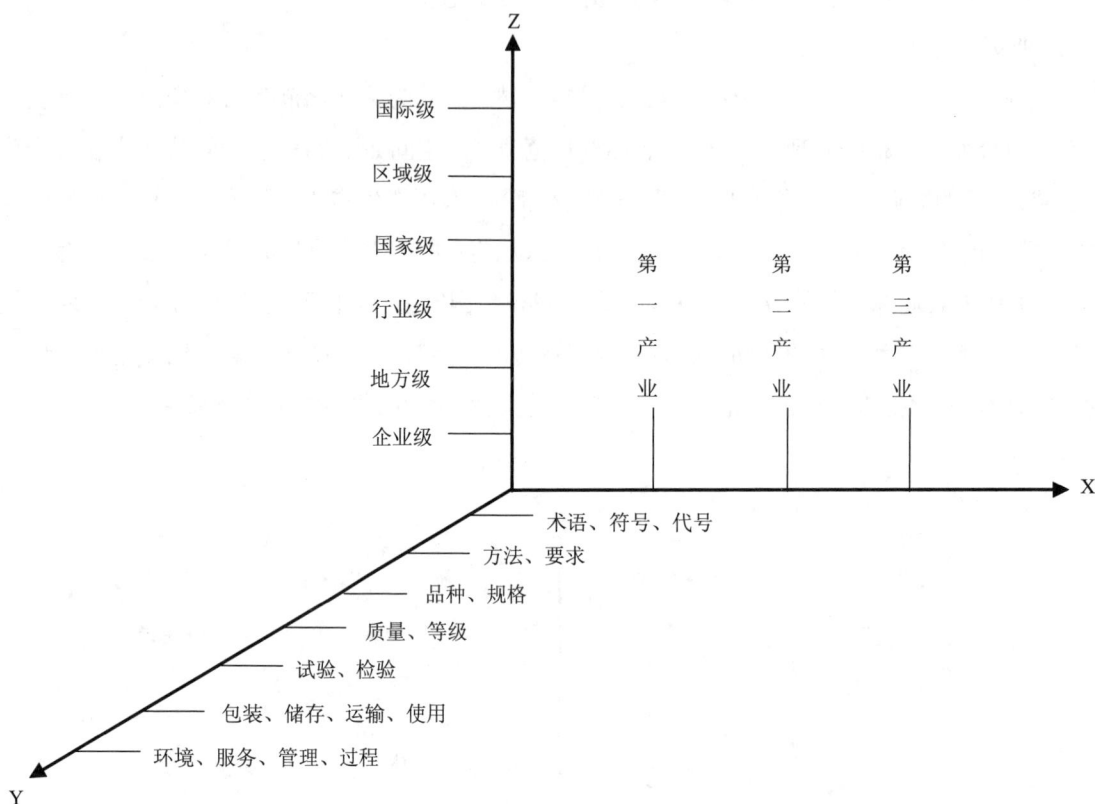

图 24-2 农业标准化范畴
（X轴:对象或领域;Y轴:内容;Z轴:级别）

3.以产业融合为前提的农业标准体系建设

北京市农业标准体系主要是围绕农业生产功能制定的,随着都市型农业的发展,农业标准体系应从注重农业生产方面,转到注重农业向第二、第三产业的延伸与融合,为都市型农业的发展提供技术支撑。围绕都市农业生产、生态、生活、示范四大功能,拓展标准化领域。完善和制定农产品加工生产建设标准,按照提高农产品附加值的要求,进行农产品加工技术和加工全过程标准化,保证加工农产品安全卫生。从单纯注重农业生产向农业服务标准化延伸,以第一产业与第三产业相互融合为切入点,研究多种功能相结合的农业标准建设新模式,支持农业与服务业相结合的旅游观光休闲农业、生态农业、农产品流通等领域的健康发展。制定符合实际,技术上先进,经济上合理,操作上可行的地方标准,使得各环节都做到"有标可依"。

（二）北京农业标准体系建设应具有特色性

1.北京发展特色农业具有优越条件

北京区域优势明显,地域自然条件复杂,全市具有高山、丘陵、平原、河流、湖泊和湿地等多样性地貌特征,土壤、植被和地形气候也具有多样性,适合于多种农作物生长,这使得全市动植物资源非常丰富,非常适合发展特色农业。北京具有全国顶尖的科研机构,又是人才的聚集地,可以为特色农业的发展提供科技支持。近年来,北京市政府加大对农业的投入力度,为特色农业的发展提供了资金保障。北京交通便利,信息服务业发达,都是发展特色农业的有利条件。

2.都市型现代农业阶段特色农业的发展

北京已经发展成为世界上最大的农产品消费市场之一。北京具有消费群体规模大、消费层次多、消费质量高等特点,都市型现代农业满足都市个性化消费需求,开发高端消费市场,充分利用北京的地域、经济、科技、政治上的优势,以农民增收、农业增效为目标,调整农业产业结构,支持具有地域特色的农业龙头企业的发展,形成一批有首都特色的农产品品牌。

3.农业标准体系的建设要把握特色化原则

统一化是农业标准化过程中内容最广泛、开展最普遍的最基本的形式和方法之一,但统一也遵循适时、适度原则,标准化建设在一定范围内也要有灵活性。农业标准中的统一不是统一为一种,而是统一为一定的理想的多数,以适应社会多方面各种不同的需要。北京市的农业标准化建设要结合北京都市型现代农业的产业优势、特点和发展方向,以北京市特色农业资源为关注重点,以生产、加工、运输、销售、旅游服务全链条为主线,建立健全具有首都特色的"北京市都市型现代农业标准体系"。要重点研究具有北京市特色的农业标准项目,编制农业标准发展规划。要完善和制定适应首都地区环境要求和市场需求的主要特色作物的生产技术标准、生产管理标准、农产品质量与安全卫生标准、监测检验标准。推行北京特色的农业标准,带动地方优势主导产业的发展壮大,形成一批具有明显地域特色、生产特色、产品特色的优势品种,使这些特色产品成为北京地区农业经济发展的支柱产业,在全国形成较强的影响力。

(三)多功能性要求农业标准体系建设要考虑社会需求

1.社会需求使农业不断拓展出多种功能

北京农业为北京提供粮食、经济作物、林、牧、渔、副等产品,满足人们物质生活的消费需要,这是农业的基本功能,这也是人们传统意识中农业的全部功能。当前,社会需求的快速发展使农业在不断强化其生产功能的基础上,又肩负起更多的其他功能。由于其特殊的地域特征和产业特征,其"服务于城市、依托于城市"的本质,都市型现代农业产生出满足大都市社会需求的多种功能,除了生产功能外,还有调节城市环境的生态功能、观光休闲的旅游功能、出口创汇的经济功能、传承乡村农耕文明的文化功能、科技展示的示范功能、就业增收的功能、促进农业可持续发展的功能等等,其多种功能促进城市与农村、人与自然、社会与经济和谐发展。

2.考虑社会需求,应充分发挥农业的多功能性

北京农业标准体系的制定,不仅要考虑经济效益,同时也要考虑社会在生产、生活、生态、服务方面的需求,充分发挥都市型现代农业的多种功能。发挥生产功能,农业标准体系的制定要统筹协调经济社会发展与人口、资源、环境的关系,有利于转变经济增长方式,建设节约型社会,在生产、流通、消费各领域节约资源,提高资源利用效率,减少损失浪费,以尽可能少的资源消耗,创造尽可能大的经济社会效益;完善资源节约标准体系,增强标准的科学性、适用性、有效性、配套性、前瞻性。发挥生活功能,要制定观光园建设规范、科技示范区建设规范、民俗旅游村等级划分与评定等地方标准,促进其规范化、规模化、健康化发展。发挥生态功能,要制定设施农业节水灌溉工程技术规程和节水灌溉工程施工质量验收规范,生态清洁小流域技术规范,水土保持林、水源保护林建设技术规程,山区生态公益林抚育技术规程等地方标准,加强环保标准的制修订工作,为推动循环经济的发展提供强有力的技术支持,防治环境污染、维持生态平衡、保护人体健康。发挥社会服务功能,要推动与北京都市型现代农业相关的服务业标准,加强服务业的软性基础设施,完善从业人员的服务规范、服务考核、服务评级标准;完善首都农业景区景点环境保护的标准,提升首都农业休闲旅游区服务标识标准,完善农业休闲旅游收费的标准化管理,推动旅游区硬件的标准化。

（四）北京农业标准体系建设要面向国际化

1.北京农业应适应国际化发展趋势

北京是一个国际性大都市,其农业不应仅仅服务于北京,而应面向世界。农业的国际化发展,是要使农业资源在世界范围内进行优化配置,实现资源和产品的国内和国际市场的双向流动。要实现农业国际化,首先要实现产业化,散户耕作、粗放型生产方式,制约国内农业资源调整和重组,农业发展很难与国际接轨。都市型现代农业是以农业的功能创新、科技创新、文化创新为重点,加大农业产业结构调整力度,切实转变农业增长方式,促进农业规模化、现代化、市场化经营,完善农业产业体系,促进农业产业化发展。至2009年5月,北京市共有农业产业化龙头企业368家,固定资产总值达到181亿元,年销售收入418.5亿元,净利润31.5亿元。部分农业产业化龙头企业产品已经开始占领国际市场,北京农业产业化的蓬勃发展,使北京的农业发展逐步走向国际化。

2.建设国际化水平的北京农业标准体系

随着经济全球化及市场一体化进程的深入,国际市场竞争也从传统的质量竞争、价格竞争、服务竞争、品牌竞争,产生出了更为激烈的标准竞争。发达国家近几十年来大力推进农业全程标准化生产,特别是各国根据实际情况不断地修订、完善和细化农业全程生产标准,已经形成了一个完整的农业标准体系,有效地改善了农业生产条件与农业生态环境,极大地提高了农产品的质量,增强了其农产品在国际市场上的竞争力。标准在世界贸易竞争中的作用越来越重要,北京直接面对国际市场的需求和挑战,为了提高农产品的国际竞争力,保障北京的经济安全和利益,构建新型的面向国际化的农业标准体系已刻不容缓。首先,积极采用先进的国际标准。及时掌握农业国际标准、国外先进标准的信息,对适合北京地区的先进的国际标准,要积极采纳,实现与发达国家标准的对接,提高北京农业标准的采标率,提升北京农业标准体系的国际化水平;其次,积极参加农业国际标准化活动。借鉴国际先进标准的制定程序、原则、方法,发挥北京地区科技、人才优势,以制定标准者控制市场为出发点,制定出可以使国际标准组织正式立项的具有国际先进水准的农业标准,真正建立国际化的农业标准体系,掌握市场主动权;最后,提高农业标准的时效性。农业标准体系在时间的流程中也不断地变化,随着农业科学技术、农业生产、农业经济的发展,现行的农业标准逐渐失去原有的价值。不相适应的标准及时修订,落后的标准及时废止,提高农业标准的时效性,缩短标龄,这样才能长期保证北京农业标准体系的国际先进水平。

北京特色的农业标准体系建设,要处理好新旧体系交替和衔接的关系,也要处理好新体系内各要素协调发展的关系,要建立具有系统性、协调性、先进性、市场适应性的面向国际的特色标准体系,推动农业生产结构的战略性调整,促进农业科技的进步,提高北京农业的整体竞争力,实现农业的可持续发展。北京在建设农业标准体系的同时也要做好标准化的普及、宣传工作,引导农村居民转变观念,树立市场、科技、质量、标准的新观念,充分调动广大农民的积极性,提高农民接受农业标准化的自觉性。只有农业标准化得到有效实施,才能真正履行其实现经济、社会、生态效益等综合效益最大化的功能。

第四节 标准化推广模式与建设思路

构建都市型现代农业标准体系为系统性地开展标准制定与推广工作奠定了基本条件。标准化制定、管理、试点与实施的相关部门应根据各自的职责,积极推动标准应用与推广工作。结合北京都市型现代农业发展的特点,研究认为北京市都市型现代农业标准化的推广可以遵从以下模式。

一、推广模式

(一)政府主导模式

通过农业相关主管部门,构建能够吸引包括合作社、龙头企业、农户等多种主体参与的平台,推进都市型现代农业的标准化发展。政府主导模式的重点在于开展统一规划、统一协调、统一标准和统一服务,具有一定的强制性。如北京市农委出台的《北京市观光休闲农业示范园评定标准(试行)》,从政府管理部门的角度,对全市休闲农业示范园的建设与评价进行了规范,为示范园的规范建设奠定了基础,也便于政府开展统一管理和行业主体以标准开展休闲农业发展和经营活动。

(二)行业协会主导模式

都市型现代农业领域的相关行业发展协会是联结政府、会员(企业、园区、农户等)与市场的桥梁和纽带,能够将标准化推行与都市型现代农业企业品牌、区域品牌创建有机结合起来。行业协会同政府一样可以具有制定标准的能力和推广标准的优势,它通过广泛联系会员和有机衔接市场的优势,运用协会的技术与组织资源,制定标准并组织实施,设立都市型现代农业发展门槛;开展标准化应用的技术指导,不断加强对会员的管理,培育都市型现代农业发展环境和体验内涵;统一特色产品标准与品质化服务的规范,协调做好都市型现代农业示范(镇、园区等)评定等工作,推进都市型现代农业品牌化,打造区域品牌。

(三)合作社主导模式

农民专业合作社多由农民自发组织,主要涉及民俗旅游户(农家乐)等相对较为分散的业态,组织结构相对较为松散,约束力与行业协会相比较弱。合作社在推广和应用都市型现代农业标准上具有重要作用,一方面在专业化产区,通过农产品种植和养殖的标准化为都市型现代农业的食品、观光和体验需求提供安全的原料基础;另一方面合作社通过实施标准化统一管理、经营、服务、建设等环节,合力开发都市型现代农业特色资源,打造都市型现代农业园区。

(四)龙头企业主导模式

都市型现代农业龙头企业连接着农户、企业和市场,是推进农业标准化的重要力量。龙头企业经营融合了农业生产、休闲服务、农业观光等内涵,多以农产品加工、仓储物流、休闲农业等为表现形式,重点将绿色、有机生产的标准化和休闲体验及旅游服务的标准化相结合,以高端化、多样化的服务满足都市型现代农业市场需求。其主要作用体现在:(1)龙头企业采用更高标准从事农业生产,提供高端农产品,满足休闲市场对农产品的高端化需求;(2)龙头企业积极制定和采用一系列的服务标准,提高服务水平和规范化程度;(3)龙头企业与周边农户之间的利益联结推进了农户标准化生产。龙头企业主导模式可以促进都市型现代农业标准化的广泛推广与深度实施,是都市型现代农业标准化推行的重要发展方向。

(五)示范园区带动模式

都市型现代农业示范园区的生产经营活动紧密围绕着"绿色、安全、生态"的主题,积极发展无公害和绿色农业,带动周边农民开展标准化生产,建立标准化种植基地,增加了农产品的附加值,农业经济效益明显提高。同时示范园区多存在多种功能和多种经营,带动了餐饮、住宿、体验等休闲服务的标准化和特色种养的标准化。

需要指出的是,北京在推进都市型现代农业的标准化的过程中,这些模式的选择并不是一成不变和相互割裂的。在实践中,都市型现代农业的标准化和产业化发展往往受到政府、企业、协会与合作社等各层次、各方面力量的引导和规范,从而形成了以标准化为抓手、多方面协同推进产业化发展的局面。

二、建设思路

《中共中央关于推进农村改革发展若干重大问题的决定》指出:"加强农业标准化和农产品质量安全工作,严格产地环境、投入品使用、生产过程、产品质量全程监控,切实落实农产品生产、收购、储运、加工、销售各环节的质量安全监管责任,杜绝不合格产品进入市场。"《中共北京市委关于率先形成城乡经济社会发展一体化新格局的意见》要求:"全面推进农业标准化生产,强化农产品质量安全认证,大力发展无公害、绿色、有机农产品。"要按照党中央、国务院、市委、市政府的要求,加强农业标准化工作,紧紧围绕新农村建设,以都市型现代农业的多功能为重点,以提高效益为目标,研究探索标准化工作如何为产业融合和农业的多功能提供更加广阔的平台,规划建立都市农业标准体系,全面推进农业标准化生产,实现农业种养殖安全,促进农业增效、农民增收、都市型现代农业又好又快发展。

(一)规划建立都市农业标准体系,加强农业地方标准制修订

结合新农村建设要求和北京市农业产业优势、特点和发展方向,制定农业标准发展规划,研究确定北京市农业标准重点方向和重点项目。按照郭金龙市长在调研全市标准化工作时提出的"全力塑造北京标准的良好品牌,不断提升首都的科学发展水平"的要求,围绕都市农业生产、生态、生活三大功能,加大地方标准的制修订工作力度,以生产、加工、流通、旅游服务全链条为主线,建立健全"北京市都市农业标准体系"。

(二)全面推进农业标准化生产,建立长效监管和提升机制

全面推进农业标准化生产,以龙头企业、农民专业合作组织为实施载体,通过标准化基地建设,推进"龙头企业+基地+农户+标准"的生产加工模式,提高专业化、规模化、集约化水平,提高农产品质量安全水平和市场竞争力。

按照《北京市农业标准化基地管理办法》对标准化基地实施分级管理,制定《北京市农业标准化基地等级划分与评定》地方标准,开展基地提升和分级评定工作,通过"建设—提升—再建设—再提升"发展模式,引导基地不断提高农业标准化生产和管理水平。

(三)围绕农业的多功能,开展农业服务标准化试点

围绕都市农业多功能,拓展标准化领域,从单纯注重农业生产向农业服务标准化延伸,以第一产业与第三产业相互融合为切入点,做好休闲农业标准化试点工作,研究形成生产、生态、生活三大功能相结

合的农业标准化建设新模式,发挥标准化的平台效应,支持农业与服务业相结合的旅游观光休闲农业健康发展。

（四）加强农业标准化队伍建设,做好咨询服务

开展农业标准化技术人员和管理人员培训,培育出一批既懂标准化专业知识,又懂农业生产技术的农业标准化工作队伍,提高工作管理水平。继续做好"首都标准网"农业标准化信息服务平台,建设农业标准化基地数据库,开设网上农业标准化课堂,加强标准化基地建设成果的宣传和展示。加强农业标准信息服务,分期分批向农业主管部门、区县技术推广机构、国家级农业标准化示范区、市级农业标准化基地免费开通"首都标准网"农业标准化信息服务平台,扩大服务覆盖面。

第二十五章 都市型现代农业评价体系

本章提出了中国都市现代农业发展指数指标体系选取的原则、指标框架的构成、指标体系评价方法以及指标体系评价结果,从农业现代化水平、菜篮子保障水平、农产品质量水平、休闲农业与生态农业水平、辐射带动水平五个维度测量我国 35 个主要大中城市的发展指数,并根据我国都市现代农业的发展进度,给出相应的发展对策建议。

第一节 评价指标体系构建依据与原则

一、理论依据

(一)系统理论

系统论是研究系统的一般模式、结构和规律的一门学问,它研究各种系统的共同特性,用数学的方法描述它们的功能,寻求并确立适用于一切系统的原理、原则和数学模型,是具有逻辑和数学性质的一门新兴科学。系统论的最大特点是其具有科学方法论的含义,是一门反映客观规律的科学理论。系统论提出的整体性、关联性、等级结构性、动态平衡性、时序性等基本思想观点,既是所有系统的共同的基本特征,也是系统方法的基本原则。其中系统论的核心思想是系统的整体观念。系统是由两个以上相互联系、相互作用的要素构成的具有一定结构与功能的有机整体。系统要素的特点、各要素间的相互关系与构成方式、规范性的制度章程与运行方式决定一个系统的具体特性。系统与构成系统的要素是整体与部分的关系,它们相互依存,共同作用:一方面,系统独特的性质与功能制约着组成要素的性质与功能,即系统对要素起着支配作用;另一方面,系统对组成要素也有依赖性,要素是构成系统的基础,要素的变化会影响系统的变化。当然,并不是每个要素都是同等重要的,它们有层次之分、主次之别。因此,在运用系统思维和方法解决问题时,我们要意识到系统要素有层次之分、主次之别;要根据要素对系统性质、结构、机制、功能及发展变化影响程度对要素予以取舍,提炼出主要的、决定性的东西。

(二)可持续发展理论

20 世纪 80 年代世界环境与发展委员会(WECD)正式提出可持续发展的模式后,可持续发展理论与战略得到了发达国家和发展中国家的普遍认同。可持续发展涵盖了生态、经济社会等多方面的内容,内容广泛。据不完全统计,其定义又百种之上。比较普遍的有:在连续的基础上保持或提高生活质量;在保持能够从自然资源中不断得到服务的情况下,使经济增长的净利益最大化;在生存不超出维持生态系统涵容能力的情况下,改善人类的生活品质;当发展能够保证当代人的福利增加时,也不应使后代人的福利减少;等等。目前在最一般的意义上得到广泛接受和认可的是 WECD 于 1987 年发表的《我们共同的未来》的报告中提出来的可持续发展定义,即"可持续发展是既能满足当代人的需求又不危及后代人满足其需求的发展"。据此,我国专家学者普遍认为,可持续发展的本质含义是:健康的经济应建立在生态可持续能力、社会公正和人民积极参与自身发展决策的基础之上;可持续发展所追求的目标是既要使人类的各种需要得到满足,个人得到充分发展,又要保护资源和生态环境,不对后代人的生存和发展构成威胁;衡量可持续发展有经济、环境和社会三方面的指标,缺一不可。

（三）科学发展理论

科学发展观是在党的十六届三中全会上提出来的。科学发展观是坚持以人为本,全面、协调、可持续的发展观。以人为本,就是要把人民的利益作为一切工作的出发点和落脚点,不断满足人们的多方面需求及新期待和促进人的全面发展:全面,就是要在不断完善社会主义市场经济体制,保持经济持续快速协调健康发展的同时,加快政治文明、精神文明的建设,形成物质文明、政治文明、精神文明相互促进、共同发展的格局;协调,就是要统筹城乡协调发展、区域协调发展、经济社会协调发展、国内发展和对外开放;可持续,就是要统筹人与自然和谐发展,处理好经济建设、人口增长与资源利用、生态环境保护的关系,推动整个社会走上生产发展、生活富裕、生态良好的文明发展道路。

所谓科学发展理念包括以下几方面:一是大资源理念,立足于全部国土资源,合理有效利用耕地、林地、草原、淡水、海洋、生物、光热等各种资源,不断提高资源综合利用效率。二是大生态理念,充分发挥林草等植被的生态屏障作用,营造农田防护林网,搞好水土保持,治理面源污染,推进废弃物的减量化、无害化、资源化,发展循环农业、节约农业,实现农业可持续发展。三是大农业理念,拓宽农业发展的内涵和外延,全面发展农林牧副渔各业及其加工与流通,增强和发挥农业的食物营养、工业原料、就业增收、生态保障、观光旅游、文化传承等多种功能。四是大食物理念,积极开发粮食和非粮食食物,增加动物性食品供给,广辟食物来源,满足人民群众对食物的多样化需求。五是大市场理念,充分利用农村市场和城市市场、国内市场和国际市场、产品市场和要素市场,发展现代流通方式,扩大流通范围,消除流通障碍,提高流通效率。

（四）舒尔茨的农业投资理论

早在 1961 年,舒尔茨(Shults T.)就在其《人力资本投资》一文中首次区分了物资资本和人力资本,指出通过对人力资本投资,人的质量能够得到不断改进,并由此提高劳动生产率。在《穷人的经济学》中,舒尔茨强调"改进穷人的福利的关键因素不是空间、能源和耕地,而是提高人口质量,提高知识水平"。他批评了"制度不变论"和"制度外生论",进一步指出,应把各种资源配置制度、产生人力资本的制度(教育和培训)、技术创新制度以及自由竞争制度等当做经济的内生变量。1964 年舒尔茨又在其著作《改造传统农业》中论述了改造传统农业对经济增长,尤其是对发展中国家经济发展的重要作用。他认为并不存在使任何一个国家的农业部门不能对经济增长做出重大贡献的基本原因,发展中国家的传统农业是不能对经济增长作出贡献的,只有现代化的农业才能对经济增长作出重大贡献。问题的关键是如何把传统农业改造成现代化的农业。舒尔茨提出,改造传统农业的关键是要引进新的现代农业生产要素,这些要素可以使农业收入流价格下降,从而使农业成为经济增长的源泉,特别强调:(1)建立一套适于传统农业改造的制度;(2)从供给和需求两个方面为引进现代生产要素创造条件;(3)对农民进行人力资本投资。而政府对农民的投资是农业发展的基础,是提高农业生产率、增强农业竞争力的必要条件,是传统农业向现代农业转变的关键。农业能够做出多大贡献,取决于实现农业现代化所需的投资规模和效益,政府在决策中要充分认识农业的重要性,要把投资资源配置到农业中。舒尔茨的观点明确了政府在农业发展中的作用,并指出政府应该在农业教育、科研、基础设施等领域给予投资。

(五)其他相关理论

(1)政府绩效管理理论。绩效管理理论是在对传统绩效考核进行改进和发展的基础上逐渐形成和发展起来的。传统的绩效考核是一个相对独立的系统,通常与组织中的其他背景因素相脱离,如组织目标和战略、组织文化、管理者的承诺和支持等。而这些背景因素对于成功的实施绩效评估有着非常重要的作用。绩效管理兴起于20世纪20至30年代,首先运用在企业的人力资源管理中,70年代以后形成体系,管理对象逐渐扩展为组织、团体、员工三个层次。20世纪80年代,经济停滞、财政危机与公众对政府满意度下降等棘手难题在西方国家普遍遇凸现,为了解决此类问题,政府转变了传统的政府效率的理念,将企业管理中比较成熟的管理工具——绩效管理纳入日常活动。随后,绩效管理和绩效评价在公共管理的实践中得到普遍应用,已经作为一种评价和改进政府绩效的管理实用工具。绩效管理和绩效评估方法有着很强的实际效果,主要起到两个方面的作用:一是能够知道政府部门的管理绩效的现状究竟如何的检验和评价的功能;二是为了西方发达国家未来的政府绩效评实践进行理论前瞻,防止政府绩效评估实践活动误入歧途的改善和提高的功能。总的来说,政府绩效评估具有十分明确的目的性,是西方国家政府改革中所必须实施的一个共同策略。约翰.麦舍(JohnMerseeo)认为,绩效评价将评估在占用一定资源的情况下达到的绩效到底如何,各部门不得不对其活动的结果负责。哈佛大学肯尼迪政府学院的特利.赛契(Tonysaich)运用满意度测评的方法研究了中国城市和农村居民对政府绩效和公共服务满意度,发现居民对不同级别政府的态度截然不同,对中央政府的满意度很高,政府级别越低满意度就越低。在我国,农业是国民经济的基础,素有"牵一发而动全身"的称号。正是这种原因,将现代多功能农业纳入政府绩效评价之一,政府不仅是对纳税人负责,也是为了提高政府的运行效率,通过对政府工作的绩效评估规范政府行为已经越来越受到重视,在某种程度上来说,推行现代多功能农业的绩效评价,不仅意味着政府执政理念的加强,也可能意味着某些管理方式的某些变革。基于系统论、可持续发展理论、科学发展观、农业投资增长理论、绩效管理理论管理学和经济学其他理论基础,构建一个包括评估主体、指标、方法及其制度安排等要素在内的现代多功能农业评估体系,是促进我国政府建设和解决我国现行政府绩效评估体系存在问题的现实选择。

(2)正确的政绩观。党的十六届三中全会提出了要确立科学发展观和正确政绩观的要求。对于政府来说,正确的政绩观就是正确的绩效观。要落实正确的政绩观,就是要科学评价政府的绩效。科学发展观和正确的政绩观紧密相连,科学发展观为领导干部树立正确的政绩观提出了新的要求,并为领导干部政绩观指明了方向,而正确的政绩观实践着科学发展观的要求,正确的政绩观必须以科学发展观为指导,用全面的、实践的、群众的观点对待成绩。用全面的观点看政绩就是既要看经济指标、社会指标,又要看人文指标和环境指标;既要看城市发展,也要看农村发展;既要看经济增长情况、人民群众得到实惠的情况,也要看经济发展、各项社会事业发展情况;既要看"显绩"、也要看"潜绩";既要看主观努力,又要看客观条件。实践的观点就是看待政绩的时候,要重实干、办实事、求实效,使政绩经得起检验。用群众的观点看政绩就是要把实现好、维护好、发展好最广大人民的根本利益作为追求政绩的根本目标,始终坚持全心全意为人民服务的根本宗旨;倾听群众呼声,了解群众感受,站在人民群众的立场考察政绩,将人民群众拥护不拥护、赞成不赞成、高兴不高兴、答应不答应作为评判政绩的根本标准。

现实生活中,相当一部分领导干部有主观臆断,拍脑袋决策,违背规律,哗众取宠,虚报浮夸,盲目追丛,急功近利等毛病,他们热衷于搞形象工程、政绩工程、面子工程、亮丽工程、夜景工程等,目的是为自己邀官。因此现代多功能农业评价急需建立科学的政绩考评体系,树立科学的政绩观。由于多种因素的影响,目前我国的政绩考核体系上还存在着一些不足和缺陷,比如指标设计偏重经济发展和 GDP 增长,而对教育、文化、卫生、环保等指标存在一定程度的忽视;考核项目比较空泛,缺乏实际基础,考核标准缺也乏科学依据,等等。因此,坚持科学发展观的指导,把发展现代多功能农业纳入政府政绩体系,通过科学设置现代多功能农业考评体系,考评现代多功能农业的建设情况,将现代多功能农业建设情况纳入选拔和提拔干部的标准,是健全现代农业多功能评价体系亚需解决的问题。在考核标准的制定上,既要看数字,又不能唯数字,坚决防止"数字出官"和"官出数字"等现象。作为农业大国,农业在我国国家经济和社会发展中的地位非常重要,发展现代多功能农业已经成为摆在国家政府面前刻不容缓的课题。通过对现代多功能农业科学的评价不仅可以掌握好现代多功能农业发展的好坏,更能直接折射出政府的绩效考评状况,可谓有百利而无一害。

(3)农业景观理论。农业景观学是生态旅游农业的理论基础之一。最早的景观含义是地方风景或景色。在 19 世纪早期,景观的地理含义为"一个地理区域的总体特征"。农业景观是在一定的农业自然资源和环境条件下,通过采取一系列的生物技术措施,进行农业生产活动,从而形成具有区域特色的农业综合体。农业景观具有自然景观和人文景观双重特征。

(4)体验经济理论。"体验经济"一词是派恩(B.JosephpineH)和盖尔摩(JamesH.oilmore)在其合写的书中提出来的,该书于 1998 年由美国哈佛管理学院出版。派恩和盖尔摩指出,农业经济时代,以农业耕作生产鲜产品用作消费,附加值低;工业经济时代,以经过加工的产品提供消费,附加值高;服务经济时代,产品加上服务,附加值更高:体验经济时代就是通过设计舒坦高雅的环境,体验活动居于价格优势。在现代的体验经济时代,就是要给顾客难忘的人生体验,以获得更大的价值,体验是消费者越来越重视的要素。

二、构建原则

现代多功能农业是一个动态的、不断发展的历史过程,是一个不断完善、不断提高的过程。因此,推进农业现代化要坚持不懈,使其不断提高和完善,以向更高的发展阶段迈进。动态地掌握现代多功能农业的水平是推进农业现代化建设的客观需要,这要求我们首先要遵循以下原则构建一套科学、可行的现代多功能农业评价的指标体系。

(一)重点性原则。重点性原则是要求我们在构建现代多功能农业化评价指标体系时要重点体现现代多功能农业的发展水平,突出现代多功能农业发展过程中的生产手段、生产条件、技术水平、社会化服务状况、劳动生产率、土地生产率和市场化、商品化的发展水平。

(二)综合性原则。现代多功能农业是一项包括社会、经济、生态等多种成分在内的系统工程。现代多功能农业是由不同层系的诸多要素构成的,各层次、各要素之间的特点及关系使现代多功能农业指标体系在指标数量上不能太少,所以建立指标体系时应动态和静态结合,使指标体系既包括动态指标又包括静态指标。同时指标涵盖的内容不能太小和太窄。综合性原则要求从现代多功能农业的主要方面确定现代多功能农业评价体系的主要指标,全面而准确地反映现代多功能农业的实质内容和发展水平。同时所采用的指标应尽可能量化,对于难以量化的指标,可进行定性分析。

(三)科学性和可操作性相结合的原则。指标体系必须建立在科学合理的基础之上,要能够客观正确地反映现代多功能农业的基本状况和运行规律,同时各指标的意义要尽可能的明确,还要考虑指标数据收集的方便性、可靠性以及依据体系建立的信息系统的可操作性。

(四)前瞻时效性。各项指标均能反映全国都市现代农业发展的最新动态与特征,指标框架能根据最新发展趋势不断修改和完善。

(五)通用扩展性。必须考虑到各大中城市在自然资源与环境、社会经济发展水平、都市现代农业地方特色等方面的差异,选择具有共性特征的指标,避免选取带有强烈地方色彩的指标。

第二节　评价指标选择

以 2012 年中国都市现代农业监测统计数据为基础,通过建立中国都市现代农业发展指数评价指标体系,测定 2012 年中国都市现代农业综合发展指数以及农业现代化水平、"菜篮子"产品保障、农产品质量安全、休闲农业与生态农业、辐射带动五个维度的发展指数。

一、指标阈值确定

在计算单个指标指数时,首先必须对每个指标进行无量纲化处理,而进行无量纲化处理的关键是确定各指标的上、下限阈值。指标的上、下限阈值主要是参考 35 个大中城市相应指标最大值和最小值,以及世界主要大城市的相关数值。将第 i 个指标的实际值记为 X_i,权重为 W_i,下限阈值和上限阈值分别为 X_{min}^i 和 X_{max}^i,无量纲化后的值为 Z_i。

(一)指标无量纲化

无量纲化,也叫数据的标准化,是通过数学变换来消除原始变量(指标)量纲影响的方法。

正指标无量纲化计算公式:

$$Z_i = \frac{X_i - X_{min}^i}{X_{max}^i - X_{min}^i} \ 或 \ Z_i = \frac{Ln(X_i) - Ln(X_{min}^i)}{\ln(X_{max}^i) - Ln(X_{min}^i)} \tag{1}$$

逆指标无量纲化计算公式:

$$Z_i = \frac{X_{max}^i - X_i}{X_{max}^i - X_{min}^i} \ 或 \ Z_i = \frac{Ln(X_{max}^i) - Ln(X_i)}{Ln(X_{max}^i) - Ln(X_{min}^i)} \tag{2}$$

(二)指标权重的确定

权重值的确定直接影响综合评估的结果,权重值的变动可能引起被评估对象优劣顺序的改变。所以,合理地确定综合评估发展各主要因素指标的权重,是进行综合评估能否成功的关键问题。本体系采取常用的 Delphi 法确定各级指标的权重。从属地、岗位性质、职称、年龄等因素考虑,问卷调查共选择了 17 名专家。问卷调查采用 2 轮。专家在填写问卷时,每轮均采用背靠背方式,专家之间互不交流、独立填写。在填写第二轮问卷时,将首轮问卷的平均值反馈给各位专家,供其参考;专家可以对其首轮的意见加以修订,也可以维持不变。计算平均值时,在分别去掉2个最高值与最低值之后,对剩余13个分值进行算术平均。第二轮的平均值,即为本指标体系的相应权重。

（三）分类指数和总指数的合成

1.分类指数的合成方法

本体系由农业现代化水平、"菜篮子"保障、农产品质量安全、休闲农业与生态农业、辐射带动五个分类组成。将某一类的所有指标无量纲化后的数值与其权重按公式(3)计算就得到类指数。

$$I_i = \frac{\sum Z_j W_j}{\sum W_j} \tag{3}$$

2.指数的合成方法

将综合发展评价指标体系中的26个指标无量纲化后的数值与其权重按公式(4)计算就得到综合发展指数。

$$I = \frac{\sum_{i=1}^{44} Z_i W_i}{\sum_{i=1}^{44} W_i} \tag{4}$$

二、评价方法

借鉴了联合国人类发展指数(HDI)的测量方法,从农业现代化水平、"菜篮子"产品保障、农产品质量安全、休闲农业与生态农业、辐射带动五个维度建立中国都市现代农业发展评价指标体系,每一维度都是构成综合指数的分指数,每个分指数又由若干个指标合成。根据每个评价指标的上、下限阈值来计算单个指标指数(即无量纲化),指数一般分布在0和100之间,再根据每个指标的权重最终合成综合发展指数。采取Delphi法确定各级指标的权重,建立中国都市现代农业发展评价指标体系。

三、指标框架与结构

一级指标:围绕全国都市现代农业发展的目标任务,设定了农业现代化、"菜篮子"产品保障、农产品质量安全、休闲农业与生态农业、辐射带动五个一级指标。

二级指标:在现有统计指标以及主要大城市都市农业特色指标大范围筛选的基础上,根据上述指标选取原则甄选出27个二级指标。

主要指标:

(1)农民人均纯收入(元):纯收入指的是农村居民当年从各个来源渠道得到的总收入,相应地扣除获得收入所发生的费用后的收入总和。农民人均纯收入指的是按农村人口平均的"农民纯收入",反映的是一个国家或地区农村居民收入的平均水平。

(2)农业劳动生产率(元/人·年):平均每个农业劳动者在单位时间内生产的农产品量或产值,或生产单位农产品消耗的劳动时间。是衡量农业劳动者生产效率的指标。

(3)农业土地生产率(元/公顷·年):土地生产率是反映土地生产能力的一项指标,通常用生产周期内(一年或多年)单位面积土地上的产品数量或产值(包括产值、净产值)指标来表示。

(4)单位耕地面积粮食产量(吨/公顷):指的粮食作物实际占用的耕地面积上,平均每公顷耕地全年所生产的粮食数量。

(5)单位面积农业机械动力(千瓦/公顷):指在单位面积上主要用于农、林、牧、渔业的各种动力机械的动力总和。包括耕作机械、排灌机械、收获机械、农用运输机械、植物保护机械、牧业机械、林业机械、渔业机械和其他农业机械。

(6)有效灌溉面积比重(%):灌溉工程设施基本配套,有一定水源、土地较平整,一般年景下当年可进行正常灌溉的耕地面积。

(7)蔬菜人均占有量五年年均增幅(%):人均占有的蔬菜产量五年内平均每一年的增幅。

(8)肉类人均占有量五年年均增幅(%):人均占有的肉类产量五年内平均每一年的增幅。

(9)水产品人均占有量五年年均增幅(%):人均占有的水产品产量五年内平均每一年的增幅。

(10)禽蛋人均占有量五年年均增幅(%):人均占有的禽蛋产量五年内平均每一年的增幅。

(11)牛奶人均占有量五年年均增幅(%):人均占有的牛奶产量五年内平均每一年的增幅。

(12)农业部定点农产品批发市场数量(个):是指具有全国性区域性影响、占地规模和交易规模大、具有较为完备的交易和辅助设施,并经农业部批准命名的定点市场。国家将从政策、资金、人员培训等方面对定点市场给予重点支持。

(13)蔬菜抽检合格率(%):一批蔬菜生产出来后,需要抽检,抽检出来的合格产品占产品总数百分之几。

(14)肉类抽检合格率(%):一批肉类生产出来后,需要抽检,抽检出来的合格产品占产品总数百分之几。

(15)水产品抽检合格率(%):一批水产品生产出来后,需要抽检,抽检出来的合格产品占产品总数百分之几。

(16)畜禽养殖标准示范场数量(个):是指畜禽养殖业在农业生产产前、产中、产后全过程实施农业技术标准、管理标准和工作标准,实现产地环境无害化、基地建设规模化、生产过程规范化、质量控制制度化、生产经营产业化、产品流通品牌化,以更好地辐射带动农业标准化生产水平的提高养殖场数量。

(17)园艺作物标准园数量(个):园艺作物标准园创建,就是集成技术、集约项目、集中力量,在优势产区建设一批规模化种植、标准化生产、商品化处理、品牌化销售、产业化经营的生产基地,示范带动蔬菜质量提升和效益提高。

(18)休闲农业总收入(亿元):是利用农业景观资源和农业生产条件,发展观光、休闲、旅游的一种新型农业生产经营形态。也是深度开发农业资源潜力,调整农业结构,改善农业环境,增加农民收入的新途径。因此而获得的收入。

(19)休闲农业年接待游客(万人):指从事休闲农业的各个农家乐,度假村等所接待的总游客数量。

(20)全国星级休闲农业与乡村旅游企业(园区)数量(个):建立"农旅结合、以农促旅、以旅强农"的推进机制,推动典型示范工程、服务体系建设工程、标准统计体系建设工程、人员培训和宣传推介等五大工程建设企业及园区的数量。

(21)化肥施用量强度(吨/公顷):化肥施用强度是指本年内单位面积耕地实际用于农业生产的化

肥数量。

（22）农药施用量强度（吨/公顷）：农药施用强度是指本年内单位面积耕地实际用于农业生产的化肥数量。

（23）国家级现代农业示范区数量（个）：是以现代产业发展理念为指导，以新型农民为主体，以现代科学技术和物质装备为支撑，采用现代经营管理方式的可持续发展的现代农业示范区域，具有产业布局合理、组织方式先进、资源利用高效、供给保障安全、综合效益显著的特征的示范区数量。

（24）国家级农业科技园区数量（个）：是以市场为导向、以科技为支撑的农业发展的新型模式，是农业技术组装集成的载体，是市场与农户连接的纽带，是现代农业科技的辐射源，是人才培养和技术培训的基地，对周边地区农业产业升级和农村经济发展具有示范与推动作用的农业科技园区的数量。

（25）国家农业产业化龙头企业数量（个）：是指以农产品加工或流通为主，通过各种利益联结机制与农户相联系，带动农户进入市场，使农产品生产、加工、销售有机结合、相互促进，在规模和经营指标上达到规定标准并经政府有关部门认定的企业的数量。

（26）国家级农业标准化示范县（场）数量（个）：是指在农业生产产前、产中、产后全过程实施农业技术标准、管理标准和工作标准，实现产地环境无害化、基地建设规模化、生产过程规范化、质量控制制度化、生产经营产业化、产品流通品牌化，以更好地辐射带动农业标准化生产水平的提高的县市的数量。

（27）全国性农业展会数量（%）：是为了展示农产品和技术、拓展渠道、促进销售、传播农产品品牌而举办的全国性的展会数量。

表 25-1　中国都市现代农业发展评价指标体系及权重

一级指标	二级指标			
	序号	指标名称	单位	权重
农业现代化水平（30.0）	1	农民人均纯收入	元	7.0
	2	农业劳动生产率	元/人·年	7.0
	3	农业土地生产率	元/公顷·年	6.0
	4	单位耕地面积粮食产量	吨/公顷	3.0
	5	单位面积农业机械动力	千瓦/公顷	4.0
	6	有效灌溉面积比重	%	3.0
"菜篮子"产品保障水平（16.0）	7	蔬菜自给率五年年均增幅	%	4.5
	8	肉类自给率五年年均增幅	%	2.5
	9	水产品自给率五年年均增幅	%	2.0
	10	牛奶自给率五年年均增幅	%	2.0
	11	禽蛋自给率五年年均增幅	%	2.0
	12	农业部定点农产品批发市场数量	个	3.0
农产品质量安全水平（16.0）	13	蔬菜抽检合格率	%	4.0
	14	畜禽产品抽检合格率	%	3.5
	15	水产品抽检合格率	%	3.5
	16	畜禽水产品养殖标准示范场数量	个	2.5
	17	园艺作物标准园创建数量	个	2.5

一级指标	二级指标				
	序号	指标名称	单位	权重	
休闲农业与生态农业发展水平（16.0）	18	全国休闲农业与乡村旅游示范县（点）数量	个	4.0	
	19	全国最有魅力休闲乡村数量	个	3.5	
	20	全国星级休闲农业与乡村旅游企业（园区）数量	个	4.0	
	21	化肥施用量强度	吨/公顷	2.0	
	22	农药施用量强度	吨/公顷	2.5	
辐射带动水平（22.0）	23	国家级现代农业示范区数量	个	3.5	
	24	国家级农业科技园区数量	个	4.5	
	25	国家农业产业化龙头企业数量	个	5.5	
	26	国家级农业标准化示范县（场）数量	个	4.0	
	27	国家级农业展会数量	个	4.5	

第三节　监测分析及评价案例

根据都市现代农业的功能特征与现阶段我国都市现代农业的发展特点，围绕农业基本情况、"菜篮子"产品保障水平、农产品质量安全水平、休闲农业与生态农业发展水平、示范辐射水平等五方面指标进行监测分析。监测范围为我国各直辖市、计划单列市及省会城市（缺拉萨）共35个城市，包括北京、天津、上海、重庆、石家庄、太原、呼和浩特、沈阳、大连、长春、哈尔滨、南京、杭州、宁波、合肥、福州、厦门、南昌、济南、青岛、郑州、武汉、长沙、广州、深圳、南宁、海口、成都、贵阳、昆明、西安、兰州、西宁、银川、乌鲁木齐。监测数据主要来源于国家统计局和各地统计部门发布的数据，以及农业部相关司局行业统计数据。

一、农业农村经济发展

（一）产值比重与发展空间不断减少，但农业基础地位仍然不变

2012年35个城市土地面积占全国的5.2%，人口占全国18.7%，耕地面积占全国的10.6%，一产从业人员占全国的12.1%。近年来随着工业化、城镇化进程的不断加快，一产增加值占城市GDP的比重逐渐减小，2012年35个城市一产增加值为7834.4亿元，占城市GDP的比重为3.67%，北京、上海、深圳等部分城市比重低于1%。

都市现代农业相较于优势产区农业，土地资源瓶颈明显。35个城市耕地面积为1290.1万公顷，约占城市土地面积的26.0%，部分城市农用地减少趋势尤为明显，如北京从2000年至2011年，耕地面积减少约120万亩，减少约21%；上海"十一五"期间，耕地面积减少约54.45万亩，减少约15%，农用地的大量减少导致稳定粮食生产和确保"菜篮子"产品适度自给率难度日益加大。

虽然农业占大中城市GDP、农村人口占大中城市人口的比重趋于下降，但农业在国民经济与城市

发展中的基础作用仍然不变,农业的"菜篮子"供给保障、休闲娱乐以及生态保障等功能还在不断增强,2012 年 35 个大中城市粮食产量为 8328 万吨,约占全国 14.1%,蔬菜产量 11681 万吨,占全国 17.6%,水果产量 2335 万吨,占全国 16.58%。都市现代农业是三次产业融合的特殊业态,已经不局限于一产的生产,还涵盖了种业、农产品加工、农产品物流、休闲农业、创意农业、会展农业、生物农业等第二、第三产业内容,成为城市经济发展的新增长点。如 2012 年北京种业销售额达到 95.4 亿元;2011 年郑州农产品加工业总产值 551 亿元,是其一产产值的 4.2 倍。

表 25-2　2012 年部分城市农业发展基本情况

城市	土地面积 (万平方公里)	耕地面积 (万公顷)	耕地面积比重 (%)	GDP (亿元)	一产增加值 (亿元)	一产比重 (%)
北　京	1.64	23.17	14.12	17801.00	150.30	0.84
天　津	1.19	39.65	33.27	12885.20	171.50	1.33
上　海	0.63	19.96	31.48	20101.30	127.80	0.64
大　连	1.26	36.11	28.72	7002.80	451.40	6.45
郑　州	0.74	29.57	39.71	5547.00	142.40	2.57
武　汉	0.85	20.49	24.12	8003.80	301.20	3.76
成　都	1.24	32.55	26.25	8138.90	348.10	4.28
35 个城市	49.58	1290.13	26.02	213462.90	7834.40	3.67
全　国	960.00	12172	12.68	519322	52377	10.09

数据来源:中国城市统计年鉴与各城市 2012 年社会与经济发展统计公报。

(二)农业从业人员不断减少,农民收入水平较高

我国许多大中城市农民仍然占有相当的比重。2012 年 35 个城市一产从业人员为 3205.6 万人,约占城市人口的 12.7%,深圳、上海、北京等 9 个城市一产从业人员所占的比重均小于 10%。随着城市化进程的加快,城市郊区一产从业人员呈现逐渐减少的趋势,但都市现代农业仍然是吸纳就业的重要部门和农民增收的重要渠道。

农民收入方面,2012 年 35 个城市农民人均纯收入 11202 元,比全国平均水平高 47%;家庭经营性收入 3744 元,约占人均纯收入的 33.4%。农民人均纯收入最高的三个城市为宁波、上海和广州,分别为 18475 元、17401 元和 17017 元。大中城市郊区的农民收入水平虽高于农牧区,但与城市居民相比仍然有较大差距。

表 25-3　2012 年部分城市农业从业人员与收入基本情况

城市	人口总数 (万人)	一产从业人员 (万人)	农业劳动力 比重(%)	家庭经营收入 (元)	农村居民人均 纯收入(元)	家庭经营收入 比重(%)
北　京	2069.3	61.4	3.0	1363.0	16476.0	8.3
天　津	1413.5	73.9	5.2	3908.0	13571.0	28.8
上　海	2380.4	37.1	1.6	877.0	17401.0	5.0
大　连	590.3	69.2	11.7	6953.9	15990.0	43.5

城市	人口总数（万人）	一产从业人员（万人）	农业劳动力比重（%）	家庭经营收入（元）	农村居民人均纯收入（元）	家庭经营收入比重（%）
郑 州	903.1	101.0	11.2	4306.5	12531.0	34.4
武 汉	1012.0	56.5	5.6	4828.1	11190.4	43.1
成 都	1417.8	152.7	10.8	1671.0	11501.0	14.5
西 安	855.3	117.3	13.7	2028.5	11442.0	17.7
35 个城市	29545.7	3205.6	10.8	3744	11202	33.4
全 国	134735	26594	19.7	3222	7917	40.7

数据来源：中国城市统计年鉴与各城市 2012 年社会与经济发展统计公报。

（三）农业投入力度较大，农业基础设施相对完善

大中城市因经济相对发达，政府财力较为雄厚，工业反哺农业力度较大，农业基础设施相对完善。近年来，设施农业在大中城市郊区取得了长足的发展，以塑料大棚和日光温室为代表的保护地生产面积增长较快，极大地丰富了城市的鲜活农产品市场，发展设施农业已成为主要大中城市保证城市"菜篮子"供给的重要保障。如天津市从 2008 年至 2011 年投资近 200 亿元实施设施农业工程，建成 45 万亩、总面积达到 60 万亩的 20 个现代农业产业园区和 155 个现代养殖业示范园区。如哈尔滨为缓解冬春两季蔬菜供应主要靠外埠大量进口的局面，大力发展设施农业，2011 年全市设施蔬菜面积发展到 26 万亩，冬春淡季蔬菜自给率达到 60%，基本解决了市民冬春淡季吃鲜菜难的问题。

表 25-4　2012 年部分城市农业基础设施与投入情况

城市	农业机械总动力（万千瓦）	化肥使用量（万吨）	有效灌溉面积（万公顷）	设施蔬菜面积（万公顷）
北 京	265.2	13.8	16.3	2.0
天 津	583.9	24.4	33.8	4.0
上 海	112.7	11.6	20.0	1.0
大 连	341.9	16.0	11.1	5.5
郑 州	521.2	23.6	19.6	1.1
武 汉	241.4	15.5	15.9	4.0
广 州	203.7	10.7	8.0	1.0
成 都	310.7	17.4	32.0	2.2

数据来源：中国城市统计年鉴与各城市 2012 年社会与经济发展统计公报。

（四）农业产出率高于其他农区，现代化水平走在全国前列

2012 年 35 个城市的农业劳动生产率为 2.22 万元/人·年，比全国平均水平高 24%，排在前五位的城市分别是深圳、大连、宁波、沈阳和福州。农业土地生产率为 5.50 万元/公顷·年，比全国平均水平高 53.6%，排在前五位的城市分别是广州、福州、深圳、杭州和厦门。我国大中城市是先进生产力集聚区，聚集了改造传统农业所必需的大量科技、人才、资金、市场、信息等要素，具备工业反哺农业、城市带动农村的条件，因此可以成为率先实现农业现代化的先行地区。

表 25-5 主要大中城市农业劳动生产率和农业土地生产率

城市	农业劳动生产率		农业土地生产率	
	数值（万元/人·年）	位次	数值（万元/公顷·年）	位次
北 京	2.45	19	6.49	21
天 津	2.32	22	4.33	27
上 海	3.44	9	6.4	22
重 庆	1.5	29	6.83	18
石 家 庄	3.11	12	8.16	13
太 原	1.49	30	2.84	30
呼和浩特	2.88	15	2.13	34
沈 阳	3.55	7	4.09	28
大 连	6.52	2	12.5	6
长 春	2.25	24	2.24	32
哈 尔 滨	3.35	10	2.78	31
南 京	3.6	6	7.62	15
杭 州	3.5	8	14.05	4
宁 波	4.56	4	12.29	8
合 肥	2.81	16	6.79	19
福 州	4	5	22.65	1
厦 门	2.96	14	12.29	7
南 昌	2.06	25	6.68	20
济 南	3.3	11	7.01	17
青 岛	3.08	13	6.33	23
郑 州	1.41	31	4.82	24
武 汉	5.33	3	14.7	3
长 沙	2.39	20	10.98	10
广 州	2.81	17	21.81	2
深 圳	18.67	1	13.66	5
南 宁	1.58	28	4.72	25
海 口	2.53	18	11.43	9
成 都	2.28	23	10.69	11
贵 阳	1.07	34	7.48	16
昆 明	1.24	32	9.72	12
西 安	1.67	27	7.78	14
兰 州	1.11	33	1.68	35
西 宁	1.02	35	2.14	33
银 川	2.38	21	3.95	29
乌鲁木齐	2	26	4.51	26
35 城市平均	2.22		5.50	
全国	1.79		3.58	

数据来源：中国城市统计年鉴与各城市 2012 年社会与经济发展统计公报。

二、"菜篮子"产品保障

（一）"菜篮子"工程建设受到重视，"菜篮子"产品生产保持平稳

从2010起我国开始实施新一轮"菜篮子"工程，主要大中城市把保障"菜篮子"产品有效供给作为发展都市现代农业的首要任务，通过建设"菜篮子"生产基地、搞好产销衔接、强化质量安全监管，保证城市居民生活所需，稳定城市物价水平。蔬菜和水果因不耐储藏和运输，成为各大中城市农业生产的重点，2012年35个大中城市蔬菜产量11681万吨，占全国17.6%，水果产量2335万吨，占全国16.58%。

表 25-6　2012 年主要大中城市"菜篮子"产品产量

城市	蔬菜	水果	肉类	禽蛋	牛奶	水产品
35 个城市产量（万吨）	11967.86	2241.24	1524.79	629.94	1152.66	1033.40
全国产量（万吨）	67900	14083	8384	2861	3744	5906
占全国比重（%）	17.63	15.91	18.19	22.02	30.79	17.50

数据来源：中国城市统计年鉴与各城市 2012 年社会与经济发展统计公报。

（二）鲜活农产品自给率偏低，"菜篮子"产品价格波动较大

随着工业化、城镇化进程的加快，大中城市非农建设用地不断增多，致使城市周边的"菜篮子"基地不断被"蚕食"，"菜篮子"产品自给能力受到影响。为切实保护郊区菜田，部分城市建立了菜田最低保有量制度，如北京、上海、武汉等地常年分别保有70万亩、50万亩，和65万亩菜田。此外，"菜篮子"产品生产市场供应保障和应对自然灾害的能力较弱，尤其是受市场供求影响或遭遇恶劣天气，"菜篮子"产品供给和市场价格容易波动。2010年以来，大蒜、绿豆、叶菜"菜篮子"产品价格大幅上涨，在网络上出现了"蒜你狠"、"豆你玩"、"姜你军"、"糖高宗"、"苹什么"等热门词汇。但进入2011年后主要蔬菜价格回落较快，且部分品种下跌幅度远超预期，我国多地白菜、马铃薯等"大路菜"陷入价跌、滞销、卖难困境，菜农损失惨重。"菜篮子"产品的暴涨暴跌也再次引起了社会的高度关注。

（三）农产品批发市场发展迅速，"菜篮子"产品现代流通格局初步形成

2011年全国年交易超过亿元的农产品批发市场1603个，年交易额达到1.3万亿以上；专业批发市场981个，年交易总额超过1万亿元。按交易额计算的前100个农产品批发市场中，有83家位于35个大中城市。截止至2012年底，农业部定点的批发市场有776家，其中有196家位于35个大中城市。农产品市场交易方式已由集市贸易扩大到专业批发、跨区域贸易等方式，逐步形成了以城乡农贸市场为基础、以批发市场为中心、以直销配送和超市经营为补充的农产品市场经营体系。多渠道、多主体、多形式开放竞争的全国农产品大市场、大流通格局初步形成。然而，"菜篮子"工程建设涉及生产、流通、监管等各个方面，产品季节性、区域性、结构性买难和卖难等问题经常交替出现，致使生产者与消费者同时蒙受损失，稳定"菜篮子"产品生产和供应的难度增加。同时，价格保护、储备吞吐、风险防范等制度性措施还不够完善，造成"菜篮子"产品产销平稳运行的不确定性增加。

三、农产品质量安全

（一）农产品质量安全水平总体较好，部分热点事件引发民众担忧

近年来，国家逐步完善农产品质量安全监管体系，各地也加强了农产品标准化生产基地建设和农产

品质量安全检测,有力确保了"菜篮子"产品质量安全水平明显提高。2012 年,蔬菜、畜产品、水产品例行监测合格率分别达到 97.9%、99.7%和 96.9%,总体合格率比 2001 年提高了 30 个百分点以上。但从目前的检测情况看,一些地方的部分"菜篮子"产品的质量安全合格率仍然不稳定。特别是近年来农产品质量安全日益受到关注,食用农产品中检出三聚氰胺、瘦肉精、苏丹红等违禁药品频频被媒体曝光,直接影响产品消费,对产业发展造成巨大损失。2011 年以来发生的瘦肉精、毒生姜、毒豆芽等食品安全事件经媒体广泛报道引起了社会的强烈关注。

(二)"菜篮子"产品生产方式明显改变,农业标准化持续推进

近年来,农业部在大中城市郊区及周边重点建设蔬菜、水果和茶叶标准化生产基地,整合集约化育苗设施、田间生产设施和商品化处理设施同步建设,推进产业化发展。养殖业方面,在鼓励新建标准化规模养殖场的同时,主要加强对现有中型养殖场的进行标准化改造。截至 2012 年底,农业部在全国共创建园艺作物标准园 1835 个,其中 35 个大中城市有 384 个;建立畜禽水产品标准化示范场 3178 家。

(三)农产品质量安全认证步伐加快,"三品一标"农产品受到青睐

"三品一标"即无公害农产品、绿色食品、有机农产品和农产品地理标志。农业部的调查显示,大中城市消费者对无公害农产品和绿色食品品牌的认知度分别超过 70%和 80%,超过六成的消费者愿意选购"三品一标"农产品。在实行市场准入制度的大中城市,作为准入基本要求的无公害农产品实现了便捷顺畅入市,绿色食品和有机食品受到消费者的青睐。截至 2012 年底,全国共认证无公害农产品 75887 个,认定产地 76686 个;有效使用绿色食品标志企业 6801 家,产品 16929 个;农业系统有效使用有机食品标志的企业 1336 家,有机产品认证证书 1916 张;登记农产品地理标志 1001 个。"三品一标"种植业面积达到 6300 多万公顷,占到全国耕地面积的 47%以上,生产总量超过 3 亿吨。近几年全国"三品一标"农产品的抽检合格率一直保持在 98%以上。

四、休闲农业与生态农业

(一)休闲农业蓬勃发展,带动农民增收致富

休闲农业是都市现代农业的重要组成部分,休闲农业日益成为拓展农业功能、促进农民就业增收、拉动国内消费和推动城乡一体化发展的重要途径。在我国主要大中城市郊区,休闲农业蓬勃发展,呈现出良好的发展态势。近 5 年来,休闲农业与乡村旅游行业市场规模也得到快速发展,2008—2012 年,我国休闲农业与乡村旅游收入以年均 15%的速度递增。截至 2012 年底,全国有 9 万个村开展休闲农业与乡村旅游活动,休闲农业与乡村旅游经营单位达 180 万家,其中农家乐超过 150 万家,规模以上园区超过 3.3 万家,年接待游客接近 8 亿人次,年营业收入超过 2400 亿元,2800 万农民从中受益。在 35 个大中城市中,全国最有魅力休闲乡村 10 个、全国休闲农业与乡村旅游示范县(点)77 个,全国星级休闲农业与乡村旅游企业与园区 125 个。

(二)农业生态价值凸显,服务城市环境建设

近年来,城市生态人居环境问题日显突出,都市现代农业是城市的绿色屏障,在防洪排涝、涵养水源、保持水土、净化空气等方面发挥着重要作用,是改善城市生态人居环境、丰富城市居民文化生活、维护城市生态平衡、促进人与自然协调发展的重要途径。在农业部开展的"美丽乡村"创建活动中,单独规划了以都市现代农业为主要特征的城郊乡村发展创建模式。许多大中城市开始把农田建设作为生态

环境建设中的重要内容,强化农业在城市生态系统中的重要地位。例如成都市提出建设"世界现代田园城市"的目标和定位,农田生态系统的建设以及田园景观的打造成为都市现代农业建设中的重点内容;上海市把水稻田当成季节性的湿地加以保护,把都市现代农业作为"天然的都市生态屏障",特别是尽力保护好160万亩水稻面积,使之成为天然的、季节性人工湿地,使之成为城市绿色生态屏障的重要组成部分;北京已率先开展都市农业生态价值的统计监测,据北京市统计局公报显示,2011年北京都市现代农业生态服务价值年值为3241.58亿元,约占全市GDP的20%,是一产增加值的24倍,北京还在全国率先建立了生态作物补贴制度,推动了冬春裸露农田覆盖作物的种植。

(三)生态农业受到重视,绿色有机农业发展迅速

都市现代农业发挥生态服务功能的正效应的同时,由于高投入高产出的集约化生产模式,也存在着部分负效应,如化肥和农药等长期过量使用和施用方法及配比的不合理,会导致生态环境及食品安全问题。2012年全国35个城市化肥使用强度为54.6公斤/公顷,比全国平均水平高22.1%;农药使用强度为1.53公斤/公顷,比全国平均水平高15.2%。此外,城市和工业废弃物的排放对周边农田的污染而引发的农产品质量安全问题在大中城市也较突出。因此,大力发展生态农业、绿色农业、有机农业是许多大中城市在发展都市现代农业过程中的现实选择。经过几年的发展,我国绿色农业与有机农业已初具规模,近年来许多大型企业高调进入大中城市郊区建设绿色食品基地和有机农业基地,开拓高端市场,其中不乏一些原先与农业无任何关联的企业。

五、示范辐射带动

(一)农业产业化水平较高,龙头企业带动能力较强

农业产业化是现代农业发展的方向,龙头企业是推进农业产业化经营的关键,而大中城市及周边是农业产业化龙头企业的主要聚集区域。截至2012年年底,国家级农业产业化龙头企业达到1247家,其中年销售收入超百亿元的企业57家,超50亿元的137家,2012年龙头企业年销售收入6.9万亿元,出口创汇额占全国农产品出口额的80%以上;提供的农产品及加工制品占农产品市场供应量的1/3,占主要城市"菜篮子"供给的2/3以上。35个城市国家级龙头企业的数量为637家,占全国的50.8%。

(二)园区经济发展迅速,科技示范与带动作用增强

建设农业园区是发展现代农业的有效载体,是实现农业规模化、标准化、市场化的有效形式。各大中城市在发展都市现代农业的过程中,发挥城市需求旺盛、资本充足、科技领先、人才密集等优势,不断加大政策支持和财政投入力度,建设农业科技园区、现代农业示范区、农业标准化示范园、农业观光采摘园等各种类型农业园区,引导各类资源要素向园区聚集,取得了良好效果。2012年,35个大中城市中共有国家级农业标准化整体推进示范县130个,国家级现代农业示范区30个,国家级农业科技园区28个。

(三)农业科技示范与会展经济发展迅速

会展农业在促进农产品贸易、带动农业产业升级方面具有重要作用,利用会展农业这种有效的营销手段来集中展示农业领域新成果和新成就,可加快推动都市现代农业的进一步发展。2012年,我国共举办全国性农业展会115场,集中在条件相对便利的沿海经济发达城市,初步形成了以北京、上海、广州、深圳、大连、青岛、成都、西安为举办地的农业会展经济格局。以上城市举办农业会展的数量占到全

国的 73%。农业展会涉及农产品、农产品加工品、园林花卉、瓜果蔬菜、畜牧饲料、水产种业、食品饮料及农资产品、农业机械等各种带有展览、休闲、会议、旅游等性质的会展活动,几乎涵盖了农业行业的各个领域。

依据上述综合发展评价指标体系,根据各年度中国统计年鉴、各省(区、市)统计年鉴及部门专业数据,对 2012 年我国 35 个主要大中城市进行了都市现代农业发展指数测算,全国都市农业发展指数的平均值为 46.68。

2012 年我国 35 个主要大中城市都市现代农业发展分为三个梯次,发展水平较高的城市有北京、上海、大连、天津、广州、沈阳、武汉、南京、长沙、成都等。总体而言,华北、华中、华东城市都市现代农业综合发展指数较高,西北、华南城市较低,以下是各个分项指数的分析(见表 25-7):

表 25-7 2012 年中国都市现代农业发展指数

序号	城市	现代化水平指数	菜篮子保障指数	农产品质量指数	休闲农业与生态农业指数	示范辐射指数	综合指数
1	北 京	44.82	22.41	90.43	92.53	90.15	66.14
2	天 津	36.37	43.30	83.20	86.76	61.42	58.55
3	石家庄	38.00	28.26	77.70	25.37	22.87	37.44
4	太 原	20.55	15.63	72.92	32.33	21.34	30.20
5	呼和浩特	35.91	44.82	76.97	30.30	25.23	40.66
6	沈 阳	41.51	60.23	68.13	40.79	31.80	46.51
7	长 春	29.98	29.56	54.83	30.91	31.12	34.29
8	哈尔滨	41.19	47.04	76.39	40.34	37.95	46.91
9	上 海	59.62	11.87	87.85	74.71	72.63	61.77
10	南 京	46.20	21.46	80.44	51.51	34.68	46.04
11	杭 州	58.04	25.73	68.72	36.55	27.96	44.52
12	合 肥	39.72	52.01	62.04	26.58	17.38	38.24
13	福 州	57.04	41.83	68.46	24.28	13.06	41.52
14	南 昌	36.24	49.99	80.27	30.94	27.96	42.81
15	济 南	39.35	40.53	75.81	20.46	13.03	36.56
16	郑 州	30.00	29.42	86.63	32.78	41.30	41.90
17	武 汉	57.05	34.38	78.13	24.04	29.58	45.47
18	长 沙	52.14	36.40	77.23	53.23	34.81	50.00
19	广 州	60.00	62.12	72.96	24.91	37.91	51.94
20	南 宁	20.10	51.20	69.73	26.94	20.59	34.22
21	海 口	29.55	24.47	76.56	19.55	19.67	32.48
22	重 庆	26.63	70.50	88.35	48.76	43.95	50.87
23	成 都	45.01	39.00	70.83	67.80	31.19	48.79
24	贵 阳	19.52	47.26	64.41	28.15	25.26	33.78
25	昆 明	26.78	40.64	72.84	21.27	29.28	36.03
26	西 安	35.53	49.38	73.50	31.14	37.38	43.53
27	兰 州	13.12	50.66	80.67	25.56	16.06	32.57
28	西 宁	9.03	55.38	77.30	39.75	37.84	38.62

续表

序号	城市	现代化水平指数	菜篮子保障指数	农产品质量指数	休闲农业与生态农业指数	示范辐射指数	综合指数
29	银　川	29.97	52.67	80.61	40.35	27.30	42.78
30	乌鲁木齐	34.00	44.13	68.68	33.48	25.59	39.24
31	大　连	63.65	40.19	85.09	41.84	58.71	58.75
32	青　岛	42.95	46.57	73.76	33.99	38.88	46.13
33	宁　波	60.51	34.21	62.02	29.98	16.42	41.96
34	厦　门	43.84	17.87	64.08	20.00	23.32	34.59
35	深　圳	48.69	12.44	58.68	24.44	27.33	35.91

1.农业现代化指数

农业现代化指数由农民人均纯收入、农业劳动生产率、农业土地生产率、单位耕地面积粮食产量、单位面积农业机械动力、有效灌溉面积比重等六项指标构成。根据测算,2012 年农业现代化水平指数平均值为 39.22,最大值为 63.65,最小值为 9.03,农业现代化水平较高的城市有大连、宁波、上海等城市。

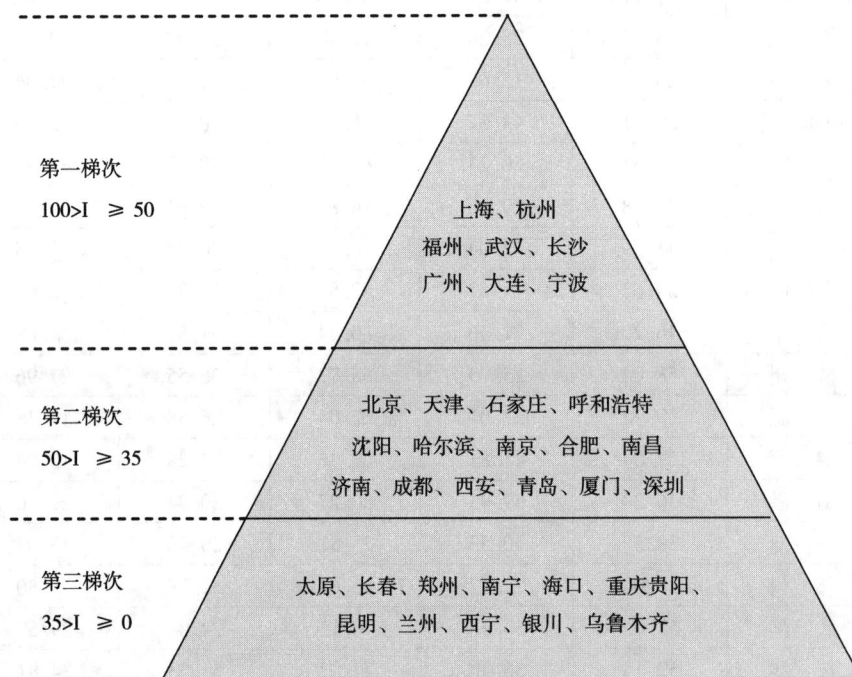

第一梯次
100>I ≥ 50
上海、杭州
福州、武汉、长沙
广州、大连、宁波

第二梯次
50>I ≥ 35
北京、天津、石家庄、呼和浩特
沈阳、哈尔滨、南京、合肥、南昌
济南、成都、西安、青岛、厦门、深圳

第三梯次
35>I ≥ 0
太原、长春、郑州、南宁、海口、重庆贵阳、
昆明、兰州、西宁、银川、乌鲁木齐

图 25-1　农业现代化水平发展梯次

2."菜篮子"产品保障指数

"菜篮子"产品保障指数由蔬菜人均占有量五年年均增幅、肉类人均占有量五年年均增幅、水产品人均占有量五年年均增幅、牛奶人均占有量五年年均增幅、禽蛋人均占有量五年年均增幅等指标构成。2012 年"菜篮子"产品保障指数平均值为 39.24,最大值为 70.50,最小值为 11.87,发展水平较高的城市有重庆、广州、沈阳等城市。

3.农产品质量安全指数

农产品质量安全指数由蔬菜抽检合格率、畜禽产品抽检合格率、水产品抽检合格率、园艺作物标准

第一梯次
100>I ≥ 50

沈阳、合肥
广州、南宁、重庆
兰州、西宁、银川

第二梯次
50>I ≥ 35

天津、呼和浩特、哈尔滨、南昌福州、
济南、长沙、成都、贵阳昆明、西安、
乌鲁木齐、大连、青岛

第三梯次
35>I ≥ 0

北京、石家庄、太原、长春、上海、南京
杭州、郑州、武汉、海口、宁波、厦门、深圳

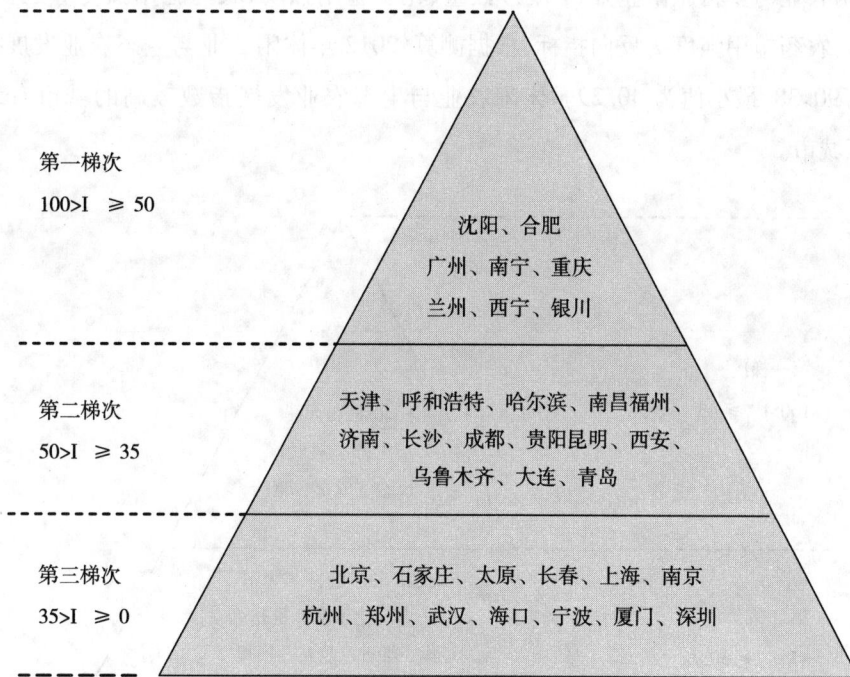

图 25-2 "菜篮子"产品保障水平发展

园创建数量、畜禽水产养殖标准示范场数量等五项指标构成,根据测算,2012 年农产品质量安全指数平均值为 74.46,最大值为 90.43,最小值为 54.83,农产品质量安全指数较高的城市有北京、重庆、上海、郑州、大连等城市。

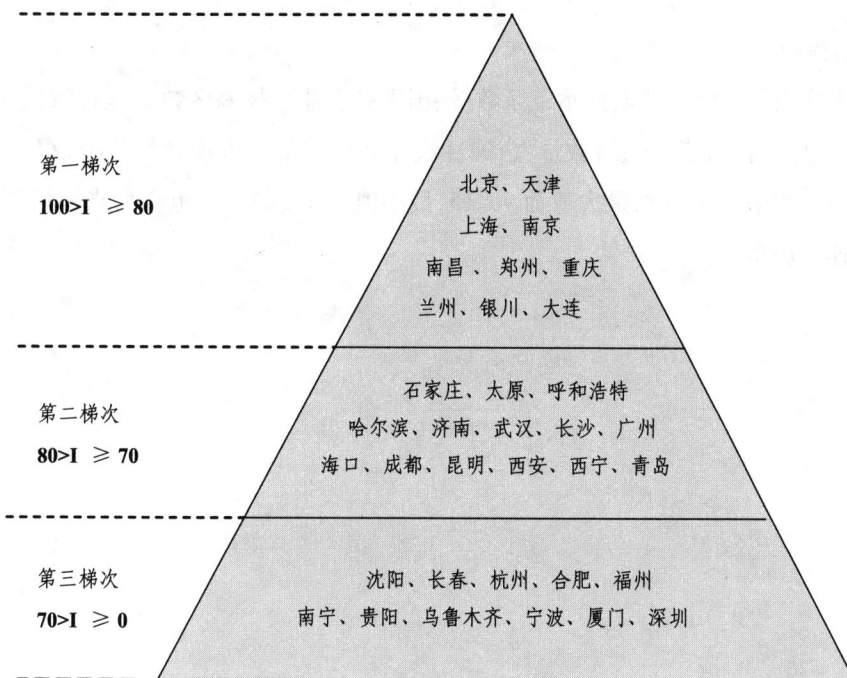

第一梯次
100>I ≥ 80

北京、天津
上海、南京
南昌、郑州、重庆
兰州、银川、大连

第二梯次
80>I ≥ 70

石家庄、太原、呼和浩特
哈尔滨、济南、武汉、长沙、广州
海口、成都、昆明、西安、西宁、青岛

第三梯次
70>I ≥ 0

沈阳、长春、杭州、合肥、福州
南宁、贵阳、乌鲁木齐、宁波、厦门、深圳

图 25-3 农产品质量安全水平发展梯次

4.休闲农业与生态农业发展指数

休闲农业与生态农业发展指数由全国休闲农业与乡村旅游示范县(点)数量、全国最有魅力乡村数

419

量、全国星级休闲农业与乡村旅游企业(园区)数量、化肥施用强度、农药施用强度等五项指标构成,其中化肥施用强度、农药施用强度为反向指标,根据测算,2012年休闲农业与生态农业发展指数平均值为40.93,最大值为90.38,最小值为40.29。休闲农业与生态农业发展指数较高的城市有北京、天津、上海、成都、长沙等城市。

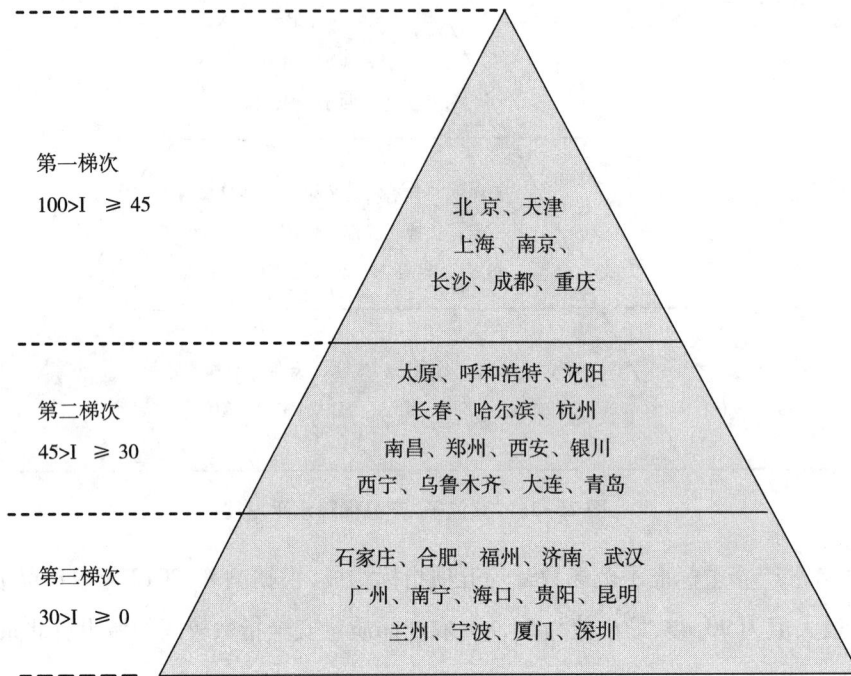

第一梯次
$100 > I \geqslant 45$

北京、天津
上海、南京、
长沙、成都、重庆

第二梯次
$45 > I \geqslant 30$

太原、呼和浩特、沈阳
长春、哈尔滨、杭州
南昌、郑州、西安、银川
西宁、乌鲁木齐、大连、青岛

第三梯次
$30 > I \geqslant 0$

石家庄、合肥、福州、济南、武汉
广州、南宁、海口、贵阳、昆明
兰州、宁波、厦门、深圳

图25-4　休闲农业与生态农业水平发展

5.示范辐射指数

示范辐射指数由国家级现代农业示范区数量、国家级农业科技园区数量、国家农业产业化龙头企业数量、国家级农业标准化示范县(场)数量、全国性农业展会数量等五项指标构成,根据测算,2012年全国示范辐射指数平均值为32.88,最大值为90.15,最小值为13.03。示范辐射指数较高的城市有北京、上海、天津、大连等城市。

第四篇

实践篇

第二十六章　农民合作社

农民专业合作社是在农村家庭承包经营基础上，同类农产品的生产经营者或者同类农业生产经营服务的提供者、利用者，自愿联合、民主管理的互助性经济组织。伴随改革开放和市场经济体制建立，我国经济社会高速发展，农业生产和农村经济发展滞后问题也日益显现。如何化解"农业落后、农村贫穷、农民辛苦"的困局，走中国特色农业现代化道路，形成城乡经济发展一体化新格局，已成为当前经济社会研究的热点。农民专业合作社是由农民群众为适应当前农村、农业发展新形势需要，而自发组成的农村新型经济组织，是承接现代农业规模经营的有效载体，是现代都市农业和农村地区重要的产业组织基础。

第一节　农民专业合作社发展概述

随着我国农村经济体制改革的深入，农村市场经济和农业商品生产逐步发展，单一的家庭生产单位无力进行市场竞争，因此，把农民重新组织起来的呼声日益高涨。于是，在国家法律法规及政策扶持下，农民专业合作社得到快速发展。

一、背景

农民专业合作社是合作社的一种类型。所谓"农民专业合作社"，依据《中华人民共和国农民专业合作社法》，是指在农村家庭承包经营基础上，同类农产品的生产经营者或者同类农业生产经营服务的提供者、利用者，自愿联合、民主管理的互助性经济组织。农民专业合作社以其成员为主要服务对象，提供农业生产资料的购买，农产品的销售、加工、运输、贮藏以及与农业生产经营有关的技术、信息等服务。农民专业合作社的发展实际上是群体与农民个人之间的公与私利益的博弈。

党的十一届三中全会以后，我国农村开始了以市场经济为目标取向的农村经济体制改革，建立了家庭联产承包经营制度。但这仅仅是我国农村经济体制改革的起点。而构建以农民家庭承包经营为基础，农民专业合作社为主的经营体系、农产品市场体系和国家对农业的支持保护体系的农村经济体制才是农村改革的最终目标。改革开放以后，农村地区实行统分结合的家庭联产承包责任制，并开始农村产业化进程。同时中国农业产品开始面对外国农业大国的竞争，单一的家庭生产单位无力进行市场竞争，随着经济体制改革范围的扩大，原来以计划经济体制和集体经济体制为基础的农村科技推广体系、农村金融服务体系，也都出现了与分散的农村家庭生产经营单位脱节的现象。因此，把农民重新组织起来的呼声日益高涨。在这种背景下，农民专业技术协会和农村合作基金会相继出现。前者的主要功能是开展农业新技术、新品种的推广、传授活动;后者的主要功能是盘活集体资金,开展农村资金融通活动。而为了解决农产品"买难"、"卖难"问题,各级政府开始鼓励工商资本进入农村农产品加工、贸易领域,推广所谓"公司+农户"和"订单农业"模式,填补供销社退出农产品购销市场所形成的空白。

伴随着我国农村市场经济和农业商品生产的发展,我国农民为了提高竞争能力对合作经济组织有了迫切的需求。2007 年《中华人民共和国农民专业合作社法》颁布实施后,我国的农民专业合作社正式有了合法身份,能够作为市场主体之一与其他类型的经济实体在市场上进行交易,开展经济活动。党的十八大报告提出构建集约化、专业化、组织化、社会化相结合的新型农业经营体系。2004 年至 2013 年连续 10 个"中央一号文件"指明鼓励支持农民专业合作社的发展,并在信息、技术、培训、税费等方面对农民专业合作社予以扶持。特别是 2013 年"中央一号文件"指出,大力支持发展多种形式的新型农民合作组织。按照积极发展、逐步规范、强化扶持、提升素质的要求,加大力度、加快步伐发展农民合作社,切实提高引领带动能力和市场竞争能力。抓紧研究修订农民专业合作社法。在国家政策扶持下,不同省份、地区根据自身经济、社会、文化、生态的差异性,加大政策支持力度,相继出台财政、税收、金融等一系列优惠政策,各个省份在完善合作社法律、加大政策扶持、创新体制和机制、提高产品质量、培育合作社文化等方面进行了积极探索和推进实施,极大地促进了农民专业合作社的发展。

二、意义

农民专业合作社是农民群众为适应当前农村、农业发展新形势需要,自发组成的农村新型经济组织,是承接现代农业规模经营的有效载体,是都市型现代农业和农村地区重要的产业组织基础。

(一)进一步转变了农业生产经营方式

2007 年颁布实施的《中华人民共和国农民专业合作社法》,标志着我国农民专业合作社正式有了合法身份,能够进入市场与其他主体进行交易。农民合作社作为带动农户进入市场的基本主体和发展农村集体经济的新型实体,是市场化、合作化、集约化、规模化等有机结合的产物。同时,在市场化、合作化、集约化、规模化趋势不断加快的背景下,农民专业合作社建设与发展,必然要求社内农产品高产、优质、高效的有机统一,要求适宜的种养模式、一种多收、多种多养、立体种养的快速跟进,要求人地矛盾尖锐境况与市场优先原则的有效平衡,要求产业化经营与加工增值的巩固与提升,要求农业生产与生态保护的有机结合。这既是进一步解放和发展农村生产力的客观要求,也是进一步提高农业生产组织化、规模化与农业经营产业化和市场化程度的具体体现。

(二)进一步促进了农业现代化发展

发展农业产业化经营,是我国继土地革命和家庭联产承包责任制之后农业发展的第三次飞跃,是农业生产方式又一次新的革命性变革,是农业经营体制的重大创新。农业产业化经营可以稳定家庭承包经营,解决农业发展中一些现实矛盾和困难,能调动农民积极性,克服原来分隔的小农经济的缺陷,过渡到农业社会化为基础的现代大农业的道路,是我国农业逐步走向现代化的现实途径。我国农业产业化经营水平还很低,主要是"一低、一短、一不稳"。"一低"是指食品工业和农产品加工业的水平低。我国虽然是世界上的农产品生产销售大国,但是农产品的加工大大落后于发达国家。发达国家从对农产品深加工所获得的增加值通常是整个农业产值的三至五倍,我国对农产品深加工所获得的增加值只占农业产值的 44%;发达国家的农产品加工业从事劳动力是从事农业劳动力的五倍,我国却只有 20%。"一短"是产业链短,我国许多农产品总量居世界首位,除直接销售外,基本上是初加工,产业链过短。"一不稳"是指农户和企业直接的利益联结机制不稳,由于双方缺乏相宜的中介组织和制度安排,致使单纯的契约关系并不能使双方结成稳定的利益共同体。我国农业产业化经营任重道远,缺乏强大的组织体系。农民专业合作社正是这一体系所需要的,它能组织分散农民,将农民结合成一定的合作组织,参与到农业产业化市场经营中来。

(三)进一步促进了农民的增收致富

农民专业合作社以其产业化、规模化的运营方式,引领农民参与市场竞争,将资源转变为资产,带动了农民增收致富。特别是随着农业现代化、信息化、国际化步伐的加快,合作社现有的大众式、平民化的经营管理已经难以适应广大农民日益增长的物质和文化需求。打造更具有市场竞争力、更高产品附加值的合作社,已经成为进一步满足农民增收致富的愿望和要求的必要途径。近年来,全国各地的农民专业合作社依托区域特色和资源优势,通过"一社一品"、"一社一业"、"一村一品"等一系列方式,创建农民专业合作社品牌,有效抵御了农产品市场风险,增加了产品价值,保持了畅通的销售渠道和稳定的销售规模,明显提高了农民的收入水平。特别是对于首都北京来讲,农民专业合作社以都市型现代农业平台为依托,与都市型现代农业发展相互促进,取得了明显效果。北京市相关部门资料显示,全市已有338个农民专业合作社注册了产品商标,参加合作社的农户与同类农产品没有参加合作社的农户相比,实际收入要高出20%以上。

第二节　农民专业合作社的发展现状及特征

自2009年3月1日起,《北京市实施〈中华人民共和国农民专业合作社法〉办法》正式施行以来,京郊农民专业合作社的发展得到进一步规范。但农民合作社在发展中也遇到如组织规模偏小,缺少发展后劲;行业联合不足,尚未形成产业化;资金普遍短缺,融资渠道有限;管理水平有限,专业人才匮乏等问题,致使现有的农民专业合作社在发展中未能全面发挥其作用。截至2012年底,北京市农民专业合作社有5210个,比2011年的4877个多409个,北京地区的合作社主要聚集在郊区地区(如表26-1)。

表 26-1　2012 年合作社地区分布情况　　　　　　　　　　单位:个

北京市农民专业合作社	密云	平谷	怀柔	大兴	延庆	房山	昌平	门头沟	通州	顺义	海淀	丰台	朝阳
5210	1046	872	682	520	507	496	391	256	245	183	7	3	2

一、现状

目前,北京农民专业合作社发展迅速,而且逐步规范,形成明显的特征。

(一)农民专业合作社的成员构成及分布

1.成员构成情况

京郊农民专业合作社的社员以农民为主,农民社员占到95%,非农民社员仅为5%。农民社员的比例高于《中华人民共和国农民专业合作社法》中规定的农民社员人数80%的比例。其中,团体社员以企业法人为主,占到72%左右。

2.成员分布情况

北京农民专业合作社成员基本分布在农村,其中,以社员分布在同村内为主,其次是跨村而分布在同乡内。比如,从2012年的统计数据来看,分布在村内的社员占总人数的59%,跨村而分布在乡内的社员占30%,市县内的占9%,其余均占1%。如表26-2所示。

表26-2 2012年成员分布情况 单位:人

地区	村内	乡内	市、县内	省、区、直辖市内	跨省、区、直辖市
数量	3126	1567	494	42	57
比例(%)	59	30	9	1	1

资料来源:根据调查数据整理。

(二)北京农业合作社的组建方式

据统计,北京各区县的农民合作社,由农民自己组建起来的居多,占53.8%;其次是依托集体经济组织组建的农民专业合作社,占32.5%;依托龙头企业、农业科技服务组织以及基层供销社等组建的农民专业合作社相对较少。如图26-1。

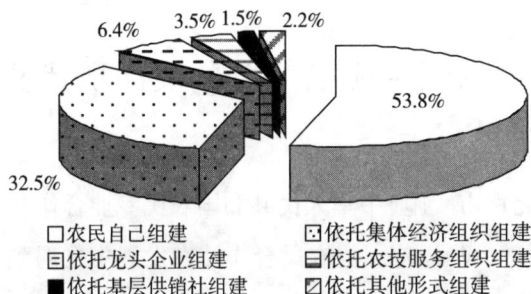

图26-1 各种组建方式的农业合作社数量及其所占比重

资料来源:根据调查数据整理

(三)农民专业合作社的产业分布

从农民专业合作社所属产业来看,近几年基本呈现出以种植业、畜牧业和林果业类的农业合作社为主,此外,还有少量的民俗旅游、渔业以及农机服务类的农业合作社。如图26-3所示。

(四)农民专业合作社的服务内容

就近几年的总体情况而言,以提供产加销综合服务的合作社占绝大多数,其次是提供技术、信息服务的合作社,但由于各区县农业生产类型与经营方式的不同,农业合作社服务内容的侧重点也有所差异。如,密云县农业合作社提供产加销综合服务的占绝大多数,其次是提供技术信息服务的合作社;通州区以加工服务为主的农业合作社最多,其次是提供技术信息服务的合作社。如图26-2是2011年和2012年北京农民专业合作社的行业分类情况。

(五)农民专业合作社组织机构设置

90%的农民专业合作社设置了成员代表大会,95%的农民专业合作社设置了理事会,85%的农民专

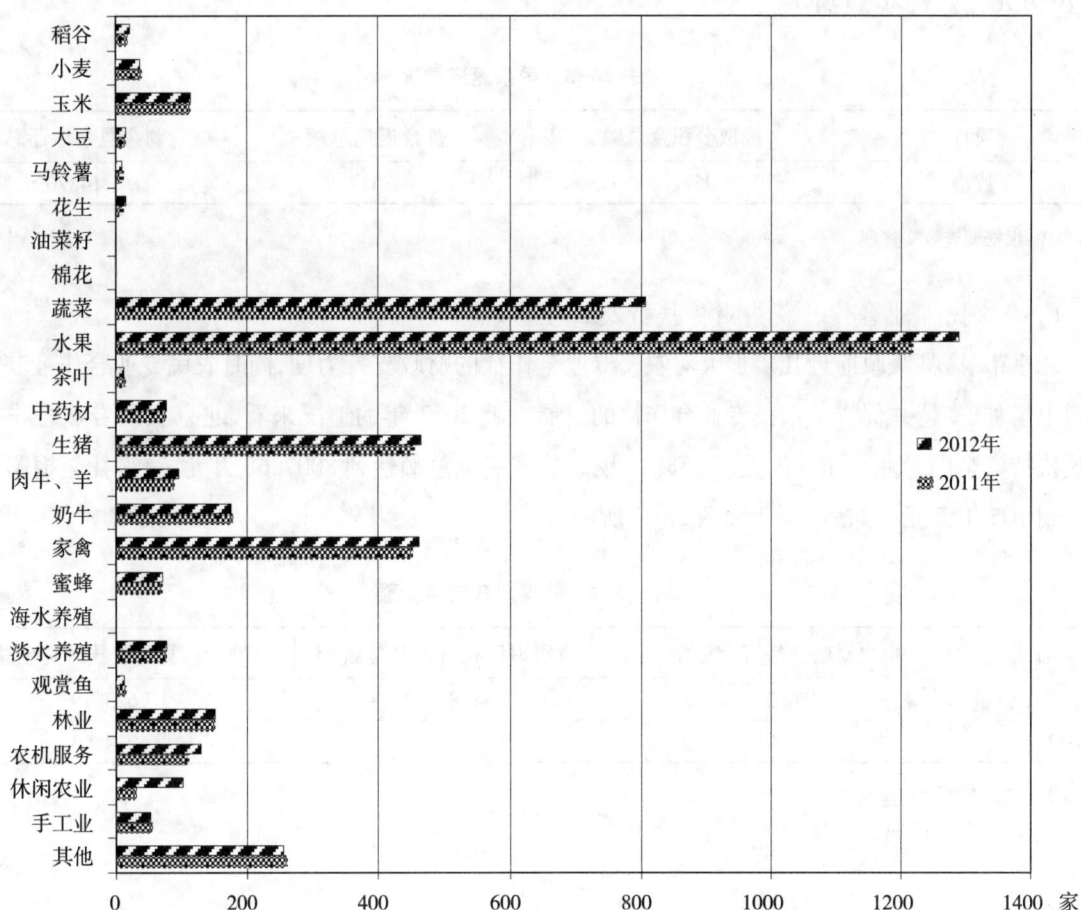

图 26-2　2011 年与 2012 年北京农民专业合作社行业分类情况

资料来源：根据调查数据整理。

业合作社设置了监事会。在成立这些机构时，绝大多数是通过会员选举产生，仅少数是通过任命的方式来产生的。

96% 的农民专业合作社有着明确的章程，以规范其运作与管理，并实现了独立核算。

（六）农民专业合作社的入资构成

各区县农民专业合作社的入资来源构成较为多元化，农户、集体经济组织、政府支持、企事业单位、社会捐赠及其他入资方式都在合作社形成与发展中发挥了积极作用，但各区县农民专业合作社的主要入资方式不同。如，海淀区、丰台区、通州区是以其他入资为主要入资方式；门头沟区则以农户入资、政府支持以及社会捐赠为主；房山区是以其他入资和农户入资为主；大兴则以其他入资和政府支持为主；顺义区以农户入资、企事业单位入资和政府支持等方式为主；昌平、平谷、怀柔、密云、延庆等区县主要是以农户入资为主，并辅以集体经济组织入资或政府支持等入资方式。

（七）农民专业合作社盈余返还

北京农民专业合作社的盈余返还基本上符合农民专业合作社法和农民专业合作社财务管理制度的规定，基本能达到初次盈余返还按照交易量或交易额的 60%，并且按照规定进行剩余盈余返还。

就 2012 年的盈余返还来看，北京农民专业合作社的总收入为 868986 万元，总支出为 778533 万元，实现盈余为 90453 万元，其中提取公积金 9571.6 万元，盈余返还 43517 万元，剩余盈余返还总额为

14870 万元。如表 26-3 所示。

表 26-3　盈余返还情况　　　　　　　　　　　　　　　　　单位:万元

项目	提取公积金总额	盈余返还总额	剩余盈余返还总额
数量	9571.6	43517	14870

资料来源:根据调查数据整理。

（八）农民专业合作社获得财务扶持及社会捐赠

北京市、区县级政府近几年加大对农民专业合作社的财政支持力度,同时农民专业合作社获得社会捐赠也增加,支持并促进了农民专业合作社的发展。就 2012 年的情况来看,北京农民专业合作社获得财政扶持资金的专业合作社的共有 358 个,财政扶持资金总额达到 8007.68 万元,获得社会捐赠资金总额达到 105.1 万元。如表 26-4 和图 26-3 所示。

表 26-4　获得财政支持金额　　　　　　　　　　　　　　　　　单位:万元

种类	中央财政扶持资金总额	省级财政扶持资金总额	地、市、县财政扶持资金总额
2011 年数量	470.35	3478.5	7623.19
2012 年数量	460.05	881.1	6014.63

资料来源:根据调查数据整理。

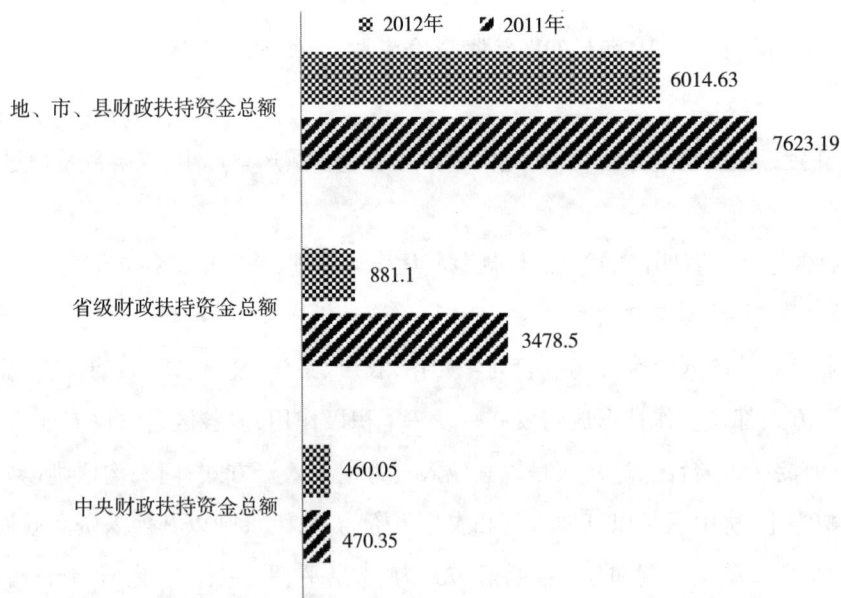

图 26-3　合作社获得财政支持金额　（单位:万元）

资料来源:根据调查数据整理。

二、特征

北京是我国的政治、文化中心,经济发展蒸蒸日上。2007 年国家倡导发展农民专业合作社以来,北

京农民专业合作社发展迅速,在都市现代农业发展过程中发挥了积极作用,呈现出鲜明的特征,主要包括以下几点:

(一)地方特点突出

由于北京处于我国北方,地形是北高东低,平原广袤,周围群山环抱,小麦、玉米是主要农作物,养殖家禽与生猪比较普遍,总共4363家合作社从事种植业和养殖业,数量明显高于从事其他行业的合作社数量,占合作社整体的83.7%。

北京市各个区内部区域定位明确,郊区农民专业合作社数量明显多于城区合作社数量,密云有1046家,是朝阳区合作社数量的523倍。

北京经济发展水平较高,从事服务行业的企业数量较多,截止2012年,北京从事服务业的农民专业合作社为260家,比在2011年时的167家增加93家,每年以近百家的速度在增长。例如密云古北口村民俗旅游专业合作社,村内现有460户共计1060人,房屋275座。目前,有民俗户120户,可同时接待1200—1300人。成立合作社后,全村收入有很大提高,2012年民俗旅游收入900余万元,收入最少户年赚2—3万元,最好户可赚150—160万元。相比2011年,民俗旅游收入增长50%—60%,游客增长30%—40%。北京的服务业合作社发展如此迅速得益于北京的高经济发展水平及高度的城市化,是具有北京特色的合作社形式之一。

(二)内部管理制度较为规范

在全国范围内,很多农民专业合作社的内部管理制度极度匮乏,"一言堂"现象明显存在。然而在北京,农民素质普遍高,管理规范的合作社更容易在农村存活、发展。合作社全部设有理事会、监事会,定期召开社员(代表)大会,合作社受各个区县农经站管辖,在合作社中的执行监事或监事长人数中有3659人为农民,占总人数的97%,充分说明在农民专业合作社中,农民的确对合作社的发展做出了应有的贡献并享有应有的义务与权益。

截至2012年年底,北京共拥有国家级示范社9家,同比增长5家;市级示范社27家,区级示范社301家,占全北京农民专业合作社总数量的7.7%。

(三)农民受益明显

北京农民专业合作社在带动农民发展上起到了积极的作用,农民收益十分明显,体现在很多方面。

从吸纳社员情况来看,截至2013年6月,总共吸纳社员254733人,其中农民社员241760人,仅2012年一年就带动非成员发展203652人。值得注意的是,合作社中的男性社员是女性社员的2.4倍,这是由于一些家庭只有户主加入了合作社,所以在带动社员发展上面,实际的数字要远远超过登记在册的数量。

从合作社获得财政支持和社会捐赠情况来看,由于北京得天独厚的经济实力,合作社在获得财政扶持及社会捐赠方面也走在全国的前列,仅2012年,北京有386个农民专业合作社取得了财政扶持,折合人民币13880万元,获得社会捐赠29.6万元。而北京的补贴大多数以实物的形式发放给了社员,使得社员真正得到了"三农"发展的好处。

从产品销售情况来看,销量大,收入增。2012年北京农民专业合作社统一组织销售农产品上千万吨,光农作物产品就有117.09万吨。比如,北京延庆县,运营农民专业合作社资产总额达到43069.84万元,实现收入119267.1万元,在76家取得销售收入的农民专业合作社中,1000万元以上的5家,占取得销售收入的合作社的 10.64%,500—1000 万元之间的 3 家,占取得销售收入的合作社的 6.38%,100—500 万元之间的 21 家,占取得销售收入的合作社的 44.68%,100 万元以下的 47 家,占取得销售收入的合作社的 1%。

（四）品牌建设初具成效

品牌是产品的灵魂,没有品牌的产品是没有生命力的,也不可能有魅力;品牌还是质量的象征、标准的承诺、信誉的保证、文化的凝结及个性的体现。所以,在市场经济条件下,农民专业合作社需要通过整合经济与文化资源,提供优质服务,不断强化差异和特色,努力创建被社会认可的品牌,以寻求具有竞争优势的品牌经营战略。

近年来,在政府有关部门的积极推动下,北京农民专业合作社品牌建设取得初步成效,品牌社会影响逐步扩大。截至 2012 年年底,北京市农民专业合作社共拥有注册商标 202 个;获得专利技术 9 个;实施生产质量标准的合作社共有 141 家,其中实施国家标准的有 73 家;拥有使用农产品质量认证的合作社有 383 个,其中有机产品认证 78 个,绿色食品认证 13 个,无公害农产品认证 93 个。

例如顺义区依托首都"鲜花港"的巨大品牌优势大力发展鲜花产业,其木林镇的大林、唐指山等十余个村的玫瑰种植户,在北京鑫宗青农业发展有限公司的带领下,注册成立了顺义首家食用种植专业合作社,所辖种植面积达到 1000 亩,预计合作社的玫瑰亩产值可达到 5000 元以上。诸如这样单一生产的合作社还有很多,这样的合作社虽然受到市场变化的威胁严重,但是由于标准化生产及过硬的技术,生产出来的产品在市场上的需求量较稳定。

（五）初步形成联社发展基础

事实上,随着农民专业合作社逐渐由种植养殖业向加工、劳务、运输、信息、资金、技术和销售等众多领域延伸,农机服务合作社、乡村旅游合作社、手工业合作社等从事第二、第三产业的合作社快速发展,合作联社已经广泛兴起。在北京,由于农村发展比全国其他地区好,各个产业的发展也比较成熟,已经初步形成了组成联合社的基础。

2013 年 8 月 29 日,北京怀柔区成立了北京市第一家正式注册的农民专业合作社联合社——北京蓝天白鸽农产品专业合作社联合社。北京蓝天白鸽农产品专业合作社作为联合社的发起社,组织了 10 家在怀柔区有发展潜能的不同行业的农民专业合作社及 1 家以从事包装设计为主的企业,依托蓝天白鸽这个成熟的品牌正式成立了北京蓝天白鸽农产品专业合作社联合社,该联合社的成立标志着北京联合社的初步发展。

2011 年 4 月 18 日,由北京绿富隆蔬菜产销合作社牵头 22 家合作社正是成立了"北京腾隆农产品产销专业合作社"。"北京腾隆农产品产销专业合作社"在组建之前,就制定了详细的规章制度,对联合社成立后的运作模式进行了科学规划。如今联合社运行良好,成为蔬菜市场的龙头。

第三节　农民专业合作社的发展模式

农民专业合作社自产生之日起,组织形式多种多样,可根据不同的分类方法,划分为不同的类型。总体来看,学术界对农民专业合作社发展模式的研究有主要以下三种划分方式:第一,根据合作社创办者的身份,农民专业合作社目前可分为政府发起型、龙头企业带动型、能人大户牵头型、农技部门兴办型、供销社带动型等类型。第二,根据合作社功能,农民专业合作社目前可分为生产型、销售型、加工型、采购型、(技术)服务型以及综合型等六种基本类型,其中生产型农民专业合作社最为少见。第三,根据合作社与政府的关系,农民专业合作社可分为自办型、官办型以及官民结合型等三种类型。

北京比较能代表目前农民专业合作社的总体经营水平的有以下五种模式:(1)龙头企业+合作社+农户;(2)合作社+大户+农户;(3)龙头企业+合作社+基地+农户;(4)合作社+专业协会+农户;(5)龙头企业+合作社联社+农户。

一、龙头企业+合作社+农户

（一）基本概念

"龙头企业+合作社+农户"这种经营模式中,龙头企业是通过农民专业合作社与农户建立购销关系,形成农产品加工和流通的产业链条,企业与合作社结成企业关系,规定双方的权利和义务,合作社作为中介,通过合作社章程约束农户,与农户结成利益共同体。合作社向农户提供配套服务,如提供优质品种、先进技术和产中服务等,与企业协商制定保护性价格,集中收购农户的初级产品,并交售给企业,承担生产风险(如图26-4)。

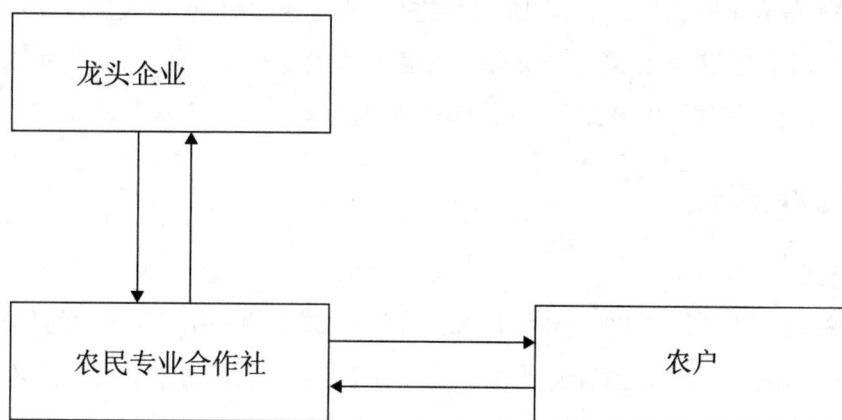

图 26-4　农民专业合作社模式

资料来源:王宝菊:《新农村建设中诸城农民专业合作社》,中国海洋大学,2010 年。

（二）主要特点

组织结构是"合作社设有社员代表大会+理事会+监事会",由理事会负责日常管理,管理人员一般选自该合作社成员,合作社的大事由社员代表大会决定。经营服务内容:统一供应种苗,统一实施适用新技术,统一配供农用投入品,统一疫病防治,统一协调贷款,统一产品销售。合作社上联企业,下联社员农户,实行标准化生产,产业化经营。日常管理由理事会承担,理事长负责。

（三）评价

1.优点

合作社的计划性比较好,以合同为纽带便于控制。由于公司在产品开发、市场拓展等方面具有较大的优势,合作社具有对大量分散的生产者独有的组织管理能力,双方结合,可以优势互补。在产业不稳定、市场风险较高的阶段,有较大适应性,易通过企业向农业引导现代技术要素。在产业组合中,市场价格机制和非市场的组织机制结合,比较灵活,组织成本低。

2.弱点

市场开拓过分依赖龙头企业,一旦企业出现经营危机,合作社将陷入困境。虽然股权的分散提高了社员生产的积极性,社员凝聚力也有所提高,但合作社经营风险增加了。合作社的组织服务和业务还只停留在提供市场信息、技术咨询、提供种苗和生产资料以及初级产品销售的低层面上,而在进行深加工、精加工、提高产品附加值方面的业务很少,缺少适应和开拓市场的能力。

(四)案例分析

北京市奥金达蜂产品专业合作社

北京市奥金达蜂产品专业合作社位于密云县,2006年6月被北京百花蜂产品公司确定为有机蜜原料供应基地,并于2007年年初注册"花彤"牌商标,合作社上连加工企业,下连农户,形成产前、产中、产后服务为纽带的产销一体化经营格局,走出了一条"龙头企业+合作社+农户"的发展模式。经过8年多的发展,拥有430户蜂农的北京奥金达蜂产品专业合作社蜂产品年产值突破2000万元,"花彤"品牌已覆盖北京90多个超市。2012年7月5日,被农业部评为"全国农民专业合作示范社"。目前"花彤"牌蜂蜜正在申请北京市著名商标。

合作社积极发挥合作职能,提供产销一体化服务。在生产方面,合作社定期开展技术培训,提高农户养蜂技能,派遣养蜂专业技术人员深入现场,实地进行养蜂指导,保证产品质量;产品销路方面,与百花蜂蜜科技有限公司建立长期合作关系,稳定销售渠道,降低合作社集体风险,并为社员带来了长期稳定的经济效益。(注:资料根据"中国农民专业合作社网"整理得。)

二、大户+合作社+农户

(一)基本概念

"大户+合作社+农户"经营模式的合作社是由农民企业家或具有一定经济实力的种养大户、运销大户、农民经纪人等牵头组建并组织运行的合作社。这些骨干社员不仅出资最多,而且具有技术特长或者经营管理能力,一般来说他们既是合作社的主要决策者,又是合作社的日常经营管理负责人,是合作社的核心,对于合作社的生存和发展起着决定性作用,合作社的管理呈现企业化特点(如图26-5)。

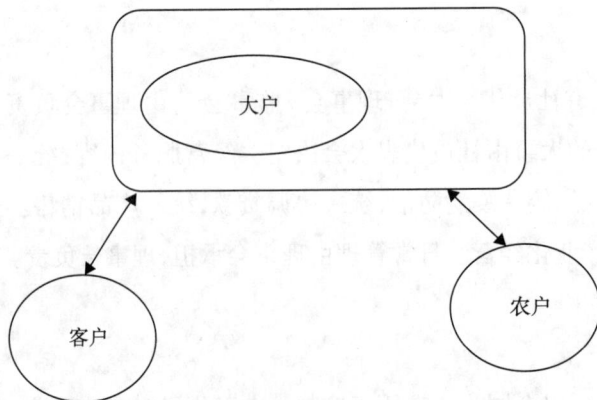

图26-5 农民专业合作社模式

资料来源:王宝菊:《新农村建设中诸城农民专业合作社》,中国海洋大学,2010年。

（二）主要特点

农村能人是合作社的主要决策者，又是合作社的日常经营管理负责人，他们将与自己有相同利益关系的农户联合起来，实行股份制管理，并担任合作社的理事长。

合作社主要以农户社员为主体，社员入社必须具备一定种养技术和经验，人品好，而且与发起人存在千丝万缕的关系。合作社成员大会选举和表决上不再实行一人一票制，而是实行以一人相对多票制方式管理合作社重大事务。生产方面实行统一种苗，统一标准，统一品牌，统一疫病防治，统一农资，统一产品销售。

（三）评价

1.优点

农民企业家或具有一定经济实力和能力的种养大户、运销大户、农民经纪人的信息比较灵通，市场运作经验较为丰富，且有一定积累。他们对开展农产品标准化生产、规模化经营、品牌化运作重要性及必要性的认识更加深刻。整个合作社的决策权、控制权都集中掌握在合作社领导人（农村能人）手中，权力集中，决策效率高，决策成本低。

2.弱点

在股权方面，容易造成一股独大，股权结构的集中化与决策权的集中化，使合作社领导人拥有主导的剩余控制权和决策权，普通农户由于投入资金少，股权分散，在组织中往往处于从属地位，发言权有限，对合作社发起人个人的依赖性过强，一旦发起人出现决策失误，必将引致合作社发展的重大损失，其可持续发展性变存在问题，而且不利于先进管理思想的引进。内部人控制问题：许多农民对于骨干社员控制合作存在信任恐惧，他们不愿意将资金投入或加入一个自己既无法预期其成本、收益和风险，又无法主导其发展方向的经济组织，这种信任恐惧主要来自于对内部人控制问题的担心。作为代理人的理事长等具有信息控制优势，而普通社员由于仅是从合作社盈余中按交易额和股份返还中得到的利润非常有限，往往不愿意将过多的精力放在合作社上，从而放松了对代理人的监督力。

（四）案例分析

北京延庆大柏老聚八方奶牛专业合作社

北京延庆大柏老聚八方奶牛专业合作社位于延庆县旧县镇大柏老村，主要为奶农提供鲜奶收购、化验、保险、生资、销售等服务。现有成员231户，带动社外农户400户，下设鲜奶收购站和饲料加工站两个服务实体，社员涉及全县7个乡镇30多个村。延庆县旧县镇大柏老村养殖业是从1975年开始发展起来的，生产鲜奶最早是交到县里的两个奶粉加工厂。后伊利、蒙牛、光明等奶业大公司进入北京郊区，市场竞争压力日益加大，为保护奶农利益，将原来大户经营主体改为合作社经营主体，实行"大户+合作社+农户"模式。

合作社年终盈余按照交易额与投资入股6∶4比例分配。合作社设理事会(5名成员)和执行监事，由成员代表大会民主选举。目前，合作社已建立财务制度、出入库制度、鲜奶收购标准、职工守则、安全生产制度等规章制度，同时建立了按交易额盈余返还与股份分红相结合的利益分配机制，密切了利益联结，促进合作社的可持续发展。（注：资料根据"中国农民专业合作社网"整理得。）

三、龙头企业+合作社+基地+农户

(一)基本概念

合作社依托龙头企业建立合作社,按照民办、民管、民受益的原则,建立龙头企业、合作社、基地与农户之间风险共担、利益共享的长效运作机制,把一家一户的生产组织起来,将分散的家庭生产经营活动引向市场,以股份合作制进行生产经营、分配和管理,实现集约化、标准化生产。"龙头企业+合作社+基地+农户"这种经营模式既发挥了规模优势,又提高了经济效益,还解决了一家一户难以解决的问题,使社会资源得到了有效配置(图26-6)。

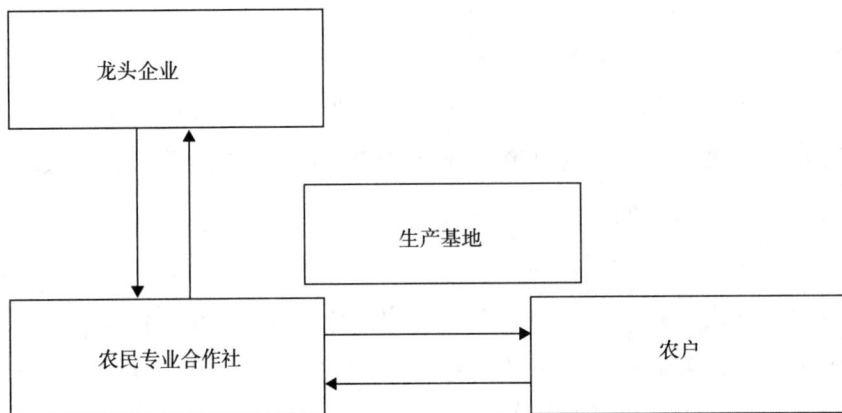

图26-6 农民专业合作社模式

资料来源:王宝菊:《新农村建设中诸城农民专业合作社》,中国海洋大学,2010年。

(二)主要特点

合作社呈现企业特点,理事会下设基地,基地实行二级管理,设一名基地负责人,承担基地的日常事务管理,均由社员担任经营服务内容。合作社承担基地与企业的联系,在生产过程中,有的合作社还为农户提供购买生产资料的服务,生产过程所需要的技术服务,一般由合作社提供。合作社统一种苗,统一标准,统一品牌,统一疫病防治,统一农资,统一产品销售。

合作社主要以农户社员为主体,社员入社必须按生产规模购买股金。合作社代表企业出面解决与农户主要事务,但是合作社的用人制度和就业性发生根本改变,地里干活的除了为自己干活的社员,还有大量的雇工(农业工人),产品销售主要通过在各省市大型农产品市场设直销点或由企业与合作社签订合同,出资通过合作社基地大规模生产,企业按保护价格或略高于市场价收购社员基地产品。

(三)评价

1.优点

通过规模化、企业化的农业生产,更好地实现土地。劳动力、技术、资金等生产要素的优化组合,更有利于实现生产的标准化、专业化、科学化,从而具有更强的生命力。

2.弱点

现阶段,相当一部分企业只注重自身的经济效益,对基地和农户的利益往往忽视或者关注程度严重不够,农民的利益受损,也影响了他们参加农民专业合作社的积极性。

（四）案例分析

北京北菜园蔬菜专业合作社

北京北菜园农产品产销专业合作社位于延庆，前身是国有化的延庆县小丰营蔬菜产销协会农业合作社，由298个农民家庭组成。作为京郊的农业大县，延庆历史上就是首都的农副产品供应基地。尤其是农场所处的小丰营村，农业资源丰富、无污染，为发展生态农业提供了得天独厚的条件，自古就是皇家蔬菜专属供应地。

北菜园蔬菜专业合作社于2007年7月14日正式自国有背景转型。经过三年的发展，拥有正式社员298户，注册资金由185万元增加到现在的385万元。下设有八达岭蔬菜市场、300亩有机基地、农资门市部、互助基金会等，是典型的"龙头企业+合作社+基地+农户"模式。

其中八达岭蔬菜市场占地面积4万平方米，拥有6000吨库容量保鲜冷藏系统，市场辐射整个华北地区；北菜园蔬菜基地种植面积为300亩，合作社实行"统一种植、统一防治、统一加工、统一品牌销售"的运作模式，并获得了国家进出口权，成为出口备案基地；另设有农资门市场和互助基金会，实行"自愿参与、自由退出、自我管理、共同受益"的原则，为社员解决资金短缺等问题，提高入股社员的财产性收入。（注：资料根据"中国农民专业合作社网"整理得。）

四、合作社+专业协会+农户

（一）基本概念

合作社联合各专业协会共同成立合作社，具体事宜同合作社一样，成立理事会。各协会成员作为合作社的成员，成立社员大会，理事会负责合作社的所有事务。该合作社将业务不再局限于一种或几种农作物的产前、产中以及产后的服务，而是将范围扩大到多种农作物的种植或动物养殖。合作社成为为各个协会的合作社成员服务，如聘请专业技术人员来讲课，组织各成员学习，联系销售，外购物资等良好地实现土地、劳动力、技术、资金等生产要素的优化组合，有利于实现生产的专业、标准化和科学化，从而具有巨大的生命力。

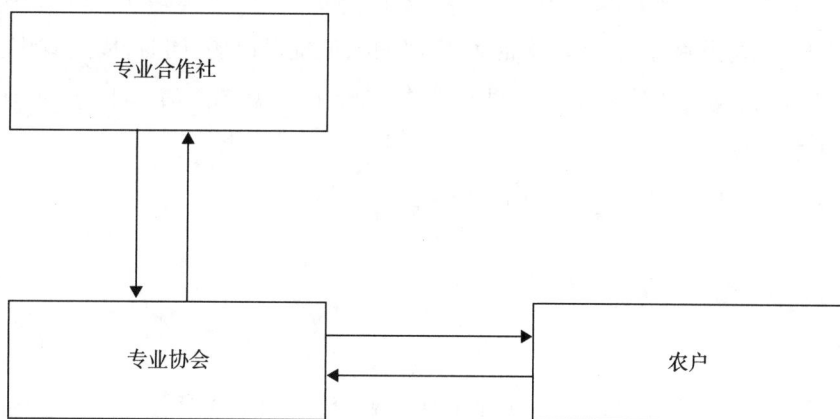

图 26-7　农民专业合作社模式

资料来源：王宝菊：《新农村建设中诸城农民专业合作社》，中国海洋大学，2010。

（二）主要特点

由于合作社是多种专业协会的联合，因此，合作社的服务范围扩大了，不再局限于一个村或将近的几个村,而是拓宽到好几个村的联合。生产过程所需要的技术服务,一般由合作社提供。合作社统一种苗,统一标准,统一品牌,统一疫病防治,统一农资,统一产品销售。合作社主要以各专业协会的农户社员为主体,入社必须按生产规模购买股金,在决策方面,社成员大会选举和表决上不再实行一人一票制,而是实行各专业协会一协会一票。

（三）评价

1.优点

通过协会和合作社的联结,能够把资本、技术和劳动力等方面优势更有效地联合起来,是会员和协会的利益进一步密切,从而达到发展,壮大优势产业的目的。合作社是围绕当地特色项目,形成主导产业,在政府部门带动下,合作社经营条件较好。

2.弱点

组织参与者众多,利益主体复杂,协调管理成本高,组织容易失控。由于各协会成员基本都是农村中种植大户或养殖大户,文化水平普遍低,合作社的管理人员大多都是由这些人组成,组织分散。

（四）案例分析

北京绿禾都示食用菌专业合作社

北京绿禾都示食用菌专业合作社成立于2007年,拥有占地136亩的食用菌生产基地,主要种植品种为金针菇、平菇、草菇、香菇以及高温菇等。合作社通过五年多的实践,摸索出一套发展道路,延长产业链条,形成产、供、销服务体系,合作社采取原料、品牌、包装、市场销售统一,社员分散种植,专业化生产的模式。为带动农户发展食用菌种植,合作社为社员户提供原材料采购、技术指导、销售服务等中间环节,提供产前、产中、产后全方位服务。此外,社员户的前期投入成本由合作社垫付,待蘑菇销售完卖了钱再扣除成本,极大地解决了农户的资金缺口和后顾之忧。同时,还聘请专业的技术人才和有实践种植经验的食用菌种植能手作生产技术指导,解决群众的养殖技术难关,农户种植食用菌的积极性高涨,社员户经过实践种植,从中获得良好的经济效益,每个大棚每季食用菌创收达6万元,纯利2—3万元。通过示范带动,合作社的社员户也由合作社成立之初的12户发展到目前387户,年销售额从100余万元发展到现今的900万元。现在,食用菌基地实现食用菌周年生产,大大增加设施农业效益,生产的食用菌直销通州华堂、廊坊万克隆超市,以及北京、天津的大型批发市场,同时,周边省市上门收购的商家也络绎不绝,供不应求,农民的致富步伐加快。目前,每亩日光温室产值达10万元以上,每亩纯收入4.8万元,年产值710余万元。

（注:资料根据"中国农民专业合作社网"整理得。）

五、龙头企业+合作社联社+农户

（一）基本概念

合作社联社是由从事同一产品生产经营的农民专业合作,加工企业及与该产业相关的组织共同组成,围绕产品进行产加销一体化产业经营。农民专业合作联社成立的目的是为了扩大生产经营和服务规模,提高市场竞争力,农民专业合作社在突破自身发展瓶颈的过程中,在一定的地理范围内联合起来,整合、盘活乡村合作资源,综合化地促进农副产品的规模化和标准化,从而与市场等系统结成良性互动关系。为了改善自身的市场境遇,农民专业合作社走向联合将成为必然趋势,因为只有联合,才能以最低的成本实现市场的快速扩张,提升农民专业合作社的竞争实力。合作联社是应对农业商品化、农产品贸易市场化和国际化的挑战而产生的。强调无公害、绿色食品,以满足越来越高的国际市场需求,应对越来越苛刻的国际贸易技术壁垒,由从事同一产品生产经营的农民专业合作社、加工企业及该产业相关的组织共同组成,围绕产品进行产加销一体化产业经营。(如图26-8)

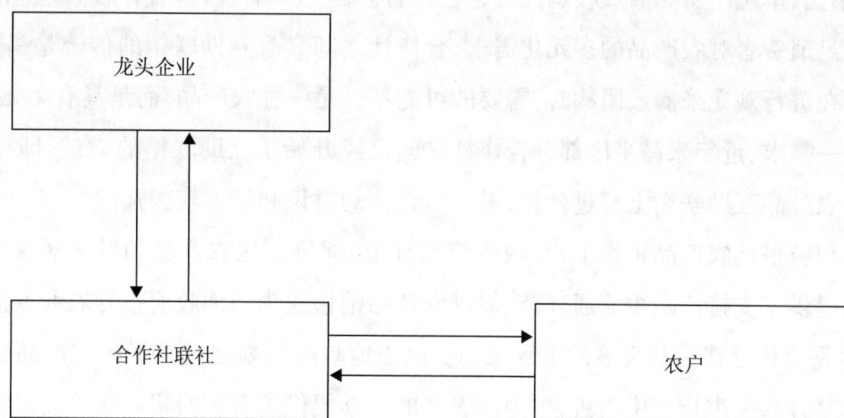

图26-8 农民专业合作社模式

资料来源:王宝菊:《新农村建设中诸城农民专业合作社》,中国海洋大学,2010。

(二)主要特点

除合作社常设机构外,还设有联合组织职能部门,管理各个合作社,理事会多从外部聘请专业人士协助经营管理。经营服务内容:统分结合,双层管理。统一种苗,统一标准,统一品牌,统一疫病防治,统一农资,统一产品销售。根据各分社的经营规模购买股金,决策方面实行"一分社一票",分社实行经一人相对多票制民主管理合作社重大事务。各分社独立核算,自负盈亏,利润分配以按照成员投入的股份(额)比例分红为主,投售额分红为辅。

(三)评价

1.优势

把相关经济活动纳入到一个合作社联社来经营,是市场交易内部化的行为,即通过组织边界的扩张,借助于组织对市场的替代,变市场交易为组织内部交易,从而节约交易成本。通过产加销一体化纵向联合形成联社可以让单个合作社摆脱对设厂的盲目性,从而规避市场风险,而且可以让各个分社之间形成利益共享的机制,变竞为合作。

2.局限

由于是联社,组织参与者众多,利益主体复杂,这就要求合作社联社的管理层具有较高的管理能力和协调能力,可大部分成员是农民,文化程度低,没有经过专业培训,组织容易失控。

(四)案例分析

北京昌平昌农联农产品专业合作社

1.组建背景和发展历程

北京昌平昌农联农产品专业合作社尽管仍属于专业合作社,但"昌农联"三字实际上体现了昌平农产品联销的含义,而功能上也体现集中销售合作社农产品的作用,属于联合社的范畴。合作社农产品销售需要进一步开拓是昌农联成立的最大背景。昌平区位于北京市北部,农业类型属于都市型农业。百合花、苹果、柿子、草莓是昌平农业的四大支柱产业。2008年以来昌平区总结了过去"公司+农户"模式的经验教训，把依法扶持农民专业合作社作为发展都市农业的措施，突出强调了其与农民利益关系更为密切的特点，提倡"一村一品，一品一社，生产在家，服务在社"的发展模式。各合作社在技术服务、指导生产方面发挥了积极作用，解决了农民的生产问题，而且也具有一定的销售能力，产品主要以中高档为主，通过观光采摘、单位团购和商贩收购三种途径进行。但总体而言，各合作社普遍感觉到还需要在市场上进一步满足消费者对农产品的多元化需求，合作社之间具有互助联销的传统是昌农联成立的实践基础。消费者在进行观光采摘或团购时，需要的可能不只是一种农产品，而是具有多元化的特征。为满足消费者的这一需求，近年来昌平区部分合作社之间已经开始了互助联销的尝试，即相互销售农产品。首批成员社在农产品互助联销上有过合作，进一步合作的意识和需求较为强烈。

当地政府积极搭建农产品销售平台、减少流通环节、促进山区农产品和城区居民"直接对接"也为昌农联的产生提供了支持。减少流通环节、促进农产品销售成为当地政府指导农业发展中的重要举措，"农超对接"也是合作社建设与发展的重点工作。而当地政府计划建立昌平区农产品销售中心，把昌平区所有农产品整合起来进行集中销售，更为昌农联的成立提供了有利时机。于是，在当地政府以及市县经管部门的支持下，昌平区产品具有特色、产业具有规模的温榆园香白杏专业合作社、八口百合花种植专业合作社、营坊昆利果品专业合作社、老君堂生态养鸡专业合作社、燕昌红板栗专业合作社、金日兴峪葵花专业合作社、兴寿镇麦庄草莓种植专业合作社等12个合作社发起成立了昌农联农产品专业合作社。昌农联于2009年7月6日在昌平城区挂牌营业，合作社的产品包括苹果、草莓、百合、板栗、柴鸡蛋、大盖柿子、蜂蜜等14类，共110个产品。

2.运行机制

（1）资金筹集

每家成员社出资2万元，昌平区部分政府部门和乡镇免费提供场地和资金扶持。2009年9月昌平区政府出资50万元，东小口镇政府提供土地，在天通苑社区开设了农产品精品店；2009年10月由昌平区工业局免费提供场地，在回龙观城北批发市场建立了400平米的合作社产品展销批发区。

（2）管理结构

昌农联设立了成员代表大会、理事会和监事会。成员代表大会由12家成员社的理事长组成，职权是：审议、修改合作社章程和各项规章制度；选举和罢免理事长、理事、监事会成员；决定成员代表出资标准及增加或者减少出资；审议合作社的发展规划和年度业务经营计划；审议批准年度财务预算和决算方案；审议批准年度盈余分配方案和亏损处理方案；审议批准理事会、监事会提交的年度业务报告；决定重大财产处置、对外投资、对外担保和生产经营活动中的其他重大事项；对合并、分立、解散、清算和对外联合等做出决议；听取理事长或者理事会关于成员代表变动情况的报告。

理事会的职权是组织召开成员代表大会并报告工作，执行成员代表大会决议制定合作社发展规划、年度业务经营计划、内部管理规章制度等，提交成员代表大会审议；制定年度财务预决算、盈余分配和亏损弥补等方案，提交成员代表大会审议；组织开展成员培训和各种协作活动；管理合作社的资产和财务，保障合作社的财产安全；接受、答复、处理监事会提出的有关质询和建议；决定成员代表入社、退社、继承、除名、奖励、处分等事项；决定聘任或者解聘合作社经理监事会职权；监督理事会对成员代表大会决议和合作社章程的执行情况；监督检查合作社的生产经营业务情况，负责合作社财务审核监察工作；监督理事长或者理事会和经理履行职责情况;向成员代表大会提出年度监察报告;向理事长或者理事会提出工作质询和改进工作的建议;提议召开临时成员代表大会。

3.经营方式

昌农联销售农产品有代销与直销两种方式,代销产品占80%,直销产品占20%。代销方式是联合社以某一固定的价格从成员社拿货,只负责销售,不承担销售风险,联合社将已销价格的20%作为红利计入当期收入,货物销完结账,销不完仍退还成员社;直销方式是联合社以某一价格将农产品从成员社买进,然后自行定价售出。这种销售方式的优点是利润率较高,但联合社要承担全部销售风险。

4.盈余分配

(1)分配对象

认购合作社股金的成员代表和社会自然人及法人。

(2)分配核算

合作社在进行年终盈余分配工作之前,财会人员做好财务清查,准确核算全年的收入、成本、费用和盈余,清理资产和债权、债务。财务核算结束后,向理事会提交盈余分配方案。

(3)审批程序

理事会接到财务部门提交的盈余分配方案后,组织召开有监事会成员、经理参加的理事扩大会议,听取意见,进一步完善方案,经理事会审核后,提交成员代表大会审议批准后方可执行。

(4)盈余分配顺序和办法

合作社年终可分配盈余实行按交易额返还、按股分红、支付股息相结合的分配方式,分配顺序为:弥补以前年度亏损;提取公积金和公益金;支付优先股红利;支付身份股股息;支付前四项后的盈余,60%按交易额返还,40%按发展股分红。

5.成效与问题

昌农联成立以来,建设专营店3家,组织合作社农产品社区行45次,市民山区行3次,对合作社的产品起到了积极的宣传作用。昌农联的成立提高了单个合作社的谈判能力,具有签订大合同的实力,已经和8家大客户达成了购销协议。昌农联的成立,形成了农民负责种植、合作社负责技术服务和加工、联合社负责销售的格局,缓解了单个农民和合作社的销售问题,也为专营店提供了稳定的货源,构建了从生产到销售的完整产业链条。昌农联使分工更为细致,专业化程度更高,发挥了联合社、成员社、其他主体三者的优势。但由于昌农联成立的时间不长,所销售的农产品占各成员社销售农产品数量的比例还不高,在促进合作社产品销售方面的作用还有待进一步发挥。另外,直销店的设立成本过高也制约了更多营业网点的开设,直销店的运营增加了昌农联的经营风险。但从另外一个角度考虑,此举恰恰降低了基层合作社的风险,是风险的转移和集中。

昌农联的发展,特别是销售中心的发展已经显示出"超市化"、"销售公司化"的倾向,按照昌农联理事长的介绍,目前的做法就是要"买全国、卖全国"。而销售中心的商品也不仅仅局限在昌平区农产品,已经扩展到了其他省市的一些农产品。从增加利润的角度而言,这无可厚非;但是,这样的趋势发展下去,将使合作社所有者、利用者分离加剧,合作社的本质和原则体现的不够明显。

6.思考与启示

昌农联的最大特点是基层合作社在销售环节的联合与合作,成立的主要目的是促进合作社产品的销售。基层合作社具有一定的销售能力,但产品销售需要进一步开拓是昌农联成立的最大背景。基层合作社的部分产品通过观光采摘销售,而消费者对特色农产品具有多元化需求,因此近年来基层合作社之间已经形成了互助联销的传统,需要有更为正式的组织来进行统筹管理,这是昌农联成立的重要诱因;基层合作社部分产品通过商贩或流通组织销售,为降低流通、销售成本,合作社产品有直接进入社区,实现与消费者"直接对接"的动力,这是昌农联成立的另一动因。

昌农联的成立是合作社组织建设形式的创新。首先是主体多元。它并不是同类农产品的生产者、服务者的联合,而是各类农产品生产者、加工者的联合。其次是功能单一,它仅仅是发挥销售的作用,基本不发挥生产指导、技术服务等功能。昌农联的发展得到了政府的大力扶持。昌农联的策划成立、相关章程制度制定是在经管部门指导下完成的;昌平区政府部门提供了部分资金、土地,对昌农联的发展也起到了非常重要的作用。昌农联的发展给我们的启示是:组建农产品销售联合社,形成农产品销售平台,可以缓解单个合作社市场开拓、品牌建设能力差、营销人才缺乏的问题,降低单个合作社开展市场营销的成本。销售型联合社的成立和运行过程中成本较高,需要在开设专营店、专柜以及采取代销等方式中谨慎选择。销售型联合社具有企业化倾向,需要更加注重对扶持资金的监管,更加注重联合社与成员社、其他主体的利益联结关系。(资料根据"中国农民专业合作社网"整理得。)

第四节　农民专业合作社存在的问题及对策

当前北京已进入后工业化社会,城乡一体化进程不断加快,"三农"工作进入崭新的发展阶段,但是北京农民专业合作社的发展还存在一些与之不相适应的问题,阻碍了合作社的进一步发展壮大和向都市型现代农业的转型升级。

一、存在问题

北京农民专业合作社从整体来看发展快,而且较规范,但也存在不少问题,阻碍了农民专业合作社的发展。

（一）法律法规界限不明确

合作社法于2007年设立,然而在经济高速发展的时代,事物变化十分迅速。合作社经过多年的发展,呈现出很多问题,同时也暴露了合作社法中一些不健全的问题。例如近年来合作社内部资金互助部蓬勃发展,但是并没有任何一条条款对资金互助部做出明确的说明与规定,这就造成了在实践过程中无法可依的局面。

虽然北京市的农民专业合作社发展较全国来说比较规范,但是根据对延庆县农民专业合作社负责人的调查问卷显示,只有79家农民专业合作社为成员设立了账户,只占到总数的44.89%,还有97家没有设立成员账户,占总数的55.11%,就是因为法律法规中并没有强制哪些单位应该对合作社进行监管造成的。

（二）组织化程度有待进一步提高

截至2012年底,北京市农民专业合作社5210家,共吸纳社员254733人,其中农民社员241760人,也就是每个合作社的成员平均为48.9个。由此可以看出,大多数合作社的规模偏小、组织化程度不高。仅凭几十名成员组建起来的专业合作社,要提高其在市场竞争中的地位是远远不够的。目前虽然已经出现部分合作社联合社,但是数量较少。组织规模偏小,导致了农产品规模相应较小,缺乏市场影响力和产业带动力。尽管在各级政府的支持下,农民专业合作社的产品拓宽了销售平台如农超对接、农企对接等销售平台,但大多数合作社存在产品品种单一、质量不统一等问题,远远不能满足需求。

（三）仍以从事第一产业为主,产业融合不够

在都市型现代农业的发展进程中,农民专业合作社正成为促进第一、第二、第三产业相互融合的重要载体,比如农业与旅游业融合,产生了观光休闲农业;又如农业与加工业融合,产生了加工农业;再如农业与物流业融合,产生了农产品配送业等等。北京近几年出现的民俗旅游合作社、沼气合作社、手工艺品合作社、特色种植养殖业专业合作社等,确实有效地将第二、第三产业与第一产业融合在一起。例如延庆县2012年成立的北京井庄柳沟村乡村旅游专业合作社,以"火盆锅—豆腐宴"为主;密云县的奥金达蜂产品专业合作社,先后投资建起了蜂产品加工生产线、养蜂科普观光园。但是从总体上看,仍然以从事第一产业为主,产业融合发展不够,84.2%的农民专业合作社从事传统的种植业、养殖业。从事服务业、手工业和其他行业的只有10.9%。

（四）融资渠道不畅,普遍存在资金短缺问题

以农民为主体的农民专业合作社普遍存在资金短缺的问题。农民专业合作社资产总额不高,贷款融资能力不强,政府财政扶持力度有限,且覆盖不均匀。北京农民专业合作社也普遍存在着资金短缺的问题,由于合作社的产权属于集体所有,产权并不明确,合作社向银行贷款存在困难。

2008至2010年,北京共有26家合作社从银行贷款,共计45笔,贷款总额4697万元,最小贷款额为10万元,最大贷款额为500万元;单笔贷款额未超过100万元的有35笔,占77.78%。最终由一家合作社到期未还款。由于合作社产权不明晰,银行向合作社贷款的顾虑较多,材料收集存在难度。据了解,一些合作社由于贷款手续不便捷,便通过理事长个人账户向银行贷款,虽然这样便捷快速,但这中间却存在着很大的风险。总之,对于农民专业合作社来说,无论外部融资还是内部信用合作都困难重重,加之政府财政支持有限,资金缺乏成为制约农民专业合作社发展壮大的重要因素。

（五）人才不足

都市型现代农业的发展,对农民专业合作社成员特别是管理人员和技术人员的素质提出了更高的要求。目前,北京农民专业合作社的成员大多是农民,自身文化素质不高、农技知识少,大多数农民专业合作社的领办人和管理人员缺乏市场经济所需的知识经验和现代管理手段。此外,在我国,农村的经济条件较差,即使在北京,郊区的农村地区基础设施也较差,交通也不太方便,人才向农民的流通率很小。农民专业合作社以服务农民为主,合作社的办公地点基本上都设立在村里及镇上,由于基础设施较差、交通不便等因素,很多高校毕业生不愿意到农村工作,造成合作社人才不足的局面,这也严重制约了合作社的科学发展。

（六）注册商标和实施质量认证的合作社数量不多,产品市场竞争力不强

由前述可知,截止2012年底,北京市农民专业合作社共拥有注册商标202个;获得专利技术9个;实施生产质量标准的合作社共有141家,其中实施国家标准的为73家;拥有使用农产品质量认证的合作社为383个,其中有机产品认证78个,绿色食品认证13个,无公害农产品认证93个。注册商标和实

施质量认证的农民专业合作社总体数量不多,而且大部分没有品牌,即使有品牌,知名度并不是很高,北京农民专业合作社的品牌意识和质量认证意识还有待加强。品牌和质量认证不仅仅是商标标识,更是信誉的标志、产品品质的保证,也是获得高附加值的重要来源之一。作为合作社成员的农民往往关注销售和获利等短期利益,而不注重产品质量标准认证,往往导致产品质量参差不齐而且难以控制。不仅不利于品牌和市场的培育,难以改善其市场的影响力和竞争力,而且也难以获得较高的利润和产品附加值。

二、发展对策

围绕北京都市型现代农业发展思路,以农民专业合作社可持续发展为目标,针对发展中的瓶颈问题,提出如下发展思路。

（一）打造合作社融资环境,解决合作社融资难问题

打造合作社融资环境,改善融资难的局面,一是支持农村金融服务业的发展,建立完善真正为农民提供金融服务的正规的农民合作金融组织。二是解决银行贷款和合作社资金需求之间存在的结构性矛盾,使银行贷款与合作社需要相匹配。三是完善合作社内部信用合作。四是加大各级政府的财政扶持力度和广度,尤其是急需财政支持的弱小农民专业合作社。

（二）形成完善的人才引进机制,缓解合作社人才匮乏问题

建立健全人才引进机制,缓解农民专业合作社人力匮乏的问题,首先,必须依法建立和完善农民教育培训机制,加快培训新型农民的步伐,提升农民的综合素质;其次,政府应该加强对农民专业培训机构的考核、监督,并进一步加大对农民教育培训资金的投入;培训可以灵活多样,多种方式均可采用,尽快培养善经营、懂管理、会经营的人才队伍。

人才引进是有效解决农民专业合作社人才不足问题的有效措施,北京可以采用鼓励大学毕业生到农民专业合作社工作等方式提升农民专业合作社的综合管理素质,解决合作社人才不足的问题,提升农民专业合作社的综合竞争力。

例如密云县大城子镇依托农民专业合作社,开展了农村实用人才开发培养示范村建设,投资25万元建成了"两室一基地",即农村实用人才培训室、图书室和实训基地。

（三）创建合作社联合社,使合作社做大做强

农民专业合作社联合社具有更高的组织化程度,能很好地适应生产的需求,有效地解决横向联合不足、纵向一体化程度不高的问题。目前,北京农民专业合作社已经形成了组成联合社的基础,但是在全国范围内联合社还没有成功的经验,需要政策的倾斜,需要北京市的合作社联合起来摸索发展途径。但是现行的《中华人民共和国农民专业合作社法》没有提及关于合作社联合社或者合作社联社的内容,这就使农民专业合作社联合社在法律地位、相应的责权利关系等方面缺乏法律依据和利益保障,此外合作社联合社在注册登记时也会遇到一些困难。虽然2012年底,北京市已经率先出台指导意见促进联合社的发展,这为联合社的发展提供了初步的政策依据,仍然需要政府出台相应的细化政策,支持合作社联合社的发展,以提高组织化程度。

（四）探索创新模式,增加社会福利

农民专业合作社是为农民增收,谋求农民的共同发展而设立的,可以说合作社是社会福利的一部

分,尤其是农村社会福利的一部分。北京作为我国的首都,又是政治文化中心,是全国的标杆,可以借助合作社弥补农村社会福利的不足与匮乏。

在扶贫方面:例如河北衡水市强县芍药村农民专业合作社开创了"8+2"农民专业合作社模式,即十家农户结为一组,其中八户较为富裕,两户比较贫困。在合作社成立初期,贫困户不用出资,在合作社需要劳动力时,贫困户多出力,在合作社进行利润分配的时候,先将纯利润的20%上交村委会作为村庄发展基金,其余全体社员平均分配。简言之就是"有钱出钱,有力出力",最终达到共同发展,共同富裕的局面。

在就业方面:如四川崇州市劳务合作社是促进农民就业的有效途径之一,崇州市劳务合作社为就业局协调相关职能部门共同引导建立的。截至2013年4月,崇州市已成立农业劳务合作社12家,带动就业3600余人,成功地促进了当地在开展新农村建设中出现的一系列相关问题,促进了农业发展方式、经营方式、生产方式和管理方式的转变,推进了传统农业向现代农业迈进。该模式改变了农民在就业中的弱势地位、促进了农民向工人角色转变、提升了农民的就业技能及就业能力,为社会的稳定、破解城乡二元经济结构提供了帮助。

在养老方面:如新加坡的养老服务业务合作社成为新加坡养老体系中不可或缺的一部分,新加坡养老服务业合作社是在新加坡工会(职工总会)网络的基础上成立的,合作社社员可以以优惠的价格得到合作社的养老服务,到年末时,合作社还会根据社员年度消费金额,给予社员一定比例的分红。对于社员来说,既享受了入住养老机构的折扣,又享有消费金额的回扣,是双重优惠。有关数据显示,去年,我国的养老保险缺口已达上亿元,到2050年,我国的老年人口将占到我国总人口的30%,加之医疗技术的逐渐提高和老人生活水平的不断提升,将最终导致养老成本的不断提高,这对我国的养老服务更是不小的挑战,我国如果能够效仿新加坡养老服务业合作社模式,将降低我国养老事业的巨大压力。

(五)借鉴成功商业模式,促进合作社可持续发展

合作社发展在我国还处于起步阶段。国外的现代商业发展更为成熟长久,上百年的成功企业也不在少数,成功的商业模式可以成为合作社发展的向导。

民生银行上海分行在2010年推出了"商圈+产业链+城市小微合作社模式"。"合作社模式"是该分行与政府机构、工商联以及其他第三平台紧密合作,打造出的全新小微企业金融和非金融服务平台。2012年该行成立的"长宁区小微企业城市商业合作社",成为民生银行第一家城市商业合作社。目前,这样的商业合作社在上海已达307家,覆盖所有区、县,共有会员近2万户,至今已有1000多户会员获得授信支持,主推的无抵押无担保授信中最大授信金额150万元,最小授信金额为6万元。四年来,民生银行向社员发放贷款累积将近580亿元,每户平均贷款约261.5万元,贷款资产不良率仅为0.37%。民生银行利用自己在商业圈内探索出来的成功模式,帮助合作社不断发展,也为自己赚得了良好的社会声誉。

(六)建立健全法律法规,为合作社规范发展提供法律依据

法律是一切行为的准绳,在农民专业合作社的发展过程中要依照法律法规的规定严格执行。健全的法律法规可以解决农民专业合作社中一些实际的问题,为合作社的发展指明方向,为监管部门提供法律依据。

在健全法律的同时,实行政府宏观调控和市场规律调节相结合的市场经济运行方针,政府要建立

"农村信息中心",在社会主义初级阶段内无偿地向农民提供市场信息,作为支持农业、支持发展农村经济的措施。

印度与我国同为亚洲国家,经济发展水平相当,印度的监管体系对我国具有十分重要的指导意见。例如印度乳制品质量安全管理体系的构成及其运作机制,该监管体系包括4个部分:奶农生产合作社负责鲜乳的生产、检测、加工和销售;国家乳制品发展委员会(NDDB)负责指导和扶持各级奶农生产合作社的发展;食品安全与标准局(FSSAI)负责按照《食品安全与标准法》等法律标准要求,对乳制品质量安全进行监督和检测;安全管理体系(HACCP)的职能与ISO—9000质量控制体系职能相同,对企业的质量安全提供认证。该监管体系遵循公开透明、权责分明、量刑惩罚的原则,各个部门的职责相互衔接,真正做到对全产业链的监督,奶农生产合作社也能很明确地了解全套的生产标准与发展规范。

三、北京农民专业合作社的发展趋势

目前,我国农民专业合作社已经发展到一个新阶段——提升农民专业合作社发展层次的阶段。十八大报告强调:"发展农民专业合作和股份合作,培育新型经营主体,发展多种形式规模经营,构建集约化、专业化、组织化、社会化相结合的新型农业经营体系。"2014年中央1号文件对农民合作社的地位作用作出了新的定位,在新型农业经营主体中:"农民合作社是带动农户进入市场的基本主体,是发展农村集体经济的新型实体,是创新农村社会管理的有效载体。"农民合作社成为培育新型农业经营主体,构建新型农业经营体系的主要载体。十八大和2014年中央1号文件为农民专业合作社的发展指明了方向,定好了位。总体发展趋势体现在以下几个方面:

(一)多要素、多领域合作趋势

多要素合作,就是有机整合各种要素的优势,使得合作社更具竞争力。多领域合作,主要是生产领域、销售领域甚至消费领域等领域合作。这在欧美、日本和我国台湾地区等都是比较普遍的,北京正在探索,并已有成效。如密云县密农板栗专业合作社、平谷区绿谷农合专业合作社等。

(二)品牌化趋势

从某种意义上讲,农民专业合作社的品牌不仅仅是一种产品或服务,也是一个组织、一种象征,不仅仅是商标标志,而且是信誉标志,是对消费者的一种承诺。品牌是一个合作社的形象,品牌化是每个面向市场的合作社所必需的。经多年努力,我国专业合作社品牌化经营已取得明显成效,涌现出一批很有特色、产品质量好的农产品品牌。据资料记载,截至2012年3月底,全国已有25600家合作社拥有了注册商标,4万多家合作社实施了农产品生产质量安全标准,其中北京已有338个合作社注册了产品商标。

(三)走向加工趋势

合作社走向加工就是走向实体化,这意味着合作社从横向一体化走向纵向一体化,更能够把农产品的附加值留给农民。德国等欧盟国家都扶持合作社创办农产品加工厂。我国2012年中央1号文件明确提出,"扶持农民专业合作社自办农产品加工企业",北京大力扶持农民专业合作社自办农产品加工企业,取得一定成效。

(四)联合与联盟趋势

习近平总书记指出:建立和发展农民专业合作、供销合作、信用合作"三位一体"的农村新型合作经

济,作为推动现代农业发展的重要举措,为"三位一体"农民合作社的联合指明了方向、定好了位。合作社联合和联盟,有利于生产经营专业化、规格化、规模化及品牌化的建立,获得规模效益,有利于转变农业发展方式,促进构建新型农业经营体系和推动现代农业发展。从农业经营体制角度看,合作社联合和联盟能够走出一条生产、加工、销售一体化经营的全产业链发展道路;从保护农民利益角度看,农户可以分享到农产品加工和流通环节的增值效益;从农业产业化发展趋势看,体现出中央的政策导向,是合作社发展的重要方向。

(五)合作社成为政府职能转变的载体的趋势

今后,政府将会把越来越多的解决"三农"问题的任务、项目、手段交给合作社来加以实施。政府在农村经营管理方面的职能转变,现在越来越倾向于把合作社作为一个通道和载体。

第二十七章　北京农业园区

现代农业园区是一个以现代科技为依托,立足于本地资源开发和主导产业发展的需求,按照现代农业产业化生产和经营体系配置要素和科学管理,在特定地域范围内建立起的科技先导型现代农业示范基地,具有生产、展示、示范功能。园区经济是适应当前市场经济的创新性、人文性、生态化、现代化和国际化而兴起的新兴市场竞争主体,是地域经济主体的现代化、特色化和社会化。以北京现代农业科技城为核心的"一城两区百园"是园区经济的延伸和扩展。北京都市型园区经济呈现规模扩大化、技术导向化、功能区域化、产业体系化、建设规范化发展趋势。

第一节　农业园区概述

园区经济是适应当前市场经济的创新性、人文性、生态化、现代化和国际化而兴起的新兴市场竞争主体,是地域经济主体的现代化、特色化和社会化。园区经济一般由园区的理念和创意、园区的政务环境平台、构成园区竞争力的主体、园区硬件环境平台和与园外统一大市场进行各类资源和产品输入输出的渠道和机制等要素组成。中国经济园区的产生,是改革开放的产物,发展历程从经济特区、到沿海开放城市、内地城市,再到西部整体的全国开花的过程。而园区的类型,有经济开发区、高新技术开发区、出口加工区、保税区、物流园区等,逐渐向多功能、专业化发展。农业园区是中国特色农业现代化进程中的产物。

一、农业园区内涵

现代农业园区是指相关经济主体根据农业生产特点和农业高新技术特点,以调整农业生产结构、展示现代农业科技为主要目标,利用已有的农业科技优势、农业区域优势和自然社会资源优势,以高新技术的集体投入和有效转化为特征,以企业化管理为手段,进行研究、试验、示范、推广、生产、经营等活动的农业试验基地。

现代农业园区是以技术密集为主要特点,以科技开发、示范、辐射和推广为主要内容,以促进区域农业结构调整和产业升级为目标。不断拓宽园区建设的范围,打破形式上单一的工厂化、大棚栽培模式,把围绕农业科技在不同生产主体间能发挥作用的各种形式,以及围绕主导产业、优势区域促进农民增收的各种类型都纳入园区建设范围。

模式上,以"利益共享、风险共担"为原则,以产品、技术和服务为纽带,利用自身优势、有选择地介入农业生产、加工、流通和销售环节,有效促进农产品增值,积极推进农业产业化经营,促进农民增收。突出体现农业科技的作用,形成新品种新技术引进、标准化生产、农产品加工、营销、物流等各种形式的示范园网络。

提高现代农业园区的高科技含量和现代化管理水平是建设好现代农业园区的关键。现代农业园区自建设以来,无论是从规模上还是经济效益上都取得了显著成绩。

目前我国建立的现代农业园区名称很多,相似的内容有不同的名称,相同的名称而内容却不同。主要有农业科技园区、农业科技示范园区、农业高新技术园区、农业综合试验园区、农业高产高效示范园区、农业高科技园区和现代农业试验园区。不论名称如何,现代农业园区的实质就是现代农业的示范园区。其定义为:在农业智力资源密集、具有一定产业优势和区位优势、经济较发达的城市和农村划出一定地域范围,由政府、企业、农民投资,以科研、教学和技术推广单位为技术依托,以现代农业设施和高技术为支撑,以推进农业现代化进程为目标,集中进行农业新产品和新技术开发,进行集约化生产和企业化经管的农业组织形式。

农业园区包括五个方面的内容:

(1)园区构成与规模:园区由中心区、示范区和辐射区三部分组成,具有较强的区位优势和地理优势,并有一定的地域边界与规模。

(2)构成主体:园区建设主体为政府、企业、中介机构、科教机构、村集体、农户,其中企业是园区的创新主体。

(3)建设与发展要素:园区的关键要素为人才、技术、资金、信息和政策。

(4)运行管理机制:采用国家指导、企业运作、中介参与、农民受益的运行机制,对园区实行企业化管理,集约化、产业化经营。

(5)产业导向:以农业高新技术产业或具有较高科技含量的科技产业为主,其主导产品为精品农产品。

二、农业园区的特征

现代农业园区有别于常规农业园区,同时具备高新技术、密集人才、工厂化设施、多功能、多作用、企业化管理、集约化、产业化经营和精品化产品等要素。从各地实践来看,现代农业园区有如下基本特征:

(一)农业设施新

现代农业园区用现代化装备来武装农业,采用先进的工程技术手段和工业化方式进行生产。主要设施有:一是工厂化设施。它有别于传统农业设施,是高科技、集约农业技术的重要组成部分。如温室、大棚和工厂化养殖设施等工厂化栽培设施。这些设施具有自动化、半自动化功能,设备齐全配套,生产效率高,能发挥设施园艺和设施养殖的技术优势。二是精确农业设施。如精确灌水、施肥的喷灌、滴灌系统。

(二)品种技术新

现代农业园区是农业发展的新模式,在技术上主要体现在因地制宜选择技术体系。品种新、技术新是现代农业园区的重要特征,也是体现现代农业园区特色的关键。农业技术的选择和采用必须适应园区的发展要求,以促进资源优势转化为商品优势和经济优势。因此,许多农业科技园区在农业技术方向性选择上进行了战略性调整。其战略调整的方向为:从提高土地生产率转变为提高土地生产率和提高劳动生产率相结合;从单纯高产型技术转变为优质、高产、高效、低耗型技术;从劳动密集型技术为主转变为技术集约、资金集约型技术;从单一技术转变为各种组装集成技术。

农业技术选择的途径主要包括动植物新品种和农业高新技术两个方面。具体有:一是农业高新技术。选择高新技术已成为许多农业科技园区的主要内容。主要有现代联栋温室高效高产栽培技术、工厂化育苗技术、工厂化水产养殖技术和集约化畜禽饲养技术等现代设施农业技术;利用现代生物技术如基因工程、细胞工程、胚胎工程、酶工程、发酵工程进行种苗快速繁殖和生物制品生产的现代生物技术;包括精确灌水、精确施肥和信息网络化的精确农业技术;绿色、蓝色和白色农业等多色农业技术。二是重大实用技术和传统优秀技术。以企业化运作的科技园区,在技术的选择中大多数都把农业实用技术作为优选内容。主要有设施高效栽培技术、高效适用养殖技术、农产品储贮保鲜与加工技术。三是主导农业技术,即具有龙头示范带动作用的技术。

(三)运行机制新

现代农业园区的运作采用新的运行机制,打破了传统的小农经济模式,政府指导、企业运作、中介参与、农民受益的运行机制已逐渐被现代农业园区采用。在资金筹措上,形成以业主和农民投资为主体、社会融资为补充、政府投资为补助的多元化投资新机制。在经营管理上,建立了现代企业制度,进行企业化运作。企业作为园区建设投资的主体,对园区的生产和经营管理有相应的自主权,并可根据自身的发展进行农业技术成果的引进、转化和产业化开发。

三、农业园区经济功能

现代农业园区发挥了传统农业向现代农业转变的典型示范作用,探索传统农业向高产、高效、优质的现代化农业的发展路子,发挥了为农业服务的整体服务功能。

农业科技园区功能不同于工业园区,除了投资业主本身的经济效益外,还具有科技创新、机制创新、示范辐射、服务农民等多种社会功能。因此,农业科技园区具有3大功能:社会公益性功能、企业盈利性功能和生态环保性功能。

(一)社会功能

1.展示示范功能

农业科技园区的主要功能是展示最新的农业科技成果、最先进的农业管理手段、最具活力的农业经营方式。

目前,我国农业经营分散,规模小,绝大多数从事生产的农民文化素质低、科技意识较淡,承担风险能力弱,对农业新技术、新品种的接受能力差。在推广一项农业新技术、新品种、新成果过程中,往往需要通过试验示范、现场展示并取得了经济效益后,才能被农民接受采纳和应用。

(1)新技术和新成果的示范

引进、示范国内外先进适用的生物工程技术、设施栽培技术、节水灌溉技术、集约化种养技术、农副产品深加工技术以及计算机管理与信息技术等,进行集约化、设施化生产,并通过展示、示范、参观学习和技术培训等手段,带动周边农业科技水平和农村经济的发展。

现代农业园区的建立,以一种多层面的新形式展示现代农业设施和农业高新技术,通过将国内外先进适用的名、特、优、稀农作物新品种、畜禽水产良种,生物工程技术、设施栽培技术、精细农业技术、节水灌溉技术、无公害栽培技术、集约化种养技术、农副产品加工技术以及计算机与信息技术和科学管理模式等引进园区进行试验、示范,在展示现代农业发展方向的同时,使农民学到了新技术,应用了新品种,促进了农业科技成果的推广,带动周边农业科技水平的提高,促进了农村经济的发展。

（2）企业经营管理方面的示范

农业科技园区内新型农业科技企业的经营战略、内部管理体制、组织结构运行机制等,都被其他科技开发企业甚至国营农垦企业所仿效。

2.导向服务功能

（1）导向功能

对区域产业结构调整发挥导向作用。每个园区建设内容的选择要符合区域比较优势,确定优势产业,体现区域特色。因此,园区的产业要根据各地自然资源特点,经济、科技水平,围绕发展区域性的优势产业来选择项目。

（2）服务功能

不同层次的园区有不同的服务功能。

①省级以上的园区,重点瞄准国际、国内科技发展的前沿,引进农业高新技术、加强技术消化吸收与攻关创新,提高原创性的自主开发能力,成为农业科技成果转化的"发射台"。

②市县园区要围绕区域特色和优势产业,主动接收省级以上园区的科技辐射,做好新技术的组装配套、熟化、示范,成为农业科技成果应用的"中转站"。

③乡镇级园区要立足为本地农民服务,加快实用技术的推广应用,直接为农业生产和结构调整服务,成为农业科技转化应用的"播种机"

（3）培训功能

园区通过示范培训,培养农业科技人才,强化农业科技队伍建设,普遍提高农民的文化水平和生产基本技能,培养造就具有一定的科技水平、能基本使用现代技术、了解社会信息的新型农民。

3.辐射带动功能

通过辐射扩散作用,促进产品、资本、技术、人才、信息的流动,把经济动力和创新成果传导到广大周围地区,带动整个区域甚至全国农村经济的发展。具体表现为。

（1）新品种辐射通过园区引进的国内外优良品种进行工厂化种苗的快速繁育,带动周边和辐射区名特优品种的普及与推广;

（2）新技术辐射通过现场示范与技术培训,提高农民掌握和应用农业高新技术的能力。

（3）新机制辐射以园区企业为龙头、以经济为纽带,组织周边农民共同参与农业生产,逐步形成产业化经营体系,带动农村经济向更高层次迈进。

（二）经济功能

1.生产加工功能

农业科技园的本质是经济实体,产品的生产和加工是其最基本功能。农业高新技术产品的生产和加工是农业科技园区企业化运作和获取经济效益的根本保证。

（1）农业科技园区内生产的农产品是选用最新品种,通过最好培育技术和加工技术而生产出来的优质精品,能够更好地适应国内外消费市场消费结构的变化。

(2)农业科技园区作为精品农业生产基地,可以培育出一系列知名品牌,强化农产品的市场竞争能力。

2.孵化试验功能

农业科技园是一个扩大了的科技企业孵化器,包括项目孵化和企业孵化。

(1)项目孵化:对象主要是研究开发的科研成果和科技人员,孵化的目标是科技成果企业化,即可生产化。

目前我国农业科技成果转化率很低,只有30%—40%左右。大量科技成果未能得到相应的推广应用,缺乏中间转化环节是造成这种状况的主要原因。

农业科技园区内良好的生产技术和管理条件,以及布局和立地上的差异使其成为农业高新技术理想的中试基地。通过资金、信息、技术、人才、政策环境等的集成,在园区内以农业企业为主体把高新技术成果孵化成适合市场需要的技术上较成熟的商品。

(2)企业孵化:对象是已注册的中小型科技企业法人,孵化的目标是培育成功的中小型科技企业和科技型企业家,并经过再孵化,实现由中小型科技企业向大中型科技企业的迅速转变,进而开拓国际市场,实现跨国经营和国际化发展。

3.企业赢利功能

农业科技园区以市场为导向,以科技为支撑,以效益为中心。通过不断研究具有高科技含量、高市场占有率、高附加值的产品,追求效益最大化。

(三)休闲观光功能

农业科技园本身具有的科学性、知识性、趣味性、可参与性和可操作性,只要略加配套包装,就可成为很好的生态旅游产品,而且投资省、见效快、风险低、可塑性强,既可观光,又可参与,既可品尝,又可带产品,具有其他旅游不可比拟的独特魅力。

所以可通过现代设施工程、国内外优良品种、最新农业高新科技成果及相关技术的展示示范,园林化的整体设计,加上独特的农业文化、农业历史、农业博览、农事参与及生态休闲等功能的设计,农业科技园区成为融科学性、艺术性、文化性为一体、天人合一的现代生态农业观光景点。

但是园区在建设发展过程中,可根据自身的实际情况,在园区功能的确立上有所侧重,明确区分建设园区的主导功能和附属功能,而不应该强调面面俱到。

现代农业园区是现代农业的展示窗口;是农业科技成果转化的孵化器;是生态型安全食品的生产基地;是现代农业信息、技术、品种的博览园;是提高农村经济效益和农民收入的必然选择。现代农业园区以环境优美、设施先进、技术领先、品种优新、高效开放为特点,代表现代和谐农业的发展方向,是实现社会主义新农村建设的亮点工程。

(四)培训教育功能

许多园区借助国内外高新农业设施、先进的科学技术和科学的管理模式,传播农业科技与管理知识,已成为多层次、多功能的教育培训基地。教育培训的对象和内容为:一是农业技术人员、农业管理干部进行研修,进行农业知识更新。二是培训农民,传授新技术,提高农民的科技素质。其途径有:科技培训;科技活动;科技人员在作业现场讲解、指导。三是农业院校学生进行教学实习。教学与现代农业技术实践紧密结合,提高课堂教学的质量,使学生了解现代农业的发展方向,学到先进的科学技术和管理知识。四是中小学生进行科普教育。让青少年接触农业、体验农业生产和农业文化,在回归自然中获得一种全新的生活乐趣,并了解一些简单的农艺知识,接受祖国传统文化教育和民族教育。

（五）技术创新功能

现代农业园区是具有较高科技水平和良好的研究开发能力,是技术的聚集地和开发源。技术创新将成为园区建设和发展的重要功能之一,特别是一些科学试验园、技术开发园,其技术创新作用将显得更加重要。通过园区的技术创新,不断增加园区新内容,以保持其开发技术和产品的先进性,提高园区的科技含量和整体示范效果,为园区的进一步发展提供技术支撑。

其途径有:① 组建研究开发中心进行自主开发。这是技术开发型园区的一条重要途径。② 引进国内外先进科技成果进行消化、吸收、利用。大多数园区采用这一途径。③ 与科研单位联合开发。利用科研单位雄厚的科研实力及基础,企业提供科研经费及成果试验转化场所,共担风险,共享利益,联合发展。④ 引进具有自主科技成果的人才以科技入股,企业以资金和场地、管理入股,按股分成。

第二节　农业园区经济主要类型与模式

一、主要类型

（一）根据特征标准划分的园区类型

目前,我国建立的现代农业园区具体形式多种多样。

1.按示范内容划分,可分为设施园艺型、节水、农业型、生态农业型园区。

2.按行政体制划分,可分为国家级、省级、市级、县级园区。

3.按区位特征划分,可分为都市型、城郊型、平川生产型、丘陵生态型、风景旅游型园区。

4.按投资主体划分,可分为政府主体型、企业主体型、农民主体型园区。

（二）根据农业科技产业化发展过程划分的园区类型

1.科学试验园

科学试验园以基础研究、应用研究、基础性工作和部分应用研究为主。它是农业高新技术产业或具有较高科技含量的科技产业的源头和发展基础,为技术开发提供理论依据和后劲。从整体和实质上来说,我国目前还没有真正意义上的科学试验园。但少数园区仍具有一些科学试验园的特征。如湖南长沙高新技术产业开发区"一区四园"之一的隆平农业高科技园,园内聚集了13家中央和省级农业科研、教学、推广单位,入园农业高新技术企业34家、上市公司1家、正在筹备上市的公司2家。依托高度密集的农业智力资源和科技创新区位优势,定位于我国南方农业高新技术创新和产业化开发。每年产生高水平的农业科技成果100多项,占全省的80%以上,尤其是农作物育种,居全国乃至世界先进水平。

2.技术开发园

技术开发园是联结科学试验园和农业示范园的桥梁和纽带,承担着科技开发和转化的重任。一般以科研机构和高等院校为技术依托,以初级技术成果和中间技术作为研究开发的对象和园区活动的起点,以农业技术成果产品化、品种化为基本目标,实施研究、开发、孵化、转移等四大任务为主体的技术转化工作。如1997年7月由中央和陕西省人民政府筹建的陕西杨凌农业高新技术产业示范区,由科学园区、集中新建区和若干试验基地组成,10多个科教单位作为园区的主体,拥有4 000多名各类科研、教学人员,主要针对西北农业发展问题进行研究开发。有利于发挥开发区的整体优势和人才优势,实现农科教、产学研、农林水、农工贸结合以及试验、示范、应用、推广和研究、开发、生产的结合,把科研成果迅速转化为生产力。

3.农业示范园

农业示范园以成熟的科研成果、技术和产品、品种为对象,以技术商品化、产业化为目标,实现技术产品规模生产并进行辐射和扩散,形成完整的农业产业化体系。目前,我国许多农业科技园区都属于这种类型。大多数农业示范园区根据当地区位特点、资源优势和农业生产、农村经济发展状况建立,以解决影响当地农业发展的重大技术问题,促进农业产业结构的调整和产业化的发展,提高农业总体技术水平,培育新的经济增长点。如黑龙江省牡丹江持续高效农业示范区,示范区内有省属科研单位6个和农业院校4个,重点开展东北地区持续高效农业作物生产、现代养殖、农产品加工转化、寒冷地区保护地蔬菜栽培以及生态系统建立等研究与开发,抓好高淀粉玉米、高蛋白、高脂肪大豆、高效糖源作物、优质稻、蔬菜、烤烟、瘦肉型猪为主的畜产品、木材深加工、山产品、药材、旅游与观光等产业,以土肥、水资源持续利用、生态改善与恢复、无公害蔬菜周年生产等技术体系为支撑,建立了适应东北地区的不同条件、不同层次、不同规模的持续高效农业发展模式。

(三)根据开发类型划分的园区类型

1.开发区型

其特点是先确定一块地(或一个地域),主办单位将它规划完毕,并完成基础建设,请其他单位按照规划的要求进入园区运作具体的科技开发项目或产业示范项目。在这种园区,项目是在主办者的统筹规划下,由不同的投资主体去开发和组织实施。园区本身不是农业龙头企业,而是农业龙头企业的聚集地,园区主办者的主要收入来源是土地与设施的租金和服务费。

2.科技开发型

园区主办单位掌握具体的科技开发项目,围绕产品的产业化开发而搞科技示范园。园区成功与否,直接取决于科技项目运作的情况和经济效益。园区主办者本身就是一个龙头企业。主要收入来源是产业的销售收入。

3.科技展示型

在给定的地域内,以新品种、新农艺、新材料、新的种植模式等集中试验、示范、培训和展示。在这类园区,项目的特点是中介服务,园区的主办者是中介性质的企业,其主要收入来源是新品种、新材料的推广费用、销售佣金和培训收入。

二、运行模式

(一)龙头企业带动型——超大模式

1.含义

超大现代农业集团是国内第一家在香港证券交易所主板上市的大型综合现代农科企业。超大现代农业集团以"绿色生态产业链"为核心,通过各种生产要素的充分整合,经过组织创新和制度创新,致力于绿色农业科技研究、绿色生产资料开发、绿色生产基地建设、绿色栽培模式模式、绿色营销网络拓展,构建起一条从种子、有机肥料、生物农药供应到农产品生产与加工基地到社区专卖、批发网络、出口创汇完整的"绿色生态产业链",带动千家万户农民致富。

2.特点

(1)一个与国际接轨的企业标准:超大绿色有机蔬果企业标准。(2)二个权威机构认证:国家环保局有机食品发展中心;中国绿色食品发展中心。(3)三大保障系统:有机生产资料开发保障系统;可持续发展科技支持系统;遍布全国各地农产品生产供应系统。(4)四大分销网络体系:社区连锁专卖网络;单位配送网络;电子商务批发网络;出口网络。(5)五个统一栽培模式:统一的果蔬良种(超大提供);统一品牌认证;统一生物农药和生物肥料;统一栽培标准和技术规程;统一检测(分级、包装、品牌)。

3.做法

(1)自愿、有偿、规范、有序的原则,与农民对接。(2)公司+基地+农户的产业化形式。(3)自建基地和自控基地两种:13个省市、30多自营基地,面积达50多万亩;13个省市、40个自控基地,面积达80多万亩。(4)实施严格的成本控制。(5)构建绿色生态产业链。

4.效益

(1)吸收农村剩余劳动力3万人。(2)带动农户达2万户。(3)农民人均增收1500—2000元。(4)公司年均销售收入达4亿元,出口创汇2000万美元。

(二)都市现代农业型——孙桥模式

1.含义

孙桥现代农业科技园区成立于1994年9月,是全国第一个综合性的现代农业开发区。13年来,在浦东开发开放的大趋势下,张江高科南区孙桥现代农业园区凭借良好的区位优势和农业政策,积极利用上海人才、技术、资金和先发优势,加快现代农业建设步伐,初步形成了以工厂化农业为代表,以科技创新、先进农业技术组装集成和科技成果转化为重点,以休闲观光、科普教育等为特色的都市现代农业发展雏形,在加快自身发展的同时积极服务全国,为上海农业的转型和发展作出了努力,发挥了示范、辐射、推广、服务的作用,各方面工作取得了长足的进步,较好地发挥了示范、辐射和服务功能。

2.特点

(1)各级领导高度重视,把孙桥园区列为浦东"一江三桥"高科技产业,走廊重要组成部分。(2)建立多元化投资渠道,形成以政府资金投入为主,民营经济共同参与多元化投资格局。(3)重视园区品牌建设,为服务全国农业打下重要基础。(4)重视产业立园,形成六大产业(种子种苗、设施农业、工厂化农业、农产品加工、生物技术、旅游观光农业)。

3.做法

(1)加强与大专院校、科研院所合作,成立专家咨询团。(2)对园区体制创新进行探索,进行体制创新。(3)发挥龙头企事业带动作用,产业化经营效果明显。(4)培训交流持续不断,发挥服务全国农业的作用。

4.园区效益

自主研发专利22项,新品种9个。应用于产业化科研成果上百种。孙桥品牌被评为上海市著名商标。2007年,实现销售收入2306.6万元,增长25%,销售成本1801.20万元,下降5%,利润66万元,扭亏转盈。

在基地辐射方面:园区已在全国10余个省市推广蔬菜、花卉良种50多万公斤和种苗几千万株,建立蔬菜、食用菌特约生产基地和良种繁育基地3万多亩,带动当地16000多户农户增产增收,增加效益7000余万元。

在技术输出方面:园区参与内蒙古鄂尔多斯地区6000万亩沙漠治理(退耕还草项目),每年飞播面积300万亩,获得较好的经济和生态效益。参与广东省的名特优鱼苗集约化、生产养殖产业化基地项目。已累计为外省市尤其是西部地区建设和安装高档智能玻璃温室30余公顷,带动当地效益2500万元左右。

在人才培训方面:近几年来共培训来自山东、安徽、湖南、河南、新疆、青海、甘肃、内蒙古、宁夏等16个省的农业科技人员8000余人次。园区已与全国18个省市建立了合作关系。

在对口支援方面:对口支援三峡库区重庆万州五桥工程项目共有3个,援建五桥高效生态农业科技基地3500平方米智能控制玻璃温室和54000平方米单体塑料大棚建造项目;扶持中国林蛙养殖项目;援建引进种植"迷迭香"种植及提炼加工合作项目,利用孙桥生物科技技术提取植物香油,提高产品附加值,带动三峡库区农民致富。

(三)三级园区建设型——大连模式

1.含义

大连市通过建立三级园区,充分强化与发挥农业科技园的优异功能,全面推进农业高新技术的综合运用,提高现代经营管理水平,优化资源配置,带动农业结构调整和农民增收,使园区真正成为带动农业和农村经济发展、加速实现农业现代化的"龙头"。

2.特点

全面开展招商引资,建立多元化投入机制。注重实效,高标准建设园区。重点坚持三项原则:从实际出发,突出特色经济;分级示范、分类指导;高科技、高效益。加快新技术和新品种引进,强化园区科技支撑能力。以农民自愿为原则,妥善解决土地流转问题

3.做法

抓园区与市场的对接,提高园区的市场化、组织化、信息化、标准化和产业化程度;实施标准化生产,提高农产品质量;加强农民培训,提高农民科技文化素质;引进现代经营管理理念,提高园区管理水平。

4.效益

大连市通过建立三级园区,有力带动了农业结构优化调整,涌现出一批规模化经营的经济作物区,如万亩草莓园、万亩桃园、万亩葡萄园等;2007年上半年新增陆地工厂化养殖面积100万平方米,2007年园区所在地农民人均收入达8600元,比其他地区农民人均收入高700元。另外休闲农业、观光渔业、海洋渔业全面发展,也有效推动了农业增效、农民增收。

（四）外向高效型农业科技园——珠海模式

1.含义

改革管理体制和运行机制,以提高园区科技含量为主要手段,通过生产优质、特色农产品,发展出口创汇农业和休闲观光农业来提高经济效益的发展模式。在该模式中,园区的农产品生产主要是围绕出口创汇来进行。同时,大力发展休闲观光农业,以及农业科技服务产业,推广农业新技术、新品种,带动当地农民增收。

2.特点

建立企业化运行机制;改革科研管理体制;改革分配体制,以现代高新技术为支撑,提高园区产品的附加值和竞争力,以基地为载体进行优质农产品生产。

3.效益

园区重视农业科技创新与技术推广,先后取得53项科研成果,其中"温室甜瓜深流液栽培技术"达到国内先进水平,"珠农凸肚刺瓜、大头瓜、小型南瓜"分别荣获2004昆明世界园艺博览会金、银、铜奖,"冬季荷花反季节栽培技术"属国内领先水平,填补了国内空白。2007年,园区科技创收达7000多万元,出口创汇达2000万美元,农产品出口创汇收入占珠海外向型高科技农业园区科技创收总收入的一半以上。

（五）带动新农村建设——北戴河集发模式

1.含义

秦皇岛市北戴河集发农业综合开发股份有限公司,自1983年创业以来,不断创新体制机制,经过李集周蔬菜联合体、特菜基地、集发实业总公司和农业股份公司四个阶段,形成了以种植业为基础、工业加工为配套、建筑施工为龙头、农业生态观光为带动的多元化生产经营格局,成为全国第一家高科技农业旅游4A级景区。

2.特点

股份合作,打造企业竞争新优势村企共建,探索以工哺农新路子,联村共建,拓宽共同富裕新空间——农业观光,开创综合开发新纪元。

3.做法

以农民土地入股的形式,成立了由69户农民组成的集发农业专业合作社,采用"公司+基地+农户"连市场的形式,做大做强集发蔬菜品牌。注重高新技术的引进、消化和推广以及科技人才的招聘培养,长期与中国农大等十几家大专院校和科研所保持协作关系。开辟"吃在北戴河村、住在古城村、游玩在集发"的乡村旅游线路。制定科学的管理办法和严格的规章制度,公司重大决策都以员工代表大会、股东大会或理事会形式做出。获得村民的支持和拥护。

4.效益

资产总额1.5亿元,从业人员5000多人,年实现产值1亿多元,利税1300多万元。带动周边4500农户发展无公害绿色蔬菜产业,每年为农民增收1200多万元。带动古城村发展农家院60多家,年收入500多万元。获得全国诚信守法乡镇企业、全国农村科普示范基地等100多项荣誉称号,被全国科协、水利部等13个部门确定为科技推广、科普教育、菜篮子工程基地。

（六）现代农业实验区型——梧州模式

1.含义

以国内外市场为导向，以资源优化配置为基础，以产业化经营为重点，通过"一个企业群、两大市场、四大中心、五大基地"的"1245"实验工程建设，实现农业增产、农民增收，推动农业和农村经济的发展。

2.效益

经过四年多的建设，园区已形成了核心区、示范区和辐射区三个层次的建设布局，外向型现代农业初具规模，构建了科技、流通与服务体系，建成了一批有地方特色的农产品出口基地，园区内农民人均纯收入达到5500多元，比区外农民人均增收20%，园区建设有力推动了农业结构调整和农民增收。

（七）高效农业示范园——许昌模式

1.含义

在条件适宜的农村建立高效农业示范区，在建设高效农业示范园区中创新机制，实行"运行公司制、投资业主制、科技承包制、联结农户合同制"，形成"高效农业园+机制创新+农户"的运行模式。

2.特点

在农村土地联产承包的条件下，通过土地反租承包，实现农业的规模化经营，为农业产业化提供前提，用管理工业的理念管理农业，把企业管理机制引入高效农业示范园运行过程，采用公司制运行，企业化管理，对园区的运行机制进行创新，走"公司+基地+农户"的产业化经营路子，提高农民的市场组织化程度以调整产业结构、培育主导产业作为园区建设的基本思路，立足当地特色，建立生产基地，开发名、特、优、新产品在强化农产品生产基地建设的同时，狠抓市场网络配套，把搞活流通，扩大销售作为园区建设的重要环节，推动农业市场化。

3.效益

通过经营机制的创新，园区将130多项科技成果转化应用，使农业复种指数由170%提高到260%，亩均收益提高2400元。建成农产品交易市场389个，形成了完善的市场网络，园区年总产值达到65.3亿元，农民人均增收2500—3000元，平均增收26%，取得了显著的经济效益和社会效益。

（八）设施农业型——寿光模式

1.含义

以蔬菜生产为中心，以农业科技园建设为载体，以建设与发展现代化设施农业为龙头，带动区域农业和农村经济发展的运行模式。

2.特点

强化对园区的组织领导，注重科学规划，加强基础设施建设，依托科研单位，引进实用的农业技术和科技人才，抓好科技与农民的对接，突出园区的示范带动作用。

3.效益

通过农业科技园的建设，寿光创造出全国闻名的蔬菜生产品牌，促进了寿光农业结构调整和农业产业化经营的发展。园区推广了大棚高效种植、蔬菜无土栽培、CO2气体施肥等新技术50多项，培训农民200万人次，累计增加社会经济效益150亿元。通过各类农业科技计划在园区的有效实施，带动大批科技人员投身到农业生产一线,四年多来共育成23个优质蔬菜新品种,累计推广面积1800多万亩,新品种和新技术开发创收支持科研经费达1500多万元。

第三节　国家现代农业科技园区发展现状

一、发展历程

(一)发展历程

农业科技园区是适应我国农业和农村经济发展新形势而出现的一种新型生产经营方式。从20世纪90年代中期开始,农业科技园区在我国迅速涌现并发展起来,呈现波浪式发展过程。结合已有的研究成果,本研究将其发展历程大体分为四个阶段。

1.开创探索阶段(1994—2000年)

这一阶段的特点主要是以设施农业示范与展示为主,主要功能是新技术新成果的示范推广,种植园区以蔬菜、花卉、果树等园艺作物为主,投入主体以政府为主。

这一阶段的标志是1994年前后于北京建立的中以示范农场和上海孙桥现代农业园区。中以示范农场是基于中国和以色列两国政府间的国际农业合作项目,建设地点位于北京通州区永乐店,主要是通过示范以色列先进农业技术和设备,促进我国农业发展,培育我国出口优质农产品的潜力。现代化的设施、高效栽培技术和新型品种,使人们看到了世界现代农业的风貌,随后我国众多地区开始建立以以色列设施农业技术为主体的园区。上海孙桥现代农业科技园区位于上海浦东川杨河以南的孙桥镇,凭借良好的区位优势,园区以引进荷兰玻璃温室、新品种、新技术为手段,形成了以工厂化农业为代表、以科技创新、成果转化、示范为特点的功能布局,取得了显著的经济效益和社会效益。先后被批准为全国科普教育基地、全国青少年科技教育基地等荣誉称号,成为上海重要的农业展示窗口。

1997年由国家科技部正式启动首选北京、上海、沈阳、杭州、广州和天津进行工厂化高效示范区试点,围绕设施和环控技术、种苗技术、种植栽培技术、产后技术进行研究和示范,取得一批研究成果,引起社会的良好反响。其中,以北京锦绣大地科技园、杨凌农科城为代表的农业科技园区为推动我国农业科技园区的发展有着重要的意义。

2.稳步推进阶段(2001—2005年)

这一阶段以部门联动推进农业科技园区建设为标志,园区建设正式纳入政府项目计划。2001年国务院委托科技部和农业部牵头,联合水利部、国家林业局、中国科学院、中国农业银行等六部委实施农业科技园区国家项目,依据《农业科技发展纲要的总体部署》制定了《国家农业科技园区发展规划》《农业科技园区指南》和《农业科技园区管理办法(试行)》等政策措施,并于当年正式实施。科技部等6部委分别于2001年9月和2002年5月批准了两批共36个国家农业科技园(试点)单位,并于2010年通过科技部考核验收,正式挂牌国家农业科技园区。由于政府引导、政策支持,全国掀起建设农业科技园区热潮,在园区发展的数量和质量上均有一定的提高。但受到2003年关于清理整顿开发区的影响,第三批国家农业科技园区(试点)计划未能实施。

这一阶段多数园区经济效益不高,主要表现在:政府介入过多,机制不活;没有形成产业链,加工业少;包括土地承包、转包在内的相关配套政策缺失;严重影响了园区的经济效益。为此,国家农业科技园区管理办公室还组织园区管理人员到以色列、荷兰、法国等国家考察学习。

3.快速发展阶段(2006—2009年)

这一阶段以保量提质为特点,一些园区运行与管理机制趋于规范化,定位更加明确,出现了一些农业科技推广样板和现代农业发展示范基地。36个国家农业科技园区进入稳步发展时期;以北京、上海、广东为代表的大城市引领园区发展,将农业园区建设纳入现代农业发展规划中;以山东、江苏等建园较早的地区为代表,出现了高效、优质的农产品生产和加工基地;以浙江为代表,企业投资园区数量不断增加,推动浙江农业向规模化、专业化、外向型发展;陕西杨凌高科技农业示范园区成为西北农业的重要组成部分。同时全国出现了一大批休闲农业园区,估计超过16000万家,每年接待人数超过4亿人次。

到这个阶段,园区仍然作为政府的形象工程而以"输血"式的方式发展,出现了产业结构趋同、优势产业不明显,管理难度大、园区间发展水平差别大、示范带动能力弱等问题。

4.整合提升阶段(2010年至今)

通过16年的发展,园区发展方向逐渐明晰,由政府主导型、示范型园区逐渐向市场型、产业指向型发展。随着我国进入发展现代农业的关键阶段,很多农业科技园区通过发挥资金、技术、人才、信息等优势,开发、引进、推广了一大批农业高新适用技术,建立一批农产品生产基地,成为现代农业发展的样板区,在带动区域经济发展中发挥了重要的作用。但是农业科技园区仍然存在着单打独斗,无法充分利用市场资源,实施生产要素跨区域、跨产业链整合的问题,农业科技园区的产业引领和技术示范作用潜力尚未实现充分发挥。

2009年4月初,科技部部长万钢提出,北京聚集了全国80%的农业科技资源,应该建设一个创新形态的农业科技园区,引领全国。2010年7月1日,万钢部长主持召开部务会,原则同意并高度肯定了《科技部—北京市共建国家现代农业科技城方案》。方案中明确了农科城的内涵与特征,提出了农科城的"四大功能",规划了"一城多园"的布局,重点建设"五大中心"。2010年8月16日,科技部与北京市人民政府在北京举行了共建签约仪式,标志着国家现代农业科技城建设正式启动。以期通过服务业引领现代农业,科技和服务结合,推动三大产业融合,加快我国农业科技创新和传统产业升级。

2011年1月,科技部启动第三批国家农业科技园区建设工作,并批准北京顺义等27个农业科技园区为国家农业科技园区。2012年2月,科技部公布第四批国家农业科技园共8家。至此,先后共建立了73个国家农业科技园区,逐步形成了覆盖全国的国家农业科技园区发展格局。

2012年初,为贯彻中央1号和6号文件精神,科技部启动"一城两区百园"工程,即北京现代农业科技城、杨凌国家农业高新技术产业示范区、黄河三角洲国家现代农业科技示范区以及120个国家农业科技园区(简称"121工程")。7月12日,科技部会同北京、陕西、山东在杨凌签署了协同创新结盟协议。"一城两区百园"工程,是建设国家科技创新体系的重要举措,是探索中国特色现代农业发展模式的重要途径,标志着国家农业科技园区建设进入了一个新阶段。

(二)发展现状

截至2011年年底,我国各级各类农业科技园区规模以上的数量在5000家以上。其中国家农业科技园区由科技部牵头分四批认定共73家;省级命名的农业科技园区估计有1000多家;市(地)级命名的农业科技园区估计有 4000 多家。根据 2011 年底国家科技部门的统计,前两批 65 家国家农业科技园区,核心区建成面积 278.09 万亩。其中,位于东部的 19 个园区已建成面积 19.11 万亩;中部 21 个园区已建成面积 43.31 万亩;西部 25 个园区,核心区已建成面积 215.67 万亩。65 个国家园区中政府主办的 43 个,企业主办的 12 个,科研单位和政府合办的 6 个,其他混合型园区 4 个。经过十年的建设与发展,农业科技园区在引进推广农业新品种新技术、促进农业产业升级、拓展农业功能、带动农业增效和农民增收等方面发挥了重要的作用,对引导我国现代农业与农村经济发展、探索现代农业发展新模式有显著的示范带动作用。正日益成为农业科技成果转化基地、企业孵化基地、产业优化示范基地、农民技术培训基地。

（三）存在的问题

尽管农业科技园区在推动农业科技进步、现代农业发展、区域经济发展上发挥了重要作用,但近几年来,园区总体发展呈现五大矛盾:一是园区数量和规模大,但园区综合生产能力小;二是科技兴农需求强,但推广应用能力弱;三是市场消费升级快,但园区产业结构调整慢;四是农业生产风险多,但要素投入保障少;五是农民和企业期望高,但农业的比较效益低。如图 27-1 所示。主要问题有:

1.区域发展不平衡

由于地理区位、经济基础、城市化进程以及政策措施的差异,东中西部园区建设与发展能力差距较大。在园区核心区建成规模上呈现西部园区最大,中部其次,东部最小的特点。但由于东部和中部相对于西部拥有丰富的科研、人才、信息、资金等先进生产要素和资源,中部园区与西部园区的经济效益差距较大。2010 年,中部每亩产值为 292185.06 元,而西部仅为 36872.53 元。中部园区亩产值、亩利润、亩净利润约分别是西部园区的 7 倍、10 倍、12 倍。园区作为区域农业的重要抓手,园区间的不平衡发展代表了区域间更加严重的不平衡发展。必须统筹东中西部园区发展,突破空间制约和行政区划,通过合作和联盟,实现优势互补,达到资源的有效配置和集成利用。

2.园区项目雷同产业趋同现象普遍

部分农业科技园区在建设项目上,照搬其他地区或国外的一些模式,盲目引进各类技术与设施,园区投资规模很大,但总体经济效益不高,导致市场竞争和生存能力不强。部分园区在上项目之前缺乏充分论证,造成许多园区项目雷同,重复建设,产业趋同现象普遍,地域特色不明显,没有真正从本地特色和优势出发,使园区服务于当地主导产业和农村经济发展需求。

3.创新与带动能力有待加强

部分园区贪大求洋的现象严重,脱离我国人多地少、大部分地区还处在传统农业生产的实际,脱离区域定位,多数园区过分强调引进“高精尖”和资金高密度化的项目,相对忽视了传统农业技术的改造创新,对农民急需的先进实用的新技术在园区示范较少,制约了科技集成转化能力。多数园区缺少准确的定位,背离因地制宜、发挥特色的原则,缺乏有特色和竞争力的产品,更没有形成产业集群。不仅浪费了大量的人财物资源,而且直接影响了园区的经济效益和吸引企业农民创新创业的能力。

4.体制机制仍需完善

一是园区缺乏统一领导和统筹安排,尤其缺乏配套的土地、金融、财税等支持政策,使各地基础设施水平和招商引资条件差异很大,直接导致园区的集聚企业能力和创新创业能力。二是园区企业土地问题依旧突出,在土地流转、土地入股、农民参股等在运作过程中遇到不少困难;三是融资渠道不畅,项目经费和扶持资金有限,园区普遍存在资金短缺的情况,制约了农业科技园区的发展。四是园区人才匮乏,尤其是缺少农业技术、经营管理、信息技术等方面的专业人才,导致园区发展动力不足,自我发展能力不强,难以适应迅速变化的市场经济。

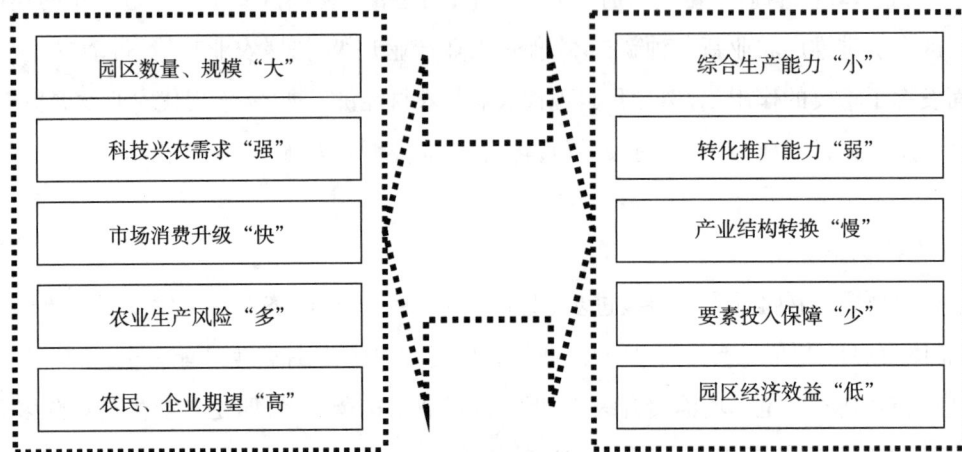

园区数量、规模"大"	综合生产能力"小"
科技兴农需求"强"	转化推广能力"弱"
市场消费升级"快"	产业结构转换"慢"
农业生产风险"多"	要素投入保障"少"
农民、企业期望"高"	园区经济效益"低"

图 27-1　园区发展存在的五大矛盾

二、"一城两区百园"发展模式

(一)概念与内涵

"一城两区百园"中的"一城"指北京国家现代农业科技城,"两区"指杨凌农业高新技术产业示范区和黄河三角洲高效生态农业示范区,"百园"指遍布全国的农业科技园区。"一城两区百园"是我国农业生产力发展到一定阶段的必然产物,是在我国进入新时期对农业生产关系的重新调整。《"十二五"农业与农村科技发展规划》中提出,要全面推进"一城两区百园"建设工程,加强北京国家现代农业科技城、杨凌国家农业高新技术示范区、黄河三角洲国家现代农业科技示范区建设。稳步推进国家农业科技园区发展,使园区总数达到 120 个左右。加强园区公共服务平台与科技创业基地建设,提高园区科技公共服务能力。推进园区产学研有效结合,引导更多的科技特派员入园创业,提升园区农业科技创业能力。推进农业新兴产业开发基地建设,加强园区的产业辐射带动能力。

"一城两区百园"是我国现代农业科技创新发展的新生事物,没有成型的经验可循。在"一城""两区"和"百园"各自的建设和发展过程中,对园区建设与功能发挥开展了积极的探索和实践,积累了丰富的经验,初步形成了各自的发展模式。研究系统总结了"一城""两区"和"百园"发展的模式和路径,有助于充实"一城两区百园"建设的理论基础,丰富建设发展的途径,为在更高水平上推进现代农业园区的创新发展奠定基础。

(二)"一城两区百园"的功能特征

"一城两区百园"建设以国家创新服务功能、区域集成示范功能、产业创业带动功能协同共进为主线,以科技创新、服务创新、组织创新、制度创新为重要手段,推进先进生产要素的跨区域优化组合,通过采用现代化的经营管理和运作模式,建设农业科技协同创新平台,构建全国范围的现代农业全产业链,实现现代农业产业的价值最大化,推进中国特色农业现代化建设,为全面建成小康社会提供强有力的支撑。

1.一城:国家创新服务中心

依托首都独特的政治、经济、科技、文化优势,国家现代农业科技城将围绕高端服务、总部经济研发、产业链创业、先导示范四大功能建立"一城两区百园"的国家创新服务中心。"一城"的主要功能有:

(1)农业高端服务功能

围绕农业科技创新和涉农龙头企业发展的需求,围绕国家农业科技园区产业提升、经济提升带动和示范的需要,为企业和社会提供产权交易、期货交易、管理咨询、投融资服务、科技保险、现代物流、会展交流、高端人才培养等服务,建设成为高端服务中心。利用首都信息服务资源优势,通过互联网、物联网服务体系,建立"一城"与"两区"信息互动机制,推动"两区"信息化建设。

(2)总部研发功能

瞄准世界农业科技高端,集聚国内外优势农业科技创新资源,通过引进国内外企业、科研院所和高校在农科城建立总部研发机构,促进各类农业科技资源要素的整合、集成与共享,进行技术创新、产品开发及产业化应用研究。支持"两区"开展生物育种、抗旱节水、食品产业等领域的高端研发,将科技城引进的国外高端农业科技成果优先在"两区"转化应用。辐射带动全国其他地区科技创新能力不断提高,培育农业战略产业,打造"一城两区百园"总部企业密集的产业经济中心。

(3)产业链创业功能

国家现代农业科技城围绕全国农业产业链建设的科技需求,以经济实体为载体,将科技、信息、管理、资本等生产要素植入产业链若干环节,通过龙头企业产品创新和高端人才创业推动农业产业链细分和延伸,推动法人科技特派员在"两区"创新创业,建立分支机构及生产基地,形成以法人科技特派员创业为核心的产业链,并吸引社会主体在产业链扩张中创业、就业,为全国农业产业提升提供科技引领和服务。

(4)先导示范功能

国家现代农业科技城瞄准农业高端,以成果应用为重心,从贴近产业、融入市场的角度,以"1+N"模式(围绕一个品种,展示簇团技术)实现先进科技成果在国家现代农业科技城的集成创新和转化应用。通过网联各省市国家农业科技园区,以成果对接和产业互动的形式向全国辐射推广。

2.两区:区域集成示范中心

包括以产学研一体化推进现代农业科技创新为主要特征的杨凌农业高新技术产业示范区和以生态高效农业创新发展为主要内容的黄河三角洲高效生态农业示范区,两区(或更多区域)具有强烈的区域性特征,区域特色优势明显,现代农业发展的针对性较强,具有优越的自然资源条件,聚集大量的现代农业企业的优势,在"一城两区百园"中承担集成创新、先行示范、创业就业三大功能。

(1)集成创新功能

集成创新是利用各种信息技术、管理技术与工具等,对各个创新要素和创新内容进行选择、集成和优化,形成优势互补的有机整体的动态创新过程。两区在发展中已经或者正在积聚大量的有实力的现代农业企业,它们是现代农业集成创新的主体,能够有效集成各种要素,推进各种要素的优化组合,产生"1+1>2"的集成效应。

(2)先行示范功能

两区直接服务具有显著区域特征的农业发展模式,现代农业科技成果的应用、推广具有广阔的市场腹地。围绕区域特点,以突破区域农业发展中存在的资源、技术、制度、组织等瓶颈,有重点地探索科技创新转化为现实生产力的优化方式,将先进的科技成果和模式不断地辐射、扩散到其他地区,带动区域现代农业和经济快速发展。

(3)创业就业功能

两区能够为现代农业创业就业搭建平台,通过一系列的专题活动和推介活动,与国内外的研究机构、团体和个人建立广泛联系,吸引国内外的技术力量进驻园区,并不断培育和组建创新创业团队。

3.百园:产业创业辐射中心

"百园"分布在全国各地,通过完善的软硬件环境,吸引人才要素聚集,推动产业主体建设,对地区性现代农业发展起到强大的技术示范和产业引领作用,推动当地产业快速发展。"百园"有以下主要功能有。

(1)技术示范功能

百园在利用人才、技术优势开展科技创新的同时,更加重视技术向生产力的转化。通过创新园区技术推广模式,形成"园区+试验基地","园区(+合作社/企业)+农户"等多种方式,形成试点示范,推动新技术、新品种的应用和推广。

(2)产业带动功能

百园发展与当地经济发展具有紧密的联系,园区发展所依托的核心技术,将成为园区企业所从事的主营业务,通过不断的示范和带动,最终将推动该产业纳入地方经济体系,成为地方经济发展的重要产业。

(3)就业带动功能

现代农业园区的发展紧密围绕园区主导产业,发挥创业孵化作用,带动当地相关产业的发展,形成产业链创业的格局,不断拓展产业发展空间,开展规模化经营,吸纳大量当地劳动力就业,增加农民收入,推进城乡统筹发展。

"一城两区百园"功能各有侧重,但相互支撑、相互作用,构成一个完整的功能体系。国家现代农业科技城发挥首都科技创新资源聚集、信息服务资源优势、总部聚集的优势,为"两区"和"百园"构建农业科技金融中介服务体系,共同推进农业领域股权激励、企业上市、科技产权交易、物流电子商务发展,以现代服务业引领现代农业链构建。"两区"和"一城"在土地、水、市场、金融、资本等方面优势互补,积极开展现代农业科技创新和推广应用,与农科城共同构成我国现代农业科技创新体系。"百园"是"一城"和"两区"各项功能的实现和拓展的载体,通过成果转化、集成示范,产业发展使"一城两区"功能得以在市场中实现价值体现,构建现代农业科技创新创业体系,推动现代农业可持续发展。

(三)"一城两区百园"模式下的园区经济创新发展途径

"百园"以其相对于区域内其他地区特有的科技、信息、人才、资金等先进生产要素为基础,以"一城两区"为平台,通过示范先进技术应用、先进模式运营带动周边区域现代农业科技创新和现代农业产业发展。

1.确立优势主导产业群

发挥农业科技园建设现代农业产业的带动作用,根据当地特点和优势,围绕当地主要农产品生产,引进一批有较强实力和有发展前景的龙头企业,吸纳一批种养大户和农业专业合作社进入园区,确立一个或数个主导产业,逐步形成以农业为基础,涵盖生产服务、加工、包装、仓储、流通、销售及出口的综合性农业生产体系。大力发展适度投入、优势明显、附加值高的高效现代农业,选择范围涵盖设施蔬菜、名贵花卉、优质水果、食用菌栽培、淡(海)水养殖、健康养殖、休闲观光农业和农产品精深加工业等领域。

粮食主产区的农业科技园重点进行优质粮食生产的示范,发展优质米、高油玉米、双低油菜等特色产业;京郊的农业科技园区重点发展集约节约型农业产业;具有明显特色区域的农业科技园区重点围绕区域特色资源,从产品形态和产业链构建上不断拓宽和延伸。

2.引导农业发展方式的改变

各级农业科技园区应支持多种所有制形式的企业来园区发展,吸引企业、科研单位、高等院校、种养大户到园区创业。现有国有资产投资园区要转换经营机制,实现政企分开,按现代企业制度运作,提高经营效益。同时鼓励农民以联合投资、个人投资等多种方式兴办农业股份制企业、家庭农场式企业或联户经营;采取"政府扶持、园区带动、农户经营"的方法,在发达地区的农业科技园区试办一批种养结合的家庭农场。通过试办种养结合的家庭农场,探索农业适度规模经营,有利于促进现代农业建设,有利于带动周边地区农业增效和农民增收。

3.加大农产品质量安全建设力度

加大农业标准化建设,用现代工业理念谋划和建设现代农业,加大农业产品标准化、生产过程标准化和生产环境标准化等几个重点方面的建设内容。围绕当地优势农产品,建设一批特色鲜明的标准化生产基地、示范企业和示范市场,实现良种、生产规程、产品质量的标准化。按照 GMP、HACCP、ISO9001等标准化体系完善生产各个环节,利用农业物联网技术,完善农产品质量可追溯体系。推动龙头企业、合作组织和生产大户率先进行标准化生产试验。

4.推动各地区品牌农业的示范

发展品牌农业是增强农产品市场竞争力,提升农业产业整体效益,建设现代农业的必由之路。各级农业科技园应制定品牌发展战略规划。加快发展无公害农产品、绿色食品和有机农产品,加快产地认定和产品认证步伐,提高品牌农产品质量。增强企业、农民专业合作经济组织、经纪人、农户等生产经营主体的商标意识,鼓励支持农产品商标注册,促进农产品品牌上市。制定科学的品牌发展规划,加强品牌整合,大力推广"品牌+农民专业合作社(农业龙头企业)+农户"的新型农产品营销模式,提高产品市场竞争力。

5.引领城乡一体化建设发展

大力推动农业科技园区周边的小城镇建设,各地的农业科技园区在完善现有农园设施的基础上,有条件的园区最好同村镇建设、小城镇建设相结合,实现"以点带片,连片改造,综合发展",按照一次规划、分步实施,发挥优势、体现特色,功能开发与形象开发并重,经济、社会、生态全面发展的原则,在规划和发展的特色上下工夫,形成不同的形象、功能、产业、布局特色,以特色求优势、求发展,使园区的周边社会主义新农村的建设有新的突破。

第四节 北京园区经济发展的现状、趋势与路径

一、发展现状

(一)促进农业科技成果的转化与孵化

北京的农业科技园区围绕核心区建设,大力投入新品种和新技术的开发引进,通过先进适用技术的

引进、组装、集成和成果转化,实现技术组装集成创新;通过核心区、示范区、辐射区之间的技术传播和扩散,增强了农业技术开发与推广应用能力;通过不同形式和内容的农业技术培训,对当地涉农企业、种养殖大户起到了示范和带动的作用,提高了农民和广大基层农业技术人员的科技素质。大大促进了周边地区新品种、新技术、新设施的普及,推动农业产业的发展。

（二）推动农业产业化与区域经济发展

北京的农业科技园区引进和孵化出大批科技型龙头企业和产业化龙头企业,推进了农业产业化经营和区域经济的快速发展。

（三）加快区域农业产业结构优化升级

北京农业科技园区从发挥本地区的优势和特色出发,大力发展设施农业、工厂化养殖业、农产品加工业、休闲观光农业等,推动周边地区农业结构调整、产业升级和企业集聚,促进了一些高附加值的农业产业形成。

（四）带动农民就业和增收

北京农业科技园区通过"公司+农户"、"龙头企业+基地+农户"等模式,以科普讲座、科技培训、专家讲座为重要途径,带动和引导周边地区农民应用农业新技术成果,有效提高农业生产技术水平和劳动生产率,带动了农民收入的增加。大部分农业科技园区在采用技术密集、劳动密集的方式组织生产后,可使单位面积土地生产投资提高2—4倍、容纳劳动力数量增加1—2倍,为农村创造了更多的劳动力就业机会,对增加农民收入发挥了十分重要的作用。

二、发展趋势

农业科技园区作为一种新型农业发展模式,经历了一个逐步发展的过程。随着建园的经验积累,国家农业科技园区的建设目标更加明确,机制更加灵活,功能不断完善,效益不断提高。国家农业科技园区发展方向是从探索到逐步明确的过程,结合国家农业科技园区的发展轨迹和北京市农业园区现状来看,北京农业科技园区将呈现以下发展趋势。

（一）规模扩大化

北京的农业科技园区的数量和规模将会不断增长,随着园区发展的进一步规范化,市场体系的不断完善以及人们对于安全营养农产品和精神文明、生态文明的多样化需求,使得以现代农业科技成果展示、高新技术产业化开发以及休闲观光农业为主要内容的农业科技园区将会得到更进一步的发展。

（二）技术导向化

建设初期,园区以推广应用设施农业高新技术为主。但普通农户难以掌握较高的科学技术,这种生产方式难以在中国的广大农村地区发展起来。近几年呈现以易推广、投入少的技术种类为主,针对农民的技术示范项目开始逐步向大田农业发展,同时园区企业大力开发应用高新产业技术,将形成"高新技术入企业、实用技术的入农户"的技术推广模式,推动农业技术全面创新与发展。

（三）功能区域化

园区传统的功能主要是生产功能和示范功能。随着市场消费结构的变化和人们对物质和精神需求的多样化,园区功能也逐渐多样化,向精品生产与加工、龙头带动、教育与培训、休闲观光功能延伸。园区的影响作用将从核心区到示范区再到辐射区,真正成为区域经济发展的龙头。

（四）产业体系化

20 世纪 90 年代建设的农业科技园区基本以单一产业为主，或以种植业为主、或以农产品加工业等为主。近些年，随着市场不断开拓、科技创新能力不断提高，大多园区充分整合园区内的资源，实现多个产业之间的联合，促成产业一体化、产业链条化，逐步走向产业体系化。

（五）建设规范化

近年来，北京的农业园区逐步形成"政府引导、企业运作、中介参与、农民受益"的运行机制。政府主要提供良好的政策环境，进行宏观指导和协调服务；企业按照市场经济自主经营；中介组织开展咨询、培训等服务；农民以土地、劳动力等入股参与到园区建设，接受指导和培训；科研机构和科技工作者进入园区创业，推进成果产业化，园区建设与管理逐步走向规范化。

北京作为首都，其农业园区对我国农业科技创新、现代农业发展起到了重要的推动和引导示范作用，园区功能的变化呈现出由生产展示向产业开发转变，由单一示范向集成创新、统筹城乡发展转化，由注重社会效益向综合效益转化。发展园区经济是建设国家科技创新体系的重要举措，是探索中国特色现代农业发展模式的重要途径，将对我国现代农业创新发展发挥重要作用。

三、发展路径

随着土地资源日趋匮乏，资金、信息、科技、物流等关联要素在支撑农业发展中的日趋活跃，北京的农业科技园区面临着新的挑战，园区存在的诸多问题导致园区综合发展能力与快速发展的经济社会步伐、农业科技创新发展间的矛盾愈加明显，亟待一种新方式、新机制、新体系、新模式的出现。"一城两区百园"的构建则成为探索这一模式的重大突破点，是推动农业科技园区发展的创新性举措，是建设国家科技创新体系的重要举措，是探索中国特色现代农业发展模式的重要途径，将对我国现代农业创新发展发挥重要作用。

（一）北京现代农业园区的建设目标

现代农业园区建设的基本目标是：发挥区域优势，突出地方特色，以现代农业设施为支撑，以先进适用技术开发和示范应用为切入点，以组织管理和运行机制创新为动力，采用政府引导、企业运行、中介参与、农民受益的运行模式，加速农业新技术的组装集成和科技成果的转化，培育新的经济增长点；建立区域农业发展的科技创新基地，形成生产规模化、专业化、高效化、管理科学化、经营产业化的农业发展模式，实现区域农业结构优化，农民收入增加，促进传统农业的改造与升级和区域农业经济、资源、环境的可持续发展。

（二）北京现代农业园区建设的主要内容

1.构建科学的科技创新体系

科技创新是园区发展的动力和技术源泉。建立以技术开发、引进、转化、推广和技术培训于一体的科技创新体系，为园区的技术开发、引进及推广辐射创造条件和环境。在科研与开发上，主要是稳定科技、开发队伍和技术依托单位，以保证科技成果、技术的来源及其先进性。在技术推广上，探索农业技术辐射与扩散的新机制、新模式以及新型农业技术推广运行方式和经营机制，保证中心区、示范区、辐射区之间关系协调、渠道畅通。发挥园区的技术优势、区位优势，进行多形式、不同层次的技术培训，传播农业经营管理、农业先进适用技术。

2.构建可持续的现代化生产体系

以可持续化的农业生产加工技术为支撑,制定农产品安全化、标准化生产等管理规范,建立优质高效农产品、精品农产品生产及加工转化的现代生产体系。尤其要加强农产品保鲜、深加工及其配套技术的应用和传统产品、特色产品、优势产品和高科技含量产品的开发。

3.构建完善的服务保障体系

园区开发初期,"沟、渠、田、林、路"等基础设施建设是园区硬件建设的重要内容,随着园区的进一步发展,建立健全园区服务保障体系取代基础设施建设成为促进园区发展的重要运行体系。主要由服务体系、保障体系、信息体系和市场体系构成。尤其是市场体系是服务体系的重要内容,主要包括技术市场、人才市场、物资市场和信息市场等各类市场。

4.构建产业化经营管理体系

农业现代园区主要按照农业产业化经营的客观要求配置要素,进行产业经营体系和运行模式探索。通过扶持龙头企业或农村专业化经济实体,建立围绕区域化的主导产品和支柱产业,实现专业化生产、一体化经营、社会化服务、企业化管理,把产前、产中、产后诸多环节连为一体。

(三)北京现代农业园区建设的十大途径

1.科技含量

进入农业科技园的项目,要具备技术的先进性。如果没有领先的技术,科技园区就难以起到示范作用,无法产生辐射力,更谈不上形成新的经济增长点。农业科技园可以考虑设置处在开发和中试阶段的高新技术应用项目,以增加园区的技术储备和发展后劲。对具有科技企业孵化功能的园区,后者的选择尤为必要。

2.功能需要

考虑功能需要,是指对项目的设置要考虑有助于园区整体功能的完善。有的项目,单独看可能科技含量不高,也可能没有什么经济效益(如管理中心、接待中心等),但如果没有它,将带来园区管理和运作的不便,这样的项目就是功能性配套项目,从提高系统总体效率的角度,还是需要列入的。

3.经济效益

经济效益是园区项目选择的核心指标,农业科技园如果没有自身的经济效益,就不可能长期持续发展。经济效益表现在单体项目上,就是该项目的赢利能力,可用净现值、内部报酬率、投资回收期、成本利润率等指标来具体衡量。一个单体项目,经济效益越高,其示范作用和辐射力也就越强;如果不能赢利,其示范作用和辐射作用就无从谈起。因此,在项目选择时,除功能性项目外,可以实行经济效益指标的"一票否决制"。

4.社会影响

主要体现在如下六个方面:第一,农民收入水平的提高;第二,农村劳动力就业水平的提高;第三,对社会产品的贡献;第四,居民生活和工作条件的改善;第五,生产方式的变革;第六,对社会稳定的影响。

5.环境保护

并不是所有的农业项目都对环境有利。如大规模的养殖场,如粪便处理不当,就可能造成环境污染;我国农村化肥的过量使用,已经对环境造成了一定的危害。农业科技园区的项目选择,应以改善环境、优化环境为重要参考指标,包括减少化肥流失、减少农药残留、防止水土流失、提高土壤肥力、净化空气、净化水域、降低噪音污染和降解重金属污染等等。

6.投资风险

农业科技园不排斥高风险的项目,具有科技企业孵化功能的园区尤其如此。关键是风险和潜在的利润要对称,高风险要有高利润回报。对一个综合性的农业科技园来说,在项目的配置上应该平衡,既要有高风险、高回报的项目,也要有风险小、利润一般的项目。对具体的单体项目来说,任何项目的选定,必须要做可行性研究,在可行性研究中要有风险分析。

7.开发难度

开发难度,是一个可操作性问题,对项目的选择影响很大,与投资风险也有一定的关系。开发难度大,投资风险也就大。农业科技园区不排斥开发难度大的项目,但在启动阶段,成功是最重要的,只有成功,后续开发才有可能。因此,农业科技园区的启动项目,开发难度越小越好。

8.政策支持

当地主管领导的支持与否,往往是一个项目运作成败的关键。如属于国家鼓励的科技项目,特别是带有资金支持或税收减免政策的项目,更容易得到地方领导的支持。因此,在选择项目之前,应该研究最近几年星火计划项目、火炬计划项目、863项目、948项目、科技型中小企业技术创新基金重点资助项目等支持的范围及变化,在这个范围内选择项目,不仅其科技含量得到社会和市场的认同,而且可能得到政策所给予的经济实惠。

9.本地特色

首都特色,是北京农业科技园区在竞争中取胜的法宝。一个农业项目,只有有效挖掘并利用了当地的资源优势、市场优势、文化优势、社会条件优势之后,才真正具备对异地进行辐射的独特能量,竞争者才难以仿效,市场份额才能得到长期的巩固与扩大。这要求我们在项目设置时,一定要将所引进的外来技术与本地的优势条件相融合,使项目本土化,促进本地资源的深度开发利用,带动本地产业结构的调整和农民收入的提高,这样才能铸就远征他乡的基础实力。

10.有利招商

有利招商,不仅仅是开发区类型的园区所考虑的问题,也是其他类型的园区基于运作的一种考虑。农业科技园区的建设,特别是大型园区的建设,仅仅依靠发起单位自身的力量而不去招商,往往是不行的。过去有的地方率先建立开发区,推出优惠政策。但后来大家纷纷仿效,中央政府加强了管制,各地的政策都差不多,再靠"优惠政策"去招商就没什么效果了。实践证明,在政策面没有明显优势的情况下,依靠本地特色,在项目设置上下工夫,是园区吸引商家的长久之计。

第二十八章　家庭农场

家庭农场是世界农业生产的合适选择,也是我国微观农业组织的重要形式。家庭农场是以家庭成员为主要劳动力,从事农业规模化、集约化、商品化生产经营,并以农业收入为家庭主要收入来源的新型农业经营主体。土地使用权的合理流动和相对集中、相应政策扶持、社会化服务、人才培养、理念创新都必须与家庭农场的培育与发展同步前进,才能推动家庭农场的健康、快速发展。

第一节　家庭农场背景和意义

一、背景

随着我国国民经济的快速发展,建立和发展家庭农场,不仅有其必要性,而且有其可能。当前,大量的农业人口正在向非农产业转移。这种情况,必将导致两个结果:一是由于农业劳动力不断减少,耕地就会越来越集中;土地的集中既要求实行规模经营,又能够实行规模经营,家庭农场必然应运而生并与日俱增。二是由于城镇人口不断增多,市场逐渐扩大,既会对农产品提出更高的要求,又能够使农产品得到更好的销路。这都为建立和发展家庭农场创造了良好机遇。

(一)"家庭农场"概念首次提出

从 2011 年的水利建设到 2012 年的农业科技,鉴于此前中央一号文件九年聚焦"三农",2013 年的中央一号文件在发布前便吸引着各方的视线直至《中共中央国务院关于加快发展现代农业,进一步增强农村发展活力的若干意见》发布,2013 年的中央一号文件再一次将"三农"推到了浪尖,这是新世纪以来指导三农工作的第 10 个中央一号文件,并首次提出"家庭农场"的概念。

意见提出:鼓励和支持承包土地向专业大户、家庭农场农民合作社流转,发展多种形式的适度规模经营。家庭农场是以家庭成员为主要劳动力,从事农业规模化、集约化、商品化生产经营,并以农业收入为家庭主要收入来源的新型农业经营主体。通过发展多种形式的新型农民合作组织,构建新型农业社会化服务体系,提高组织化程度,将实现小生产与大市场的有效对接。"家庭农场"的明确提出意味着中国通过家庭农场等新型农业经营体系发展现代农业的号角已经吹响,中国农民不仅是中国农业的主体力量,也将成为最终的受益者。

(二)家庭农场是世界农业生产的合适选择

综观世界农业生产微观组织形式的变迁,至今大致经历了两类,一是集体化组织形式,二是家庭农场。两类组织形式的实践结果大不相同。

1.农业集体化组织形式的实践结果

农业的集体化经营模式最早产生于苏联。俄国十月革命胜利以后,列宁依据马克思、恩格斯关于改造农民私有制建立社会主义公有制的思想,制定了农村社会主义改造和通过合作社吸收农民参加社会主义建设的计划,并且在 1918 年 1 月通过了"土地社会主义化"法令,提出在农业中发展集体经济的任务。1923 年 1 月,列宁在他发表的"论合作制"中,又从理论上进一步阐述了农村合作社的性质,明确规定了改造小农经济的具体途径。经过 10 年左右的实施,到 1934 年苏联已经在全国范围内基本实现了农业集体化。由于农业集体化的推行主要依靠强制性的手段,损伤了农民的积极性,因此造成 20 世纪 30 年代初期的农业产量下降,大约降低了 30%以上,结果导致农村严重饥荒,直到 1953 年苏联的谷物产量仍低于十月革命胜利前的 1913 年。

苏联解体之后的俄罗斯,农业生产组织形式主要分为两种,一种是大型的农业企业,从经营机制看它与原来的集体农庄基本没有区别;另一种是私人经营的农场和种植园。因此,前者农业生产效率很低,导致俄罗斯的粮食产量和其他各类农作物产量在经济转轨年代急剧下跌,尤其是在 1998 年金融危机前后,粮食歉收的现象更加严重。相比之下,私人经营的农场和小型种植园,尽管没有国家大笔的农业补贴,不享受国家一系列相关优惠政策保护,但农产品的生产数量却超过那些大型的农业企业。据有关数据资料显示,大型农业企业在 1999 年对全俄罗斯农业的贡献率是 45%,到 2002 年,其贡献率只有43%,而同期,私人经营的农场和小型种植园,用仅占俄罗斯可耕地 5%的耕种面积却生产出了全俄罗斯92%的马铃薯和 77%的蔬菜,对俄罗斯农作物生产的贡献率高达 50%。在我国,从新中国成立后到实行改革开放政策以前,农村中长期实行的是人民公社体制。在人民公社内部实行高度集中的统一管理,实行政社合一,企业的领导人往往也由人民公社或生产大队的领导成员亲自担任或任命委派。由于在生产经营管理过程中,强调"一大二公",搞"一平二调",严重违背了经济发展的客观规律,严重侵害了农民的利益,阻碍了生产力的发展,导致农村经济濒临崩溃的边缘。

1978 年我国开始实行改革开放以后,我国广大农村(除了华西村等极少数村庄外)都实行了家庭联产承包责任制,以家庭为单位的经营组织替代了低效率的人民公社体制下的农村集体经济组织,极大地激发了农民的积极性,结束了农产品供给长期短缺的时代。据有关部门的统计数据显示,我国粮食总产量从 1978 年改革之前的 6000 多亿斤增加到 2007 年的 10 030 亿斤,30 年增产 60%以上。全国农村没有解决温饱的农民,从改革开放之前的 215 亿人减少到 2007 年底的 1479 万人。农民人均年纯收入从1978 年的 134 元增加到 2007 的 4140 元。

2.家庭农场经营形式的实践结果

所有西方发达国家的农业,尽管各国国情不同,采取的都是家庭农场的经营方式。

英国是最早建立大农业体制的国家。在这种大农业体制下,存在着很多家庭经营的小型农场。据统计,1851 年的英国,除了占地较多的大中型农场外,占地 40 公顷以下的小型农场仍占耕地总面积的近 22%。许多国家在发展现代农业的过程中,家庭经营的小型农场也为数不少。第二次世界大战结束后的几十年里,家庭农场在欧美一些发达国家均得到了很大发展。1988 年,美国政府公布的资料表明:每年农产品销售额在 10000 美元以下的小农场,占全国农场总数的一半以上。《纽约时报》载文指出:由农场主及其家庭成员,至多再加 1 名工人经营的农场,是最有成效的生产单位。由于经济效益显著,所以家庭农场在当今一些发达国家里仍然大量存在。

美国属于人少地多的国家。它在工业、服务业中都以巨大的企业集团为主体,而在农业中,基本生产单位始终是家庭经营。20世纪末,美国家庭农场数量上升至89%,拥有81%的耕地面积,83%的谷物收获量,7%的农场销售额。可以说,美国的农业是在农户家庭经营基础上进行的。

法国属于人地比例中等的国家,农业生产也以家庭农场经营为主。20世纪80年代约有120多万个农场,其中80%是靠个人及家庭劳动,18%仅雇佣1—2个工人,只有2%是雇佣10—20个工人的农场。目前,法国的家庭农场数约占农场总数的85%,经营着约占全国76%的土地。

日本属于人多地少的国家,二战后,日本通过农村土地改革确立了在小农土地所有制基础上的农业家庭经营体制。日本政府认为,家庭农场往往是最有效率的生产单位,因而采取了一系列发展家庭农场的做法,到20世纪初期,日本家庭农场大约有300万户。

(三)我国家庭农场的发展历史

尽管家庭农场的提法在2012年明确提出,但实际上家庭农场在我国已有较长的发展时期。早期家庭农场是独立的个体生产,在农业中占有重要地位。中国农村实行家庭承包经营后,有的农户向集体承包较多土地,实行规模经营,也被称之为家庭农场。

从上世纪八九十年代开始,一些种田能手通过承包和流转土地,从事农业专业化、规模化生产,已经具备了家庭农场的基本特征。早在20世纪80年代末,我国江苏南部地区已经出现了农户的适度规模经营。早在20世纪80年代末,我国江苏南部地区已经出现了农户的适度规模经营。接着,在不少经济发展较快的省市,也涌现出一批实行适度规模经营的农户。这些农户,有的称为"种粮大户",有的称为"专业养殖户",实际上就是小型的家庭农场。因为这些大户都是种田或养殖的能手,他们通过承包或转包的方式,取得了较大面积的土地使用权或经营权,实行不同于分散经营的规模经营,并且朝着农业产业化的方向发展,所以称其为家庭农场也未尝不可。特别是苏南地区,既有家庭农场,还有个人承包雇工经营的农场。后者其实也是家庭农场,只是规模更大一些,除了经营种植业外,还从事多种经营。目前,具有一定规模并且实行专业化和集约化经营的家庭农场(牧场、渔场、养鸡场、食用菌种植场等),主要建立在经济相对发达的东南省区和城市郊区。在广大农村,家庭农场只是极少数,并不普遍,因而还不是我国农业中占主体地位的经营方式。

进入21世纪以来,浙江宁波、上海松江、吉林延边等地在培育家庭农场方面进行了积极探索。如浙江宁波慈溪市2003年注册登记的家庭农场已超过50家,上海松江区2007年认定的家庭农场已达到597家。据农业部调查,截至2012年底,全国共有符合统计标准的家庭农场87.7万个,经营耕地面积1.76亿亩,平均经营规模200.2亩;其中,从事种养业的家庭农场达到86.1万个,占家庭农场总数的98.2%。据不完全统计,目前全国已有9个省、55个市(县、区)出台了扶持家庭农场发展的文件,并明确了具体扶持措施。归纳起来,主要包括五个方面:一是建立家庭农场注册登记和认定制度。江苏、山东等省出台了家庭农场工商注册登记办法,浙江、安徽等省出台了示范性家庭农场认定办法。二是引导农村土地流向家庭农场。从2007年起,上海松江区就明确将集体统一整理好的土地租给家庭农场经营。浙江宁波市对家庭农场流转土地给予适当资金补助。三是涉农财政补贴向家庭农场倾斜。据统计,2012年全国各地扶持家庭农场发展资金达到6.35亿元。四是加强金融保险服务。各地通过成立农业担保公司、发放贷款补贴、设立风险防范基金、扩大贷款抵押范围等方式,加强对家庭农场的金融保险服务。五是提高农业社会化服务水平。通过提供多元化、多层次、全方位的社会化服务,促进家庭农场健康发展。

实际上,除农业部确定的"家庭农场"外,还有很多农业能人通过承包更多土地、开展规模种植、特色种植等方式当上了名副其实的"家庭农场主",取得了不俗的业绩,也为"家庭农场"模式的发展摸索出了宝贵的经验。

我国正处于由传统农业向现代农业转变的过程之中。改革开放以来,家庭承包责任制极大地调动了广大农民的劳动积极性,农业生产获得了较快的发展。事实表明,家庭承包责任制仍然具有很大活力,应该保持稳定,不能改变。但是,随着农业生产的发展,小农生产本身的弱点(诸如耕地分割零散、生产工具简陋、增产速度缓慢等)必然成为农业现代化的障碍。因此,为了实现农业的现代化,需要通过深化改革,改变落后的农业经营方式。

深化农业改革大体上有两条道路可供选择。一是将个体农户组织起来,建立合作农场或集体农场,实行较大规模经营,以适应现代农业发展的需要。但是,实现这种改变不是一件轻而易举的事情。鉴于我国农业发展的历史教训,当前实行集体经营不仅条件尚未完全成熟,而且短时间内农民在思想上也难以接受。二是将现行的家庭承包责任制加以充实和扩大,使农户的小块土地经营升级,成为家庭经营的小型农场,实行规模经营,以适应现代农业发展的需要。无论是从理论、历史或现实诸方面考虑,后一条道路在当前是比较合适的选择。

二、意义

2014年2月,农业部下发的《关于促进家庭农场发展的指导意见》(以下称《意见》)指出:当前,我国农业农村发展进入新阶段,应对农业兼业化、农村空心化、农民老龄化,亟需加快培育新型农业经营主体、构建新型农业经营体系。以承包农户为基础发展家庭农场,一方面可以培育专心务农的商品化新型农业经营主体,提升农业的规模化、集约化经营水平,引领适度规模经营,加快建设现代农业。另一方面,能够保留农户家庭经营的内核,坚持家庭经营的基础性地位,符合农业生产特点,契合经济社会发展阶段,在实现农业增效、农民增收的同时,促进农民就业和农村繁荣。具体讲,包括以下几个方面。

一是有利于解决"谁来种地"的问题。当前,随着城镇化的不断发展,数以亿计的农民工进城打工,有很多农民工还长期在城市驻扎下来。而与之相对应,在不少村庄则出现了"青壮年荒",或者说是"劳力荒",村里留守的大多是老人和儿童,青壮年已经不愿意或者因工作原因不能或不便回家种地,大量的耕地主要靠老人打理。尽管有日益发展的农业机械化帮忙,但劳动生产率较低,农业综合生产能力较低,也成为我国农业现代化与城镇化同步发展中的难题之一。必须立足于家庭经营的基础,培育一批新型经营主体,来推动我国农业现代化进程。

二是有利于实现土地适度规模经营。在土地上不管是老年人当家还是青壮年担当,各家各户传统的生产模式已经没有多少活力,土地的生产效率较低,农民的信息采集能力、决策能力、抵御风险能力、博弈市场的能力、盈利能力都非常有限,以至于不少农民只能盲从和赌博,在农业的"大小年"现象中随波逐流。当前的农业格局已经制约了农业的发展。家庭农场通过严格遵循双方自愿和平等互惠的原则,其他农民或村集体自愿把土地承包给"家庭农场主",可以使土地集中起来,促进土地资源的优化配置,实现土地的适度规模经营,进而促进农业的标准化、专业化、市场化生产。

三是可以进一步激发农民的积极性、释放农业的潜力。家庭农场的经营特性明显,家庭农场主必须以市场为导向,按照企业管理模式来核算成本、加强管理、追逐利润,必须要适应市场、开拓市场,由于"家庭农场"实行规模化、集约化、商品化生产经营,可以提高农产品的市场竞争能力。家庭农场促进了我国农业经济的发展,推动了农业商品化的进程。它的形成、发展有助于提高农业的整体效益,有助于生产与市场的对接,克服小生产与大市场的矛盾,提高农业生产、流通、消费全过程的组织化程度。

三、家庭农场是中国农业微观组织的重要形式

（一）农村土地规模化经营的宏观环境进一步完善

1.土地承包经营权的永久不变为土地流转奠定了制度基础,土地承包经营权是当前我国农村经济中农民最基本的权利

承包经营权的期限及其是否稳定,直接影响着农民对土地的经营方式和投入程度。实行土地家庭联产承包以后,一方面解决了农民的温饱以及农产品供应的长期短缺问题,另一方面也带来了土地规模狭小、分散经营与市场需求之间的矛盾。为解决这一矛盾,党和政府一直利用政策引导,鼓励土地流转。比如在第一轮土地承包期中,1984 年中央一号文件规定:土地承包期一般应在十五年以上,同时提出鼓励土地逐步向种田能手集中;鼓励无力耕种或转营他业而要求不包或少包土地的,可以将土地交给集体统一安排,也可以经集体同意,由社员自找对象协商转包。1986 年中央一号文件指出,随着农民向非农产业转移,鼓励耕地向种田能手集中,发展适度规模的种植专业户。在第二轮土地承包期中,国家规定承包期由第一轮的 15 年延长到 30 年。尽管土地承包期延长了,但农民对土地的承包经营权毕竟是有期限的,对下一期的承包,农民很难预期。为了解决这一问题,2008 年 10 月,党的十七届三中全会在土地确权基础上,作出"赋予农民更加充分而有保障的土地承包经营权,现有土地承包关系要保持稳定并长久不变"的决定,并指出:"加强土地承包经营权流转管理和服务,建立健全土地承包经营权流转市场,按照依法自愿有偿原则,允许农民以转包、出租、互换、转让、股份合作等形式流转土地承包经营权,发展多种形式的适度规模经营。有条件的地方可以发展专业大户、家庭农场、农民专业合作社等规模经营主体。"

这样,土地流转有了更坚实的制度保证,一方面,让那些想离开土地转营非农产业的农民可以将土地承包权依法转让出去,并享受承包权所带来的利益。另一方面,让那些想扩大土地经营规模的农民放心地扩充土地经营面积,同时,放心地进行各项农田基本建设,提高土地资源的长效功能。

2.城市化水平的不断提高为离土农民提供了就业空间

我国改革开放以来,城市化水平不断提高。1978 年城市化水平为 17.92%,2007 年城市化水平为44.19%,比 1978 年提高了 27 个百分点。城市化水平的提高,为农村剩余劳动力转移提供了就业空间,转移的数量不断增加。根据《中国统计年鉴》(2006 年)显示,1991—2006 年,第一产业就业人员由 39 098 万人,减少到 32 561 万人,减少 6537 万人;占全社会总就业人数比重由 59.7%下降到 4216%,下降17.1 个百分点。其中,2002—2006 年,第一产业就业人员数量年均减少 1077 万人;第一产业就业占总就业比重年均下降 1.85 个百分点。

近年来,通过稳步发展第二产业、大力发展第三产业,我国农村劳动转移就业空间得到拓展,已有超过 2 亿农村富余劳动力实现了向非农领域的转移。预计今后几年,每年将有 500 万至 700 万农民跳出

农门。

从发展的趋势看,我国的城市化水平必将继续提高。当今世界,城市化已经成为世界发展的客观必然,根据联合国发布的资料,2007年7月全球人口的城镇化率已经达到50%,发达国家一般都在80%以上。相比之下,我国44.9%的城市化水平一方面显得落后,另一方面也说明依然存在提高的巨大空间。从国内看,基于现有的城市化发展状况,预计2030年,城市化水平将达到65%以上,城市人口将达到10亿左右。可见,随着城市化水平的不断提高,从农村转移出来的劳动力也将不断增多。

3.社会保障的普及减轻了农民对土地的依赖性

传统上,对于大多数农民来说,土地承担着两大功能,一是作为生产资料,承担着农民的就业功能;二是作为农民的一种"特殊财产",承担着农村的失业、养老等社会保障功能。随着我国经济的发展和市场经济体制的不断完善,社会保障不再是城里人的"专利",农村社会保障制度与水平正在不断完善与提高,一方面党和国家十分重视发展农村公共事业,积极推进城乡经济与社会发展一体化的工作,党的十七大明确提出了我国社会保障体系建设的发展目标,即到2020年,基本建立覆盖城乡居民的社会保障体系。另一方面,从2003年就已开始试行的社会救助、医疗保障和低水平社会养老保险三大体系建设现已初见成效,目前农村最低生活保障制度基本建立。随着社会保障在农村的全面普及,一些不擅长耕种土地或耕种小面积土地的农民就可以没有后顾之忧地将土地承包权有偿转让出去。

(二)农业自身特点决定了农业生产适合家庭经营

农业是自然再生产与经济再生产相交织的过程,这一特点决定了农业是一个比较适合于家庭经营的产业。

1.劳动对象的生命性和生产的季节性决定了农业适合家庭经营

农业劳动的对象是有生命的动植物,它们有自身的生长发育规律,人们只能按自然界规定的时间依次进行各种作业,如种植业中的整地、播种、田间管理、收割等。同时,这些动植物的最终产品数量与质量如何,更多依赖人们劳动时的态度和劳动质量。而农业劳动是在大自然中进行,人们的劳动态度和劳动质量不便于监督,只能从最终的劳动成果来判断。农业劳动时间与农产品生产时间的不一致,对劳动力来说就形成了"农忙"与"农闲"的季节性,农忙时对劳动力需求大量增加,农闲时,对劳动力需求又会大量减少。这样,农业生产组织形式就不能像组织工业生产那样,将劳动要素聚集在一起,在同一时间采用分工合作或流水线式的作业。只有采用家庭经营的方式,农业劳动的最终成果与家庭成员的经济利益紧密相连,才能在没有外部监督的情况下尽心尽力地劳作。同时,也只有采用家庭经营的方式,才能实现劳动力的季节性调节,即农忙时务农,农闲时从事他业,避免劳动力的浪费。

2.自然环境的复杂多变性和不可控制性决定了农业适合家庭经营

农业生产的自然环境包括很多因素,如天气、地力等,这些因素是复杂多变的,以目前的科技水平,这些环境因素仍然是不可控的。就是说,农产品的最终收益状况不是仅由劳动投入的数量多少决定的,而是由天气、地力、投入等诸多因素共同作用的结果,因此,农业报酬无法完全实行按劳分配或计件工资。由此决定了农业不可能像工业那样采用工厂式的生产,只有采用家庭经营形式,才能有效解决劳动投入与最终收益不确定性之间的矛盾。

第二节　家庭农场概述

一、概念

家庭农场,是起源于欧美的舶来名词,是农民家庭通过租赁、承包或者经营自有土地的一种农业经营形式。维基百科的定义为:家庭农场指由家庭拥有并运作的农场,通常世代相传。家庭农场是人类历史大部分阶段及当代发展中国家农业经济的最基本组成单位。除家庭农场外,还有农业综合企业、工厂化农场和集体农业。

美国农业部定义的美国家庭农场概念为:

(一)生产销售农产品,其数量需足以使得农场得到社区认可,以区别一般乡村住宅;

(二)能够获得足够的收入(包括通过非农职业所得),以支付家庭和农场运作费用,偿还债务,维持不动产;

(三)由经营者管理;

(四)经营者及其家庭可提供数量可观的劳工;

(五)忙季可使用兼职劳工,并拥有合理数量的全职劳工。

在我国,通常定义为:以家庭成员为主要劳动力,从事农业规模化、集约化、商品化生产经营,并以农业收入为家庭主要收入来源的新型农业经营主体。

二、内涵

我国的家庭农场早在20世纪80年代伴随着家庭联产承包责任制和农业适度规模经营的发展而出现,是农户家庭组织的一种高级形式。与家庭农场相适应的农业生产经营体制是以邓小平“两个飞跃”思想为指导,坚持农地集体所有制不变,以家庭农场为主体,以合作经济组织为依托,以企业化管理为手段,适应市场经济发展需要的家庭农场制。

实质上,家庭农场是以农户家庭为基本组织单位,面向市场、以利润最大化为目标,从事适度规模的农林牧渔的生产、加工和销售,实行自主经营、自我积累、自我发展、自负盈亏的企业化经济实体。家庭农场的建立和发展符合传统农业向现代农业转变的规律,家庭农场的形成,体现了农业生产发展到一定阶段的历史必然性。解决“三农”问题的关键是发展生产力,尤其是农业生产力。提高农业生产力的途径,只能是将分散的小农生产改变为较大规模的现代化经营。而建立和发展家庭农场,则是这个过程中的重要步骤,是现代农业的一种有效的经营方式。家庭农场这种由小到大、由少到多的发展趋势,不仅从理论上说是正确的,而且也必将为我国农业发展的实践所证明。

(一)农户家庭经营对农业生产力的适应性很强

它既适应传统农业的需要,又适应现代农业的需要。现代农业客观地要求传统农业家庭经营组织转变为现代农户家庭经营组织,即企业化的农场式家庭经营组织。因此,家庭农场是对传统农户家庭经营组织改造与完善的理想模式和必然结果。

（二）家庭农场是完善家庭承包经营的有效途径

它保留了家庭承包经营的合理内核,继承了家庭承包经营产权激励的优点。同时,从家庭承包经营过渡到家庭农场也较为平稳,其核心主要是在稳定家庭经营的同时,通过多种方式,按经济补偿原则,将一部分土地向种田能手集中组建家庭农场,它并不像组建集体农场、股份制农场那样需要较高的组织成本和创新费用,因而是完善家庭承包经营的有效途径。

（三）家庭农场促进农业适度规模经营

家庭农场是一种适应适度规模经营的组织形式,它有利于实现农业机械化,大幅度地提高土地的利用率、投入产出率、劳动生产率和农产品商品率,提高农业生产的科技含量、有机构成和市场竞争力。因此,逐步建立和发展家庭农场,走规模化发展的道路将是我国农业发展的必然选择。

（四）家庭农场是农业的第二次飞跃

家庭联产承包制解放了农村生产力,实现了农业的第一次飞跃。目前,在稳定家庭承包经营的同时,逐步向家庭农场过渡,有利于优化农业资源配置,能实现农业生产规模的扩大、效益及整体水平的提高,发展和壮大集体经济,逐步将传统农业转变为现代农业,实现第二次飞跃。

（五）家庭农场有利于实现农业企业化

家庭农场发展到一定程度之后,就会向专业化、适度规模和农工商综合经营转变,形成企业法人地位,改变传统的家长式管理,建立现代企业制度。

（六）家庭农场有利于促进农业科技推广应用

发展农业生产,除了调整农业生产关系即变革经营体制之外,还需要提高生产力即变革生产手段,革新农业生产手段,不仅仅包括采用机器、使用化肥、兴修水利等技术条件。因此,实施科技兴农方针,是发展农业生产的客观要求。但是,某些高新农业科技,只有在大面积的耕地上才能够推广,这是因为,一些要求大面积推广的农业科学技术,只有在家庭农场的耕地相对集中的时候,才可以进行统一规划,合理布局,而且有利于机耕机播和农田喷灌,既可节水,又能减少许多田埂和渠道,增加耕地。如果耕地太分散了,就会影响到它的实施。所以说,家庭农场有利于农业生产的科学化,提高农业劳动生产率,收到优质、高产的效果。

（七）家庭农场适应现代农业发展

现代农业是社会化的大农业,社会化的农业生产要求农业的内部实行分工和专业化,外部则与市场建立联系,在当今欧美一些国家既有相当发达的现代农业,同时也存在着大量的家庭农场,这些农场实行产业化的生产经营,为市场提供丰富的农产品。显然,小农户是无法进行这种社会化的农业生产的。对于小农户来说,根本谈不上什么农业生产的内部分工和产业化,只能是一家一户的,小而全,农民既要熟悉农业生产的各个环节,又要考虑农产品的销售问题,特别是个体小农对市场陌生,信息不灵,生产什么和生产多少,带有很大的随意性和盲目性,加上他们的经济实力弱,承受不住市场带来的风险,而家庭农场则能够弥补这个缺陷。家庭农场由于经营规模相对较大,经济实力相对较强,对市场行情和动向了解较多,因此,它可以做到农业生产的分工和专业化,并且将农产品顺利地推向市场。

（八）家庭农场是农业增产和农民增收的有效途径

在家庭承包责任制保持不变的前提下,通过家庭经营方式的升级,使分散生产的小农经营发展成为家庭农场的适度规模经营,无疑会带来农村经济的繁荣。有关资料表明:早在20世纪80年代末,在北京、上海、天津、江苏、浙江、广东、四川、山东等省市,实行适度规模经营的农户,都获得了显著的经济效益。这些实行适度规模经营的农户,实际上也就是处于初级阶段的家庭农场,他们在农业劳动生产率、土地利用效率、单位面积产量、农产品商品率、农业机械化水平、农民纯收入等经济指标方面,都优于小规模分散经营的农户。在现阶段的我国农村中,江苏南部地区和广东南海的家庭农场,具有某种代表性。

三、特征

《意见》指出:现阶段,家庭农场经营者主要是农民或其他长期从事农业生产的人员,主要依靠家庭成员而不是依靠雇工从事生产经营活动。家庭农场专门从事农业,主要进行种养业专业化生产,经营者大都接受过农业教育或技能培训,经营管理水平较高,示范带动能力较强,具有商品农产品生产能力。家庭农场经营规模适度,种养规模与家庭成员的劳动生产能力和经营管理能力相适应,符合当地确定的规模经营标准,收入水平能与当地城镇居民相当,实现较高的土地产出率、劳动生产率和资源利用率。各地要正确把握家庭农场特征,从实际出发,根据产业特点和家庭农场发展进程,引导其健康发展。

具体包括以下几个方面:

（一）家庭性

以农户家庭作为基本组织单位和核算单位,以家庭成为主要劳动力从事农业生产经营活动,必要时可少量雇工,发挥辅助作用。这是家庭农场与集体农场、以雇工劳动为主的公司制大农场以及股份合作制农场等的区别所在。

（二）专业务农

家庭农场专门从事农业,主要进行种养业专业化生产,经营者大都接受过农业教育或技能培训,经营管理水平较高,示范带动能力较强,具有较强的商品农产品生产能力。这使其区别于以农业为副业,粗放经营、自给自足为特征的兼业农户。

（三）适度规模性

相对于一般分散的传统农户家庭组织,其规模有明显扩大,并力求在生产经营中获取规模经济效益。家庭农场有较大的种养规模,能够使经营者获得与当地城镇居民相当、比较体面的收入。这使其区别于超小规模经营的传统承包农户,确保家庭农场作为一个职业具有吸引力,把较高素质的人才留在农村发展农业。家庭农场以土地流转为目标,创新流转方式和经营模式。各地方对创新机制等方面进行奖励和扶持,形成规模化运营以后,从事领域逐步拓宽,即向产业链上下游进行延伸或转型为服务型农业。

（四）盈利性

它的生产经营活动以盈利为目的,追求利润最大化,在市场竞争中求生存、求发展。家庭农场年收入大大超过普通农户的年收入水平,其中一些家庭农场牵头领办或加入了农民专业合作社,提高了农产品商业化,拥有自主品牌与商标权,并与农业企业、超市签订了产品销售合同。家庭农场也是购销大户或农产品经纪人,市场信息灵,有国内外良好的营销渠道,产销连接紧密,产品具有竞争力。

（五）企业化管理

家庭农场除具有明晰而完善的产权外,与传统农户在农业生产经营中的最大区别,就在于实行企业化管理,注重投入产出的核算,讲求效率和效益。

（六）经营者具有一定的经营能力

家庭农场主素质较高，一般是当地农业生产大户或致富带头人。大部分农场主产业规模都是从小到大，专业知识、实践技能较强，懂经营、会管理。较大的农场还相应聘请了大学毕业生参与经营管理。并实行标准化生产、规模经营、企业化管理，产品申请无公害基地和产品认证。农场的管理制度、农事记录、生产台账相对齐全，一些大的农场还将相关管理制度上墙。

四、类型

（一）按种养类型分类

按种养类型来看，主要有四种类型：种植业家庭农场、水产业家庭农场、种养综合型家庭农场和循环农业家庭农场。

（二）按经营方式分类

按经营方式可分为三种类型：

1.不雇工型

这种类型比较普遍，其农业生产的作业与管理依靠家庭成员进行，不雇佣他人。其特点是管理比较简便，组织成本和监督费用小。

2.雇工型

其农业生产的作业与管理除依靠家庭成员外，还雇佣一定数量的他人。雇工型家庭农场的特点是注重生产核算、作业管理比较复杂，要花一定的组织成本和监督费用，趋于企业化经营。

3.联户型

指由几个农户联合承包建立的家庭农场。实行严格的科学管理和"风险共担，利益共享，激励发展"的原则。其特点是有利于分工协作，提高效率，但其管理费用、组织成本和监督费用比较高。

（三）按经营内容分类

按经营内容可分为两种类型：

1.单一型

指在农、林、牧、渔中只经营其中一种的家庭农场，它又可细分为种植型、渔业型、林业型和畜牧养殖型。由于该类型的家庭农场从事某项专业生产，因此，便于机械操作和集中力量引进新技术、新品种、新工艺，有利于科学种田，形成规模经营，获得较好的经济效益。

2.综合型

这种类型比较普遍。它是农、林、牧、渔或其中几个部门兼而有之，一般以种养结合为主。其特点是能综合利用各种农业资源，合理配置农业生产要素，资源利用效率高。

第三节　家庭农场培育与发展

一、建立条件

家庭农场是由土地分散经营发展为适度规模经营的一种经营方式，它是家庭经营方式的延伸和扩大。农业经营方式的升级是一个长期的过程,因为建立和发展家庭农场需要具备很多条件。

（一）土地使用权的合理流动和相对集中

家庭农场适度规模经营,要求将分散耕种的小块土地集中起来,形成面积较大的耕地。我国土地实行社会主义公有制,农村土地归集体所有,土地的所有权不能改变。目前,农民承包的小块土地,也是只有使用权(或者称为承包经营权)而无所有权。

然而,土地使用权是可以在合理流动中实现转移的。事实上,人口迁移、外出务工、因病丧失劳动能力以及婚姻嫁娶、死亡等多种因素,必然使农村劳动力的配置发生这样那样的变化,从而导致土地使用权的流动。通过这种流动,原来狭小细碎的地段,有的已经逐渐集中到一些种田能手或种植大户的手里。这些种田能手或种植大户在集中一定数量的土地后,就能够建立起家庭农场,实行适度规模经营,创造出较高的劳动生产率、土地产出率和农产品商品率。

（二）政府采取相应政策给予扶持

土地使用权通过合理的流动实现耕地相对集中,需要得到政策上的保证。在我国,土地所有权不能改变,但土地的使用权(或称土地承包经营权)则可以转移,这是有政策根据的。早在1984年,中共中央在关于农村工作的通知中就已明确提出"鼓励土地逐步向种田能手集中"。2002年,党的十六大报告指出"有条件的地方可按照依法、自愿、有偿的原则进行土地承包经营权流转,逐步发展规模经营"。这表明,在家庭承包责任制保持不变的前提下,允许土地集中,以推动农业发展。允许土地通过流转集中于种田能手,实行规模经营,这是对兴办家庭农场的鼓励。如果在实际工件中进一步加大扶持力度,必将促使家庭农场大批地建立和发展起来。

（三）社会化服务必须跟上

家庭农场的建立和发展,不可能在孤立的状态中进行,它与整个社会有着密切的关系。家庭农场的建立,是由传统农业向现代农业转变的起步阶段,而在它向高级阶段发展的过程中,无论其内部运行机制或者外部环境,都要求建立、健全完善的社会化服务体系。

一方面,在产前、产中和产后,需要解决农业生产资料(农业机械、化肥、农药等)的供应、农产品的贮藏、运输和销售等实际问题。如果社会化服务跟不上,就无法实行规模较大的经营。另一方面,只有工业和第三产业得到较大发展,提供充分的就业机会,吸引大量农村剩余劳动力向非农产业转移,土地才能够集中起来,实行规模经营。当然,国家有较大财力投入大规模的农田水利基本建设和农业的技术改造,发展农村教育事业以提高农民的文化科学素质等,都是发展包括家庭农场在内的现代农业所不可缺少的条件。

（四）思想疑虑需要消除

目前兴办家庭农场,符合党在农村的现行政策。因为家庭农场经营的土地,不管是直接承包还是通过租赁、转包等方式,都是集体所有的土地,并没有改变土地的基本属性。既然家庭农场经营只是家庭承包经营的延伸和扩大,那么,举办家庭农场并没有改变家庭承包责任制。如前所述,土地使用权的合理流动和相对集中,也是党的现行政策所允许的。对举办家庭农场的疑虑,同实行家庭承包责任制之初的疑虑相似,也是需要消除的,否则将会影响到家庭农场的建立和发展。

二、认定管理

（一）家庭农场一般应符合的条件

1.家庭农场经营者应具有农村户籍（即非城镇居民）。

2.以家庭成员为主要劳动力。即无常年雇工或常年雇工数量不超过家庭务农人员数量。

3.以农业收入为主。即农业净收入占家庭农场总收益的80%以上。

4.经营规模达到一定标准并相对稳定。即从事粮食作物的，租期或承包期在5年以上的土地经营面积达到50亩（一年两熟制地区）或100亩（一年一熟制地区）以上；从事园艺种植的，露天生产为50亩以上，设施栽培30亩以上；从事畜牧水产养殖的，生猪年出栏500头以上，肉禽年出栏20000羽以上，蛋禽存栏5000羽以上，奶牛存栏50头以上，水产养殖50亩以上；从事经济作物、养殖业或种养结合的，主要产业规模达到上述标准下限的70%以上，或应达到当地县级以上农业部门确定的规模标准。

5.家庭农场经营者应接受过农业技能培训。

6.家庭农场经营活动有比较完整的财务收支记录。

7.对其他农户开展农业生产有示范带动作用。

（二）家庭农场的注册登记

发展速度上要遵循客观规律，不宜急于冒进，成熟一个发展一个，登记手续把关上着重审查土地承包合同的真实性、有效性和规范性，鼓励资金实力雄厚的经营者从事家庭农场经营，最好要具备一定的现代化农业的耕作机械条件，由于家庭农场是一个特殊的企业或个体经营者，工商登记机关应多服务多扶持，对所发展的家庭农场应建立跟踪服务制度，及时帮助他们克服在经营中遇到的困难，纠正他们经营中出现的问题，对家庭农场经营中可能出现的违法行为诸如商标侵权、以次充好等及早提出警示，从而确保家庭农场在起步阶段健康成长。

（三）家庭农场的监管

在现阶段，应侧重提供政策咨询和服务，辅之于法律法规的宣传和引导，对影响到食品安全、人身安全或妨碍市场公平竞争的一类违法行为，应及时给予提示、警示，屡教不改者，施予行政处罚手段。在监管重点上，要严格审查土地流转合同，对大规模土地流转的主体，履行资格审查，防止非农户假借家庭农场之名，租赁土地，套取项目资金。同时家庭农场所涉及的土地流转和集中过程中，我们要关注合同双方的自愿、平等、互惠原则，严格查处合同欺诈行为，确保合同依法签订和履行。要宣传品牌经营意识，引导家庭农场经营者培育自己的品牌，增强市场竞争优势，将服务寓以监管中。真正让工商行政部门的市场监管职能在家庭农场监管中体现服务的含义。

三、发展现状

2013年3月，农业部首次对全国家庭农场发展情况开展了统计调查。调查结果显示，目前我国家庭农场开始起步，表现出了较高的专业化和规模化水平。

（一）我国家庭农场在发展中呈现的特点

一是家庭农场已初具规模。截至2012年底（下同），全国30个省、自治区、直辖市（不含西藏，下同）共有符合本次统计调查条件的家庭农场87.7万个，经营耕地面积达到1.76亿亩，占全国承包耕地面积的 13.4%。平均每个家庭农场有劳动力 6.01 人,其中家庭成员 4.33 人,长期雇工 1.68 人。

二是家庭农场以种养业为主。在全部家庭农场中,从事种植业的有 40.95 万个,占 46.7%;从事养殖业的有 39.93 万个,占 45.5%;从事种养结合的有 5.26 万个,占 6%;从事其他行业的有 1.56 万个,占 1.8%。

三是家庭农场生产经营规模较大。家庭农场平均经营规模达到 200.2 亩,是全国承包农户平均经营耕地面积 7.5 亩的近 27 倍。其中,经营规模 50 亩以下的有 48.42 万个,占家庭农场总数的 55.2%;50—100 亩的有 18.98 万个,占 21.6%;100—500 亩的有 17.07 万个,占 19.5%;500—1000 亩的有 1.58 万个,占 1.8%;1000 亩以上的有 1.65 万个,占 1.9%。2012 年全国家庭农场经营总收入为 1620 亿元,平均每个家庭农场为 18.47 万元。

四是一些地方注重扶持家庭农场发展,提高管理服务水平。在全部家庭农场中,已被有关部门认定或注册的共有 3.32 万个,其中农业部门认定 1.79 万个,工商部门注册 1.53 万个。2012 年,全国各类扶持家庭农场发展资金总额达到 6.35 亿元,其中江苏和贵州超过 1 亿元。

(二)我国家庭农场存在的问题

1.家庭农场经营缺乏规范

家庭农场的登记虽然才起步,但是符合家庭农场定义要素的经营形式却广泛存在。如大棚蔬菜承包经营者、果树承包经营者、鱼塘承包经营者等在各地均是比较普遍。但是这些经营者或由于规模小、或由于资金限制、或由于缺少政策引导,许多实际经营者没有走上企业化经营之路,导致产品销售与市场脱节、产品质量缺乏竞争力,他们对农产品市场化经营的意识尚未确立。

由于大部分土地承包经营者承包的土地是向各分散的农户租赁的,许多土地没有得到整理、不能形成大面积的农田,分成若干小块的农田,根本不利于机械化耕种,由经营者自己整理农田又受到资金、规划等的限制,因此目前的一些即使符合家庭农场条件的经营户,也都是一些小规模的经营者。有些家庭农场经营者,原来登记的是农民专业合作社,享受的是农民专业合作社的政策待遇,但其听说家庭农场能享受国家补助,转而要求登记家庭农场,而其实际经营方式仍然故旧,此种情况,并没有违反政策,也符合登记条件,但是在经营方式没有任何改变的情况下,却享受了国家政策补助,国家的补助效应降低。

2.土地流转不规范是影响家庭农场经营稳定性的重要因素

家庭农场理想的土地应该是成方成片的,租期相对较长的土地,但是,由于我国土地产权本来就并不清晰,加上许多农户担心政策变化,不愿意长期出租土地,农村土地流转困难,因而,经营者要获取稳定的理想的土地也比较困难,这在一定程度上制约了家庭农场的发展。一是由于部分农户对土地存在感情依赖,有的是外出收入高,对少有的农田收入无所谓,还可以领补贴,也不愿意流转。二是土地零散和农业基础设施不完善,"旱包子、水袋子"等条件差的土地流转难度大。三是土地流转服务还没完全到位。只有少数的家庭农场签订了土地流转合同,有的大多为是口头协议,其他散户都没签合同。

3.家庭农场融资困难

农业生产周期较长,比较效益低,回报见效慢,缺乏有效抵押物,农业融资是制约我国农业发展的瓶颈。家庭农场的家庭经营性和市场性、规模性同时存在,使得家庭农场的融资瓶颈更加突出。尤其是在经营初期,一次性投入比较集中,资金需求较大,多数农场实力不强,加上固定资产不多,大部分投入无法通过资产抵押等方式获取银行贷款,制约其扩大生产规模和发展设施农业。大部分专业大户、家庭农场和合作社想发展扩大规模,由于贷款条件苛刻,贷款融资很困难。家庭农场经营比较困难,甚至影响到可持续发展。

4.农业社会化服务不完善

国外发展经验表明,家庭农场的顺利发展和健康运营需要一个完善的社会化服务体系,然而我国目前社会化服务水平亟待进一步提高。突出表现在农机驾驶与维修、配方施肥和病虫害防治等方面。普遍农户信奉"巧种不如施肥"的老信条。南方一些农民一季稻谷打五六次农药。农村盲目施肥、盲目打药的问题突出。

四、构建途径

既然家庭农场经营体制是我国现阶段农业现代化的最佳组织形式,我们就应该采取各种措施,为家庭农场经营体制的建立和发展创造各种有利条件。

(一)完善农村土地承包经营权流转机制

家庭农场的基本特点是在市场经济条件下,实行规模生产和集约经营,通过给社会提供大量的质优价廉的农产品,获得最大的经济利益。要实现农业规模化,就要实现土地集中,至少是使用权上的集中。在现行的农村经营体制下,只有进行土地承包经营权的流转,才能逐步发展规模经营。目前,我国农村土地承包经营权流转尚无法律依据,致使土地承包经营权流转无法形成市场化体系和机制,有些进入第二、三产业的农民,想转让土地承包权,却找不到"买主",只好抛荒;有些善于种地、想多种地的农民又不敢或不能多要地。要让土地承包经营权正常流转,必须搞好土地流转市场建设。首先,尽快出台相应的法律法规,明确农民对土地的权利,做到有法可依,依法流转。其次,必须尊重和保护农户在土地经营权流转中的主体地位,土地是否流转,如何流转,要由农户自主决定,只要农地农用,农户自愿流转,就可以自由进行。三是要加快土地有形市场建设,解决目前土地有市无场、无法可依、私下交易的被动局面。

(二)加快农业剩余劳动力的转移

农村土地承包经营权流转的前提是农村剩余劳动力的转移。我国是人口大国,农村人口占有很大比重,由于人均耕地比世界平均水平低得多,单靠现有耕地容纳不了不断增长的农村劳动力,农村剩余劳动力的转移就成为我国解决"三农"问题和发展农业现代化的关键。我国农村剩余劳动力的转移途径主要有两条,一是通过小城镇建设,就地转移;二是农村剩余劳动力外出打工,进城就业。由于小城镇建设受当地农业发展水平影响,对于中西部地区来说,通过小城镇建设吸纳农村剩余劳动力是有限的,农村剩余劳动力进城就业成为主要的转移途径。目前,我国农村剩余劳动力进城就业还有诸多障碍,有必要采取措施加以解决。首先要消除思想障碍,现在有相当一部分人认为进城就业的农村剩余劳动力是城市的"万恶之源",对城市的就业、基础设施、社会治安带来了一定的压力,其实对这些问题都需要一分为二地看待。其次要扫除传统的户籍制度这一农村剩余劳动力进城就业的"拦路虎",必须尽快制定并实施以身份证管理为核心的人口管理制度,实现就业自主,迁移自由。第三要提高农村剩余劳动力进城就业的组织化程度,为农村剩余劳动力提供信息咨询、就业服务。第四要加强进城就业农村剩余劳动力的职业技能培训,以适应各城市对劳动力的市场需求。

加快农村社会保障体系建设。从农民应享受的权益来看,我国的二元经济社会结构体现在社会保障体系方面,就是将同是社会主义国家主人的劳动者分成了两大具有完全不同权益的社会集团,城市劳动者享有比较全面的社会保障,而广大的农村劳动者则很少享受社会保障。社会主义市场经济和劳动制度改革客观上要求劳动力在全社会范围内自由流动,因而基本的社会保障制度对所有的劳动者应该是标准统一的,农村劳动者也应该享受社会保障的平等权利。

从农村剩余劳动力转移的需要来看,发达国家在扩大农业生产规模的时候,都采取了鼓励小农户离开农业的措施,这些主要措施有:给部分离农农户提供离农补助金,有的发达国家还由政府给予老年农业人口以养老金,以促进老年农业人口离农。我们应该建立社会化的农村社会保障体系,以减缓农民对承包土地作为社会福利和社会保障的依赖性,解除他们的后顾之忧。

(三)大力发展农村中介组织和各种服务组织

农业具有分散性和自然性,从信息获得、市场联合、经营协作、服务提供和利益的维护方面来说,有必要把农民组织起来。农业组织有生产经营组织、社会服务组织、中介组织等,如美国就有农业社、格兰其、农民联合会、农场局、全国农场主组织等。我国的农民组织主要由原人民公社体系改变而来,如村民小组等,而根据生产的内在联系和共同利益结成的组织已开始形成,具有中介性的组织也开始形成,这主要是在沿海发达地区和中西部地区的市郊。通过建立这些组织,把种植、养殖、加工、运输等各行业和千家万户农户紧密联系起来,有效地解决了农民一家一户所难以解决的问题。

(四)提高我国农民的综合素质

我国农业劳动生产率低下,农民科学文化素质不高,而农业现代化需要既懂管理经营又懂科学技术的高素质的农民。我们要通过各种培训、教育方式,提高农民的综合素质,要充分发挥科学素养已达标的农民的示范和带动作用,鼓励和支持他们率先举办家庭农场,推动我国家庭农场的发展。

第四节　北京家庭农场发展现状、问题和政策建议

一、发展现状

(一)产业类型:以养殖业为主

据相关数据统计,北京市家庭农场数量近1700个。其中从事养殖业的家庭农场大约占了60%,其次是种植业。

(二)规模面积以50亩以下为主

从规模上讲,50亩以下的占近70%。这一是因为养殖型家庭农场比重高,二是养殖型家庭农场的用地需求都比较小,种植业规模相对较大。

(三)家庭农场收入相对比较高

根据相关部门调研情况看,家庭农场经营收入大概在10—15万元,最多有25万元左右。

(四)用工量以种植业最大

从用工量看,最大的是种植业,从用工结构看,大部分仍是以家庭成员为主。

二、主要问题

（一）土地流转制约

一是土地流出面积较少,土地流转困难,家庭农场难以扩大经营规模;二是土地零散和农业基础设施不完善,使土地难以流转。

（二）资金制约

家庭农场主要以农业作为经营产业,由于农业产品生产周期较长,投资回报见效慢,缺乏有效抵押物,大部分专业大户、家庭农场想扩大规模,贷款融资很困难。

（三）观念制约

家庭农场是个新事物,多数农户缺乏对家庭农场的认识,掌握的知识和应用新技术不多,也普遍缺乏市场意识,需进一步提高经营素质来推动家庭农场的发展。

（四）管理制约

目前家庭农场生产经营粗放随意,与专业合作社、企业等业态的组织化、精细化管理相比存在差距,也直接导致其生产的产品从标准化、安全化等方面没有竞争力。

三、政策建议

（一）加强农村土地流转服务

家庭农场与土地流转要相得益彰,专业大户和家庭农场带动土地流转,土地有序流转才能有家庭农场的健康发展。乡镇农村土地流转服务中心或"三资"监管代理服务中心是基础,要联合经管局切实承担起指导流转合同、调节土地承包矛盾纠纷、搜集发布流转信息等职能,为土地流转搭建便捷的沟通和交易平台;逐步探索建立土地流转双方的价格协调机制、利益联结机制和纠纷调解机制,促进流转关系稳定和连片集中。一是建立土地交易场所。提供地块的面积、位置、价格等土地信息,供买者选择。二是培育以乡镇农经管理部门为主体的非盈利性土地流转中介服务组织。农村土地承包经营权流转大多在亲朋好友和街坊四邻之间进行。如果由中介组织来操持土地承包经营权流转,既解决了情面问题,又保证了农民土地流转的收益。三是以农经信息网为依托建立土地流转信息库,及时登记汇集可以流转土地的数量、地理位置、价格等信息资料。

（二）鼓励农村专业合作社和家庭农场相结合

随着工业化、城镇化快速推进和农村劳动力大量转移,农村土地流转速度加快。农业经营规模和组织化程度也相应提高,由种植大户、家庭农场、专业合作组织和农业龙头企业等组成的新型农业经营体系逐渐显现。但是,从中国国情以及国内外实践来看,在生产领域,适合土地经营的主体还是以农户为主。在相当长时期内普通农户仍是农业生产经营的基础,在发展家庭农场的同时,不能忽视普通农户的地位和作用;家庭农场与其他经营主体都有各自的适应性和发展空间,发展家庭农场不排斥其他农业经营形式和经营主体,不只追求一种模式、一个标准。"家庭农场"模式符合农民的需要,符合农业农村发展的需要,符合国情。经过十几年的发展,我国农民专业合作社在现代农业中发挥了重要的作用,出现了很多成熟的做法。要大力发展壮大农民专业合作社,充分发挥农民专业合作社的引领作用,帮助解决单个家庭农场干不了、干不好或干了不合算的事情,提高农业组织化程度,实现家庭农场与市场的无缝对接;优化金融服务,开展家庭农场信用等级评定,对信用等级高的家庭农场给予一定的授信额度,并给予利率优惠,允许家庭农场以大型农用设施、流转土地经营权等抵押贷款,创新信贷品种,简化信贷手续,提供优质服务;支持和引导农业担保机构优先为家庭农场提供担保贷款。

（三）加强政策引导和扶持

家庭农场在我国处于初级阶段,必须加强政策引导和扶持。一方面,我国农业的整体生产力水平还比较落后,土地等基本资源紧缺,整体上看,家庭农场的规模不可能很大,发展进程也不可能很快,必须遵循一个循序渐进的过程,要靠农民自主选择,防止脱离当地实际、违背农民意愿、片面追求超大规模经营的倾向。另一方面,争取上级农业基础项目,捆绑利用土地整理、高产农田建设、低丘岗地改造等各项农业建设项目,疏通河道,加快流转地块农田基础设施建设,为家庭农场经营提供良好的基础。在实施农业开发、优质粮食建设等农业项目时,在同等条件下优先向家庭农场投放;将中央和本市新增的农业补贴,特别是农机等补贴,优先补贴家庭农场等种养殖大户。对需要购买大型农机具的家庭农场,给予优先补贴,扶持发展大型农机作业,同时加大农机作业服务费用的补贴。

（四）加强农业人才培养

通过多种方式,加强农民培训,提高农民文化科技素质,逐渐推行农业经营准入制度。欧洲各国普遍实行农民资格考试,考试合格发给"绿色证书",才有资格购买土地,申请建立自己的农业企业和经营农场,并享受政府的各种优惠政策,把新型农业经营主体人才培养作为农业农村人才队伍建设的重要内容,利用和整合各类培训资源,开展农业职业教育和职业培训,重点培训专业大户、家庭农场主、农民合作社经营管理人员,率先发展成为职业农民。参照大学生村官的政策,鼓励和支持大学生特别是农业院校的大学生到农村、回家乡,创办新型农业经营主体,发展现代农业。

第二十九章 北京农业企业经济

企业经济是以农业企业为经营主体,涉及农业生产、加工、购销以及涉农服务的农业经济活动。企业的资金、科技、人才、管理等优势决定了企业经济在北京都市型现代农业中的重要作用,在推动农业产业化经营、开发农业多功能性、构建都市农业产业链、增加农民收入、带动区域经济发展等方面做出了积极的贡献。截至2013年年底,北京已初步形成了以204家农业龙头企业为核心的企业经济主体架构,经营实力不断增强,但仍存在一些问题。面对新的机遇和挑战,要着重实施高新技术驱动战略、合作联盟推动战略、信息化支撑战略、标准品牌提升战略以及可持续发展战略,推动北京都市型现代农业企业经济快速发展。

第一节 农业企业与企业经济

一、农业企业

(一)农业企业的定义

农业企业是指从事农、林、牧、副、渔业等生产经营活动,具有较高的商品率,实行自主经营、独立经济核算,具有法人资格的盈利性的经济组织。农业企业是农业生产力水平和商品经济有了较大发展,资本主义生产关系进入农村以后的产物。早在14世纪,英、法等国已出现了最早的资本主义性质的农业企业——租地农场。产业革命以后,各种形式的资本主义农业企业,如家庭农场、合作农场、公司农场、联合农业企业等大量发展,成为农业生产的基本经济单位。中国的农业企业在1949年以前为数很少。中华人民共和国成立以后才迅速发展起来。1979年以后,随着改革、开放和农村商品经济的发展,农业企业出现了多种形式。

(二)农业企业的特点

一是涉农性。农业企业的生产经营活动必须要以农业经营活动为基础,包括生产领域、加工领域或流通领域。一方面,农业企业依托的重要生产资料是土地,生产销售的最终产品为农产品和农业服务产品,原材料和企业增加值都要立足农业;另一方面,生产具有明显的季节性和地域性,劳动时间与生产时间的不一致性,生产周期长。涉农性是农业企业区别一般工业企业的根本标志,是最显著特征。

二是盈利性。农业企业在本质上仍是企业,满足企业追求利润最大化的企业目标属性。因此企业必须采取公司经营方式,按现代企业运作方式管理,面向区域市场与全国市场,甚至还面向国际市场,提高劳动生产率、生产出适销对路的产品,完成企业的目标和使命,在生产经营中不断发展壮大。

三是社会性。农业企业区别于其他工商企业的另一个特点就是社会性,这是由农业的基本属性决定的。农业企业在发展过程中要处理好与农户的关系,还要与政府的农业政策目标取相一致,企业的发展目标、发展条件、政策导向都会受到政府行为的影响。

（三）农业企业的分类

按照不同的分类标准,有不同的类型:

1.按所有制性质,分为国有农业企业、集体所有制企业、股份制企业、联营企业、私营企业、中外合资企业、中外合作经营企业。

2.以农业产业结构和经营项目为基准,可分为五大类,即种植业类,畜牧业类、水产业、林特产业及其他。其中:

种植业:是指以种植业产品为主、实行一体化经营的组织。在调查中分为粮油食品、种籽、蔬菜及加工品、烟叶及加工品、食用菌及加工品、水果及加工品、茶叶及加工品、花卉、饲料、其他种植业产品及加工品。

畜牧业:是指以畜禽产品为主、实行一体化经营的组织。在调查中分为猪肉及加工、奶牛及乳制品、禽肉、禽蛋及加工品、其他畜产品及加工品。

水产业:是指以淡水或海水中各种养殖或捕捞产品为主、实行一体化经营的组织。分为水产品及水产加工品。

林特产业:是指林产品为主、实行一体化经营的组织。在调查中分为竹及竹制品、木材及木材加工品、其他林产品及加工品。

其他:未纳入上述分类的其他产品及加工品。

3.按照经营领域划分,一般认为,农业企业可以分为四类:一是农产品生产企业,二是农产品加工企业,主要指农产品初级加工企业,三是农产品流通企业,即农产品的运输与销售企业。这三类企业并不总是截然分开的,可以是混合型或者从某种类型发展为混合类型。

（四）龙头企业

农业产业化龙头企业是指以农产品加工或流通为主,通过各种利益联结机制与农户相联系,带动农户进入市场,使农产品生产、加工、销售有机结合、相互促进,在规模和经营指标上达到规定标准并经政府有关部门认定的企业。农业部等八部委联合颁布的《农业产业化国家重点龙头企业认定和运行监测管理暂行办法》对国家重点龙头企业的认定条件做了规定。

龙头企业通常是在某地区影响力广、带动农户能力强的农业企业,这些企业具有稳定的生产基地和市场网络,资金雄厚、福射力强、社会责任感强,对某地区或者国家的农业发展做出了突出贡献。这些企业通过合同、合作或是股份合作等方式与本地农户建立利益联结机制,在农业产业化中发挥了非常重要的作用,起到上联市场下联农户的枢纽作用。

二、企业经济

（一）企业经济的定义

企业经济是指以农业企业为主体,涉及农业生产、加工、购销以及涉农服务的农业经济活动。企业经济以其独特的资源聚集优势、雄厚的科技经济实力以及市场判断和应对能力,在市场化、专业化、标准化以及多功能的都市农业中发挥着举足轻重的作用。

（二）企业经济的特征

第一,以现代生产要素引入为核心,加快传统农业改造和农业现代化进程。企业以市场需求为导向、以追求最大利润为目标、突破"小而全"生产经营方式、进行专业化和商品化生产经营、具有合理规模和现代组织结构的农业经营主体。农业生产力要素在农业企业的生产过程中突破家庭、地域边界,进行流动、重组和整合,实现生产力要素的质态、量态以及空间和时间组合方式及配置状态的优化,提高社会生产力要素组合和使用效率,进而提高农业生产力和农业现代化水平。企业采用工业化的生产理念进行经营和管理,其员工的素质较高,是以追求最大利润为目标、具有较强市场竞争意识的经营主体,是引入现代生产要素的有效载体,促进现代生产要素向农业的引入,加快传统农业改造和农业现代化进程。

第二,以市场为导向,推动农业产业化发展。企业是市场经济的典型代表,会自动适应市场需求和竞争的要求,采用先进农业技术、现代经营管理方式并不断进行经营管理创新,积极搜集市场信息,根据市场需求调整产品结构,积极开拓市场和优化市场结构,不断延长产业链,提高农产品的附加值。各经营主体之间会不断强化分工与协作,提高生产经营的专业化、商品化、规模化以及组织化水平,增强市场开拓能力,降低市场交易费用,增强市场竞争力,有效克服与避免小规模农户的有限市场理性、信息闭塞和过度竞争,从而改善市场竞争结构,促进市场发育和市场体系健全,促进农业产业化发展。

第三,以建立完善农业产业体系为内容,提高农业持续发展能力和国际竞争力。在市场经济条件下,农业内部以及农业与国民经济其他部门之间根植于经济联系市场化基础上的分工与协作必将日益深化,农业社会化、产业化、一体化水平也会不断提高。同时,加入WTO后我国农业面临发达国家具有较高现代化水平的农业企业的大量进入和竞争。尤为值得重视的是。发达国家的农业产业体系将会逐步渗透进入,这是对我国农业的最大冲击和挑战。农业企业进行专业化、商品化生产经营的内在动力及行为,必然会促进农业产前、产中、产后环节之间以及农业与其他部门之间分工的进一步细化及其基础上的协作深化,农业产业链不断延伸和扩展,农业社会化、产业化、一体化水平必将大大提高,进而形成完善的农业产业体系,加大提高农业的经济效益,也极大提高农业的持续发展能力和国际竞争力。

（三）企业经济中的利益联结机制

改革开放以来,我国农业产业结构问题凸显,农村经济发展落后,农民增收缓慢。特别20世纪90年代以来城乡差距的不断扩大,农产品市场竞争压力与日俱增,食品安全领域事故频发,家庭联产承包责任制下小农户与大市场的矛盾愈发严峻。通过产业组织的带动,提高农民的组织化程度成为一种历史选择。这种方式使农户的生产经营由过去分散的"农户+市场"模式转为有组织的"农户+产业组织+市场"模式,从而实现农业生产的市场化、集约化、现代化。其中,"农户+企业+市场"的模式是最为普遍的,也是最为重要的模式。

农业企业与农民的利益联结机制是指在农业产业经营运行过程中企业方面和农户方面的利益关系;具体是指农户和龙头企业从自身利益出发,对农产品市场中的各种变动所作出的反应方式以及企业和农户间相互合作、相互制约、相互影响的方式。合理的利益联结机制是推动企业经济可持续发展的关键,也是农业产业化发展的核心核动力。

随着社会主义市场经济的逐步完善和农村经济改革的不断深入,企业和农户的利益联结机制的形式和内容也在不断丰富和发展。利益联结机制的选择取决于企业与农户对利益的追求、风险的认识及农产品特性,是建立在双方自愿基础上的。从利益联结紧密程度区分,可以分为松散型的、半紧密型的和紧密型的三种方式。

1.松散的联结方式

松散的市场联结方式,单纯通过市场的作用来联结农户和企业,是利益联结的初级形式。在这种利益联结机制下,企业根据市场行情和自己加工的需要量,在市场上随机收购农户生产的农产品,双方不预先签订合同,自由买卖,价格随行就市。这种方式最大的特点就是:双方没有签订合同,只将农产品在农户的田间地头进行交易,交易场所不固定,交易价格没有保护,农户和企业双方都可以根据自己的意愿,自由选择交易对象。一方面,农户与企业都可凭自己的意愿自由决定交易对象,获取最大的市场利益;另一方面,企业和农户双方都要承担着不确定的风险,双方关系。

2.半紧密的利益联结方式

(1)契约制

契约制也叫"订单农业",是一种以契约为纽带的合同式利益联结。通过契约作为制度和法律保护,界定了企业与农户之间的利益分配关系。这种形式具体表现为"农户+企业+市场"。中间联系农户和企业的就是商品合同。用合同来规范双方的权利和义务,规定农产品的标准、规格、质量、产量、技术、交易时间地点、交易方式,让农产品的交易不再是单纯的"一锤子买卖",而是变成了一种持久的买卖关系。这种联结方式使得龙头企业有了充足而稳定的原材料来源,同时农民的农产品也有了比较稳定的销售渠道及市场,降低了龙头企业和农户生产经营的不确定性,在一定程度上降低了交易的市场风险。

(2)合作制

合作制在龙头企业和农户之间加入一个中介组织,由中介组织上联企业,下带农户,实现企农之间的利益协调,其实质是以中介为纽带的合作式利益联结。其具体的表现形式为:"农户+中介组织+企业"。中介组织通过和龙头企业签订订单合同,明确合作过程所需产品的相关要求,并告知农户,然后再与农户签订合同,并组织其进行生产经营。产品收购时,也由中介组织代表农户与龙头企业进行交易,再把交易后的所得一部分返还农户,一部分用于组织自身的建设发展。这种方式的顺利运行必须建立在完善、诚信的中介组织之上。

(3)企业化

企业化主要通过土地、租金、工资等要素为纽带实现农企合作,在实践中主要通过土地的"租赁制"或者"反租倒包"得以实现。企业与农民签订土地租赁合同,把租赁过来的土地变成自己的生产基地。对于不想从事农业生产的农户,企业直接一次性支付其土地租金收益;对于想留在基地从事农业生产的农户,企业将其吸纳为企业的产业工人,农民参加企业统一组织的生产劳动,企业支付给农户土地租金和工资。其具体的表现形式为"公司+基地+农户"的形式。在租赁期内,龙头企业或不再与出租土地的农民发生经济联系,或将租赁的土地再倒包给农户经营,生产的产品全部由企业收购。维系这种关系的纽带是返租契约和关于对出让土地的农民就业安排的协议,都具有法律约束力。

3.紧密的利益联结方式

农户以资金、土地、设备、技术等要素入股,在龙头企业中拥有股份,参与企业经营管理监督。龙头企业与农户不仅有严格的经济约束,而且作为共同的出资者组合成新的企业主体,形成了"资金共筹、利益均沾、积累共有、风险共担"的经济利益共同体。在这种利益连接方式下,企业与农户形成新型产权关系,农户不再是单纯的"原料提供者"或是"农业工人,而是产、供、销环节中平均利润的分享者,从而实现真正的利益联合。实质是一种以产权为纽带的一体化利益联结方式。这种方式多出现于农户合作意识比较强和经济发展水平比较高的地区。

第二节　农业企业经济发展现状

依托北京的科技优势、信息优势、人才优势、资本优势、文化优势以及市场优势,聚集了一批农业企业,直接带来了资源聚集和产业开发。这些农业企业以生产科技化、运营高效化、产品多功能化、市场多元化为特点,通过延长和拓宽传统农业产业链,在农业生产的基础上,充分挖掘农业的生活和生态功能,不仅形成了高效农业,还出现了加工农业、生态农业、休闲农业、观光农业、会展农业、节庆农业等多种表现形式,突破了北京在耕地、水等资源的局限性,在调整首都产业结构、改善民生、推进城乡一体化以及营造优美宜人的生存环境上发挥了重要的作用。

2013 年,为贯彻落实国务院《关于支持农业产业化龙头企业发展的意见》精神,北京市政府出台了《关于支持农业产业化龙头企业发展推进农业产业化经营的实施意见》,提出"五个一批"的目标,即打造一批年销售收入过百亿元的领军企业,扶持一批具备发展潜力的上市企业,发展一批农业产业化示范基地,培育一批高端、优质、安全农产品品牌,带动一批农户增收。同时,围绕提升企业核心竞争能力、强化企业带动农户增收能力、提高政府为企业服务能力的"三个能力"建设,提出了 17 条政策措施,重点对"做强龙头"、"创建品牌"、"质量安全"等关键环节给予扶持。

一、发展现状

(一)企业数量与整体实力

截至 2013 年年底,北京市共有各类农业龙头企业 204 家,固定资产 11058515 万元,销售收入 35952059 万元,净利润 804598 万元,出口创汇 183319 万美元,上缴税金 1226552 万元。其中,国家重点龙头企业 38 个,省级重点龙头企业 101 个,市级重点龙头企业 65 个;上市龙头企业 10 个(境内上市龙头企业 8 个、境外上市龙头企业 2 个)。销售收入 100 亿元以上的龙头企业 7 个,销售收入 50 亿元以上的龙头企业 8 个,销售收入 30 亿元以上的龙头企业 12 个,销售收入 10 亿元以上的龙头企业 21 个。全部企业净利润为 804598 万元亿元,出口创汇额为 183319 万美元,上缴税金 1226552 万元。

表 29-1　2013 年北京市部分农业产业化国家重点龙头企业一览表

企业名称	登记注册类型	经营类型
北京方圆平安食品开发有限公司	有限责任公司	农产品加工型
北京旗舰食品集团有限公司	有限责任公司	农产品加工型
北京市恒慧通肉类食品有限公司	有限责任公司	农产品加工型

续表

企业名称	登记注册类型	经营类型
北京新发地农副产品批发市场中心	集体企业	农产品流通型
北京大北农科技集团股份有限公司	股份有限公司	农产品加工型
北京金路易速冻食品有限公司	私营企业	农产品加工型
北京市华都峪口禽业有限责任公司	有限责任公司	农产品加工型
北京华都集团有限责任公司	有限责任公司	农产品生产型
北京艾莱发喜食品有限公司	合资经营企业(港或澳、台资)	农产品加工型
北京牵手果蔬饮品股份有限公司	股份有限公司	农产品生产型
北京金色农华种业科技有限公司	有限责任公司	农产品生产型
中国食品集团公司	国有企业	农产品流通型
中国种子集团有限公司	国有企业	农产品生产型
北京八里桥农产品中心批发市场有限公司	国有企业	农产品流通型
北京八里桥农产品中心批发市场有限公司	国有企业	农产品流通型
北京御食园食品股份有限公司	股份有限公司	农产品加工型
中华棉花集团有限公司	国有企业	农产品流通型
北京市蟹岛绿色生态农庄有限公司	私营企业	农产品生产型
北京资源亚太饲料科技有限公司	有限责任公司	农产品生产型
金果园老农(北京)食品股份有限公司	中外合资经营企业	农产品加工型
北京二商集团有限责任公司	有限责任公司	农产品加工型
北京御香苑畜牧有限公司	有限责任公司	农产品加工型
北京德青源农业科技股份有限公司	港、澳、台商投资股份有限公司	农产品生产型
北京卓宸畜牧有限公司	有限责任公司	农产品加工型
北京中地种畜有限公司	港、澳、台商投资股份有限公司	农产品生产型
北京奥瑞金种业股份有限公司	股份有限公司	农产品加工型
中地种业(集团)有限公司	有限责任公司	农产品生产型
北京顺鑫农业股份有限公司	股份有限公司	农产品加工型
中牧实业股份有限公司	股份有限公司	农产品生产型
中粮集团有限公司	国有企业	农产品加工型
中国土产畜产进出口总公司	国有企业	农产品加工型

(二)行业覆盖面

从龙头企业各行业分布情况看,204家龙头企业中,种植业(种植及其加工)型的有78个,占比39%;畜牧业(养殖及其加工)型66个,占比33%;水产业(养殖及其加工)5个,占比2%;林业(种植及其加工)3个,占比1%;其他52个,占比25%。种植业龙头企业中,粮食种植业龙头企业17家,油料类2家,糖料类1家,水果类14家,蔬菜类23家,棉麻丝类1个,茶叶类6个,花卉类7个。畜牧业龙头企业中,肉类39家,蛋类17家,奶类7个,皮毛类2个。

(三)盈利能力

从销售收入看,种植业龙头企业销售总收入为19666933万元,畜牧业4047148.25万元;水产业54449.26万元,林业140995万元,其他类型龙头企业12082534万元。种植业龙头企业中,粮食种植业龙头企业销售收入12243129万元,油料类3494463万元,糖料类650966万元,水果类382555万元,蔬菜类 395020 万元。畜牧业龙头企业中,肉类 2802703.7 万元,蛋类 99765 万元,奶类 553455 万元。

（四）基地建设与生产规模

从基地建设情况看,139 家龙头企业对农产品原料生产基地共投入 979339.04 万元。其中,基础设施建设投入 694561 万元,农民培训投入 7520 万元,生产资料垫付投入 203359 万元。生产基地规模上,种植面积为 1255 万亩,牲畜饲养量为 861 万头,禽类饲养量为 16347 万只,养殖水面面积为 1 万亩。"三品一标"认证生产基地中,种植面积 58 万亩,占种植基地总面积的 5%;牲畜饲养量 325 万头,占牲畜饲养总量的 38%,禽类饲养量 8437 万只,占禽类饲养总量的 52%。同时,在获得出口备案生产基地建设方面,种植面积 40 万亩,种植基地总面积的占 3%;牲畜饲养量 194 万头,占牲畜饲养总量的 22.5%,禽类饲养量 9072 万只,占禽类饲养总量的 56%。

（五）科技投入水平

从科技创新角度看,龙头企业科技研发投入 194577 万元,占销售收入总额的 0.54%。其中,科技研发投入占企业年销售收入比重超过 1% 的龙头企业有 71 家。建有专门研发机构的龙头企业有 74 家,其中,建有省级以上研发机构的龙头企业有 9 家。获得省级以上科技奖励或荣誉的龙头企业有 29 家,龙头企业拥有农业科技人员 32160 人,其中技术研发人员 7919 人和技术推广人员各 24241 人。

（六）产品质量安全与品牌建设

在农产品质量安全方面,北京龙头企业质检、认证、检疫等保障产品质量安全方面的投入 109722 万元,占销售收入的 0.3%;建有专门质检机构的龙头企业 147 个,占龙头企业总数的 72%;通过 ISO9000、HACCP、GAP、GMP 等质量体系认证的龙头企业 175 个;获得省以上名牌产品或著名(驰名)商标的龙头企业 59 个;获得"三品一标"认证的龙头企业 39 个;获得"三品一标"认证的产品数量 227 个。

（七）带动就业与农户能力

2013 年,龙头企业从业人数 105193 人,占产业化组织从业总人数的 35%。其中固定职工 237515 人;季节性用工 27422 人。工次福利总额为 1728097 万元,其中固定职工工资福利 1644417 万元,季节性用工工资福利 83680 万元。龙头企业带动农户数达 696 万户,占全部产业化组织带动农户数的 98.7%,其中,带动本市 38 万农户,带动省外 658 万农户,带动省外农户的省级以上重点龙头企业达 15 家。带动基地农户增收总额 1188711.34 万元,按合同价收购比按市场价收购向农民多支付的差价金额为 139135 万元;实行合作制、股份合作制经营向农民返还或分配的利润金额为 20152 万元;采取土地租赁经营支付给农民的土地租金金额为 19867 万元;吸收农民务工支付给农民的工资福利报酬金额为 88432 万元;以其他方式带动农民增收金额为 921125 万元。

（八）融资能力

上市龙头企业有 10 家,累计融资额达 445 亿元。境内 8 家上市企业融资额 123 亿元,境外 2 家上市企业融资额 322 亿元。利用外资的龙头企业有 1 家,实际利用外资 6856 万美元。

（九）政扶持力度

2013 年,北京市农业产业化龙头企业获得财政扶持资金 18058 万元,同比增长 24%。其中,省级扶持资金 5557 万元,同比增长 26%,占财政扶持资金总额的 31%。农业产业化省级财政专项资金 397 万元,北京市对农业产业化龙头企业的资金扶持力度在不断加大。从税收政策看,农业产业化龙头企业获得的税收减免额(不包括出口退税)为 17185 万元,同比增加 60%。其中增值税减免 12068 万元,所得税减免 5117 万元(其中农产品初加工项目减免企业所得税额 1798 万元)。与 2012 年相比,均大幅提高,大大促进了农业产业化龙头企业的市场竞争力和出口创汇能力。

(十)企业经济呈现多功能性

2013 年,首届北京农业嘉年华在北京举行,以企业为载体,以科技为支撑,以产品和项目为形式,体现了集生产、生态、休闲、教育、示范等多功能于一体的都市型现代农业产业化发展新探索。300 家国内外农业企业展示了 400 多种种植模式、700 多种优质农产品,30 多项体验农业创意项目、40 多项娱乐游艺项目,60 多家企业带来了中华传统特色美食。企业经济在提升农产品安全水平、首都应急保障能力、提升北京农业的核心竞争力、有效带动农户增收致富、推进北京市农业现代化进程中发挥了重要作用。

二、存在问题

(一)人员成本逐年增加,制约企业利润空间

农业企业大多为劳动密集型产业,随着最低工资标准逐年提高,人工成本逐年上升,严重影响了企业的赢利能力。2013 年上半年北京市 34 家企业平均职工 6804 人,比上年同期减少 2.7%;平均工资总额为 2.11 亿元,比上年同期增长 2.4%;季节性临时工人数比去年同期减少了 3.4%,但季节性临时人工工资总额却比去年同期增加了 1.8%。

(二)农产品精深加工水平低,缺乏市场竞争力

目前,农业企业生产加工占了绝大部分比重,而市场开拓不足,投入集聚在生产加工环节。从生产加工内部来看,由于注重短期效益,简单的产品分拣、包装等占了较大比重,农产品的深加工和产业链条延伸方面不足,多数是粗加工,产品附加值低,档次不高,市场竞争和带动能力较弱。如蔬菜的传统方式种植偏多,像采用无土栽培、生物物理杀虫等新技术种植的较少。近年来,肥药、饲料等生产成本持续攀升,严重挤压农业企业的利润。而北京市农产品加工企业(尤其是食品加工制造和饮料制造业)中有一定规模的,多是与外商合资、合作或者引进国外先进技术、工艺或设备发展壮大起来的。

(三)企业资金压力较大

农业企业投资大、回报周期长,承担着市场风险与自然风险的双重风险。企业前期基础投入比较充足,积累资金消耗大且快,但后续发展资金短缺,严重影响了企业的短期盈利能力和长期持续发展。农业信贷资金投入长期不足,企业普遍处于发展资金短缺,既缺乏生产流动资金,又缺乏技术改造资金的困境。资金不足已成为农业企业目前面临的共性问题。

(四)人才短缺、企业创新能力不足

经营管理人才、专业技术人才尤其是营销人才的严重短缺,对北京市农业龙头企业的制约更直接、更严重。近年来,由于户籍、待遇等问题,龙头企业中大学以上学历的人才每年都有一定的流失。北京市农业龙头企业专业技术人员的短缺,直接影响了农业企业的创新能力和农产品的深加工能力,一定程度上阻碍了北京市整个农业产业的发展。

(五)龙头企业与农户之间的关系运作不规范

利益联结机制有待完善。龙头企业与农民之间还没有形成"风险共担、利益共享"的紧密关系,农业产业发展带动能力不强,促进农民增收能力有限。企业和农民的关系是松散的,既有货紧价高时农民不履约的情况,也有货余价低时农业龙头企业压价的行为。

（六）企业各自为战,合作共赢空间有待开发

农业企业数量众多,但实力雄厚的农业产业化龙头企业较少,也呈现出企业间发展的不平衡。农业企业往往从各自利益出发,各自为战,在生产性资源、市场性资源等方面的共享性较差,没有形成有效的合作体系,这就限制了自身的发展。同时,农业企业的规模有限,相互间的竞争力有限,无法形成重组兼并的浪潮,这对农业产业化和都市农业发展整体水平的提高非常不利。

三、发展特点

十八大报告指出城乡发展一体化是解决"三农"问题的根本途径,强调要促进工业化、信息化、城镇化、农业现代化同步发展。大力支持促进农业产业化发展,推进培育新型农业经营主体、示范推进发展现代农业、服务引领农民参与现代化进程、促进构建新型工农城乡关系。龙头企业是农业产业化的关键,龙头企业的发展和壮大可带动农户和生产基地能力不断增强,促进农村劳动力转移和农民增收,促进优势产业聚集和升级,对促进区域经济繁荣,加快农业产业化进程具有重要意义。站在全面建成小康社会新高度,从加快发展现代农业、推进"四化同步"和城乡发展一体化新形势新任务出发,科学认识农业企业新的时代使命、新的发展要求。其发展趋势如下:

（一）发展方式集约化

农业企业在发展过程中,加快转变发展方式,由自然资源依赖为主,逐步向其它资源(组织资源、品牌资源、文化资源、市场资源等)依赖为主,使龙头企业提高自然资源利益率效益,形成具有自身特色的核心竞争力。充分发挥辐射带动作用,促进农业稳定发展农民持续增收。在发挥劳动密集型产业优势,带动农民就业的基础上,加大科研投入,注重引进、消化、吸收国外先进技术、工艺、设备;加强与科研单位、高等院校、技术推广部门等合作,开展联合攻关;大力培养企业中高层经营管理人员和技术工人,提高企业管理水平。积极收购农民生产的农产品,促进产销衔接,积极研究消费需求的新趋势、新要求、新变化,改造老产品,推出新产品;稳定既有市场,积极开拓国内外新兴市场,促进农产品出口;实施品牌战略,把品牌经营理念融入生产、加工、流通各环节。推进标准化管理,提升产品质量水平。要积极参与园艺产品畜禽水产品高产创建活动,在原料基地建设中加强对农药、肥料、兽药、饲料等农业投入品的质量管理,实现生产清洁化;加强对加工环节的质量控制,建立产品质量认证制度,开展相关认证;标准化管理要延伸到流通领域,通过定量包装、标识标志、商品条码等手段,建立"从餐桌到田头"的质量可追溯机制。大力发展循环农业生态农业,重点发展低消耗、低排放、高效率的产品和项目,开发推广节约、替代和治理污染的先进适用技术,主动淘汰落后产能;积极发展循环经济产业链,推广运用节地、节水、节肥、节种、节药、节能等技术,加大农产品初加工后的副产品及其废弃物的开发利用;加强内部管理,建立节能减排责任制,把节约资源、节约能源列入企业发展和管理的重要内容。

（二）经营内容多样化

随着农业多功能性的不断开发,农业企业由农业制造业向服务业扩展,通过发展壮大服务业拉动制造业持续、快速发展,使龙头企业更好地把握市场需求,增强产品适应性,提高产品加工增值率和利润率。随着农业发展形态的变化和农业市场化程度加深,农业生产经营方式发生了深刻变化,农业生产领域加快向产前、产后延伸,规模经营比例明显上升,种养大户、专业农户明显增多,畜牧水产养殖业规模化水平已达到50%以上。过去适应小规模分散经营、传统种养为主的农业经营体系,已经越来越难以

适应生产力发展新的要求。随着农业生产环节的不断分化,分工分业已是大势所趋,对农业生产性服务和经营性服务的需求越来越大。实践证明,越是规模经营,越需要社会化服务;越是市场化程度提高,越需要社会化服务。长期以来,分散农户一直满足于自给自足式的小农经济模式,既没有接受社会化服务的习惯,也不能承受社会化服务的成本,所以经营性服务组织发展严重滞后,服务能力难以满足生产经营需求。这就迫切要求建立与新时期农业生产经营方式相适应的新型农业经营体系。

（三）组织方式完善化

龙头企业带动广大农户参与农业产业化经营的模式由初级松散型的"公司+农户",不断向紧密型的"公司+专业合作社或协会+农户"组织模式转变,龙头企业与农户的利益关系更加紧密,农民的组织化程度提高。发展农业产业化,以企业为龙头,以专业合作社为龙身,以广大农户为龙尾,是培育和带动新型经营主体的有效形式。农业产业化龙头企业,将农户生产作为"第一车间",通过建设规模化、集约化、标准化生产基地,辐射带动农民专业合作社、专业大户、家庭农场发展生产、进入市场,可以增强农民的生产技能、管理知识、市场意识和法制观念,培育造就一大批新型经营主体、一大批新型职业农民,为解决今后"谁来种地"难题作出实际贡献。通过发展农业产业化,可以提高生产经营技术水平、优化产业结构,促进增加农业产出、提高劳动效率、降低生产成本;可以将农业产业链条向上游延伸、向下游拓展,促进产加销、贸工农各环节有机结合起来,拓展农业的增值空间;可以通过把农民在各产业链条上组织起来,扩大就业,分享经营收益。

（四）经营区域扩大化

龙头企业从事的基地建设、原料生产、加工销售等经营活动已开始从本地区域经营不断向跨区域经营乃至全国性区域经营转变,使龙头企业降低生产成本,实现规模效应和区域优势互补。发展农业产业化,可以将工业和城市的先进生产要素、经营理念、管理方式引入农业,与农村的土地、劳动力、原料等资源有效结合、优势互补,促进农产品加工、储藏、运销等行业的兴起,从而有效突破工农脱节、城乡分割的体制机制障碍,搭建一个工农城乡之间资源要素平等交换的有效平台,打通资源要素导入农业农村的通道,促进资源要素在工农城乡之间良性互动,让广大农民平等参与现代化进程、共同分享现代化成果。实践证明,农业产业化龙头企业是工业与农业、城市与农村、农民与市场之间的纽带和桥梁,把资金、技术、人才带入农业农村,把农产品、农民带入市场带入城市。可以说,以企业经济为核心的农业产业化是促进以工补农、以城带乡的有效途径,是促进区域交流、互动、融合的重要载体,是缩小工农差距的推动力量。

第三节　企业经济发展的战略选择和政策建议

一、战略选择

（一）技术创新驱动战略

企业壮大是企业经济发展的核心。科学技术时第一生产力,技术创新是形成企业核心竞争力中最为关键的因素。农业企业的技术创新要以现代科学技术为基础,选择最能提高产品市场竞争力的技术,将产品创新和工艺创新有机结合起来,将技术创新与技术引进相结合,积极引进国内外农产品加工新技术、新设备、新工艺,不断提高产品质量和科技含量,增加产品附加值。准确定位,加速产品品种和结构的更新换代,增强企业的市场竞争力。有实力的企业要积极组建专门的研发机构,中小企业要拓宽技术合作领域,与高等院校合作,实施产学研一体化,加快科技成果在农产品生产、加工、贮藏、保鲜、运输等环节的应用与转化。

（二）合作联盟推动战略

农业企业必须从对立竞争转向合作竞争,谋求共同的经济利益和寻求优势互补,实现既合作又竞争。通过建立企业间的战略联盟或联合体,在发挥自身优势的同时,必须在技术创新、产品研发、营销渠道、产品质量控制标准体系、市场开拓等方面以及解决融资、上市等问题上与其他企业深度对接和合作;同时可以与国内大的销售网络、农业行业协会、科研单位形成战略联盟。采取有效的联盟战略,打造"双赢"或"多赢"的局面。同时,政府在支持农业企业发展上,要通过优胜劣汰、联合重组、资本运营等方式,以国际市场为导向,走集团化经营的道路,着力扩大单个企业的经营规模,加快形成强有力的大型农业企业和跨国公司,提高企业经济效益和国际竞争力。

（三）信息化支撑战略

面对全球性的信息化浪潮和欧美国家农业信息技术已进入产业化发展阶段的事实,面对跨国公司的进入农业的挑战,企业必须找好抓手,推进信息化建设。以新发地农产品批发市场作为一个良好的开端和平台,实施以管理系统为应用突破口、以信息资源为应用重点、外包服务为技术支持的策略,从最需要信息化的环节和业务侧重点入手,开发和利用信息技术和信息资源,规范企业管理,实现科学决策,提高企业对市场的反应能力,提升企业内部经营绩效。不断研发和利用信息技术与资源,提高企业的市场应对能力和企业绩效。

（四）标准品牌提升战略

为适应经济全球化趋势不断增强和我国已经加入世贸组织的新形势,农业企业必须树立全球营销、绿色营销、品牌营销的观念;通过技术创新,依靠精细投入、精细定位、精细管理和精品销售网络链,提升产品标准,积极培育富有地域特色和差异性的优质农产品品牌,开发具有竞争力的名牌产品,打造一批品牌企业集群,推动都市农业的标准化、品牌化发展。

（五）可持续发展战略

企业发展必须坚持生态、经济、社会协调可持续发展的理念,着力打造绿色生产、绿色营销、绿色农产品、绿色文化于一体的生态经营模式,把环保思想贯穿于企业整个经营活动之中,推动农业企业可持续发展。以政府财政支持政策为手段,激励和支持生态型企业,惩罚技术落后型企业,同时建立完善的企业科技投资风险机制;大力发展绿色型企业经济、集约型企业经济、循环型企业经济。

二、政策建议

（一）加强政策扶持

在技术改造、设备更新、基地建设等方面给予政策扶持。将农业综合开发、现代农业产业体系建设、农业科技成果转化、粮油项目贴息、扶贫专项、中小企业发展专项等现有项目资金,向龙头企业倾斜,支持龙头企业发展。进一步完善龙头企业税收优惠政策,扩大享受农产品初加工所得税优惠政策的范围,对从事饲料和食品生产加工的龙头企业免征企业所得税,减轻企业的负担。出台相应奖励政策,对农业企业获得无公害、绿色、有机食品质量认证的,给予奖励。要加强对优惠政策成果的落实,及时监督、回访,不能让政策成为一纸空文。采取财政、税收、金融等综合措施,支持龙头企业按照高产、优质、高效、生态、安全的要求,自建原料基地。有关支持农业生产的项目,优先安排龙头企业原料基地实施。支持鼓励龙头企业承担小型农田水利建设、高标准农田建设、中低产田改造等农业项目,切实改善基地生产条件。

（二）强化科技支撑

加大对农业企业的科技投入力度,择优选择一批辐射带动能力强、带动农民增收效果明显的龙头企业给予重点扶持,提升企业自主创新能力,推进农产品深度加工开发和综合利用,延伸产业链,逐步实现农产品向精、深加工发展,不断提高农产品附加值,全面增强企业自身发展水平和竞争能力。在政策、技术、人才和投入等方面提高龙头企业的自主研发能力与核心竞争力,制定相关政策引导和扶持高等院校、科研院所的科技资源、人才资源和智力资源与龙头企业对接,推进科技成果转化。

大力培育农业高新技术企业,重点支持农业装备与设施、农业生物制剂、现代储运与物流、农业信息、农产品加工及农产品电子商务等产业的发展。鼓励农业产业化龙头企业承担种源农业的创新和推广项目。支持农业产业化龙头企业建立市场化、产业化育种模式,开展品种研发,提高育种水平。

（三）创新金融保险服务方式

进一步完善涉农贷款、保险、投资、担保、信用等农村金融服务体系。在目前国家收缩银根、部分企业资金困难的情况下,建议给予龙头企业优惠利率,增加中长期贷款新品种,提供灵活多样、能满足农业行业特点和龙头企业实际的贷款品种和服务。扩大龙头企业有效担保物范围,推广存货质押、应收账款质押、仓单质押、动产浮动质押等多种抵押质押方式,解决龙头企业贷款担保抵押物不足的问题。建议在财政支持下设立国家农业产业化担保公司,为龙头企业提供担保服务。鼓励符合条件的企业上市融资和发行债券,支持有条件的公司设立小额贷款公司,专门针对订单农户提供专项小额贷款。扩大农业保险范围,建议将政策性保险覆盖龙头企业;支持企业建立风险救助机制,并把对龙头企业的风险救助纳入政策性保险的范围。

（四）积极培育农产品市场和品牌

对优势产业、特色产业进行整合打造龙头企业知名品牌,建立长期、稳定、畅通的市场体系,对于推进农业产业化极为重要。同时,要加快品牌整合,加强品牌宣传,提升知名度,帮助企业改进包装,提高生产水平。农业龙头企业要切实增强品牌意识,积极争创驰名商标、名牌产品、原产地地理标志,加大品牌宣传推介力度,扩大品牌影响力和企业知名度,增加市场适销对路的优质农产品供应量。

（五）完善利益联结机制

支持龙头企业向农户提供全程系列化服务,建立风险基金,实行保护价收购、利润返还等,与农户建立紧密型利益联结机制。积极探索用土地使用权、产品、技术和资金等生产要素入股,稳步推进股份制、股份合作制,使农民既是企业的工人又是企业的股东,既能获得工资收入又能参与股份分红。进一步完善市场规则,强化产品质量安全监管,大力推进产品质量可追溯制度建设,用制度和市场"倒逼"企业与农户建立紧密型关系。

（六）降低企业行政性收费标准

对龙头企业在养殖小区、设施农业等方面的用地需求给予优先安排,对农产品初加工和农产品交易市场用地按农业用地收费。对龙头企业用电、用水给予一定程度的优惠,建议对农产品初加工用电统一按农业用电收费。全面清理不合理的收费项目,切实减轻企业负担,对产品质量认证、检验检测等方面的费用给予适当减免。全面落实鲜活农产品"绿色通道"政策,适当扩大"绿色通道"政策适用范围;支持龙头企业产品进入超市,适当降低农产品市场和超市的收费标准。

第四节　农业企业经济的实践

一、产业化经营

产业化经营的典型案例是北京顺鑫农业股份有限公司。北京顺鑫农业股份有限公司(顺鑫农业)是一家集良种繁育、种养殖、农产品加工和销售、肥料开发与销售、农业技术开发、技术服务等为一体的多元化大型企业,下设六家分公司、十八家控股子公司;是首批农业产业化国家重点龙头企业、北京市第一家农业类上市公司,先后获得"中国制造业企业500强"、"北京最具影响力企业"、"北京企业100强"、"北京奥运会、残奥会先进集体"等荣誉称号。公司始终围绕大农业概念,深耕农产品加工和新农村建设两个领域,坚持资本经营与生产经营协调发展,在中国现代农业产业化道路上积极探索、追求共赢。

顺鑫农业以产业化经营为核心,借助融资优势,整合优质资产,不断加大对农业产业的投入力度,打造融生产、加工、物流、销售为一体的大农业产业链,形成了以大型龙头企业带动千万农户进入市场的产业体系框架,走出了农业产业化经营的成功之路。

（一）以产业化为核心,打造产业链

围绕构建完善的产业链条,顺鑫农业通过做大做强主导产业,发展辅助产业,以农产品加工为载体,农产品物流配送为平台,打造集生产、加工、物流、销售为一体的农产品加工物流配送产业链,形成业务多元化、管理专业化的现代农业企业。一是做大种猪繁育、肉食品加工产业;二是做强白酒产业;三是完善农副产品生鲜加工及绿色物流产业;四是发展房地产开发、水利施工及建筑施工等辅助产业;五是积极培育农业旅游观光等业务,实现多渠道和谐发展。公司拥有"牛栏山"、"鹏程"、"牵手"三个中国驰名商标,"顺鑫农业"、"华灯"、"牵手"、"牛栏山"、"鹏程"、"宁城"等5个北京市著名商标。产品不仅畅销于国内,还远销俄罗斯、日本、加拿大、美国、韩国、马来西亚、新加坡、蒙古、香港、台湾等国家和地区,倍受海内外消费者的青睐。四条产业链发展稳定,为顺鑫农业的整体发展提供了强有力的保障。

（二）以科技为支撑,提升企业实力

公司注重对涉农科技的投入,增强农业企业发展的活力。在农业产业化经营链条中,科技投入直接影响着农业产业化经营的规格和水平,影响着农业企业整体效益的增长。顺鑫农业高度重视对农业科技的投入与运用,大力引进创新优质高产技术、精加工和深加工技术、保鲜贮运技术和降耗增效技术,实现了由传统种植养殖业向现代种植养殖业、传统农产品加工业向现代加工业的转变。比如:运用科技手段改良种猪品种,提高了生猪瘦肉率,确保了肉制品产品品质。建成国内技术最先进的生鲜加工中心,拥有10万级空气清净度无菌加工车间。实现肉类加工数字化控制,可加工产品品类150多种,填补了国内精准生鲜农产品市场领域的品类空白。建成国内技术水平一流的白酒质量检测中心,被认定为国家级企业实验室,实验室出具的检测结果可得到50多个国际实验室认可合作组织的相互承认。

(三)强化"公司+基地+农户"组织模式,提高带动能力

顺鑫农业在引导组织基地生产、规模经营、加工增值、开拓市场以及提高农业效益、促进农民增收等方面发挥着良好的辐射带动作用,有力地推动了区域经济的发展。

一是促进区域传统农业的稳定发展。顺鑫农业生猪养殖和果蔬种植基地实行种养、管护、收购统一管理,带动当地农户实现了生猪养殖和果蔬种植的专业化生产。同时,以顺鑫农业为代表的农产品加工企业,注重消纳本地农产品,企业需要的原材料中,肉鸭75%、生猪36%、肉鸡18%、牛奶25%、饲料原料31%、小麦30%为本地农产品,促进了当地传统农业的稳定发展。

二是推动农村合作组织的发展。顺鑫农业按照"公司+经济合作组织(中介组织)+基地"的运作模式,依托中介组织的桥梁纽带作用,推动农业生产由单家独户生产向有组织的联合与合作生产转变,提高了农民的组织化程度。在顺鑫农业的带动下,顺义区先后成立了种猪协会、瓜菜协会、苗木产业协会等多种合作组织。

三是推动区域农产品质量安全体系建设。顺鑫农业通过制定产品生产全过程质量监管标准,积极开展农产品质量安全认证,加强标准化生产基地建设,建立完善全程食品安全溯源体系,促进了地方农业标准化和农产品质量安全体系建设。公司拥有顺科蝴蝶兰和小店畜禽良种场两家"国家级农业标准化示范基地",冷鲜肉占北京市场40%以上的份额,在保证首都市场安全食品供应方面发挥了积极作用。

四是带动当地农民增收致富。通过建立科学的农企利益联结机制,顺鑫农业以全国各地上百家种植养殖基地为依托,带动外地农户61550户,带动北京农户10500户,促进北京农户年增收1400元。石门市场为3300多当地农民和5900多外埠农民解决了就业问题。顺鑫农业产业链条中的上下游环节及关联餐饮等行业,直接和间接带动顺义城乡劳动力就业10900人。

二、生态化经营

生态化经营的典型案例是北京德青源农业科技股份有限公司。北京德青源农业科技股份有限公司(以下简称"德青源")是由北京德青源科技有限公司、全球环保基金GEF、今日资本投资(香港)有限公司CAPITAL TODAY、哲思农业有限公司IAL、上海益倍管理咨询有限公司、世界银行IFC和6位自然人共同投资组成的外商投资企业。德青源秉承"以德为先,质量为本,生态农业,品质生活"的经营理念,开创可持续发展的生态农业模式,引领农业产业化,为消费者提供高品质的绿色食品。通过沼气发电、污水处理、太阳能利用等生态科技,实现了资源的最大化应用和保护,促进了人与自然的和谐统一。

北京德青源公司立足自主创新,运用沼气脱硫、脱水、脱二氧化碳等处理及纯化技术,实现了废弃物循环利用、粪污"零排放"和生物燃气清洁能源发电,建立了集绿色种植—生态养殖—蛋品加工—生物质能源—沼气发电为一体的"未来农场"模式,形成了以生物质能源开发利用为基础的可持续发展循环经济模式,取得巨大的生态效益。在为北京郊区1万户农民提供生活用沼气的同时,每年向社会提供

1400 万度的绿色电力,年实现二氧化碳减排 8.4 万吨,并为畜禽粪便及其它农业废弃物制取沼气及综合利用项目提供了全方位的解决方案。德青源公司沼气发电厂通过严格的国际评审,是中国节能减排、发展低碳经济的重要代表,成为全球低碳经济典范,并在 2012 年成功将自主研发的生物质能资源化利用技术输出到美国。

（一）以产品品质为核心,建立生态化生产线

德青源公司于 2000 年 8 月在北京市延庆县投资建立了中国最现代化的蛋鸡场——"德青源健康养殖生态园"（以下简称生态园）。养殖区采用叠层笼养工艺,配合先进的全自动喂料、饮水、通风、调温、集蛋、清粪、鸡蛋分级包装等与国际先进水平同步的设备,实现了整个生产过程的全自动化。目前,德青源日产鸡蛋 150 万枚,年产德青源鸡蛋 5 亿枚,满足北京市场 25% 的鸡蛋供应,在全市的品牌鸡蛋市场占有率高达 71%。同时每年还可提供肉鸡 200 万只。生态园内还建有液蛋加工厂、壳蛋加工厂,年生产液蛋、蛋粉 1 万吨,在出售鲜蛋的同时,还为食品加工企业提供原料。

（二）围绕处理粪污、重点保护生态环境

主要是以湿法沼气发酵为基础,充分利用发酵产物和发酵剩余物生产清洁能源,最终形成"粮—鸡—粪—气—电—肥—粮"的循环模式。为处理近 300 万只蛋鸡每年产生的近 8 万吨鸡粪和冲洗鸡粪、清洗鸡蛋的近 20 万吨污水,德青源投资建设了 4 座 3000 立方米沼气发酵罐,1 座 5000 立方米二级发酵-沼液储存罐,2150 立方米干式储气柜。通过这些设备,不但鸡粪、污水不用外排,每年可产生沼气 700 多万立方米。还可以利用沼渣生产固态有机复合肥 6600 多吨,沼液 7 万多吨,满足 5 万亩的土地生产用肥。由于循环中有了动物、植物和微生物的参与,形成了一个小生态圈,生产、加工等过程中产生的所有废弃物都得到良好的重新利用,有机废弃物和污水都实现了零排放。

（三）利用沼气发电,生产清洁能源

为更好地利用沼气,德青源又添置了科技含量高的 2 台沼气发电机组,建设了再生能源区。每年用处理粪污发酵产生的 700 多万立方米沼气发电,年发电量达到 1400 万度以上。同时,回收发电尾气余热,每年可回收相当于 4500 吨标煤的热量。二级发酵系统每天回收发电剩余尾气 2000 立方米,为当地 500 户新村居民提供生活用燃料。据统计,每年供气量达 73 万立方米,替代了农民过去所依赖的木柴和煤炭,保护了自然资源,减少了对环境的污染,降低了二氧化碳气体的排放。

三、多功能经营

多功能经营的典型案例是北京张裕爱斐堡国际酒庄。张裕爱斐堡国际酒庄依托密云生态环境和区位优势,承载张裕百年历史文化,首度将酿酒、旅游、休闲以及葡萄酒知识培训功能融为一体,在全球首创了酒庄"四位一体"的新经营模式:即在原有葡萄种植及葡萄酒酿造基础上,还配备了葡萄酒主题旅游、专业品鉴培训、休闲度假三大创新功能,开启了世界酒庄新时代。

张裕爱斐堡国际酒庄是由烟台张裕葡萄酿酒股份有限公司投资兴建的国际化欧式风格酒庄,位于密云县巨各庄镇内,项目总投资 5 亿元,2007 年 6 月全力打造完成,依托得天独厚的地理优势,酒庄依山而建景色宜人,是一个集都市型农业、环保型工业、旅游度假、会议培训等于一体的综合性高端创意项目。酒庄占地 800 余亩,建筑面积 35000 平方米,城堡呈欧式建筑风格,共有酒庄主楼及地下酒窖、接待楼、服务楼和欧洲风情小镇五个主体建筑群落,酒庄设计以烟台张裕卡斯特酒庄的成功模式为模版,以

"葡萄酒文化"为主题,针对高端市场,原生态地再现了欧洲葡萄酒文化,借助博物馆文化载体形式,记载了百年张裕品牌文化的历史轨迹,通过葡萄酒酿制工艺展示推动了葡萄酒文化的大众传播。酒庄建成促进了区域经济发展、壮大了地方主导产业、推进了农业深加工产业结构调整,实现了农业、工业、旅游业的联动发展。

(一)依托区域优势,选准产业定位

密云县定位于北京市重要的生态涵养发展区,肩负保护首都水源使命,产业发展坚持走绿色高端高效之路,酒庄建设符合国家产业政策和行业发展规划,适应密云以环境友好型工业为主要支撑,以休闲旅游产业为战略支柱,以都市型现代农业为重要基础的经济发展体系,在建设过程中坚持秉承"三生"的建设理念,即"生产"、"生活"、"生态"。"生产"即在进行全系列工业生产中,同时进行农业生产活动,将农业生产和工业生产有机地融合一体;"生活"就是运用"情景体验"的开发模式及"主题景观"的创新设计模式,使消费者在了解葡萄酒酿制工艺时,走进浪漫古朴的酒庄生活方式,在放松中了解葡萄酒文化,提升生活品质;"生态"即酒庄在规划时充分考虑项目投入对周边生态环境的影响,提出了循环经济的创建模式,将产生的废水、废渣等工业废弃物实现零排放。

(二)以都市型农业为基础,带动农业增效和农民增收

酒庄内建有鲜食葡萄园150亩,酿酒葡萄园350亩,并在周边已经形成2000亩的葡萄产业种植基地。为了提高葡萄品质,提高工作效率,统一标准化生产技术,进行机械化生产,采用多种模式和农户进行合作,对于种植葡萄的农民,酒庄免费为葡萄种植户提供种苗和技术支持,指导果农进行科学种植。对于签订收购合同的果农,优先收购并为果农提供保护价收购,保障农民生产收益。同时引进国际最先进的设备和技术,酿造高端葡萄酒产品。周边的农民,经过酒庄高级技术人员的专业培训,进入葡萄酒罐装车间和封装车间,成为熟练地产业工人。目前已解决农村剩余劳动力500多人,农民收入直接增加1000余元。

(三)以葡萄酒文化创意为主题,深度开发高端休闲旅游产业

酒庄运用"情景体验"的开发模式及"主题景观"创新设计模式等,使消费者可以自由体验葡萄的种植、采摘,葡萄酒的酿造过程,建立对葡萄酒酿制工艺及葡萄酒品鉴优劣的认识,推动葡萄酒文化的大众传播。同时在轻松愉悦的状态下,原生态地再现了欧洲葡萄酒文化,让消费者走进浪漫古朴的酒庄式生活,释放都市生存压力,在轻松生活中了解葡萄酒文化,提升生活品质。同时借助博物馆文化载体的形式,让消费者在葡萄酒文化的主题体验中,近距离地了解百年张裕品牌文化的发展轨迹和历史沿革,启迪世人张裕公司的创办开启了中国工业化生产葡萄酒的新纪元,结束了中国千百年来手工酿制葡萄酒的历史,并以图片的形式再现了中国成立以来国家领导人和国际友人关怀视察张裕的历史瞬间。

(四)创建循环经济模式,促进经济、环境和社会效益协调发展

一是工业废水回收利用。酒庄工业废水主要是葡萄酒酿制工艺中洗刷不锈钢罐、清洗设备仪器、冲洗地面产生的废水以及生活废水。这些废水经过公司投资200多万元修建的污水处理站处理,水质达到北京市污水排放标准要求,最终全部用于浇灌山林和葡萄园,实现工业废水零排放。二是生产废渣排放回收。酒庄产生的工业废渣主要是葡萄籽和葡萄皮。葡萄籽可再应用于提取葡萄精油,而葡萄皮中的酚类物质被广泛用于生产高档的化妆品。因此,葡萄酒生产中的废渣全部回收应用于化工原料。三是美化周边生态环境。企业主动承担社会责任,在不影响周边环境的同时积极改善周边生态环境。酒

庄累计投资 2000 多万元用于人工植被、植树造林、美化环境,共绿化荒山 300 余亩,栽植近百种树木,共计 2 万多棵,建立了人与自然相和谐的生态关系,提升改善了周边生态环境。

四、创意型经营

创意型经营的典型案例是北京金福艺农农业科技集团有限公司(以下简称"金福艺农")。金福艺农是以经营有机果蔬生产为基础,集高效设施种植、农业休闲观光、采摘垂钓、综合配套、科技示范、农技科普教育产业于一体的都市型生态农业企业。针对京郊土地资源和水资源匮乏的实际,2008 年"金福艺农"创建了全国首家数字化精准农业示范基地,充分利用北京作为首都具有独特的技术优势,发展数字虚拟观光农业系统。在"融艺术于农业,享健康快乐生活"的理念下,融合"军事农业、研发农业、艺术农业、休闲农业"等多种创意形态,成为集数字化、精准化、创意化为一体的"艺术农业"。

(一)信息化引领,转变农业生产方式

一是与科研院校合作,推广种植信息化。金福艺农与中国农业大学、国家蔬菜研究中心、中科院等多家农业技术科研单位合作,引进新品种,引进了数字化精准农业技术,组建自己的科技人才队伍;根据蔬菜基地生产实际需要,集成臭氧消毒系统、精准变量水费一体化营养调控施肥系统、配有精量雾化喷头的背负式喷药机、作物环境声助长系统等多种数字农业新技术的农业数字化系统。

二是推行管理信息化,实现全程质量控制。应用温室环境信息采集展示系统、园区安全生产监控系统和农业生产管理决策系统,使管理人员足不出户就能对每个温室内部的空气温度、湿度、露点、光照强度和土壤温度等参数实现实时监测及调控,及时了解工人工作的各个细节,有效控制安全生产,为后期物流环节提供安全保证;引入条形码建立农产品质量安全追溯系统,消费者可以通过手机短信、互联网、电话查询等方式查询出该产品的各项信息,真正实现了对农产品"从农田到餐桌"的全程质量控制。还能保存、传播各类农业信息和农业知识,分析获得的大量数据,建立标准数据库通用框架,参与决策推理,极大地提高了生产效率。

(二)科技与艺术相结合,发展艺术农业

一是专一做出"番茄联合国"。金福艺农从国内外引进 20 多个品种番茄,种植研发出高达 120 多品种的番茄,依托品种多、品质高的番茄生产,进行了番茄文化的创意开发,打造了从观光品尝、采摘购买、番茄餐厅烹饪体验的全产业链。以消费者对饮食的过程和感官重视为入手,打造了一个番茄为主题的番茄餐厅。在番茄为主题的餐厅里,游客不仅可以品尝到各种番茄美食,还可以体验到运用番茄元素进行创意设计的番茄餐具,并且餐厅提供餐具出售服务。定期举办"番茄文化节",并创办"小番茄、微摄影","番茄王国、我是国王"科普知识互动讲堂,"番茄昵称大征集"等活动,品尝特制的番茄宴。同时,基于采摘园、观光园建设雷同、竞争激烈的郊区农业发展现状,金福艺农突出农业的艺术性,开辟专门区域引入"清华大学美术学院纤维艺术研究所"、百年巨匠创意研究中心,"从洛桑到北京'国际纤维艺术双年展'",打造北京当代纤维艺术博物馆,实现科技农业与高端艺术的直接挂钩。

二是拓展信息化功能,发展体验型科技农业。将三维仿真技术、多媒体技术和人工智能等现代高科技成果与农业知识结合,以数字娱乐形式来开发融教育性与娱乐性于一体的农业数字科普馆软件系统。很多青少年在系统中虚拟农民,亲自播种、浇水、施肥、防虫、管理、收获,感受劳作辛苦的同时享受到了收获的喜悦。

（三）多元化拓展，社会效益显著

金福艺农立足市场高起点规划，确定都市型农业休闲旅游发展方向，坚持多元化经营、特色化发展，推动园区向景区发展，真正实现农业与城市、农民与市民的有机融合。

一是服务市民，向品味化拓展。在通州园区建成大型花卉生产基地、军事农业的主题园、金福渔汇等休闲场所，拓展园区产业链；采用国际最先进的种植技术和模式，建成植物工厂，生产出安全、优质的绿色食品；让都市人远离都市喧嚣，回归自然本色，领略农业、科技、文化、艺术、休闲、娱乐、健身、生活等多种人生品位。

二是带动农户，做成企业品牌。企业以"五彩番茄"、"西甜瓜"、"水果黄瓜"、"彩色甜椒"等为主打产品，年产优质有机蔬菜近 1500 万斤，并已经形成品牌效应。2013 年，通州园区已由原来的 86 亩扩展到现在的 7000 亩，就业人数已达 700 多人，通过提供土地租金、园区工作岗位等形式，大大提高了周边地区农民的收入。年接收游客三到四万人，五一黄金周达到 5000 多人次，年营业收入达 5500 万元。

第三十章　北京沟域经济

　　沟域经济,是指以山区沟域为地理空间,以范围内的自然景观、人文景观、历史文化传统和产业资源为基础,通过对沟域内部的环境资源、景观、产业等元素的统一整合,集成旅游观光、生态涵养、历史文化、高新技术、文化创意、科普教育等内容,建成形式多样、产业融合、规模适度、特色鲜明的沟域产业经济带,以达到促进山区经济发展和农民致富的一种经济形态。近几年来,为实现山区社会经济快速发展,北京市推出沟域经济发展模式,并在多个区县试点进行了成功探索和实践。沟域经济走出了一条生态治理与经济发展、农民增收相互促进的新道路,将是山区经济发展的新阶段,北京山区综合改革可以得到新的突破。

第一节　沟域经济概念、内涵与特征

　　沟域经济是北京市在农业区域经济、流域经济基础上结合北京山区农业发展基础与特点提出的崭新概念。沟域经济在产业形态、社会功能、市场定位、时空发展等方面都具有鲜明的特征。对沟域经济发展特征进行深入分析,有利于准确把握我国山区农业发展的客观规律,对于推动都市型现代农业中山区经济的发展具有十分重要的指导意义。

一、概念

　　所谓沟域经济,是指以山区沟域为地理空间,以范围内的自然景观、人文景观、历史文化传统和产业资源为基础,通过对沟域内部的环境资源、景观、产业等元素的统一整合,集成旅游观光、生态涵养、历史文化、高新技术、文化创意、科普教育等内容,建成形式多样、产业融合、规模适度、特色鲜明的沟域产业经济带,以达到促进山区经济发展和农民致富的一种经济形态。沟域经济属于区域经济范畴,有一个特定的地理空间,具有地域特色,这种地域特色与其地理位置、历史人文、特定资源相关联。

二、内涵

(一)生态性

　　生态涵养和生态利用是沟域经济的基本前提,沟域经济强调可持续循环化发展的重要性。从社会发展的角度看,和谐社会的提出体现了人类对生态文明的追求。无论是"生态文明"还是"和谐社会",其根本前提和着力点都在于化解人与自然、人与社会、人与人之间的矛盾,从而实现人类社会的可持续发展。因此,要构建社会主义和谐社会,就必须树立生态文明观,注重生态环境建设,注重保持生态平衡。北京市的生态涵养发展区是由各区县沟域组成的,生态涵养区的功能定位,是由一条条沟域具体实现的。不同的沟域,地理位置不一样,自然条件不一样,生态水平不一样,有的需要以生态修复为主,有的需要以生态涵养为主,有的则以生态开发为主。沟域的一切生活、生产、具体的活动方式、生产产品、活动结果都要符合生态性要求。生态涵养发展区的各个沟域应强化生态标准意识,强调生态涵养发展区各个沟域的一切活动,都要服从服务于生态涵养发展区功能定位,以"整体、协调、循环、再生"为基本原则。

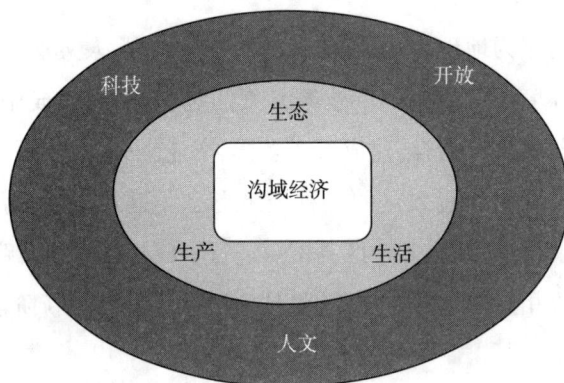

图30-1　沟域经济的内涵要素

（二）生活性

沟域经济发展离不开生活性。山区生活功能开发是指围绕山区为消费者提供生活所需的精神消费品这一功能,通过农业与三产对接,形成产业互动,所进行的产业功能开发活动。目前,与市民旅游观光相结合建立起来的,集农业生产、旅游、观光和休闲为一体的沟域观光产业链,已成为彰显沟域经济生活功能的重要载体。沟域观光产业链依托市场优势,进一步拓展山区产业发展空间,不断满足市民多样化、个性化消费需求,增进了城乡融合,实现城乡互动,使郊区农业向第二、第三产业领域延伸,进一步提高了山区经济效益。同时,农民生活方式发生重大改变,生活观念更趋于城市化,市民与农民的生活更丰富多彩。

（三）生产性

沟域经济可发挥农业生产性功能。生产性功能是农业的最基本功能,是保障性功能。农业生产性功能着力改善农业生产条件,紧紧依靠科技进步,提升农业综合生产能力,不断向社会增加优质、安全和多样性的农产品供应,以适应人民生活水平提高的需要。立足于首都生态涵养发展区的功能定位,北京沟域经济把产业发展放在首位,以沟、谷、川和公路沿线为依托,通过发展山区沟域经济,促进沟域内旅游业、设施农业、特色农产品种植业、农产品加工业的发展,从而发挥为城市居民提供绿色农产品、生鲜农产品的生产性功能。

（四）科技性

沟域经济的重要内涵是以科技为支撑。在北京山区沟域经济的发展过程中,北京市科委凝聚首都优势科技资源,围绕山区生态环境建设、山区主导产业发展,实施了一系列重大项目,通过加快自主创新,开展生态科技示范,推进了山区生态修复、森林健康经营、水源地生态环境建设,科技支撑沟域经济发展。以北京市怀柔区渤海镇的栗花沟为例,栗花沟生态科技示范走廊针对当地沟域产业发展、水资源与水环境保护、民俗旅游业的可持续发展、农村能源利用、循环农业和新农村建设等问题开展关键技术研发与示范,同时利用各种科技手段推动沟域综合生态治理。

（五）人文性

沟域经济发展以挖掘沟域文化内涵为依托,充分发展文化生产力。文化建设是灵魂,也是城市发展的重要动力。地域文化不仅是经济发展的宝贵资源,也是一个地区的文化形象,更是一个地区综合实力的重要体现,在经济发展中扮演着愈发重要的角色。文化生产力已成为区域综合实力的核心竞争力。作为历史文化名城,北京有着八百多年的建都史,北京的地域文化产生着深远的历史影响。北京地域文化包括都城文化、皇家文化、长城文化、漕运文化等。北京各山区在悠久的历史传统中,积淀了各种独特的乡风文明。沟域经济强调充分挖掘北京各个沟域带的文化内涵,如满清文化、古文化村落、商道文化、民俗文化等。

（六）开放性

沟域经济具有充分开放性。沟域经济不是封闭的,而是开放的。沟域经济虽然是在北京山区各村镇行政区域规划上形成的,但它不同于县级行政区划,随着市场经济的发展,沟域经济要突破区县级行政区划的约束,在更大的区域内进行资源配置,获取竞争优势。沟域经济的开放性还体现在产业多元化及开放性。沟域内的产业关联融合度高、界线相对模糊。一产与三产通过互动,实现经济价值与生态价值的升值。

三、特征

（一）沟域经济是山区经济发展的新阶段,实现北京山区综合改革的新突破

北京山区经济发展经历了不同的发展阶段。过去,北京山区经济发展水平相对落后,山区的产业发展水平也比较低,第一产业比平原地区粗放,第二产业的科学技术含量低于市区和平原地区,第三产业多数规模小,休闲旅游业季节影响明显。山区基础设施建设滞后,山区固定资产投资平均水平明显低于平原地区。同时,农民收入水平低,享受社会保障水平不高。山区与全市农民的收入差距较大。农民最低生活保障水平低于城市市民。

近几年,北京市委、市政府围绕统筹城乡经济社会发展,增加农民收入为中心,采取一系列措施,加快山区发展,山区经济实力不断增强,农民收入不断提高,各项社会事业蓬勃发展。2008 年前三季度,山区农林牧渔总产值达到 86.5 亿元,同比增长 14.3%,农民人均现金收入 7829 元,同比增长了 11.2%。但是,从总体来看,山区经济社会发展水平仍然比较低。近几年来,为实现山区社会经济快速发展,北京市推出沟域经济发展模式,并在多个区县试点进行了成功探索和实践。沟域经济可以说走出了一条生态治理与经济发展、农民增收相互促进的新道路,将是山区经济发展的新阶段,北京山区综合改革可以得到新的突破。

（二）沟域经济是一种区域经济发展新形态,实现北京山区经济发展方式的新突破

区域经济是按照自然地域、经济的内在联系、商品流向及社会发展需要而形成的经济联合体。目前中国发展有三大板块,珠三角、长三角以及环渤海地区。这三大经济区的发展速度均要远高于全国的平均经济增长速度。北京地处京津冀经济圈,京津两市是我国北方经济发展最活跃的区域,既是我国的政

治文化中心,同时也是北方的经济中心,交通运输发达,工业及科技实力突出,对外开放程度高,有着巨大的发展优势和潜力。同时,北京还地处环渤海经济圈。从经济总量看,环渤海经济圈经济增量稳步提升,在全国的比重增加。2006年环渤海五省市(北京、天津、河北、辽宁、山东)的地区生产总值达54775.4亿元,占全国国内生产总值26.16%。

(三)沟域经济是促进城乡一体化发展的新载体,实现北京产业结构的新突破

党的十七届三中全会指出,到2020年,我国农村改革发展基本目标任务是:农村经济体制更加健全,城乡经济社会发展一体化体制机制基本建立。沟域经济的发展将是促进城乡一体化发展的新载体。首先,沟域经济能推进城乡规划一体化。沟域经济强调规划先行,在此基础上,可加强城市规划与农村规划、总体规划与专业规划之间的衔接,以城乡一体规划打破城乡二元结构,促进平等和谐、良性互动的新型城乡关系形成。其次,沟域经济可推进城乡产业发展一体化。沟域经济的发展可推动农业向第二、三产业延伸,深化农业产业化经营,大力发展农产品加工业、生态旅游业和农产品物流业,不断拓展农业功能。沟域经济还强调开发本地山水人文资源,建立起旅游观光休闲产业等。第三,沟域经济有利于推动城乡基础设施建设一体化。北京各山区可充分利用沟域经济发展契机,积极进行基础设施建设,增加对农村道路、水利、能源、信息和垃圾处理设施等方面的建设投入,努力实现城乡共享。

(四)沟域经济是山区农民致富的新途径,实现北京山区农民增收的新突破

建设社会主义新农村要解决的根本问题是农民致富问题。抓住全面建设小康社会的重点和难点,关键是解决好农民增收致富问题。目前京郊山区经济发展缓慢,农民收入较低,其主要在于观念、基础条件落后、资金和资源约束。京郊农民致富奔小康的途径主要在于转变观念、加强基础设施建设、通过市场融通资金和人才,发展比较优势产业和产业化经营等。

发展沟域经济拓宽了农业增收渠道。在传统农业模式下,农民收入来源单一,主要依靠农产品收入和外出打工收入。沟域经济的发展带动了生态旅游、休闲度假、观光采摘、特色农产品种植加工业的发展,大大拓宽了农户收入渠道,既增加了农户收入,又分散了农户收入的风险。其次,沟域内特色农业的发展会带动农业龙头企业的发展。许多龙头企业采取"公司+基地+农户"的产业经营模式,使农副产品就地转化升值,从而给农户带来经济效益。

(五)沟域经济是体现地域特色的新视窗,实现北京山区特色发展的新突破

地域文化不仅是经济发展的宝贵资源,也是一个地区的文化形象,更是一个地区综合实力的重要体现,在经济发展中扮演着愈发重要的角色。北京各沟域都有自己的地域特色,如房山区的蒲洼沟域打造成了以休闲度假为主的特色生态旅游区;门头沟区妙峰山镇的玫瑰谷则从玫瑰产业上做文章,通过实施矿山生态修复工程、小流域综合治理工程、新农村建设和特色产业园区建设,打造为生态农业观光沟域;密云县古北口镇汤河沟域则依托司马台长城、司马城堡、黄花山等旅游资源,建设具有现代文化艺术内涵的香草艺术公园,打造了远近闻名的"紫海香堤"生态文化区。沟域经济充分挖掘北京各山区沟域的文化内涵,通过沟域发展既能体现不同区域特色,同时把产业做大做强,成为体现地域特色的新视窗。

四、功能

(一)沟域经济在山区发展中具有不可替代的主导作用

首都的山区是北京郊区的一部分,是北京新的战略发展空间;山区的农民是北京的市民,是推动山

区发展的动力,是拥有集体资产的市民;山区的农业是都市型现代农业,是第一、二、三产业相互融合的产业。沟域经济正是基于这种理念而发展起来的,改变了过去山区以扶贫、搬迁为主导的输血式发展思路,把生态建设摆在首位,实现生活与生产并重发展,集生态治理、新农村建设、种植养殖业、民俗旅游业、观光农业发展为一体的造血式发展新模式。近些年,怀柔、门头沟等区县积极探索,走出了一条以沟域为载体,对环境、景观、村庄、产业统一规划,集中打造,实现以点带面、多点成线、产业互动、区域发展的新路子,促进了农民增收,成为郊区吸引北京市民眼球的一道道亮丽风景线。其中起步较早、发展较好、知名度较高的沟域,如怀柔的雁栖不夜谷、夜渤海、栗花沟、水长城,密云的云蒙风情大道、汤河司马台,门头沟的妙峰山玫瑰谷、斋堂川的古村落、房山的十渡、东关上—三里庄沟域等,已经取得明显成效。实践表明,沟域经济是山区经济发展的一个现实而可行的正确选择。

(二)发展沟域经济有利于调整山区经济结构

发展沟域经济能够充分发挥地区优势,是区域因地制宜地调整山区产业结构的主攻方向。一个地区都有其特定的自然条件,形成了特有生物资源,再经过劳动者多年的选择培育,展现了它的独特产业之道。这说明了不仅"一方水土养一方人"、"所树适其土",而且各地区只有充分利用其特有资源生产农产品,发挥山区优势,才能调整好山区经济结构,才能改善产业结构和产品结构,规避区域结构雷同或趋同的弊端。大力发展沟域经济,必将推动区域农产品生产基地规模化和资源的合理化配置。充分利用当地丰富的农业资源,因地制宜地发展沟域经济,培育具有区域特色的农业产业带和产业群,可以实现农业资源多层次、多途径的开发利用,促进沟域第一、第二、第三产业的有机融合。

(三)发展沟域经济有利于山区生态功能的实现

生态功能区是指在保持流域、区域生态平衡、减轻自然灾害、确保生态环境安全等方面具有重要作用的重要生态功能区内划定的特殊保护区域。生态功能保护区不是简单意义上的禁垦、禁伐、禁牧,也不是自然保护区核心区域的封闭式管理,而是要在确保当地经济可持续发展、群众安居乐业、社会安定团结的前提下,制止新的生态破坏,实行生态的重建、恢复。发展沟域经济,要求应采取生物和工程措施并举,因地制宜,合理绿化,宜林则林,宜草则草,注重生物多样性;应加大封山育林和退耕还林还草力度,恢复林草植被,通过封育治理或人工种植水源涵养林、水土保持林,减少地表径流,防止水土流失;应统筹兼顾开发建设与生态保护,既要开发建设,又要保护生态环境质量不能下降,绝不允许以牺牲生态环境为代价,换取眼前的经济利益,而是更好地实现山区生态功能。

(四)发展沟域经济有利于拓展国内外市场

发展沟域经济,能够满足消费者的天然、营养、绿色、地道的消费需求,这也是新阶段北京消费者对山区生产的客观要求。特色农产品因其产品独特而有利于稳占已有市场,拓展新的市场,扩大市场占有率,满足消费中的冷门和缺门产品,也可使热门产品长盛不衰。沟域经济的"特色",在于其产品或服务能够得到消费者的倾慕和青睐,能够在众多的产品和服务的激烈的市场竞争中被消费者优先选择或得到认可。名优特色农产品之所以成为名牌,就在于它们能满足多样化、优质化的市场需求,在本地市场具有不可替代地位,在国内市场具有绝对优势,在国际市场具有相对优势。若再加上潜在的国内外消费市场,就更显示了沟域经济的巨大发展前景。

(五)发展沟域经济有利于促进山区农民增收

当前山区农民增收困难仍然比较突出,发展沟域经济,有利于地方利用丰富多样的生物资源和环境条件发展经济,使更多的农户和农民加入到利益共同体中来,分享加工、流通环节的利润。通过发展沟域经济,建设一批规模化的特色农产品生产基地,可以带动加工、储藏、运输等相关产业的发展,形成区域性的支柱产业,把独特的资源优势转化为经济优势,开辟新的就业渠道,增加就业机会,实现农民增收目标。而且,消费者对农产品市场的动态或静态需求无止境,同类农产品有多层次需求,不同农产品有多样化需求,数量、质量、品种多变化,因而产自不同地区的农产品,越有风格、越有特色,生命力就越强。由于消费者对特色农产品的偏好大,会使沟域经济较大幅度增效、农民较大幅度增收。

第二节　沟域经济的主要模式与典型案例

近些年,怀柔、门头沟等区县积极探索,走出了一条以沟域为载体,对环境、景观、村庄、产业统一规划,集中打造,实现以点带面、多点成线、产业互动、区域发展的新路子,探索出了依托自然、历史、文化资源开发出的文化创意先导模式,利用已有的特色支柱产业资源,注入科技、绿色、健康内涵,配套发展环境友好型生态产业主导模式、以国家认定的景区为龙头,加快推进旅游项目建设,提升休闲旅游业发展水平和产业培育层次的龙头景区带动模式,依托现有自然景区发展的自然风光旅游模式、依托传统民居、宗教寺庙、革命遗址等人文景观发展的民俗文化展示模式等五大模式,促进了农民增收,成为郊区吸引北京市民眼球的一道道亮丽风景线。

一、发展模式

（一）文化创意先导模式

通过创新思维改变人们现有的消费理念、方式和途径,依托自然、历史、文化资源开发文化创意产业,打造新的经济增长点。例如密云汤河沟域"紫海香堤"以"浪漫香花,山水长城"为定位,以现有汤河农业和村庄人员为基础,以生态农业、花草种植为基地,以周边的水域环境和错落有致的山体为依托,建设成集养生、度假、休闲旅游为一体的,长城脚下最具时尚浪漫、国际型的香草庄园。庄园由香草艺术园、香草产业园、汤河香草亲水乐园、香草艺术庄园、生态农业与果园示范区5部分组成,种植熏衣草、紫苏、万寿菊、马鞭草等品种。目前,紫海香堤艺术庄园直接吸纳劳动力300多人,带动340户、526口人,人均增收500元。

（二）特色产业主导模式

利用已有的特色支柱产业资源,注入科技、绿色、健康内涵,配套发展环境友好型生态产业,延伸产业链,提升产业整体竞争力,发展特色产业。如平谷大华山镇依托大桃产业打造桃花谷沟域经济,昌平南口镇重点发展百合花主导产业,房山琉璃河镇建设以肉鸭加工、面粉加工为主的农产品加工园区,怀柔雁栖镇神堂峪的"虹鳟鱼一条沟"等。

（三）龙头景区带动模式

以国家认定的景区为龙头,加快推进旅游项目建设,提升休闲旅游业发展水平和产业培育层次,带动周边地区产业发展,形成辐射面较大的经济区域。例如房山区以十渡景区为龙头打造"十渡山水文化休闲走廊",通过对已有乡村旅游资源的提升与整合利用,发挥其与周边优质景点的连动作用,融合当地文化,打造一个品牌化的乡村旅游示范带,带动周边产业兴起和农民致富。

(四)自然风光旅游模式

依托现有自然景区,重点发展休闲观光旅游业,并带动特色林果业、农业观光园区和休闲农业等产业发展,例如延庆千家店充分利用优美的自然环境,启动了"黑白河沿线百里山水画廊工程",提高乡村旅游的硬件条件和接待能力,提升旅游环境档次和水平,打造出远近闻名的"百里山水画廊",大大推进了沟域经济的发展。还有门头沟灵山沟域、百花山沟域等。

(五)民俗文化展示模式

依托传统民居、宗教寺庙、革命遗址等人文景观,重点发展民俗旅游、文化旅游和红色旅游,并带动特色林果业、休闲农业和农业科技园区等现代都市型山区农业发展。如门头沟妙峰山沟域、密云司马台古长城等。

二、典型案例

(一)密云"汤泉香谷"

汤泉香谷位于密云县东北部,距密云县城55公里。西起101国道与司马台公路交汇地,东至京承高速公路与司马台长城交界处,全程8.3公里。沟域总面积达35.4平方公里,其中山场面积5.5平方公里、耕地面积1062亩、退耕还林面积1430亩,途经古北口镇汤河、司马台两个行政村,共有人口795户、2330人。沟域内不仅拥有司马台长城、司马城堡、黄花山等得天独厚的旅游资源,还建有以"紫海香堤艺术庄园"为中心的香草观光产业带及适合休闲养生的温泉娱乐中心。

1.坚持规划先行

近年来,古北口镇在"一中心两带"辐射范围的土地上,积极探索集生态治理、新农村建设、绿色种养业、民俗旅游业、观光农业发展为一体的山区沟域经济发展新模式。投资160万元聘请资质较深的规划公司,完成了沟域8.3公里的整体规划设计工作,对沟域内旅游景区、民俗旅游、主题观光采摘园、香草观光产业带有机融合,设计主题标识牌及道路两侧广告宣传牌,突出汤河特色产业沟整体的经济、文化、产业特点,设计开发适应市场的民俗旅游项目和旅游产品,加大旅游宣传力度,策划旅游活动,扩大客源市场,提高旅游收入,提高汤河沟域的知名度。

2.改善基础设施

一是加强综合环境整治。对汤河沟域道路两侧进行环境治理,加强对村民环境保护意识的宣传力度,杜绝公路沿线农作物乱堆乱放的现象;对汤河河道进行清淤治理,清除河道垃圾,恢复山青水绿、河水川流不息的自然湿地景观。在沟域进口、道路两侧、重点景观处设立文化标识,突出"汤泉香谷"的文化底蕴。二是提升民俗接待水平。以"农庄+民俗户"为模式发展民俗旅游产业,沟域内现有农庄7个,民俗户120户,休闲渔业小区9个(主要以鲟鱼、虹鳟鱼、鲤鱼为主)。对个别民俗户、特别是道路沿线的民俗户进行统一规划,规范行业管理,重点进行民俗旅游接待、文明礼仪、卫生常识等内容的培训,提高接待水平和服务质量。

3.打造主题观光采摘园

该沟域利用1200亩林地资源,结合当地土壤条件和气候特点,大力发展特色种植业,建设6个主题观光采摘园,主要栽植梨、桃、苹果、樱桃、柿子、冬枣等优良品种,每个园区种植一种果品,逐步形成一园一品、连片成面的特色果树种植。对园区内基础设施进行改造,包括园内道路硬化、配水配电、土壤改良等工程,完成6个园区510亩果园的果树更新栽植,其中,司马台4个园区340亩,汤河2个园区170亩。涉及品种有枣、梨等,果树成活率在85%以上。

4.开发香草观光产业

该沟域以"公司+合作社+农户"的形式流转1200亩土地,涉及526户。以"浪漫香花,山水长城"为定位,以现有汤河农业和村庄人员为基础,以生态农业、花草种植为基地,以周边的水域环境和错落有致的山体为依托,建设成集养生、度假、休闲旅游为一体的,长城脚下最具时尚浪漫、国际型的香草庄园,成为密云县和北京市以香草艺术为核心的乡村旅游示范基地,成为司马台长城沿线的一大亮点。庄园由香草艺术园、香草产业园、汤河香草亲水乐园、香草艺术庄园、生态农业与果园示范区5部分组成,种植了薰衣草、紫苏、万寿菊、马鞭草等品种。目前,紫海香堤艺术庄园已初见雏形,直接安排劳动力300多人就业,带动340户、526人,人均增收4000元。2008年"十一"期间,日接待游客1500余人次,以香包、干花、香枕等为主的10余个香草产品脱销,并以时尚浪漫的环境成为北京世傲婚纱摄影的指定外景基地。"紫海香堤艺术庄园"与司马台长城景区相得益彰,助推全镇旅游业的综合发展。

(二)门头沟"玫瑰谷"

门头沟的妙峰山玫瑰谷,原来是一条有名的采石大沟,该沟域包括陇驾庄、担礼、桃园、南庄、樱桃沟和涧沟6个村,人口2080户、4875人,沟口距离阜成门28公里,距六环路3公里。丰沙铁路、109国道从沟口穿行而过。如今这里经过生态修复、流域治理等工程的实施,大力发展沟域经济,彻底改变了昔日破烂不堪的脏乱面貌,成为集民俗旅游、体育休闲、农业观光于一体的特色沟域。

1.打造玫瑰美景与文化

玫瑰谷的玫瑰花年产量几十万斤,主要销往天津加工玫瑰油,北京大都做成玫瑰酱,用于糕点、食品。以狼洞村产量最大而著名,盛产的玫瑰花大、瓣厚、出油多而闻名华北。每年6月,玫瑰花开,漫山遍野的各色玫瑰娇艳浓烈,花团锦簇,香溢四野,绿叶红花,像一幅美丽的画卷展开在蓝天下,穿行其间,浓郁的花香沁人心脾,令人痴迷陶醉。玫瑰谷拥有丰富的民俗文化传统,金顶娘娘庙、滴水岩、仰山栖隐寺、庄士敦别墅以及绵远千年的5条进香古道等一批历史文化古迹坐落期间,妙峰山风景区为国家AAA级风景区,妙峰山庙会被列入北京市非物质文化遗产名录。位于沟内的平西红色交通站旧址,也因电视剧《潜伏》的热播,吸引了一批又一批游人前来重温那段烽火硝烟、惊心动魄的传奇岁月。

2.产业融合协调发展

玫瑰谷通过规划,依托传统玫瑰种植,打造"一花三果"的都市型现代农业、"一庙一寺一景六村"的民俗旅游业、"一路两谷"的文化创意业,以及"一山一河三个系统"的景观与环境。从而以沟域的综合治理为重点,通过实施一批生态修复工程项目,着力打造以沟域为依托的旅游发展新平台,逐步将妙峰山沟域建设成为集民俗旅游、体育休闲、农业观光于一体,具有民俗文化休闲旅游特色的、都市型现代农业发展示范沟域。

3.农游一体特色发展

玫瑰谷通过建设玫瑰花、大樱桃、京白梨、盖柿四大特色观光休闲农业基地,建造樱桃沟大樱桃、涧沟玫瑰花、担礼京白梨、陇驾庄大盖柿精品农业园区4处,形成"一花三果"的发展格局。此外,通过建设金顶妙峰山国家级风景区、妙峰山国家森林公园,修缮5条共20公里长古香道,恢复沿线茶棚等部分景观,完善仰山栖隐寺、滴水岩、灵官店等一批古迹沿途及周边旅游服务基础设施,打造农游一体化的产业区域。2008年妙峰山玫瑰谷沟域接待旅游观光和采摘休闲游客60多万人次,旅游综合收入达到2000多万元,观光旅游业正逐渐成为沟域农民收入的主要来源之一。

(三)昌平"十三陵沟域"

十三陵沟域位于昌平卫星城北部,面积153平方公里,有38个行政村,7480户,21785人。该沟域依托丰富的旅游资源,挖掘特色农业资源,通过规划、包装与引导,使乡村休闲农业产业不断提升。

1.依托丰富的旅游休闲资源

区域内人文、自然、历史三类景观交相辉映,有世界文化遗产——明十三陵、神路、延寿寺等文物古迹,有沟崖自然风景区、蟒山国家森林公园等自然风景区,碓臼峪自然风景区、双龙山森林公园、大岭沟里桃园自然风景区、国际友谊林,有溶洞、古树等地质及动植物资源,还有北京九龙游乐园、北京国际高尔夫俱乐部、顺富高尔夫俱乐部、金色沙滩休闲度假区、雪世界滑雪场、北京奥林狩猎俱乐部等体育娱乐项目,年吸引国内外游客达800万人。

2.挖掘特色农业资源

区域内具有农业发展的悠久历史,农产品十分丰富,主要种植苹果、板栗、核桃、柿子、桃、枣、杏、樱桃等,有不少知名品种品牌。"十三陵"牌干鲜果品享誉国内外;燕山板栗色泽鲜艳,含糖量高,为出口创汇的主导产品;与众不同的大盖柿具有单果重、口感好、易储存等特点远近闻名;核桃、苹果、甜桃等干鲜果品,质量上乘,深受欢迎。

3.提升乡村休闲农业产业

由区政府牵头,安排专项资金,完成了十三陵休闲产业区的总体规划和两个村、两个观光采摘园的包装策划,为区域的整体协调发展打下了基础。2009年昌平区区政府安排扶持资金900万元,用于沟域内标识系统建设、观光园大门改造等项目。乡村休闲农业产业不断增强,2008年实现收入近亿元。目前已经拥有镇村级旅游景点5个,涌现出以康陵"政德春饼宴"为代表的特色乡村民俗旅游村25个,旅游接待户468户;涌现出以苹果主题公园、北阳公司樱桃观光采摘园为代表的观光采摘园达27个;涌现出黄泉寺、德胜口等特色农产品生产专业村;涌现出食家鸽园、昭陵水库鱼等一批特色饮食文化餐馆企业。

(四)平谷"黄松峪沟域"

黄松峪沟域位于平谷区东北部,沟域面积40平方公里,山场面积7.9万亩,全境95%为山区,植被覆盖率达80%以上。沟域辖7个村,农户2800户,人口6000人,其中市级民俗旅游村两个、区级民俗旅游村3个,民俗旅游户达230户。在沟域经济建设过程中,该沟域以生态环境保护为前提,以旅游产业为龙头,打造全方位、立体式旅游体系,带动沟域经济社会全面发展。

1.以特色林果为基础,打造观光采摘游

黄松峪沟域果树面积1.5万亩,其中大桃2200亩,此外还有柿子、红果、板栗、核桃四大品种,除此之外,沟域还有麻核桃、枸椒子、果桑等黄松峪乡独有的特色果品,这些品种除观赏外,还可作为旅游保健品,受到游客的追捧,因此可利用景区周边荒山、河滩等进行种植,建设特色果品观光采摘园,在改善生态环境同时吸引游客,促进当地农民增收。

2.开发农家主题院落,拓展新型民俗游

目前绝大多数民俗游都局限在吃住上,内容千篇一律,缺少创新和特色。因此,该沟域开发种类繁

多的农家"主题院落",如豆腐院、织布院、编筐院、剪纸院、打铁院、风筝院、葫芦院等,展示中国农村的传统手工艺及制品、传统农业生产方式和工具,观看挂高跷、舞狮、皮影、大鼓等传统民间艺术,通过展示、参与,让游客充分了解传统农业文明的悠久历史,体验纯朴的民风,增加农业知识,享受劳动所带来的快乐,为人们节假日休闲放松提供新方式。

3.挖掘现有景区资源,升级精品山水风光游

黄松峪沟域不仅奇峰林立、怪石陡壁、悬崖比比皆是,湖泊、瀑布、溪流、山泉、点缀其间,而且还具有宏伟纷繁的森林植被、灿漫多彩的缀花草甸,加之气候多变,使景色更加变幻无穷,都是别具特色的山水风光旅游产品。全乡现有风景秀美的湖洞水风景区、被誉为"北方张家界"的飞龙谷景区、"石林生南国"的石林峡景区、以"淘金"为特色的京东淘金谷和号称"天下第一古洞"的京东大溶洞风景区等风景区。目前各大景区都在继续完善旅游设施,开发新的旅游景观,打造精品山水旅游带。

(五)门头沟"爨柏沟域"

爨柏沟位于门头沟斋堂镇,包括青龙村旧村、黄岭西村、双石头村、爨底下村、火村柏峪台和柏峪六村,有694户、1756人。自1992年始,爨底下村把旅游业作为主导产业,40户村民都在从事民俗旅游服务业,但爨底下明清古民居游带动周边各村的作用并不明显。如今,按照特色沟峪旅游经济带的发展模式,打破行政村域的壁垒,沟域内各村资源进行重组整合、捆绑式发展、发挥优势、合理利用,沟域内六个村庄正在连成一体,"中国北方明清第一村"的爨柏沟域品牌开始脱颖而出。

1.发扬明清古民居村落文化

爨柏沟有多处明清古民居村落,是中国北方明清时期乡村民居建筑的典范。建筑形式基本相同,磨砖对缝,青砖到顶,板瓦硬山。建筑风格既有建筑细节和局部处理上的风韵,又有北方高宅大院恢宏整体的气势,石墙山路、门楼院落,影壁花墙,仍能看出当年的精工细作,砖雕、石雕、木雕孕育着古老的民族文化,就其历史、文化艺术价值来说不仅在北京,就是在全国也属珍贵之列。

2.资源整合,共同发展

"爨柏沟"在建设过程中,将与爨底下村同在一个山沟的6个村联合起来开发,丰富旅游产品,延长旅游链,在缓解爨底下接待压力同时,带动邻近村庄发展,形成山区沟域旅游带。以爨底下为核心,以青龙洞为门户,以黄岭西为接待,观看神奇的双石头,聆听柏峪的老戏曲,踏遍黄草梁。通过名村强村反哺贫村和弱村,发展旅游经济圈,把爨柏景区建设成独具魅力的古村古镇,形成沟峪旅游特色基地。

3.因地制宜,合理布局

沟域内的古村落既有皇家四合院的整体规划和合理布局,又有因地制宜的巧妙利用,称为"山地四合院"。其中最具代表性的爨底下村,保存完整,规划严谨,整体精良,专家誉为"建筑艺术瑰宝"。2009年斋堂镇打破行政壁垒,对爨底下村、黄岭西村、青龙洞村、柏峪村、柏峪台村、双石头村进行重组包装,成立了爨柏景区。融合了古村落文化、红色文化、军户文化等一系列亮点,吸引各地游客前来观光游览。

4.创新资本运作模式,实现互利共赢

"爨柏沟"建设的资金主要来自于民间资本,古村落需要开发保护、村民需要致富、企业需要投资回报,为保障各方利益平衡,当地政府出面搭建平台,构建合作机制,使企业与村民的双方博弈变为政府、企业、村民的三方合作。在三方合作中,企业负责投资,获得回报;村民利用资源,取得收益,解决就业;而政府的角色是监管、规划、服务和制度设计。这种联建模式解决了三个问题,一是农民利益通过保底分红的形式给予了保障;二是产权清晰,在村集体土地性质不变的基础上,保证了村集体长期持有股权;三是激励增长机制,农民的分红金与公司经营状况挂钩。

第三节 沟域经济发展的现状

北京市发展沟域经济,具有良好的资源优势。北京市地区属暖温带大陆性季风气候,光照热量资源丰富,山区面积为 10072 平方公里,拥有 600 多万亩天然林、200 多万亩果林,农村人均拥有林地面积4.8 平方米。市区从东到西分布有蓟运河、潮白河、北运河、永定河和大清河 5 大水系。从 2005 年开始,沟域经济开发进展迅速,沟域产业渐成规模。政府注重发挥首都人才资源优势,注重对非物质文化遗产和乡村旅游资源的开发,推广先进的科技资源,逐渐形成了北京市沟域经济发展的新特点。

一、自然资源现状

(一)沟域资源

北京市位于华北平原西北隅,地理坐标为北纬 39°26′—41°03′,东经 115°25′—117°30′。山区面积10072 平方公里,占 61.4%。北京的西、北、东北面群山环绕、连绵不断,东南面为开阔的平原。西部山地统称西山,属太行山脉,北部山地统称军都山,属燕山山脉,两条山脉在关沟附近交汇。东北部平谷县境的造山为燕山的西缘,与军都山交会于潮白河谷。西、北、东北面连绵不断的诸山岭形成一个向东南展开的半圆形大山湾。山区外围线从房山区十渡镇到平谷区金海湖全长 710 公里,呈扇状半环京城。最高峰为位于西境的东灵山,海拔高度 2303 米。山地面积最大的是怀柔,其次是密云和门头沟,山地比例最高的是门头沟。山区北部、东北部山地是燕山山脉的西段支脉,西部山地为太行山脉的东北山脉。

根据北京市数字高程(DEM)(精度为 30 米)、北京市卫星遥感影像解析图(精度为 30 米)、基础信息数字地图(比例尺为 1∶2000,包括行政区划、村庄分布、交通、水系等)等信息,课题组利用 GIS 的空间叠加功能对统一后的各种数据进行处理,并参照交通、水系等图层,进行缓冲分析,确定沟的长度、面积、高差和沟域大致区域范围。分析数据表明,目前北京拥有 1 公里以上的沟约 2053 条(见表 30-1)。

表 30-1 北京山区沟域统计(按 1 公里计)

平谷	密云	怀柔	延庆	昌平	门头沟	房山	合计
112	317	455	233	129	370	437	2053

按照区域经济发展的相关理论及规律,课题组确定沟域中具有开发价值的沟应具备以下三个条件:
①沟内已开通三级以上(包含三级)公路;
②沟内包含至少一个行政村;
③沟内应拥有一定的自然、人文、产业等资源,具备产业发展基础。

按照以上标准,综合考虑乡镇行政区域图,课题组剔除其中未达标准沟,最后确定北京市目前具有发展条件的沟域共计 229 条(见图 30-2 和附图 1-8)。

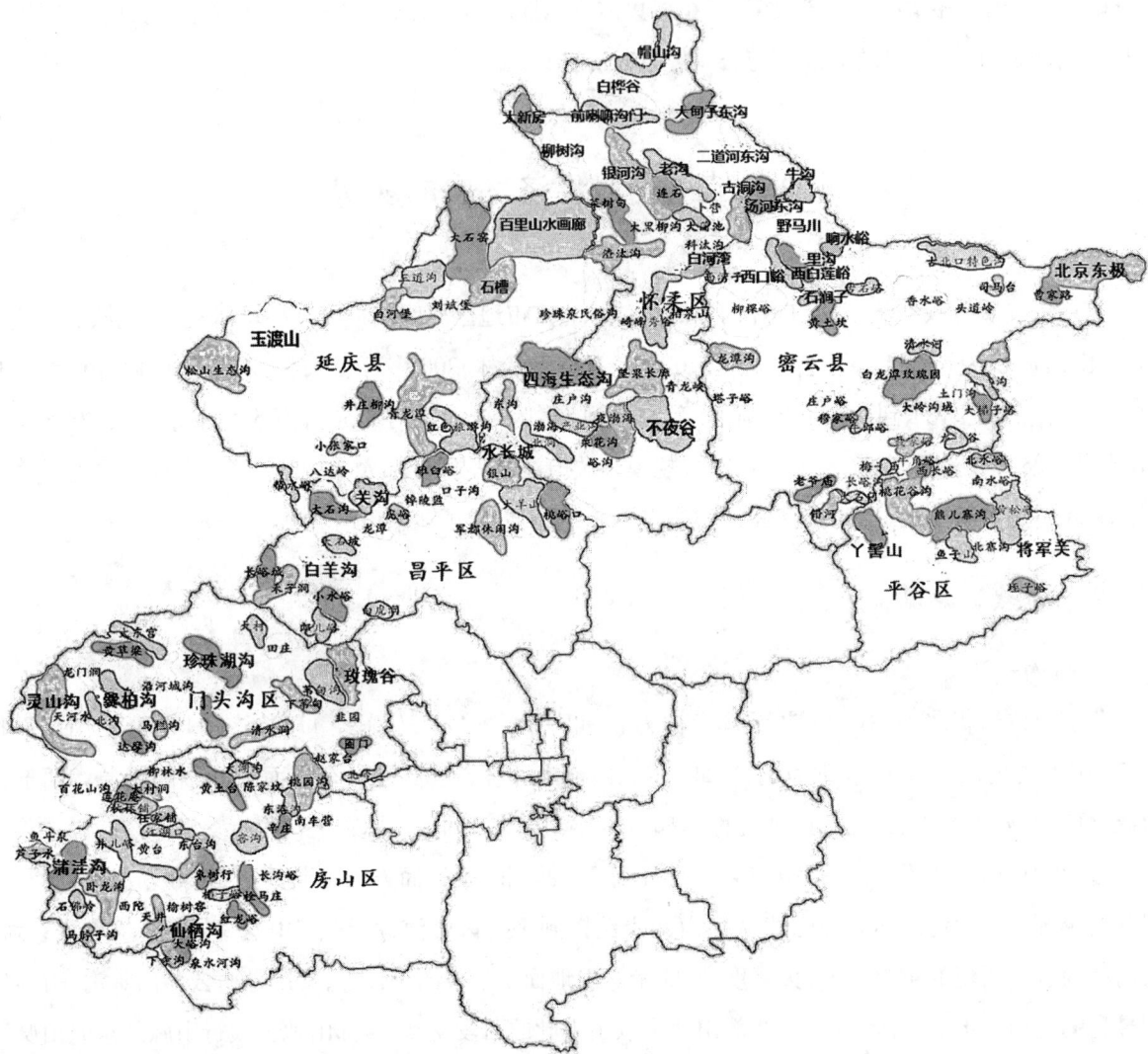

图30-2 北京可开发的沟域整体图

其中,昌平25条、密云56条、房山46条、延庆17条、门头沟29条、怀柔39条、平谷17条。229条沟中主沟是南北向沟为147条,东西向沟为62条,其他走向(主要以环形为主)为20条(详见附表1)。229条沟的加总长度约2108.7公里,其中9公里以上的沟占38%,30公里以上的长沟3条(见图30-3)。

(二)森林资源

据不完全统计,北京山区沟网密布,拥有600多万亩天然林、200多万亩果林,农村人均拥有林地面积4.8平方米。沟域内山场广阔、植被茂盛、空气清新、水环境总体保持良好,旅游资源丰富,是十分难得的"生态绿洲"。沟域内有自然风光与人文景观构成的景点景区达188处,拥有著名的山峰有35座,自然风光景点景区101处,占全市的53.7%;人文景观景点景区87处,占全市46.3%。山区具有世界级、国家级和市级重点文物古迹保护单位15处,国家级与市级各类自然保护区达11处之多。西部有房山区的十渡山水、上方山国家森林公园、龙骨山"北京猿人"遗址,门头沟区的潭柘寺—戒台寺风景区和龙门涧风景区等。西北有延庆县的松山国家级自然保护区,及玉渡山、龙庆峡、八达岭和莲花山构成的以妫水盆地为中心的四大景区和20多个景点的旅游度假基地。东北部有云蒙山和雾灵山国家级自然保护区等。秀丽的自然风光为沟域休闲旅游奠定了基础。

（三）水资源

北京市属海河流域，是300万年前由永定河和潮白河冲积形成的倾斜平原，地势西北高，东南低；从东到西分布有蓟运河、潮白河、北运河、永定河和大清河5大水系，官厅水库和密云水库是市区地表水的两大水源，其中密云水库供应了市区一半以上的日常用水；全市多年平均降雨量595毫米，折合水体99.9亿立方米；平均地表径流21.98亿立方米，地下水资源27.09亿立方米，扣除地表水、地下水重复计算量9.08亿立方米，北京自产天然水资源总量为39.99亿立方米；多年平均入境水量16.50亿立方米，出境水量11.60亿立方米；人均水资源占有量约300立方米，是全国平均水平的1/8，是世界人均水平的1/30，远远低于国际公认的人均1000立方米的下限。据国务院批复的《21世纪初期首都水资源可持续利用规划》预测，2010年全市遇平水年缺水达16.15亿立方米，北京市水资源不足的问题随着经济和社会的飞速发展而日益严重，并且伴随着比较严重的污染现象。

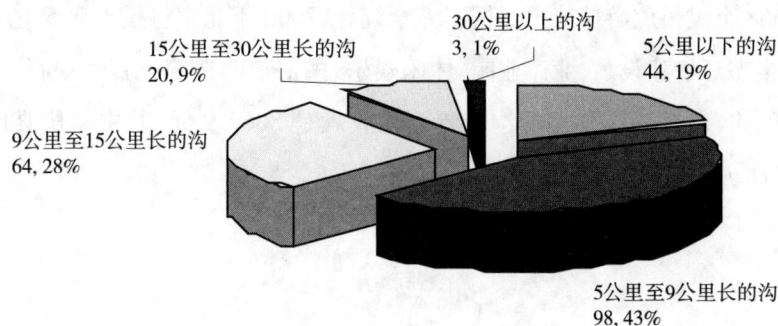

图30-3 北京沟域长度分类图

（四）气候资源

1.温度

"四季俱可喜，最佳新秋时"，北京地区属暖温带大陆性季风气候，降水适中，四季分明，无霜期较长，年平均气温在8—12摄氏度。冬季寒冷干燥，时有风沙。最好的季节是4月下旬—6月上旬、8月下旬—11月底。一月最低-4.6℃，4—10月平均气温10℃以上，12—2月在0℃以下，全年无霜期180天，初霜期在10月11日，终霜期4月18日。

2.光能资源

北京地区年实际日照时数为2084—2873小时，大部分地区在2600小时左右。全年日照时数以春季最多，月日照为230—290小时；夏季正当雨季，日照时数减少，大部分地区月日照时数在230小时左右；秋季日照时数较春季少，但较夏季多，月日照230—245小时；冬季是一年之中日照时数最少的季节，月日照不足200小时，一般为170—190小时。

3.热量资源

一般大于或等于0℃的平均积温分布和气温分布一致。沿西山和北山的山前地区为暖区，活动积温大于4500℃，其中以昌平、房山、怀柔、平谷等区县山前为最暖，昌平、房山面积最大，活动积温在4600℃以上。从暖区向东南至通州和大兴，积温减少50℃—150℃。山区随海拔每升高100米，积温减少159℃。海拔低于500米的低山丘陵区积温为3900℃—4500℃；高于500米的低山，积温低于3800℃；东灵山，海坨山以及百花山峰顶积温均低于3000℃。

4.降水资源

降水年内分配极不均匀,主要集中在6—9月,而其中又以七八月降水最多,占全年降水量的65%—70%,冬春降水最少,春旱严重。年内旱涝悬殊,多年平均降水量595毫米,地区差异约300毫米。

二、产业发展现状

(一)沟域经济开发进展迅速

北京沟域经济始于2005年,目前北京山区已完成七个区县25条沟的规划和建设,并形成了15条具有示范作用的沟域(见图30-4),另外还有61条沟域的规划正在编制。这些沟域在山区占据很大比例,共有739个行政村、17.3万户4万农民,沟域中具有十分丰富的旅游资源和生态产业资源,共建设241个旅游景点(见图30-5),319个旅游度假村(见图30-6),639个观光采摘园,267个民俗旅游接待村(见图30-7)和8668个民俗旅游接待户。据不完全统计,2009年北京将投入3.5亿元投入到沟域经济项目建设中,涉及生态环境建设、农业产业园、休闲娱乐、民俗户改造等上百个项目,北京沟域经济进入高速发展阶段,2008年15条示范作用的沟域年人均收入是8069.9元,其中延庆县旧县镇古城村沟域人均收入高达20541元。

图30-4 北京具有示范作用的沟域

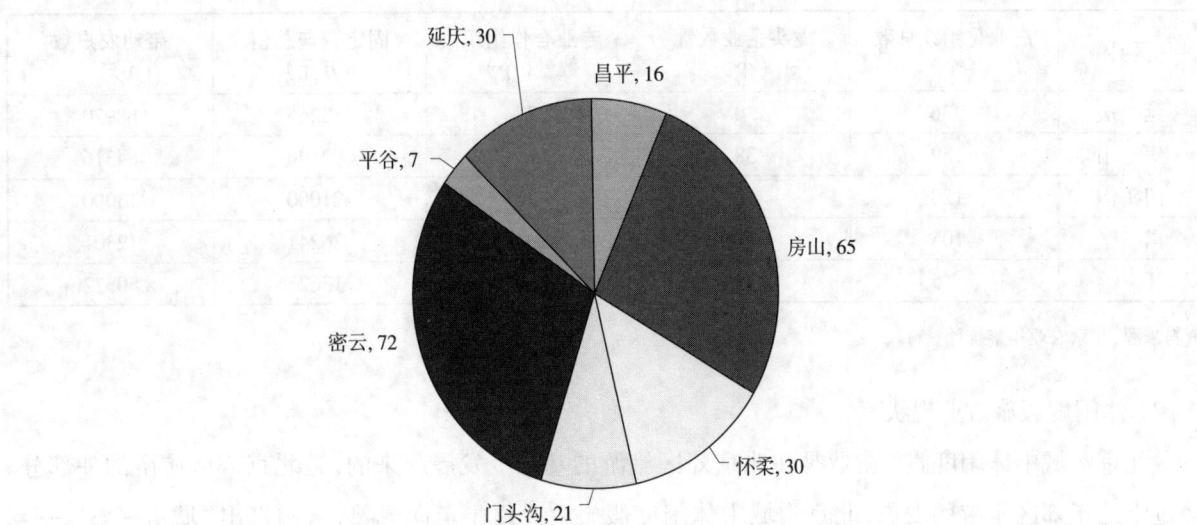

图30-5 北京沟域旅游景点数

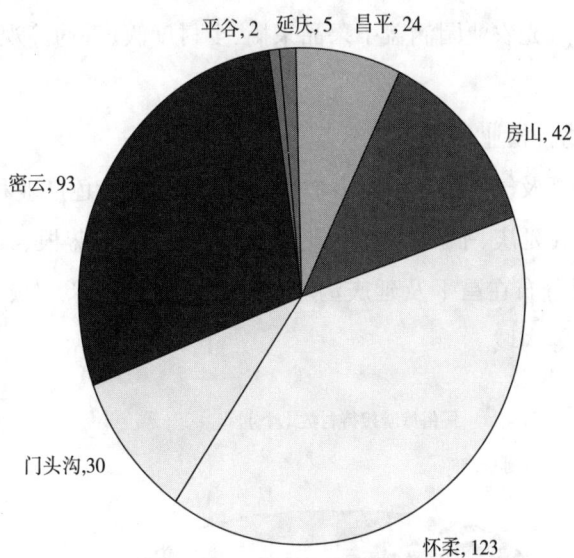

图30-6 北京沟域宾馆度假村数

资料来源：市农委资料整理所得。

（二）产业渐成规模

近年来，北京认真落实农业部《农业产业化和农产品加工推进行动方案》，立足农产品资源条件，发挥区位优势，积极培育不同类型的农产品加工企业，形成了一大批规模大、品牌响、效益高、带动能力强的农业加工龙头企业。

表30-2 2007北京山区产业发展情况

区县	产业化组织总数（个）	龙头企业数量（个）	专业合作组织数量（个）	固定资产总值（万元）	带动农户数（户）
密 云	1441	56	228	125000	74000
平 谷	938	31	340	91400	4600

区县	产业化组织总数（个）	龙头企业数量（个）	专业合作组织数量（个）	固定资产总值（万元）	带动农户数（户）
延 庆	336	0	277	13265	68920
房 山	159	38	68	92196	84316
门头沟	120	10	90	21000	13000
昌 平	105	1	104	26241	12301
怀 柔	5	5	0	13623	50372

资料来源：北京农业年鉴统计资料。

1.休闲度假旅游业现状

北京沟域中休闲度假旅游业是在北京郊区旅游的基础上发展起来的，是北京郊区旅游的一部分。经过十几年郊区旅游的发展，北京沟域中休闲度假旅游业逐步走向成熟，已构筑出"城市—郊区—乡村—田野"的空间休闲系统框架，形成了"观光、休闲、参与、体验"的特色，由最初的农民自发组织的"农家乐"发展成农业与观光、休闲活动一体化的各种农业观光园，由无序经营发展成主动整合、有组织地宣传推介。目前，许多沟域中观光农业园涵盖了果品采摘、乡村度假、垂钓等观光休闲农业的主要领域。

2.生态农业产业现状

①地域特色鲜明的农作物种植业

根据不同沟域的地理、土壤及气候特色，不同沟域形成了不同的特色产业种植带。如小麦、玉米、大豆、甘薯等粮食作物主要分布在延庆、平谷等沟域；花生、药材（黄芩、板蓝根、柴胡）主要分布在延庆、房山沟域；蔬菜（包含瓜类）主要分布在昌平及延庆沟域；食用菌、青食玉米、青贮玉米等特色作物主要分布在门头沟、延庆、平谷、密云等沟域。

民俗旅游接待村数（个）

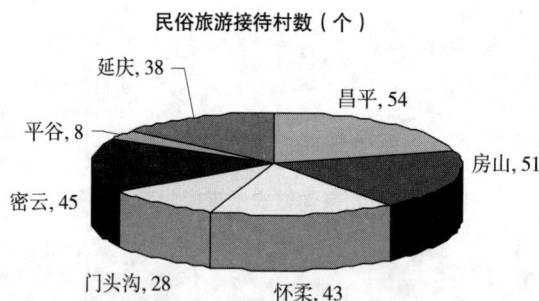

图30-7 北京沟域民俗接待村

②创新型的果树种植业

山区林果资源丰富，榛子、猕猴桃、酸枣、山楂、山杏、毛榛、平榛、胡桃楸等是当地居民采摘的主要山野果，部分资源已形成地方品牌。果树种植包括鲜果和干果两种类型。鲜果种植中，主要以桃、苹果、梨、柿子为主；干果品种主要为板栗、核桃和杏。

果树类型主要以桃、苹果、梨、柿子为主。京郊板栗以怀柔区作为主产区，带动周边区县的山区乡镇，逐步形成面积为70—80万亩的板栗种植带；京郊核桃的种植区比较分散，门头沟、房山、延庆、昌平、怀柔、密云、平谷等西北、东北部山区都有种植；大桃的产区主要在平谷区内；苹果以昌平区山前暖带为基地,涉及南邵镇、崔村镇、兴寿镇、北石槽乡等;葡萄以延庆县张山营乡为主要产区;梨的产区主要分布在房山、门头沟;柿子主要分布在平谷、昌平;杂枣主要分布在平谷、昌平和房山。

③生态型的特色养殖业

目前,山区沟域养殖业已经成为许多沟域的支柱产业和郊区农民增收致富的重要来源。主要包括肉鸡、柴鸡、牛、羊、猪和蜜蜂养殖。

肉鸡的养殖主要分布在非水源地的沟域,如门头沟区除龙泉镇和永定镇外,各镇都有饲养;延庆县以大发正大、华都两个肉鸡公司为依托,重点在井庄、永宁、康庄和千家店镇建设标准化肉鸡小区;房山区柴鸡养殖基地建设主要集中在河北、蒲洼等沟域,周口店林场、韩村河上中院、河北的柴鸡孵化场、琉璃河肉鸭基地均形成一定的规模。

养猪业则集中在清水镇、斋堂镇、雁翅镇、妙峰山镇和龙泉五镇;珍禽养殖主要集中在潭柘寺镇。

平谷则大力推行了"畜—沼—果"、"果—草—畜"等生态型的一体化的养殖模式,发展依托民俗旅游的特色养殖业的发展;逐步建立规模化的良种产业,北部山区在推广果草一体化生产模式的同时,发展优质肉羊生产。

三、人力资源现状

近年来,北京市委、市政府领导高度重视农村实用人才工作,2006 年年初,北京农村采取了实用人才"1521 培养计划",发挥首都人才资源优势,采取协议帮培模式,组织引导科研院所专家、专业技术人员、企业或协会管理人员以及优秀农村实用人才等,人才资源与农户"一对一"结成帮培对子,为农户在技术、管理、市场营销等方面提供全方位的咨询、指导,全市每年组织举办乡村旅游、农产品经纪人、专业合作社等各类培训班。

三年来,共培训市级优秀农村实用人才 300 多人,各类农村实用人才 5 万多人次,进一步提升了队伍的整体素质。截至目前,北京市农村实用人才总数达到 1.7 万人,其中种植业占 30%,养殖业占 25%,专业合作经济组织类占 14%,其他为民俗旅游、社会文化等类别,这些人才为沟域经济建设和社会发展提供了强有力的支持,发挥了重要作用。随着北京郊区农民素质的提升,北京沟域人才资源的实力持续增强,结构不断完善,素质明显提高,沟域内一产、二产、三产从业人员分布比例接近 1∶3∶3。

四、文化资源现状

(一)非物质文化遗产

北京是我国七大古都之一。历经千年封建王朝,劳动人民在这里造就了这里光辉灿烂的物质文明和精神文明,同时拥有各民族文化漫长的交融传统的北京沟域中拥有大量的非物质文化资源。非物质文化遗产涵盖民间文学、民间舞蹈、民间音乐、传统戏曲、传统手工艺和民俗文化 6 个门类。民族文化主要是指少数民族建筑、服饰、风俗生活形式,宗教信仰以及生产方式等。目前沟域中怀柔区七道梁正白旗村、怀柔区项栅子正蓝旗村和怀柔区老西沟镶红旗村、昌平区西贯市村、密云县古北口河西村均是此类独特的民族风情的典型代表。

(二)北京的乡村旅游

沟域经济为主的北京乡村旅游是一个新兴产业,乡村旅游商品受消费需求的拉动,正在呈现非常快速的发展态势。北京的乡村旅游商品从其功能性看,大致可以分为乡村工艺品、乡村旅游食品、乡村土特产三类。这些商品大都利用北京特色农业资源,经过民间传统或现代工艺加工,并赋予北京乡村历史和民俗文化内涵,极具地域特色。但是从产业发展来看,在乡村旅游产品的政策、管理、营销、特色等方面仍有需要改进的地方。

五、科技发展现状

作为全国的政治、文化、科教及信息中心,北京在科技资金资源、科技信息资源、科技成果资源、农业仪器设备资源等方面具有领先于全国的显著优势。现有 29 家涉农研究机构,13 家市级农业技术推广单位和 110 家区、县级农业技术推广单位;共有 11 个国家重点实验室,8 个国家工程技术研究中心以及一大批市级重点实验室。

（一）科技政策资源

《北京市"十一五"时期新农村建设发展规划》中提出由政府投入引导和带动重点实施的 19 项工程中有 14 项工程直接关系到北京山区农业建设。它们是:设施农业建设工程、提高农业综合生产能力工程、农业产业化建设工程、流域综合治理工程、山区生态搬迁工程、山区"十百千"农民致富工程、现代农业信息服务体系建设工程、农林就业培训工程、农林实用技术人才培训工程、农村实用技术推广工程等,力争到 2010 年农业科技进步贡献率达到 65%—70%。

（二）科技信息资源

市经济和信息委制定了多项措施,按照城乡一体化的要求,加快推进农村信息化建设。中国联通北京分公司目前已加大投入建设京郊农村地区宽带网络,降低农民宽带网络使用资费,让农村居民低成本使用互联网。项目提出建立以"政府搭台、企业运作、需求导向、科技支撑、农民受益"为目标,以爱农信息驿站为经营、服务场所,以市场化运作、企业化运营为实施手段的农村信息服务体系。通过该项目北京在京郊 13 个区县构建了由 504 个爱农信息驿站,1000 个服务网点,以及一支 1500 名信息员队伍组成的多功能农村信息化网络。

（三）科技成果资源

1.生态建设。凭借首都优势科技资源和科技工程的支持,北京沟域经济围绕山区生态环境建设、山区主导产业发展,实施了一系列重大项目,通过加快自主创新,开展生态科技示范,推进了山区生态修复、森林健康经营、水源地生态环境建设,科技支撑沟域经济发展。山区小流域综合治理效益明显。

2.种业建设。由于首都效应,北京集聚着国内种业顶级科研、教学与推广机构,相关人才荟萃,成为全国科研育种和良种推广中心。目前已开拓出一批良种品牌诸如"京研"牌蔬菜种子、"一特"牌西瓜种子、"博发"牌玉米种子、"奥瑞金"牌玉米种子等等,是发展高端种业首善之区。

3.农业推广建设。北京市科委联合中国农大、北京农学院、北京农职院等科研院校实施农业推广教授制度。推广教授每年有一半时间在乡镇工作,帮乡镇解决知识难题、技术难题,为农民传道解惑。此外,还从中国科学院、北京工业大学等多所高校选派优秀教师到乡镇挂科技副职,带动提高基层人才素质,促进科技成果转化,当好党委、政府的科技参谋。

六、主要特点

（一）基于优势资源，产业特色鲜明

根据农业气候条件差异和人文差异、地质景观差异，不同沟域根据其不同沟域已有的自然风光、传统民居、宗教寺庙、革命遗址等优势资源，发展民俗旅游或特色农业。目前已建成生态旅游、休闲度假、观光采摘、科普教育、民俗体验、农业种养加工等不同主导特色沟域产业带。如平谷大华山桃花谷生态友好型特色大桃产业带、延庆大庄科红色旅游、密云云岫谷民俗旅游经济沟、门头沟韭园古村落文化旅游沟域、房山元阳水菱枣沟域带、怀柔水长城、昌平十三陵军都农业休闲产业区。

（二）依托科技技术，突显绿色生态

重视生态修复科技示范基地建设，开展山区裸露山体植被恢复技术的研究与示范应用，形成生态产业科技支撑体系，为生态修复的产业化开发和区域产业转型奠定技术基础。如在门头沟区一些沟域建设有机果品示范基地，将生态优势转化为产业优势。筛选适合山区栽培的食用菌优良品种，采用食用菌高效栽培技术和循环利用关键技术，实现种养业与食用菌产业有效衔接，促进循环农业发展。各个沟域在保护水源地的同时，积极利用雨洪水、地表水、污水处理后的中水，在主要旅游景点及河道营造人文水景及生态景观。在农村环境治理方面，采用沼气发酵综合治理等绿色环保节能新技术，解决了污水处理厂剩余污泥、养殖场排泄物，小区、厂矿、机关、学校等排污的问题。基础设施建设上安装了太阳能路灯及节能吊坑，打造资源节约型新农村。

（三）培育龙头企业，引导产业集群

积极引进和培育关联性大、带动性强的大企业、大集团，充分发挥龙头企业辐射、示范、信息扩散和销售网络的带动作用，引导各种资源向龙头企业集聚，提升产业规模效应，增强竞争力。如房山蒲洼投资600万元对龙头企业野菜加工厂进行改造升级，采取奖补办法激励企业以保护价收购农户农产品。延庆大庄科乡扶持北京神农绿林食品有限公司，加工山楂、栗子、杏核、核桃等干鲜果品，不仅解决了山区农民种养果品的后顾之忧，使当地农副产品增值，同时带动周边四海、千家店、珍珠泉等乡镇以及相邻的怀柔区和昌平区的部分乡镇农民直接参与这一产业，较好地实现了第一、第二、第三产业的融合与联动。

（四）挖掘文化底蕴，发展创意产业

以沟域内丰富的农耕文化底蕴和农村人文资源为基础，以文化创意为先导，挖掘具有地域特色的创意概念或文化产品，带动沟域产业发展。通过对游牧文化、麦黍文化、稻田文化的深层次挖掘与修复，形成了独特的古道商旅文化、"四合院"文化、蒙古族和满族文化等文化创意产业，探索"创意山水、知识森林、文化农业"的文化创意产业理念。如延庆千家店百里山水画廊旅游特色沟域、井庄柳沟豆腐宴、昌平区下苑画家村。密云县古北口镇从2008年初开始打造以香草种植、游园观赏、婚庆摄影为主题的"汤泉香谷"沟域，形成了集历史人文、民俗、现代文化旅游等多功能为一体的香草观光产业带，吸引了大批慕名而来的市民休闲度假，不仅带动了农民增收致富，还提升了司马台长城景区旅游形象，每年可增加经济效益500万元。

（五）引导多方投资，促进农民增收

目前沟域经济多元化主体格局基本形成。政府主要投资于农村基础设施建设，如自然村"村村通油路"

工程正稳步推进,示范性沟域太阳能路灯及节能吊坑均已安装到位。企业、社会个人和外商及港澳台资本主要投资于度假村、休闲旅游设施和产业领域,资本占实收资本的90%以上。民营、股份、合伙制企业等不同的经营方式有利于资金、先进技术、专业人才、科学管理、市场、销售网络等方面的优势结合。如密云县古北口镇汤河沟域以"公司+合作社+农户"的形式成立两个香草合作社:司马台香草合作社和汤河香草合作社,社员总户数达526户。门头沟妙峰山樱桃沟,实行村民入股制,年终人均可实现分红1万元。

第四节　沟域经济的实践

近几年北京市沟域经济的实践探索,有效地提高了山区农民收入的整体水平,提高了山区生态环境质量,提高了城市居民的幸福指数。从总体来看,山区经济社会发展水平仍然比较低,生态建设与环境保护的任务仍然繁重,农民增收特别是低收入户农民增收难度仍然很大,山区基础设施与社会事业仍然滞后。因此,为推动沟域经济的健康发展,政府应注重开展组织协调、财税支持,投资促进,产业升级,金融支持,基础环境改善,资源生态环境和科技教育培训等支持。

一、实践效果

(一)发展沟域经济提高了山区农民收入的整体水平

沟域经济是北京新农村建设的有效形式,为山区人民安居乐业、脱贫致富带来了一条新途径。近几年,北京山区农民人均收入增长很快,图30-9显示,2001年山区农民人均收入仅为4138元,到2008年上升到9248元,同比增长123.49%,主要原因是发展了以旅游业为龙头的沟域经济。

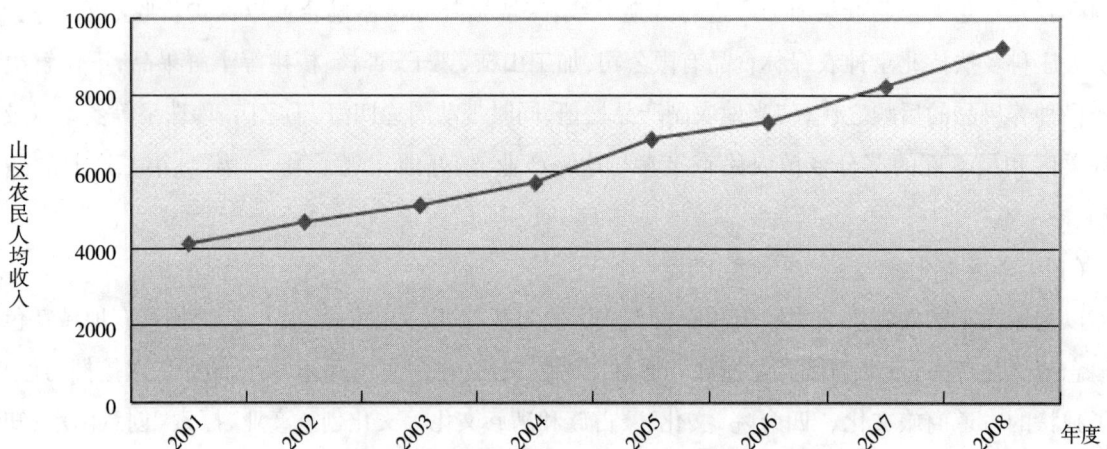

图30-8　北京山区农民人均收入增长趋势图

资料来源:《北京统计年鉴》2008年。

从旅游收入来看,2007年,北京市民俗旅游总收入4.96亿元,比2006年增加35.6%。各区县旅游收入有明显差距,其中怀柔区的民俗旅游总收入最高,2007年为1.17亿元,比2006年增长了51.3%。2007年,密云县的民俗旅游收入为9645万元,比2006年增长了39.8%。平谷民俗旅游收入为8817万元,比2006年增长了37.3%。延庆县民俗旅游收入为6348万元,比2006年增长了35.5%。门头沟的

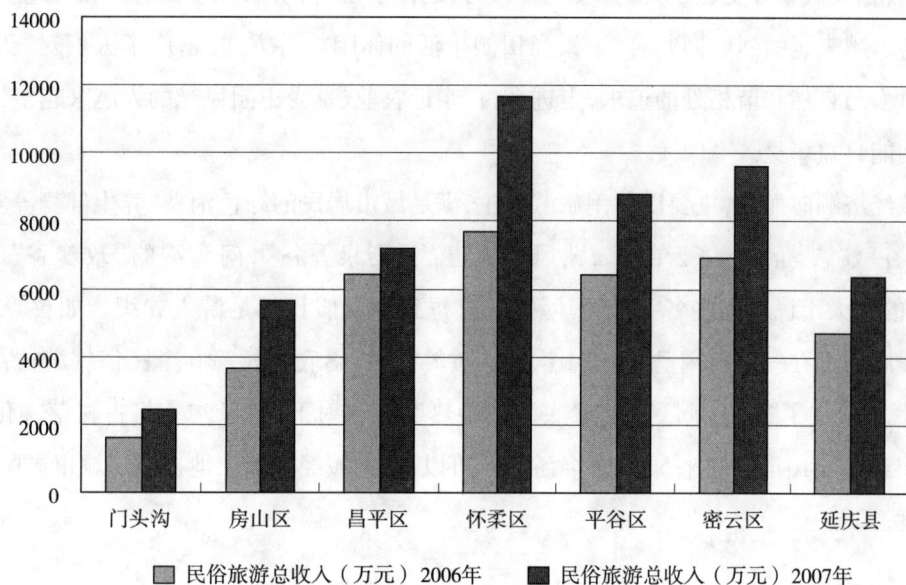

图 30-9　2006 年、2007 年北京市郊区县民俗旅游收入

民俗旅游发展迅速,2006 年民俗旅游收入仅为 1585 万元,2007 年达到 2419 万元,比 2006 年增长了 52.6%(见图 30-10)。发展沟域经济不仅丰富了山区产业内涵,解决了农民就业问题,还从整体上提高了山区人民的收入水平。

(二)发展沟域经济提高了山区生态环境质量

从城市功能的角度看,宜居城市是北京的重要定位,宜居离不开生态,沟域经济正是以保护生态为前提,与构建宜居城市的要求是一致的。发展沟域经济使生态环境持续改善,山川更加秀美,人们更加安康,生态建设与农民增收协调互动,生态涵养与富裕农民相得益彰。山区小流域综合治理效益明显,完成小流域治理 327 条,治理面积 4543 平方公里,其中 76 条小流域 1017 平方公里已经达到清洁小流域治理标准。开发整理土地 1.89 万亩,新增耕地 7867 亩。废弃矿山生态修复进展顺利,恢复矿山植被面积 3.75 万亩。积极开展水源地保护、示范性自然保护区建设,控制农业面源污染,推进裸露农田"生物覆盖"工程,山区林木绿化率达到 70.49%。目前,山区"环境优美乡镇"已累计达 35 个乡镇,"文明生态村"有 504 个,分别占全市总数的 36.1%和 70.1%。7 个山区县全部成为"全国水土保持生态建设示范县",其中密云、延庆荣获国家生态县称号。

如房山区在完善生态涵养区功能的基础上,形成了特色林果业、绿色养殖业、休闲旅游业三大主导产业。以磨盘柿为主的特色林果总规模达到 24 万亩,干鲜果品产量 9300 万公斤,产值 2.1 亿元;以柴鸡、蜜蜂、冷水鱼为主的绿色养殖业飞速发展;民俗村、户总数达到 49 个、4701 户,观光园累计达到 34 个,从业人员总数达到 10193 人。

可见,"保护环境就是保护生产力、改善环境就是发展生产力"已成为山区农民的共识,越来越多的人从采取有利于环境保护的生活方式、消费方式做起,自觉行动起来保护与改善生态环境,尤其是"沟域经济"正在把山区变成生态环境良好、基础设施完备、绿色产业兴旺、社会事业发达、山川景色秀美、人民生活安康的新山区。

(三)发展沟域经济提高了城市居民的幸福指数

随着北京市民生活水平的不断提高,城镇居民可支配收入明显增长;双休日、节假日使人们有了更多的闲暇时间;私人汽车等交通工具的快速增长大大延伸了出行范围,加上工作节奏明显加快,大家对休闲度假的需求越来越强烈。回归自然、崇尚田园生活的休闲旅游方式,适应了人们对"天人合一"境界的向往与对人与自然和谐相处的追求,走进乡村、亲近农业、享受田园风光的人越来越多,农业和农村的休闲观光功能日益彰显。

山区沟域经济顺时而出,主要以休闲旅游为主,满足城市居民的绿色消费、养生健身等多种需求,如怀柔的"不夜谷"、"夜渤海",密云的"云蒙风情大道"、"汤泉香谷",门头沟的"玫瑰谷"、"明清古村落"……北京的广大市民对这些名字已经耳熟能详,每到周末假日都是游人如织。如黄岭西村和著名的旅游景区爨底下都在一条山沟里,这条山沟包括黄岭西村、爨底下村等6个民俗旅游村,通过发挥沟域优势,6村联手成立了"爨柏景区",在爨底下旅游热度的辐射下,整条沟主打古村落文化旅游。"爨柏景区"迎客当天,小山沟就迎来5000多名游客。可以说,沟域经济极大地提高了城市居民的幸福指数和家庭和谐度。

二、存在问题

从总体来看,山区经济社会发展水平仍然比较低,生态建设与环境保护的任务仍然繁重,农民增收特别是低收入户农民增收难度仍然很大,山区基础设施与社会事业仍然滞后。

(一)认识问题

沟域经济是一项新生事物,尚处在初级阶段,没有现成的经验可以借鉴,在认识上各方还存在不同看法,一种观点强调生态建设忽视经济发展,一种观点强调经济发展忽视生态建设,这种状况不利于沟域经济健康持续发展。我们必须重新认识山区,认识山区价值与地位,处理好山区涵养与发展的辩证关系,充分认识到沟域经济就是要实现生态建设与经济发展的双赢。

(二)规划问题

可喜的是山区各地都在发展沟域经济,可忧的是由于对沟域经济的认识不足,对自身特色的定位不清,缺乏科学规划,有些地方出现了产业同构、同业竞争、效益较低等不利现象,久而久之会挫伤人们的积极性。其间有些区县意识到这些情况,着手制定了沟域经济发展规划,起到了指导性作用,把握了发展方向。

(三)机制问题

目前,在市农委的大力支持下,已经建立"统一规划、部门联动、政策集成、资金聚焦"的工作机制,将各部门在山区实施的工程项目集中到试点沟域,形成资金项目的规模效益,推动了沟域经济快速发展。这种机制在发展初期有很大的推动与示范作用,但是其后续的支撑能力难以保障。因此,运行机制是沟域经济发展的核心,针对山区现状,有必要发挥政府主导、市场调节功能,建立行政驱动、市场引导和科技支持相结合的新型运行机制。

(四)资金问题

总体上,山区底子薄,农民收入低,基础设施建设任务重,沟域经济发展需要的资金投入量大,单纯依靠农民投入远远不够。由于相关政策不明朗,使得一些有意向参与沟域建设的社会资本举棋不定,造成了资金需求旺盛与供给不足的矛盾。因此,拓宽融投资渠道极为重要。

（五）土地问题

从我们调研中看，大家关注最多的是土地问题，土地开发的强烈冲动受制于国家土地法规与政策的刚性约束。农村土地问题包含三大问题：第一是承包经营土地问题；第二是农村建设用地问题；第三是宅基地问题。物权法在这三个集体土地的改革或者流通的问题上采取了谨慎的态度，既保持现行土地法规定的现状，但又留有了余地，为改革留下了充分的空间。因此，很有必要深入研究，吃透政策，用足政策。

（六）人才问题

人才是沟域经济发展的第一要素。但在调查中，我们发现山区现有的农村劳动力普遍存在年龄偏大、文化程度低、女性化程度高、后继乏人的局面，主导沟域经济发展的人力资源匮乏。因此，在抓好现有人才质量提高的基础上，要建设人才快速通道，设立人才引进基金津贴，构建招贤纳智平台，引进一批紧缺人才，进一步优化配置人才资源，建立一支与沟域经济发展相适应的人才队伍。

三、政策建议

（一）组织协调政策

山区沟域的发展是一项涉及领域宽、部门多的系统工作，并具有一定的超前性，建设任务十分艰巨。应站在统筹城乡的全局的高度，全面加强指导，并充分调动农民群众的积极性。各相关部门要结合本部门的职能，通力合作，密切配合，形成合力。应加强各部门的组织协调，按照"统一规划、部门联动、政策集成、资金聚焦"的方式，由市农委牵头组织相关业务部门联动，通过部门联席会议制度，定期召开沟域经济发展联席会议，及时沟通情况，解决沟域经济发展中的问题，多层面地推进沟域经济的发展。

（二）财税支持政策

山区财政由于底子薄，财政收入来源少，财政状况一直不景气。大部分山区县表现为入不敷出。特别是在山区开发、建设和保护同时进行的关键阶段，财政拮据，扩大再生产能力有限的问题更加突出。山区财政政策的重点应放在培植财源，广辟门路，发展生产上，以不断增强自身积累能力，恢复"造血"机能。山区税收政策的关键是落实对开发性生产和新办企业的照顾免税和减税政策，鼓励农民从事开发性经营，进一步发掘资源潜力。

1.整合财税扶持政策，构建统一的制度体系。

（1）项目政策。包括农业、文化、旅游、商贸物流、信息等领域的重点项目的补助、奖励，各项目资金归口管理部门，根据不同行业、业务和产品属性差异，实行分类管理和差别化的扶持政策，以项目来确定资助，避免出现政策的交叉重叠。

（2）产业政策。重点帮助企业解决公共发展环境、公共配套设施建设等问题，主要包括社区服务、现代服务业各行业的整体形象宣传、专业人才培训、专业的会展宣传等，原则上不设立对企业的直接资助。

（3）特定政策。可以考虑用于与项目、产业政策不重复的示范项目和公共配套设施建设，如企业突出贡献奖励、金融企业对地方贡献奖励等。

2.利用各种财政杠杆，加大沟域产业结构调整力度。

产业结构调整的主体是农户和企业，财政在沟域产业结构调整中要利用财政投入、财政补贴、财政贴息、税收优惠等财政杠杆加以引导。

(1)加大高端产业的引进培育力度。市政府每年安排生态涵养区每个区县不低于2000万元的高端产业引导培育资金,用于引进和培育总部经济、文化创意、高新技术研发、后台服务等高端产业的软环境建设。

(2)进一步发挥政府产业政策的引导作用。发挥北京市中小企业创业投资引导基金、信用再担保机构的杠杆作用,鼓励和支持创业投资、担保等机构为发展沟域经济产业的企业提供融资服务。

(3)健全财政转移支付和生态补偿机制。根据每个区县污水处理、垃圾消纳、林木绿化、大气质量等关键指标的完成情况,在市级转移支付体系中建立环境要素补贴机制。逐步将国家级、市级森林公园纳入城市公园的管理体系,并加强统筹管理。

(4)健全区域合作机制。在严格控制全市排放总量的前提下,探索建立城区和山区之间关于排放控制指标的碳交易制度。继续深化与相邻区县在生态建设、交通基础设施、旅游业发展等领域的合作,建立健全对周边地区发展的财政支持机制。

3.深化财政改革,为沟域经济发展提供保障。

(1)加快财政职能转变,优化经济发展环境。要进一步减少行政审批,大力清理不适合经济发展的财政法规和各项收费。要强化财政服务功能,充分发挥财政部门信息灵通、政策性强的优势,努力为经济发展争取政策,落实政策。

(2)调整财政支出结构,重视财政支持资金整合。财政资金对山区的支持导向应由过去单纯重视涉农产业的发展和小流域治理等水利建设转变到农村公共物品供给方面和农业生产能力的提高方面来。财政重点解决好资金条块分割、投入分散、环节错位的问题,明确资金投入的沟域重点、行业重点和环节重点。

(3)完善财政资金项目运作管理模式,提高资金使用效益。按照"公开、公正、公平"的原则,结合沟域经济发展规划要求,调整财政资金支持沟域经济发展的环节、标准和重点,修订和完善发展专项资金管理办法,建立支出效益的考核评价机制。注重强调公共支出管理中的目标与结果及其结果有效性的关系,规范整合区县绩效考核和功能定位评价指标体系,调整生态涵养发展区评价指标,突出生态涵养、富民就业、公共服务方面的指标,优化生态友好型产业发展和结构调整方面的指标。

4.提升服务管理水平,营造优质高效纳税环境。

(1)努力推进信息化建设,通过打造无时空限制的立体式纳税服务体系,让纳税人及时、全面、准确地了解各项税收优惠政策、实施条件及具体操作程序,积极引导、帮助企业依法享受税收优惠政策权利。建立税企联系制度,开展"送政策"上门等活动,把促进服务业发展的税收优惠政策等作为税收宣传的重要内容,以便投资者、企业主更好掌握优惠政策,为其投资决策提供参考。

(2)优化办税流程,减少审核、审批环节,简化办事程序。对于重点发展的现代服务业,努力做到手续从简、审批从快、期限从宽、优惠从高,提高服务效能。

(3)对重点行业开展调研,解决实际操作中存在的问题,编写行业税收指南,在规范管理的前提下,加强纳税服务。

(三)投资促进政策

投资促进政策是山区金融政策的重要组成部分,应立足山区发展的现实需要和生态、经济协调发展的目标,调整好资金的投向、结构和方式,多渠道引进外来资金和多层次扩大资金来源,使有限的资金用在刀刃上,提高资金利用率。按照"主体多元,市场运作"的模式,充分发挥农民建设者和投资受益主体作用,对农户发展产业、改造房屋,以农民投资为主,政府和集体主要是服务引导,有条件时给予扶持。对沟域内有带动力的产业项目,在符合规划的前提下,引导社会上的资本、技术、信息等资源进入,以合作、合资、独资等形式参与建设。对重点项目集中招商,采取贷款贴息、房租补贴、投资奖励、经济贡献奖励及成果奖励等方式引导有实力的大型企业参与开发和经营。

山区资金匮乏,已成为山区经济发展的瓶颈。相对于传统农业,生态产业需要较多资金投入。仅仅依靠农村乡镇政府和社区合作组织及农民自身很难有足够的经济实力,由于没有足够的抵押品,争取到银行贷款也并非易事,对于社会工商资本来说,逐利性是其本质属性和第一目标,往往选择开发价值大、见效快的项目,对一般项目则不愿投入,致使很多农村地区尽管拥有优越的资源与环境条件,但难以开发利用。

（四）金融支持政策

1.强化区域信贷政策引导,加大金融支持力度。

各级金融机构根据沟域产业推进计划的需要,按照市场资源配置要求,支持区域特色产业集群发展。配合地方政府做好产业规划,支持以当地特色产业为龙头培育发展区域产业集群。加大对龙头企业上市培育力度,鼓励、支持和培育符合条件的企业通过发行股票和集合债券进行直接融资,拓宽企业融资渠道。

2.创新信贷品种,改进金融服务。

对符合条件的发展项目,采取小额贷款、直贷、银团贷款等多种贷款方式,加大有效信贷投入。鼓励特色产业集群内以产业链为载体或购销关联度高的优质中小企业使用商业承兑汇票结算;积极运用短期融资券等金融市场创新产品;合理运用中小金融机构再贷款、支农再贷款等货币政策手段,提高金融机构特色产业的信贷投入能力。

3.构建多层次的金融主体,全面服务沟域产业发展。

一是壮大地方金融机构,通过经济的发展和产业的聚集,吸引引进国内有实力的股份制银行、外资银行等其他金融机构在北京山区设立分支机构,增加特色产业贷款融资的资金供给。二是加快村镇银行、贷款公司等中小非国有商业银行的组建和发展,完善农村金融组织体系、改进农村金融服务。三是通过中小企业上市融资、融资租赁、创业投资等方式,探索多种形式的融资渠道,有效满足特色产业发展的资金需求。

4.健全担保体系,加大扶持力度。

一是建立和完善贷款信用担保体系,大力发展中小企业信用担保机构,推动担保机构发展壮大。支持企业以专利技术为担保向银行贷款。积极探索产业贷款担保、贷款抵押的有效途径,鼓励担保机构开展产业贷款担保业务。二是涉农银行要大力发展小额信贷,积极发展适合农村特点和需要的各种微型金融服务,降低贷款门槛,简化贷款手续。三是要落实担保机构的风险补偿资金、税收优惠等支持政策,如各级政府安排的为中小工业企业、中小贸易企业提供融资担保的担保机构,按年度担保额的一定比例补偿。

（五）产业升级政策

山区经济的发展因缺乏具有活力的带头产业，已成为山区产业结构优化的一大缺陷。北京山区沟域正处于起步阶段，能否有一个或一组迅速发展的主导产业，直接决定了经济起步的快与慢。因此，山区的产业升级不可指望一蹴而就，而应循序渐进。就产业结构政策而言，各山区沟域应尽快进行调研、论证，确定具有活力的带头产业，从某种意义上说，主导产业的形成和高速发展是经济增长的基础。多数北京山区正处于经济发展和产业结构升级的起步阶段。从产业组织政策角度来看，传统产业的改造和新兴产业的崛起，都要求建立相对集中，具有规模效益的批量生产体制，这种促进生产的集中和专业化的政策措施，构成山区产业组织政策。山区产业组织政策是要充分利用规模经济，以适度规模求最佳效益。

（六）基础环境改善政策

改革开放以来，山区基础设施有了较为显著的改进，但是与平原地区相比，这方面的差距并没有缩小。所以，北京市政府必须继续加大山区基础设施建设的力度，不断完善交通、通讯等基础设施，逐步缩小山区与平原之间的差距。采取政府扶持、集体搭台、农民参与、社会推动的模式进行。其中，政府扶持是指对应由政府投资的道路、造林、水利工程、一家一户必需而自己又干不了的村庄基础设施，集成市、区县财政和部门资金，发改委负责基础设施、交通委负责道路建设、水务局负责水利工程、园林绿化局负责造林和生态修复，市政管委负责垃圾收集和环境整治，由市农委和区县政府协调，进行集中打造。集体搭台是指对沟域内的村庄改造及其产业发展，由所在村负责进行策划，并负责动员教育组织村民，支持参与沟域内的工程和产业建设。农民参予是指对农户发展产业、改造房屋，以农民投资为主，政府和集体主要是服务引导，有条件时给与扶持。社会推动是指对沟域内有带动力的产业项目，在符合规划的前提下，吸引社会投资者以合作、合资、独资等形式参与建设，如事实说明，山区优美自然生态环境所蕴藏的商机对社会资金具有很强的吸引力，而社会资金的介入及其随之而来的先进理念和经营方式，将会大大加快山区沟域建设的步伐。

（七）资源生态环境政策

近年来，符合人类生活需要的良好的自然生态环境已经短缺，自然优美、原生态的环境成为人类追求幸福的目标之一，而且随着生活水平的持续提高，人们对自身所处的环境也提出更高的要求。良好的生态环境已经具有明显的二重性特征。从生活的角度看它是目标，从生产的角度看，它已经变成生产要素和条件，生态环境既是经济活动的载体，又是生产要素。这就要求我们减少对自然资源的消耗，并对被过度使用的生态环境进行补偿。

在沟域经济建设中，应从生态经济的视角将生态学和经济学有机结合起来。生态经济透过经济学和生态学的交叉视角，从新的视点看待生态系统和经济系统之间的关系。通过政策调节达到生态平衡与经济平衡的统一，从生态效益与经济效益的关系、生态供给与经济需求的矛盾等出发，探索经济系统和生态系统持续稳定的发展方式。北京山区的发展不应以放弃生态保护的生产性活动为目的，政府有责任引导农民发展发展生态友好性产业。通过经济扶持和激励政策鼓励农民发展生态农业、绿色加工业、休闲旅游业，保证山区经济与环境的协调、持续发展。一个有效的发展生态经济的政策体系涉及产业组织、区域发展、投资体制等重要方面。与此对应，政府的生态经济政策体系主要应包括产业政策、区域政策、投资与政策等等。

（八）科技教育培训政策

1.科技促进政策。一是加强农业科学技术研究，组织农业科研力量联合攻关，在生物技术、农业信息技术、农业设施装备技术、农产品储运加工等方面取得突破。二是创新农业科技体制，完善科技推广体系，促进科技成果转化。三是加强人才引进和专业技术培训，提高劳动者的科学文化素质。四是加快郊区信息化进程，提高农业和农村的信息化水平。加强信息化基础设施建设，初步建成覆盖市、县、乡、村四级具有较强功能的农口信息服务网，实现行政管理信息化和企业市场信息化。

2.人才引进与培训政策。一是继续开展农业实用科学技术培训，使农民真正掌握能够转化为生产力的实用技术，提高向农业要效益的能力。二是切实开展职业技术培训，根据就业需求和市场需求，充分利用现有教育培训资源，对农民实行分类别、分行业、分工种、分岗位的职业技术培训，同时对农村妇女、征占土地的农民等特殊群体实行特色培训，使农民经过培训成为产业工人的新生力量，为其就业增收创造条件。三是大力开展素质培训，对拟转移就业的农村富余劳动力开展政策法规、权益保护、城市生活等方面的知识培训，帮助农民提高向第二、第三产业转移的综合能力。

第三十一章　北京林下经济

林下经济是一种有别于传统林业生产的参与式林业与农业经营方式,它强调不同产业的融入、人的主动参与,主要目的是协调产业和谐发展,进而保护和利用林业资源,提高林业发展的经济、社会和生态效益。北京在发展林下经济方面具有气候资源、林地资源、科技资源、市场资源以及政策支撑等优势,通过优化布局,科学发展,基本形成了林菌、林禽、林药、林草、林粮和林花、林蔬等多种林下经济建设模式。

第一节　林下经济的内涵及理论基础

林下经济自 21 世纪初开始在我国首先兴起,随着林下经济活动取得成就的增多,林下经济得到社会的普遍重视。在各地方政府、主管部门、科研人员和农林业从业者等多方力量的推动下,林下经济在全国范围内得以迅速发展,成为与传统林业和现代农业并存的林业发展形式。林下经济已经成为当代林业发展的主流形式之一。

一、内涵与特征

林下经济是指以生态学原理为基础,以林地资源为依托,以资源增长、农民增收、生态良好为目的,以科技为支撑,在充分保护和利用森林资源的基础上,合理利用林下土地资源和林荫空间,有目的地通过林下种植、林下养殖、林下产品采集加工、森林景观利用等方式进行立体复合生产经营,不断拓宽林业经济的发展领域,使林地的长、中、短期效益相得益彰,增加林地附加值,构建出一种多种群、多层次、多序列、多功能、多效益、低投入、高产出、高效持续、健康、稳定的生态林业发展模式,进而达到资源共享、优势互补、循环相生、协调发展。

林下经济不同于农林复合生产,具有丰富的生产与科学内涵。产业互补、生态优势、应用优势是林下经济内涵的主要表现。

（一）产业互补

传统的农业是单一的种植业生产,保留自然经济的特性,其产业十分低下,与工业无法比拟,在现代社会中,也不可能分享到社会平均利润。只有在农业产业链接上,与养殖业、加工业和服务业形成一体化经营后,在市场经济条件下,才能实现农业对社会平均利润的共享。可以说,林下经济就是这种产业链延伸的一种实例。

林下经济有助于减轻林业产业的压力,优化环境。就我国而言,林业由于经营周期长,抚育成本高,连续投资三四十年后才可有直接经济效益,加上我国很多贫困地区交通闭塞,教育落后,发展林业全靠"政府输血",林业对市场应变力极差,造成林业的停滞甚至减退的局势。正因如此,由农户发展单一林业基本是不可能的,我国农村的低集约化、各家各户分散经营的状态也不利于全民参与发展林业。

发展林下经济可以实现以短(农业)养长(林业),以林护农。林木或果木到达成熟期,只要管理得当,其比较利益将大大高于单纯的农、林业。在黄淮海平原豫北地区,对果园、果粮、桐粮、农田防护林、农田、林地的十多年的经济效益和综合效益进行了研究,总体情况是:果园最佳,果粮间作、桐粮间作都优于农田和林地,综合效益则是果粮最佳,农田防护林、桐粮间作优于单纯的果园和林业,生态、社会、经济效益显著。

与单纯的农、林业相比,林下经济有生态和经济的综合优势。农业和林业都是经济基础产业,既为人类创造最基本的生活资料和生存环境,又为社会的文明和发展提供最初始的推动力,生产初级产物(即循环和流动的物质)。农业为人类提供粮食,而林业保障生态环境,两者缺一不可。我国农业和林业历来都靠政府财政补贴,自身不能解决效益低下、生长周期长、市场适应力差的问题。种种原因造成近几年不少土地抛荒不种的扭曲现象和林业发展的长期停滞,当然这些趋势主要还受经济利益的诱导影响。而林下经济可利用农、林业各自优势,达到取长补短、增产增值、经济发展和改善环境等综合效果,这正是现代全人类所追求和倡导的,所以林下经济具有广泛的应用价值和广阔的发展前景。

(二)生态优势

与普通生态系统一样,林下经济的系统由生物和环境构成,环境决定生物的种类结构和生存条件,生物反过来也影响环境,同时生物之间也存在复杂的相互作用,或是有利,或是有害。林下经济在人为干预下,发挥了生物间的有利作用,配置林木有利于改善自然环境条件,为作物生长创造良好的小气候。它架构于多种类、多行业的基础之上,依据生态学的营养级、生态位理论,合理组织系统结构,从而达到理想的功能和效益。

林下经济系统的多层次、多用途的结构,符合生态系统特定的物质循环、能量流动、信息传递以及节约资源,提高效率,保护环境等生态和环境要求。实践中,生产者从自然、经济、社会的某些因子出发,选择生物组分来构建生产系统。如考虑土地缺乏肥力,选用豆科树种与农作物搭配,可以固氮改善地力,掌握好树的数量和布局方式,不会对农作物造成大的负面影响;在北方多风沙地区,配置农田防护林和林网,其中的林木系统在很大程度上改良了自然环境,可以涵养水源,促成局部保温保湿的稳定气候,使系统的抗逆性加强,农作物获得这样的保障,相对于"靠天吃饭"来说,是一种巨大的进步。

在干旱缺水的地区,林下经济可发挥其生态优势,林木系统的林冠可以截留降水,枯枝落叶层及活的地被层可使降水渗入土层,减少表面径流和土壤冲刷,增加土壤湿度。有研究表明,黄淮海平原营建农田林网、林粮间作系统,可使系统内土壤湿度比无林网农田对照高118%—1011%,降低尘埃20%—60%,系统形成良好的小气候和自净化功能,具有较高的动力和水文效应;梨粮复合模式光能利用率比周边种植模式高1013%。林下经济对环境质量也有一定的调控作用,林下经济系统大气中 CO_2 浓度平均比单一的农业系统低,对 N_2O 具有一定的吸收作用。

一般认为,林下经济的目的在于持续稳定的生产力和保护生态环境,而不是破坏性扩大自然资源,这符合当前提倡的持续发展的环境保护战略,因而将林下经济在农业生产实践中大力推广具有积极的现实意义。

（三）应用优势

由于林下经济发展的需要，人们将重新确定遗传改良、选育、栽植和加工利用等方面的新目标，这些对林业的发展是极为有利的。我国林下经济研究中关于这些方面的报道还很少。不同地区哪些植物相互搭配可组成最佳的生产结构，值得人们进一步研究，以充分发挥地区资源优势，探讨具有可持续性的土地利用方式。

林下经济发端于农、林业两大国民基础产业，理论上受多种学科指导，可望达到更高的生态、经济和社会效益；在解决资源利用和环境保护、生态和经济的矛盾，以及工、农产业效益差别悬殊以及实施粮食、林业基本国策等方面起到有益的推动作用。

林下经济在农业、林业和（或）牧业、渔业间形成产业互补，使农业分享到其他产业的社会平均利润，这是稳定农业的关键所在。人类农、林业生产的悠久历史和各种经验技术都可方便地移植到复合系统中去，使其具有实践可行性，这些优势决定农林复合系统有极大的推广价值，在全球可持续发展战略要求的今天和未来，理应成为农、林业进一步发展的一种新思路和模式。

不可否认，农、林作物间存在竞争等不良影响，林下经济系统种群互作已成为现代林下经济系统研究的核心内容之一。一个优化的复合结构模式必须使系统各种群具有广泛的生态位分化，在结构设计时，要充分减少种群复合经营的负互作，提高正互作，并从时、空、量、序4个方面进行系统调控，促进模式优化与系统的持续稳定。从某种意义上讲，林下经济的作用在于努力使农业和林业相互结合、相互利用、相互制约，要想弄清农业和林业之间的相互制约的关系，需要有更宽的知识面和对整个农村系统的了解，同时也需要对林下经济的实践者开展更加全面的培训。随着对林下经济研究的不断深入，会出现许多需要解答的问题，而人们对林下经济的认识也不断深化，林下经济的结构和模式也将会日臻完善。

林下经济具有发展模式多、就业容量大、从业门槛低的显著优势，是林改分山到户后农民发展林业的重要选择。充分利用林下土地资源和空间环境发展林下经济，开发林业多种功能，提高林地综合经营效益，对实现林地增效、农民增收，促进林业产业结构调整，巩固集体林权制度改革成果，拓宽农村发展空间，推进社会主义新农村建设具有重要的意义。

二、理论基础

（一）区域经济理论

林下经济是一个包括林区社会和经济的复杂系统，属于区域经济的范畴。在这个区域内，研究任何一个经济问题，都必须首先考虑区域经济的理论。

1.区位经济理论

区位经济理论，主要指研究任何一地区的经济发展，都有必要首先考虑当地的地理环境、交通条件、气候条件等，并据此放在一个更大的空间范围内（如全世界、全国或一个大的经济区等）进行考察，研究自己所处的位置（区位）、区域经济特征、产业结构、人口状况与周边区域的联系等，合理地制定区域经济发展战略及规划。避免不顾区位实际，盲目发展，造成不必要的损失。

2.辐射源理论

辐射源理论又称地理中心理论或发展理论，主要研究由人口聚居将形成一个第二、三产业比较集中的城市或大集镇，即形成了一个"发展极"（"辐射源"或"地理中心"），其作用将向周边辐射。辐射源理论认为城市或集镇的辐射,总是沿着交通线向四周放射的,随着距离的增大,辐射力递减。据此,发展林下经济的乡镇应根据自身距离城市或集镇的远近,安排自己的发展项目和发展模式。

区域经济理论认为,林下经济实际上是包括森林资源、人口、社会、技术和经济在内的区位林业经济。要从宏观的角度,研究区位问题,从中观、微观的角度,研究发展极理论。要充分考虑整个地区森林资源条件、技术经济水平和社会状况等要素,合理配置资源,选择最优的发展模式,实现林业生态和经济效益的最大化,促进农村社会进步和人民生活水平的提高。

（二）结构经济理论

结构经济理论是研究宏观经济学和微观经学常用的理论,适用于林下经济。结构经济主要研究通过对系统结构的分析、分解、设计和重新组合,使其达到最优化,从而取得新的系统功能和最优的经济效益。

调整结构的方法主要运用改变结构比例、调整排列秩序和搭配方式等来获得新的功能。在发展林下经济的过程中,通过调整结构,在不增加投资或少增加投资的情况下,充分利用林木资源和林地资源,产出多种农林产品,满足人类的物质和文化需要,提高经济和社会效益。

（三）地域分工理论

地域分工理论要求各地要以市场为导向,遵照地域分工的原则,建立开放式的林下经济系统。各地区由于社会经济条件和自然条件的差异,在选择经营模式的形式、内容和产品结构时都应有所差别,不能强求千篇一律。各地区应该充分考虑本地区的特点,选择1—2种优势产品作为主导产品,来带动整个地区的林下经济发展。例如,桑基鱼塘的复合经营系统中,主营桑蚕,也带来了鱼和其他经济作物。这是地域分工和市场经济的必然结果。

林下经济系统开放经营的目的有两个方面:一方面满足当地的需要;另一方面以自己的优势产品推向外地。那种仅仅为了满足当地的需要自给自足而建立的封闭式的生态循环系统,是无利于林下经济系统走向市场的。没有市场观念的生产经营系统也是缺乏生命力的。只有坚持以市场为导向和遵照地域分工,才能显示出本地区的地位和作用。

第二节　林下经济发展现状

一、发展现状

（一）发展条件

北京气候属暖温带大陆性季风气候,多年平均降水量为500—700毫米,约75%降水量集中在6月、7月、8月。冲积洪积砂是北京地区最主要的沙源。北京的风沙化土地集中分布在永定河、潮白河、温榆河三条河流域,以永定河流域面积最大,占66%,潮白河流域占25%,温榆河流域占6%,其他零星分布占3%。具体分布在11个区县129个乡,沙区面积364.27万亩（含沙质耕地、水域、其他沙质地）,占全市平原土地面积的38%。总人口244.4万人,其中劳力105.88万人。这些地区干旱少雨,土地瘠薄,植被稀疏,风沙活动频繁,成为影响当地人民群众生产生活,制约地方经济发展的主要原因。近年来,北京大力实施生态建设,开展植树造林活动,尤其是部分平原区县营造了大片防护林,但在一定程度上多为纯林,只考虑到乔木树种,林分比较单一,林地的保水保土性能差,结构和功能破缺,系统稳态很容易遭到破坏,功能将会逐渐衰退。而稳态的森林生态系统具有各种生物成分与其环境相互联系、相互制约,保持着相对平衡状态,对外界干扰的调节和抵抗力强,结构和功能是对称的,具有完整的生产者、消费者、分解者结构。

实践证明,林下经济能够促进生态环境治理工作的开展。林下经济就是人工林天然化经营理论的实际运用。在林下发展一些利用乔木生长的动植物养殖等,将单一的人工林系统构建成自然森林生态系统,景观层次分明,物种多样等,这样有利利用人工林生态系统的稳定和人工林的生长。据测算,发展林下经济地区的树木,生长量比一般林地平均高15%—20%。同时,实行林桑、林草、林药模式,增加了森林生态系统的生产者;发展林禽、林菌产业,增加了系统的禽类和微生物等消费者和分解者。从而有利于丰富目前首都森林单一的生态系统,增加植物、动物、微生物群落种类:上边是乔木层,中间是灌木层,下边是草本和动物,地下是微生物,提高生态系统的稳定性,促进森林的可持续发展。

"九五"和"十五"期间,北京市相继组织实施了第一、第二道绿化隔离地区绿化工程、京津风沙源治理工程、速生丰产林基地建设等一批重点生态建设工程,生态环境建设取得了前所未有的成就。目前,北京市共有城市隔离片林、治沙片林和速生丰产林150多万亩。目前,已形成了郁郁葱葱的森林景观。然而,随着林地的逐渐郁闭,林下土地大量闲置。如何在保护生态建设成果的同时,利用这些林下闲置的土地资源"生金产银",发展林下经济,造福于民,是北京市一直关注的焦点。林下经济是一种新兴经济,对节约土地资源,加快林业发展、改善生态环境、促进农村发展、农业增效、农民增收具有重要意义。在现代农业建设中,林下经济具有重要作用,是一项十分重要的产业,既有不可替代的生态效益,又有十分显著的经济效益,发展潜力巨大。北京市委、市政府历来高度重视首都林下经济的发展,近年来首都林下经济蓬勃兴起,发展十分迅速,它的建设与发展对保护生态环境、优化农业产业结构、增加农民收入起到了重要的推动作用。

(二)基本状况

市委、市政府历来高度重视首都林下经济的发展。截止2012年底,全市累计发展林下经济35.29万亩,实现总产值19亿元,带动8万多户、30余万农民就业。越来越多的林农参与林下经济建设,部分林农还将林下经济产品与旅游、采摘、特色民俗游等相结合,丰富了致富途径。各区县在选择林下经济种植的作物品种时,结合各地的林业及林地情况,因地制宜,重点推广近自然和仿野生食用菌、中草药、芳香类植物。目前,本市已初步形成了以林下仿野生食用菌、仿野生中草药、林缘玫瑰、芳香类植物为主要内容的林下经济产业体系。在房山、顺义、密云、延庆等区县建立了林下中草药、林下仿野生菌、治沙植物新材料示范等示范区,面积共7230亩,通过这些典型的示范辐射带动周边林下经济发展。

2008年,按照《北京市人民政府办公厅关于印发北京市2008年在直接关系群众生活方面拟办重要实事的通知》(京政办发[2008]17号)的要求,林下经济再次被列入市政府为民办实事内容,提出发展3万亩建设任务的目标。截至目前,北京市已全面完成了市政府下达的3万亩建设任务,推广辐射3.69万亩,产值达2.4亿元;投入约1亿元,预计直接收益1.4亿元,辐射带动产品深加工和农民就业等间接产值达10亿元;涉及农户9325户,参与企业54个,带动就业人数41850人,户均增收8400元。

近年来,在市委、市政府的正确领导下,在绿色奥运理念的指引下,为加大生态文明建设力度,促进生态与产业紧密结合,加快首都社会主义新农村建设步伐,北京市高度重视林下经济建设,产业蓬勃发展。目前,林下经济建设已发展到林菌、林禽、林药、林草、林花、林粮、林蔬、林桑、林葵、林瓜等 10 多种模式,社会高度关注,广大农民积极响应。近年来首都林下经济蓬勃兴起,发展十分迅速,它的建设与发展对保护生态环境、优化农业产业结构、增加农民收入起到了重要的推动作用。目前,全市累计利用林下土地资源 21 万多亩,涉及通州、延庆等 12 个区县,带动农民就业 6 万多户、24 万多人,为郊区农民年增加收入突破 12 亿元。

在今后的沙产业建设中,北京市将在有效治理和严格保护的基础上,积极引导各种经济实体合理利用沙地资源,发展特色优势产业。大力扶持一批资源消耗低、科技含量高、竞争力强、辐射潜力大、市场前景好的龙头企业,以公司加农户的形式,把沙地资源优势转变成经济优势;鼓励和引导广大农民、各种社会实体发展具有首都特色的种植、养殖、农副产品深加工和生态旅游等产业,形成新的经济增长点,促进郊区新农村建设。

(三)政府对林下产业积极扶持,增值显著

在调研和比较的基础上,通过试点建设,确定北京市林下经济补贴标准为:林菌示范点建设补贴 1000 元/亩;林禽示范点建设补贴 200 元/亩;林药、林花、林草、林粮、林蔬示范点建设均为补贴 400 元/亩。资金主要用于种苗、菌棒、种雏、围栏等方面建设补贴。目前,全市林下经济产生的直接经济收入已突破 10 亿元。仅林菌一项,就为林农增收 2.8 亿元,纯利 1.5 亿元,户均增加收入 5000 元。从林下经济单位面积增加的经济效益来看,各种模式均有增效,每亩增幅在 438—2106 元之间。林菌产业发展模式增值最大,平均每亩达 2016 元,增值较小的林药产业每亩增加收入也达到了 438 元(图 31-1)。从经济效益增长的实际来看,应大力发展林菌产业和林禽产业,有效增加农民的收入。

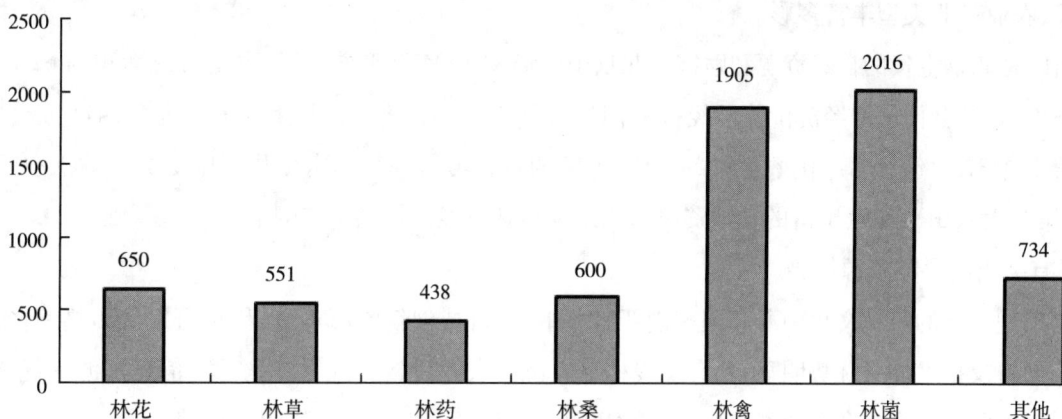

图 31-1　林业特色产业单位面积增值图(单位:元/亩)

二、发展解读

(一)发展林下经济的重要意义

发展林下经济是"践行生态文明、建设美丽北京"的重要选择,是服务首都、促进就业和富裕农民的重要途径,是巩固集体林权制度改革、保护生态建设成果永续利用的重要举措。

发展林下经济产值高。林下经济建设所获得的效益是种植普通农作物产值的 1.5—13 倍。密云紫海香堤熏衣草艺术庄园 2010 年年接待游客近 1 万人,总产值达 800 万余元,亩效益 2.3 万元左右。通州区永乐店镇的林菌亩均年纯收入可达到 1.8 万余元,户均年增收可达 2.25 万元。

林下产品受欢迎。林下产品具有纯天然、仿野生、绿色、无公害、无污染,品质好等特点,符合现代人们养生保健消费心理和需求,深受广大市民的青睐,市场紧俏,供不应求,目前林下产品前景十分广阔。

发展空间巨大。北京市现有林地面积约 1569 万亩,超过全市国土面积的 60%。空闲的林下资源为林下经济发展提供了广阔的空间,发展空间巨大。据不完全统计,适宜发展林下经济的林地面积超过 300 万亩,将成为农民持续增收的主战场。

(二)北京林下经济发展的优势

1.有显著的气候资源优势

北京地处山地与平原的过渡地带,山地约占 62%,平原约占 38%。平原地区三面环山,各山脊大致可连成一条平均海拔 1000 米左右的弧形天然屏障,形成山前山后气候的天然分界线。

由于这种地形的影响,北京的气候具有明显的地域差异。山前一带为多雨区,年降水量为 650—750 毫米;山后和平原南部地区为少雨区,年降水量为 400—500 毫米。夏季降水量占年降水量的 74%。平原地区年平均气温 11℃—13℃;年无霜冻期 190—200 天;≥10℃积温在 4200℃ 左右;丰富的气候资源为山区林下经济的发展提供了良好的自然条件。

2.有丰富的林地资源优势

北京地处环渤海经济圈的中心,具有完善的现代化建设与发展环境,区位优势显著,地貌类型多样,地域自然条件复杂,气候、植被、土壤呈有规律的垂直分布。北京的北部、东北部及西部被山地环绕,中部及东南部为冲积平原,地势西北高东南低,形成了由中山、低山、丘陵过渡到冲积台地、冲积扇地以及冲积平原的地貌组合。复杂的地貌类型使得北京的土地利用呈现出多层次的特点,适合于多种经济作物生长,农业产业类型丰富多彩。

山区是北京宝贵的自然资源和财富。北京山区面积 1.04 万平方公里,占全市总面积的 62%,山区的生态价值、社会价值和经济价值已经被人们普遍认识。2011 年,全市森林面积达 673411.8 公顷,森林覆盖率达 37.6%,林木绿化率达到 54.0%,山区的森林覆盖率和林木绿化率则更高。林下空间是农民的"第二大农田",山区丰富的林地资源为北京发展林下经济提供了广阔空间。

3.有突出的科技资源优势

北京是全国的科技文化中心和国家创新服务中心,科技创新资源丰富,科技研发实力雄厚,农业科技源头创新及技术储备优势明显,具有发展林下经济的农业科教资源、技术资源、信息资源等优势。北京聚集有多所农业高校和农业科研机构,是农业知识密集区,这些科技资源是构建北京农业技术创新、知识创新体系的基础,也是推进新的农业科技革命的有利条件。2011 年北京农业科技进步贡献率达到 69%,比全国平均水平高出 16 个百分点,已经形成了一些农业科研和现代农业技术的优势领域,为山区林下经济产业发展提供了坚实的科技支撑。

4.有广阔的市场资源优势

北京是世界上最大的农产品消费市场之一,消费群体规模大、消费种类多、消费层次高。首都广阔的消费市场空间对林下经济的发展起到了强有力的拉动作用。当前,北京经济社会已步入快速发展期。2010 年,北京市常住人口达 1961.2 万人,全市 GDP 总量突破 1.4 万亿元,地方财政收入(一般预算)

3811亿元,人均GDP达到11218美元,财政实力大大增强;城市居民人均可支配收入达29073元,农民人均纯收入达13262元,收入水平显著提高。城镇人口比率达86%。2011年,北京城镇家庭居民的恩格尔系数为31.4%,与发达国家的水平相仿,食品消费已达到"富裕型"水平。城市居民的食品消费已实现了由低蛋白、高脂肪向高蛋白、低脂肪食品的转化,也实现了由原来以粮食消费为主的消费结构向以副食品消费为主的结构转变。中高收入消费群体选购农产品首要考虑的因素是品质。发展林下经济,通过利用自然资源条件,生产无公害、绿色、有机农产品及特色农产品,可以有效地满足大都市居民消费市场的需求。

同时,随着城市生活节奏的不断加快,城市居民对生态旅游、休闲观光等方面的需求越来越大,为发展森林旅游提供了难得的机遇。北京山区作为城市的天然屏障和生态涵养地,区域内植被覆盖较好,自然风景宜人,历史遗迹、民俗文化资源丰富,已经成为观光度假与体验休闲的重要承载地。

5.有坚实的政策支撑优势

北京市农业产业布局的指导意见中明确指出,北京农业产业发展的总体目标是要通过调整产业布局,优化产品结构,实现北京都市型现代农业"生态、安全、优质、集约、高效"发展。在产业结构上,形成生态粮经种植、高效设施蔬菜、有机特色果品、健康畜禽养殖、特色名品花卉、生态垂钓观赏渔业和旅游农业、籽种农业、加工农业九大优势主导产业。鼓励农业资源循环利用,大力支持生态种植、生态养殖和种养联动的生产模式,对资源节约型农业生产模式创新和配套投入给予奖励。意见还提出,山区生态涵养农业发展圈的发展方向是发展特色农业、生态农业和休闲农业等环境友好资源节约型产业。大力发展菜蔬、杂粮、果品、中药材、畜禽、水产等特色种、养优势产业;以现有旅游景点、景区为载体,结合当地独特的人文、自然景观及土特产分布,加快发展农业观光休闲旅游和生态旅游。这些政策为北京山区林下经济的快速发展提供了良好的支持条件。

林下经济产业的发展符合《北京市"十一五"防沙治沙规划》、《国务院关于进一步加强防沙治沙工作的决定》(国发〔2005〕29号)、《北京市人民政府关于进一步加强防沙治沙工作的意见》等文件的精神,属于国家政策优先支持的领域和范围。近年来,北京市加大了对林下经济产业扶持力度,2007年,北京市专门出台了有关林下经济发展的优惠政策,指明了首都林下经济发展的方向和目标,提出了适宜京郊的几种主要的林下经济发展模式,并制定了具体的政策措施,加大了林下经济产业建设资金投入并积极利用其他渠道扶持发展林下经济产业建设,对农民合作组织给予大力扶持,引导龙头企业加强林下农副产品加工基地建立,为北京林下经济的发展提供了有益的指导和有力的支持。

2009年起,北京市启动集体林权制度改革,对于占绝大多数的集体生态公益林,按照"均股不分山、均利不分林"的原则,采取确权入股、确权确利的方式,明晰所属集体林地产权股本,依法进行股权确认,均股到户。这种林改办法有利于实现林权的流转和抵押,为进一步推动林下经济规模化发展奠定了良好条件。

(三)林下经济发展的指导思想

深入贯彻落实科学发展观,坚持"发展林下经济,建设生态文明"的思路,将林业资源优势转变为林下产业优势,打造高效的林下经济产业集群,构建完备的林下经济产业体系,推进林下经济产业规模化、市场化和产业化发展,建设全国林下经济发展先行示范区,确保北京林下经济发展走在全国前列,不断提升城市魅力,显著提高居民生活幸福指数。

（四）林下经济发展战略思路及定位

结合北京市农村经济发展和生态环境建设的实际情况,确定北京市林下经济发展战略思路:按照中国特色世界城市和"三个北京"建设要求,服务北京宜居城市建设,带动特色产业经济发展,因地制宜推进林业与农业结合、生态与经济互动、产业和景观并举,以市场为导向,以科技为支撑,坚持规模化、产业化、景观化发展方向,改善林业生态环境,培育特色产业链条、打造林下经济品牌,促进农民致富增收,打造"生态环境优美、产业特色鲜明、科技示范显著"的全国林下经济发展先行示范区。

林下经济发展定位:新农村建设农民收入新的增长点,节约循环型经济,森林经营的革命及京郊农民生产生活方式的改变。

（五）林下经济布局

为了促进北京市林下经济产业快速健康地发展,实现区域生态、经济、社会协调发展,根据北京市林下经济发展的现状,以及可供发展林下经济的资源状况,特制定林下经济发展的布局及发展重点。

林下经济布局应该遵循以下原则:科学整体规划原则、可持续发展原则、农民自愿参与原则、逐步扩大规模原则。

考虑当前林下经济资源分布情况,结合区域特点及相关产业融合思路,将形成集体连片,突出品种特色的林下经济布局。距离城市较近的区主要以发展林菌为主的林下经济产业。林菌的生产和销售离不开便捷的交通条件和通畅的市场信息渠道,因此符合上述条件的大兴区、通州区、房山区应该重点发展林菌种植,逐年扩大规模;其次上述各区在发展林菌生产的同时,应考虑与森林旅游、农家乐等第三产业的融合,应优先在森林旅游景点、农家乐集中的区域发展林菌种植,开发林菌基地参观、采摘等旅游产品,大力带动当地农户的就业,并将农村剩余劳动力分流到不同的产业,带动整个农村地区经济发展。

在北京远郊区县主要以发展林草、林花和林药种植。林草、林花和林药的种植对自然环境条件要求较高,并且林草、林花、林药主要是原材料种植,不涉及鲜活产品的保鲜问题,因此,在延庆、门头沟、昌平、平谷、密云等山区发展林草、林花、林药。在大力发展种植业的同时,还是考虑产品深加工产业的带动和发展,这样才能提高产品的附加值,促进林下经济的深入发展。

从总体来看,可以通过以下几句话概括:南部平原发展林菌;北部山区发展林草、林药、林花;海淀区小规模发展林下经济观光业、林禽养殖可遍地开花。

（六）林下经济发展战略

林下经济发展战略可以通过品牌战略、产品战略、文化战略、产业融合战略来体现。

1.品牌战略

在科技高度发达、信息快速传播的今天,产品、技术及管理等容易被对手模仿,难以成为核心专长,而品牌一旦树立,则不但有价值并且不可模仿,因为品牌是一种消费者认知,是一种心理感觉,这种认知和感觉不能被轻易模仿。林下经济产品属于农林初级产品,只要在适当的自然以及技术条件下就可以生产出来,因此容易被模仿,无法形成特有商品。因此,一定要建立北京市林下经济的自有品牌,这样在消费者心中有了一定的认知后,就不会轻易失去市场。

林下经济品牌决策是解决品牌属性的问题,即北京市林下经济采取的是生产商品牌还是经销商品牌?在品牌创立之前就要解决好这个问题。不同的品牌经营策略,预示着不同的道路与命运,如选择

"宜家"式产供销一体化，还是步"麦当劳"的特许加盟之旅。根据调研了解的各方情况分析，建议北京市林下经济应该采取经销商品牌。这是因为北京市林下经济属于由农户分散种植，不适应采取生产商品品牌，而当前很多地区都林下经济合作社，合作社负责经销，因而以合作社作为主体的经销商品牌更加适合。从总体上可以考虑林下经营的各镇的林下经济合作社作为经销商申请经销品牌。例如，通州区永乐店镇就申请了"永恒瑞泉"林菌品牌。

林下经济品牌模式的选择解决的则是品牌的结构问题，即北京市林下经济是选择综合性的单一品牌还是多元化的多品牌，是联合品牌还是主副品牌，品牌模式虽无好与坏之分，但却有一定的行业适用性与时间性。如日本丰田汽车在进入美国的高档轿车市场时，没有继续使用"TOYOTA"，而是另立一个完全崭新的独立品牌"凌志"，这样做的目的是避免"TOYOTA"会给"凌志"带来低档次印象，而使其成为可以与"宝马""奔驰"相媲美的高档轿车品牌。北京市林下经济同一经销商应选择多元化的多品牌。可以将同一产品进行质量等级的筛选，根据不同的质量等级选择不同的品牌，制定不同的价格，这样可以满足不同消费者的需求，使不同消费阶层人群都能记住产品。

林下经济品牌识别界定确立的是品牌内涵，也就是希望消费者认同的品牌形象，它是品牌战略的重心。它从品牌的理念识别、行为识别与符号识别三个方面规范了品牌的思想、行为、外表等内外涵义，其中包括以品牌的核心价值为中心的核心识别和以品牌承诺、品牌个性等元素组成的基本识别。为此，北京市林下经济的品牌核心价值应该为"生态功能性，无污染"的品牌核心价值，品牌理念为"纯天然"的品牌理念，品牌形象为"循环经济产品，致力于向人们高质量的纯天然产品"的品牌形象。

林下经济品牌延伸规划是对品牌未来发展领域的清晰界定。明确了未来林下品牌适合在哪些领域、行业发展与延伸，在降低延伸风险、规避品牌稀释的前提下，以谋求品牌价值的最大化。北京市林下经济品牌应考虑对产品深加工、旅游相结合方面延伸。

2.产品战略

强化林下经济产品的食品安全品质，实施从产地环境到产品终端的生产全过程品质管理，严格按照各类认证名牌产品的品质安全要求组织生产。还要积极申报国家绿色食品和省、市名优产品称号。

3.文化战略

林下经济属于循环经济，是社会主义新农村建设农民收入的新的增长点，同时也有利森林资源的高效利用以及大力提高土地利用效率。因此应加大林下经济的宣传力度，以循环经济作为林下经济的核心理念，宏观与微观、抽象与具象相结合，经纬穿梭，编织林下经济的特色文化。

4.产业融合战略

产业融合是不同产业或同一产业内的不同行业在技术融合的基础上相互交叉、相互渗透，逐渐融为一体，成新的产业属性或新型产业形态的动态发展过程。林下经济属于大农业范畴，因此属于第一产业。但是林下经济种植地区属于林区，拥有丰富的森林和野生动植物资源，并且随着社会的发展，人们越来越向往大自然，因此，林下经济发展应考虑产业融合。将林下经济种植、加工与城市森林旅游业相结合，进行产业融合，实现产业之间互相促进的目标。

第三节　林下经济主要模式与发展重点

一、主要模式

在实地调研并充分尊重群众意愿、切实维护群众利益的基础上，通过科学规划、合理布局，选择并确定适合当地发展的林下经济模式。全市确定了林菌、林禽、林药、林草、林粮和林花、林蔬等多种林下经济建设模式。

（一）林菌模式

林菌模式是在地上栽植乔木，树下种植菌菇的双层立体栽培模式，即充分利用林下空气湿度大，氧气充足，光照强度低，昼夜温差大的条件种植食用菌。林菌间作的优势一是不占用耕地，充分利用现有林地资源；二是基础设施标准低，资金投入较少，相对于传统设施农业，林地食用菌对基础设施的要求较低，种植户在基础设施上的一次性投入较少；三是生长期短，投资回收快，食用菌生产周期从菌棒投放到收获完毕一般不超过 3 个月，部分品种生长周期甚至只有 1 个半月，生产期短，降低了投资风险，加快了农民增收致富的步伐；四是林菌间作，促进林木生长，食用菌生长需要喷洒适量的水，大面积的食用菌生产有力地延缓了水分的蒸发，使林木生长对水的需求有了保障，从而促进林木生长。

延庆四海镇：四海镇黑汉岭林下示范种植仿野生食用菌，栽培口蘑、褐口蘑主要品种，截至目前，种植面积 800 公顷，带动农民近 400 户，人年均增收 6000 元，为仿野生模式栽培提供了有效的示范。

通州永乐店：永乐店镇陈辛庄村 200 亩速丰林的林间地内进行了食用菌种植的全面推广。速生丰产林下林菌兼作项目先后被中央电视台 7 频道、北京市电视台、通州区电视台、通州时讯、北京林业信息网等媒体广泛报道。永乐店镇陈辛庄村也因此成了富村、名村。

林菌间作种植在全区的大规模推广，带动全区林下经济产量迅猛增长。全区有 3600 多个林下经济生产专业户，户均年收入 2 万元以上。以林菌间作、林桑间作、林下养殖为主的林下经济已成为农民增收的支柱产业，并在北京郊区和河北、天津等地引用推广。

林、菌共生模式不仅节省了普通林地施肥、浇水等费用，而且促进了林木快速生长和周边生态环境的改善，实现了生态效益最大化。调查显示，林菌栽培模式可使林木年生长量提高 20%，从而缩短了大径级材的培育周期。同时，郁闭的林下环境，为林菌的生长提供了优越的条件，既每亩节省了 1500 元以上的生产成本，又使食用菌产品达到绿色食品标准，有效促进了生产循环，提高了单位林地的总产值。

大兴区青云店镇：青云店小回城从 2009 年开始利用平原杨树开展林菌种植面积 150 亩，引进香菇、木耳、袖珍菇等品种，每棒年均收益 4 元，总收入 36 万元，带动农户 10 户，20 人就业，户均收入 3.5 万余元。

（二）林粮模式

在林分没有郁闭的幼林地，大力发展具有特色的精品小杂粮，以短养长，致富百姓。

怀柔渤海镇：渤海镇有 8.4 万亩的板栗种植面积，12000 余公顷的林地面积，8000 余亩的退耕还林地。自退耕还林以来，在退耕地块逐步发展了林禽、林粮等"林下经济"，收到了良好的经济效益。到

2012 年林下谷物种植面积突破了 4000 亩。

延庆大庄科乡：延庆县大庄科乡慈母川村的林下经济作物主要是五彩薯,种在麻核桃等果树下,共计 65 亩。自慈母川退耕还林以来,一改传统上种小麦玉米的习惯,改种板栗、红果、核桃等果树。为整合并利用山林资源,慈母川在乡政府及农业科技部门的扶持下,将土地收归村集体所有,确立了"三层立体循环"的有机农业模式,在山间林地广种果树,收获核桃、板栗和红果,林上养蜂酿蜜,林下种植五彩薯、紫花生等。

（三）林药模式

在未郁闭的林内行间种植较耐阴的中草药。如白芍、百合、板蓝根、田七、天门冬等。林下种植中药材,折合每亩年收入 500—700 元,不仅有效地改善了生态,还给农民带来可观的经济效益。

延庆千家店：千家店镇位于延庆县东部深山区,根据当地的气候条件和丰富的林地资源,非常适宜林药的发展。该镇从 2005 年开始种植黄芩,在镇政府号召及资金补助的政策下,村民种植黄芩的热情高涨,发展规模不断扩大。截止目前,全镇共种植黄芩等中药材 1.3 万亩,每亩三年后亩产 600 公斤(鲜重),按每公斤 3 元计算,亩产值达 1800 元。黄芩的嫩尖可做黄芩茶,根可入药,黄芩花开的时候一片紫色,万亩的紫花不仅酝酿着收获,而且给风景优美的千家店更添秀色,给辛勤的人们增添了无限的喜悦与希望。

门头沟雁翅镇：门头沟地处山区,海拔较高,地理环境较差,但是很适合黄芩的生长,在不少地区都有野生黄芩分布。根据其自身条件,门头沟区斋堂镇、清水镇、雁翅镇、妙峰山镇等地在发展山区林地建设的同时发展黄芩种植产业。据门头沟区园林局有关负责人介绍,现在该区雁翅镇已将种植的黄芩与当地文化结合起来,推出了"灵之秀"、"举人茶"、"大村三宝"等产品,并借助每年一度的"旅游观山推介会",推出京西品山茶、观山茶、采山茶自驾游系列活动。林下经济带动了京西旅游,林农们在收益得到增加的同时,获得了更多的就业岗位。

雁翅镇开展林下黄芩种植面积 1000 余亩,通过成立大村山茶专业合作社,开发灵之秀黄芩野山茶系列产品,带动农民近 200 户,400 余人就业,户均增收达 1.4 万元。

密云县不老屯镇：大力发展林下中药材种植,目前栽植面积达 20 多公顷,主要品种有丹参、黄芩、桔梗、白术等 20 多个品种。示范点参与农户 180 多户,带动就业 220 多人,总收入 90 余万元,户均收入 5000 多元。

（四）林花模式

花卉的种类繁多,通常可简单分为草木花卉和木本花卉两大类。林下种植或以育苗为主或以种植花木为主。对于稀疏林可以培育木本花卉苗,间距大时还可培育喜光的观赏花木。而对于种植密度较大的林地或果园,多以种植草本花卉为主。

延庆四海：延庆县选定有特点的乡镇,建立起高标准的林下经济综合经营示范区。四海镇大面积推广林下玫瑰、茶菊种植,开辟生产香料与饮品的新市场。

四海镇气候非常适宜玫瑰、菊花和食用菌的生长。政府对区域进行了区划,利用楼梁村地处深山,海拔较高,特有冷凉天然条件,发展茶菊;利用黑汉岭村松林繁茂,有大量野生食用菌自然生长的特殊环境,进行仿野生食用菌驯化和栽植及特色林药猪苓的种植示范;在公路两侧进行玫瑰产业带建设。

延庆县大榆树镇：林下种植茶菊 6.67 公顷,共投入资金 10 万元,带动当地农户 30 户,年收益 13 万元,户均增收 1000 元。

门头沟妙峰山玫瑰种植:妙峰山镇大力开展玫瑰种植,形成万亩玫瑰种植基地,打造门头沟玫瑰特色产业,带动了生态旅游发展。当地通过成立专业合作社,开发玫瑰产品加工,促进了 200 余户农民就业与增收,玫瑰花加工年产值达 1000 余万元。

大兴安定镇亮民宇翔香草基地:大兴区安定镇开展芳香类植物种植示范,建立亮民宇翔香草种植基地,种植薰衣草、猫薄荷、柠檬荆芥、百里香、迷迭香鼠尾草等 20 多个品种,同时大力开发香草产品加工,包括精油、纯露、香包、香囊、特色香草产品,促进当地经济的发展,带动当地农户就业增收。

（五）林桑模式

林桑模式形成双层植被垂直结构,行间种植桑为主的水平结构。林与桑的地上部分与地下部分均可以实现产业链的循环。

密云县河南寨镇:在集中连片的杨树林下栽植饲料桑 33.33 公顷。为确保树木正常生长,村里成立了 10 人参加的管护队伍,对树木进行浇水、病虫害防治等管理。饲料桑基地的建成,为牲畜提供了优质饲料桑,年效益 4 万元,带动农户 380 多户,每户农民增加收入 1000 元,带动 80 多人就业。

通州永乐店镇:开展林桑示范种植万余亩,亩产鲜茎叶达 6 吨,通过建立天然桑叶粉加工车间和桑茶加工车间,提高了林桑产品的开发力度和附加值,产品出口到日韩等国,年销售额 6000 万元,利润达 1500 万,解决当地农民 300—500 人的就业问题,农民年增收入近万元。

（六）林禽模式

在林下透光性、空气流通性好、湿度较低的环境条件下,放养或圈养鸡、鸭、鹅等。发展"林下养禽"是充分利用林下土地资源,发展养殖产业,实现林牧优势互补、资源共享、经济共赢的复合经营模式,是促进地方经济发展,开辟农民增收渠道,改善生态环境的有益途径。林禽模式主要是在林下养殖柴鸡。林下为柴鸡提供生存环境,鸡食昆虫,不需再喂任何添加剂,同时,鸡粪还可以为树木提供肥料,实现了林"养"鸡、鸡"育"林。

平谷大华山镇:梯子峪林下养殖柴鸡,利用林下空间,开展林下养殖柴鸡,养殖面积 33.5 公顷,饲养柴鸡 3 万余只,同时又开发了"满山找"品牌柴鸡蛋,产蛋 80 万公斤,带动农民 50 户就业与增收。

顺义杨镇青神园林基地:充分利用林下花冠草复层结构,探索林草与林下禽类养殖复合经营,初步形成了"鸡吃林中草,草肥林下鸡;鸡是锄草鸡,草是鸡口粮;循环利用好,生态又环保"的复合型循环经济。示范效果显著,亩产值达 1 万元,为林农致富创出了一条新路。

（七）林草模式

在郁闭度 0.7 以下的林地,种植不同种类的优质牧草。如苜蓿、黑麦草、鲁梅克斯等。在此模式中,草本植物可作为纽带,使系统成为自给自足的经济型生态系统。草本植物所发挥的功能主要在于:增加地表覆盖率,有效抑制幼龄林地的水土流失和扬沙起尘;改善树木生长环境,降低盛夏地表温度,减少病虫害发生,提高林木的成活率;地表部分刈割后可直接作为树木的绿肥;地下根系改善土壤的理化性质,更有利于保水、保肥;作为饲草供给草食家畜,家畜粪便直接还于林地,提高了土壤肥力;林地土壤有机质含量逐步提高,同时降低了化肥的施用量,减少了对环境的污染。

目前推广的草可分为三叶草、苜蓿等豆科类和薄荷、紫苏等趋避性植物,即使是野生草,也可作为肥料,改良土壤,增加土壤有机质。

大兴区北藏镇老胡梨园:北京老胡梨园位于北藏镇八家村东,基地面积 100 亩。梨树下种满了孔雀草、紫苏、罗勒、苜蓿等驱避植物,园主对其定期管理养护。

果园种草可以保墒抗旱,调节地表温度。另外,茂盛的草丛给梨木虱等害虫的天敌七星瓢虫、草蛉提供了生长空间,光是农药就节省了不少开支。果园树下种的紫苏不仅美化了果园环境,还可供游客采摘,特别受游客的欢迎,又增加了一笔可观的收入。果园生草技术对果园的改变虽不是立竿见影的,但它对果品的好处却是意想不到的。

平谷区大华山镇:利用果树的林下空间种植牧草 33.33 公顷。通过林草种植既能对果树提供氮、磷、钾等营养成分又能起到保水、保墒、净化空气的作用,也带动了养羊业的发展,有效解决了现有养殖饲料不足的现状,生态效益和经济效益均十分显著。

(八)林游模式

林下旅游不单是看植被、鸟语花香等自然风景,还有更多的功能性价值蕴含在内,比如登山锻炼身体,听鸟鸣、流水声,修身养性,放松身体机能,更多地体现人们生活的态度和价值观,通过森林旅游促使大家热爱自然,培养保护环境的意识。舒适、愉悦、伦理、责任,应该是森林旅游所传递出来的东西。另外,森林也是很多专项旅游活动进行的场地,比如科普教育、爬山等,所以,森林旅游范围很广。

延庆四海镇:打造"四季花海"林游模式,通过开展林地菊花和万寿菊种植,形成了极具观赏性的菊花一条沟和千亩万寿菊景观,总面积达 500 余公顷。当地充分利用资源优势,以"四季花海"为主题,大胆尝试花卉与旅游相结合的新兴产业模式,带动当地 350 余户就业与增收。

门头沟妙峰山镇:近年来,妙峰山镇的旅游产业得到了较大的发展。为了更好地利用当地的旅游资源,妙峰山镇将原来单纯以出售鲜花为主的玫瑰种植产业发展为出售鲜花和旅游观光相结合的新型发展模式,并建设以景观、生态旅游为载体,集观光旅游、户外休闲为一体的林游模式。

从发展来看,北京地区林下经济的产业模式主要有六种,即林禽产业模式、林桑产业模式、林草产业模式、林药产业模式、林花产业模式及其他类型。目前,首都林下经济产业结构有待于进一步优化,扩大林菌产业、林禽产业等新兴产业的规模和比重(图 31-2)。

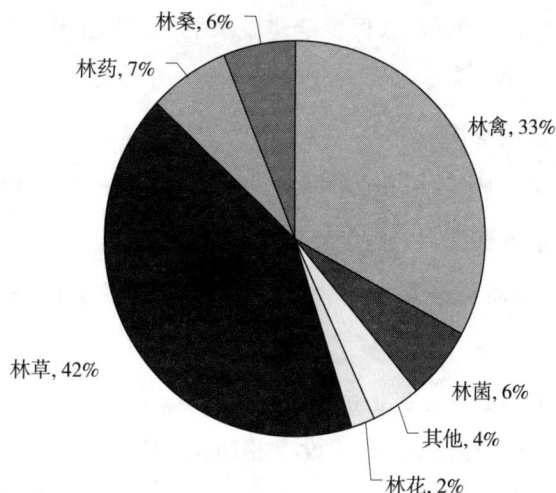

图 31-2 首都林下经济产业模式比例

二、发展重点

（一）加强领导、提高认识

各级主管部门通过合理规划，密切配合，全市林下经济示范建设取得了一定的成效。但由于对林下经济发展的认识理解不同，观念不同，加之地区资源分布、区域特点的因素，对林下经济认识程度不尽相同，对地区资源的利用仍处在低水平，一些地区照搬别人的建设模式，不能因地制宜，结合本地区的资源发展。下一步林下经济建设应切实加强领导，提高林下经济的认识程度，合理规划，更好地开展建设。

（二）提高林下经济的建设的规模、程度与质量

根据调查统计，全市适宜发展林下经济的林地面积约 150 万亩，其中坡度在 15 度以下的山区有 100 万亩、平原地区治沙片林 50 万亩。林下经济单位面积增收幅度约 438 元—2106 元。发展林下经济可以节约土地资源，促进森林的可持续发展，对保护首都生态环境、优化农业产业结构、增加农民收入起到了重要的推动作用。林下经济应通过示范点建设，带动与推广林下经济纵深发展，扩大建设规模，提高建设质量。

（三）加大资金投入，为林下经济发展提供连续性的政策保障

林下经济的发展是森林经营的一场新的革命，林下经济属于新兴的林业循环经济，是京郊农民新的生产、生活方式的转变，也是农民增收致富新的渠道来源。农村经济相对落后，由于地方财力有限等原因，用于林下经济建设的发展资金投入不多。虽然相关部门出台了用于扶持发展的政策，但由于产业建设尚处在发展阶段，还没有形成稳定的资金投入机制，各级政府应加强对林下经济发展的支持，为林下经济发展提供连续性政策保障。

（四）加强培训，提升林下经济建设科技含量

各级主管部门通过引进技术、加强培训，做好服务，提高工程建设的管理水平与建设水平。同时，加强与科研机构的联系，建立长期技术合作体制，引进推广了栽培、养殖技术，以协会为依托，强化技术培训，举办各种培训班，发放宣传材料，加强对农民生产建设水平的培训工作，推广林下经济的好的经验，提升林下经济建设科技含量。

（五）加快产品的开发与精深加工

全市林下经济建设的产品品种比较单一，新产品的开发与精深加工规模、技术、设备水平不高，产品深加工能力不强，产业链条不够深入，产品加工工艺缺少高科技、新技术的应用。应加快产品精深加工，加强新产品开发，同时积极引进龙头企业参与，带动林下经济产品的加工与开发，满足市场需求。

（六）提高林下经济建设的组织化、专业化程度

林下经济组织化程度已经有所提高，一些建设点相应成立产业协会。在组织农民生产，提供产品信息方面起到了很大作用。但是，随着产业生产规模的不断扩大，还需要进一步完善专业合作组织，健全流通体制，培育集中连片的专业村组和专业大户，有组织地进行生产加工与销售，提高市场竞争力。

第四节　林下经济发展保障措施

一、大力发展农民专业合作组织和行业协会

加快发展农民专业合作组织和行业协会,提高农民组织化程度。坚持以市场为导向、农民为主体、利益为纽带,发展与规范并重的原则,积极培育、加快发展农民专业合作组织,制定农民专业合作组织试点建设发展规划,引导规范化发展。壮大农民专业合作组织和协会的发展,培育新型林业产业、促进都市型现代林业产业的发展,满足市民的生态经济消费需求,促进新技术、新品种的开发与推广。提高农民素质和组织化程度,提升产业化经营水平和农产品市场竞争力,缓解市场风险、自然风险和技术风险,加快农民增收步伐,促进农村的发展和稳定。

提高组织化程度。一是加强协会建设。按照"民办、民管、民受益"的原则,鼓励经营主体在优势区域率先发展一批专业协会和专业经济合作组织,通过协会和经济组织加强第一、第二、第三产业之间的链条联系,搞好对农民的技术指导的市场信息服务,提高农民的组织化程度。二是实施龙头带动。按照"公司基地农户"的产业化利用联结机制,以龙头企业、重点市场为主体,在标准化生产、统一供种、联合采购、联合销售、加工增值、贮存运销、科技推广、资金筹措等方面发挥积极作用,实现千家万户与大市场对接。

通过财政支持、税收优惠和金融、科技、人才的扶持以及产业政策引导等措施,促进农民专业合作社的发展。支持农民专业合作组织以其成员为主要服务对象,提供农业生产资料的购买,农产品的销售、加工、运输、贮藏以及与农业生产经营有关的技术、信息等服务。成立产业协会,由协会规范产业发展,制定产业行业建设标准,发挥农民和市场之间的桥梁作用。

二、建立抵押担保机制

探索建立多种形式的担保机制,引导金融机构增加对"三农"的信贷投放,注重发挥政府资金的带动作用、放大作用,提高政府资金的使用效率,引导农民和社会各方面资金发展林下经济。建立政府启动抵押资金、企业担保、中介操作、银行把关的多方联动机制,实现风险共担、利益共享、水平提升、产业发展的目标。

三、建立贴息补助、本金偿付机制

从财政拨款改为贴息贷款、本金偿付机制,发挥财政政策的宏观调控作用,强化林下经济科技与经济、产品与市场的有机结合,提高农产品市场竞争力,调整产业结构和产品结构,优化生产经营方式,促进首都林下经济发展和增加农民收入。对盈利性项目的抵押贷款实行企业借款、分期还本、财政部分贴息补助;对主要为农户服务的产业化项目,对生产设备类固定资产投资贷款给予一定本金偿付,全额贴息补助;对"公司+农户"合作组织的林下经济项目其基础设施投资贷款给予财政本息补助,对农户贷款进行全额贴息补助和一定的本金偿付。

四、实行政府直投机制

林下经济建设先期投资相对较大,北京市农村经济相对落后,由于地方财力有限等原因,用于林下经济建设的发展资金投入不多。虽然相关部门出台了用于扶持发展的政策,但由于产业建设尚处在发展阶段,没有形成稳定的资金投入机制,政府资金投入相对实际投资所占比重不高,水利等基础设施投入较大,需要加大对林下经济建设的资金投入力度。

加大对林下经济的投入力度,逐步形成目标清晰、受益直接、类型多样、操作简便的补助机制。支持林下经济科技项目,加快推进林下经济技术成果的集成创新和中试熟化,引导企业向基地农户推广新品种新技术,对科技成果产业化转化和国内外先进技术引进等进行直接投资补助;引导人们健康的绿色消费理念,提高人们的生态文化素质,促进公众生态建设和环境保护价值观的转型,对具有一定规模的公益性项目直接投资补助;因地制宜地发展特而专、新而奇、精而美的新兴林下经济产业,对新兴的产业项目实行直接投资补助。

一是加强林下经济基础设施建设。当前农业整体水平不高,农村基础设施和公共服务比较薄弱,林下经济基础设施亟待加强。根据专家论证意见,对林菌产业的微喷系统,林禽产业的围栏、圈舍、用电、道路、保鲜库,林草(药)产业的小型收割机、打捆机、烘干机等基础设施进行适当的补助。

二是加大林下经济的产业建设。林下经济的发展离不开相关产业的有力支持。在对基础设施进行补助的同时,对林下经济产业中的菌棒、种雏、籽种、苗木等给予适当补贴。

五、建立产业风险互助机制

按照政府引导、政策支持、市场运作、农民自愿的原则,加强自然灾害和经营风险互助体系建设,实行产业风险互助。采取三个"一点"筹资方式——农户交一点、企业捐一点、政府配一点,建立风险互助金,提高风险互助能力,完善产业巨灾风险转移分摊机制。对确实因干旱、禽流感等自然灾害、疫病和经营不善的农户按照损失补助的范围及标准、损失发生后的报告、损失的认定和计算,以及补助额度等进行互助,对其再生产给予一定资金扶持。保证农民自产自救、恢复生产,收入的稳定增长,防止林下经济发展的大起大落,使林下经济步入可持续发展轨道。

六、以绿色育特色,以特色赢市场

绿色、环保和贴近自然的生产方式和稀缺、纯绿色产品,是林下产品的比较优势。林下养殖家禽要以培植草、禽、虫林下生物链为主,饲料养殖为辅,生产真正的绿色健康禽蛋产品;林下种植要选择喜阴、适应林地肥力条件、市场稀缺的小杂粮、中药材和工业原料型农产品等。规范好产前、产中、产后的无公害管理,确保无公害、绿色和生态安全。林下食用菌生产要注意开发夏季产期,更多地填补市场空白。

七、共赢促绿色,绿色保共赢

林下经济是以生态、社会、经济三大效益相统一为前提,要防止为林下而林下、顾此失彼或变相"退林还耕"。加强林地资源的协调管理,制定林下经济区域、产品调整规划,实施种植、养殖年度轮换,养殖和种植互为条件、互补多赢。

八、培育龙头,规范发展

为有实力、懂技术、善经营的林下产业种植养殖大户开辟发展空间。培育一批竞争力强、带动面广的龙头企业和产业集群,推行联户经营,发展经纪人队伍,完善"企业+基地+农户"经营模式,延长林下产业链条,加快生产、加工、运输、仓储、销售等环节逐步配套,形成产加销一条龙的产业化经营体系,提高林下产品的附加价值。努力打造特色知名品牌,以品牌效应提高市场竞争力。积极促进林下经济合作组织建设,提高农民组织化程度,强化行业内部规范,促进公平竞争。

九、科学引导,合力发展

注重产业引导的超前和适度性,林下经济属于刚出"地平线"不久的新兴产业,要及时开展阶段性总结和思路梳理,防止一味行政推动,引起产业、产品和规模结构性失衡。注重产业引导宏观性和服务性,加快政府部门从一般号召为主向政策调控为主转变。研究出台体现普惠、扶持、促进原则的林下经济鼓励政策。着力完善林下产品所必需的信息平台和运销绿色通道,积极落实好农产品出口、内销等普惠政策,避免用行政命令、资金扶持等手段搞"一刀切"式大推动。注重政府部门协调性,建立农、林、畜齐抓共管的协同机制,林地资源和资金配置要打破部门界限,充分发挥相关农林资金渠道的作用,支持林下产业龙头企业科技创新、技术改造、新产品开发、精深加工和市场开拓。促进各类资源向林下经济领域流动。构成大农业复合经营和产供销纵向产业链条,形成优质高效的现代化生态农业。

十、科学制定林下经济技术规程

要在发展的基础上,统一规范林下经济的技术框架与内容,如在品种、生产环境、林地承载量等方面确定技术参数,科学制定林下经济不同模式的技术规程,作为行业的指导性文件,规范林下经济生产行为,协调林下种植和养殖关键技术,为各地发展林下经济,开展规范性生产,实现经济、生态和社会效益有机统一发挥积极作用。

第三十二章　北京水岸经济

城市多功能的都市农业产业体系主要由高效农业、休闲农业、水岸经济、精深加工农业等都市农业产业群构成,这样的产业群可以促进城乡统筹发展,在经济、生态、社会等方面全方位实现城乡一体化。本章主要介绍作为都市农业产业群重要组成部分的城市水岸经济的发展背景、内涵与基本理念,并概括出水岸经济的开发原则,即多元开发原则、整体性原则、保护性原则、规模控制原则、多中心建设原则、创造地域个性原则。在此基础上,总结了北京水岸经济的发展现状,北京发展水岸经济开发需要具备的条件,以及水岸经济的几种发展模式,即高度集中开发模式、回归滨水公共生活模式、生态恢复和可持续发展模式。

第一节　水岸经济概念、内涵与特征

城市与水有着不解之缘。水是许多城市文明的发源地,水资源是影响城市经济生活、社会生活和文化生活的重要因素。所谓"水富则人聚市生,水贫则人走市凋,水尽则人绝市灭",城市滨水地区一直是关系到所在城市能否保持良性运作及可持续性发展的关键性区域。

自 20 世纪 80 年代以来,应全球化时代"主题城市"与"区域化竞争"的发展要求,世界各国均结合自身的发展阶段,发展条件与发展机遇,从各城市发展的技术因素、环境因素、经济因素以及政治因素等方面对滨水地区的复兴进行了大量有益的探索和实践,并取得了可观的成效。滨水地区的复兴已成为各城市解决环境恶化、经济衰退及社会贫困等城市问题的主要手段。

城市滨水地区的开发建设已经成为当代中国城市建设的热点。目前,上海、深圳、苏州、天津、南京等众多城市均进行了大规模的滨水地区的规划设计与建设工作,并取得了可喜的成绩。水资源、水环境与水岸经济正在成为当代中国城市滨水地区改造的三个基本要素,能否正确处理好城市生态与水资源、城市生活与水环境以及城市经营与水岸经济之间的辩证关系,切实贯彻以"水"为本,以"水"为题的规划思想,突出自身特色,实现滨水地区在城市经济、社会与环境效益等方面的最优化与可持续性发展,是决定转型期时中国城市的滨水地区改造成功与否的关键。

一、概念与内涵

"水岸"通常指水体和陆地的景观边界,是在特定时空尺度下,水、陆相对均质的景观之间所存在的异质景观,包括大到海岸、江岸、湖岸,小到溪岸、渠岸、池岸,也包括城市内河护岸,公园及住宅区内人造水池、小溪的护岸。在自然状态下,水岸形态通常表现为与水边平行的带状结构。

"水岸经济"是指充分利用城市滨水地区的自然生态条件和独特的地域文化特色,综合运用现代城市经营的各种理念与方法,通过对滨水地区有限的自然生态和社会与文化资源的重塑,为实现城市整体效益的最大化与可持续性发展而进行的城市开发活动。水岸经济是一种可以带动区域快速发展的经济发展模式。

"水岸经济"的发展重点是依托城市滨水沿岸发展零售业、观光旅游业、餐饮业和文化娱乐业,使城市滨水地区由原来的交通运输用地、仓储码头用地或工矿企业用地等较为单一的用地转换到以金融商贸用地、旅游文化用地和生态居住用地等多种性质用地交叉混合为主的多功能区域,实现滨水地区由生产型到综合服务型的转换。"水岸经济"的开发与建设要与周边区域融为一体,统筹兼顾。在使本地区成为所在区域的经济与社会发展龙头的同时,促进并带动整个城市的共同发展,将城市滨水地区整合为一个"全新"的社区,成为城市新功能、新生活与新经济的开发媒触。

二、特征

(一)依托城市水系

发展水岸经济需依托城市水系(江、河、湖、海),充分利用城市滨水地区沿岸的自然生态条件和独特的地域文化特色进行城市开发活动。

(二)多元化开发模式

城市滨水地区的改造与更新往往需要巨额的资金投入,投资主体的多元化已经成为当代中国经济发展的一个主要趋势。借鉴西方发达国家的"公共投资建设引导个人投资"的城市开发方式,为提升城市品质并降低公共社会资本,采用公私合作的多元化投资开发模式是滨水地区"水岸经济"建设的必然选择。多元开发模式还体现在城市滨水区域规划应该建立"混合功用"的功能结构,而不是单一的功能区。城市滨水地区建设的发展目标也应该是一个多元化的综合目标,即通过水岸经济的开发来实现城市社会的、经济的与环境效益的最佳组合。

第二节 水岸经济开发基本原则

随着会展经济、文化地产、商业地产及都市农业等新型城市运营策略的兴起,城市滨水地区的水岸经济正走向一个更为开放与多元的发展时期,然而,在纷繁复杂的表象背后,坚持贯彻以下几个基本原则为主导的开发策略始终是城市滨水地区水岸经济成功发展的关键。

一、多元性

1961 年,简·雅各布斯(Jane Jacobs)出版了《美国大城市的生与死》,从"城市的多样性"的角度明确提出了"混合功用"的概念。她从城市职能的使用时间对人们出行时间的影响来描述城市的社会经济职能,提出了有别于传统的按照生产活动方式分类的"功能"的"功用"概念,具有独特的社会经济意义。从社会学角度来看,混合的功用有助于人们的接触、交往,增加城市的宜人气氛和人们的安全感;从经济学角度来分析,这是对城市公共设施的一种合理有效的利用。

悉尼大学教授彼得·德勒格(Peter Droege)将多元化、土地的混合利用和社会公平视为评估城市滨水地区发展的标准。他认为滨水地区规划建设应为从低到高的社会各阶层提供各种商业、工业、文化和居住机会。因此,"多元化开发"原则已经成为当代中国城市滨水区改造的必然选择。"多元化开发"不仅包括土地使用的多元化、街区形态的多元化、投资主体的多元化,还包括发展目标的多元化。混合使用土地开发模式可以提供具有多种活动内容和多种体验的环境,将城市的"住"、"职"、"游"有机的联系在一起。多元化的土地使用也意味着多种类型、多种形式的建筑物成为开发建设的必然。街区形态的多元化可以满足不同大小地块的建设要求,同时适应不同类型的相关设施以及多种建筑形态的建设需要。街区形态的多元化是城市走向成熟与健康的社区的主要标志。美感和视觉的多样性是建筑师在城市环境中追求的品质。多元化的街区形态也为城市建筑风格与形式的多样性提供了可能。

在"多元化开发"模式的建构中,应当建立以娱乐、旅游、观演游览、商业以及其他户外活动为基本功用的主体,并带动零售、餐饮、休闲、健身等其他服务为代表的从属功用。成功的滨水混合开发区具备的几个主要的使用与设施元素,可以归纳成一个"秘诀"(S-E-C-R-E-T):购物(S-Shopping),展示(E-Exhibition)、会议(C-Convention)、休闲(R-Recreation)、娱乐(E-Entertainment)、旅游(T-Tourism),局部作为办公、住宅或旅馆。高密度,混合型的开发模式,可以营造出富有吸引力、社会凝聚力和低耗能的生态城市,使城市居民的住、职、游均在当地进行。城市大小、人口密度和土地使用的多元化是建设滨水地区综合性生态城市的关键要素。多元化的混合开发模式需要多种交通方式(私人汽车、公交车、水上巴士、自行车和步行)和多功能的建筑。城市开发的多样性与多元化有利于兼故多种环境因素和不同开发主体之间的利益协调。

二、整体性

城市水岸经济开发是一项系统工程,涉及水安全、水环境、水资源开发利用、城市景观、城市设施建设等多方面问题,需要有效协调流经地区各个行政单元和主管部门。而在城市河流开发治理,尤其是我国城市河流开发治理过程中,由于沿岸各区利益诉求不同,上下游城市景观、基础设施、产业资源等难以形成有效对接。因此,水岸经济发展必须有一个整体的规划,覆盖资源的保护、交通的发展和经济活动的设计与实施。这里突出了一个综合管理的理念,即决不能不同部门各行其是,必须由相关部门共同制订和实施河流资源的综合开发。上海苏州河综合整治一期工程的最大失误就是没有实现河流整治与河岸开发的同步,导致苏州河河岸被大量房地产项目割据,损害了苏州河水岸经济发展的整体价值。

三、保护性

城市水岸区作为城市中与自然环境密切关联的地区,在其范围内进行的经济技术活动必然会对自然生态环境产生影响。而且,有的城市水岸区规划设计缺乏完整的系统和有效的方法,在城市、建筑、植物上追求时尚,求新求美,追求形象和视觉效果大于实际的人的需要和大自然的本质规律,都不是科学的做法。因此,利用景观生态学、城市生态学、植物生态学等原理指导规划设计,并通过一系列的方法技术,在保护性原则下建立动态的协调,同时又能满足人们的需求。比如依据景观生态学原理,模拟自然河道,保护生物多样性,维持景观功能流的健康与安全,增加景观异质性,促进自然循环,构架城市生态走廊,实现景观的可持续发展,等等。比如上海在苏州河岸线进行了绿化景观建设和生态修复建设,先后在苏州河沿线新建了梦清园、面粉厂绿地、苏堤春晓绿地、白玉路绿地、华东政法学院绿地、长风生态商务区绿地等46辐大型块状绿地,同时在沿线贯穿线状绿地。加之沿线居住区和公园绿化,苏州河普陀段绿化面积超过100万平方米。通过大型绿地建设及沿河水生植物的种植,河水得到一定的净化。在白玉路段建设260米长的活水瀑布景观,通过曝氧增加了苏州河河水的自净能力。对苏州河沿岸几家混凝土搅拌站实施搬迁。通过产业结构调整、开展清洁能源替代以及科技创新等途径,推进燃煤锅炉改造减排,减少二氧化硫的排放,改善了大气环境质量。

发展水岸经济,不能只是将水作为吸引点,仅考虑如何从商业、居住、运输以及娱乐等产生的附加值中获益,而忽视对水和水岸资源的保护。必须认识到,保护良好的河流和水岸资源是水岸经济发展的根本。由此,在规划水岸经济发展蓝图时,必须确保河流和水岸自身价值在开发过程中增值,以保护性为原则,以支持水岸经济持续发展。

四、适度性

为了取得成功,滨水地区的开发建设必须拥有足够数量的零售、餐饮和休闲等设施,"临界规模"的限定应该视所在区域的市场大小和竞争程度的不同而定。规模过大则会超越所在地区的区域环境与社会经济承载力,造成流域地区生态与经济的不可持续性发展;规模过小则无法形成必要的地区集聚力和辐射力,无法实现预期的开发目标。大规模的滨水地区开发要兼故所在区域的经济实力、传统商业环境和当地市场的消费能力与业态竞争状况。随着人口的集中,资源与环境问题的不断加剧,地区承载力已经成为城市规划与管理部门用来决策社会经济发展的一个重要工具。长期以来中国的城市规划方法多以定性的线性规划理论为主,缺乏必要的定量化数据分析与研究。城市规模的确定缺乏定量的自然资源和社会资源的分析作为依据;规划方案的形式缺乏将土地和空间通过社会经济发展规划与其他资源相结合的定量化研究;规划方案的最终评价也缺少适宜的指标体系和定量的评定标准。这些问题均是困扰当前中国城市"水岸经济"开发成功与否的关键性问题。

适度性原则还包含对城市技术和基础设施建设的开发与评估方面。良好的城市生活条件在很大程度上还取决于先进而完善的城市技术设施与基础设施的建设,尤其是针对城市滨水地区建设的"水岸经济"行为更应该兼顾城市基础设施的建设,将环境、安全、建筑、城市及市政设施等同时作为一体化的整体来考虑。

五、异质性

用地规模大,投资大及建设周期长是当代城市"水岸经济"的一个共性。多中心的开发策略是避免城市滨水地区呈现主题缺位与同质化现象的有力手段。

城市的多中心建设有利于在总量上保持不同街区之间寻求土地开发强度的均匀以及城市不同地区在人口和就业密度上的平衡,以避免因大规模的人流、物质流与交通流迁移而形成的能源消耗与城市混乱。多中心建设的选址要结合具体的地段与开发能力,因地制宜。通常采用的方式是充分利用并结合城市公共交通等重要公共性基础设施的建设,通过增加该处的人口和城市活动来营建多样化的局部中心地带。多中心建设要合理规划业态组合和市场定位,兼顾不同类型商业娱乐中心建设的"聚集效应"

和"磁力效应",并通过日间和夜间不同时段的精心策划与组织,创造滨水区两岸丰富的生活情境与全新的城市体验。

多中心建设同样需要多种交通方式与多功能建筑的支持,有利于适应不同环境因素与不同集团利益的需求。

六、地域性

在实施多中心建设的同时,针对每一特定城市的滨水地区开发,保持城市滨水区两岸建设的区域整体个性与共性,为市民与游客提供独一无二的城市经历是"水岸经济"开发的另一个重要原则。地域个性一般可以通过突出水族馆、科学馆、公共表演场以及富含文化意义的历史性地段在整个区域中的核心地位与作用来呈现。

新世纪,随着地产品牌企业在全国的迅速扩张,各城市地域板块间的差异化竞争也愈发激烈,如何给城市一个"魂",即挖掘出所在城市的文化底蕴与自然特色,并根据城市之"魂"演绎出一套特色鲜明、格局清晰的开发方案是经营好一个城市的首要条件。针对具体的城市滨水地区开发,怎样紧密结合城市特有的水环境、水资源与水文化,打造滨水城市特有的"水之魂"是避免城市"水岸经济"将城市的滨水型开发用地转变为通常的普通型开发用地的关键性因素。近期完成的韩国汉城清溪川改造是城市河流开发的成功事例,政府斥资3.6亿美元,修复有600年历史的清溪川,包括21座特色桥梁、文化墙构成文化长廊、恢复两岸地方风味特色等。估计产出效益是投资的59倍,在全国产生23.78万亿韩元生产和附加值效果,解决汉城24.4万个就业岗位,每年200—300万名外国游客(图32-1)。上海苏州河(普陀段)同样体现了上海城市发展的轨迹和城市文化的积淀。苏州河悠久的历史造就了沿线丰富的人文资源和众多的优秀历史建筑。我国民族工业最早发展的纺织、面粉和火柴三大轻工行业,都发端于普陀区,留下了一批历史产业建筑。这些建筑层曾在上海乃至全国工业经济史上创下最大、最老、最全等纪录,如荣宗敬、荣德生兄弟创下的阜新面粉公司。同时,苏州河(普陀段)沿线还有许多具有保留价值的公寓、里弄、学院和仓库等建筑。对这些历史文化遗产,注重进行开发性的保护,使之成为城市的珍贵记忆。比如:将申新九厂旧址改建成纺织博物馆。占地240亩的工业遗址博览园,融历史建筑底蕴与现代时尚元素为一体,建成后有望成为展示上海工业文明轨迹,并有效发挥文化、旅游及休闲功能,成为大型工业遗址公园。

当代景观规划设计的核心不是"空间构成"与"景观建设",而是"行为策划"。因此,富于开放性与创新性的城市庆典、节目的策划与组织是发展滨水地区经济、提升滨水地区活力,创造城市个性的有效手段。这方面成功的案例包括:哈尔滨市松花江的"冰雪节",长江三峡一年一度的"赛龙舟"和海南博鳌水城的亚洲论坛年会。上海苏州河建成了梦清园苏州河展示中心和造币、印钞、纺织、丝绸、游艇游船博物馆,另有成龙电影艺术博物馆等长风"一园十馆"项目也在建设。文化活动方面,以苏州河为主题的文化活动缤纷多彩,苏州河城市龙舟邀请赛、苏州河文化艺术节成为上海文化活动品牌等,还成功举办了"中国姿态"首届中国雕塑大展上海展等各类文化活动,文化长廊之"韵"日益浓郁。善于挖掘城市的个性和地区历史文化的传统与民俗风情,充分考虑现存自然资源的特性,以及水和水岸要素在产业和项目设计中的地位,是决定行为策划成败的关键。

城市水运是当代扩大城市旅游的一项重要辅助手段。因此,利用滨水地区的改造更新,充分利用水资源,发展城市旅游经济是"水岸经济"的另一热点。创造全新的滨水体验将有利于弥补城市内部旅游

图 32-1　韩国首尔市清溪川的治理（分别为清溪川复原前、后景）

资料来源：仇保兴：《城市水系的保护与治理——在首届城市水景观建设和水环境治理国际研讨会上的演讲》。

资源的相对不足，并使城市的旅游景观串联成线，将分割的旅游资源连成整体。利用"水岸经济"有效整合旅游产业的各要素，加强旅游业与会展业及休闲业等的结合，实现城市旅游业的"核变"是滨水区城市提升城市整体竞争力，实现城市职能转换与产业升级的有力手段。

第三节　水岸经济发展现状与基础条件

北京城市发展的不断加速，尤其是主要几大河流流域建设的快速发展，为发展城市水岸经济带创造了有利条件。然而，并不是所有的水岸带都适合发展水岸经济，根据北京水岸经济的发展状况，本节探讨北京水岸经济开发应具备的基础条件，提出北京水岸经济开发的方向与重点及开发的几种典型模式。

一、发展现状

北京城区地处永定河、北运河两大河流的冲洪积平原上，背靠燕山山脉。河湖水系由水源引水渠道、内城河湖和排水河道3部分构成。在市区范围内主要有清河、坝河、通惠河、凉水河4条排水河道

（均属北运河水系）及其他 30 余条较大支流；主要河道总长度约 360 千米，总流域面积约 1266 平方千米。其中护城河、筒子河、土城沟、通惠河、长河等河道是在不同历史时期人工开挖而成。新中国成立后，为解决城市供水又先后修建了引水进城的永定河引水渠和京密引水渠。

改革开放后，快速的城市化对北京城市河湖产生了极大的影响，北京市的河流面临着水资源严重缺乏和水污染日益严重的危机。近年来，北京市大力提高滨水环境质量，于 2001 年制定了《北京市河流水系治理规划》，该规划对城市水系综合治理工程有 15 项。主要为：北京二环水系治理包括转河、北护城河、北土城沟、亮马河、水碓湖和二道沟等，规划治理长度 26.3 公里。三环水系治理包括清河、坝河、凉水河、北运河、永定河等，规划治理长度 353.7 公里。完成"西蓄"工程，实现北京市总体规划"西蓄东排、南北分洪"的防洪设想。外围水系治理，包括潮白河、大石河等，规划治理长度 151.6 公里，建设橡胶坝，形成梯级蓄水。到 2008 年，借助北京承办奥运会的契机，完成了奥运公园水系规划和建设。

永定河在北京境内流经门头沟、石景山、丰台、房山和大兴五个区，河段长约 170 公里，流域面积近3200 平方千米。永定河位于北京上风上水的西部地区，是北京西部地下水的主要补给源，千百年来永定河养育着古都和生活在这里的各族人民，她是首都北京的母亲河。北京城市总体规划将永定河定位为"京西绿色生态走廊与城市西南生态屏障"。调查分析表明，永定河沿岸经济发展空间较大，尤其适宜发展包括房地产、旅游、餐饮、零售、娱乐等在内的产业，不但可以带动城南及城西地区的经济增长，更可以为全市经济增长提供新的支撑。2009 年，面对世界城市的新要求以及首都"三个北京"建设目标，基于北京市主体功能区规划实施的考虑，基于区域经济发展相对均衡的考虑，以及刺激北京市经济持续增长的考虑，北京市计划在首都的西部生态发展区打造永定河绿色生态走廊，并制定了《促进城市南部地区加快发展行动计划（2009—2012 年）》。就加快西南地区经济发展提出了建设"水岸经济"的战略构想，确定了"一轴一带多园区"的城市南部地区产业空间格局（图 32-2）。其中的"一带"指永定河水岸经济带，将整体推进永定河水环境、生态建设和经济发展，加强水资源保护和配置体系、防洪减灾体系建设，加大生态环境建设力度，逐步吸引高端产业项目落户，将永定河沿岸地区建设成为兼具优美生态环境和良好经济发展态势的水岸经济带。

2009 年，由北京市规划委会同有关单位共同组织编制了《北京市永定河绿色生态发展带建设规划》，规划目标就是要整体推进永定河水环境、生态建设和经济发展，使永定河地区成为首都发展的绿色生态新空间和高端产业新区域。规划综合考虑永定河地区的建设基础和北京市对永定河地区开发建设的相关要求，未来永定河地区宜大力发展文化创意产业、旅游休闲、商务服务、高端制造业和生态农业，通过水环境的发展引导城市发展，以产业集聚带动永定河绿色生态发展带从单一生态功能向综合服务功能的转变。

整个规划范围按主要特征分为三个区段。

（1）第一段：山峡段——三家店水库上游区段，总长度约 92 公里，总面积约为 1283 平方千米。

（2）第二段：城市段——三家店水库至南六环区段，总长度约 40 公里，总面积约 595 平方千米。

（3）第三段：郊野段——南六环路至大兴榆垡区段，总长度约 38 公里，总面积约 572 平方千米。

围绕永定河绿色生态发展带的总体定位，对不同河段，各区县可有针对性地规划各段发展模式。永定河上游官厅山峡段，按照"控制性开发"的原则，围绕生态湿地、文物古迹、古村落文化等，将着重发展生态休闲旅游产业，带动沟域经济和镇域经济发展；在浅山区段，适当布局研发设计中心、创意中心、高

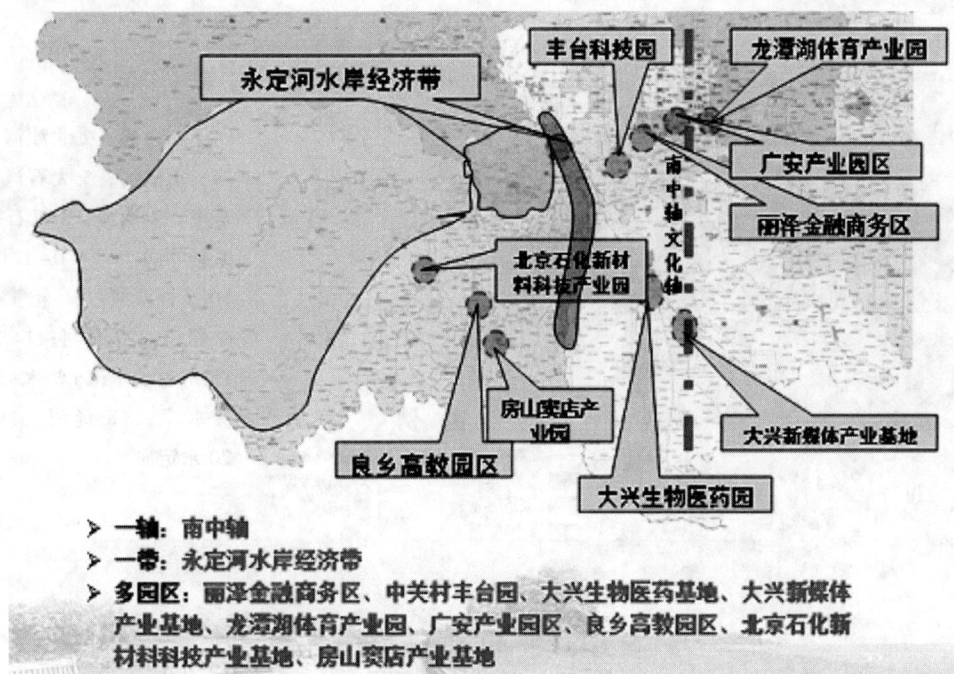

> ➢ 一轴：南中轴
> ➢ 一带：永定河水岸经济带
> ➢ 多园区：丽泽金融商务区、中关村丰台园、大兴生物医药基地、大兴新媒体产业基地、龙潭湖体育产业园、广安产业园区、良乡高教园区、北京石化新材料科技产业基地、房山窦店产业基地

图32-2　构建"一轴一带多园区"的北京城市南部地区产业发展格局

端商务服务等产业；在中游城市平原段，重点打造文化创意、商务会展服务、高科技研发等高端产业；下游平原郊野段，重点发展休闲旅游、现代体育和都市农业。

二、基础条件

北京市域范围内分布了众多的河流，主要包括永定河、潮白河、北运河、拒马河及属于蓟运河水系的沟河（图32-3），但是并不是每一条河流都具备发展水岸经济的条件。事实证明，不顾现实条件的限制蛮干硬干、操之过急盲目追求进度都是不可取的。

从国内外大都市的发展经验来看，有效利用和合理开发城市水岸资源，对于提升城市形象、培育壮大区域经济具有不可替代的重要作用，水岸经济开发已成为许多城市发展的一个重要方向。但从国内外城市河流综合开发治理的实际来看，许多大都市或者在城市河流综合开发治理的关注点仍重点强调城市河流的生态修复和环境改善，在城市河流生态功能、景观功能建设的过程中忽视了城市河流的经济功能；或者没有充分认识和考虑到水岸经济开发应具备的基础条件，城市水岸经济价值没有充分发挥，在一定程度上带来了资源的闲置和浪费。与城市河流的生态修复相比，城市水岸经济的开发需要在注重生态要素的基础上，更加关注区域经济要素的满足程度，统筹考虑城市河流的水资源供给、周边区位条件、产业发展的空间资源保障等诸多条件和因素，实现城市生态环境建设、城市景观建设和区域经济发展的统一。

（一）防洪功能完善，具备综合开发建设的前提条件

完善的防洪体系是大都市水岸经济开发的大前提，没有高度安全的城市河流防洪体系，一切水岸经济开发活动都无从谈起。永定河绿色生态发展带就是在完善的防洪体系基础上逐渐开发建设起来的。近年来，北京市联合永定河沿岸区县，按照防洪规划和百年一遇标准，逐年投入资金，进一步加大永定河

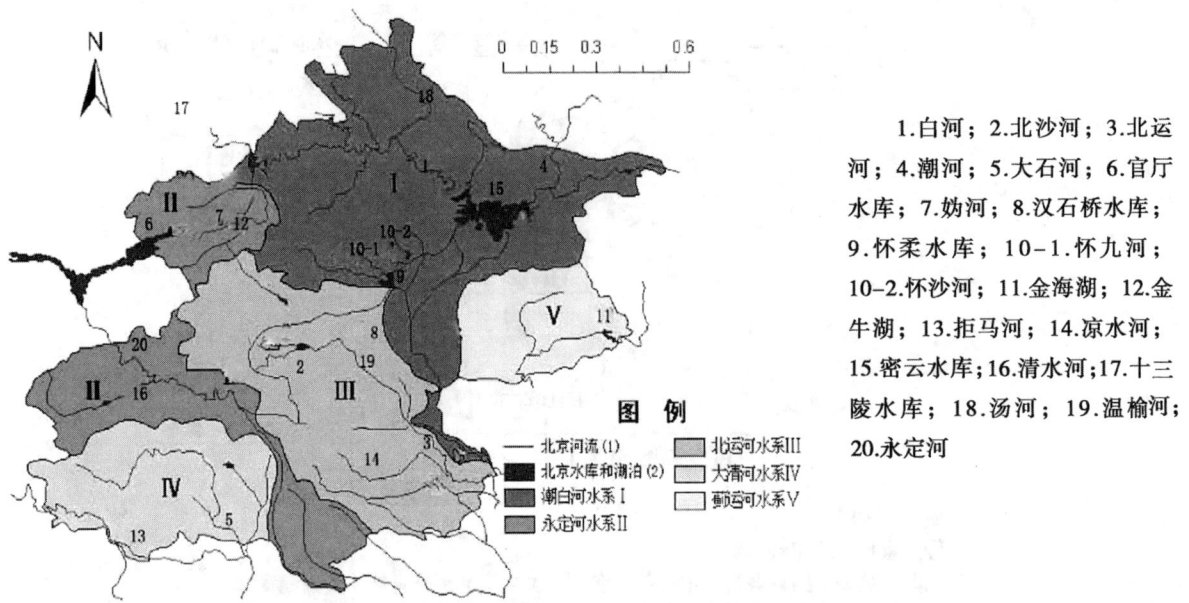

1.白河；2.北沙河；3.北运河；4.潮河；5.大石河；6.官厅水库；7.妫河；8.汉石桥水库；9.怀柔水库；10-1.怀九河；10-2.怀沙河；11.金海湖；12.金牛湖；13.拒马河；14.凉水河；15.密云水库；16.清水河；17.十三陵水库；18.汤河；19.温榆河；20.永定河

图 32-3 北京水系流域分布图

防洪体系建设。2009 年出台的《永定河绿色生态走廊建设计划》将堤防工程、治导工程、水库工程等防洪安全保障体系构筑方案提上日程。经过多年的防洪工程建设与河道综合治理,永定河防洪功能得到提升和完善,防洪减灾安全体系已初步建立。目前,卢沟桥至三家店段左堤可防御官厅山峡可能最大洪水,右堤达到抵御 100 年一遇洪水标准;卢沟桥以下至梁各庄市界堤防按 2500 立方米/秒设防。

(二)生态用水充裕,具备产业高端转型的生态基础

城市水岸经济开发,无论在生态环境修复方面,还是在城市景观建设与产业培育方面,都需要丰富的水资源作为保障。永定河绿色生态发展带开发建设之初,就充分论证了永定河综合开发治理的水生态基础保障。按照北京市水务局编制的《永定河绿色生态走廊建设规划》,永定河三家店以下河道适宜生态需水量约为 1.3 亿立方米/年,其中河道生态需水量 1 亿立方米,绿化灌溉需水量 0.3 亿立方米。从目前永定河水源供给和未来北京市水资源宏观调度情况来看,永定河绿色生态走廊建设规划新增水面 1000 公顷、绿化面积 9000 公顷,年生态需水量 1.3 亿立方米。为此,北京市水务局进行了近、远期水源配置方案规划,启动了清河再生水厂二期工程、小红门再生水调水工程、万家寨引黄工程,以及其他保障工程。

(三)区位条件优越,具备吸引高端要素的竞争优势

空间区位条件是产业快速集聚发展的重要基础,城市水岸经济的开发也需要具备良好的区位条件,以形成吸引高端产业要素的竞争力。永定河绿色生态发展带区位条件优越,其中城市段距离天安门约 20 公里,核心段距中关村科技园约 13 公里,距离西城金融街约 15 公里左右,处于首都国际机场 1 小时交通圈范围内,是目前永定河沿线经济发展最具基础的区域,也是最能体现城市景观河流的区域。同时,永定河绿色生态发展带交通条件优越,目前沿岸共有 9 条跨河道路、4 条铁路,新增规划 12 条跨河道路、4 条铁路。近期规划城市轨道交通线路 2 条,远期规划线路 3 条,区域对外联系的交通骨架初具雏形。永定河也是京西地区出入京的必经之地,首钢涉钢部分搬迁、长安街西延线打通后,京西地区将与北京中心城区全面对接,城市中心区的人流、物流、资金流、信息流等高端资源要素将全面通达京西。

依托沿岸活跃的城市经济和永定河良好的生态环境,永定河绿色生态发展带将进一步增强对资源要素的吸引力,集成优势资源,打造高端产业聚集区,辐射首都西南部地区,推动区域统筹协调发展。

（四）空间资源充足,具备规模开发的载体建设条件

产业的发展离不开产业载体的支撑,大都市城市河流周边地区开发,必须具备一定规模、可供开发利用的空间资源。永定河绿色生态发展带两岸土地资源丰富,可集中开发利用的空间资源相对充裕,沿线发展机遇区总用地 11247 公顷,其中建设用地面积约 9518 公顷,建筑规模约 11421 万平方米（如表32-1 所示）,为公共基础设施、市政基础设施、绿地的建设提供了丰富的空间载体。从空间上看,沿岸可集中开发建设的区域主要有门头沟北部地区、门头沟新城、首钢新区、中关村科技园区丰台园西区、丰西铁路编组站地区、房山新城东组团、长阳半岛、大兴新城西组团等地区域。

经过对永定河及周边地区开发基础条件的充分论证,北京市适时启动了永定河绿色生态发展带开发建设,由于问题把握准确,基础条件准备充分,永定河绿色生态发展带建设各项工作按部就班、顺利进行。永定河绿色生态发展带建设为我国其他城市水岸经济开发提供了有益借鉴。北京市其他地区及其他城市在水岸经济开发过程中,应借鉴永定河绿色生态发展带开发经验,对自身具备的基础条件进行充分、科学论证,为城市水岸经济开发奠定坚实基础。

表 32-1　永定河绿色生态发展带土地利用情况

用地类型	现状面积（公顷）	比例（%）	用地类型	现状面积（公顷）	比例（%）
公共设施、市政设施用地	3485.08	1.79	水域	5185.71	2.65
工业用地	2045.84	1.05	农用地、设施性农用地、林地	168665.75	86.21
交通运输用地及仓储用地	1076.81	0.55	公共绿地、生产防护绿地、生态景观绿地	1807.15	0.92

资料来源:北京市规划委员会:《永定河绿色生态发展带综合规划》。

第四节　水岸经济重点方向与模式

一、重点方向

（一）结合新农村建设,大力发展水岸生态经济形态

北京水岸生态建设,可充分利用水岸所依托的各区县的农业、花卉基地、果品培育和特畜特禽养殖业基地、农业科技创新品牌等优势资源,打造比如花卉园、观赏草皮培育园、无公害蔬菜园、特色果园在内的水岸农业生态示范园;利用各区养殖业及加工业的成熟经验和稳定市场,充分发挥水资源优势,带动水产品养殖业、特色禽畜业及特色禽畜产品加工业的发展。因地制宜大力实施"水岸联姻",发展生态立体农业,形成"畜禽提供肥料,果木提供饲料"的可持续发展,从而实现资源的循环利用,形成独特的水岸生态经济链,这样不仅会大大改善河岸生态环境,而且将带来可观的经济效益和社会效应。

以永定河为例,古往今来,永定河流域的丰厚物产为北京城的建设和发展提供了基础性的物质保

障。历史上永定河水是北京农田的主要灌溉水源,加强永定河沿岸的农业基础设施建设,鼓励大型农业龙头企业建立"公司+农户"的专业化合作社,推进农业产业化,发展都市型现代农业。房山围绕籽种展示,建设若干个万亩籽种展示基地,并建成籽种展览馆,发展籽种农业。大兴重点建设中国北京农业生态谷,加快以中粮全产业链为代表的农业加工区、绿色种植示范区、国际农业研发总部区、国际农业博览区等功能区建设,吸引国际高端农业产业集聚,建设世界级的现代都市农业示范区,辐射带动永定河现代生态农业示范区的发展。永定河六环以外的平原郊野段土地肥沃,地势平坦,历来为农业发展地区。随着城市产业结构优化调整,北京段永定河下游沿岸将加快转变农业发展方式,发展都市型现代农业,突出首都农业的城市农产品供应和应急保障、生态休闲、科技示范等功能,从而加强城市的自我保障能力。

（二）开发水岸生态休闲、旅游娱乐业

大力发展水岸生态经济将为水岸营造一个绿景与水景互补、自然与人工交融的缤纷休闲空间,这将为疲于都市快节奏生活、腻于城市钢筋水泥构架的人们提供愉悦身心、陶冶情操的休闲娱乐好去处。开发生态休闲、旅游娱乐业,需要河流水岸所依托的区县加大投资力度,建造休闲设施、公共绿地、游艇码头、亲水平台、景观广场、艺术中心等,并配有茶座、快餐店、快捷酒店等基础设施,注重人工建筑的视觉效果和与水岸环境的协调,使每一个空间都成为人与自然紧密融合的元素,通过和谐舒适的自然环境和便捷优质的人文关怀,吸引越来越多的京城人前来休闲娱乐。

以永定河为例,可以以永定河沿岸丰富的自然资源、文化资源和高端产业资源为依托,建设永定河旅游休闲带。北京城市南部地区,主要发展三类旅游:一是发展商务休闲旅游。以丰台"总部基地"、世界公园和汽车博览中心为载体,发展以会议、科技、汽车为主题的商务休闲;在房山良乡、长阳等地建设温泉度假服务设施,形成集商务休闲、自然观光、特色采摘于一体的高端商务休闲度假区。二是发展康体休闲旅游。卢沟桥以下河段根据沿岸资源,因地制宜发展以体育休闲为主的旅游休闲业,适当加大河道及周边区域的体育休闲设施、郊野公园和高档度假村的开发力度,建设大兴滨水绿廊,形成以健身、娱乐、康体、养老等多种功能于一身的康体休闲水岸带。三是发展历史文化旅游。永定河文化为北京文化的形成和发展提供了丰富的素材和广阔的展示平台,在北京城市发展史上具有哺育性母体文化的重要地位。待未来永定河通航之际,游人可泛舟河上,体验北京人逐永定河而居的历史情怀;以丰台抗日战争雕塑园、大兴中华文化园及"卢沟晓月"等历史景点为载体,弘扬城南历史文化。永定河旅游休闲带将分段呈现商务休闲、健身康体和历史文化旅游等多样性的旅游体验和城市景观。通过高品质旅游区和接待服务中心的建设,吸引全市及京津冀地区的广大客流,树立城南旅游品牌,成为北京建设中国特色世界城市的旅游体系中的重要地区。

（三）建设水岸商业圈

北京水岸商业圈建设,可从上海"水岸经济"发展模式中得到启示。上海"水岸经济"的发展重点是依托市区水岸发展零售业、观光旅游业、餐饮业和文化娱乐业,在水岸边建造大批休闲设施、公共绿地、游艇码头、水岸商业设施,同时把黄浦江、苏州河两岸原有的厂房、船坞、仓库、民宅等旧建筑有选择地改造为博物馆、艺术中心、小型剧院、画廊等,依靠齐全的观光设施和浓厚的文化氛围聚集起市民和游客,为"水岸经济"发展带来人气和滚滚财源。北京水岸商业圈建设,也应全力做好招商引资工作,重点发展生态旅游业、文化娱乐业、特色商品零售业、餐饮业,并逐渐打造大型综合商贸区,规划大型超市、大型餐饮娱乐、休闲特色商业街、体育健身中心等综合公建设施,形成集居住、生活、休闲、娱乐、商业、商务等多种城市功能于一身的水岸商业圈。

以永定河为例,可以围绕永定河东岸首钢的搬迁调整,建设新首钢高端产业综合服务区,吸引国内外企业总部的交易中心、运营中心以及国际机构组织等落户永定河滨水地区,培育具有竞争力的本土龙头企业,发展服务外包业务,形成国际化的商务服务能力。以房山区长阳半岛为核心,以永定河水岸为依托,建设中央休闲购物区(CSD),重点发展商务会展、温泉休闲、体育健身、商务服务等产业,打造首都商务休闲产业发展示范区。以中关村丰台科技园为依托,强化中关村全球品牌效应,东区定位为高技术服务总部区,提炼一期、二期优势的高新技术产业,同时发展商务文化服务业和文化创意产业,提升总部基地整体品质。建设高端商务服务新区,打造集时尚购物、文化娱乐、健身休闲、高档餐饮于一体的面向高端人群的大型购物商圈。在永定河滨水区建设综合商务服务区,提高地区交通可达性,布置人性化设施,集聚人气,发展综合功能,形成居住、商业、会议、休闲、博览的功能积聚,从而打造24小时的滨水水岸生活。建立与城市的有序联系,将城市活动引向水边,使永定河滨水区融入整个城市的肌理当中,塑造城市特色鲜明的活力地区。

此外,还可以依托水岸原有的实体经济基础,发展高端产业,以此带动水岸地区实体经济发展。以永定河为例,可以立足于永定河两岸的实体经济基础,以高端产业引领,通过标准提升、业态创新,实施重大项目带动战略,着力发展高端装备制造和航空航天等产业。集中力量打造丰台科技园西区以轨道交通产业为特色的装备产业集群,进一步巩固和强化在中关村"一区多园"中的领先地位,以建设北京国家轨道交通高新技术产业化基地为契机,加速轨道交通企业集聚。建设房山中核北京科技园,推进综合性科技研发基地建设,打造百亿级的北京市地标性的国际一流核科技园区和研发基地。以高端制造业产业园为依托,引导发展上下游产业,完善产业链,以产业园区为主体,对区域功能布局进行统一规划,配套与高端制造业相关的科研咨询、物流配送等功能,形成轨道交通制造业社区和航空航天制造业社区,带动滨河地区经济发展,使之成为首都实体经济的重要保障之一。

二、典型模式

目前,世界滨水地区开发主要有三大经典模式:一是美国波士顿滨水区的"高度集中开发"模式,即在城市滨水的核心地区进行填海造地,高强度开发,建设现代化商业设施;二是美国巴尔摩港复兴的"回归滨水公共生活"模式,即重点开发滨水休闲、文化活动和娱乐体验项目;三是日本荷兰村规划设计的"生态恢复和可持续发展"模式,即通过生态化建设,打造水清、岸绿、气新的生态水岸,改变周边面貌,聚集人气、商气,实现人文、自然、商业的最佳融合。

北京水岸经济带的开发,应结合水岸沿线不同区域特色和水域自身状况,发展水岸生态经济,打造生态休闲和旅游娱乐品牌,重点建设水岸商业圈,开发水岸房地产经济等,并已取得了一定的成绩。

（一）"高度集中开发"模式

1.通州运河——大型商业综合体崛起,区域"聚合效应"彰显

京杭大运河是世界上历史最悠久的运河,肇始于春秋时期后期(公元前486年),吴王夫差差人开邗沟,率先沟通长江、淮河水系,邗沟成为大运河的起源,隋炀帝征调民夫开永济渠引沁水南达黄河,与通济渠相连,形成南自杭州经扬州,达洛阳,北至涿郡的大运河。元朝建大都城,至元二十九年(1292

年),水利专家郭守敬引温榆河水济漕,故京杭大运河完成于隋代,繁荣于唐宋,疏通于明清。它北起通州,南至杭州,全长 2000 多千米。

通州运河城市景观区位于北京东部门户通州,环渤海多条发展走廊的节点,京杭大运河的源头,规划面积 15.8 平方公里,生态环境良好,交通方便快捷,文化底蕴深厚,区域战略地位突出。近年来,通州对运河文化的发掘和重现投入很大,集合了创意娱乐功能区,包括运河博物馆项目、五星级酒店、媒体办公、媒体制作、演出场地集群、商业配套项目等。商务中心功能区,位于长安街东延长线新华大街与运河的交叉地段,是运河开发项目的核心区域,定位包括商业百货、办公楼、酒店式公寓、繁华商业步行街等。根据城市未来发展要求,地块自北向南形成运河河源文化、历史古迹、城市商务中心和生态自然 4 种不同景观意向,规划按照其景观形态不同,将地块规划形成河源文化、历史人文、运河风情、运动健康、商务休闲、生态教育等 6 大功能主题板块,着意于将运河文化和通州新城的建设结合起来,通过良好滨水环境的规划建设,营造未来通州优美的新城市中心区,再现昔日繁华的运河文化景观。

通州新城运河核心区位于通州新城构建"一河两翼,南拓东进,组团发展"的空间结构的中心区域,它地处历史文化悠久的运河源头,依托五河交汇独具魅力的港湾,是展示运河文化、联动新旧两区的空间载体,是具有优美环境和文化内涵的复合型城市核心区。它是通州新城未来汇集高端文化商务、会展办公、娱乐休闲等功能的大型高端商务区,是通州国际新城的核心功能区和新通州的表率示范区。

根据规划,运河新区的定位就是利用商业楼宇的建设运营,吸引高层次企业入驻,借力培育"CBD 商务街区"。运河新区楼市的热闹景象令人格外关注,已经先后聚集了颐高数码广场、泊金湾广场、嘉欣国际广场、嘉欣丝绸集团总部大楼等高档酒店、商业办公、总部经济等类型的项目。例如环球国际中心是由嘉兴本土企业德隆置业投资兴建,位于文昌西路、昌盛路黄金街口,毗邻京杭大运河,是一个集金融服务、高端商业、顶级办公、高档公寓等多业态于一体的综合体项目。该项目用地 3.5 万平方米,总建筑面积 17 万平方米,总投资约 10 亿元。通过发展总部经济、高端商贸、会务会展、高端教育、高端地产等五大城市功能服务业,着重发展一批龙头企业。

随着城市继续向南发展,位于西南板块的运河新区迎来了发展"第二春",2.3 平方公里的地块将被打造成配套齐全的全新现代城市商务文化与休闲娱乐中心,成为北京市重要的区域性现代服务业基地与对外开放的平台。目前,包括环球国际中心在内的这些投资额基本在亿元以上的新型业态项目,已成为运河新区快速发展的"新引擎"。

"运河新区在整体推进、全面提速的开发建设态势下,日渐成熟与丰满,其区域价值潜力吸引了越来越多投资者的目光。"便利的交通网络、齐全的生活配套、完善的基础设施,使得运河新区正成为城市西南板块的"新贵"。

2.顺义潮白河——北京楼市绿色引擎

潮白河是北京市第二大河流,其38公里河段从顺义区流过,被称为顺义的"母亲河"。作为一条母亲河,潮白河的生态繁荣一直是北京顺义区的一张名片。随着北京市规划委《潮白河绿色生态发展带综合规划》的公布,顺义"名片"再次镀金成为关注焦点。

按照新版规划,北京将形成"西南有永定,东北有潮白"的生态格局。城市有水则兴,风景因水而活,而作为潮白河的城市段,顺义流域水资源保护区内的生态地貌将被保持,在断流的河床上,绿草将重新变成水草,重建水色胜景。同时,生态规划还会在加强生态保护的前提下,促进沿线产业优化升级,提高城市建设品质,完善公共空间体系,形成生态化、高品质、有特色的滨水城市风貌。届时,沿着潮白河,将有一条20公里长的公共滨水走廊,全段不小于50米宽的开敞公共空间,将在河道边嵌上一条景观休闲的绿带。另外,潮白河顺义段还规划了5个产业区,包括顺义牛栏山教育产业区、奥运滨水体育休闲区、马坡行政商务区、河东滨水休闲度假区、林和高新技术开发产业区。这意味着顺义新城区将以低碳经济发展为目标,着力打造休闲度假、创意研发、现代服务等为特色的水岸经济带。

在潮白河绿色生态发展带以及水岸经济的催化作用之下,顺义新城中心区、马坡组团、牛栏山组团成为北京"最滋润的居住区"。3660公顷的国家森林公园、奥林匹克水上公园、汉石桥湿地公园等都成为一个天然的大氧吧。在潮白河绿色生态发展带以及水岸经济的催化作用之下,为了配合顺义周边的生态环境,该区域内的许多项目都在主打自然宜居牌,如中铁·花溪渡、合景·香悦四季、智地香蜜湾等。

目前,顺义新城中心区因具备水岸居住区的特性,其楼市价值已经被越来越多人关注。根据世界各大都市水岸区的区位价值来看,因其能够提供在别处无法享受的高品质的生活体验,这些水岸区域的房地产比非水岸地区通常增值5—20倍,而旧金山渔人码头、圣地亚哥SOUTHSTREET港湾,因是城市核心区域内的水岸居住区,其房地产价值则提升了数百倍。

(二)"回归滨水公共生活"模式

稻香湖湿地——国家城市湿地公园

南沙河是温榆河的一条支流,而温榆河是京杭大运河最北段的两水源之一。南沙河途经乡镇,是著名的"京西贡米"的产地,历史上曾以生产京西稻为主,是首都重要的绿色食品生产基地之一。政府投资先后疏挖了南沙河主干河道及其主要支流。刚治理后的南沙河河道整齐、道路通达、水源丰富。因此南沙河流域中下游地区已被区政府规划为旅游度假区。但是,近几年周边生产污水,生活污水大量排入南沙河,已造成河水富营养化严重,整体环境日益恶化。稻香湖是一个由南沙河上游经建闸蓄水而形成的人工湖泊,位于苏家坨乡北庄子村南侧,水面面积约30余公顷。由于多年来的气候干旱,稻香湖、翠湖湿地补充水系统失调,加之人类活动的影响,致使湿地生态功能、湿地植物生长情况发生了迅速的退化。

21世纪初,为了改善水域存在的问题,稻香湖湿地树立"市域—区域—流域"整合发展的理念,突出湿地在北京湿地生态多样性群落、北京西部绿化隔离带和海淀北部一山三水(大西山、北沙河、南沙河、京密引水渠)景观生态格局中所承担的生态建设与资源保护的重要作用,建设北京西部次区域的永久性生态地区和海淀新区的大型绿色开放空间,同时发挥近城区位优势,塑造区域旅游休闲中心。

湿地充分利用稻香湖风景旅游区景观环境自然、生态系统完整的特点,超越传统游憩功能,立足于城乡结合、为城市服务。重点打造翠湖湿地的独特品牌,发展综合型的生态旅游活动;作为湿地生态旅游的补充,结合优越的滨水景观和整体环境条件,推进近郊休闲度假和会议接待型的酒店服务业的发展;在突出水体景观特色的同时,与历史文化旅游、山地森林旅游和修学教育旅游互补发展,结合旅游区文物保护以及周边各类高科技园区的建设,促进生态、文化、科技相结合的旅游发展,突出历史与现代相结合的多元文化产业内涵,塑造海淀区国际交流、交往的新平台。

(三)"生态恢复和可持续发展"模式

密云水库——可持续发展模式

密云水库位于北京东北部密云县境内,是华北地区最大的水库,也是北京市的重要水源地。长期以来,密云水库一直承担着向首都提供生产和生活用水的职能。

1.经济发展的制约性

由于密云水库周边大部分地区属国家水源保护地,对其实行严格的环境保护,这在一定程度上制约了密云水库地区经济发展。周边地区的主要地形是低山丘陵,气候资源多样,土地资源利用类型齐全,包括耕地、林地、园地、草地等。但是也决定了各种资源环境相互分散交叉分布的特点,造成了开发利用和农业生产布局不宜进行规模性集约化和专业化生产,没有形成自己的特色。经济水平落后,是北京山区经济发展较为缓慢的地区之一,与其他地区的经济水平的差距较大。由于人口不断增加,人地关系趋于紧张,土地面临的压力不断增加。第一产业发展受到诸多因素限制,其中农业化学技术如农药、化肥、除草剂的使用受到严格控制,农作物种植结构也有特别规定。京郊一些水源丰富的地区,有稻田的分布,密云水库周边地区接近水源,但由于资源受到保护,可利用率却极低,有效水浇地只占耕地的60%—70%。第二产业尤其是乡镇企业在吸引就业、增加产值等方面发挥着重要作用。由于工业生产不可避免地造成对环境的压力,有关密云水库保护的规定特别限制了周边地区工业的发展。密云水库周边地区是北京市铁矿最为丰富的地区之一,此外尚有钼、金等矿产分布,这些矿产资源的开发同样受到严格限制。生态旅游业是京郊经济发展的热点之一。密云县水域广阔,在北方地区并不多见,环境优美,空气洁净,是吸引游客的理想之地。但在有关水库水源保护条例中,明确禁止在库区周围发展水上娱乐、露宿、野炊等污染水质的旅游项目。

2.水岸经济发展的基本原则及措施

水库周边地区经济发展的限制性,既是一种挑战,更是一种机遇。密云已认识到"保护水源"和"发展经济"的辩证关系,在保护好密云水库生态环境的基础上,依托首都经济优势,大力发展高科技产业,利用环境保护带来的优势发展旅游业,建立适合北京市水源特点和密云县实际的经济发展模式。

制订密云水库流域可持续发展对策与措施的指导思想是:从流域可持续发展的前提出发,以《水法》《水土保持法》和《水污染防治法》等法律为依据,以21世纪首都水资源可持续利用规划和首都生态环境建设规划为依托,以动态监测等科技为手段,以水土保持生态环境建设和产业结构调整及监督管理为重点,以实现首都"天蓝、水清、地绿、社会稳定、人民富裕"为目标。主要措施有:

(1)积极防治水污染。密云水库河北部分上游治理的重点是潮河上的点源污染。密云水库上游北京市内水污染主要来自旅游景点的开发建设、旅游漂流,及建在水库二、三级保护区内的小铁矿以及水库一级保护区内的餐饮点等。旅游漂流要严格按照北京《关于禁止在密云水库上游白河和潮河开展旅游漂流活动的通知》要求,小铁矿的开采要严格按照《水土保持法》等,会同有关部门,对漂流景区和小铁矿坚决取缔,加强监督和执法力度,依法行政。

(2)加快水土流失治理步伐,以小流域为单元。按照山水田林路统一规划,集中连片综合治理。采取工程、生物和农艺耕作措施,以达到涵养水源,改善生态环境,提高土地利用率和土地生产率。此外,在水系源头及上游地区,对于风蚀形成的半流动沙丘,应加强植被保护,合理调整产业结构。

(3)大力开展农业和工业节水,调整产业结构。在农业方面,大量推广节水灌溉技术和节水种植技术,提高上游地区的农田实际灌溉率,调整耗水量大、施用氮磷肥高的水稻田。同时调整产业结构,引入先进的科学技术,建立生态农业示范园。

（4）开展密云水库水质稳定技术与流域可持续发展政策法规研究。①密云水库污染负荷及贡献率研究。通过调查、研究、分析、检测，查明密云水库营养元素氮、磷及其他污染的来源及所占份额，研究点源污染、面源污染及内源污染对密云水库富营养化的作用程度，确定密云水库富营养化防治的主要控制因素。②密云水库水污染控制与修复技术研究。根据密云水库水体污染物迁移转化规律和各污染源的贡献率，运用物理、化学、生物及工程与管理等手段，研究库内水污染控制与修复技术，如水库优化调度方案、深水曝气循环技术、生物菌核生物修复净化技术。③密云水库流域可持续发展政策、法规及管理措施研究。密云水库流域可持续发展是一个跨省市、多部门、多学科、综合措施应用的联合攻关课题，需针对密云水库水资源保护的现状及流域经济发展水平和发展规划制定相应的政策、法规及管理措施，协调上下游管理，使密云水库流域可持续发展纳入有效协调、统一管理、有效控制的体制。

3.水岸生态经济模式

密云水库周边地区地处水源保护区和回灌区之内，其经济发展实际是大城市郊区水源保护区的经济发展。其周边地区经济发展应突出生态经济的思想。

按照密云县"强一优二兴三"的战略，周边地区的经济发展内涵包括加强生态农业，优化生态工业，大力兴办生态旅游业。另外，还加强本区域与其他地区的经济一体化。

生态农业是指在严格保护现有耕地的前提下，发展高新技术农业，突出绿色食品和精品农业，在获得经济效益的同时，严格保护库区环境。

生态工业是指发展无污染、低耗能、高效益的工业部门，包括食品、服装、信息、生物工程等污染小的产业。

生态旅游业是周边地区乃至整个密云县的支柱产业之一。以环绕水库的三大旅游基地即云蒙山自然风景区、白河自然风景区和司马台长城风景区初步形成，这些景点具有环境优美、自然气息浓厚的特点，突出旅游景点（区）的生态特色，既是保护库区环境的客观要求，又是保证旅游业可持续发展的基本动力。

另外，与其他地区的一体化，有利于资源的合理配置，是对密云水库区域水岸经济发展的有效补充。

第三十三章　北京酒庄经济

　　酒庄经济是庄园经济,是在庄园内,集葡萄种植、葡萄酒酿造、研发、生态旅游、文化展示于一体的独特的庄园经济模式。它是庄园经济的延伸和扩展,比庄园经济更具吸引力和生命力,优势更加突出。因为酒庄保证了整个葡萄酒生产链的良好运行,能够对从葡萄园到葡萄酒的整个过程进行全程控制,从而保证了其葡萄酒的质量和独特风格。酒庄还代表了一种高雅的文化品位,使人们在酒庄旅游、休闲、娱乐中领悟葡萄酒文化,享受自然与生活的乐趣,并由此建立良好的企业理念和产品信誉度、美誉度及消费者认知度。因此,发展酒庄经济成为了现代农业的热门话题,具有较好的市场前景和发展空间。

第一节　酒庄经济内涵与特征

一、内涵

（一）酒庄经济的概念

　　酒庄经济是指以酒庄葡萄园、生产车间、酒窖等生产设施及生活娱乐等辅助设施为基础,以酒庄所处环境为其延伸地带;以种植葡萄酿造葡萄酒为主要功能,向市场提供葡萄酒及其延伸产品为主要目的,且具有休闲娱乐、旅游观光、教育及创新功能的经济模式。酒庄经济是都市现代农业的重要组成部分。

（二）酒庄经济的内涵

1.生产属性

　　生产属性是葡萄酒庄的基本属性。酒庄是集葡萄栽培的农业生产与葡萄酒酿造的工业生产为一体的生产企业,提供优质的葡萄酒是一个酒庄最基本的功能。相对于大型葡萄酒工业化酒厂的大规模、工业化、机械化、标准化生产的葡萄酒,酒庄酿造的葡萄酒追求的不是产量上的多多益善,而是产品的质量和风格。在葡萄酒生产中葡萄原料是决定葡萄酒质量的基础,葡萄酒酿造过程的目的在于将葡萄原料潜力最大限度地表现在葡萄酒中,所以如果没有好的葡萄原料就不可能有好的葡萄酒。随着葡萄酒消费量的迅猛增长及葡萄酒企业的自身特点,原料越来越成为制约行业发展的瓶颈,因此对葡萄品种的选择、葡萄园的管理、葡萄树龄及产量的控制等保证了酿酒葡萄原料的质量。对橡木桶及酒窖的有效管理和使用是生产优质葡萄酒重要的技术措施,拥有一定数量橡木桶的酒庄能够给优质葡萄酒提供更有利的环境。葡萄酒庄从葡萄种植、酿造到灌装的全过程都在酒庄内完成,并且葡萄酒的产量与葡萄种植面积及单产相对应,则进一步保证了酒庄酒的质量,我们将酒庄生产的葡萄酒称作酒庄酒。产品标签标注内容与瓶内容物相符是对酒庄酒最基本的要求。

为了约束酒庄的规范运行、促进酒庄的健康发展,2005年12月,中国葡萄酒庄联盟正式成立,并通过了联盟章程。章程中对葡萄酒庄的运行作了详细的技术规范。内容如下:①酒庄的投资总额不低于2000万元人民币;②有归属于酒庄并且能够完全控制的葡萄园;③葡萄种植、酿造到灌装的全过程都在酒庄内完成;④葡萄定植后第三年方可出产,并实行限产,产量在$800kg/667m^2$以下;⑤酒庄酒的产量应与酒庄种植葡萄面积及单产相对应;酒庄葡萄酒年生产能力100—1000吨;⑥具有常年在20℃以下的地下室或有温湿度相对稳定的储酒车间;⑦拥有225L橡木桶的数量不少于200个,两年以内桶龄的木桶不少于木桶总数的30%;⑧葡萄园与发酵车间之间的距离不超过20公里;⑨酒庄酒的标签标注内容应与瓶内容物相符;⑩酒庄酒的产品在酿酒过程中应符合酒庄酒生产规范。

2.生态属性

对于人类而言,酒庄的生产属性比生态属性更重要;但对于大自然而言,酒庄经济作为农业的一个创意形式,首先是一个生态系统,葡萄具有吸收二氧化碳、放出氧气、净化空气、涵养水源、保持水土等生态作用。其植物性生态系统与林地、绿地等同样构成城市的生态屏障,同时,还以马赛克景观和调节气候的方式,减轻城市的热岛效应,能够美化环境、充分利用土壤资源,为都市人创造一个较好的休假旅游生态环境。因此,发展葡萄酒庄,既可以使城市实现城乡社会、经济、生态一体化规划,优化城乡空间,又可以树立"人与自然和谐为本"的生态环境意识,提高居民生活质量。

3.文化属性

我国是种植葡萄较早的国家之一,葡萄文化在中国是博大精深、源远流长的。葡萄是人们普遍喜爱的果品,其色香味俱佳,并含有丰富的营养,有很高的保健价值;而葡萄酒是人类与自然相结合的产物,它向人们展示的不仅仅是一种健康美妙的饮品,更重要的是人类与自然相和谐的文化内涵。随着葡萄酒市场竞争的加剧,葡萄酒产品在性能上的差距会越来越小,葡萄酒企业若要占领市场只有依靠自己的品牌,更确切地说是靠自己品牌所包含的文化差异。另外,随着消费者生活水平的提高和消费观念的变化,其消费行为也越来越具有"文化性"——他们认同的不仅仅是产品的使用价值,而更加注重产品的文化价值。

酒庄比酒厂更适合做文化的载体,生产酒庄酒的葡萄园常常能获得更细致的管理,在景观上也比酒厂有更多的生态与艺术追求。酒庄的建筑、文化展示等使酒庄除了生产功能外,往往还承担着餐饮、休闲、文化旅游和教育、体验的功能,是将葡萄与葡萄酒产业从第一和第二产业显著延伸到第三产业的重要载体。国外的发展经验表明,第三产业可能在酒庄的经济与社会功能中占有重要的地位,从而能更好地实现酒庄酒的文化和品牌价值,同时也为产区的发展提供更多的文化支撑。

4.服务城市的属性

中国的葡萄酒业发展迅速。随着人们收入和生活水平的提高,以及西方文化、生活方式的渗入,葡萄酒越来越被中国人认识和接受。因此,我国的葡萄酒工业有着巨大的成长空间和良好的市场前景。同时通过种植园经济让葡萄种植园与文化产业、工业、旅游产业挂钩,将单纯作为生产要素的土地转变为可持续发展的城市资产。葡萄酒庄旅游是国际上的高端旅游产品,在我国正处于起步阶段。它涵盖了工业、农业、旅游服务和文化四大产业,并汇聚了四大产业的利润,在国际国内都有巨大的发展前景。

目前,不少酒庄的做法是在葡萄生产基地扩容的基础上建造庄园式的酒店或俱乐部,吸纳高级会员,根据他们对葡萄酒不同的口感要求单独酿制;在酒店和俱乐部中还为顾客提供星级服务,以满足人们对于娱乐、休闲、体验、教育等多方面的需求。与其说酒庄经济是一种新的经济模式,更不如说是人类本性的回归,人们的生活与自然环境是无法割裂的,人类也从来没有脱离过土地而生存过,在享受到快节奏的现代的物质生活之后,人类崇尚自然贴近自然的本性会愈发显现,可以预见,酒庄经济将成为都市人未来生活的一部分。

二、特征

与一般农业产业相比,葡萄与葡萄酒产业在具有农业产业的常规特征前提下,又存在一些独有的特点,主要表现在其丰富的文化特征、高附加值特征、长产业链特征等。

(一)丰富的文化特征

一个地区、一个民族、一个国家最有生命力的文化蕴涵于餐饮、建筑、服饰、书籍、故事、语言等载体中,代代相传,而在这些活跃的文化载体中有葡萄与葡萄酒的存在。葡萄与葡萄酒的文化属性是其他任何农产品都无法比拟的,葡萄藤蔓和果实的图案被大量用于服饰图案与建筑装饰,而葡萄酒作为餐饮文化中重要的组成部分,相关的诗歌与故事更是世代流传。一个出产优质葡萄与葡萄酒的地区无论该产业对实体经济的贡献有多大,都可能成为这个地区最亮丽的文化和形象名片。

对于酒庄经济而言,葡萄种植和酿酒已不仅仅是一个生产过程,同时也是一个传播葡萄、葡萄酒知识与文化的过程,它让参观者直观而强烈地感受到:葡萄酒是一种天然的绿色食品,是富有营养与保健作用的琼浆玉液,是天(气候)、地(土壤)、人(品种与酿酒工艺)三者的有机完美结合,因为好的葡萄酒需要适宜的气候、独特的土壤条件及酿酒师对葡萄原料的认识和对酒的感悟。葡萄酒的生产是科学和艺术的完美结合,品尝一杯醇美的佳酿,犹如在欣赏酿酒师精心制作的一幅艺术作品。游客参与葡萄酒旅游活动主要可以通过以下方式进行:①参加有关葡萄酒的演讲和解说;②在葡萄酒产地的游客信息服务中心停留;③参加葡萄酒产地的重大节庆日和葡萄酒节;④参观葡萄酒产地的展览馆,博物馆等;⑤到葡萄酒产地旅行,包括葡萄园及酒庄深度游;⑥参观葡萄酒厂生产线,品酒及购酒;⑦在葡萄酒产地用餐、住宿。

(二)高附加值特征

优质葡萄酒具有较高的经济附加值。葡萄经过发酵和陈酿转变为葡萄酒,可谓是经历了一次再创造的过程,而通过葡萄酒品牌、葡萄酒旅游、葡萄酒比赛等多种形式,还可以进一步提升葡萄酒的经济附加值。随着我国经济的发展、劳动力价格的提高,以及大量农村劳动力向收入水平更高的第二、第三产业转移,如何提升单位土地面积的产出、提升农村劳动力的收入与生活水平、促进新农村建设,也是我们面临的日益严峻的课题。葡萄与葡萄酒产业具有产业链长,文化内涵丰富,消费群体大、层次高等特点,对农村和地区经济的发展和可持续性具有重要的意义。

同时,葡萄园和葡萄酒庄与其他农业栽培或农业加工企业相比,都更具有生态与文化休闲吸引力。葡萄园特别是酒庄的葡萄园历来是休闲漫步、骑马驰骋、儿童游乐的去处,加上开展旅游观光接待的酒庄或葡萄酒小镇往往都规划建设了一定规模的休闲娱乐设施及餐饮聚会条件,可经常性地组织展览、葡萄酒教育等多种活动,使葡萄与葡萄酒产业具有显著的第三产业的特质,为人民生活提供休闲放松、寓教于乐的场所,形成多产业融合的创新经济模式,引领当地经济发展。

葡萄酒旅游是指游客以品尝葡萄酒或体验葡萄酒产区特性为主要目的而进行的参观葡萄园、葡萄酒厂、葡萄酒节及葡萄酒展。就葡萄酒旅游而言,这不仅是一种新兴的旅游模式,对游客来说更是一种生活方式的体验。

酒庄旅游包括供给和需求两方面:供给方面即葡萄酒厂和旅游运行商,需求方面则是消费者(游客)的行为;也是旅游经历的一个部分;含有教育因素,符合都市农业发展的要求,具有生态环保效益高的特点;是一个地区众多旅游吸引物中的一部分,因而酒庄经济也只是众多经济发展模式中的一种;酒庄经济与餐饮、住宿、工艺品及环境有密切联系,在保证其经济效益的同时也要保证其安全性,即必须是绿色的、无公害的;酒庄旅游是一个市场营销的机遇,因此酒庄经济在中国有着很大的发展潜力;具有较高的宣传价值,有利于提高葡萄酒产地的经济、社会和文化价值,同时也是葡萄酒产地提高国内及国际旅游形象的重要手段。

三、作用

酒庄经济从单纯的农业生产即葡萄种植,到通过葡萄加工、酿造、旅游、休闲、餐饮等服务业与第二、三产业结合,是一个产业链长、综合效益高、生态环保的绿色产业。发展葡萄酒庄,对差异化特色产区的打造、生态文明城市的建设和旅游观光业的发展,特别是对于葡萄酒产业转型升级的推动,具有重要的意义。

(一)引领创新农业经济模式

从单纯的农业生产来讲,北京市作为国际大都市,具有较高的生产劳动成本和土地价格,酒庄发展相比较其他行业而言市场竞争力较弱。但北京作为全国最大、最密集的消费市场之一,具有消费群体规模大、消费层次多、消费需求变化快、消费质量高等特点。第一,北京市民多元化的消费需求,为北京创意农业发展提供了广阔的市场空间;第二,北京集聚了大量的科技、金融和人才等各类社会资源,资金充足,对郊区经济发展具有强大的辐射和带动作用,具备了创意农业发展的资源优势;第三,北京作为历史文化名城,具有丰富的旅游资源和文化资源,为创意农业发展提供了丰富的文化背景和创意源泉。酒庄经济作为北京都市农业发展的创新农业经济模式,具有跨产业发展的综合性和开放性的特点。

由于葡萄酒文化在中国普及的广度和深度不够,人们对它还没有产生足够的兴趣,单纯一个生产优质葡萄酒的酒庄或小酒厂,不可能吸引大量游客前往。所以,酒庄的建设要和都市人的休闲、娱乐、旅游消费结合起来,要建成一个有特色的旅游主体,增强人们对葡萄酒的兴趣,让人们在休闲中学习,在娱乐中去领悟葡萄酒的文化,让每一位来到酒庄旅游的游客都能感受到历史的厚重和强烈的艺术气息,从而为酒庄赢得忠实的顾客,促进酒庄经济的发展。而与酒庄经济相融合的其他产业经济,当地政府也应审时度势,在保护好当地特有资源的基础上,加大发展葡萄酒产业,打造以葡萄酒为中心并融和第一、二、三产业的葡萄酒酿造、葡萄酒旅游、酒庄等高端产品项目,不断提高地域经济的市场竞争力和抗风险能力,逐步建设成一个集观光、休闲、度假、商务、养生、娱乐、体验等多功能于一体的大型葡萄酒特色田园度假产业集群,带动当地乃至整个北京大都市经济的全面发展。

(二)提升当地经济

相较其他产业而言,葡萄酒产业的规模化与效益化更为突出,发展葡萄酒庄符合国家、省、市关于加快转变农业发展方式，着力调整优化农业产业结构，突出发展高端高质高效农业，持续增加农民收入，全面提升农业发展水平，提高经济发展的质量和效益等方面的产业政策和总体要求。应在依靠产地自然优势的基础上，按照生产方式集约化、生产管理企业化、生产服务产业化、生态环境友好化的原则来发展产业，要高品位、高标准地建设葡萄酒庄，通过大力发展，使葡萄文化产业发展成为集种植、酿造、旅游等多种产业于一体的复合型产业，成为农业增效、农民增收和文化旅游业发展的推动力。酒庄经济有利于通过多产业的结合，形成优势互补、经济风险共担以及多赢的发展模式。酒庄模式可以增加农民收入，让当地农民得到更多的实惠，让其从单一的农业生产者的角色，变身成酒庄的工人，甚至导游。

对于单一的农民种植者，在种植葡萄前三年内只有费用投入，没有收益，其种植的积极性不高；对于企业，由于我国的土地政策限制，生产投入成本高，严重降低了其大规模投资的积极性；对于地方政府，只种葡萄不建加工厂，地方财政没有收益，积极性降低。而发展葡萄酒庄，由于其产品是精心酿制，因而可获得很高的产品附加值，加上酒庄旅游带来的交通、餐饮、住宿、购物等其他收入，将带来可观的综合收益，有效提高农民单位土地的最大收益；从企业的角度讲，拥有专属的酿酒葡萄基地，可以精心选择适宜品种，生产个性化、差异化的酒庄葡萄酒，彰显产品特色和企业实力；从政府的角度讲，葡萄酒庄生产高档葡萄酒，可带来更多税收，对提升当地经济起到了积极的推动作用。

当地政府可结合葡萄酒庄和当地风俗文化，在葡萄成熟时举办独具特色的节日庆典。用节会搭台、经济唱戏的策略实现文化、旅游、会展的一体化发展，同时注重特色产业品牌化经营，以获取可观经济效益。通过充分利用产区城市的地理自然优势，发展葡萄酒庄的休闲旅游功能，可有效推动旅游、餐饮、会展等服务业的快速发展，同时也能将城市的风貌发挥得淋漓尽致，起到更好的宣传效果。增加顾客与产品接触、了解、品尝的机会；增强品牌意识和品牌忠诚度，建立生产者与消费者的联系，促使消费者购买该品牌的产品；增加边际收益，通过向顾客的直接销售，减少中间环节的花费；增加销售渠道，对于小型的葡萄酒生产者，他们不能保证不变的生产产量和供给量，而酒庄销售则是唯一可行的销售渠道；获得一手的营销资料，通过观察消费者对产品的反映，葡萄酒生产者可以获得直接且有价值的反馈资料，在此基础上增加新的产品附加值或新产品；有利于对消费者进行葡萄酒教育及文化推广。参观者通过参观酒庄可以提升他们对葡萄酒的认识和兴趣，增加对于葡萄酒的鉴赏能力，加大未来消费葡萄酒的可能。

（三）平衡葡萄酒产量与质量

一般的葡萄酒企业是从市场上收购葡萄来酿酒，而葡萄酒庄则是企业自己建立庄园，在庄园内用自己种植的葡萄来酿造、灌装葡萄酒，这就要求葡萄园的土地必须具备生产优质、独具特色的葡萄的能力。在欧洲许多国家，酒庄酒的酿造已经流传了上百年，而中国的葡萄酒生产模式却一直停留在葡萄种植与葡萄酒生产分离的层面上。由于农户仅仅把自己种植的葡萄当作商品看待，因而常常过分追求产量，只关心收购价格的高低。而在葡萄酒生产行业，产量与质量也常常发生矛盾。因此，解决这一矛盾的最好办法就是建立酒庄模式：葡萄酒庄生产企业可以对从葡萄种植到葡萄酒的灌装进行全程监控，用优质酿酒原料生产出优质葡萄酒。由于这种模式的主体只有企业一方，即葡萄园的所有者，因而没有利益上的冲突，从而保证了酒的质量和独特的风格。

酿酒葡萄基地发展滞后，已严重制约我国葡萄酒产业的发展。葡萄酒庄因集葡萄种植、葡萄酒酿造、旅游休闲和文化推广于一体，且个性化强，影响力大，综合带动力强，对地方财政贡献较大，又能有效增加农民收入,国内各葡萄产区纷纷制定出台加快产业发展的政策措施,促进酿酒葡萄基地和葡萄酒庄的协调发展。通过加快发展酒庄,带动优质酿酒葡萄基地的发展,推动葡萄酒产业转型升级。通过发展个性化、差异化的葡萄酒庄,各产区也可以摆脱同质化的激烈竞争局面,形成个性化的良性竞争。

同时发展葡萄酒旅游,让顾客到葡萄酒庄中进行体验消费,由酒庄内专业的酿酒师及工作人员对消费者进行正确的葡萄酒教育。顾客在参观、游览、体验的同时,对葡萄及葡萄酒有了更为全面的认识和了解,激发其继续探索和饮用的兴趣,从而促进消费,提高市场竞争力。

（四）提升城市生态环境

葡萄酒产业与其他的工业生产不同,不需要大量能源消耗,也不会产生大量污染,是一种低碳环保的绿色产业。而且一些新技术新方法已在葡萄酒产业中采用,可实现能源循环利用的效果。同时,葡萄的种植可以美化环境、充分利用土壤资源,为都市人创造一个较好的生态环境休假旅游区。

供水方面,葡萄酒产业用水主要包括种植区用水、生产用水及生活接待用水。种植区以灌溉为主,由于酿酒葡萄的耐干旱能力较强,因此种植葡萄要比种植其他农作物更节省水资源。种植区用水以雨水为主,同时可结合雨洪利用等。在葡萄酒酿造生产上用水量较少。而生活接待用水,为了节能资源,可以利用地势合理建设雨水收集设施,这样能够减少对地下水资源的开采,达到节约利用水资源的目的。收集的雨水用于葡萄种植区的灌溉,部分雨水经过处理后也可作为生活用水继续使用。

污水处理方面,葡萄酒产业生产上是以农产品深加工为主的产业,生产生活中污水的产生量较少,因此采用小型的污水处理设施即可满足处理要求,处理后的污水可以作为中水回收利用。产生的废物可以进入沼气池进行发酵,产生沼气使用。具体酒庄生态产业链如图33-1。

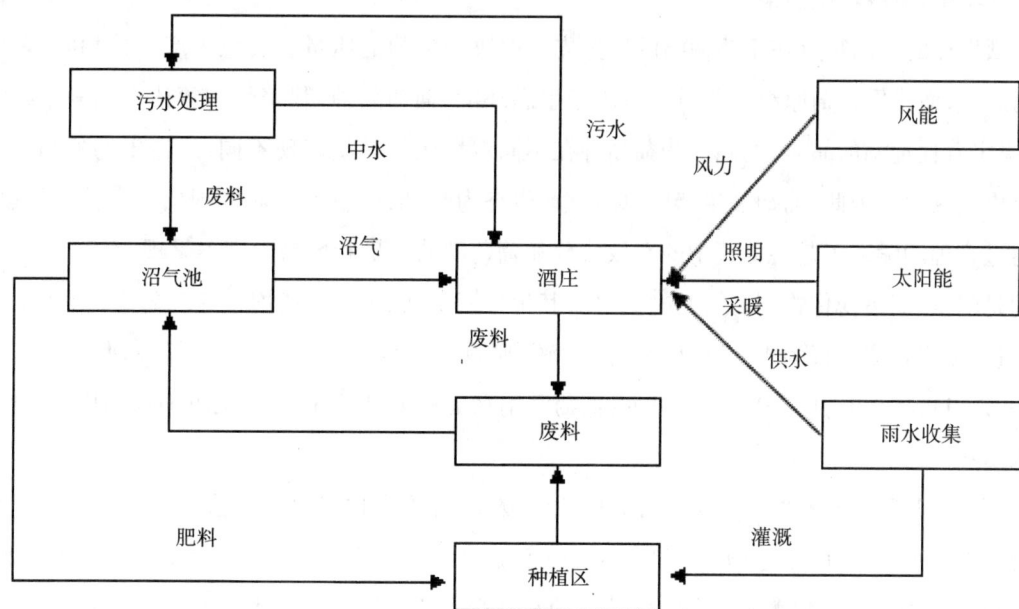

图33-1 酒庄的生态产业链模式

因此,创建葡萄酒庄,发展酒庄经济,既可以使城市实现城乡社会、经济、生态一体化规划,优化城乡空间,又可以树立"人与自然和谐为本"的生态环境意识,提高居民生活质量。

第二节　酒庄经济发展原则

酒庄经济综合了葡萄种植、葡萄酒生产、研发、生态旅游、文化展示等各个方面，因此酒庄经济的发展也要兼顾各个方面，做到从生产到销售的协调统一。

一、生态优先

生态经济是把经济发展和生态保护、生态建设有机结合起来，使二者互相促进的经济活动形式。它的核心是遵循生态学规律，倡导一种与环境和谐的经济发展理念和模式，强调把经济系统与生态系统的多种组成要素联系起来综合考虑，从而使资源得到最有效的利用。在促进经济增长的同时保护环境，实现社会的可持续发展。发展葡萄酒产业符合树立绿色发展理念，大力发展低碳经济，着力打造"生态城市、绿色文明"的城市规划。发展葡萄酒庄，由于其有效控制水土流失、生产环境无污染、产品高附加值及文化产业等属性，可以为发展现代农业生态旅游、促进新农村城镇建设提供重要保证，实现社会效益、经济效益和生态环境效益的有机统一。

葡萄酒作为一种自然产品，有别于其他工业产品，它的质量和风格首先决定于产区的气候、土壤、品种等自然条件，其次才决定于与自然条件相适应的栽培、酿造等人为因素。但长期以来，我国葡萄酒产业的发展却忽视了葡萄与葡萄酒产业链内的生态统一性，具体表现为：首先，葡萄与葡萄酒产业的布局没有严格根据葡萄的生态要求来进行，多数产区分布于非适宜的区域，导致生态资源的严重浪费和生态环境的恶化，与可持续生产的原则相悖；其次，葡萄酒产业链内的副产物并未得到有效利用，甚至将其废弃到自然环境中，造成环境污染。

葡萄酒生产的突出特点在于葡萄酒的质量先天取决于葡萄的质量。要想生产好葡萄酒，首先要有好的葡萄原料，而优质葡萄原料的质量又取决于生态环境、葡萄品种、栽培管理等诸多因素。特别是生态环境，决定着葡萄酒的品质，而同一葡萄品种在不同栽培区的品质表现不同，酿造出的葡萄酒质量与风格差异更是巨大。因此，葡萄酒生产应以适宜区生态为基础，使整个产业体现出生态性，而其中的关键就是通过合理的酿造工艺将葡萄中的有效成分在葡萄酒的质量和风格中完美呈现。

葡萄是耐旱、耐瘠薄作物，与其他作物相比，其生长期水、肥所需数量均较少。葡萄酒用水为生产用水，生产量与用水量之比仅为1∶2—1∶4；而白酒、啤酒、果汁饮料用水量之比仅分别为：1∶30—1∶80、1∶7—1∶11、1∶60—1∶80。由此可见，葡萄酒用水量较少，且生产用水又可循环利用，不会给产区造成用水负担。

葡萄酒生产过程中也有"三废"产生，但排放量较少，且均有技术可对其进行有效处理。葡萄酒的废水主要来源于两个方面：一是职工生活产生的生活废水；二是葡萄酒生产过程中产生的生产废水，这些废水经过处理均能够达到灌溉用水的标准。葡萄酒产生的废气主要是葡萄酒发酵过程中产生的 CO_2 气体，无烟尘、工业粉尘及 SO_2 的产生，且产生的 CO_2 气体量很少，排放量可控制在国家规定的排放标准范围之内，这也是法国、日本等环境要求特别高的国家目前还没有对葡萄酒生产的废气进行处理的原因。建葡萄酒厂必须要有葡萄基地，这样就增加了植物绿量，葡萄果实生长需要 CO_2 转化，根据葡萄生

长 CO_2 需要量与酒精发酵产生 CO_2 量的研究表明,其比值为 10∶1,且同时还释放了等量的氧气,对生态环境有益。葡萄酒生产过程中排放的废渣主要是酿酒废弃物——葡萄皮渣,皮渣包括葡萄皮和葡萄籽,内含丰富的有机质,可以从中提取葡萄籽油、葡萄原花色素、白藜芦醇等天然产物,这些物质均是目前国内外医药行业所需要的。这既延伸了葡萄酒产业链条,又解决了废弃物对环境的污染,将环境保护内部经济化,产生较高的经济效益和良好的社会效益,促进了葡萄酒生态产业链的建立。

葡萄酒产业具有产业纵向关联的特色,更具有改善生态环境,发展葡萄酒旅游业的优势。葡萄酒旅游业包括参观葡萄园、发酵车间、装瓶车间和地下酒窖,品尝葡萄酒,了解葡萄酒文化等自然与人文景点的一系列专项旅游。其目的是采用最理想的方式实现旅游、观光、品酒、美食、文艺、娱乐和探索等活动的完美结合,促进葡萄酒及其相关产业的发展。由欧盟九个国家共同创办的"狄奥尼索斯"(Dionysus)葡萄酒之路旅游项目(2002 年在欧洲已经有 215 条葡萄酒之路)的有益实践,大大促进了葡萄酒文化的宣传和地区性的旅游业,南北美洲、南非、澳大利亚、新西兰等新兴葡萄酒生产区最近也落实了类似的项目,促进了世界葡萄酒旅游业的发展。

综上所述,葡萄这一农作物耐旱、耐瘠薄,在种植过程中所需水量较少,且葡萄园还可作为观光产业发展其优势;而葡萄酒产品质量受环境约束,生产过程中虽也有"三废"产生,但数量较少,对环境影响小,总体来说是一个典型的环境友好型生态产业。

二、结构优化

中国酿酒产业"十二五"发展规划中提出产业链融合目标,要求按照"从田间到餐桌"的思路,构建"全产业链酿酒产业",包括有机原料基地、酒类生产、包装、物流、销售、旅游等价值环节,以工业带动文化及旅游产业,再反哺农业、回馈社会。对于葡萄酒产业来说,就是要构建全产业链葡萄酒产业,而要完成这项使命,葡萄酒庄无疑是一个很好的切入点。

酒庄经济涵盖了工业、农业、旅游服务业三大产业,汇聚了三大产业的利润,有着巨大的发展前景(表33-1)。葡萄酒旅游在葡萄酒产业发达国家已经形成了休闲度假潮流,葡萄酒庄旅游成为国际上的高端旅游产品。而在中国,这种旅游形式发展尚不到十年,但随着我国葡萄酒行业的发展与不断规范以及人们生活水平的上升、消费观念的变化,葡萄酒旅游已逐渐成为我国一个新的旅游增长点,酒庄也随着这一消费诉求在我国各著名葡萄酒产区相继建设起来。酒庄除了生产独具特色的优质葡萄酒这一主要功能之外,还具有传播葡萄酒文化、旅游休闲、娱乐等功能,特别是其农业旅游能够很好地带动第一产业发展,促进农民增产增收。酒庄化发展不仅是世界发展趋势,也是我国葡萄酒产业持续发展的一个平台。随着越来越多的消费者对葡萄酒的了解,会有越来越多的人群喜欢到酒庄参观、游览、品酒。因此,政府在日后的招商引资项目选择上,可注重引进酒庄、特别是大型酒庄项目,给予其基地配套和基础设施配套。不仅向集群内有实力的企业家推广酒庄项目,鼓励其就现有生产设施建设改造,增加酒窖及山体休闲旅游项目,走酒庄、规范限产道路;还要加快引进国内外龙头企业,建立独具特色的酒庄项目,通过科学规划形成一个既具有异域风格,又兼具中国特色的葡萄酒综合休闲度假区。

三、可持续发展

随着人们生活水平的提高和消费观念的改变,葡萄酒以其营养、保健、时尚、尊贵的特点越来越引起

表33-1 葡萄酒产业与旅游产业的分析

第一产业	第二产业	第三产业
葡萄酒产业		旅游产业

供给导向—季节性的，气候的，全球性的技术和农业要素影响着葡萄和葡萄酒的供应	需求驱动—受经济、消费导向、竞争力、示范效应和人为因素的影响
价格接受者—葡萄酒的价格由葡萄酒生产商，全球葡萄酒的价格及其他酒精饮料的价格所决定	价格制定者—价格受所提供的产品和服务的性质、季节性需求和经验附加值的影响
同质产品—葡萄品种和技术已达到最高的水平、生产在很长时间才会有所改变、随着时间的推移是一致的	异质产品—提供一系列的选择和产品，在短时间内会有新产品产生，并随时间变化
降低成本—寻求更有效的生产方法，技术密集型，不断创新以提高产量	利润最大化—通过广泛的营销来寻求利润最大化，劳动密集型，模仿、改造或更新
通过长时间产品、土地和建筑等资本的增长来创造财富	通过短期投资的利润和回报来创造财富

人们的关注。特别是中国葡萄酒市场和国际市场的接轨，为其带来了广阔的发展空间和崭新的发展机遇。葡萄酒生产的可持续发展是葡萄酒产业长久、健康、稳定发展的重要保证。

酒庄经济是一种典型的农业经济，其发展尊重农业的发展规律，具有可持续发展的原则。可持续发展意味着在人与自然的关系和人与人的关系不断优化的前提下，实现经济效益、社会效益、生态效益的有机协调，从而使社会的发展获得可持续性。在这种新发展观看来，"发展"不再等同于"经济增长"，而是一个广义的总体概念。葡萄酒是农产品的一个分支，因此要谈论葡萄酒产业的可持续发展问题，首先应该了解农业可持续发展的概念。

农业发展的可持续性是一个内涵丰富的概念。归纳起来，主要体现为"三个可持续性"的协调发展：一是生产持续性，即保证农产品稳定供给，以满足人类社会发展对农产品的需求的能力；二是经济持续性，即不断增加农民经济收入，改善其生活质量的能力，主要体现于农村产业结构、农村工业化程度以及农民生活水平等方面；三是生态可持续性，即人类抵御自然灾害的能力以及开发、保护、改善资源环境的能力。

以科学发展观、和谐理念为指导，在遵循"优质、稳产、长寿、美观"原则下，实施科学合理的栽培系统，促进生产与环境的和谐统一，实现中国葡萄产业可持续发展、美观、高效的生产目标，王华等提出了葡萄园可持续发展管理模式（图33-2）。未来的可持续发展葡萄园应促进生产与环境的和谐统一，环境影响葡萄园的品种选择、栽培方式、水肥管理、土壤管理和生态防治措施；而以上5个方面又是构成葡萄园栽培管理的重要因子。同时，结合以上农业可持续发展的丰富内涵，提出了葡萄酒产业可持续发展的概念：

①通过科学管理酿酒葡萄种植基地，从原料入手，构建葡萄酒产业的生态供应链条；

②通过酒庄旅游、绿色营销等手段，培育良好的葡萄酒消费文化，为行业发展打下坚实的基础；

③通过品牌集群、产区推介等方式，突出葡萄酒产区个性化竞争优势，为即将到来的国际化激烈竞争赢得宝贵的时间；

④注重构建葡萄酒产业的价值链条管理,形成从果农种植基地、生产企业、渠道成员一直到最终消费者的良好利益共享和分配链条。通过实施葡萄酒产业可持续发展理念,最终可以在地区经济发展、企业经营效益和社会效益与生态效益之间的获得良性平衡。

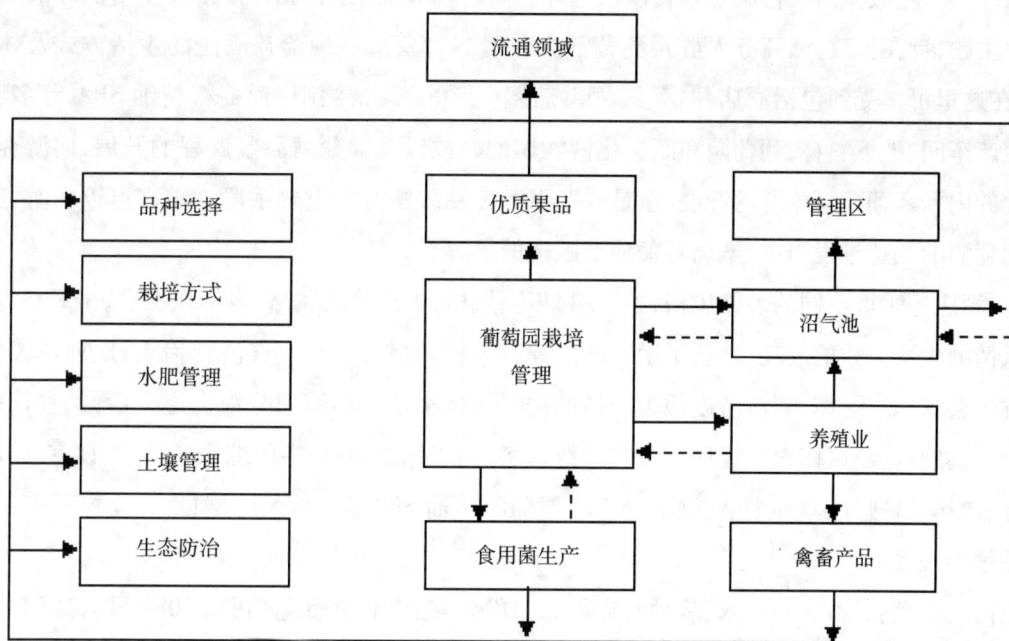

图 33-2　酒庄葡萄园可持续发展管理模式

第三节　酒庄经济主要模式

北京是目前国内几大葡萄酒消费市场中唯一适宜生产优质葡萄酒的大都市,也是未来葡萄酒市场增长空间最大的城市,是世界上极少有条件生产优质葡萄酒的首都之一。

北京葡萄酒产业的发展较快,延庆、怀柔、密云、门头沟、房山、大兴等区县均考虑发展葡萄酒产业。而酒庄作为一种高端的都市农业产业,引领和带动了当地经济的高速发展,酒庄经济在实践中也逐步形成了不同的发展模式。就北京地区及其周边的酒庄发展情况而言,主要有以下几种典型模式。

一、多产业融合

酒庄经济作为北京都市农业经济的高端产业部门,将单纯的葡萄种植,通过加工、旅游、餐饮等服务业与第二、第三产业结合,不断升级产品附加值空间,从而放大利润,获得了三个产业的综合收益。密云县张裕爱斐堡酒庄即是多产业融合发展模式的典型例子。这里创出了酒庄"四位一体"的经营新模式,将酿酒、旅游、休闲、葡萄酒知识培训融为一体,在原有的第一产业葡萄种植及第二产业葡萄酒酿造的基础上,配备了葡萄酒主题旅游、专业品鉴培训、休闲度假等三大产业功能。

张裕爱斐堡将葡萄酒旅游融合在了酒庄的运营功能中。随着国民收入的日益提高,国民的生活水平也从物质的需求转向对精神的满足。因此,葡萄酒这一被誉为优雅、柔情与浪漫的代名词,正走进越来越多国人的生活,葡萄酒旅游便成为了这种文化传播的载体。爱斐堡葡萄酒的主题旅游项目及会所式服务涵盖了酒庄及博物馆参观、葡萄酒品鉴与培训、个性化订制、葡萄酒主题餐饮、葡萄及应季水果采摘、影视外景拍摄、高端会务、整桶订购、储酒领地认领及期酒等多方面服务。同时还为游客设计了观光游览、品鉴培训、度假休闲三种旅游套餐以供选择。酒庄相关负责人表示,张裕爱斐堡国际酒庄以葡萄酒文化为主题,旨在为政务、商务人群及葡萄酒文化爱好者营造一种葡萄酒庄的生活方式及体验。同时,游客在这里可享受到包括酒店住宿、红酒雪茄屋、爱尔兰风情酒吧、葡萄籽精油 SPA 等多项服务。通过对生产车间、地下酒窖、葡萄园和酒文化博物馆的开放以及葡萄酒品鉴课程的开展,向游客传播葡萄酒文化的内涵。葡萄酒旅游的开展,也是爱斐堡酒庄品牌塑造的重要手段。游客可以在游览时亲手参与到葡萄酒的制造过程当中,增加对葡萄酒酿造的了解。

同时,酒庄还采取不同的装修风格,如:乡村田园风格、中产阶级风格、乡绅风格、骑士风格等。通过对欧式风情的生活方式的展现,塑造了融合欧式建筑风格,自然风景,空气清新怡人,地理位置便捷,集住宿、餐饮、会议、娱乐、休闲、旅游度假为一体的法式风情小镇。小镇划分为街道生活区、餐饮服务区、娱乐休闲区、教堂博物区四个功能区。设有总统套房、酒店标准客房、中西综合餐厅、会议室、电玩中心、杂货铺、面包房、咖啡厅、雪茄吧、红酒吧、KTV、葡萄酒精油 SPA 会所等经营项目。诠释了张裕爱斐堡酒庄的品牌和理念。

酒庄内的葡萄长廊达 8000 米,栽种有赤霞珠、夏黑等酿酒和鲜食葡萄共 330h 公顷,酿酒葡萄每亩限产 500 公斤,每亩产酒 350 升。酒庄有储酒能力 1000 吨的酒窖。全年招待游客 25 万人,在春节等旅游旺季期,更是宾客盈门。与此同时,密云县政府将酒庄所在的巨各庄镇建成以"酒乡之路"为主题,集精品农业、农产品加工业、旅游休闲、文化创意于一体的第一、第二、第三产业融合典范。

酒庄作为高端产业,对像过去以北京农家院为代表的、投入较少的乡镇农村旅游起到了引领拉动的积极意义,使所在区县的农业经济提升到了新的层次。

二、小型酒庄生产

对于小型酒庄,由于其葡萄种植面积有限,葡萄酒年产量也相对较低,与国内的大型葡萄酒企业相比,并没有足够的资金为自己的产品做宣传,所以在中国葡萄酒市场上竞争力相对较弱。但也正由于规模小,在种好葡萄、酿好酒方面却能够给予更多的关注,使得他们对于优质葡萄酒的生产能够进行很好的控制,通过生产优质葡萄酒,使自己在高端葡萄酒市场上形成自己的特色和竞争力。北京房山区葡萄酒规划的模式即小型酒庄优质葡萄酒生产的典范。

经过对世界范围内主要葡萄酒产区的考察,以及对全区适宜栽植葡萄区域的土质土壤进行检测、化验,房山区被专家誉为"最适合种植酿酒葡萄的地方"。根据《房山区高端葡萄酒产业发展总体规划》,确定了以青龙湖镇为起步区,带动浅山区高端葡萄酒产业发展的计划,并确定了"三带五区"的发展布局。

房山区内地形为山地、丘陵、平原各占三分之一,地势西北高、东南低,最高海拔 2035 米,最低 28米。山地地区地块面积较小,平均坡度较大;丘陵、平原地区地块面积相对较大,地势较为平坦,平均坡度较小,地形更有利于提高酿酒葡萄的品质。

房山区的土壤类型多样且垂直分布明显。全区西部为山地草甸土、棕壤、褐土分布区,中部和中北部为山前褐土分布区;东部和南部为潮土、沼泽土、风沙土分布区。

通过对土壤 PH 值、土层厚度、土壤有机质含量等指标的分析,房山地区土壤养分及所含矿物质丰富,非常适合酿酒葡萄的种植。

房山区属温带大陆性气候,年平均气温 12.0℃ 以上,日平均气温在 0℃ 以上的天数为 270 天左右。区内的有效积温在 4600℃ 以上。同其他区县比较,房山区属太行山余脉,具有山前小气候特征,是环北京山前最大的暖区。山前暖区昼夜温差大,升温快,阳光照射充足。房山区年平均无霜期 185 天,比其他区县长 7—10 天,农作物生长期及日照时间更长,更有利于酿酒葡萄品质的提高。优质的酿酒葡萄原料是酿制优质葡萄酒的前提,房山区得天独厚的气候条件和土壤状况保证了优质葡萄的生长和成熟。

同时,房山区拥有北京市最为丰富的文化和旅游资源,如周口店古人类遗址、西周燕都遗址、佛教圣地云居寺等,极大地带动了葡萄酒的消费,推动了酒庄的发展;反过来酒庄也促进了当地旅游业的发展。文化旅游产业是发展葡萄酒产业的重要支撑,同时葡萄酒产业也有提升当地文化旅游产业的作用。

葡萄酒产业的发展需要与文化旅游产业协调发展,同时还要根据自身的旅游形象定位来开发具有差异化的葡萄酒文化产品。葡萄酒产业应定位于真正充满自然生机的田园风光和有着浓厚传统、地方特色的民俗文化,应充分利用和突出农业自然特色及其原始、纯朴的自然景色;另一方面结合区域文化旅游特点统筹发展。按照主题化、特色化、高端化的要求,以"酿造世界,品味人生"为主题,以酒庄休闲旅游为重点,融合农业、工业、旅游和文化四大产业,在浅山地区构建以"酒庄经济、滨水度假、商务休闲、会议会展、总部基地"等高端休闲产业为主要内容的国际葡萄酒庄产业集群,逐步将这一区域建设成为世界葡萄酒名庄聚集地和品酒旅游胜地,打造成为中国极具竞争力的红酒之都。

三、有机葡萄种植

随着人们生活水平的提高,健康意识的增强,人们对餐桌上的食物越来越"较真"了。在这种背景下,有机葡萄和葡萄酒生产兼顾产业融合的发展模式便应运而生了,北京市波龙堡酒庄就是此发展模式的典型。波龙堡酒庄是中国著名的有机葡萄酒庄,成立于 1999 年,由中法合资共同兴建。酒庄坐落于中国北京房山区雾岚山脚下,风景秀丽,环境优美,空气清新,最适合葡萄的种植与生长。其中,葡萄种植基地占地 70hm^2,年生产葡萄酒 250 吨。

波龙堡从国外引进先进的设备与技术,并在种植与生产中始终坚持着"七分原料,三分酿造"的理念。他们按照有机食品栽培模式,吸收法国传统的栽培经验,并从法国波尔多地区引进了赤霞珠、梅露辄和品丽珠等酿酒葡萄品种。

波龙堡形成了"三限制"、"四不准"的一整套完整的有机食品生产体系。"三限制"是指:严格控制葡萄的水分;严格控制葡萄的产量;严格控制葡萄结果部分离地面 70 厘米。"四不准"是指:不使用化肥、不使用合成农药、不使用除草剂、不使用调节剂。酒庄始终坚持着保护环境和生产纯天然有机产品的方针,为生产有机葡萄酒奠定了坚实的基础。

波龙堡葡萄酒除坚持"七分原料,三分酿造"的理念之外,还严格按照法国传统酿造工艺进行"酒庄灌装,酒窖贮存"。在一系列控温发酵、除菌过滤、橡木桶陈酿、酒窖瓶储等生产酿造工序之下,波龙堡酒庄酿造了严格意义上的优质有机葡萄酒。

在波龙堡的酿造车间里,有一整套发酵自控设备和不同大小的酿造设备。波龙堡葡萄酒的酒窖,则按照国际传统酒窖进行配置和管理,酒窖采用从法国进口的橡木桶进行葡萄酒陈酿,经过橡木桶陈酿储存的葡萄酒可提高其品质,并使酒的结构稳定,香气复杂,将部分果香转化为酒香。同时,酒窖的温度严格保持在 16.5℃—18℃之间,为葡萄酒的陈年提供最适宜的环境与温度,保证酒的纯正与芳香。

波龙堡干红葡萄酒呈宝石红色,澄清透明,光泽绚丽,具有高雅果香与醇厚酒香,且口味和谐,酒体丰满,回味悠长。波龙堡酒庄不懈追求着完美,严格按照有机模式种植酿酒葡萄和酿造葡萄酒,并先后取得了全国工业产品生产许可证、出口食品生产企业备案证明、中国有机产品认证、欧盟有机产品认证、美国有机产品认证、ISO9001 质量管理体系认证、ISO14001 环境管理体系认证、ISO22000 食品安全管理体系认证、良好农业规范认证等一系列让消费者放心的质量认证。

酒庄内有机葡萄的种植和有机葡萄酒的加工,技术含量高、难度大、投入多。但有机葡萄的种植可以减少和防止农药、残留化学药剂等化学物质、农业废弃物对环境的污染以及对人类健康造成的危害,提高葡萄酒安全。波龙堡采用中国传统中药对病虫害进行防治,酒庄技术人员表示:"我们的酒庄在没有环境污染的前提下,按照有机食品的要求,坚守诚信,怀着神圣的信念种植葡萄并酿好酒,将干净的环境和安全的食品奉献给社会,为全社会为消费者带来健康自然的生活方式是我们的责任。正如我们Logo 中的盾牌,在古代是一种防身的武器,其寓意是波龙堡人不会在自然灾害面前被吓倒,更重要的是时刻警惕内心世界邪恶意念,不要被利欲熏心、不要浮躁,而是踏踏实实去做人,坚守诚信。"在环境污染日益严重,化学制剂使用泛滥的今天,有机葡萄和葡萄酒获得了人们发自心底的认同。随着有机葡萄培养成功经验的推广,将带动整个区域乃至整个北京市、全国范围内有机葡萄的发展。为了创造更高的社会效益和经济效益,庄园还成功举办了多次"有机葡萄庄园游"活动,推广有机食品知识、宣传新农村建设和健康生活观念。促进由以葡萄生产为主的栽培模式向"葡萄生产+旅游观光"为一体的生态观光农业的转变,成为房山区的观光名片。

酒庄同时还开发了葡萄酒主题旅游、专业葡萄酒品鉴与休闲度假三大功能,形成了第一、第二、第三产业相融合的发展模式。酒庄以葡萄酒文化为主题,开发了具有欧式浪漫风情的旅游项目:游客在酒庄内既可欣赏法式风格的酒庄建筑,也可以到葡萄园观看和体验酿酒用葡萄的种植与管理;可以了解有机葡萄酒的酿造过程,也可以参观壮观的酒窖;可以在品酒室一边品尝各式葡萄酒,一边获取葡萄酒文化与发展历史的相关信息。酒庄还与婚纱摄影公司签约,为浪漫新人提供以葡萄酒文化为背景的婚纱摄影服务,使一对对新人在充满欧洲风情的酒庄里,在充满神秘感的酒窖里,留下美好难忘的回忆。酒庄还开展了个性化服务——"私人酒窖",在酒窖中设立个人酒柜,储藏客人指定的葡萄酒,当有需要时,只要一个电话,就会将葡萄酒送上门;而客人也可携三五好友,在酒窖中开展小型品酒会或聚会。

四、体验式营销

葡萄酒庄是集葡萄种植、采摘、生产、储存于一体的,进行体验式营销的最佳场所。将消费者吸引到酒庄,使其参与、目睹葡萄酒从原料到产品的整个过程,无疑是对消费者购买产品的最好说服。目前来看,体验式营销是一种贴近消费者的产品销售方式,非常适合葡萄酒的销售。体验式营销使得消费者在体验过程中了解产品,信任产品,从而购买产品。伯恩德—施密特博士在其所著的《体验式营销》一书中指出:"体验式营销(Experiential Marketing)是站在消费者的感官(Sense)、情感(Feel)、思考(Think)、行动(Act)、关联(Relate)5 个方面,重新定义、设计营销的思考方式"。此种思维方式突破传统上"理性消费者"的假设,认为消费者消费时是理性与感性兼具的,消费者在消费前、消费时、消费后的体验,才是研究消费者行为与企业品牌经营的关键。北京龙徽葡萄酒博物馆就是一种体验式营销发展模式的典范。博物馆隶属于北京龙徽酿酒有限公司,是其发展文化创意产业的创新成果,于2006年6月26日正式开馆。龙徽博物馆集体创新"博物馆文化营销"理念,完善优质服务体系,走出了一条"博物馆文化营销"的创新之路,为龙徽公司的生产经营做出了突出贡献。

博物馆是一座古朴典雅的明清风格建筑,分为地上展厅、地下酒窖、葡萄酒文化餐厅和国际酒廊四大部分。地上部分是北京葡萄酒百年发展的历史沿革和葡萄酒文化培训教室,主要有起源厅、葡萄酒老工艺展示厅、企业发展厅、产品厅、影视厅、公共知识厅和个性化制作互动厅等。在这里,前来参观的游客可以充分感受到葡萄酒的文化,亲身体验葡萄酒的魅力。地下部分则是龙徽的地下酒窖、酒池和储酒长廊。为了便于葡萄酒俱乐部会员和爱好者们相互交流葡萄酒文化,龙徽公司特别在地下酒窖中提供了配备个性化服务的VIP会所。而博物馆对面,就是独具特色的葡萄酒文化餐厅,待游客参观完博物馆后,可在餐厅中品尝龙徽佳酿葡萄酒,享用西餐美食,感受葡萄酒文化。

博物馆又新增了两个重要的功能区,即"葡萄酒个性化制作区"和"整桶葡萄酒私藏区"。"葡萄酒个性化制作区"着眼于与葡萄酒爱好者的互动:在这里,游客可以自己动手设计或在专业设计师的协助下设计出个性化的葡萄酒酒标,将自己最值得纪念的人生精彩片段固化在酒标上,拥有仅属于自己的独一无二的葡萄酒。而"整桶葡萄酒私藏区"的特色在于:为都市高端人群于北京市区内(玉泉路旁)的繁华地段,提供一个极具个性化的整桶葡萄酒储酒空间。

博物馆营销团队在实施"文化营销"的过程中,突出了"体验"特色。"体验"葡萄酒文化,从每一次热情的讲解开始。龙徽博物馆展现的百年葡萄酒文化、"做中国最高品质葡萄酒"的制酒理念,让来宾认识了龙徽;而"体验"龙徽高品质葡萄酒,则从每一次葡萄酒鉴赏知识讲座开始。酿酒师对葡萄酒知识的专业介绍,让每位来宾在品尝龙徽美酒、领略葡萄酒美妙感觉的同时,也在其心目中确立了龙徽品牌的高品质形象。经营人深信:"博物馆文化营销"成功的基础是优质的服务,而打造一支高素质的博物馆团队,就是成功的保障。为了提高博物馆的整体服务水平,博物馆引进了先进的酒店式服务管理体系,并在员工中树立起顾客至上的服务理念。

龙徽葡萄酒博物馆体验式营销从以下几个方面促进酒庄经济的健康、持续发展。

(1)情感营销:情感体验即体现消费者内在的感情与情绪,是消费者在消费过程中感受到的各种情感,如亲情、友情和爱情等。在心理学上,情感的外在表现是态度,态度是人们对待心理客体的肯定或否定的情感。在消费者行为学中,消费者态度是指消费者对某一事物或观念所持有的正面或反面的认识上的评价、情感上的感受和行为上的倾向。情感因素在态度形成过程中有决定性的作用。根据认知—情感相符理论,人们总是试图使其认知与其情感相符,即人们的信念或认知在相当程度上受其情感的支配。由情感上的联系形成认知,并形成消费态度,而态度一旦形成就很难改变。

龙徽葡萄酒将自己定位成一家真正顾客至上的企业,把满足顾客情感上的体验放在第一位。置身于龙徽葡萄酒的博物馆中,游客会自然而然感觉到自身品位的提升,在充满浓郁艺术气息的环境中学习葡萄酒的知识;在充满酒香的葡萄酒储存室里亲身体验学习葡萄酒的乐趣。静谧的地下酒窖中,独到的两重窖藏技术赋予了龙徽葡萄酒和谐圆润的口感和完善的酒体结构;一排排从法国进口的橡木桶,在这里安然沉睡,在微弱的灯光下呼吸吐纳。这里吸引人们的不仅仅是酒的味道,或是葡萄酒带来的浪漫气息,更重要的是博物馆让每一位来到这里的游客都感受到一种历史的厚重和强烈的艺术气息,使品酒变成了一次难忘的艺术之旅。龙徽葡萄酒这一体验营销为其赢得了众多忠实的顾客。

(2)感官营销:感官营销是通过视觉、听觉、触觉与嗅觉上的刺激,使顾客感受到愉悦、兴奋与满足,从而有效地达到营销目的。感官营销可分为公司与产品的识别、引发顾客购买动机与增加产品的附加价值等。

龙徽葡萄酒博物馆从进入时迎面而来的阵阵酒香,到其中贯穿古今的图片,从件件珍品酒具到琳琅满目的产品,从国家领导人宴会用酒的第一瓶"中国红葡萄酒",到见证中美关系破冰的薄荷蜜酒,无一不传递出龙徽高贵、卓越的品质和厚重的历史感,充分体现了"酿造中国最高品质葡萄酒"的风范,体现出龙徽独有的文化积淀,这种感官上的震撼与享受让游客们流连忘返。

(3)行动营销:行动体验是消费者的积极性与主动性被调动起来从而乐于参与的体验,指出他们做事的替代方法与生活形态,丰富消费者的生活,从而使消费者被激发或自发地改变生活方式。在消费者行为学中,生活方式是个体在成长过程中,在与社会诸因素交互作用下表现出来的活动、兴趣和态度模式,往往与人们的自我概念相联系。当品牌的形象与消费者的自我概念相符时,消费者会重复购买并形成顾客忠诚度。

龙徽葡萄酒博物馆有两大特色,其一是凡购买博物馆馆藏葡萄酒的顾客均可根据其个人喜好制作个性化酒标,以此来刺激顾客消费;其二则是私人珍藏:在博物馆地下,有专门设立的私人酒窖,顾客可依据自己的要求将喜爱的葡萄酒进行珍藏。博物馆拥有亚洲最大的地下葡萄酒珍藏酒窖,为葡萄酒的储存及陈年提供了良好的条件。这种一对一的尊享服务,让消费者在行动与欢乐中走进葡萄酒,认知并接受龙徽的品牌。

(4)关联营销:关联营销使个体与品牌中所体现的社会、文化背景关联,超出了个人感官、情感、认知和行动的范畴。关联营销为消费者提供的深刻体验源自社会文化意义的相互影响和消费者对社会地位的追求。其最重要的一点是选择合适的参照群体以便能为消费者创造一种与众不同的社会地位,从而乐于成为这一群体或文化的一部分。这种社会群体的归属使消费者更高层次的需求得到了满足。龙徽博物馆特别强调龙徽品牌上百年的历史和文化积淀,以弘扬葡萄酒文化、倡导高尚生活元素为宗旨,传递其高贵、卓越的品质。因此,参观龙徽博物馆,饮用龙徽葡萄酒为人们打上了高尚和品位的标记,满足了顾客的社会性需求和体验。

龙徽葡萄酒的体验营销,带给顾客的不仅是单一的体验,而是混合式体验:有感官上的震撼与享受,有情感上的触动,有生活品位的见证,有社会性需要的满足。从肢体上的感觉到心灵的触动,让消费者深深认同其葡萄酒文化和生活品位。龙徽葡萄酒通过体验营销的运用,让葡萄酒成为一种生活品质的象征,一种情感的联系以及一种群体的归属。

第四节　促进北京酒庄经济发展的对策建议

通过对北京市酒庄经济发展现状的研究,明确了发展阶段和区域以及各区县酒庄发展的特征,提出以下建议:

一、发挥首都优势

北京作为首都,意味着被赋予了一个代表中国的象征符号,而这个符号给北京带来的是一种巨大的吸引力和辐射力,其多元化的经济价值有着广阔的拓展空间。一来可以为北京带来庞大的各类消费族群;二来在招商引资方面有着得天独厚的优势:作为全国最重要的信息发源地,政府公共资源丰富,企业能够便捷、及时地了解行业发展动态和政策导向;其三还为北京新兴产业和新经济形态的发展提供契机。如北京兴起的会展业、总部经济,包括 2008 年奥运会在北京举办所带来的奥运经济,都是依靠首都优势实现的。从经济学的角度看,首都优势给北京带来的主要是"注意力经济",这是北京所特有的财富,是国内任何城市不可比拟、无法相争的无形资产。软实力既是北京发展的优势所在,也是北京发展品味的体现。

人力资源优势。2004 年,北京地区有院士 673 人,占全国的 50.9%;每万人中拥有专业技术人员 959.04 人,是全国平均水平的 4.0 倍;居民平均受教育年限达 9.39 年,比全国平均水平高 2.52 年。同时,北京也是我国高等院校的集聚地,现有本专科在校生 53.7 万人,在学研究生 16.5 万人。丰富的人才储备及科研教育优势,使得北京不仅科技人才众多,且各类经营管理人才也是高度聚集,其人力资源始终在全国具有突出的优势。

市场信息优势。北京是中央各部门和全国性管理机构的所在地,也是各国大使馆和众多国际机构办事处的集聚地,是我国的决策和信息中心,身处北京的企业可以更及时地了解全国和全球的行业发展动态。同时,北京还具有市场和产品营销优势。北京及周边地区本身就是一个巨大的消费市场,且对全国还具有引领作用。这里云集着众多的跨国公司总部和全国大型企业集团的总部,这些跨国公司和企业集团,可以成为葡萄和葡萄酒的产业发展利用的产品销售渠道。每年在京举办的大量展览会和信息发布会,也将为产品的推介、宣传和销售创造条件。

借助首都的地理优势,酒庄经济作为北京都市农业经济的高端产业经济,应将单纯的葡萄种植通过加工、旅游、餐饮等服务业与第二、三产业结合,通过产业融合,实现酒庄经济的快速发展。

二、拓宽国际视野

中国加入 WTO 组织十多年,已主动融入到经济全球化的浪潮当中,将中国农业推向了市场竞争的前沿,也为特色农产品做大、做强提供了机遇。全球化背景下的市场竞争由原来单纯的国内竞争变为国际国内双重竞争,农业资源由国内配置转向国内国际双重配置;在严峻挑战的同时,也为资金和技术的来源提供了更多的机遇。当前葡萄与葡萄酒产业在国际国内市场一体化的趋势不可逆转,西部地区新兴葡萄酒产业的发展面临价格、成本、质量等全方位的国内外竞争,而东部地区的知名葡萄酒品牌大多采取了在国内西部地区建立生产基地和购买来自海外原酒并行的两条腿走路的策略,以降低成本和市场风险。面临经济全球化趋势下葡萄与葡萄酒产业的激烈竞争,北京酒庄经济的发展必须通过国际化发展和品牌培育,才能在激烈的竞争中获得较好的生存与发展空间。

国际化发展北京酒庄经济有助于加强国际合作、引进外资,从相当长的一段时间来看这都将是我国发展葡萄与葡萄酒产业的一个重要途径。外资的引进,从投资角度不仅能促进北京的葡萄与葡萄酒产业发展,而且对提高北京葡萄与葡萄酒在国内外的知名度,为其他资本投资该产业提供信心等方面都具有重要的示范作用。而只有强化并实践国际化发展的理念,才能主动出击,推动国际合作、国际化宣传、引进外资,从而形成良性循环。

以开放、务实的心态,国际化地发展北京葡萄与葡萄酒产业,才能更好地面向国内和国际两个市场,提升高端市场对其认知度,增进国内外消费者的了解与信任,获得急需的技术经验和人才,实现原料基地产酒和酒庄品牌酒的质量同步提升,构建北京葡萄与葡萄酒产业服务与创新的战略新格局。

三、坚持差异化发展

结合北京当地文化,发展创意农业、特色农业、精准农业、智慧农业。在市、区(县)总规划的基础上,制定详细计划。考虑到区位、环境、特色产品等,制定出"一区一特色"、"一村一产品"的具体规划,塑造典型,形成特色,使经营者明确发展方向,实现顾客有选择的消费,改变目前同质性过强的发展现状。

同时,每年在我国各大中城市轮番举办规模不一的葡萄酒专业展览会和品尝推广会,尤其在葡萄酒和旅游市场较发达的北京、上海、广州等经济发达地区。举办展会、酒会的组织者若能在宣传上不再局限于酒行业内的宣传,而是在旅游业方面加大宣传力度,重视与当地旅行社在旅游日程安排上的沟通,进行实质性的商讨,达成互利共赢协议,就既为展会招揽了目标参观客户,又有针对性地宣传了葡萄酒文化。这是所有参展的葡萄酒厂商所期待的,也是游客、旅行社、葡萄酒业和展会举办方实现共赢的利好举措。另外,以产区名义定期举办葡萄酒节、秋季葡萄采摘节、葡萄酒文化摄影展、音乐会、电影周、节假日品酒会、自驾游、葡萄园越野赛等群众参与性和娱乐性较强的活动,以酒为媒因地制宜,利用葡萄酒节庆和葡萄酒文化相关活动的开展,使北京地区的葡萄酒旅游独具特色和吸引力。

四、提高建设水平

高水平建设是促进酒庄经济发展的核心。要实现这个核心可以从鼓励引进国内外投资,引进优秀的葡萄酒生产、营销和管理专业人才,加大本地葡萄酒专业人才的培养力度三个层面上进行重点建设,实现北京葡萄酒产业的可持续发展。

实现高水平人才队伍的建设,可直接引进国内外专业酿酒人才和营销人才。例如,与国外(如法国、澳洲等)以葡萄酒生产和营销专业著称的大学、学院、研究机构合作,采用交换留学生、引进国内和国外客座教授、专家等多种方式,不仅有利于迅速提高本地葡萄酒产业的产品品质、研发能力、营销能力,培养本地的专业人才,还能加深和加强国外重要研究机构和重量级学者对该产区的了解,推进国际化发展进程。人才队伍建设还应注意在不同层面、有针对性地进行教育培训,为推进标准化生产技术规程的实施创造条件。

在产区发展的硬件建设上,要突出良种苗木的基础地位。优质葡萄酒和知名产区都需要有一定年龄的健康、品种纯正的葡萄树作为生产的基础,而品种和苗木质量恰恰是当前北京葡萄与葡萄酒产业发展中的一个薄弱环节。建立一个兼顾公益性和市场化服务的葡萄与葡萄酒技术研发公共平台,投资建设一个高水平的葡萄苗圃场,解决目前品种结构单一、品系不纯、带病毒病、抗寒耐盐碱砧木选用不合理,以及嫁接苗推广不力等问题,从源头控制和提升苗木的质量,是提升北京葡萄与葡萄酒产业具有良好的市场竞争力的重要基础保证之一。

高水平建设还必须突出标准化的生产技术规程。针对北京的气候、土壤和葡萄酒市场定位,制定标准化的生产技术规程,特别要在种植密度、整形修剪方式、负载量、肥水管理、葡萄藤的越冬保护、葡萄酒酿造方式、标签标准、质量与食品安全控制等方面制定出有公信力的标准。严格把控,监督执行,维护、提升北京产区的形象和声誉,为高水平建设提供制度和规范上的保障。

此外,高水平建设在政府引导和示范层面要体现一定的前瞻性。劳动力成本的上升是我国葡萄酒产业必须正视的一个现实;同时,人工劳动也逐渐难以满足标准化生产的高要求。探索本土化的葡萄栽培管理机械的应用,优选适合北京葡萄与葡萄酒产区的技术组合进行示范,提高葡萄园的劳动生产效率,是促进北京葡萄和葡萄酒产业高水平建设的一项前瞻性措施。

五、重视质量安全

随着生活水平的提高,人们对健康意识的增强,消费者对葡萄酒质量安全的关注度也越来越高。2012年的酿酒行业可谓是舆论热点,先是啤酒甲醛风波、黄酒致癌门,再有葡萄酒农药残留超标问题、白酒塑化剂事件,可谓是一波未平,一波又起。而进口酒类市场的空前繁荣也带来了以次充好、价格虚高、泡沫迭起等问题,种种问题凸显了行业高速成长背后存在的监管不力、政策不到位、标准不完善等问题,给葡萄酒行业带来了严重困扰。而旧世界葡萄酒生产国由于其酿造历史悠久,相应的政府部门在市场监管、产业保护等方面法律政策比较健全,具有良好的市场秩序和质量信誉,也为他们在世界葡萄酒产业得以立足打下了基础。新世界葡萄酒产业填补了葡萄酒酿造方式的空白,让更多的社会阶层能够享受到葡萄酒。目前,无论是新世界还是旧世界葡萄酒国家,纷纷看好中国这一具有发展潜力的新兴葡萄酒消费国,大举进攻中国市场,给中国的葡萄酒市场造成竞争压力。

面对如此的国际国内环境,企业一定要积极主动地加强对葡萄酒产业的监管,制定各项规章制度,坚决抵制各类违法造假活动,整顿市场秩序,充分关注产品质量问题,积极与相关政府部门沟通,从政策制订、企业生产、产品流通、市场监督等各方面共同努力,建立安全保障体系。向市场提供品质好、质量有保证的葡萄酒,消除消费者的戒备心,让他们买得放心,能够轻松地去品味葡萄酒所带来的美好享受,从而使酒庄能够持续、长远地发展下去。

六、创新营销思路

随着葡萄酒慢慢走入寻常百姓家,中低端葡萄酒在中国葡萄酒市场占据越来越重要的地位。2012年的酿酒行业由于多起风波,始终处在舆论的风口浪尖上,全年行业虽然继续保持增长,但种种迹象表明高端产品的消费受到抑制,特别是高端白酒和葡萄酒,都面临着市场需求疲软的态势。在这种情况下,酿酒企业应该反思过度依赖于财务消费和商务消费的行业效益的稳定性,是否应该给予中等收入群体的消费需求以更多的关注。同时,针对各种产品质量安全问题的质疑,企业和行业是否应该站在公众的立场上,尊重公众情感,从加强自身质量建设、诚信建设的角度去处理和面对这些行业危机事件。

同时,面对市场新局面,针对消费群体和消费需求的变化,企业和经销商必须大力加强市场培育工作。酒庄可采用不同种类的葡萄,以创新的酿酒工艺酿制出与日常餐酒相媲美的佳酿,通过消费扩大品牌影响。同时向消费者广泛传播酒文化、普及酒知识,提高消费者对酒类产品的认知能力和品鉴水平。企业和经销商也要站在积极履行社会责任的高度上,从提升品牌美誉度和企业形象的角度提出营销思路,培养消费者对品牌的忠诚度,例如倡导理性饮酒、提供酒后代驾等。再有,酒类电子商务活动开展频繁,与知名电商合作或开创专业电子商务网站、企业网上直销等方式,让消费者体会到了购买的便利性和优越性,这种营销渠道的"扁平化"发展趋势,也是企业和经销商营销思路转变的方向之一。

七、加大政策支持

葡萄酒庄在中国尚属新生事物,处于摸索发展的起步阶段。旅游业作为涵盖面广、关联性强的综合性经济文化产业,决定了政府主导模式是旅游业发展的最佳选择。北京市政府应本着"立足长远、科学规划、因地制宜、稳步推进"的原则,对葡萄酒庄发展进行科学合理的规划定位,给予政策、资金、技术和服务等多方面的倾斜与投入。财政要加大投入力度,安排发展专项资金和一定的信贷贴息,支持葡萄酒产业的转型升级。将葡萄酒产业纳入农业产业化结构调整中来,各项农业建设资金要向葡萄酒产业倾斜,重点扶持特色葡萄酒庄的开发和加工转化;引导农户和企业通过土地入股、契约合作、合作社等方式参与葡萄酒庄建设,在葡萄酒庄的水、电、路、融资等方面进行扶持补贴。另外,要充分争取农业综合开发、小流域治理、水利基础设施建设、节水灌溉等相关专项项目资金支持,鼓励投资者利用山岭薄地建设特色葡萄酒庄,进而形成风格各异的葡萄酒庄集群,达到产业聚集效应。

同时,酒庄企业与高校和相关科研院所合作,联合攻关,破解葡萄酒在选址、土壤、种植、酿造、储存、销售、管理、运营等各个环节中的难题。

由国际葡萄酒产区的葡萄酒旅游成功推广经验可知,葡萄酒产区旅游的兴起和繁荣必须有官方或行业组织的统一规划和协调管理,按景区规划需要规范产区葡萄园的生态建设和园林环境美化,抓龙头促全面,禁止重复建设和避免设施雷同。产区内各葡萄酒旅游景区的企业独具特色,让游客在游览过程中享受葡萄酒文化的博大精深,走联合葡萄酒生产企业产区借葡萄酒旅游共同发展之路。政府也应担负起宣传功能,在节假日策划一些促销活动向市民介绍葡萄酒文化,指定大型活动招待酒会专用葡萄酒,或借助公共场所,定期举办葡萄酒知识讲座、有奖竞猜等系列活动,最大限度普及葡萄酒知识,激发市民消费葡萄酒的热潮,使整个葡萄产区和都市弥漫葡萄酒消费氛围,推动酒庄经济发展。

八、扩大宣传力度

中国的葡萄酒行业逐渐规模化并发展迅速。时间虽然不长,但已经拥有贺兰山东麓、河北怀来、新疆、天津等10多个葡萄酒产区,几乎覆盖了国内全部适合种植酿酒葡萄的区域。中国的葡萄酒地图正日渐清晰,相关的投资和产业链建设也正在向这些区域聚集。由于北京是我国葡萄酒消费量最大的城市之一,加上当地拥有丰收、龙徽两个区域强势品牌,以及与其相邻的天津市的王朝、河北省的中粮长城,使北京的国产葡萄酒市场竞争日益激烈。而在2008年之后,进口葡萄酒开始在涌入北京市场,使本就激烈的北京葡萄酒市场充满了变数。

北京市延庆县凭借其优越的葡萄生长地理和气候条件,成熟的葡萄园管理技术水平和别具一格的酒庄建筑,于2014年,继法国蒙彼利埃、匈牙利凯奇凯梅特、意大利乌迪内斯以及美国纽约州之后,赢得了举办第十一届世界葡萄大会的荣誉,为北京的葡萄酒产业创造了新的机遇。北京市政府和酒庄负责人应积极掌控信息,抓住机会,开展独具特色的葡萄酒旅游,为世界葡萄大会做酒庄基础设施补充的同时,酒庄还可以借助此次机会,积极宣传自己的品牌,让更多的外国游客了解我们的葡萄酒文化,使我们的葡萄酒市场走向国际化。而对于延庆县本身来讲,其适宜的气候条件具备了生产高质量葡萄酒的实力。中国葡萄酒行业长期的健康发展与酿酒葡萄种植基地的良性支撑之间息息相关,优秀的葡萄酒庄园的建立也与优质的葡萄种植基地紧密相连。延庆深厚的底蕴赋予了酒庄灵魂,也决定了这里葡萄酒的独特性,这一切都是延庆葡萄酒产业带发展的雄厚基础。另一方面,延庆葡萄酒产业带的形成可极大地丰富延庆现有的旅游资源,为其增添更加现代化的内容和更加丰富的内涵,向世界展示一个更加多彩的延庆,更具魅力的延庆。

目前延庆葡萄酒庄产业带已经具备了优越的旅游资源,而正在建设中的 7 大酒庄也是各有特点,在未来不仅能够丰富旅游资源,且酒庄旅游的开展更为葡萄酒企业宣传开辟了新的途径。借此世界葡萄大会召开的机会,延庆县凭借其品质卓越的葡萄酒,个性化的酒庄,绿色的生态环境,丰富的历史文化旅游资源,便利的交通条件,必将成为中国葡萄酒庄旅游的核心和知名品牌,使中国葡萄酒旅游市场和酒庄旅游出现质的飞跃。

第三十四章 北京国家现代农业科技城

国家现代农业科技城是全国农业科技创新中心和现代农业产业链创业服务中心,为全国现代农业发展提供技术引领和服务支撑,同时,引进国内外企业、科研院所和高校在科技城建立总部研发机构,打造总部企业密集的产业经济中心,带动区域经济增长。

第一节 国家现代农业科技城建设意义

我国总体上已经进入以工促农、以城带乡的发展阶段,进入转变经济发展方式、加快现代农业发展的关键时刻,进入着力破除城乡二元结构、建设社会主义新农村、形成城乡经济社会发展一体化新格局的重要时期。当今世界正共同面临着粮食安全、气候变暖、节能减排、资源环境等重大问题,国际农业和农业科技的竞争日趋激烈。国家现代农业科技城的建设,突破了原有农业科技园区技术示范、成果转化、生产加工的传统模式,将以现代服务业引领现代农业,通过科技与服务结合,实现产业、村镇、区域整体功能的突破与升级。通过资本、技术、信息等现代农业服务要素的聚集,形成"高端研发、品牌服务和营销管理在京,生产加工在外"的现代农业产业模式。在此背景下,国家现代农业科技城的建设具有重大意义。

一、加强自主创新

2010 年 2 月,胡锦涛在省部级干部研讨班上讲话强调指出,把发展现代农业作为转变经济发展方式的重要内容,把加强自主创新作为转变经济发展方式强有力的科技支撑,充分体现了在后国际金融危机时代,依靠科技创新发展现代农业对于我国现代化建设的必要性。建设国家现代农业科技城,凝聚农业科技创新主体、创新要素,加强我国农业科技自主创新,按照产业链发展的要求加快第一、二、三产业的融合,引领我国现代农业发展,无论对于应对国际农业科技竞争,还是转变我国经济发展方式都具有战略意义。

二、加速产业提升

作为发展中的人口大国,保障粮食安全始终是治国安邦的头等大事。以种子为代表的粮食科技和生物种业的发展关系到国家安全。我国必须加强生物育种等粮食科技研发,大力发展生物种业等战略性新兴产业。国家现代农业科技城把良种创制和培育生物种业作为建设的重要内容,正是大力培育生物种业,保障我国粮食安全。

三、促进城乡统筹

统筹城乡发展,必然要求破解城乡二元结构,促进经济、科技、文化、教育、医疗等方面的资源在城乡合理配置。国家现代农业科技城建设,立足北京、服务全国、面向世界,通过集成首都经济、科技、文化、教育等多种资源、多种要素,培育现代农业产业链,服务全国农业农村发展,必将对探索依靠科技创新促进城乡统筹发展的新模式发挥重要作用。

四、推进产学研结合

建设创新型国家,充分发挥科技支撑引领经济社会发展的作用,就必须大力推进产学研结合,深化科技体制机制创新。国家现代农业科技城建设,以"高端、高效、高辐射"为目标,以农业高端研发、产业链创业和现代服务业引领为重点,强化科技体制机制创新,把科技创新创业联系起来,把企业、高校、科研单位联系起来,把首都引领与全国农业农村发展联系起来,一定能够探索出一条科技创新创业引领现代农业发展的成功路子。

农业科技城建成后,将为农业科技创新创业提供产权交易、投融资服务、现代物流、会展交流、高端人才培养等高端服务。同时,引进国内外企业、科研院所和高校在科技城建立总部研发机构,打造总部企业密集的产业经济中心,带动区域经济增长。

现代农业科技城对我国农业科技创新、现代农业发展起到了重要的推动作用,园区功能的变化呈现出由生产展示向产业开发转变,由单一示范向集成创新、统筹城乡发展转化,由注重社会效益向综合效益转化。但随着土地资源日趋匮乏,资金、信息、科技、物流等关联要素在支撑农业发展中的日趋活跃,农业科技园区面临着新的挑战,园区存在的诸多问题导致园区综合发展能力与快速发展的经济社会步伐、农业科技创新发展间的矛盾愈加明显,亟待一种新方式、新机制、新体系、新模式的出现。"一城两区百园"的构建则成为探索这一模式的重大突破点,是推动农业科技园区发展的创新性举措,是建设国家科技创新体系的重要举措,是探索中国特色现代农业发展模式的重要途径,将对我国现代农业创新发展发挥重要作用。

第二节　国家现代农业科技城定位与功能

一、定位

（一）发展原则

1.服务引领,集成创新

国家现代农业科技城的建设必须立足于"高端、高效、高辐射"的战略定位,以现代农业服务引领现代农业为重心,坚持集成创新是园区发展的原动力。面向世界高端技术、产品和市场,依托农科城在产权交易、科技保险、期货交易、管理咨询、投融资服务、现代物流、会展交流、高端人才培养等高端服务的供给,在发展思路、体制机制、要素配置方式、农业科技研发、农业经营方式、组织服务体系、产业结构、城乡统筹、农业品牌等方面进行集成创新,引领全国现代农业发展。

2.科技先导,产业主导

充分发挥国家现代农业科技城集聚国内外优势农业科技创新资源的优势、科技研发孵化和成果转化能力,围绕区域优势产品和条件,着力培育一个或数个有较强辐射带动作用的主导产业,坚持科技与产业协同共进,效益优先、持续发展,使第一、第二、第三产业融合发展,成为园区自我持续发展的内在动力和拉动区域经济社会发展的增长极。

3.多方参与,统筹推进

坚持建设主体多元化的原则,鼓励农业龙头企业、农业科研推广机构、农业专业合作社、农业专业协会、创业型农户、种养业大户等不同主体参与园区建设。要探索创新利益联结纽带和风险共担机制,促进各主体间的合作,通过政策引导支持,促进城乡资源优化配置和合理流动,实现工业反哺农业、城市带动农村,推动城乡统筹发展,加快城市化进程。

4.对外开放,持续发展

坚持"跳出园区发展园区"。国家现代农业科技城是一个开放度高、辐射力大的功能区。要吸引国内和发达国家高水平的农业企业、科研机构、农业人才来园区安家落户,共同发展。大力引进国内外农业新技术、新品种、新设施,大力推广国内外农业新技术和经营方式,在技术引进、消化、吸收的同时,结合当地实际加大科技创新力度,以开放带动科技创新,以科技创新促进园区持续发展。

(二)发展定位

1.整体推进,提高农业科技转化为生产力的综合能力

国家现代农业科技城要突破一般农业园区技术示范、成果转化的功能,通过统筹规划、政策引导、金融创新、信息服务,加速农业生产要素的自由流动和有效配置,构建以市场为核心的现代农业经营模式和现代农业产业体系的构建路径,提高农业科技产出效率、转化效率以及持续利用率,真正实现"科技是第一生产力",保障我国农业国家竞争力的持续提升,推动现代农业真正成为具有一定比较优势、比较收益的战略性基础性产业。

2.分工协作,构建现代农业全产业链

国家现代农业科技城要突破园区各自为政、分散发展的路径,充分发挥农科城高端服务、科技创新的优势,集成创新、先行示范的功能,产业带动、就业带动的平台,通过创新机制体制、突破空间界限和建立分工协作的新兴组织载体,优化现代农业产业链各环节的协作结构,在全国范围构建包括产品设计、原料生产、加工制造、仓储物流、供求信息(订单)处理、批发经营、终端销售和售后服务在内的现代农业全产业链,实现资源、市场、功能、品牌、服务、技术、人才、资金价值链的融合,优化现代农业发展路径,提升我国农业整体竞争力水平,实现农业的可持续发展。

3.创新发展,突破现代农业发展瓶颈

国家现代农业科技城立足于现代服务业引领现代农业的创新理念,通过制度创新、组织创新、机制创新,实现政府政策支持平台、企业产品市场平台、科教机构的农业高新技术平台,中介机构金融、信息、培训等服务平台的有机融合和合作,重点在转变农业投资的被动性和投机性、健全新型农业科技服务体系、建立农产品质量安全体系建设、完善农产品市场体系建设以及新型农业经营主体培育等关键问题上

有所探索和突破,强化园区引领、示范、辐射能力,推动城乡统筹发展,探索我国以现代服务业引领现代农业的发展道路。

二、功能

(一)国家创新服务中心

国家现代农业科技将围绕高端服务、总部经济研发、产业链创业、先导示范四大功能建立先进的国家创新服务中心。

1.农业高端服务功能

围绕农业科技创新和涉农龙头企业发展的需求,围绕国家农业科技园区产业提升、经济提升带动和示范的需要,为企业和社会提供产权交易、期货交易、管理咨询、投融资服务、科技保险、现代物流、会展交流、高端人才培养等服务,建设成为高端服务中心。利用首都信息服务资源优势,通过互联网、物联网服务体系,建立信息互动机制,推动农村科技服务体系信息化社会化建设。

2.总部研发功能

瞄准世界农业科技高端,集聚国内外优势农业科技创新资源,通过引进国内外企业、科研院所和高校在农科城建立总部研发机构,促进各类农业科技资源要素的整合、集成与共享,进行技术创新、产品开发及产业化应用研究。

3.产业链创业功能

国家现代农业科技城围绕全国农业产业链建设的科技需求,以经济实体为载体,将科技、信息、管理、资本等生产要素植入产业链若干环节,通过龙头企业产品创新和高端人才创业推动农业产业链细分和延伸,推动法人科技特派员创新创业,建立分支机构及生产基地,形成以法人科技特派员创业为核心的产业链,并吸引社会主体在产业链扩张中创业、就业,为全国农业产业提升提供科技引领和服务。

4.先导示范功能

国家现代农业科技城瞄准农业高端,以成果应用为重心,从贴近产业、融入市场的角度,以"1+N"模式(围绕一个品种,展示簇团技术)实现先进科技成果在国家现代农业科技城的集成创新和转化应用。通过网联各省市国家农业科技园区,以成果对接和产业互动的形式向全国辐射推广。

(二)区域集成示范中心

1.集成创新功能

在发展中已经或者正在积聚大量的有实力的现代农业企业,是现代农业集成创新的主体,能够有效集成各种要素,推进各种要素的优化组合,产生"1+1>2"的集成效应。

2.先行示范功能

农科城直接服务具有显著区域特征的农业发展模式,现代农业科技成果的应用和推广具有广阔的市场腹地。围绕区域特点,以突破区域农业发展中存在的资源、技术、制度、组织等瓶颈,有重点地探索科技创新转化为现实生产力的优化方式,将先进的科技成果、模式不断地辐射、扩散到其他地区,带动区域现代农业和经济快速发展。

3.创业就业功能

农科城能够为现代农业创业就业搭建平台,通过一系列的专题活动和推介活动,与国内外的研究机构、团体和个人建立广泛联系,吸引国内外的技术力量进驻园区,并不断培育和组建创新创业团队。

（三）产业创业辐射中心

1.技术示范功能

在利用人才、技术优势开展科技创新的同时,更加重视技术向生产力的转化。通过创新园区技术推广模式,形成"园区+试验基地","园区（+合作社/企业）+农户"等多种方式,形成试点示范,推动新技术、新品种的应用和推广。

2.产业带动功能

园区发展与当地经济发展具有紧密的联系,园区发展所依托的核心技术,将成为园区企业所从事的主营业务,通过不断的示范和带动,最终将推动该产业纳入地方经济体系,成为地方经济发展的重要产业。

3.就业带动功能

现代农业园区的发展紧密围绕园区主导产业,发挥创业孵化作用,带动当地相关产业的发展,形成产业链创业的格局,不断拓展产业发展空间,开展规模化经营,吸纳大量当地劳动力就业,增加农民收入,推进城乡统筹发展。

第三节　国家现代农业科技城空间布局与产业内容

一、空间布局

（一）产业链延伸带动城乡一体化

农科城通过推动企业扩张、总部产业延伸,与周边及跨地区的村镇资源结合形成新的产业圈或产业带,实现"城"与村的产业关联带动,利用村镇资源,形成新兴产业,带动农民创业就业,突破以往的固定物理空间模式,创新资源整合思维,不求所在,但求所用,形成了巨大的凝聚力,形成城乡一体化的产业空间布局模式。

1.构建以科技创新为纽带的产业网络

科技城建立农业科技创新产业促进中心,引导高校、科研院所建立应用研究基地,吸引国内外大型涉农企业设立总部研发机构,形成全国农业科技创新的制高点。将科技创新成果以设立分支机构或代理公司、产权交易、科技特派员创业等形式辐射到整个城乡区域,形成通过产品的生产技术关联进行组织的产业网络。在以科技创新为纽带构建的产业网络中,经济体内成员有效地进行创新合作,并享受创新带来的外部性。

2.构筑以农产品流通为纽带的城乡信息平台

建设农科城农业科技网络服务中心,构筑技术信息网、产品信息网、农产品电子商务网、资金融通网、农业物流网、生产协作网、劳动力信息网等要素形成的城乡一体化经济网。这有助于城乡之间发展经济协作,打破城乡封闭,组织城乡技术信息流通、商品流通、资金流通,以及劳动力等在城乡之间合理流动,保证农业产业链在城乡间顺利地延伸。在科技城积极扶持发展城乡互惠互利的区域性农业产业链经营组织和市场中介组织,并以此组织为基础,链接城乡市场,打破城乡隔离,同时克服小生产与大市场的矛盾,有效地促进农业产业链的城乡间延伸。

（二）现代服务业辐射服务农村城镇化的空间布局模式

农业科技城内的技术、信息、金融、物流等现代服务业的服务半径延伸对于促进京郊农村城镇化建设具有重要意义,有利于促进新农村建设和城乡一体化发展,具体扩散辐射机制如下。

1.科技服务辐射式布局

以建立科技城龙头企业分支机构或代理公司和生产基地的形式,将企业的科技创新成果、技术规程和生产标准扩散至农村区域;以产权交易和农业科技信息服务网的形式扩散高校、科研机构和企业总部的农业科技成果;以科技特派员创业,形成农业创业链的形式进行科技服务;对基层农业科技带头人提供农业科技专业培训。

2.信息服务互动辐射式布局

科技城网络服务中心为京郊企业和合作组织提供技术、市场等信息服务,京郊企业和合作组织通过网络服务中心发布产品供给和需求等信息,并为网络服务中心及时掌握市场信息提供参考数据基础,形成科技城与京郊企业和合作组织信息服务的良性互动机制。

3.现代物流服务辐射式布局

京郊小城镇企业和合作组织利用国家农业科技城的供应链虚拟平台,共享物流供应链上的信息,在网上完成客户订单所需要的物流活动,并向科技城物流虚拟平台管理机构支付一定的使用费用,形成利益共享的现代物流服务辐射机制。

4.其他服务辐射式布局

科技城内科技金融、农业规划咨询等现代服务均对京郊企业和合作开放,可以享受同科技城内企业相同的服务。

二、产业内容

把一家家跨国公司总部引进来,把一个个研发支撑平台建起来,把一条条现代服务链延伸出去……国家现代农业科技城积极整合科技研发和服务业优势资源,为我国农业发展注入一股股创新活力。

（一）构建科技支撑食品安全体系

结合食品安全建设的工作重点,搭建食品安全检测领域集成创新平台,从安全投入品、农产品生产、加工、检测和物流等环节开展技术攻关和集成应用,加强"农田到餐桌"的全产业链科技支撑,保障首都食品的安全。

1.生产加工环节

研究制定蔬菜、猪肉、水产品等大类食品安全生产标准和操作技术规范;研发相关应用生物制剂、新型肥料、畜禽疫苗等安全投入品;蔬菜安全生产科技示范基地,集成应用蔬菜安全生产配套技术等。

2.检测监测环节

支持企业为创新主体研制出多功能食品安全现场快速检测仪等高端检测设备,通过欧盟 CE 认证,实现检测装备国产化;研发出胶体金等一批快速检测产品,实现快速检测的精准化和便捷化;开发出基于物联网技术的食品安全检测监管系统,以应用于乳制品监管工作,建成食品安全标准、指标方法等五大基础数据库,建设食品安全解决方案决策咨询网,为社会提供从仪器、试剂到检测方法的完整解决方案,实现检测服务的系统化。

3.现代流通环节

通过建设国际绿色物流区和现代物流科技示范园,打造高品质农产品集中展示与交易的窗口。加强产学研合作,集成应用冷链物流、物联网技术等先导技术,开发新发地农产品质量安全检测系统、追溯系统等具有自主知识产权的五大系统,与合作组织、配送企业和超市建立绿色农产品销售示范区,实现农产品质量安全的无缝链接。

(二)果蔬高端品种创制研发

培育适合都市型现代农业发展,特色性状达到或超过国外同类主栽品种的设施专用茄果类瓜类蔬菜、反季节速生叶菜和高品质的精细特色蔬菜品种。

此外,建立蔬菜高质量良种生产、种子纯度分子鉴定、种传病害检测、种子处理加工技术体系,建立杂交品种原种和商品种子生产基地、生产商品种子,提供高质量的蔬菜良种以满足生产需求,都是农科城的重要生产内容。

同时,示范推广蔬菜种苗标准集约化生产技术,实施新菜地整村推进计划,在蔬菜生产优势区域规模化蔬菜集约化育苗工厂,示范推广蔬菜种苗标准集约化生产技术,生产优良蔬菜品种种苗,为农民提供高质量的蔬菜生产用苗。

在新品种的展示推广方面,形成蔬菜品种更新展示示范网络,建立覆盖全市蔬菜产区的"十百千万"蔬菜新品种示范体系,根据农科城蔬菜生产实际,选择适宜的蔬菜作为展示示范蔬菜,广泛引进国内外各科研单位和公司蔬菜新品种,筛选出适宜种植的蔬菜新品种,并在蔬菜主产区建立新品种示范点,建立万亩蔬菜新品种示范田。实现淡季自给率稳步提高,提高蔬菜产业供给能力,提升"菜篮子"产品质量安全水平。

(三)带动休闲农业、文化创意产业蓬勃发展

农科城中各种高端蔬菜、水果、动物、植物花卉等繁育基地,都是农产品展销和旅游观光为一体的综合体。探索高端园区特色品种营销服务模式,打造会展品牌,为入园企业和科研院所等提供研发、生产、销售、会展等服务,促进科技成果转化和产业化发展,同时促进文化创意产业和休闲观光产业,普及农业相关知识并且为城市居民的休闲生活增加色彩。

(四)促进农民增收

结合新农村建设,开创农民"绿色就业"新模式,吸纳当地村镇农民在高端园区产业链中"绿色岗位"就业,大幅度提高农民收入,促进产业、村镇和区域经济社会统筹发展。

第四节 国家现代农业科技城政策保障与发展机制

一、政策保障

(一)园区建设的政策保障

我国的园区建设兴起于 20 世纪 90 年代,是我国现代化建设中涌现出的一种新型发展模式。园区

兴起及快速发展有其历史必然性,是新阶段我国经济发展的现实需求和科技发展进程中的客观要求。国家现代农业科技城建设必须突破传统农业园区模式,培育综合技术示范、成果转化、生产加工的模式,聚集技术、资本、信息等现代农业服务要素,形成"高端研发、品牌服务、吸引全球高端农业产业要素聚集,引领产业升级"的现代农业产业模式

1.产业政策

围绕高新技术产业发展,深入推进百家创新型企业试点、中关村开放实验室工程、产业技术联盟、技术转移、知识产权促进等重点工作,制定出台了相关支持政策。

2.金融政策

针对不同发展阶段企业的不同融资需求,以企业信用体系建设为基础,通过创业投资、天使投资、境内外上市、代办股份转让、并购重组、技术产权交易、担保贷款、信用贷款、企业债券和信托计划等九条渠道,形成了"一个基础,九条渠道"促进不同阶段企业发展的投融资体系。

3.企业政策

按照重点企业集群化推进、个性化扶持的思路,从政策、公共服务、项目资金、融资等方面给予支持,扶持企业做强做大。

(二)现代服务业引领现代农业的政策保障

按照国家现代农业科技城的定位与功能,通过现代服务业引领和推动现代农业发展是根本途径。制订包括科技、金融、信息、物流、智力等方面的政策措施,特别是引导投融资等中介机构参与现代农业产业发展、促进农业科技成果高效转化和产业化政策,是推动国家农业科技城发展的关键环节。

1.投资政策

制定和完善相关的税收政策,创造适宜创业投资的环境,立足市场导向,多渠道、全方位引进创业资本,充分吸纳国有资本、民间资本和海外资本投入到科技城建设上来。

(1)吸引创业资本

① 扩大投资主体的准入范围,允许外国个人、公司、法人投资或者与国内公司、法人合作共同投资科技城内高新技术企业,并在政策上给予各种优惠待遇。

② 通过政府直接出资并引导社会各方力量出资,在科技城建设孵化器,设立"种子资金",扶植创业企业发展。

③ 成立中外合资创业投资基金,实现我国创业投资业发展与国际接轨,促使高新技术成果的商品化和产业化在国际范围内进行。

④ 完善中小企业贷款担保体系,鼓励成立若干家为创业投资机构和风险企业提供融资担保服务的中介机构,对高科技企业和风险企业进行扶持。

⑤ 由政府出资,通过国有资产经营公司或者采用贷款贴息方式,规定投资方式,带动私人和社会资本投资高科技企业,支持科技城规模化生产的高新技术产业项目发展。

⑥ 对创业投资企业的税收给予优惠政策,对于一些特殊贡献的高新企业,减免其所承租的土地的租金;对于外国个人、公司和法人在科技城投资所得擎息或受分配之盈余,可以允许其申请结汇。

(2)搭建技术和资本对接的平台

为了提高技术和资本对接的效率,管委会应发挥"桥梁"作用,让科技城潜力企业尽快获得其发展

壮大所需的资金。投资者在投资时通常无法断定哪些项目有较大潜力,选择存在困难。这就造成一方面企业找不到融资途径;另一方面投资者拿着钱找不到好项目。由于中介机构的作用还远远没有发挥出来,因此政府应该承担起这个媒介作用。

(3)建立创业投资的退出渠道

① 制定科技、信息、资金等方面的技术交易政策,提高技术创新要素的交易效率,为技术扩散方、技术吸纳方、创业资本方以及中介服务方提供规范化、网络化服务的市场平台。

② 制定鼓励企业间的收购和兼并政策,推动企业间的收购和兼并,通过企业间的并购实现创业投资的退出。

2.融资政策

(1)鼓励投资商和专业基金提供"天使资本"

制定适用于新技术产品的早期开发阶段的"天使投资",鼓励投资商和社会团体建立此类基金,对萌生中的小企业提供小笔"种子资金"。

(2)引入风险资本

制定风险投资的有关政策,强调基金运作与主持人个人利益的高度相关性,促进风险资本帮助创业企业物色合适的经理人员,改善经营管理和市场营销等职能。

(3)以订单为基础的债务融资

鼓励对创业企业采取按订单发放贷款,进行以订单担保为基础的债务融资,解决高新技术企业除人力资本以外的资产贫乏的问题。

3.知识产权政策

通过各种优惠政策实现对知识产权的拥有、创新和管理,鼓励科技企业的技术创新,提高自主知识产权的研发能力和科技创造研发的整体水平,提升我国农业企业在国际市场上的核心竞争力。

(1)建立有效的知识产权管理制度,健全、完善工作体系和机制,营造良好的知识产权保护环境。实施政策聚焦和服务聚焦,提高高科技城企业知识产权创造、管理、应用和保护水平。

(2)设立知识产权扶持基金,重点支持科技城企业高新技术领域的发明专利申请、专利技术转化和产业化,提升高新技术产业国际竞争力。

(3)将知识产权的拥有、运用、管理和保护作为认定和复审科技城高新技术企业、企业技术开发机构和高新技术成果转化项目的必要条件之一。

(4)加强对科技城企事业单位的管理人员和技术人员进行专利等知识产权基础知识培训,包括《专利法》、专利实务操作和专利战略应用等,提高企事业单位知识产权应用水平。

(三)科技城内生要素发展的扶持政策保障

着眼于企业总部发展和全国农业产业链建设的需求,重点从吸引国内外企业总部、研发中心进驻科技城,吸引科研院校在科技城建立应用研究基地,培养农业领军人才,鼓励高端人才在产业链建设中创新创业等方面制定优惠政策,引导科技城内生要素的发展和壮大。

1.产业发展政策

(1)制定科技城发展高新科技产业条例,市场主体、竞争秩序、风险投资、资金支持、人才引进、知识产权保护、规划和环境建设、国际经济技术合作、政府行为规范、管理体制等各方面明确各个主体的行为。

（2）加大对科技城的经费支持和税收减免,鼓励加强高校与企业之间的合作,鼓励实行技术转让,促进实现科技成果的产业化、商品化。

（3）通过下拨研发经费或设置科研基金的方式对高新技术创新企业或机构的创办、研发技术创新项目等创新活动给予资金支持,并制定相应的优惠政策予以扶持,同时设置各种奖励制度,保障和促进投资者和科研人员的积极性。

（4）扩大进入科技城主体的准入范围。鼓励国(境)内外的企业和其他经济组织或者个人,在开发区内投资兴办高新技术产业和产品出口企业。投资者的资产、收益等财产权利以及其他合法权益,受法律保护。

（5）经过认定评估合格的企业和项目,享受有关技术创新的各项优惠政策、国家和北京市有关鼓励科技成果转化和产业化的各项优惠政策。

2.环境建设政策

（1）建立数字化图书馆和科技成果转化网络。方便科技人员查阅到世界最先进的科研成果、参考资料和科技发展状况,提供高校、科研机构最新的可推广科技成果供企业查询。

（2）科技园的建设要重视营造良好的社区环境。包括空间环境与人文环境两方面,通过机制、体制创新,建立有利于技术创新的人才激励机制,营造培养、吸引、凝聚高素质创新人才和企业家的良好氛围与环境。

（3）鼓励与高技术企业营运有关的各类条件。包括金融、律师、会计师、猎头公司、市场营销,以及租赁公司、设备制造商、零售商等进驻科技城。

3.人才引进政策

完善现有的人才培养和管理机制,注重加强高校、企业之间的人才流动,为科技城大力引进外来优秀人才,包括海外人才,同时注重对本土人才的培养和使用。

（1）重点吸引高层次人才和团队。加大国外人才和团队创业项目资助,吸引留学人员;积极推进企业博士后产业基地和博士后科研工作站招收进站博士后,为企业科研服务。

（2）开放利用专业技术人才资源。促进院校合作,利用好开放性试验室、研发中心、博士后工作站中的人才,组织学术交流活动,资助企业聘请专家教授兼职。

（3）制订人才引进后配套措施。如户口的准入、子女的入学、职称的评定、工龄的计算、社会保险等等,外籍人员还涉及外汇的购买、汇出和纳税问题。

（四）促进国家级高端服务平台建设的政策保障

1.现代农业高端服务政策

现代农业是产业链长、附加值高的农业,必须走第一、第二、第三产业融合的道路,真正的融合是要靠产业链,切入点是现代服务业。以现代服务业引领现代农业,是发展现代农业的必然要求。现代服务业的关键是金融的大力支持,推进农业科技与金融的深度融合,加强对农业科技产业链各个环节的金融服务,为企业和社会提供产权交易、科技保险、期货交易、管理咨询、投融资服务、现代物流、会展交流、高端人才培养等高端服务。

（1）农科城享受中关村科技园区同等金融政策,共享金融服务平台。基于农业的特殊性,农业企业规模普遍偏小,与其他类型的中小企业相比,融资更为困难,尤其需要国家在金融政策方面倾斜。通过科技城在金融领域率先试点,积极推进科技城与中关村科技园区金融服务一体化,充分利用城市金融资源为科技城发展现代农业服务,切实把以城带乡、以工带农的基本方略落到实处。参照国务院支持中关村科技园区建设的有关政策、《国家中长期科学和技术发展规划纲要配套政策》(国发〔2006〕6号)以及科技部与银监会合作协议的相关规定,加大金融政策对科技城的支持力度,满足不同发展阶段企业多元化融资需求,推进创业投资发展,增强企业自主创新能力,促进农业高新技术产业发展。

(2)开展良种和农畜产品期货交易试点。在科技城开展良种和农畜产品期货交易试点,组织农产品远期交易,有助于促进我国农产品交易市场的发展,高度聚集资金流、信息流,改善农产品物流渠道,充分发挥科技城对我国农业生产的辐射、服务和带动作用。

(3)鼓励符合条件的农业科技企业在创业板上市。支持科技城符合条件的农业科技企业在创业板上市,为成长型、创业期的、科技含量比较高的涉农中小企业提供一个利用资本市场发展壮大的平台,能够体现国家金融支持现代农业的产业导向,有利于带动涉农中小企业科技创新、金融支持体系建设,带动我国现代农业的发展。

(4)开展证券公司代办股份转让系统试点。中小企业和创新型企业,普遍存在融资渠道少、融资能力弱的问题。科技部、中国证监会已在中关村科技园区实施非上市股份有限公司进入证券公司代办股份转让系统进行股份报价转让试点的政策,形成了比较完善的制度和办法,参照相关政策,优化科技城农业高新技术企业的融资环境,有助于促进农业自主创新多层次资本市场的形成。

(5)开展知识产权等无形资产和土地承包经营权质押贷款试点。农业科技型中小企业、农民经济合作组织,具有规模小、无形资产占比例高的特点,由于不能提供符合要求的固定资产抵押物,很难从商业银行得到资金支持。在科技城开展贷款试点政策,将有利于提升商业银行参与的积极性,降低中小企业综合贷款成本,让更多的科技型中小企业受益。

2.总部经济研发政策

面向国内外集聚科技成果和科技人才,促进各类农业科技资源要素的整合、集成与共享,是大幅提升科技城农业科技创新能力的必然需求。通过引进国内外企业、科研院所和高校在科技城建立总部研发机构,集聚科技人才和成果推动科技创新,打造总部企业密集的产业经济中心,切实使科技城成为科技成果聚积的洼地,辐射带动的高地。

(1)加强国内外优势科技资源的联合,发展共享开放的国家实验室等科研基地或科研平台。充分依托科技城内大专院校、科研机构和大型企业,创新体制和机制,整合国内优势资源,建设虚拟、开放、共享的科研平台,搭建引进人才、科技创新要素的载体,大幅提升科技城农业科技创新能力。

(2)通过"千人计划"引进一批高层次科技创新人才和创业团队。依据中央人才工作协调小组《关于实施海外高层次人才引进计划的意见》,申请科技城纳入海外高层次人才创新创业基地,通过中组部"千人计划"的支持,为科技城引进一批高端农业科技人才和经营管理人才,并采取灵活的用人管理办法,解决他们服务期满就业、家属工作、子女入学等问题,解除其后顾之忧。

(3)开展农业科技创新基金试点。党的十七届三中全会和2010年中央一号文件提出建立农业科技创新基金,重点支持关键领域、重要产品、核心技术的科学研究。建议在科技城开展农业科技创新基金试点工作,推动科技城成为我国农业科技创新的重要基地。

（4）完善科教人员评价和激励制度,扩大推广教授(研究员)试点工作。鼓励科技城内各科研教育单位进一步突出农业科技推广服务,深化有利于创业、推广、服务的改革,优化学科结构,激励和动员科教人员面向农业生产一线开展创新,到一线创业开展服务。

3.科技创业服务政策

按照党的十七届三中全会精神,根据社会主义市场经济的要求,科技城在积极发挥公益性推广体系作用的同时,围绕全国农业产业链建设的科技需求,鼓励科技特派员领办、创办、协办科技型农业企业和专业合作经济组织,充分利用信息化的手段,将科技、知识、资本、管理等生产要素向农村聚集,重点形成以法人科技特派员创业为核心的产业链,建立新型社会化农村科技服务体系。

（1）支持科技城实施科技特派员农村科技创业行动,建立面向全国的农村科技服务体系,发展产业技术联盟。依据科技部、人力资源与社会保障部、农业部等八部委关于深入开展科技特派员农村科技创业行动的意见,在国家农业科技城实施科技特派员农村科技创业行动,调动广大科技人员和经营管理人员积极性,延长农业产业链、发展区域特色优势产业,建立以科技特派员农村科技创业为核心的社会化推广模式,推动跨区域的农业科技推广合作,提升农业农村科技服务能力。

（2）设立科技城与国家农业科技园区对接服务专项,健全新型社会化农村科技推广服务体系。农业公益技术推广是一项公益性很强的社会事业,需要政府大力支持。设立科技城与国家农业科技园区对接服务专项资金,有利于通过科技城网联带动国家农业科技园区,进而覆盖全国开展农业技术推广,加快农业公益科技成果转化,健全新型社会化农村科技推广服务与创业体系。

（3）支持科技网络服务中心建设,推进"三网融合"。按照《中央有关部门贯彻实施党的十七届三中全会〈决定〉重要举措分工方案》(中办发[2008]23号),中组部正在牵头推动农村党员干部现代远程教育,将在两年内实现全国乡村网络基本覆盖。依托这一网络,以科技城为"龙头",面向全国统筹规划、整合资源,建设集视频、语音和网络信息多种服务功能为一体的三农呼叫中心,建设集科技、教育、市场等信息服务在内的现代农业信息平台和基础信息服务站点,促进科技成果推广转化。

4.先导示范政策

产业化示范辐射是国家农业科技城的重要任务,要以科技成果转化为源头,探索现代农业产业化发展模式,坚持引进与培育相结合,发展、聚集一批农业科技企业,强化产业化示范,延伸产业链,同时网联各省市国家农业科技园区,通过成果对接和产业互动的形式带动我国农业产业化发展。

（1）开展职务科技成果股权和分红权激励的试点。根据《科技进步法》、科技部等7部委《关于促进科技成果转化的若干规定》(国办发[1999]29号)以及财政部、科技部《关于国有高新技术企业开展股权激励试点工作的指导意见》(国办发[2002]48号)中有关科技成果转化和奖励的规定,参照国务院支持中关村科技园区建设的有关政策,围绕现代农业产业链建设,开展职务科技成果股权和分红权激励的试点,解决目前科技人员无法从职务科技成果产业化方面直接获得收益的问题,使科技人员获益可以占到职务成果产业化收益的70%,增强科技城对科技人员的吸引力,提升科技人员创新积极性,促进技术转移和科技成果的产业化。

（2）鼓励现代农业产业技术创新战略联盟等新型产业组织和新型科技推广服务组织参与国家科技项目。参照国务院支持中关村科技园区建设的有关政策,依据国家相关科技计划项目管理办法,鼓励现代农业产业技术创新战略联盟等新型产业组织和新型科技推广服务组织参与国家科技项目,有利于促进企业间围绕国家重点鼓励发展的农业产业开展创新合作活动,整合资源,提高农业技术推广示范能力,解决农业产业化关键技术问题。

(3)承担国家和北京市重大科技专项项目(课题)的单位,可以在项目经费中核定一定比例的间接费用。目前国家科技项目经费对组织实施项目过程中发生的管理、协调和监督费用,以及其他无法在直接费用中列支的相关费用涵盖有限。依据财政部、科技部有关科技计划项目经费管理办法,参照国务院支持中关村科技园区建设的有关政策,承担国家重大科技专项项目(课题)的新型产业组织、科技推广服务组织及高校、企业,可以在项目经费中核定一定比例的间接费用,有利于国家科技项目经费更加合理地用于科研开发和技术创新,提高科研人员研发的积极性,促进科技成果的产生和产业化。

5.国际合作与交流政策

扩大农业对外开放,坚持"引进来"和"走出去"相结合。科技城开展国际合作交流,能够提高统筹利用国际国内两个市场、两种资源能力,拓展农业对外开放广度和深度,促进农业科技创新创业更好更快的发展。

(1)鼓励实施现代农业研发、转化、产业化等国际合作项目。通过实施国际项目,聚集国内外科技创新资源,推动科技城与外国政府、企业、高校、科研机构开展农业科技合作,鼓励从国外引进的旱区农业技术和品种在科技城试验示范,加快科技城的科技创新、示范推广和农业科技对外开放。

(2)支持科技城与天津滨海新区综合保税区合作共建,将优惠政策延伸到科技城。发展农产品国际中转、配送、采购、转口贸易和出口加工等业务,拓展相关功能,享受天津滨海新区保税区有关的税收和外汇管理政策,吸引农业进出口加工企业向科技城集聚,推动国际科技合作园的建设和运行,促进科技招商引资。

(3)加快农业"走出去"步伐,为发展中国家提供农业技术输出。随着我国农业国际合作的深入,对外交往将日趋频繁,为发展中国家提供农业技术援助,是我国推动农业对外开放,扩大国际交流与合作的重要途径,也是我国承担国际义务的重要方式,科技城在这方面做出贡献,可以将中国先进技术推广到发展中国家,同时帮助我国企业走出去发展壮大。

(4)对科技城内农业产业化企业的进出口业务,给予税收、检验检疫、通关方面的优惠和便利。通过促进技术进出口发展的政策措施,激励企业增强创新创业能力,不断提高生产技术水平,引进国外的先进技术,消化吸收后再创新,形成自主知识产权的技术,降低创新创业的风险和成本,提高国际竞争力。

(5)举办国际农业科技会展,打造国际农业合作的交流展示交易平台。在顺义花博会、丰台种子大会的基础上举办大规模,高层次的国际农业科技成果交易会,使之成为国际农业科技成果展示、交易、推广和交流合作的重要平台,更加充分地发挥好科技城在现代农业示范中的重要作用。

二、发展机制

创新资源要素整合机制是"一城两区百园"体系框架推进现代农业科技创新发展的重要基础。研究针对"一城两区百园"的组织构架,提出了以园区为载体,以产业链创新为核心,以联盟为主要形式的"一城两区百园"推进机制,构建了"一城两区百园"的结盟框架,提出开展结盟的主要形式和主要内容,为"一城两区百园"推进现代农业创新发展提供有力支撑。

（一）联盟机制框架

"一城两区百园"协同创新联盟,充分发挥了三方各自在资金、人才、技术、土地、品牌、市场等各方面的优势和特色,进一步探索了现代农业科技创新创业模式。金融、科技、信息是发展现代农业过程中最重要的要素,同时也是最具流动性和互补性的资源,行政资源是开展结盟的必要保障,产业则是结盟最终的落脚点。在实际操作中,"一城两区百园"采取"四位一体"的结盟形式,即"行政结盟+金融结盟+信息结盟+科技结盟",统筹部、省、市科技资源,行政资源和自然资源,聚集科技、金融、信息、服务等多种要素,实现现代农业全产业链创新和构建。

创新战略结盟协议的主要内容:一是加强行政结盟,实现政策联动和共享;二是开展投资管理结盟,提高农业科技协同创新资源配置效率;三是加快信息结盟,构建现代农业信息服务体系;四是牵头实施种业科技特派员创业专项行动,发展现代种业;五是搭建国际合作交流共享平台,共同推进农业科技国际合作。

（二）结盟方式

1.行政结盟

（1）建立高层会商机制

在科技部的领导下,科技部与北京市、陕西省、山东省人民政府成立农业科技协同创新结盟协调小组,建立"一城两区"部省（市）领导会商机制,协调推动"一城两区"率先实践协同创新的有效模式,并通过各地国家农业科技园区的逐步自愿加盟,推动全国农业科技协同创新,有效服务于我国现代农业发展。协调小组组长由科技部部长担任,副组长由科技部和三省（市）政府主管领导担任,协调小组下设联合办公室,设在科技部。

同时,由科技部牵头,整合部省（市）行政资源,成立"一城两区百园"联盟管理委员会,对园区规划和发展进行统筹设计;实行联席会议制度,原则上每年一次会议,总结、部署"一城两区"建设相关工作,协调重大合作事项,推进工作落实;建立联络员制,各参与部门均选派一名联络员,保持信息畅通与沟通协调。"一城两区"农业科技协同创新联席会议（简称联席会议）由北京国家现代农业科技城、山东黄河三角洲国家现代农业科技示范区和陕西杨凌国家农业高新技术产业示范区管委会、投资管理委员会、投资管理公司主要领导组成。

（2）加强政策联动共享

加强政策联动,建立统筹协调、共同管理、高效运行的一体化运行机制。通过建立政策先导平台,共享种业发展相关优惠政策,包括良种补贴、土地使用和补偿政策、种子管理和知识产权转让、融资和风险资金、税率减免等;构建公共研发平台、公共基础设施平台等,实现资源和条件共享,充分发挥条件、配置资源的基础性作用。通过政策引导,促进科企结合、强化育繁推高效结合。

种业结盟企业实行属地注册制度,并享受种业结盟的优惠政策。在结盟区内出台和共享良种补贴政策和土地使用方面的优惠政策,根据总体布局和统一规划,加强结盟区内育种研发基地、种子生产基地的建设。

（3）落实督导工作机制

成立农业科技协同创新督导工作组,督导组由科技部分管部长任组长,科技部农村司、科技部农村中心领导任副组长,成员由科技部农村司、科技部农村中心和"一城两区"省（市）科技厅（委）主要领导组成。督导组负责研究落实领导小组部署的重大事项;指导"一城两区"结盟相关工作;监督检查"一城两区"结盟任务落实情况。督导组每年以书面形式向领导小组汇报"一城两区"结盟工作落实情况。

(4)形成校企合作机制

为推动"一城两区百园"的深入实施,2012年7月3日,中国农业大学新农村发展研究院与北京农科城投资有限公司签署战略合作协议。合作双方本着"资源共享、优势互补、互惠互利、合作共赢"的原则,将在科研、科技成果转化、科技咨询、科技投融资研究、科技培训等领域开展合作,以培养科技人才、推动农业科技创新和成果转化为重点,积极探索高校服务新农村建设的新模式和新机制,构建以大学为依托的农业科技推广服务模式,通过建立校企合作机制,形成长期、全面、稳定的深层次、多方位、宽领域的战略合作关系,为"一城两区百园"建设提供强有力的人才和技术支撑。

双方的合作体现了中央提出的协同创新精神,是很好的协同创新范例,是"一城两区百园"标志性的合作。2012年中央一号文件第一次明确提出了高等学校、科研院所是公益性农技推广的重要力量,这表明中央对大学服务"三农"给予了极高期待,我国要实现从传统农业向现代农业的转变,推动工业化、城镇化与农业现代化同步,就要解决现代农业、城乡统筹的服务体系问题。借鉴世界发达国家的经验,以新农村发展研究院的建设为突破口,构建以大学为依托的农技推广模式,这对我国公益性的农业推广体系建设具有重要的引领作用。

2.金融结盟

(1)成立投资管理公司

在"一城两区"分别成立投资管理委员会和投资管理公司,并率先实现投资结盟。建立互投、互管、信息化互动的现代公司管理运行机制,实现资本和管理的跨地域融通,用科技与金融结合的新方式推进园区建设。北京国家现代农业科技城、杨凌农业高新技术产业示范区、黄河三角洲现代农业科技示范区建立各自投资管理公司,投资管理公司为国有控股企业,由地方财政和企业共同出资。由科技部牵头,三家投资管理公司互相参股,股权比例是4∶3∶3。

为推进国家现代农业科技城农业科技金融服务中心建设,聚集首都科技金融资源,构建农业科技金融服务体系,支撑服务全国现代农业发展,在科技部和北京市的共同推动下,2011年11月30日,北京农科城投资有限公司正式注册成立。北京农科城投资有限公司是国家现代农业科技城开展农业科技金融工作的重要抓手,也是聚集社会资本,开展农业科技创新,培育农业高端产业的服务平台。公司由北京高技术创业服务中心、北京华信金石创业投资有限公司、北京寰夏农业科技投资有限公司共同出资成立。同时成立投资决策管理委员会,负责审定公司的投资策略、操作规范和业务流程,以及对重大投资方案进行审核和决策,组建投资管理团队,执行公司的投资政策和投资战略,并进行投资风险管理。

北京农科城投资有限公司主要科技金融服务业务为:以农科城投资公司为平台,与具有优势资源的省市建立跨区域合作,重点吸引对北京现代农业有提升作用的资源落户北京,并进行有效地聚集及产业化整合;充分利用国家现代农业科技城的品牌优势及行业资源优势,吸引各类基金入驻国家现代农业科技城,逐步扩大基金投资规模;为投融资双方搭建专业、直接的项目交流平台;发挥科技金融服务作用,根据北京农业发展方向,选择重点产业组建专业化产业联盟。

(2)设立投资管理机构

在政府投资的基础上,采取基金管理公司发起基金的方式,成立投资决策委员会,创新结盟体制。

投资管理委员会的成立从金融投资管理的运行效率和投资效益方面提供保障。北京农科城投资管理委员会由投资公司的出资三方派出代表组成,行使股东大会的权力,对公司的重大事项做出决议,决定公司的经营方针和投资战略,选任和更换董事,审议董事会报告,修改公司章程等。

由科技部牵头,在"1+3"种业联盟管理委员会下设种业投资管理公司联盟的管理机构。联盟管理机构对投资管理公司的业务进行指导,提供咨询服务,共享信息资源、专家库等,联合联盟内投资公司对资金需求较大的项目进行共同投资。投资管理公司联盟下设专家咨询委员会和投资决策委员会。投资管理公司联盟组建过程中的运行经费可由中央和地方财政承担70%—80%,联盟的投资管理公司承担小部分。待良性运行后一至两年,政府财政资金逐步退出。投资管理公司联盟要制定严格的章程,对项目选择和决策原则,结盟后收益分配的规定,激励机制、风险防范机制、竞争机制,以及较大型投资项目的联合投资方式等进行规范。

投资公司联盟可建立多种投资方式相结合的种业投资方式。根据项目需要,投资公司联盟可以通过股权投资、委托贷款、贷款担保、信用担保、贷款贴息、参股等方式对"一城两区百园"联盟内的种子企业提供扶持。股权投资坚持参股不控股原则;与商业银行配合进行委托贷款、贷款担保、信用担保业务;为一些项目投资大、发展前景好的一些企业提供信誉担保,引导基金和其他金融机构对其进行投资。通过结盟项目形成金融投资网络,实现招商引资。

同时,建立风险防范机制。一是建立项目的评估和决策机制。由专家咨询委员会对投资项目进行评估。咨询委员会由三家投资管理公司的管理人员、风险投资专家、种子研究专家、政府代表等组成。投资决策由投资决策委员会做出。投资决策委员会由全体董事、投资管理公司的高管,以及根据投资项目的不同选择加入的相关专业人士组成。专家咨询委员会与投资决策委员会设立一个秘书处。秘书处建立金融业投资的专家库,并为结盟提供一定的交流平台,定期召开种业研发趋势研讨会、结盟的投资管理公司投资交流会和出版内部刊物等。二是制定种业投资管理公司联盟的《投资项目审批操作规程》、《投资项目资金使用管理办法》等。

(3)形成投资基金群

为引导区域商业投资方向,通过建立种业投资管理公司联盟,引导区域内金融资源向联盟内落实"种业科特派创业行动"的种业育、繁、推整条产业链聚集,形成种业投资基金群。

建立种业投资基金群的"引导资金"。以政府财政资金作为种业投资基金群的"引导资金",支持以国有大型种业企业为主导,发起成立种业投资基金群,并广泛吸收金融机构、民间资本和国际资本等社会闲置资金。

成立种业投资基金管理公司。设立由全体基金持有人组成的基金持有人大会,并设立常设机构,决定基金管理人的选择、退任、改任、基金结构变更、基金续期、特别重大的投资决策等事项。同时,成立投资决策委员会,作为基金投资运作的最高决策机构,由基金持有人、公司董事和高管以及外聘专家组成,批准涉及利益冲突的投资项目、界定投资项目交易费用、评估投资项目的公允价值等。

建立种业投资基金运行机制。种业投资基金群采用契约型产业投资基金类型,并以私募发行的方式筹措资金。基金群规模以种业投资100亿元人民币为宜,分四年四期募集,且首次出资额为承诺投资总额的20%。所有出资额须在4年内缴足。基金群采用封闭式方式设立,封闭期限5—10年。种业投资基金群原则上不以控股为目的,投资所占项目企业的股权比例一般不高于30%。

建立健全基金管理的激励与约束机制。借鉴证券投资基金和有限合伙产业投资基金报酬机制的设计办法,设计基金的报酬。建立对种业投资基金群管理公司和被投资企业的约束机制。种业投资基金群可以根据项目运作情况选择公开上市(IPO)、股权出售、管理层收购(MBO)和破产清算等方式。

(4)建立金融服务平台

金融联盟的运行机制包括建立联盟运行的动力机制、建立联盟的组织管理机制、建立联盟成员间的信用机制、建立联盟内的争议调解机制。

围绕我国农业科技创新对投资服务的需求,聚集金融要素和资源,构建农业科技金融中介服务体系,共同推进农业领域股权激励、企业上市、科技产权交易、物流电子商务等工作。

在充分理解种业企业和资金供给方需求的基础上,搭建金融综合服务网络平台,整合信息和金融等资源,通过金融产品和服务模式创新,实现"一城两区百园"内金融投资一体化,形成信息共享、风险共担、利益共享的种业金融服务体系。

建立信息数据库和开发系统。由国家财政支持,构建企业基本信息、金融机构基本信息、企业信用信息和企业担保信息等数据库;开发企业征信和评估系统、企业信用信息共享服务系统、企业风险识别及监测系统、企业风险评价及管理系统、金融投资供需对接系统、金融信贷供需对接系统、金融担保供需对接系统、金融中介供需对接系统等支撑系统。并实现与种子成果网络平台、种子交易平台的网络对接。

设立种业金融综合服务网络平台的组织管理形式。由投资管理公司联盟作为金融综合服务网络平台的管理机构,委托中国农业发展银行对平台进行安全保障和专业维护。日常维护由投资管理公司联盟实现。

建立统一规范的网络服务管理制度。由科技部农村中心组织金融机构、中介服务机构和种业等方面的专家共同研究制定统一规范的网络服务、信息安全和共享等管理制度,为其加入和使用平台提供制度保障。

在资本市场上运作农业科技成果产业化,围绕现代农业发展重点领域,开展以信贷、担保和保险等金融产品为主的投融资服务,加快农业发展方式的转变,促进农业产业结构调整,培育农业新兴战略产业。

把农业种子(种苗)生产保险列入政策性农业保险,加大政策性金融对种业发展中长期信贷的支持,鼓励引导投资机构创建种业风险投资基金,满足不同发展阶段企业多元化融资需求。参考中关村政策体系的相关政策,入园企业免征增值税和所得税,免征或少征营业税。参考中关村股权激励政策,探索入股方式和利益分配机制,鼓励科研院校以科研成果和技术入股方式入驻企业,并进一步在实践中探索科企高效结合的新途径。

3.信息结盟

(1)建立信息网联机制

国家现代农业科技城与杨凌农业高新技术示范区建立了信息网联机制,利用网上办公、视频会议、远程会商等多种形式实现跨地区的信息化办公。国家现代农业科技城农业科技网络服务中心与杨凌农业高新技术示范区进行对接,双方就农业信息资源对接、终端数据共享、网络专家大院以及物联网技术在农业中的应用等方面达成共识,并开展深入合作,通过物联网信息服务促进两地"三农"发展。国家现代农业科技城与杨凌农业高新技术示范区信息网联机制的建立,将促进北京、杨凌两地农业科技信息资源高度共享和科技成果的有效对接,为推进"一城两区百园"建设打下坚实基础。

2011年11月5日,第十八届中国杨凌农业高新科技成果博览会(以下简称"农高会")在陕西杨凌国际会展中心开幕,国家现代农业科技城农业科技网络服务中心对此次农高会进行全程网络直播,5—7日,"网上农高会"网站累计访问量60余万次,受到社会各界的关注和好评。

截至目前,通过实施"农业科技网络服务中心网联工程"科技项目,农科城已经与杨凌农业高新技术产业示范区等63个国家农业科技园区进行了网联,共享了8个农业大省的14个农业科技成果数据库,为进一步开展"三农"网络信息服务打下基础。

(2)构建现代农业信息服务体系

构建基于底层数据逻辑融合的分布式农业科技网络数据源中心、农产品网上交易平台和我国农业物联网实验和中试平台、产业化开发基地,以国家农业科技园区为分网点,为用户提供数据共享服务,形成农业科技资源的源中心和云服务中心。

制定种业信息共享联盟章程。作为联盟的纲领性文件,联盟章程明确结盟条件、服务机制、运行管理、进入和退出机制、争议解决机制、信息共享内容、共享服务内容、种质资源安全等内容。

建立种业信息资源数据库系统。种业信息资源中心为种业信息联盟共享服务的基础,包括种业基础数据库、种质资源数据库、育种材料数据库、产品成果数据库、大型仪器设备数据库、技术信息数据库、市场交易数据库、项目数据库、企业机构数据库、专家数据库、空间和属地数据库等专业数据库,在数据库基础上建立种业信息资源的数据库系统。

建立信息采集和更新机制。公共的种业信息由联盟秘书处的数据中心负责维护,而联盟单位的相关信息和资源由联盟单位远程维护。

种业信息资源中心设在农科城网络中心。利用农科城网络中心的数据平台进行资源管理,服务更新通过远程实现。

(3)建立种业信息服务平台

通过种业信息结盟,建立种业信息资源共享和服务支撑平台,开展种业信息资源的整合共享和网络平台服务,提供成果产品、育种材料、设备共享、项目管理、市场交易等共享服务,发挥信息要素在种业法人科技特派员创新创业中的桥梁作用,减少信息孤岛和信息不对称问题,优化配置种业创新资源,加快推进种业产业链中各要素放大和产业增值升级,实现"资源共建、成果共享、利益共赢、风险共担",同时通过制定数据接口和服务标准,实现与金融、托管中心、交易中心等对接,提供网络支撑和平台服务。

建设种业信息服务平台。种业信息服务平台为种业信息共享提供支撑,并为其他服务提供数据接口。信息服务平台采用云服务的架构,为联盟成员提供包括软件服务、通道服务和设备服务,平台包括对外服务网站和内部业务系统。平台分为咨询决策、视频会议、在线会商、企业(机构)管理、大型仪器设备共享、项目管理、金融信息、种业交易、育种信息、市场信息、种业物流、品种认证、技术交易、物联网应用、创新研发、技术信息、人才交流、交易培训等服务板块和功能。同时建立服务交易大厅,作为种业信息服务平台对外服务的窗口,为种业法人科技特派员提供全面的支撑服务,交易大厅通过网络与信息服务平台相连。

建立共享服务标准规范。制订种业信息数据的采集、更新、交换、处理、传输、发布、服务、安全等标准规范,并提供公共的网络服务接口和数据接口,实现与托管中心、金融服务、交易服务等系统的对接。

建立服务交易大厅。提供种业方面的交易展示、市场行情、成果发布、交易撮合、竞价拍卖、资本需求对接、技术评估、技术交易、网上订单、物流配送、成果展示、设备共享、人才交流等服务。交易大厅面积2000平方米,并设立展示区(展示新品种、新材料、新技术、新成果、新装备,实物与虚拟展示结合)、交易区(技术交易、产权交易、种子交易,交易展示、成果发布、交易撮合、竞价拍卖等)、服务区(企业机构管理、技术评估、网上订单、物流配送、设备共享、成果托管、人才交流、视频会议、在线会商及其他服务)。

种业信息服务平台设在农科城网络中心,种业服务交易大厅设在北京通州国际种业科技园;在国家南繁种业科技创新基地建立分平台,成为南部地区种业信息服务的中心。

4.科技结盟

(1)明确种业结盟发展

以北京国家现代农业科技城、杨凌农业高新技术产业示范区、黄河三角洲现代农业科技示范区、海南南繁基地(乐东、三亚、陵水)作为结盟对象,通过科技管理体制改革先行先试,以行政结盟为前提、金融结盟为核心、信息结盟为手段,制定"一城两区百园"种业结盟的纲领,明确种业结盟的宣言(目标、任务)和协议(标准、制度),构建利用"一城两区百园"种业结盟的运行机制,搭建种业科技特派员创新创业的支撑平台,最终实现突破种业发展瓶颈,扫除体制机制障碍;推动高端要素聚集,发展高质高效产业;由科技部会同结盟区内各政府及相关部委,成立推进种业结盟发展工作的协调小组,研究解决推进种业结盟发展中的重大问题,对种业结盟的布局和重点任务进行科学设计和布局,并制定《"一城两区百园"种业发展规划(5—10年)》,明确推进"一城两区百园"种业结盟发展的总体布局、目标任务和重点措施等,并认真组织实施,确保取得实效。

(2)加强农业科技自主创新

发挥"一城两区"科技创新资源聚集优势,共同开展籽种创制技术、农业信息技术、农产品精深加工技术、现代农业物流技术、生物技术、新材料等为主的农业高端研发,构建农业高端技术创新体系,加快关键技术突破、高端产业研发和高端产品创制。

发挥首都科技创新资源聚集的优势,支持杨凌示范区开展生物育种、抗旱节水、食品产业等领域的高端研发,提高农业科技创新能力。在园区范围内充分利用各方资源,整合与建设公共育种、基础设施和成果转化平台。充分发挥种业相关重点实验室、工程技术研究中心等科技创新资源的作用,加强新品种培育能力建设。引进推广良种繁育和种子加工技术,改善良种繁育条件和种子加工设备条件,推动良种繁育与加工能力建设。加强良种推广与技术服务能力建设,支持建设良种销售、服务网络和信息平台,提高技术服务水平等。依托高等农业院校优势,启动组建了"农业高效用水协同创新中心"和"玉米水稻小麦生物学协同创新中心"。

(3)建立产业合作网联

搭建以战略结盟为载体的现代种业创新创业服务平台,推动金融、科技、信息、服务等各种要素向种业产业链聚集,探索科技成果托管与技术交易相结合的现代种业科技创新创业模式,形成科研分工合理、产学研用有效结合、资源集成、运行高效的育种新机制,加快构建商业化育种体系,为做强做大我国现代种业做出贡献。

推动现代农业产业链建设。利用农科城总部企业集聚优势,在"两区"建立分支机构及生产基地,形成特色农业产业链集群;依托农业物联网等技术手段,在"一城两区"开展现代农产品物流的示范应用,加速现代农业物流体系建设,推动产业链条延伸,促进产业融合,加快产业聚集。

(4)开展科技特派员创业行动

落实科技部等八部委《关于深入开展科技特派员农村科技创业行动的意见》,共同推进以法人科技特派员创新创业为核心的高端产业链建设,针对产业链发展关键环节和瓶颈问题,集成转化应用一批先进科技成果,促进各类农业科技资源要素在产业链建设过程中的整合、集成与共享,培育和壮大区域优势特色产业,推动地区农业结构调整和经济发展方式转变。

加强组织领导,建立"一城两区百园"种业科技特派员创业联席会议制度。由科技部牵头,"一城两区百园"所在地省市人民政府、省市科技厅等部门参加,建立"一城两区百园"种业科技特派员创业联席会议制度。强化对种业科技特派员创业的总体部署和宏观管理,研究解决加快种业产业发展中的重大问题。统筹协调政策制定和计划组织实施等工作,推动种业科技特派员创业快速发展。

利用首都总部聚集的优势,推动法人科技特派员在杨凌示范区创新创业,建立分支机构及生产基地,形成以法人科技特派员创业为核心的产业链,带动干旱半干旱地区现代农业产业发展。

(5)搭建国际交流平台

发挥"一城两区"各自的国际合作优势,搭建协同共享的农业科技国际合作交流平台。协同举办国际农业科技会展、合作交流等活动。协同实施农业研发、转化及产业化等国际合作项目;引进国外先进的新品种、新技术在"一城两区"试验、示范和推广。借鉴我国开展科技特派员工作的成功经验,鼓励科技特派员走出国门,协同深化农业科技创新创业国际合作。

第五节 国家现代农业科技城示范引领

一、打造特色产业链

(一)理念创新,以现代服务业引领现代农业

国家现代农科城并不是建筑意义上的"城",而是新理念、新机制和新方法的科学集成。现代农科城突出的是特色和衍生产业链,每个园区都会根据各自的特点培育高端产业,并考虑到整个产业链的发展,解决产业、村镇、区域的整体协调发展问题。

"以现代服务业引领现代农业,促进第一、第二、第三产业融合发展。"创建之初,北京农科城遵循这一理念,提出了构建"一城多园五中心"布局思路,计划用5—10年时间,将北京农科城建设成全国农业科技创新中心和现代农业产业链创业服务中心,面向世界,立足首都,服务全国。这是国家农业科技园区发展史上一次大胆的创新和尝试。

这里的"一城"指的是与信息网络相连接的北京农科城;"多园"是在北京农科城建设若干特色鲜明、专业性强、辐射面广、科技与服务结合紧密、具有现代农业高端形态的特色园区为实施载体;"五中心"即农业科技网络服务中心、农业科技金融服务中心、农业科技创新产业促进中心、良种创制与种业

交易中心和农业科技国际合作交流中心。作为国家层面的支撑服务平台,这些中心聚集和整合科技服务资源,构建起全国农业科技合作交流服务体系。

(二)聚要素,围绕需求创新发展模式

以"微笑理论"为发展核心,以高端服务功能、总部经济研发功能、产业链创业和先导示范等进行布局,实现了先进科技和现代商业服务业在农业科技园区的集成创新和成果转化。正是这种创新驱动,迅速形成了现代农业的"北京农科城模式"。

1."科技+商业"的特色农业产业链

2012年,出自北京农科城的一种优质高产玉米新品种,向全国推广约1.5亿亩,有力地支持了全国粮食产量"九连增",让中国玉米育种上了一个新台阶。北京市农科院与北京德农等5家企业建立的北京农科城玉米品种开发联合体,使"京科968"玉米新品种实现了从60万亩到600万亩的产业化推广,也让京科系列玉米品种推广面积一跃占到全国玉米种植面积的18%。3年来,围绕都市农业和新农村建设需求,北京农科城打造出富有优势的生物种业、生物质能源、草莓、花卉等11条品牌产业链。

2."集聚+扩散"的农业科技创新高地

北京农科城的小麦新品种在全国示范应用推广。"京麦"系列杂交小麦种子还走出国门,在巴基斯坦大面积种植,平均每亩增产20%—30%。2012年北京农科城推动中国种子集团与北京农科院产学研合作,以企业为主体,育繁推一体化,加快了小麦良种的选育推广。以前国外耐储藏番茄、甜椒和早春萝卜等高端品种一直占据国内市场,现在随着本土蔬菜良种企业的壮大,很多高端菜种已经实现自研自产。依托北京农科城的成果转化平台,具有自主知识产权的一批高端蔬菜品种已打破国外垄断。

北京农科城聚集国家级种质资源40.18万份,居世界第2位;聚集了100多家国家和省部级农业领域重点实验室、工程技术研究中心、企业研发中心和工程中心;专业种业研发机构80多家,农业科技人员2万余人,两院院士占全国50%,每年新育各类作物品种400个左右。目前已有法国利马格兰特种谷物研发公司、北京德农种业公司等120家知名中外企业入驻,研究涵盖玉米、小麦、蔬菜、草莓等作物。

3."信息+金融"的现代农业建设体系

北京农科城已初步建成全国农业科技数据源中心、服务源中心和物联网服务中心,为20多个省市提供冷链物流、农情监测、物联网技术等服务,与近70个国家农业科技园区实现网联,实现了科技资源共享,农业科技不再是信息孤岛。在政府引导下,北京农科城成立了投资有限公司,创造了政府资本与民营资本相结合共同投入的新模式。依托投资公司搭建起的投融资服务平台,使基金群和行业优势资源入驻北京农科城,建立起以社会资本为主体、基金为主要形式的金融服务体系,用以培育现代农业高端产业。

4."体制+机制"的农业科技协同联动体系。

3年来,按照立足北京、服务全国的定位,北京农科城积极探索跨省市的农业科技合作机制,本着"资源共享、优势互补、合作共赢"的原则,与陕西杨凌国家农业高新技术产业示范区和山东黄河三角洲国家现代农业科技示范区进行"一城两区"战略结盟,建立"一城两区"农业科技协同创新高层协调机制、联席会议制度、网联办公制度等协同创新实施规则,实现科技资源和政策联动共享,初步形成了多省市农业科技协同创新的生态圈。

北京农科城按照"政府行政协调、投资管理运作"的方式,首创农科城管委会、投资管委会、投资有限公司"三位一体"的管理机制,凝聚了农业领域 10 个科技创新联盟,聚集 200 余家高校、科研院所、涉农企业和服务机构,院士领衔的研发团队、"千人计划"、"海聚工程"等海外高层次人才被吸引到北京农科城创业,形成了首都农业科技大联合、大协作的协同创新格局。

二、示范效果

经过三年的发展,包括昌平园、顺义园、通州种业园在内的北京农科城特色园区,加快成果转化应用,初步形成了产业特色鲜明、发展模式先进、示范作用显著的园区发展格局,已示范辐射全国。

三年来,北京农科城特色园区交上了一份沉甸甸的成绩单。

数据显示,截至 2012 年年底,园区核心区建成面积为 699.9 公顷。其中,昌平园、顺义园及通州种业园核心区的建成面积分别为 153.3 公顷、213.3 公顷、333.3 公顷。

截至 2012 年年底,园区各类融资总额达到 64144 万元,其中昌平园融资达 27216 万元,占总融资额的 42.4%;通州种业园融资达 26000 万元,占总融资额的 40.5%;顺义园融资达 10928 万元,占总融资额的 17.1%。

截至目前,北京农科城园区现有企业及科研机构总数为 138 家,其中,昌平园 52 家,占比 38%;通州种业园 43 家,占比 31%,顺义园 43 家,占比 31%。企业总体规模与质量快速提高,这将带动园区内其他企业的发展,并吸引相关的企业入驻,形成集群发展优势。

随着这些特色园区的不断发展,园区的建成率在逐年提高,园区的发展趋于成熟。目前,这些特色园区引进项目 15 项;自主开发新项目 5 个;引进并推广新技术 18 项;引进并展示新品种 324 个;推广新品种 980 个,推广面积为 17066.7 公顷。

(一)昌平园——农业项目与小城镇建设首次统一

在北京农科城"一城两区百园"的布局中,昌平国家农业科技园区(小汤山现代农业科技示范园,以下简称"昌平园")是小城镇建设首次统一。

昌平园始建于 1998 年,2001 年被科技部等六个部委命名为北京昌平国家农业科技园区,是北京市首批国家级农业科技园区、北京市首个农业项目规划与小城镇建设规划相统一的示范园。

2010 年 8 月,科技部与北京市政府签署了共建国家农业科技城战略框架协议,提出了"一城两区百园"的整体布局及建设内容,昌平园作为"百园"先行示范科技园区率先步入建设现代农业高端形态的特色园区。

为高标准、高规格建好昌平园,按照北京农科城共建思路,昌平区率先启动了昌平园总体规划编制工作,为北京农科城建设发展做出了积极有效的探索。

按照规划,园区核心区面积 2300 亩,规划辐射面积 111.4 平方公里,涉及小汤山、兴寿、崔村和百善四个镇。昌平园将在 34 平方公里的区域内建设特色果品推广区、高端研发孵化区、成果转化示范区、城乡统筹先行区四大区域,兼容管理服务、科技研创、交流会展、推广示范、教育观光五大功能,建设世界一流、代表农业产业研发国际水平、科技资源密集的北京农科城先导示范园。

目前,北京农科城正在适时加强对原有优势企业支持力度,引导企业做精、做细、做大原有产业链;引入高新农业企业及产业项目,提升科技内涵、辐射能力、示范效应,进一步强化了园区的发展动力和创新能力。

昌平园建立了七个研发中心,入驻企业已达 50 余家,主要行业涵盖生物种业、苗木、加工、种植、花卉、物流等多个方面。园区龙头企业总体规模与质量快速提高,带动园区内其他企业的发展,并吸引相关的企业入驻,形成了集群发展优势,推进了农业产业化经营和区域经济的快速发展。

昌平园区管委会还协助入园企业筹集资金,收购美国犹他州 21 万亩桑德农场作为国内草源供应基地,填补了国内优质首蓿连年短缺的空白;以国家农业园区企业品牌优势,协助企业在内蒙古、河北、山西、青海、海南等地建立各自种植、示范基地,实践"研发、销售在京,生产在外"的产业发展模式。

(二)顺义园——北京花卉产业发展的窗口

2013 年 6 月,顺义国家农业科技园区(北京国际鲜花港,以下简称"顺义园")内游人如织,70 万株百合花、150 余种顶级香水百合让众多游客流连忘返。

据统计,2009 年至今,顺义园通过举办北京菊花文化节、北京郁金香文化节等九次大型市级花事活动,吸引游客近 200 万人次,年均实现会展综合收入 1000 万元,并带动了旅游休闲、文化创意等关联产业发展,地方旅游、餐饮、住宿等服务产业年均收入增加超过 4000 万元。

顺义园对首都花卉产业的支撑还不仅如此。2011 年 8 月,由北京国际鲜花港全资运营的连锁品牌"芳菲花语"旗舰店在位于国贸商圈的财富购物中心三层开业。这家旗舰店总面积达 400 平方米,是国内首家以产业集群为背景依托的实体花卉连锁店。

有业内人士分析,顺义园构建与示范了集鲜花销售、花卉展示、电子交易、物流配送、标准服务、人才培训于一体的高端花卉品牌连锁与现代流通商业模式,创建了新型花卉商业模式。

2012 年,顺义园还与云南花产联达成合作意向,将依托北京农科城和鲜花港平台推进云南优势花卉进军北方市场项目。

值得一提的是,顺义园以花卉服务为纽带,结合当地新农村建设,开创农民"绿色就业"新模式,吸纳当地村镇 500 余名农民在花卉产业链中下游"绿色岗位"就业,实现人均年收入 2 万余元,促进产业、村镇和区域经济社会统筹发展。

2011 年 10 月科技部对顺义园的方案做出了同意实施的批复,是北京市唯一的专业花卉产业园区,已成为了北京市花卉产业发展的窗口。

根据定位,顺义园将建设生物育种研发技术服务平台,探索高端花卉营销服务模式,打造花卉会展品牌,为入园企业和科研院所等提供研发、生产、销售、会展等服务,促进了花卉科技成果转化和产业化发展,有效提升了园区花卉全产业链先导技术与产业融合示范服务能力。

经过近两年的建设,顺义园着力发展花卉园艺产业、籽种苗木产业、会展产业、文化创意产业、花卉物流产业和休闲观光产业,积极推动北京农科城建设,促进城乡统筹,带动农民增收,为创新北京发展都市型现代农业模式做了有益探索。

目前,顺义园已成为北京市花卉的生产、研发、展示和交易中心,以及花卉的休闲观光和文化交流中心。

(三)通州种业园——全球种业科技创新中心的重要载体

作为首都建设"全球种业科技创新中心"的重要载体,通州国际种业科技园(以下简称"通州种业园")"建设以高通量育种服务为引领的'育繁推一体化'现代种业科技园区,为推动首都种业跨越发展和全国种业科技创新能力提升提供有力支撑"正在提速,其效能已开始显现。

2013 年，通州种业园正式启动了"现代农作物高通量育种技术服务平台建设"项目。此项目以围绕推进北京农科城良种创制与种业交易中心及通州国际种业园建设，打造高通量育种公共服务平台为基本核心，探索种质资源共享交流机制和商业化育种模式，进而为种业企业和科研机构开展优质高产多抗作物新品种培育，提供快捷高效、高通量的科技支撑服务，提高育种水平和产业化能力，旨在做大做强种业企业，服务通州乃至首都籽种产业发展。

通州种业园位于通州区于家务回族自治乡，2011 年 7 月正式挂牌。园区总规划面积 3 万亩，远期规划以于家务乡为中心覆盖通州南部乡镇。现园区占地面积 1.5 万亩，其中核心区面积 5000 亩。

2012 年 10 月，通州种业园还正式纳入中关村示范区，成为中关村第一个农业类科技园区。两年来，通州种业园在市区乡三级财政的大力支持下，投资近 3 亿元，完成了部分路网、林网、水利、电力、通讯、网络等基础设施建设，基本满足了种业企业、科研单位入驻条件。

目前，园区入驻 40 余家企业，包括已上市企业 4 家，准备上市企业 2 家，农业部 1+8、北京市 1+5 种业科企联合创新、首都籽种产业科技创新服务联盟理事单位中的企业 9 家。同时，园区成功引入了法国利马格兰、北京德农种业、金色农华、山东登海种业、黑龙江垦丰种业、中国农科院、中国农大、北京市农林科学院等国内外知名企业及科研单位 40 余家，中国农科院、北京市农林科学院还分别在园区启动了第二院区的建设。

根据规划，通州种业园将最终形成高端、可持续发展的，集育种、展示、评价、交易、服务于一体的现代农作物种业产业链，打造国际化的种业企业运营总部、科研总部、交易总部和结算总部。与酒泉、张掖的农作物制种基地，寿光种子交易基地以及海南南繁基地形成错位发展和有效对接，形成国内农作物籽种产业网络。

目前，在北京农科城"一城两区百园"布局下，经过三年建设与发展，北京农科城在推动农业科技创新，加快发展现代农业产业方面取得了实质成效。北京农科城已经成为全国现代农业技术交易和展示中心，人才、资本、信息等现代产业要素聚集效应显现，农业创新创业深入发展，正在成为农业高端产业培育基地和农业科技创新高地，有效推动了现代农业发展向集约化、智能化、信息化方向转变；北京现代农业已步入创新驱动发展，工业化、信息化、城镇化、农业现代化同步推进的快车道，并正在为引领我国现代农业发展做出积极贡献。经过 5—10 年时间，北京现代农业科技将城建设成为全国农业科技创新中心和现代农业产业链创业服务中心，面向世界，立足首都，服务全国。

未来的国家现代农业科技城将通过高端研发与现代服务业引领现代农业，走"高端、高效、高辐射"之路。

第三十五章 北京都市型现代农业走廊

都市型现代农业走廊是北京发展都市农业的实践创新。都市型现代农业走廊集农业高新技术成果示范平台,农业产业化亮点基地,市民休闲服务区,科普教育长廊为一体的多功能都市型现代农业展示示范窗口。作为北京最早启动建设的京承路都市型现代农业走廊已经初步成形,其建设模式包括"玉米迷宫"主题园、向日葵主题公园、奥运主题种植景观园、蔬菜四季观光采摘主题园、瓜类观光采摘主题园、观赏鱼示范展示园、花卉产业园、鹿业观光园等共十一处,发挥了重要的经济、社会、生态功能。

第一节 北京都市型现代农业走廊概述

一、背景

2006年年底,北京市提出要建设都市型现代农业走廊,都市型现代农业发展开始向沿主干道建设都市农业走廊方向进行调整,京承路都市型现代农业走廊是北京最早启动建设的农业走廊。

(一)北京都市型现代农业走廊提出的背景

京承高速所经过的地区是北京市最主要、最具代表性的农业产业带,但却不是北京农业科技最发达的地区。主要存在农田季节性裸露、荒滩地治理落后、农业生产技术陈旧、设施不配套、品种老化、标准化程度低等方面的问题,特别是果蔬种类和品种少,成熟期配置不合理,品种退化,以及配套技术落后等问题严重制约沿线园区和基地的发展。迫切需要加强对农业走廊建设的科技支撑和科技示范,才能充分发挥都市农业走廊的农业展示作用、科技示范作用和首都农业的窗口作用。

(二)北京都市型现代农业走廊的作用

2006年年底,北京市委正式提出要建设都市型现代农业走廊,都市型现代农业发展开始向沿主干道建设都市农业走廊方向进行调整,京承路都市型现代农业走廊是北京最早启动建设的农业走廊。2007年11月,北京市科委启动"京承路都市型现代农业走廊科技示范工程"重大科技计划项目。项目的实施旨在利用科技手段解决京承路沿线冬季裸露耕地、沙化废弃地、籽种产业发展滞后三大难题,围绕这三大难题进行整体规划、科学研究、技术推广,进而解决沿线技术滞后于建设、生产技术陈旧、技术设施不配套、品种问题多、标准化生产水平低下、加工贮藏不方便、裸露农田治理缓慢等问题。同时,通过项目的实施培养一支明星农村科技协调员队伍,搭建新型的以科技协调员为主体的农村科技服务网络,通过农村科技协调员的桥梁和纽带作用,推进沿线新型农村科技服务体系建设,提高区县科技服务能力,为京承路沿线农业注入科技创新活力。

（三）京承路都市型现代农业走廊区位

京承高速路一、二期工程南起东北四环路望和桥,北至密云沙峪沟,全长 67.8 公里,先后穿越朝阳、昌平、顺义、怀柔、密云 5 个区县,21 乡镇,130 村庄,涉及 5.2 万农户、14.2 万农业人口,覆盖了北京市最主要、最具代表性的农业产业带。公路两侧 1 公里范围内的 18.9 万亩是都市型现代农业走廊建设的范围。

二、要求

在建设过程中要坚持项目总体要求,以基点为主体,提供技术支持,建设都市型现代农业走廊,达到田园观光效果,实现农民增收;总结典型经验,推进都市型现代农业发展。做到技术到位、资金到位、培训指导到位、营销宣传服务到位。

一是完善京承走廊规划设计。总体规划和区县分规划要更加翔实,制定推进实施方案,进一步确定各区县功能定位和发展重点,体现出总体和局部相衔接、长远与近期相结合的特点。

二是加快产业节点建设步伐。按照可视产业相对集中、生态景观优良的原则,重点推进产业节点项目。其中,怀柔三山设施农业公园、昌平土沟设施园区、密云芦笋和向日葵万亩特色种植产业带建设质量高,示范效果好。

三是更加完善环境景观建设。大力推进走廊两侧生物覆盖,优化建设、补植树木、栽种花草,景观更加优美,农田生态服务价值进一步体现。

四是全面启动科技支撑项目。围绕产业节点积极开展农业新品种、新技术、新装备的引进、示范和推广,加大农民培训力度,使京承都市型现代农业的科技含量和展示水平有新的提高。

目前,以城市需求为出发点的涵盖生产、经济、生态和社会功能为一体的都市型现代农业已经形成,京承高速路 68 公里"农业走廊"是都市型现代农业的重要组成部分。主要建设内容涉及高效园艺产业和规模粮经产业群、带建设,推进绿化隔离带建设、农业科技示范与观光休闲园区建设、土地整理与修复、田园环境建设、湿地建设与生态景观改善、农业基础设施建设、裸露农田治理等。

为高标准完成都市型现代农业走廊建设任务,北京市农委和北京市农业局联合制定并发布了《都市型现代农业走廊建设标准》。标准分总体标准和具体标准两部分,总体标准要求遵照前瞻性规划、高标准设计、高质量建设、高水平管理的原则,因地制宜、突出特色,结合区域产业布局和资源、环境实际,建设现代农业产业带和产业群,形成生态、观光、展示长廊;具体标准对六大类建设项目提出明确、具体的建设要求,来确保走廊建设的高起点、高标准和高质量。这六类项目是:田园景观环境、设施园艺产业、林果业、农业观光园区、规模粮经产业、生态养殖场建设等。

第二节　都市型现代农业走廊建设模式

北京都市型现代农业走廊农业园区建设模式共完成八类农业园区的技术集成示范,包括"玉米迷宫"主题园、向日葵主题公园、奥运主题种植景观园、蔬菜四季观光采摘主题园、瓜类观光采摘主题园、观赏鱼示范展示园、花卉产业园、鹿业观光园等共十一处。

一、农业主题公园

(一)"玉米迷宫"主题园建设

玉米迷宫就是利用玉米高秆的遮蔽性,种植建造适宜人们观光、休闲度假的"迷宫阵",游客身在玉米地,走在通道中,犹如在迷宫中行进,充满了探险的意味。

"玉米迷宫"利用农业的特性,与旅游业及拓展训练巧妙结合,创造出赏心悦目、回归自然、休闲度假的优美环境,使市民、青少年体验农业文明,接受农耕教育,进行旅游观赏,将"都市"与"农业"真正融为一体。

1.京郊玉米迷宫设计方案

密云"玉米迷宫"位于溪翁镇金叵罗村,占地500亩,迷宫最长线路为4.2公里,图案为中国地图。游客在游玩、采摘的同时能更好地了解我国的版图,并能根据每个省的介绍,确定自己所处的位置,各省的主要农作物、特产,真正做到寓教于乐。

顺义"玉米迷宫"靠近奥运场馆、奥运大道附近,占地面积120亩,最长线路为3公里。图案为2008北京奥运图标——"京印"。结合周边三高农业示范园、怡生园度假村,建立了农业旅游休闲产业链。

怀柔"玉米迷宫"面积50亩,位于怀柔桥梓镇,靠近怀柔水库、宽沟会议中心,与北方最大的牡丹园相邻。用玉米、向日葵等高秆作物间作,设计突出北京奥运"ONE WORD,ONE DREAM"主题语造型。

2.玉米迷宫的实施

应用国外软件FREEMAZE,将迷宫设计方案在画布中勾勒出行走的路线图,网格画布面积和实际的迷宫面积成正比,使用田间网格定位拉线的方法,利用全站仪、经纬仪和GPS,在田间进行面积、方位和距离测量。

3.玉米迷宫的通道

进入"迷宫",通道一律铺设硬实结构方砖,一是可以解决雨天道路积水泥泞的问题,二是硬实方砖具有漏水、通气特性能保护土质;迷宫内还有一部分通道采用了廊架结构,栽种具有景观特色的植物,既美化通道又增加了观赏内容。同时,还通过相关试验分析路面铺设材料(遮阳网、无纺布、PVC地毯、方砖、草毡子等)对通道土壤的影响,结合游客问卷调查,明确了最适合的铺设路面的材料是遮阳网。

4.玉米迷宫的景观时序性

"玉米迷宫"的建设将玉米从作物的单一品类中解放出来,通过对园区内的土地整治、植物配置、地块绿化等措施,改善植物公园的整体景观审美质量,并充分利用京郊的乡野气息和生态餐饮,为游客提供风味别致、舒适愉悦的生态养生休闲产品。

5.玉米迷宫的功能拓展

"玉米迷宫"种植区:是该农业主题公园的中心,利用"玉米迷宫"自身的地理地形环境,制造出迷宫娱乐的特殊场所;以迷宫主题游乐项目设计为主线,定位于游客互动参与娱乐区。主要项目:入门景观、售票处、指示系统、旗帜系统、瞭望塔、售货亭、休闲区、娱乐区、儿童游戏区、服务站、兑奖区、景观小品、休闲设施。农业科普植物造景种植区：在玉米迷宫的辐射外围和相关区域,栽种相关作物。还有外围旅游区可旅游购物,特色餐饮。

6.玉米迷宫的社会效应

通过都市型现代农业主题公园的建设和发展,集中展示新技术、新设施、新产品、新品种,使其成为科技示范、技术展示、科普宣传、知识传播和成果转化基地。初步形成了以"玉米迷宫"为主题的生产、休闲观光、景观和教育等旅游产业链。

（二）向日葵主题园建设

2008—2009年由北京市农业技术推广站和房山区农业科学研究所在107国道边（窦店—琉璃河段）联合打造了京城首个"向日葵主题公园",突出奥运、国庆两个主题,以向日葵为主,辅以杂粮、蔬菜及花卉种植形成了五彩缤纷的植物色带,为市民提供了一个休闲和亲近大自然的好去处。

在向日葵主题公园的带动下,2009年良乡、长阳和大安山联手打造"葵花小镇",种植向日葵面积1500余亩,示范推广作用显著。

从5月开始便可观赏金灿灿的油菜花,7月至8月又有姹紫嫣红的向阳花、橙黄的黄帝菊。暑期正值向日葵的花期,向日葵争相开放,多彩艳丽的葵花永远望着太阳的热度和光芒,更能体现现代人们的生活蒸蒸日上。

向日葵主题公园吸引数十家媒体和众多的摄影爱好者前来,取得了良好的社会效益。

（三）奥运主题种植景观园建设

目前,京承高速路两侧已经初步形成"绿不断线、景不断链、三季有花、四季常绿"的景观效果,为生活在城市里的人们搭建起了良好的休闲场所。在京承高速路沿线种植了5000余亩向日葵和1000多亩油菜花供市民游览,五一假日正逢油菜开花期,好似给京承高速路"镶金边"的景观效果可以一直持续到8月,游人络绎不绝。

1.奥运五环的景观种植

京承高速路在靠近首都国际机场的顺义板桥段,以绿色苜蓿为底案、向日葵为主体种植成奥运五环主题图案,五环图案占地100亩,每个圆环直径40米,环宽8米。驾车行驶在北京京承高速公路上,放眼望去巨幅的彩色奥运五环图案显得分外耀眼,令人悦目赏心。

2."京印"的景观种植

京承高速路密云河南寨段,设计种植了以"京印"为主题,拖着长长彩带的景观。景观整体以油菜为"背景";向日葵、观赏谷子组成"京"字及印章部分,由红苋菜、向日葵、绿苏、紫苏、荞麦等红、黄、绿、紫、白五种颜色的农作物组成大流线型彩带。高速公路防护林下大量的野生花卉将人们的视线引入景观场地之中,在飞驰的车辆中观看,彩带会产生流动的视觉效果,令游人兴趣大增。

二、采摘园

（一）蔬菜四季观光采摘主题园建设

蔬菜四季观光采摘主题园位于昌平区京城碧园种植合作社。主题园区面积20亩,分为观光区和采摘区;规划形成了循环式观光线路,使游人在观光过程中步移景新、不走回头路;采用蔬菜树式栽培、无土栽培、盆景造型栽培、嫁接、品种选择、播期调整、花色搭配等栽培技术措施,涉及茄果类、叶菜类、水生蔬菜、药用蔬菜等 209 个品种,建成了以春意盎然踏青园、姹紫嫣红瓜果园、金秋十月赏菊园、寒冬保健药菜园为主体的"四季主题园"观光区。

1.蔬菜四季观光主题园

"春意盎然踏青园"——果菜踏青园、芳香蔬菜踏青园及叶菜踏青园,建成包含奥运五环、奥运单项运动标志、红旗飘飘、吉祥彩虹、月亮弯弯等奥运主题景区和美丽的祖国景区。应用不同艺术造型及不同色彩搭配突出奥运主题和首都特色。

"姹紫嫣红瓜果园"——突出设施蔬菜现代栽培技术,展现都市农业形象。包括芳香蔬菜坛、阳台菜园、百瓜飘香、番茄树林、绿色世界等景观。

"金秋十月赏菊园"——延伸蔬菜概念、丰富餐桌文化。使用不同颜色、不同栽培方式的食用菊花品种组合成不同图案,建成了金龙腾飞景观。

"寒冬保健药菜园"——选用板蓝根、藿香、黄芩、叶用枸杞、藤三七等 22 个品种药用保健蔬菜品种,采用不同图案,结合盆栽,形成了高低搭配的艺术化栽培的景观效果,同时,运用展板介绍每种菜的特点、保健功能及烹调方法,突出菜药同源,寓保健于美食。

2.蔬菜四季采摘主题园

蔬菜四季采摘主题园的核心采摘区以优质观光采摘型蔬菜配套栽培技术等 5 项技术建成。其中以优质观光采摘型蔬菜配套栽培技术、蔬菜全季节栽培技术建立了樱桃番茄、鲜食番茄、彩色甜椒、水果黄瓜采摘园;以盆景蔬菜造型技术、阳台无土栽培设备与技术、新型鲜用药菜茶生产及配制技术建立了阳台菜园采摘园、药用蔬菜采摘园。同时,技术辐射带动周围农户进行温室蔬菜生产,形成外围采摘区。

3.蔬菜四季观光采摘主题园

在打造蔬菜景观的同时,利用展板、音响等形式,形成了以二十四节气的季节变化及物候特征、蔬菜科技知识(有机蔬菜、绿色蔬菜、无公害蔬菜)等为核心的文化创意,构建成了一年四季"有景可赏、有色可观、有园可游、有鲜可尝、有物可采、有知可学、有技可用"的蔬菜四季观光采摘,提升了观光采摘园区的品位。

(二)瓜类观光采摘主题园建设

怀柔区杨宋镇花园村瓜类主题园,包括瓜类景观园和采摘园两部分。示范区引进并展示各类品种 136 个,如异形品种(如巨形南瓜、香炉瓜、蛇瓜、天鹅、鹤首、皇冠、白蛋等)、多彩品种(如迷彩南瓜、红皮甜瓜)、奇味品种(如酸味甜瓜、冰淇淋西瓜),稀、特品种(如斩瓜、打瓜、野生西瓜)等。

1.瓜类观光主题园

建成瓜类作物树式景观 28 个、组合造型 17 个、盆景 1200 盆。

(1)树式栽培:集成设施、环境、生物、营养和信息等最新技术,最大限度满足瓜类作物生长发育的需求,发挥瓜类作物的生长潜力,达到树式栽培的效果。

(2)长廊式栽培:引进景观设计理念,以竹艺工艺建成景观长廊,将景观艺术与现代园艺技术有机结合,达到物美、意美、境美的境界。

(3)盆栽:单独造型或组合造型,与工艺结合形成作物盆景。

目前,已经观察筛选适合树、盆景、廊架、采摘销售等栽培和瓜果贴图雕字、造型等工艺处理的品种

70 多个,为观光采摘农业提供了可选择的品种资源;创意栽培出瓜菜概念树、文化树、象形树、多彩树和创意盆景等,使农作物更多地注入科技与文化内涵,极大地提升了农作物自身的文化价值和园区文化品位,丰富了都市农业内容,并开创了一种新型的农业产业模式。

2.瓜类采摘主题园

瓜类采摘主题园中已有采摘区示范采摘品种 11 个、小型西瓜抢早栽培技术 2 套,2009 年带动怀柔区西甜瓜种植面积达到 300 亩,密云 200 亩,发挥了走廊农业的示范作用。

从单层平面栽培提升到立体栽培,大大提高了土地利用率,一年四季,市民都可以采摘到新鲜的瓜果,也吸引了大批的小朋友前来观赏游玩,学习农业知识。

三、生态科技园区

(一)观赏鱼示范展示园区

1.名优观赏鱼品种展示

在缤纷四季园林有限公司、北小河公园和顺义顺丽鑫园林有限公司建立观赏鱼文化展示区 3 个。在顺义顺丽鑫园林有限公司建立鳄鱼观光展示区 1 个,在北京市水产技术推广站小务基地建立养殖示范区 1 个,综合展示出了节水、生态、高效的北京新型渔业。引进了优质锦鲤亲鱼 100 组,生产夏花量达到 200 万尾。共展示宫廷金鱼 12 大类 36 个品种,其中包括亲鱼四大类 10 个品种共 3000 余尾。不仅有龙睛类、寿星类、兰寿类、琉金类、蝶尾类、水泡类、狮头类、珍珠类、望天类等常见品种,更有紫兰寿、黑白蝶尾、铁包金高头、皇冠珍珠、和金、鹤顶红等北方地区少有的高档金鱼品种。

2.观赏鳄鱼展示区

顺义区高丽营乡七村的顺丽鑫垂钓园内建设鳄鱼观光展示区 1 个,改造现有池塘,与园林景观建设相结合,引进观赏鳄鱼 150 条,建设了 1 个集生态、节水和高效渔业于一体的示范点。

(二)四季花园产业园

在怀柔区花园村建设了"四季花园产业园",并通过实验筛选品种、进行花卉技术研究,形成了技术集成示范,推广和展示了中高档切花、盆花、草花和功能型花卉的新品种、新技术,具有重要的示范推广价值。

引进和种植草花新品种。引进吸毒草、瑞典常春藤、三叶吊竹梅和网纹草 4 个品种共计 4800 株,取得了良好的示范效果。

引进中高档盆花品种。进行设施改造,发展香草、吸毒草、红掌、朱顶红、非洲凤仙和四季海棠等中高档花卉的示范种植。

(三)鹿业观光示范园

建立了北京市第一个鹿业观光示范园——北京鹿世界主题园,集茸鹿生产、绿色产品加工、鹿茸采摘、鹿肉评鉴、鹿工艺品展示等功能为一体,探索出一个新的农林牧耦合生产模式,在畜牧生产环节注入观光休闲、生态循环与文化展示理念,促进产业融合和结构调整,为市民提供了鹿业文化的产品,提高生产效益。

鹿文化主题园的建设:鹿产品与鹿文化展示;集中驯化梅花鹿幼仔,获得成功;鹿茸的生茸和增茸控制技术(控光生茸技术),达到四季生茸的效果。

第三节　都市型现代农业走廊技术支撑体系

一、关键技术

开展了 9 项关键技术集成示范,包括都市型现代农业走廊规划示范、观赏作物造景示范、蔬菜四季栽培采摘技术集成示范、土壤培肥示范、测土施肥技术示范、水培蔬菜示范、有机废弃物循环利用示范、芦笋病害防治示范以及害虫生物防治技术示范。

（一）农业走廊景观规划技术集成示范

开展了高分辨速遥感数据、空间数据库、公众参与式方法、可视化技术集成的农业景观规划技术示范。

（二）奥运造景示范

通过电脑软件模拟,制作奥运五环图案的效果图以及施工图;对 15 个作物品种进行了筛选,选择了苜蓿和向日葵进行造景。

在现场土地进行过平整后,采用园林模纹花坛的施工方法进行了放线定点,然后不同区域按照种植施工图进行种植,共 300 亩。

（三）蔬菜四季观光采摘主题园集成技术试验示范

以二十四节气等农业知识为核心内容的文化创意,形成了园区的独特文化内涵,构建成了一年四季"有景可赏、有色可观、有园可游、有鲜可尝、有物可采、有知可学、有技可用"的蔬菜四季观光采摘主题园。

新增技术 12 项:日光温室瓜果类蔬菜树式栽培综合技术、日光温室蔬菜柱式无土栽培综合技术、阳台蔬菜管式无土栽培设备与技术、温室北墙绿植覆盖、新型鲜用药草茶生产、小型栽培池水生蔬菜栽培、樱桃番茄长季节采摘种植模式及配套栽培、彩色甜椒长季节采摘种植模式及配套栽培、栽培床 30 度角倾斜、栽培容器下座、温室内南侧设立走道、温室内走道下沉等。

（四）农业主题园土壤培肥与修复技术试验示范

研制出 1 种酸性有机肥配方,并规模化技术物化生产;连续 2 年示范面积 100 亩,累计推广面积 600 亩;在怀柔、密云建立连作障碍修复基地 3 个,连续两年累计示范面积 300 亩;在密云、怀柔、顺义建立果园生物覆盖培肥基地 4 个,示范面积共 400 亩;推广果园生草根瘤菌剂接种 100 亩、连作障碍保护地生物修复菌剂施用 200 亩、砂化贫瘠土壤培肥基地生物肥施用 500 亩,累计应用面积 800 亩。

（五）农业主题园测土施肥技术试验示范

在京承走廊地区取土 1021 个,摸清土壤养分底数,建立走廊土壤养分数据库;建立 28 个测土配方施肥示范基地,面积 5.2 万亩,辐射 10.13 万亩;补贴推广各种专用配方肥 1200 吨。CO_2 肥 10000 袋,牧草控释肥 100 吨;示范推广农业废弃物立体循环管理技术 30 亩。

（六）观赏水培蔬菜展示技术集成与示范

在怀柔杨宋镇花园村走廊设施农业节点展示水培番茄树 3 棵,示范展示了 100 盆水培红掌,初步建立了综合配套操作规程;在延庆水生野生动物救治中心示范展示了 4 棵水培番茄树;在房山示范展示了 6 棵水培番茄树;在昌平小汤山示范展示了 2 棵水培甘薯树和 1 棵水培莲雾。

（七）农业主题园有机废弃物循环利用技术试验示范

建立了两座太阳能农业废弃物臭氧无害化处理站。两个园区内产生的所有农业废弃物经过粉碎后都投入处理站内,经臭氧处理后重新翻耕施入地里作为下茬作物生产的肥料,实现了有机废弃物 100% 循环再利用。

（八）芦笋病虫害绿色防治技术试验示范

示范芦笋病虫害绿色防控面积 608 亩,推广 5000 亩。展示芦笋病虫害绿色防治技术及芦笋栽培等新技术的应用。实现了重点技术的推广,包括大力倡导避雨栽培,增施有机肥,春季芦笋出土前覆黑色地膜用以防杂草,整个生长季未进行人工除草与化学除草,发病前喷施碧护 15000 倍液,及时拔除病茎并带出田外集中销毁,打桩拉绳防倒伏,露地栽培的芦笋雨后及时打药防治茎枯病,及时防治芦笋十四点负泥虫、甜菜夜蛾、芦笋蓟马等。

（九）都市型农业生态走廊害虫生物防治技术示范

在密云县、顺义区、昌平区建立了总面积 1460 亩的 3 个试验示范基地,分别开展以玉米螟、露地蔬菜主要害虫、保护地蔬菜主要害虫为防治对象,综合应用农业防治、物理防治、生物防治、化学防治等技术为防治手段的试验示范,实现了蔬菜害虫防治 50% 以上替代化学农药,玉米螟防治 100% 替代化学农药。

二、品种筛选

（一）玉米和大豆的品种筛选

迷宫主题园项目实施过程中,引进甜玉米新品种 12 个,糯玉米新品种 9 个,引进鲜食大豆 10,筛选出科甜 120、京科糯 2000、科丰 14 等适宜品种 7 个。

（二）杂粮和油菜的品种筛选

奥运景观种植项目引进特色花生、甘薯、黑豆、谷子、大豆、鲜食大豆、绿豆、小豆、糜子、黍子、高粱等杂粮作物新品种 93 个,从中初步筛选出农艺性状突出或具有一定特色的品种 25 个,引进 11 个油菜品种,筛选出适合京郊种植天油 5、6、8 和陇油 6、9 号的油菜品种 5 个。

（三）向日葵品种筛选

引进 25 个向日葵品种,筛选出三阳开泰、好运多、红柠檬、绿波仙子、桃之春、天姿和金拥碧翠等适宜观赏的品种。

（四）观赏蔬菜的品种筛选与技术

引进蔬菜品种 209 个,筛选出适合观赏的蔬菜品种 49 个,并集成以日光温室为主要设施的蔬菜生产园区向观光采摘园区提升的综合技术。

（五）瓜类品种筛选及西瓜甜瓜生产技术示范

引进 15 种作物 24 个类型 136 个瓜类品种,从中筛选出适合京郊农业观光园区树式栽培、盆景栽培、廊架式栽培及瓜果工艺处理栽培的各具特色的各类品种 86 个。

示范立架密植高产技术、适时采收技术、甜瓜双行立架种植技术、甜瓜单蔓整枝技术、水肥一体化技术、后期控水技术、病虫害综合防治技术、小型无籽西瓜高产栽培技术等8项技术。

（六）花卉品种筛选及技术示范

怀柔花园村引进草花新品种17个，种植150万盆，示范种植50亩。

示范种植瑞典常春藤、绿萝、吸毒草等功能性花卉新品种15个，3500盆。

引进示范高档切花彩色马蹄莲、朱顶红等300盆，百合种球20000粒。

（七）名优观赏鱼品种的引进与技术

引进优质锦鲤亲鱼100组，共繁育锦鲤夏花280万尾。引进红白锦鲤水花50万尾，苗种成活率达到92%以上。引进优质金鱼16大类38个品种，其中包括亲鱼4大类10个品种共7000余尾，筛选出优质亲鱼200组。

进行宫廷金鱼、锦鲤的人工选育技术研究。根据品种的标准进行选育，对不同生长阶段的品种进行良种的种质鉴定与评价。进行宫廷金鱼的提纯复壮和品质改良技术初探。

（八）牧草品种筛选与鹿驯化和繁育技术示范

筛选出紫花、苜蓿、阿尔冈金等适宜于北京种植的耐牧饲草品种6个品种，研究了梅花鹿划区轮牧，建植总面积为11.2亩的早熟禾草坪休闲绿地。

构建园区立体景观，园区中设计并建成使用了人畜兼用生态厕所，能处理500公斤鹿粪。

形成一套梅花鹿仔鹿驯化技术，人工驯化哺乳成活35只梅花鹿；电刺激采精获得的新鲜茸鹿精液，经流式细胞仪进行XY精子分离，将冷冻保存的Y-精子采用直肠把握人工授精方法，126头梅花鹿性控精液受胎率76.2%，产仔数为96头，产公率达97.9%。初步建立了梅花鹿胚胎移植的技术方案，20枚鲜胚囊胚与桑葚胚移植产仔9头，经玻璃化冷冻胚的28枚桑葚胚移植，获得世界首例的7头梅花鹿健康后代。

三、技术培训

（一）技术标准和技术规程

通过京承路都市型现代农业走廊的建设，共筛选出甜玉米新品种12个，糯玉米新品种9个，特色粮经作物品种25个，观赏性作物品种15个，引进和示范瓜类新品种151个，引进优质金鱼16大类38个品种，培育牧草品种6个，为拓宽都市型现代农业多功能性提供了基础。通过总结各项技术集成示范，形成了27项技术标准或技术规程，为生产发展提供了依据和指导。

（二）技术培训

在建设京承路都市型现代农业走廊的项目中，技术培训的工作主要从蔬菜观光采摘主题园、瓜类观光采摘主题园、怀柔花园村花卉产业、农林牧耦合景观休闲、观赏鱼品质改良技术示范推广、农业主题园土壤培训与修复、测土配方施肥技术、有机废弃物循环利用以及芦笋病虫害绿色防治技术等方面的培训，通过现场指导、集中培训、田间学校、观摩会等各种方式，并通过网络、电视、报刊等各类媒体进行多种形式宣传，有效提升了都市型现代农业走廊产业和景观建设理念，取得了良好的社会效益。

第四节　都市型现代农业走廊功能与效果

北京都市型现代农业走廊挖掘农业的景观和文化价值，提高农业多功能性，促进就业，提高农民收入。

一、功能

都市型现代农业走廊的功能主要包括农业生产、生态、生活和示范功能,在京承高速公路沿线着力打造产业节点工程。

(一)都市型现代农业走廊的生产功能

生产功能,也称经济功能。通过发展都市型现代农业走廊,发展地区生态农业、高科技农业和可持续发展农业,为都市居民提供新鲜、卫生、安全的农产品,以满足城市居民食物消费需要。

(二)都市型现代农业走廊的生态功能

生态功能,也称保护功能。都市型现代农业走廊作为发展绿色产业,是城市生态系统的组织部分,对保育自然生态,涵养水源,调节微气候,改善人们生存环境起重要作用。

(三)都市型现代农业走廊的生活功能

生活功能,也称社会功能。农业作为城市文化与社会生活的组成部分,通过农业活动提供市民与农民之间的社会交往,精神文化生活的需要,如观光休闲农业和农耕文化与民俗文化旅游。

(四)都市型现代农业走廊的示范功能

1.围绕走廊经济,首次开展了产业、景观、生态走廊建设技术集成示范研究。

2.开展了农业主题园区建设技术集成示范,展示了都市农业新理念、新模式、新品种。

3.开展了配套技术体系集成示范,对已有技术进行了集成创新和集中展示。

4.开展了特色作物、蔬菜等新品种引进和筛选,为进一步挖掘农业的景观文化美学价值提供了基础。

5.通过培训、宣传,探索了公众参与都市型现代农业的途径和方法。

二、效果

(一)具有显著的美学视觉效果

在可视范围内有所突破,产业节点看得见、摸得着,能够吸引市民参与和互动,对较为明显的产业节点优先给予奖励。京承高速路两侧的绿化隔离带已基本建成,初步形成"绿不断线、景不断链、三季有花、四季常绿"的景观效果,还将按照视野开阔、层次清晰的田园标准,平整高速路两侧的废弃鱼塘、沙坑,治理裸露农田,实现"黄土不露天"。

(二)产生了良好的生态景观

走廊两侧农田注重精耕细作,打造高标准、高质量的农田生态景观。

(三)产业带动和辐射效果

注重农业产业的培育和挖掘,丰富农业内涵,按照不同圈层优先安排特色、优势产业项目。顺义、朝阳、密云等区县在京承高速两侧的绿化隔离带里建设果园、观光农业园,发展精品花卉、高档苗木等高端农业,利用便利的交通优势,吸引市民前来旅游观光,休闲采摘,促进农民致富增收。

(四)具有良好的示范引领效应

都市型现代农业走廊,不仅形成了现代农业聚集的重要通道,也形成了一系列现代农业生产技术集成应用和展示的核心区域,还形成了良好的景观效果,在城市近郊区域成为市民观光采摘和体验现代农业的重要区域。都市型现代农业走廊的建设形成了重要的示范引领效应,对全市都市型现代农业发展起到重要的引领和示范作用。

（五）形成各具特色的区域效果

结合每个区县的功能定位和优势产业,在每一区段集中体现区域特色和鲜明主题。到目前为止,已经形成房山区"一廊、一区、多个示范点"工程,朝阳区都市型现代农业项目,顺义区高端农业,怀柔区重要建设节点,密云县生态涵养发展区。

第五节　都市型现代农业走廊区县建设与前景

北京都市型现代农业走廊所在区县自北至南依次为密云县、怀柔区、顺义区、昌平区、朝阳区,近年房山区、大兴区、通州区主干道也有相关农业走廊发展建设。北京都市型现代农业走廊发展前景广阔,具有较强的应用推广性。

一、密云县

（一）密云县都市型现代农业走廊建设内容

密云县在都市型现代农业走廊建设中,按照全市高标准规划设计、高质量施工、高水平管理的要求,在积极开展建设工作的同时,抽调专门人员,安排专项资金,聘请专业设计单位,紧密围绕"生态涵养发展区"的功能定位,对走廊进行整体规划设计,规划中心内容是建设"一河一带一园四区",目前已经基本建成。

"一河"即潮河湿地建设项目,含"两区八景"。两区为4.2万平方米的荷花观赏区、睡莲观赏区;八景即东坝洲头、青石扬漪、五彩睡莲、映日荷花、南塘泉声、秋水飞芦、千姿水草、孤山观鱼。建设面积55.3万平方米,其中湿地面积48.3万平方米,边坡绿化7万平方米。

"一带"即京承高速公路两侧30米绿化带建设。

"一园"即潮河生态公园建设,占地191.6公顷,集生态、文化、休闲、健身、娱乐、集会等为一体。

"四区"即宁村北方旱作农业节水生产示范区,突出农作物节水品种、生产技术及装备的试验、示范和推广,规划建成陈各庄200亩农业抗旱新品种试验区,6500亩旱作农业综合节水技术规模生产展示示范区;平头生态高效农业产业区,以设施、花卉和芦笋产业化进行建设;芦古庄生态休闲体验区,该区以一产为依托,开发农业多功能,突出休闲、采摘、加工、配送特一色;蔡家洼生态农业商务区,开展绿色旅游服务,建设红酒庄园、观光采摘园、设施园区等。

（二）密云县都市型现代农业走廊建设效果

1.生态环境全面改善

以"一带一河一园"为核心的生态环境重点建设工程扎实推进,成效显著。一是生态绿化带。按照"高标准设计、高标准施工、高水平管理"的建设要求,整体打造出高速路18.6公里沿线两侧30米宽的生态景观带。采取大规格苗木栽植、二层结构的方式绿化美化,通过因势就势抚平沙坑和客土、整地等有效手段,栽植油松、桧柏、杨树、白蜡、金枝国槐、柳树等各类苗木15万株,完成3450亩项目区建设任务,实现了"消除污染、净化空气、防风固沙"的建设目标。二是潮河生态改良工程。以美学、景观学和环境生态学为指导,按照游憩机会序列落实湿地总体规划布局,使生态内涵和文化内涵相结合,打造人与自然协调的宜居环境。建成湿地725亩、边坡绿化105亩的"一带二区八景"的生态休闲长廊。其中潮河生态走廊带8.3公里,荷花观赏区和睡莲观赏区总面积63亩,东坝洲头、青石扬漪、五彩睡莲、映日荷花、南塘泉声、秋水飞芦、千姿水草、孤山观鱼八大景观初步形成。三是潮河生态公园。以城南潮河生态治理为中心,以生态改良、生态修复、环境美化、景观建设、生态经济为重点,建立集生态、文化、休闲、健身、娱乐、集会等为一体的生态休闲公园,打造出密云国家生态县的新亮点。生态休闲公园规划总面积2874亩。目前已完成疏挖平整河道6.5公里、水面面积32万平方米,已栽植各种花草树木5万株。

2.基地建设全面展开

以"四区"为核心,启动都市型现代农业建设工程。一是平头生态高效产业区。区域设计面积9200亩,突出生态、高效特点,围绕生态示范、设施产业和芦笋产业化,通过生态农业景观园、平头设施花卉园、新兴葡萄采摘园、莲花瓣设施蔬菜园、下屯芦笋生产园4个园区的建设,形成集中展示密云生态高效农业发展区。2007年,新建蔬菜和花卉设施温室137亩、春秋钢架大棚110亩,新发展芦笋1500亩,新栽葡萄250亩,建成一个集观光、采摘、食宿为一体的农业休闲观光园。二是芦古庄生态休闲体验区。该区域建设规模4000亩,其中集休闲、娱乐、观光、采摘、体验为一体的森林公园占地3000亩、生态种植规模1000亩。突出生态、休闲、绿色、高效的特点,围绕森林公园和生态种植,集中展示"生态密云,休闲之都"的特色。到目前已完成雨养玉米生态种植1000亩,同时完成森林公园林地补植管护等工作。三是宁村旱作农业科技示范区。区域建设规模6700亩。立足本区域农业生产特点,围绕旱作农业试验和科技示范,集中展示旱作生产技术,突出发展节约型农业的特色。重点建设200亩旱作农业新品种试验区、6500亩旱作农业综合生产技术展示区,实现节本增效、提高土地综合生产能力、改善生态环境的建设目标。目前已完成旱作农业示范区和旱作农业试验区建设。四是蔡家洼生态商务区。区域规划面积6140亩,围绕蔡家洼生态商务区建设,建成生态和商务、环境和经济、自然和人文有机结合的生态商务区。围绕商务区,进行生态、环境、景观、特色农业和文化等建设,突出生态、和谐、美化、人文等特点,展示生态和经济有机结合的生态密云。目前,建成农业设施大棚2600平方米;栽植精品樱桃1500亩,栽植李子、金丝小枣及刺梅等2万株;完成20公里路基平整及市政管网和水利配套等建设工程;完成绿色旅游商务区建筑面积133.69万平方米、综合服务楼建筑面积4000平方米及附属设施基础工程;北京张裕爱斐堡国际酒庄园栽植葡萄400亩;接待中心工程、生产车间及酒窖和配套工程全部完成。

3.农业功能全面扩展

为了推进都市型现代农业发展,围绕农业新功能开发,探索一产与三产有机融合的全新发展模式,在溪翁庄镇金笸箩村建成了北京密云玉米迷宫农业主题公园。将玉米按照迷宫的方式种植形成迷宫阵,整个迷宫设计成中国地图形状,总占地面积500亩。玉米迷宫农业主题公园建设,初步实现了传统农业向都市型现代农业的转变,拓展了农业发展空间,提高了农产品附加值。

4.裸露农田全面覆盖

密云京承高速路可视范围内有裸露农田1.45万亩。通过引进抗旱新品种,进行种植模式的试验示范(包括冬小麦下茬夏玉米、小黑麦下茬夏玉米、玉米药材间作等种植模式),到2007年10月中旬,已全部完成冬小麦、小黑麦和药材种植任务。其中,旱作农业核心区2500亩,水浇地丰产方6500亩,旱作生态科技试验、示范园区200亩,其他旱作区种植小麦5300亩。目前裸露区全部达到治理标准,全面实现农田"绿起来,盖起来,有效利用起来"的建设目标,较好地实现了生态效益和经济效益的有机结合。同时,为促进农民增收,推动都市型现代农业可持续发展奠定了基础。

5.配套工程全面落实

强化京承高速路都市型现代农业走廊水资源保护及生态环境建设,顺利完成6860亩芦笋、葡萄、樱桃等节水及水利配套项目。其中滴灌系统2160亩,滴灌与微灌结合系统700亩,小管出流灌溉系统4000亩,新打和更新机井19眼,改造机井5眼,配套水泵24套。该项目的完成有效减少了水资源浪费,降低了化肥施用量,提高了农田产出和农业生产力,对改善京承高速周边村镇供水及环境现状,保证首都饮水安全及当地生态、社会与经济发展起到了积极作用。同时,密云京承高速路都市型现代农业走廊综合管理系统和虚拟展示系统的开发建设也基本完成。

6.农村建设全面加强

抢抓京承高速路都市型现代农业走廊建设契机,将新农村建设与环境治理、村庄美化相结合,重点围绕环境治理、改水改厕、村落美化、污水综合利用、道路建设等,开展新农村建设规划、改水改厕、垃圾处理、新能源利用、绿化美化、道路建设、产业发展、公共卫生、公益服务设施建设等工作,突出生态、和谐、美化、循环、节约的特点,提升农村功能,建成园林式和生态型的新农村。涉及河南寨镇金沟、新兴、莲花瓣、团结4个新农村推进村,目前整体工程已经完成年度建设任务。

二、怀柔区

怀柔区京承高速走廊建设3个重要建设节点:新建三山都市型设施农业公园和怀柔京承现代农业园,并完善提升七彩樱桃园建设。京承现代农业园以杨宋镇太平庄村为中心,辐射带动耿辛庄、北年丰2个行政村,1318户、3370人,规划总面积3000亩。

京承高速两侧各30米绿化总面积8125亩,绿化带高低错落,柳绿花红。全线整理修复土地面积7980亩,治理沙坑5处、400亩,拆除违章建筑3.2万平方米,清运、整理土方320万立方米。设施农业完成了1000余亩,17个观光休闲园区有14个已建成或正在建设。还在密云和朝阳建设湿地公园2个,在密云建1个生态森林公园,遏制风沙,净化空气,涵养水土。都市型现代"农业走廊"将成为发展都市型现代农业的样板路、生态农业的示范路,农民喜爱的致富路,城乡一体的和谐路。

三、顺义区

顺义区结合新农村建设,在京承高速顺义段发展设施农业、精品花卉、高档苗木、农业观光等高端产业,培育现代技术集成、标准化生产、较高组织化程度的现代农业带和现代农业群。拓展农业功能,加快沿线农民增收致富步伐,为市民休闲体验、观光采摘提供修身养性、怡情益智的优美生态环境。

四、朝阳区

朝阳区在东部农村地区建成了包括全美樱桃园、朝来鲜切花、富通花卉等一批功能多样、富有特色的都市型现代农业项目,每公顷收入由1.9万元增至5.9万元。在提升经济效益的同时,还带动了加工出口、餐饮娱乐、休闲健身、旅游观光等相关产业发展,形成产业相互融合的都市型现代农业产业链。

五、房山区

房山区提出打造"一廊、一区、多个示范点"工程。即以 107 国道干线为轴心,整合沿线两侧各 3 公里范围内的资源要素,打造 107 国道都市型现代农业走廊。以 107 国道为依托,开展立体循环农业技术示范推广和建设菊花、月季生产技术示范与推广工程等农业产业化亮点基地,通过景观、观光采摘园等多个示范点建设,为市民提供休闲服务区、科普文化长廊为一体的多功能都市型现代农业展示示范窗口。

项目实施后,土壤地力培肥技术推广 1000 亩,测土配方施肥技术推广 1000 亩。农户开展生产种植的良性循环生产模式,进而达到基地、农户各尽其责、各显其能、各自壮大、共同发展的局面。年产优质菊花和月季种苗 300 万株,辐射带动周边 1000 余农户从事花卉,每户农民通过花卉产业年增收 6000 元。

在 107 国道旁窦店至琉璃河路段建立了 190 亩的文化走廊工程即奥运花卉主题公园,种植矮牵牛、熏衣草等 20 多个花卉品种;投资 4000 多万元的北京燕都利民屠宰有限公司的新址已投入正式生产,年生产能力达到 100 万头,生猪屠宰规模位居全市第三;京之源都市农业休闲驿站已经投入使用;完成了 1500 亩的鲜藕种植园、500 亩精品蔬菜、300 亩的林下食用菌、300 亩农业观光园、蒲洼山野菜繁育基地等项目。沿线农业项目总数达到了 50 多个,合作组织 25 家。在长阳、阎村、窦店、琉璃河 4 个乡镇明显地段制作房山区都市型现代农业走廊标识牌 37 个,进一步提升房山区都市型现代农业的知名度和影响力。

六、发展前景

(一)都市型现代农业走廊发展前景广泛

北京都市型现代农业走廊建设中所开展的土壤生态循环培肥改良、农作物病虫害生物防治、名优特色新品种栽培或繁育、农田景观文化创意等新技术、新模式,符合都市型现代农业发展方向和发展需要,具有良好的应用前景。

项目实施及时总结形成了多项技术规程,实现了项目核心技术标准化、规范化,有利于项目技术成果在走廊沿线及全市广泛应用。

(二)都市型现代农业走廊效益显著

1.经济效益

项目的实施实现直接经济效益 4729.6 万元,辐射带动经济效益 1 亿多元。

2.社会效益

项目围绕各类农业主题园区的建设,开展名优品种的筛选和各项核心技术集成示范推广,在走廊建设中取得了良好的实施效果,带动了周边地区农业生产发展,培养了一批掌握先进技术的新型农民,有力地促进了农民增收,取得了良好的社会与经济效益。

3.生态效益

项目通过实施生态安全、环境友好型的技术方法与模式,明显减少了化肥农药等化学投入品的使用,促进了走廊沿线生态环境的保护。

第三十六章　北京农业嘉年华

都市型现代农业的跨界融合成为农业发展的重要趋势。农业嘉年华是以农业生产活动为主题,以狂欢活动为平台的一种农业休闲体验模式。它以市民对农业的多元化需求为导向,以农业科技为支撑,以农产品为道具,充分挖掘和展示都市型现代农业的全景功能,从而达到使全民关注都市型现代农业发展与健康生活方式的目的。农业嘉年华将农业生产与嘉年华的形式融合,融科技展示、文化创意、休闲体验于一体,成为都市型现代农业向现代服务业转型的重要表现形式。

第一节　农业嘉年华由来与特点

一、由来

嘉年华(Carnival)早在欧洲是一个传统的节日。嘉年华的前身是欧美"狂欢节"的英文音译,相当于中国的"庙会",最早起源于古埃及,后来成为古罗马农神节的庆祝活动。多年以来,"嘉年华"逐渐从一个传统的节日,到今天成为包括大型游乐设施在内,辅以各种文化艺术活动形式的公众娱乐盛会。全世界各地有着花样繁多的嘉年华会,并成为很多城市的标志。

嘉年华源于《圣经》中的一个故事:有一个魔鬼把耶稣困在旷野里,40天没有给耶稣吃东西,耶稣虽然饥饿,却没有接受魔鬼的诱惑。后来,为了纪念耶稣在这40天中的荒野禁食,信徒们就把每年复活节前的40天时间作为自己斋戒及忏悔的日子,这40天中,人们不能食肉,娱乐,生活肃穆沉闷,所以在斋期开始前的一周或半周内,人们会专门举行宴会、舞会、游行,纵情欢乐,而嘉年华最初的含义就是"告别肉食"。如今已没有多少人坚守大斋期之类的清规戒律,但传统的狂欢活动却保留了下来,成为人们一个重要节日。

其实,中国媒体经常提到的世界各地狂欢节,比如著名的巴西圣保罗狂欢节、威尼斯狂欢节、牙买加狂欢节,英文都是:Saint Paul Winter Carnival,Carnival Venice,Jamaica Carnival。

二、农业嘉年华

农业嘉年华是人们祈求农作物和牲畜繁盛安康、辟邪驱魔的农业狂欢节。农业嘉年华是以农业生产活动为背景,以狂欢活动作为载体的一种农业休闲体验模式。它以市民需求为导向,以农业科技为支撑,以农产品为道具,充分体现了农业的多功能性,从而达到使全民关注都市农业发展与健康生活方式的目的。从本质上讲,农业嘉年华是会展农业的重要表现形式,实现了会展农业、农事节庆、体验游乐的有机融合,实现会展农业的示范引领、辐射带动、商务洽谈、城乡建设等展示功能。农业嘉年华首先充分利用了会展农业场馆,结合季节变化和产业特点,举办多种形式的农业嘉年华,能够实现会展场馆的高效利用,促进农业交流、交易。此外,农业嘉年华比以往休闲农业的项目和活动设置更加密集,更加重视在短时间内给游客全方位的体验,更加强化视、听、触、嗅等多种感官的直接体验,因此能够给游客更加深刻的形象,改变社会传统农业的认识;农业嘉年华除了农业项目的产业性以外,还更加强调娱乐型,针对各种消费群体,提供各种各样的娱乐体验项目,因此能够更广范围地发挥集聚效应,促进农业的快速发展。

第二节 农业嘉年华典型案例与启示

一、台湾南投农业嘉年华

(一)发展背景

我国台湾地区自然资源与人文景观多样且丰富,而"地方特色"遍布各地大小城镇与乡村中,成为弥足珍贵的观光、休闲产业发展题材。各级地方行政管理部门纷纷举办大型观光节庆活动,通过此类活动吸引人潮、带来商机,以此带动地方观光事业发展。

观光节庆行销是针对某一特定的主题,事先通过安排活动,公告活动的内容时程,并采取公开的方式进行庆祝或展示,以达到吸引游客前往活动地,进行相关观光消费的行为。台湾地区目前已举办与花卉相关的节庆活动,包括 1 月的彰化花卉博览会、3 月的宜兰绿色博览会与花莲布洛湾百合花季以及 4 月的客家桐花季。整体而言,这些活动皆实现吸引观光人潮,带动地方发展的具体目标。南投县政府所主办的 2004 年南投花卉嘉年华活动,以南投县产花卉为主题,在中兴新村结合艺文与景观设计,营造南投县人口意象,并通过巨星演唱会、怀旧电影院、民俗文艺表演、南投族群大会师及情定玫瑰园等艺文活动项目,以此来振兴南投产业,促进县内经济发展。

2004 年为我国台湾地区观光年,当地部门除了于每月推出具代表性的民俗节庆活动之外,并搭配季节变化协助举办产业节庆活动以此提高观光吸引力,促使市民旅游活动高涨,并提高我国台湾地区观光产业水准,以期达到观光客倍增的目标。

(二)活动概况

南投县政府为使观光产业提高效益,促销境内农产品,于 4 月 2 日起在中兴新村举办为期一个月的 2004 年南投花卉嘉年华。活动以南投县产花卉为主题,结合艺文与景观设计,营造南投县入口意象,以期吸引游客进入南投县进行观光旅游活动。依据南投县政府的估计,在为期 30 天的活动期间,游客人数突破 86 万人次,对餐饮、观光、住宿、花卉及其他农产品业者都带来商机。

依据南投县交通旅游局的调查资料显示,经过 1999 年 9.21 大地震,南投县震灾后经四年重建有成,观光人数自 2000 年的低于 30 万人次,复苏至 2003 年已经突破 70 万人次,并将以迈向每年 1000 万人次为目标。但县境花卉、蔬果及茶业等农特产品及相关产制品,属于弱势的农产业产物,并未因县内的观光的强化而显著获利,因而县府希望藉由花卉嘉年华活动,吸引观光游客以及农特产品销售,带动地方经济繁荣。南投县主办 2004 年南投花卉嘉年华活动的主要目标,在于振兴重建区产业经济,强化观光及促销农特产品,以县产花卉为中心主题结合充满艺术美感的景观与欢乐气息的活动,以期能吸引观光人潮,带动观光发展,使南投县风华再现。2004 年南投花卉嘉年华活动期间为 4 月 3 日—5 月 2 日,主题区位于南投县中兴新村,南投县政府以为期一个月花与艺术的大型展演活动,营造南投县观光旅游的人口意象,除了藉由本活动吸引大量的观光人潮外,并希望这些游客能更进一步深入南投各观光旅游景点。主题区所安排的活动包括:日月潭花海、毕加索花画、大型花卉意象造景、人体彩绘、竹编艺术造景、动手小玩童、地方农特产品展售、南投乡镇特色区、巨星演唱会、情定玫瑰园、怀旧电影院、南投族群大会师、花卉邮票套票发行等各项活动。在南投县中兴新村运动场,每天皆有艺文活动,游客到南投来可以欣赏到独特的花王、原居民文化、舞蹈,更可以深入南投各温泉区泡温泉,溪头杉林溪森林浴,信义乡吃梅子,参观生态休闲农场,住优质民宿、饭店,享受南投静谧的夜晚。

(三)效应分析

整体而言,2004 年南投花卉嘉年华在事前行销规划得宜,吸引了 86 万人次到场参观,远超过原先县政府预期 30—40 万人次,若就参与人次来看活动颇具成效,活动期间外县市游客为南投县带来 2.28 亿元经济收入。除此之外,活动期间中兴新村更创造游憩效益约为 8725 万元。除了外县市游客带来的经济效益之外,对举办单位而言,高达 81% 的游客知道本活动由南投县政府主办,也已达到通过活动行销地方政府施政能力的效果。同时高达 91% 的游客表示愿意推荐亲友参与本活动,显示绝大多数的游客认为南投花卉嘉年华值得列入旅游行程。

(四)发展方向

通过问卷内容的分析可发现,仍有未来举办类似活动的可改进事项。

1.加强观光节庆活动的延展力

媒体对活动强力的行销,加上活动地点交通便捷,吸引了大量的游客,假日期间造成交通的堵塞,且高达 60.23 % 的游客以此为唯一的旅游行程。若单就外县市的游客而言,亦高达 36.43 % 未至南投县其他景点旅游。若能摒弃追求游客数量的误区,把活动触角深入南投县其他景点,将有助于提高活动的延展力。

2.扩展中部以外的游客来源

游客来源高达 81.24 % 为中部居民,中部地区以外的游客未及两成,因而,多数参与南投花卉嘉年华活动的游客,在南投县境内停留的时间过短。若能结合休闲产业相关业者,配合两日游套装行程的销售,可增加中部以外的游客数量,为活动带来更大的经济效益。

3.提升举办大型节庆活动能力

南投县因初次举办大型观光节庆活动,且受限于行政体系的相关规定,造成活动中难免出现小瑕疵,其中包括:交通管制、路标指示、旅游信息、停车场地、公共厕所以及活动内容等项目,游客的旅游满意度皆有偏低的现象。未来应组织观光节庆主办工作小组,设定年度大型活动目标,通过集思广益的方式累积活动经验,才能逐年增加活动效益。

二、南京农业嘉年华

（一）基本情况

南京市农委从 2005 年起，每年 9 月或 10 月举办农业嘉年华活动，意在宣传推广休闲农业，回归"嘉年华"的原始意义。南京农业嘉年华的宗旨是向社会全面展现休闲农业发展成果，传递现代农业文化，为农民和市民搭建交流、互动、娱乐和共同发展的平台。经过几年的筹办，南京农业嘉年华已不限于休闲农业，它服务于都市农业和城乡统筹，以吃、喝、玩、乐、娱、购、体验等内容为要素，以创意的手段包装，以人们喜闻乐见的方式呈现，以充满"农"味的素材为特色，成为一个全方位展示南京农业发展、农村建设的综合性品牌农业活动。

1.南京农业嘉年华的内容发展历程：日趋品牌化

南京农业嘉年华已成功举办了七届，从向市民推介旅游农业的景观、产品与特色线路，到全面宣传现代农业成果，成为南京现代农业的一块金字招牌，得到全社会的高度认同。从已举办的七届来看，在内容方面有着以下三个阶段的发展历程。

第一阶段：起步阶段。以农庄、农特产、农家菜、农村绝活为主。第一届和第二届嘉年华活动，包括休闲农业园区推介、名牌农产品推介、农家美食现场制作、民间绝技现场展示四大块内容。这也是休闲农业食、住、行、游、购、娱的基本要素。

第二阶段：扩展阶段。向农业的展、娱、商、演、学、研全方位扩展。2007 年是党的十七大召开之年，农业嘉年华以"现代农业，小康社会"为主题，将内容扩充到六个方面，一是"展"：各郊区县小康建设和休闲农业成果展；二是"娱"：开展农歌会竞赛；三是"商"：农产品展销、小额投资洽谈等；四是"演"：农村民俗文化表演等；五是"学"：介绍和帮助市民学养花、草、鱼、宠物等；六是"研"：开展全国休闲农业论坛、南京金秋洽谈会分会场等。第三、第四、第五届嘉年华活动都采用了这六大板块的模式。

第三阶段：品牌发展阶段。注入更多创新元素。2010 年的第六届嘉年华迁入新址，南京市农委委托专业策划公司进行全面的包装策划，注册了"农业嘉年华"品牌，在原来的基础上增添了农业科普、招商引资的内容，扩展为八个板块，包括：展示南京都市农业发展成就的"七彩农业"；进行开幕式各种文化展演的"大舞台"；展销优质农产品的"购物街"；以互动形式普及农业知识的"科普区"；农业项目招商引资的"对接区"；展示各区县特色美食和进行农家美食大赛的"美食坊"；展示南京休闲农庄风采的"金陵农庄大观园"；市民参与的"市民狂欢区"，安排的全是一些趣味性较强的农业主题运动和游戏，如蒙眼插秧、沙包掷准、摸砖过河、红薯投篮等，设置"农业吉尼斯"榜，鼓励大家揭榜参与挑战。

至此，农业嘉年华已经从单纯的休闲农庄推介，发展为全面展示南京市农业发展成就的品牌性活动。第七届农业嘉年华还增添了"农行天下直通车"，即以巨幅图片、小品等形式展示南京市 10 条休闲农业线路，包括设施农业园区、农业龙头企业、农庄农家乐村的风采。活动期间，还与旅行社合作，开通直通车（或自驾游），市民可以向旅行社现场报名参加郊区乡村游。

2.南京农业嘉年华主办单位的发展历程：以有为促有位

南京农业嘉年华，最早由南京市农林局（现为南京市农业委员会）发起，前两届活动都由其主办。南京市农林局和 7 个区县农林局先后成立了旅游农业办公室，开展全市休闲农业景区（点）的星级评定工作，每年进行业务考核，并以主办农业嘉年华活动为抓手，全面统领休闲农业的发展，协调其他部门参与其中。原南京市农林局主管领导曾说:"如果没有农业嘉年华这个载体,农业部门不可能指挥得动全市这么多职能部门。"

由于嘉年华活动的巨大成功和产生的巨大影响力,从第三届活动开始,主办单位改为南京市政府和江苏省农林厅(后改为省农业委员会)。2010年,农业部开始着手抓休闲农业,农业部乡镇企业局内成立休闲农业处,农业部乡镇企业局成为南京农业嘉年华的第三家主办单位,并安排领导出席开幕式,提升了活动的档次。

从主办单位的变化可以看出,该活动的影响力在逐年扩大。只要有好的创意、好的组织、好的活动,就不怕没有上级单位的支持。以有为促有位,是南京农业嘉年华最大的成功经验。

3.南京农业嘉年华活动选址的发展历程:从市区到郊区

前五届嘉年华活动,都在南京市中山陵园管理局辖区内的白马石雕公园举办,其位置类似于北京的玉渊潭公园,由于在市区范围内,紧邻中山陵和玄武湖景区,在活动刚刚推出的时候便于聚集人气、扩大影响,但是场地面积有限,周边交通压力太大。

从2010年第六届农业嘉年华开始,会址迁入南京河西新城滨江风光带内的绿博园举办。这里地处近郊区,是2005年10月中国国际绿化博览会的主办地,占地面积77公顷(1155亩)。有了这么广阔的空间,南京农业嘉年华的规模也得以扩大,布展面积达到了5万平方米,为往年的三倍有余,传统的"购物街"、"美食坊"版块,内容更加丰富。第七届嘉年华,"购物街"参展企业达到了210家,展销南京本地、郊区县以及外地的具有一定特色的优质农副产品。

4.南京农业嘉年华效益的发展历程:从百万到千万,从南京到全国

近年来,南京嘉年华在经济效益方面增速显著。第一届活动两天共吸引游客8万余人,发送宣传资料10万份,直接销售收入104.55万元。第七届农业嘉年华,一共有200多家企业700多个特色农副产品参展,吸引了40万市民,现场农副产品、美食销售及农业订单合同总计2200万元,比第六届增加200多万元。

在社会效益方面,品牌效应突显。优质、安全、绿色的农产品和精品的休闲农业线路成为南京农业嘉年华的亮点,不仅契合了当前全社会对食品安全的关注,也满足了人们对缓解都市压力、走向休闲乡村的精神需求,拉近了都市人与农业、农村的距离。南京市农委在市民和农民中的影响力和美誉度也因此大大增加,通过密集的新闻报道,众多南京市民都知道有个农业嘉年华,越来越多的农产品加工企业和农民组织与个体加入到嘉年华的活动中。随着农业嘉年华知名度越来越高,不少各地著名农副产品品牌也来到嘉年华现场展销,可以说南京农业嘉年华正在走出南京、走向全国。

(二)做法与经验

近几年来,南京农业嘉年华由一个普通的农业节庆活动,迅速成长为全国知名的综合性农业盛典,完成了品牌的培育与创建,其主要做法与经验如下。

1.设立专项

南京市财政每年为农业嘉年华预留专项资金,2005年、2006年各100万元,2007—2009年的三届增加到200万元,从2010年即第六届起,预算增加至250万元。经费主要用于活动的综合协调、策划执行、会务筹备等方面,场馆费用等则通过行政任务方式免除,展馆内的非公用展区由参展单位自己承担布展,文艺演出等主题活动费用由选送区县自行承担。

嘉年华活动筹办经费虽然不多,但每年都作为政府专项预留,表明南京市十分注重农业嘉年华的举办,并将该项活动作为一个持续的品牌,逐年培育。

2.领导重视

南京市农林局(现南京市农委)领导对嘉年华活动高度重视,每年都把该活动列入局内的二十件大事之一。为保证各项工作的落实,从第三届活动起,每年由南京市主管副市长出面,综合协调市级各个部门,并要求当场做出保证,之后的具体工作由副秘书长总牵头落实,每年花在综合协调上的资金就达到100万元左右。

从第一届活动起,南京市农林局(现南京市农委)就专门成立了农业嘉年华筹委会,下设组织协调组、新闻秘书组、文艺演出组、后勤保障组、展示展销组,并实行目标责任制,做到了分工到人、落实到人、责任到人,保证了事事有人管、事事有人做、事事有着落。嘉年华举办前,局长亲自抓活动的筹备、方案的制定、场地的协调;主管副局长始终坚持组织协调在一线,检查落实在一线,解决问题在一线。为促进各项工作按方案、按步骤如期进行,市内召集各区县召开的工作会、协调会更是不计其数。各区县对嘉年华活动也十分重视,均成立了领导小组,全力支持,密切配合。

正是由于主管市长牵头抓、市局领导亲自抓、区县领导合力抓、职能部门专门抓,全市上下、农口系统全力配合,才确保了嘉年华活动每年按期顺利进行。

3.周密策划

活动成功与否,方案是关键,方案是否科学、合理,事关活动的成败。每年嘉年华活动开办前几个月,农林局(现南京农委)就开始酝酿活动筹备方案,方案制定期间,局领导对每个环节都进行了细致研究和周密考虑,保证历届活动都有突破和创新。嘉年华活动的口号定位为"农民的节日、市民狂欢",并且每年确定一个主题,邀请专业的策划公司,做出具体的策划执行方案。如第七届活动更加注重文化元素的提炼与注入,将第六届已开设的八个版块,进一步凝练为"农耕天下·独家报道"、"博览天下·大舞台"、"农科天下·七彩馆"、"农行天下·直通车"、"广购天下·购物街"、"天下美味·美食坊"、"天下农趣·欢乐谷"、"便民服务·市民出行",并在开幕式、媒体报道及各个主题活动之中穿插了许多诗词、书法等文化艺术作品,为嘉年华活动增加了更多农耕文化内涵。

4.广泛造势

嘉年华活动本身就是宣传推介都市型现代农业的一个手段,因此历届活动都十分重视媒体的宣传造势。每届活动开幕前几天,都事先召开新闻发布会,邀请媒体进行持续、大幅度、全方位的专题报道。如第一届嘉年华的宣传重点在江苏省和南京市内,南京日报、南京电视台、江苏省经济台等十三家新闻媒体对整个活动进行了为期两周的宣传造势,开幕式当天南京新闻综合频道对活动盛况进行了现场直播,各大媒体记者纷纷到现场进行采访和跟踪报道。据统计,活动前和活动期间在南京各大报刊上宣传嘉年华的报道就有71篇。从第三届起,嘉年华活动开始邀请中央七套、《农民日报》等中央媒体介入宣传,2009年第五届,中央一套、中央三套、中央七套对南京农业嘉年华重点给予了报道,更是引起了《大公报》、《澳门日报》等著名媒体的关注,凤凰卫视《名片》栏目对第五届农业嘉年华进行了全程跟踪、报道。

广泛的宣传报道迅速扩大了南京农业嘉年华在江苏省和全国的知名度,并吸引了国内外广泛的关注和赞扬。在2009年第五届农业嘉年华开幕式上,国际都市农业基金会瑞内大使为农业嘉年华颁发

"国际都市农业推广与创意杰出城市奖"。2010年,农业部乡镇企业局与江苏省农林厅(后改为省农业委员会)、南京市人民政府一起作为南京农业嘉年华的主办单位。在2011年第七届嘉年华开幕式上,农业部向南京农业嘉年华颁发了"全国休闲农业最佳创意奖"。农业部全国休闲农业培训班在嘉年华上现场开班、现场授课。农业部乡镇企业局领导现场表示,要把南京农业嘉年华做成华东乃至全国的农业嘉年华盛会。

5.严格管理

举办一个大型的活动,涉及的部门众多,安保、交通、卫生、消防等方面的工作十分繁杂。为做好活动管理工作,嘉年华活动组委会每年都多次召开专题会议,着重强调活动安全和食品的质量、卫生等问题,明确提出要严把安全关、质量关、卫生关、价格关,做好市民服务,坚决把嘉年华活动当做一项本职工作来完成。

在安全方面,加强活动警戒,严把安全关。为确保活动安全,布展期间组委会请派出所民警维护治安,开幕式期间请南京市公安局派出40余名交警到现场疏导交通,活动期间布置260多名安保人员维护车辆摆放秩序、人员流动秩序、产品销售秩序,保证了活动的安全。

在质量方面,注重展品档次,严把质量关。组委会要求参展的所有农产品必须是南京十大名牌农产品,或是各区县的名牌农产品,并要求把参展农产品和食品一并报市旅游农业办公室审查,批准后方可准入,展销期间组委会加大展销柜台农产品和农家美食检查力度,确保食品质量和卫生。

在食品卫生方面,提高准入门槛,严把质量关。严格执行农产品及食品准入制度,要求农家美食尽量加工成熟食销售,同时,做好地面卫生保洁工作,参展单位不得倾倒污水,应及时处理生产垃圾,保证展台的整洁、卫生。参展期间,企业要签订卫生责任状,凭参展证入场销售,所有销售人员一律挂牌上岗,没有参展证一律不得入内。

在价格方面,按照公开原则,严把价格关。要求所有产品一律明码标价,一般略低于超市和专卖店价格。由于嘉年华的展销产品物美价廉,且都是各区县精挑细选出来的产品,很受市民的青睐和追捧,也逐渐提高了嘉年华农产品自身的品牌效应。

在服务方面,满足多层次需求,严把服务关。为了鼓励企业积极参与,同时也集聚人气,嘉年华所有的摊位都是免费的。对于一些知名农业企业,组委会还承诺若产品销售不出去,会给予30%左右的补贴。此外,为了应对场地迁往郊区给市民带来的不便,组委会特别组织了18辆车,其中10辆在市区各大社区免费发车到绿博园,还有8辆车从地铁到绿博园来回免费接送市民。绿博园平时门票是30元,农业嘉年华的2天期间免门票。

6.抓好协调

在主管副市长总牵头协调,副秘书长总牵头落实的组织机制下,南京市逐步建立了完善的协调机制。

一是组建团队抓协调。以区县为单位组成八个参展团队,每个团队由分管旅游农业的局长担任领队,旅游办公室主任担任联络员,并建立了统一联系卡,方便了沟通协调。

二是围绕重点抓协调。如场地方面,前五届在市中心区的白马公园举办,第六、第七届在远离中心区的绿博园内举办,通过与市政公用局、中山陵园管理局、白马公园、绿博园等相关单位积极沟通,不但免除了场地费,还确保了场地使用中的供水、供电等各项管理工作。在主题活动方面,各区县高度重视,把布展布景、文艺节目选送等当作展示各地休闲农业成果,宣传乡村旅游景点的大事来做,承担分会场的区县,更是倾全区之力去筹备。

三是内部和谐抓协调。在筹办嘉年华活动中,农林局(现南京农委)尤其注重内部协调,各处室通力协作,密切配合。如办公室负责新闻发布会的协调和现场主持,能源处负责组织名牌农产品企业参展,信息处负责与电视台沟通现场直播的相关问题,园艺处负责开幕式礼品发放,林政处负责活动现场安保工作,机关党委负责组织乡村大舞台民间文艺表演节目评比等。正是由于整个系统内部齐心协力,才确保了各项工作井然有序、如火如荼地推进。

（三）借鉴与启示

当前,北京的都市型现代农业发展势头良好,休闲农业与乡村旅游产业已进入提档升级的重要阶段,会展农业、农业节庆活动方兴未艾,产业的发展需要通过一个综合性的活动来全方位、多角度地宣传,展示都市型现代农业的成果,进而推动相关产业、尤其是休闲农业与乡村旅游产业的发展。南京农业嘉年华至今已举办了七届,对当地都市型现代农业的带动力度很明显,社会影响力也越来越大,其在活动策划、开展过程中表现出来的敢于挑战的勇气、创新的思维、清晰的思路、超强的力度值得我们学习和借鉴。

1.开拓思路、整合资源,培育农业活动大品牌

近年来,北京市不断举办各种农业会展,郊区也涌现出众多农业节庆活动,如北京种子大会、大兴西瓜节、平谷桃花节等,已在业内和北京市民、农民中间形成了较大的知名度和影响力。但综合来看,这些活动内容相对单一,或者专业性较强,受季节、地域等影响较大,尚不能成为影响整个北京市乃至全国的综合大型农业活动品牌。

从南京农业嘉年华举办的初衷来看,从最初的推动休闲农业产业发展到后来演变成全面综合展示和推介都市型农业大型活动品牌,也经历了一个摸索、培育的过程。北京都市型现代农业起步较早,具有众多的科技、人才、信息等方面的优势,应该借鉴南京农业嘉年华的经验,开拓思路、整合资源,培育一个综合性的、大型都市型现代农业活动品牌,并在此品牌之下,打造一批精品活动,并以此为核心,统领都市型现代农业各种指导性、引导性的工作,为北京都市型现代农业打造一块金字招牌。

2.部门联动、系统共建,创新农口工作体制机制

南京农业嘉年华在工作推进方面最大的亮点是,每年的活动开始前,主管副市长出面总协调,副秘书长负责具体落实,形成了部门联动、系统共建的工作机制。北京农口系统资源相对丰富,除了主抓农村和农业工作的农委、农业局、园林绿化局等市级行政单位外,还包括市属的科研机构、大专院校及中央驻京的农口系统资源。北京市应当充分调动这些资源,在以后的重大活动中,横向加强部门联动,纵向调动系统共建,创新工作体制机制。

3.政府搭台、企业唱戏,推动农业活动市场化运营

南京农业嘉年华某些版块有过市场化的尝试,如第七届"七彩农业"版块获得了部分的企业赞助。

北京市若举办类似综合性的大型活动,在结合本地现状的基础上,还应考虑"政府搭台、企业唱戏,推动市场化运行"的思路,可以通过初期政府出资,随着活动影响力的加大逐步推动市场化运作,政府机构转向行政服务角色。真正有生命力的品牌活动,经过逐年的培育,可以获得长足的发展。

4.加大宣传、广泛造势,树立京郊农业地域形象

南京农业嘉年华在全国的影响力与媒体的大力宣传、广泛造势密不可分。据介绍,第三、四届嘉年华曾邀请央视著名主持人担任主持,并邀请牛群等众多明星参与了农民互动的文艺版块,南京农业嘉年华也因此在中央台《国庆七天乐》等节目中连续播出,迅速提高了知名度和影响力。

北京的都市型现代农业,尤其休闲农业与乡村旅游具有巨大的消费群体,在宣传渠道方面也具有更强的优势,应当树立北京独具特色的地域形象,通过吸引眼球的活动大力宣传,广泛造势,不断巩固宣传效果,形成品牌。

第三节　北京农业嘉年华

一、背景意义

(一)背景

2013年3月23日到5月12日,北京市在昌平草莓博览园举行了农业嘉年华。活动由中共北京市委宣传部、北京市农村工作委员会、北京市科学技术委员会、北京市教育委员会、北京市文化局和北京市昌平区人民政府联合主办。

北京农业嘉年华是将嘉年华的娱乐方式融入农业节庆活动中,是拓展都市现代农业实现形式、发展方式、运行模式的一种新探索、新实践。北京农业嘉年华是农业与嘉年华首次在北京组合亮相,致力于打造一个突出农业主题,体现农业生产、生态、休闲、教育、示范等多功能于一体的都市型现代农业盛会。

这项活动以"农味"为基本元素,以农业科技为支撑,充分挖掘农业的潜在价值,使更多市民走进农村、了解农业、关注农民,共享农业多功能的丰硕成果。活动以新奇特品种栽培、园艺景观、科普展示、农事互动、农产品展销、游乐活动、创意文化为主要内容,以观光、品尝、体验、娱乐、购物为主要形式,以为市民与农民交流、接触农业提供场所和机会,保持和继承农业和农村的文化与传统,特别是发挥教育功能为主要目的。

(二)意义

通过举办北京农业嘉年华,充分诠释和展示都市现代农业的实现形式,发展方式和运行模式。吸引广大市民走进农村、了解农业、享受大自然,使农业价值实现最大化。通过举办北京农业嘉年华,转变农业的发展方式,实现第一产业、第二产业、第三产业的相互融合。提高农民生产者的农产品安全生产意识,倡导绿色消费理念,满足北京市民需求。

二、活动目标

北京市农业嘉年华以"兴业、富民、创品牌"为核心目标。通过搭建展示交流平台,促进都市型现代农业全面发展,促进农业经济、社会、文化、生态等价值的全面实现。

兴业:促进北京农业结构的集约化调整。带动北京都市型现代农业的专业化发展。推进北京都市型现代农业的品牌化发展。

惠民:丰富北京农业价值,满足市民消费需求。增加更具文化性的旅游项目,丰富市民文化生活。

通过商户等入驻,产业化联动发展,促进城乡居民就业。推动首都城乡一体化发展,改善城乡面貌,让市民农民获得实惠。

创品牌:打造农业嘉年华融合农业的第一品牌。加强北京农业标志性产品品牌等。打造以"嘉年华"为中心,辐射全区乃至全市的国际精品旅游品牌。提升北京"区位整体品牌"。

三、指导思想

北京农业嘉年华,要与首都功能定位相契合,以市场需求为导向,以科学发展观为指导,以现代科学装备和科学技术为支撑,以现代产业体系和经营形式为载体,充分发挥农业的多种功能,最大限度地体现农业价值,使农业更好地为首都发展、为满足广大市民多种需求服务。

四、组织结构

为加强组织领导,形成有力、有序、有效的筹办工作格局,成立活动筹办工作组织机构。工作组织机构分为三个层次:

一是决策层,即北京市农业嘉年华筹办委员会。

二是指挥层,即筹委会下设指挥部。

三是执行层,即筹委会执行委员会。在活动启动后改为北京市昌平区北京农业嘉年华组委会。

四是协调层,即综合协调办公室,具体安排嘉年华期间的各项招商、接待、活动、保障、宣传等事宜。

五是工作层,包括行政秘书部,规划建设部、招商招展与市场开发部、综合保障部、宣传活动部等,全面开展和维持嘉年华的高效运转。

五、主题口号

(一)会徽

设计理念:此标志设计形式以活动主题"农业嘉年华"为基本出发点。表现形式以三种元素,天坛、人物和农作物的抽象形态组合为主。橘色系的天坛图案体现本活动的主办地在北京,代表中国文化传承世代。绿色系的人物手持麦穗,舞动在京城,寓意着本活动是人文与农业科技和嘉年华游艺的多项互动,体现出农业嘉年华在形式和内容上的独具匠心和盛大空前。

(二)口号

为了更好地推进嘉年华的开展,按照响亮、鲜活、便于推广的原则,组委会征集了嘉年华的主题口号。最终确定北京首次嘉年华的主题是:"自然、融合、参与、共享",活动口号是:"观农业盛典,享花样年华"。

自然:自然是和农业最贴近的一个词,农业是人与自然和谐的产业,农业嘉年华就是要让北京市民亲近自然,享受自然。

融合:农业是融合型产业,不仅是第一、第二、第三产业融合,还包括市民与农民、农村与城市的融合,农业嘉年华致力成为融合农业的第一品牌。

参与:市民的参与是农业嘉年华的核心含义。

共享:市民与农民共享多功能农业带来的物质及精神的丰硕成果。

（三）吉祥物

北京市嘉年华还推出了"萌萌"和"阳阳"两个活动吉祥物,形成了嘉年华的形象标识,成为广泛吸引游客,宣传农业理念的重要媒介。

表36-1　北京农业嘉年华吉祥物

萌萌	阳阳
设计释义:种子 传播 发芽生命 农业 飞跃 　　带翅膀的种子,在阳光的世界中播撒光辉,光耀的样子闪烁着亮彩,大大的眼睛很是招人喜爱,打开它心灵的窗口,向人们诉说传达爱的信息,轻盈的翅膀指引种子去往全球,实现新生命的转换,着地生根发芽。科技的发达,社会的进步,孕育创新运营模式,三产合璧,实现新型农业的飞跃。	设计释义:麦芽 发芽 太阳收获 农业 顽强 　　丰硕的麦仁,梳着麦穗的辫子,阳光的笑容,做好准备带您体验即刻买入口袋的农业。旅游观光成为当下提高实物品质、增创新品种的可靠途径。世界各地的果实,盛入他那丰收的袋子,里面装的多彩的农作物品种等待您去探秘。尽管跟我来观光吧!

六、功能分区

2012年2月,第七届世界草莓大会在昌平区成功召开,按照"一园两中心"的办会模式,建成1000亩的草莓博览园及5万平方米的培训展示中心和加工配送中心,建成一批草莓日光温室并投入使用,同时周边交通、环境有了极大程度改善。北京农业嘉年华将充分利用现有草莓博览园1000亩场馆资源及周边设施,采用"三馆两园"寓农于乐的运作方式,为农民和消费者搭建一个交流、互动、发展的良好平台。

"三馆"即创意农业体验馆、草莓科技展示馆、精品农业展销馆,"两园"即主题狂欢乐园、采摘体验乐园,打造体现首都特色的高端农业会展品牌。

（一）创意农业体验馆

位于原草莓博览园西区,由蔬菜森林、番茄迷宫、欢乐农庄、梦幻花乡、芽菜世界、创意集市六个板块组成,该馆集农业生产功能、生活功能、生态功能、休闲功能于一体,是农业嘉年华的亮点之一。

表36-2　创意农业体验馆组成板块

蔬菜森林	面积6912平方米,由育种科技、精准农业、农业新奇特种植、物联网农业体验四个单元组成。通过育种、种植、销售、配送四个环节,分别介绍了最新的农业科技动向,以直观的体验和互动诠释了从田间到餐桌的农业科技手段。
番茄迷宫	面积5750平方米,由番茄展示、番茄实验室、游戏互动三个单元组成,围绕番茄从栽培到品种展示,从成分测试到制作加工体验,结合游艺和采摘,集中展示100多个番茄品种,将番茄的主题淋漓尽致地表达出来,寓教于乐,重新认识籽种农业,进而理解农业的多功能性。
果果乐园	面积4625平方米,由红酒庄园、水果串吧等三个单元组成,集中展示红酒文化、百余种芽菜、水果产品加工等内容,并设计品酒交流、个性酒标、巧克力水果DIY等多种互动体验活动,让市民在欢乐农庄里体验文化感受传统。
梦幻花乡	面积3460平方米,薰衣草花海、花卉相关制品售卖、花花饰界三个单元组成。以芳香植物为主材,利用花田的概念布景,将各种与香味花卉有关的附属品以参与体验的形式融入到花田里,市民可以在花香中感受香味的奇特。同时可以观察多种蝴蝶破茧成蝶的过程并参与鲜花饰品、香包香囊的手工制作。

芽菜世界	面积 2304 平方米,市民可以购买到新鲜的芽菜,现场可以清洗、装篮,到芽菜 DIY 区域进行鲜榨芽菜汁、芽菜色拉等食品的亲手制作。在芽菜观赏区,有芽菜创意作品及芽菜盆景展示售卖。
创意集市	共 640 平方米,分民俗制品、创意产品、工艺美术大师专区、工艺品四个区域,共 40 个摊位。

（二）草莓科技展示馆

位于原草莓博览园东区,由草莓公社、草莓天瀑、草莓大观、农科博览、城市农业五个板块构成,该馆功能一是突出草莓这一昌平的优势产业,二是突出农业时刻在我们身边这一主题。

表 36-3　草莓科技展示馆组成板块

草莓公社	主要展示架式、管式、立柱式等多种草莓立体栽培技术,红袖添香、天香、书香、燕香、冬香、宁玉、宁丰、紫金红、雪蜜等 10 余个中国自主知识产权品种(优系),以及红花草莓、野生草莓等种质资源。
草莓天瀑	面积 5952 平方米,通过草莓立体栽培方式分别布置"草莓天瀑"及"百变天瀑"两个景观,这两条"天瀑"将犹如两条绿色与红色相间的天瀑,飘浮在空中,由远而近,非常壮观。
草莓大观	面积 4640 平方米,该馆重点是草莓文化展,内容有草莓的产地与品种介绍、草莓种植分类展示、草莓制品展、机器人采摘草莓展示等。
农科博览	面积 2400 平方米,由节气与养生、光影农业、互动活动三个单元组成,通过影像、图片展示都市农业与城市,24 节气与生活、农业、文化的内在关系,农业嘉年华优秀摄影作品等内容,同时设置有奖知识问答等互动环节。
城市农业	面积 3264 平方米,由欢乐家庭、空中菜园、绿色 CBD、创意乐园四个单元组成,通过模拟居室、办公室、屋顶等环境,进行植物种植、布置展示,游客可品尝现代农业提供的有机果蔬产品,学习插花等园艺技能。

（三）精品农业展销馆

位于草莓博览园西区,由优质农产品展销馆和食品加工展示馆两部分组成,主要进行优质农产品展示展卖及食品加工展示等。

表 36-4　精品农业展销馆组成板块

优质农产品展销馆	面积 4010 平方米,设置展示舞台一个和销售展位若干。馆内安排全国各地名优特产品、世界各地代表性农产品、国内知名企业产品展卖活动。在展会期间针对特定产品或企业举行相应主题专场和购物节活动,市民在体验农业的同时满足购买名特优农产品的需求。
食品加工展示馆	以现有的食品加工中心为平台,让市民通过观察和听讲解了解食品加工过程,明白农产品深加工的流程和深加工产品,同时提供深加工产品品尝、购买。

（四）主题狂欢乐园

以原草莓博览园室外区域为主,由花海扬波、卡酷乐园、美食坊、购物街四个部分组成。

花海扬波	在集雨湖周边种植郁金香等花卉,让市民感受春的欢乐。
卡酷乐园	以亲子游乐为主题,主要针对以家庭为主的市民,定位 3 到 15 岁游乐设施刺激度低眩晕程度低。

美食坊	占地面积约 2000 平米,共设展位 50 个。以央视纪录片《舌尖上的中国》为主题元素,在美食街呈现纪录片中重点出现的给人以深刻印象的特色美食,以此为亮点作为嘉年华的特色之一。
购物街	组织北京各区县进行名特优产品展示展卖。

（五）采摘体验乐园

位于草莓博览园东区,共有草莓日光温室 153 栋,供市民采摘草莓,体验农业,同时可参与采摘比赛等活动。

七、活动安排

北京农业嘉年华在搭建交流平台的同时,重点突出活动安排,聚集人气,吸引各地游客前来观赏体验、商务交流,将嘉年华打造成综合服务与展示的平台。除开闭幕式以外,其主要的活动安排包括:主题摄影大赛征集展示活动、优质农产品展销暨北京区县特色农产品展销活动、北京农业嘉年华中国精品草莓擂台赛、北京农业嘉年华草莓炫舞音乐节、万名青少年农业嘉年华欢乐行、草莓科技展示活动、创意农业体验活动、农业嘉年华主题狂欢活动、休闲采摘体验活动。

第四节　北京农业嘉年华的评价与对策

一、北京农业嘉年华的效果

北京农业嘉年华,是农业与嘉年华首次在北京组合亮相,致力于打造一个突出农业主题,体现农业生产、生态、休闲、教育等多功能于一体的都市型现代农业盛会。通过举办农业嘉年华活动,全面展示都市型现代农业成果,全面引导都市型现代农业走进城市、走进学校、走进家庭。活动赢得了社会各界的好评。

（一）展示了都市型现代农业魅力

北京农业嘉年华的举办取得了显著的成效,集中展示了都市型现代农业的魅力。一是经济效益初显。实现园区直接收入超过预期,入园游客超过 100 万人次,销售门票 30.47 万张,直接收入 962.37 万元,园内展销收入 2428.27 万元。拉动周边农产品销售超过同期,周边草莓采摘园共接游客 230 余万人次,实现草莓销售收入 1.8 亿元,草莓价格比同期增长 20%。带动民俗旅游超过同期,昌平区兴寿镇、小汤山镇等周边地区,实现民俗旅游收入 1.17 亿元,同比增长 10% 以上。二是社会效益凸显。培育了农业品牌,全面展示了都市型现代农业发展的新成果,探索了都市型现代农业发展的新路径,被社会各界赞誉为"都市型现代农业高度融合的第一品牌"。打造了区域名片,充分展现了京郊农村的新形象,提升了京郊农村的知名度和影响力,成为北京的一张独具特色的"城市名片"。带来了巨大商机,参展企业现场与尼日尔等国外 26 家公司以及国内幼儿园、学校、宾馆、饭店、社区签约合同 5000 余份,业务总额接近 20 亿元。绿山谷与南极科考站签约,芽苗菜已远赴南极,不仅破解了科考人员食用新鲜蔬菜的难题,也带去了浓浓绿意。带动农民就业增收,昌平区紧抓举办农业嘉年华活动契机,借势推进绿色就业,展会活动及关联项目累计提供就业岗位 2000 多个。三是环境效益明显。全面实施了周边生态环境和景观提升工程,进一步塑造了昌平东部地区的景观地标。加大了对草莓等设施农业的规范化、景观化、园区化改造力度,进一步改善了农业生产环境,提高了设施农业生产品质,拓展了农业生态价值。持续开展市容、交通、旅游等环境秩序整治,营造了整洁优美的城乡环境。同时,农业种植农户自觉改善园区环境,保障产品质量,做到了诚信经营、热情服务,进一步提升了城乡文明程度。

农业嘉年华中集中展示了便捷的自助农业、现代的家居农业、有趣的观光农业和新颖的体验农业,时尚的精准农业和多彩的文化农业。93%以上的受访游客认为,北京农业嘉年华"农味"突出,"趣味"无穷,给市民带来了喜悦和向往。嘉年华活动将展览展示、互动游乐、创意体验、观光采摘、休闲购物融为一体,搭建了城乡居民互助交流和共同娱乐的平台,成功展示了不同于传统农业的新型农业业态。

(二)凸显了北京农业的亮点

活动规模之大、参与范围之广、社会反响之强,均创造了北京会展农业之最。90%以上的受访游客认为,北京农业嘉年华活动很有新意。活动是北京会展农业发展进程中的一次大胆探索、一次成功突破,成效显著,特点突出。主要表现在:1.科技含量高。一是农业新品种多。北京农业嘉年华集中展陈 400 余种农作物,展销 700 余种优质农产品,展示了 60 余项农业科技成果,推出了 30 余项农业创意活动。二是农业新技术多。展示了无土栽培、微喷滴灌、变量施肥等农业生产新技术。三是农业新设备亮相。展示了声波助长仪、蔬菜嫁接机器人、黄瓜和草莓采摘机、多功能种植菜果盆等农业新设备。2.活动创意新。坚持科技创新和文化创新"双驱动",凸显了京郊农业盛会"农味儿"的主旋律。一是农业成果展示自然和谐、二是农业景观设计生机盎然、三是农业经营与日常生活如影随行、四是农业发展构想耳目一新。活动期间,专门设置了"坐客直播间"、家庭农业课堂、季节养生课堂等互动活动,场场爆满。3.影响范围广。活动的宣传力度,在北京会展农业中创历史新高,在国内外引起了强烈反响,国内外团体纷纷参观,社会各界人士积极参与,各大媒体踊跃互动。

(三)创新了会展农业的形式

68%的受访游客认为,北京农业嘉年华更加突出了都市型现代农业的新思路、新内涵和新模式,较好地实现了经济效益与社会效益、农业发展与城市发展、企业发展与农民增收的共赢。一是拓展了会展农业的运作模式。借助会展农业模式,通过游园、娱乐、购物、体验等一系列喜闻乐见的方式,提升了农业节庆活动的参与性、趣味性和延展性。在生产者和消费者之间搭建一个交流、互动、发展的良好平台,让更多的市民关注农业、了解农业、参与农业,进一步拉近了城市与农村、企业与农业、市民与农民的距离。拓展了北京农业应急保障、生态休闲、科技示范等功能,实现了农业、科技、创意三结合,农民、市民、企业三受益,为都市型现代农业探索了新的发展路径。二是探索了举办农业盛会的新机制。形成了市场导向、功能融合的筹办机制、统一指挥、统筹调度的工作机制、政府搭台、企业唱戏的运营机制。

二、北京农业嘉年华存在的不足

北京农业嘉年华圆满成功,但从创北京品牌、塑北京形象,拓展都市型现代农业多功能的标准衡量,从组织活动、参与活动、参观活动、经营活动等角度看,需要进一步提高。

（一）从组织活动的角度看，因地制宜、打造品牌不够。这是举办北京农业嘉年华的核心问题。场馆承载量有限。活动场馆规划每天最大接待量为 2 万人。活动期间，双休日和两个小长假游客量都超过了 2 万人，最高峰单日入园游客达到 6.4 万人。餐饮接待量有限，园区内没有餐饮等配套建设，周边地区饭店、农庄、农家乐相对较少，影响了游客就地就近消费。

（二）从参与活动的角度看，加强协同、提升合力不够。这是举办农业嘉年华不可忽视的问题。职能部门参与度不够，以会搭台，同台唱戏密切配合需要进一步加强；郊区县互动热情不够，郊区县搭借农业嘉年华平台，积极展示、推荐区域特色产品饮食力度不够。

（三）从参观活动的角度看，强化基础、提升档次不够。这是农业嘉年华的形象问题。从参观者的角度看，基本服务需要改进。活动园内展示了具有一流水准的高端农业盛会，然而，园区外的交通、餐饮等基本服务没有同步跟进，一定程度上影响了游客的参观消费。

（四）从经营活动的角度看，适应市场、扩大效益不够。这是北京农业嘉年华的发展问题。从经营活动的角度看，带动消费不强烈。展馆内购物街设置偏远、餐饮布点少，影响了游客消费。管理不规范，主要是园区外外地游商占道叫卖、以次充优等。

三、对策建议

社会各界对北京农业嘉年华非常支持，给予了很高评价，并希望政府以此为契机，认真总结，乘势而上，争取每年都举办农业嘉年华。因此，下一步要紧紧围绕建设中国特色世界城市和实施人文北京、科技北京、绿色北京战略，以都市型现代农业为基础，以农业成果展览、展示、展销为带动，坚持开放、高端、融合、惠民的原则，探索建立运行机制，充分整合京郊农业资源，把北京农业嘉年华的社会效应、品牌效应、经济效应做大做强做长。

（一）关于北京农业嘉年华的品牌

通过成功举办北京农业嘉年华的探索实践，北京完全可以用"北京农业嘉年华"对京郊农业节庆活动进行冠名，按季节、按区域、按产业进行分类整合，按一个区县、一个地区甚至几个区县组团，可以一年办一届甚至一年办几届农业嘉年华，打造优良生态、优美景观、优势产业、优质产品，树立北京都市型现代农业品牌形象。因此，一是要成立专门机构，将北京农业嘉年华作为都市现代农业新的实现形式，成立北京农业嘉年华筹委会，探索农业嘉年华的举办模式，从外在形象、品牌包装、文化传播、相关产业等方面，形成突出农业主题、与世界水平接轨的会展农业模式。二是要争取注册。依法规范注册，瞄准世界水平，设计具有北京文化元素的标识、口号和吉祥物，区别于国内外其他农业嘉年华，将北京农业嘉年华纳入规范运营和管理。三是要开发系列产品。开展商标认证工作，开发北京农业嘉年华展销系列农产品。凡嘉年华认证的家居农业产品也要像销售家用电器那样，专业服务人员每个月、每季度根据客户需要，搞好上门维护，在增加农业附加值的同时，既满足消费者不同需求，又实现产业融合，还开拓新的农业就业空间。

（二）关于北京农业嘉年华的申办

探索北京农业嘉年华申办、举办的管理办法。引入竞争机制，由各区县政府申报举办方案，经筹委会评审，报市政府职能部门批准，由筹委会以授旗、吉祥物等形式进行授权。一要突出申办主题。立足农业发展，将农业生产、生态、休闲、教育等功能相融合，展出"农味十足、农技彰显、农果殷实、农调和谐"的主旋律,避免简单模仿和机械复制。二要明确申办主体。举办主体应是市职能部门和区县政府,承办主体必须是申办区县的专门执行机构或农口管理部门,经营主体是涉农企业,受益主体是广大城乡居民。三要突出区域特色。依托区域主导产业,突出举办地的特色,吸引更多的企业和市民参与,实现"以业办会,以会兴业,以会创品牌"。四要坚持创新。每届农业嘉年华不仅要推出新品种、新技术和新设备,而且还要在举办环节、活动内容、举办形式上创新,让游客耳目一新。

(三)关于北京农业嘉年华的运行

进一步总结经验,探索建立活动运行机制。一要政府主导。加快资源要素整合,加强政策扶持,在农业嘉年华转入规范化、制度化运行后,政府适时淡出。二要市场运作。探索政府搭台、企业唱戏的运行机制,成立专门的运营公司,走公司化、市场化运作的路子。三要富裕农民。每届农业嘉年华无论是政府主办,还是企业运营,都要将活动的赢利按比例支持农业产业发展,支持农民就业,支持农村建设。

(四)关于政府职能

转变政府职能、搭建平台、做好服务,为会展农业提供创新、包容、绿色、和谐和开放的发展环境。一要加强科技支撑。依托首都高端资源优势,充分挖掘农业功能,打破农业季节、时空界限,最大限度实现农业价值。充分运用科技手段,突出区域性、唯一性等特点,丰富农产品展示的种类和形式,满足不同消费群体的需求。二要加大资金投入。对农业嘉年华起步之初,尤其是不同区域首次承办,政府支持不可少。用于前期区域主导产业的培育、设施农业的生产环境和举办地周边的农业、农村基础设施建设等方面,用于后期特色产业的研发和创新。三是加强管理服务。学习借鉴国内外的经验做法,探索运行机制和科学的管理办法,建立农业嘉年华评价体系、备案和评审制度。注重举办地场馆后期利用。

第五篇

展望篇

第三十七章　北京都市型现代农业发展趋势

北京都市型现代农业发展面临新形势、新机遇、新挑战,必须紧紧围绕完善都市农业产业体系、完善土地流转机制、完善多元化投融资机制、加大培育职业农民力度、强化社会化服务、增强科技示范、推进城乡进一步融合等重点工作,实施科技先导、产业联动、城市联动、品牌联动、可持续发展战略,推进北京都市型现代农业在京津冀一体化中稳步前行。

第一节　北京都市型现代农业面临的新形势和新机遇

一、新形势

(一)都市农业新形势

从农业发展规律来看,由粗放型向集中性转变,方式是畜牧型农业、工厂型农业发展方向,都市农业是多功能农业,是现代化农业大城市中的表现方式,现在北京的农业也是大城市农业。建设融生产性、生活性、生态型于一体的,以高端、高效、高辐射为主要标志,这是都市型现代农业的定义。

首先,大都市的扩张,不但使城乡边界不断发生着模糊的动态的变化,而且使城乡交接部生态环境的承受能力日趋加大。高密度的人口、密集的建筑物、拥挤的交通、稀缺的绿地使市民的生活空间十分狭小,尤其是城市工业、交通和生活产生的三废及噪声等造成的城市环境污染,更加加剧了城市生态环境的恶化。城市人对回归大自然产生了越来越浓的兴趣,向往"天人合一"的生活环境,促使人们把目光投向农村地区,形成了到农村地区旅游休闲与观光的需求。城市郊区以及市区内的绿色开敞空间以其优越的区位优势成为满足人们这种需求的理想场所。市场需求结构变化,必然要求原来的"城郊农业"改变其"大城市可靠的副食品供应基地"的单一功能,而向多功能的"现代都市农业"发展。

其次,随着科技的进步和社会经济的发展,城市内部及近郊的农业发展具有了与工业发展相同的交通、邮电、电力等基础设施,而且毗邻城市的优越区位,又使得农业有条件逐渐向集约化、设施化、工业化方向发展。

再次,现代都市生态资源如水土资源严重短缺,特别是水资源,是城市生活的最重要命脉,因居民生活、工业、服务业用水量加大,加之可能发生的干旱,必定挤占其郊区农业用水量,因而农业用水量受到限制,这也亟需发展现代新型农业。是正在这种背景下,现代都市农业产生并愈来愈受到了人们的重视。

（二）新形势下都市型现代农业遵循的重要原则

1.以生态学及生态经济学为发展现代都市农业的基本原理

依据生态学原理去开发、利用和保护都市农业资源与环境。都市农业资源与环境系统是一种复合生态系统，由生物和环境等自然因素及人类活动和社会、政治、经济等因素组成，这些复杂因素构成一个多层次、多关联的有机整体。一个良好的都市农业生态系统应是高效的物质循环和能量转换的开放系统，其需要上述各因子组成的"负熵流"的不断输入，才能成为可持续性的农业生态系统。生态经济理论是研究由生态系统与经济系统耦合而成的生态经济系统，即生态系统的人类经济活动的需求与生态环境系统的供给之间的内在矛盾运行及其发展规律的科学。现代都市农业必须遵循生态经济规律，正确处理生态经济系统中的生态平衡与经济平衡、生态规律与经济规律、生态效益与社会效益三个基本关系，确保都市农业的可持续发展。

2.以区位理论为现代都市农业布局的指导原则

区位是指社会、经济等活动在空间上分布的位置。最初由德国经济学家屠能，根据农业布局与市场的关系，探索了因地价不同而引起的农业分带现象。屠能区位理论认为：农业土地利用类型和农业土地经营集约程度，不仅取决于土地的自然特性，而且更重要的是依赖于当时的经济状况和生产力发展水平，其中尤其是农业生产用地到农产品消费地（市场）的距离。现代都市农业具备良好的区位条件，应以区位理论为指导。

3.以农产品质量精品要求为现代都市农业的生产标准

为了有效提高都市农业资源的生产率，其农业必须生产出高质量的产品，全面提升农业生产质量。谈到质量或精品我们必须有一个基本的认识。所谓质量不能一概而论，必须在产品用途（专用）的前提下质量才有实际意义。以都市水果生产为例，国内传统的果汁加工习惯是将劣质水果进行加工，是难以加工出高质量的果汁产品的，要生产高质量的果汁，必须生产出加工专用型的鲜果产品。而所谓精品并非只有稀有产品才是精品，而是那些市场需求高，品质好、销售通畅的名牌产品、特色产品的统称。大宗农产品在特定的条件下也可能成为精品，如京郊的大白菜，在盛夏季节上市，销售走俏，价格不菲，大白菜成为精品。各地许多名特农产品有的成为精品，产销两旺，而有的则效益不佳。通过农业结构调整建立起都市农业特色产品，推出相应的农产品品牌，从而形成精品。

4.以科技支撑为现代都市农业发展生产力的原则

农业结构调整的一项重要内容就是依靠科学技术，提高产品的品质以及有效供应能力，降低成本，增加产品的竞争力。都市农业同样存在着农业结构调整问题，因此，必须依靠科技支撑。优质农作物、畜禽及水产品品种是结构调整并全面提高农产品质量的关键，利用常规技术和生物技术培育各类优质、专用品种显得更加重要。优良品种的生产、加工和营销也是农业结构中重要的组成部分。此外，在农产品生产的产前、产中、产后，即农产品生产、贮藏、运输、加工、销售等各环节提高科学技术含量不仅可以提高产品档次和竞争能力，而且还将形成新的产业链和就业机会。

5.城乡一体化为新农村建设的主要策略

把农村与城市同步发展统一起来形成一体化，这是建立中国特色的现代化农业的重要阶段，是构建和谐社会的重要途径之一，也是新农村建设的主要方向。都市农业资源的持续利用要保持生态环境的稳定，实现都市县级郊区的城市化田园化；乡镇级中心集镇化、经联化；村级经联化、多元化；农户级专业化、规模经营化和组合化;达到农业资源利用与生产、经济、社会的协调发展。不能简单地把新农村建设理解成行政村或者自然村的建设,而应以市场为导向、以农产品为纽带,鼓励和引导农民跨村、跨乡、跨县发展各类专业合作经济组织。要通过财政直接补助、税收优惠、信贷支持等各种形式,大力扶持农民专业合作组织,尤其是发挥其带动农民共同致富的作用

二、新机遇

我国正处在工业化、城镇化深入推进的历史时期,城镇人口比重持续上升,人民生活水平不断提高,工农城乡关系发生深刻变化,夯实农业基础、保障城市发展、加快农业现代化步伐面临新的机遇和挑战。积极发展都市现代农业,是保障大中城市农产品有效供给和市场稳定的客观需要,是加快我国农业现代化建设的客观需要,是改善城市生态人居环境的客观需要,是促进农民就业增收的客观需要,是实现"三化同步"的客观需要。实践证明,都市现代农业在服务城市、繁荣农村、富裕农民、保护生态、传承文化等方面具有不可替代的重要作用。

自党的十八大提出解决好农业农村农民问题是全党工作重中之重,把城乡一体化发展作为解决"三农"问题的根本途径,是"三农"发展的战略新要求后,中央一号文件又提出:健全农业支持保护制度,不断加大强农惠农富农政策力度。一时间"三农"问题再被提到了一个高点。

2013 年"家庭农场"概念首次在"一号文件"中正式提出,同时国家鼓励"工商资本"下乡,提出要推进新型城镇化建设,避免之前城镇化建设中出现的"造城运动、圈地运动",关键要实现产业化发展,让农民进城有保障,能够安居乐业。这些政策对现代都市农业发展来说可谓一大利好,工商资本下乡能够为农业发展带来技术、资金、人才等资源。

(一)不断增加的高品质产品需求带来了巨大的市场空间

中国是世界上最大、最密集的农产品消费市场之一。随着生活水平的提高,人类对于食品消费的要求已经从卫生、安全上升到健康、营养的层次,"三品一标"作为政府主导的安全优质农产品公共品牌,已经成为我国当前和今后一个时期农产品生产消费的主导产品。因此,大力发展都市型现代农业,依托其高科技含量、较强的产品市场导性和创新性,以及更加注重国际化的安全性和标准化的特点,进而为北京市民提供更加优质、特色的农产品。

(二)打造"世界城市"为都市型现代农业带来新机遇

以北京奥运会的成功举办为标志,北京市的发展已进入新阶段,新目标的提出有助于凝聚共识,明确未来发展方向。北京拥有世界 500 强企业数量居全球第三,仅次于东京和巴黎。"世界城市"是指国际大都市的高端形态,对全球的经济、政治、文化等方面有重要的影响力。北京都市型现代农业也面临着广阔的国际市场,借助北京经济、文化、社会的国际化,拥有走向世界舞台的良好机遇。借助这一有利的形式,北京作为我国都市农业引领城市,将为我国都市农业发展注入新的活力。

(三)中国农业"资本时代"的到来为北京农业走向开放提供契机

现代农业最突出的特点就是"资本农业",随着中国加入 WTO 后中国农业市场的逐渐开放,我国农业对外开放格局已经形成。近年来,国际资本和国内工商资本纷纷进入我国农业领域,为我国传统农业发展注入了现代生产要素,带来了现代组织方式,成为我国都市型现代农业发展一个强大的助推力。

（四）国外发展都市型现代农业的大量成果为我国提供先进经验

国外的都市农业研究始于 20 世纪上半叶，率先出现于欧美日等发达国家，至今积累了相当多的经验。通过了解国外都市农业发展历史及现状，汲取国外都市农业的先进经验，减少我国都市农业发展过程中不必要的错误，从而节约发展时间、发展成本、发展所需的资源、人力、资金等投入，促进我国都市型现代农业可持续、健康快速地向前发展。

第二节　北京都市型现代农业面临的新挑战和新对策

一、新挑战

随着城市化发展和农业现代发展，给城市和农业都带来了一定程度的破坏，研究都市农业发展就是防止盲目的现代化、城市化和农业化。

（一）农村基础设施落后

近年来农村的基础设施建设并无太大改观，而都市农业的发展离不开农村基础设施的配套建设，尤其是交通运输条件的改善。实践表明，农村落后的基础设施将成为制约我国都市农业发展的瓶颈，在一定程度上制约都市农业产业化的形成，影响都市农业科技的应用和推广。

（二）市场运行机制不完善

政府对农产品在市场运行中还存在较多的行政干预。农副产品的产销信息相对闭塞，其生产经营组织、营销手段和方式不适应现代市场经济要求。

（三）资金、科技投入不足

资金来源单一，资金的使用缺乏规划。都市农业是依靠大城市提供的高科技来发展的，目前我国农业科研经费占农业总产值比重不到 0.1%，农业技术推广费用占农业总产值比重不到 0.2%，这不仅低于发达国家水平，也低于发展中国家平均水平，科技投入不足。资金的使用缺乏规划表现为开发项目没有重点，融资渠道不畅。另外，目前我国发展都市农业的科技投入不够，主要表现在科技原创及突破性创新少，技术集成不够，新型资源整合平台缺乏，科技核心竞争力有待提高。

（四）政府规范和扶持持续力度需要加强

伴随都市农业在发展过程中出现的新问题，需要政府以新的经济活动规则来规范和扶持。到目前为止，我国尚没有一个权威的主管部门来统管都市农业发展的相关工作。地方政府也不大重视制定都市农业发展规划，更缺乏具体的法规政策，使都市农业发展艰难。

二、新对策

（一）从业者要做到"五个良好"

1.要有良好的精神状态

要顺应发展大势，鼓起精气神，充分认识新形势下抓好农业农村工作的意义；要树立强烈的机遇意识，瞄准当前新型城镇化建设、产业聚集区建设，为现代都市农业发展创造的有利条件，抓住城市发展迎来的机遇,加快推进农业产业化进程,提升现代都市农业发展层次;要树立积极主动的服务意识,要发挥好引领带动作用,积极创造良好发展环境。

2.要有良好的顶层设计

要有站高望远的眼界和与时俱进的理念,用心谋略,创新发展理念,跳出农业看农业,转变发展方式,加快推进农业转型升级。

3.要有良好的工作作风

要树立务实创新的工作作风,务实不浮躁、创新不守旧,提升发展层次。

4.要有良好的落实措施

要树立强烈的使命感和责任感,围绕现代农业的集约化、都市化、产业化等特点抓出成效。

5.要有良好的工作效果

通过努力一定要使农业在"三化"协调发展中的基础地位更加凸显,提升都市型现代农业发展水平,为城市建设提供基础支撑。

(二)开发新功能

北京市有2100万人口,其中城区人口近700万。他们之中很大一部分需要参与农作过程,体验农家乐趣,获取农业知识和技艺。特别是随着城市生活节奏的加快和所处环境的恶化,更多的人渴望返璞归真,回归自然,在绿色田园环境中休息、度假、观光、旅游,呼吸新鲜空气。以田园景观为背景,以农业生产过程、农家生活和农村乡土文化为主要内容的都市农业项目正迎合了这种需要,因而具有巨大的市场。

1.生态涵养

坚持低碳、循环农业发展的基本理念,坚持以保护为主、适度开放的原则,把道路、农田作为景观来布局、来建设,把农产品的生产融合在休闲体验之中,把食品安全、零污染、零排放摆在重要位置,把修复生态、保护环境作为都市农业发展的首要任务

2.休闲创意

融合金融、物流、旅游、创意产业等现代新型产业,打造优美的自然环境,新鲜的空气,通过森林、农业景观带、动漫系统的打造,农耕养身园、百草药园、生态餐厅等休闲观光景点的设计,达到天水合一,天人合一,人水合一的境界。

3.文化传承

通过农业科普教育基地、科技示范基地以及各种体验农耕生活的平台,充分挖掘农业文化的内涵,传承中华农耕文明,让城市居民尤其是青少年了解农业文明、学习农俗文化、锤炼人格品质,打造融合传统农耕文化与现代城市文明交汇融合的亮丽风景。

4.示范辐射

依托农业基础和技术优势,大力发展高效农业、强化市场保障;大力发展籽种农业,占位科技高端;大力发展加工农业,延伸产业链条;大力发展合作农业,应对市场风险;大力发展循环农业,促进节能减排;在全国发挥示范引领作用。

5.城乡统筹

以市场需求为导向,立足于服务城市、融入城市的基本理念,挖掘都市农业各领域的容人之量,拓宽

农业产业各个环节的增收渠道,加强城乡交流,促进农村社会发展,开辟农村劳动力转移的新途径,增加农民收入,提高农民的生活质量,缩小城乡差距,推动城乡统筹发展。

（三）借鉴五种经济学发展方式

1.市场营销观念发展都市农业

都市农业的未来发展将会借鉴工业制成品的成功经验,更多采用市场营销观念。

从市场营销角度来看,市场营销强调4P组合,即产品、价格、促销、渠道四要素的组合:首先从产品看,产品分为核心产品、形式产品和延伸产品,而当前大农业和郊区农业只做到核心产品层次,所以亟需提高农产品的外延价值,采取品牌经营策略,通过树立品牌等策略实施差异化战略,从而提高该产品的需求弹性和收入弹性,这就是都市农业需要做到的。

其次,从价格看,因为农产品的无差异性和生产者众多性等原因,农民在农产品的价格制定过程中处于被动的、不利的地位,都市农业的一个很重要的目标就是要实现农产品差异化,解决农民在农产品价格制定中的被动地位,当然前提是亟需培养一批拥有自主知识产权的农产品品种。再次从促销看,都市农业未来将借鉴工业品的促销方法。最后从渠道来看,由于农产品具有易腐性,只适合短渠道,因此,未来都市农业的销售渠道应大力发展农产品的第三方物流、实施农产品拍卖制度、发展完善农产品期货市场和建设农产品超市以减少中间环节。

2.连锁经营方式发展都市农业

都市农业是一种资本密集型产业,它能吸引大量的非农资本进入该领域,这些资本进入后必然会采用其他产业的经营模式,使用专业化经营模式,树立品牌然后采取国内连锁的经营模式,或者直接加盟国外知名的都市农业品牌,这是我国都市农业发展的方向之一。目前我国还没有一个蔬菜知名品牌。

3.国际化经营理念发展都市农业

随着经济全球化发展和国际化大都市的建设,都市农业将纳入国际经济轨道。为此,都市农业将充分利用对外开放的优势,建立以农副产品出口创汇为中心的、较高层次的农业生产体系,从而提高都市农业的外向化程度。

4.智能信息化武装发展都市农业

都市农业将是一种利用农业专家系统和互联网为代表的电子商务系统来指导农业生产和农产品销售的一种知识型、信息型农业。它是拥有一批高层次的农业专家,利用现代农业科学技术和计算机手段,对农业生产、科技、经济信息等进行加工处理,提出解决农业生产问题最佳方案,帮助农业生产者、管理者进行决策,提高科学管理水平和农民的文化素质,促进现代农业发展。同时,都市农业需要广泛地利用农业科技信息、商贸信息、市场销售信息、农资市场信息、农产品价格信息、气象预报信息等信息源,通过计算机处理和农业咨询业,为都市农业生产和销售提供服务。

5.多功能全面发展都市农业

近年来都市农业根据现代城市发展的要求,进一步突破生产保障型的城郊农业模式,向多功能的现代都市农业模式发展。比如生态农场、绿色食品基地、观光休闲农业园、文化教育农业园、加工创汇农业园等,体现了都市农业向多元化功能发展趋势。

第三节　北京都市型现代农业发展前景与展望

一、北京都市型现代农业的发展重点

十八大报告提出:加快新型工业化、城镇化、信息化和农业现代化同步发展,并提出生态文明建设的战略任务。2013年9月,北京市启动"新三起来"工程,即"处理好农民与资源的关系,推动土地流转起来;处理好农民与积累的关系,推动资产经营起来;处理好农民与市场的关系,推动农民组织起来"。2013年11月,十八届三中全会提出:"健全城乡发展一体化体制机制。"2014年中央农村工作会议指出:"小康不小康,关键看老乡"。中国要强,农业必须强;中国要美,农村必须美;中国要富,农民必须富。坚持把解决好'三农'问题作为全党工作重中之重,坚持工业反哺农业、城市支持农村和多予少取放活方针。"加强农业地位,破除城乡二元结构,让广大农民平等参与现代化进程、共同分享现代化成果,是中央全面深化农村改革的核心目标。

（一）完善都市农业产业体系

立足于北京都市农业的定位,加快构建包括安全农产品产业体系、多功能业态产业体系和都市农业支撑体系。安全农产品产业体系包括粮食、畜牧、水产、蔬菜、水果等各个产业,以确保国家粮食安全和主要农产品供给。多功能产业体系包括生态保护、休闲观光、文化传承、生物能源等密切相关的循环农业、特色产业、生物能源产业、乡村旅游业和农村第二、第三产业等,以充分发挥农业多种功能,增进经济社会效益。现代农业支撑产业体系包括农业科技、社会化服务、农产品加工、市场流通、信息咨询等为农服务的相关产业,以提升农业现代化水平,提高农业抗风险能力、国际竞争能力、可持续发展能力。

（二）完善土地流转机制

在坚持家庭承包经营,充分尊重和维护农民土地承包经营权的基础上,要赋予经营主体先行探索的职责,减少盲目的政策干预,全面客观地分析,跟踪并及时纠正偏差;对于有益的尝试所积累的经验,选择在部分地区或某些产业领域进行必要试点,对于一些成熟的做法进行推广,探索多元化的农地规模经营模式。在耕地条件较好的区域,着力从完善土地流转机制方面,推进土地集中式的农业适度规模经营,发展土地股份合作经营、农业承包大户经营、家庭农场和农业产业化基地经营等多种形式。在山地区域,着力从扶持和培育农民专业合作社和农业企业、完善农业经营组织形式、推进农业产业化、组织化经营等方面,实行合作服务式农业适度规模经营,发展农民专业合作组织带动型、农业产业化组织带动型等多种形式。

（三）完善多元化投融资机制

探索建立以中央及省级财政投资为主,地方政府投资为辅,社会力量广泛参与的多渠道农业基础设施投资体系。要发挥政府在农业基础设施建设中的主导作用,将农业基础设施作为公共财政投入的重点领域,大幅提高农业基础设施建设资金在国家固定资产投资中的比重。引导金融资金和社会资金投资农业基础设施建设,综合运用财政和货币政策,鼓励国家开发银行、农业银行、农村信用社、邮政储蓄银行等银行业金融机构增加农业基础设施建设的信贷资金;通过财政贴息,财政奖励、简化行政审批手

续等方式,鼓励和吸引社会资金参与农业基础设施建设。通过以工代资等方式,鼓励农民参与建设。探索农业基础设施管理新方式,要完善制度建设,明确农村基础设施的产权划分,做到谁投资谁受益,谁使用谁维护。对于可独立化和单位化的农业基础设施,可以通过拍卖或租赁等方式,转让给企业和个人经营,提高农业基础设施的管理和使用效率。

(四)培育职业农民

以现有的种养殖大户、家庭农场为起点,加快培育一批以市场为导向进行专业化、商品化、规模化生产的职业农民。一方面,建立"职业农民注册登记"制度,实行主营农业劳动者资格认证;以此为基础,建立各种补贴、优惠政策,使补贴和优惠真正成为增加农产品供给、推动生产活动的动力。另一方面,充分调研,建立能适应广大农户需求、灵活高效的农民科技培训体系,以提高农民的科技应用能力为突破口,综合农业市场、农业信息、农业投资、农业风险等多方面的知识,培养职业农民,使其不仅具备生产能力,也具备经营能力,具有法律意识,增加其经营收入,这也成为其长期从事农业行业的根本动力。

(五)强化社会化服务

为满足农业生产的需要,北京市要大力发展社会化服务体系,为农业生产的经营主体提供各种服务。其中,社会经济组织包括政府公关服务体系,农村自发形成的农业合作经济组织,涉农企业以及农业院校、科研院所等都要加大支持力度。

政府公关服务体系包括一些专门经济部门,如提供基础设施建设的服务体系,提供技术推广的服务体系,提供资金投入的服务体系,提供信息服务、提供政策和法律服务等等;提供的各种服务,包括农业产前、产中、产后的全面、系统、一体化的服务。如产前的生产资料供应(种子、化肥、农药、薄膜等)、产中的耕种技术、栽培技术、病虫害防治技术等等技术服务以及产后的销售、运输、加工等服务。

(六)增强科技示范

首都农业背靠得天独厚的顶级科技优势和国际合作优势。长期以来,依靠这些优势建起现代农业示范样板,如"奶牛胚胎工程技术研究中心"、"北京养猪育种中心"、"北京顺义三高农业示范区"、"北京中际国华马铃薯开发中心"、"北京锦绣大地农业股份有限公司"、"北京大北农饲料科技有限责任公司"、"北京市北郎中农工贸集团"、"北京卓宸畜牧有限公司"等,以及"中以示范农场"、"中日观光果园"、"中德水源涵养林"、"中瑞奶业培训中心"、"中日友谊饲料厂"等等,都是以现代科技和现代工业装备及现代企业制度与管理支撑起来的现代农业窗口,受到社会广泛关注,在国内产生辐射带动作用。如全国开展的奶牛胚胎移植工程就是由北京奶牛胚胎工程技术研究中心牵头进行的,由北京移植1万枚带动京外2万枚。

(七)城乡发展进一步融合

城乡一体化发展是北京现代化建设的重要内容,要做到城乡一体化,需要科学统筹配置城乡资源要素,建立有序协调的城乡大市场;引导新型工业反哺农业,促进乡镇工业化发展;建立和发展有特色的都市型农业,提升农村发展经济的内在素质;推进城乡信息化建设,以信息化带动城乡一体化;建设城市群和城镇群,推进农村城市化进程;加强制度创新和制度安排,持续推进城乡一体化进程;加强环境保护,发展城乡一体化的绿色经济。

二、京津冀现代农业协同发展的战略选择

2014年2月26日,习近平在北京主持召开座谈会,专题听取京津冀协同发展工作汇报时强调,努

力实现京津冀一体化发展,自觉打破自家"一亩三分地"的思维定式,抱成团朝着顶层设计的目标一起做。并且就推进京津冀协同发展提出 7 点要求。2014 年北京市《政府工作报告》也提出,落实国家区域发展战略,积极配合编制首都经济圈发展规划,抓紧编制空间布局、基础设施、产业发展和生态保护专项规划,建立健全区域合作发展协调机制,主动融入京津冀城市群发展。

农业作为环首都经济圈发展的重要战略性产业,加快推进环首都经济圈现代农业发展不仅是实现"三化"同步推进、保障国家粮食安全以及转变农业发展方式等国家战略性目标的内在要求,也是实现京津冀协同发展的重要推动力。北京是农业科技研发和农业金融服务中心,同时又存在劳动力、土地资源短缺等劣势,必须充分发挥北京聚集科技、人才、资金、信息等先进农业生产要素的强大的生命力,依托天津、河北良好的土地、水资源优势,定位京津冀农业协同发展的战略选择,是一个值得探究的理论问题和实践课题。

(一)科技先导

以科技为先导,瞄准世界农业科技高端,大力引进国内外农业新技术、新品种、新设施,尤其是种质基因资源开发、生物育种核心技术、生物农业技术、信息技术、重大病虫害防治技术、食品安全技术、生态农业技术、农产品加工技术、物联网技术等关键领域技术。依靠科技进步转变农业发展方式,积极运用高新技术改造传统农业,快速提升优势农产品的科技含量和技术水平,完善现代农产品加工业和物流产业。着力打造集农业科技创新、农业人才培训、农业信息服务、农业金融服务为一体的农业科技创新应用平台。

(二)产业联动

依托第一产业、联动第二产业和第三产业,构建"农工贸一体化、产加销一条龙"的产业链条,重点打造工厂化设施园艺产业链、加工物流农业产业链、休闲旅游农业产业链。大力引进和扶持一批产业带动力强、行业领先优势突出的农业龙头企业,引导和支持京内农业企业到天津、河北农业区建立基地,促进农业提质增效、农民持续增收。

(三)城市联动

生产要素的跨区域流动是促进区域经济协调融合发展的关键,也是京津冀协同发展的优势资源。从京津冀都市区整体功能出发,进行基础设施规划建设和政策制定。一是建立京津冀科技资源共享平台、市场信息、人才信息等信息平台。二是着力构建京津冀投融资服务平台,破解诸多农业企业建立基地的融资困境。

(四)品牌主导

以农产品质量安全为核心,大力培育优势农业产业,以优质的产品和服务,增强农业品牌影响力和国际影响力。加强标准化生产,应用农业物联网技术,完善农产品质量完全认证体系。制定农产品出口"旗舰计划",培育一批优势明显、发展潜力较大的农业龙头企业和一支善于学习,勇于实践,开拓创新的国际市场营销市场队伍,使之成为一支进军国际市场的排头兵。加强品牌、商标的申请和注册,建立健全著名商标品牌和名牌产品的保护机制,依法维护品牌利益。

(五)可持续发展战略

牢固树立可持续发展的理念,以保护和改善生态环境为主线,发展以节水、节地、节肥、节种、节药为重点的资源节约型农业,特别是在发展低碳农业、循环农业、节水农业上要在全国范围内起到带头示范作用。农业技术、设备和品种的选择要坚持低成本、好效果,处理好产量与质量、高效与安全、资源利用与生态保护的关系,探索具有中国特色的农业可持续发展道路。

第四节　北京都市型现代农业发展方向

进入新的历史阶段,北京农业发展要按照"全国的政治中心、文化中心、对外交流中心和科技创新中心"的城市战略定位,围绕新阶段北京农业在首都城市发展中的功能定位要求,着力调整农业功能,优化农业结构,创新发展模式,完善服务体系,提升农业的服务质量和水平,为首都经济社会科学和可持续发展提供有力支撑。

一、突出功能导向,进一步加快农业产业结构优化调整

随着首都城市建设的全面推进和人们生活水平的不断提高,北京农业功能调整优化日益提到新的高度。紧密围绕北京农业功能建设目标,突出农业发展的功能导向,着力强化生态功能,统筹兼顾休闲服务、农产品应急保障功能,积极发展农业科技创新功能,加快调整农业结构,推动农业与生态、观光、休闲、体验融合发展,实现农业发展模式由数量型向质量型转变,农业功能由生产功能向生态、生活功能转变。

一是着力发展生态价值较高的农业领域。从国际大都市发展经验来看,城市森林建设可以有效改善区域生态环境,是改善城市发展环境的重要途径。北京提升农业生态功能,要大力推进城市森林建设,积极落实全市百万亩城市森林建设总体部署,在城市平原地区尤其是在污染相对严重的平原农产品主产区适度提升城市森林比重。依托机场、主要铁路枢纽周边及铁路、干线公路等城市主要对外交通门户和交通廊道,加强区域性森林绿地及生态廊道建设。此外,北京可结合观光农业、采摘农业发展,积极提高林果、花卉等具有较高生态价值的农作物种植比重,增强农业的生态服务功能。

二是大力发展创意休闲农业等新业态。紧密围绕城市功能建设和市民休闲服务需求,充分挖掘和利用区域生态与文化资源,积极拓展农业的生活服务功能,因地制宜发展观光农业、体验农业、科普农业、度假农业、会展农业,强化品牌建设,积极培育特色休闲农业园,满足市民对休闲、观光、采摘、游乐、教育、疗养等城市休闲服务的需要。在农业发展过程中,积极引入创意元素,在"特"字上做文章,通过包装创意、栽培创意、用途创意、亲情创意等手段,实现农产品生产的特色化、工艺化,提升农产品附加值。

三是积极发展籽种农业。充分发挥首都科技资源优势,以种植、畜禽、水产、林果花卉四大种业为重点,强化育种新技术研发,全力推进首都种业的跨越式发展,做大籽种产业。积极发挥政府的协调、引导作用,推动现代分子技术、克隆技术、航天技术等现代高新技术在农业育种方面的应用,增强籽种农业科技创新能力。通过政策引导、重大专项等方式,加快建设一批农作物新品种展示示范基地,加快农作物新品种的示范推广和产业化。

四是稳步发展设施农业和健康养殖业。设施农业空置率较高,不是北京农业发展方向。围绕首都农产品消费需求,以菜、肉、蛋、禽、鱼、果等鲜活农产品供应为重点,坚持规模化、集约化、智能化发展理

念,加快建设一批标准化设施农业生产基地和养殖基地,保障首都鲜活农产品的安全稳定供应。积极发展循环农业、有机农业,推动农产品生产向"名、特、优、新、稀"动植物精品和安全绿色食品的生产转变,为市民提供优质、鲜活、安全的农产品。

二、加强产业融合,进一步促进农业向价值链高端延伸

国外都市农业发展经历表明,当农业产值在国内生产总值中所占比重下降至5%—10%时,农业将突破克拉克"三次产业"划分的界限,与第二、三产业逐步融和发展。近年来,北京农业与其他产业融合取得一定成效,催生出一批新的业态,未来这种融合发展趋势还将进一步凸显。今后,北京农业发展要把握这种趋势,积极推进农业与休闲、创意等产业的融合发展,着力提高农业附加值,打造"高精尖"农业结构,推动农业向价值链高端延伸。

一是加强与休闲观光产业融合。都市农业不仅具有生产农产品的经济功能,而且具有涵养水源、净化空气、保持水土、美化市容,以及为市民旅游休闲提供重要载体的功能。围绕首都城市建设对农业功能的新要求,北京要积极开发农业的生态休闲功能,推动农业与观光旅游、休闲养老、耕作体验等相关产业的融合发展,推进农业向具有满足城市居民观光休闲需求、生态涵养等功能深度拓展。

二是加强与文化创意产业融合。随着社会的不断快速发展,人们不仅对都市农业休闲、观光、生态、采摘体验等功能有着巨大的市场需求,还对农业的深层次文化内涵、"新、奇、特"等有着潜在需求。传统的农业发展模式越来越难以满足市民的高端消费需求。立足提升市民生活服务质量和水平,北京应借助各种创新元素,将创意、科技和人文等要素融入农业,增强都市农业的吸引力,提高农业附加价值。

三是加强与高科技产业融合。从高端农业发展的科技需求来看,都市农业对高科技创新和集成创新有着迫切的需要:一方面,现代智能技术、现代生物技术等高科技向农业生产渗透融合是农业高端化的重要动力,另一方面,设施农业、绿色农业生产高品质的农产品需要农业技术的集成化、综合化应用。未来应依托首都高科技技术优势,加大在农业高科技创新与集成创新领域的公共投入,同时,完善创新激励机制,引导有实力的企业参与重大农业科技创新,促进农业与高科技产业的融合发展,促进产业升级,提升都市现代农业的核心竞争力,形成高端高质高效的都市现代农业。

三、创新经营模式,进一步提高农业综合效益和发展质量

欧美都市农业发展经验表明,农业产业化经营的关键在于产业化各经营主体之间的利益紧密连接,提高农业发展效益,建立适合的经营模式成为都市农业快速发展的重要条件。北京都市型现代农业发展,要积极创新经营模式,更好地发挥市场机制作用,努力提高农业综合效益和发展质量。

一是创新农业组织模式和市场化模式,提高市场竞争力。面对社会化的大市场,单个农户掌握的市场信息有限,单独生产经营效率偏低、风险较高。为此,要积极探索创新农业产业化经营组织模式,把农民更好地组织起来,提高抵御市场风险的能力。降低社员"单打独斗"的市场风险,提高整体竞争力。

要创新市场化经营模式,建立健全新型集体经济组织的法人治理结构,创新多元化的农村集体资产经营方式和机制,通过经营起来,实现农村集体资产保值增值。要积极引入市场主体,以龙头企业带动,形成企业—农户利益共同体,推动农业规范化、科学化发展。

二是创新农村土地经营管理模式,提高土地产出效率。自实行家庭承包责任制以来,农民开展农业

生产的积极性极大提高,但分户经营模式既不利于农业的规模化发展,也不利于农业生产效率的提高。今后,要创新土地经营模式,进一步完善"确权确地"、"确权确利"和"确权确股"等土地确权方式,积极推动土地流转起来,组织利用好分散的农村土地,促进农业规模化发展,提高农业生产效率,有效推动农业规模化、高端化发展。

四、完善社会化服务体系,进一步提升农业的专业化服务水平

健全的服务体系是支撑现代农业发展的重要基础。都市现代农业的规模化、集约化、市场化发展,农业科技成果的推广和运用都离不开完善的农业配套服务体系的支撑。目前,北京农业产前、产中、产后的多元化服务体系还不完善,今后需要重点从金融、科技、信息、流通等方面来完善农业服务体系。

一是完善农村金融服务体系。完善的农村金融服务体系在支持都市型现代农业的发展、增加农民收入及加快新农村建设方面发挥了不可替代的作用。北京农村金融起步早、发展较快,已经初步建立了农村信贷、农业投资、农业担保、农业保险和农业龙头企业上市培育体系,取得了明显的成效。今后,北京应进一步完善农村金融服务体系,改善农村金融服务质量,提高农村金融服务效率,建立包括产业金融等方面的资金融通体系,加强农业风险防范制度建设,完善农村金融发展政策支持体系。比如,在支持合作社规范开展信用合作方面,探索"专业合作+资金合作"的模式,即农民专业合作社并不主要经营信贷活动,只是将合作社的闲置资本(资金)、社员的闲置资金聚集起来,在社员之间开展互助性借贷的信用合作。

二是完善信息化服务体系。农业信息化已成为农业在激烈的市场竞争中实现新发展的必然选择。在农业信息化的建设过程中,应深化农业信息技术应用推广,充分利用重大信息化建设工程,搭建农业信息化服务平台。比如,打造农业电子商务平台,加快建立农产品电子交易系统,完善农产品批发市场信息网络和农村市场供求信息系统,加快农业信息资源的共建共享;搭建土地流转信息平台,及时准确收集土地流转供求信息,健全土地承包经营权流转市场,确保土地流转信息平台的高效运行;采用 GIS(地理信息系统)、RS(遥感)、GPS(全球定位系统)、WSN(无线传感器网络)等先进技术建立农业灾害监测信息系统,为开展农业干旱、灾害等综合动态监测服务。

三是完善科技服务体系。随着城乡一体化的迅速发展,农业占 GDP 比重不断下降,但农业的国民经济基础地位没有变,而且人们更加关注生态安全、绿色循环农业、食品安全。今后,要加强农业科技服务工作和科技服务体系建设,主要包括:大力发展农业高效节水技术,把节水灌溉工程技术与田间农业综合节水技术和节水管理技术有机地结合起来,互相配合,互相补充,形成完善的农业综合节水技术体系;强化农产品安全生产、加工、运输、贮藏关键环节的技术攻关和推广,全面提升检测检验能力,建立健全农产品检验检测体系和农产品质量追溯系统,实现"从农田到餐桌"的质量全程可追溯管理。

四是完善都市农业流通服务体系。建立和完善与首都多元化消费需求相适应,畅通、高效的农产品流通服务体系。要加强农产品市场体系建设,高水平建设农产品批发市场、农贸市场、农产品配送中心、物流中心等,进一步优化各类农产品市场空间布局。同时,要大力发展"农超对接"、"农餐对接"、"场店对接"、无店铺流通等现代流通模式,积极推动农产品批发市场向生产前端和零售末端双向延伸,强化物流配送功能,逐步向现代流通模式转型升级。

五、加强区域合作,进一步增强跨区域农业保障功能

由于山多地少等自然资源条件约束,北京农业"大而全"的发展是难以实现的,应寻求与津冀合作,发挥各自比较优势。从国际经验来看,大都市与周边地区在农业发展方面的合作是互促共赢的。当前,京津冀协同发展已上升为重大国家战略,产业合作是京津冀协同发展的关键支撑。京津冀三地农业基础差异性大、功能互补性强,加强京津冀农业合作,是推动京津冀协同发展的战略需要和重要突破口。

一是加强共建现代农业生产基地。北京和周边城市共建现代农业生产基地,是保障首都农产品供应安全、推进区域合作共赢的重要举措。今后,要加强政府间的对接协调,建立和完善长期稳定的农产品生产销售互助机制,推动北京市和共建基地农产品产销龙头企业充分对接,确保共建基地产销渠道畅通。同时,要进一步加强北京与周边地区的农产品生产与战略储备合作,在唐山、秦皇岛、廊坊、保定等周边区域共建一批蔬菜、畜牧、水产品等鲜活农产品生产基地,将北京农产品消费市场与河北农副产品生产加工基地实现充分对接,保障首都农产品供应安全。

二是加强农业技术合作。北京农业科技资源丰富,今后北京可充分发挥北京农业科技优势,加强与周边地区的合作,推动区域整体农业发展水平的提升。加强农业技术合作,可重点围绕以下几个方面开展工作:充分发挥北京农业科技的比较优势,推动北京高校、科研院所、龙头企业与周边区域农业生产基地的对接;推进首都优良农业品种、科学生产和养殖技术在周边地区的规模化推广,提升优质蔬菜等生鲜农产品生产效率;加强农业科技示范基地建设,积极发展粮食、籽种、蔬菜、林果、水产、农业信息化、农业节水等农业科技,为粮食安全、菜篮工程和循环农业提供科技支撑。

三是加强生态休闲农业合作。京津冀地域毗连,生态资源一脉相承,是一个有机整体,京津冀应立足资源统筹和区域协作的高度发展都市生态休闲农业,根据京津消费结构更注重品牌、休闲、体验、特色和安全的变化需求,加强与周边地区的合作。一方面要打破各自为政的封闭管理思维方式,整合跨流域、跨山脉等自然资源,统筹规划,统一标准,共同开发,加强跨区域项目合作开发,设计跨区域旅游路线等,发展沟域和流域经济,比如可围绕永定河流域开发,在生态环境治理与保护、完善生态涵养功能、大力发展水岸经济等方面加强区域交流与合作。另一方面,京津两地要充分利用市场、技术、资本优势助力河北发展地方县域特色农业,在近京地区大力发展有机农业、特色农业和观光休闲农业满足京津市场高端需求,带动京津冀地区农业联动发展。

六、强化政策引导,进一步构筑农业发展保障支撑体系

都市现代农业要充分发挥其各项功能,需要政府政策引导,加强在土地改革、人才、生态保护、生态补偿等方面的支持,调动各方力量,为都市现代农业的发展提供强有力的政策保障。

一是加强农业专业人才培养。充分利用首都雄厚的农业科研力量与技术人才优势,强化农民技能培训和就业服务,鼓励区县、乡镇、村各级政府搭建统一的农村职业教育和农民培训平台,整合各类教育、培训、科技、农业技术推广资源,提升培训层次,创新培训模式,形成开展农村职业教育和农民培训合力,加大对涉农技术人才、经营管理人才、金融人才的供应,夯实都市农业发展的人才基础。

二是划定生态红线。当前城镇化、工业化对土地资源需求增大,农业用地保护面临越来越大的压力,都市农业发展日益面临土地制约瓶颈。为切实保护、利用、建设、管理好首都宝贵的土地资源,发展

都市现代农业,应着手编制北京环境总体规划,明确环境承载力底线,划定耕地、森林、林地、绿地、河湖水系、湿地、物种等生态保护红线,落实最严格的耕地保护制度,划定永久性基本农田,同时在京津冀区域内开展包括空气、水资源在内的联防联控和协同保护。

三是强化生态补偿。农业具有重要的生态价值,但农业生态功能的实现往往是公益的、无偿的,需要建立生态补偿机制,通过经济手段,补偿农业的生态价值、生态保护成本、发展机会成本等,以更好地发挥都市型现代农业的生态功能,实现都市型现代农业可持续发展。强化农业生态补偿,要制定农业生态补偿政策,完善农业生态补偿机制,加强对农业环境保护、农业生产标准化、提高农产品质量与农产品安全等方面的支持;鼓励推广应用节肥、节水等资源节约型和环境友好型技术,对于采用优良农业生产技术规范的农户给予补贴,发展资源节约环境友好型农业;鼓励种植生态价值高的农作物,借鉴退耕还林、农村沼气建设等项目支持方式,实施农业生态补偿,推动农业种植结构调整,改善生态环境;在北京森林生态效益补偿资金的基础上,结合百万亩城市森林建设工程,探索建立城市森林生态补偿机制,强化对城市森林生态建设的补偿。

参考文献

1.北京农学院、中国科学院、北京市农委等:《首届都市农业观光农业与城乡发展国际学术会议论文集》,2004 年10 月。

2.北京市农村工作委员会:《北京市休闲农业"十二五"发展规划》,2011 年 8 月。

3.北京市农村工作委员会等:《北京"十二五"都市型现代农业服务体系建设总体规划》,2009 年。

4.北京市政府:《北京市政府关于全面推进都市型现代农业服务体系建设的意见》,http://www.beijing.gov.cn/szbjxxt/zwgs/t1160954.html 2011 年 4 月 1 日。

5.北京市统计局、国家统计局、北京调查总队:《2010 年北京都市型现代农业生态服务价值监测公报》,2012 年 3 月。

6.蔡建明、杨振山:《国际都市农业发展的经验及其借鉴》,载《地理研究》第 2 期 2008 年 3 月。

7.陈俊红、尹光红:《论北京构建都市型现代农业社会化服务体系》载《沈阳农业大学学报(社会科学版)》2010 年第5 期。

8.陈俊红、李红、周连第:《北京市山区沟域经济发展的探索与实践》,载《生态经济(学术版)》2010 年第 1 期。

9.陈晓华、张小林、梁丹:《城市化进程中乡村发展与建设实践及其启示》,载《世界地理研究》2005 年第 3 期。

10.邓延陆:《循环农业篇----保持农业经济的可持续发展》,湖南教育出版社,2011 年版。

11.方志权、吴方卫:《多功能农业是都市农业的方向》,http://theory.people.com.cn/GB/40557/49139/49143/4747102.html。

12.冯桂玲、杨兆顺:《我国农业发展面临问题及对策探讨》,载《农业科技通讯》2006 年第 9 期。

13.冯继康:《马跃 WTO 框架下国际农业政策走势分析》,载《农村经济》2004 年第 11 期。

14.高春凤、朱启臻:《公众农业功能认知的调查与思考》,载《农村经济》2010 年第 4 期。

15.关锐捷:《新中国农村经营体制改革 60 年回顾与展望》,载《中国乡镇企业》2010 年第 1 期。

16.桂琳、何忠伟:《北京沟域经济发展过程中农业用地流转现状研究》,载《北京农学院学报》2012 年第 3 期。

17.国外有机农业和有机农产品标准简介 http://www.asi.js.cn/nationalstand/treesearch.htm。

18.郭君平、沈文华、何忠伟:《关于乡村旅游与沟域经济发展的理论思考及政策建议》载《江西农业学报》2010 年第1 期。

19.郭丽君:《让文化成为经济竞争重要因素》载《光明日报》2009 年第 12 期。

20.郭焕成、孙艺惠、任国柱等《北京休闲农业与乡村旅游发展研究》载《地球信息科学》2008 年第 10 期。

21.郭焕成、吕明伟:《我国休闲农业发展现状与对策》载《经济地理》2008 年第 28 期。

22.果雅静、吴华杰、马铃、张军连、吴文良:《都市型现代农业的发展模式研究》载《生态经济》2007 年第 11 期。

23.何菊芳:《完善我国农业社会化服务体系的对策思考》,载《浙江师范大学学报(社会科学版)》2009 年第 5 期。

24.何乐琴、宋明顺、陈红金:《农业标准化管理——探索与实践》,中国农业出版社,2003 年 3 月。

25.何星亮:《论中华民族文化的多样性和同一性》载《光明日报》2010 年第 3 期。

26.何忠伟、曹暕等:《我国农业补贴政策速查手册》,金盾出版社,2012 年 10 月。

27.何忠伟、桂琳、任钰、齐智:《北京创意农业发展模式与机制研究》,中国农业出版社,2013 年 9 月。

28.何忠伟、赵海燕、任志刚等:《北京会展农业发展研究》,中国农业出版社,2013 年第 5 期。

29.何忠伟、王有年、夏龙:《北京沟域经济发展的内涵与模式分析》,载《农业经济问题》2010 年第 9 期。

30.何忠伟、王有年、郑一淳:《北京沟域经济发展研究》,中国农业出版社,2011 年 6 月。

31.胡家浩；《美、德农业社会化服务提供的启示》，载《开放导报》，2008 年第 10 期。

32.胡艳霞、周连第、严茂超、董孝斌、杜景龙：《北京密云水源保护区生态经济模式建立的层次性与时序性分析》，载《中国农学通报》，2008 年第 1 期。

33.黄映晖、史亚军：《北京都市型现代农业社会化服务体系创新模式研究》，载《中国农学通报》，2010 年第 6 期。

34.黄映晖、史亚军：《农村文化资源的开发与经营》，科学普及出版社，2009 年 6 月。

35.黄祖辉、林本喜：《基于资源利用效率的现代农业评价体系研究——兼论浙江高效生态现代农业评价指标构建》，载《农业经济问题》，2009 年第 11 期。

36.季文华、蔡建明、王克武、王志平、René van Veenhuizen.：《北京设施农业集雨利用典型模式及效益研究》，载《中国农业大学学报》，2010 年第 1 期。

37.冀献民：《中国休闲农业的现状与趋势》，载《中国农学通报》，2011 年第 23 期。

38.蒋和平、王有年、辛岭：《北京设施农业发展现状、问题与对策》，载《北京农学院学报》，2009 年第 9 期。

39.靖飞：《建立新型农业社会化服务体系研究》，中国社会科学出版社，2012 年 8 月。

40.孔祥智：《都市型现代农业的内涵、发展思路和基本框架》，载《北京农业职业学院学报》，2007 年第 7 期。

41.孔祥智：《中国农业社会化服务-基于供给和需求的研究》，中国人民大学出版社，2009 年 9 月。

42.孔祥智、徐珍源、史冰清：《当前我国农业社会化服务体系的现状、问题和对策研究》，载《江汉论坛》，2009 年第 5 期。

43.李春海、沈丽萍：《农业社会化服务体系的主要模式、特点和启示》，载《改革与战略》2011 年第 12 期。

44.李娜、徐梦洁、王丽娟：《都市农业比较研究及我国都市农业的发展》，载《江西农业大学学报（社会科学版）》，2006 年第 3 期。

45.李厚敦：《探访中国葡萄酒庄》，上海科学技术出版社，2012 年 4 月。

46.李兴稼：《北京山区生态农业的功能定位、模式与评价指标体系》，载《北京社会科学》，2005 年第 1 期。

47.李敏琪：《循环农业是我国农业可持续发展的必由之路》，载《乡镇经济》，2007 年第 8 期。

48.李先德：《OECD 国家农业支持和政策改革》，载《农业经济问题》2006 年第 7 期。

49.李鑫、徐长兴、张日成等：《中国农业标准化实施途径研究——中国农业标准化基础与基本模式》，载《西北农林科技大学学报（社会科学版）》，2008 年第 4 期。

50.林炳坤、吕庆华：《双钻石模型视角下闽台创意农业合作研究》，载《财经问题研究》2013 年第 4 期。

51.林若扬：《丹麦农业科技创新体系的特点及启示》，载《生产力研究》，2004 年第 12 期。

52.林源源：《国外农业旅游的运行经验及启示》，载《农业经济问题》，2009 年第 12 期。

53.刘冬兰：《产业链视角下地域特色农业发展的模式研究——以江西省宜春市为例》，载《经济与社会发展》，2010 年第 11 期。

54.刘盛和：《都市农业与城市可持续发展》，载《郭焕成、郑健雄主编:海峡两岸观光休闲农业与乡村旅游发展》，中国矿业大学出版社，2004 年 5 月。

55.刘根泉：《农业部和北京市政府签署备忘录合力打造"种业之都"》，载《中国种业》，2012 年第 6 期。

56.刘锋：《关于如何完善农业社会化服务体系的思考》，载《经营管理者》，2012 年第 4 期。

57.刘福志、张宏图：《关于首届北京农业嘉年华活动的调查》，载《北京农业职业学院学》，2013 年第 27 期。

58.刘捷萍：《中国创意农业融资机制创新策略分析》，载《技术经济与管理研究》，2012 年第 8 期。

59.刘庞源、许勇、于拴仓、夏阳：《北京种业科技成果托管平台的设计与构建》载《安徽农业科学》，2013 年第 17 期。

60.刘李峰、武拉平、王炳焕：《北京市农产品加工业发展的 SWOT 分析与战略选择》，载《北京电子科技学院学报》，2006 年第 3 期。

61.刘云山：《文化是旅游的灵魂》，载《光明日报》，2010 年第 3 期。

62.陆印：《我国农村生态农业发展模式探究》，载《吉林农业》，2011 年第 8 期。

63.栾汝朋、孙素芬、张峻峰、于峰：《北京农作物种质资源信息服务平台的设计与构建》，载《中国农学通报》，2010 年第 20 期。

64.骆浩文：《广东省农业标准化研究与评价》，北京：中国农业科学技术出版社，2011 年 2 月。

65.吕军、张立明：《中外乡村旅游研究的比较》，载《国土与自然资源研究》，2005 年第 2 期。

66.旅游世界.西班牙：乡村旅游的现状与发展分析［EB/OL］.http://info.hotel.hc360.com/2007/03/21094173790-2.shtml,（2007-3-21）。

67.马俊哲:《对依托品牌农业会展打造农业总部基地的思考——以打造北京丰台种业总部基地为例》,载《中国农学通报》,2012年第17期。

68.马晓君聂靖:《中国政府投资对民间投资影响的统计分析》,载《大连干部学刊》,2009年第9期。

69.[德]尼科·巴克:《增长的城市增长的食物-都市农业之政策议题》,蔡建明译,商务印书馆,2005年1月。

70.农业部经管司、经管总站研究小组:《构建新型农业社会化服务体系初探》,载《毛泽东邓小平理论研究》,2012年第4期。

71.农业部:《全国休闲农业"十二五"发展规划[EB/OL]》,2011年8月。http://www.gov.cn/gzdt/2011-08/24/content_1931324.html。

72.钱静等:《京郊生态、循环、立体型都市现代农业》,中国农业科技出版社,2007年7月。

73.秦建军、程杰、闫逢柱:《金融危机背景下北京农产品加工业的发展与预测》,载《技术经济》,2009年第9期。

74.邱建军、任天志等:《生态农业标准体系及重要技术标准研究》,中国农业出版社,2008年8月。

75.邱化蛟、程序、朱万斌:《都市农业若干问题的重新认识》,载《科技导报》,2005年第5期。

76.瞿艳平、徐建文:《区域品牌建设与农产品竞争力》,载《中国农业科技导报》,2005年第4期。

77.邱化蛟、常欣、程序、朱万斌:《农业可持续性评价指标体系的现状分析与构建》,载《中国农业科学》,2005年第4期。

78.齐城:《中国现代农业评价指标体系设置及应用研究》,载《农业经济问题》,2009年第3期。

79.任钰、郭华、何忠伟、阿柔娜:《北京创意农业发展模式与机制创新》,载《北京农学院学报》,2010年第3期。

80.任钰、刘芳、何忠伟:《基于北京创意农业发展的金融创新探究》,载《北京农学院学报》,2012年第1期。

81.任钰、刘芳、何忠伟:《基于北京创意农业发展的金融创新探究》,载《北京农学院学报》,2012年第1期。

82.邵汉明:《中国文化研究二十年》,人民出版社,2003年9月。

83.史亚军、邓蓉等:《都市农业理论与实践研究》,中国农业出版社,2005年9月。

84.史亚军等:《休闲农业概论》,中国农业出版社,2011年8月。

85.宋金平:《北京都市农业发展探讨》,载《农业现代化研究》,2002年第3期。

86.苏宝瑞:《北京市打造国际水准乡村旅游休闲体系》,载《北京农业》,2011年第6期。

87.谭智心、孔祥智:《新时期农业产业化龙头企业提供农业社会化服务的现状、问题及对策研究》,载《学习论坛》,2009年第11期。

88.谭爱花、李万明、谢芳:《我国农业现代化评价指标体系的设计》,载《干旱区资源与环境》,2011年第10期。

89.唐建军:《创新文化发展理念推动文化大发展大繁荣》,载《光明日报》,2010年第1期。

90.田亦平、陈奕捷、范子文:《南京农业嘉年华考察报告》,载《北京农业职业学院学》,2012年第26期。

91.田玲:《澳大利亚农业信息化对发展我国西部农业的启示》,载《电子科技大学学报(社科版)》,2005年第3期。

92.田松青:《休闲经济》,新华出版社,2005年1月。

93.天懿、金彦平:《天津都市型现代农业发展研究》,载《农业经济》,2011年第2期。

94.王爱玲等:《都市型现代农业的内涵、特征与发展趋势》,载《中国农学通报》,2007年第10期。

95.王彬彬:《中国台湾地区农业标准化研究》,载《标准科学》,2009年第3期。

96.王辉、刘茂松:《两型社会都市农业发展综合评价指标体系的构建》,载《求索》,2011年第4期。

97.王辉、刘茂松:《都市农业发展综合评价指标体系构建——基于"两型社会"建设视角》,载《经济体制改革》,2011年第3期。

98.王会文:《天津市都市农业发展模式及其评价指标体系构建》,载《商业时代》,2011年第28期。

99.王惠、杨奎花:《新疆现代生态畜牧业发展存在的问题及对策》,载《现代农业科技》,2010年第6期。

100.王学峰:《京郊休闲农业发展对策建议》,载《中国农学通报》,2011年第27期。

101.王永厚:《农业文明史话》,中国农业科学技术出版社,2006年2月。

102.王有年、华玉武:《北京都市型现代农业文化研究》,中国农业出版社,2013年3月。

103.王彬彬:《中国台湾地区农业标准化研究》,载《标准科学》,2009年第3期。

104.王昕坤:《产业融合——农业产业化的新内涵》,载《农业现代化研究》,2007年第28期。

105.王学峰:《京郊休闲农业发展对策建议》,载《中国农学通报》,2011年第27期。

106.王国敏:《中国特色农业现代化道路的理论阐释与实证研究》,载《理论与改革》,2009年第5期。

107.王浩:《美日农业社会化服务体系的比较与借鉴》,载《中州学刊》,1999年第2期。

108.王洋、郭翔宇：《农业社会化服务供给博弈分析》，载《中国农学通报》，2010年第14期。

109.汪来喜：《世界农业发展的主要模式、路径及其启示》，载《河南工业大学学报（社会科学版）》，2009年第3期。

110.韦铭：《乡村旅游者消费行为研究-以青岛为例》，中国海洋大学学位论文，2008年。

111.魏小安等：《产业链视域下的旅游发展》，南开大学出版社，2012年7月。

112.魏延栋、史亚军：《北京都市型现代农业标准体系建设研究》，载《中国农学通报》，2010年第26期。

113.闻海燕：《构建新型农业社会化服务体系研究》，载《辽宁工程技术大学学报（社会科学版）》，2010年第1期。

114.吴春霞、刘瑞涵、何忠伟：《北京沟域经济背景下山区生态旅游市场开发研究》，载《中国农学通报》，2010年第26期。

115.吴清津：《消费者行为学》，旅游教育出版社，2006年12月。

116.吴方卫等：《都市农业经济分析》，上海财经大学出版社，2010年9月。

117.乌东峰、谷中原：《论现代多功能农业》，载《求索》，2008年第2期。

118.谢彦君、梁春媚：《消费营销学》，中国消费出版社，2008年6月。

119.国外创意农业模式面面观，乡村休闲网，http://www.xldujia.com/Xiangcun_View.aspx？id=2133。

120.辛岭、蒋和平：《我国农业现代化发展水平评价指标体系的构建和测算》，载《农业现代化研究》，2010年第6期。

121.熊波、宫福生、常晓莲：《北京的设施农业现状及存在问题》，载《北京农业》，2007年第10期。

122.徐涵：《重庆市都市型现代农业发展模式与公共政策研究》，载《现代农业科技》，2010年第17期。

123.徐梦洁、王丽娟、李娜：《发展中国家的都市农业》，载《城市问题》，2006年第1期。

124.徐广才、史亚军、谢翔燕等：《休闲农业标准体系研究》，载《中国农学通报》，2012年第28期。

125.徐晔、孟亚君：《国外农业产业链管理运作研究及其对我国的启示》，载《农业经济》2007年第4期。

126.许越先：《我国现代农业科技示范园的发展》，载《中国农业资源与区划》，2000年第5期。

127.姚湜、刘毅非：《我国积极探索发展创意农业》，http://news.ifeng.com/gundong/detail_2011_09/17/9263605_0.shtml。

128.阎晓军、黎昭咏、史明昌：《北京农业设施空间信息系统设计与应用》，载《安徽农业科学》，2009年第29期。

129.杨世基：评《北京沟域经济发展的理论与实践》，载《地理研究》，2009年第6期。

130.杨汇泉、朱启臻：《新中国成立60年来农业社会化服务体系组织建构回顾及研究述评》，载《华南农业大学学报（社会科学版）》，2010年第1期。

131.杨良山、王丽娟、章伟江、胡豹：《浙江创意农业发展路径选择与对策探讨》，载《浙江农业科学》，2012年第9期。

132.叶堂林：《我国都市型现代农业产生的必然性、类型及未来发展趋势》，载《理论界》，2007年第11期。

133.郁大海：《我国农业社会化服务体系改革创新研究》，载《农业经济》，2010年第1期。

134.俞美莲、张晨：《从荷兰经验思考上海创意农业发展》，载《上海农村经济》，2012年第9期。

135.詹伟芳：《论休闲农业景观设计》，载《安徽农业科学》，2010年第38期。

136.詹玲、蒋和平、冯献：《国外休闲农业的发展概况和经验启示》，载《中国乡镇企业》，2010年第1期。

137.张学霞、王茂军：《北京密云新农村建设的循环经济模式分析》，载《安徽农业科学》，2007年第33期。

138.张强斌：《加强北京设施农业用地土壤污染防治》，载《北京观察》，2013年第4期。

139.赵美玲：《现代农业评价指标体系研究》，载《湖北行政学院学报》，2008年第1期。

140.张成龙：《完善研发体系建设促进农产品加工业发展》，载《农产品加工》，2009年第4期。

141.张岱年、方克立：《中国文化概论》，北京师范大学出版社，2004年1月。

142.张健：《台湾休闲农业的发展与启示》，载《中国农学通报》，2011年第27期。

143.张义丰、贾大猛、谭杰、张宏业、宋思雨、孙瑞峰：《北京山区沟域经济发展的空间组织模式》，载《地理学报》，2009年第10期。

144.张健：《台湾休闲农业的发展与启示》，载《中国农学通报》，2011年第27期。

145.张洪程：《农业标准化》，中国农业出版社，2004年12月。

146.张木生：《美国新一代合作社的特征、绩效及问题分析》，载《现代农业装备》，2006年第6期。

147.章继刚：《创意农产品深加工的发展趋势》，载《北京农业》，2009年第12期。

148.赵根武：《在2010年北京市农业工作会议上的讲话》，载《北京农业》，2010年第7期。

149.赵根武：《提升种业发展水平努力打造"种业之都"——在2012年北京市种业工作会议上的讲话（节选）》，载《北京农业》，2012年第8期。

150.赵海燕、何忠伟：《北京会展农业发展模式与产业特征分析》，载《国际商务》，2013年第4期。

151.赵海燕、刘芳、桂琳、何忠伟：《北京会展农业的发展特点探析》，载《北京农学院学报》，2013 年第 3 期。

152.赵晓丹：《北京建设都市型现代农业的研究探索》，载《北京农业》，2011 年第 30 期。

153.郑风田：《借洋经验打造中国农产品品牌》，载《环球时报》，2009 年 11 月。

154.郑健雄：《休闲旅游产业概论》，中国建筑工业出版社，2009 年 7 月。

155.郑文堂、华玉武：《都市农业文化推动都市农业发展和创新研究》，载《北京新农村建设研究报告》，中国农业出版社，2014 年 12 月。

156.周淑景：《农业转型阶段休闲农业发展研究》，载《经济研究参考》，2010 年第 56 期。

157.周玉新：《中日都市农业发展的比较研究》，载《世界农业》，2005 年第 7 期。

158.周洁红、何乐琴、金少胜：《农业标准化推广实践体系研究：基于浙江省的实践》，浙江大学出版社，2009 年 9 月。

159.周维宏：《中日农村经济组织比较》，经济科学出版社，1997 年 1 月。

160.朱院利、李双奎：《主要国家农业社会化服务体系述评》，载《福建论坛》，2009 年第 12 期。

161.宗义湘、李先德、乔立娟：《中国农业政策对农业支持水平演变实证研究》，载《中国农业科学》，2007 年第 3 期。

162.邹统钎：《中国乡村旅游发展模式研究——成都农家乐与北京民俗村的比较与对策分析》，载《旅游学刊》，2005 年第 20 期。

163.左停、鲁静芳、张庆文：《现代农业发展模式研究——以北京市海淀区农业发展为例》，载《安徽农业科学》，2008 年第 16 期。

164.Arnt Fløysand, Stig-Erik Jakobsen, "Commodification of rural places: A narrative of social fields, rural development, and football", *Journal of Rural Studies*, 2006（2）.

165.Alison Howell, *Developing quality tandards for agritourism*, Simon Fraser University, 2004.

166.Brain Jack, *Agriculture and EU environmental law*, Farnham: Ashgate, 2009.

167.Campbell Gwyn & Guibert Nathalie, *Wine, Society, and Globalization*, New York: Palgrave Macmillan, 2007.

168.Carlsen Jack & Charters Stephen, *Global Wine Tourism, Research, Management and Marketing*, Washington: CAB International, 2006.

169.Department of Tourism, Republic Philippines, *Rules and Regulations to Govern the Accreditation of Agri-Tourism*, Farm Site, 2004.

170.Department of Tourism, Republic Philippines, *Rules and Regulations to Govern the Accreditation of Agri-Tourism*, Farm Site, Manila, 2004.

171.David Bell, Mark Jayne, The creative countryside, "Policy and practice in the UK rural cultural economy", *Journal of Rural Studies*, 2010（3）.

172.Edi Defrancesco, Paola Gatto, Ford Runge and SamueleTrestini, "Factors Affecting Farmers' Participation in Agri-environmental Measures, A Northern Italian Perspective", *Journal of Agricultural Economics*, 2008.

173.Gina E Castillo, Livelihoods and the city, "An overview of the emergence of agriculture in urban spaces", *Progress in Development Studies*, 2003（3,4）.

174.Huang Wen-fang, Du Cheng, JohnK.Dagsvik. "The Impact of Price on Chemical Fertilizer Demandin China", *Asian Agricultural Research*, 2012（4,7）.

175.Hellerstein, Daniel, and Scott Malco1m, "The Influence of Rising Commodity Prices on the Conservation Reserve Program", *ERR-110, USDA, Economic Research Service, Feb*, 2011.

176.IDRC, *Shaping livable cities*, www.ruaf.Org, 2006.

177.Jesper S.Schou, Hild Rygnestad, Cross-Compliance policies and EU Agriculture, "Missing all targets at the same time", *the Australian Agricultural and Resource Economics Society*, 1996（1）.

178.Mitchell Evan & Mitchell Brian, *The Psychology of Wine*, California: Greenwood Publishing Group, 2009.

179.Paolo Guerrieri, Valentina Meliciani, "Technology and international competitiveness: The interdependence between manufacturing and producer services", *Structural Change and Economic Dynamics*, 2005（4）.

180.Sonja Killoran-Mckibbin, *Cuba's urban agriculture, Food security and urban sustainability*, Women & Environments, 2006（spring/summer）.

后　记

　　都市农业是大城市及周边地区现代农业发展的主要表现形式,也是此类地区城市与乡村融合发展的主要途径。近年来,在世界粮农组织、联合国计划开发署、国际都市农业基金会等机构推动下,都市农业在全球范围内发展迅速,已成为世界各国在不同农业基础和社会发展背景下,实现城乡社会和谐发展的重要路径。我国正处于城市化快速发展阶段和全面建成小康社会的关键时期,发展都市农业,已经成为我国都市区建设社会主义新农村和构建新型城乡社会的有效途径。

　　北京是我国的政治中心、文化中心、国际交往中心和科技创新中心,都市型现代农业是实现首都功能的重要基础产业。在长期的发展过程中,北京农业形成了较为完备的产业体系和各具特色的产业形态,成为具有生态、生产、生活和示范等多种功能的特色产业。尽管北京农业增加值占全市 GDP 比重不足 1%,但却为首都正常运转提供了良好的生态支撑和坚实的基础保障,为市民休闲提供了广阔的绿色空间,为农民致富增收提供了有力的产业支撑,为首都统筹城乡发展开辟了创新发展路径。

　　我国正处于全面建成小康社会、努力实现中国梦的关键时期,国家大力推进京津冀协同发展战略,北京市持续疏解非首都核心功能,农业与农村改革步入深水区,农业产业结构调整不断深入,迫切要求北京农业不断适应经济社会发展的新常态,加快产业结构调整,转变发展方式,推进节水高效农业发展,融入"互联网+"时代发展步伐,不断推进农民"大众创业万众创新",统筹推进都市型现代农业发展和美丽乡村建设。北京城市的快速发展要求都市型现代农业提供更为强大的支撑和保障作用,也要求都市型现代农业相关研究必须紧跟时代发展步伐,提供更加充分的智力支撑。

　　北京农学院是一所以都市农业为特色、多科融合的北京市属高等农林院校。北京农学院的发展与北京城市的发展紧密相连,在长期的发展过程中,学校始终把握首都发展脉搏,关注的焦点从传统农业,到城郊农业,再转向都市型现代农业,与北京农业的发展历程息息相关。学校紧密围绕首都城乡发展一体化和都市型现代农业发展需求,努力打造和完善都市型现代农业科技创新体系,深入开展科学研究、社会服务和人才培养,积极参与到北京都市型现代农业发展的各个环节和各个领域,为北京农业产业发展、生态环境建设、农民增收致富做出了积极贡献。

　　北京新农村建设研究基地是由北京市教育委员会和北京市哲学社会科学规划办公室联合设立的全市唯一的"三农"主题重点研究基地,基地建设依托北京农学院。自 2007 年成立以来,基地积极开展新农村建设的理论研究和实践探索,取得了一批重要成果,培养了大量优秀人才,为首都社会经济发展做出了突出贡献,连续两个建设周期均被北京市教育委员会和北京市哲学社会科学规划办公室评为"优秀研究基地",得到了社会广泛认可。尤其在都市型现代农业理论研究与实践方面取得显著成果,在全国都市农业发展中产生了良好的理论引领和实践推动作用,已经成为全国都市农业领域具有较大影响力的专业智库。

北京农学院专门成立编委会,由北京新农村建设研究基地全面负责《北京都市型现代农业理论发展与实践创新》一书的编写工作。编委会全面分析了都市农业已有相关著作,开展比较研究,取长补短,明确了编写总体思路和要求;召开了数十次专题推进会议,系统研究并确立了专著大纲和编写体例;多次组织召开业内专家研讨会,为专著编写建言献策。编委会不仅要求遵照时间进度,而且要求确保编写质量。在历时两年多的创作过程中,各位作者不仅多次深入首都"三农"发展一线,开展深入实践调研,而且远赴台湾、美国、阿根廷、西班牙、法国、荷兰等地开展学术交流和农业考察,将实践中产生的最新成果和他国的典型经验,源源不断地融入到本书之中,确保本书能够充分把握国内外理论与实践发展的最新态势。本书经过数易其稿,最终成型,全书凝聚了北京农学院全校科研人员的智慧和努力。

《北京都市型现代农业理论发展与实践创新》一书既是对北京都市型现代农业发展的全面概括,也是对北京农学院长期开展都市型现代农业理论研究和社会实践的系统总结。全书编写坚持理论发展与实践创新相结合,站位国际视野和立足国内发展相结合,突出产业发展和支撑体系建设同步,着眼路径建设和模式创新并举,全书共分为理论篇、产业篇、体系篇、实践篇和展望篇等五篇,编写采用分篇主编模式。其中理论篇主编为何忠伟教授,产业篇主编为徐广才副教授、体系篇主编为华玉武教授,实践篇主编为胡宝贵教授,展望篇主编为史亚军教授。

全书包括三十七章,其中,第一章、第三章、第四章、第五章、第十三章、第十五章、第十八章、第二十七章、第二十八章、第三十一章、第三十四章、第三十五章和第三十七章由史亚军教授编写,第二章由黄映晖副教授编写,第六章、第九章和第二十章由李华教授编写,第七章和第十七章由胡宝贵教授编写,第八章、第十四章、第十六章和第三十章由何忠伟教授编写,第十章、第十一章、第十二章和第二十五章由唐衡副教授编写,第十九章由佟占军教授和李刚老师编写,第二十一章由陈湘宁副教授编写,第二十二章由华玉武教授和王永芳副教授编写,第二十三章由黄映晖副教授、韩芳副教授和胡勇副教授共同编写,第二十四章和第三十六章由徐广才副教授编写,第二十六章由李瑞芬教授和高建伟副教授编写,第二十九章由江晶博士编写,第三十二章由付军教授编写,第三十三章由李德美副教授编写。

我国著名"三农"问题专家、中央财经领导小组办公室副主任、中央农村工作领导小组办公室副主任韩俊博士在百忙之中,为本书撰写序言,在此深表感谢!

本书出版得到了人民出版社的大力支持,陈鹏鸣副总编和杨美艳主任及相关工作人员为本书的出版付出了大量的心血,在此深表感谢。

在本书的编写过程中,参考和借鉴了国内外大量学者的研究成果,从中获益良多,在此深表感谢。由于编者水平有限,本书难免存在疏漏或不足之处,敬请专家和读者批评指正。

本书编委会
2015 年 7 月 30 日